Johannes Wilhelm · Augsburger Wandmalerei 1368–1530

ABHANDLUNGEN
ZUR GESCHICHTE DER STADT AUGSBURG

Schriftenreihe
des Stadtarchivs Augsburg

Band 29

Schriftleitung: Dr. Wolfram Baer, Archivdirektor
Augsburg, Fuggerstraße 12

Johannes Wilhelm

Augsburger Wandmalerei 1368–1530

– Künstler, Handwerker und Zunft –

VERLAG HIERONYMUS MÜHLBERGER, AUGSBURG

ISSN 0724-9829
ISBN 3-921133-31-9

Gesamtherstellung: Hieronymus Mühlberger, Augsburg

Meinen Eltern

Vorwort des Herausgebers

Die vorliegende Untersuchung widmet sich einem Kapitel Augsburger Kunstgeschichte, das bisher mangels leicht greifbarer Quellen recht stiefmütterlich behandelt wurde, nämlich der Wandmalerei zur Zeit des Zunftregiments. Über die bei Kunsthistorikern sonst üblichen stilistischen Untersuchungen hinausgehend, verwertet der Autor auch das umfangreiche Quellenmaterial des Augsburger Stadtarchivs. So entstand neben einem Objektkatalog ein systematischer Malerkatalog, m. a. W. eine kunsthistorische und eine historische Darlegung der Augsburger Wandmalerei der Zeit der Gotik und der beginnenden Renaissance, die jeder Historiker, der sich für die Augsburger Stadtgeschichte von 1368–1548 interessiert, mit Gewinn in die Hand nehmen wird. Einen zusätzlichen Wert der Arbeit macht die Tatsache aus, daß Objekte beschrieben und dargestellt werden, die heute im Original nicht mehr erhalten und nur durch diese Publikation der Nachwelt überliefert sind.

Der Druck der umfangreichen Arbeit wurde nur mit Zuschüssen des Autors, der Alt-Augsburg-Gesellschaft, der Stadtwerke sowie der Stadt- und Kreissparkasse möglich. Natürlich trug den Löwenanteil der Kosten wie immer die Stadt Augsburg. Allen Mäzenen sei an dieser Stelle aufrichtig gedankt.

Augsburg, November 1983 — Dr. Wolfram Baer

Vorwort des Verfassers

Die vorliegende Arbeit wurde im Wintersemester 1980 von der Philosophischen Fakultät für Geschichts- und Kunstwissenschaften der Ludwig-Maximilians-Universität als Dissertation angenommen. Die Untersuchung entstand unter Betreuung durch Herrn Prof. Dr. Rudolf Kuhn, dem ich an dieser Stelle für seinen wissenschaftlichen Rat und seine kritische Stellungnahme sowie für seine Geduld vor allem danken möchte. Für Rat und Unterstützung in technischen Fragen habe ich besonders Herrn Prof. Dr. Marcell Stanislaus Restle zu danken. Auch Herrn Gode Krämer von den Städtischen Kunstsammlungen Augsburg bin ich für seine vielfältige, fachliche wie auch organisatorische Hilfe verpflichtet.

Für die Bereitstellung der Materialien des Augsburger Stadtarchives und für die Beratung schulde ich Herrn Dr. Friedrich Blendinger, Archivdirektor i. R., und Herrn Dr. Wolfram Baer, Archivdirektor, großen Dank. Herrn Thomas Mayr (†) vom Stadtarchiv, der durch seine unermüdliche Hilfsbereitschaft die Einsicht der Bestände ermöglichte, bin ich dabei zu besonderem Dank verpflichtet.

Die Aufnahme in die Schriftenreihe des Stadtarchives ermöglichte Herr Dr. Wolfram Baer. Die Realisierung der Drucklegung der umfangreichen Arbeit war jedoch nur durch die finanzielle Unterstützung der Malerinnung Schwaben, der Alt-Augsburg-Gesellschaft, der Münchener Universitätsgesellschaft und der Diözese Augsburg zu bewerkstelligen. Allen, die mir dabei mit Rat und Fürsprache hilfreich zur Seite standen, sei an dieser Stelle besonders gedankt.

Augsburg, Oktober 1983 — Johannes Wilhelm

Für das Entstehen der Arbeit trugen folgende Personen und Institutionen mit ihrer Bereitschaft die Objekte und Quellen bereitwilligst zur Verfügung zu stellen sowie Unannehmlichkeiten, welche durch die Arbeit entstanden, zu dulden, entscheidend bei, wofür ihnen an dieser Stelle gebührend gedankt sei.

Augsburg, A. B. von Stetten'sche Stiftungsadministration
Augsburg, Bischöfliches Diözesanbauamt
Augsburg, Fürstl. und Gräfl. Fugger'sche Stiftungsadministration
Augsburg, Geschäftsleitung der Fa. Kröll & Nill
Augsburg, Küsterei der St. Anna Kirche
Augsburg, Küsterei der St. Peterskirche
Augsburg – Leitershofen, Kurz Richard, Graphiker
Augsburg, Landbauamt
Augsburg, Mesnerei des Hohen Domes zu Unserer Lieben Frau
Augsburg, Mesnerei der Basilika zu St. Ulrich und Afra
Augsburg, Mesnerei der Evangelischen St. Ulrichskirche
Augsburg, Pfarrarchiv St. Anna
Augsburg, Pfarrdekanat St. Anna
Augsburg, Pfaud Robert, Heimatpfleger
Augsburg, Schiele Wengenmeyr Wiltraud, Restauratorin
Augsburg, Staats- und Stadtbibliothek
Augsburg, Stadtarchiv
Augsburg, Stadtbildstelle
Augsburg, Städtisches Hochbauamt
Augsburg, Städtische Kunstsammlungen
Bozen – Brixen, Diözesan Kunst- und Denkmalamt
Memmingen, Stadtarchiv
Memmingen, Stadtmuseum
München, Dr. Hubertus Freiherr von Welser
München, Bayerisches Hauptstaatsarchiv
München, Bayerisches Landesamt für Denkmalpflege
München, Klarner Klaus, Restaurator
München, Bayerische Staatsgemälde-Sammlungen
München, Photothek des Zentralinstituts für Kunstgeschichte
Wildenberg, Sprenzinger Theodor, Restaurator

Inhaltsverzeichnis

Objektkatalog

Katalog Nr.:

Personenkatalog

Abbildungen

Planteil

Beilagen

Literaturverzeichnis

Register

Vorbemerkung

Die Arbeit versucht mittels eines Strukturvergleiches zwischen den historischen Fakten und den in den Objekten auffindbaren Stilmerkmalen zu einer abfolgenden Entwicklungsdarstellung der lokalgebundenen Malerei in Augsburg zu kommen.

Aus diesem Grund stellt der Text mehr oder weniger das Resümee der Ergebnisse der Denkmalssicherungen des Objektkataloges sowie der im Personenkatalog vorgestellten historischen Realitäten dar, deren Quellen im Textteil durch die dortigen Nachweise belegt werden.

Text wie Kataloge stellen sich so als unabdingbare Einheit im Verhältnis von Argument und folgerndem Schluß dar, so daß im Textteil die Kenntnis der Kataloge in Grundzügen vorausgesetzt ist.

Der im Abschnitt D des Textes unternommene Anschluß an die stilistischen Strömungen und Entwicklungen der Zeit geht – diesen Voraussetzungen folgend – von dem Augsburger Material aus und stellt keine eigenständige Stilgeschichte dar, deren Durchführung in diesem Rahmen zusammen mit den anderen, die Grundlagen sichernden Untersuchungen eine Sprengung der gesetzten Grenzen bedeutet hätte.

A. Ausgangslage der Untersuchung

I. Bedeutung der Wandmalerei bei der Erfassung der Malkunst in der Zeit des »Zünftischen Regiments«

1. Lage der Forschung und der Erfassung

Es erscheint vermessen, heute einen Überblick der Entwicklung der Malerei zwischen 1368 und 1530 in Augsburg geben zu wollen. Denn allein die berichteten künstlerischen und handwerklichen Unternehmungen dieser Zeit, wie sie uns Urkunden und Chroniken überliefern, zeigen die Spärlichkeit der heute noch erhaltenen und bildlich überlieferten Denkmäler auf. Bedenkt man dabei, daß das Verhältnis zwischen der schriftlichen Überlieferung und den ehemaligen Beständen sich ähnlich verhält, so erscheint der Einwand gegen den Versuch einer Nachzeichnung der künstlerischen Entwicklung in diesem Zeitraum hinlänglich begründet. Zu groß ist die Zerstörung, die durch das Leben und die Neuschöpfung der nachfolgenden Epochen vorgenommen wurde, zu groß sind auch die Verschiebungen der ehemals organisch gewachsenen Kunstbereiche, sei es durch Abwanderung und Abtransport, auch kriegsbedingte Ereignisse oder durch Verkauf und Wiederverkauf des Kunsthandels, als daß man heute allein auf die in Augsburg befindlichen Bilder zurückgreifen könnte, wenn man von der »Augsburger Kunst« der damaligen Zeit sprechen will.

Eben diese Schwierigkeiten führten in den Arbeiten, die sich speziell mit der Augsburger Kunst der Gotik (sprich Mittelalter) befassen[1], meist zu der Feststellung, daß der lückenhafte, fragmentarische und noch dazu nicht gesicherte Bestand bei weitem keine festen Aussagen zuläßt. Erst die grundlegende Arbeit Buchners versucht 1928 Licht in die dunkle Unordnung zu bringen[2]. Seine in der Hauptsache durch Stilkritik erkannte Gruppe von Bildern stellt auch nach der erneuten Bearbeitung durch Stange[3] bis heute den Kreis dar, den man für die Zeit vor Holbein als den »Augsburgerischen« anzusprechen pflegt.

Das letzte Jahrzehnt des XV. Jahrhunderts und die Zeit bis 1530 zeichnet sich durch eine viel umfassendere Forschungslage[4] aus, was sich insbesondere auf das speziell in Augsburg auftretende Phänomen einer »deutschen Frührenaissance«[5] zu-

1 *So:* Stetten Kunstgeschichte 1779, p. 269 ff.; Stetten Kunstgeschichte 1788, p. 183 ff.; Buff, Adolf 1886, p. 58; id. 1893, p. 11/12; Bredt, Ernst Wilhelm 1900, p. 20 ff.; Steinhäußer, Fritz 1902, p. 12/13; Riehl, Berthold 1903, p. 48; Hartig, Michael 1922, p. 20 ff..

2 Buchner, Ernst 1928, p. 1–133.

3 Stange, Alfred 1951, Bd. IV, p. 113–122; id. 1970, Bd. II, p. 147 ff.

4 *So z. B.:* von Sandrart, Joachim 1675 (ed. Peltzer 1925), über Burgkmair Hans I und die Holbeins; Stetten Kunstgeschichte 1779, p. 272 ff.; Stetten Kunstgeschichte 1788, p. 185 ff.; Woltmann, Alfred 1874/1875; Buff, Adolf 1886, p. 59 ff.; Groeschel, Julius 1888, p. 240 ff.; Buff, Adolf 1893; Weis-Liebersdorf 1901; Dirr, Pius 1914; Hartig, Michael 1922, p. 34 ff.; Christoffel, Ulrich 1927; Aufsätze von Buchner, Ernst, Feuchtmayr, Karl *in:* Beiträge zur Geschichte der Deutschen Kunst II, 1928; Katalog Augsburg 1950; Aufsätze von Christoffel, Ulrich, Steingräber; Erich, Wehmer, Carl *in:* Augusta 1955; Stange, Alfred 1957, Bd. VIII, p. 39–85; Beuteler, Christian/Thiem, Gunther 1960; Katalog Augsburg 1965; Falk, Tilmann 1968; Stange, Alfred 1970, Bd. II, p. 158 ff.

5 Die Auseinandersetzung entzündete sich an dem Begriff Riehls, Augsburg als »Pompeji der

rückführen lassen dürfte, zu der auch noch eine früh publizierte ausführliche Quellenlage kommt[6]. Obwohl hier sich die Fixpunkte häufen, ist auch dabei die Feststellung zu treffen, daß sehr bald die Stilkritik als meist bestimmender Arbeitsansatz herangezogen wird.

Die so durch die Stilanalyse bis heute zusammengestellte Gruppe von Bildern, die als »Augsburgerisch« bezeichnet werden, kann schwerlich die damalige Malkunst sicher erfassen. Denn ohne das stilanalytische Verfahren in Mißkredit zu bringen, muß man doch auch auf seine spezifischen Grenzen achten[7]. Denn zu stark richtet sich das Auge auf Details aus, die, obwohl sicher in Augsburg vorhanden, sich auch anderweitig finden. Wiederum werden Stilelemente, die sich woanders in bestimmender Weise niederschlagen und sich als nicht »Augsburgerisch« klassifizierten, schlecht in ihrer Bedeutung für die hiesige Szene werten lassen, da ja bei den meisten Bildern die Frage der Provenienz ungenügend geklärt ist[8] und sich signierte Werke nur für die letzten Jahrzehnte des Zeitraums nachweisen lassen.

Angesichts dieser Lage bleibt es erstaunlich, daß bisher wenig auf die im Laufe der Zeit immer wieder gemachten Funde von Wandbildern geachtet wurde, bei denen sich mit Sicherheit die Frage des Entstehungsortes eindeutig beantworten läßt. Sie stellen für diese Zeit zuverlässige Quellen für die Malerei in Augsburg dar, von denen aus sich Fixpunkte hinsichtlich der Stilistik erarbeiten lassen, die wiederum als Argumente dem System des stilanalytischen Vergleichs erneut Halt und Sicherheit geben. Auf Grund dieser Überlegungen ist es notwendig, sich erneut den noch vorhandenen Bildern und Fragmenten zuzuwenden, ja sie vor allen Dingen zuerst einmal systematisch zu sichten und zu bestimmen, bevor man festlegt, was in Augsburg im Bereich der Malerei möglich gewesen sein könnte. Auch noch so subtile vergleichende Stilkritik sollte auf die dabei aufzufindenden sicheren Aussagen nicht verzichten.

Der Einwand, daß sich zu wenig der Wandmalerei erhalten hätte, um überhaupt in diesem Falle in Betracht gezogen werden zu können[9], läßt sich heute wohl kaum mehr halten, da genaues Recherchieren doch noch vieles auffinden läßt. Sicher ist auch der jetzt noch feststellbare Bestand lückenhaft, aber selbst dabei ist er noch viel zu dicht,

Renaissance« zu bezeichnen (vgl. Riehl, H. W. 1858), worauf Buff, Adolf 1893 seine genaue abgrenzende Publikation vorlegte (Buff, Adolf 1893, p. 8 ff.).

6 So z. B. die Veröffentlichung der Malerbücher (Stadtarchiv Augsburg Reichsstadt, SCH. Nr. 72 a, 72 b, 72 c) durch Robert Vischer 1886. Diese Ausgabe ist bis heute Grundlage der kunsthistorischen Bearbeitungen. Eine genauere Überprüfung der publizierten Archivalien fand danach nur mehr auszugsweise statt.

7 Vgl. Buchner, Ernst 1928, p. 1; Keineswegs soll hier die Stilanalyse als Mittel der kunstgeschichtlichen Arbeit abgelehnt werden. Jedoch sollte neben der stilvergleichenden Arbeit auch noch eine Absicherung durch die historische Arbeit angeschlossen werden, aus der sich durch Strukturvergleich auch Aussagen zu den Problemen der Bilder finden lassen, auch wenn für diese keine direkt bezogene Quelle existiert. Die Synopse aus Quellen- und Stilvergleich ergibt die Absicherung, welche in dieser Arbeit für das Beispiel Augsburg gesucht werden soll.

8 Dies beruht vor allem auf dem transportablen Charakter der Tafelbilder, welche seit dem XVI. Jahrhundert sowohl durch Kunsthandel als auch als Kriegsbeute öfters ihre Standorte wechselten, wobei sich die daraus ergebenden »Irrwege« nur bei wenigen Bildern verfolgen lassen.
Dabei ist aber auch die Möglichkeit des Imports fertiger Bilder in die Stadt zu berücksichtigen, was die Verwendung des topographischen Ordnungsbegriffes erschwert.

9 So erwähnt Buchner Ernst 1928 nur die Bilder der Goldschmiedekapelle (Objekt Nr. 25 mit 32); auch Stange, Alfred 1951 kennt nur die Bilder des Doms und der Goldschmiedekapelle (Objekt Nr. 25–Nr. 32, Nr. 36, Nr. 61– Nr. 66, Nr. 68).

als daß man sich auf das Urteil ungenügender Kenntnis und Erhaltung[10] zurückziehen dürfte. Gerade aber diese Außerachtlassung einer gerechten Wertung der Stellung der Wandmalerei führte und führt heute noch zu einer fahrlässigen Zerstörung der immer wieder zutage tretenden Bestände[11], deren Voranschreiten wahrscheinlich nur mit einer ästhetischen Fehlbeurteilung zu begründen ist, die sich meist von den fragmentarischen unansehnlichen Auffindungszuständen leiten läßt. Eine echte Denkmalserfassung, die sich an einer wissenschaftlichen Forschung ausrichtet, sollte aber über dieses Stadium hinausgehen und sich von modehaften und tagespolitischen Einflüssen freihalten.

Die Chance der Erhaltung jener Bilder, die bei den starken Eingriffen in die Bausubstanz der Stadt durch die Kriegszerstörungen und den nachfolgenden Wiederaufbau zutage traten, wurde aufgrund der damaligen Lage[12] vertan; jedoch sind diese Denkmäler heute durch photographische Dokumentation faßbar geblieben. Aber auch die jetzt noch laufend stattfindende Veränderung der Stadtstruktur durch meist kommerziell begründete Motivation bringt für die Denkmäler der Wandmalerei keine Verbesserung hinsichtlich Erfassung und Erhalt[13]. Zumeist bleibt dies aber weit hinter dem zurück, was noch im ausgehenden XIX. Jahrhundert unter dem Einfluß des Historismus dafür getan wurde.

Zu den bisher genannten Hindernissen stellt sich oft die Art und Weise der erfolgten Konservierung einer bewertenden Erfassung in den Weg[14], da sie sich an der jeweiligen Auffassung der Zeit hinsichtlich der Zulässigkeit von Ergänzungen und Eingriffen in die noch vorhandene Substanz der Bilder orientierte. So muß auch im Falle der konservierten Malerei auf eine Substanzerfassung geachtet werden, die sorgsamst die Veränderungen durch die Restaurierung (bzw. Restaurierungen) zu klären sucht, um so zu einer Beurteilung des Originals zu kommen. Auch hier sollte kein vorschnelles Urteil die Außerachtlassung der Wandmalerei begründen, nur weil bei dieser Gattung sich einerseits durch deren labile Konsistenz die Eingriffe nötig erwiesen, oder weil durch technische Mängel der Restaurierungsarbeiten deren Auftreten Mißtrauen gegenüber der Substanz des gesamten Bildes aufkommen läßt. Oft genügen einfache technische Mittel, die den verläßlichen Originalbestand erfassen, bzw. die jeweilige Tendenz und den Charakter der Restaurierung bestimmen, um so die Zuverlässigkeit der überlieferten Formen einschätzen zu können[15]. Wenn auch dieser Umstand die Erfassung kompliziert, stellt er damit doch kein unüberwindliches Hindernis für die Untersuchung der Denkmäler dar. Trotz dieser sich dadurch aufwerfenden Schwierigkeiten der Bestandsaufnahme soll nun gerade unter dem Ein-

10 So nach Stange, Alfred 1951, Bd. IV, p. 116, id. 1957, Bd. VIII, p. 80.

11 Vgl. Objekt Nr. 48, Nr. 60 und Nr. 70.

12 So wurden zwar teilweise Nachzeichnungen und Photographien gefertigt, aber meist unterblieb eine Untersuchung vor Ort, welche die technische Beschaffenheit sowie die Vermessung besorgt hätte.

13 So ist die sinnlose Zerstörung der Elisabethkapelle 1972 (Objekt Nr. 33–Nr. 35) ohne Bestandsaufnahme sowie die im Kompetenzenstreit vergessene Restaurierung der Bilder im Hof des städtischen Liegenschaftsamtes (Hunoldsgraben 27, Objekt Nr. 70) hier zu erwähnen, welche seit 1972 ungeschützt der Witterung ausgesetzt waren (vgl. Abb. 103) und 1982 gänzlich zerstört wurden.

14 Vgl. das Beispiel Goldschmiedekapelle (Objekt Nr. 25–Nr. 32 und Objekt Nr. 61–Nr. 66); vgl. dazu Wilhelm, Johannes 1977 (MS), p. 134–160; id. 1979, p. 121–125.

15 Neben der optischen Untersuchung wurde für die vorliegende Arbeit das Verfahren der Fluoreszenzanalyse herangezogen, welches zum Nachweis materialfremder Ergänzungen sowie von neueren Kaseinübermalungen diente.

druck des starken Eingriffes in den Bestand während der letzten Zeit ein Überblick gegeben werden, der zugleich die Funktion eines lokalen Stilkatalogs leisten soll, von dem aus stilkritische Einflüsse, Berührungspunkte und Überschneidungen mit anderen Kunstlandschaften aufgegriffen werden können.

2. Verbindung zur lokalen Künstlerschaft durch Zunftbestimmungen und Materialabhängigkeit.

Da sich eine topographisch bestimmte Kunst aber nicht durch die gesicherte Provenienz der Werke allein erschöpfen läßt, muß zudem noch die Frage nach der für diese Werke verantwortlichen Künstlerschaft gestellt werden.

Um diesem Umstand in genügender Weise Rechnung zu tragen, beschränkt sich die Untersuchung der Wandmalereien auf die Zeit, die in der Stadtgeschichte Augsburgs als die des »Zünftischen Regiments«[16] bezeichnet wird. In diesem von 1368 bis 1548 dauernden Zeitraum, in dem die Zünfte maßgeblich an der Regierung der Reichsstadt beteiligt waren, finden wir zum erstenmal die Möglichkeit, überblickend die in Augsburg ansässige Künstler- und Handwerkerschaft zu dokumentieren. Obwohl man dabei nur den Kreis der reichsstädtischen Künstler mit Genauigkeit bestimmt, so ermöglicht in dieser Zeit die politische Rolle der Zunft eine wirklichkeitsnahe Aussage über die Anwendung der Zunftverordnungen und Vorschriften. Wenn dabei der Kreis der dem Klerus dienenden und in den Klöstern lebenden Kunsthandwerker nicht erfaßt wird[17], so muß man sich auch bei diesem Punkt auf die speziellen Eigenheiten der Wandmalerei besinnen.

Der meist repräsentative Charakter, den ein Wandgemälde zu erfüllen hatte, dürfte ebenso wie der Aufwand an Kalkmaterial und Wasserzufuhr verhindert haben, daß speziell größere Malereien als auch Zyklen von der Öffentlichkeit unbemerkt entstehen konnten. Somit ist anzunehmen, daß also die Gattung der Wandmalerei am ehesten der Aufsicht der Zunftmeister unterlag.

Zudem war auch die Materialbeschaffung der Aufsicht der Zunftvorstände bzw. den Einfuhrbestimmungen unterstellt. Pigmente mußten ebenso wie die Rohstoffe für die Glaser allen Zunftgenossen gemeinsam angeboten werden[18], um eine Chancengleichheit zu sichern. Kalk, der ein für diese Zeit unerläßliches Baumaterial war, dürfte durch die großen Unternehmungen der städtischen Befestigungserweiterung hauptsächlich in Herstellung und Vertrieb von der Stadtverwaltung überwacht worden sein. Wenn sich dies auch nicht für den ganzen Zeitraum belegen läßt, so ist doch die für die achtziger Jahre gesicherte Preisbindung des eingeführten Kalks ein Beleg in dieser Hinsicht[19].

16 So bezeichnet bei Paul von Stetten d. Ä. (1743) vgl. Stetten, Chronik Bd. I, Cap. VII.

17 Diese, welche nicht zur Bürgerschaft der Stadt gehören, lassen sich durch das Quellenmaterial, das sich fast ausschließlich auf die der Reichsstadt zugehörigen Bürger bezieht, nicht erfassen. Da aber auch, bis auf die Ausnahme des Franziskanerklosters zu den Barfüssern, nur Illuministen im klösterlichen Bereich erwähnt sind, scheinen die klösterlichen Handwerker hinsichtlich der Monumentalmalerei nur einen verschwindend geringen Einfluß gehabt zu haben.

18 Vgl. Beilage III, Nr. 9, Stadtarchiv Augsburg Reichsstadt SCH. Nr. 72 a, fol 6 v. Bestimmung von Farben und Glaseinfuhren von ca. 1490.

19 Vgl. Stadtarchiv Augsburg, Reichsstadt, RB. Nr. 10, fol 47 p; Verkaufs- und Preisbindungsbestimmung für Kalk vom 2. IX. 1482.

Für die Auswahl geeigneten Steinmaterials zum Brand besonders feinen Malkalks war die Lage Augsburgs zwischen den beiden geröllführenden Flüssen ideal. Der Vorgang des Brennens läßt sich nur bedingt als unter die Aufsicht der Zunft gegeben sehen, da er außerhalb der Stadt jederzeit möglich war, innerhalb jedoch mit Sicherheit der »Feuergeschau« unterlag[20]. Die notwendige Lagerzeit des gelöschten Kalkes bis zu seiner Verwendungsmöglichkeit widerspricht aber einer Annahme von nicht seßhaften Wandermalern. Sicher konnten sie die jeweils nötige Menge Kalk bei ortsansässigen Künstlern erwerben, wobei sie aber wiederum mit der Zunft in Kontakt treten mußten. Am ehesten konnte sich über das Kalkproblem ein einheimischer Meister hinweghelfen, der, wenn nicht eine eigene, so doch eine durch feste Geschäftsbeziehungen für ihn verfügbare, regelmäßig gewartete Kalkgrube besaß. Der zusätzliche Antransport von Kalk aus größerer Entfernung wird für Augsburg durch die günstige Lage für eine eigene Kalkproduktion nicht notwendig gewesen sein.

Diese durch die Materialien bedingten Gegebenheiten führen nun zu dem Schluß, daß während der Zeit des »Zünftischenen Regiments« sich die Wandmalerei in besonderer Weise anbietet, die am Ort ansässigen Meister zu fassen. Es unterstreicht diesen Punkt die Unmittelbarkeit, die uns die Wandmalerei gibt, indem sie sich einerseits einer unsicheren Provenienz entzieht und andrerseits noch einen Rückschluß auf einen bevorzugten Künstlerkreis zuläßt. Allein diese Vorzüge sollten genügen, die Schwierigkeiten, die sich in dem fragmentarischen Erhaltungszustand und in dem technischen Aufwand für die Sicherung der Originalität entgegenstellen, anzugehen, um die sich dabei neu ergebenden Fixpunkte für eine erweiterte Sicherheit in der Stilkritik zu benutzen.

II. Die Rolle des Zeitraums: Tradition oder Zuwanderung als Quelle der »Augsburger Renaissance«

Bis zu der Untersuchung Buchners verblieb die Frage nach der Entwicklung der Malerei in Augsburg der Zeit vor Holbein und Burgkmair im Dunkeln. Für das plötzliche Entstehen der dann einsetzenden Kunstproduktivität nahm man zumeist eine Zuwanderungswelle aus anderen süddeutschen Zentren an[21]. So kommt Buchner speziell das Verdienst zu, mit seiner Frage nach den Quellen der »Augsburger Spätgotik« den Blick auf das XV. Jahrhundert in der Stadt selbst gewendet zu haben, um die bestehende Kontinuität einer lokalen Kunsttradition damit überhaupt zum erstenmal zu erfragen[22]. Das Ergebnis richtete sich dabei ganz nach dem Bestand der Tafelbilder aus und beinhaltete natürlich auch die Unsicherheit, die den untersuchten Objekten anhaftete.

Erstaunlich bleibt, daß es bisher keinen weiteren Ansatz gibt, dieser Kontinuität nachzugehen und sie über die Frage nach Holbein und seiner Zeit hinaus zu durchforschen, obwohl es für den Zeitraum des »Zünftischen Regiments« genügend Anhaltspunkte gibt, die einer Untersuchung Wert zu sein scheinen. So geben die Archivalien

20 Inwieweit die Bestimmungen hier einschneidend zutrafen, läßt sich nicht klar belegen.

21 Dabei wurde speziell Ulm in Erwägung gezogen, was vor allem auf die bekannten Umsiedlungen Hans I Holbeins, Michel und Gregor Erharts zurückzuführen ist.

22 Buchner, Ernst 1928, p. 1.

besonders über die öffentlichen Arbeiten auf Stadtkosten[23] einen fast geschlossenen Überblick und für die gesamte in Frage kommende Zeit besitzen wir Chroniken[24] ebenso wie Steuerbücher[25], die den wirtschaftlichen, wie sozialen und politischen Umkreis der Künstler bloßlegen. Allein die Entwicklung der Zunftmitglieder von 10 Personen 1409/1418[26] auf 14 Personen 1442[27] und auf 29 Personen 1479[28], von da an auf einen Mitglieder-Endstand von 50 Personen[29] bei der Aufhebung des Zunftregiments 1548 läßt ein Faktum ablesen, das zum Teil auch in der Forschung anerkannt wurde[30].

Der Versuch, die sich in den Archivalien abzeichnende Struktur für die Auseinandersetzung mit den noch am Ort vorhandenen Denkmälern zu benutzen, wurde bisher nur vereinzelt in Ansätzen unternommen[31]. Insbesondere in der Frühzeit begnügte man sich mit einer Nennung der Einzelfakten, da eine Synopse wenig versprach. Angesichts der engen Konnexe zwischen der fest ansässigen zünftischen Künstlerschaft und der Gattung der Wandmalerei erscheint es nützlich, diese sich nahezu lückenlos nachvollziehbare Struktur als tragendes Verbindungsglied der Untersuchung heranzuziehen, um so die geschichtliche Entwicklung archivalisch, wie auch technisch, zu einer größtmöglichen Sicherheit der Stilanalyse zur Seite zu stellen. Nur über diesen Ansatz dürften sich neue Aspekte für die Erfassung der lokalen Kunst ergeben, die dann die Klärung des Begriffes »Augsburgerisch« für die Zeit des XV. Jahrhunderts soweit beweisen können, daß er über die reine Herkunftsvermutung hinaus als Arbeitsbegriff verwendbar bleibt.

23 Der Bestand der »Baumeisterrechnungen« (vgl. Stadtarchiv Augsburg, Reichsstadt BRB) siehe auch p. 375 f.

24 Größtenteils publiziert in der Reihe »Die Chroniken der deutschen Städte« (siehe Bibliographie unter Chroniken).

25 Der Bestand der »Steuerbücher« (vgl. Stadtarchiv Augsburg, Reichsstadt STB) siehe p. 374.

26 Nach den Musterungslisten des ersten Schmiedezunftbuches (Stadtarchiv Augsburg, Reichsstadt SCH. Nr. 46 a. p. 91/92).

27 Nach der Musterungslistenkopie im Schmiedezunftbuch von 1595 (Stadtarchiv Augsburg, Reichsstadt SCH. Nr. 46 b, s. fol.

28 Nach dem Bericht der Maler an den Rat 1475 (Stadtarchiv Augsburg, Reichsstadt RB. 8, fol. 34).

29 Nach dem Brief der Maler an den Rat vom 9. VIII. 1550 (Stadtarchiv Augsburg, Reichsstadt, MA, fasc. I, Schriftstück Nr. 41); vgl. auch Beilage VII, 1.

30 Vgl. Buchner, Ernst 1928, p. 1: . . . »so ist es vollends unwahrscheinlich, daß im Ausgang des Säkulums urplötzlich eine Reihe namhafter Maler aus einem künstlerisch spröden, traditionslosen Erdreich emporgeschossen sein sollten.«

31 Dies geschah vor allem für die namhaften Maler wie Hans I Burgkmair, Hans I Holbein, Gumpolt I Giltlinger und Daniel Hopfer.

B. Historisch-faktische Beschreibung

Schon Paul von Stetten der Jüngere nimmt in seinem Versuch einer Augsburger Kunstgeschichte die Zunft der Maler, Glaser, Bildhauer und Goldschläger als Ausgangspunkt an, da er die enge Verknüpfung dieser »bürgerlichen Verfassung« mit dem Künstlerstand erkannte[32]. Seine Auffassung aber, daß sich diese »Gesellschaft« erst geraume Zeit nach der Einführung des »zünftischen Regiments« in Augsburg konstituierte, weil die Maler, »so schlecht sie auch waren«, wollten, daß »die Malerey als eine freye Kunst betrachtet werden sollte, welche sich zünftischen Ordnungen nicht unterwerfen könne«[33], geht zu sehr von dem Standpunkt des späten XVIII. Jahrhunderts aus[34] und läßt sich bei genauerer Untersuchung nicht halten.

Um nämlich der Genese dieses Handwerks bzw. dieser Künstlerschaft gerecht zu werden, ist es notwendig, sich jeglicher Übernahme der heutigen Ausdeutung der Begriffe Handwerker, Kunsthandwerker wie auch Künstler zu enthalten, ebenso wie es unzutreffend ist, die sich im Laufe der Entwicklung festigenden Trennungen der Einzelhandwerke für jene Zeit zu übernehmen. Eine Vorwegnahme würde die spezifischen Eigenschaften gerade in dieser Zeit verdecken und unkenntlich machen.

I. Der Beginn der zünftischen Organisation der Maler unter der Schmiedezunft

1. Die Überlieferung der Personen und der gesellschaftlichen Verhältnisse

a) Lage zur Zeit der Zunftrevolution

Speziell für Augsburg läßt sich über die Organisation der Maler vor 1368 keine verbindliche Aussage machen, obwohl sich eine stattliche Anzahl von Malern in den Quellen nachweisen läßt. Die bei Huth für Augsburg erwähnte »Lukas-Gilde«[35] ist in ihrer Rolle für das Handwerk nicht zu erfassen. Man muß wohl für diese Zeit mit meist selbständigen Meistern bzw. Werkstätten rechnen, die untereinander eine freie ziemlich gleichberechtigte Verbindung hatten[36]. Dieses selbständige Nebeneinander schloß aber das Bewußtsein, eine eigene Handwerkergruppe zu sein, nicht aus, da in der militärischen Aufzugsliste sich die Maler, wenn auch an der letzten Stelle, so doch

32 Stetten Kunstgeschichte 1779, p. 268/269.

33 Ibid., p. 268.

34 Die politische Funktion der Zunft wurde von Paul v. Stetten d. J. nicht mehr gesehen. Zudem stellte sich für ihn die Einheit Handwerker und Künstler als undenkbar dar, da sie sich gegenseitig auszuschließen schien. Dies setzt allerdings einen Begriff von der Zunft voraus, die sich nunmehr als »handwerkliche Innung« verstand und sich nur um zunftinterne und nicht um allgemeine politische Belange kümmerte, wie es zu Lebzeiten Stettens war.

35 Huth, Hans 1923 (1977^{III}), p. 12, Anm. 12.

36 Dafür läßt sich jedoch kein Beleg beibringen. Weil die Steuerbücher dieser Jahre keine Nennung der Steuerbeträge beinhalten, läßt sich hier auch keine Differenzierung auf wirtschaftlicher Basis vornehmen.

als für sich geschlossene Gruppe an die anderen Handwerke anschließen[37]. Von dieser Tatsache aber schon auf eine gildenmäßige Organisation des Malerhandwerks zu schließen, dürfte wohl zu gewagt sein.

Der früheste Name, der sich archivalisch belegen läßt, ist »Wernherus pictor de Fördelingen«, der 1321 das Bürgerrecht der Stadt kauft[38]. Er scheint auch noch in dem Jahr 1346 zu leben, in dem das erste erhaltene Steuerbuch der Stadt einen ungefähren Einblick in die Stärke dieses Handwerkszweiges gibt[39]. Immerhin können wir dabei die Namen von sieben Malern festhalten, welche Zahl auch in den folgenden Jahren nicht unterschritten wird. Allein in dem Zeitraum von 1348 bis zum Jahre der »Zunftrevolution« 1368 lassen sich aufgrund der erhaltenen dreizehn Steuerbücher 20 Maler namentlich als Steuerzahler nachweisen[40], was in dieser frühen Zeit auch auf eine selbständige Werkstattführung hinweisen dürfte. Nimmt man diesen Schluß an, so stellten die Maler im Jahre 1368 eine Gruppe von 10 Meistern, woraus sich glaubhaft erklärt, daß sie wohl keine wesentliche Rolle bei den Unruhen gespielt haben.

Als anschließend an die unblutigen Unruhen am 23. Oktober 1368 die Handwerker die Errichtung der zünftischen Ordnung beschworen und dadurch ihre bisherige Beteiligung an den städtischen Geschäften in ein Übergewicht gegenüber den Patriziern umwandelten, findet sich keinerlei Nennung eines Mitgliedes des Malerhandwerks[41]. Dies bleibt auch während der weiteren Vorgänge so. Weder das von den »Zunftmeistern« (Handwerkern) besiegelte Exemplar des ersten Zunftbriefes vom 24. November 1368[42], noch der sogenannte zweite Zunftbrief vom 16. Dezember des gleichen Jahres[43] geht auf die Gruppe der Maler ein.

Es ist aber unzulässig, daraus die Auffassung einer freien Künstlerschaft der Maler ableiten zu wollen. Die Verfassungsänderung bildete zunächst den Hauptschwerpunkt der Bewegung und dürfte kaum in die Richtlinien für die einzelnen Handwerksbetriebe eingegriffen haben. Daher geht man wohl nicht fehl in der Annahme, daß für die 10 Meister der Maler einerseits wegen ihrer geringen Anzahl, andererseits aufgrund ihrer geringen Bedeutung für die Gesamtwirtschaft der Stadtgemeinde der Passus des zweiten Zunftbriefs gegolten hat:

> »swas aber anderr zunffte sint die nicht einen zunftmeister an den rate gehaben mugen, die sullen sich under die ahtzehn zunffte verpflichten, vermischen und verbinden«[44].

Für die Unterordnung unter die Zunft der Schmiede lassen sich aus dem Handwerk herangezogene Gründe nur vage vermuten: Sei es einmal der Betrieb größerer Feuerstellen, wie sie bei der Verarbeitung von Glas oder der Glasmalerei bzw. bei der Wandmalerei für das Kalkbrennen notwendig waren oder aber die Benutzung von Metallen wie Blei bei der Glasfassung oder Gold bei der Vergoldung von Bildern und Plastiken. Dennoch läßt sich die rein politische Motivation, die der Ausgewogenheit der einzelnen Großzünfte verpflichtet war, für den Zusammenschluß der Schmiede

37 Vgl. Stadtarchiv Augsburg, Reichsstadt SCH. Nr. 137 a, p. 167; vgl. auch Städtechr. IV, p. 254.

38 Vgl. Personenkatalog Nr. 185.

39 Vgl. chronologische Synopse mit Personenkatalog.

40 Ibid. mit id.

41 So findet sich zu dieser Zeit keine Erwähnung dieses Berufsstandes in den Chroniken.

42 Mayer, Christian 1878, Bd. II, p. 146–148.

43 Ibid., p. 148–152; auch Städtechr. IV, p. 135–139.

44 Städtechr. IV, p. 136.

(wobei dieses Handwerk auch schon ein Sammelbegriff der einzelnen spezielle Metalle verarbeitenden Gewerke war), Sattler sowie der Maler, Glaser, Bildschnitzer und Goldschläger nicht mit Sicherheit ausschließen[45].

Erst nach der Konsolidierung der Zünfte auf dem politischen Bereich vollzieht sich die Übernahme der zünftischen Institution auch in den Handwerksbetrieb und führt zu der speziellen Zunftordnung, die sowohl öffentliches Leben als auch die handwerkliche Praxis bestimmte.

b) Stellung der Maler in der Ordnung der Großzunft

Die Verbindung Politik und Handwerk führte in der Folge dazu, daß die Zunftzugehörigkeit, die gemeinhin die »Zunftgerechtigkeit« genannt wurde, auch nicht von dem Bürgerrecht getrennt werden kann. Dieses durch Geburt, Heirat oder Kauf zu erwerbende Recht bestimmte somit auch die Grundverhältnisse für die »Zunftgerechtigkeit«.

Schon bald nach der »Zunftrevolution« wurde im Jahre 1383 der Zunftzwang auf die neu hinzugezogenen Bürger erweitert[46], damit nicht neben der organisierten zünftischen Bürgerschaft eine neue Gruppe ohne Vertretung in der Stadtregierung entstand. Noch verbindlicher stellte sich der gesetzliche Zwang 1397 dar, wohl aufgrund der nicht gelungenen Durchführung des Beschlusses von 1383, als durch den Rat alle seßhaften Bewohner gezwungen wurden, das Bürgerrecht anzunehmen, wollten sie nicht die Strafe einer zehnjährigen Verbannung auf sich nehmen[47]. Den Abschluß dieser Entwicklung findet man in dem Beschluß des Jahres 1399, in dem auch der Empfang des Bürgerrechts mit der Aufnahme in einer Zunft gekoppelt wurde[48]. Ein Neuankömmling mußte demnach zunächst mit der Zunft bezüglich der Aufnahme übereinkommen, bevor er das Bürgerrecht erhalten, d. h. dieses kaufen oder erheiraten konnte, um sich dann in der Stadt fest anzusiedeln[49].

Der Zeitpunkt, an dem die ersten zunftinternen Bestimmungen entstanden und zu den vom Rat beschlossenen öffentlich-politischen hinzutreten, läßt sich nicht mehr genau festlegen. Die früheste Quelle bleibt hierfür das Zunftbuch der Schmiede der Jahre 1407 bis 1418[50]. Die Artikel bezüglich Meisteraufnahme (Gerechtigkeitserwerb), Verdingung und Entlohnung der Knechte (Gesellen) und der Lehrknabeneinstellung sind für die Meister der gesamten Schmiedezunft verbindlich gewesen[51]. Das bedeutet für die Maler eine gänzliche Unterordnung unter die Großzunft ohne eigene Statuten.

Nach einem Eintrag von 1415 mußte jeder Meister, der durch den Zunftmeister

45 Dieser Zusammenschluß läßt sich im Ratsbuch von 1403 erfassen, wo zum ersten Mal die siebzehn Zünfte angeführt sind (vgl. Stadtarchiv Augsburg, RB. Nr. 4). Bei Huth, Hans 1923 (1977^{III}), p. 7 unter dem falschen Jahr (1303) als Zeitpunkt des Zusammenschlusses angegeben; vgl. dagegen Frensdorff in Städtechr. IV, p. 146; auch Dirr, Pius 1913, p. 173.

46 Vgl. für die gesamten Zunftsverfassungsangelegenheiten, Dirr, Pius 1913, p. 144 ff.; Dirr, Pius 1913, p. 205 (Abdr.).

47 Vgl. Stadtarchiv Augsburg, Reichsstadt, RB. Nr. 3, fol. 14 p; vgl. Beilage Nr. I, 1.

48 Vgl. Verfahren der Bürgerrechts- und Zunftaufnahme, Stadtarchiv Augsburg, Reichsstadt RB. Nr. 3, fol. 19 r / 19 v; vgl. auch Beilage Nr. I, 2; siehe auch Dirr, Pius 1913, p. 209.

49 Diese hier genannten Gesetze stellen den Idealzustand dar, der sich offenbar nicht gänzlich durchführen ließ, wie die Wiederholungen der Erlasse zeigen.

50 Stadtarchiv Augsburg, Reichsstadt SCH. Nr. 46 a.

51 Vgl. ibid., p. 2; auch Beilage Nr. II, 1 mit 3.

(Vertreter der Zunft im kleinen Rat) aufgenommen werden wollte, zunächst 1 fl zum »Vertrinken« und 5 fl an die Zunftkasse abführen[52]. Bis zur Zahlung dieser 6 fl durfte er keine Arbeit ausführen. Aufgenommen war er aber erst, wenn er dem folgenden Zunftmeister (also innerhalb eines Jahres) nochmals 5 fl bezahlte. Diese Bestimmung wurde in den folgenden Jahren verschärft. 1416[53] mußte der Betrag in Höhe von 10 fl auf einmal in voller Höhe an die Zunftkasse geleistet werden und 1417[54] wurde dieser auf 15 fl erhöht. Ob diese schnelle Folge von Änderungen den Anfang dieser Kaufbestimmung für das Zunftrecht darstellt, ist nicht mit Sicherheit anzunehmen.

Die immer größer werdende Bedeutung der Zunfteigenschaft läßt sich auch aus der Vergünstigung für die Kinder der Meister ersehen, die, wenn sie nach ihrer Heirat der Zunft volle Gerechtigkeit ausüben wollten, nur 60 dn geben mußten[55], wodurch Berufsfolge und Seßhaftigkeit abgesichert wurden. Auch die Bestimmung, daß ein »Meistergeselle«, der eine Meisterswitwe zur Frau nahm um 1 fl und 1 fl Trinkgeld für die »Zwölfer« die volle Gerechtigkeit der Zunft erwerben konnte[56], zielte auf den Erhalt der in Augsburg bestehenden Werkstätten. Trotzdem konnten aber die Frauen auch aufgrund ihrer vollen Geschäftsfähigkeit[57] die Werkstätten mit den Gesellen weiterführen und so für ihre Kinder erhalten.

Die Anstellung der Knechte und Lehrjungen unterlag nun der Aufsicht der Zwölfer und der Zunftmeister, welche das Handwerk im Großen bzw. im Kleinen Rat vertraten. Während der Meister den Gesellen noch selbst dingen konnte und dabei die von der Zunft festgesetzten Rechts- und Lohn-Bestimmungen einhalten mußte[58], hatte er jeden »Lerenknecht« in Anwesenheit des Zunftmeisters oder eines Zwölfers anzunehmen[59]. Bei Nichteinhaltung der Bestimmungen mußte er der Zunft 60 dn als Strafe zahlen, von denen ebenfalls die Hälfte wieder zum »Vertrinken« bestimmt war.

Allein an diesen wenigen Vorschriften wird deutlich, wie sehr sich die zünftische Vertretung des Handwerks im Rat – Zunftmeister und Zwölfer – zu Beginn des XV. Jahrhunderts immer mehr auf die Leitung und Regelung der handwerklichen Praxis erstreckte und neben den Interessen des Handwerks nach außen in den Ratsgremien zugleich Aufsicht und Rechtsinstanz innerhalb der Zunft vertritt[60]. Insbesondere unterstreicht diese Absicht der Anspruch, daß ein Meister bei den Zunftversammlungen sich nur durch sich selbst oder durch den Zunftmeister oder einen der Zwölfer verteidigen durfte[61]. Weder ein Außenstehender noch ein anderer Meister des Handwerks durfte ihn vor dem Zunftgremium vertreten.

In dieser Großzunft der Schmiede, die sich, wie es die Begünstigung der bestehenden Betriebe und der Abschluß gegen die nicht zu ihrem Handwerk gehörende Gesellschaft zeigt, so typisch handwerksorientiert verhielt, waren die Maler gänzlich eingeordnet. Wollte man also aus der Reihenfolge der Namensnennung in den Muste-

52 Vgl. ibid., p. 33; auch Beilage Nr. II, 6.
53 Vgl. ibid., p. 35, auch Beilage Nr. II, 7.
54 Vgl. ibid., p. 67; auch Beilage II, 8; man könnte darin aber auch eine Reaktion auf den starken Anstieg der Handwerksmitglieder in den Jahren 1409 mit 1415 sehen.
55 Vgl. ibid., p. 67; auch Beilage Nr. II, 9.
56 Vgl. ibid., p. 2; auch Beilage II, 1.
57 Vgl. Stadtarchiv Augsburg, Reichsstadt RB. Nr. 3, fol. 116 p; vgl. Beilage I, 3.
58 Vgl. Stadtarchiv Augsburg, Reichsstadt SCH. 46 a, fol. 2, auch Beilage II, 3.
59 Vgl. ibid., p. 32; auch Beilage II, 5.
60 Vgl. Stadtarchiv Augsburg, Reichsstadt SCH. Nr. 72 a, fol. 8 r; auch Beilage Nr. III, 11; Die Rechtsinstanz ist zwar erst für das Jahr 1453 zu belegen, dürfte aber schon früher üblich gewesen sein.
61 Vgl. Stadtarchiv Augsburg, Reichsstadt, SCH. Nr. 46 b, fol. 22 p; auch Beilage Nr. II, 10.

rungslisten eine Schlußfolgerung auf ihren Rang innerhalb der Schmiedezunft ziehen, so müßte man sie als die unterste Gruppe einschätzen[62]. Richtiger aber würde dieser Umstand beurteilt sein, wenn man darin eine Folge einer andersgearteten Handwerksauffassung und einer gewissen Eigenständigkeit der Maler sehen wollte. Denn auch in dem originalen Zunftbuch, in dem die Meister der Schmiede und Sattler eingeschrieben wurden, findet sich kein einziger Eintrag einer Gerechtigkeitsaufnahme für einen Maler in dem Zeitraum von 1408 bis 1418[63]. Einzig die Annahme einer eigenen Einschreibliste des Malerhandwerks, die sich aber nicht erhalten hat, könnte diesen Umstand erklären.

Gegen eine Geringschätzung der Maler allgemein spricht, daß in dem Jahre 1457 »Maister Jörg der Maler« als Zunftmeister der gesamten Zunft vorsteht[64]. Bis zu diesem Zeitpunkt haben die Maler scheinbar immer nur eines der zwölf Mitglieder, welche die Schmiede im Großen Rat vertraten, gestellt[65].

Nachdem nun die Maler einmal den Zunftmeister stellten, scheint sich die Tendenz zu einer Eigenständigkeit weiterentwickelt zu haben. Dies schlägt sich in der Aufstellung eigener Statuten nieder, welche in das 1472 begonnene Malerbuch fortlaufend eingetragen wurden. Diese setzen den Beginn einer Verselbständigung der Maler von der Großzunft der Schmiede weg fest[66]. So stellen die Maler schon ab 1467 zwei Zwölfer, welche nun unabhängiger die Leitung der Handwerksgruppe der Maler, Glaser, Bildhauer und Goldschläger übernahmen.

So wird offenbar, daß die Maler keineswegs von Anfang an sich der zünftischen Organisation entzogen, sondern erst durch die Entwicklung einer immer mehr handwerksspezifischen Zunftvertretung durch die Aufstellung einer eigenen Ordnung für ihr »Teilhandwerk« sich abzusetzen trachteten. Dies blieb aber ein Vorgang, der sich innerhalb der Großzunft vollzog und für deren politische Rolle nach außen keinerlei Änderungen brachte[67].

c) Die sozialen Verhältnisse der Maler unter der Schmiedezunft

Für die Zeit des XIV. Jahrhunderts kann kaum von dem erhaltenen Material auf die sozialen Verhältnisse der Meister geschlossen werden, da bis 1389 das Fehlen differenzierter Beträge in den Steuerbüchern einen diesbezüglichen Einblick verwehrt[68]. Auch sind in bezug auf die Mitgliederzahl des Handwerks die Angaben in den Steuer-

62 Vgl. ibid., 5. Blatt; sowie Stadtarchiv Augsburg, Reichsstadt, SCH. Nr. 46 a, p. 91/92.
63 Dies würde die politische Rolle der Großzunft in den ersten Jahren des XV. Jahrhunderts schon andeuten.
64 Vgl. Stadtarchiv Augsburg, Reichsstadt RB. Nr. 5, fol. 124 v, fol. 128 p.
65 Vgl. Personenkatalog Nr. 8, Nr. 50, Nr. 161 und Nr. 189.
66 Das Vorwort des Malerzunftbuches nimmt eigenartig auf das Jahr 1460 Bezug, so daß man die entscheidenden Vorgänge wohl auf dieses Jahr festlegen muß. Das Datum des Zunfthauskaufes von 1472/1473 dagegen stellt sich eindeutig als terminus post der Niederschrift des Buches dar, dessen komplizierter Charakter bei der Überprüfung der Todesdaten der im Vorwort genannten Mitglieder eindeutig zu erkennen ist (vgl. Personenkatalog Nr. 51).
67 Bisher hatten auch die Schmiede, Sattler sowie die Gruppierung um die Maler auch noch keine Regelung für einen Wechsel unter diesen Handwerken getroffen, was auf ein Zusammengehörigkeitsgefühl innerhalb der Großzunft schließen läßt, dem die sich immer weitergehende Trennung der Teilhandwerke entgegenwirkte.
68 Vgl. dazu p. 382 f. Abs. III, 3 A.

büchern nur bedingt vollständig, da oft die Genauigkeit der Einträge hinsichtlich der Namenswiedergaben und Berufsbezeichnungen zu wünschen übrig läßt[69].

Die anderen Quellen sind für diese Zeit zur Erfassung der Maler genauso dürftig. Die fünf Einträge im »Achtbuch der Stadt«[70] ergeben nur bedingt eine allgemein gültige Aussage darüber. Sie unterstreichen in diesen speziellen Fällen die bürgerliche Stellung sowohl hinsichtlich der Rolle als Kläger[71] als auch in der des Beklagten[72] und nehmen in keiner Weise auf die berufliche Stellung Bezug. Auch bei dem Fall des Malers Waltherlin, der 1361 Bilder aus St. Peter und von anderen Stellen der Stadt entwendete, läßt es sich nicht ausmachen, ob dabei neben dem Diebstahlsdelikt auch die Motivation der Vorlagenbeschaffung geltend gemacht werden kann[73].

Für die unklare Situation muß man wohl auch einen vorübergehenden Rückgang des Handwerks selbst als Grund annehmen, der ungefähr bis in das Jahr 1430 angedauert haben dürfte. So geht die Zahl der Maler, die sich in den Steuerbüchern in einem Jahr nachweisen läßt, oft bis auf fünf zurück und beginnt erst im Jahre 1410 wieder kontinuierlich zu steigen[74]. Die Einzelpersonen lassen sich nach Einführung differenzierter Steuerbeträge in den Listen klarer fassen.

In dem Zeitraum nach der Zunftrevolution bis 1450 sind in Augsburg 61 Maler namentlich nachweisbar[75], von denen sich 53 auch in den Steuerlisten wiederfinden. Von diesen zahlen 23 (= 43%) mehr als die einfache »Habnit«-Steuer[76], das bedeutet, daß sie über den Lebensunterhalt hinaus noch Vermögen versteuern. Die Steuersumme eines Guldens überschreiten allerdings nur drei Maler (= 5%) im Laufe dieses Zeitraums. So beträgt die Steuer für Conrad Judmann im Interwall von 1399 bis 1401 3 fl[77], für Jörg Aman 1441 bis 1447 1 fl[78]. Bei diesen beiden Meistern zeigt aber der Verlauf der Steuerbeträge, daß sie nicht ein liegendes Vermögen, wie z. B. ein Erbe oder Heiratsgut zu versteuern haben, sondern die Beträge lassen auf ein Arbeitseinkommen schließen. Der dritte dieser hochsteuernden Meister, Hartmann, stellt in der ganzen Betrachtung einen Sonderfall dar[79]: Zunächst erreicht sein langsam wachsendes Vermögen einen Höchststand durch einen Erbfall und fällt in der Folgezeit wieder ab. Die Steuer von 2 fl, die er von 1448 bis 1451 steuert, dürfte als Sondersteuer zu verstehen sein, die er, nachdem er aufgrund der öffentlichen Ausschweifungen[80] seiner Frau im Jahre 1446 zeitweise aus der Stadt vertrieben war, nach seiner Rückkehr zu entrichten hatte.

Der Einblick, der uns in die Situation durch die Steuerlisten gegeben wird, stellt das Handwerk der Maler zwar nicht direkt vermögend, so doch als eine finanziell ausgeglichene Gruppe dar. Sie reicht nicht an die hohen Gewinne der anderen produzie-

69 So läßt sich kaum unterscheiden, ob in dem speziellen Fall die Benennung »maler« als Berufsbezeichnung oder als Haus- und Familienname zu sehen ist.

70 Stadtarchiv Augsburg, Reichsstadt, SCH. Nr. 81, vgl. dazu p. 378.

71 Vgl. Personenkatalog Nr. 7, Nr. 119.

72 Vgl. ibid., Nr. 91, Nr. 110, Nr. 180.

73 Vgl. ibid., Nr. 180.

74 Vgl. Chronologische Synopse des Personenkataloges.

75 Vgl. ibid.

76 Vgl. für die Steuermodi p. 382 ff.

77 Vgl. Personenkatalog, Nr. 122.

78 Vgl. Personenkatalog Nr. 8.

79 Vgl. Personenkatalog Nr. 108.

80 Ibid.; Inwieweit darin eine Strafsteuer zu sehen ist, läßt sich nicht belegen, jedoch dürfte die Kontinuierlichkeit des Betrages, sowie der hohe Unterschied zur Steuer vor der Vertreibung eine solche »Strafsteuer« andeuten.

renden Gewerke, wie z.B. der Waffenschmiede, heran, aber der verhältnismäßig hohe Anteil derer, die über die »Habnit«-Steuer hinaus zahlen, gibt wohl am besten die strukturelle Lage wieder. In diesem Prozentsatz stellt sich hinsichtlich dem der gesamten Handwerkerschaft der Stadt die Stellung der Maler als überaus günstig dar[81]. Dies dürfte auf die Ablehnung der Tagwerksarbeit durch die Maler zurückgehen, welche die Existenz von Tagelöhnern in ihrem Handwerk unmöglich machte.

Diese günstigen finanziellen Verhältnisse, die auf dem Aufschwung der Stadt ebenso beruhen, wie auch auf dem zeitgemäß sich wandelnden Bewußtsein der Bürger nach einer Selbstdarstellung dieses Aufschwungs, sind gleichzeitig auch der Grund für eine Zunahme der Bedeutung dieses Handwerks sowohl innerhalb der Bürgerschaft als auch in der Zunftorganisation der Schmiede. So werden nicht zuletzt diese Hintergründe für die Zunftmeisterschaft des Jörg Aman 1457 ausschlaggebend gewesen sein und die sich in der Folgezeit vollziehende Vergrößerung des Handwerks als auch dessen Umorientierung innerhalb der Zunftordnung bewirkt haben.

2. Die Überlieferung der Werke und der Werkstätten

a) Die nicht erhaltenen Werke: Motivation und Ausführung

Paul von Stetten charakterisiert in seiner »Kunstgeschichte« das Wirken und das Betätigungsfeld der Zunft im ganzen Umfang, indem er sagt, daß »in dieser unsre berühmtesten Maler und Bildhauer gewesen sind, aber freilich auch die elendesten Schmierer, die kaum Stühle und Bänke anzustreichen taugten und elende Bilder zu schnitzeln geschickt waren«, und er betont, daß eben diese »bürgerliche Verfassung«, die ihre »bürgerlichen Vorteile« hat, »die Schmierer nicht zum Künstler machte aber auch den wahren Verdiensten nichts abnehme«[82].

Eben dieser weit gespannten Einschätzung scheinen auch die ersten Hinweise über die Tätigkeit der Maler Rechnung zu tragen. Jedoch darf man dies nicht allein aus den qualitativen Unterschieden der Künstler (oder besser Handwerker) ableiten, sondern muß dies speziell in diesen Anfangszeiten von der Verwurzelung der Meister im Handwerk herführen. Neben dieser Nähe der Qualitätsstufen der Werke waren auch die unter dem Handwerk zusammengefaßten Einzeltechniken anfangs nicht so streng unterteilt. Als beste Belege dafür sind die frühen Einträge in die Baumeister-Rechnungsbücher der Stadt zu sehen, in denen die Maler meist in ihrer Tätigkeit als Glaser bezeugt sind, ohne dabei ihre eigene Berufsbezeichnung als »mauler«[83] oder »pildschnitzer«[84] abzulegen. Eben die Nennung des Berufes bei der Abrechnung legt die Zugehörigkeit dieser Tätigkeit zu dem Handwerk dar, wie sie der Zeitgenosse verstand. Man ginge aber sicherlich zu weit, wollte man aus dem heutigen Verständnis heraus motiviert grundsätzlich behaupten, daß es sich dabei immer um Glasmalerei gehandelt habe. Die Beträge, die hier gezahlt wurden, lassen auf bloße Handwerksarbeit schließen, der man keinerlei höhere Verpflichtung zumutete.

Als zweites fällt neben den wenigen großen Aufträgen die Menge der Alltagsarbeit ins Gewicht, die für die Meister in den letzten Jahrzehnten des XIV. und zu Beginn

81 Vgl. für die Vermögensschichtung Kießling, Rolf, 1971, p. 44 ff..
82 Stetten Kunstgeschichte 1779, p. 269.
83 Vgl. dafür Personenkatalog Nr. 7 und 122.
84 Vgl. ibid., Nr. 144.

des XV. Jahrhunderts bezeugt ist. Freilich muß berücksichtigt werden, daß die einzigen durchgehend in Quellen belegten Aufträge die der öffentlichen Hand sind, die gegenüber den privaten und kirchlichen sicher den geringeren Teil ausmachten[85]. Trotzdem finden sich in diesem kleinen Spektrum der Aufträge auch bloße Anstreichtätigkeiten, wie »Remlinge« anzustreichen, Säulen und Durchzüge »zu malen« und Vertäfelungen »blau zu färben«[86]. Auch die Bezeichnung von Gebrauchsgegenständen wie Kannen, Büchsen u. a. – wahrscheinlich durch kleine Wappenschilder –[87] trifft man dabei ebenso an wie auch die Ausführung, daß die Maler die »pfil fidern«[88]. In der Folge dieser handwerklichen Tätigkeiten stehen auch die verschiedenen Vergoldungen, sei es für die Bekrönungs-»Knöpfe« der Türme[89] oder für das Mobiliar der Ratstube sowie auch der Turmuhren[90].

Eine Zwischenstellung zwischen handwerklicher Arbeit und künstlerischer Gestaltung muß man in dem Bemalen der Fahnen sehen, die innerhalb der städtischen Aufträge die meistgenannte Tätigkeit der Maler sind[91]. Diese Fahnen, die meist für die eben in dieser Zeit ausgebauten Tortürme der Stadtbefestigung hergestellt wurden, muß man sich wohl reicher gestaltet vorstellen, als nur mit den Stadtfarben versehen[92]. Zu diesem Metier gehört auch die Bemalung der »Schilder«. Ihre Rolle ist nicht so eindeutig zu klären, wie die der Fahnen, aber aus der großen Anzahl der Schilde, die bei der Neugestaltung des Perlachturms angefertigt wurden, ist der Schluß, daß sie größtenteils auch zur Fassadendekoration Verwendung fanden, naheliegend[93]. Daß die auf Fernsicht hin gestalteten Schilde einfacher waren, als z. B. der von Hartmann 1430 gemalte Setzschild (Tartsche)[94], ist an der Differenz der Bezahlung deutlich zu ersehen. Ebenso wie die Fahnen und Schilde zur Emblematik zu zählen sind, gehören auch die Arbeiten für gefärbte Gläser in der Ratsstube[95] und der Bemalung der sich dort befindlichen festen Einrichtungsgegenstände[96], auf denen man offensichtlich die Wappen der am Rat beteiligten Geschlechter und Zünfte als Repräsentation der städtischen Regierungsmacht anbrachte, zu dieser.

Gegenüber dieser Anzahl von Handwerksarbeiten für die öffentliche Hand bleibt die Aufstellung in bezug auf die Tafelmalerei ziemlich dürftig. Den gezahlten Beträgen nach, die uns in diesem Zusammenhang genannt sind, muß es sich dabei auch in erster Linie um »Gebrauchskunst« gehandelt haben, die nicht weit über die Schildermalerei hinausging. So wird in einem Eintrag des Jahres 1396 von einem »täfel« für die Leute, die man ausführt, berichtet[97] und wie auch 1397 ein Gemälde über dem Richtstuhl erwähnt wird[98]. Anno 1432 bemalt Jörg Aman mehrere »Täferlachen« für

85 Dies ist durch die Archivalienstrukturierung deutlich zu ersehen; vgl. p. 371 f. Schema B.
86 Vgl. Personenkatalog Nr. 8.
87 Ibid., Nr. 41, Nr. 46, Nr. 49, Nr. 8, Nr. 161.
88 Ibid., Nr. 49.
89 Ibid., Nr. 8, Nr. 49.
90 Ibid., Nr. 8, Nr. 49.
91 Ibid., Nr. 8, Nr. 49, Nr. 136, Nr. 46, Nr. 41, Nr. 161.
92 Vgl. dafür die Rechnung aus dem Jahre 1372: »Item viiij lib vi ßdn vmb XXXI Eln bindins Tuch Gruns weizz Rotz zu banieren« für Flaggen in den Stadtfarben (vgl. Stadtarchiv Augsburg, Reichsstadt BRB. 1372, fol. 118 v).
93 Vgl. Personenkatalog Nr. 46, Nr. 60, Nr. 108; siehe auch Beilage Nr. XIII, 1–3.
94 Ibid., Nr. 108.
95 Ibid., Nr. 122.
96 Ibid., Nr. 9.
97 Stadtarchiv Augsburg, Reichsstadt, BRB 1396, fol. 53; dieses Bild ist keinem speziellen Maler zuzuweisen.
98 Ibid., BRB 1397, fol. 53 v; Auch diese Malerei kann keinem Meister zugeteilt werden.

die Ratsstube. Dabei wird man aber eher an eine ornamental verzierte Vertäfelung denken müssen, wie auch bei der Nachricht, daß er 1430 die »Täfel vff dem Rauthaus ob dem gericht plaw«[99] angestrichen habe.

Demgegenüber berichten die Chroniken, daß die kirchliche Tafelmalerei eben zu dieser Zeit beginnt ganz andere Dimensionen anzunehmen. Wenn Hans von Ketz 300 fl für die Tafel auf dem Fronaltar in St. Ulrich 1406 bezahlt bekommt[100] – eine Summe, die bei den öffentlichen Aufträgen nur im Zusammenhang mit den großen Umgestaltungen für die zentralen Repräsentationsgebäude auftaucht – so ist dies, wenn es auch, weil nicht alltäglich, der Chronik berichtenswert erscheint, doch der Ansatz zu einem neuen Ausmaß der Kunsttätigkeit und zu einer anderen Einstellung dazu. Vor allem wenn man bedenkt, daß derselbe Meister ein Jahr darnach, 1407 in städtischen Diensten, um wenig Lohn für die Baumeister Pfeile mit Federn versieht[101].

Gegen Mitte des XV. Jahrhunderts häufen sich die Nachrichten über große Tafelwerke für die Kirchen. So malt 1446 der Meister Hans Mang Schnellenweg die Tafel für den St.-Ulrichs-Altar in der Kirche des Reichsstifts gleichen Namens[102], an dem sich zu diesem Zeitpunkt eine rege Kunsttätigkeit zu entfalten beginnt. Auch im Dom stellt der Frühmeßaltar, der mit einem Aufwand von 300 fl angefertigt wurde, ein für die Chroniken bemerkenswertes Kunstwerk dar. Auch für ihn ist als Urheber Hans von Ketz genannt, dessen Identität mit der des Meisters des Frühmeßaltars in St. Ulrich sich nicht sichern läßt[103].

Die Tafel einer Kreuzigungsdarstellung wiederum für den Fronaltar in St. Ulrich wurde 1455 in Flandern bestellt und für 200 fl erworben[104]. Dies belegt schon ziemlich früh die Vergabe von Aufträgen für Tafelmalerei an auswärtige Künstler und unterstreicht deren transportablen Charakter sowie ihre Rolle für die stilistischen Einflüsse. Die Motivation für die auswärtige Bestellung ist leider nicht festlegbar, so daß man dabei nur Vermutungen anstellen kann. Soweit allerdings der Preis eine Aussage über die Einschätzung dieses Kunstwerks zuläßt, scheint man dieses nicht über die Erzeugnisse heimischer Maler gesetzt zu haben[105].

Neben dem Import von Tafelbildern läßt sich auch ein Beispiel eines Auswärtsauftrags belegen. So liefert Jörg Aman 1439 für die Pfarrkirche in der bayrischen Stadt Höchstätt an der Donau einen Altar, welcher ihm laut Vertrag um 100 fl angedungen wurde. Der Maler hielt sich aber bei der Ausführung dieses Werkes nicht an den finanziellen Rahmen, der durch die Auftraggeber, die Stadträte der Gemeinde, gesteckt worden war. So schuf er »nach hayschunge der materij vnd nach rechtformiger ordnung« ein Werk, bei dem allein schon der Materialwert die Summe des Gedinges verschlang. Dies unternahm der Maler in vollem Vertrauen auf die Anerkennung

99 Vgl. für beides Personenkatalog, Nr. 8.

100 Vgl. Städtechr. XXII, p. 52; Für die Problematik der Datierung und über die Widersprüchlichkeit der Quellenlage vgl. Personenkatalog Nr. 49.

101 Vgl. Personenkatalog Nr. 49.

102 Vgl. Städtechr. XXV, p. 308, 4; vgl. auch Personenkatalog Nr. 161.

103 Vgl. Städtechr. XXXIII, p. 37, 9, wo das Datum dafür angegeben ist. Die Rechnungsbücher des Domes nennen dagegen das Jahr 1423 als Entstehungstag der Frühmessaltartafel (vgl. Stadtarchiv Augsburg, Reichsstadt, SCH. 139, fol. 35 v). Für die Frage der Urheberschaft der Altarbilder vgl. Personenkatalog Nr. 49.

104 Vgl. Städtechr. XXV, p. 307, 26.

105 Auch wenn sich die Urheberschaft für die Augsburger Altäre nicht gänzlich klären läßt, so scheinen die Beträge von 300 fl bis 400 fl der Wahrheit zu entsprechen, wie dies die Einigkeit der Quellen darüber bezeugt.

durch die Auftraggeber, denen er keine größere Forderung stellen wollte, obwohl er mit einer großzügigen Aufbesserung rechnete, da er »sollich schicklich zu sätz der marterien, vff ain guttes getruen . . . gemachet vnd dem werk zugefüget« hatte, »damit dasselbe werk der arbait halben nit möchte gelützzet werden«.

Diese Auffassung einer Verpflichtung gegen Form und Werk scheint jedoch nicht sogleich Anerkennung gefunden zu haben, da der Rat der Stadt Augsburg, anscheinend auf Drängen der Zunftkollegen wie wahrscheinlich auch des Malers selbst, sich mit einer Fürbitte bei den Räten der Stadt Höchstätt für ihn verwendet, in dem er mit dem Hinweis auf »gestalt vnd Kostlichkait der arbait«, welche die Auftraggeber »nach dem gesicht des werkes, selbst wol mügt erkennen« für den Maler um »ain zimliche peßerung vñ zupůß«bittet[106].

Obwohl nicht bekannt ist, wie der Ausgang dieser Petition sich verhielt, ist sie doch das früheste Zeugnis in Augsburg, das über die Einschätzung der Werke berichtet. Dabei ist weniger die Hochschätzung der guten Ausführung als Haltung des Malers bemerkenswert, welcher sich dem Werk und dessen Form so verpflichtet fühlt, daß er eher der Auslieferung des Stückes zu dem vertraglich geregelten Preis zustimmen wollte[107], als daß er seine Leistung, die er nun einmal vollbracht hatte, durch Verminderung des Ausmaßes auf die ausgemachte Gestalt bringen wollte. Man wird wohl nicht zu weit gehen, in dieser Stellung des Meisters eine Überschreitung der rein handwerksorientierten Gesinnung zu sehen, welche sich zumeist in dem ordnungsgemäßen Ausführen des gestellten Gedinges erfüllte.

Wie die hier angeführten Quellen berichten, muß man den Schwerpunkt bei der Tafelmalerei in den Aufträgen der Kirche oder für diese suchen, worunter auch die Aufträge privater Hand und der Gemeinden, die dann als Stiftungen in die Gotteshäuser oder auch Familienkapellen gestellt wurden, fallen.

Für die Wandmalerei ergibt sich aber ein anderes Bild. Auch hier ist die Ausführung handwerklicher Aufträge sicher nicht auszuschließen. Jedoch muß aufgrund späterer Quellen die Beteiligung der Maler bei einfachen Wandanstrichen verneint werden[108]. Diese Arbeit wurde im Zusammenhang mit den Verputzarbeiten von den Maurern oder den speziellen Weißmalern übernommen, so daß sich, wenn die Beteiligung eines Malers aus den Rechnungen hervorgeht, daraus mit ziemlicher Sicherheit eine ornamentale bzw. dekorative Gestaltung der Farbgebung erschließt. Die Möglichkeit, daß in einem solchen Falle Materialien Verwendung fanden, die nur dem Malerhandwerk vorbehalten waren, läßt sich für diese Zeit direkt nicht belegen[109]. Die Hypothese, die Tätigkeit der Maler dergestalt zu sehen, wird durch die vorhandenen Rechnungen der öffentlichen Bauten gestützt, bei denen sich alle Berufssparten aufgezeichnet finden, die für die Fertigstellung der Arbeit nötig waren und bei denen durchwegs die Maler fehlen. Die in den Steuerlisten vereinzelt auftretenden »Weismauler« dürften Handwerker sein[110], die sich auf das Tünchen spezialisiert haben. Im Zusammenhang mit der Malerzunft sind sie jedoch nicht nachweisbar.

106 Vgl. Stadtarchiv Augsburg, Reichsstadt, SCH. Nr. 105, IV a; siehe auch Beilage IX; vgl. auch Städtechr. IV, p. 337 Anm. 4; siehe auch Personenkatalog Nr. 8.

107 Von dem bestehenden Vertrag konnte ihn ohne Strafe niemand entbinden.

108 Nur aus einer längeren Tradition der Fassaden- und Zimmeranstriche durch die Maurer kann die Auseinandersetzung anfangs des XVI. Jahrhunderts erklärt werden. Vgl. die Auseinandersetzung der Handwerke der Maler gegenüber den Maurern, I, p. 78/79, sowie Beilage Nr. XII, 1–2.

109 Vorschriften über Materialien, die als Definition der Abgrenzung der Handwerke Verwendung fanden, sind für Augsburg über das ganze XV. Jahrhundert nicht belegbar.

110 Vgl. Personenkatalog Nr. 23, Nr. 70, Nr. 139, Nr. 149.

Die Auftragslage scheint aber bei der Wandmalerei etwa gleichmäßig zwischen privaten, kirchlichen und öffentlichen Trägern verteilt gewesen zu sein. Trotzdem bilden die erhaltenen Quellen eindeutig einen Schwerpunkt für die im Auftrag der Stadt durchgeführten Arbeiten[111].

Die Vorgänge, die uns als erste berichtet werden, sind die des Meisters Hermann, der 1362 sowohl an den Gögginger-Torturm und zweimal am Hl.-Kreuzer-Tor Bilder malte[112]. Sie sind die ersten Arbeiten einer Reihe, die dann infolge der Fertigstellung der Befestigungswerke erfolgten.[113]. So malte 1396 der Maler Mentelin das »Vorzaichen vor husstetter tor«[114], 1402 und 1403 Conrad Judmann »tzu wertach prick« bzw. an dem neuen Zwinger derselben Anlage[115]. Diese Arbeiten dürften aber ebensowenig wie jene, die Hans Mang Schnellenweg 1447 wiederum am Gögginger und am Hl.-Kreuz-Tor ausführte[116], größeres Ausmaß angenommen haben. Denn nach den Rechnungsbeträgen mußte es sich dabei um kleinere Stücke oder um gröbere Dekorationsmalerei gehandelt haben. Daß letzterer Fall durchaus in Betracht kommen könnte, dürfte der Name des »schecketen« Turmes, der 1393 als runder Wehrturm unweit des Mauerbergs belegt ist[117], bestätigen. Die Parallele zu diesen Quellen, die in den Arbeiten Peter Kaltenhofers von 1457 am Frauentor erhalten ist[118], bezeugt, daß bei dieser Größenordnung – von finanzieller Seite aus – es sich nicht um eine Totalbemalung gehandelt hat. Man wird wohl in diesen Fällen mit Einzelbildern und Emblemen zu rechnen haben. Zu dieser Art von Arbeiten müssen auch die von Jörg Aman 1440 am Salzstadel gezählt werden[119], deren Hauptstück das Reichswappen mit dem Adler war. Der Hinweis der Chronik Zinks, daß 1458 der Dom außen »getüncht und gemalt« wurde[120], ist für eine Ausdeutung dieser Vorgänge zu dürftig, als daß man dabei auf größere gestalterische Tätigkeit schließen könnte.

Neben diesen kleineren Aufträgen entstanden auch Arbeiten größeren Umfangs. Die 1429/30 durchgeführten Bemalungen des »husstetter tores« von Jörg Aman[121], wofür er 127 fl als Bezahlung erhielt, veränderten den Turm so charakteristisch, daß er hernach nur als das »Rote Tor« bezeichnet wurde. Durch die für einen äußeren Torturm überaus kostspielige Verzierung ist hier zum erstenmal die Bedeutung ausgedrückt, die das südliche Haupttor für die Stadt im Laufe der sich immer intensiver entwickelnden Handelsbeziehungen in Richtung Süden bekommen hatte.

Die Bemalung des Perlachturms[122] anläßlich einer baulichen Umgestaltung und Renovierung stellt in diesem ersten Zeitabschnitt der Untersuchung den umfangreichsten Auftrag sowohl in finanzieller Hinsicht als auch in bezug auf die Zahl der dabei beteiligten Künstler. Die Gestaltung der Arbeiten ist allerdings nicht mehr genau zu rekonstruieren. Fest steht, daß es sich um eine Kombination von Wandde-

111 Vgl. p. 371 f., Schema B.
112 Vgl. Personenkatalog Nr. 110.
113 Die Ausgaben und Aufwendungen lassen sich ebenfalls anhand der Baumeisterrechnungen verfolgen; vgl. Hoffmann, Robert 1887, p. 1–48.
114 Vgl. Personenkatalog Nr. 136.
115 Vgl. ibid., Nr. 122.
116 Vgl. ibid., Nr. 161.
117 Vgl. Hoffmann, Robert 1887, p. 13.
118 Vgl. Personenkatalog Nr. 41.
119 Vgl. ibid., Nr. 8.
120 Vgl. Städtechr. V, p. 215, II.
121 Vgl. Personenkatalog Nr. 8; auch Hoffmann, Robert 1887, p. 22.
122 Vgl. Personenkatalog Nr. 8, Nr. 46, Nr. 60, Nr. 108; sowie Werkstattschemata Nr. IV und Nr. V; siehe auch Beilage Nr. XIII, 1–3.

koration und den oben genannten Schildern handelte. Wie die Wirkung dieser festen und mobilen Ausstattung zueinander war, ist nicht mehr auszumachen. Die Bedeutung dieses über 300 fl umfassenden Großauftrags für die Untersuchung liegt vor allem in der Überlieferung der Werkstattgruppe, die bei der Ausführung beteiligt war. So wurde die Bemalung der Schilder durch die drei Werkstätten Hartmann, Kaspar von Ketz und Hans Kron ausgeführt. Der dreimal erwähnte Eintrag für »seinen Pruder« dürfte sich wohl auch auf ein Mitglied der Werkstatt derer von Ketz beziehen[123]. Aber nicht nur die Einzelteile der mobilen Ausstattung wurden aufgeteilt, sondern auch für die ortsgebundenen Wandmalereien wurden gleichberechtigt die Meister Kaspar von Ketz und Hans Kron herangezogen. Es liegt hier die einzige archivalisch faßbare Werkstatt-Arbeitsgemeinschaft aus gleichberechtigten Meistern vor, die an ein und demselben Auftrag tätig sind. Daß innerhalb dieser Tätigkeit für die Turmbemalung Kaspar von Ketz einen höheren Betrag ausgestellt bekommt, als Hans Kron, ist in dessen gleichzeitiger Arbeit an dem Turm »zum vogelsang«, dem heutigen »Luginsland«, begründet[124], der ebenfalls in dieser Zeit unter der Mitarbeit von Jörg Aman vollendet wurde[125].

Die einzige berichtete Bemalung einer Kapelle aus diesem Zeitabschnitt fällt in das Jahr 1448, in dem Conrad Voegelin seine Grabkapelle bei St. Ulrich und Afra ausmalen läßt. Dabei werden die Bilder auf »nassen Tünich gemalt«[126]. Die Angabe der Technik hat bisher aber mehr Verwirrung als Klärung in dieser Frage gebracht[127]. Über den Maler dieses »Grabhaus«, wie über die Darstellungen selbst ist nichts berichtet.

Ende der fünfziger Jahre des Jahrhunderts finden sich Berichte über die Malereien an Perlach und Rathaus[128], die ebenfalls größeren Umfang besessen haben müssen. Bei diesen Arbeiten ist die Überlegung anzustellen, inwieweit sie eine szenarische Folge als Zyklus darstellten bzw. größere Historienbilder umfaßten[129]. Man wird mit diesem Gedanken nicht zu hoch greifen, da sich die Überlegungen nicht allein an diesen Rechnungsberichten ausrichten. So gibt es über das stark restauriert erhaltene Beispiel der Weberzunftstube[130] von 1457 mit seinen kleinfigurigen Bildfolgen hinaus Quellen auch für monumentale Darstellungen für Geschichtszyklen. »Daß man den ersten Berührungspunkt zwischen Humanismus und Geschichtsschreibung in Deutschland«[131] in der 1457 im Auftrag Sigmund Gossenbrots geschriebenen »Chro-

123 Für die Frage des Bruders von Kaspar von Ketz bzw. Hartman vgl. Personenkatalog Nr. 46 und Nr. 108.
124 Ibid., Nr. 60.
125 Ibid., Nr. 8.
126 Herberger, Theodor 1852, p. 34.
127 Ibid.; vgl. auch Bredt, Ernst Wilhelm 1900, p. 22/23.
128 Ibid., Nr. 26, Nr. 41; die Malereien werden immer den Malern Kaltenhofer und Prenck zugeschrieben, obwohl sich in den Baumeisterrechnungen keine dem Umfang entsprechende Abwicklung für eine solche Bemalung findet. Die Zuschreibungen gehen auf eine Randnotiz in der Stuttgarter Handschrift der Chronik Hector Mülichs (vgl. Städtechr. XXII, p. 326) bzw. auf einen überlieferten Eintrag der Chronik Clemens Jägers (vgl. Stetten Kunstgeschichte 1779, p. 270) zurück. Daß Malereien größeren Ausmaßes existieren, beweisen die Chronikeinträge (vgl. Städtechr. IV, p. 327, 10; Städtechr. XXII, p. 505, 12; Städtechr. XXV, p. 313, 10; Gasser Chronik sp. 1625), welche jedoch keine Zuweisungen erlauben.
129 Die Bilder bei Gasser Chronik sp. 1625 erwähnt: »Senatorium item aulam venustissimis picturis ab extra delinari illustarique«. Dies läßt in der Bezeichnung an Historienbilder denken.
130 Heute im Bayerischen Nationalmuseum München.
131 Joachimsohn, Paul 1895, Vorwort.

nographia Augustensium« des Sigmund Meisterlin sehen kann, bleibt ohne Zweifel. Dies bedeutet jedoch zugleich auch eine Unterschlagung der Aufträge des 1452 verstorbenen Peter Egen[132]. So ließ er in den Jahren 1437–1442, nachdem er 1437 zum erstenmal Bürgermeister war, eine von einem Priester lateinisch abgefaßte Reimchronik durch den »Dichter« namens Küchlin in deutsche Verse übertragen. Diese Chronik, welche die Entstehung Augsburgs auf den Fall Trojas zurückführt und bis zu der Bekehrung der Heiligen Hilaria und Afra reicht, wurde durch Jörg Aman dem Dichter zur Verdeutschung überbracht. Darüber berichtet der Schluß der Chronik:

»meister Jörg heist der maler klůg/
der im das bůchlin zů trůg/
und tet es auch nit gar umbsust/
im stůnd darzů sin eigen lust/
das er daruß wolt figuriren/
und mit gemeld gar schon ziren/
dem gewaltigen man sin hus und wend«[133]

Jörg Aman, der während des Aufenthalts König Sigmunds 1431 schon am Hause Peter Egens arbeitete[134], hat somit sicherlich an dem nach 1433 neu gebauten Haus diese »Geschichte Augsburgs« angebracht[135]. Leider ist uns nicht bekannt, ob diese Wandmalereien für einen Innenraum oder die Fassade bestimmt waren.

Immerhin bezeugt dies, daß schon in der ersten Hälfte des XV. Jahrhunderts nicht nur größere zusammenhängende Zyklen in Augsburg bekannt waren, sondern auch nach literarischen Vorlagen gearbeitet wurde[136]. Gerade dieser Punkt, der für eine beginnende Traditionslinie den Anfang darstellt, zeigt, wie eng sich die Wandmalerei an die neuen Strömungen anzuschließen vermochte, wenn der Auftraggeber die nötige Bildung und Motivation besaß[137]. Aufgrund solchen Beispieles wird dann verständlich, warum Großzünfte, wie die der Weber und der Rat der Stadt selbst in der Folge sich durch die Darstellung von Geschichtszyklen bzw. monumentalen Historienmalereien repräsentieren ließen[138].

Sowohl anspruchsvolle Auftraggeber, die auch den Anschluß an die zeitbedingten überregionalen Geistes- und Kunst-Strömungen hatten, als auch Maler, welche wie Jörg Aman, die Verpflichtung zu ihrem Werk besaßen, sind der Ausgangspunkt für eine kontinuierliche Entwicklung der ansässigen Malerschaft. Diese aufstrebende Tendenz, die durch eine Nachfrage eines breiteren Personenkreises gefördert wurde, stellt die Grundlage für die Entwicklung einer Tradition dar, die angesichts der erwähnten Lage nicht ausgeschlossen werden darf.

132 Joachimsen, Paul, 1910, p. 42; vgl. Städtechr. IV, p. 335 ff. Beilage Reimchronik des Küchlin.
133 Städtechr. IV, p. 355, 377–383; vgl. auch Personenkatalog Nr. 8.
134 Vgl. Personenkatalog Nr. 8.
135 Ibid.
136 Auch bei der Weberzunft-Stube setzt sich das alttestamentarische Programm, das wie eine Weltchronik aufgefaßt ist, in Szenen des Alexanderromans fort.
137 Diese Aufträge stellen die Spitze der gebildeten Bürgerschicht dar, welche durch Handel und gesellschaftlich politische Beziehungen überregional an das aktuelle Geistesleben angeschlossen waren, für welche es in Augsburg keine eigene tragende Institution gab.
138 Hierin ist nicht ein eigener Antrieb dieser Institutionen zu sehen. Eher muß man hier an einen aus der »imitatio« herausgeborenen Wunsch gleichrangiger Repräsentation denken, den die Künstler dann zu erfüllen in der Lage waren.

Der Einsatz dieser Entwicklung muß im zweiten und dritten Jahrzehnt des Jahrhunderts begonnen haben. Zwar belegen die Archivalien den eigentlichen Beginn erst für die dreißiger Jahre, was aber dennoch die Annahme von Vorläuferstadien nicht verbietet, da Peter Egen den Auftrag seiner Hausbemalung allein nach dem literarischen Programm dem Maler zur Gestaltung übergab, der aus eigener Leistung die Form der Historie zu finden hatte.

Was die Entwicklung auslöste ist nicht eindeutig aus den geschichtlichen Quellen zu erfassen, die beharrlich über direkte Kontakte der Maler nach außen schweigen. Der Vorgang eines Traditionsbeginns selbst ist jedoch soweit klar, da er sich in der weiteren Folge eindeutig zeigt. In diesem Zusammenhang wird sich die Frage der aus Böhmen während der Hussitenwirren zurückkehrenden Kunsthandwerker für die stilistische Untersuchung als ein wichtiger Aspekt herausstellen[139], der im zweiten Dezennium des Jahrhunderts mit den in Augsburg bestehenden Verbindungen in den Süden abzuwägen ist. Die vorhandenen Werkstätten, wie die der Sippe von Ketz scheinen sich aber dennoch durchgehend zu behaupten[140], was für eine gefestigte Malschule innerhalb der Stadt spricht. Die Archivalien sind allerdings zur Klärung dieser Frage nicht geeignet, so daß man nur im Zusammenhang mit der stilistischen Untersuchung eine Entscheidung fällen kann, wenn man Rolle und Einwirkung der Einflüsse von außen auf die sich entwickelnde Tradition beurteilen will.

Die bestehende archivalische Überlieferung läßt es jedoch nicht zu, die Entwicklung einer eigenen Tradition aufgrund der feststellbaren Einflüsse auszuschließen, so daß man es nicht als Charakteristikum der Augsburger Malerei bezeichnen kann, daß ein »Zehren von fremden Anregungen der hauptsächliche Grundzug für sie sei«[141]. Es stellt sich die Frage, ob dieses »Zehren« nicht aus der Überdeutung der stilistischen Details und der motivischen Versatzstücke einer in die allgemeine Kunstlandschaft eingebetteten lokalen Malerei ist, bei der die Durchgangslage eine stärkere Konfrontation der Tradition mit den anderen Stilmodi bewirkt. Die Reflexion und die Übernahme fremden Stilguts mögen eine schwache Stellung der Augsburger Tradition vermuten lassen, welche schnellebig Fremdes an sich reißt und beinahe auf die Stufe der Kopie herabfällt und keine Art selbsttätig weiter zu entwickeln vermag. Dies jedoch kann man nur an den Bildern beurteilen, da mit dem geschichtlichen Material sich eine stilistische Kontinuität nicht aufbauen läßt.

b) Einordnung der erhaltenen Bilder in die historischen Zusammenhänge

Bei den erhaltenen und bildlich überlieferten Denkmälern überwiegt, wie es aus dem Katalog zu ersehen ist, die kirchliche Malerei bei weitem. Dies erklärt sich daraus, daß die Bausubstanz von Sakralbauten sich nicht so schnell ändert, als die der Privathäuser und der öffentlichen Repräsentationsgebäude. Dazu kommt, daß die zufällige Auswahl, welche durch die Zeit getroffen wurde, sich auch keineswegs als allgemein gültig für den ehemaligen Bestand ansehen läßt. So wird der Vergleich mit dem archivalisch überlieferten Material die einzige Möglichkeit sein, welche bleibt, um auch nur einigermaßen das ehemalige Bild des Bestandes zu erörtern.

139 Vgl. Foster, Michael 1979 (MS), p. 14; Foster erwähnt das Kettenberger Dekret von 1409 als Veranlassung der Hauptabwanderung deutschstämmiger Bevölkerungsteile. Dies würde bedeuten, daß die Jahre 1410 und folgende den größten Zustrom böhmischer Elemente anzeigen; vgl. dazu infra p. 43.

140 Vgl. Personenkatalog Nr. 45 mit 52; auch Werkstattschema Nr. IV.

141 Stange, Alfred 1951, Bd. IV, p. 113.

Für die Gruppe der kleineren gestifteten Bilder, welche sich erhalten haben, gibt es aber auch auf dieser Basis keine Klärung, da entsprechendes Quellenmaterial für die Frühzeit verloren ist. So ist es auch trotz der hypothetischen Verbindung der Schmerzensmann-Darstellungen im Dom[142] mit einer Altaranlage bzw. mit einer damit verbundenen Sakramentsnische nicht schlüssig, ob sie aufgrund von Stiftungen oder durch das Domkapitel selbst angeregt wurden. Auch die Möglichkeit, daß sie durch den vom Rat bestellten Zechpfleger in Auftrag gegeben und unter dessen Verantwortung ausgeführt sind, muß man in Betracht ziehen. Die Verbindung mit Domkirche oder einem dem Kapitel unterstehenden Altar läßt nicht entscheiden, zu welchem Stand in diesen Fällen der Auftraggeber gehörte. Dasselbe gilt auch für die Malerei der drei Myrrhophoren[143], gleichsam als Nachfolge des heute zwischen ihnen sichtbaren Schmerzensmannes zu verstehen ist. Allerdings könnte ihre Zuordnung auf einen uns heute unbekannten vollplastischen Körper in der Mitte der Figuren in der Ausdeutung eine weitere Möglichkeit geben, die sich jedoch ohne die Kenntnis desselben nicht mehr erfassen läßt.

Ähnlich verhält es sich auch für die frühen Bilder der Domkrypta[144]. Der Einzelbildcharakter des Märtyrerbischofs sowie der Schutzmantelmadonna legt zwar die Annahme von Einzelstiftungen nahe, die aber nicht näher zu belegen sind. Die beiden zusammengehörigen Fragmente des Limbus und der Frau am Grabe[145] schließen dies nicht aus, da sich eine solche Stiftung ohne weiteres in mehreren Bildern um einen der Pfeiler gelegt haben kann[146].

Ebenfalls als Stiftungsbild wird man den Marientod der Dominikanerkirche[147] sehen müssen. Diese Annahme wird bestärkt, da sich der Wappenfries aus demselben Gebäude überliefert hat. Ein Zusammenhang beider Denkmäler ist jedoch nicht beweisbar. Ebenso kann auch die Verkündigung mit den Stiftern aus den Kopiebeständen des Stadtarchivs ein Einzelbild einer Stiftung gewesen sein[148]. Durch die Kennzeichnung mit dem Wappen und dem Bild der Stifter selbst hebt sich diese Stiftung deutlich von den kleineren Einzelbildern ab, indem sie die Stiftung zugleich mit der Repräsentation der Familie verband. In gleicher Weise, nur in der Art monumentaler, versteht sich die Anbetung in St. Peter am Perlach[149], deren Stifter innerhalb seines Wirkungsortes sich gleichsam ein Monument errichten ließ, welches seine Frömmigkeit, wie auch seine Stellung in den Reihen der Mitglieder des Stiftes den nachkommenden Generationen deutlich vor Augen führen sollte.

An diese Stiftungsbilder, welche die repräsentative Funktion durch Beifügung von Wappen und »Porträts« deutlich zeigen, sind auch Epitaphbilder anzuschließen, die in Zusammenhang mit dem Grabmonument wiederum für den entsprechenden Auftraggeber sprachen. Diese Rolle ist für das Kreuzigungsbild in der Kapellensakristei der Goldschmiedekapelle bezeugt[150]. Ob sie auch für die Kreuzigung des Kopienbe-

142 Vgl. Objekt Nr. 1 und Nr. 2.

143 Vgl. Objekt Nr. 36.

144 Vgl. Objekt Nr. 7 mit Nr. 10; speziell Nr. 7 mit Nr. 8.

145 Vgl. Objekt Nr. 9 und Nr. 10.

146 Als Beispiel eines Raumes mit einer größeren Zahl solcher Einzelstiftungsbilder sei für Schwaben die St. Martinskirche in Memmingen angeführt, wo sich Beispiele der Zeit von 1430 bis 1490 erhalten haben; vgl. Bayer, Günther 1967, p. 19.

147 Vgl. Objekt Nr. 5 in Bezug zu Nr. 6.

148 Vgl. Objekt Nr. 16.

149 Vgl. Objekt Nr. 25.

150 Vgl. Objekt Nr. 38. Die Stellung als Grabmal ergibt sich aus der Lage zum ehemaligen Leichhof der St.-Anna-Kirche; vgl. Plan Nr. III

standes des Stadtarchivs[151] gegolten hat, läßt sich wegen deren unbestimmtem Standort nicht belegen.

Bei all diesen Werken handelt es sich um Einzeldarstellungen, die für sich, nur der Wirkung des Standorts verpflichtet, gesetzt wurden. Ebenso scheint auch das Bild der Kreuzigung mit Maria und Johannes Evangelist sowie der beiden Assistenzheiligen in der Domkrypta als isoliertes Einzelbild aufzufassen sein[152]. Dieses Bild, das mit seiner komplizierten Entstehungsgeschichte und seinem zeitweise triptychonalen Aufbau und seiner Stellung die Ausdeutung als Altarretabel nahelegt, ist jedoch weniger als Stiftung, denn als ein vom Klerus der Domkirche in Auftrag gegebenes Bild, das auch durch die Geistlichkeit jeweils verändert, ikonographisch umgedeutet und sowohl erweitert als auch reduziert werden konnte, aufzufassen. Eine solch schnell aufeinanderfolgende Änderung eines Stiftungsbildes wäre bei dem Anspruch einer »ewiglichen Dauer«, welcher den Stiftungen damals allgemein zu eigen war, nicht denkbar gewesen. So stellt diese Kreuzigung eine teilweise Ausstattung eines Kirchenraumes dar, wie sie sich in mehreren Objekten erhalten hat.

Unter Kirchenausstattung fällt auch der größte Teil der in der Plansammlung erhaltenen Bilder, die sich teilweise zu einem Zyklus zusammenschließen lassen[153]. Inwieweit sich dabei auch die in diesem Bestand überlieferte Heimsuchung[154], die Einzelheilige[155] sowie u. U. die Kreuzigung in eine uneinheitliche Ausstattungsgestaltung einfügen lassen, ist ebensowenig zu klären, wie die Stellung all dieser Bilder zu dem oben erwähnten Stiftungsbild[156].

Weitere Teilausstattungen von Kirchen sind in den Beispielen des Abendmahl- bzw. Pfingst-Fragments der Lukaskapelle im Dom[157], sowie in den Bildern der Elisabethkapelle des Kaisheimer-Hofes erhalten. Dabei handelte es sich um Einzelbilder, bzw. um Bildkonfigurationen wie bei den zugeordneten Engeln der Elisabethkapelle[158]. Zu einer Zyklusbildung kommt es aber dabei nicht, so daß der einzige in situ erhaltene Rest einer zyklischen Teilausstattung in den Bildern der Nordapside von St. Peter am Perlach vorhanden ist, wo sich die Legende des unbekannten Bischofs[159] wahrscheinlich mit dem Bild des Diakons[160] über das Apsisrund vereinigte. Aber auch dieser Zyklus, bei dem sich zum erstenmal die Bildtitel nachweisen lassen, welche Bredt 1900 als Entwicklung der Wandmalerei angesprochen wissen haben wollte[161], stellt nur eine Teilbemalung des Kirchenraumes dar und scheint sich in kein übergeordnetes Programm gestellt zu haben.

Mit diesem Bestand der Stiftungen für Kirchen und Kapellenbemalungen er-

151 Vgl. Objekt Nr. 21.
152 Vgl. Objekt Nr. 12. Für die Besonderheiten sind die Absätze Ikonographie und Technik ausschlaggebend.
153 Vgl. vor allem Objekt Nr. 18 und 19.
154 Vgl. Objekt Nr. 22.
155 Vgl. Objekt Nr. 23.
156 So wäre es möglich, die gesamten Bilder dieses Bestandes als Ergebnis einer Stiftung zu sehen, welche von verschiedenen Händen ausgeführt wurde. Bis zum Auffinden weiteren Materials dieses Bestandes bleibt die Annahme aber zu vage, als daß man daraus einen Rest eines Gesamtprogrammes rekonstruieren könnte. Insbesondere spricht ja die doppelte Verkündigung gegen einen solchen Zusammenschluß der Bilder.
157 Vgl. Objekt Nr. 37.
158 Vgl. Objekt Nr. 33 mit 35.
159 Vgl. Objekt Nr. 41. Die Fortsetzung der Bildfläche in den Altarraum läßt in diesem Falle den Schluß darauf zu.
160 Vgl. Objekt Nr. 40.
161 Bredt, Ernst Wilhelm 1900, p. 23. Der Schluß baut darauf auf, daß es keine Handschrift

schließt die Denkmalslage einen Bereich, der sich archivalisch nicht rekonstruieren ließ. Es zeigt sich dabei, daß die Bemalung der großen Kirchen nicht in einem Zuge erfolgte und auch nicht auf die Veranlassung einer Person oder Institution geschah. Auch die Ausbildung von Zyklen ist nur rudimentär belegbar. Es scheint sich schon im Bezug des Limbus-Fragments im Zusammenhang mit der Frau am Grabe in der Domkrypta anzudeuten, obwohl die inhaltliche Abhängigkeit dieser zwei Bilder noch keine Folge weiterer Bilder bedingt. Eindeutiger ist die Ausbildung zu einer zyklischen Gestaltung in den Beispielen des Dreikönigsbildes sowie der Kindermord und Flucht nach Ägypten – Darstellung des Bestandes der Plansammlung aus dem Stadtarchiv[162]. Die Bilder, die selbst eigentlich schon je zwei Darstellungen umfassen, lassen auf einen ausgebildeten Zyklus einer Marien- oder Christus-Vita schließen, der einen größeren Umfang besaß. Der einzige Zyklus einer Heiligen-Vita hat sich erst aus der Mitte des XV. Jahrhunderts erhalten, wobei hier bei der aus ikonographischer Sicht nicht aufzuschlüsselnden Malerei auch auf das Medium der Schrift zur Erklärung zurückgegriffen wird[163].

Einen Sonderfall einer Kirchenbemalung stellt unter den erhaltenen Denkmälern das Hirn'sche Grabhaus dar. Diese Stiftung eines reichen Privatmanns scheint der urkundlich überlieferten Bemalung des Grabhauses von Conrad Voegelin von 1448 zu entsprechen[164]. Dieses Grabhaus jedoch, das von seinen Stiftern am 26. IX. 1420 ins Leben gerufen wurde und spätestens 1428, wahrscheinlich jedoch schon vor 1425[165] fertig ausgemalt wurde, weist ein von ihren Erbauern durchgebildetes Programm auf, das sich zwar weniger an theologischen Gesichtspunkten ausrichtet, als an den durch die Personen der Stifter aufgestellten Anliegen[166]. Wie wenig sich dabei die Gestaltung des Programms in einer einheitlichen Anwendung einer Bildform niederschlug, ist eigenartig. So mag es sich zwar aus den baulichen Gegebenheiten ableiten lassen, daß einerseits ein Zyklus in einer Reihe gestaltet ist (vgl. Helenazyklus[167], andrerseits aber neben großen Einzelbildern (Hermogenes vor Jakobus[168], Dreiköngigstreffen[169], Pilatusverhör[170]) auch ein in einem Schildbogen gefaßter Zyklus (Passionsschildbogen[171]) sich gleichsam als mehrszeniges Tafelbild vorstellt. Zwar ließe sich neben den baulichen Gegebenheiten dies auch noch auf die Vielzahl der Hände in dem Raum zurückführen, denen u. U. die Ausgestaltung des ihnen zugeteilten Themas ziemlich freigestellt war. Der Hauptgrund aber dürfte jedoch darin liegen, daß in dieser Zeit die einheitliche Gestaltung der verschiedenen Bildthemata bzw. Folgen gar nicht in dem Maße angestrebt wurde, wie man es aus späteren Beispielen gewohnt ist. Diese Haltung, welche eine Einheitlichkeit nur in der, die Architektur des Raumes beeinflußenden Gestaltung der Sockelzone zum Ausdruck bringt, dürfte

mit derartigen Unterschriften gibt, wie sie die Küchlinsche Reimchronik für die Bemalung des Hauses Peter Egens aufführt (vgl. Städtechr. IV p. 343, 13–14).

162 Vgl. die Objekte Nr. 18 und 19 und deren Untersuchung im Katalog.

163 Daß diese unbedingt benötigt wurde, zeigen die Schwierigkeiten an, die sich heute nach der Zerstörung der Schrift mit der Auslegung der Bilder ergeben.

164 Vgl. supra p. 32 mit Anm. 126.

165 Vgl. für die Daten die genauen Angaben bei Wilhelm, Johannes 1977 (MS) p. 11/17 sowie id. p. 105.

166 Vgl. Ikonographische Zusammenfassung der Objekte Nr. 25 mit 32 im Objektkatalog.

167 Vgl. Objekt Nr. 26, I mit IV.

168 Vgl. Objekt Nr. 28.

169 Vgl. Objekt Nr. 29.

170 Vgl. Objekt Nr. 30.

171 Vgl. Objekt Nr. 31, I mit IV.

sich an den durch mehrere verschiedene Stiftungen geschmückten Kirchen orientiert haben. So läßt sich an diesem Denkmal, an dem zum erstenmal in Augsburg eine individuelle Programmgestaltung nachzuweisen ist, die Denkweise belegen, die in der Vielfalt der Gestaltung der Einzelbilder einen zumeist ebenso hohen Wert sieht, als in der Einheit der Auffassung illusionistischer Teile. Ob eine solche Auffassung Allgemeingut war, läßt sich mit dem Beispiel des Hirn'schen Grabhauses nicht belegen, da sich in Augsburg selbst wie in der näheren Umgebung kein Beispiel einer solchen, von einem Stifter durchgeplanten und thematisch programmierten Bildfolge erhalten hat.

Die Denkmalslage innerhalb der Stadt gibt somit nur einen geringfügigen Einblick in die zu dieser Zeit übliche Gestaltung der Kircheninnenräume, wobei sich nun an dem Beispiel des Hirn'schen Grabhauses eine Tendenz zu umfassenderen ikonographischen Komplexen zeigt. Das Einsetzen dieser Entwicklung dürfte auch typisch für kleine durch eine Person oder eine Gruppe veranlaßte Bauten gewesen sein, während in den großen Stiftskirchen wie auch in den Klöstern und im Dom eine sich aus Einzelstiftungen zusammensetzende texturhafte Bemalung die Räume bestimmte, welche, wie im Dom zum Teil in die, die Wand überziehende ornamentale Bemalung (wie z. B. die Lineatur-Quaderungen) eingesetzt waren[172].

Über die Außenbemalung der Kirchen dieser Zeit läßt sich heute keine Aussage mehr machen. Die von Zink berichtete Bemalung des Domes 1458[173] scheint zwar in der Unterscheidung von »getüncht und gemalt« auf eine Differenzierung zwischen farblicher Fassung und figürlichen Darstellungen hinzuweisen. Unter diesen wird man aber in erster Linie Bilder emblematischer Funktion zu verstehen haben, wie sie sich in dem einzigen bildlich erhaltenen Beispiel kirchlicher Außenbemalung in der thronenden Maria mit den Klosterpatronen an der Fassade des 1458 umgebauten Predigthauses von St. Ulrich und Afra findet[174]. Über große programmatische Bemalungen der Gotteshäuser dieser Zeit lassen sich auch aufgrund der Denkmäler wie auch der Archivalien keine Vermutungen anstellen.

Der so gut archivalisch faßbare Bereich der städtischen Aufträge ist in den Denkmälern heute nahezu ausgelöscht. Einzig das Vogeltor trägt noch ein allerdings bis zur Unkenntlichkeit des Originals verfälschtes Kreuzigungsbild[175]. Für den Zusammenhang zeigt diese jedoch, daß die Malereien der im XV. Jahrhundert errichteten Stadtbefestigung sich zumeist auch nur auf emblematische Einzeldarstellungen beschränkten. So kann man nicht von der geringen Bezahlung, welche die Maler für ihre Arbeiten an den Toren erhielten auf Anstreichen schließen[176], besonders da für diese Tätigkeit überhaupt der Beleg einer Beteiligung der Maler fehlt. So kann man anhand

172 Speziell im Zusammenhang des Domes erwähnen die Aufdeckungsberichte (aufbewahrt im LfD München, Augsburg, Dom fasc. Wandbemalung) von mehreren bildlichen Darstellungen, die an verschiedenen Stellen der Wände und der Pfeiler gefunden wurden. Da jedoch im Zusammenhang der Aufdeckung diese Bilder nur teilweise photographiert wurden (Photographien liegen zusammen mit nachweislich objektfremden Stücken in der Photothek des LfD München, Akt Dom sowie in der oben angeführten Ablage des LfD), und die Bezeichnung der meist ruinierten Bilder weder Identifizierung noch Lokalisierung dieser Lichtbilder zuläßt, konnten diese Malereien nicht für die Untersuchung herangezogen werden. Die bei der Restaurierung 1934 wieder überdeckten bzw. teilweise beseitigten Reste müssen (so der Bericht) daher als verloren bezeichnet werden.

173 Vgl. Städtechr. V, p. 215, 11; siehe auch supra p. 31.

174 Vgl. Objekt Nr. 43.

175 Vgl. Objekt Nr. 42.

176 Vgl. Bredt, Ernst Wilhelm 1900, p. 21; für die Frage der Tünch- und Anstreicharbeiten siehe supra p. 30 mit Anm. 108 und infra p. 71 sowie Objekt Nr. 79.

dieses Beispiels eine Erklärung der in den Archivalien aufgefundenen Rechnungen sehen, in denen ja auch schon die Formulierungen wie »das vorzaichen«[177] bzw. das »Gemälde«[178] auf Ausführungen dieser Art schließen lassen.

Der zweite Bereich der profanen Malerei, welche im Auftrag von Privatleuten ausgeführt wurde, ist gegenüber den aus öffentlichen Mitteln bestrittenen Malereien in diesem Zeitabschnitt in größerer Anzahl vertreten.

So belegen zwei ornamental geschmückte Wände, daß es auf diesem Bereich eine kontinuierliche Tradition gegeben haben muß. Das frühere Beispiel (heute in der Fuggerkapelle mit verbaut)[179] zeigt in der Sicherheit des Strukturaufbaus und in der Verwendung der Schablone, daß diese Art von Dekormalerei den Ausführenden nicht neu war. Die Ausführung innerhalb eines illusionistischen Architekturrahmens schließt dieses Ornament ganz in die flächendurchbrechende Tendenz des ausgehenden XIV. Jahrhunderts ein. Die verflachende Ausführung des zweiten Ornaments[180] zeigt dagegen für diese Art der Wandbemalung eine vergröbernde Tendenz, wie sie sich gerade bei oft gebrauchtem Dekor einstellt.

Die Beispiele der figürlichen Profanbilder setzen sich in der Qualität von den kleineren Malereien in den Kirchen weit ab, was zum größten Teil auch auf die Stellung der Auftraggeber zurückzuführen sein dürfte. So sind die Reste der Bemalung des Pfettnerhauses[181] (vor 1368), welche ursprünglich einem größeren Saal zugeordnet gewesen sein dürften, in Komposition und Inventionsreichtum bei weitem das Beste, was sich in dieser Zeit vor der Vollendung des Hirn'schen Grabhauses in Augsburg finden läßt. Pfettner, der das Amt des Stadtpflegers innehatte, mußte wohl im Zusammenhang mit diesem Amt sein Anwesen der geforderten Repräsentation anpassen. Man wird diesen Vorgang mit den Aufträgen Jörg Amans im Hause des Peter Egen vergleichen müssen[182]. Die Malereien können aber, da sie in die Zeit vor der Zunftrevolution fallen, nicht mit Sicherheit für einen ortsansässigen Künstler in Anspruch genommen werden, so daß ihre Stellung weniger die Stillage innerhalb der Stadt belegt, als daß sie einen Punkt markiert, an dem die lokalen Meister angeschlossen haben. Ob Paul Pfettner für die Gestaltung des Raumes selbst bei der Programmauswahl sich beteiligte oder ob er ein von dem Maler gebotenes bzw. von einer dritten Person aufgestelltes Bildprogramm übernahm, kann heute aufgrund der weitgehenden Zerstörung des Zusammenhanges und der damit beschränkten Deutung nicht mehr beurteilt werden[183]. Es ist auch zu wenig über die Person Pfettners bekannt, als daß sich aus seiner Gestalt und ihren Verbindungen ein genaueres Bild über die Herkunft dieser Malerei finden ließe. So stehen diese Bilder am Anfang der Entwicklung ziemlich isoliert, da sich auch in der Nachfolge kein Denkmal dieser Dimension und Qualität erhalten hat.

Im Vergleich zu den Bildern des »Pfettnerhauses« nimmt der Überrest des zweiten

177 Vgl. Personenkatalog Nr. 136.
178 Vgl. ibid. Nr. 122.
179 Vgl. Objekt Nr. 13. Obwohl es sich nicht mit Sicherheit sagen läßt, daß die das Bild tragende Wand zu einem Privathaus gehört hat, ist die Malerei eindeutig profanen Ursprungs. Eine Verwendung innerhalb der Klostergebäude kann jedoch nicht ausgeschlossen werden.
180 Vgl. Objekt Nr. 14.
181 Vgl. Objekt Nr. 3 und 4.
182 Vgl. supra p. 33.
183 Vgl. Objektkatalog Nr. 3, Abschnitt Ikonographie p. 144. Eine Ausdeutung der Jagdbilder aufgrund einer literarischen Vorlage, die bisher noch nicht nachgewiesen werden konnte, würde in dieser Frage die Klärung voranbringen.

profanen Historienbildes eine in die Augsburger Entwicklung eingebettete Stellung ein. Die Darstellung des Turniers[184], das sich anhand der gezeigten Fahnen mit einem in allen Chroniken erwähnten Ereignis von 1416 identifizieren läßt[185], scheint in direktem Bezug zu dem Bewohner des Hauses gestanden zu haben. So dürfte auch Hans Hofmair, dem das Gebäude zur fraglichen Zeit als Wohnhaus diente und der als Schwiegersohn Ulrich Langenmantels[186] zu den obersten sozialen Schichten gehörte, es für sich und seine Angehörigen als Verherrlichung der eigenen Waffentüchtigkeit in Auftrag gegeben haben. Auch sein Haus, das 1418 König Sigismund als Herberge diente[187], hatte gehobenen Repräsentationsansprüchen zu genügen, womit sich als Begründung der Malereien wiederum die gleiche Tendenz wie bei den Häusern Pfettners und Egens herausstellt. Neu an dieser Malerei ist, daß sich der Gegenstand auf ein aktuelles historisches Ereignis bezieht, was auf eine direkte Einflußnahme des Hausherrn auf die Gestaltung des Programms hinweist. Als Bild jüngster Geschichte, die er wahrscheinlich selbst mitgestaltet hatte, konnte die Darstellung sowohl den Ruhm der Stadt in deren Vertretung er den König bei sich aufnahm, als auch speziell den des Gastgebers vorstellen, der sich mit der abgebildeten »Historie« identifizierte.

Auch der einzige erhaltene Großzyklus aus diesen Jahren aus Augsburg ist unter dem Gesichtspunkt der repräsentativen Historiendarstellung zu sehen. Die Vertäfelung der Zunftstube der Weber, welche Peter Kaltenofen 1457[188], im Grunde anscheinend als eine Replik der in dieser Zeit entstandenen Historienzyklen der Wandmalerei, anfertigt, benutzt ebenfalls die Geschichte als Thematik für eine Selbstdarstellung. Jedoch bevorzugt das Handwerk der Weber die Aufnahme der Bildfolge des alten Testamentes, des Alexanderromans sowie der Evangelien, um einen universaleren Anspruch zu erreichen. In diesem Rahmen, der durch die Gestalten der Kurfürsten, Könige und Helden, sowie der zehn Weisen (bzw. Propheten) erweitert ist, bekommt durch die Aussage der Inschrift:

> »Da adam hackht vnd eva spañ,
> wer waͦrn einn Edellman«,[189]

das Selbstverständnis des Weberhandwerks in seiner elementaren Rolle, einerseits für die Grundbedürfnisse der Menschen wie auch andererseits in seiner politischen Stellung innerhalb der Stadt, wo der Kellermeister der Weber, Hans Weyß, der Sprecher bei der Einführung des zünftischen Regimentes gegen die Patrizier war[190], »weltgeschichtliche« Bedeutung. Die »humanistische« Fassung einer Stadtchronik, wie sie die von Peter Egen aufgegriffene Küchlin'sche Reimchronik darstellt, hatte trotz ihres Rückgriffs auf den Fall Trojas diese Rolle nicht erbringen können. So bedingt sich hier das »religiöse« Programm aus der Übersteigerung des Anspruches heraus, der sich nicht mit den Grenzen der zeitlich meßbaren Geschichte abfinden wollte.

Die Gegenüberstellung des erhaltenen Bestandes zu den in den Archivalien aufgefundenen Grundlagen ergibt eine weitgehende Entsprechung, soweit es die Rolle der Auftraggeber sowie die Motivation für die in den Bildern vorgetragenen Themata der

184 Vgl. Objekt Nr. 15.
185 Vgl. ibid. p. 167 mit Anm. 14.
186 nach Werner, Anton 1977 (MS) p. 61.
187 ibid.
188 Vgl. Lieb, Norbert 1937, p. 17 ff. Die Vertäfelung ist heute im Bayerischen Nationalmuseum München aufgestellt.
189 Der Satz findet sich in der Schrift zur ersten Bildzeile; vgl. auch Zorn, Wolfgang 1972, p. 145.
190 Vgl. Städtechr. IV, p. 22, 2.

profanen Malerei anbelangt. Erweitert wird durch die vorhandenen Denkmäler vor allem die Kenntnis der kirchlichen Objekte, welche sich meistenteils als kleinere Stifungsaufträge verstehen und in den Akten nicht faßbar sind, wodurch auch das Bild der Ausschließlichkeit außerordentlicher Auftraggeber[191] sich etwas korrigieren läßt. Daß sich die Auftraggeber aus den Reihen des gehobenen Mittelstandes sowie der obersten sozialen Schichten rekrutieren, dürfte in der repräsentativen Natur der Malerei, die sich insbesondere in Wandbildern niederschlägt, begründet sein.

Fraglich muß dagegen bleiben, ob die Kenntnis auswärtiger Denkmäler, welche Personen dieser Kreise hatten, direkt die Bilder beeinflußte. Das Heranziehen auswärtiger Maler, welches bei den Bildern in der Zeit vor der Zunftrevolution noch am wahrscheinlichsten ist, läßt sich später nicht mehr ohne weiteres annehmen. Es wird die Aufgabe der stilistischen Analyse sein, die verschiedenen, sich in den Bildern niederschlagenden Elemente gemäß den historischen Fakten zu klären, ohne sofort auf neue Elemente mit dem Begriff des von auswärts herbeigerufenen Meisters zu antworten. Denn auch bei einer ansässigen Handwerkerschaft ist die Fluktuation der Meister groß genug, um durch in der Gesellenzeit erlernte auswärtige Stilarten und Motive die Vielfalt einer lokalen Kunstausübung zu begründen. Nimmt man dazu den Import von Tafelbildern, wie er wahrscheinlich in dem Bild der Böhmischen Madonna[192] vorliegt und wie er im Falle des Kreuzigungsbildes für den Fronaltar in St. Ulrich belegt ist[193], so wird sich die Malerei innerhalb der Stadt grundsätzlich mit auswärtigen Elementen des Stils und der Motive auseinandergesetzt haben. Die Frage des »Augsburgerischen« in der Malerei läßt sich damit nicht direkt, sondern nur in der Konfrontation der verschiedenen Richtungen miteinander und in deren Rezeption lösen.

c) Werkstätten und Werkstattgemeinschaften

Die Werkstätten und ihre Verbindungen sind in diesem frühen Zeitabschnitt nicht vollständig zu erfassen.

So muß man davon ausgehen, daß sowohl anfangs der Zunftzeit als auch in der mit den Archivalien zu erfassenden Zeit davor die Maler größtenteils selbständig gearbeitet hatten. Die Grenze zwischen dem Handwerk der Glaser und dem der Maler war ebenso wie die zu dem der Bildhauer fließend[194], wie es die frühen in den Baumeisterrechnungen verzeichneten Arbeiten berichten. So finden sich auch keine Hinweise auf größere Werkstattverbände bzw. Arbeitsgemeinschaften in der Zeit vor 1400. Die Aufträge, welche vergeben wurden, scheinen sich auch alle in einem solchen Rahmen gehalten zu haben, daß man keine weiteren Meister hinzuzog. Jede der Werkstätten konnte daher ihren Aufgaben mit den eigenen Leuten gerecht werden.

Die Übernahme von Werkstattgebäuden, bzw. die Tatsache, daß in ein Haus teilweise ein anderer Maler nach dem Wegzug eines Meisters nachfolgte[195], wird man auf die Anlage der Räumlichkeiten zurückführen müssen. Dabei ist aber zu bedenken,

191 So vertreten bei Foster, Michael 1979 (MS), p. 36.

192 Augsburg, Städtische Kunstsammlungen, Leihgabe Nr. (L 1053), vgl. Martin, Kurt 1952, 74–76; Katalog Augsburg 1978, p. 29/30; auch Foster, Michael 1979 (MS) p. 36.

193 Vgl. supra p. 29 mit Anm. 103.

194 Vgl. supra p. 27 mit Anm. 83 und 84.

195 So wechselt Johannes (Nr. 118) 1396 anstelle von Eberlin (Nr. 65) und Bämler Johannes (Nr. 24) 1452 anstelle von Kesselmann Johannes (Nr. 44). Ein eindeutiger Werkstattbezug liegt bei dem Maler und Bildschnitzer Nicolaus (Nr. 144) vor, wo der bei ihm lebende Goldschlager Ulrich 1412 gegen den Goldschlager Jos Täschler wechselt.

daß es aus der Quellenlage nicht zwangsläufig folgt, in dem Anwesen, in dem ein Maler in den Steuerlisten aufgeführt ist, auch seine Arbeitsstätte anzunehmen[196]. Daß die Seßhaftigkeit der Maler und ihre gleichbleibenden Wohnsitze für die Auslegung der Werkstattbeständigkeit von Bedeutung seien, widerlegen die Mitglieder der Familie von Ketz, welche die erste größere Werkstätte bilden, die sich erfassen läßt[197]. Grundlage dieses Verbandes scheint allein die Familienzugehörigkeit gewesen zu sein[198]. Der Nachweis einer eindeutigen Zusammenarbeit der einzelnen Mitglieder ist dabei nicht zu erbringen, so daß die Abhängigkeit der sich über drei Generationen hinweg behauptenden Familie sich zumeist in der Ausbildung der Söhne in den Werkstätten ihrer Väter erschöpft. Dieser Familienbetrieb stellt sich dabei so geschlossen vor, daß sich in der Zeit vor 1450 nur der Anschluß eines familienfremden Malers nachweisen läßt. Dieser Bartholome I[199], der 1408 bei Hans von Ketz lebt, ist jedoch in seiner Herkunft nicht zu bestimmen, so daß es fraglich bleibt, ob er in dem Jahr erst zugewandert war und sich der bestehenden Werkstätte anschloß, oder aber nach Beendigung seiner Ausbildung zunächst noch bei seinem Meister verblieb, bevor er sich in seinem eigenen Betrieb selbständig machte.

Die zentrale Stellung dieses Familienverbandes, dessen Stammvater Hans von Ketz[200] in den Jahren 1403 bis 1413 bei der Stadt eine ganze Reihe von Aufträgen ausführte und auch quasi durch die Quatembergeldzahlungen in »Sold« genommen war, wird man gewiß nicht nur an der sich in den Archivalien ergebenden formalen Stellung beurteilen dürfen. Bezeichnender ist die Einschätzung, welche die Chronikschreiber wie Johannes Franck Ende der sechziger[201], Hector Mülich in den achtziger Jahren[202] des XV. und Clemens Sender im dritten Jahrzehnt des XVI. Jahrhunderts[203] mit seinem Namen verbanden. Aus dieser Stellung heraus scheint auch Kaspar von Ketz bei der Arbeitsgemeinschaft an der Perlachturmbemalung als hauptbeteiligter Meister eingesetzt worden zu sein[204]. So kann er, der als einziger an den beiden in den Jahren 1436 und 1437 unternommenen Großbemalungen beteiligt war, frei mit der Stadt abrechnen, welche ihn für diesen Auftrag nicht gedungen, das heißt eine preisliche Fixierung vorher vereinbart hatte. Neben dieser besonderen Stellung des Kaspar von Ketz zeigt auch die Wahl Leonhart I von Ketz, wahrscheinlich der zweite Sohn des Hans von Ketz, als Zwölfer in den Jahren 1445 und 1446[205] die Stellung der Familie an, welche in diesem Zeitabschnitt das Malerhandwerk in Augsburg als ortsansässige Sippe bestimmend vertrat.

Neben diesem Familienverband arbeiteten weitgehend auf sich gestellt Maler, die kaum kurzfristig durch Nachbarschaftsverhältnisse bzw. durch Wohngemeinschaften verbunden waren, welche über die tatsächliche Zusammenarbeit nur bedingt aussage-

196 Diese Problematik wird sich erst durch eine genauere Untersuchung der Systeme der Steuerlisten klären lassen. Einige der fraglichen Punkte dürften sich in den Forschungen Peter Geffckens, München (vgl. p. 382 ff.) schon klären. Über die genaue topographische Auswertung steht jedoch eine eingehende Untersuchung im Vergleich mit den überlieferten Stadt- und Bebauungsplänen noch aus.
197 Vgl. Personenkatalog Nr. 45 mit 52.
198 Vgl. Werkstattschema Nr. IV.
199 Vgl. Personenkatalog Nr. 13.
200 ibid. Nr. 49.
201 Vgl. Städtechr. XXV, p. 310, 26.
202 Vgl. Städtechr. XXII, p. 56, 6.
203 Vgl. Städtechr. XXIII, p. 37, 29.
204 Vgl. Beilage XIII, 1 mit 3.
205 Vgl. Personenkatalog Nr. 50.

fähig sind. Von diesen scheint es Conrad Judmann[206] gewesen zu sein, der, nachdem er anfänglich neben den Malern Albrecht[207] und Sůchenstein C.[208] die führende Rolle innerhalb der Stadt gehabt hatte, von Hans von Ketz abgelöst wurde. Judmann ist auch der einzige Vertreter der vorzünftischen Zeit, der den Wechsel der Werkstätten, welcher sich zwischen dem ersten und zweiten Jahrzehnt des XV. Jahrhunderts in Augsburg vollzog, miterlebte. Er dürfte zusammen mit Hans von Ketz, welcher zeitweise anscheinend Augsburg verlassen hatte, als Vertreter der lokalen Tradition stehen, der auch nach dem Zuzuge anderer Meister immer noch für wert befunden wurde, 1415 die Glasmalereien der Ratsstube anzufertigen[209].

Neben diesen lokalen Werkstätten treten in den gesamten zwei Jahrzehnten eine ganze Reihe von Malern auf, welche sich meist nur wenige Jahre in der Stadt aufhielten. Diese Fluktuation, welche mit »fritz pictor« 1404[210] beginnt und mit Bartholome I[211], Nicolaus[212], Hainrich Lutz[213], Peter II[214] sowie einem anonymen Maler[215] 1408 bis 1411 ihre erste und mit den Malern Anderz[216], Schmid Hans[217] und Schnider Hans[218] 1413/1414 die zweite Welle erreicht, scheint die für Augsburg fruchtbarste Zeit für fremde Einflüsse von der strukturalen Schichtung der Malerschaft her gesehen darzustellen. Es liegt nahe, in diesem starken Anwachsen und in dem raschen Wechsel der Maler auch die während der Hussitenunruhen abgewanderten deutschstämmigen Kunsthandwerker Böhmens zu sehen, die vor allem nach dem Kettenberger Dekret von 1409 das Land verließen[219]. Demgegenüber erscheint es eigenartig, daß die einschlägigen Quellen nichts von den zugezogenen Malern wissen, so daß sich alle diese in den entsprechenden Jahren hätten das Bürgerrecht erheiraten müssen[220]. Einer Einheirat widerspricht jedoch die schnelle Abwanderung, welche sie alle gemeinsam kennzeichnet. Kein einziger läßt sich als Begründer einer Werkstätte erfassen, wie sich auch außer für Meister Anderz[221] keine Überlieferung der durchgeführten Arbeiten erhalten hat. So ist die Auswirkung dieser zeitlich begrenzten Erscheinung, deren Ursache sich nur mehr hypothetisch ergründen läßt, auf die Augsburger Lokalwerkstätten mit größter Wahrscheinlichkeit als ein plötzlicher Schub von Fremdeinflüssen zu bewerten, welcher von den einheimischen Werkstätten modifiziert in ihre bestehenden Formen eingebaut wurde. Insbesondere, wenn man bedenkt, daß sich die Söhne des Hans von Ketz 1409[222] und 1416[223] selbständig machen

206 Vgl. ibid. Nr. 122.
207 Vgl. ibid. Nr. 7.
208 Vgl. ibid. Nr. 172.
209 Vgl. ibid. Nr. 122.
210 Vgl. ibid. Nr. 74.
211 Vgl. ibid. Nr. 13.
212 Vgl. ibid. Nr. 144.
213 Vgl. ibid. Nr. 129.
214 Vgl. ibid. Nr. 23.
215 Vgl. ibid. Nr. 146.
216 Vgl. ibid. Nr. 9.
217 Vgl. ibid. Nr. 159.
218 Vgl. ibid. Nr. 162.
219 Vgl. Foster, Michael 1979 (MS), p. 36.
220 Bei einer Einbürgerung hätte sich wie bei dem aus München zugewanderten Meister Lutz Hainrich der Kauf des Bürgerrechts im Bürgerbuch niedergeschlagen.
221 Vgl. Personenkatalog Nr. 9. Anderz führte 1413 die Bemalung der Türe der Ratsstube durch.
222 Vgl. ibid. Nr. 50.
223 Vgl. ibid. Nr. 46.

und sich so eher eine Konsolidierung der ortsgebundenen Werkstätten abzuzeichnen scheint, welche die zugewanderten Werkstätten zu verdrängen vermochte.

Erst mit der Einwanderung des Meisters Jörg Aman, welcher 1420 aus Zusmarshausen in die Stadt kommt[224], und dem Maler Hartman, der ab 1424 nachweisbar ist[225], entstehen neue Werkstätten, die an die Stadt gebunden, deren lokale Entwicklung mitgetragen haben. Diese beiden Meister, zu denen 1433 noch Hans I Kron hinzukommt[226], stellen neben den Mitgliedern der Familie von Ketz die beständigsten Vertreter in der ersten Hälfte des XV. Jahrhunderts dar. Ihre Rolle läßt sich im allgemeinen gut an den erhaltenen Baurechnungen ablesen[227].

Beispielhaft für die zentrale Stellung dieser Maler steht die Arbeitsgemeinschaft für Perlach- und Luginslandturm in den Jahren 1436/1437[228]. Obwohl dabei Kaspar von Ketz durch die Abrechnungsart wie auch durch die Menge der Arbeit sich von übrigen Meistern abhebt, erscheinen diese im Rahmen eines Gedings als selbständig, so daß man in seiner Stellung zwar den Vorzug, den man ihm entgegenbrachte erkennen kann, ohne daß sich eine direkt leitende Funktion bei dem Auftrag abzeichnete. So bleibt es innerhalb dieses Auftrags offen, wie die Rolle der leitenden Konzeption verteilt war, da sich für keinen der Meister auch nur ein Anhaltspunkt einer Vorrangstellung ergibt[229]. Diese gleichberechtigte Stellung mehrerer Werkstätten an einem Objekt läßt sich daran erkennen, daß Hans I Kron dann 1437 dem Kaspar von Ketz auch in der Abrechnungsweise gleichgestellt wurde. Daß Jörg Aman dabei nur einen verschwindend kleinen Anteil dieser Arbeit ausführte, wird sich wohl in seiner Auftragslage im privaten und kirchlichen Bereich begründen, die ihm den Ruf einbrachte, dem er die übrigen großen Folgeaufträge[230] sowie seine Mitgliedschaft im Großen Rat und seine Stellung als Zunftmeister der gesamten Großzunft der Schmiede verdankte. In dieser Art, wie sich die Werkstätten als lockere Gruppe, jede für sich, bei der Bemalung der Türme vorstellen, scheint sich auch das Nebeneinander der verschiedenen Stilarten von Bildern bei der Ausgestaltung des Hirn'schen Grabhauses erklären zu lassen, wobei nur ein außerordentlicher Grund den Auftraggeber Conrad Hirn veranlaßt haben könnte für den verhältnismäßig kleinen Raum mehrere Werkstätten einzusetzen[231]. Trotzdem ist festzuhalten, daß die Möglichkeit zu einer mehrhändigen Ausführung von der Struktur und Arbeitsweise der Malerwerkstätten her auch bestanden hätte.

Die Entwicklung der Werkstätten selbst muß sich in der Folge zu einem größeren Umfang der einzelnen Betriebe geändert haben, da diese immer umfangreichere Aufträge allein zu bewältigen hatten[232]. So blieben diese angeführten Werkstätten der Schwerpunkt für die Malerei in Augsburg und erst als 1446 die Karriere Hartmans

224 Vgl. ibid. Nr. 8. Der Eintrag der Bürgerrechtsaufnahme ist nicht eindeutig für den Maler zu sichern.

225 Vgl. ibid. Nr. 108.

226 Vgl. ibid. Nr. 60.

227 Vgl. ibid. bei den entsprechenden Meistern.

228 Vgl. Beilage Nr. XIII, 1–3.

229 Die Sonderstellung des Kaspar von Ketz kann, da er an beiden Türmen gleichzeitig arbeitet, nicht auf eine entwerfende Tätigkeit zurückgeführt werden, insbesondere da im zweiten Jahre Kron Hans I dieselbe Sonderstellung erhält.

230 Vgl. supra p. 29 und p. 33.

231 Vgl. Objekt Nr. 25 mit 32. Die Frage, die sich hier stellt, ist, ob Hirn Conrad nicht aufgrund einer Krankheit oder etwas ähnlichem auf eine schnelle Fertigung seiner Grabanlage drängte.

232 Für diesen Zeitraum hat sich sonst kein Zeugnis einer Arbeitsgemeinschaft erhalten.

durch die Straffälligkeit seiner Frau plötzlich beendet wurde[233], scheinen Veränderungen eingetreten zu sein.

So kommt in diesem Jahr Hans Mang Schnellenweg nach Augsburg[234], wo er gleich dem 1448 hinzukommenden Peter Kaltenofen[235] und dem ab 1451 nachweisbaren Hans Blanck[236] die Kontinuität der Malerei in der Stadt in die zweite Hälfte des Jahrhunderts fortführt, welche auch noch dadurch die dritte Generation der Familie von Ketz[237], wenn auch anscheinend nur mehr auf handwerklicher Ebene, ihren Rückhalt fand. Diese Fortführung der Tradition hielt sich auch in den anderen Bereichen der Malerei, wo Claus Wolffstriegel seit 1440[238] als Illuminist und Johannes Bämler seit 1453[239] als Schreiber und Drucker innerhalb der Zunft wirkten.

Die Entwicklung der Werkstätten, welche sich in dieser Zeit nicht eindeutig in Hinsicht auf die Nachwuchsausbildung einschätzen läßt, ergänzt das Bild der in der archivalischen Überlieferung und in den erhaltenen Denkmälern angesprochenen Fakten. Allein die Grundstruktur der oben exemplarisch vorgestellten Werkstätten zeigt die Entwicklung auf, welche sich dadurch charakterisiert, daß sich aus einem schmalen Stamm länger ansässiger Meister eine – in diesem Fall familiengebundene – Gruppe herauslöst, welche sich auch trotz der starken Fluktuation behaupten kann. Die Struktur als sippengebundene Werkstätte, ermöglicht dieser in der Generationenfolge eine Fortsetzung, die auch über die Zeit der ersten Jahrhunderthälfte hinwegreicht, wogegen die übrigen wieder abwandern oder wie Judmann Conrad ohne Nachfolge bleiben.

Erst in den zwanziger Jahren des Jahrhunderts bauen sich neue Werkstätten auf, die sich neben die der eingesessenen Familie stellen und gleich dieser volle Anerkennung finden. So konnten die Meister des Malerhandwerks, welche gleichberechtigt nebeneinander arbeiteten, unter dem zunehmenden Auftragsbestand, der auch die Integration der neu hinzugekommenen Meister ermöglichte, ein eigenes Standesbewußtsein entwickeln, das einerseits von der Anerkennung ihrer Mitbürger, andererseits auch von der eigenen Einstellung zu ihrem eigenen Werk getragen wurde.

233 Vgl. Personenkatalog Nr. 108. Keineswegs ist das Ausscheiden Hartmanns aber der Grund für die Neuniederlassungen.
234 Vgl. ibid. Nr. 161.
235 Vgl. ibid. Nr. 41.
236 Vgl. ibid. Nr. 26. Weitere Meister sind für eine eindeutig verwendbare Aussage nicht klar genug zu erfassen (vgl. Nr. 34).
237 Vgl. ibid. Nr. 51 und 52 sowie Werkstattschema Nr. IV.
238 Vgl. ibid. Nr. 190.
239 Vgl. ibid. Nr. 24. Zu diesen Meistern wären auch der Bildhauer Ulrich Woffartzhauser (Nr. 189) zu zählen.

II. Die Absonderung der Maler mit den ihnen zugehörigen Gewerken und Bildung eines eigenen Handwerks innerhalb der Zunft

1. Das »Handwerk der Maler, Glaser, Bildschnitzer und Goldschlager«

a) Die handwerksorientierte Zunftordnung

Die Entwicklung des Handwerks der Maler, welche ab dem dritten Jahrzehnt in steter Linie eine steigende Tendenz besaß, führte zu einem weiteren Anwachsen der Werkstätten, welches ab der Mitte des Jahrhunderts anscheinend zu einer neuen Organisationsform zwang.

Es ist nicht genau zu klären, zu welchem Zeitpunkt die Maler sich mit den ihnen angeschlossenen Handwerken gegenüber der Großzunft abzusondern begannen. Als äußeres Zeichen dieses Entwicklungsabschnittes muß man das Zunfthaus der Maler sehen, das deutlich eine Eigenständigkeit dieser Handwerksgruppe unterstreicht. So ist es auch der Kauf dieses Gebäudes, auf den im Vorwort des Satzungsbuches[240] speziell zurückgegriffen wurde, um den Beginn des in diesem Dokument festgehaltenen Zeitraums zu symbolisieren. Diese Satzungssammlung stellt die heute noch greifbaren frühesten Ordnungen dar, welche sich besonders auf die um die Maler gruppierenden Gewerke beziehen.

Der Zeitpunkt für diese Entwicklung jedoch scheint sich nicht direkt an die Entstehungszeit des Buches zu knüpfen, das, nachdem die Maler ihren Versammlungsort erworben hatten, gleichsam als Sammlung der gültigen Verordnungen verfaßt wurde. Der späte Zeitpunkt der Entstehung der Niederschrift, die bislang meist mit dem in der Vorrede genannten Datum von 1460[241] angesetzt wurde, läßt sich daran ersehen, daß das dort erwähnte Zunfthaus erst in den Jahren 1472/1473[242] gekauft wurde, wodurch sich ein definitiver terminus post quem setzen läßt. Die genauere Untersuchung jedoch läßt für dieses Buch kein Datum vor 1479 zu[243], so daß nur die abgeschlossene Entwicklung sich darin erfassen läßt.

Die dort enthaltenen Satzungen nennen als früheste Bestimmungen solche aus dem Jahre 1453[244], welche anscheinend noch direkt aus den Satzungen der Schmiedezunft übernommen wurden, da sie so allgemeine Punkte wie das Vorrecht der Meistersöhne und die Gerichtsbarkeit der Zunft regeln. Den Anschein hat es, daß sich die eigentliche Verselbständigung des Malerhandwerks erst in den Jahren nach der Zunftmeisterschaft Jörg Amans einzustellen scheint[245], an die auch mit dem Datum 1460 in der

240 Stadtarchiv Augsburg, Reichsstadt Sch. Nr. 72 c; vgl. Beilage Nr. III (Das Zunftbuch wurde bei Vischer, Robert 1886, p. 488 ff, publiziert).

241 Vgl. Vischer, Robert 1886, p. 470.

242 Nach dem Eintrag des Steuerbuches; vgl. Stadtarchiv Augsburg, Reichsstadt STB.: 1473, 27 d.

243 Allein die Todesdaten Peter Apts († 1474) und Leonhard II. von Ketz († 1476/1477) zeigen den symbolischen Wert der Nennung der gestorbenen Meister. Wahrscheinlich aber begann dieses Buch Thoman Burgkmair nach 1479 zu schreiben, als er sich endgültig in Augsburg als Meister des Malerhandwerks niederließ, so daß für das Satzungsbuch und das Einschreiberegister ungefähr dieselbe Zeit des Beginns angenommen werden kann.

244 Vgl. Beilage Nr. III, 4, 11.

245 Vgl. Personenkatalog Nr. 8 sowie Beilage Nr. III, 1.

Vorrede des Zunftbuches erinnert wird, obschon Jörg Aman zu diesem Zeitpunkt Augsburg verlassen hatte. So wird man die entscheidenden zunftinternen Veränderungen in die Zeit von 1458 und 1460 legen müssen, als Aman aus seinem Ratsamt ausgeschieden war.

Das nächstwichtige Indiz für die sich anbahnende Veränderung ist, daß die Maler ab dem Jahre 1467 zwei der zwölf Mitglieder des Großen Rats in der Delegation der Schmiede stellen[246]. Diese beiden Zwölfer übernehmen für das Leben der Zunft immer mehr die Funktion, die eigentlich der Zunftmeister für die Gesamtzunft innehatte. So wird ein Gelöbnistag eingerichtet, an welchem sowohl die Meister als auch die von ihnen gewählten Zwölfer sich gegenseitig Gehorsam bzw. pflichtgetreue Vertretung der Interessen geloben[247]. 1470 wird im Gegenteil zu der frühen Zeit es untersagt, daß die Zwölfer bei der Handwerksversammlung für einen Meister Partei ergreifen[248], indem sie dessen Verteidigung übernehmen, wodurch die Schiedsfunktion der Zunftmeister gestärkt wurde. Zugleich wird auch für dieses Teilhandwerk eine eigene »Büchse« (Kasse) angelegt, über die ein von den Meistern gewählter »Büchsenmeister« zu wachen hatte[249]. Die Einnahmen bestanden hauptsächlich aus den Quatembergeldern[250] (Kottemergelt), den Beiträgen für die Zunftneuerwerbung sowie aus den fortlaufenden Strafen, die innerhalb der Zunft verhängt wurden[251].

Am 10. VII. 1471 setzte man in Übereinkunft mit dem Zunftmeister der Schmiede die Regelung über Zunfterwerb und Zunfteinheirat fest[252]. Ebenso wurde die Regelung der Lehrknabenaufnahme differenziert, die dem Meister nur eine Frist von zwei Wochen einräumte, die er quasi als Probezeit zur Tauglichkeitsprüfung nutzen konnte. Bei der dann fälligen Vorstellung, bei welcher der Knabe seine eheliche Geburt und seine Herkunft glaubhaft nachweisen mußte, behielt sich das »Handwerk«, d. h. ein Zwölfer mit einem beigesetzten Meister, eine zusätzliche Auflage bzw. Überprüfung der Sachlage vor[253].

Neben dieser Regelung der Organisation des Zunftlebens, an dem teilzunehmen bereits 1473 den Meistern verpflichtend geboten wurde[254], regelte das Handwerk nun auch die repräsentativen Aufgaben innerhalb ihrer Gruppe, wie die Verordnung über das Tragen der Kerzen bei Festen[255] und die Bestimmung über das Zunftzelt zeigen[256].

Aber nicht nur die gesellschaftliche Organisation und die Zugehörigkeit ordnete die Zunft. So wurden auch arbeitsrechtliche Anordnungen erlassen, wie z. B. das Verbot, sich gegenseitig Arbeit, wie auch Gesellen oder Lehrknaben abzuwerben[257]. Auch die Beschäftigung zunftfremder Personen in einem Betrieb ohne besondere Erlaubnis der Zunftversammlung wurde unter Strafe gestellt[258]. Die Bestimmung wurde auch auf die anscheinend öfters ziemlich selbständig arbeitenden Gesellen

246 Vgl. Ratsämterlisten der Ratsbücher (Stadtarchiv Augsburg, Reichsstadt, RB Nr. 4 mit Nr. 6).
247 Vgl. Beilage Nr. III, 16.
248 Vgl. Beilage Nr. III, 18.
249 Vgl. Beilage Nr. III, 17.
250 Vgl. Beilage Nr. III, 15.
251 Vgl. Beilagen Nr. III, 5, 7, 10, 12, 15. Alle Strafen dieser Bestimmungen fallen darunter.
252 Vgl. Beilage Nr. III, 2, 3.
253 Vgl. Beilage Nr. III, 5.
254 Vgl. Beilage Nr. III, 10.
255 Vgl. Beilage Nr. III, 12.
256 Vgl. Beilage Nr. III, 14.
257 Vgl. Beilage Nr. III, 6.
258 Vgl. Beilage Nr. III, 7.

ausgedehnt, welche bei Zuwiderhandlungen den Kostplatz bei ihrem Meister verlieren sollten[259]. Damit zeichnen sich die Bestrebungen ab, mit denen die Zunft die Vollbeschäftigung eigener Leute vorrangig sichern wollte. Innerhalb dieser Organisation bekamen durch die Ratsverordnung vom 5. XII. 1476 die verheirateten Meister eine Vorrangstellung, indem die Ledigen und Verwittweten, sowohl bei den Beschlüssen wie auch bei dem aktiven und passiven Wahlrecht ausgeschlossen wurden[260]. Neben der Abgrenzung wurde damit das Schwergewicht auf die familiärgebundenen Meister gelegt. Es ist dabei nicht ganz eindeutig zu erkennen, ob für diese Verordnung die stärkere Seßhaftigkeit dieser Meister ausschlaggebend war, oder ob dabei die Rolle der Familie des Meisters im Betrieb für die Versorgung der Gesellen und Lehrknaben den Ausschlag gab. Auch ein rein auf Bevölkerungspoltik ausgerichtetes Denken des Rats ist bei dieser Beschränkung der Rechtsausübung nicht ausgeschlossen[261].

All diese organisatorischen und gesellschaftspolitischen Grenzen bestimmen die Gemeinschaft der Maler, Glaser, Bildhauer und Goldschlager, die darüber hinaus auch Regelungen für eine Chancengleichheit beim Materialeinkauf besorgten. So mußte eingeführtes Glas, aber auch »firnuß, farb oder ander sachen«, welche zum Handwerk benötigt wurden, vor dem Verkauf allen Meistern angeboten werden, damit sie sich an dem Handel von Anfang an beteiligen konnten[262]. Desgleichen mußten »Gäste« (d. h. Fremde), wenn sie außerhalb des Marktes Glas oder Farbe herbrachten, dies einem der Zwölfer oder dem Büchsenmeister melden, damit er durch den Zunftknecht die übrigen Meister von dem Angebot unterrichten konnte[263]. Diesen war es dann freigestellt, ob sie dem Ruf folgten oder nicht. So war wenigstens hinsichtlich des Angebots eine Gleichheit gegeben, der lediglich die finanzielle Schwäche der ärmeren Meister entgegenstand.

Auf diese Weise regelten die Meister ihr Handwerk jetzt ganz in Verbindung mit der durch die Stadtverfassung gegebenen Institution, welche damit immer mehr berufsverbandsähnlichen Charakter erhielt, während die Gesamtzahl der Meister noch mehr von der eigentlichen aktiven politischen Rolle der Zunft ausgeschlossen wurde. Am deutlichsten zeigt sich dies in den Ratsämterlisten, die bis 1462 nie für Zwölfer eine längere Amtszeit als zwei Jahre aufwiesen[264]. In den folgenden Jahren teilt sich Ulrich Sitziger, der Goldschlager mit dem Bildhauer Michael Dreÿer dieses Amt bis in die neunziger Jahre. Nur 1478 wird deren Amtszeit durch den Maler Hans Blanck[265] und den Glaser Thoman Burckhart[266] unterbrochen, nachdem 1476 Hans Beuerlein einmal den Sitz des Michael Dreÿer eingenommen hatte. Dreÿer, der auch 1480 und 1490 im Amt pausierte, scheidet erst ein Jahr vor seinem Tode aus, wodurch das Amt der Zwölfer ganz in die Hand der Goldschlager geriet, was sich höchstwahrscheinlich in deren stärkerer Finanzlage begründete. Dies zeigt deutlich eine Polarisierung innerhalb der Handwerkerschaft an.

259 Vgl. ibid.
260 Vgl. Beilage Nr. I, 4.
261 Als Beispiel, wie sehr man auf die Stellung der Verheirateten sah, dient der Fall des Ulmer Malers Edelmann Jos, der von Rats wegen zurückgerufen wurde. Vgl. Personenkatalog Nr. 66.
262 Vgl. Beilage Nr. III, 8.
263 Vgl. Beilage Nr. III, 9.
264 Vgl. Ratsämterlisten in den Ratsbüchern (Stadtarchiv Augsburg, Reichsstadt RB. Nr. 4 mit Nr. 6).
265 Vgl. Personenkatalog Nr. 26.
266 Vgl. ibid. Nr. 35.

Auch der Umgang untereinander scheint nun mit der zunehmenden Zahl der Meister in gelenktere Bahnen gebracht worden zu sein, wie schon die Sonderaufgaben für die jungen in der Meisterschaft zeigten[267]. Am 16. IX. 1498 werden diese Verhältnisse auch auf die Sitzordnung bei den Vollversammlungen angewandt, wo die Meister nun künftig in der Reihenfolge ihres Gerechtigkeitserwerbs sitzen sollten[268].

Diese Zunftordnung zeigt, so wie sie sich ab den sechziger Jahren langsam herausgebildet hatte eine auf die Handwerksgruppe ausgerichtete Tendenz auf, die durch Reglementierung die Absicherung der Beschäftigung und Materialbeschaffung und durch eine hieratische Festlegung des Gesellschaftsgefüges anstrebte, den nur kurzfristig in der Stadt lebenden Malern Zugang und Einwirkung auf die Organisation erschweren sollte.

b) Die soziale Struktur der Maler – Beginn der hierarchischen Aufgliederung

Diese Tendenz stellt sich aber nicht allein abstrakt in der Satzung dar. Betrachtet man die wirtschaftlichen Verhältnisse der einzelnen Maler, so stellt sich hier gegenüber der Frühzeit eine deutliche Verschiebung zwischen der Mehrheit der weniger verdienenden Meister und den besser situierten Werkstätten heraus. So umfaßte der Anteil[269] der Habnit-Steuer zahlenden Maler am Anfang dieses Zeitraumes ca. 53%. Bis zu ½ fl steuerten 23% und noch 15% lagen in der Steuerklasse zwischen ½ und 1 fl. Nur ein Vertreter der Zunft, Johannes Bämler[270] zahlte 2 fl, was für die in den Steuerlisten faßbaren Angehörigen des Malerhandwerks ca 7% bedeutet. Für ihn muß man allerdings eine Ausnahmestellung annehmen, welche durch seine Drucker- und Verlegertätigkeit entstand und welche seine wirtschaftliche Sonderstellung bedingte. Am Ende der Entwicklung in diesem Zeitabschnitt gliedert sich dieser Trend nachweisbar auf. So übernimmt 1498/1499 die Führung der Maler Ulrich I Apt[271], der von seinem rein erarbeiteten Vermögen 2 fl 3lib Steuern zahlt. Dieser, der damit 5% der steuernden Malerschaft verkörpert, steht damit weit abseits von den übrigen Handwerksgenossen, von denen zwei (ca. 10%) in diesen Jahren als steuerfrei, 21% als Habnit-Steuerzahler und 68% mit einer Summe von unter ½ fl aufgeführt sind. Die Aufspaltung, die sich hier auch in den rein wirtschaftlichen Fakten innerhalb des Malerhandwerks nachweisen läßt, würde für die gesamte Handwerkergruppe eine noch deutlichere Teilung aufzeigen, welche die Goldschlager an die Spitze vor die Glaser setzt, während sich die Bildhauer über das ganze Spektrum gleichmäßig verteilt finden[272].

Worin sich die verhältnismäßig finanzschwache Stellung der Maler zu dieser Zeit begründet, läßt sich eigentlich nicht direkt erkennen, da die überlieferte Auftragslage genügend Arbeit für die in der Stadt anwesenden Meister belegt. So wird man die Ursache wohl in der Einstellung der Allgemeinheit zur Malerei überhaupt erkennen müssen, welche in den Bildern mehr normale Handwerksarbeit sah, als außerordentliche Produkte eines einzelnen Meisters. Dies scheint dann auch die Erwerbslage

267 Vgl. Beilage Nr. III, 12.
268 Vgl. Beilage Nr. III, 22.
269 Die genannten Prozentsätze sind aufgrund der wenigen Personen ungenau und geben mehr die Relation als die genauen Werte wieder.
270 Vgl. Personenkatalog Nr. 24.
271 Vgl. ibid. Nr. 5.
272 So erreicht der Bildhauer Dreyer Michael ebenfalls Steuersätze bis zu 3 fl.

dementsprechend gedrückt zu haben, wobei die Zunft selbst mit der Art des von ihr normalerweise angenommenen Arbeitsvertrags diese Entwicklung eher gefördert als verhindert hat[273].

So kamen Meister, die von Begabung oder Temperament her der Unterordnung in diese gegebene Struktur weniger gewachsen waren, beinahe an die Grenze asozialer Verhältnisse. Bezeichnend dafür dürfte der Fall Peter Apts sein, der den Ausgleich für den fehlenden wirtschaftlichen Erfolg anscheinend in seiner Streitsüchtigkeit suchte[274]. Aber auch weniger spektakuläre Fälle als der des 1475 bei einem Streit erschlagenen Meisters lassen sich für diese Umstände belegen. So wird der Glaser (ev. auch Glasmaler?) Caspar Magerbain[275] am 26. VI. 1482 wegen Streitsucht und dauernder Mißhandlung seiner Frau vom Rat verwarnt und erhält wegen seiner permanenten Trunksucht sowohl das Verbot, sich in Wirtshäusern aufzuhalten, als auch Gelage in seinem eigenen Haus zu feiern. Über seine mißliche Erwerbslage gibt die Schilderung, »das er sattigs hinderm wein liege vnd zu Zeitten ains tags sovil vertruncke, als er ain geanntze wochen gewÿnnen mochte«, ein deutlich sprechendes Zeugnis. Andere wiederum geraten in solche Zahlungsschwierigkeiten, daß sie sich heute am besten durch die Schuldklagen in den Gerichtsbüchern nachweisen lassen. Zu diesen Fällen zählt auch Jörg Setz[276], der 1484 neben einem geringfügigen Geldbetrag auch »etlich hailigen« seinem Gläubiger überlassen mußte, was als Beleg der Werkspfändung anzusehen ist.

Der Fall Hans II Kron[277] dagegen, der schon als Jugendlicher wegen Beihilfe zum Totschlag belangt wurde, zeigt auch das Zusammengehörigkeitsgefühl der Zunft auf. So unterstützten bei seiner Urfehde am 28. VI. 1477 neben seinem Vater und seinem Schwager, die beide dem Handwerk angehörten, noch weitere zehn zur Zunft gehörende Meister ihn durch Bürgschaft und Eid[278]. Auch kam ihm die Zunftorganisation bei der Gerechtigkeitsübernahme soweit wie möglich entgegen, indem sie für ihn die Bindung von Gerechtigkeit und Bürgerrecht aufhob. Dennoch mag es am Charakter der Zunftorganisation gelegen haben, daß er nach seinem Ausschluß aus den Zunftsitzungen sich als Söldner verdingte und seine Berufsausübung mehr oder weniger aufgab.

Diese hier von wirtschaftlicher Seite und in den Einzelfällen sich ausdrückende Lage stellt den Hintergrund dar, auf dem sich die Verordnungen der Zunft entwickelten. Zugleich zeigt sich aber auch die Grenze, welche der Möglichkeit eines freien Kunstbetriebes gesetzt war, wenn er an eine auf handwerkliche Verhältnisse hin orientierte Ordnung gebunden war. Während die Künstlerwerkstätten diese Beschränkung mehr oder weniger verkraften konnten und durch größeren Umfang ihrer Werkstättenkapazität auffingen, litten in erster Linie die kleinen Kunsthandwerker und die in der Qualität nicht entsprechend anschließenden, nur auf Handwerks- und Gebrauchswaren orientierten Meister unter diesem Zusammenschluß, mit dem sie weder durch ihre Arbeit in Wettbewerb treten noch ihn durch den Umfang ihrer Werkstätten ausgleichen konnten.

273 Dazu trägt vor allem der Gedingvertrag bei sowie die Garantie der Ausführung durch die »Geschau« der übrigen Meister.

274 Vgl. Personenkatalog Nr. 2.

275 Vgl. Stadtarchiv Augsburg, Reichsstadt, RB Nr. 10, fol. 19 v.

276 Vgl. Personenkatalog Nr. 170.

277 Vgl. ibid. Nr. 61.

278 Auch dabei spielte die Beurteilung durch die anderen Meister der Zunft eine erhebliche Rolle, indem die Arbeit sich neben dem Urteil des Käufers auch noch dem der etablierten Meister stellen mußte.

Man kann in der Satzung, daß die Meister innerhalb der Zunft nach der Zeit ihrer Mitgliedschaft in der Organisationshierarchie geordnet wurden[279], den Versuch sehen, dieser Entwicklung zu begegnen, was aber für jüngere neu beginnende Meister doch als noch größere Erschwernis zu bewerten ist, im Kreise des Handwerks Fuß zu fassen.

So zeichnen sich die Grenzen ab, die der eigentlich gesellschaftlich-politischen Organisation in ihrer Funktion als Handwerksverband gesetzt waren. Daß diese Lage nur in Einzelfällen vorerst zum Ausbruch kam, lag in der Zeit vor 1500 an der noch anwachsenden Auftragslage, die noch genügend Arbeiten für die handwerklichen Kleinbetriebe bot. Jedoch zeichnete sich die Komplikation bereits ab, welche Differenzierung der Arbeit und eine rückläufige Auftragslage mit sich bringen konnten.

c) Das Malerhaus

Im Rahmen dieser Entwicklung kauften die Maler 1472/1473 im Steuerbezirk »hailigcruitzerthor intra« ein Haus, in dem sie ihre Versammlungsstätte einrichteten[280].

Die »Stube« stellte für die Handwerksgruppe das Kommunikationszentrum sowohl gesellschaftlich, als auch für die das Handwerk betreffenden Erörterungen dar. Die Einrichtung dieser Institution wird man wohl im Zusammenhang mit der gleichzeitigen Teilnahmepflicht der Meister für die Handwerksversammlungen sehen müssen[281]. Die Sitzungen, welche anscheinend sowohl in regelmäßigen Abständen[282], als auch in besonderen Fällen auf Veranlassung der Zwölfer einberufen wurden[283], um dringend anstehende Angelegenheiten zu regeln. Vorstellungen von Lehrknaben, sowie der Erwerb der Gerechtigkeit konnten normalerweise nur in den Versammlungen vorgenommen werden. Auch die Rechtsentscheidungen über Streitigkeiten der zum Handwerk gehörenden Meister, Gesellen und Lehrknaben wurden in diesem Rahmen entschieden[284].

Neben den Versammlungen der »Stube« muß, wie die aufgezählten Gegenstände im Inventar der Auflösung des Zunfthauses bezeugen[285], sich auch ein Großteil der gesellschaftlichen Zusammenkünfte dort abgespielt haben, wobei sich über diesen Bereich des Zunftlebens keine Überlieferung erhalten hat.

Die Strafe des Ausschlusses aus der Gemeinschaft der »Stube« scheint speziell aber auf diesen gesellschaftlichen Teil dieser Zunfteinrichtung gezielt gewesen zu sein, da wie der Fall Hans II Kron der Zusatz »so soll er auff vnssere stuben nit kumen, man schickt denn nach ihm«[286] deutlich macht, nicht an einen vollkommenen Ausschluß von der Organisation gedacht war.

Das Gebäude selbst wurde von den Malern mit ihrer Zunfteinrichtung nur zum Teil genutzt, so daß die übrigen Räume weitervermietet werden konnten. Aufgrund des daher eingehenden Hauszinses war die Zunft steuerpflichtig[287], weshalb sich auch der Hausbesitz in den Jahren 1473 bis 1548 in den Steuerlisten nachweisen läßt. Nur

279 Vgl. Beilage Nr. III, 22.
280 Vgl. Stadtarchiv Augsburg, Reichsstadt STB. 1473, 27 d.
281 Vgl. Beilage Nr. III, 10.
282 Vgl. Beilage Nr. III, 5.
283 Vgl. Beilage Nr. III, 10.
284 Vgl. Beilage Nr. III, 11.
285 Vgl. Beilage Nr. VII, 2.
286 Vgl. Personenkatalog Nr. 61.
287 Vgl. Beilage Nr. VII, 1.

dreimal wohnen in diesen Mieträumen Zunftangehörige. Da es sich dabei immer nur um[288] alte Meister handelt, kann deshalb nicht auf eventuelle Werkstatträume geschlossen werden. Auch über die Ausstattung der »Stube«, welche 1498 umgebaut und erweitert wurde[289], finden sich keine Belege, so daß außer dem Hausratsinventar, welches keine außerordentliche Einrichtung erwähnt, weder über den Bau noch über eventuell vorhandenen malerischen Schmuck eine Aussage möglich ist.

2. Die Überlieferung der Tätigkeit der Maler (ca. 1460 bis 1500)

a) Die nicht erhaltenen Werke: Auftragslage und Durchführung

Die Aufträge, welche die Maler zu erfüllen hatten, zeigen gegenüber dem Stand um die Mitte des XV. Jahrhunderts kaum eine Änderung auf. Lediglich scheinen die öffentlichen Großaufträge nach der regen Tätigkeit der vorausgehenden Jahrzehnte nachgelassen zu haben. So zeigen die für diese Zeit erhaltenen Baumeisterrechnungen meist die üblichen kleineren Arbeiten auf. Sie verzeichnen Abrechnungen über angestrichene Öfen[290], angestrichene Fenster[291], eingefärbte Tischplatten[292], für Schilder an Schenkkannen der Stadt[293] sowie die Bemalung von Botentaschen[294] und Fahnen[295].

Neben dieser Alltagstätigkeit in handwerklichem Rahmen werden aber auch Arbeiten, welche durchaus dekorativen, eventuell sogar künstlerischen Charakter gehabt haben, erwähnt. Darunter kann man die Bemalung des »Raÿswagens« 1464 anführen[296] oder auch die Ausstattung des Floßes mit Fahnen und Schilden, mit welchem man 1490 dem Kaiser »Harnasch und zellt« schenkte[297].

Gehobeneren Ansprüchen dürfte die Ausstattung des Traghimmels genügt haben, welchen Hieronimus Erlinger 1489 für den Besuch des »Römischen Königs« anfertigte. Allein die Bezahlung für ihn übertraf dabei Materialkosten sowie die Ausgaben für die übrigen Handwerker[298].

Auch die öffentlichen Aufträge für Tafelbilder scheinen sich im Laufe der Zeit den mehr repräsentativen Ansprüchen angepaßt zu haben. So malt 1486 Gumpold I Giltlinger, welcher schon durch große kirchliche Aufträge in dieser Zeit zu den führenden Malerpersönlichkeiten der Stadt gehört, eine Bildtafel für die Baumeisterstu-

288 So wohnt 1474 bis 1481 der Glaser Balthos Magerbain, 1491 bis 1495 der Goldschlager Franz Striebel sowie in den Jahren 1531 bis 1547 der Maler Leonhart II Hamer (vgl. Personenkatalog Nr. 96) bzw. seine Witwe Otilia Hamer im Malerhaus.

289 Vgl. Stadtarchiv Augsburg, Reichsstadt SCH. Nr. 72 c fol. 92 v.

290 Vgl. Personenkatalog Nr. 12, Nr. 41 und Nr. 52. Es läßt sich nicht genau erklären, um welche Art Anstrich es sich dabei gehandelt hat. Wahrscheinlich muß man sich dabei mehr ein Lasurverfahren vorstellen, dessen Grundmaterial Eiweiß bzw. auch Eigelb gewesen war. Vgl. dazu den Eintrag: »Item iiii groß vmb ayr die öfen anzestreichen« (Stadtarchiv Augsburg, Reichstadt BRB 1459, fol. 61 v).

291 Vgl. Personenkatalog Nr. 12.

292 Vgl. ibid. Nr. 161.

293 Vgl. ibid. Nr. 52 und Nr. 161.

294 Vgl. ibid. Nr. 161.

295 Vgl. ibid. Nr. 161; auch Stadtarchiv Augsburg, Reichsstadt, BRB. 1495, fol. 46 r.

296 Vgl. Personenkatalog Nr. 52.

297 Vgl. Stadtarchiv Augsburg, Reichsstadt, BRB. 1490, Fol. 40 r.

298 Vgl. Personenkatalog Nr. 68.

be des Rathauses[299], 1494 fertigt Hieronimus Erlinger zwei Tafeln mit der Darstellung des Jüngsten Gerichts in die Rechtsstube an, welche er in den Monaten zuvor anscheinend mit einer bemalten Vertäfelung verziert hatte[300]. Die Ratsstube war bereits 1469 und 1470 von Conrat Bart vollständig mit einer neuen Vertäfelung ausgestattet worden, der er zwei Tafelbilder hinzufügte, für die er eigens bezahlt wurde[301].

Auch die berichteten Malereien an den städtischen Gebäuden halten sich in kleinerem Rahmen. So malte Michel von Ketz 1482 das Zifferblatt der mechanischen Uhr auf dem Heiligkreuzertorturm[302] und 1484 übernimmt Ulrich I Apt die Bemalung der Zeiger der Uhr am Frauenthor[303], das zu gleicher Zeit von Peter Kaltenofen im oberen Teil bearbeitet wurde[304]. Auch die Bemalung des Göggingertors, die 1498 von Ulrich I Apt ausgeführt wird, bezeichnen die Abrechnungen als »Besserung«. Der dabei gezahlte Betrag von 16 fl läßt auf eine Erneuerung einer figürlichen Teilbemalung schließen, da er sich für Anstreicharbeiten zu hoch und für eine gänzliche Neubemalung als zu niedrig erweist[305]. Alles in allem stellen diese Berichte keine außergewöhnlichen Werke vor, welche den kunsthandwerklichen Rahmen überschritten hätten[306].

Die Arbeiten, welche von Privat in Auftrag gegeben wurden, erwähnen für diesen Zeitraum nur die Stiftungen für die kirchlichen Einrichtungen. Der Grund dafür muß wohl in der Selbstverständlichkeit der malerischen Ausstattung der Privatgebäude gesehen werden, die einer eigenen Notiz in den Chroniken nicht für wert erachtet wurde, da sie bereits zu dem alltäglichen Rahmen gehörte. Eine malerische Ausstattung der sakralen Räume durch Privatleute, wie sie in mehreren Einzelfällen belegt ist, dürfte sich aber auch erst aus einer zur Gewohnheit gewordenen Malausstattung von Baulichkeiten überhaupt erklären lassen.

Normalerweise wird man unter diesen von Privatleuten gestifteten bildlichen Ausstattungen der Kirchen Tafeln zu verstehen haben, die als Votivbilder oder auch als Epitaphiabilder für die Kirchen angefertigt wurden. Inwieweit dabei auch von vermögenderen Familien Glasmalereien und andere Ausstattungsteile gezahlt wurden, zeigt die Aufzählung der Ulrich Walther'schen Stiftungen, der 1470 für St. Katharina Glasfenster sowie »gemäld« (Wandbilder?) und eine Tafel in den Kreuzgang anfertigen ließ[307]. Die Stiftungen waren aber nicht immer auf Teilausstattungen angelegt, wie es die bei Wittwer im Catalogus genannten Wandmalereien des Chores der St. Godehardskapelle, der Gesamtbemalung der St. Nicolauskapelle durch den Bürger Hainrich Müller belegen, der nach den gleichen Quellen auch noch mehrere andere Kapellen innerhalb und außerhalb der Stadt bemalen ließ[308]. Daneben wurden auch

299 Vgl. ibid. Nr. 81.
300 Vgl. ibid. Nr. 68.
301 Vgl. ibid. Nr. 12.
302 Vgl. ibid. Nr. 52.
303 Vgl. ibid. Nr. 5.
304 Vgl. ibid. Nr. 41.
305 Vgl. ibid. Nr. 5.
306 Dies mag in erster Linie an den Lücken der sechziger und siebziger Jahre der Baumeister-Rechnungsbücher liegen (vgl. p. 374/375). Es mutet jedoch seltsam an, daß auch die Chroniken von keinen größeren öffentlichen Aufträgen berichten. Worauf sich die Zurückhaltung der öffentlichen Hand in diesen Jahren gründet, konnte im Rahmen dieser Arbeit nicht eindeutig eruiert werden.
307 Vgl. Objekt Nr. 49 mit Nr. 51, siehe auch Städtechronik XXII, p. 394.
308 Wittwer Catalogus, p. 292.

Altäre von privater Seite aus errichtet, wie z. B. das von Michael Erhart geschnitzte Retabel für die Dionysiuskapelle, das Gumpold I Giltlinger zu fassen hatte und die Flügel dafür fertigte[309]. Solche Aufträge in der Form von Stiftungen waren aber gänzlich an die Oberschicht gebunden, die neben der Ausstattung auch meist die Kapellen bzw. Kirchenteile für den Gebrauch durch ihre Familien anfertigen ließ oder käuflich erwarb. Diese Auftraggeber dürften für die Maler den Hauptteil ihrer Tätigkeit gestellt haben, der sich heute aber aufgrund der Archivalienlage nur schwer in seinem vollen Umfang ermessen läßt.

Auch die Unterlagen der kirchlichen Institutionen sind für diese Zeit noch spärlich. Es scheint jedoch, daß eine rege Tätigkeit des Altarbaues einsetzte, der in seinem Umfang nun viel zu groß wurde, als daß ihn die sich immer mehr den politischen Ereignissen zuwendenden Chroniken noch erfaßt hätten. Immerhin waren auch Ende der sechziger Jahre des XV. Jahrhunderts die Augsburger in der Tafelmalerei so geschätzt, daß sie auch auswärts auftraten. So verließ Hans Mang Schnellenweg 1468 bis 1469 Augsburg, um in der Pfarrkirche in Seefeld (Tirol) den Altar zu malen[310]. Dabei ist allerdings nicht bekannt, ob er sich nur wegen dieser Arbeit für so lange nach Innsbruck begeben hatte[311].

Innerhalb der Stadt selbst gab die Dompfarrzeche 1481 den Auftrag an Gumpold I Giltlinger, den St.-Michaels-Altar im Dom zu malen. Dabei werden ihm für die Mal- und Vergoldungsarbeiten 400 fl im Geding ausgesetzt, was das Vierfache[312] der Summe darstellte, die der Schnitzer bekam. Bezeichnend ist, daß der Maler bei diesem Werk, das anscheinend den Beitrag der Pfarrei zu der umfassenden Erneuerung der Domkirche in diesen Jahren darstellte, während der folgenden vier Jahre sich ganz in den Dienst der Zeche stellte und dabei auch sämtliche Kleinarbeiten und Reparaturen auszuführen hatte. Obwohl im Geding eine Fertigungszeit von zwei Jahren festgelegt war, scheint man dem Meister ohne Abschlag die Verlängerung gewährt zu haben, was auf eine zufriedenstellende Ausführung des Auftrags hindeutet. So erhält er auch noch den Auftrag zu einem »Hungertuch« für diesen Altar sowie die Bemalung der äußeren Deckflügel des Frühmeßaltars und die Fassung eines von Jörg Muschgat geschnitzten Bildes übertragen[313].

Härter handhabte das Domkapitel das Vertragsrecht gegenüber Thoman Burgkmair[314] und Peter Kaltenofen[315], als es 1488 quasi als historisierenden Stammzyklus die Porträts der Augsburger Bischöfe in Auftrag gab, mit denen auch der Klerus an die in der Stadt anscheinend zur Gewohnheit gewordenen Geschichtsdarstellungen anknüpfte. So wurde der Preis der Bilder auf je 2 fl für fünf Bilder festgesetzt, eine Bezahlung über den Betrag hinaus – egal aus welchen Gründen auch immer – war von vorneherein ausgeschlossen und die Prüfung der Ausführung durch die Geschau eines Zunftmitgliedes der Maler und eines Goldschmiedes[316] fest im Geding verankert. Es

309 Vgl. Personenkatalog Nr. 81.
310 Vgl. ibid. Nr. 161.
311 Vgl. ibid. Der Aufenthalt dauerte über zwei Jahre. Die Anwesenheit Schnellenwegs in Innsbruck ist durch das Schreiben des Rats, das ihn von dem Abbruch seiner Brennöfen unterrichtet, überliefert. (Vgl. Augsburg, Stadtarchiv Lit. Schriftstück vom 27. II. 1469); siehe auch Beilage Nr. X.
312 Stadtarchiv Augsburg, Reichsstadt SCH. Nr. 141, fol. 53 r; vgl. auch Personenkatalog Nr. 81.
313 Stadtarchiv Augsburg, Reichsstadt SCH. Nr. 142, d, fol. 13 v; vgl. Personenkatalog Nr. 81.
314 Vgl. Personenkatalog Nr. 38.
315 Vgl. ibid. Nr. 41.
316 Erschwerend ist in diesem Fall die »Geschau« durch einen nicht zur Malerzunft gehörenden Meister.

dürfte klar sein, daß sich solche Bestimmungen nicht fördernd für die künstlerische Gestaltung der Bilder auswirkten.

Für das Kloster St. Ulrich und Afra berichten die Quellen eine rege künstlerische Tätigkeit unter dem Abt Johannes von Giltlingen (1482–1496). Dieser ließ, noch bevor das Kirchenschiff gedeckt war, an die Westwand die Patrone des Klosters als Wandbilder malen[317]. Auch innerhalb der Klostergebäude veranlaßte er Ausschmükkungen. So bekam, als der Abt auf Kur war, 1495 Gumpold I Giltlinger durch den Prior Hans Mörlin den Auftrag, eine Wand des Refektoriums mit einer topographischen Darstellung des Heiligen Landes zu versehen[318]. Das durch verschiedene Stifter wie auch durch Klosterinsassen finanzierte Bild scheint weniger als Kunstwerk anzusehen zu sein, als daß es eine Wiedergabe eines monastisch theologischen Programms gewesen war, dessen Gestaltung sich wahrscheinlich in narrativer Kumulation erschöpfte. Inwieweit die ikonographische Gestaltung durch die Mönche bestimmt wurde, zeigt das in diesem Zusammenhang von Wittwer erwähnte Bild einer Geschichte um seinen Bruder, die er in seiner Zelle abbilden ließ[319]. Im Anschluß an diese Arbeiten erhielt Gumpold I Giltlinger noch vom Abt des Klosters die Bemalung eines Flügelaltars für dessen Kapelle übertragen, dessen Fertigstellung Johannes von Giltlingen jedoch nicht mehr erlebte[320].

Als zweiter Maler war für das Kloster der aus dem Pfarrsprengel St. Ulrich stammende Ulrich I Apt tätig, der zu dieser Zeit bereits als Büchsenmeister innerhalb der Zunft eine feste Stellung erworben hatte[321]. Für 48½ fl hatte der Maler die Kirche St. Afra im Felde, die 1495 bis auf den Chor umgebaut worden war, mit der Legende und dem Martyrium der Heiligen zu bemalen. Dieser hier genannte Betrag scheint aber nur die Grundsumme für die Ausführung gewesen zu sein, da der Maler hauptsächlich durch Stiftungsgelder entlohnt wurde. So konnte jeder Gläubige eine oder mehrere »Figuren« stiften, welche dann von dem Maler mit den Wappen der Geldgeber zu versehen waren. Der »Preis« der Figuren wurde dabei durch die Größe bestimmt. Die Wappen der Stifter wurden jedoch erst ab der Summe eines Guldens und mehr in die Malerei mit aufgenommen. Dies stellt somit ein Beispiel dar, wie versucht wurde, größere einheitliche Ausmalungen durch kleinere Einzelstiftungen zu finanzieren, um einerseits auch weniger bemittelten Gläubigen die Möglichkeit zu geben, eine Votivbildstiftung in einer Wandmalerei ausführen zu lassen und andererseits trotzdem für den Kirchenraum eine einheitliche Bemalung zu erreichen. Inwieweit aber die künstlerische Gestaltung eines auf solche Weise zustandekommenden Bildzyklus dadurch beeinträchtigt wurde, läßt sich heute nicht mehr beurteilen.

b) Die erhaltenen Wandbilder der Zeit von 1460 bis ca. 1500

Vergleicht man mit dem aus den Archivalien ersichtlichen Bild die erhaltenen Bestände, so ergibt sich ähnlich dem vorausgegangenen Zeitabschnitt eine Ergänzung des Gesamtbildes über das Schaffen der Maler dieser Zeit, obwohl sich praktisch nur die kirchlichen Objekte erhalten haben.

So stellt die Bemalung des Kreuzganges des Karmeliterklosters St. Anna 1464 die

317 Wittwer Catalogus, p. 352.
318 Vgl. ibid. p. 388 und p. 393; vgl. auch Personenkatalog Nr. 81.
319 Vgl. ibid. p. 393.
320 Vgl. ibid. p. 430/431.
321 Vgl. ibid. p. 419/420. Das Ansehen Ulrich I Apts scheint sich in der Bezeichnung »vir honestus« auszudrücken. Vgl. Personenkatalog Nr. 5.

erste faßbare kirchliche Malerei[322] dar, welche sich deutlich durch die Geschlossenheit des Programms sowie durch die Einheit der Konzeption und der Ausführung auszeichnet. Die Grundlage dafür dürfte die Gelegenheit einer wirklichen Neugestaltung von Grund auf nach dem verheerenden Klosterbrand von 1460 gegeben haben, welche innerhalb eines Kirchenkomplexes sonst durch die Rechte älterer, ewiggültiger Stiftungen sowie der damit verbundenen bestehenden Denkmäler, seien es Plastiken oder Malereien, in diesem Maße nicht möglich gewesen wären. Bezeichnend für diese Malerei, welche anscheinend auch wie der Neubau der Klosteranlage durch die Zuschüsse des Stadtrats sowie durch die Kollekte der Bevölkerung finanziert wurde, ist, daß nicht nur die Abbildungen allein das theologische Programm vortrugen, sondern auch dazu die Schriftbänder der Prophetenporträts kommentierende Texte stellten und Schriftblöcke an den Basen der Bildfelder die programmatische Konnexion erklärend festhielten[323]. Als konsequente Weiterentwicklung der zuerst bei den historischen Profanzyklen verwendeten Einsetzung der Bildtituli[324] – man konnte ja dabei nicht wie bei den sakralen Bildern auf eine gewachsene allgemein bekannte ikonographische Typologie verweisen – wurde das Medium Schrift nun auch für immer kompliziertere und neu entwickelte theologische Bildfolgen und Konfigurationen benutzt, welche bevorzugt die Nebenräume der Kirchen ausschmückten, während in den Sakralräumen selbst das Tafelbild bzw. das Retabel den Vorrang behielt. So scheint es nicht verwunderlich, daß das von Lukas Welser und seiner Frau Ursula Laugingerin 1469 gestiftete Bild[325] in der St. Jakobskirche in seinem triptychonalen Aufbau wie auch in seiner Rahmung deutlich auf diesen Tafelbildcharakter sich bezieht. Die Mittel für solche Anspielungen standen den Meistern durch die Tradition des illusionistischen Versatzstückes in ihrem Formenkatalog zur Verfügung, so daß sie nur an den frühen Beispielen wie in dem Hirn'schen Grabhaus anzuknüpfen brauchten, wo Ähnliches schon angewandt wurde, um die Einheit des Raumes zu gewinnen[326].

In der Folge verzichten nur mehr die durch bauliche Rahmung gefaßten Malereien, wie die Kreuzigung bei St. Gallus[327] und die »Krippennische« im Taufchor zu St. Anna[328] sowie die reine Dekorationsornamentik auf dieses Element illusionistischer Verfremdung. Die dekorative Rolle der illusionistischen Elemente läßt sich auch in den Beispielen sehen, wo diese wie z. B. im Kreuzgang in St. Anna[329] ohne zugehöriges Bild auftreten und sei es nur, um Unregelmäßigkeiten der Bauten zu überspielen. Die eigentliche Rolle jedoch kommt ihnen in Verbindung mit den figürlichen Abbildungen zu, indem sie deren Ort an der Wand genauer bestimmen bzw. den Grenzbereich Malerei zu Wandfläche gegeneinander absetzen. Als Beispiele dafür seien die sich als ikonostasenähnliche Schranken darstellenden Bilder der St. Katharinenkirche[330] sowie der große Kreuzgangszyklus des Klosters zu den Barfüßeren[331] und die auf Gesimsen aufstehenden Szenen der Goldschmiedekapelle[332] genannt. Auch die

322 Vgl. Objekt Nr. 44 mit Nr. 46.
323 Die Schriftblöcke sind heute wieder zugestrichen. Daß sie vorhanden waren, zeigen die Berichte Sprenzingers. Vgl. Objekt Nr. 44 mit 46, Anm. 8.
324 Vgl. supra p. 33 und p. 36.
325 Vgl. Objekt Nr. 47.
326 Vgl. Objekt Nr. 32.
327 Vgl. Objekt Nr. 48.
328 Vgl. Objekt Nr. 57.
329 Vgl. Objekt Nr. 73.
330 Vgl. Objekt Nr. 49.
331 Vgl. Objekt Nr. 60.
332 Vgl. Objekt Nr. 61 mit 63.

Maßwerksbaldachine der späten Bilder der Domkrypta[333] und des Heiligen an der Seitenschiffsüdwand des Domes[334] fallen unter diesen Typ der Bildpräsentation, welche gleichsam im Maßwerk gefaßte Tafeln vorstellt.

So umreißen die wenigen Bilder der sechziger Jahre im großen und ganzen die Tendenz, die in den folgenden Jahrzehnten bestimmend blieb. Denn verkörpert die Kreuzigung bei St. Gallus[335] noch ganz die Tradition des Andachtsbildtypus, so zeigt sich in den Legendenzyklen der St. Katharinenkirche[336] der Zug zur narrativen Bildfolge, wobei auch bei diesen Legenden der Maria Magdalena und des Antonius Abbas sich wiederum die spezielle Aussage, welche die Bilder gerade für die Ideale der dort lebenden Nonnen besaßen, in den Vordergrund drängt. Das bibelexegetische Programm des Barfüßerkreuzganges[337], das von den verschiedenen dort mit ihren Wappen vertretenen Familien durch Spenden finanziert wurde, gehört zu den großen kirchlichen Unterfangen, welche sich wenigstens noch fragmentarisch nachweisen lassen. Dabei kann man die Quelle dieses theologischen Vergleichszyklus heute nicht mehr eindeutig eruieren[338]. Das Beispiel zeigt jedoch, wie auch schon der Kreuzgang des Karmeliterklosters bei St. Anna ein reges Bemühen um den Inhalt, was die Insassen dieser Klöster durchaus auf die Stufe des großen Benediktiner-Reichsklosters bei St. Ulrich und Afra zu stellen vermag[339].

Die beiden Teile der Bemalung der St. Anna-Kirche, das Lettnergewölbe mit seinen Propheten[340] und die Sakramentsnische (Krippennische?) mit den Engeln im Taufchor[341] scheinen nur mehr spärliche Reste umfassenderer Bemalungen zu sein, mit welchen man zu dieser Zeit die Kirche schmückte. Dabei muß es sich aber nur um Teilausstattungen gehandelt haben, die offenbar bei dem Umbau der Kirche in den Jahren 1487 bis 1492 nicht betroffen wurden[342].

Ebenfalls dem Inhalt nach eher anspruchslos stellt sich die Malerei in der Goldschmiedekapelle dar, die 1485 durch einen Umbau des Hirn'schen Grabhauses entstand[343]. Allerdings ist dabei die Sachlage des Programms des zweiten Zustandes zu wenig erhalten, als daß man auf eine sichere Rekonstruktion der Eigenheiten der Ausstattung eingehen könnte. Soweit es sich aber erkennen läßt, scheinen die Bilder nur als Zusätze zu den übrigen, wahrscheinlich wieder aufgrund der stiftungsrechtlichen Bestimmungen in der Neubemalung wieder aufgegriffenen Programmteile des Erstbaues zu sehen zu sein. Aus der Breite der narrativen Gestaltung der Bilder, die keine speziellen Besonderheiten aufweisen, scheint sich aber die Isoliertheit und die rein additive Stellung der Bilder im Kapellenraum zu erklären, den die Goldschmiede anscheinend mehr unter den ästhetischen als unter ikonographischen Gesichtspunk-

333 Vgl. Objekt Nr. 52 mit 55.
334 Vgl. Objekt Nr. 59.
335 Vgl. Objekt Nr. 48 im Vergleich zu Nr. 12, Nr. 21 und Nr. 42.
336 Vgl. Objekt Nr. 50 und 51.
337 Vgl. Objekt Nr. 60 Abschnitt Ikonographie.
338 Da die Bilder heute gänzlich verloren sind, könnte eine Vorlage nur mehr durch einen Textvergleich gewonnen werden. Ob man dabei allerdings bei der freien Verwendung der lateinischen Sprache noch einen genauen Anknüpfungspunkt finden könnte, ist äußerst fraglich.
339 Die kulturelle Stellung des Karmeliterklosters zeigt sich daran, daß es allein in den Jahren 1479 bis 1497 für den Betrag von mehr als 515 fl zusätzliche Bücher sowohl für den Gottesdienst als auch für die Bibliothek ankauft. Vgl. Schott, Eberhart 1882, p. 293.
340 Städtechronik IV p. 355 Vers 377–383.
341 Vgl. Objekt Nr. 57.
342 Vgl. Schott, Eberhart 1882, p. 246.
343 Vgl. Wilhelm, Johannes 1979, p. 114ff.

ten ausschmücken ließen. So nimmt die Ausstattung der Goldschmiede hier eine Zwischenstellung zwischen Neugestaltung und Restaurierung ein, welche das ursprüngliche Programm wegen der baulichen Veränderungen des Raumes nicht beibehalten konnte[344].

Eindeutiger sind dagegen die Bilder der späten Ausstattung in der Domkrypta auf eine Erneuerung zurückzuführen[345], da Spuren über den alten Einzelbildern des Märtyrerbischofs[346] wie auch der Frauen am Grabe[347] deutlich die Wiederaufnahme des Themas anzeigen[348]. Inwieweit die Bilder der Marienkrönung[349] sowie des Weltenrichters (?)[350] auf einen Wiederaufgriff ehemaliger früherer Bilder zurückgehen, kann heute nicht mehr entschieden werden. Die divergierende Ausfertigung der Malereien dürfte noch zusätzlich die Frage nach dem Wie der Erneuerung aufwerfen, das bislang nur durch die Hypothese unterschiedlicher zum Unterhalt der Bilder verpflichteter Auftraggeber zu enträtseln ist[351].

Für die Gewölbemalereien des Doms ist die gleiche Ausgangsposition bezeichnend, da auch hier 1483 ein teilweise fertiges Dekorationssystem mit einer Erweiterung desselben in Einklang zu bringen war[352]. Dazu kamen die Schwierigkeiten, die mit der großen Zahl von Auftraggebern, sei es vom Klerus aus das Kapitel, der Bischof sowie von den Bürgern her die Zeche der Pfarrei oder die Familien der einzelnen Kapellen, welche alle in ihrer Besonderheit dabei auf eine Linie gebracht werden mußten[353]. Am deutlichsten spricht für diese Umstände die Tatsache, daß die Unterschiedlichkeit in Langhaus und Westchor auf den Wechsel von Übernahme alter Ornamentik im Gegensatz zu den Neuschöpfungen beruht sowie sich die Einheitlichkeit der Dekorationen der Seitenschiffe auf die in diesen Bereichen geringere Einmischung anderer Auftraggeber zurückführen läßt. Die Verschiedenheit in der Hochchorbemalung zeugt dagegen von der Vielzahl der dort vertretenen Gruppen. Daß dazu noch durch die teilweise Unterbrechung der Arbeiten eine zeitliche Unterschiedlichkeit, die sich auch in den Ornamenten erkennen läßt, einstellte, machte eine programmatische Ausbildung dieses Objektes nahezu unmöglich, so daß sich alle Beteiligten mit dem Eindruck der optischen oberflächlichen Einheitlichkeit begnügten. Die dafür notwendige Koordination konnte jedoch bei der Pluralität der dafür beteiligten Kreise und der Verpflichtung zwischen der neuen Ausschmückung einerseits und des Aufgriffs der schon bestehenden Bildornamente andererseits in diesem Rahmen nicht gewonnen werden.

Zu dieser Domrestaurierung, für welche Thoman Burgkmair[354] und Peter Kalten-

344 Vgl. für die Fragen der Programmübernahme Objekt Nr. 61 mit 66, Abschnitt Geschichte und Ikonographie.

345 Die Zusammengehörigkeit der einzelnen Übermalungsfragmente erscheint zwar hinsichtlich der Technik evident, wurde aber bislang noch nicht durch eine Stratigraphie nachgewiesen.

346 Vgl. Objekt Nr. 7 unter Technik.

347 Vgl. Objekt Nr. 8 unter Erhaltungszustand.

348 Die Wiederaufnahme des Themas wurde dabei anscheinend weiter gefaßt. So wurde die Frau am Grabe als Osterbild durch eine Auferstehung ersetzt.

349 Vgl. Objekt Nr. 53.

350 Vgl. Objekt Nr. 52.

351 Dabei wäre an verschiedene Bruderschaften oder Grabstellenbesitzer zu denken.

352 Vgl. Objekt Nr. 58.

353 Vgl. ibid. unter Geschichte. So ist die Beteiligung der Pfarrzeche durch Archivalien belegt. Die Teilnahme des Klerus als auch der Bürger ist aus den entsprechenden Wappen zu ersehen.

354 Vgl. Personenkatalog Nr. 38.

ofen[355] die Bischofsbildnisse sowie Gumpold I Giltlinger die Arbeiten an den der Pfarrzeche unterstehenden Altären beitrug[356], scheint mit dem Monumentalbild des Christophorus 1491 im Kircheninneren abgeschlossen worden zu sein[354]. Dieses Bild, das man für Ulrich I Apt in Anspruch nehmen muß[358], greift einen Proprogrammpunkt der alten Bemalung des Domwestchores auf[359]. Bewußt verzichtet es als einziges großes Bild dieses Zeitabschnittes auf illusionistische Rahmungsteile, die in diesem Ausmaß störend mit der gebauten Architektur in Konkurrenz getreten wären. Die Deutung, dieses Bild als bischöflichen Beitrag und Abschlußpunkt der Restaurierung zu sehen, läßt sich, da die ursprünglichen Wappen in der Reformation beschädigt wurden, heute nicht mehr eindeutig belegen[360], obwohl die bedeutende Stellung des Bildes wie auch der Umfang und die Qualität der Ausführung dies nahelegen. Bezeichnend für diese Rolle als Abschlußbild dürfte die Bildinschrift mit ihrem Bezug auf die äußeren Zeitumstände sein, in welcher die Tradition, die sich in der Übernahme des alten Bildthemas mit der damaligen Gegenwart konfrontierte, was die Leistung der Erneuerung des Gesamtbauwerkes betonen sollte[361].

Neben diesen figürlichen Malereien hat sich aus der Zeit eine einzige bildliche Überlieferung einer Fassadenmalerei erhalten, welche anscheinend in den neunziger Jahren entstanden ist. Diese Bemalung der Nordfassade des Predigthauses von St. Ulrich und Afra[362] zeigt in vollem Maße den Einsatz illusionistischer Elemente, welche teilweise die vorhandenen plastischen Bauglieder unter Verfremdung des Materialcharakters auf eine ungegliederte Fläche mit übertrugen. Das Beispiel macht durch seine Stellung zu der Hauptstraßenachse der Stadt deutlich, in welchem Maße auch die illusionistische Malerei als vollwertiges Gestaltungsmittel anerkannt war, um weniger qualitätsvoll gegliederte Architekturen aufzuwerten. Daß es sich bei diesem Bau um keinen Einzelfall handelte, ist den Aufzeichnungen zu entnehmen, die Brandes 1912 vor der Zerstörung der Bemalung der Südseite der Peterskirche[363] machte. Die dort berichteten »Architekturmotive«, wie auch die »violettrot und graue Quaderung« dürften zu einem ähnlichen System gehört haben, dessen Stellung zum Fischmarkt, dem Platz direkt neben dem Rathaus, in gleich bedeutender Position stand.

Mehr noch als die archivalische Überlieferung belegt in diesem Abschnitt die erhaltene Malerei die Tätigkeit der Maler innerhalb der Stadt. Dabei scheint sich der Schwerpunkt auf die Zyklengestaltung, welche nun auch von den Klöstern und Kirchen mit aufgenommen wurde, verlegt zu haben. Zudem nimmt auf dem Gebiet der Wandmalerei die Ausschmückung der Architektur mit illusionistischen Versatzstükken einen immer größer werdenden Platz ein, welcher sich aus den Ansätzen der kleinen Versatzstücke heraus entwickelt zu haben scheint. Auch hier läßt sich aber ein

355 Vgl. ibid. Nr. 41.

356 Vgl. ibid. Nr. 81.

357 Vgl. Objekt Nr. 68.

358 Vgl. ibid. sowie Personenkatalog Nr. 5.

359 Das Bild scheint ein Wiederaufgriff des alten monumentalen Christophorusbildes zu sein, dessen Kopf sich in der Gewölbekappe im Dachboden des Domes noch ersehen läßt.

360 Die Wiederholung des Wappens derer von Zollern bei der Restaurierung 1554 könnte auf ein verloren gegangenes Stifterwappen hinweisen. Dies würde das Bild als eine Stiftung Friedrichs von Zollern, der 1486 bis 1505 Augsburger Bischof war, ausweisen.

361 So stellt der hier angegebene Kornpreis quasi den Lebenshaltungsindex für diese Zeit dar und symbolisiert die schlechten wirtschaftlichen Bedingungen, unter denen der Abschluß der Erneuerungsarbeiten geschafft wurde.

362 Vgl. Objekt Nr. 76.

363 Vgl. Anhang des Objektkatalogs Nr. 2.

gewisses Streben nach einer Durchgestaltung zu vollständigen Systemen gegen Ende des Jahrhunderts feststellen, das ganz mit den bei den Zyklen beobachteten Tendenzen konform geht. Diese Expandierung der Wandmalerei wird neben dem immer häufiger werdenden Einsatz dieser Gattung auch durch die anwachsende Zahl der Maler und dem steigenden Umfang der Werkstätten gefördert worden sein. Aufträge dieser Art schlossen aber kleinere Meister ganz von dem Wettbewerb aus, worin sich die oben erwähnte Entwicklung, welche sich in diesem Zeitabschnitt anzubahnen beginnt, begründen dürfte.

c) Die Buchmalerei und ihre Stellung zu den zünftischen Malern

Keinesfalls kann in diesem Zusammenhang eine genaue Bearbeitung oder Analyse der Augsburger Buchmalerei unternommen werden, welche zwar schon mehrmals Gegenstand von Abhandlungen war[364], aber dennoch bei weitem nicht völlig erschöpft ist[365].

Wenn im ersten Zeitabschnitt dieses Durchgangs auf die Erwähnung der Buchmalerei verzichtet wurde, so geschah dies, um der Grenzstellung der erhaltenen Bestände zwischen den beiden gesetzten Zeiträumen Rechnung zu tragen[366].

Eindeutig für Augsburg sichern läßt sich für den Beginn des XV. Jahrhunderts nur der spärlich illuminierte Psalter des Fraters Hainricus[367] des Ulrichsklosters. Dies belegt zwar die Tätigkeiten des Klosters auf dem Gebiet der Buchmalerei, stellt jedoch für die Bestimmung einer eigenen Werkstätte bzw. einer eigenen Werkstatt-Tradition keinen einschlägigen Beweis dar.

Ebenso ist man bei der Tätigkeit der zünftischen Maler in dieser Zeit mehr auf Hypothesen angewiesen. So könnte man für den in der Zunftliste des Jahres 1442 erwähnten Schreiber Johannes Kesselmann[368] einen mehr auf dem Gebiet der Buchillustration ausgerichteten Maler sehen, der mehr durch außerkirchliche Auftraggeber seine Beschäftigung erhielt. Einzig die illuminierte Handschrift des »Speculum humanae salvationis«, die durch das Signum »lennhart von keez der maller« für einen Meister der Zunft gesichert ist[369], weist die Tätigkeit der Buchmalerei in dieser Zeit für zünftisch organisierte Handwerker auf.

Erst um die Mitte des Jahrhunderts läßt sich eine verstärkte Tätigkeit bei der Buchillustration nachweisen, welche im Benediktinerkloster St. Ulrich und Afra sich an die Namen Johannes Klesatel[370] und Johannes Frank[371] bindet, die im Augsburger Kloster anscheinend die Werkstatt bestimmten. Im Gefolge dieser Klosterwerkstätten muß man wohl auch einige nichtzünftige Maler annehmen, welche sich der Erfassung

364 So bei Riehl, Berthold 1895, p. 105 ff; Bredt, Ernst Wilhelm 1900; Lehmann-Haupt, Hellmuth 1929; Steingräber, Erich 1955, p. 173–187, und id. 1956.

365 So dürften für die erste Hälfte und die Mitte des XV. Jahrhunderts die derzeit im Rahmen einer Dissertation laufenden Untersuchungen Michael Fosters zur Augsburger Buchmalerei wesentlich umfassendere Aufschlüsse bieten.

366 Dabei wurde von der bisher publizierten Lage ausgegangen, welche hier in den archivalischen Fakten in ihrer Relevanz zur übrigen Augsburger Malerei kurz analysiert wird.

367 Vgl. Personenkatalog Nr. 90.

368 Vgl. ibid. Nr. 44.

369 Vgl. ibid. Nr. 50.

370 Vgl. ibid. Nr. 54.

371 Vgl. ibid. Nr. 73.

durch die Archivalien weitgehend entziehen, da sie innerhalb des Klosterbereiches nicht unter Bürgerrecht und Zunftorganisation fielen. Als Beispiel für eine solche Persönlichkeit, welche ganz in der Abhängigkeit des Klosters steht, ist Hainrich Molitor[372] anzuführen, der für die Benediktiner in Kloster Tegernsee und Scheyern arbeitete und sich erst, nachdem er sich seiner finanziellen Verpflichtungen gegenüber den Mönchen entledigt hatte, wieder in Augsburg seßhaft machen konnte. Dieser Fall zeigt jedoch schon die Zusammenarbeit der Klosterwerkstätten mit außenstehenden Malern an, die in der Folgezeit immer häufiger an der künstlerischen Ausgestaltung der Bücher beteiligt wurden, wogegen sich die Mönche mehr der inhaltlichen Fassung und der Schrift zuwandten und nur spärlich sekundäre Verzierungen ausführten.

Neben diesen kirchlichen Handschriften erforderte das zunehmende Bildungsbewußtsein der führenden Bürgerschichten auch eine größere Anzahl von profanen Büchern, welche anfänglich in der Mehrzahl importiert wurden. Über das anwachsende historische Interesse, welches sich bereits in den dreißiger Jahren manifestierte, ergaben sich immer mehr Berührungspunkte, welche die interessierten Bürger mit den Chronikverfassern der Klöster in Verbindung brachte, worunter die zwischen Sigmund Meisterlin und Sigismund Gossenbrot[373] sowie die Verwendung der Küchlin'schen Reimchronik durch Peter Egen[374] zu zählen wären.

Einen Sonderfall der Betätigung von Bürgern der Stadt stellen die Gebrüder Mülich[375] dar, welche beide in der Zeit ihrer Ausbildung, bevor sie sich als Kaufleute im Berufsleben einsetzten, sich dem Abschreiben von Büchern widmeten und so gleichsam ihre Studienmaterialien festhielten. Der Inhalt der Bücher stellt zwar nur in dem gemeinsamen angefertigten Alexanderroman[376], wie auch in den getrennt geschriebenen Fassungen der Chronik des Sigmund Meisterlin[377] Ansprüche an eine humanistische Bildung, welche man dem 1450 von Georg Mülich geschriebenen Sammelband[378] mit seiner Mischung aus theologischen und profanen Inhalten nicht zugrunde legen kann. Um so mehr überrascht die Fülle und Qualität der Malerei, welche vor allem bei Georg durch die Landschaftsauffassung eine bedeutende Neuerung innerhalb der Augsburger Malerei darstellt[379]. Auf welchem Einfluß dies aufbaut, kann bisher genauso wenig festgelegt werden, wie die Frage geklärt, ob der Einfluß zünftischer Maler die Brüder zu ihrer Nebentätigkeit veranlaßte, wofür sich nur vage Verbindungen zu Jörg Amann[380] und zu Hans Mang Schnellenweg[381] in den Archivalien anführen ließen.

Immerhin belegt die Malerei der Mülichs die Tendenz, daß die Buchillustration sich so ziemlich als einzige Sparte der Malerei neben der Zunft der Maler entwickelte, ohne daß sie dabei an die Werkstätten der Klöster gebunden gewesen wäre.

Daß dies in der fortlaufenden Entwicklung so geblieben ist, zeigt das Verhältnis der nicht zünftischen Illuministen gegenüber den zünftischen Vertretern dieses Hand-

372 Vgl. ibid. Nr. 140.
373 Vgl. Joachimsohn, Paul 1895, p. 16.
374 Vgl. Städtechr. IV p. 335 ff.
375 Vgl. Personenkatalog Nr. 141 und Nr. 142.
376 Bayerische Staatsbibliothek Cod. germ. m. 581
377 a: Hecktor Mülichs Meisterlinchronik: Staats- und Stadtbibliothek Augsburg 2° Cod. Halder 1. b: Georg Mülichs Meisterlinchronik: Württembergische Landesbibliothek Stuttgart H. B. V., 52.
378 Universitätsbibliothek Gießen Nr. 813.
379 Vgl. Personenkatalog Nr. 4.
380 Vgl. ibid. Nr. 8.
381 Vgl. ibid. unter Nr. 142.

werks an, wozu der oben erwähnte Hainrich Molitor[382], die Briefmaler Caspar[383] sowie Ludwig Kropffenstein[384] und Hans VIII[385], der Kartenmaler Michael Müller[386] und der Schreiber Johannes Erlinger[387] gehören.

Ohne Zweifel aber stellten in der Folge die Klöster, wenn nicht in der Qualität, so doch in der Menge der Schreiber und Miniaturenmaler den Hauptteil, wobei aufgrund der durchgehenden Quellenlage, welche der Catalogus des Benediktiners Wilhelm Wittwer[388] darstellt, unter den heute bekannten Personen die Mitglieder des Reichskonvents zu St. Ulrich und Afra die Mehrheit stellen. So werden die Namen von Balthasar Kramer[389], Stephan Degen[390], Conrad Wagner[391], Thomas Rieger[392], Erasmus Huber[393] und vor allem des Leonhart Wagner[394] erwähnt. Letzterer, der sich in erster Linie als Kalligraph betätigte, fand dabei seinen Wirkungskreis auch weit außerhalb des Klosters und erreichte durch die Entwicklung der verschiedenen Schrifttypen große Anerkennung bei den zünftischen Malern seiner Zeit[395].

Die zweite Klosterwerkstätte der Buchmalerei, die sich im Augustinerchorherrnstift Heilig Kreuz befand, erscheint mit den Erzeugnissen ihrer beiden überlieferten Vertreter Jakob Wegelin[396] und Martinus Stoczinger[397] dagegen in der Qualität weit hinter der Stufe des Reichsstiftes der Benediktiner zurückgeblieben zu sein.

Innerhalb der zünftischen Malerschaft dagegen scheint sich Johannes Bämler[398] mit der Illustration von Büchern abgegeben zu haben, wobei er aber bald das neue Medium des Druckes einführte und sich wohl kaum mehr in eigener Person als Formschneider betätigte, wie es die wenigen für ihn gesicherten Erzeugnisse beweisen. Auch Claus Wolffstriegel[399] wird als Illuminist bezeugt, nachdem er eine Nonne des Klosters an der Horbrug, welche er anscheinend bei seiner Tätigkeit kennengelernt hatte, heiratete.

Als Sonderfall wird man die Rolle des Jörg Beck[400] einstufen müssen, der zunächst ab 1478 ohne Zunftzugehörigkeit in den Steuerbüchern sich nachweisen läßt. Anscheinend veranlaßte ihn aber dann die Ausbildung seines Sohnes Leonhard I, 1490 sowohl Bürgerrecht als auch die Zunftgerechtigkeit zu übernehmen[401], um so seinen Sohn voll ausbilden zu können. Gemeinsam führt Jörg Beck dann auch den Auftrag

382 Vgl. ibid. Nr. 140.
383 Vgl. ibid. Nr. 43.
384 Vgl. ibid. Nr. 59.
385 Vgl. ibid. Nr. 104.
386 Vgl. ibid. Nr. 143.
387 Vgl. ibid. Nr. 69.
388 Wittwers Catalogus abbatum monasterii SS. Udalrici et Afrae Augustensis gibt umfassenden Bericht der Tätigkeiten im Kloster bis 1497.
389 Vgl. Personenkatalog Nr. 58.
390 Vgl. ibid. Nr. 62.
391 Vgl. ibid. Nr. 177.
392 Vgl. ibid. Nr. 154.
393 Vgl. ibid. Nr. 115.
394 Vgl. ibid. Nr. 178.
395 Siehe so den Vermerk Hans I Holbeins auf der Porträtskizze.
396 Vgl. Personenkatalog Nr. 182.
397 Vgl. ibid. Nr. 168.
398 Vgl. ibid. Nr. 24.
399 Vgl. ibid. Nr. 190.
400 Vgl. ibid. Nr. 19.
401 Ibid. Die wirkliche Sachlage läßt sich aber durch den Widerspruch, daß Jörg Beck auch vor seiner Einbürgerung die normale Steuer zahlte, nicht ganz klären.

aus, welcher der Werkstätte durch das Kloster St. Ulrich und Afra für die Ausschmückung der großen, von Balthasar Kramer und Leonhart Wagner geschriebenen Psalterien gegeben wurde[402]. So belegt dieser Fall des bürgerlichen Illuministen Jörg Beck neben der Zusammenarbeit der Klöster mit Außenstehenden auch, daß die Zunftgerechtigkeit für diese Sparte von Handwerkern erst nötig wurde, wenn sie die Ausbildung von Lehrknaben unternahmen[403].

Erst die Trennung der Ausführung im Buch von der entwerfenden bzw. zeichnenden Hand führt zu einer Beteiligung der großen Werkstätten, die in der Folge den Typus des einzelstehenden Illuministen verdrängten, welcher sich entweder als Formschneider zu den Druckern oder als Maler in die großen Gruppen einzugliedern hatte.

Diese bis dahin bestehende relative Ungebundenheit der Illuministen scheint auch die Buchillustration in ihrer Rolle als Stilvermittler zu begünstigen, da sie einen größeren Austausch der Meister ermöglichte. So wird man bei einer Analyse der illuminierten Handschriften nicht nur auf deren leicht möglichen Transport verweisen müssen, sondern auch auf die teilweise schnell erfolgende Umschichtung der Mitglieder dieses Handwerkszweiges zu achten haben, welche allerdings aufgrund der größtenteils unorganisierten Maler ein bei der heutigen Archivalienlage äußerst subtiles Unterfangen sein dürfte. Der Wert einer solchen Untersuchung würde sich aber gerade für das Beispiel Augsburg auch hinsichtlich der wichtigen Stellung in der stilistischen Entwicklung in der zweiten Hälfte des XV. Jahrhunderts lohnen[404].

d) Die Stellung des Klerus als Auftraggeber und die Verbindung der Klosterwerkstätten zur Zunft

Die starke Beteiligung, welche die klösterlichen Werkstätten im Rahmen der Buchillustration in Augsburg aufweisen, macht es notwendig, die Frage nach einem klösterlichen Handwerkerkreis – soweit er überhaupt existierte – zu stellen, um gerade am Ende des XV. Jahrhunderts, in dem die kirchlichen Denkmäler bei weitem überwiegen, das Verhältnis der ansässigen Handwerker gegenüber den Kreisen abzusichern, welche nicht durch die bürgerliche und zünftische Organisation zu erfassen sind.

Betrachtet man den bisherigen Durchgang der Quellen und der Denkmäler, so ließ sich kein Anhaltspunkt für die Existenz eigener Klosterwerkstätten bzw. spezieller Malerwerkstätten, welche dem Klerus unterstanden hätten, auffinden. Auch daß solche in einem besonderen Maße die Kunst innerhalb der kirchlichen Sphäre beeinflußt haben, läßt sich, wenn man die Rolle der Schreiber und der Buchmaler einmal ausklammert, nicht belegen. Der Grund dafür wird vor allem in der nur beschränkten Auslastung einer solchen Institution im Rahmen eines Klosters zu suchen sein, die über kurz oder lang für diese einen Niedergang bewirkt hätte.

So wurden die Mehrzahl der Bilder vor allem in der frühen Zeit der Zunft durch den vom Stifter beauftragten Maler direkt ausgeführt, wodurch sich die Verschiedenartigkeit der oft im Rahmen einer Ausstattung angebrachten Bilder erklären läßt. Auch verhinderte das Wesen der einzelnen Pfarrzechen, welche in den verschiedenen Klöstern die Ausstattung der zu den Pfarrsprengeln gehörenden Altäre und Kirchen-

402 Vgl. Wittwer Catalogus, p. 372/295.

403 Für keinen der nichtzünftischen Illuministen kann ein Lehrknabe belegt werden. Eine Verordnung hinsichtlich dieser Regelung war aber nicht auffindbar.

404 Angesichts dieser Überlegung erweisen sich die Untersuchungen zur Buchmalerei speziell für die Mitte des XV. Jahrhunderts als längst überfällig.

teile zu finanzieren und zu besorgen hatten, den Einsatz zunftfremder Handwerker[405], da die Pfleger dieser Einrichtungen, welche vom Rat aufgestellt wurden, selbst dem Zunftwesen entstammten und daher keinerlei Interesse an einer Schwächung des heimischen Handwerks hatten.

Vor diesem Hintergrund wird es verständlich, daß die frühen großen Altarwerke[406] an ansässige Maler gegeben wurden. Das künstlerische Vermögen dieser scheint auch vollkommen für die gestellten Ansprüche genügt zu haben, da nur zwei Fälle von Import fertiger oder vorgefertigter Werke bekannt sind. Sicherlich stellen die für St. Ulrich und Afra um 200 fl in Flandern gekaufte und eingeführte Tafel[407] und der von Hans Multscher für das gleiche Kloster geschnitzte Palmesel[408] nicht die einzigen auswärtigen Erzeugnisse dar, welche sich in den Klöstern fanden, jedoch können auch sie als Gegenargument selbständiger klostereigener Werkstätten verstanden werden.

Noch deutlicher ist die Lage in der zweiten Hälfte des Jahrhunderts, wo sich die Nachrichten verdichten. In diesem Zeitraum läßt sich zwar der einzige Maler feststellen, der sichtbar durch seinen Wohnort im »domus der Chorherren« (Chorherrnhof) und durch seine Steuerfreiheit einen Sonderstatus genoß, welcher aber nicht schlüssig von seiner Stellung beim Klerus abhängig zu machen ist[409].

Die übrigen Nachrichten dagegen berichten durchweg von ansässigen zünftischen Meistern, welche von der Geistlichkeit beschäftigt wurden. So finden sich die Maler Gumpold I Giltlinger[410] und Ulrich I Apt[411] sowohl im Dom als auch in St. Ulrich und Afra. Auch Thoman Burgkmair und Peter Kaltenofen sind mit ihrer Tätigkeit für das Domkapitel in dem Fall der Bischofsbilderreihe namentlich belegt[412]. Gerade eben dieses Beispiel zeigt durch das Insistieren des Domkapitels auf die Einhaltung des Gedings sowie durch die Kontrolle durch eine Geschau, daß der Klerus sehr wohl die Einrichtung der Zunftorganisation für sich nutzte, um sich gegen weitere Ansprüche der Maler abzusichern.

Auch bei Streitfällen mit zunftlosen Buchmalern beruft sich der Klerus auf das Gremium der zünftischen Meister, wie es der Fall des Illuministen Hans Renner zeigt[413]. Charakteristisch scheint es jedoch für solche »Appellationen« zu sein, daß die Kleriker immer auch Mitglieder anderer Handwerke mit hinzugezogen wissen wollten, wie im Fall der Bischofsbilder den Goldschmied und im Fall des Buchmalers eine Gruppe von Illuministen, welche durch die fehlende Bezeichnung Meister deutlich als nicht zur Zunft gehörend gekennzeichnet werden[414]. Diese Vorgänge belegen, daß die Kleriker durchaus mit den Meistern der Zunft zusammenarbeiteten, was im Falle einer eigenen, mit in der Stadt ansässigen Meistern konkurrierenden Klosterwerkstätte sicher nicht der Fall gewesen wäre.

Wie die Bemalung der Kirche St. Afra im Felde durch Ulrich I Apt zeigt[415], scheint

405 Keines der erhaltenen Zechpflegebücher nennt auswärtige Handwerker, welche im Auftrag der Pfleger gearbeitet hätten.

406 Vgl. supra p. 29.

407 Vgl. Städtechr. XV, p. 307, 26–28.

408 Vgl. Wittwer Catalogus, p. 199/200; auch Städtechr. XV. p. 309, 27–310, 2.

409 Vgl. Personenkatalog Nr. 103.

410 Vgl. supra p. 53 mit 55; siehe auch Personenkatalog Nr. 81.

411 Vgl. Personenkatalog Nr. 5.

412 Vgl. supra p. 54.

413 Vgl. Personenkatalog Nr. 153.

414 Für die Genauigkeit einer solchen Unterscheidung steht die Quelle, da die Gerichtsbücher die konsequentesten Berufs- und Standesbezeichnungen wiedergeben.

415 Vgl. Wittwer Catalogus p. 419/20; siehe auch supra p. 55.

die Geistlichkeit auch zwischen den spendenden Gläubigen und den Malern eine Art Vermittlerrolle gespielt zu haben, um kleinere Stiftungen in größere Bemalungsprogramme einzubringen. Daß dabei die Ausmalung der Afrakirche kein Sonderfall war, zeigt die Bemalung des Kreuzganges der Barfüßerkirche[416], bei der derselbe Modus der Stiftung vorliegt, wie es sich aus den unterschiedlichen Häufungen der Wappen ersehen läßt. So nahmen sich die Klöster für Malereiaufträge, insbesondere wenn es um repräsentative bzw. monumentale Gestaltungen ging, bevorzugt die Handwerker der Bürgerschaft, unter welchen die Fluktuation und der Wettbewerb eine bessere handwerkliche Qualität gewährleistete, als es eine auf klösterlichen Nachwuchs angewiesene klerikale Werkstätte hätte je durch Traditionspflege erreichen können.

Diese Grundzüge lassen sich auch in der Buchmalerei ersehen, daß die Psalterien 1495 aus der Klosterwerkstätte heraus in die bürgerlich zünftische Werkstätte Jörg Becks gegeben wurden[417], da man anscheinend im Kloster zu dieser Zeit über keine dementsprechend leistungsfähige Fachkraft verfügte.

Die Frage nach den Kloster- und Kirchenwerkstätten kann für die Zeit des zünftischen Regiments in Augsburg somit als geklärt bezeichnet werden, indem sich abgesehen von den Schreibstuben keine eigene Tradition entwickelt hat. Auch für die »Fabrik« des Domes (Dombauhütte) läßt sich in dem fraglichen Zeitraum kein Maler belegen[418].

Die einzige Nachricht einer Werkstätte in klösterlichem Bereich, die sich erhalten hat, ist die Tätigkeit nicht zünftischer Glaser im Kloster zu den Barfüßern[419], welche in erster Linie für die Arbeiten bei der Kirchenumgestaltung eingesetzt wurden. Als diese jedoch, um sich besser zu finanzieren, auch begannen, ihre Glaserzeugnisse an Bürger zu liefern, erwirkte die Zunft der Maler am 15. VII. 1480 beim Rat ein sofortiges Verbot dieser den städtischen Markt betreffenden Tätigkeit. Ob sich diese Werkstätte daraufhin noch über die Zeit des Umbaues hinaus in dem Kloster gehalten hatte, entzieht sich unserer Kenntnis[420].

So zeigt sich die Zunft auch auf dem sakralen Sektor als bestimmender Kreis für die Ausführung der Bildwerke und der ihrem Handwerk zugehörigen Tätigkeiten, so daß sich über die Aussage einer zentralen Stellung hinaus anhand der Beobachtung der Zunft ein beinahe umfassendes Bild der künstlerischen Tätigkeit in Augsburg erstellen läßt.

416 Vgl. Objekt Nr. 60, siehe auch supra p. 57.
417 Vgl. Anm. Nr. 402.
418 So erwähnen die Bestände der Kapitelrezessionalien die »Fabrik« nur für Maurer und Steinmetzarbeiten.
419 Vgl. Stadtarchiv Augsburg, Reichsstadt RB. 9, fol. 48 r. siehe dazu auch Kießling, Rolf 1971, p. 96.
420 Die bei Kießling, Rolf (1971, p. 96) erwähnte Wochenmarkts-Verkaufsbestimmung scheint sich nicht auf den speziellen Fall der Klosterwerkstätte zu beziehen. Auch über die bei ihm erwähnten »Bilder« lassen sich in diesem Zusammenhang keine Angaben auffinden.

III. Die Zeit der Zunft unter den großen Werkstätten und Verbänden (1500 bis 1530)

1. Festschreibung der sozialen Struktur

a) Die »fixierende« Ordnung des Teilhandwerks

Der Wandel, der sich zwischen dem vorausgehenden Zeitabschnitt und dem Beginn des XVI. Jahrhunderts vollzog, kann in der Ordnung des Teilhandwerkes nur in wenigen Ansätzen gefaßt werden.

So bestimmt eine Satzung vom 29. VIII. 1501 die Zahlungen für den Erwerb der Gerechtigkeit[421]. Die Neuerung dabei ist nicht die Höhe der Beträge, sondern die zusätzlich eingefügte Satzung, daß nicht nur Zunftfremde die Gerechtigkeit erkaufen müssen, sondern daß auch die Mitglieder der beiden anderen Teilhandwerke des immer noch für die Maler zuständigen Zunftgroßverbandes der Schmiede, nämlich die Sattler und die unter den Schmieden zusammengefaßten Metall verarbeitenden Berufsgruppen bei dem Erwerb der Zunftgerechtigkeit des Malerhandwerks ebenfalls eine Gebühr zu zahlen hatten, welche mit 6 fl zwar erheblich unter den 16 fl des Neueintritts lag, aber doch eine deutliche Abgrenzung gegen die eigenen Zunftmitglieder darstellte, welche nur 1 fl 8 kr zu bezahlen hatten. Diese Bestimmung, die 1503 kurzfristig durch etwas erhöhte Sätze verschärft wurde[422], faßten die Maler ohne Beteiligung der Zunftmeister von sich aus, so daß sich daraus neben dem Ausschluß der eventuell wechselnden handwerksfremden Zunftgenossen auch die immer größer werdende selbständige Beschlußfähigkeit des von den beiden Zwölfern geleiteten Teilhandwerks der Großzunft sehen läßt.

Innerhalb der Zunft zeigen ebenfalls die neuen Verordnungen eine Fixierung der erreichten Zustände an, welche die schon im XV. Jahrhundert einsetzende Aufspaltung der einzelnen Handwerke mehr oder weniger festschrieben. So bestimmte das Handwerk am 8. II. 1506 ein Verbot der Tagwerksarbeiten für alle Mitglieder der Glaser, Maler, Bildschnitzer und Goldschlager[423], das sich vor allem gegen die kleineren handwerklichen Werkstätten richtete. Die Strafe von 4 fl wurde in diesem Fall sehr hoch bemessen, so daß diese Einschränkung von den Meistern nicht leicht mißachtet werden konnte. Ausnahmen davon mußten von der Zunftversammlung besonders genehmigt werden. Da diese Erlaubnis jedoch nur auf die wirkliche Armut des Betreffenden hin möglich war, bestimmt sie zugleich eine Minderung seiner Stellung in der Zunft, so daß es kaum zu einem solchen Ersuchen kam bzw. dieses erst von den betroffenen Meistern gestellt wurde, als ihre wirtschaftliche Lage irreparabel desolat war. Dazu trat die Abhängigkeit von den großen Werkstätten, die mit dieser Erlaubnisvollmacht quasi die Kleinbetriebe von sich abhängig machten, indem sie dadurch eine wesentliche Kontrolle ausüben konnten. Die Fixierung der sozialen Gefälle dürfte sich in dieser Bestimmung am deutlichsten zeigen.

Während die Bildhauer[424] und die Glaser[425] 1517 die Aufnahme von Lehrknaben beschränkten, schlossen sich die Maler nicht an diese Bestimmungen an, welche dazu

421 Vgl. Beilage Nr. III, 24.
422 Vgl. Beilage Nr. III, 23.
423 Vgl. Beilage Nr. III, 25.
424 Vgl. Beilage Nr. III, 27.
425 Vgl. Beilage Nr. III, 28.

dienten, die ausgebildeten Kräfte zu reduzieren, damit nicht eine übergroße Zahl selbständiger Meister in der Stadt die Erwerbslage schmälerte. Dies zeigt an, daß die Maler nach Möglichkeit restriktive Bestimmungen zu umgehen suchten, welche mehr auf den ausgeglicheneren Rahmen einer rein auf Handwerksebene arbeitenden Werkstätte zugemessen schienen.

Am 21. IX. 1522 entschlossen sich jedoch die Meister der vier Gewerke, welche bis dahin die Zunftgerechtigkeit besaßen, nur mehr solche Mitglieder anzunehmen, die auch wirklich eines der vier Handwerke gelernt hatten[426]. Zudem wurde den Satzungen die »merung« beigefügt, daß in Zukunft jeder nur mehr einen der vier im Teilhandwerk verankerten Berufe ausüben dürfe[427]. Diese so stark beschränkende Bestimmung sollte jedoch nicht für die bisher in der Zunft sitzenden Meister gelten, wodurch die neu aufgenommenen einer großen Benachteiligung ausgesetzt waren. Dieser Beschluß[428], den die Versammlung wiederum ohne Hinzuziehung der Schmiedezunftmeister vorgenommen hatte, wurde aber nur auf den Maler Sigmundt Gutterman angewandt, bei dessen Gerechtigkeitsaufnahme der Beginn dieses »Brauchs« vermerkt ist[429]. Am 28. VII. 1523 verbietet der Rat der Stadt diese Verordnung »auf anbringen der von maalern, glaser goldschlager vnd pildhawer« und bestimmt, daß die Gerechtigkeit wieder in der üblichen Weise verliehen werden mußte[430]. Einzig den Absatz über den Nachweis der handwerklichen Ausbildung konnten die Maler beibehalten, der sich vor allem gegen die eingeheirateten Mitglieder richtete[431], durch deren teilweise zunftfremde Tätigkeit die Organisation mit den Belangen der übrigen Zünfte mit Schwierigkeiten zu rechnen hatte.

So war dem Versuch, die Einheit der vier Teilhandwerke aufzuheben, nur ein sehr kurzes Leben beschieden, da der Rat anscheinend den Gedanken, die wirtschaftlichen Schwierigkeiten des Handwerks durch eine rigorose Beschneidung der Rechte der neuen Meister zu beseitigen, in dieser Bestimmung klar erkannte[432]. Ob der Rat dieses Verbot auf Antrag eines neuen Zunftmitgliedes oder aufgrund einer Unstimmigkeit innerhalb der Malerschaft selbst erließ, ist nicht mehr zu eruieren. Es wäre jedoch denkbar, daß die Meister selbst die Problematik einer exakten Trennung der vier Gewerke erst hinterher erkannt haben und deswegen den Rat um eine Entscheidung angingen[433].

426 Vgl. Beilage Nr. III, 20 sowie Nr. IV, 1.
427 Vgl. Beilage Nr. III, 21 sowie Nr. IV, 2.
428 Vgl. dazu Huth, Hans 1977[III] p. 79. Huth setzt diesen Paragraphen mit der Bestimmung »von der arbait wegen zů entsponen« (Beilage Nr. III, 6), die er fälschlich auf 1460 datiert, in Zusammenhang. Dieser die Arbeitsausführung betreffende Absatz stellt jedoch keinerlei Bestimmung über Doppelzünftigkeit dar. Auch die Gewerke übergreifende Tätigkeit, die er anführt, ist innerhalb der an der Teilzunft beteiligten Handwerke kein Beleg für eine Doppelzünftigkeit, die sich in erster Linie in der doppelten Mitgliedschaft und nicht in der Arbeit ausdrückt. Die Auswirkung des Beschlusses von 1522 wurde von Hans Huth überschätzt, da ihm die Aufhebungsverfügung des Rates nicht bekannt war.
429 Vgl. Personenkatalog Nr. 84.
430 Vgl. Beilage Nr. IV, 2.
431 Vgl. z. B. Schwab Sebastian, Personenkatalog Nr. 165. Die bei Huth (1977 [III] p. 79) erwähnte »Doppelzünftigkeit« läßt sich in keinem Fall bei den Malern belegen, da dieses Handwerk sozial zu schwach und immer schon zu sehr an die Ausübung des Berufs gebunden war. Ein Vergleich der Großzunft der Krämer mit der Handwerkszunft der Maler bzw. Schmiede kann in diesem Punkte nicht gezogen werden.
432 Durch die Hinzuziehung anderer Werkstätten für jeden teilhandwerksfremden Arbeitsvorgang wären die neuen Werkstätten unmöglich lebensfähig gewesen.
433 Es könnte in diesem Fall an einen Schiedsspruch des Rates in einer vor der Zunftversamm-

Die immer stärkere Ausrichtung auf die Belange des Handwerks wird aber durch die Forderung nach einer spezifischen Ausbildung deutlich, die sich nicht mehr mit der ursprünglichen politischen Funktion der Zunft vereinbaren läßt.

So bringen die wenigen aber strukturell wesensändernden Neubestimmungen, welche an der Ordnung in diesem Zeitabschnitt vorgenommen wurden, die sich immer mehr festigende Autonomie der Teilzunft der vier Gewerke zum Ausdruck. Um dem nun durch die Stärke ihrer Mitgliederzahl einsetzenden Verfall ihrer wirtschaftlichen Verhältnisse durch Verordnungen zu begegnen, versuchen die Meister somit rigoros die Stellung der Alteingesessenen und Führenden zu stärken, ohne dabei Rücksicht auf die kleineren Betriebe bzw. die jüngeren Meister zu nehmen. Nur die Korrektur des Rates verhinderte eine Durchführung dieser Absichten, die für den damaligen Kunstbetrieb eine unerträgliche Aufspaltung mit sich gebracht hätte.

b) Die sozialen Verhältnisse der Maler – Entstehung der Großwerkstätten und Abstieg und Verwahrlosung der kleinen Meister

Untersucht man für den Beginn des XVI. Jahrhunderts die Verhältnisse der Maler, so lassen sich ähnlich wie in den Zunftbestimmungen zunächst die Richtlinien aufzeigen, welche sich schon vor der Jahrhundertwende finden. So zahlen in den Jahren 1518/1519 von den in den Steuerlisten nachzuweisenden Malern 34% Habnit-Steuer, 23% bis zu ½ fl, 11% bis zu 1 fl und 23% bis zu 2 fl Vermögensteuer[434]. Die Spitzengruppe (insgesamt 7%) dagegen, die in diesen Jahren durch Ulrich I Apt[435] und seinen Schüler Jörg I Breu[436] verkörpert wird, setzt sich mit Beträgen von 4½ fl bzw. 5 fl deutlich vom Feld der übrigen Werkstätten ab. So zeigt sich neben der 1498/1499 schon festgestellten Absetzbewegung der leistungsstarken Werkstätten eine Polarisierung zwischen dem Mittelfeld und den »Habnit-Handwerkern« auf, welche die hieratische Schwelle in dem unteren Bereich wiederholt, worin sich eingesessene Betriebe und diejenigen, welche sich nicht durchzusetzen vermochten, erkennen lassen.

Die genannten Jahre stellen mit dieser Aufspaltung den Höhepunkt dar, welcher dann gegen Ende des dritten Jahrzehnts ausgeglichen wurde. So steuern 1529/1530 nur mehr 22% Habnit-Steuer, je 16% fallen unter die Steuergruppen bis zu ½ fl, 1 fl, 2 fl und 4 fl, doch 11% steuern mehr als 4 fl, so daß sich bei Ausgleich des Mittelfelds eine immer größere Absetzung der Spitze bemerkbar macht[437]. Die isolierte Stellung der untersten Steuerklasse wird aber durch den Aufstieg des Mittelfeldes verstärkt, wodurch der Stand der reinen Handwerker deutlich gegenüber den mehr kunsthandwerklich und den künstlerisch orientierten Kreisen erkennbar wird.

Allein diese wirtschaftlichen Auswirkungen geben einen exakten Einblick in die Struktur der Maler, wo sich aus den Reihen der Meister einige durch die Bildung größerer Werkstätten von ihren Genossen immer mehr abzusetzen begannen. Einzig Thoman Burgkmair[438] läßt sich dabei auf die bedeutenderen Werkstätten der Zunft in

lung nicht zu entscheidenden Sache gedacht werden, da sich die Zunftmitglieder zu gleichen Teilen sowohl für als auch dagegen aussprachen.

434 Auch bei dieser Statistik sind die Werte aufgrund der geringen Personenzahl ungenau und daher nur als Relationsangabe zu sehen.

435 Vgl. Personenkatalog Nr. 5.

436 Vgl. ibid. Nr. 30.

437 Vgl. Anm. Nr. 434.

438 Vgl. Personenkatalog Nr. 38 und Werkstattschema Nr. III.

den sechziger und siebziger Jahren des XV. Jahrhunderts zurückführen. Jedoch ist für ihn, der bei Johannes Bämler in der Lehre und durch Heirat mit dem Bildhauer Ulrich Wolffhartzhauser verbunden war, nur Jörg Gutknecht als Lehrknabe gesichert, der Augsburg verläßt und in das Kloster Tegernsee eintritt, wo er weiter als Illuminist tätig ist[439]. So scheint es, daß Thoman Burgkmairs Ausstrahlungskraft die Tätigkeit und die Werkstattorganisation seines Sohnes Hans I Burgkmair[440] in keiner Weise beeinflußte oder motivierte, sondern ganz von dessen eigener Person getragen wurde. Daß Hans I Burgkmair auch als erster einen Venezianer als Lehrknaben aufnahm und in rascher Folge Schüler an sich zog, muß auf Einflüsse seiner Lehr- und Gesellenzeit außerhalb Augsburgs zurückgeführt werden.

Gumpold I Giltlinger[441] hielt in seiner Werkstätte nur bis 1500 einige Lehrknaben. Mit dem Heranwachsen seiner Söhne orientiert sich sein Kreis auf die Familie um, der durch seinen Schwiegersohn, den Hofmaler Hans Knoder[442], verstärkt gefördert worden zu sein scheint.

Auch der 1494 von Ulm wieder in seine Vaterstadt Augsburg übergesiedelte Hans I Holbein[443] beschränkt seine Werkstätte mehr auf Familienmitglieder, da er nur einen Lehrknaben bei der Zunft vorstellt. Allerdings belegt die Tätigkeit Leonhart I Becks bei ihm, daß er mehr mit fortgeschrittenen Gesellen gearbeitet hat, welche sich der Erfassung durch die Archivalien praktisch gänzlich entziehen[444].

Die bisher genannten Werkstätten sind immer an die Person des sie tragenden Meisters gebunden. In keinem der Fälle kann eine Zusammenarbeit zwischen Lehrer und Schüler nach deren Meisterschaft nachgewiesen werden, welche auf eine Ausdehnung des Werkstatteinflusses in der Stadt hingedeutet hätte.

Nur die Werkstätte Ulrich I Apts[445] baut einen größeren Verband auf. So läßt sich sein Schüler Jörg I Breu[446], der seine Gesellenzeit in Österreich verbrachte, in Augsburg nieder. Auch Ulrich Maurmüller[447], der nur eine vierjährige Ausbildung durchmachte, wurde in Augsburg seßhaft. Während dieser anscheinend mehr handwerklich Geschulte über Verwandtschaftsprotektion die Rolle eines »Stadtmalers« übernehmen konnte, scheint Jörg I Breu sich mehr auf seine eigene Leistung und auch auf die zentrale Stellung seines Lehrherrn verlassen zu haben. Apt, dessen Vater noch zu den unbedeutenden Meistern der zweiten Hälfte des XV. Jahrhunderts gehörte, hatte schon 1493 als Büchsenmeister eine bestimmende Funktion innerhalb der Organisation, welche er durch anerkannte Arbeiten erreicht zu haben scheint[448]. Während sich seine beiden älteren Söhne[449] selbständig machen und anscheinend keinen direkten Kontakt mit der väterlichen Werkstätte mehr pflegen, schließt sich Ulrich I Apt noch einmal mit seinen Schülern Breu und Maurmüller in der Arbeitsgemeinschaft der Rathausbemalung zusammen[450], was auf eine Verbundenheit der aus seiner Werkstätte stammenden Maler mit ihm schließen läßt. So kann man annehmen, daß die Pro-

439 Vgl. ibid. Nr. 83.
440 Vgl. ibid. Nr. 39.
441 Vgl. ibid. Nr. 81 und Werkstattschema Nr. VII.
442 Vgl. ibid. Nr. 57.
443 Vgl. ibid. Nr. 113 und Werkstattschema Nr. VIII.
444 Auch die Stellung Leonhart I Becks ist nicht geklärt; vgl. ibid. Nr. 21, Nr. 113 und Nr. 114.
445 Vgl. ibid. Nr. 5 und Werkstattschema Nr. I.
446 Vgl. ibid. Nr. 30.
447 Vgl. ibid. Nr. 135.
448 Vgl. dafür ibid. Nr. 5.
449 Gemeint sind damit Jakob und Ulrich II Apt; vgl. ibid. Nr. 3 und Nr. 6.
450 Vgl. Beilage Nr. XIV 1–5.

tektion, die er ab 1517 als Zwölfer für seine Schüler leisten konnte, keineswegs gering war. Der Meister, der alle seine drei Söhne überlebte[451], dürfte mit diesem Werkstattverband, der zumindest alle öffentlichen größeren Aufträge erhielt, die bestimmende Figur der ersten drei Jahrzehnte des XVI. Jahrhunderts in der Stadt gewesen sein. Erst gegen 1527 verlor die Gruppe ihren Einfluß an Leonhart I Beck[452] und Jörg I Sorg[453], was wahrscheinlich auch auf eine Resignation Ulrich I Apts aufgrund des frühen Todes seiner drei Söhne zurückzuführen sein dürfte.

Gegen diese großen Werkstätten hatten die übrigen Meister keinen leichten Stand. Auch Hans I Burgkmair[454] versuchte immer wieder durch seinen Förderer, Conrat Peutinger, größere Aufträge zu bekommen, wie dies der Abwerbungsversuch bei der Bemalung der Flügel des Silberaltars im Dom 1509 zeigt.

Meister ohne solche Verbindungen scheinen dagegen machtlos den gegebenen Umständen gegenübergestanden zu haben. So wird man in diesen Umständen auch den Grund für das Abwandern Hans I Holbeins sehen müssen, dessen Malerei zwar geschätzt wurde, der aber dennoch aufgrund der fehlenden Beziehungen keine großen Aufträge bekam. Noch schlechter waren die Positionen für Maler, deren künstlerisches Vermögen nicht allzu groß war. So scheint sich Brecheisen Melcher ab 1513 als Söldner der Stadt zur Verfügung zu stellen[455], da er als Maler keinen Unterhalt fand. Auch Jörg I Lutz[456], der nach seiner Gerechtigkeitsübernahme 1511 drei Lehrknaben vor die Zunft stellt, kann sich mit seiner Werkstätte nicht behaupten, so daß er bald in einer ganzen Reihe von Schuldprozessen belangt wird. Sein Schüler Sigmundt Gutterman[457], der nur die Gerechtigkeit als Maler erhielt, sah sich 1534 durch seine Armut genötigt, sein Brot durch Zuhälterei zu erwerben, was zu seiner Ausweisung aus der Stadt führte.

So sind diese Beispiele nur die extremsten einer ganzen Reihe, welche den Niedergang der kleinen Meister kennzeichnen und welche die errechneten wie auch die aus den Ordnungen abgeleiteten Tendenzen bestätigen.

Diese Umstände führten auch dazu, daß kaum noch Maler, die auch schon als Lehrknaben in Augsburg weilten, an diesen Ort wieder zurückkehrten, da ihnen die Verhältnisse hier aus ihrer Lehrzeit her zur Genüge vertraut waren. So verließen auch Mitglieder von eingesessenen Familien, wie Hans Dreÿer[458] und Laux Furtennagel[459] die Stadt, um anderswo ihrem Beruf nachzugehen.

Auch unter den Meistern nehmen die Abwanderungen zu, von denen die schon erwähnte des Hans I Holbein die bekannteste ist. Schon 1506 wandert Hieronimus Erlinger[460] ab und 1522 verläßt Hans Knoder[461] die Stadt, die für ihn nach dem Tode Kaiser Maximilians keine Attraktivität mehr bot, in Richtung Pforzheim, woran ihn auch seine familiäre Bindung nicht hindern konnte.

Die Augsburger Malerschaft zeigt sich in diesem Zeitraum als ziemlich »geschlos-

451 Jakob Apt † 1518; Ulrich II Apt † 1521; Michael Apt † 1528; vgl. Personenkatalog Nr. 3, Nr. 6 und Nr. 4.
452 Vgl. ibid. Nr. 21.
453 Vgl. ibid. Nr. 171.
454 Vgl. dafür ibid. Nr. 39 und Nr. 113.
455 Vgl. ibid. Nr. 28.
456 Vgl. ibid. Nr. 130.
457 Vgl. ibid. Nr. 84.
458 Vgl. Werkstattschema Nr. VII; vgl. auch Personenkatalog Nr. 81.
459 Vgl. ibid. Nr. 78.
460 Vgl. ibid. Nr. 68.
461 Vgl. ibid. Nr. 57.

sene Gesellschaft«, die kaum neue Meister aufnehmen konnte bzw. wollte, eine starre Ordnung beibehielt, welche nur durch die natürliche Abfolge eine Veränderung erfuhr. Eine Fluktuation scheint hauptsächlich bei den Gesellen stattgefunden zu haben. Jedoch lassen die erhaltenen Quellen darauf keine Schlüsse zu.

c) Die Stellung der Zunft zu den Maurern und den Nichtzünftischen

Der sich vollziehende Wandel des Stils wird in der Literatur bisher so dargestellt, daß man eine Auseinandersetzung zwischen den Maurern und den Malern annimmt, welche durch die zunehmend malerische Dekoration an den Bauwerken notwendig geworden sei[462]. Die Ausgangslage, die sich anfangs des XVI. Jahrhunderts erfassen läßt, zeigt jedoch für Augsburg keine solche Auseinandersetzung, wie sie z. B. schon für die Zeit um 1516 in der kleineren Reichsstadt Memmingen bezeugt ist[463]. In dieser Stadt scheint sich der Streit aufgrund des geringeren Auftragsvolumens viel leichter entzündet zu haben als in der »Großstadt«, wo die Nachfrage durch die ständigen Neubauten und Umgestaltungen noch für das Handwerk genügte. Zudem kamen für die Aufgabe einer Hausbemalung nur große Werkstätten in Frage, so daß den kleinen einzelstehenden Meistern mit einem Monopolanspruch der Malerzunft hinsichtlich der Fassadenfärbung nicht geholfen worden wäre.

So schreibt auch der Rat am 15. VIII. 1516, nachdem ihn die Memminger Stadträte um ein »Gutachten« gebeten hatten, daß in Augsburg die Lage immer noch nach der alten Teilung gehandhabt würde, bei der die Maurer und Steinmetze, die der Zunft der Zimmerleute unterstanden, die Putz- und Anstreicharbeiten an den Häusern, Kirchen und Türmen erledigten und dazu auch die Fenster (sprich Fensterrahmungen) und Fensterfassungen mit ausführten.

Aus dem Passus jedoch, daß die Maler die Steinmetze und Maurer gebeten hätten, auf Bildwerke, seien sie plan oder plastisch[464], zu verzichten, zeigt es sich, daß es anläßlich verschiedener Übertretungen zu einer Auseinandersetzung gekommen war, welche gütlich beigelegt werden konnte. Die Rolle der Maurer für Anstricharbeiten läßt sich so nur aus dieser Quelle belegen[465]. So wird man auch für einfache geometrische Fassadenfassungen Mitglieder dieses Handwerks als Ausführende ansehen müssen[466]. Wo die Grenze der Tätigkeiten genau gezogen wurde, läßt sich aus dieser Quellenlage des frühen XVI. Jahrhunderts nicht ersehen. Die Teilung nach Farbmaterialien und Grundstoffen der Arbeiten, die sich in der Ordnung vom 7. IX. 1577 findet[467], kann jedoch nicht auf die frühe Zeit übertragen werden, da diese, wie es scheint, wiederum ein Ergebnis der weiteren Entwicklung innerhalb der Malerschaft zu sein scheint, von der in der zweiten Hälfte des Jahrhunderts immer mehr Meister auf den Erwerb durch Anstreichertätigkeiten angewiesen waren.

Während die Teilhandwerke der Malerzunft so in dieser Zeit noch mit den anderen

462 Vgl. Buff, Adolf 1893, p. 67.
463 Vgl. für das Folgende das Schreiben des Augsburger Rates an den Rat von Memmingen vom 15. VIII. 1516 (Stadtarchiv Memmingen, Schublade 382, fasc. 2). Vgl. Beilage Nr. XII, 1.
464 Ibid. Die Ausdeutung »verfungen und ausgmeachten« in »plan und plastisch« läßt sich durch die bisherigen Glossare nicht belegen. Im Sinne des Textes jedoch läßt sich kaum eine andere Deutung geben.
465 Vgl. wegen der Rückschlüsse für die frühe Zeit, supra p. 30 mit Anm. 109.
466 Vgl. Objekt Nr. 79.
467 Vgl. Beilage Nr. XII, 2; siehe auch Buff, Adolf 1893, p. 67 mit Anm. 79.

Handwerkern sich geeinigt hatten, achteten sie scharf darauf, daß sie nicht von einer durch Privatpersonen gedeckten nichtzünftischen Konkurrenz unterlaufen wurden.

Die Akten einer solchen Auseinandersetzung, bei der es um die Tätigkeit dreier Schnitzer geht, haben sich uns erhalten. So wurde 1532[468] der als Krämer firmierende Bürger Hans Landsperger beklagt, da er nicht nur »dockenwerkh vnnd Chramerey̋« verkaufte, sondern diese Gebrauchskleinplastik auch selbst herstellte[469]. Als zweiter wurde Hans Mair angeklagt, da er den Messerschmieden geschnitzte Griffe lieferte, was ebenfalls von der Zunft als Verstoß gegen ihre Gerechtigkeit gesehen wurde. Im Falle Friedrich Hagenauers, der sich selbst als »Conterfetter« bezeichnete, wird zum erstenmal der Begriff der »frey̋en Kunst«[470] den Bestimmungen der Zunft gegenüber gestellt, die die Tätigkeit des Medailleurs, der sich aufgrund einer Erlaubnis des Bürgermeisters Hieronimus Imhof in Augsburg niedergelassen hatte, über den Rahmen der ansässigen Handwerkerschaft herausheben sollte. Obwohl er als Gefolgsmann des Domdechanten in Augsburg auftrat, wollten die Meister der Zunft einem längeren Aufenthalt dieses Mannes, ohne daß er Zunft und Bürgerrecht annahm, nicht zustimmen.

Die drei Einzelfälle zeigen so, daß die Zunft die Kontrolle über die Situation innerhalb der Stadt auch in diesen kleinen kunstgewerblichen Angelegenheiten behielt, so daß man ohne Bedenken diese Umstände auf die Wandmalerei übertragen kann. Eine freie Künstlerschaft, wie sie ab und zu im Gefolge der in Augsburg weilenden Fürsten erwähnt wird[471], konnte sich damit nicht für länger mit ihrem Gewerbe in der Stadt festsetzen, womit der oft für fremde Einflüsse zitierte Begriff des »Wandermalers« für Großaufträge in der Stadt wohl kaum in Frage kommt. So konnte einzig der Wechsel der Knechte den auswärtigen Kontakt auf personeller Ebene darstellen, wobei die Meister eher von ihren eigenen Auswärtserfahrungen gezehrt haben dürften, als daß sie über ihre eigenen Gesellen noch Einflüsse erfahren hätten. Auch werden die Eindrücke des Auftretens der fremden Gäste bei den Reichstagen auf die heimischen Maler mehr Eindruck gemacht haben, als daß sie durch vereinzelte zunftlose Kunsthandwerker stärker beeinflußt wurden, deren Existenz für sie eine Bedrohung des Handwerks und der sozialen Ordnung darstellte.

2. Die Überlieferung der Tätigkeit (1500–1530)

a) Die archivalisch berichteten Aufträge

Die Quellenlage dieses Zeitraums gibt sowohl für die kirchliche wie auch für die profane Malerei einen weiteren Blick über die Tätigkeit der Malerschaft als in der Zeit des XV. Jahrhunderts. Die Fälle einzeln aufzuzählen, erübrigt sich hier, da sie im größten Teil der handwerklichen Arbeitsbereiche keine Veränderungen gegenüber der früheren Zeit erbrachten. Gemäß der sich immer mehr stabilisierenden Ordnung unter den Malerwerkstätten zeigt sich jedoch, daß sich die Bereiche, in welchen die einzelnen Meister arbeiteten, immer mehr trennten. Dies führte dazu, daß die Baumeister für einfachere Bemalungen und Dekorationen immer die Werkstätte Ulrich

468 Die Datierung ist nicht ganz genau festzulegen. Vgl. Habich, Georg 1907, p. 182.
469 Vgl. auch für das Folgende Beilagen Nr. XI, 1.
470 Vgl. Beilage Nr. XI, 2 und XI, 3.
471 Vgl. für 1474 Personenkatalog Nr. 127; auch Gasser Chronik sp. 1726/1727 für das Jahr 1500.

Maurmüllers bemühten, der durch Verwandtschaftsverbindungen der regierenden Schicht nahestand[472]. Die Bindung, welche durch Protektion begann, scheint sich bald in eine Art fester Anstellung gewandelt zu haben, da man so nicht mehr jeden Posten für Kleinarbeiten wie die Kennzeichnung von Säcken, der Wappen auf den Schenkkannen und Ähnlichem einzeln verrechnen mußte. Die Entwicklung, die sich in diesem Vorgang fassen läßt, scheint eine Vorstufe zu der Stellung des »statmalers« zu sein[473], welche sich, nach kurzem Interim in den dreißiger Jahren, im Falle Jörg I Sorgs[474] 1543 eindeutig belegen läßt.

Die Rolle, die Maurmüller dabei übernahm, gab ihm zwar eine gesicherte und gefestigte Auftragslage, die ihn jedoch nicht mit »allzu angesehenen« Tätigkeiten bedachte. Die künstlerische Arbeit lag allein darin, die verschiedenen Brunnensäulen zu fassen, die Wappen und Embleme an öffentlichen Gebäuden zu malen sowie die Kreuzigungen am Rathaus und am Jakobertor zu fertigen[475]. Dies zeigt, daß seine Stellung gegenüber den anderen Meistern lediglich wirtschaftlich gesichert war, jedoch in bezug auf gestalterisches Vermögen keine Auszeichnung vor den übrigen zünftischen Malern darstellte. Der Wegfall des städtischen Auftragspotentials von Kleinarbeiten drängte jedoch die anderen Kleinmeister immer weiter in den Hintergrund, von denen sich nur mehr Jakob Zan bei der Umgestaltung von St. Moritz über drei Jahre als Vergolder nachweisen läßt[476].

Auch auf dem Gebiet der repräsentativen Tafelmalerei wurde die Lage innerhalb der Stadt ganz durch die führenden Werkstätten beherrscht, wie dies die noch erhaltenen Bilder der Basiliken des St. Katharinenklosters[477], der Rehlingeraltar[478], die Orgelflügel der Fuggerkapelle[479] als auch die Überreste des Altars von Heilig Kreuz zeigen[480]. Dies bestätigen ferner die Archivalien, welche die Tätigkeit Hans I Holbeins in den Jahren 1504 bis 1509[481] und Ulrich I Apts 1507 bis 1515 in St. Moritz[482] an den umfangreicheren Altären belegen. Auch die größeren Tafelbilder, welche die Baumeister für das Rathaus und für »vnnsers herren drey Ruw̄ gegen Sanddt Lienhart hinawß« bestellten, erhielt Ulrich I Apt, dem man wohl als Lehrmeister des »statmalers« eine qualitätsvollere Ausführung zutraute[483]. Daß dabei die Auftragslage auch für die künstlerisch vermögenderen Werkstätten nicht allzu üppig war, ist an dem Abwerbeversuch, den Conrat Peutinger für seinen Schützling Hans I Burgkmair vor dem Domkapitel unternahm, deutlich zu ersehen, als Holbein 1508 für die Bemalung der Flügel zu dem Silberretabel des Domhochaltars unter Vertrag genommen wurde[484].

472 Vgl. Personenkatalog Nr. 135.
473 Für das Problem eventueller früherer bei der Stadt fest besoldeter Meister vgl. Personenkatalog Nr. 49. Für die Rolle Leonhart I Becks während der dreißiger Jahre vgl. ibid. Nr. 21.
474 Vgl. ibid. Nr. 171.
475 Vgl. ibid. Nr. 135 Beleg ao.
476 Vgl. ibid. Nr. 193.
477 Staatsgalerie Augsburg Inv. Nr. 5335, 5336, 5337; Inv. Nr. 5341; Inv. Nr. 5346, 5347, 5348; Inv. Nr. 5342, 5343, 5344; Inv. Nr. 5338, 5339, 5340; Inv. Nr. 5332, 5333, 5334; vgl. dazu die Angaben im Katalog Augsburg 1978, p. 129–157.
478 Staatsgalerie Augsburg, Inv. Nr. 5349, 5350, 5351, 5373, 5374; vgl. dazu Katalog Augsburg 1978, p. 14–17.
479 Heute noch am ursprünglichen Platz in der Fuggerkapelle in St. Anna.
480 Louvre Paris Nr. 2711 und Staatliche Kunsthalle Karlsruhe Inv. Nr. 2448.
481 Vgl. Personenkatalog Nr. 113 Beleg an–bm.
482 Vgl. ibid. Nr. 5, Beleg ah.
483 Vgl. ibid. Beleg at, au.
484 Vgl. ibid. Nr. 39 Beleg al und Nr. 113, Beleg be.

Die dadurch immer mehr in den Bereich des Kunsthandwerks abgedrängten kleinen Meister scheinen ihre Aufträge in erster Linie von Privatleuten erhalten zu haben, da sie sich in den Rechnungsbüchern der großen Institutionen nicht mehr auffinden lassen oder sie suchten ihr Auskommen so wie der zunftlose Illuminist, Nicolaus Perschin, 1512 in Zusammenarbeit mit kirchlichen Kreisen bzw. den Werkstätten der Klöster außerhalb der Stadt[485].

Überhaupt wurde die Tätigkeit außerhalb, zu der auch die bekannten Meister wie Thoman Burgkmair[486], sein Sohn Hans I Burgkmair[487] sowie Hans I Holbein[488] gerufen wurden, immer häufiger, was sich auf die nun anerkannte Stellung der Augsburger Malerei zurückführen lassen dürfte. Allein diese Nachfrage von außen ermöglichte die Existenz mehrerer Großwerkstätten nebeneinander innerhalb der Stadt, die sich sonst trotz der regen Tätigkeit auf dem künstlerischen Sektor, welche in den ersten zwei Jahrzehnten nachzuweisen ist, gemeinsam nicht hätten halten können.

So fand Leonhart I Beck seinen ersten selbständigen Auftrag, der sich für ihn sichern läßt, in Würzburg, wo er um 1509 im Dom die Chorausmalung erneuerte[489]. Ein Auftrag dieses Umfangs scheint für ihn in Augsburg selbst nicht möglich gewesen zu sein, da dort die rivalisierenden bestehenden Werkstätten ihm, der ja aus der Tradition einer Miniaturwerkstätte entstammte, keine Übernahme einer Monumentalmalerei ermöglichten[490], da auch dieses Gebiet hauptsächlich durch Mitglieder der Werkstättengruppe um Ulrich I Apt beherrscht wurde.

So dominiert Ulrich Maurmüller auf dem Gebiet der öffentlichen Aufträge[491], die jedoch weniger das Künstlerische belangten. Apts zweiter Schüler Jörg I Breu dagegen konnte schon bald nach seiner Niederlassung in Augsburg Fuß fassen und auch künstlerisch interessante Aufgaben an sich ziehen. Das beste Zeugnis dafür ist seine Tätigkeit in den Jahren 1505/1506 in St. Moritz[492]. Zwar notiert der Zechpfleger zu Beginn der Arbeit, daß der Maler ein »gemell beÿder zacrament hawß plaw anzůstreÿchenn« habe, was zunächst auf eine normale höchstens dekorative Malerei schließen läßt. Breu jedoch scheint diesen Auftrag in der Qualität erheblich besser gestaltet zu haben, da er zweimal für dieses Werk eine Nachzahlung erhält. Die Endabrechnung zehn Monate später weist die Malerei als »plab in plab« gemacht aus, was sich nur mit der Gattung einer Grisaille-Arbeit vereinbaren läßt, die, wie der bezahlte Betrag von 12 fl ausweist, sicherlich differenziert gestaltet war.

Diese Überlieferung stellt ähnlich der Nachricht über die 1515 von Jörg Muschgat für die Neue Ratsstube geschnittenen »welhischen Kindlein«[493] eine der frühen Quellen für den Niederschlag des Renaissancestils in Augsburg dar[494], der sich schon um die Jahrhundertwende in den Bildern der römischen Basiliken abzuzeichnen begann

485 Vgl. ibid. Nr. 25.

486 Vgl. ibid. Nr. 38, Beleg k und l.

487 Vgl. ibid. Nr. 39, Beleg aa, ab, ah, ai, ax.

488 Vgl. ibid. Nr. 113, Beleg ac, ae, af.

489 Vgl. ibid. Nr. 21, Beleg ah, ahk.

490 So erhält er erst 1517 seinen ersten belegbaren Auftrag für eine Wandbemalung in der Stadt, Vgl. ibid. Nr. 21 Beleg ap.

491 Vgl. ibid. Nr. 135; Aufstellung der öffentlichen Arbeiten.

492 Vgl. ibid. Nr. 30 Beleg ad, ae.

493 Vgl. Stadtarchiv Augsburg, Reichsstadt BRB. 1515 fol. 63 v.: »it. iiij guldin von den welhischen kindlein Jnn der Newen Ratsstuben dem Muschgat zuschneiden« (1. XII. 1515).

494 Vgl. dazu Buff, Adolf 1983, p. 21/22.

und mit den Fugger'schen Aufträgen ab 1512 seinen ersten Höhepunkt in Augsburg erreichte[495].

Neben diesem kleineren Auftrag in St. Moritz ist für Jörg I Breu die Ausführung eines monumentalen Christophorus an der nördlichen Außenwand der Heilig-Kreuz-Kirche für 1509 berichtet, dessen Ausmaß durch einen Stich des XVII. Jahrhunderts überliefert ist. Für die Ausführung des Bildes, dessen Überreste erst 1926 endgültig zerstört wurden, gewährten die Augustiner Chorherrn dem Maler einen Begräbnisplatz in ihrem Kirchhof als zusätzliche »Ehrung«, wodurch sich Rang und Stellung, die Breu seit dem Erwerb seiner Meisterschaft 1502 in Augsburg erreicht hatte, deutlich wird[496].

Neben dem Kreis der Aptwerkstätte erscheint nur Leonhart I Beck noch als Wandmaler[497]. Er, der seine Fertigkeit auf diesem Gebiet schon außerhalb Augsburgs unter Beweis gestellt hatte, malte 1517 für die Pfarrzeche von St. Moritz zwei Bilder »des abentessen nach des alten vnnd newen ee . . . ob der zwayen thüren neben den frůmeßaltar«, worunter man sich Supraporte mit den Themen des Melchisedech-Opfers und des letzten Abendmahls vorstellen muß. Der eigentliche Durchbruch als Monumentalmaler gelang Beck aber erst, als sich Ulrich I Apt immer mehr aus den öffentlichen Tätigkeiten zurückgezogen hatte. So erhält er für die Dachbemalung des Perlachs 1527 den Betrag von 120 fl, wozu bei der weiteren Ausschmückung dieses Turmes und des Heiligkreuzertorturmes nochmals 170 fl in den Jahren 1528 und 1529 folgen. An diese Aufträge knüpfen sich für ihn noch einige kleinere Arbeiten 1533 an dem Haus des Argon, dem Gießerhaus sowie für die Dächer der Metzg und der Fischmarktseite des Rathauses.

Trotz dieser Stellung, welche Leonhart I Beck in dieser Zeit einnimmt, bleibt die Geschlossenheit des aus der Aptwerkstätte hervorwachsenden Kreises bestimmend, dessen Höhepunkt der Auftrag der Rathausbemalung in den Jahren 1515/1516 gewesen war. Jörg I Breu berichtet zwar, daß er dabei der »über alles gesetzte Meister« gewesen sei[498], was jedoch, wie die Abrechnungen der Baumeisterbücher zeigen, eine subjektive Ausdeutung seiner sich mehr auf das Rechnungswesen und die Materialvergabe beziehenden Stellung war[499]. So ist für die Ausgestaltung der Bilder, deren Programm Conrat Peutinger mitbestimmte[500], Ulrich I Apt als der führende Mann zu sehen, der bei diesem Auftrag mit seinem noch nicht selbständigen Sohn Michael Apt und seinem ehemaligen Schüler zusammen arbeitete. Die Rolle Ulrich Maurmüllers erklärt sich bei diesem Auftrag sicher in erster Linie aus seiner Stellung als »stat maler«, in der er für die handwerklichen Nebenarbeiten herangezogen wurde[501]. Die Zusammenarbeit der Werkstätten bei diesem größten öffentlichen Auftrag unterstreicht nochmals die Stellung, welche die Aptwerkstätte für den Zeitraum bis in die späten zwanziger Jahre besaß. Daß Breu in diesem Falle als Mitarbeiter seines Lehrherrn wirkte, schmälert seine Bedeutung in keinem Fall, da allein er das Erbe dieser Stellung antrat, nachdem Ulrich I Apt seine Söhne alle überlebte und Ulrich Maurmüller seinen Betrieb nur auf handwerklicher Ebene zunächst noch florierend führte.

495 Gemeint sind damit die Arbeiten zur Fuggerkapelle und für die Fuggerhäuser am Weinmarkt. Für letztere vgl. Objekt Nr. 71 mit Nr. 72 sowie infra 79 ff.

496 Vgl. Personenkatalog Nr. 30 sowie Anhang des Objektkatalogs Nr. 1.

497 Vgl. Personenkatalog Nr. 21.

498 Vgl. Städtechr. XXIX, p. 22, 8–16; auch Beilage Nr. XIV, 5.

499 Vgl. Beilage XIV, 2–4.

500 Vgl. Beilage XIV, 1.

501 So streicht Maurmüller auch das Stiegengeländer im Rathaus nach dem Abschluß der künstlerischen Arbeit. Vgl. Personenkatalog Nr. 135 Beleg bb.

Bei kaiserlichen Aufträgen, wie sie Hans I Burgkmair[502] und Leonhart I Beck[503] vor allem für die Buchillustrationen unter Maximilian I. erhielten, waren die Meister dieses Werkstattverbandes nicht beteiligt. Als Grund dafür wird man wohl die Rolle, welche sie in der Monumentalmalerei spielten, anzuführen haben. Nur Jörg I Breu, den man als den wandlungsfähigsten unter diesen Meistern anzusehen hat, lieferte Entwürfe für Jagd- und Schlachtenszenen[504], welche Hans Knoder der Hofmaler als Glasgemälde für den »neuen Turm« in Lermoos auszuarbeiten hatte. In wieweit dieser Auftrag in Verbindung mit der Rathausbemalung zu sehen ist, kann jedoch nicht mehr entschieden werden. Diese Arbeit Breus bleibt der einzige sichtbare Zusammenhang zwischen dem Kreis um den Hofmaler Hans Knoder und dem innerhalb der Stadt bestimmenden Werkstattverband Ulrich I Apts. Knoders Schwiegervater Gumpold I Giltlinger, der noch 1506 und 1509 Glasmalereien nach Schwaz in Tirol geliefert hatte, wird innerhalb der Stadt mit keinem größeren Auftrag mehr erwähnt, was auf einen starken Rückgang seiner Tätigkeit schließen läßt, welcher indirekt auch seine Söhne mit erfaßt zu haben scheint, da für sie keine Werke gesichert sind.

Erst spät beteiligte sich Breu 1522 an einer Visierungstätigkeit für die Baumeister[505], ein Gebiet, das bisher unter den Malern fast allein Hans I Burgkmair zugefallen war. Auch Tätigkeiten für auswärtige Höfe interessierten Breu erst, nachdem die immer mehr um sich greifenden Unruhen im Zusammenhang mit den reformatorischen Glaubensstreitigkeiten die Auftragslage kirchlicher Institutionen zurückgehen ließen[506]. Seine ungebrochene Stellung in der Stadt aber läßt sich in der vierjährigen Arbeit (1532–1536) in den Fuggerhäusern am Weinmarkt ersehen[507]. Ob der von ihm berichtete Bruch mit Anthon Fugger auf seine Malerei oder auf seine der protestantischen Sache zugeneigten Weltanschauung zurückzuführen ist, kann heute allerdings nicht mehr entschieden werden[508].

So zeigen die Nachrichten über das künstlerische Schaffen vor allem für die monumentalen Aufträge dieses Zeitabschnittes in der Stadt die Struktur der fixierten Werkstattgruppen auf, welche sich gegeneinander scharf abgrenzten und ihre Gebiete praktisch völlig beherrschten, so daß sich einerseits die bekannteren Meister teilweise gegenseitig verdrängten und die kleinen Werkstätten kaum Fuß fassen konnten.

Lediglich Daniel Hopfer[509], der sich durch seine Rolle als Ätzmaler außerhalb dieses Wettbewerbs zu stellen verstand, konnte seine Werkstätte neben den anderen aufbauen, indem er technisches Geschick und Begabung in dieser für die Vervielfältigungstechnik der Radierung so wichtigen Sparte einzusetzen wußte[510]. Der wirtschaftliche Erfolg seiner sich im Stil an den italienischen Vorlagen ausrichtenden Erzeugnisse dürfte ihm zur Anerkennung in der Zunft verholfen haben, wo er zunächst als Büchsenmeister Ulrich I Apt nachfolgt und nach dessen Tod seinen Platz im großen Rat und im Gericht übernimmt.

502 Vgl. ibid. Nr. 39.
503 Vgl. ibid. Nr. 21.
504 Vgl. Dornhöffer Friedrich 1897.
505 Vgl. Personenkatalog Nr. 30 Beleg ak, al.
506 Vgl. ibid. Nr. 30 Beleg aq, ar, as.
507 Vgl. ibid. Nr. 30 Beleg am; auch Objekt Katalog Nr. 71/72 Abs. Geschichte sowie Nr. 72.
508 Die Bemerkung Breus, daß er nicht bezahlt wurde und daß er »alle ding sten miessen lassen« habe, läßt sich nur durch eine Kündigung des Auftragsverhältnisses erklären, wodurch auch die Verärgerung Breus verständlich ist.
509 Vgl. Personenkatalog Nr. 112.
510 So wird Hopfer durch die angeblich von ihm geleistete Umsetzung der Ätzmalerei auch als Erfinder der Chalkographie bezeichnet.

Angesichts dieser Lage scheint es verständlich, daß Hans I Holbein[511] mit seinen Anverwandten der Stadt den Rücken kehrt, indem er nur Zunft- und Bürgerrecht beibehält, da er auf den Rechtsstatus eines Bürgers der freien Reichsstadt nicht verzichten wollte. Hans I Burgkmair[512] dagegen konnte aufgrund der Fürsprache Peutingers den engen Bereich innerhalb der Stadt mit auswärtigen Arbeiten durchbrechen und mittels der wirtschaftlichen Lage, die er zunächst durch Heirat erlangte und dann mit seinem Können ausbaute, trotz der starken Konkurrenz existieren, was fortzuführen aber keinem seiner Schüler und auch nicht seinem Sohn[513], dem Protektion wie auch durchschlagende künstlerische Qualität fehlte, gelang.

Wie lange der Aufstieg der nun beginnenden jungen Meister, die in diesem Gefüge nach oben streben wollten, dauerte, zeigt der Fall Jörg I Sorg[514], welcher 1502 bei dem Meister Jörg I Furtennagel seine Lehre begann und 1517 die volle Zunftgerechtigkeit erwarb, jedoch erst 1529 mit kleineren Aufträgen für die Baumeister in seiner Tätigkeit belegbar ist.

Allein diese Tatsache zeigt, daß durch die uns heute zugänglichen Fakten nur mehr ein Teil des Auftragskreises zu erfassen ist, welcher die oberen Schichten mehr berücksichtigt. Die Masse der privaten Kleinarbeiten jedoch, welche die übrigen Werkstätten – wenn auch nicht besonders üppig – am Leben erhielt, ging verloren. Ob deren Qualität allerdings übermäßig gewesen war, muß bezweifelt werden, da sie sich sonst sicher in kirchlichen oder einem der überlieferten größeren Privataufträge niedergeschlagen hätte. Das schmale stilistische Spektrum, das sich so durch die Arbeiter der großen Werkstätten darstellt, kann man daher für eine Untersuchung ruhig als repräsentativ gelten lassen, da sicherlich diese Kleinmeister ähnlich den Druckern im wesentlichen eine Replik der sich bei den Großwerkstätten findenden Einflüsse boten, wenn sie nicht ganz auf die Ebene der »Gebrauchskunst« zurückgefallen waren und als Zulieferer für Krämer und Tischler arbeiteten.

b) Die erhaltenen und bildlich überlieferten Wandbemalungen (1500–1530)

Nur wenige Wandbilder dieser Zeit lassen sich heute noch in ihrer Ausbildung erfassen, indem sie teils photographisch teils zeichnerisch überliefert wurden. Noch geringer ist der Anteil derer, von denen sich wenigstens Fragmente im Original erhalten haben, sodaß die Untersuchung dieser Zeit für die Wandmalerei sich mehr mit den Rückschlüssen aus den Tafelbildern und den Archivalien begnügen muß.

Als einziges kirchliches Objekt, das wahrscheinlich noch im XV. Jahrhundert entstand, ist das Fragment der Engel mit den »arma Christi« anzusehen[515], das sich bis 1944 an dem Westgiebel der Barfüßerkirche oberhalb der barocken Gewölbe erhalten hatte. In monumentaler Manier stellte der Maler diese Figuren, welche eigentlich nur eine Randgruppe zu einem, die gesamte Wandhöhe bedeckenden Jüngsten Gericht bildeten, dar. Die teilweise Ungelenkigkeit der Gestalten deutet darauf hin, daß in dem vorliegenden Fall ein Meister – oder auch nur ein Werkstattmitglied – mit dem Auftrag betraut war, dessen Leistungsgrenze bei der Größe des Bildes erreicht war.

511 Vgl. Personenkatalog Nr. 113.
512 Vgl. ibid. Nr. 39.
513 Vgl. Stadtarchiv Augsburg, Reichsstadt, MA fasc. I Nr. 62. Das dort erhaltene Schriftstück vom 11. XII. 1559 zeigt die mißliche Lage Hans II Burgkmairs, der dort unter Berufung auf die kaiserlichen Aufträge seines Vaters um Arbeit nachsucht.
514 Vgl. Personenkatalog Nr. 171.
515 Vgl. Objektkatalog Nr. 69.

Es wäre zwar möglich, diesen Umstand auf die Randstellung der Engel in der Gesamtkomposition zurückzuführen, was aber bei einer qualitätvollen Werkstätte wegen der Uneinheitlichkeit des Bildganzen in diesem Maße nicht vorgekommen wäre. Mehr als dies deutet das stilisierte Wolkenband[516] auf eine Werkstätte hin, welche in den siebziger Jahren ihre Wurzeln hatte und nun mit dem Auftrag eines solchen Ausmaßes überfordert wurde. So zeigt das Fragment, daß neben den nachweislich künstlerisch leistungsfähigen Meistern, welche sich auch archivalisch mit großen Aufträgen belegen lassen, immer noch die Vertreter der eingesessenen Meister auch durch die Übernahme von Großaufträgen versuchten, den Anschluß an diese Kreise zu schaffen, was wie auch hier ersichtlich in der Qualität der Bilder unweigerlich zum Ausdruck kam.

Ob dieses Bild allerdings als eine Einzelstifung oder als eine aus Kollekten hervorgegangene Großausstattung zu bezeichnen ist, läßt sich nicht mehr feststellen. In der Linie der Augsburger Denkmäler zeigt die Darstellung eines Jüngsten Gerichts dieses Ausmaßes, daß Monumentalbilder nicht nur an die Bischofskirche gebunden blieben, sondern auch in den Klöstern eine Nachfolge fanden, die anscheinend in der Qualität nicht an die großen Bildaufträge der Fugger wie auch des Bischofs und des Stadtregiments anschließen konnten.

Die übrigen Denkmäler dieses Zeitraumes gehören alle dem profanen Bereich an, der sich mehr und mehr seinen Platz in der Kunst zu sichern scheint. So stellten schon in der zweiten Hälfte des XV. Jahrhunderts die profanen Bilderzyklen keine überragenden Unternehmungen mehr dar, welche den Chroniken berichtenswert erschienen, nachdem die Stadt selbst wie auch die Zünfte sich dieses Mediums für die eigene Repräsentation bedient hatten. Die sich daneben sicherlich in den Privathäusern entwickelnde Dekorationsmalerei ist bis auf die wenigen illusionistischen Maßwerksfragmente[517] eigentlich verloren, so daß man sich im allgemeinen nur ein dürftiges hypothetisches Bild dieses Bereiches entwerfen kann, das sich von der Tradition des illusionistischen Systems der Großzyklen ableitete und sich parallel an der Fassadenfassung, wie sie im Falle des Predigthauses bei S. Ulrich und Afra überliefert ist,[518] entwickelt hat.

So gesehen schließen die Malereien des profanen Bereichs, welche die Innenbemalung von Wänden mit figürlichen Darstellungen auch für Privathäuser bezeugen, die Lücke der Überlieferung wenigstens ansatzweise. Das, jetzt nach dem Wiederaufbau 1953, nur mehr photographisch erhaltene Bild der Badeszene aus dem Anwesen Ludwigstraße 1 belegt[519] in seiner großzügigen Anlage eines als familiär zu bezeichnenden Themas, wie sehr die Monumentalmalerei auch diese Bereiche bereits erschlossen hatte. Die Rolle des Bildes, die durch seine unsichere ikonographische Deutung nicht festzulegen ist – man könnte angesichts der Stellung der Familie Höchstetter[520], der das Haus damals gehörte, ohne weiteres auch an ein Fragment eines Zyklus größeren Ausmaßes denken – versteht sich unter Umständen als Allegorie, die mit ihrer ehemaligen Gegenüberstellung der zwei Wannen auf intim familiäre Verhältnisse ausgerichtet war, deren Inhalt einen gewissen moralisierenden Grund-

516 Dieses Motiv des Wolkenbandes findet sich schon in der ehemaligen Ostapsis der Westkrypta des Domes, wo es allerdings durch den fehlenden Zusammenhang mit anderen Malereien nicht zu datieren ist. Vgl. auch dazu die Wolkenbänder der Engel der Krippennische in St. Anna (Objekt Nr. 57).

517 Vgl. Objekt Nr. 78 und Nr. 80.

518 Vgl. dazu Objekt Nr. 76.

519 Vgl. Objekt Nr. 67.

520 Siehe Werner, Anton 1977, (MS) p. 69.

zug beinhaltete, der sich in dem Spruchband der Frau anzudeuten schien. Das Bild legt klar, daß neben der Glasmalerei und den Tafelbildern profanen Inhalts auch die bürgerlichen Kreise sich mit zunehmendem Wohlstand der Wandmalerei im Rahmen ihrer eigenen Häuser anscheinend auch in weniger repräsentativen Räumen bediente. Eine längere Tradition dieser Art von Wandschmuck in Privathäusern läßt sich innerhalb Augsburgs zwar nicht belegen, dürfte sich aber mit großer Wahrscheinlichkeit zusammen mit der offiziellen und privaten Repräsentationsmalerei entwickelt haben.

Die Funktion der zweiten heute noch erhaltenen Profanmalerei läßt sich ebensowenig festlegen[521]. Das Bild, das sich im Baubestand des ehemaligen Gebäudes Hunoldsgraben 27 verbaut erhalten hatte und nach dessen Abbruch dem Verfall preisgegeben wurde, scheint jedoch mit seinen Ausmaßen und auch mit seiner Art des Vortrages sich deutlich von dem engeren Rahmen der Badeszene abzusetzen. Die sich scheinbar hinter den als Pfeiler dekorierten Wandvorlagen entwickelnde Szene entspricht in der Darstellung ihrer Gestalten nicht dem gehobenen Bürgertum, so daß es naheliegt, in diesem Fall einen Festraum für Mitglieder des Handwerkerstandes anzunehmen[522]. So erscheint auch die Ausbildung des Malstils mit seiner Massigkeit der Figuren und seiner verhältnismäßig einfach gehaltenen Kompositionsart dieser Stellung des Bildes Rechnung zu tragen. Die Ausdeutung als Hochzeitsfeier, die sich angesichts der zusammengefügten Motive als die wahrscheinlichste anbietet, wird man in diesem Fall nicht an eine spezielle Feier einer Familie gebunden sehen dürfen, vielmehr wird das Motiv als Symbol einer allgemeinen Lebensfreude zu sehen sein, die sich gerade für die hier dargestellten Schichten der Bevölkerung am ehesten in solchen familienbezogenen Feierlichkeiten ausgeschmückt haben dürfte.

Als Beispiel einer nicht an hervorragende Auftraggeber gebundenen Wandmalerei spiegelt dieses Objekt die Möglichkeiten eines Bereiches wieder, der in den schriftlichen Quellen nicht faßbar ist und auch in den erhaltenen Denkmälern dieser Zeit bei weitem unterrepräsentiert ist. Deutlich zeigt sich zwar ein Qualitätsunterschied zu den anderen erhaltenen Bildern auf, welche hauptsächlich von den führenden Werkstätten ausgeführt waren, wobei diese Differenz durch die versuchte direkte Beobachtung von Bewegung und durch den sicheren Einsatz einfacher Kompositionsprinzipien einen Ausgleich dafür erreicht. Dies dürfte für die Leistung mittlerer Meister bezeichnend sein, die sich der Erfassung auf den Gebiet der Wandmalerei normalerweise entziehen.

In welchem Abstand zu den führenden Meistern diese Kreise lagen, zeigen die heute nur mehr in wenigen Photographien und in Rekonstruktionszeichnungen erhaltenen Bilder des Damenhofes von 1515 in den Fuggerhäusern auf[523]. Diese, die sich zwar von der straßenseitigen Fassadenbemalung durch die nach außen abgeschlossene Stellung der Bilder ebenfalls als eine Art Privatraum gaben, hatten jedoch ganz anderen Ansprüchen zu genügen, als sie auch die übrigen gehobenen Bürger der Stadt stellen konnten. Durch die Beziehung seiner Faktorei nach Italien, wie auch durch die gesellschaftliche Bindung an die Kreise der Reichsfürsten und des Kaisers brachte so Jakob Fugger die Voraussetzungen für eine solche Hofgestaltung, die den

521 Vgl. Objekt Nr. 70.

522 Die Bestimmung des Hauses und seiner Funktion war im Rahmen der Untersuchungen für diese Arbeit nicht schlüssig durchzuführen, da gerade für dieses Gebiet des Lechviertels die topographische Erfassung für den Beginn des XVI. Jahrhunderts lückenhaft ist. Am ehesten ließe sich die Darstellung im Rahmen eines Gasthauses oder eines Festraumes eines bestimmten Personenkreises erklären, was allerdings aufgrund der unklaren topographischen Erfassung nicht möglich ist.

523 Vgl. Objekt Nr. 71 mit Nr. 72.

eigentlichen Rahmen der Reichsstadt übersteigt, in der Anlage seiner Stadthäuser zusammen. Mehr noch als die Architektur scheint sich jedoch die Malerei auf die neuen italienischen »Moden« ausgerichtet zu haben, indem sie Formen und vor allem Dekorstücke, welche zu dieser Zeit in Augsburg gerade bekannt wurden,[524] zu einem geschlossenem System zusammenzusetzen suchte. So sind die gemalten Säulen, die Rundscheiben, wie auch der Girlanden- und Puttendekor ganz in Anlehnung an die Muster gehalten, die in der Graphik dieser Zeit bereits einen festen Platz einnahmen[525]. Das System im Ganzen baut jedoch auf eine Eigenständigkeit der Malerei, die nur bedingt auf die Struktur der Architektur eingeht und sich in erster Linie als eigenes Element verstanden wissen will. Diese Tendenz, welche sich von der meist indem Bauwerk gesuchten »florentinischen« Renaissance soweit zu entfernen scheint, wird man jedoch richtiger als den Angriff der weniger tektonisch orientierten »venezianischen« Richtung zuzuschreiben haben[526], welche mit ihrer Entwicklung der von der Gebäudestruktur weitgehend unabhängigen Fassade dem in Augsburg vorherrschenden illusionistischen Element wesentlich mehr entgegenkam, wenn nicht eine gewisse Parallelität dafür sogar zugrunde gelegt werden muß.

So scheint die Bemalung dieses Hofes in der stilistischen Gestaltung nach dem allerneuesten Stand der »Mode« auf Betreiben des Auftraggebers durchgeführt worden zu sein. Auch inhaltlich dokumentierte das Programm durch die Aufnahme des von Kaiser Maximilian seinem Sekretär Marx Treytzsaurwein diktierten »Triumphzuges« auf aktuellste Art die Verbindung des Hausherrn zu Kaiser Maximilian I.[527], indem die dort aufgeführten Themata zwar reduziert auf den mehr als Dekor im Gesamtsystem eingesetzten Bereich der umlaufenden Scheinbrüstung gleichsam einem »Historienzyklus« mit unterstehenden Tituli diese Tradition mit aufnahmen. So bindet sich die Malerei inhaltlich wie auch in ihrem System in die Augsburger Entwicklung ein, welche im Bereich der Tafelmalerei und der Graphik bereits ab 1510 immer deutlicher auch die Formen der italienischen Renaissance übernahm[528].

Damit stellt sich auch die Frage weniger nach einem auswärtigen Meister, welcher als Urheber in Frage kommen könnte[529], als danach, welche der Augsburger Werkstätten in der Lage gewesen sind, ein Programm dieser Art in kurzer Zeit zu bewältigen. Die dabei immer wieder aufgeworfene Rolle Hans I Burgkmairs scheint sich aufgrund der Ausrichtung seiner Tätigkeit[530] kaum dafür sichern zu lassen. Auch Hans I Holbein, der in diesen Jahren seine führende Stellung bereits abgegeben hat[531], kann nicht dafür in Anspruch genommen werden. Der Umfang der Malereien dürfte auf eine Werkstattgemeinschaft hinweisen, die ähnlich dem Verband der Meister Apt, Breu und Maurmüller im Jahr darauf am Rathaus die Arbeiten durchgeführt hat. Eine Beteiligung von Jörg I Breu hätte sich wahrscheinlich in dessen Chronik

524 Vgl. supra p. 74.

525 Vgl. die Holzschnitte Hans I Burgkmairs im Katalog Augsburg 1973 Nr. 21–22; siehe auch die Außenseite der Flügel des aus der Aptwerkstätte stammenden Rehlingenaltars (Staatsgalerie Augsburg Inv. Nr. 5373 und Nr. 5374).

526 Vgl. dafür die Platzfassade der Scuola grande di S. Marco aus den Jahren 1485–1495.

527 Vgl. Objekt Nr. 71 Abs. Ikonographie mit dort. Anm. Nr. 21.

528 Vgl. Anm. 105. Dazu siehe auch den Allerheiligenaltar Burgkmairs von 1507 (Staatsgalerie Augsburg Inv. Nr. 5325, Nr. 5326, Nr. 5327) sowie dessen Johannesaltarflügel von 1518 (Staatsgalerie Augsburg Inv. Nr. 195, Nr. 120) und die Außenseiten des Kreuzigungsaltares von 1519 (Staatsgalerie Augsburg Inv. Nr. 5371, Nr. 5372).

529 Vgl. für das Folgende Objekt Nr. 71 Abs. Signaturen, Zuschreibungen.

530 Vgl. Personenkatalog Nr. 39.

531 Vgl. ibid. Nr. 113.

niedergeschlagen[532], so daß er weniger in Betracht gezogen werden kann, obwohl er am Ende seines Lebens mit Arbeiten für diese Fugger'schen Stadthäuser belegt ist. So bliebe unter den führenden Augsburger Werkstätten nur die des Ulrich I Apt für einen Auftrag dieses Ausmaßes übrig. Die Anhaltspunkte, welche sich aus den verschiedenen im Hof gefundenen Monogrammen ergeben, lassen jedoch heute nach der Zerstörung der Bilder nur mehr Spekulationen zu, von denen sich keine verifizieren läßt[533]. Auch die Annahme Dörnhöffers, der 1897 eine Zusammenarbeit von Ulrich I Apt und Leonhart I Beck für dieses Objekt gefordert hatte, läßt sich, da letzterer für die Jahre 1514/1515 in Augsburg nicht eindeutig nachzuweisen ist[534], nur mit Einschränkung als wahrscheinlich bezeichnen.

Der Umstand, daß Jörg I Breu nach 1532 d. h. nach dem Tode Ulrich I Apts mit Arbeiten in den Fugger'schen Hinterhäusern auftritt, zeigt die Beteiligung des Apt'schen Werkstättenverbandes an der malerischen Gestaltung dieser Häuser, indem der ehemalige Schüler an die Stelle des Meisters trat. In wieweit die Tätigkeit Breus sich jedoch in den Spuren der stark restaurierten Bemalung des Arkadenganges im südlichen Anwesen des Häuserkomplexes noch fassen läßt[535], wird wegen des Zustandes der Malereien dort kaum mehr zu eruieren sein.

Aussagen über den Komplex der Ausgestaltung der Weinmarkthäuser der Fugger müssen sich damit auf die Äußerungen des XIX. Jahrhunderts stützen, wobei auch die sich aus den Archivalien der Stadt ergebende Lage kaum zu einer Überwindung des spekulativen Charakters dieser Annahmen beitragen kann[536].

Das Zeugnis der Urheberschaft Hans I Burgkmairs, welches durch Sandrart im XVII. Jahrhundert für die Straßenseite der Häuser belegt ist, wird man wohl nicht als primäre Quelle beurteilen können, da auch dies auf eine Zuschreibung zurückzuführen sein dürfte, die höchstwahrscheinlich über das graphische Werk Burgkmairs die in der Fassade vorliegenden Renaissanceformen mit dessen Namen in Verbindung brachte. Wie eng die Sicht des XVII. für das XVI. Jahrhundert war, stellt sich schon an der begrenzten Zahl der Meisternamen dar, welche sich noch in dem Werk Sandrarts finden lassen[537].

Neben der Meisterfrage für die Weinmarktfassade wirft sich jedoch zugleich auch die Problematik auf, die angesichts der Widersprüche, welche sich aus den Abbildungen des Objektes ergeben, die Antwort sucht, ob die von Sandrart gesehene Bemalung überhaupt aus dieser frühen Zeit stammte, oder ob nicht eine Neubemalung, die bewußt auf Burgkmairsche Werke zurückgriff und damit die Tradition der Fassadenbemalung für diesen Meisternamen begründete[538], vorlag.

Die Bemalung der Fuggerhäuser wirft so als Monument heute nach der Zerstörung der Fassade 1761 und dem endgültigen Verlust der Damenhofmalereien mehr Probleme auf, als sich ohne eine direkte Überprüfung des Objekts selbst lösen ließen. Die hier vollzogene Klärung, welche in erster Linie auf die zur damaligen Zeit herrschende Werkstattlage und deren Struktur gründet, geht über einen hypothetischen Ansatz nicht hinaus, welcher ohne die Auffindung neuer Quellen, sei es schriftlicher oder auch bildlicher Art, sich kaum verifizieren läßt.

Für die Situation der Wandmalerei in der Stadt zeigen die wenigen Bilder, die wir

532 Vgl. Städtechr. XXIX p. 18–23.
533 Vgl. Anm. 109.
534 Vgl. Personenkatalog Nr. 21.
535 Vgl. Objekt Nr. 72.
536 Vgl. für das folgende Objekt Nr. 71 mit 72 sowie den dortigen Abs. Geschichte.
537 Vgl. dazu Personenkatalog Nr. 39, Abs. Zuschreibung von Wandmalereien.
538 Vgl. für den Bestand der Fassade p. 332 f.

heute noch in ihrer Durchgestaltung zu fassen vermögen, daß sich diese Gattung der Malerei immer breiteren Raum erwarb, welcher neben den Monumentalgemälden in den Kirchen sich nun häufiger im Bereich der profanen Kunst niederschlug, wobei auch die mittlere Bürgerschicht sich dieser Gattung bedient zu haben scheint. Wenn sich auch die Bemalung der Fuggerhäuser als Sonderfall einer Ausstattung durch Rang und Finanzkraft des Auftraggebers über den normal üblichen Rahmen heraushob, so zeigt er doch die Leistungsfähigkeit der Künstler in der Stadt an. Inwieweit dieses Repräsentativprogramm die Tätigkeit in der Stadt zunächst wiederbelebte, zeigt der Auftrag, welchen der Rat selbst 1516 mit dem ebenfalls auf den Kaiser ausgerichteten Programm Conrat Peutingers für das Rathaus an die Werkstätten des Aptkreises gab[539]. Die Annahme, daß dies nicht der einzige Auftrag war, den die Bemalung der Fuggerhäuser nach sich zog, wird sich angesichts der Stellung und des Vermögens anderer Familien als berechtigt erweisen, obwohl sich dafür in dieser Zeit keine direkten Überlieferungen aufzeigen lassen.

c) Naturstudie, Visierung und Programm als Grundlagen der Ausführung

In der Zeit nach 1500 häufen sich die Nachrichten, welche über Visierungstätigkeiten der Meister berichten, was zeigt, inwieweit sich inzwischen der Vorgang der Konzeption gegenüber der Ausführung zu trennen begann[540]. Die Vorbereitung dieser Erscheinung bahnt sich zwar in anderen Kunstgattungen als in der Wandmalerei an, wobei die Rolle der Vervielfältigung von Bildern mittels Drucktechnik sicher nicht übersehen werden darf. Zunächst scheint es, daß die Visierung in erster Linie als Vertragsbestandteil des Gedings seine ursprünglichste Aufgabe erhielt, wobei sich damit die Hauptzielrichtung auf geplante plastische Bildwerke vornehmlich richtete. Für eine Visierung einer Malerei, die auch der gleiche Meister ausführte, ist in Augsburg nur die Holbeins 1509 für das Silberretabel im Dom belegt, wo der Meister allein 20 fl für die bessere Ausarbeitung des Entwurfs erhielt[541].

Mit der zunehmenden Spezialisierung der Meister stellte sich auch die Trennung von künstlerischem Entwurf zur Ausführung ein, wie es auf dem Gebiet der Glasmalerei für den Jagd- und Schlachtenbildzyklus belegt ist, für den Jörg I Breu die Entwürfe, Hans Knoder aber 1515 die Ausführung besorgte[542].

Auch Hans I Burgkmair tritt in den Baumeisterrechnungen häufig in der Rolle des Visierers auf[543]. So entwirft er 1508 einen »rörkasten« (Brunnen), der in den folgen-

539 Vgl. dazu supra p. 75 sowie die Beilagen Nr. XIV 1–5.

540 Die Rolle von Visierungen vor dieser Zeit läßt sich nicht von der Ausführung des Werkes lösen. Das Werk selbst erst löste die mit der Visierung gegenüber dem Auftraggeber eingegangene Verpflichtung. Eine Entlohnung reiner Entwurfstätigkeit vor 1500 kann in Augsburg nicht nachgewiesen werden.

541 Für die rechtliche Stellung der Visierung innerhalb des Gedings und die damit verbundenen Gebräuche vgl. Huth, Hans 1977 III p. 25–27 sowie 36–54. Für das genannte Beispiel von Hans I Holbein vgl. Personenkatalog Nr. 113.

542 Vgl. Personenkatalog Nr. 30 sowie Nr. 57.

543 Vgl. ibid. Nr. 39.

544 Die Bezahlung von 15 fl für das Visier gegenüber 14 fl für die Ausführung des Glasers lassen auf keine große künstlerische Gestaltung schließen.

545 Stadtarchiv Augsburg, Reichsstadt BRB. 1515 fol. 63 r: »S. post Andree (1. XII. 1515) XXV guldin maister Adolff Dauchern für ain vererung von wegen der visiern zum luginsland vnd vff das Rathaws gemacht«. Vgl. Lieb Norbert 1955 Abb. 19.

den Jahren durch Sebastian Loscher ausgeführt wurde. Auch entwarf er speziell Münzbilder für den Rat, welche dieser als Vorlage zur Prägung benutzte. Diese Tätigkeit, in der er 1514, 1521 und 1523 bezeugt ist, zeigt, daß man seine Fertigkeit solche »Pretiosen« zu gestalten, im Rat voll anerkannte. Seine Rolle als Entwerfer ist auch an den 1515 durch den Glaser Hans Braun hergestellten Fenstern der neuen Ratsstube zu ersehen, wofür er allerdings eine äußerst geringe Bezahlung erhält[544].

Daß der Trend, die Konzeption eines Vorhabens bereits vor der Realisation bildnerisch ausarbeiten zu lassen, in diesen ersten Jahrzehnten immer mehr zunahm, zeigen auch die Visierungen, welche für die Bauvorhaben der Stadt ausgeführt wurden. So erhält Adolf Daucher 1515 Zahlungen für die Projekte am Luginsland und am Rathaus[545]. Auch zum Umbau des Perlachturms, der in den Jahren 1524 bis 1527 erfolgte, lieferte der Steinmetz Hans Hieber 1519[546] und der Kistler Bernhart Jäger 1522[547] »Visierungen«, welche dem Rat als Planungshilfe dienen sollten, wobei es sich allerdings um plastische Modelle, wahrscheinlich mit den notwendigen erklärenden Skizzen gehandelt hat.

Alle diese hier genannten Beispiele stehen für die Veränderungen, die sich in dieser Zeit auch innerhalb des Kunstbetriebs vollzogen. Keineswegs soll dabei bestritten werden, daß es nicht schon das ganze XV. Jahrhundert über Visierungen gegeben hätte[548]. Die Rolle dieser innerhalb des Konzipierungsprozesses scheint aber eine gänzlich andere gewesen zu sein. Eng verbunden mit dem Werksvertrag, meist sogar ein Bestandteil des Gedinges, dienten sie mehr dazu, die Abmachungen zwischen Auftraggeber und dem ausführenden Meister festzulegen. Die zweite Richtung, welche sich in den früheren Visierungen niederschlug, war das »Muster«, das Beispiel für die Werkstätte selbst, welches in der Rolle einer Vorlage zur Ausführung diente, von der aus die Arbeit erweiternd aufgebaut oder als direkte Replik wiederholt wurde[549].

Erst die Loslösung der Konzeption von der Ausführung, wie sie sich in den oben genannten Beispielen ausweist, gibt der Visierung die Stellung, in welcher sie eine Selbstständigkeit innerhalb des künstlerischen Prozesses erlangte. Gefördert wurde diese Entwicklung nicht zuletzt von der Drucktechnik, die sich immer mehr der von besseren Künstlern geschaffenen Inventionen bediente[550], welche teils auf rein handwerklicher Basis umgesetzt und gedruckt wurden, so daß es auch nicht erstaunlich ist, daß Künstler sich gegen den unkontrollierten Nachdruck ihrer Werke wehrten und quasi für ihre Invention ein Urheberrecht geltend machten[551].

Die neue Auffassung, welche so die künstlerische Entwurfsleistung gesondert be-

546 Stadtarchiv Augsburg, Reichsstadt BRB. 1519, fol. 62 r: »S. post Bartholomei (27. VIII. 1519) item xij guldin hansen hieber stainmützel zu ainer vererung vmb die fisier des Perlachthurmes«. Diese Eintragung wird auf das Architekturmodell der Städtischen Kunstsammlungen Augsburg, Inv. Nr. 3450 bezogen. Vgl. Lieb, Norbert 1955, p. 235.

547 Stadtarchiv Augsburg, Reichsstadt BRB. 1522, fol. 76 r: »S. post dionisij (11. X. 1522) item ii lib xviii ß i dn Bernharten Jäger kistler vmb ain visier zum Berlach thurn«. Vgl. Lieb, Norbert 1955, p. 235.

548 Vgl. dafür Huth, Hans 1977 III p. 36ff.

549 Vgl. Stadtarchiv Augsburg, Reichsstadt BRB. 1490 fol. 35 v: »Sampstag vor Mathie (20. II. 1490) item 1fl maister Micheln (Michael von Ketz?) von ander muster ze malen.« Ein Bezug zu dieser Notiz zu irgendeiner Tätigkeit oder Unternehmung der öffentlichen Hand läßt sich nicht finden.

550 Siehe dazu die kaiserlichen Aufträge für Buchillustrationen, welche immer von einer Gruppe ausgesuchter Künstler angefertigt wurden.

551 Vgl. dazu Stadtarchiv Augsburg, Reichsstadt, US. UK. vom 2. X. 1532. In diesem Schriftstück klagt die Witwe Albrecht Dürers wegen des Verkaufs unerlaubt in Frankreich herge-

wertete, zeigt sich deutlich als ein Faktor, welcher der Aufspaltung der Mitglieder des Malerhandwerks Rechnung trägt[552], indem die schöpferische Tätigkeit von der handwerklichen Ausführung gelöst wurde. Dieser Umstand verdeutlicht sich auch in den nun nachweisbaren Nachzeichnungen[553], die sich mehr auf die Festhaltung der Kompositionslinien konzentrieren, als auf eine getreue Wiedergabe der Einzelheiten, indem die Konzeption neben der handwerklichen Ausführung als erhaltenswert erachtet wurde. Deutlich zeigt sich dieser Einschnitt aber auch darin, daß sich immer mehr die eigene Beobachtung sowie die eigene Gestaltung in den Werken der Meister niederschlägt. Während noch in der Mitte des XV. Jahrhunderts die Beobachtung der Natur meist über den Weg des Musters in die Werke aufgenommen wurde, findet schon gegen Ende des Jahrhunderts eine immer weiter fortschreitende Aufnahme von direkter Naturbeobachtung in den Bildern statt[554]. Zeugnisse dafür sind auch die zunehmenden Porträtstudien, wie sie sich in vielen Blättern erhalten haben. Beispielhaft dafür kann man in der Zeit nach 1500 dabei die sogenannten Augsburger Malerbildnisse ansprechen, die sich aber für keine bestimmte Werkstätte sichern lassen, sondern von einer Person herrühren müssen[555], welche mit den verschiedenen dort genannt und abgebildeten Personen Kontakt hatte. Ob man daraus allerdings den Schluß ziehen kann, diese Bilder sowie die Personen ausschließlich mit Augsburg in Verbindung zu bringen, ist nach der Untersuchung der Malerwerkstätten ziemlich fraglich. Neben solchen Blättern finden sich auch viele Zeichnungen zu Gewandfiguren, Bildgruppen und Bildkompositionen. Auch bizarre Objekte, wie z. B. der »abgerissene Kopf« (Studie von der Richtstätte?) von Jörg I Breu[556] sind darunter festzustellen. Allen gemeinsam ist der Charakter der Studie, der nicht mehr der Formvorlage, sondern der Formfindung in erster Linie verpflichtet ist.

Daß diese Art der Naturstudie, auch von Tieren, immer mehr gefordert und gesucht wurde, belegt ein Vorfall des Jahres 1500, den Gasser in seiner Chronik berichtet:

> »Contigit praeterea in his comitiis (anno 1500), ut Italicus quidam Göggingensem portam incautius cervum ac cervam, quae Caesaris jussu ibidem alebantur, depicturus sese dimiserit, ac statim a cervo olfactus misere cornibus confussus est«.[557]

Es scheint für 1500 bezeichnend, daß der in diesen Vorfall verwickelte Maler ein Italiener war, der im Gefolge eines Fürsten anscheinend gerade in der Stadt weilte, während die Studienblätter der Augsburger Meister erst im Anschluß an diesen Zeitpunkt einsetzen.

Die Erfahrung aus den Naturstudien führte zwangsläufig zu einer Entwicklung der

stellter Raubdrucke Dürerscher Werke und Bücher den Rat von Augsburg an, der dafür sorgen sollte, daß der Verkauf eingestellt werde, damit das zeitlich zwar befristete, jedoch auch vom Kaiser garantierte Urheberrecht im Reichsgebiet erhalten bleibe.

552 Die Entwicklung scheint sich auf längere Sicht hin schon Ende des XV. Jahrhunderts abzuzeichnen. Vgl. dazu supra p. 49 ff.

553 Vgl. z. B. die Nachzeichnung des Burgkmairschen Basilikabildes S. Paolo fuori le mura (Braunschweig Herzog Anton Ulrich Museum, Inv. Nr. Z 26) Abb. im Katalog Augsburg 1965 Nr. 189.

554 Vgl. für eine frühe getreue Landschaftswiedergabe Die Geburt Christi des Meisters der Landsberger Geburt Christisi (Staatsgalerie Augsburg Inv. Nr. L 1024).

555 Für diese Bildfolge vgl. Winkler, Friedrich 1948.

556 Wien, Privatbesitz Abb. bei Hugelshofer, Walther 1928 p. 386.

557 Gasser Chronik sp. 1726/1727.

Perspektiven-Konstruktion, welche sich die Augsburger Meister höchst wahrscheinlich in der Auseinandersetzung mit den aus Italien auf sie zukommenden Einflüssen, sei es durch Zeichnungen oder gar durch die eigene Erfahrung bei Malern, welche hier sich kurzfristig als Gäste aufhielten, oder eventuell auch durch eigene Reisen erwarben. Die Entwicklung für einen Augsburger Meister läßt sich am besten am Werk Jörg I Breus[558] ersehen, wenn man die schrittweise Abfolge, ausgehend von den Bildern des Herzogenburger Altares bis hin zu der durchkonstruierten Anlage der »Lucretia-Historie« verfolgt, in deren Entwurf sich deutlich die Konstruktionsfluchten eingetragen finden[559].

Parallel zu diesen Änderungen entwickelt sich auch die Gestaltung der Programme separat von den Bildern, die für bedeutende Bildfolgen nun extra »angegeben« werden, indem sie nicht mehr übernommen, sondern für die Objekte gestaltet werden. Dies, was nicht zuletzt durch die kaiserlichen Buchaufträge des »Theuerdank« und des »Weiskunig« gefordert wurde, scheint sich in erster Linie in Augsburg auch in der Monumentalmalerei niedergeschlagen zu haben. So trennt sich neben der gestalterischen Konzeption auch die inhaltlich thematische mehr und mehr von dem Prozeß der Ausführung. Während bei der Bemalung des Historienzyklus für das Haus Peter Egens in der ersten Hälfte des XV. Jahrhunderts noch die Redigierung der Bildthemata nach gegebenem Text den Malern vorbehalten war[560], bringen nun immer diffizilere Programme eine Einengung für die Maler, indem meist dritte Personen diese Redaktion übernahmen. Während im Rahmen des Damenhofes dieser programmatische Teil der Bemalung zurückgedrängt an einen fast sekundär dekorativen Platz auftrat – gemeint ist damit die Bildfolge des Triumphzuges Kaiser Maximilians, die von diesem nach der Vorarbeit durch den Hofhistoriographen Johannes Stabius 1512 seinem Sekretär Marx Treytzsaurwein diktiert wurde – [561] gibt die Rolle Conrat Peutingers bei der Bemalung des Rathauses deutlicher die Stellung des Programmentwerfers wieder. Er, der seinen schriftlichen Entwurf dem Kaiser zur Kenntnisnahme vorlegt[562], wird sicherlich, nachdem er das kaiserliche Placet erhalten hatte, kaum Zugeständnisse gegen gestalterisch begründete Änderungen der Maler gemacht haben, was zudem an der Natur des offiziellen Ratsauftrages und seines politischen Hintergrundes gelegen haben dürfte.

Die in diesem Abschnitt angeführten Punkte geben – wenn auch stark gerafft – die Veränderungen wieder, welcher sich die Kunst in Augsburg nach 1500 unterzog. Sie sind die äußeren Anzeichen, welche sich vor allem im Entstehungsprozeß des Kunsthandwerks auch als historische Fakten der Erscheinung einer »Renaissance« fassen lassen, die sich nicht nur in der Application von fremdem Formengut erschöpfte sondern zugleich aufbauend auf die von der vorausgehenden Zeit gebotenen Strukturen sich auch in ihrem Wesen wandeln konnte, ohne einen vollkommenen Bruch zu vollziehen. So griff die Veränderung die Polarisierung der Malerschaft, welche sich bereits im XV. Jahrhundert herausgebildet hatte, auf und führte sie in die Teilung zwischen Künstler und Handwerker über, was durch die Trennung von Konzeption und Ausführung in den Spezialbereichen der Technik und in den reproduzierenden Sparten seinen Ausdruck findet.

558 Vgl. dafür die Zusammenstellung bei Buchner, Ernst 1928, p. 272–383.
559 Budapest, National Galerie; Abb. bei Buchner, Ernst 1928, p. 368.
560 Vgl. dafür Nr. 8 sowie Städtechr. IV. p. 336–338.
561 Vgl. Objekt Nr. 71.
562 Vgl. dafür Beilage XIV. 1.

IV. Die Entwicklung der Zunft während der Reformationsunruhen bis zur Abschaffung des zünftischen Regiments 1548[563]

1. Der »Bildersturm« in Augsburg

a) Berichte über Bilderfrevel und die »Abtuung« der Bildwerke

Im Rahmen dieser Untersuchung kann keinesfalls auf die theologischen Probleme des Bildersturms eingegangen werden, da hier nur die Frage der Auswirkung der Reformation, nicht aber ihre Begründung oder ihre theologische Tragweite zur Debatte steht.

Bis 1524 vermelden die Chroniken keinerlei Vorkommnisse, die auf eine aggressiv ablehnende Haltung gegenüber den Bildern würden schließen lassen. Für dieses Jahr berichtet jedoch der damals in sein Stammkloster zurückkehrende Benediktinerpater Clemens Sender in seiner Chronik, daß »zu Augspurg die Lutherei fast zugenommen und ketzerei überhandt«[564] genommen hatte. Er, der als Mönch und späterer Prior des Konvents von der feindlichen Haltung der Bevölkerung direkt betroffen war, ist der Hauptzeuge für all die Vorgänge, welche sich bis zum Jahre 1536 in der Stadt ereigneten. Als Klostermann zeigt er zwar in seinen Notizen eine äußerst emotionelle Parteinahme gegen die neue Glaubensbewegung, was sich jedoch für die Richtigkeit seiner Berichte nicht nachteilig auswirkt.

Aber selbst beim Durchgang der Chronik dieses, jede Regung gegen den alten Glauben registrierenden Kirchenmannes, finden sich im Verhältnis zu den übrigen »Freveln« gegen die bestehende Kirche, wie z. B. Sakramentsschändungen, Gottesdienststörungen und exhibitionistische Auftritte[565] in den Gotteshäusern nur wenige Belege über Bilderzerstörung, die den Schluß auf einen regelrechten Bildersturm nicht zulassen.

So berichtet er unter dem Jahre 1524: »Am 13.tag aprilis in der nacht hat Jerg Reslin, ain schůster, mit seinem knecht alle tafflen, den todten zů gedechtnus gemacht und gemalt, mit den figuren, crucifix, ölberg, unser lieben frauen und den hailigen bildnus geziert, mit kieplůt auff dem kirchoff und creutzgang zů unser liebe Frauen vermeilgt, geplindt und verwiest.«[566]

Dieser Vorfall der Grabmalschändung bleibt zunächst ein Einzelfall, den der Rat mit der Ausweisung des Täters zu korrigieren trachtete.

Erst 1529, als die Reformation die Klöster der Barfüßer (Franziskaner) und der Karmeliten gänzlich erfaßt hatte, ereignete sich der nächste schwerwiegende Fall, als am 14. III. zwei neugläubige Barfüßermönche zusammen mit einem Zimmermann und Sigmund Welser abends in die Klosterkirche eindrangen. »da ist auff dem altar ain schöns, gehauens staine crucifix gestanden, mit vil wercklichen bilder, das 300 fl kostet hat zů machen, und haben es die burger Ridler laussen machen, ist hoch und

563 Dieser Zeitraum ist nicht mehr im Katalog erfaßt. Der Abschnitt dient mehr zum Beschluß des vorhergehenden, das durch die Weiterentwicklung verdeutlicht werden soll. Vgl. hierzu Rasmussen, Jörg »Bildersturm und Restauratio« in Katalog Augsburg 1981, p. 95 ff.

564 Vgl. Städtechr. XXIII, p. 154, 9–10.

565 Vgl. dazu die Bemerkungen Senders zwischen den Jahren 1524–1536 in Städtechr. XXIII, p. 154 ff.

566 Vgl. ibid. XXIII, p. 155, 10–14.

groß gewesen. die al sind ainhellig hingangen und haben das crucifix und alle bilder zuͦ 3 oder 4 oder noch mer stucken erschlagen, erknist und verwiest, als het man die bilder geradtprecht.«[567]

Die Strafe für Sigmund Welser fiel für seinen Stand erheblich aus, da er je 100 fl in ein Spital und 100 fl dem Kloster für einen neuen Altarschmuck zu bezahlen hatte und überdies noch vier Wochen lang auf dem Göggingertorturm in Haft gehalten wurde.[568]

Darüber hinaus erlies der Rat einen ersten Entschluß zum Schutz der Bildwerke, der am 19.III.1529 öffentlich ausgehängt wurde. In diesem befand der Rat, daß »sie alle bilder, alles gemeil und andere gedechtnustafflen, in den kirchen, kirchoffen oder an andern orten auffgericht und gemacht, on wissen, willen und bevelch der oberkait nit vermeilgen, uneeren, maculieren, plinden, abdilgen, bescheissen, zerstossen, zerprechen oder aincherlei schaden zuͦfiegen, sunder sie und ire underthanen vor solicher übertrettung enthalten. welcher aber erfunden wirt solichs mandats aus aignem muͦtwillen und frevel ungehorsam, ain übertretter, derselbig sol an leib und guͦt oder anderer pen seiner übertrettung nach gestrafft werden.«[569]

Trotzdem mag die Wirkung des Erlasses nur beschränkt gewesen zu sein, da bereits 1531 der Bürgermeistersohn Ulrich Rechlinger ein Kruzifix mit Assistenzfiguren in der St. Othmarskapelle zerstörte und die Trümmer vor das Klinkertor warf, wofür der Rat abermals die Turmstrafe verhängte[570].

1533 schlossen sich die Zechpfleger zu St. Moritz der Reformation an und versperrten den Altgläubigen alle liturgischen Geräte, die in ihrer Gewalt standen, worunter sich auch »unsers herrn bildnus im regenbogen zuͦ der Auffahrt« sowie »Engel und Hailigen gaist« befanden, welche zu der[571] Bildgruppe gehörten. Diese Aktion, welche von dem altgläubigen Teil der Bevölkerung als Provokation empfunden wurde, veranlaßte Raymund und Anthon Fugger eine neue Auffahrtsgruppe anfertigen zu lassen. Am Himmelfahrtstag des Jahres 1533 gelang es den Gebrüdern Fugger mit ihren eigenen Bediensteten das fromme Schauspiel in der Kirche für die Gemeinde zu veranstalten, was wiederum den neugläubigen Teil schwer schockierte. Der Zechpfleger Marx Ehem, der sich bei der ganzen Angelegenheit als Führer der Protestanten hervortat[572], hat trotz des Verbots des Rates »den regenbogen und das ander alles wider herabgelaussen, und als der regenbogen leicht 3 mann hoch noch zuͦ der erde der kirche hat gehept, da hat . . .(er) . . . den regenbogen mit seinen gesellen mit vleiß auff die erde laussen fallen und hernach gesagt, der strick sei inen ongeverdt entwist, vnd sind zuͦ vil trimmern gefallen.« Nur das Eingreifen des Stadtvogts mit seinen bewaffneten Knechten konnte in diesem Falle einen Aufruhr verhindern[573]. Diesmal wurde jedoch Anthon Fugger mit einer siebentägigen Turmstrafe belegt, da er den Aufruhr durch die nachgemachte Figur angezettelt habe.

Der Klerus selbst scheint aber an solcher Eskalation kein Interesse gehabt zu haben, wie der Beschluß des Domkapitels vom 17.V. 1525 schon ausweist, in dem die

567 Vgl. ibid. p. 214, 19–24.
568 Vgl. ibid. p. 216, Anm. 1.
569 Vgl. ibid. p. 217, 13–21.
570 Vgl. ibid. p. 333, 5–12.
571 Vgl. ibid. p. 340, 24–27.
572 Vgl. ibid. p. 342–343.
573 Vgl. zu diesem Vorfall auch Breu, Jörg, in Städtechr. XXIX, p. 53, 12–17. Dort ist die Zerstörung der Figur auf das Eingreifen des Stadtvogtes zurückzuführen, der »das pild mit sambt den engeln zum himel herabgeworfen und gestoßen (hat), daß den engeln der hergot ist zu schwer worden und seien alle zerfallen«.

Domherrn sich einigten, »am Auffahrtstag Inn der Non die Bildnus des Brynnenden tewfels herabzuwerfen, dißer Irrungen Lewff halb zu vmbrlassen«[574]. Dabei hat es sich wohl ähnlich dem Regenbogen-Christus von St. Moritz um ein Bildwerk für ein Himmelfahrtsspiel gehandelt. Erst die Eskalation, die von beiden Seiten durch provokatives Verhalten herbeigeführt wurde, machte das vorsichtige Taktieren des höheren Klerus wertlos. Auch zeigt die Einstellung der Allgemeinheit, welche sich insbesondere bei der Altarzerstörung in der Barfüßerkirche noch gegen die Bilderstürmer stellte[575], dann ab den dreißiger Jahren dem Treiben mehr gleichgültig gegenüberstand, eine immer mehr die Bilder ablehnende Haltung der Bevölkerung in der Stadt.

Die Rolle des Rates bestimmte bis dahin die Rechts- und Ordnungsfunktion, durch welche die mit den Bildstiftungen zusammenhängenden Rechte gewahrt werden sollten. Aus dieser Stellung heraus versteht sich auch, daß die neue Figur der Gebrüder Fugger nicht unter den Rechtsschutz fiel, da sie in keiner Weise »ordentlich« gestiftet war und nur der Provokation der protestantischen Gläubigen diente. Der Erlaß des Jahres 1529 dagegen zeigt deutlich, wie sich der Rat als Instanz der Rechtserhaltung einsetzte[576]. Erst 1534 jedoch räumten die vom Rat bestellten Zechpfleger die den Pfarrzechen zugehörigen Altäre im Dom und St. Ulrich und entblößten sie sämtlichen Bildwerks[577]. Darüber hinaus wurden auch alle Altartücher verkauft, wie dies der Rat, der am 2. VIII. 1534 alle Kirchen bis auf den Dom, Hl. Kreuz, St. Ulrich, St. Georg und St. Moritz versperren ließ, in seinem Dekret den Zechpflegern zu Nutzen für die Armen befahl[578].

Bei der dabei vorgenommenen Räumung der St. Johanneskirche zerschlugen die »stat werckleut auch die bemalten Fenster, damit da es nit dimpfig sei an der lutherische predigt«, nachdem die Verfügungsgewalt über die Taufkirche dem Domkapitel entzogen wurde[579].

Die Nachrichten bis zu diesem Zeitpunkt zeigen keine Bilderstürmerei in großem Rahmen auf. Es scheint auch, daß sich die Ablehnung mehr gegen die Bilder, welche eine Funktion bei den im Volksglauben verankerten Sakralspielen hatten, richtete, über deren Fraglichkeit sich auch die katholische Geistlichkeit nicht im unklaren war, wie es der Verzicht auf solches Spiel im Dom zeigt.

Ob vor der Schließung der Kirchen auch weitere Bilder – speziell auch Wandbilder – zerstört wurden, läßt sich nicht bestimmen. Sicherlich dürften bei den allgemeinen Wirren einige Malereien beschädigt oder übertüncht worden sein, wobei sich dies aber in einem solchen Rahmen abspielte, der selbst für den kritischen Klostermann Sender nicht erwähnenswert erschien[580]. Ob diese Verhältnisse auch in den folgenden Jahren bis zu dem Erlaß der Kirchenordnung 1537, die endgültig die reformatorische Lehre einführte, so geblieben ist, kann man ebensowenig wie das Gegenteil belegen.

Diese neue Kirchenordnung vom 17.I.1537 stellt den direkten Bruch mit dem Bilderwesen der altgläubigen Kirche dar, »dweil aus anbethung und vereerung der götzen und pilder allerlai verzweiffelter, gotloser aberglaub, der eeren und dem befelch gottis zuwider, geflossen und entsprungen ist«[581]. So bestimmte die vom Großen

574 Vgl. Bayerisches Hauptstaatsarchiv München, Hochstift Augsburg, NA Nr. 5497 fol. 104 v.
575 Vgl. Städtechr. XIII, p. 214–215.
576 Vgl. ibid. p. 217.
577 Vgl. ibid. p. 388, 15–389, 2.
578 Vgl. ibid. p. 390, 18–21.
579 Vgl. ibid. p. 388, 21–24.
580 So berichten weder er noch der reformatorisch gesinnte Maler Jörg I Breu in ihren Chroniken über Vorfälle dieser Art.
581 Vgl. Roth, Friedrich 1904, Bd. II, p. 318/319 sowie p. 360.

Rat der Stadt beschlossene Ordnung in ihrem zweiten Artikel, daß »die gemelten kirchenprobst alle und jede mißprauchte geschnitzte, gegossene und gemalte Pilder auf den altharien und sunst durch eines erbern rats werckleut mit guter beschaidenhait noch heutigstags abheben, hinwegthun und doch vleissig verwahren und auffheben lassen«[582] sollen. Diese Bestimmung, welche in den folgenden Tagen und Wochen unter der Aufsicht der Räte durchgeführt wurde, brachte den entscheidendsten Einschnitt für den Bestand der Bildwerke dar. Die teils eilige Beseitigung, welche unsachgemäß durchgeführt wurde, wird wohl die großen Verluste an Objekten in dieser Periode zu verantworten haben[583].

Gegen die Ausführung des Beschlusses stellten sich aber auch Stimmen aus der Malerschaft, wie dies für den Fall des Hans Wolffstriegel belegt ist[584], der, nachdem er die Ratsherrn heftig beschimpfte, wegen Widerstand gegen die Obrigkeit ins Gefängnis geworfen und mit nächtlichem Ausgangsverbot belegt wurde. Unklar bleibt dabei, ob diese Erregung des Meisters aufgrund der Zerstörung seiner Werke oder rein aus religiösen Motiven erfolgte.

Während dieser Beschluß, der in der Folge auch zur Zerstörung einer ganzen Reihe von Kirchen führte, die beweglichen Bilder insgesamt betroffen hatte, scheinen die Wandgemälde nur teilweise übertüncht worden zu sein, wie dies aus der Predigt Buzers vom 21. VI. 1537[585] belegt ist, der sich beklagte, daß im Dom der »lang Christoffel hinten beim alten Chor« und der »Ritter S. Jörg bei dem kündblech« (Zifferblatt der Turmuhr)[586] noch erhalten seien. Dies zeigt an, daß extrem große Objekte, die auch zur gänzlichen Tilgung bedeutendere Vorrichtungen handwerklicher Art benötigt hätten, nur Teilzerstörungen erfuhren oder auch ganz bestehen blieben.

Auch der Kreuzgangszyklus der St. Annakirche blieb bis 1561 zuletzt bestehen[587], wie dies Gasser bezeugt, was nicht zuletzt auf die schriftexegetische Thematik dieser Bilder zurückzuführen sein dürfte. Daß der gleichgeartete Zyklus im Barfüßerkloster zerstört wurde, lag an dem Umbau des Hauses der Jakobspfründe durch die Stadt[588]. Da die Bilder keine Spur von Übermalung wie auch anderweitiger Zerstörung tragen, scheint eine Verschonung bei der Reformationsdurchführung zu bestätigen, die sich aber angesichts der baldigen Umbauten erübrigt haben konnte.

So zeigt sich der »Bildersturm« in erster Linie als »Verordnung« der Ratsobrigkeit, welcher aber auch dabei die Rechtslage gewahrt wissen wollte, deren Einhaltung die Stadt selbst zu gewährleisten hatte. Die Ereignisse zuvor werden jedoch die kirchlichen Aufträge für die Maler ebenso geschmälert haben, wie auch diese selbst teilweise durch ihre Weltanschauung in eine Differenz zu ihren bisherigen Auftraggebern gekommen sein dürften, was auf ihre Auftragslage keine geringe Auswirkung hatte.

b) Der Wandel der Tätigkeit der Maler in der Zeit der Reformation

Das Handwerk der Maler verlor durch diese geschilderte Entwicklung, welche neben derAbneigung gegen christliche Bildwerke auch unter den Altgläubigen eine große Unsicherheit schuf, die Neustiftungen stark einschränkte wenn nicht sogar ganz aus-

582 Vgl. ibid. p. 360.
583 Vgl. ibid. p. 318.
584 Vgl. Personenkatalog Nr. 191 Beleg p.
585 Vgl. Roth, Friedrich 1904 Bd. II, 328; siehe auch Objekt Nr. 68.
586 Bei der Figur des »Ritters Jörg« könnte es sich allerdings um eine Plastik gehandelt haben.
587 Vgl. Objekt Nr. 44 mit 46.
588 Vgl. Objekt Nr. 60.

fallen ließ, seinen umfangreichsten Auftragsbereich, was sich spätestens ab 1524 auch auf die Verhältnisse der Meister auszuwirken begann. Zwangsläufig nahmen dabei auch die Aufträge der privaten und öffentlichen Seite ab, die angesichts unsicherer Zeiten zunächst eine Klärung der Streitigkeiten abzuwarten schien. Auch die instabilere wirtschaftliche Lage, die der Bankrott der Höchstetter deutlich aufzeigt[589], verursachte eine Zurückhaltung auf dem Gebiet der repräsentativen Aufträge.

So stellt die Perlachturmbemalung des Jahres 1527 mit ihren Anschlußaufträgen für längere Zeit die letzte Unternehmung der Baumeister in dem Bereich der Monumentalmalerei dar[590], wobei die Ausgestaltung dieser Bemalung nicht ganz gesichert ist.

Auch die Arbeiten Jörg I Breus am Fuggerhaus[591] kann man nicht direkt als künstlerischen Großauftrag ansehen, da es sich weitgehend um eine nach und nach vollzogene Ausstattung mit Dekormalerei handelte. Sein Sohn Jörg II Breu restaurierte 1538 die Zunftstube der Weber[592], deren Programm er um einige Figuren an der Fensterseite des ehemaligen Raumes erweiterte, was jedoch ebenfalls nicht als künstlerischer Großauftrag angesehen werden kann[593].

So läßt sich für die Maler neben einem Ausweichen in den Bereich profaner Historienmalerei sowie der Buchillustration im allgemeinen ein Rückzug auf kleinere Kunstwerke erkennen, welche zum Teil sich schon fast als Kunsthandwerk bezeichnen ließen. Dieser Wandel scheint auch die Wandmalerei betroffen zu haben, wie das Beispiel des Kaminbildes des Jahres 1544, das Jörg II Breu zugeschrieben wird, zeigt[594].

Auch die wenigen kirchlichen Aufträge, die überhaupt für diese Zeit überliefert sind, verbleiben in diesem kunsthandwerklichen Bereich, wie es die Arbeiten Leonhart I Becks in St. Moritz beweisen[595]. So verwundert es nicht, daß Schemel Gall 1545 den »himel aůffen bredig Stůl« der gleichen Kirche um 30 kr mit Ölfarben bemalte, worunter man sich keine künstlerische Arbeit vorstellen darf[596].

Diese Entwicklung schwächte die Stellung der Großwerkstätten entscheidend, da solche Kleinaufträge auch jederzeit von einem einzelnen Meister mit wenigen Gesellen durchgeführt werden konnten. Die Rolle der Monumentalmalerei als stiltragendes Element war jedoch im vierten Jahrzehnt des XVI. Jahrhunderts nicht mehr gegeben, was anscheinend zu einem solchen Bruch dieser Tradition führte, daß nennenswerte Arbeiten erst wieder 1559, als sich Giulio Licinio in Augsburg niederließ, zu belegen sind[597]. So setzte die Auswirkung der Reformation der Entwicklung der Augsburger Wandmalerei – vor allem in ihrem monumentalen Sektor – ein Ende, nachdem sie sich durch die Zeit des Zunftregimentes stetig entwickelt hatte. Der Abbruch der Tradition bedeutete auch das Ende der ersten Periode der sogenannten »Augsburger Renaissance«, welche sich früh aufgrund der günstigen Beziehung zu

589 Vgl. Städtechr. XIII p. 219 ff.

590 Vgl. supra p. 84 und Personenkatalog Nr. 21.

591 Vgl. Objekt Nr. 72.

592 Vgl. Katalog Augsburg 1980 Bd. I, p. 269–271.

593 Man wird darunter eher eine Restaurierung mit einer Aktualisierung des Gesamtprogrammes verstehen müssen.

594 Vgl. Katalog Augsburg 1980, Bd. II, p. 24/25.

595 Vgl. Personenkatalog Nr. 21.

596 Vgl. ibid. Nr. 158.

597 Vgl. Buff, Adolf 1886, p. 62/63. Die Arbeit Giulio Licinio war nur möglich, weil er Bürgerrecht und Zunftgerechtigkeit erwarb, was die starke Stellung dieser Handwerksorganisation nach der Abschaffung des »Zünftischen Regiments« verdeutlicht.

Italien wie auch der Konstellation der Auftraggeber etablieren konnte, da die Finanzstärke der Augsburger Handelshäuser zunächst die wirtschaftliche Basis dazu bot. Die Fortsetzung dieser gewachsenen Tradition ohne den Rückgriff auf von außen kommende Elemente war für die ansässigen Künstler nicht mehr möglich, was in erster Linie in dem um 1530/1534 erfolgenden Generationswechsel der Werkstätten des Aptkreises und Burgkmairs, sowie dem Auslaufen der anderen Werkstätten[598] bis zur Mitte des XVI. Jahrhunderts begründet sein dürfte.

2. Die Auswirkung der Entwicklung auf die Ordnung des Handwerks

Dieser Rückgang der Tätigkeit der Maler während der Reformationszeit schwächte die wirtschaftliche Lage des größeren Teils der Meister, was sich in den einschränkenden Bestimmungen des Jahres 1537 niederschlug, als man zunächst am 1.VII. ein Verbot erließ, daß um die Arbeit geworben werde, sei es durch den Meister selbst oder durch Angehörige[599]. Die Schärfe des Erlasses wird an der hohen Strafe von 4 fl sowie an dem zweijährigen Ausschluß vom gemeinschaftlichen Materialerwerb deutlich, der den Betroffenen mehr oder weniger die Existenz innerhalb der Stadt unmöglich machte. Um den Kreis der ansässigen Meister aber noch mehr gegen unerwünschte Konkurrenz zu schützen, beantragte das Malerhandwerk am 4.IX.1537 vor dem Rat, daß es keinem Ledigen mehr gestattet sein sollte, die Zunftgerechtigkeit zu erwerben, es sei denn er heirate zuvor[600]. Die Bestimmung, die vor den beiden Bürgermeistern in Anwesenheit der Schmiedezunftmeister erwirkt wurde, stellte eine Verschärfung des Versprechens des Rates vom 17.X.1531 dar, in welchem dieser den ansässigen Handwerkern zusicherte, daß er »solang ime das gelegen sein will, nit so leichtlich als bißher beschechen, burger annemen noch einkommen lassen werde«[601]. Neben diesen abschließenden Satzungen erfolgte am 3.II.1542, nachdem praktisch alle großen Werkstätten der Jahrhundertwende erloschen waren, eine Neuordnung der Zunft, die sich auch in dem neuen Zunftbuch ausdrückt. Dabei klären die Meister des Teilhandwerks ihre Stellung zur Großzunft der Schmiede, indem die Selbständigkeit der dort vertretenen Gewerke nochmals betont wird. Jedoch fordert der Zunftmeister, daß alle, welche die Malergerechtigkeit erwerben, auch ihm vorgestellt würden, wobei der neue Meister für diese Vorstellung keine Gebühr mehr zu entrichten habe. Auch die Zunftgerichtsbarkeit wird über die Instanz der Zwölfer hinaus nun auch auf den Zunftmeister ausgedehnt, über dem als höhere Instanz noch der Rat als Richter zur Verfügung stand[602]. Diese Ordnung baut das Handwerk wieder in die Großzunft mit ein, zu der sie zur Zeit der großen Werkstattverbände nur verhältnismäßig lockere Verbindungen hatte. Der Status, der sonst nichts an den bestehenden Gesetzen änderte, wurde mit einer Satzungskurzfassung und einer Kopie der bisherigen nur mit mäßiger Ordnung geführten Einschreibeliste, die anscheinend die Handwerkertradition manifestieren sollte, festgehalten[603]. An dieser Satzung änderte

598 Vgl. dagegen Jörg I Sorg (Personenkatalog Nr. 171). Dieser arbeitete aber schon 1542 mit »welschen Baumeistern« zusammen, was seine auswärtigen Kontakte und Einflüsse belegt. Siehe dazu: Stadtarchiv Augsburg, Reichsstadt BRB. 1542 fol. 74 r.

599 Vgl. Beilage Nr. III, 30.

600 Vgl. Beilage Nr. III, 31.

601 Vgl. Dirr, Pius 1913, p. 225 (Abdruck).

602 Vgl. Beilage Nr. III, 32.

603 Vgl. Stadtarchiv Augsburg, Reichsstadt, SCH. Nr. 72 b; für die Satzung vgl. Beilage V, 1 und 2.

sich bis zur Abschaffung des Zunftregiments auf dem Reichstag von 1548 nichts mehr.

Für das Handwerk selbst hatte diese Abschaffung der Zunftverfassung kaum eine Veränderung gebracht, da die Stelle der Zwölfer durch zwei verordnete Vorgeher ersetzt wurde und sonst die Satzungen – bis auf die nun entfallenden Teile, die das Verhältnis zu den anderen Teilzünften bestimmten – an und für sich gleichblieb, wie dies die durch den Rat am 23.VII. 1549 angenommene Malerordnung ausweist[604].

Für das Handwerk selbst, das auch die Repräsentation durch das eigene Zunfthaus aufgeben mußte[605], zeigte es sich auf die Dauer gesehen als nachteilig, daß es genau in der Folge des Rückganges der Tätigkeiten nach der Reformation und nach der Festschreibung der Verhältnisse von der Verfassungsänderung betroffen wurde. So fielen die neuen Satzungen ziemlich eng gefaßt aus und gaben so den Rahmen für handwerkliche Tätigkeiten, denen die Zunft nun gänzlich verhaftet bleibt, ohne auf neue Bewegungen reagieren zu können. Der Grund dafür war, daß die Veränderung der Satzung nun allein beim Rat lag, der sich auch jegliche Gerichtsbarkeit in handwerklichen Dingen aneignete und den Meistern selbst nur die Lapalien des Alltags in ihrer Eigenverantwortung überließ.

Der enge Rahmen, der sich mit dem ausgeübten Zwang der Mitgliedschaft nicht mehr in Übereinstimmung bringen ließ, hat jedoch für die Nachwelt das Bild der Zunft entscheidend geprägt, indem sie nun als Hindernis für Künstler angesehen wurde.

Die Organisation wurde durch die Abtrennung von der politischen Entscheidung und Mitverantwortung zweckentfremdet, wodurch nur die sekundär gewachsenen handwerksinternen Bestimmungen die Hauptrolle in ihr übernahmen und dadurch für eine sinnvolle Regelung ihre Anpassungsfähigkeit verlorenging[606]. Der Nachteil dieses Zustandes sollte aber keinesfalls auf die Zeit des zünftischen Regiments übertragen werden, bei dem sich die Elemente – das Politische wie auch das Handwerkliche – die Waage hielten und soweit wie möglich passend eingesetzt wurden. Während die hierarchische Struktur, solange sie durch die führenden Künstler besetzt war, sich ebenfalls kaum nachteilig auf die Leistung der Malerschaft auswirkte, dauerte durch die Bewahrung der fixierten Struktur die Erneuerung der Tradition nach dem Erlöschen der großen Verbände länger, was aber weniger der Fehler der zünftischen Organisation als der einer unbedacht von außen verordneten Umwandlung derselben war.

604 Vgl. Beilage Nr. VI.
605 Vgl. Beilage Nr. VII, 2.
606 Allein die Auseinandersetzung um die Verpflichtung der jüngsten Meister als Boten zeigt die Schwerfälligkeit des Systems. Vgl. Beilage VIII, 1 und 2.

C. Die Technik der Wandmalerei

(Im Zusammenhang dieser Arbeit konnte nur die oberflächliche Beobachtung, welche die Technik betrifft, angestellt werden, deren Ergebnis hier zusammengefaßt nur eine Andeutung des Problems der Entwicklungsgeschichte der Wandmalereitechniken geben kann, dessen gründliche Darstellung ohne umfassendere chemisch – physikalische Untersuchungen nicht auskommen wird[607].)

I. Die einfache Kalkseccotechnik als Ausgangslage im XIV. Jahrhundert[608]

Die Wandmalereien, die sich für den Beginn der Zeit des Zunftregiments in Augsburg sichern lassen, stellen technisch einen unkomplizierten Aufbau vor. Dabei handelt es sich ausschließlich um Seccomalerei[609], welche auf dem Kalkputz des Mauerwerks direkt oder auf einer Kalkschlemme, die als Oberflächenverdichtung über die porösere Mauersubstanz gelegt worden war, ausgeführt wurde. Die Einfachheit dieser Malereien läßt sich daran erkennen, daß die Kreuzigung der Domkrypta als einziges Bild dieser Zeit einen differenzierten Aufbau in der Putzstruktur besitzt[610], der deutlich in groben Trägerputz und in einen feineren Oberputz (Opsis) unterschieden ist, dessen Abschluß die pigmenttragende Kalktünche (Schlemmschicht) bildete. Dieser Aufbau, der für die Augsburger Denkmäler einen Sonderfall darstellte, fand jedoch keine Nachahmung, so daß man den mehrschichtigen Putz, der in seiner Unterschicht als Zusatz Häcksel, in der Opsis dagegen feinen Quarzsand beinhaltete, hier aus anderen Gründen anwandte[611], wie sich dies auch an der inkonsequenten Verarbeitung bei diesem Objekt feststellen läßt.

Der Normalfall, bei dem die Malerei auf die Tünche gesetzt wurde, die mehr oder weniger gänzlich durchgetrocknet war, dürfte bei den Bildern, bei denen es sich meist um nachträglich in die Bauwerke eingebrachte Einzelstücke handelte, zudem eine Anpassung an die Gegebenheit einer schon bestehenden alten Putzschicht darstellen, welche für die Anbringung der Bilder nicht eigens ausgewechselt werden sollte[612]. Diesen Umstand kann man deutlich an dem Bild des Schmerzensmannes am Domwestpfeiler[613] ersehen, wo die Vorzeichnung direkt auf der Putzstruktur der grauen Quaderung aufgetragen wurde und sich tief in das poröse Mauerwerk einzog, die

607 Diese Art der Untersuchung muß anderen Institutionen vorbehalten bleiben, obwohl die Materialanalyse sicherlich Aufschlüsse über Werkstattverbindungen sowie über Materialbezugswege geben könnte, welche die in den Archivalien nur in Vermutung faßbaren Fakten klären könnte.

608 Die Fakten für die folgende Darstellung finden sich in den Absätzen Technik bei den entsprechenden Objekten.

609 Die Trennung Fresco – Secco ist in diesem Abschnitt so zu verstehen, daß als Fresco nur das buon Fresco, welches in den nassen Putz gemalt wurde, gilt.

610 Vgl. Objekt Nr. 12.

611 Vgl. ibid. Es wäre möglich, daß sich der Putzaufbau in der Aufgabe der Restaurierung begründet.

612 Vgl. Objekt Nr. 1 sowie Nr. 7 mit Nr. 11.

613 Vgl. Objekt Nr. 2.

darüber gelegten opaken Pigmente (– deren Bindemittel jedoch nicht bekannt ist –) dann erst den Abschluß der Bildfläche ergaben.

Die Kalkbindung, welche in einer frisch aufgetragenen Schlemmschicht möglich gewesen wäre, wurde bewußt nicht benutzt und ist so nur bei einigen Objekten[614], wo sie durch Zufall, bei zu frühem Beginn der Zeichnungssetzung entstand, festzustellen. So wurde in diesem Stadium die Zeichnung meist in den Hauptlinien am Beginn des Malvorganges gesetzt. Die Rolle als Vorzeichnung wurde aber nicht losgelöst von der endgültigen Bildfläche gesehen, deren zumeist gestaltungstragende Struktur ebenfalls durch die Zeichnung ausgebildet war, zwischen der sich die Farbe nur wenig modelliert spannte. Wie stark die Zeichnung selbst als Bestandteil der eigentlichen Malfläche gesehen wurde, zeigt das Limbusfragment der Domkrypta, bei welchem die Linien als Wiedergabe der Lichtreflexe ihre Farbe wechseln[615].

Bei all diesen Fällen mußten die Maler zusätzlich Bindemittel, wahrscheinlich meist organischer Art, verwenden[616], um den Pigmentauftrag zu bewerkstelligen, was für diesen eine weniger feste Konsistenz bedeutete, wodurch sich nur in seltenen Fällen die Pigmentschichten geschlossen erhalten haben.

Eine Loslösung der Zeichnung von der endgültigen Bildfläche in Richtung auf eine Vorzeichnung hin, läßt sich nur bei dem obengenannten Schmerzensmann im Dom[617], wie auch bei den großflächigen Bildern der Hirschjagd feststellen[618]. Während bei dem ersteren Beispiel die opaken Pigmente die heute sichtbare, in schwarzen breiten Pinselstrichen geführte Zeichnung gänzlich überdeckten, zeigt sich die Vorzeichnung der Jagdbilder, die für die sichere Plazierung der Komposition nötig wurde, nur an wenigen Stellen in schmalen Rötelstrichen, da sie im Laufe des weiteren Malprozesses von der strukturtragenden Bildzeichnung (Faßlinien der Farbflächen) überdeckt wurde.

Durch die Vorzeichnung stellen sich diese Beispiele aus der Menge der übrigen kleineren Einzelbilder, welche weniger einer Fixierung des Kompositionseinfalls bedurften, heraus.

Diese Art des Vorgehens bleibt bis in das dritte Jahrzehnt des XV. Jahrhunderts die beherrschende Art, wie es die Darstellung des Turnierkampfes vom 1416 aus dem Stettenhaus erweist[619]. Dabei ließ der Maler die freigesetzte, rote Vorzeichnung neben dem, gleichsam als Schlußzeichnung anzusprechenden dunkelgrauen Lineament bestehen, um sie als gestalterisches Element mit einzusetzen. Auch die Anbetung in St. Peter am Perlach[620] gibt der Zeichnung, die als Grundauftrag auf die Mauerweiß-Schlemme gesetzt wurde, einen entscheidenden Stellenwert. So dient sie in erster Linie als Faßzeichnung der Farbe, mit der sie in den engerliegenden Faltungen durch Verbreiterung in Konkurrenz tritt und gleichsam die Schattenmodellierung ersetzen soll, da die monochromen Lokalfarben, welche pastos Farbton für Farbton einzeln auf die gänzlich abgebundene Schlemme gemalt wurden, keinerlei Ansatz einer Modellierung zeigen. So geben diese beiden Bilder einen Pigmentaufbau vor, der in

614 Vgl. Objekt Nr. 7, Nr. 8.
615 Vgl. Objekt Nr. 9.
616 Diese organischen Stoffe lassen sich heute kaum mehr durch Analysen nachweisen, da ihr Verfallsprozeß schon zu weit fortgeschritten ist.
617 Vgl. Objekt Nr. 2.
618 Vgl. Objekt Nr. 3, I mit II. Dazu wird man wohl auch noch die Porträts der beiden alten Männer des gleichen Hauses zu rechnen haben, welche allerdings durch die Veränderung der Restaurierung diese Feinheiten nicht mehr überprüfen lassen.
619 Vgl. Objekt Nr. 15.
620 Vgl. Objekt Nr. 24.

seiner Schlichtheit ganz dem Unterbau ihrer Gesamtstruktur entspricht und noch hinter den Malereien des Pfettnerhauses zurücksteht[621].

Zur gleichen Zeit aber wurde die Kalkbindung bereits für einfache Ornamentmalereien benutzt, wo sich die Farbigkeit auf Ocker und Rötel beschränkte, wie dies an dem Rankenwerk der Nordwand des Fuggerchores[622] zu ersehen ist, bei der die tief in die Kalkschlemme eingezogenen Farben diese Art der Ausführung erweisen, welche bald in differenzierter Durchführung auch bei den figürlichen Bildern ihre Auswirkung fand.

Die Technik der frühen Bilder, welche sich in Augsburg erhalten haben, zeigt sich damit ziemlich anspruchslos, was eigentlich auf keine Tradition der Maler auf diesem Gebiet schließen läßt. Dies gilt umsomehr, wenn man für die Bilder des Pfettnerhauses einen auswärtigen Meister annimmt, was für die Objekte, die vor der Begründung des Zunftregiments entstanden, durchaus möglich ist. Einzig der Turnierkampf durchbricht in der Folgezeit die Reihe, indem er die vorhandenen technischen Möglichkeiten in besonders reichhaltiger Form einsetzt[623]. Dieses Beispiel zeigt aber auf, daß eine Festschreibung der Qualitätslage für das Ende des XIV. und den Beginn des XV. Jahrhunderts nicht eindeutig angenommen werden kann, da sich der Bestand ebenso lückenhaft wie uneinheitlich vorstellt.

II. Die Mischtechnik des Kalkseccos und das Malen auf der nassen Tünche

In den zwanziger Jahren bezeugen die Malereien des Hirn'schen Grabhauses einen Beginn der Differenzierung der Kalkseccotechnik[624]. So zeigt bei den Chorheiligen der Ansatz, daß die Farben in ihrer Abfolge nicht mehr nach dem Durchtrocknen der jeweils vorausgehenden Schicht aufgetragen werden, sondern in die noch feuchten Vorgängerschichten mit eingearbeitet sind. Diese Entwicklung setzt vor allem bei den Schatten an, deren Härte dadurch gemildert wurde, wogegen die Weißhöhung als Schlußauftrag lavierend auf die trockene Malerei gelegt wurde. Dadurch erreichte man vor allem eine Einbindung des Lineaments in die Lokalfarbe und fließende Übergänge zu den tieferen Schattentönen, wie dies insbesondere die Figur des Apostels Thomas[625] dort aufweist. Ähnlich arbeitete auch der Maler des Helenazyklus[626] in dieser Kapelle, welcher speziell in den Gesichtern durch eine Untermalung mit einer roten bis ockerfarbenen Pigmentschicht diese Art der Malerei zu berücksichtigen schien.

Das Jakobus- Hermogenes- Bild[627] sowie die Darstellung des Dreikönigszuges[628] wurden in den Grundfarben ganz auf die noch frische Schlemmschicht gemalt, wodurch sie eine äußerst stabile Konsistenz erhielten, die mit den dem Maler zur Verfü-

621 Vgl. Objekt Nr. 3, II. Dort ließen sich eindeutig Spuren von Weißhöhungen sowie von Schattierungen feststellen. Vgl. p. 144.
622 Vgl. Objekt Nr. 13.
623 Dabei mußten für diese technische Untersuchung alle nur durch Kopien erhaltenen Bilder vernachlässigt werden.
624 Vgl. Objekt Nr. 25–Nr. 32.
625 Vgl. Objekt Nr. 25, V.
626 Vgl. Objekt Nr. 26.
627 Vgl. Objekt Nr. 28.
628 Vgl. Objekt Nr. 29.

gung stehenden Bindemitteln nicht zu erreichen war, wie die heute abfallende Korrektur der Haare des Phileto[629] in dem erstgenannten Bild sowie die ockerfarbenen Teile der Ornate der drei Könige erkennen lassen.

Dies zeigt die Schwierigkeit, die sich dem Maler bot, wenn er die Farbe, welche er normalerweise durch Kalkbindung auftrug, im Korrekturverfahren mit einem seiner üblichen Bindemittel anbringen mußte, obwohl er bei den auf der trockenen Malerei üblicherweise verarbeiteten Tönen keine derartigen Probleme hatte. So wurden auf den feuchten Kalk der Schlemmschicht im ersten Arbeitsgang die Erdtöne wie Ocker und Caput Mortuum aufgetragen, welche dem Kalk am besten widerstanden und sich damit auch für die Untermalung der differenzierten Partien, wie den Gesichtern, anboten. Inwieweit dieses Verfahren von dem im venezianischen Bereich durch die byzantinische Technik der Proplasmos-Untermalung für Fleischfarbe (Glykasmos) abhängig gemacht werden darf[630], kann wohl kaum mehr entschieden werden, da dieses Verfahren im XV. Jahrhundert im Alpenraum bereits als Allgemeingut angesprochen werden muß.

Ähnlich dieser Methode wurde auch der anschließende Passionsschildbogen[631] ausgeführt, bei dem wiederum in einem ersten Auftrag die Erdfarbentöne eingesetzt wurden. Als Weiterführung zu den vorher angesprochenen Bildern jedoch zeigt sich, daß auch der Weißzusatz der Modellierung bereits in diesen Arbeitsgang mit einbezogen wurde. Auch bei den Inkarnatsfarben zeigt sich ein Aufbau, der ein Ineinanderarbeiten der verschiedenen Stufen wie der eindeutig flächigen rötlichen Untermalung, der darübergelegten dunklen Schattierung und den Lichthöhungen in einer Zusammenziehung durchführte, welche ähnlich plastischen Ausdruck wie der in einzelnen übereinander gelegten Schichten durchgeführte Aufbau des Jakobus-Hermogenes-Bildes erreichte, dessen harte Stufungen aber vermeiden konnte. Auch hier begründet sich darin die Haltbarkeit des Bildes, auf den nur wenige Feinheiten der Zeichnung und der Weißlichter sowie der blaue Farbauftrag im Secco nach Austrocknen der Bildsubstanz aufgesetzt wurden, in der Homogenität des Verfahrens.

Noch geschlossener bietet sich aber diese Art von Malverfahren bei den Myrrhophoren[632] des Dom-Westchores dar, bei denen hinsichtlich der Pigmentbindung schon beinahe von einer Zwischenstellung von »secco« und »al fresco« gesprochen werden könnte, indem die ebenfalls wieder einer Schlemmschicht aufgetragenen Pigmente in einem Zug auch abgestuft und modelliert wurden, so daß außer der Schlußzeichnung sich kein reiner »al secco«-aufgetragener Bereich zu finden scheint.

Diese Eigenart der Malerei, welche sich zum erstenmal in dem Hirn'schen Grabhaus fassen läßt, muß auch den Zeitgenossen als Qualitätsbegriff gegolten haben. Denn nur so ist es zu verstehen, daß Conrad Vögelin 1448, als er seine Grabkapelle bei St. Ulrich errichtete, bestimmte, daß die Bilder »auf nassen Tünich« zu malen seien[633], was ganz genau den hier in den Objekten aufgefundenen Tatsachen entspricht.

629 Vgl. Abb. 39.
630 Für die byzantinischen Richtlinien siehe Papadopuolo Kérameus, A. 1909, Quelle B' p. 255–260. Für die Frage der Untermalungen vgl. § 8, § 9, § 11. Diese Quelle nennt auch in § 6 für die Folge der Vorzeichnungen Ocker und Caput Mortuum, was sich in gleicher Weise in der westlichen Tradition entwickelte.
631 Vgl. Objekt Nr. 31.
632 Vgl. Objekt Nr. 36.
633 Vgl. Herberger, Theodor 1852, p. 34. In diesem Zusammenhang will Herberger auch den Namen »Schnellenweg« als »Fa presto« deuten (vgl. dafür Personenkatalog Nr. 161). Gegen diese Ausdeutung bezieht schon Bredt, Ernst Wilhelm (1900, p. 22/23) Stellung.

Damit klärt sich diese Archivalienstelle, die Herberger 1852 als die Erfindung der Frescotechnik in Augsburg pries. Wie es sich aber im Zusammenhang mit den Bildern erweist, waren die Angaben über die Technik in den Archivalien zu genau, als daß man darauf eine derartige Spekulation hätte gründen können.

Dabei handelt es sich bei dieser Technik um die gewöhnliche Art, wie sie in Italien schon im Laufe des XIV. Jahrhunderts sich entwickelte und wie sie in dem Traktat Cenninis überliefert ist[634], wobei die Kalkbindung in den Augsburger Fällen nicht auf der Mörtelgrundlage, sondern auf der frischen Schlemmschicht aufgetragen wurde. Diese Technik stellt in keinem der beiden Beispiele eine Besonderheit vor, da sie sich als Übernahme bzw. Ableitung der höchstwahrscheinlich über die Südverbindungen nach Augsburg gekommene Kenntnis der italienischen Malereien, welche sich in den Durchgangsgebieten Südtirols bereits niedergeschlagen hatte, darstellt[635]. Eine genaue Bestimmung der Einflußrichtung allein aufgrund der Technik ist jedoch zu vage, da sich für die übrigen Bereiche, worunter vor allem Böhmen zu sehen ist, zu wenige Denkmäler der Wandmalerei aus dieser Zeit erhalten haben, um eine eindeutige Feststellung treffen zu können[636].

III. Die Entwicklung der transparenten Kalkseccotechnik

Neben der Malweise auf die nasse Tünche bestanden aber, wahrscheinlich werkstattgebunden, die alten Verfahren der reinen Seccotechnik weiter, welche bisher vorherrschend war. Teilweise findet sich auch eine Mischung der Techniken, wie beim Fragment der Lukaskapelle im Dom[637], wo die Umbrauntermalung fest mit der Tünche gebunden war und die dagegen nur mit Bindemitteln aufgetragenen oberen Pigmentschichten, welche in einer Art Transparenz die Untermalung als Grundton mitschwingen ließen[638], heute nur mehr in minimalen Spuren festzustellen sind, da sie dem Verfallprozeß nicht standhalten konnten.

634 Vgl. dazu im Zusammenhang Berger, Ernst 1912, p. 113–114. Die Technik, in die nasse Tünche zu malen, stellt eine Vereinfachung der bei Cennini beschriebenenen »Frescotechnik« dar, welche vor allem ein einfacheres und schnelleres Arbeiten ermöglichte. Die Abwandlung der Untermalung, welche in den italienischen Beispielen als »Verdaccio« angegeben ist (welche sich aus der Stellung des Proplasmos der byzantinischen Malerei entwickelte) in eine rot bis rotbraune Schicht, zeigt deutlich die eigenständige Übernahme, welche nur bei der Inkarnatschichtung des Passionsschildbogens in der italienischen Manier vorgelegen hat. Ob allerdings hierbei eine Farbveränderung bei den Pigmenten vorhanden war, die heute diesen Eindruck erweckt, konnte mit den zur Verfügung stehenden Mitteln nicht geklärt werden.

635 Man wird dabei vor allem an die Bozener Schule denken müssen, wie sie sich in St. Martin in Kampil oder im Meister der Marienlegende in St. Vigil unter Weineck vorstellt, wo beide Male italienische – im ersten Fall veronesische, im zweiten paduanische – Einflüsse angenommen werden.

636 Vgl. zu dieser Lage Foster, Michael (MS) 1979, p. 29/30.

637 Vgl. Objekt Nr. 31.

638 Die fragmentarische Erhaltung läßt allerdings nicht genau festlegen, ob die Umbra-Untermalung nicht als Grundierung für eine Vergoldung gedacht war. Vgl. dazu Papadopoulo Kérameus, A. 1909, p. 258, § 16: ». . . καὶ γύρισου αὐτὸ μὲ ψιμύθιον καὶ μὲ τὸ ὀξύ, καὶ ἄφες το νὰ στεγνώσῃ διὰ νὰ βάλῃς μάλαγμα μὲ τὸ μουρδέντιον.« (. . . ummale ihn (den Nimbus) mit Weiß (Schminke) und Caput Mortuum, laß es fest werden, damit du (die) Gold(auflage) mit Mixtion auftragen kannst.).

Gegenüber dieser Art der Mischtechnik gibt es aber auch Beispiele, wie die Kreuzigung in der Sakristei der Goldschmiedekapelle[639], bei denen die Unterschiedlichkeit der Verfahren als bewußtes Gestaltungsmittel eingesetzt wurde. So zeigt das Beispiel, in dem der Corpus Christi und die Gesichter[640] in der frescoähnlichen Verfahrensweise ausgeführt wurden, daß damit der Unterschied der Stofflichkeiten wiedergegeben werden sollte, der zwischen Inkarnat und dem Gewandbereich herrschte, bei dem nur die Vorzeichnung, welche allerdings schon auf die Lokalfarbe abzielte, noch eine derartige Grundbindung aufweist[641].

Obwohl die Malerei auf die nasse Tünche noch 1448 durch die Notiz der Grabhauseinweihung Conrad Vögelins bezeugt ist, zeigen die erhaltenen Originale um und nach der Jahrhundertmitte eine weitere Veränderung der Technik auf, welche nicht an dieses Verfahren anknüpft. Als frühestes Bild dieser Art muß die Legende des unbekannten Bischofs in St. Peter am Perlach angesehen werden[642]. Dabei bleibt der Unterbau mit Mörtel und der verdichtenden, mittels Bürste aufgetragenen Schlemmschicht gleich. Jedoch ist nur an wenigen Stellen eine schwache Vorzeichnung sichtbar, welche dem Maler zur Plazierung seiner nur in den Gesichtspartien leicht modellierten, sonst aber monochromen pastösen Pigmentschichten diente, welche er erst durch die schwarze Zeichnung voll ausgestaltete, wobei auch die plastische Bestimmung des Bildes durch die Zeichnung mittels Schraffur vorgenommen wurde. Die Verlagerung zum graphischen Charakter bevorzugte zwangsläufig die reine Seccotechnik, welche diesem Verfahren durch die Härte der gesetzten Farben entgegenkam.

Ähnlich verhält sich auch der 1464 entstandene Zyklus des Kreuzganges zu St. Anna[643], der in technisch fast gleicher Weise, jedoch weniger graphisch gestaltet in seinen Bildern vorgeht, da sich bei ihm das Lineament in schwächerer Ausführung eher mit den trocken gesetzten Farben, die bereits ausgemischt gemalt wurden, verbindet und sich in das Bildganze einfügt. Die teils graphisch wirkende Härte beruht dabei in der Vermeidung jeglicher Mischung der Farben auf dem Bildgrund, wo sie gegeneinander gestellt die Modellierung gaben, deren räumliche Bestimmung jedoch ganz dem als Schlußzeichnung aufgesetzten Lineament überlassen wurde. Die Farben sind dabei nicht dunkel und deckend aufgetragen, sondern besitzen eine Leichtigkeit, die den Bildern im ursprünglichen Zustand eine starke Leuchtkraft gegeben haben muß. Um eben diesen Effekt zu erreichen, war es für den Maler notwendig, alle Farben bis auf die silhouettenartig im Hintergrund gesetzten Bäume und Figuren direkt auf die tragende Schlemme zu bringen, um deren Reflexion zu erhalten, was für die Art dieses Verfahrens wohl der auslösende Grund gewesen sein dürfte.

639 Vgl. Objekt Nr. 38.

640 Bei den Gesichtern scheint es jedoch, daß nur Teile noch mit der feuchten Schlemme abgebunden haben, welche dann mit anderweitig gebundenen Farben vollendet wurden.

641 Die ehemalige Bildeinheit, die trotz der beiden Techniken erreicht wurde, ist heute, da sich die kalkgebundenen Farben besser erhalten haben, nicht mehr gewährleistet. Ehemals waren aber die Seccobereiche durch pastösen Auftrag an die anderen Teile des Bildes angeschlossen, so daß es keinen direkten Bruch darin gab. Ob die Vorzeichnung durch diesen oberen Auftrag durchschien oder ganz bedeckt wurde, kann heute nicht mehr entschieden werden.

642 Vgl. Objekt Nr. 41.

643 Vgl. Objekt Nr. 44 mit 46. Dieses stark nach der Freilegung überarbeitete Denkmal ist heute in seinem Gesamteindruck durch die in Strettecco restaurierten Partien in seiner Erscheinungsform stark geschwächt und gibt sich ziemlich uneinheitlich, obwohl die originalen Partien dafür keine Grundlage bilden.

Eine fortschreitende Entwicklung ist uns in den Bildern der Katharinenkirche in der Verknüpfung dieses Leuchtkraft verstärkenden Farbauftrags mit dem graphischen Element des Lineaments erhalten[644]. Hier wurde eine bis zu einem Millimeter starke Schlemme aufgebracht, in der eine erste Zeichnung den ursprünglichen Entwurf der Darstellung festhielt, der in die noch grüne Schlemme gezeichnet wurde. Der darauf folgende Farbauftrag füllte flächig die vorgegebenen Bereiche der Lokalfarben, die nur an wenigen Stellen durch eine leichte Lavierung abgeändert wurden. Dabei weist der Farbauftrag wie beim Kreuzgang der St.-Anna-Kirche eine Transparenz auf, die durch die Verwendung klarer Farbtöne in diesem Fall noch gesteigert wurde. Die so in einer ziemlich freien Art aufgetragene, die Vorzeichnung nur ungefähr berücksichtigende Farbe, ließ die Grundlinien deutlich durchscheinen. Eine kräftige mit breiten Pinselstrichen ausgeführte Schlußzeichnung faßt dann alle Teile des Bildes, wobei sie sich gegenüber der Vorzeichnung akzentuierter und formbestimmender verhält. Beide zusammen tragen die Gestaltung der Bilder jedoch entscheidend, indem die schwächere Grundzeichnung mit dem dunklen Schlußlineament ein Spannungsverhältnis aufbaut, das dem, eigentlich flächigen Farbauftrag, dessen Begrenzung kaum mit den Linien zusammenfällt, eine deutliche Verräumlichung zu verschaffen vermag.

In einer so frei gestalteten Weise fand diese Technik, welche man am ehesten mit einer colorierten Federzeichnung vergleichen möchte, keine Nachfolge, die sich heute noch belegen ließe. So greifen unter den bestehenden Denkmälern nur mehr die Darstellung der Grablegung Christi in der Domkrypta[645] wie auch das Prophetenfragment im Lettnergewölbe der St.-Anna-Kirche[646] die Verwendung der Farbtransparenz der Bemalung auf, die aber bei diesen beiden Bildern bei weitem nicht so gewollt als Gestaltungsmittel verwendet wurde, als es in den Bildzyklen der Fall war.

Als eine Auswirkung dieses Verfahrens wird man die übrigen späten Bilder der Domkrypta zu verstehen haben[647], wo zwar ein opaker Farbauftrag die Transparenz der Farbe vermissen läßt, aber eine doppelfarbige Umrißzeichnung das Phänomen des unterschiedlichen Lineaments aufgreift. Ob sich diese Abwandlung der Bildtechnik in diesem unterirdischen Raum aus den Lichtverhältnissen allein begründet[648], ist aufgrund der heutigen Verhältnisse sowohl des Raumes als auch der Bilder nicht mehr eruierbar.

Die Auswirkungen dieser Technik, die sich in der graphischen Gestaltung der Bischofslegende und besonders der Zyklen von St. Katharina am klarsten fassen läßt, zeigt, daß sie Mitte des Jahrhunderts die Malerei auf die naße Tünche mit ihren dunklen erdigen Farben ablöste und damit ein helleres, sich besonders auf die reinen Farben stützendes Colorit in die Wandmalerei einführte. Ob diese Ablösung nur für Innenräume in Frage kommt, oder ob auch die Außenwände mit der weniger widerstandsfähigen Seccotechnik ohne Kalkbindung bemalt wurden[649], entzieht sich unserer Kenntnis. Eine Beschränkung des Wandels allein auf Innenräume kann man sich jedoch rein gedanklich nicht vorstellen, da dies auch eine Aufteilung des Stils bedeuten würde. Dies ist aber um so weniger wahrscheinlich, da auch die für diese Zeit als

644 Vgl. Objekt Nr. 49 mit Nr. 51; besonders die Zusammenfassung der Technik auf p. 267.
645 Vgl. Objekt Nr. 55.
646 Vgl. Objekt Nr. 56.
647 Vgl. Objekt Nr. 52 mit Nr. 54.
648 Eine Transparenz der Wand wäre in dem Halbdunkel nicht voll zur Geltung gekommen.
649 Bei einer guten Ausführung halten sich auch Seccomalereien wider Erwarten gut. Dies zeigte auch das Bild im Hunoldsgraben 27 (vgl. Objekt Nr. 70).

Augsburgisch angesprochenen Tafelbilder einen gewissen Hang zur graphischen Härte aufzeigen, der sich vor allem beim Meister von 1477[650] und Szenen aus der Passion Christi, welche Thoman Burgkmair zugewiesen werden, erkennen läßt[651].

IV. Die doppelschichtige Kalkseccotechnik und die Lage der technischen Verfahren nach 1500

Die Entwicklung blieb aber bei der Wandmalerei nicht auf den einfachen Unterbau beschränkt, der bisher mit der Tünche, die je nach Beispiel einmal aus Schlemmkalk und Quarzsand als Füllstoff[652] oder rein nur aus Mauerweiß bestand, auskam.

Angesichts der heutigen Denkmalslage zeigen aber nur die Bilder eines einzigen Objekts einen mehrschichtigen Unterbau, welcher für größere Bemalungen des späten XV. Jahrhunderts sicherlich als Regelfall angenommen werden muß.

So stellt auch die zweite Bemalung der Goldschmiedekapelle[653] ein solches größeres Objekt dar, das unter Leitung eines Meisters von dessen Werkstätte ausgeführt wurde. Eine solche Arbeitsgemeinschaft mehrerer Maler setzte unweigerlich eine Fixierung der Bildanlage voraus, wenn diese nicht schon allein wegen der Größe der Darstellungen nötig geworden ist. Um diese Festlegung, welche nur mittels einer Vorzeichnung durchgeführt werden konnte, nicht als graphisches Element in die Bildfläche mit aufnehmen zu müssen, d. h. gegenüber der Erstzeichnung keine Korrekturmöglichkeit mehr zu besitzen, wurde der Grund des Bildes in seinem Aufbau differenziert. Wie gewöhnlich fand dabei jedoch die Verdichtung des Putzes mit einer durch Quarzsand angereicherten Kalkschlemme statt, auf die eine rotfarbene Vorzeichnung gelegt wurde, die sich in der nur teilweise noch frischen Schicht kaum einzog[654]. Über diese Schicht legte man eine zweite Schlemme, welche fast ohne Sand einen dichten und glatten Grund für die eigentliche Malerei gab. Im frischen Zustand dieser Schlemme zeichnete sich das rote Lineament des Entwurfes gut ab, so daß man – zunächst mit den Erdfarben beginnend – die Fixierung des Entwurfes sicher auf die eigentliche Bildfläche bringen konnte. Wurden so die Erdfarben hauptsächlich durch Kalkbindung in die Schlemme eingezogen, konnte man im Anschluß daran an dem bisherigen Bildgerüst weitermalen, was dann aber nur mehr durch eine Verwendung von zusätzlichen Bindemitteln möglich war. Dadurch konnte die Farbgebung – sich aber über alle Farbtöne erstrecken und – nun anscheinend durch eine Verbesserung der Kenntnis der Bindemittel – frei gegen einander abstimmen, wie es der originale Zustand, der sich auf einem alten Lichtbild in seinen unbeeinträchtigten Teilen vor den Restaurierungen erkennen ließ[655]. Die technische Ausführung der Malerei konnte sich somit differenzierter gestalten und die eine eigene rein auf die Endwirkung bezogene Zeichnung in dem Bild verwenden, da die Entwurfszeichnung nach dem Durchtrocknen der Deckschlemme nicht mehr oder nur wenig sichtbar war. Bezeich-

650 Vgl. Staatsgalerie Augsburg Inv. Nr. L. 11.

651 Staatsgalerie Augsburg, Inv. Nr. 5298 und Inv. Nr. 5299.

652 Der als Füllstoff verwendete Sand ist in so geringen Mengen beigemischt, daß es sich bei den Grundschichten immer noch um Schlemme und nicht um Mörtel handelt.

653 Vgl. Objekt Nr. 61 mit Nr. 66.

654 Für die Gewinnung der technischen Angaben vgl. Objekt Nr. 61 mit Nr. 66, Anm. 38 und 50.

655 Vgl. Abb. 90.

nend ist, daß man dieses doppelschichtige Verfahren nur auf dem Bildgrund bis zur Rahmung verwandte, wogegen die Ornamente direkt auf den Grund gesetzt sind.

Wie oben erwähnt, findet man unter den bestehenden Originalen nur mehr in der Goldschmiedkapelle diese Methode vor. Wie die Lösung bei dem monumentalen Christophorus gehandhabt wurde, kann nicht eindeutig entschieden werden[656]. Soweit aber die optische Beobachtung eine Feststellung zuläßt, wurde bei dem über vierzehn Meter hohen Bild auf eine so diffizile Untergrundbehandlung verzichtet, welche angesichts der großen Flächen keinen übermäßigen Sinn gehabt hätte. Auch eine Ausführung auf die nasse Tünche war anscheinend aufgrund der großen Dimensionen nicht in Erwägung gezogen worden, da eine Einheitlichkeit der Ausführung dieser Figur dabei gefährdet gewesen wäre.

Die Fragmente, welche sich aus der Zeit nach 1500 erhalten haben, scheinen ebenfalls zu bestätigen, daß als bestimmendste Technik die des Kalksecco in Augsburg bestehen blieb[657]. Da die stark überarbeiteten Fragmente in den Fuggerhäusern in ihrer heutigen Erscheinungsform nicht mehr zu beurteilen sind[658], bleiben allerdings für diese Zeit nur noch das Ornamentfragment im Südhaus dieses Gebäudekomplexes und das Bild der »Hochzeitsfeierlichkeiten« im Hunoldsgraben 27[659]. Während ersteres sich als einfache vorzeichnungslose Secco-Malerei vorstellt, zeigt letzteres eine auf einem groben Unterputz aufliegende dicke Kalkschlemme, die eine äußerst schwache Vorzeichnung trägt, welche dem Maler die Plazierung der Farben ermöglichte. Diese Vorzeichnung, die nur mehr an wenigen Stellen bemerkbar ist, trat jedoch ganz gegen die schwarze Schlußzeichnung zurück, die sich teilweise verbreitend und auch sich in Lavierung ausufernd über die Pigmente legend, die Hauptgestaltung des Bildes übernahm.

Diese hier geschilderte Technik dürfte aber – wie auch die zwar lebendige aber doch handwerkliche Ausführung des gesamten Bildes – nicht für die Situation des beginnenden XVI. Jahrhunderts repräsentativ sein, bei der man eher eine Weiterentwicklung des differenzierten, doppelschichtigen Verfahrens erwarten würde.

Eine Bestätigung dieser Annahme läßt sich jedoch für das Beispiel Augsburg aufgrund der von der Zeit getroffenen Auswahl der Objekte nicht mehr geben. Da auch die Schilderungen früher verlorener Gemälde wie auch die archivalischen Nachrichten über diese technischen Fragen – wenn überhaupt – dann nur ungenau Auskunft geben, wird man mit der Aussage über technische Veränderungen warten müssen, bis das Material durch eventuelle Neufunde ergänzt werden kann.

Der Abriß über die Technik muß somit Fragment bleiben, der nur ungenau die Tendenzen der Entwicklung anreißen kann, ohne eine Abschätzung von Auswirkung und Umfang dieser Probleme auch nur annähernd treffen zu können. Dennoch zeigen die wenigen Spuren, die sich dabei finden lassen, eine Gliederung auf, deren Relevanz sich auch in der Gestaltung wiederspiegelt, was damit als nicht unerheblich bei der stilistischen Analyse zu berücksichtigen ist.

656 Vgl. Objekt Nr. 68.
657 Zumindest stellte sie den Hauptanteil, wie dies die erhaltenen Ornamentfragmente allein schon aus dem ausgehenden XV. Jahrhundert andeuten.
658 Vgl. Objekt Nr. 71 und Nr. 72 jeweils den Absatz Technik.
659 Vgl. Objekt Nr. 70.

D. Stilistische Bezüge und Entwicklungen

I. Die Ausgangsposition und die Bedingungen der topographischen Lage

1. Die Überlieferung der älteren lokalgebundenen Tradition der Wandmalerei in Augsburg

Aufgrund der eingangs vorgenommenen historischen Beschreibung konnte man annehmen, daß für Augsburg keine früheren Malereien bezeugt seien und somit die Technik der Wandmalerei erst um die Mitte des XIV. Jahrhunderts eingesetzt habe. Dieser Schluß, der sich in erster Linie aus dem erst gegen diesen Zeitpunkt hin dichter werdenden Bestand der Quellen ergibt[660], dürfte nicht der Realität entsprechen.

Die Funde, welche aber in der Stadt bisher gemacht wurden, widerlegen nämlich diese Annahme eines Vakuums auf dem Gebiet der Wandmalerei. So zeigt die Friesbemalung im Dom an den Langhaushochwänden, welche sich auch im Westchor oberhalb der Gewölbe feststellen läßt, eine Dekorationsmalerei schon für die Mitte des XI. Jahrhunderts auf[661], welche durchaus die Fähigkeit umfassender malerischer Gestaltung für diese Zeit in der Stadt belegt[662]. Auch in der Folgezeit hat anscheinend eine rege Tätigkeit auf diesem Gebiet geherrscht, wie dies die monumentale Christophorus-Figur an der Westwand des alten Hochchores des Doms bezeugt[663], von der heute noch der Kopf oberhalb des Gewölbes zu sehen ist. Die Größe dieser Figur, die ihren vierzehn Meter hohen »Nachfolger« noch um einiges überragte, läßt erkennen[664], daß die damals hier tätigen Werkstätten über eine nicht geringe Fertigkeit verfügten, die es ihnen erlaubte, die in kleinem Maßstab praktizierten Verfahren in solche Verhältnisse umzusetzen[665].

Die Malereien, die in St. Peter aufgefunden wurden[666], lassen dagegen mit ihrer Anlehnung an den Stil der »Matres Darstellungen«[667] vom Anfang des XIII. Jahrhunderts auf eine in Augsburg ansässige Werkstätte schließen, die innerhalb der Stadt nach der Mitte des Jahrhunderts in konservativer Weise einen Formenschatz weiterentwickelte, welcher sich schon in dem früheren Beispiel der Goldschmiedziselierung abzeichnet. Die Abwandlung, welche dabei vor allem in Richtung auf eine mehr graphische Gestaltung des scharf und hart gehaltenen Faltenwurfes stattfand, läßt dabei deutlich eigene, in der Malerei entworfene Ausstattung annehmen[668].

660 Vgl. dazu p. 103 Schema B.
661 Vgl. Breuer, Tilmann 1958 p. 9. Abb. bei Binder, Richard 1965 p. 38.
662 Immerhin bezog sich dieses Friessystem auf den Gesamtraum der Kirche.
663 Vgl. Breuer, Tilmann 1958 p. 9.
664 Vgl. Objekt Nr. 68. Der heute sichtbare Christophorus nimmt nur die Hälfte der Wandfläche in der Breite ein wie sein Vorgänger.
665 Deutlich kann man an dem Gesicht des Christophorus die Einsatzpunkte und die Zirkellinien sehen, mit denen dieses riesige Gemälde in der Zeichnung auf die Wand plaziert wurde.
666 Vgl. Blendinger/Zorn 1976, Nr. 61 mit Abb.
667 Vgl. ibid. Nr. 66.
668 Vgl. ibid. Nr. 61. Die Übernahme der Figurenanlage ist bei weitem freier und stellt eine deutliche Umsetzung dar, als es die Feststellung einer »Abhängigkeit von einem allerdings altertümlicheren Stil« kennzeichnet.

Das einzige Profanbild, das sich aus dieser Zeit erhalten hat, zeigt dagegen mehr Interesse an der Wiedergabe des Inhalts als an einer malerischen Gestaltung. Dieses 1946 im Grundstück der Peutingerstraße 5 entdeckte[669] und bald danach zerstörte Bild des »Mäusekrieges«, welches auf die Zeit um 1295 datiert wird, zeigt, wie am Haus des Stadtvogts die Wandmalerei auch ihre Rolle als Darstellung der profanen Macht zu übernehmen beginnt[670]. Dabei ging es aber mehr um die Dokumentation als um die Repräsentation, welche anscheinend erst in der Folgezeit im Profanbereich einsetzte, wie dies die hier schlichte, fast primitive Gestaltung, welche keinen Vergleich mit den z. B. in St. Peter am Perlach gefundenen Bildern ermöglicht, ausdrückt.

Einen Sonderfall einer Wandmalerei stellt das auf eine in ein Kapitell eingelassene Steinplatte gemalte »Zinsgroschenbild« aus der Leonhardskapelle (heute im Senioratsgebäude der Fugger'schen Stiftungsadministration) dar[671]. Man wird das Bild, das wahrscheinlich die Funktion einer Gerichtsikone hatte und sich direkt auf die Darstellung des gleichen Themas in den Sachsenspiegelhandschriften bezieht, nicht mit der Tradition der Monumentalmalerei in Verbindung bringen dürfen, obwohl die Seccotechnik, in der es ausgeführt ist, sich an diese anlehnt. Die isolierte Stellung des Objekts in der Denkmalsreihe, welche zwischen den Bildern in St. Peter und dem Schmerzensmann der Domkrypta eine Lücke aufweist, läßt damit keine Verbindung einer Abhängigkeit zu, so daß die Steintafel zumeist im Anschluß an die um 1320 entstandenen Handschriften auf die Mitte des Jahrhunderts datiert wird[672].

Die Fragmente der Tätigkeit von Malern aus der Zeit vor der Mitte des XIV. Jahrhunderts lassen aber auf eine ausgeprägte Malerschaft schließen, welche zumindest vorübergehend sich hier niedergelassen hatte. Dabei ist zu diesen erhaltenen Leistungen der Malerei aus der Frühzeit die unter Abt Udalschalk (1121–1130) in St. Ulrich und Afra durchgeführte Kirchenbemalung[673], die Abt Heinrich II von Maisach (1174–1179) vollendete[674] und deren Programm durch Wilhelmus Wittwer überliefert wurde[675], gewiß als das zentrale Werk anzusehen, dessen Restaurierung nach dem Klosterbrand vom 10. VIII. 1183[676] unter Abt Erchembold (1190–1200) einen Wiederaufgriff der Maltradition erforderte[677]. Diese Tätigkeit dürfte mit großer Wahrscheinlichkeit die übrigen Kirchen der Stadt wie auch die profanen Institutionen zu regen malerischen Unternehmungen veranlaßt haben.

Von daher gesehen ist es um so befremdender, daß sich keine Aufträge für Maler in den Baumeisterrechnungsbüchern der Jahre 1320 bis 1331 finden lassen[678], was sich wohl aus einer Stagnation der Aufträge der öffentlichen Hand erklärt, wie sie sich auch in den späteren Zeiten immer wieder feststellen läßt[679]. Daraus aber eine Be-

669 Vgl. Fischer, Heinz 1974, Abb. p. 284/285. Die Abbildung gibt eine verkleinerte Kopie des Graphikers Richard Kurz, Leitershofen, wieder, der auch die von ihm selbst am 6. IV. 1946 angefertigten Pausen der Bilder für die Arbeit dankenswerterweise zur Verfügung stellte.

670 Vgl. Fischer, Heinz 1974, p. 282–290; dort auch p. 284 und 285 retuschierte Nachzeichnungen des Bildes.

671 Vgl. Blendinger/Zorn 1976, Nr. 70 mit Abb.

672 Vgl. ibid. p. 44. Für die Abb. im Sachsenspiegel vgl. auch Koschorreck, Walter, 1976, Abb. 90.

673 Vgl. Hartig, Michael 1923, p. 27.

674 Vgl. ibid. p. 29.

675 Vgl. Wittwer Catalogus p. 102–110.

676 Vgl. Hartig, Michael 1923, p. 29.

677 Vgl. ibid. p. 30.

678 Vgl. Hoffmann, Robert 1878.

679 Vgl. die Zeit zwischen 1470 bis 1480, siehe supra p. 52 f.

deutungslosigkeit oder gar die Unkenntnis der Malerei für den Augsburger Raum zu folgern, würde jedoch eine Überdeutung dieses Umstandes darstellen. Trotzdem zeigt die Tatsache, daß für die aus der Zeit nach 1350 entstandenen Bilder eine verhältnismäßig einfache Technik belegt ist, zusammen mit dem auch in den genannten archivalischen Überlieferungen feststellbaren Rückgang, einen Einschnitt auf, der einen gewissen Traditionsbruch zur Folge hatte.

In dieser Zeit bildeten sich die Bürgerwerkstätten, welche sich in den ersten Steuerlisten erfassen lassen[680]. Jedoch bleibt die Malerschaft zunächst offen gegenüber den fremden Meistern, welche ihre Rolle für die Malerei in Augsburg erst nach der Einführung der Zunft verloren.

2. Die Lage Augsburgs sowie die Rolle der Klöster und des Bischofs für die Einflüsse auf die Stadt

Es ist hier nicht der Ort, die Augsburger Handelsbeziehungen aufzuführen, die sich sowohl nach Norden wie Süden als auch zu den übrigen schwäbischen Städten im Westen und im Osten bis nach Wien und Prag erstreckten[681]. Sicher läßt sich die Lage der alten Stadt an der Straße nach Süden und die damit bestehende Mittlerrolle zu den Städten im Norden des Reichs immer als die wichtigste, weil meistbegangene annehmen, wobei der Weg von Süd nach Nord sich als intensiver darstellt, da er direkt auf Augsburg zulief, von wo aus der Umschlag in die verschiedenen Richtungen erfolgte.

Grundlage dieser Wege bildeten neben den geographischen Gegebenheiten der Pässe und der Wasserläufe meist auch die politischen Bündnisse, wie der 1347 entstandene schwäbische Städtebund[682], als auch der spätere Bund der schwäbischen Städte, dem Augsburg erst 1379 beitrat[683] und der in der Folge 1381 mit dem rheinisch-elsässischen zum großen süddeutschen Städtebund[684] erweitert wurde. Gefördert teilweise durch kaiserliche Privilegien[685] konnten sich die Handelsbeziehungen ausdehnen, was sich an dem Aufstieg der Handelshäuser der Stadt bald zeigte.

Allein die Wirtschaftswege dürften aber die Einflüsse auf die Stadt nicht bestimmt haben. So wird man neben den bürgerlichen Einzugsgebieten auch das des Reichsstiftes St. Ulrich und Afra sehen müssen, welches in das Verbindungsnetz der Konvente mit eingeschlossen war und so den Kontakt zu den anderen Großklöstern wie St. Gallen, Weingarten, Tegernsee und Scheyern unterhalten hat[686], sehen müssen.

In ähnlicher Weise stand auch das Domstift mit seinen ihm eigenen Verbindungen unabhängig von der Stadt, von der es sich durch das öfters erlassene Aufnahmeverbot der Augsburger Geschlechter in das Domkapitel besonders abzuheben trachtete[687].

680 Vgl. Chronologische Synopse in Teil III dieser Arbeit.

681 Vgl. für die Handelsbeziehungen Heer, Friedrich 1955, p. 107–135; auch Zorn, Wolfgang 1972, p. 138.

682 Vgl. Katalog Augsburg 1976, p. 122 Nr. 167 u. 168.

683 Vgl. Zorn, Wolfgang 1972, p. 135.

684 Vgl. ibid.

685 Vgl. z. B. das Handelsprivileg für Prag vom 16. X. 1356 durch Kaiser Karl IV. (Katalog Augsburg 1976 p. 130, Nr. 182).

686 Vgl. dafür das späte Beispiel Leonhard Wagners im Personenkatalog Nr. 178.

687 So wurde das Verbot schon am 9. X. 1322 »erneuert« (Vgl. Katalog Augsburg 1976 p. 102 Nr. 133).

Neben diesen Hauptvertretern des Klerus standen noch viele kleine Klöster und Stifte, sowie auch die Niederlassungen auswärtiger Klöster zur Stelle, um die Vielfalt der möglichen Beziehungen anzudeuten, die in der Stadt zusammenliefen, welche immer mehr sich als wirtschaftliches Zentrum entwickelte und darüber hinaus auch eine größere politische und kulturelle Bedeutung erlangte.

Der kurze Abriß zeigt, daß die Stadt praktisch nach allen Richtungen offen war, wodurch viele Einflüsse in ihr zusammenkamen, welche die Konstituierung fester geschlossenener Verhältnisse verhinderten. Dies dürfte auch der Grund sein, warum man in der Kunst erst spät mit einer Auswirkung von Augsburg aus zu rechnen hat, da die in die Stadt einströmenden Richtungen zunächst zu viele waren, um direkt umgesetzt ein eigenes Stilbild zu ergeben. So konnte sich erst nach dem Aufbau seßhafter Werkstätten, wie er durch die Bestimmungen der Zunftverfassung noch begünstigt wurde, eine Malerschaft bilden, welche unter der Rezeption des Fremden die Entwicklung ortstypischer stilistischer Linien begann. Dies war bei den frühen Bildern – abgesehen von denen der St. Peterskirche, welche eine ortsansäßige Tradition aufgriffen – als Voraussetzung nicht gegeben, da der abschließende Rahmen der Zunft fehlte und Maler von den Auftraggebern, seien es die Klöster, der Klerus oder die Bürger, von außen gerufen wurden, falls die ansäßigen Maler den Aufgaben nicht gewachsen erschienen[688].

Aber auch nach der Entstehung des Zunftregiments bleibt die geschilderte Lage bestimmend, da das Zunftrecht keinen Eintrittswilligen ausschloß. Lediglich wird der Einkauf in die Zunft die Zahl der Fremden verringert haben, die nur wegen kurzfristiger Arrangements kamen.

Dies heißt für die Entwicklung der Malerei, daß dabei die oben genannten Verbindungen bestehen blieben und nur die Beruhigung des Zustroms von neuen Einflüssen die erwähnten Vorgänge in die Wege leitete. Die Vielfalt der Beziehungen blieb durch die Stellung des Bischofs wie der Klöster gleich offen gewährleistet, was für den Zuwachs den bürgerlichen Werkstätten mit den immer neu auf diese zukommenden Anstößen eine Anregung bedeutete und sich dadurch – im Gegensatz zu dem Einfluß in der Politik – in dem es ein vorzeitiges Erstarren verhinderte, eher positiv niederschlug.

II. Die Fremdeinflüsse der Frühzeit

1. Die Elemente der Malerei vor 1400

a) Die kleinen Einzelbilder

Der Mangel an vergleichbaren Denkmälern im Raum um Augsburg macht es schwer für diese Zeit aus diesem Gebiet eine Relation zu erarbeiten, welche die Stellung der städtischen Bilder klären könnte.

So steht das Bild des Schmerzensmannes der Domkrypta gänzlich allein[689]. Das Fischblasenmotiv der Linien scheint sich an alte Formen des Beginns des XIV. Jahr-

688 So scheinen die großen Bemalungen des Ulrichsklosters zum Teil von Mönchen ausgeführt worden zu sein (vgl. Hartig, Michael 1923, p. 28).

689 Vgl. Objekt Nr. 1.

hunderts anzulehnen – man könnte an Details der Pfarrkirche St. Mauritius in Grüningen denken[690] –, die in dieser Form keine Nachfolge in Augsburg fanden. Fast wäre man versucht in dem Bild durch seinen Drang nach der gebogenen Linie, welche sich der ungebrochenen Geraden gegenüberstellt, eine Folge der Glasmalerei zu sehen[691], für welche sich ebenfalls kein zeitgleiches Beispiel für Augsburg findet. Wenn auch das Fenster- bzw. Nische-Motiv diese Annahme zu unterstützen scheint, wird man durch die Stellung Rahmen – Figur und durch die Spannung, welche durch die tangierende Tendenz entsteht, doch mehr eine Vorlage plastischer Art in Erwägung zu ziehen haben, die sich in erster Linie in der Gesamtanlage des kleinen Bildwerks niederschlug. Eindeutig zu belegen ist jedoch keine der beiden Hypothesen. Sie als Zeichen der vielfältigen verschiedenen Tätigkeiten der frühen Maler zu sehen würde eine Überdeutung darstellen, welche gerade anhand des Einzelstückcharakters dieses Bildes den Weg der unzulässigen Generalisierung beschreiten würde. Während man so bei diesem Objekt mehr oder weniger ohne konkrete Antwort nach Bezug und nach dem Vorbild angesichts der heutigen Denkmalslage verbleiben muß, zeigt die zweite Schmerzensmanndarstellung[692] mit den Resten der Faltenwurfausarbeitung ihres Lendentuches mehr Anhaltspunkte auf, an denen sich eine Möglichkeit des Vergleiches gibt. So könnte man allein nach der Zeichnung versucht sein, dieses Bild an die Malereien des sogenannten Linearstils der Johanneskapelle des Brixener Domes in Folge anzugliedern[693], deren heutiger Zustand durch die Verstärkung der Linien und deren Abwandlung ins Schwunghafte das Original kaum mehr direkt erkennen läßt[694]. Die leichte Schwingung, welche aber den Augsburger Schmerzensmann in seinen Linien zeigt, wiederspricht dieser Abhängigkeit. Trotz der leichten Breitung seines Körpers und der weichen Linienführung stellt er sich jedoch mehr als von diesen beeinflußt dar, als von den bekannten geschwungen fließend gehaltenen Bildern der böhmischen Richtung[695], deren Stil mit den sich verschränkenden, mit leicht gebrochenen Biegungen geführten Falten des Lendentuches nicht zu vereinbaren ist. Diese fehlende Ausführung des Inkarnates wie auch der plastischen Gestaltung stellt sich dabei als ein so bedeutender Unsicherheitsfaktor einer eindeutigen Zuweisung in den Weg, daß außer der oben genannten schwebenden Relation keine Verbindung aufzuzeigen ist. Auch für die Schutzmantelmadonna der Domkrypta[696] läßt sich in dem Zustand, wie sie sich heute bietet, kein weiterführender Vergleich erstellen, wie auch schon die Anbindung an die Augsburger Bilder nur vage über die Gleichsetzung der Motive gegenüber dem Märtyrerbischof im gleichen Raum erbringen ließ. Für diesen[697] jedoch kann man den Bischof unter dem Kreuz der Oberkapelle der Burg Tirol als Vergleichsbeispiel heranziehen[698]. Er steht wie die Gestalt der Augsburger Darstellung leicht geschwungen, jedoch – anscheinend durch das Rah-

690 Vgl. Christoph, Gertrud 1974.

691 So konnte die gleichmäßige Biegung wie die Gerade auf ein Bleinetz schließen lassen.

692 Vgl. Objekt Nr. 2.

693 Vgl. Rasmo, Nicolo 1972, Abb. 168 und Steingräber, Erich 1979, Abb. 21. Dabei müßte aber immer noch mit einer Weiterentwicklung dieses Stils gerechnet werden, welche sich nicht belegen läßt.

694 Eine Überprüfung dieser Malereien vor Ort war in Stichproben für den Verfasser 1977 möglich, worauf sich die hier gemachte Aussage stützt.

695 Wenn man dabei an die Bilder des Emmaus-Klosters in Prag oder des Turmtreppenhauses in Karlstein denkt (vgl. Dvořáková, Vlasta 1964).

696 Vgl. Objekt Nr. 8.

697 Vgl. Objekt Nr. 7.

698 Vgl. Rasmo, Nicolo 1970, Abb. 91.

menmotiv weniger ausgelenkt. Das Motiv des schwingenden Saumes ist bei ihm weniger durchgebildet und die Faltung verhält sich klarer, was jedoch auf seine Stellung im Ensemble zurückzuführen sein dürfte. Die weitere Verbindung zwischen dem Augsburger Objekt und dem Bild auf der Burg Tirol gibt auch die langgestilte Märtyrerpalme, welche dort von St. Katharina gehalten wird. Die Saumfaltung der Albe mit ihrer eigenartig schlaufenförmig hochgezogenen Falte entspricht der Saumfalte des aufgenommenen Mantelbausches der Maria dort. Sicher sind all dies keine primären Kriterien, um die Figur eindeutig zu beziehen. Man wird jedoch angesichts der fragmentarischen Erhaltung dieser frühen Einzelbilder kaum über solch indirekte Verweise hinauskommen können, so daß allein die Möglichkeit solcher Detailhinweise bleibt, um diese Bilder überhaupt in einen Bezug stellen zu können.

Ähnlich bleibt auch die Lage bei einem Versuch die Frau am Grabe[699] mit dem anhängenden Limbusfragment in eine entsprechende Einordnung zu bringen[700]. Das weiche Umfassungsmotiv des ausgelenkten Oberkörpers der Frau sowie der schwingende Saum ihres Mantels scheinen aber deutlicher böhmische Elemente zu reflektieren, als dies bei den oben angeführten Bildern der Fall war[701]. Daß die grobe Strichtechnik, welche die Bilder so entscheidend bestimmt, eine höherstehende Malerei aufzunehmen sucht, zeigt deutlich die Lichtreflexion, welche die Köpfe des Limbus wiedergeben. Die einfache Aufbauweise, die zwar die spätere Entwicklung der sich verstärkenden böhmischen Einflüße ahnen läßt, gibt den Grund, in dieser Malerei eine schwächere Hand anzunehmen, welche die neuen Zeitströmungen aufzunehmen scheint, ohne den für diese eigentümlichen Bewegungsfluß zu integrieren. Demgegenüber baut sich in der Kreuzigung der Ostkrypta[702] eine weitere Stufe der hier bemerkten Einflüsse auf. Deutlich nehmen die Kopfformen wie auch Dreiecksformen und die schwingenden Säume die Elemente der böhmischen Malerei auf, wie diese sich in der Madonna Aracoeli (Prag Nationalgalerie Inv. N. O. 1475[703]) um 1400 niedergeschlagen haben. Die Einzelelemente, die dort aber in Zuordnung einer Figurenbewegung eingebettet sind, werden von dem Augsburger Maler in ihrem Fluß zerrissen und mehr isoliert gebaut in sein blockhaft tektonisches Verständnis gewandelt, was zum größten Teil auf Kosten der anatomischen Einheit geht. Der Korpus am Kreuz bleibt dagegen von diesen Einflüssen unbeeindruckt bestehen, indem nur die Faltung des Lendentuches mit einer in ähnlicher Saumauflösung schwingenden Struktur endet. Die sich deutlich davon absetzende Figur des stehenden Heiligen[704] bringt aber keine weiteren Aufschlüsse für diese Art des Aufbaus, welchen sie selbst nur in den Basisfalten andeutet, mit zunehmender Höhe aber vor allem in der Binnenfaltung immer mehr in Bewegung umsetzend gänzlich negiert. Auch für die Übernahme von Stilmerkmalen kann diese freigesetzte Figur nicht herangezogen werden.

Das Bild, das sich hier aus den kleineren Einzelbildern entwerfen läßt, ist äußerst mangelhaft und uneinheitlich. Nicht zuletzt aber ist dies auf die Lage der Objekte zurückzuführen, welche teils durch ihren ruinierten Zustand, teils durch die mehr in einer, dem Volkstümlichen verpflichteten Stillage bedingten Uneinheitlichkeit verharren, so daß nur ungenaue Verweise möglich sind. Einzig bei der Kreuzigung der Domkrypta zeigt sich ein Bemühen auf, das die Einzelformen nach grundlegenderen

699 Vgl. Objekt Nr. 10.
700 Vgl. Objekt Nr. 11.
701 Bestimmend dabei ist die Oberkörperhaltung sowie das schwungvoll fließende Umfassungsmotiv.
702 Vgl. Objekt Nr. 12.
703 Vgl. Matejček/Pešina 1955, Abb. 120–123.
704 Vgl. Abb. 9.

Gesichtspunkten ordnen will und sie dabei dem eigenen gestalterischen Prinzip so unterwirft, daß sie, nachdem sie ihren eigentlichen Sinn verloren haben, versatzstückhaft stehend, eher die Figureneinheit stören, um deren Gewinnung willen sie abgeändert wurden.

So geben diese Bilder im großen und ganzen eine Situation wieder, wie sie sich aus dem mehr handwerklichen Kreis konstituiert haben dürfte, welcher in seine eigenen Entwürfe überkommenes oder auch erfahrenes Formengut einzubringen suchte. Aus diesen Umständen heraus dürfte sich allein aus diesen Bildern keine einheitliche Tendenz ergeben, die bei der Rekonstruktion der Stillage für die Frühzeit dienlich sein könnte.

b) Die Malereien des Pfettnerhauses und der Dominikanerkirche

Zwei Denkmäler fallen jedoch in diesem frühen Zeitabschnitt aus der Richtungslosigkeit der Bestimmung heraus, in welche die kleineren Einzelbilder aufgrund ihrer Isolation und ihres heutigen Zustandes gesetzt sind. So hebt sich die Malerei des Pfettnerhauses[705] schon allein durch die Stellung ihres Auftraggebers aus der Zahl der anderen Bilder ab[706]. Daneben kommt diesem Bild heute für die Beurteilung der Erhaltungszustand zugute, welcher ihm die primäre Stellung unter den Augsburger Wandmalereidenkmälern vor 1400 unstreitbar sichert.

Über den Augsburger Rahmen hinaus stellt dieses Objekt für die Profanmalerei wohl eines der wichtigsten Zeugnisse, das durch seine genaue Datierung auf den Zeitraum vor 1368 für die übrigen Malereien zum Fixpunkt werden kann[707]. Einzig in der Art und im Ausmaß vergleichbar bleibt im Raum Bayrisch-Schwabens die sogenannte »Gemsenjagd« des ehemaligen »Königshofes« in Memmingen[708], die noch heute in leider übergangenem Zustand erhalten ist. Man geht wohl nicht fehl, dieses Motiv der Jagd als das häufigste Thema der Profanmalerei der damaligen Zeit zu sehen, so daß in den Augsburger und Memminger Bildern nur Punkte einer längeren Tradition erfaßt werden. Dabei läßt sich für das Memminger Bild – es schildert in erster Linie Leben und Verhalten der Tiere – ein Jagdmotiv, und sei es auch noch so undramatisch, nicht geltend machen[709]. Auch sind dabei die Naturbeobachtungen maßstäblich nicht korrekt, isoliert nebeneinander gesetzt worden, so daß man in dem Bild, das wahrscheinlich mehr gegen das Ende des Jahrhunderts entstanden ist, eher die bodenständige Entwicklung sehen muß, von welcher sich das Augsburger Beispiel um so deutlicher abhebt, womit sich die Berechtigung ergibt, in dem Bild des Pfettnerhauses importierte Grundsätze aufzusuchen, die den Unterschied zu den Einzelbildern deutlicher erklären.

So ist zunächst das Wandsystem – leider sind wir über ähnliche Anlagen der Monumentalmalerei des XIII. Jahrhunderts in Augsburg überhaupt nicht unterrichtet – als Besonderheit zu betrachten. Foster verweist 1979 in seiner Zusammenfassung der Augsburger Malerei[710] dabei auf die Verwandtschaft der »Scheinteppich«-artigen

705 Vgl. Objekt Nr. 3 mit Nr. 4.
706 Vgl. Objekt Nr. 3 mit Nr. 4, Absatz Geschichte.
707 Vgl. ibid.
708 Das Bild befindet sich in dem Haus Kalchstr. 9 in Memmingen.
709 Nur eine Person ist in dem ganzen Bildzusammenhang dargestellt, welche eher auf einen Hirten zu deuten wäre, denn auf einen Jäger.
710 Vgl. Foster, Michael (MS) 1979, p. 28.

Präsentation des Bildfeldes zu den Bemalungen der Zimmer des Palazzo Davanzati in Florenz[711], wo sich die Verhältnisse jedoch umgedreht zeigen, in dem die Szenen in Architekturräume oberhalb eines nur ornamentierten Behanges verwiesen sind. Auch die spezielle Eigenart des florentinischen Beispiels, wo der »Teppich« das System verhüllt, unterscheidet sich gänzlich von dem Jagdzyklus[712], welcher eher als Bildstreifen in einer Inkrustation zu verstehen ist, die in den Baldachinen mit Durchbrüchen als »bestehende Wand« gekennzeichnet wird. Die dabei gegebenen Räume dieser Zone, in welchen sich die Tiere und Menschen befinden, die sich über die plastisch feste Rahmung des eigentlichen Jagdbildes beugen, verweist die in diesem gegebene Räumlichkeit in die Illusion, indem sie die Realität des Szenenraumes aufheben. Diese Art der spielerischen Konfrontation der Raumsysteme deutet damit aber eher auf eine venezianische Richtung, deren Ausstrahlung sich auch im Raum Südtirols niedergeschlagen hat, wie es das sogenannte Badezimmer[713] und auch der Saal der Liebespaare[714] in der Burg Runkelstein als Übernahme erweist. Da diese Art der Präsentation von Bildsystemen eine lange Abfolge innerhalb des oberitalienischen Raumes besitzt – es sei dabei nur an das Beispiel von S. Pietro a Grado bei Pisa erinnert – wird es wohl nicht möglich sein, schlüssig ein Gebiet des italienischen Bereiches ausfindig zu machen, welches der Ausgangspunkt der Überlieferungskette war, die sich in dem Augsburger Bild wiederfindet. Dies gilt um so mehr, da, wie auch Foster feststellte[715], die Vorlage der Menschen und Tiere der Baldachinzone zu allgemein bekannt ist, als daß man daraus allein die Bezugsrichtung erarbeiten könnte. Als Bestärkung des südlichen Einflusses muß man aber die Ausgestaltung der Szene selbst gelten lassen, deren rhytmische Komposition sich deutlich aus den Beständen des Umkreises in Süddeutschland heraushebt. Für die Gestaltung der Figuren und vor allem der Pferde findet sich dabei eine Abhängigkeit zu den um 1350/1360 entstandenen Dreikönigs-Bildern der Viktorkapelle[716] des Klosters Neustift, welche zwar den großen Kompositionsfluß des Augsburger Beispiels vermissen lassen, jedoch im Stand der Figur (man vergleiche den schreitenden Knecht mit dem Jagdknecht in Augsburg) wie auch in der ungelenk eckigen Bewegung (so bei dem Roßbändiger gegenüber dem den Hirsch abstechenden Jagdherrn) die gleiche Quelle zu benutzen scheinen, die auch für das Bild des Pfettnerhauses grundlegend in diesen Hinsichten geltend gemacht werden kann. Durch diese Beziehung stellt es sich als unwahrscheinlich dar, daß der Maler der Hirschjagd sich auf böhmische Quellen zurückführen lassen müsse[717]. Nicht nur, daß – wie Foster vermerkt – die Denkmalslage für den böhmischen Bereich äußerst lückenhaft ist und deswegen ihre Auswirkung nicht belegt werden kann, sondern, da es zu bedenken gilt, daß sich zu der Zeit der Entstehung der Augsburger Malerei die böhmische Malerschaft in der bestimmenden Weise erst konstituierte und daher ihre Ausstrahlung noch keine derartige Wirkung finden konnte, wie sich dies zur Wende des XIV. Jahrhunderts feststellen läßt.

Die Bestimmung der beiden »Porträtbilder berühmter Männer« des Pfettnerhauses[718], welche für den böhmischen Richtungsverweis Fosters ausschlaggebend wa-

711 Vgl. Savolini, Claudio 1965 und Broglie, Axelle de 1965.
712 siehe dafür Abb. Nr. 3.
713 Vgl. Rasmo, Nicolo 1978, Abb. 12.
714 Vgl. ibid. Abb. 55. In diesem Fall ist der unter den Personen befindliche Teil als Brüstung zu verstehen.
715 Vgl. Foster, Michael (MS) 1979, p. 28.
716 Vgl. Steingräber, Erich 1979, Abb. 252.
717 So bei Foster, Michael (MS) 1979, p. 30.
718 Vgl. Objekt Nr. 4.

ren[719], dürfte sich durch den Nachweis der Übermalungen als hinfällig erweisen[720]. Das gleiche gilt auch für die Abspaltung dieses Bemalungsfragmentes von dem Zyklus der Hirschjagd, die nach der genauen Vermaßung nicht mehr haltbar ist[721]. Der sich darin begründende Anschluß, welcher von Knorre schon 1968 vermutet wurde[722], läßt sich so doch noch sichern, obwohl eine stilistische Zusammenfügung der Bilder mit der Hirschjagd wegen der starken Beeinträchtigung durch die Restaurierung bei nur optischer Betrachtung nicht möglich scheint. Gesichtstypen mit der vorgereckten Kinnpartie weist aber auch das Südtiroler Denkmal auf, wie es die Darstellung der Szene Joachims im Tempel des gleichen Kapellenraumes in Neustift zeigt[723]. Dort sind auch die Bogenfalten vorhanden, welche sich als eines der wenigen originalen Teile der Augsburger Porträts erhalten haben[724], was die oben genannten Verbindungen der Denkmäler bestärkt.

Angesichts dieser Bezüge stellt sich auch die Frage der Abhängigkeit des Marientodbildes der Dominikanerkirche[725] zu den Malereien der Südtiroler Werkstätte, wobei aber immer die durch die Kopie gegebene Ungewißheit zu berücksichtigen bleibt[726]. Stellt man in dieser Hinsicht einen Vergleich an, so lassen sich die Motive der Faltenbogen (vgl. die der stehenden Apostel rechts mit dem Joachim der Viktorskapelle[727]) ohne weiteres wiederfinden. Auch die Art der Ellenbogenkehle mit ihrer kurzen Bogenlinie (vgl. den rechten Kerzenträger mit dem Rossebändiger des Dreikönigszuges in der Viktorskapelle[728]) findet genau ihre Entsprechung, die sich ebenfalls für die wenigen Spuren der Modellierung (bei dem vorletzten Apostel des Marientodes im Vergleich zum Küchenknecht des Dreikönigszuges[729]) nachweisen läßt. Die Gleichheit dieser Kleinmotive steht jedoch dem weicheren Charakter der Zeichnung der Dominikanerkirche gegenüber, welche durch das Umfassungsmotiv der Oberkörperpartien und ihren quergezogenen Mantelteilen eher an die Formen erinnert, welche sich in ungebundener Weise in den Domkryptabildern finden ließen[730]. So wird man hier eine Überschneidung annehmen müssen, welche die Detailgestaltung – es bleibt fraglich, ob auch die räumliche Stellung des Bettes der Raumauffassung der Tempelschranken in der Neustifter Kapelle gegenübergestellt werden darf – der aus dem Süden kommenden Einflüsse übernahm und mit einer eigenen Auffassung vor allem der Figurengestaltung kreuzte, wobei sie dennoch ihren fließenden Zeichnungscharakter einzusetzen vermochte[731]. Aufgrund des einen und noch dazu nur in Kopie vorliegenden Denkmals wird man aber kaum entscheiden können, ob es sich dabei ähnlich dem Einzelbild der Kreuzigung der Domkrypta um die frühesten feststellbaren Übernahmen fremder Elemente durch eine Augsburger Werkstätte

719 Vgl. Foster, Michael (MS) 1979, p. 27/28.
720 Vgl. Objekt Nr. 4, I mit II, Abs. Erhaltungszustand.
721 Vgl. ibid. Plan I.
722 Vgl. Knorre, Eckhard von 1968, p. 3.
723 Vgl. Steingräber, Erich 1979, Abb. 12.
724 Vgl. Objekt Nr. 4, I.
725 Vgl. Objekt Nr. 5. Man könnte auch den Wappenvorhang mit in diese Überlegungen einbeziehen, worauf jedoch aufgrund der Fraglichkeit der Kopie hier verzichtet wurde.
726 Für die Identität der Kopie vgl. ibid. Abs. Erhaltungszustand/Überlieferung.
727 Vgl. Steingräber, Erich 1979, Abb. 12.
728 Vgl. ibid. Abb. 9.
729 Vgl. ibid. Tafel II.
730 Siehe dazu Objekt Nr. 10 und Nr. 12.
731 Der Schwung der Zeichnung widerspricht allerdings einer partiellen Versatzstückübernahme, welche eher eine spröde und brüchige Gestaltung nach sich ziehen müßte.

handelte, oder ob auch dieser Maler nur für kurze Zeit in der Stadt ansässig war. Die Beeinflussung durch böhmisch orientierte Quellen dürfte aber aufgrund der vertikalen Elemente der rechten Standfiguren auszuschließen sein, wobei das Haltemotiv des Apostels ganz rechts mit der Weihrauchschale mehr durch die Betonung der Fortführung der in Augsburg feststellbaren Linie die oben vermutete Situation wahrscheinlich werden läßt.

So zeigen sich die frühen Bilder, wenn sie nicht als Einzelstücke unbewertbar bleiben, als durch Fremdeinflüsse geprägt, wie es das Bild des Marientodes und auch das der Kreuzigung der Domkrypta erweisen, wogegen das Hauptwerk dieses Zeitabschnittes mit ziemlicher Sicherheit sich als Arbeit einer auswärtigen Gruppe darstellt, worin sich deutlich die Gesamtlage, die auch anhand der Archivalien feststellbar war, abzeichnet.

2. Die Spannung zwischen den italienischen und böhmischen Einflüssen

a) Die Bilder bis 1420

Die Sichtung des bisherigen Bilderbestandes ergab, daß sich bei einer anscheinend schwachen heimischen Malerschaft gegen Ende des Jahrhunderts, in deren Formengut immer mehr die Anleihen auswärtiger Stilrichtungen auffinden ließen, die in eigene Systeme, teils in additiver Häufung ohne besondere Umsetzung, teils assimiliert und konsequent umgesetzt, aufgenommen wurden. Die Richtungen, welche dabei sich bisher in Ansätzen feststellen ließen, bleiben für die Augsburger Malerei weiterhin bestimmend, auch wenn der Bestand der Denkmäler für einen Nachweis geschlossener örtlicher Stilentwicklung bei weitem noch nicht ausreicht.

So lassen sich für den Zeitraum bis 1420 nur zwei originale Malereien innerhalb Augsburgs nachweisen. Die erste, der Turnierkampf[732] von 1416 ist leider in ihrer unteren Hälfte verloren, so daß gerade die für eine genaue stilistische Einteilung nötigen Körper der Pferde nicht mehr zu sehen sind. Man wird aber trotzdem – vor allem mangels anderer Vergleichsstücke – den Bezug zu den Kampfdarstellungen von Schloß Lichtenberg[733] und dem Kastell Runkelstein[734] sehen, welche die nächsten Darstellungen dieser Art sind. Beide Südtiroler Zyklen geben, wenn auch in unterschiedlicher Qualität, die Versatzstücke wieder, die sich in dem Augsburger Bild ersehen lassen. So finden sich die Kübelhelme, die Panzerung und ebenso die Wappenröcke in gleicher Weise in den Kampfdarstellungen, während die Kleidungsstücke der Herolde wie auch des Kampfbeobachters in den übrigen Jagd- und Spielbildern dieser Objekte aufzufinden sind[735]. Die konkrete Beobachtung scheint jedoch bei dem Augsburger Bild stärker individuell zu sein, wie dies neben der genauen Schilderung der Wappen und der Waffen sowie den ortsbestimmenden Details zu ersehen ist. So setzt der Augsburger die Turnierschranken als reale Raumbestimmung, wo der

732 Vgl. Objekt Nr. 15.

733 Vgl. Schlosser, Julius von 1916, Tafel VI.

734 Vgl. Rasmo, Nicolo 1978, Abb. IV. Diese Südtiroler Bilder knüpfen mit Sicherheit an die italienischen Turnierbilder an, wie sie sich in den Beispielen des Palazzo Comunale in S. Gimigniano erhalten haben.

735 Vgl. für Lichtenberg: Schlosser, Julius von 1916, Tafel VII., für Runkelstein: Rasmo, Nicolo 1978, Abb. 36 mit 37.

Maler von Runkelstein allein florale Ornamentik als Hintergrund gibt und der des Lichtenberger Bildes gänzlich auf eine Lokalisierung verzichtet. Obwohl die Kampfart und die zeichnerische Gestaltung des Augsburger Werks mehr dem Lichtenberger Keulenkampf zu gleichen scheint, ist es doch von der Stillage mit seiner Gruppierung und seinen gegeneinandergesetzten Bewegungsrichtungen mehr dem Gestech des Runkelsteiner Rittersaales verwandt, dessen Pferde ähnlich gewölbte Hälse tragen. Direkt auf Südtirol verweist im Augsburger Bild allerdings nichts, da man auch die »Verräumlichung« des Rautenfrieses in dieser Zeit nicht mehr als richtungweisendes Element annehmen darf, da es schon viel zu allgemein in Gebrauch gekommen war. Die Rüstungstechnik dieser Zeit ist ebenfalls zu indifferent, um daraus einen deutlicheren Bezug abzuleiten. Man könnte aufgrund dieser Tatsachen versucht sein, eine Eigenständigkeit des Augsburger Malers anzunehmen, die bei solchen sich auf authentische Historien beziehenden Bildern am ehesten gefördert wurde, da sich die Wünsche der Auftraggeber in dieser Materie sicherlich von Fall zu Fall unterschieden. Dieser Umstand ist aber nicht mehr konkret faßbar, so daß man den Gedanken nicht über die hypothetische Abwägung hinaus weiterverfolgen kann.

Auch für die Anbetung der Könige aus St. Peter am Perlach[736] lassen sich keine direkten Bezüge aufzeigen, was nicht zuletzt in dem schlechten Zustand des Bildes begründet ist. Den noch zu fixierenden Originalteilen nach erscheint auch dieses Bild sich als freie Umsetzung, diesmal allerdings nach böhmischen Grundsätzen, zu erweisen, wie sich dies aus der Gewandfaltung der Maria und noch eher aus dem schwingenden Saum des Königs erschließen läßt[737]. Direkte Entsprechungen sind dabei allerdings nicht geltend zu machen, so daß die Bestimmung in diesem Fall äußerst vage bleiben muß. Auch ein Versuch über die Ostensorien zu einer Zuweisung zu kommen, ist nicht schlüssig, da diese in ihrer Art zu allgemein verbreitet sind.

Auch die Bilder, welche sich in den Kopien des Stadtarchivs erhielten[738], muß man in diese Richtung mit einbeziehen, wobei bei den »modischen« Gewändern mit den lang auszipfelnden Ärmeln sich ein deutlicher Motivbezug zu den Malereien der Konstanzer Augustinerkirche schlagen läßt[739]. Ebenfalls mit den dortigen Bildern vergleichbar ist die Breitung der weiblichen Heiligen, welche dadurch sich auch als zeitgleich erweist[740]. Dabei ist allerdings zu betonen, daß man diesen Vergleich nur eingeschränkt als eindeutig sehen kann, da die Kopien einerseits von sich aus schon einen großen Unsicherheitsfaktor beinhalten, andrerseits die Bilder auch einen weniger monumentalen Typus vertreten, der nicht in diesem Maße die flächige Breitung, welche bei den Konstanzer Bildern direkt an böhmische Einflüsse denken läßt, entwickeln kann. Als Zeugnis dessen, was in Augsburg zu dieser Zeit, vor allem in der Beeinflussung möglich war, geben sie doch zu den beiden Originalen eine gute Ergänzung des Überblicks, weshalb sie in diesem Zusammenhang nicht unterschlagen werden dürfen.

Die Ornamentranken,[741] die in den Kontex dieses Zeitabschnitts gehören, scheinen sich aus der Buchmalerei in die Wanddekoration übertragen zu haben. Allein, daß sich im Stadtgebiet zwei dieser Ornamente belegen lassen, zeigt an, daß es sich dabei

736 Vgl. Objekt Nr. 24.

737 Man könnte dabei an die Madonna Aracoeli denken (Prag, Nationalgalerie, Inv. Nr. 0 1475) vgl. Metějcěk / Pešina 1955, Taf. 120 mit 123.

738 Vgl. Objekt Nr. 16 mit Nr. 23.

739 Vgl. Salm, Christian 1959, p. 62, Abb. 10.

740 Vgl. ibid. p. 53, Abb. 4 mit Objekt Nr. 23.

741 Vgl. Objekt Nr. 13 mit Nr. 14.

um ein lokal sehr verbreitetes Muster gehandelt haben dürfte, dessen genaue Einordnung nur über die Sichtung der Miniaturmalerei zu entschlüsseln ist. Die dazu bisher publizierten Bestände geben für diese Zeit keine eindeutigen Kriterien ab, so daß damit nur auf eine weitere Bearbeitung im Zusammenhang mit den Denkmälern der Miniaturen und Federzeichnungen verwiesen werden kann. In Schwaben selbst lassen sich jedoch für die Wandmalerei auch Fragmente solcher Dekore belegen, so z. B. das spiralförmig strukturierte und mit gefiederten Fortsätzen versehene Ornament der Pfarrkirche in Wörleschwang[742] und das etwas breitlappige, mehr dem Ornament aus dem Haus in der Weiten Gasse nahestehende in der Kirche zu Hiltenfingen[743], dessen geringes Fragment aber keinen Aufschluß über den genauen Aufbau des Systems gibt. Beide monochromen Ornamente belegen, daß sich auch die Dekormalereien nicht auf die Stadt allein beschränkten, sondern auch im Umland Anklang fanden.

Für die Malerei in der Stadt wird man in diesem Zeitabschnitt eine langsam sich festigende Kontinuität des Malstils annehmen müssen, deren Auswirkung sich in den Denkmälern, welche immer noch eine weitgehende Beeinflussung zeigen, mehr vermuten als belegen läßt.

b) Hirn'sches Grabhaus

Das bedeutendste Denkmal der Wandmalerei, das sich für die Zeit des frühen XV. Jahrhunderts sichern läßt, ist die Ausmalung des Hirn'schen Grabhauses[744]. Dabei gründet sich die Stellung nicht allein in der Quantität der Malereien, sondern vor allem darin, daß hier in einem Raum verschiedene Hände, welche sich durch die Archivalienlage auf den Zeitraum 1421–1425 (höchstens bis 1428) festlegen lassen[745], tätig waren, was einen breiteren Einblick in den Augsburger Stilkreis bietet.

Deutlich sind zwei Gruppen zu unterscheiden, von denen die eine hauptsächlich für den Helenazyklus und die landschaftsreichen Bilder der Südwand verantwortlich ist, wogegen die zweite Gruppe im Meister des Passionsschildbogens sowie in den illusionistischen Sockelbemalungen als auch bei dem Pilatusfragment und den Chorheiligen sich finden läßt[746].

Untersucht man nun diese Bilder stilistisch, so geben sie deutlich den zweifachen Bezug zwischen italienischen und böhmischen Grundelementen wieder, welche alle aufzuzählen in diesem Überblick den Rahmen dieser Bearbeitung sprengen würde[747].

Festzuhalten ist, daß man für den Maler des Helenazyklus am ehesten die böhmischen Elemente belegen kann. So macht Foster auf die Übereinstimmung des Gesichtstypus der Helena bei der Befragung der Juden mit dem der heiligen Ludmilla auf der Tafel aus Dubecek aufmerksam[748]. Man kann aber darüber hinaus auch die Behandlung der Kleider speziell in den sich öffnenden bzw. auch in den quergezogenen sich schließenden Teilen auf frühere böhmische Beispiele wie die Bilder des Kreuzgangs des Emmausklosters in Prag (dort besonders die Darstellung der Mannalese[749] zurückführen, deren Figuren ebenso eingebunden im Umriß behandelt sind.

742 Bisher in Publikationen nicht abgebildet.
743 Bisher in Publikationen nicht abgebildet.
744 Vgl. Objekt Nr. 25 mit Nr. 32.
745 Vgl. ibid. Abs. Geschichte.
746 Für die Händescheidung siehe Wilhelm, Johannes (MS) 1977, p. 178–188.
747 Vgl. ibid. p. 188–200.
748 Vgl. Foster, Michael (MS) 1979, p. 32. für die Abb. Matějcěk / Pešina 1955, Abb. 136.
749 Vgl. Dvořáková, Vlasta u. a. 1964, Abb. 126/127.

Ausschlaggebend für den Augsburger Maler, dem man damit sicher die Kenntnis der böhmischen Malerei zugrunde legen darf, ist aber seine Neugestaltung der Figur und des kompositorischen Aufbaus der Bildszene, die sich in dieser Art dort nicht belegen läßt. Auch wenn die Figuren des Meisters des Raigerner Altars[750] sich ähnlich in Umriß und Ausformung verhalten, so trennt sie doch ihre verzagte Flachheit und ihre inhomogene Binnengliederung von den Gestalten des Helenazyklus. Diese zielen nämlich auf eine ganz andere Auffassung der Figuren-Persönlichkeit ab, indem die volkstümlich-narrativen Elemente dabei entfallen und sich das Bestreben ganz auf eine Charakterisierung »von innen heraus« konzentriert[751].

Während bei diesem Maler des Helenazyklus die böhmischen Formen noch mit am reinsten vorliegen, wird das Verhältnis zu den anderen Stilkreisen bei dem Meister des Jakobus-Hermogenesbildes[752] und des Dreikönigszuges[753] komplizierter. Auch hier herrscht bei den Gesichtern eindeutig ein böhmischer Einschlag vor, den man beim Meister von Hohenfurt in der Geburtsdarstellung (man vergleiche dabei die Gestalt des Joseph dort und die des linken Schriftgelehrten im Jakobus-Hermogenesbild[754]), sowie auch bei dem nach 1400 tätigen Meister des Raigerner Altares (man beachte hier vor allem die Gruppe rechts unter dem Kreuz Christi bei der Kreuzigung[755]) feststellen kann. Der Landschaftstypus wie auch die Farbgebung und die Relation Landschaft – Figur läßt sich für den böhmischen Raum nicht belegen. Eindeutig verweisen diese Elemente für den Maler der Bilder nach Süden. Allein die Felsformationen in dieser Art, sind als Übernahme aus dem Südtirol-Bereich, wo sie eine Weiterentwicklung einer italienischen, aus der westlichen Buchmalerei abgeleiteten Kompositionsweise darstellen, zu bewerten[756]. Darüber hinaus ist für die Anlage der Bilder eine aus dem veronesisch-paduanischen Kreis kommende Vorlage mit zugrunde zu legen, wie es die Nachzeichnungen der Wandbilder Altichieros aus dem Scaligerpalast in Verona vermuten lassen[757]. Mit der Schule dieses Meisters – vor allem mit seinem Mitarbeiter Jacopo Avanzi – sind die Augsburger Bilder auch durch die Farbwertigkeit und durch die Art der Modulation der Landschaftsteile verbunden[758], so daß diese Richtung sich als Charakter bestimmend in denselben niedergeschlagen hat. Dabei kann man aber keineswegs davon ausgehen, daß sich hierfür eine direkte Linie der Übernahme finden ließe. Eher wird man eine Übermittlung durch andere dazwischen gestellte Werkstätten anzunehmen haben, welche die Weitergabe dieser Elemente besorgten, wofür auch die zeitliche Verschiebung bei der Entstehung der Malereien spricht[759]. Wie stark dieser Meister aus Quellen schöpft, die sich von dem oberitalienischen Bereich ableiten lassen, zeigt auch die Verwendung der Versatzstücke, die höchstwahrscheinlich auf den Gebrauch von Musterbüchern zurückgehen. So findet sich der kleine Bär in dem Dreikönigsbild in der Castellanikapelle bei S. Croce wieder, wo er in die Landschaft des Bildes der Begegnung des Antonius

750 Vgl. Matějcěk / Pešina 1955, Abb. 187.
751 Vgl. Wilhelm, Johannes (MS) 1977, p. 192
752 Vgl. Objekt Nr. 28.
753 Vgl. Objekt Nr. 29.
754 Für den Meister von Hohenfurt siehe Kindler Mal.Lex. 1976, Bd. VI, p. 163/164.
755 Vgl. Matějcěk / Pešina 1955, Abb. 184/185.
756 Vgl. Haniel, Ellen 1940, p. 38 auch Foster, Michael (MS) 1979, p. 30.
757 Paris, Louvre (Sammlung Rothschild 848v); siehe Schmitt, Annegritt 1974, p. 182, Abb. 15.
758 Vgl. Mellini, Gian Lorenzo 1965, p. 39, 55, 79.
759 So entstanden die Bilder in Verona nach 1364, die der Capella SS. Giacomo e Felice 1374–1378, die des Oratorio di S. Georgio 1379–1384.

Abbas und des Paulus Eremita im Vordergrund eingefügt ist. Das Bild, das Gherardo Starnina zugeschrieben wird[760], zeigt überdies in der Ausbildung der Baumstämme eine gewisse Ähnlichkeit mit den Bäumen des Vordergrundes des Dreikönigsbildes der Goldschmiedekapelle. Dieses Detail, das vermutlich aus einem Musterbuch zu Mönchs- und Einsiedlerleben stammte[761], läßt sich im italienischen Raum noch öfters in Landschaftsdarstellungen belegen, wobei noch das Versatzstück auch in der Silberschmiedekunst nachzuweisen ist[762]. Die Spur dieses Details, das sich auch in Sieneser Bildern findet, verdichtet sich in diesem toskanischen Umkreis so[763], daß man die Primärquelle der in Augsburg verwendeten Vorlage aus einem Verschnitt der hier angesprochenen italienischen Malerei sehen kann. Auf dieser Grundlage scheinen auch zum größten Teil die Südtiroler Malereien gewachsen zu sein, die sich in den Bildern des Adlerturmes von Trient[764] sowie der Turmhalle der Meraner Pfarrkirche[765], welche dem Meister Wenzel von Trient, einem böhmischen Emigranten, zugewiesen werden, den Augsburger Bildern am nächsten zeigen. So scheint das Verhältnis Figur – Landschaft, das sich in Augsburg als bestimmend herausstellte, zunächst nicht mit den italienischen Bildern übereinzustimmen, wenn man an die genannten Beispiele Sassetas und Starinas denkt, bei denen das feste geblähte Volumen der Figuren eher auf den Maler des Helenazyklus verweisen würde, dessen Anlehnung an südliche Elemente sich aber ganz in dieser Proportionalität erschöpfen würde. Man wird für die Bilder des Jakobus – Hermogenes und des Dreikönigszuges sich mehr den Monatsbildern des Adlerturmes zuwenden müssen, die die Einbettung der Figuren im Maßstab besser wiedergeben. Dabei darf man aber nicht die Abhängigkeit dieser Darstellungen vom böhmischen Kulturbereich überschätzen, da sich diese Bilder des, der Abstammung nach wahrscheinlich böhmischen Meisters, ebenfalls stark an die von Italien beeinflußte Formenwelt gebunden haben und in ihrer Art der Landschaftsrepräsentierung an Vorlagen hielten, die sich auf die Bilder Ambrogio Lorenzettis des Palazzo Comunale in Siena bezogen[766].

Auch der Maler des Passionsschildbogens des Hirn'schen Grabhauses[767] stellt sich in diesen nach Süden hin gerichteten Zusammenhang. Foster verweist zwar auch hier auf »böhmische« Details[768], welche zeitlich weiter zurückliegen, als die in den Bildern nachweisbaren Südtiroler Einflüsse, welche sich bei diesem Meister ebenfalls in Farbigkeit und in der Raumauffassung niederschlugen. So läßt sich in den Bildern der Passion eine starke Anlehnung an die Malereien der Georgsmartyrien in der St. Georgskirche des Oberdorfes in Schenna[769] finden, deren Figuren in Stellung und in Detail in Augsburg deutlich wiederzuerkennen sind, wobei man in erster Linie an die Gestalten der Schergen bei der Feuermarter[770] erinnert wird. Die Malerei der Bilder in Schenna zeigt auch die Reflexion des stark illusionistischen Elements auf, das sich

760 Vgl. Salvini, Roberto 1966.
761 So erscheint dieses Versatzstück auch in dem Bild La Tebaide des gleichen Malers siehe Florenz, Uffizien, Inv. 1890.
762 So auf dem Silberaltar in Pistoia in der Domkirche, dem sogenannten Dossale di S. Iacopo, vgl. Ferrali S. o. J.
763 So auch in den Bildern des Spinello Aretino in der Sakristei S. Miniato al Monte in Florenz.
764 Vgl. Wegner, Wolfgang 1957.
765 Vgl. Weingartner, Joseph 1948, Abb. 95.
766 Vgl. Cairola / Enzo 1963.
767 Vgl Objekt Nr. 31.
768 Vgl. Foster, Michael (MS) 1979, p. 32.
769 Vgl. Weingartner, Joseph 1948, Abb. 100.
770 Vgl. Theil, Edmund 1976, Abb. 25.

vor allem in der Sockelzone der Augsburger Bilder in den Chorgestühlen wiederfinden läßt[771]. Die Entsprechung findet sich dabei in dem gemalten Reliquienkasten, der als geöffnet dargestellt ist und den Blick auf einen Kelch, eine Pyxis und ein Stoffbündel freigibt[772]. Weingartner bezeichnete die Bilder in ihrer Farbigkeit als »trokken«[773], was für ihre klaren Farbkontraste steht, durch die sie sich ebenfalls wieder in die Nähe der Augsburger Werke rücken.

Aber auch hier muß die Annahme eines direkten Zusammenhanges zwischen den Denkmälern verneint werden. So scheinen sich beide auf eine Quelle des Meraner Raumes zu beziehen, welche innerhalb Südtirols auch weitere Ableger besitzt, wie dies die Bilder der St. Nikolauskirche in Rojen am Reschen deutlich zeigen[774], wo eine schwächere Hand eine zusammenfassende Replik der Malereien in Schenna[775] und in Riffian[776] wiedergibt, die in ihrer Vereinfachung teilweise Formen ausarbeitet, wie sie sich auch in den Kopien des Stadtarchivs wieder erkennen lassen[777], womit sich die Ähnlichkeit zwischen der handwerklichen Rezeption in Südtirol und derjenigen außerhalb nachzeichnen läßt.

Aufgrund des bisher für die Maler des Hirn'schen Grabhauses Ausgeführten wird man auch die Verwendung des Gebälkfrieses (hier zu vergleichen mit dem in St. Jakob in Grissian[778] sowie mit dem venezianischen Beispiel der Abteikirche St. Maria in Silvis in Sesto al Reghena[779]) nicht auf die Beispiele der Burg Karlstein ausrichten können. So bleibt es wahrscheinlicher, daß sich diese Teile ebenfalls wie die Bemalung des Raumes auf den südlichen Einfluß zurückführen. Dies umso eher, da sich die übrigen Motive der Rahmen- wie auch der Sockelmalerei in Südtirol belegen lassen. So finden sich die antithetischen Tiere und das Adlermuster, das in der Burg Runkelstein als Schablone eingesetzt[780] wurde, in Augsburg – zwar vereinfacht – wieder. Auch die Blumenranken[781], welche die dunkelroten Felder der Rahmung zum größten Teil schmücken, lassen sich in den Werken des Meisters Hans von Bruneck im Kloster Sonnenburg [782] und der Spittalkirche von Sterzing[783] nachweisen, wogegen sie keine Entsprechung im böhmischen Bereich haben. Ähnlich wird auch die Lage für die Drachen und Fabelwesen [784] sein, die sich in dem Augsburger Denkmal sowohl in der Rahmenmalerei als auch auf den Griffen an der Grabtumba Hirns nachweisen lassen. Parallel zu ihnen entstanden in Padua im großen Saal des Palazzo della Ragione nach dem Brand von 1420 die Fabelwesen aus der Hand des Giovanni und Niccolo Mireto, welche deutlich zeigen, daß diese Form sich ebenfalls aus dem Raum Oberitaliens ableiten läßt.

Sicher kann diese Reihe der Beweise noch erweitert und vor allem nach den Ur-

771 Vgl. Objekt Nr. 32.
772 Vgl. Theil, Edmund 1976, Abb. 31.
773 Vgl. Weingartner, Joseph 1948, p. 43.
774 Vgl. id. 1977[IV] Bd. II, p. 450.
775 Von dieser Kirche übernimmt der Maler die Kreuztragung.
776 In der Georgskirche findet sich eine Replik auf die Nikolauslegende.
777 Vgl. Objekt Nr. 16 mit Nr. 23.
778 Nicht in Abb. publiziert.
779 Gerometta, Tommaso 1957, Fig 56, 57, 63, 64.
780 Vgl. Rasmo, Nicolo 1978, Abb. 54 (für die Tiere); Tafel X (für die Adler).
781 Vgl. Abb. Nr. I, 7.
782 Vgl. Theil, Edmund 1976, Abb. 16.
783 Vgl. id. 1971, Abb. 33.
784 Vgl. Abb. Nr. II, 61; Nr. II, 62. Das Paduaner Beispiel ist teilweise bei Pozza, Neri Abb. 7 publiziert.

sprüngen der Muster untersucht werden, die aber immer wieder bevorzugt den italienischen Raum als Ausgangspunkt haben werden[785]. Angesichts dieser Konnektion von Einflüssen an diesem einen Objekt zeigt sich, wie die Augsburger Malerei der Zeit gemäß stark auf Versatzstücke sogenannter Musterbücher aufbaute[786], die im Falle der Werkstattgruppe des Hirn'schen Grabhauses sich mehr auf die Beispiele südlich der Alpen zu beziehen scheinen. Aus diesem Bereich muß auch die Auffassung der kompositionellen Grundzüge des Malers des Helenazyklus und die räumliche Konstruktion des Meisters des Passionsschildbogens stammen, die sich im süddeutschen Raum in vergleichbarer Art nicht mehr belegen läßt[787].

Man kann in diesen Bildern des Hirn'schen Grabhauses deutlich den Aufschwung der Augsburger Malerei in den zwanziger Jahren des XV. Jahrhunderts bemerken, der auf Werkstätten beruht, die noch deutlich von fremdem Formengut ausgehend arbeiten, aber sich immer mehr mit ihrer eigenen Komposition und Auswahl der Versatzstücke zu profilieren wissen. Dieser in der Gestaltung ablesbare Vorgang wird ohne Zweifel zur Anerkennung und Konsolidierung der Werkstätten beigetragen haben, den man in dieser Zeit auch aus den historischen Fakten entnehmen konnte.

c) Die Zeit vor der Mitte des Jahrhunderts

Die sich in den Bildern des Hirn'schen Grabhauses abzeichnende Lage war der Ausgangspunkt für die nun einsetzende Entwicklung in der Stadt, von der sich allerdings nur mehr bescheidene Reste erhalten haben, insbesondere wenn man bedenkt, daß es gerade der Zeitabschnitt war, von dem die geschichtlichen Fakten als dem ersten Aufblühen der Kunsttätigkeit berichten.

Noch an die Richtung, die sich am Hirn'schen Grabhaus festhalten läßt, wird man wohl in Nachfolge die Bilder des Kaisheimer Hofes[788] setzen müssen, deren heutige gesicherte Substanz jedoch zu gering ist, als daß sie für große Stilvergleiche herangezogen werden könnte. Zwar findet sich unter den Bildern Südtirols in der Prokuluskapelle in Naturns ebenfalls eine Schutzmanteldarstellung[789], deren Aufbau ähnlich dem Bild des Kaisheimer Hofes gehalten ist, die sich stilistisch aber eindeutig als früher erweist. Die Naturnser Malerei, die aus der Schule des Meisters von Schenna entstammt und sich ungefähr auf die Wende des XIV. zum XV. Jahrhundert datiert[790], zeigt zwar ähnliche Motive auf, die sich auch in dem Augsburger Bild nachweisen lassen, wozu in erster Linie die auf ihre Brust verweisende Hand der Maria, deren gestrecktes Spannen des Mantels sowie geschwungene Körperhaltung zu zählen ist. Die Stellung Gottvaters in dem Himmelssegment[791], und ferner wie auch seine

785 Dies dürfte auch die Frage nach den »italienischen« Einflüssen auf die »böhmische« Malerei aufwerfen, wie diese zumindest durch das Mosaik am Prager Dom sich historisch fassen lassen.

786 Vgl. Katalog Köln 1979, Bd. III, p. 139–150.
Vgl. Katalog Stuttgart 1977, Bd. I, p. 596–598, sowie Katalog Stuttgart 1979, Bd. V, p. 331–352.

787 Diesen nämlichen Aufbau anhand dieses einen Denkmals als Augsburgerisch zu bezeichnen würde eine Überdeutung darstellen. Bezeichnend ist aber, daß sich Vergleichbares auch im Südtiroler Raum nicht belegen läßt.

788 Vgl. Objekt Nr. 33 mit 35.

789 Vgl. Theil, Edmund 1973, Abb. 12.

790 Vgl. ibid. Seite nach Abb. 22.

791 Vgl. ibid. Abb. 13.

Ausbildung in der Faltung lassen ebenso Anklänge der Augsburger Bilder feststellen. Die etwas modelliertere und weichere Ausarbeitung des letzteren macht jedoch den Abstand deutlich, der zwischen den beiden Malern ist. Dabei verhindert aber der Zustand des Augsburger Bildes eine genauere Einstufung der Relation der Malereien[792], was umso schwerer wiegt, als sich hier unter Umständen das Verhältnis der Werkstätten des oberen Etschtales, an dem der alte Alpenübergang entlang lief, zu denen der Stadt und deren engerem Einzugsbereich genauer hätte bestimmt werden können.

Gegenüber dieser Malerei ist in den drei Myrrhophoren im Dom[793] eine gänzlich andere Richtung vertreten, die sich, wie es ihre Verbreitung in den Tafelbildern zeigt, innerhalb der Stadt etabliert hatte. Die Würdigung dieses Wandgemäldes, das schon seit 1934 freigelegt ist, wurde erst durch Foster 1979 eingehend unternommen[794], wobei der dort festgehaltene Bezug zur böhmischen Malerei uneingeschränkt zu bestätigen ist. Auch die hier vorkommenden Versatzstücke, welche zunächst noch an Venezianisches denken lassen – gemeint ist damit die Gestaltung der offenen Loggien am oberen Abschluß des Bildes, wie auch die in der Basiszone sich öffnende Gewölbehalle – scheinen in diesem Falle auf dem Weg über Böhmen sich in Augsburg wieder zu finden. Die Frage bleibt jedoch, ob es sich dabei – auch Foster stellt die Eigenheiten der drei Frauen deutlich heraus[795] – um Übernahmen oder um einen in Böhmen geschulten Meister handelte. Für diesen Umstand ist bemerkenswert, daß sich direkte Entsprechungen der in dem Augsburger Denkmal so massiert vorkommenden Faltenkaskaden in ihrer starken plastischen Ausbildung in keiner böhmischen Malerei aufzeigen lassen[796]. So gilt als die treffendste Parallele die auf 1421 datierte lavierte Federzeichnung einer heiligen Barbara einer in der Harburg[797] aufbewahrten Handschrift, die zwar die Faltenkaskaden ähnlich wiedergibt, ohne jedoch den Ausdruck wie auch die Geschlossenheit der Gestalten der Wandmalerei widerzuspiegeln[798]. Man wird der Datierung Fosters zu folgen haben, der aus diesen Differenzen heraus anders als Stange die Myrrhophoren von der Barbarazeichnung zeitlich absetzt[799].

Betrachtet man aber die Aufnahme der frühen böhmischen Elemente, wie sie in der Kreuzigungsgruppe der Domkrypta zu sehen war[800], so ergibt sich eine Tendenz zu einer statischen Festigung, welche sich vor allem bei den Figuren der Pausen aus dem Stadtarchiv (man wird dabei den Johannes der Kreuzigung[801] und die Heilige mit der Wiege[802] als bezeichnend sehen müssen) in Verbindung mit einem über die aufragenden Gewandteile stürzend fallenden Saum findet. Die Figuren der Myrrhophoren zeigen dieses Element in ähnlicher Weise, indem die Faltenkaskaden immer die Gewandkante, welche die Figur statisch absichert, überfängt. Dieses Motiv findet sich aber in den böhmischen Vorbildern in keiner Weise so ausgeprägt, da dort die in den

792 Siehe dazu Objekt Nr. 33, Abs. Erhaltungszustand.
793 Vgl. Objekt Nr. 36.
794 Vgl. Foster, Michael (MS) 1979, p. 127–134.
795 Vgl. ibid. p. 131 und 133.
796 Vgl. ibid. p. 131.
797 Bislang Harburg, Sammlung Oettingen-Wallerstein, Cod. II lat. 1 4^0 14; vgl. Lehmann-Haupt, Helmut Abb. Nr. 10 (dort fälschlich als Katharina bezeichnet).
798 Vgl. Abb. Nr. I, gegen Abb. Nr. II, 76.
799 Vgl. Foster, Michael (MS) 1979, p. 132, entgegen Stange, Alfred 1951, Bd. IV, p. 114.
800 Vgl. Objekt Nr. 12.
801 Vgl. Objekt Nr. 21.
802 Vgl. Objekt Nr. 23.

Figuren vorherrschende Bewegung ein solches statisches Element nicht zugelassen hätte[803].

So scheint es, daß die Zeichnung der Barbara direkter auf die anzunehmende böhmische Quelle reflektiert, da sie sich gerade in diesem Punkt gänzlich von der in Augsburg feststellbaren Entwicklung absetzt. Das Myrrhophorenbild im Dom dagegen wird man somit als Arbeit eines Meisters sehen müssen, der in dieser Tradition steht, d. h. der zur Augsburger Malerschaft gehörte und das hiesige Prinzip angereichert mit den übernommenen Motiven in technisch hoher Fertigkeit umzusetzen vermochte[804]. Die Verbindung zu den Teilen des Nassenfelser Altars[805] wird sich dann wieder mehr unter dem Aspekt der örtlichen Linie sehen lassen, welche durch den nachweislichen Zuzug der neuen Meister in dem zweiten Jahrzehnt des XV. Jahrhunderts um böhmische Formen erweitert wurde[806]. Während es bei dem Altarwerk jedoch offen ist, ob es sich nicht um ein Bild eines »deutschen Emigranten« aus Böhmen handelte, scheint die sichere und in der Proportion ausgeglichene Gestaltung der Myrrhophoren sich als »Ergebnis« dieser Beeinflussung von außen zu geben, welche sich als Endpunkt der Entwicklung des örtlich gebundenen Motives sehen läßt.

Die Kreuzigung in der Sakristei der Goldschmiedekapelle[807] dagegen versucht diese Lösung in einfacherer Art, indem sie die obere Hülle ähnlich statisch gestaltet, wobei der Bruch an den Bewegungsmotiven der Arme unvermeidbar wird, so daß sich an der sekundären Stellung, welcher dieser Maler zuzuordnen ist, auch durch den an und für sich qualitätvoll durchmodellierten Corpus Christi nichts ändert. In dieser Darstellung scheint sich das überlebte Motiv auszudrücken, das nach seiner vollkommendsten Durchgestaltung in den Myrrhophoren verflachte und wieder fallengelassen wurde.

Der zeitliche Abschnitt bis zur Mitte des Jahrhunderts zeigt, im Gegensatz zu dem der Bilder des Hirn'schen Grabhauses, wie sich trotz der doch weitgehendst durch Fremdelemente entstandenen Prägung zu Beginn des Jahrhunderts zugleich eine lokale Tradition noch niederschlägt, die zwar häufig überdeckt, trotzdem auch noch in den wenigen erhaltenen Bildern verfolgbar bleibt.

III. Der »Graphische Stil« und die Niederländischen Einflüsse 1450 bis 1480

1. Die Lage nach 1450

Für die Jahrhundertmitte stellt sich der Denkmalsbestand an Wandmalereien innerhalb der Stadt als äußerst dürftig dar. So ist nur die Legende des bisher nicht identifizierten Bischofs in der St. Peterskirche[808] im Zustand so erhalten, daß man daran eine

803 Für mögliche böhmische Vergleiche siehe das Epitaph des Johann von Jeřeň, Prag Nationalgalerie Inv. Nr. 0 1268 aus dem Jahre 1395; Matějček / Pešina 1955, Abb. 133.

804 Vgl. im Gegensatz dazu Foster, Michael (MS) 1979, p. 133.

805 Vgl. Karlsruhe, Staatliche Kunsthalle, Inv. Nr. 2249–50 (Geburt Christi und Darbringung im Tempel); Ottobeuren, Klostermuseum o. Nr. (Heimsuchung); Altena, Sammlung Thomé (Anbetung der Könige).

806 Vgl. supra p. 43.

807 Vgl. Objekt Nr. 38.

808 Vgl. Objekt Nr. 41, wozu auch das stark fragmentierte Objekt Nr. 40 hinzuzuzählen ist.

stilistische Untersuchung anzuknüpfen vermag. Die wahrscheinlich auf die späten vierziger Jahre zurückgehende Kreuzigung am Vogeltor[809] wird man dabei für solche Betrachtungen ebenso ausklammern müssen, wie das um 1459 entstandene Marienbild der Fassade des Predigthauses bei St. Ulrich und Afra[810], da diese Bilder nur im Zustand mehrfacher Übermalung bzw. in Kopie erhalten sind.

Es ist aber nicht leicht, für die Bilder der Peterskirche irgendeine Quelle zu belegen, da Denkmäler dieser Zeit, welche einen ähnlich graphisch betonten Stil vorzeigen, sich im Umkreis nicht erhalten haben. So vermeint man zwar in der Gestalt des Diakons[811] noch Anklänge an die Figur Josep des Dramers[812] des Hirn'schen Grabhauses zu erkennen, wie auch die räumliche Beinstellung in der Bischofslegende und die teilweise gespannten Volumina als Nachfolge des Passionsschildbogens[813] und die Ausgestaltung der Kopfgruppen[814] als die des Malers des Jakobus – Hermogenes – bzw. Dreikönigsbildes zu sehen sind.

Diese Motivübernahmen zeigen zwar eine Einbettung des Malers in die Augsburger Malerei, die ihm anscheinend voll geläufig war. Ein Anschluß an die stilistische Ausgestaltung der Figuren und vor allem an die graphische Gestaltung läßt sich jedoch aus der Wandmalerei nicht erklären. Man wird hierfür wohl Elemente der Buchillustration verantwortlich machen, obwohl sich auch bei diesen keines als Quelle der Ausarbeitung der Legende geltend machen läßt[815].

Das Bild wird man somit als erstes faßbares Zeugnis des graphischen Stils ansprechen müssen, das sich in Augsburg findet. Ob sich durch diese isolierte Stellung des Denkmals eine Entwicklung innerhalb Augsburgs – die Übernahme der alten Motive könnte dazu verleiten – eindeutig begründen läßt, bleibt ungesichert. Als eine späte Replik dieser Entwicklung, die damit zumindest für den Raum Schwaben zu sichern ist, hat sich lediglich die Jakobslegende der 1462 geweihten Jodokuskapelle in Überlingen[816] erhalten, deren Bilder sich aber durch gröbere Strichführung, eckigere massive Faltung und ungelenkigere Figurenbewegung deutlich gegenüber dem Augsburger Beispiel in eine nachrangige Stellung setzen. Die Eigenheit des richtungsindifferenten Standmotivs sowie die Kopfform mit dem vorgereckten spitzen Kinn geben die Verbindung dieses Zyklus zu einer Quelle, die dieser entweder mit den Augsburger Malereien gemeinsam hatte oder in dem Umkreis des Augsburger Meisters fand.

Dies verdeutlicht die Stellung der Malereien von St. Peter in ihrer Rolle, die sie bei der Umsetzung der lavierten Federzeichnung in die Wanddekoration übernahmen. Die Übernahme des aus der Buchmalerei kommenden Charakteristikums setzt in der Wandmalerei eine von der Tafelmalerei separierte Richtung ab, die umso ursprünglicher an die lokale Kunstsituation gebunden erscheint, da ihre Richtung von dem Einfluß der Niederländischen Werke länger unabhängig blieb als bei der Tafelmalerei, deren Situation sich an den Bildern der Weberzunftstube von 1457 deutlich entnehmen läßt, bei weitem unterscheidet[817].

809 Vgl. Objekt Nr. 42.
810 Vgl. Objekt Nr. 43.
811 Vgl. Objekt Nr. 40.
812 Vgl. Objekt Nr. 25, III.
813 Vgl. Objekt Nr. 31.
814 Vgl. Objekt Nr. 18; dabei ist vor allem an die Gruppe der Schriftgelehrten gedacht.
815 Das Aufblühen der lavierten Federzeichnung in Augsburg läßt sich vor allem in den Werken der Gebrüder Mülich ersehen, welche in privater Ausführung die Lage der offiziellen heute aber nicht mehr abgegrenzt faßbaren Buchmalerei wiedergeben.
816 Vgl. Schleuning, Hans 1972, p. 73, Abb. 43.
817 Heute im Bayerischen Nationalmuseum in Müchen. Die erzählenden Bildstreifen zeigen in

2. Die Niederländischen Einflüsse in der Wandmalerei

Den Einsatz der Niederländischen Einflüsse verbindet man in Augsburg zumeist mit der von der Chronik festgehaltenen Nachricht, daß 1455 der Konvent zu St. Ulrich und Afra eine in Flandern gefertigte Tafel aufstellen ließ, welche für den Betrag von 200 fl nach Augsburg gebracht worden war[818].

Dieses Ereignis dürfte aber nur eine Auswirkung sein, die durch die Kenntnis des »flandrischen Stils« in der Stadt bewirkt wurde. Denn denkt man über dieses Problem mehr in der historischen Dimension, so dürfte der Zug der Pilger, der zum Gnadenjahr 1450 nach Rom zog, in der Durchreisebewegung auch für Augsburg keinen geringen Einfluß gehabt haben, vor allem, da nach der Ernennung Peter von Schaumburgs zum Kardinal sich die Ablaßvergünstigungen zum Teil auch in Augsburg erwerben ließen[819]. Der Reisestrom, der durch dieses Jubeljahr ausgelöst wurde, ist wohl für diese Epoche als eine der größten Austauschmöglichkeiten auf kulturellem Gebiet anzusehen, was sich aber aus den Berichten nicht direkt entnehmen läßt.

Es ist das Verdienst Fosters, den konkreten Einfluß Niederländischer Malerei in den Tafeln der Ulrichslegende aufzuzeigen, die, wie er präzise angibt, in den Jahren 1450–1454 entstanden sein müssen[820]. Ab diesem Zeitpunkt, so scheint es, hat man mit diesem Nordeinfluß in der Tafelmalerei, so wie sie sich heute für Augsburg zuweisen läßt, zu rechnen.

Die Denkmäler der Wandmalerei scheinen dagegen auf die neue Richtung langsamer zu reagieren, welche Feststellung sich allerdings auch allein durch die Bestandslage ergeben könnte[821]. So finden sich die ersten Elemente dieser Art in den Bildern des 1464 gemalten Kreuzganges bei St. Anna[822], wo sie sich offenkundig sowohl in den Trachten der törichten Jungfrauen[823], als auch in denen der Frauen bei der Grablegung[824] wiederspiegeln. Neben diesen Frauenkostümen, welche im Augsburger Raum auf Tafelbildern der Folgezeit mehrfach festgestellt werden[825], scheint sich in diesem Fall auch die Gestaltung der Landschaftsfluchten durch diesen Meister als Übernahme auszudrücken[826]. Diese Landschaften belebt er ähnlich dem Meister von 1477 mit kleinen Silhouettengestalten[827], so daß man ihn in diesem Punkt als Vorläu-

Landschaft und Architektur eine Nachfolge der Landschaften des Hirn'schen Grabhauses auf, welche sich in ihrer narrativen Weise gegenüber den übrigen Tafelbildern wie z. B. denen des Ulrichsmeisters als altertümlich darstellt. Diese Divergenz der Malstile der Tafelmalerei kann aber hier nicht zur Debatte stehen, da sie sich in dieser Form in der Monumentalmalerei nicht auffinden läßt.

818 Vgl. Städtechr. XXV, p. 307, 26–28.

819 Vgl. Städtechr. XXV, p. 299, 25–30. Die hier gegebene Datierung auf 1445 ist jedoch nach der Mülich'schen Chronik in 1451 zu ändern. Vgl. Städtchr. XXII, p. 105, 11–16.

820 Vgl. Foster, Michael (MS) 1979, insbesondere p. 71.

821 Es ist dies auch vor allem eine Frage der Datierung der Kreuzigung an der Südwand von St. Gallus (vgl. Objekt Nr. 48), welche in dieser Arbeit im Zusammenhang mit den datierten Zyklen des Kreuzgangs bei St. Anna und der Katharinenkirche in die zweite Hälfte der sechziger Jahre gesetzt wurde.

822 Vgl. Objekt Nr. 44 mit 46.

823 Vgl. Objekt Nr. 44, II sowie Abb. Nr. 63.

824 Vgl. Objekt Nr. 46, I.

825 So beim Meister der Freisinger Heimsuchung (vgl. Abb. Buchner, Ernst 1928, Nr. 50, dort Meister der Augsburger Heimsuchung) und beim Meister von 1477 in der Kreuzigung (Augsburg, Staatsgalerie Inv. Nr. L 11, Abb. ibid. Nr. 27).

826 Vgl. p. 251 f.

827 Vgl. Objekt Nr. 46, I. Für diese Gestalten bei dem Meister von 1477 vgl. die unter Anm. 18

fer jenes Malers sehen kann, mit dem er aber sonst keine Gemeinsamkeiten aufweisen kann, womit die Bestimmung einer Abhängigkeit sich allein darin erschöpft[828].

Daß der Meister des St. Anna-Kreuzgangs für den Augsburger Raum eine bedeutendere Stellung besaß, zeigt das Bild der Vertreibung der Wechsler aus dem Tempel in der Pfarrkirche St. Johann in Rain a. Lech[829], das man wohl als früheres eigenhändiges Werk ansehen muß. Schrittstellung, Standmotiv, wie auch die Bewegung und die Proportion der Figuren[830] entsprechen so ganz dem Augsburger Zyklus, daß, obwohl dort der Maler in diesem Innenraumbild viel mehr seine Kenntnis illusionistischer Raumwiedergabe zeigt (die man in Augsburg durch die Architekturschranke[831] vertreten sehen könnte), kein Raum für Zweifel bleibt. Auch die zweite Darstellung in der Kirche in Rain a. Lech bringt diese Identität der Hand in den Frauengestalten, die sich allerdings noch nicht so modisch geben, und in den Teufeln und Engeln zum Ausdruck[832]. Diese Abhängigkeit der früheren Werke zu denen von 1464 im St. Anna-Kreuzgang zeigt deutlich die Entwicklung auf, die dieser Meister mit der Übernahme der Niederländer-»Mode- und Landschaftsdarstellung« machte, deren Nahtstellen sich in den Augsburger Bildern genau verfolgen lassen[833].

So wird offenbar, wie hier ein Wandmaler unter den Anforderungen der Zeit die neuen Stilelemente, die sich in Tafel- und Buchmalerei bereits festgesetzt hatten, übernahm, als er den Großauftrag der Kreuzgangsbemalung in St. Anna erhielt. Sicher war dies nicht seine erste Auseinandersetzung mit den neuen Formen, da man sonst den Sprung innerhalb der Bilder noch mehr bemerken würde. Als Zeugnis, wie eine solche Stilübernahme bei einer bestehenden Werkstätte vor sich ging, ist dies für die Augsburger Malerschaft exemplarisch.

Neben den Kreuzgangsbildern lassen sich auch in anderen Bildern diese Niederländischen Einwirkungen belegen. Dabei ist zunächst das 1469 von Lukas Welser und Ursula Laugingerin gestiftete Bild des Marientodes[834] zu erwähnen. Die einfache Übernahme des triptychonalen Charakters, ohne die Durchgängigkeit eines Einheitsraumes läßt auch bei diesem Objekt den Nachvollzug durch einen schwächeren Meister vermuten, obwohl dies aufgrund der Übermalung des XIX. Jahrhunderts nicht mehr nachgeprüft werden kann.

Die Kreuzigung bei St. Gallus[835] stellt sich in den Zusammenhang der Schule des Ulrichsmeisters, wie dies eine heute verschollene Kreuzigung dieses Kreises[836] belegt. Von dieser scheint sich jedoch die Arbeit des Meisters der Galluskirche sowohl zeitlich als auch qualitativ abzusetzen, was sich in der größeren Dynamik der Gewandbe-

genannte Kreuzigung und den Passionsaltar (Abb. bei Buchner Ernst 1928 Nr. 31). Für die Landschaftsauffassung könnte man die Meisterlinchronik Georg Mülichs von 1457 annehmen (Stuttgart, Württembergische Landesbibliothek Cod. HB. V 52).

828 Ein Ausbau der Relation des Verhältnisses ist aufgrund der schlechten Erhaltung der Kreuzgangmalereien nicht mehr möglich.

829 Die erst vor wenigen Jahren aufgedeckten Bilder sind bislang noch nicht in Abb. publiziert.

830 Am deutlichsten zeigt sich die Identität des Malers bei der Konfrontation zwischen dem Bild des Judaskusses und der Vertreibung der Wechsler aus dem Tempel.

831 Vgl. Objekt Nr. 73.

832 Vgl. diese Details mit denen der Abbildung des Engelsturzes, Objekt Nr. 44, III.

833 Die Tätigkeit des Meisters in St. Johann in Rain a. Lech scheint sich ganz auf die beiden Darstellungen der Westwand zu beziehen.

834 Vgl. Objekt Nr. 47.

835 Vgl. Objekt Nr. 48.

836 Vgl. Abb. Nr. I, 13; siehe dazu Buchner, Ernst 1928, p. 30 sowie Foster, Michael (MS) p. 89 a.

wegung sowie in der leichten Spannung der geraden Falten ausdrückt, wodurch sich die Körperlichkeit dieser Figuren steigert.

Ebenfalls in den Einflußkreis dieses Meisters wird man die Frau der Grablegung der Domkrypta[837] zuzuweisen haben, welche sich mit der Weinenden der von Buchner dem Ulrichsmeister zugewiesenen Tafel einer Kreuztragung des Basler Museums[838] in Übereinstimmung bringen läßt.

Die endgültige Verifizierung der Bezüge der beiden letztgenannten Beispiele scheitert aber ebenfalls wieder an dem Zustand der Wandgemälde, so daß hier nur Verhältnismäßigkeit angegeben werden kann.

Alle diese Bilder geben deutlich die Aufnahme des Niederländischen Einflusses wieder, welcher die Augsburger Malerei in den ersten beiden Jahrzehnten nach der Jahrhundertmitte zu einer auffälligen Wandlung führte, was sich bei genauer Betrachtung nicht als ein Sprung, sondern als konsequente Bereicherung verstehen läßt. So ist die Welt, die nach Musper[839] den Nassenfelser und Pähler Altar von dem Meister der Landsberger Geburt trennt, kein Vakuum, sondern eine Entwicklungsphase, die sich eher in der Wandmalerei nachvollziehen läßt als in der Tafelmalerei, bei der die punktuelle Häufung, welche hauptsächlich durch das rein stilkritische Sammelverfahren entsteht, einen Einblick in diese Übernahmevorgänge verwehrt[840].

3. Der transparente Stil

Gleichsam als Einschub stellen sich dieser glatten Entwicklung die Malereien der St. Katharinenkirche in Augsburg[841] entgegen, welche sich an ganz anderen Quellen orientierten, wie sich dies schon in der Betrachtung der Technik zeigte[842]. So geben diese Malereien ähnlich der Bischofslegende in Abwandlung des technischen Verfahrens der Wandmalerei eine Auswirkung der Buchillustration durch colorierte Federzeichnungen wieder, bei der der technisch bedingte Strich naturgemäß gegen die eingebrachte transparente Farbe steht. Die Übernahme der dort technisch bedingten Art ist dabei so getreu, daß sie auch die Freiheit der Zeichnung durch das doppelte Lineament wiedergibt[843].

Innerhalb der Augsburger Malereien scheinen die Bilder zunächst als Fremdkörper zu wirken, da sie direkt diametral zu der eigentlich in der Stadt vor sich gehenden Entwicklung gerichtet sind. Lenkt man jedoch den Blick auf die Buchmalerei, die sich angesichts dieser Technik der Wandmalereien anbietet, findet man in den Einzelblättern der Meisterlinchronik, welche Lehmann-Haupt 1929 unter der Bezeichnung V publizierte[844] eine gewisse Entsprechung, die dort vor allem in der Art der Köpfe und der räumlichen Wiedergabe vertreten ist. Auch die Meisterlinchronik der Staatsbibliothek München[845] (bei Lehmann – Haupt M) läßt in gewisser Weise die Motive der

837 Vgl. Objekt Nr. 55.
838 Vgl. Buchner, Ernst 1928, Abb. Nr. 24; Stange, Alfred 1970, Bd. II, Nr. 679.
839 Musper, Theodor 1961, p. 98.
840 Man wird für das Gebiet der Tafelmalerei Foster, Michael recht geben müssen, der die Gefahr einer rein topographischen Bearbeitung betont (MS) 1979 p. 72 Anm. 262.
841 Vgl. Objekt Nr. 49 mit Nr. 51.
842 Vgl. supra p. 99.
843 Vgl. supra p. 99 sowie Abb. Nr. 69 und Nr. 72.
844 Vgl. Lehmann-Haupt, Hellmuth 1929 dortige Kat. Nr. V; p. 163 ff. mit Abb. 90 mit 100.
845 Bayerische Staatsbibliothek München Cod. germ. m. 213; siehe ibid. Abb. 62 mit 76.

Zyklen ansprechen, wobei allerdings die Energie und Vehemenz der Direktheit verlorenging.

Lehmann-Haupt glaubte die Zeichnungen als eigenhändige Werke des Meisters von 1477 zu erkennen[846], mit denen sie in der Tat in ihrer Art des Faltenwurfes etwas Gemeinsames haben, was jedoch an dieser Stelle nicht zur Diskussion steht, da sich gerade in diesem Punkt die Zeichnungen von den Wandmalereien abheben, so daß diese Untersuchung einer Arbeit über die Tafelmalerei vorbehalten bleiben muß. Die Zeichnungen fallen aber innerhalb der Buchillustration ganz aus dem Rahmen der sonst mehr holzschnittmäßig ausgeführten Art[847], wodurch sich auch die Verbindung zu einem Meister ergibt, welcher in der Hauptsache wohl großformatigere Bilder fertigte, was ein Grund für die skizzenhaft flüchtige Ausführung geben könnte.

So konnte Lehmann-Haupt, dem die Bilder der Katharinenkirche nicht bekannt waren, die Stellung dieser Illustrationen im Zusammenhang mit der Monumentalmalerei nicht erschließen, da diese in ihrer Art – soweit bisher bekannt – für den süddeutschen Raum ein Unikat sind. Die Abhängigkeit der Handschrift und der Zyklen wird man aber auch in diesem Falle nicht auf eine direkte Linie setzen dürfen, da sich dagegen die Ausgestaltung der Gewänder in den Zeichnungen stellt, so daß eher wieder ein Fall einer gleichen Quelle zu vermuten ist[848].

Außer dem Augsburger Bezug stellt sich die Malerei auch mit dem Zyklus der Peterskirche in Lindau[849] in Verbindung, der neben dem Motiv der Magdalena bei der Kreuzigung[850], den man mit dem klagenden Schüler der Eremiten[851] in Verbindung zu bringen hat, welcher die Hände über dem Kopf zusammenschlägt, auch in der trockenen scharfen Faltengebung gewisse Ähnlichkeiten aufweist. Die Proportionierung der Figuren ist in diesem jedoch so unterschiedlich von den Augsburger Bildern, daß man darin höchstens eine Auswirkung derselben Vorlage annehmen darf. Insbesondere setzt sich die formalisierte Landschaftsauffassung von derjenigen der Augsburger Bilder ab, die bewußt auf Details verzichtet, um einen Einheit stiftenden Raum zu gewinnen, der die Dynamik der Komposition berücksichtigt ohne diese zu zergliedern[852].

Das Wandsystem der Zyklen, das sich mehr in die illusionistische Tradition des Jahrhundertanfangs stellt[853], macht deutlich, daß hier eine eigene Richtung erfaßt ist, die sich von dem frühen graphischen Stil aus entwickelt hat. Insofern wird man auch den Zyklus der Jodokuskapelle[854] in Überlingen wieder mit heranziehen müssen, wo dieses Element – zwar volkstümlich burlesk – in den vom Bratspieß entfliegenden Hühnern wiedergegeben wurde. So wird man in diesen Bildern eine weiterbestehende Linie der bodenständigen Tradition sehen müssen, die unbeachtet der neuen Einflüs-

846 ibid. p. 167.

847 ibid. p. 168.

848 Inwieweit sich die Illustrationen als Folge der Monumentalmalerei herausstellen könnten, läßt sich anhand der Bearbeitung nach Publikationen – wie hier geschehen – nicht sagen.

849 Für die Holbeinzuschreibung dieses Zyklus siehe Lieb Norbert 1969, p. 18–33; siehe dagegen Personen-Katalog Nr. 113 Abs. Zuschreibung.

850 Vgl. Lieb, Norbert 1969 p. Abb. p. 44. Lieb führt die Geste auf Italien zurück. Wahrscheinlicher war sie zu diesem Zeitpunkt bereits Allgemeingut im Süddeutschen Raum.

851 Vgl. Objekt Nr. 51, II.

852 Vgl. p. 266 f.

853 Ein Aufgriff dieses Wand-Systems scheint in der Kirche St. Valentin in Pfalzen bei Bruneck vorzuliegen, wo die Malereien auf 1483 datiert sind (aufgedeckt 1978).

854 Vgl. Schleuning, Hans 1972, Abb. 43.

se, von denen sie nur wenige Teile, wie die Landschaftsauffassung, übernahm, bestehen blieb.

An diesen Bereich schließen in der Linie der bodenständigen Malereien die Engel der Krippennische[855] von St. Anna wie auch die Prophetenbüsten[856] des dortigen Lettnergewölbes an, ohne jedoch die spezielle Technik dieses Meisters zu übernehmen[857]. Der Zyklus des Kreuzganges[858] des Barfüßerklosters dagegen scheint sich zwischen beide Gruppen zu stellen, indem er von der Linie des Kreuzgangs von St. Anna die Figuren und von jenem der Katharinenkirche die illusionistischen Elemente übernahm. So zeigt sich die Gliederung, die sich in den sozialen Strukturen zu dieser Zeit bereits abzuzeichnen beginnt, auch deutlich in einer unterschiedlichen Auffassung des Stils, der durch die qualitativen Unterschiede die Großwerkstätten, welche die Entwicklung voll mittragen konnten, förderte, während die anderen, zunächst noch parallel laufend, dann immer weiter abgedrängt wurden.

IV. Die Blütezeit der Augsburger Malerei und ihr Wandel zur Renaissance

1. Die Bilder vor der Wende zum XVI. Jahrhundert

Für die Zeit, in der in Augsburg die erhaltenen Denkmäler der Malerei vor allem auf dem Sektor der Buchillustration und der Tafelmalerei beträchtlich zunehmen, wird die Lage der erhaltenen Wandmalereien immer weniger repräsentativ für die Gesamtsituation der Augsburger Kunst. Der Umstand beruht zum einen auf dem großen Verlust der Denkmäler dieser Gattung, zum anderen darauf, daß – wie die historisch faktische Beschreibung zeigte – sich die Tätigkeit auf diesem Gebiet immer mehr auf wenige Werkstätten begrenzte, was nicht so sehr auf den Bestimmungen der Zunftorganisation als auf den sozialen und wirtschaftlichen Umständen beruhte[859].

Als gesichert muß man, nach der jetzigen Lage der Archivalien, die Urheberschaft des Ulrich I Apt für den monumentalen Christophorus im Dom annehmen[860], welcher zwar in seiner Zuschreibung, die Lieb 1934 erstellte[861], nie angezweifelt, aber auch nie richtig überprüft wurde, da sich die Faltung wie auch der Gesichtstypus in den für ihn gesicherten Flügeln aus Heiligkreuz aus dem Jahre 1510 zu offensichtlich ergab[862]. Die Figur des riesigen Heiligen bettet sich ganz in die Linie ein, welche sich für die gehobeneren Werkstätten in der Wandmalerei ergab. So erweist er einerseits mit dem vom Gewölbe scheinbar überschnittenen Baumstamm des Heiligen seine Reverenz an den illusionistischen Zug der sich 1491 in Augsburg immer noch ausgeprägt fand, zum anderen baut ein ausgewogenes Bezugssystem innerhalb der Figur ein Gleichgewicht auf, das durch die Fassung des roten Mantels zu einer Einheit

855 Vgl. Objekt Nr. 57.
856 Vgl. Objekt Nr. 56.
857 Die auf Grund einer »Restaurierung« entstandenen Bilder der Domkrypta (Objekt Nr. 52 bis Nr. 54) gleichen sich ebenfalls hier an.
858 Vgl. Objekt Nr. 60.
859 Vgl. supra p. 68 ff.
860 Vgl. Objekt Nr. 68, besonders Absatz Geschichte.
861 Lieb, Norbert 1934, p. 334.
862 Stange, Alfred 1957, Bd. VII, p. 55/56.

verschmolzen wird, in der die Sicherheit der riesigen Figur gründet[863], deren anscheinend ungelöste Basis heute auf noch bestehende Teile der nach der Reformation vorgenommenen Restaurierung zurückzuführen ist[864].

Weitaus strittiger liegt die Frage der Urheberschaft der Bilder der Goldschmiedekapelle[865]. Zuschreibungen an Hans I Burgkmair [866] und Leonhard I Beck[867], die zu der Zeit für die Bilder vorgenommen wurden, in der diese gänzlich übermalt waren, lassen sich nach der Entrestaurierung nicht mehr halten, insbesondere, da die Sicherung der Baugeschichte[868] die dabei ins Auge gefaßten Datierungen entscheidend veränderte.

Durch diese Festlegung ist die Vermutung Feuchtmayrs von 1928[869] wieder überlegenswert geworden, die Ulrich I Apt als Urheber dieser Malereien ansieht. Bestärkt und verunsichert zugleich wird diese Ansicht, wenn man die in der vorliegenden Arbeit gesammelten Archivalien untersucht. Die Art, wie die Bilder der Kapelle sich im Originalzustand[870] (er ist nur mehr für die Kreuzigung[871] photographisch belegt) gaben, läßt auf einen jüngeren flexiblen Meister schließen. Diese Bedingung erfüllen aber in dem Jahr 1485, in dem die Bemalung anzusetzen ist, nur die Maler Ulrich I Apt, der seit 1481[872], und Gumpold I Giltlinger, der ab 1480[873] in Augsburg als Meister bezeugt ist. Will man nun zwischen diesen beiden eine Entscheidung treffen, so stellt sich die Tatsache in den Weg, daß Giltlinger wie Apt als Wandmaler bezeugt ist, jedoch keinerlei gesicherte Werke besitzt, die eine Entscheidung zuließen. Allerdings könnte die rein faktische Tatsache, daß Giltlinger in diesem Jahr für die Domzeche arbeitete eine Bestärkung der Urheberschaft für Ulrich I Apt geben.

Läßt man die Archivalien aus dem Spiel und versucht die Analyse nur mit den sicheren Werken Apts, wozu das Altarwerk aus Heiligkreuz[874] sowie das Bildnis eines alten Mannes[875] und auch der monumentale Christophorus im Dom[876] gehören, so muß man sich immer der Problematik des Vergleichs des Alterswerks mit dem Frühwerk eines Malers gewärtig sein[877]. Dies ist um so schwieriger, da, wie es scheint, Ulrich I Apt sich gut in den Stilwandel einzupassen verstand.

So sucht man in den Bildern der Goldschmiedekapelle gewiß vergebens nach den »welschen« Versatzstücken, die Apt in der Form von Kuppeln (in der Anbetung des Kindes) oder von italienischer Architektur in seinem Spätwerk untergebracht hatte. Auch die Landschaftswiedergabe, die in den Tafelbildern bis ins kleinste Detail ausgebildet ist, findet – technisch und erhaltungsmäßig bedingt – keine Parallele. Gut

863 Vgl. Objekt Nr. 68, Abs. Stil.
864 Vgl. Objekt Nr. 68, Abs. Erhaltungszustand.
865 Objekt Nr. 61 mit Nr. 66.
866 Schmid, Alfred 1890; auch Thieme-Becker Kstl. Lex. Bd. V. (1911) p. 253.
867 Buchner, Ernst 1928, p. 388.
868 Wilhelm, Johannes 1979, p. 114–117. Danach wird die Erweiterung auf 1485 datiert.
869 In Ohlenroth / Steib 1927/28, p. 86.
870 Vgl. Abb. Nr. 90.
871 Vgl. Objekt Nr. 61; dort findet sich die Auseinandersetzung mit dem Originalbestand und den heute vorliegenden Fassungen.
872 Vgl. Personenkatalog Nr. 5.
873 Vgl. Personenkatalog Nr. 81.
874 a) Die Anbetung des Kindes: Karlsruhe Staatliche Kunsthalle, Inv. Nr. 2448; vgl. Abb. Katalog Karlsruhe 1964, Nr. 23; b) die Anbetung der Könige: Paris Louvre, Nr. 2711 A; vgl. Abb. Feuchtmayr, Karl 1928, Nr. 75.
875 Lichtenstein Fürstliche Galerie, vgl. Abb. Feuchtmayr, Karl 1928, Nr. 77.
876 Vgl. Objekt Nr. 68.
877 Erwähnt, wenn auch nicht berücksichtigt bei Stange, Alfred 1957, Bd. VIII, p. 55/56.

vergleichbar scheinen die Faltenwürfe, die sich in der frühen Wandmalerei glatter und härter gezogen geben, aber dennoch in ihrem Umfassen der Figuren und dem Aufstehen am Boden deutlich wiederzuerkennen sind. (Solche Gewandfaltung bei der Maria und bei Joseph in Karlsruhe gegen die, in diesem Falle allerdings sinkende Maria der Kreuzigung mit der ihr helfenden Frau). Auch die Plisseefaltungen der Wämse und Röcke der Kreuzigung finden sich in dem Bild der Anbetung der Könige, wo allerdings der Reichtum der Stoffe dieses Element deutlich verfremdet. Auch die Art der Einspannung der Gruppe in einen räumlichen Rahmen (man vergleiche den Kreis um das Kreuz Christi gegen die Überfangung der Maria auf dem Karlsruher Bild und die Gruppenbildung der kreisförmigen Umfassung des knieenden alten Königs im Pariser Bild mit der Gruppe des Stabat Mater in Augsburg) wie auch die Art der Reihung und Staffelung von Personen (vgl. die Staffelung links auf dem Pariser Bild gegen die der abschließenden Reihen rechts in Augsburg) lassen sich in den Bildern gleichberechtigt auffinden. Neben diesen allgemeinen Kompositionskriterien können aber auch die Gesichtstypen mit den eng zusammenstehenden Augen und großen Nasen in Entsprechung gefunden werden[878]. Alle diese Vergleiche sind jedoch doppelt gefährdet, da es einerseits um den Vergleich von Wand- und Tafelmalerei und andererseits um die Gegenübersetzung zweier Werke eines Meisters geht, die rund fünfundzwanzig Jahre auseinander liegen.

Stellt man den Christophorus des Doms dagegen als Vergleich zu den Bildern der Goldschmiedekapelle, so liegen zwar nur sechs Jahre dazwischen, jedoch belastet die Monumentalität den Vergleich gegenüber den kleineren Bildern erheblich. Dennoch lassen sich die Faltungen des erhobenen Armes des Domchristophorus gut denen der Stiefel des Christophorus in der Goldschmiedekapelle gegenübersetzen, wie sich auch die härtere und knittrigere Faltung des Mantels im Dom gut gegen die der Stabat Mater-Gruppe abwägen läßt [879]. Neben dem Motiv der engstehenden Augen und des flächig breiten Gesichtstyps, den sowohl der Christophorus im Dom als auch der in der Kapelle besitzen, fällt vor allem auch das Griffmotiv der beiden Heiligen mit den langgliedrigen Fingern auf, was sich in dieser Art wohl kaum zwei verschiedenen Händen zuweisen läßt.

Während sich so der größte Teil der figürlichen Bilder in die Richtung einer Werkstätte weisen läßt, geben die übrigen Bilder einen nur schwachen Abriß dessen wieder, was man als Malerei in Augsburg zu dieser Zeit zu erwarten hat.

So läßt sich die badende Frau[880] stilistisch nicht mehr einordnen, da sich zuwenig an Substanz in der photographischen Überlieferung erhalten hat. Das gleiche gilt auch für die Engel des Jüngsten Gerichts der Barfüßerkirche[881], welche deutlich einer schwächeren Werkstätte, die den monumentalen Maßen nicht gerecht werden konnte, zuzuweisen ist.

Die Malereien der Domgewölbe[882] – sie würden, wollte man sie untersuchen und über die im Objektkatalog gegebene Gruppierung hinaus verweisen, allein ein umfangreiches Kapitel geben – kann man nur in Vergleich mit der Buchillustration

878 So können der Josef in Karlsruhe gegen Longinus in Augsburg, die zwei Männer hinter dem linken König in Paris gegen die zwei auf das Kreuz Starrenden in Augsburg gesetzt werden.

879 Man vergleiche auch die Faltung des Gewandes des Kindes im Dom mit seiner überschlagenden Falte auf dem mit Falten gleicher Art in der Stabat-Mater Gruppe.

880 Vgl. Objekt Nr. 67.

881 Vgl. Objekt Nr. 69.

882 Vgl. Objekt Nr. 58. Dort findet sich auch eine stilistische Abwägung, welche im Rahmen des Textes nicht nochmals ausgebaut werden soll.

erarbeiten. Es sei im Rahmen dieser Arbeit nur auf die Illuminationen der Werkstätte Jörg Becks und der Klosterwerkstätte von St. Ulrich verwiesen, deren Bestand nur ungenügend publiziert ist[883]. Um eine Gliederung dieser Materie aufzustellen und eventuelle Querverbindungen zu nordischen Beispielen[884] nachweisen zu können, wird man aber auf eine Sichtung der Originale nicht verzichten dürfen[885].

So spärlich die Aussage für die Malerei dieser Zeit ist, wenn man sich auf die Denkmäler der Wandmalerei beschränkt, so zeigt sie mit der Fixierung auf die Aptwerkstätte ein Merkmal auf, das sich in den historischen Fakten finden ließ. Von wo sein Kreis entscheidend geprägt wurde, ist bisher noch nie über die Grenzen Augsburger Werkstätten hinaus untersucht worden, da man sich mit der Einbettung in die ansässigen Kreise begnügte. Allein aber die Verwendung der doppelschichtigen Seccotechnik läßt bei ihm auf auswärtige Erfahrungen schließen, die sich heute nicht eindeutig lokalisieren lassen.

Seine Stellung für die Augsburger Maler, unter denen er meist ganz an den Rand gedrängt steht[886], läßt sich jedoch in der Gattung der Wandmalerei eindeutig belegen. Der Verlust der Werke Giltlingers, der Ende des Jahrhunderts eine ähnlich starke Stellung in der Stadt hatte, muß daher um so schmerzlicher empfunden werden[887], weil durch ihn praktisch die Breite der künstlerischen Tätigkeit auf dem Gebiete der Wandmalerei verloren ging. Die hypothetische Rekonstruktion aus den vorhandenen Augsburger Tafelbildern muß dagegen zwangsläufig das Bild verzerren, da sich dort in erster Linie Meister finden, welche das Gebiet der Monumentalmalerei nie betraten[888].

2. Die »Augsburger Renaissance«

Die ersten heute noch feststellbaren renaissancehaften Elemente lassen sich für Augsburg in den um das Gnadenjahr 1500 für das Katharinenkloster entstandenen Basilikabildern feststellen[889], wobei sie bis auf das der Basilika San Pietro von Burgkmair diese Elemente in mehr latenter Weise, quasi als Versatzstücke in ihr spätgotisches Anlagensystem einbrachten.

Von da an fanden die »welschen« Formen schnell Eingang in die Malerei, wie dies auch die beiden oben erwähnten Apt'schen Altarbilder aus der Heiligkreuzkirche belegen[890]. Für keinen der Augsburger Maler läßt sich aber eine »Italienreise« defini-

883 Man kann in diesem Fall nur auf die Publikationen Steingräbers verweisen, vgl. Steingräber, Erich 1955 und 1956.
884 So die Vegetabilien der Marktkirche in Halle a. Saale (Vgl. Nickel, Heinrich L. 1979, Abb. 61).
885 Diese eingehende Bearbeitung mußte in diesem Fall ausgeklammert werden, obwohl gerade in diesen – von nachgeordneten Meistern erstellten Dekormalereien sich wahrscheinlich die umfassendste Aussage für die verschiedenen Einflüsse auf die Künstlerschaft der Stadt würde machen lassen.
886 Nur Behling, Lottlisa (1957, p. 150/151) macht im Rahmen ihrer Untersuchungen der Pflanzen in der Malerei auf die Abhängigkeit Hans I Burgkmairs von dem sog. Universitätsaltar (Bayerische Staatsgemäldesammlung München In. 10349–10351), der Ulrich I Apt zugeschrieben wird, aufmerksam.
887 Falk, Tilman (1976, p. 4–11) versucht ihm einen Altar in St. Ulrich zuzuweisen.
888 Daher werfen sich die Fragen nach der Tätigkeit eines Hans I Holbeins und eines Hans I Burgkmair als Wandmaler auf.
889 Vgl. p. 73. Anm. 477.
890 Vgl. supra p. 126.

tiv belegen, wie sehr auch die verschiedenen Biographen, vor allem im Fall Burgkmair, darum bemüht waren. So scheint es, daß man es hier ähnlich der Vermittlungsfrage für die böhmischen und italienisch-südtirolischen Einflüsse in der ersten Hälfte des XV. Jahrhunderts mit einer hauptsächlich indirekten über Drucke und Vorlagen weitergereichten Vermittlung zu tun hat, die durch Wanderkontakte, bei denen es sich meist um kürzere aber wahrscheinlich häufigere Aufenthalte gehandelt haben dürfte, vertieft wurde. Diese Verbindung, die auch umgekehrt gesucht wurde, wie dies die italienischen Lehrknaben Burgkmairs[891] und Breu's[892] beweisen, dürfte, aber grundsätzlich unauffälligerer und weniger spektakulärer Art gewesen sein, wodurch sich auch die langsam aber stetige Entwicklung des Phänomens Renaissance ergab. Die frühen Belege solcher Tätigkeit wurden bereits bei der historisch faktischen Beschreibung gespannt, wobei sich der Einfluß der Humanisten, welche durch ihre meist in Italien erfolgte Ausbildung eine wichtige Vermittlungsfunktion übernahmen[893], sowohl bei der Programmgestaltung, als auch bei der Motivation immer wieder herausstellte.

In der Wandmalerei wurden dabei große Unternehmungen, wie die Bemalung des Damenhofes und der Straßenfassaden der Fuggerhäuser, ausgeführt, welche nur mehr geschichtliche Quellen überliefern und deren Reste bei weitem nicht ausreichend für eine große Stilanalyse sind. Einzig der Puttenfries des Damenhofes und die Grissailebemalung des Arkadenbogens haben sich bildlich erhalten, wobei aus deren allgemein gehaltener Ausformung sich keine Rückschlüsse auf die dazugehörigen Malereien mehr machen lassen[894].

Während für den Damenhof wenigstens noch das Gliederungsprogramm überliefert ist, das sich in seinem illusionistischen Charakter durchaus an die Tendenz der spätgotischen Malerei (speziell auch der Fassadenfassungen) angliedern läßt[895], muß bei ernsthaften Nachforschungen der Verlust der straßenseitigen Fassadenbemalung für die Fuggerhäuser, wie auch für das Rathaus eingestanden werden[896], so daß sich nichts der großartigen Augsburger Renaissance–Wandmalerei erhalten hat und diese heute eher ein historisches Faktum als ein kunsthistorisches Objekt darbietet. Dies muß man auch von der Dachbemalung des Perlachturms von Leonhard I Beck 1527 sagen, deren genaue Ausgestaltung wir uns heute nicht mehr vorzustellen vermögen[897], wie auch von den Arbeiten Breus im Südanwesen des Fugger'schen Besitzes, von dem sich nur wenige Reste, und die zum größten Teil stark überarbeitet, überliefert haben[898].

So hat sich einzig die Hochzeits-Festszene einer mehr handwerklich ausgerichteten Werkstätte als Denkmal der Wandmalerei aus dieser Zeit erhalten[899]. Sie zeigt mit ihrer Beobachtung der Bewegung und dem Versuch, diese direkt in die Malerei umzusetzen (man denke dabei an das sich drehende Tanzpaar), die Grundzüge auf, die der Epoche zugrunde liegen. Trotzdem kann das Werk nicht als die hohe Kunst angesprochen werden, welche man erwartet, wenn man gemäß den Erzeugnissen der

891 Vgl. Personenkatalog Nr. 39: Caspar Straffo aus Venedig 1501.
892 Vgl. ibid. Nr. 30: Koch Bernhard aus Venedig 1520.
893 So konnte der Kontakt zwischen den venezianischen Lehrknaben und Burgkmair über Conrat Peutinger entstanden sein.
894 Vgl. dazu Objekt Nr. 71.
895 ibid.
896 Vgl. Objekt Nr. 71 mit 72, Abs. Geschichte sowie Beilage XIV 1 mit 5.
897 Nach Buff, Adolf wurden die Dächer bei diesem Umbau mit Kupfer gedeckt.
898 Vgl. Objekt Nr. 72.
899 Vgl. Objekt Nr. 70.

Tafelmalerei sich den Wandgemälden dieser Zeit zuwendet. Die Bedeutung des Bildes liegt eher darin, daß es, wenn es sich auch mit dem Aquarell des Augsburger Geschlechtertanzes von 1522 zeitlich festlegen läßt[900], die Reflexion einfacher Maler auf die Zeit, deren große Werke nicht mehr erhalten sind, vorstellt. Die Direktheit, die dabei eingefangen ist und die durch einfache kompositorische Mittel in die Monumentalmalerei umgesetzt wurde, gibt ihm seinen Wert, der auch ohne große fremde Formanleihe Bestand hat.

Angesichts der Lage des heutigen Bestandes der Renaissance-Wandmalerei dürfte es sich erübrigen, weitere Spekulationen über deren Stil zu veranlassen, da diese Aussagen den Rahmen dessen, was sich archivalisch rekonstruieren ließ, nicht zu erweitern und die Lücken sowie die Verluste, welche die Zeit bewirkt hat, nicht zu schließen vermögen.

900 Vgl. Habich, Georg 1911. Man wird dabei vor allem die Gruppen des »Bofelfolck« mit den bei der Hochzeit dargestellten Personen zu vergleichen haben.

E. Beschluß

Die Strukturinvention als Grundlage der historischen und kunsthistorischen Untersuchung

Der Verlauf der Untersuchung zeigt, wie die Bestände der Denkmäler – in diesem Fall der Wandmalerei – im Vergleich mit den aus den archivalischen Fakten gewonnenen Strukturen sich zu einem geschlossenen Bild aufbauen lassen.

Die genaue Erfassung der Denkmäler zeigte sich dabei als ebenso unerläßlich als eine breitgestreute Sichtung des im Falle Augsburg reichlich vorhandenen Archivmaterials. Die Beachtung scheinbar nicht für die Kunstgeschichte relevanter Fakten war zur Gewinnung der strukturalen Linie ebenso notwendig, wie die genaue Sicherung des Objekts in seiner Substanz, seinem geschichtlichen Umfeld, wie auch die Klärung bezüglich der Veränderungen seit seiner Fertigstellung, die meist den Zugang zu den eigentlichen künstlerischen Fakten verstellen. Erst diese »Freilegung« erlaubte eine Gegenüberstellung von historischen und künstlerischen Strukturen, die sich dann gegenseitig in der Aussage ergänzten. Das Verfahren, das meist von selbst ungerechtfertigte Deduktionen aufzeigt, bietet in der hier exemplarisch durchgeführten Art die Möglichkeit, die Aussage der geschichtlichen Tatsachen über das »factum brutum« hinaus mit objektiveren Gesichtspunkten zu belegen, die sich in der an dem einzelnen Objekt erstellten Aussage nur in hypothetischer Generalisation gewinnen lassen.

Aus diesen Gründen wurde das Schwergewicht bei der Bearbeitung auf die Sicherung der Realitäten verlegt, aber nicht zu dem Zweck, sie nur um ihrer selbst willen zu erheben und eine möglichst große Fülle aufzuhäufen, sondern möglichst viele Verbindungen herzustellen und gegenseitig absichern zu können.

Die Stellung des ansässigen Malers, der aufgrund der späteren Auswüchse der zünftischen Organisation meist zu Unrecht als Handwerker ohne höheren Anspruch angesehen wird, galt es erst einmal klar zu erfassen, damit man objektiv einen Versuch unternehmen konnte, die Einzelpersönlichkeiten plastisch zu erkennen.

Dabei zeigte es sich, daß es nicht unwesentlich ist, die Bestimmungen der Zunft genau zu untersuchen, da sie sich meist in ihrer gewachsenen Form als direkter Träger des Ausdrucks der Malerschaft zeigten. Daß »die Erörterung der genossenschaftlichen und gewerblichen Verhältnisse nicht Aufgabe des Kunstgeschichtlers sei«[901], stimmt zwar streng genommen, klammert aber ein wichtiges Hilfsmittel auch für die kunsthistorische Arbeit aus.

Der umfassende Überblick auf die sich in vielen Einzelfragmenten erhaltenen und überlieferten Wandbilder konnte sich aber erst dadurch sinnvoll schließen, indem die Wechselbeziehung Autor – Werk sich auch historisch nachvollziehen ließ und damit eine wichtige Ergänzung gab.

Die heutigen Denkmäler der Augsburger Wandmalerei sind bis auf wenige bekannte Bilder vom Verfall bedroht, der laufend fortschreitet. Von daher gesehen war zumindest eine genaue Erfassung der Denkmäler überfällig, von denen bei nur geringer Anregung der Öffentlichkeit weit weniger verloren gegangen wären. Allein dieses Anliegen rechtfertigt den Aufwand, der nötig war, das Verlorene in der Überlieferung zu finden und die erhaltenen Bilder wenigstens im Wort zu sichern.

901 Vischer, Robert 1886, p. 483.

Objektkatalog

Vorbemerkung:

Der Objektkatalog wurde, um die Sicherung der zur Untersuchung herangezogenen Denkmäler hinsichtlich ihrer Originalität zu leisten, so genau wie möglich auch auf scheinbar unbedeutende Details der Bilder ausgedehnt.

Die ausführlichen Beschreibungen dienen in diesem Sinne in erster Linie der Erfassung des Bestandes, da Wandmalereien mehr als Tafelbilder durch ihren fixierten Standort und durch ihre meist labilere Materialstruktur der Beschädigung durch ungünstiges Raumklima (oder auch Außenklima) unterworfen sind. Daher und um die immer wieder stattfindenden Substanzveränderungen, welche sowohl Verfall als auch jede Restaurierung mit sich bringt, zu erfassen, war es notwendig, ausführlicher auf die technischen Fakten einzugehen, wodurch sich unter anderem der Umfang des Objektkataloges erklärt.

Auch wenn nicht jede Restaurierung mit dem Mittel der »Übermalung« arbeitet, so entsteht doch bei jeder Reinigung und vor allem bei jeder Entfernung älterer Restaurierungsübermalungen ein Substanzverlust, der auch bei sorgfältigster Ausführung nur eingeschränkt, aber nicht vermieden werden kann. Die Festhaltung des originalen Bestandes in Wort und Bild auf ausführlichste Weise erscheint aus den sich daher ergebenden Notwendigkeiten gerechtfertigt.

Der Katalog stellt die für die Arbeit herangezogenen Augsburger Denkmäler der Wandmalerei der Zeit von 1368 bis 1530 vor, die sich heute noch erfassen lassen.

Darunter fallen demnach nicht nur alle in situ oder durch Abnahme der originalen Substanz erhaltenen Denkmäler, sondern auch alle durch Kopie und durch Pausen überlieferten Malereien, die ebenso wie die Originale, hinsichtlich ihres technischen Aufbaues und des Erhaltungszustandes untersucht wurden, in einer stilistischen Würdigung auf ihre Rolle in der Denkmalskette innerhalb Augsburgs zugänglich gemacht werden sollen.

Dazu verbleibt der Katalog zunächst ganz werkimmanent, ohne weitere Vergleichsbeispiele heranzuziehen, um seiner Rolle der Materialsicherung und Vorstellung gerecht zu werden. Auch wurde versucht, die chronologische Abfolge innerhalb der Augsburger Denkmalskette zu begründen, indem Stilkriterien an fix datierten Bildern erarbeitet wurden, die dann für die Einordnung der undatierten Denkmäler verwendet wurden. So stellt der Katalog zunächst alle szenisch und ornamental komplexen Darstellungen in chronologischer Reihenfolge von Nr. 1 mit Nr. 72 vor, an die sich ab Nr. 73 mit Nr. 81 Architekturfassungen und illusionistische Architekturmalerei ohne größeren Zusammenhang angliedert.

Ein Anhang nennt zwei zerstörte, nicht mehr genügend überlieferte, Bemalungen.

Um dabei einen besseren Überblick zu gewährleisten, sind die Abschnitte der einzelnen Denkmäler in Spalten wie folgt aufgegliedert:

Daten:

Dabei wird der Standort, bzw. die Überlieferungsart, die Maße, die genaue oder erschlossene Datierung, das Freilegungsdatum und gegebenenfalls der Zeitpunkt der Zerstörung genannt.

Beschreibung:
Detaillierte formale wie inhaltliche Beschreibung, welche vor allem der Sicherung der dargestellten Einzelheiten verpflichtet ist. Falls starke Ergänzungen oder Verfälschungen vorliegen, ist die Beschreibung auf eine Inhaltsangabe beschränkt.

Stil:
Hervorhebung derjenigen Elemente des Bildes, welche als stilistische Merkmale zur Einordnung dienen, sind hier ebenso wie Grundtendenzen der Figuren- und Gruppenbildung der Komposition genannt.

Ikonographie:
Hier wird auf Besonderheiten der Typologisierung und der inhaltlichen Darstellung verwiesen, die wegen der Verschiedenartigkeit der Objekte nur bedingt vergleichbar sind. Auch wird unter diesem Punkt womöglich die Funktion des Bildes zu klären versucht.

Technik:
Dieser Punkt charakterisiert in Kürze Aufbau und Eigenart des Bildes in seiner technischen Ausführung.

Erhaltungszustand, Überlieferung:
Beschreibt den Erhalt und die Verläßlichkeit des heute vorliegenden Bildes hinsichtlich seiner Originalität. Auch werden Eingriffe und Veränderungen von Restaurierungen festgehalten. Bei Kopien wird unter diesem Punkt die Verläßlichkeit der Wiedergabe geprüft.

Literatur:
Die Angaben nennen die bisherigen Bearbeitungen und Erwähnungen, wobei Presseberichte nur in Ausnahmefällen herangezogen sind.

Diese hier erläuterten Spalten können, wenn z. B. Stil, Ikonographie oder Technik mehrere Bilder eines Zyklus insgesamt betreffen, auch als Zusammenfassung hinter den entsprechenden Katalognummern stehen.

In einigen Fällen sind geschichtliche sowie das Programm der Raumgestaltung betreffende Zusammenfassungen angefügt.

N.B.:
Alle Maße sind in Zentimetern angegeben, wobei die Breite vor der Höhe angeführt ist.
Die Aufschlüsselung der Bibliographie folgt im III. Teil der Arbeit unter Literaturzusammenstellung.

Nr. 1
»Schmerzensmann«

Standort: in situ
Dom
Ostkrypta, nördliches Schiff, nördlicher Gewölbeansatz des zweiten Joches von Osten her gesehen.
(vgl. Plan Nr. II)

Datierung: ca. 1360/1370)

Maße: 47 × 97 cm

Freigelegt: im XIX. Jahrhundert [1], Zeitpunkt nicht genau bestimmbar.

Beschreibung:
Unter dem schmalen Raum eines mit fischblasenartig überzogenem Abschluß bekrönten Durchbruchs präsentiert sich vor luftblauem Hintergrund die Halbfigur Christi als Schmerzensmann. Die S-bogenförmig geschwungene Haltung des Körpers gibt der Figur im Standmotiv eine Verunsicherung, daß es scheint, sie werde nur durch die Rahmung der illusionistischen Architektur aufrecht gehalten. Trotz dieser fehlenden Stabilität berührt nur der rechte Ellenbogen der Figur das Rahmensystem. So ist die Gestalt mit vorgeschobenem Bauch, zurückgeneigtem Oberkörper und nach links auf die Brust sinkendem Haupt in sich selbst zusammensinkend in einem labilen Gleichgewicht, dessen einzig festigendes Motiv die vor der Brust übereinander gelegten Arme sind. Diese horizontale Verschränkung, deren Kraftlosigkeit die fallend hängenden Hände bezeichnen, und das unter den Arm geklemmte, sich zum Rahmen hinlehnende Rutenbündel, gegen das sich das müde Haupt zu neigen scheint, wirken dem Zusammensinken entgegen, wobei sie aber, da ganz mit der Figur verbunden, sie in dieser liegenden Labilität nur zu sichern, nicht aber zu beseitigen vermögen.

Das volle blonde Haar, auf dem die, die Neigung des Hauptes unterstreichende, als drückender Reif sich zeigende Dornenkrone aufliegt, gibt dem heute bartlos erscheinenden Christus ein jugendliches Aussehen. Die weiche Linienführung des Haares und die schwache Spannung des Gesichtsumrisses stellen sich dem schwungvollen Bogen der Brust, der Schulter und des Lendentuches sowie der haltenden Geraden der Arme als Widerspruch entgegen, was den menschlichen Zug dieses kleinen Andachtsbildes unterstreicht, indem der zusammensinkenden zerbrochenen Gestalt ein beruhigtes Blickzentrum individuellen Charakters gegeben wurde.

Die Farbigkeit, soweit man sie heute noch feststellen kann, beschränkt sich auf einfache Flächenfüllung, die von der Spannung der Rötelzeichnung belebt wird. Gegenüber dem mit Rötel gefaßten, fast plastischen Rahmen tritt das lichte Blau des Grundes weit in den Hintergrund zurück, so daß der Figur eine deutlich räumliche Plastizität gegeben wird, die durch die warmen Farben der Rötelzeichnung, des ockerblonden Haares und warmgrauen Lendentuchs auch trotz des verlorenen Inkarnats heute noch feststellbar bleibt. Das Grün des Rutenbündels bildet die Verschränkung zu dem kälteren Charakter des Grundes und unterstreicht dessen statisch haltende Rolle.

Ikonographie:
Für den Typus des Schmerzensmannes [2] läßt es sich in diesem Falle nicht festlegen, ob er als lebend oder tot gekennzeichnet ist, da die Binnenzeichnung des Gesichts gänzlich verlorenging. Wäre nicht die Kleidung auf einen Lendenschurz allein reduziert, könnte man mit großer Wahrscheinlichkeit auf einen als Andachtsbild erstellten »Ecce homo« – Christus schließen. Das Fehlen der Wundmale und die aufrechte Haltung des Rutenbündels (?) kämen dieser Überlegung sehr entgegen.

Die isolierte Stellung als Halbfigur in einer Nische, die sich unter Umständen an plastische Vorbilder anlehnte, und die Nähe zum ehemaligen Altar geben jedoch der mehr eucharistiebezogenen Schmerzensmann-Ausdeutung größere Wahrscheinlichkeit. Auch weisen die kraftlos unterhalb der Brust gekreuzten Hände wie auch die fast die Rahmung tangierende Haltung auf die bereits vollzogene Passion hin.

Angesichts dieser wenig eindeutigen Bestimmung besitzt die ikonographische Stellung für die Einordnung dieses isolierten Einzelbildes nur sekundären Wert. [3]

Stil:
Der stark mit Spannung der Zeichnung arbeitende Stil, dessen Charakteristik sich in den überzogenen Kurvenlinien ausdrückt, stellt im bayrisch-schwäbischen Raum eine Rarität dar, die

sich von daher der Einordnung so ziemlich entzieht. Die Verwendung des Gesprenges der Rahmung stellt sich gegen eine Datierung vor der Mitte des XIV. Jahrhunderts.

Fluß der Bewegung und Haltung setzen es zudem auch von den Malereien der damaligen Leonhardskapelle [4] so deutlich ab, daß man am ehesten an eine Datierung von 1360 bis 1370 denken dürfte.

Technik:
Malerei in einschichtigem Kalksecco ausgeführt auf Kalkschlemme, keine separate Vorzeichnung zu erkennen.

Erhaltungszustand: (während der Grabungsarbeiten 1980):
Der heutige Zustand entspricht dem Original. Die Zeichnung ist an der Kinnlinie stark und an den Brustlinien zum Brustbein hin schwächer ergänzt. Die blaue Farbe des Hintergrundes scheint, wie die Fluoreszenz-Analyse [5] ergab, ebenfalls bei der Konservierung 1934 (oder schon zuvor) mit Kasein gehärtet als auch verstärkt worden zu sein.

Literatur:
Schroeder, Alfred 1900, p. 14;
Vetter, August 1910, p. 42;
Breuer, Tilmann 1958, p. 10.

Nr. 2
»Schmerzensmann«

Standort: in situ
Dom
Westchor, südlicher Ostpfeiler, Südseite

Datierung: ca. 1370

Maße: 34 × 96 cm

Freigelegt: 1934 bei der großen Domrestaurierung [1]

Beschreibung:
Die Halbfigur Christi als Schmerzensmann erhebt sich über einer rotweißen als einziger Begrenzung erhaltenen Grundlinie, leicht nach hinten geneigt mit nach rechts hin auf die Brust sinkendem Haupt. Der Zusammenhang der Linien ist stark fragmentiert und läßt in seinem heutigen Zustand einen mehr stämmigen wenig bewegten Körper rekonstruieren. Die breit angelegten Schultern bieten eine ruhige Basis, von der aus die Bewegung des schlanken Halses das Haupt in seine sich seitwärts neigende Blickrichtung wendet. Hier ist Christus anscheinend in jugendlicher Gestalt ohne Bart gegeben, was sich auch in seinem kräftigeren Körperbau ausdrückt. Die Arme, in ihrem oberen Teil fallend, werden angewinkelt offen vor die Brust genommen, wie wenn sie ehemals quasi als Akkord durch Aufzeigen der verschwundenen Wunden der feingliedrig langen Hände, die ebenfalls nicht mehr erhaltene Seitenwunde hätten begleiten wollen. Christus hält müde unter seinem linken Arm eingeklemmt den Stiel einer Geißel, der nach unten gerichtet ist. Fast scheint es, daß der Blick des durch die reifartige Dornenkrone bekränzten und durch die gelockten Haare gefaßten Gesichts, der durch die Geißel gegebenen Richtung folgt. Dieser Eindruck, der sich heute durch das Fehlen der Blickrichtung der Augen ergibt, dürfte wohl im Originalzustand zugunsten einer Ausrichtung auf den Betrachter umgestaltet gewesen sein, was dem Typus des meditativen Andachtsbildes entgegenkommt.

Die Figur benötigt in sich selber trotz der müden sinkenden Bewegung, von der Komposition her fest, keinen haltenden Rahmen. Die Basis, die man wohl als Grabesrand deuten muß, genügt, der Figur Sicherheit zu geben, wobei die Falten des Lendentuchs als Gelenk zwischen statisch anorganischer Basis und dem organisch ragenden Körper dienen.

Die Farbspuren, die sich nur hier im unteren Bildteil erhalten haben, zeigen auf, daß auch dem Maler dieses Bildes die Tiefenwirkung kalter gegenüber warmen Farben geläufig war.

Ikonographie:
Der Typus des Schmerzensmannes läßt sich in diesem Falle eindeutig festlegen. Neben der auf den Lendenschurz beschränkten Kleidung weist der untere Begrenzungsrand auf einen »in einem Grabe« stehenden Christus hin [2], wozu noch die »offene« Handhaltung kommt, welche auf ein Zeigen der Wundmale schließen läßt, in dem die beiden durchbohrten Hände die Seitenwunde rahmten. Nur dies kann die Handhaltung genügend motivieren und rechtfertigt damit die Rekonstruktion der heute verschwundenen Wundmale.

Die Haltung Christi ist erschöpft, müde zusammensinkend, jedoch nicht tot. Auch das geneigte Haupt mit dem unter den Arm geklemmten Rutenstock (?) fast gleichgerichtet, würde dem Zustand des Todes direkt widersprechen und ihn so von den Christi-Grabdarstellungen (Epitaphia-Typus) absetzen. Damit wird er entschieden auf die Eucharistie-Symbolik hin ausgerichtet, woraus sich in der Folge der Gedanke anschließen muß, ob die Figur nicht mit einer Sakramentsnische im alten Hochchorbereich zusammenhängt [3], was sich in Verbindung mit dem späteren darübergemalten Myrrhophorenbild als spezielle Frage nochmals aufwerfen dürfte (vgl. Objekt Nr. 36).

Stil:
Die Elemente des Bildes lassen eine genaue Stilanalyse nur bedingt zu, da die erhaltenen Linien garantiert nur eine erste Zeichnung auf dem Grund der grauweißen Quaderung der Mauer bieten. Die plastische Durchbildung der Ansätze der Lendentuchfalten läßt nur mehr ahnen, wie sich die Gesamtgestalt dem Betrachter dargeboten haben dürfte. Dadurch schließt sich die Figur des Schmerzensmannes an die »Brustbilder berühmter Männer« (vgl. Objekt Nr. 4) und an den »Tod der Maria« der Magdalenenkirche (vgl. Objekt Nr. 5) an, wobei sie sich in der plastischen Ausbildung als stärker erweist.

Technik:
Seccomalerei mit Bindemitteln ohne neuen Kalkgrund auf die alte grauweiße Quadrierung des Putzes aufgetragen. Schwarze Konturvorzeichnung ist in den alten Grund eingedrungen, während die Pigmentschicht nur locker auflagerte.

Erhaltungszustand:
Das Bild erweist sich nur mehr als Vorzeichnungsfragment [4], da die Pigmente bei der Freilegung 1934 abgefallen sind. Die nachfolgende Konservierung scheint neben der Härtung auch eine Verstärkung der Zeichnung zur Folge gehabt zu haben, die sich durch die gänzliche Überlagerung mit Kaseinspuren heute nicht detailliert nachweisen läßt.

Literatur:
Lieb, Norbert 1934, p. 347 (Abb.);
Lieb, Norbert 1934 (1979^{XIX}), p. 19;
Lill, Georg 1935, p. 68;
Stange, Alfred 1951, Bd. IV, p. 116;
Martin, Kurt 1952, p. 74 mit Anm. 22;
Breuer, Tilmann 1958, p. 8;
Binder/Lieb/Roth 1965, p. 20, p. 153 (Abb.);
Foster Michael 1979 (MS), p. 127 ff.

Die Malereien des Pfettner-Hauses
Nr. 3 und Nr. 4

Der Auftraggeber (damit auch Datierung):

Nach den Steuerbüchern der Stadt wohnte in diesem Haus, das im Steuerbezirk »von Rug Rappot« [1] stand, bis in das Jahr 1367 Paul Pfettner, der in den Jahren 1366 und 1367 das Amt des Stadtpflegers bekleidete [2].

Pfettner, der 1370 als Mitglied des Rats an der Delegation nach Prag teilnahm [3], um vom Kaiser die Anerkennung für die Zunftverfassung zu erlangen, führte in seinem Wappen eine schleichende Katze, mit der Blendinger 1976 die unter der Kienspan-Nische hinter dem Biforium kauernde Katze in Verbindung brachte [4]. Dies scheint berechtigt, da das als Hauszeichen zu verstehende Tier speziell durch Kopf- und Schwanz-Haltung auf die Katze des Wappens Bezug nimmt [5].

Jedoch muß man die Datierung »um 1400« korrigieren [6], da, wie in den Steuerbüchern nachweislich ist, Pfettner das Haus Philippine-Welser-Straße 20 vor dem Herbst 1368 endgültig verläßt und sein Nachfolger im Besitz, Rüdiger Langenmantel, [7], der eine geborene Herwart zur Frau genommen hatte, keinerlei Veranlassung gehabt hätte, das Wappentier der Pfettner in den Wandschmuck aufzunehmen, so daß die Malereien vor den Besitzerwechsel zu datieren sind [8].

Nr. 3
»Wand mit Jagdzyklus«

Standort: in situ
Philippine-Welser-Straße 20 (Lit. Nr. C 282)
südliche Brandmauer, im 2. Stockwerk (vgl. Plan Nr. I)

Datierung: vor 1368

Maße: 1280 × 315 cm (Gesamtausdehnung)

Freigelegt: 1968 bei Umbauarbeiten [9]

Beschreibung:
Die Wand gliedert sich in eine Sockel-, Bild- und »Baldachin«-Zone, von denen sich Sockel- und Baldachin-Zone in ihrer Horizontalität aufteilen, die Bilder-Zone dagegen durchgängig ist.

Die Sockelzone weist in ihrer oberen Hälfte alternierend gelbe und rote, grau gefaßte Quadrate auf, die durch eine sie oben zusammenfassende weiße Lichtkante zur Bildzone hin sich plastisch absetzt, so daß man darin eine gemalte Inkrustation sehen möchte. Linien innerhalb der quadratischen Platten sollten wohl eine Marmorierung imitieren, ein organisiertes Muster oder eine figürliche Zeichnung läßt sich in ihnen nicht erkennen. Weiß gefaßt ist auch die Kienspan-Nische, die den regelmäßigen Rhythmus der Quadrate unterbricht und darunter den Raum für eine kleine Biforiums-Öffnung gibt, hinter der sich eine Katze mit aufgestelltem, gerolltem Schweif lagert, in der man das Wappentier der Stadtpflegerfamilie Pfettner erkennt.

Die Baldachinzone weist ebenfalls eine gelb-rot alternierende Folge von Feldern auf, die auf einer weißen nach unten durch eine dünne und eine dicke graue Linie begrenzten Basis stehen. Das untere Drittel wird durch verkrabbte von mit Kreuzblumen bekrönten Spitzbogen geöffnet und gibt den Blick in kleine Galerieräume frei, die meist an ihren beiden Seitenwänden, seltener über die gesamte Breite, mit vergitterten Öffnungen versehen sind. Es entsteht durch diese Spitzbögen der Eindruck einer in den oberen Teilen verkleideten Maßwerkarkade, die auf dem Bildrand aufsteht und Einblick in die »Räume« hinter dem Bildträger zu geben scheint.

Diese Galerieräume sind mit allerlei Menschen- und Tiergestalten bevölkert, die sich teils auf den Betrachter, teils aufeinander ausgerichtet, anblicken bzw. zubeugen.

Dabei legt die in den beiden letzten Arkaden doppelt nach links gewendete Ausrichtung der Figuren die Folgerung nahe, daß es sich hier um die Betonung des Abschlusses der sich unter dem Arkadenfries befindlichen Szene handelt, was sich bei der Analyse des Bildfeldes auch bestätigt.

Auch über dem Fragment II an der westlichen Südseite der Brandmauer des Hauses haben sich zwei Felder der Baldachinzone erhalten.

Diese Figuren der Baldachinzone können in keinerlei ikonographischen Zusammenhang mit den Bildfriesen gebracht werden. Auch wenn sie sich beschränkt an der Gliederung der unteren Zonen orientieren, stellen sie doch mehr aus einem Gefühl des »horror vacui« bestimmte ornamentale Versatzstücke dar, deren Aufgabe es in erster Linie ist, mit »lebendiger« Fülle zu schmücken, was sonst in einem leblosen Rapport zu erstarren drohte.

Nr. 3, I
»Hirschhetze mit Jagdgefolge«

Standort: in situ (vgl. Plan Nr. I)

Maße: 584 × 124 (Bildfeld)

Beschreibung:
Inhaltlich wie formal gibt sich die aufgedeckte Wandfläche des östlichen Raumes als eine abgeschlossene Einheit, die es erlaubt, diesen Teil der Malerei als ein Bild anzusprechen.

Geschildert wird der Höhepunkt einer Hirschhetze, wobei der Entwicklung der Bewegung epische Breite eingeräumt wird, die sich von rechts nach links, also entgegen der gewohnten Erzählrichtung ausbreitet.

Ein Reiter, mit Kappe, rotem Wams und dunkler Hose bekleidet, eröffnet die Erzählung, indem er seinen fast zur Statuenhaftigkeit versammelten Fuchs im Galopp anspringen läßt. Die Vorhand wie zur Levade erhoben scheint das Roß in voller Spannung des Moments zu verharren, während sich die Hinterhand in die Vorwärtsbewegung hineinstreckt. Der Reiter, in den ausgetretenen Bügeln sich aufrichtend, reagiert mit leicht nach vorne geneigtem Oberkörper auf die sich entwickelnde Bewegung. Er, ausgerüstet mit Jagdtasche, Hifthorn und Hirschfänger gibt mit seiner verdeckten Rechten auch den zentralen Fixpunkt für die Versammlung des Pferdes, was sich durch die aufragende Biegung des Pferdehalses und der konzentriert zurückgenommenen Stirnlinie der Kopfhaltung, bedingt durch die Annahme des Gebisses, ausdrückt. Die Linke des Reiters gibt über den Pferdehals herab dem an einer straff gespannten Führungsleine ziehenden Spürhund etwas nach und fügt somit das sich konzentrierende Verhalten in das ungeduldig drängende Vorwärtsstreben des Hundes. Dieser begehrt, gegen die ihn an seinem Halsband haltende Führungsleine anspringend, der vor ihm wegjagenden Meute nachzusetzen, wobei seine stärkere Bewegung ihre Grenze im Halt des Halsbandes finden muß. Weniger »versammelt« als das Pferd, krümmt er sich ungestüm gegen diesen Halt, der seiner Jagdgier im Wege steht und führt somit die zurückhaltend beginnende Bewegung des Reiters in die sich vor ihm frei entfaltende der Meute über.

Diese, gezwungen durch das architektonische Hindernis der Kienspan-Nische, die im Bild als Buschgruppe verkleidet eingebunden ist, setzt die nur nach vorne stürmende Bewegung auch in die Dimension der Höhe fort. Die drei ersten doggenartigen Hunde von rechts zeigen die Phasen der Bewegung – Absprung – Flug und Aufsetzen bei der Überwindung des Hindernisses auf, wobei weniger die Haltung als die Neigung der Körperachse den Ausdruck der Bewegung übernimmt. Diese Gruppe der springenden Hunde leitet zu dem sich anschließenden Höhepunkt des Bildes über, indem der letzte bereits das Ufer des Burggrabens mit seinen Vorderpfoten erreicht, der den Ort des dramatischen Geschehens darstellt. Eigentliches Bindeglied sind die beiden der Dreiergruppe vorauseilenden Hunde, von denen jeder mitten im Sprung, der eine die aufwärts-vorwärts, der andere die abwärts-vorwärts gerichtete Bewegung, für sich nochmals wiederholt. Diese Entfaltung der Bewegung gibt Vorbereitung und Fassung der Themaaktion, in die der untere dunkle Hund schon selbst voll mitverwickelt ist, da er sich, noch im Sprung über das seichte Ufer des Burggrabens, in die Kruppe des Hirsches verbeißt.

Der kapitale Hirsch, der sich der Meute durch die Flucht ins Wasser zu entziehen glaubte, stellt für die Themagruppe die zentrale Figur dar. Verfolgt und gehetzt von den Hunden ist er in das seichte Wasser des Grabens gesprungen, wo er, an den Hinterläufen bis zum Leib eingesunken, nun das Wasser, auch vorne zusammenbrechend, aufspritzen läßt, obwohl er, wie seine schlagenden Vorderläufe anzeigen, vergebliche Anstalten macht, sich wieder aufzurichten. Während sich der eine Hund in seine Kruppe verbissen hat, ist der Führer der Meute auf seinen Rücken gesprungen und greift ihn auf den Hinterbeinen hockend mit den Vorderpfoten am Hals festkrallend in dem Geweih. So von den Hunden schon fast aussichtslos in Bedrängnis gebracht, wird dem gehetzten Tier jede weitere Flucht nach vorne durch einen Jäger zu Fuß versperrt, der ihm vom Ufer aus eine Art Saufeder an den vor Schmerzen wegen der Hundeattacke aufgerichteten Bug gesetzt hat. Dieser Jäger, der zu Fuß barhäuptig, in einem dunkelbraunen Wams, blaugrüner Hose und nur kurzgeschnabelten Schuhen als Jagdhelfer gekennzeichnet ist, hält den Hirsch nun in Schach, um dem Jagdherrn selbst das Erlegen des Tieres zu ermöglichen. Dieser ist mit der Spitze der Meute an das Opfer herangekommen, hat seinen rotstichigen Fuchs ins Wasser getrieben, an den Hirsch herangedrängt und beugt sich, mit seiner Linken die Zügel haltend, am Sattelknauf stützend, über den Hals des Pferdes hinweg, sein gerades Schwert mit eckig gewinkelt hochgerichteter Rechten auf den Hals des Hirsches zielend. Sein von blondem Haar und Bart gerahmtes Gesicht folgt gebannt der Stoßrichtung. Nicht nur die thematische Tätigkeit zeichnet ihn als Jagdherrn, sondern auch die Vielfarbigkeit seiner Gewandung. Eine leuchtend blaue Kappe bedeckt sein Haupt, sein Wams ist halb rot, halb blau (oder handelt es sich dabei um die Vorzeichnung eines roten Überwurfs auf blauem Wams?), seine Hose hellgrün gefärbt.

So findet die Bewegung des Bildes in dieser Gruppe ihren Abschluß, indem die untere, die sich im Hirsch und dem aufgesprungenen Hund fortsetzt, durch die entgegengestellte Saufeder des Jagdknechts gestoppt wird und die obere durch den hochspringenden Hund begonnene Bewegung, deren Folge das Roß des Jagdherrn mit dessen hochragender Stoßhand darstellte, sich mit dem Zentrum des zum Halten gebrachten Hirsches zu vereinigen sucht. Fast radial ordnen sich die Bewegungen um das Haupt des Hirsches, aufstützend die Vorderläufe, von hinten drängend der in die Geweihstangen beißende Hund, von vorne die entgegengerichtete Saufeder und von oben herabzielend das zum Todesstoß erhobene Schwert.

Diese gebündelte Bewegung hat natürlich ihre Auswirkung auch auf die an sich herrschende Ruhe des Burggrabens, dessen Wasser um den Hirsch aufspritzt und von seinen Hufen geschlagen wird. Auch die Fische im Graben zeigen in Flucht und Richtungslosigkeit die verlorengegangene Stille des Ortes an, wogegen beherrschend und unbelebt das mit einer Mauer bewehrte Gebäude der Burg die Landschaft schließt. Die heruntergelassene Zugbrücke, die den in den Hintergrund verschwindenden Graben überbrückt, verweist zugleich auf den Zustand des Friedens, der solche Jagdfreuden ermöglicht.

Die hier geschilderte, sich nach der Erzählung richtende Beschreibung läuft gegen die von der formalen Kompositionsstruktur gegebenen Grundzüge des Bildes, welche eingeleitet durch den Baukomplex der Burg, die in die Landschaft weisende Zugbrücke und den in den Vordergrund reichenden Graben auf die radial strukturierte Themagruppe leiten, von der aus sich dann das Auge entgegen der Erzählrichtung laufend über die gekrümmten wiederholten Hundeleiber hin zu dem auf der Basis aufsitzenden Leithund führen läßt, auf den statuarisch monumental überhöht die Bogenlinie wiederholende Figur des Reiters als Bildabschluß antwortet.

Der Hintergrund des Bildes schließt sich ebenfalls von der Burg aus mit einer Reihe von Bäumen mit ornamental kugelförmigen Blattkronen an. Fast skandierend folgen sie der Kompositionslinie, klammern den Jagdknecht und den Jagdherrn ein, betonen das erhobene Hirschhaupt, fallen entgegen der Bewegungslinie der über die Nische setzenden Hunde in ihrer Höhe ab, um dann nach nochmaliger Steigung etwas abgesetzt den Reiter des Bildschlusses wiederum zu fassen. Drei bunte Vögel zwischen den Baumkronen reagieren ähnlich gegen die Erzählbewegung des Bildes. So fliegt der eine der gelbgefiederten Vögel der Bildmitte, entgegen der nach links sich auf den Hirsch stürzenden Meute, nach rechts oben weg, während der andere den aufspringenden Hunden entgegen herabstößt. Der dritte mit langen Schwanzfedern entflieht über die sich senkenden Baumkronen gegen die nach links laufende Jagdrichtung. So »säumen« die Kugelbäume nicht nur als beiläufige Attribute das Geschehen, sondern sie zeigen sich wie auch die Vögel eng mit der Komposition als auch mit der Erzählung verknüpft.

Auch die Farbe der Figuren des Bildstreifens zeigt eine eingefühlte Ordnung auf. So findet sich das rötliche Dunkelbraun der Burg und des Wamses des Jagdknechtes in der Gruppe des Bildschlusses wieder, zu der dabei noch der Leithund gerechnet werden muß. Das nächste Tier der Meute setzt sich in einem hellen rötlichen Ton deutlich davon ab, wogegen die folgenden dunkel und hell gescheckt einen Übergang zu den fast schwarzen Körpern der den Hirsch attackierenden Hunde bilden. Blaue helle Farben sind völlig der Themagruppe und dort speziell der Figur des Jagdherrn vorbehalten, der somit auch von der Farbgebung her das Zentrum bildet.

All diese in der Beschreibung geschilderten Gesichtspunkte zeigen mit großer Deutlichkeit auf, daß man den Abschnitt dieses Bildstreifens als in sich geschlossenes Bild, sowohl vom Geschehen, als auch von der Komposition her betrachten muß, was sich in der Analyse des Wandsystems schon vermuten ließ.

Nr. 3, II
»Hirschhetze«

Standort: in situ

Maße: 120 × 131 cm (Bildfeld)

Beschreibung:
Der zweite nur fragmentarisch erhaltene Bildstreifen zeigt nur mehr einen Teil einer Parforcejagd auf einen Hirsch. Auch hier richtet sich die Erzählbewegung des Bildes von rechts nach links, wobei man über die Komposition des Bildes als Ganzes keine schlüssigen Angaben mehr machen kann.

Anscheinend präsentiert sich hier nur mehr ein Teil der Themagruppe, die einen kapitalen Hirsch auf der Flucht zeigt, der von drei Hunden gehetzt wird. Zwei dieser Hunde, die nicht mehr den doggenartigen Typ des ersten Bildes vorstellen, sondern hochbeinig gestreckten Windspielen mit langen spitzen Ohren und geringeltem nackten Schwanz gleichen, springen den nach vorne aufwärts enteilenden Hirsch an, wobei sich der eine in den Rücken und der zweite in den linken Hinterlauf des gehetzten Tieres verbeißt. Ein dritter, dunkel gefärbter Hund versucht an dem Opfer vorbeizueilen, um es von vorne zu packen. Halsbänder mit großen Leinenösen weisen auch diese Hunde als eine von Jägern losgelassene Meute aus, deren Herren ihnen wahrscheinlich auf dem Fuß folgten.

Der Hintergrund des Bildes weist mit der Baumreihe, von der noch drei Bäume erhalten sind, ähnlichen Aufbau wie beim vorhergehenden Bild auf und scheint auch in derselben Weise mit der Komposition des Gesamtgeschehens verknüpft gewesen zu sein.

Auch farblich schließt sich das Bild eng an die andere Szene an. Die Hunde, grauweiß bzw. dunkelgrau, der Hirsch dunkel-rotbraun geben dieselbe Stufe der Themakonfiguration wieder. Unterschiedlich ist das Alternieren der grünen Farbe der Laubkronen, von denen sich die mittlere deutlich von den grünblauen durch ihre lindgrüne Färbung abhebt. Ob dies allerdings gewollt ist, kann nicht entschieden werden. Es könnte sich dabei auch um eine Folge des schlechten Erhaltungszustandes handeln, der ja auch die gelbe Färbung in dieser Baumkrone (wahrscheinlich abermals ein Tier) unkenntlich gemacht hat.

Stil:
Der heutige Eindruck der Bilder vermittelt eine flächige Farbgebung, deren räumliche Wirkung in erster Linie durch die Spannung der Zeichnung bewirkt wird, die sich gänzlich dem Gesichtspunkt der Bewegung unterordnet und von runden weichen Formen (Reiter und Meute auf

Bild I), zu wulstig geblähten Partien (Jagdknecht auf Bild I) bis hin zu scharfen eckig geführten Linien (Gesicht und zum Stoß erhobenem Arm des Jagdherrn auf Bild I) zu wechseln vermag. Den Eindruck der Flächigkeit wird man jedoch differenzierter zu beurteilen haben, wenn man die besser erhaltenen Partien beachtet (insbesondere das obere springende Windspiel von Bild II), die eine diffizil durchgebildete Lichtreflexion auf den Körpern aufweisen.

Auch die Figuren- und Gruppen-Bildung zeigt sich ähnlich variabel dem Gesamten verpflichtet. Geschlossen statisch gebaute Gruppen (Reiter mit Leithund auf Bild I) wechseln mit gestaffelten Reihen (Meute auf Bild I) bis hin zur komplexen Gruppe der Hirschtötung. Bei den Figuren gibt es ebenfalls den Wechsel von der in sich Ruhenden (Reiter Bild I) über die Ausgerichteten (z. B. Jagdknecht und Jagdherr Bild I) bis hin zur in der Kontur nach allen Seiten Expandierenden (der den Hirsch an den Hinterläufen anspringende Hund auf Bild I) und damit Gelenkpunkt und Gruppenverbindung Leistenden.

All diese Variationen sind sinnvoll in der Gesamtkomposition untergeordnet, die trotz dem epischen breiten Raum, den sie der Schilderung der Erzählung widmet, nie einen Bruch im Bewegungsablauf entstehen läßt.

Die Landschaft, die nun mit dem Burggraben und den Büschen neben der Kienspan-Nische in den Vordergrund drängt, stellt zwar für das Ganze ein sekundäres Element dar, dessen Verbindung durch Betonung, Skandierung und Wiederholung der Grundstrukturen und Bewegung der Szenen es doch über den Charakter eines reinen »epiteton ornans« hinaus zu einem Glied des Bildganzen macht, worin sich der monumentale Charakter dieses Jagdzyklus begründet.

Ikonographie:
Für die Rolle des Bildes innerhalb des Hauses des Stadtpflegers Paul Pfettner gibt es keinen Anhaltspunkt, es über den Rahmen des patrizischen Standes hinaus zu interpretieren. Standesanspruch und Standesrechte finden in dieser Ausschmückung des Raumes, der sich nur hypothetisch als Saal erklären ließe, ihren Niederschlag. Die Katze als Hauszeichen unter der Kienspan-Nische wirft den Anspruch für die Familie speziell auf, ohne Zweifel aber auch in Hinsicht auf den Stand und den Rang des Hausherrn.

Es entspricht sicherlich nicht dem Normalbild eines Patriziers, sich auf Hochwildjagd, noch dazu vom Pferd aus, zu begeben. Um so mehr muß man dabei den Wunsch zur Gleichsetzung mit den regierenden Adelsgeschlechtern sehen, der den Drang, die Ungebundenheit und Freiheit eines Adeligen zu erreichen, innerhalb der an die Stadt gebundenen Oberschicht verdeutlicht. Rittertum und Jagdfreiheit hielten auch die Städter als oberste soziale Privilegien, die es zu erstreben galt [10].

Insofern muß man diesen Zyklus als Repräsentationsbild auffassen, das in einem Festsaal (?) Reichtum und Bedeutung, die der Hausbesitzer innerhalb der Stadtgemeinde erreichte, dokumentierte. Bei der Darstellung der Jagd fällt auf, daß nur zwei Personen den Jagdherrn begleiten, wobei der Berittene zwar rangmäßig höher als der Jagdknecht, dennoch durch die Farbe der Kleidung zu seinem Gefolge zu zählen ist. Diese Reduktion der Personen scheint nicht nur durch die auf die Erzählung konzentrierte Komposition zurückzuführen zu sein. Man wird wohl keinen Fehlschluß ziehen, wenn man darin auch den Ausdruck des Unterschieds zwischen den privilegierten Städtern und dem Adel sucht [11], der für seine Jagdunternehmungen meist seine Hintersassen als Treiber heranzog.

Daß keine größere Jagdgesellschaft in diesem Zusammenhang dargestellt ist, zeigt die Konzentration auf das Ereignis der Jagd selbst, die hier in den Vordergrund gestellt werden soll. So weicht die Darstellung in diesen Punkten entschieden von den wenigen Jagddarstellungen, die aus dieser Zeit erhalten sind, ab, was sicherlich nicht zuletzt durch den Stand des Auftraggebers begründet ist.

Die reine Parforcejagd, wie sie der Zyklus beschreibt, die ohne Treiber, nur mit Hunden und mit Berittenen vonstatten geht, stellt auch für die damalige Zeit nicht die waidmännische Art der Jagd dar, die sich meist der sichereren Methode des sich schließenden Treiberringes gegen ein natürliches oder künstliches Hindernis bediente. Den Graben, in den der Hirsch flieht, könnte man zwar in diesem Zusammenhang anführen, wobei die Frage offenbleibt, ob es sich dabei nicht um eine frühe Darstellung dieses Motives der Flucht in das Wasser handelt, das sich in Bildern des frühen XVI. Jahrhunderts nachweisen läßt.

Als weitere Besonderheit sticht das Fehlen spezifischer Jagdwaffen ins Auge. So führt keiner der Jäger Pfeil und Bogen mit sich, die im Normalfall der Jagd gebraucht wurden. Auch daß der Jagdherr für den Todesstoß ein Kampfschwert benutzt, unterstreicht diese Eigenart der Darstellung, der es weniger um die Schilderung der waidgerechten Jagd, als um die Dramatik des Ereignisses geht. Auch das Bildfragment II, von dem zuwenig erhalten ist, um uns heute genaue Aufschlüsse über den Charakter des Zyklus geben zu können, scheint sich mehr dem Ereignis als der genauen Detail-Schilderung zu widmen, so daß die Bilder in erster Linie die Jagdlust, die Gier des Fangens und die dramatische Entwicklung des Ereignisses vorstellen wollen, um mit dieser die Lebensfreude und Ansprüche des freien Bürgers zu dokumentieren. Es bleibt fraglich, ob man daraus, daß die Malerei keine typischen Jagdwaffen und auch nicht die gebräuchliche Jagdgesellschaft darstellt, auf eine spezielle, noch nicht aufgefundene literarische Quelle zurückzugreifen hätte. Diese könnte unter Umständen die Stellung – oder auch die »Bildung« – des Auftraggebers betonen, welche sich anscheinend auch an der gegenüberliegenden Wand niederschlug (vgl. Objekt Nr. 4).

Technik:
Die gesamte Wand ist als einschichtiges Kalksecco aufgebaut. Auf der Kalkschlemme, in die die Farben kaum eingezogen sind, zieht sich als Erstauftrag eine rote Zeichnung, die höchstwahrscheinlich die Rolle der Vorzeichnung übernahm, hin, die wohl zugleich als tragendes Linienelement im endgültigen Bild übernommen wurde, wobei einige Partien mit dunklen Farbtönen nachgezogen worden waren. Auf der gleichen Schicht liegen auch die heute bläßlich wirkenden Pigmente, deren Konsistenz durch die geringe Eindringtiefe in die Kalkschlemme bedingt ist.

Erhaltung:
Die Wand ist gänzlich durch Hammerschläge bei späterem Verputzen beschädigt worden. Zudem weisen die Pigment-Partien einen großen Verlust an Substanz auf, der bei der Freilegung verlorenging und heute das gesamte Bild in transparenten Farben erscheinen läßt, was nicht dem ursprünglichen Zustand entspricht. Die Hammerschläge wurden im Bereich des Bildfragments II ausgefüllt und durch leichte Tönung bzw. Stretteccotechnik der Umgebung angepaßt. Im Bereich des Bildes I dagegen wurde es bei einer Randsicherung der Ausbrüche belassen, die ebenfalls eingestimmt sind. Auch in diesem Bild sind die großen Pigmentfehlstellen durch Stretteccco geschlossen, um dem Auge eine bessere Zusammenfügung der originalen Bruchstücke zu ermöglichen. Die Charakteristik und die Zeichnung ist durch die Konservierung nicht beeinträchtigt.

Literatur:
Knorre, Eckhard von 1968;
Blendinger/Zorn 1976, p. 48 Nr. 98, Abb. 98;
Foster, Michael 1979 (MS), p. 28 ff.

Nr. 4
»Wand mit Brustbildern berühmter Männer«
Fragment

Standort: in situ
Philippine-Welser-Straße 20 (Lit. Nr. C 281)
nördliche Brandmauer im zweiten Stock (vgl. Plan Nr. I)

Datierung: um 1370

Maße: 78 × 310 cm (Gesamtausdehnung des Fragments)

Freigelegt: 1968 bei Umbauarbeiten [12]

Beschreibung des Wandsystems:
Eckhard von Knorre [13] schildert in seiner Broschüre, daß es sich auch an der Nordwand um ein ausgedehntes Dekorationssystem gehandelt hat, bei dem schachbrettartig jeweils Quadrate mit einem Brustbild und einem nur farbig angelegten Feld gewechselt haben.

Die Quadrate sind ähnlich denen der illusionistischen Inkrustation des Jagdzyklus aufgebaut, gerahmt mit einem grauen Streifen, innen mit einem helleren Lichtstreifen versehen, der gegen die Grundfarbe des Quadrats sich nochmals durch einen dunkleren Streifen in die Tiefe hinein abgrenzt. Die so ausgebildeten drei übereinanderliegenden Reihen der Quadrate, die das schachbrettartige System ausbilden, haben unter sich eine nicht näher differenzierte Sockelzone, die in ihrer Höhe eindeutig auf die der Jagdzyklen Bezug nimmt, so daß neben Ähnlichkeit des räumlich illusionistischen Charakters auch dieses Kriterium auf einen Zusammenhang mit den an der Südwand des Grundstücks sich findenden Jagdzyklen schließen läßt.

Nr. 4, I
»Brustbild eines berühmten Mannes«

Maße: 78 × 76 cm

Standort: in situ
Nordwand oberes Viertel (vgl. Plan Nr. I)

Beschreibung:
Im obersten der erhaltenen drei Quadrate präsentiert sich das Porträt eines barhäuptigen älteren Mannes, ein doppelt gewelltes Spruchband in seiner Rechten haltend. Bekleidet mit einem weiten blaugrünen, innen rot ausgeschlagenen Umhangmantel und einem gelben Untergewand weist er mit seiner (heute verzeichneten) Linken auf das Band, über dessen oberes Ende er sein nach oben blickendes Gesicht richtet. Die Inschrift des Bandes läßt sich nach der Zerstörung durch die Hammerschläge nicht mehr vollständig rekonstruieren. Sie lautet:
»I wār v̄bel zwār ..z all nam wu.. wār«

Das Gesicht des leicht schräg gehaltenen Hauptes zeigt unter reich gelocktem Haar eine deutliche Modellierung der Stirnpartie, tiefliegende Augenhöhlen mit dazwischen gerade herausragender Nase. Die Backenknochen, durch Schatten konturiert, verstärken die Ausrichtung des Gesichts, dessen spitz zulaufendes Kinn von einem dichten Vollbart gerahmt ist, der nur knapp den Blick auf die vollen ausdrucksstarken Lippen freigibt, die der Person im Zusammenhang mit Ausrichtung und Blick einen gütig weisenden Charakter geben.

Die weicher fließend ineinander modellierten Falten seines Umhangmantels schließen unter dem Spruchband sich in gänzlich anderem Charakter in einer scharf gewellten Bordüre ab, die anscheinend ein stilisiertes Wolkenband darstellen soll und als Basis dient.

Die Räumlichkeit der Figur wird bereits in dieser Basis durch die plastisch gezeichneten Überschläge des Wolkenbandes vorgegeben, das in umfassendem Rund den Körper umläuft. Die hierbei gewonnene Plastizität wird durch den Mantel auf die gesamte Figur übertragen und durch den Aufbruch der Mantelöffnung in der Tiefe verstärkt. Der so aufgebaute plastisch verschränkte Körper gibt dem gerichtet blickenden Kopf festen Halt. Dieses gesamte plastische Volumen umrundet dabei als Bestärkung das Schriftband in seiner wellenförmigen Bewegung, indem es an seinen Enden umschlagend die Bildtiefe betont.

Nr. 4, II
»Brustbild eines berühmten Mannes«

Maße: 78 × 77 cm

Standort: in situ
Nordwand drittes Viertel von oben (vgl. Plan Nr. I)

Beschreibung:
Das zweite erhaltene Bildfeld zeigt ebenfalls die Halbfigur eines barhäuptigen älteren Mannes, der leicht nach vorne gebeugt mit dem ausgestreckten Zeigefinger seiner Linken auf das Schriftband weist, das er in seiner Rechten hält, von dem sich die Anfangsworte »Der ze lang . . .« entziffern lassen. Das Haupt mit gewellt fallenden Haaren, die vom Mantelkragen bedeckt werden, umfaßt, ruht eingebunden in die massigen Schultern. Sein Blick richtet sich müde unter der hohen gewölbten Stirne auf das seinen Körper umrundende Schriftband. Die kräftige Nase und der stark ausgebildete Wangenansatz stehen im Widerspruch zu dem heute kenntlichen unorganischen Vollbart, in dem der schmale vorgereckte Mund sitzt. Auch die Faltung des Gewandes wirkt verschwommen weich im Gegensatz zu der oberen Figur und beschränkt sich darauf, in Wiederholung das eingezogene Haupt zu fassen, ohne voll dem Volumen der Gesamtfigur Rechnung zu tragen.

Die Basis der Halbfigur ist zerstört, wobei jedoch die Fragmente des Schriftbandes die Rekonstruktion im Sinne des vorhergehenden Bildes nahelegen.

Stil:
Diese Brustbilder wurden auf Grund der weichen fließenden Faltengebung der Gewänder seit ihrer Aufdeckung den böhmisch beeinflußten Werken der Zeit des »weichen Stils« zugewiesen. Auf den Widerspruch zwischen ihnen und dem durch die Rahmungsart- und Material-Ähnlichkeit gleichzusetzenden Jagdzyklus wurde ebenfalls schon kurz nach der Aufdeckung aufmerksam gemacht. Der von Knorre gemachte Hinweis [14], daß auch die Linkswendung (Ausrichtung des Bildes gegen die normale Leserichtung) bei den Brustbildern mit der Bewegungsrichtung der Jagdzyklen identisch sei, ist als nicht schlüssig abzulehnen. Eine Gleichsetzung nur darauf zurückzuführen, darf nicht angenommen werden, da die Möglichkeit korrespondierender Figuren besteht.

Eine Lösung dieses Widerspruches ermöglichte erst die Untersuchung des originalen Bestandes, der zeigte, daß die Weichheit nicht ursprünglich war. So ordnen sich die Porträts mit ihrem mehr auf das Zeichnerische verlegten Charakter eher in die Nähe des Jagdzyklus ein, indem sie sich auch in der Ausbildung der Plastizität an die dort vorkommenden Elemente (vgl. Jagdknecht von Objekt Nr. 3, I) und geschlossene Statik (vgl. Reiter mit dem Leithund, Objekt Nr. 3, II) anlehnen.

Keinesfalls lassen sich die Bogen des Wolkenbandes mit dem ihnen eigenen Versuch der Darstellung der umschlagenden Ränder, der sich auch am Gewand des oberen Brustbildes wiederholt, in ihrer Gespanntheit an den weichen Stil anschließen. Eine zeitliche Gleichsetzung der Porträts mit dem Jagdzyklus, die schon Vermessung, Materialgleichheit und Wandsystem erweisen, wird darin bestärkt, so daß die auf heraldischem Weg gefundene Datierung auch für dieses Objekt als gesichert gelten darf.

Ikonographie: (für die gesamte Nr. 4)
Die Brustbilder folgen mit ihrer Erscheinungsform und ihrer Präsentation auf dem Wolkenband eigentlich dem Typus von Propheten, dem jedoch ihre Barhäuptigkeit widerspricht. Auch der Standort in dem Saal eines Privathauses ist mit der Prophetenausdeutung nicht vereinbar.

Die Spruchbänder haben sich viel zu fragmentarisch erhalten, um uns heute schlüssig die Rolle und die Personen zu erklären. Von Knorre [15] sucht durch die Worte »v̄bel zwär« und »ze lang« moralisierenden Inhalt, was auch Foster bestätigend übernimmt [16].

Wahrscheinlich ist aber der eigentliche Sinn dieser Brustbilder, da er nur aus dem Zusammenhang des gesamten Systems zu erkennen war, heute nicht mehr zu ergründen. In Anlehnung an später entstandene Folgen könnte es sich aber um die Porträts von berühmten Männern, wie die zehn Weisen der Weberzunftstube [17], gehandelt haben, was eine sinnvolle Ergänzung neben den lebensfrohen Jagdbildern darstellen würde, indem es den Anspruch auf Gelehrsamkeit und Weisheit des Hausherrn in seiner verantwortungsvollen Stellung aufzeigen würde.

Technik:
Aufgebaut als einschichtiges Kalksecco entspricht die Technik der des Jagdzyklus. Auch in diesem Fall führte die Freilegung zu einem Substanzverlust des Pigments, der heute (in den

originalen Partien) den zeichnerischen Charakter in den Vordergrund stellt. Die ehemalige Dichte des Pigments und die Rolle der durchscheinend tragenden Vorzeichnung läßt sich am ehesten wie die Modellierung der Licht-Schatten-Gebung an dem Wolkenband der oberen Halbfigur ablesen.

Erhaltungszustand:
Die Bildfläche wurde vor der Überdeckung durch eine neue Putzschicht durch Hammerschläge gestört, die nach der Freilegung erneut geschlossen und in Stretteccotechnik eingestimmt wurden.

Wie die Fluoreszensanalyse [18] zeigte, wurden daneben bei der Konservierung die fragmentarisch erhaltenen Lichter der Gewänder verbunden und mit neu ergänzter Abschattierung zu den nicht in den originalen stilistischen Kontext passenden Falten umgebaut, wobei auch bei der oberen Figur am Ellenbogengelenk eine der charakteristischen Bogenfalten in die Modellierung einbezogen und gänzlich überdeckt wurde.

Wie freizügig bei der Retuschierung der Bilder vorgegangen wurde, zeigt besonders die heute »schnauzenartig« vorgeschobene untere Gesichtshälfte der unteren Figur und die zeigende Hand der oberen, die nun neben dem Zeigefinger fünf weitere Finger bei verdecktem Daumen aufweist, ein Fehler, der hinsichtlich der Originalität des heutigen Zustandes skeptisch machen müßte.

Literatur:
Knorre, Eckhard von 1968, p. 2, 3;
Foster, Michael 1979 (MS), p. 27.

Nr. 5
»Tod Mariens«

Ehemaliger Standort:
Dominikanerkirche St. Magdalena
Nordwand des alten Kirchenbaues [1]

Zerstört: 1913 nach der Aufdeckung verschüttet bzw. auch zerstört [2]. Die Akten enthalten darüber keine Notiz

Überliefert: Durch Kopie von August Brandes aus dem Jahre 1913, Augsburg, Städtische Kunstsammlungen, Inv. Nr. 9412 [3]

Datierung: 1370/1380

Maße: Fragment: 206 × 78 cm
Kopie: (210 × 82 cm)

Freigelegt: 1913 bei der Restaurierung der Dominikanerkirche und deren Umgestaltung zur Galerie

Beschreibung [4]:
Das Sterbebett der Maria steht auf einer in den Hintergrund ansteigenden Bühne, die in die Tiefe hinein durch die Reihe der Apostel abgeschlossen ist, die soeben von Maria Abschied nehmen. Maria liegt zusammengesunken, nur leicht durch den stützenden Kopfkeil am Oberkörper aufgerichtet, in dem in Schrägperspektive gegebenen, von spitz bekrönten Pfosten räumlich bestimmten Bett, dessen hölzerner Rahmen die Linie ihres Körpers betonend, unterfängt. Die Arme auf die Brust gelegt, die Hände lose gefaltet, sinkt soeben ihr jugendliches Haupt mit geschlossenen Augen auf das Bett zurück. Ihr Schleiertuch faßt Gesicht und Oberkörper ver-

hüllt, sich überschlagend, Leib und Beine der Entschlafenen, nachdem die Grenze Gewand – Bettuch gänzlich übergangen wird.

Am Kopfende des Bettes kniet einer der Apostel, jugendlich mit blondem vollen Haar, die Hände zum Gebet gefaltet erhoben, scheint sein Blick am Bett entlang auf ein unbestimmtes Ziel gerichtet, das seine fast geschlossenen Augen suchen. Nur eine Gewandfalte deutet an, daß auch hinter ihm weitere Personen standen.

Auch hinter dem Bett, auf Höhe der Brust Mariens, muß sich eine stehende Gestalt befunden haben, die sich nicht mehr identifizieren läßt. Im Anschluß an diese beginnt die Reihe der Apostel, deren Häupter fast alle verloren sind. Der Erste nimmt seine Linke zum Gesicht hoch, während er vor dem fast unkenntlich Zweiten dem Dritten etwas in dessen Rechte gibt. Auch dieser scheint bestürzt seine Linke vor die Brust zu nehmen. Die beiden Nächsten wenden sich einander zu, um leicht nach vorne gebeugt zwei große Kerzen aneinander zu entzünden, die sie mit beiden Händen fassen. Folgend scheinen sich zwei über das Ereignis zu unterhalten, der Linke hält seine Hand verschließend vor der Brust, wogegen sein Partner mit beredter Geste seine Hände in dem weiten, von den vor dem Körper quergenommenen Mantelbausch freigegebenen Raum öffnet. Die Schlußfigur der Reihe wendet sich aus dem Bild, mit der Hand ein Gefäß (wahrscheinlich eine Weihrauchschale) erhebend. Vor dieser Reihe kniet am Fußende des Bettes, unter den sich zum Entzünden zuneigenden Kerzen, eine Person, das Gesicht zum Himmel gerichtet, mit gefaltet erhobenen Händen.

So präsentiert die Komposition den Tod der Maria vor dem Hintergrund der teils verschränkten, teils sich zuwendenden Reihe der Apostel mit herausgewendetem Schluß, eingefaßt durch die knienden Gestalten, die die räumliche Verbindung zu dem in den Vordergrund hineinreichenden Bett leisten, indem sie Front und Pfosten überschneiden und somit einem Zerfall des Bildes in Einzelheiten zuvorkommen.

Die Farbigkeit des Bildes wird durch die Rötelzeichnung bestimmt, zu der einige dunkelrot gefaßte Schatten der Gewänder und der Ockerton der Lokalfarbe von Bett, Nimbus, Kerzen und Räucherschale, hinzutreten. Die Ursprünglichkeit der anderen heute auf der Kopie vorhandenen Farben als Pigmente der Malerei läßt sich heute nicht mehr sichern.

Stil:

Die stilistische Einordnung dieses Bildes muß der Art der Überlieferung Rechnung tragen und darf sich nicht durch die stimmungsvolle Wiedergabe zu der Annahme einer totalen Authentizität verleiten lassen.

So scheint es, daß in erster Linie die Figuren der Apostel einen geschlossenen Charakter besitzen, der die Auswertung für die Stilistik zuläßt. Langgezogene Linien des Figurenumrisses sind dort in der Binnengliederung durch umhüllend fassende Gewänder gebunden, deren Plastizität durch einfache Parallelfalten erhöht wird. Daneben treten bevorzugt dreieckige Verspannungen auf, die durch die gebogenen Seiten der Figuren eine in sich geschlossene Festigkeit geben. Bei den beiden letzten Figuren kommen als Merkmal noch die steil fallenden, zum Teil als Röhrenfalten ausgebildeten vertikalen Partien mit ihren umknickenden Säumen vor, deren voltenartige Biegung an das Wolkenband der Brustbilder in der Philippine-Welser-Straße 20 (Objekt Nr. 4, I und II) erinnert.

Diese Ausbildung der Säume und die sich im verschränkten Umfassen und Umhüllen aufbauende Plastizität und Statik der Figuren legt den Anschluß an die Malerei des Pfettnerhauses nahe, wodurch sich auch eine Datierung von 1370/1380 für den »Marientod« als wahrscheinlich ergibt.

Ikonographie:

Soweit es das Fragment erkennen läßt, folgt die Ikonographie ganz dem gängigen Typus des Todes der Maria im Beisein der Apostel. Auch das Motiv der Kerzen und des Weihrauchs ist dabei gewöhnlich mit eingeschlossen.

Die besondere Hervorhebung des Johannes, dem Maria zum Schutze anempfohlen war, ist ebenfalls für diesen Typus der Normalfall. Er wird in der am Kopfende knieenden Gestalt zu erkennen sein.

Durch das Fehlen des oberen Bildrandes ist es auch nicht klar, ob bei diesem Bild die

Aufnahme der Seele Mariens in den Himmel dargestellt war, sei es, daß Christus sie hinter dem Bett stehend übernahm oder daß sie von der Dreifaltigkeit in einem Himmelssegment empfangen wurde. Lediglich der nach oben gerichtete Blick der am Fußende des Bettes knieenden Person könnte dafür den Anhaltspunkt geben.

So sind die Anhaltspunkte für dieses Bild zu gering, um seine Stellung genauer zu bestimmen. Auch kann nicht festgestellt werden, ob es sich bei diesem Fragment um den Rest eines Marienzyklus oder um ein einzelnes Andachtsbild handelt.

Technik, Erhaltung, Überlieferung:
Die Kopie August Brandes versucht in erster Linie die genaue Stimmung des fragmentarischen Zustands des Bildes wiederzugeben, wobei in den besser erhaltenen Teilen auch eine gewisse Authentizität erreicht zu werden scheint. Jedoch fällt die Figur der Maria und auch die untere Partie des am Kopfende des Bettes knienden Johannes stark gegen den Charakter der Apostelreihe ab und spiegelt mehr den Zeichnungsstil des beginnenden XX. Jahrhunderts wider. Dies scheint sich aus der Notwendigkeit der Rekonstruktion der thematischen Hauptfigur erklären zu lassen.

Der Erhaltungszustand der Malerei bei der Aufdeckung scheint ohne spätere Überarbeitung vorgelegen zu haben. Soweit es aus der Kopie ersichtlich ist, finden sich jedenfalls außer der oben angesprochenen Ergänzung des Kopisten keine weiteren stilistisch fremden Details, die darauf schließen ließen.

Die Technik des Originalgemäldes scheint als einschichtiges Kalksecco durchgeführt worden zu sein, dessen Rötelvorzeichnung sowie rot und ockerfarbenen Untermalung durch den Auftrag in die frische Kalkschlemme und der damit verbundenen besseren Abbindung und mit diesem dem Abrieb der späteren Einflüsse widerstanden haben, wogegen die weiteren in secco aufgetragenen Farben sich nicht halten konnten und verlorengingen. Einige Faltenansätze der Gewänder der Apostel fordern eine weitere Farbigkeit so dringend, so daß man diese nicht ausschließen kann und auch von diesem Punkt aus am ehesten auf die Porträts des Pfettnerhauses zu verweisen hat.

Literatur:
Wiedenmann, Hans 1917, p. 13/14 mit Abb.

Nr. 6
Fragment eines Wandsystems
»Illusionistischer Vorhang mit Wappenschildern«

Ehemaliger Standort:
Dominikanerkirche St. Magdalena
(genauere Lokalisierung ist unbekannt)

Zerstört: 1913 nach der Aufdeckung verschüttet bzw. auch zerstört [1]. Die Akten enthalten darüber keine Notiz.

Überliefert: Durch Kopie August Brandes aus dem Jahre 1913, Augsburg, Städt. Kunstsammlungen, Inv. Nr. 9675

Datierung: 1370/1380 [2] (siehe infra)

Maße: Fragment: a) 354 × 30 cm
b)396 × 28 cm
Kopie 106 × 38 cm

Freigelegt: 1913 bei der Restaurierung der Dominikanerkirche und deren Umgestaltung zu einer Galerie [3]

Beschreibung:
Die zwei durch Kopien im Maßstab 1 : 4 überlieferten Fragmente zeigen einen sich lebhaft bewegenden Saum eines Wandbehanges, der in regelmäßigen Abständen, anscheinend durch die Aufhängung, zu Faltenbündeln gerafft ist, die sich im Saumbereich mehrfach überdecken, aneinanderreihen oder überschlagen. In den Zwischenräumen spannt sich der Saum meist in ruhigerer Ausdehnung. Vor diesem sich so vor einem dunkelblauen »Raum« bewegenden Vorhang sind 20 Wappen, die sich teilweise als die von Augsburger Familien und der Domherren identifizieren lassen [4] (vgl. Aufstellung infra), paarweise angeordnet. Schwebend erscheinen sie vor dem Behang ohne materielle Bindung.

Die Farbigkeit des Behangs ist ganz auf die roten Schattenlinien zurückgedrängt, die teils noch durch dunkle Zeichnungslinien verstärkt sind. Jedoch genügen allein die überlieferten Farben – das warme Grau wie das Rotbraun der Schatten – den Behang deutlich vor den dunkelblauen Hintergrund treten zu lassen.

Aufstellung der Wappen des Wandbehangs und deren Bestimmung nach Zimmermann, Eduard 1970: [5]

Die Wappen des Fragments a:
(von links her folgend)

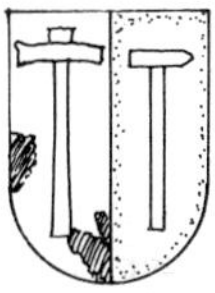

1. SAILER (Nr. 2246)

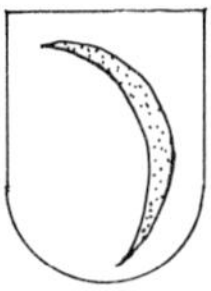

2. RAD (Nr. 1786)

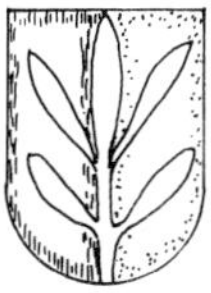

3. unbestimmt (Teilung und Farbe wie Hochstift Augsburg in Nr. 1217)

4. PROBST (?) (Nr. 6962)

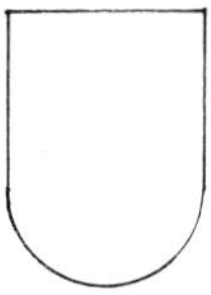

5. zerstört

6. OHNSORG (Nr. 1559)

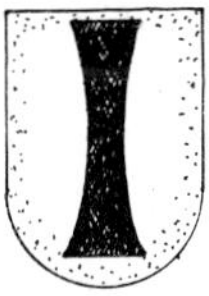

7. v. WAAL (Nr. 1229)

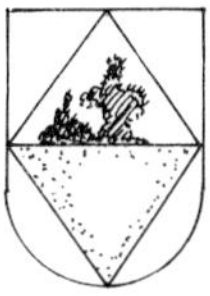

8. unbestimmt

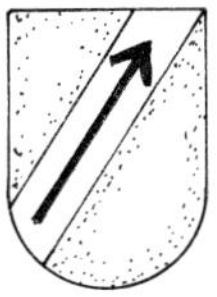

9. unbestimmt

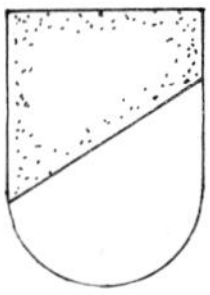

10. HARDER (Nr. 1237)

Die Wappen des Fragments b:

11. ENGEL (?) (Nr. 7118)

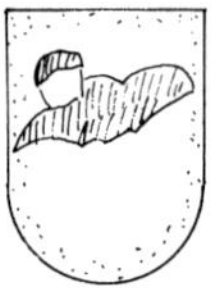

12. BITSCHLIN (?) (Nr. 4674)

13. unbestimmt

14. GOPPOLT (Nr. 2087)

15. unbestimmt

16. unbestimmt

17. BARISER (Nr. 2226)

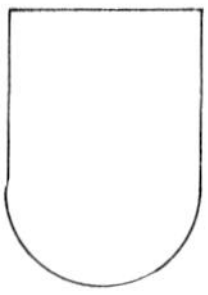

18. zerstört

19. unbestimmt

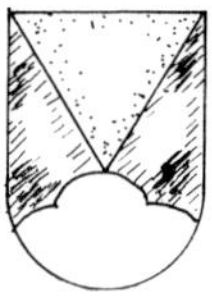

20. BITTINGER (Nr. 1479)

Stil:
Die Ausbildung der Schattengebung sowie die Versuche, die teilweise übertrieben aufgewölbten Falten räumlich zu klären, erinnern in der glatten Form der Bögen an die sich umstürzenden Röhrenfalten der stehenden Apostel des »Marientods«, wobei allerdings der Wandbehang eindeutig den eleganteren Fluß aufweist. Ob es sich dabei um eine »ästhetische« Korrektur durch den Kopisten handelt, kann nicht mehr bestimmt werden. Fundort und Umstände würden jedoch einen Anschluß an das Bild des »Marientods« (Objekt Nr. 5) wahrscheinlich werden lassen.

Ikonographie, Funktion:
Wegen der fehlenden Lagebestimmung und durch den Verlust der ursprünglichen Rolle im Raum kann die eigentliche Funktion des fast 8 m langen Behangs nicht mehr geklärt werden. Auch der Bezug der Wappen bleibt vage, da der gestiftete bzw. der zugehörige Zusammenhang verloren ist.

Technik, Erhaltung, Überlieferung:
Soweit es die Kopie beurteilen läßt, handelt es sich bei den Malereien um Kalksecco mit roter Grundzeichnung und Untermalung. Aufgesetzte schwarzgraue Linien verstärkten die Konturen und faßten die Wappenzeichen, wogegen die in secco aufgesetzten Pigmente weitgehend abge-

fallen zu sein scheinen. Rotzeichnung und Farbgebung sowie die dunkle Konturzeichnung scheinen aber gleichberechtigt den Gesamteindruck des Bildes getragen zu haben.

Die frühen Bilder der Westkrypta des Domes
Nr. 7 bis 11
Freigelegt 1980 anläßlich der Umgestaltung der Kryptaanlage [1]

Nr. 7
»Märtyrerbischof«

Standort: in situ
Domkirche Zu unserer lieben Frau, Westkrypta, südlicher Gewölbeansatz des westlichen Südpfeilers (vgl. Plan Nr. II)

Datierung: ca 1370

Maße: 60 × 86 cm

Beschreibung:
Frontal zum Betrachter stehend, in seiner Rechten das Pedum und in seiner Linken die Siegespalme haltend, blickt der Bischof leicht nach rechts hin gewendet. Sein nimbiertes bartloses Haupt wird von rundgelocktem Haar bedeckt und mit der, die Kopfwendung betonenden niederen Mitra bekrönt. Der schlanke Hals wird von dem hochanstehenden Kragen der Albe gefaßt und bildet den Übergang zu den runden fallenden Schultern, über die die Kasel gelegt ist, deren Vorderteil in weiten sich ziehenden Schlüsselfalten, der Rundung der Schulter entgegenwirkend, hängt. Die Rückenpartie dieses Gewandstückes hängt, zu seiner Rechten sich lang ziehend, hinter dem Körper verschwindend herab, wogegen sie durch die aufgenommene Linke gerafft an der anderen Seite in vollen Röhrenfalten mit weich schwingendem S-förmigen Saum neben dem Körper herabfällt. Unter der Kasel fließt in gezogener Faltung, die Biegung des stehenden Körpers wiederholend, die Albe herab, die sich am Boden über den Füßen teils umschlagend bricht, teils mit schwingendem Saum endet. (Die gerade, die Körperbiegung negierende Stola gehört einer oberen Schicht an, deren Verbindung mit der heute hauptsächlich sichtbaren Rötelzeichnung nicht gesichert ist.) Auch der vor der Albe verlaufende Rand einer (nicht durchgezeichneten) Kasel (oder eines Palliums) scheint sich mit der Gesamt-Statuarik der Figur nicht vereinbaren zu lassen, was auf den Vorzeichnungscharakter des heutigen Bestandes hinweist.

Die Spitze der Siegespalme überschneidet ein von grauen Linien gefaßtes Schriftband, auf dem sich die Buchstaben »T. MARTIR« noch entziffern lassen [2]. Eine gleichzeitige Entstehung des Schriftbandes und der Figur kann aber daraus nicht abgeleitet werden.

Stil:
Der Stil dieser schwungvollen Vorzeichnung zeigt in der Biegung des Körpers im Zusammenhang mit der Wendung des Kopfes eine Anlehnung an die Figuren des »Marientodes« auf, an die auch die Verspannung der vertikalen Elemente durch die Schüsselfalten der Kasel erinnert. Die frei schwingenden Säume zeigen mehr Flexibilität in der Bewegung, wie sie sich auch in dem Wandbehangsfragment darstellte. Der stärkere Schwung der Malerei scheint durch die Rolle der Vorzeichnung gegeben, die noch dazu direkt und nicht durch die Vermittlung einer Kopie uns gegenübertritt.

Ikonographie:
Zwar deutet schon die Inschrift »..T. MARTIR« auf die Eigenschaft als Blutzeuge dieses heiligen Bischofs hin, die durch die Siegespalme in seiner Linken auch für die heute sichtbare Person gesichert ist, was aber auf keinen Fall die Gleichzeitigkeit von Schrift und Figur beweist.

Um welchen Heiligen es sich hier bei dem ohne Zusammenhang stehenden Bild handelte, ist nicht sicher zu eruieren, da es auch nicht nachzuweisen ist, daß hier ein Augsburger Lokalheiliger oder einer der allgemein verbreiteten frühen Märtyrerbischöfe dargestellt werden sollte.

So läßt sich außer dem Typus hinsichtlich der Ikonographie keine feste Aussage machen, die Rolle und Wert dieser Darstellung weiter erklären könnte.

Technik:
Der Rötel auf der Kalkschlemme ist leicht in den Untergrund eingezogen. [3] Die Spuren einer grauen Zeichnung (Stola, zweites Pedum) sind entweder die weit von der Vorzeichnung abweichende Ausführung des Bildes oder aber die Reste einer zweiten Schicht, die Wiederholung der Figur gleichen Typs zu einer späteren Zeit.

Erhaltungszustand:
Der heutige Zustand, wie er nach der Freilegung im Februar 1980 vorgelegen hat, präsentiert die Vorzeichnung ohne Pigmente sowie die Reste einer in grauer Zeichnung ausgeführten Schicht. Die Putzsubstanz ist relativ ungestört und ohne Hammerschläge. Der Substanzverlust der Pigmente beruht auf Abrieb und auf der festen Bindung, die diese mit der darüberliegenden Schicht eingegangen waren.

Nr. 8
»Schutzmantelmadonna«

Standort: in situ
Domkirche Zu unserer lieben Frau, Westkrypta, nördlicher Gewölbeansatz des westlichen Südpfeilers (vgl. Plan Nr. II)

Datierung: ca. 1370

Maße: 95 × 87 cm

Beschreibung:
Maria steht frontal, den Blick nach oben gerichtet, mit den Armen ihren weit fallenden Mantel über die nur halb so großen schutzsuchenden Gläubigen haltend. Ihr schlanker, in leichter Biegung aufragender Körper wird von einem einfach fallenden Kleid, das an der Hüfte gegürtet ist, bedeckt. Die ausgreifende Bewegung wird durch den über die Schulter gezogenen Mantel, der auf der Brust mit einer runden Spange geschlossen ist, zusammengefaßt, so daß sich neben ihrem Leib unter der Schale des Mantels genügend Raum für die Gläubigen findet.

Ihr nimbiertes Haupt, gefaßt von gelockten Haaren und dem Schleier (?) wendet sie nach links, indem sie es leicht zurückneigt, dem auf den Wolken thronenden Weltenrichter zu [4]. Dieser hat (soweit heute noch erkenntlich) in herrschender Geste die Arme unter seinem roten Mantel auseinandergenommen.

Das Bild weist, so stark es auch heute fragmentiert ist, sowohl beim Weltenrichter als auch bei den Schultern der Maria rote Pigmentschichten auf, zu denen auch noch Spuren blauer Bemalung an dem linken, sich unter der Hand Mariens umschlagenden Mantelsaum, und weitere grünblaue Pigmentspuren kommen. Die Figur der Maria ist wiederum in ihrer Statik durch die sie fassende Hülle des Mantels gesichert, der der Figur in ihrer Geste und Bewegung die schützende Festigkeit verleiht.

Stil:
Die Vorzeichnung ist ähnlich schwungvoll wie bei dem Märtyrerbischof angelegt, wobei die Kleinteiligkeit der Schutzsuchenden diesem Eindruck zunächst zu widersprechen scheint. Das Prinzip des Fassens der Schultern, Umfassen der Figur durch Mantelschluß und Gürtung des Gewandes, mit den anschließend fallenden Partien schließt sich eng an die Aufbaustruktur des Bischofs an. Dazu tritt auch die Ähnlichkeit der Detailausbildung an dem sich umschlagenden

Mantelsaum ihrer rechten Hand, so daß ein Anschluß an die Werkstätte des den Märtyrerbischof malenden Meisters nicht zu eng gegriffen zu sein scheint.

Ikonographie:
Der Typus der Schutzmantelmadonna greift auf den auch noch im spätmittelalterlichen Rechtsgebrauch [5] symbolischen Wert des Mantels als Schutz und Zufluchtsort zurück, so daß es selbstverständlich war, in mehr volkstümlichen Darstellungen das »Schutzmantelbild« in den Zusammenhang mit dem Jüngsten Gericht [6] zu zitieren und es mit dem Typus der »mater misericordiae«, der sich aus der frühchristlichen byzantinischen Deesis gebildet hatte, zu vereinen. So verzichtet auch dieses Einzelbild der Schutzmantel-Maria nicht auf den beinahe als Attribut zurückgedrängten Weltenrichter, um sich aus diesen Zusammenhängen zu verstehen, obwohl doch offensichtlich das Bestreben, ein Andachtsbild der hilfreich schützenden Maria vorzustellen, in den Vordergrund gebracht wird. So scheint diese Art der Darstellung mehr dem narrativen Stilempfinden des volkstümlichen Andachtsbildes entgegenzukommen. Auch die steinerne Schutzmantelmadonna am Südportal des Domchores von 1356 steht, wenn auch in weitläufigerem Zusammenhang mit der Weltgerichtsdarstellung in Verbindung [7]. Die Schutzmantelmadonna allein als repräsentatives Andachtsbild scheint sich aber in Augsburg bis zum Zeitpunkt der Entstehung des Wandbildes noch nicht etabliert zu haben.

Technik:
Auf die Kalkschlemme wurde in frischem Zustand die Rötelzeichnung aufgetragen, so daß sie noch leicht in den Grund eingezogen ist. Sie bildet die tragende Grundstruktur der Darstellung, die anscheinend früher gänzlich flächig coloriert waren [8].

Erhaltungszustand [9]:
Die Putzsubstanz ist teilweise ausgebrochen und durch Hammerschläge stark gestört. Pigmente gingen durch Abrieb und auch bei der Freilegung durch Abplatzen verloren, so daß der heutige zeichnerische Charakter nur die Vorzeichnung wiedergibt.

Nr. 9
Fragment eines »Limbus«
Die Seligen des alten Bundes

Standort: in situ
Domkirche Zu unserer lieben Frau, Westkrypta, östlicher Gewölbeansatz des westlichen Nordpfeilers (vgl. Plan Nr. II)

Datierung: ca. 1380/1390

Maße: 20 × 15 cm

Beschreibung:
Sieben von Nimben umgebene Köpfe, deren Typus sich durch niedere Stirnen und große tiefliegende Augen charakterisieren läßt, werden durch schwarze und rote dicke Strichzeichnungen gebildet, die der Ocker der Haare überlagert. Da die rote Zeichnung sich an den Häuptern der ersten Reihe nach links hin findet, wird man dann wohl eine Lichtreflexion darin sehen müssen.

Von dem Bild lassen sich sonst keine Reste mehr feststellen, außer Ockerspuren etwas über der Höhe der Bildmitte, die von einem Nimbus herrühren könnten (Nimbus des stehenden Christus), und eine Bestärkung der Ausdeutung als Fragment eines »Limbus« darstellen.

Stil:
Für den Stil ergeben sich in diesem Falle nur wenige Anhaltspunkte. Neben dem Typus der Köpfe, den niederen Stirnen und den tiefliegenden Augen mit ihren weit geöffneten Lidern muß man vor allem die Einbindung der Zeichnung in das Bildganze sehen. So ist die Zeichnung nicht

nur Trägerstruktur der Komposition und der räumlichen Spannung, sondern auch gleichzeitig durch die Einsetzung verschiedener Farben reflektierender Körper des Dargestellten [10], wodurch sie unabdingbares Element des Bildgeflechtes wird. Ein Anschluß an das folgende Bild der Myrrhophoren vor dem Grabe läßt sich nur bedingt stiltypisch über den Kopf des Engels gewinnen, dem jedoch diese spezielle Ausdrucksmöglichkeit verlorenging, obwohl die technische Untersuchung ihn als gleichzeitig erweist [11].

Ikonographie:
Dadurch, daß sich von der gesamten Bildanlage nur noch das Fragment der Heiligen des alten Bundes erhalten hat, die durch die Stellung des Nimbusfragments oberhalb der Bildmitte als »Limbus« oder Höllenfahrt Christi deutbar bleiben, kann über die Ikonographie der Darstellung selbst nicht viel ausgesagt werden. Auffallend ist, daß es sich bei der Gruppe anscheinend um Frauen handelt, was sich aber durchaus mit dem gängigen Bildtypus vereinbaren läßt.

Zusammen mit dem Bild der Frau am Grabe scheint die Darstellung zu einem Komplex der Wiedergabe der österlichen Festgeheimnisse gehört zu haben. Für diese Annahme spricht, daß in der Westkirche der »limbus patrum« nie wie in der Ostkirche allein die Auferstehung verkörpern kann, sondern meist in eine Folge der gesamten Ereignisse eingebunden ist. Dies bedeutet aber keinesfalls, daß dieses aus dem Nikodemus-Evangelium stammende Ereignis sich nicht großer Popularität erfreut hätte [12], was allein die Aufnahme in die Legendenfassung des Jakobus de Voragine bezeugt.

Technik:
Kalkschlemme, auf die in Abfolge Ocker, Rot- und Schwarz-Zeichnung aufgesetzt wurden. Die Eindringtiefe in die Grundschlemme ist durch deren völliges Austrocknen und Abbinden vor dem Farbauftrag bedingt.

Erhaltungszustand [13]:
Die Putzkonsistenz ist auf der gesamten Bildfläche mit Ausnahme des Fragments stark durch Hammerschläge gestört. Die Pigmente scheinen durch Abrieb verlorengegangen zu sein, sowie auf großen Flächen die Grundschlemme abgeplatzt ist. Im Bereich des Fragments wurde teilweise der Abrieb der Pigmente durch die Freilegung selbst hervorgerufen.

Nr. 10
»Maria am Grabe mit Engel«

Standort: in situ
Domkirche zu unserer lieben Frau, Westkrypta, nördlicher Gewölbeansatz des westlichen Nordpfeilers (vgl. Plan Nr. II)

Datierung: 1380/1390

Maße: 70 × 80 cm

Beschreibung:
Ganz an den linken Bildrand gedrängt, ist der Oberkörper eines sitzenden (?) Engels zu erkennen, der sich mit erhobenen Händen nach rechts hinwendet. Von seinem grünen rockartigen Gewand lassen sich nur mehr einige, die Ausrichtung der Arme verstärkende Falten wahrnehmen. Seine beiden hochaufgerichteten Flügel hinterfangen das nimbierte, mit blonden Haaren bedeckte Haupt. Der Blick der großen runden Augäpfel richtet sich über die teils überdeckte, teils weitgehend zerstörte Bildmitte auf die zu ihm hintretende Frau.

Diese steht in leicht S-förmig geschwungener Haltung, dem Engel zugewendet, am anderen Bildrand. In ihrer Linken hält sie eine Pyxis, während sie die geöffnete Rechte erstaunt erhebt. Das Haupt vom Nimbus hinterfangen, bedeckt von einem weißen Kopftuch, das nur knapp den Blick auf das blonde Haar freigibt und in gewelltem Saum über die Schulter fällt, neigt sie auf den Engel blickend leicht nach vorne, wobei das in dreiviertel Ansicht gegebene Gesicht einen besinnlichen, verschlossenen Ausdruck annimmt. Gekleidet ist sie mit einem über das blaue Unterkleid gelegten, über die Schulter herabgezogenen, vor dem Leib gequerten Mantel, der den Oberkörper und die Arme umfaßt. Aus einer sich in Dreiecksform verspannenden Partie fällt er, sich lösend, in einem sich teilenden Saum weich schwingend zu Boden. Die Schwingung der Umfassung des Leibes und die Einhüllung des Oberkörpers öffnen sich, um Tragen und Gestik der Figur Basis und Raum zu geben.

Stil:
Das kompositionelle Umfassungsprinzip, wie es am Oberkörper der Frau auftritt, greift auf, was sich bei dem Brustbild des berühmten Mannes im Pfettnerhaus zeigte. Auch die dreiecksförmige Verspannung von Gewandpartien kann als abstrahierende Weiterentwicklung derer der Apostel des Marientodes verstanden werden, das hier jedoch aus dem übergeordneten Motiv in ein untergeordnetes Detail umgewandelt wird, um jenen schwingenden Falten Raum zu geben, deren bestimmende Plastizität neben die der unteren Körperpartie tritt und dabei eine Art Aufspaltung bewirkt. Ein ähnlich schwingender Saum fand sich bei dem Märtyrerbischof, ohne jedoch die Wirkung der verdoppelt parallel sich bewegenden Schwingungen für die Ausbildung eigener Räumlichkeit zu verwenden, wie es bei dem linken Bischof der Kreuzigung der Ostkrypta in Ansätzen vorhanden ist. Das Auftreten dieses Motives [14], das sich bis in die zwanziger Jahre des XV. Jahrhunderts hinein verfolgen läßt, betont die Stellung, die diesem Bild innerhalb der Stilentwicklung des Augsburger Raums zukommt.

Die tragende Rolle, die hier die Zeichnung vor der Modellierung der Farbe besitzt, ist in erster Linie an der Figur des Engels zu ersehen, wo die gesamte Volumenbildung durch die Spannung der Linie erfolgt, hinter die die Farbe lediglich in der Funktion der Lokalfarbe zurücktritt. Die gleichen Prinzipien dieser Auffassung finden sich auch bei der Myrrhophore, wobei beiden Figuren das Einbinden der Zeichnung als reflextragender Teil des Körpers, wie es in dem Limbus-Fragment erscheint, fehlt. Die sowohl durch die technischen Gegebenheiten als auch durch die Kopfformen bedingte Abhängigkeit beider Bilder [15] voneinander scheint schwer mit dieser Unterschiedlichkeit übereinzustimmen, obwohl beiden Bildern der Zug zu neuen Inventionen zugrunde liegt, was am ehesten durch die Tätigkeit einer volkstümlich arbeitenden Werkstätte zu erklären ist, die unter dem Einfluß neuerer Elemente diese zu reflektieren versuchte, sie aber noch nicht in einem durchgebildeten Formenschatz zu vereinbaren mochte.

Ikonographie:
Als Darstellung der Maria am Grabe ist dieses Bild durch das Salbgefäß, das die Frau in der Hand hält, eindeutig erklärt. Daß dabei nur eine anstatt der üblichen drei Marien dargestellt ist, könnte sich aus einer Anlehnung des Malers an das Johannes-Evangelium [16] ableiten, wo ebenfalls nur die Anwesenheit der Maria Magdalena am Morgen der Auferstehung am Grabe erwähnt ist. Allerdings kann man in diesem Punkt einen gänzlichen Verlust weiterer dargestellter Personen im Bereich der heute völlig zerstörten Bildmitte nicht ausschließen.

Technik:
Das Bild ist in Kalksecco auf Kalkschlemme in einer Schicht durchgeführt, wobei beim Farbauftrag die Zeichnung nach dem Pigmentauftrag durchgezogen worden ist. Auch in diesem Fall zeigt die geringe Eindringtiefe des Pigmentes das gänzliche Abbinden der Kalkschlemme vor der Bemalung an.

Erhaltungszustand: [17]
Von der Bildfläche, die zur Darstellung gehört, haben sich nur die Bildränder, die die Figur tragen, erhalten. Die Mitte ist durch starke Hammerschläge und Abplatzen der Kalkschlemme verlorengegangen. In diesem Bereich haben sich auf einer höherliegenden Schlemmschicht Teile einer Kreuzfahne erhalten. Diese Teile, die eventuell zu einem Auferstandenen gehören, stellen Spuren einer Restaurierung dar, die die österliche Auferstehungs-Thematik dieses Bereiches mit den nun üblichen Bildtypen bewahrt. Ein Zusammenhang dieser Reste mit den übrigen späteren Bildern [18] (vgl. Objekt Nr. 52 bis Nr. 55) ist nicht eindeutig nachzuweisen.

Nr. 11
»Apostelkreuz«

Standort: in situ
Domkirche Zu unserer lieben Frau, Westkrypta, westlicher Gewölbeansatz des westlichen Nordpfeilers (vgl. Plan Nr. II)

Datierung: Zusammenhang mit den anderen Bildern ist fraglich [19]

Maße: ∅ 62 cm

Beschreibung:
In einem Kreis, der aus einer breiten und zwei dünnen Rötellinien aufgebaut ist, sitzt speicherartig eingespannt ein Kreuz, dessen Balken sich nach außen hin geschwungen erweitern. Vom unteren rechten Viertelsektor des Kreises ragt vor dem ehemals grünen Grund ein von einem roten Gewand verdeckter Arm in das Zentrum, wo die Hand, den Segen spendend, gefaltet die Vertikalachse des Kreuzes betont.

Zwei weitere Kreise solcher Segens-Kreuze [20] gleichen Ausmaßes lassen sich noch in dem Raum der Westkrypta feststellen. Ihre Binnenzeichnung ist jedoch verlorengegangen.

Stil:
Eine stilistische Aussage über dieses Weihekreuz ist nicht mehr möglich, da sich dieses typologisierte Zeichen über den Zeitraum des XIV. Jahrhunderts kaum verändert hat und die Ausbildung der hier gegebenen Gewandteile zu geringfügig ist.

Funktion:
Diese Kreuze, von denen sich heute nur mehr drei in dem ganzen Raum feststellen lassen, bezeichneten wahrscheinlich die Stellen, an denen die Krypta (fraglich, ob nur die West- oder auch die Ostkrypta) bei der Weihe mit Chrisam gesalbt wurde. Der Zeitpunkt der Weihe läßt sich in diesem Falle ebensowenig feststellen, wie die zugehörige malerische Fassung des Raumes. Die Annahme, daß sie im Zusammenhang mit diesen frühen Bildern zu sehen ist, kann jedoch ebenso nicht eindeutig von der Hand gewiesen werden.

Technik:
Die Rötelfarbe wurde direkt pastös auf die Kalkschlemme im Secco-Verfahren aufgetragen und hinterher auf den grünen Grund ausgefüllt.

Erhaltungszustand:
Die Putzsubstanz ist stark durch Hammerschläge beschädigt, die Kalkschlemme teilweise abgeplatzt oder abgerieben. Von der pastösen Rötelschicht haben sich nur im oberen Teil des Kreuzbogens einige Partien erhalten, wogegen die Pigmente im unteren Teil sich nur in den Poren der Schlemme finden.

Literatur (für Objekt Nr. 7 mit 11):
Kosel, Karl 1981, p. 140–168;
Dasser, Karl Ludwig 1982, p. 69–78.

Nr. 12
»Kreuzigung mit Maria und Johannes Ev.«
(sowie Evangelistensymbolen, zwei Heiligen und darüber Christus mit dem Heiligen Geist und zwei weiblichen Heiligen)

Standort: in situ
Domkirche Zu unserer lieben Frau, Ostkrypta, östlicher Gewölbeansatz unter der Westchortreppe (vgl. Plan Nr. II)

Datierung: ca. 1380 und 1400

Maße: 233 × 223 cm Gesamtausdehnung

Freigelegt: 1934 anläßlich der Domrestaurierung Fragment des rechten stehenden Heiligen freigelegt [1], Gesamtbild der Kreuzigung 1977/78 freigelegt und 1979 gereinigt und gefestigt [2].

Beschreibung:
Die Bildfläche des gesamten Komplexes erstreckt sich, quasi triptychonähnlich über den Pendentif-artigen Gewölbeansatz mit jeweils einem Drittel der anschließenden Schildbögen des Ostabschlusses der Ostkrypta.

Auf der Mittelachse erhebt sich vor dem grünen Hintergrund zentral das Kreuz mit schräg gestelltem Titel, an dem von drei Nägeln durchbohrt Christus mit nach links geneigtem Haupt hängt. Der einfache Kreuzbalken ohne Untersicht, nur durch seine abgeschrägten Enden verräumlicht, überspannt die Hauptszene der Ensemblemitte bestimmend. Daran hängt an dünnen, leicht gebogenen Armen der zusammensackende Körper Christi, dessen übereinandergelegte Beine einknickend dem Gewicht nachgeben. Die Blöße des gekrümmten Körpers bedeckt das oben gewundene nach unten frei fallende Lendentuch, das mit der Biegung seines oberen Randes, quasi die Bewegung der Arme wiederholend, den Corpus faßt. Sein von einem Kreuznimbus hinterfangenes Haupt ist auf seine rechte Schulter gesunken und sucht den Blick auf seine links unter dem Kreuz stehende Mutter zu richten, in deren Brust sich, parallel zur Blickrichtung Christi, ein langes Schwert bohrt.

Sie, in dreiviertel Ansicht gegeben, scheint mit ihrem Oberkörper dem Druck des Schwertes nachzugeben, während sie die Hände vor der Brust gefaltet, den Blick demütig in Trauer versunken zu Boden lenkt. Ein doppelt gefaßter Nimbus umschließt die Silhouette des runden von einem auf die Schulter herabfallenden Schleier bedeckten Hauptes der Maria, dessen hohe Stirne von einem schmalen Streifen blonder Haare umgeben ist. Nur mehr geringe Spuren der Binnenzeichnung umreißen die Plazierung der kleinen Augen, der zierlich schmalen Nase und des Mundes in dem von einem kleinen runden Kinn geschlossenen Gesichtsfeld. Der rote Umhangsmantel über dem rundkragigen blauen Untergewand öffnet sich über die Schultern spannend vor der Brust, die getroffen von dem Schwert den Hintergrund für die betend zum Himmel erhobenen Hände bildet. Das umschließende Motiv des vor dem Leib quergezogenen Mantels ist bis auf die untere fallende Partie verloren. Diese zeigt neben dem links sich glatt ziehenden Teil rechts eine sich umschlagende Röhrenfalte, die nach unten weiterschwingend sich fortsetzt und deren Pendent den Rand der Figur mit einem wellenden Saum begrenzt.

Auf der anderen Seite steht unter dem Kreuzbalken der Jünger Johannes, mit beiden Händen ein Buch präsentierend. Auch er weicht mit seinem Oberkörper zurück, was sich durch die eckige Handhaltung und die fehlende Bewegung in der Gewandung dann aber nur als beinahe unmotivierte Achsversetzung innerhalb der Figur ausdrückt. Nimbus und blondes Haar umfangen sein in Dreiviertelansicht gegebenes Gesicht, dessen Blick aus den unter niederer Stirn sitzenden Augen auf das erhobene Buch fällt. Auch er ist mit einem roten Mantel bekleidet, der seine runden Schultern einhüllt. Dieser ist unter seinem verdeckten linken Arm vor dem Körper durchgezogen, um von seinem verhüllten rechten Arm hochgenommen, teils in schwingend umschlagendem Saum, teils in Röhrenfalten stürzend, in Teilen auszipfelnd, herabzuhängen. Darunter gibt er den Blick auf das blaue Untergewand frei, das über seinem Fuß in plastischen Röhrenfalten herabfallend in schwingendem Saum endet. So unterfängt der statisch plastische Teil der Figur das durch Mantelschwung und horizontalen Arm gefaßte präsentierte Buch mit dem sich nach hinten zurücklehnenden Körper, wodurch untereinander die Haltung der Hände, Aufragen des Oberkörpers und den auf das Buch ausgerichteten Blick ein geschlossenes Bezugsystem gebildet wird.

Rechts und links des diese Gruppe überspannenden Kreuzbalkens erkennt man Spuren von Kreisen, in denen je ein Evangelisten-Symbol plaziert ist. Sie sind innen durch eine Doppellinie in einer versuchten Räumlichkeit gegeben. Links läßt sich der Adler des Johannes, rechts nur mehr in Umrißanlage und Farbgebung der Löwe des Markus ausmachen.

Die beiden anderen Kreise der Evangelisten-Symbole sind auf der Höhe der Basis der Kreuzigung an den beiden Schildbögen neben dem Gewölbezwickel zu finden, wodurch die dort dargestellten Heiligenfiguren als direkt der Kreuzigung zugehörig gekennzeichnet sind. Eine genauere Identifizierung der Symbole ist nicht mehr möglich.

Der linke Schildbogen zeigt stehend den bärtigen Johannes den Täufer, der, gekleidet in ein sich in reichen Falten brechendes Gewand, in seiner Linken ein kreisrundes Attribut (Johannesschale?) hält, auf das er mit dem erhobenen Zeigefinger der anderen Hand aufmerksam macht. Der Blick seines nimbierten Hauptes ist zur Kreuzigung ausgerichtet. Nur grob gibt die erhaltene Rötelzeichnung die Details wieder, von denen sich vor allem die teils parallel, teils einander tangierenden Linien der fließenden Mantelsäume erkennen lassen.

Das Pendent zu dieser Figur am rechten Schildbogen ist nur noch Fragment. Neben dem Bogen mit dem Namenszug, der die Figur, gleich dem Johannes, eindeutig als den Apostelfürsten Paulus identifiziert, sieht man die Biegung der Schulter und das in der Hand als Attribut gehaltene Buch.

Über der Kreuzigung am Gewölbescheitel [3] findet sich in doppeltem Rahmen das nimbierte Porträt Christi mit rotem Umhangsmantel, frontal auf den Betrachter blickend. Über seinem Scheitel ist die Person des Hl. Geistes durch die abermals von einem Nibus umgebene Taube dargestellt. Zwei weibliche Heilige wenden sich daneben in bittendem Gestus den beiden göttlichen Personen zu.

Stil:
Bei der stilistischen Analyse zeigt sich natürlicherweise dieselbe Teilung, wie sie sich auch in den technischen Befunden nachweisen läßt.

So schließt sich die Kreuzigung durch die S-förmige Haltung der Standfiguren (bedingt auch bei der Figur des Christus) und durch das unterfangende Umfassungsmotiv der Gewänder um präsentierte Partien wie z. B. die durchbohrte Brust Mariens mit den gefalteten Händen, den zusammensackenden Oberkörper Christi sowie den das Buch haltenden Johannes als eine Gruppe zusammen. Dazu kommt in diesem Falle noch die Ausbildung der Faltung, deren Hauptmotiv neben den glattgespannten Partien um die Schultern die steilfallenden Röhrenfalten sind, die in schwingenden Säumen, sich teils selbst überdeckend, übereinandergelegt, räumlich Substanz gewinnend enden. In diesen Teilen der Gewandbildung, die sich in Grundzügen auch am Lendentuch Christi auffinden läßt, gewinnt die Malerei auch durch die genaue Verteilung von Licht- und Schattenbereichen Plastizität, die sich zwar unabhängig von den Körpern der dargestellten Figuren aufbaut, diesen jedoch Stand und Festigkeit zu verleihen vermag, da sie durch das Umfassen auch für die Figuren selbst sichernd wirkt. Tragend für die Darstellung erscheint heute die graue alles durchziehende Zeichnung, welche die räumliche Spannung der Farbflächen aufbaut, an der aber eine heute verlorene nur mehr spurenhaft bei der Johannesfigur nachweisbare Licht – Schatten – Setzung auch innerhalb der Flächen zu deuten ist.

Gegen die setzt sich, nicht nur durch den Erhaltungszustand, der Johannes der Täufer auf der linken Schildbogenwand ab, dessen lockere schwungvolle Zeichnung sich mehr der des Märtyrer-Bischofs (Objekt Nr. 7) verpflichtet fühlt. Auch der prinzipielle Aufbau greift auf einfachere Strukturen als bei der Kreuzigung zurück. So wird die Figur nicht umfaßt oder unterfangen, sondern lediglich von der durch die schwingend fallenden Säume verräumlichter Partien flankierend gefaßt, die eine Körperlichkeit der Figur nur als tragende Voraussetzung erahnen lassen, ohne den geschlossenen Umriß der Figuren zu durchbrechen oder auch nur zu modifizieren. Auch proportional ist die aufrecht stehende Gestalt gedrungener und gröber differenziert, so daß die Berechtigung, darin über einen rein qualitativen auch einen zeitlichen Unterschied zu sehen, nicht abgestritten werden kann.

Das Fragment im Gewölbescheitel mit den beiden göttlichen Personen und den zwei weiblichen Heiligen setzt sich in seiner flächig schematischen Wiedergabe von den anderen Teilen des heute sichtbaren Komplexes ab. Es darf mit großer Wahrscheinlichkeit angenommen werden, daß dieser Teil des Ensembles bei der Anlage der Kreuzigung bereits verdeckt wurde, da sich keinerlei gestalterische Einbindung in den jüngeren Schichten nachweisen läßt.

Ikonographie:
Die Ausdeutung des heutigen Ensembles muß dem gewachsenen Charakter dieses »Triptychons« Rechnung tragen. Als Zentrum ist die, dem »Stabat Mater«-Typus [4] verpflichtete Kreuzigung zu sehen, die durch die Zufügung der Evangelistensymbole von dem Andachtsbildcharakter weg in einen mehr repräsentativen Rahmen gelenkt wird, der die Funktion als zentrales Altarbild des Westkryptaraumes eher zu erfüllen vermochte. Die dazu beigestellten Heiligen der Schildbogenwände, die Johannes den Täufer und den Apostelfürsten Paulus darstellen, bestärken in ihrer Rolle als »Assistenzen« diesen Zug der Bildanlage.

Ein heller Rahmungsstrich, der bei der Reinigung entfernt wurde, zeigte eine spätere Konzentration als »Stabat Mater« Andachtsbild an, die den Triptychon – Charakter [5] des Bildes aufgegeben hatte. Entsprechend diesem Grundzug waren dabei auch die Evangelistensymbole ausgeklammert.

So läßt sich in diesem Falle die Rückführung des Triptychons auf ein Andachtsbild verfolgen. Ob allerdings dieses bereits eine Entwicklung aus einem hieratischen Bild darstellte, etwa einem Gnadenstuhl-Bild, dem die göttlichen Personen und die beiden bittenden Heiligen zuzuweisen wären, kann man ohne Kenntnis der verdeckten Teile der unteren Schicht nicht beurteilen.

Technik:
Der ursprünglichste Teil des Bildes ist die Darstellung der beiden göttlichen Personen und der bittenden Heiligen an dem Gewölbescheitel. Diese Partie ist in Kalksecco direkt auf den das Gewölbe deckenden Putz aufgetragen, wozu auch die unter der heute sichtbaren Kreuzigung liegende [6], auf besonders geglättetem Putz gefertigte Malerei gehört zu haben scheint.

Eine andere Technik läßt sich bei den Malereien der Schildbogenwände feststellen, die auf einer auf wenig verdichtetem porösen Putz aufgebrachten Schlemmschicht in Secco aufgetragen sind. Die Eindringtiefe der Pigmente scheint bei den Zeichnungslinien des Heiligen tiefer zu sein als bei den Evangelistensymbolen, was auf einen nachträglichen Auftrag derselben schließen läßt.

Gänzlich anders geartet ist der Aufbau des Wölbungsteils, der die Kreuzigung trägt. Hier wurde bei der Überdeckung der ursprünglichen Malerei zunächst ein wenig verdichteter Unterputz aufgetragen, der als Füllmaterial Häksel enthält. Ob diese Schicht Malerei oder Zeichnung trug, ist nicht beweisbar. Darüber legte man eine Art Opsis, die aus Kalkputz mit feinem Quarzsand als Füllstoff besteht und welche die abschließende Kalkschlemme mit den aufliegenden Pigmenten und den in dieser Schicht eingebundenen liegenden Zeichnungen trägt. Es ist heute nicht mehr erklärbar, was diesen komplizierten Aufbau der Übermalung bedingte [7], vor allem, da zu gleicher Zeit die Tondi der Evangelistensymbole direkt auf den Putz der Schildbögen gesetzt wurde.

Als letzte Überdeckung läßt sich der helle, die Kreuzigung fassende Rahmen feststellen, wobei nicht geklärt werden kann, inwieweit und auf welche Art die anderen Teile des Bildensembles verdeckt worden sind.

Erhaltung:
Das Fragment auf der rechten Schildbogenwand wurde 1934 während der Domrestaurierung aufgedeckt [8] und ist heute stark verschmutzt, jedoch mit nur geringem Substanzverlust erhalten. Die restlichen Partien wurden 1977/78 unsachgemäß aufgedeckt, wobei der komplizierte Schichtaufbau der Kreuzigung verprellt und zum Teil durchschlagen wurde [9]. Durch Abplatzen der deckenden Übertünchung ging auch viel der originalen nur secco an die Träger gebundenen Pigmente verloren, so daß sich heute nur eine rudimentäre Farbigkeit dem Betrachter bietet, die keineswegs mehr den opaken Charakter der ursprünglichen Malerei wiederzugeben vermag.

Nachdem die Sicherung der labilen Schichtung 1979 durchgeführt wurde, wurden die konservierenden Maßnahmen 1981 abgeschlossen

Literatur:
Kosel, Karl 1981, p. 140–168;
Dasser, Karl Ludwig 1982, p. 69–78.

Nr. 13
»Rankwerk mit Vögeln unter einer Scheinarchitektur«

Standort: in situ
St. Anna, Fuggerchor, Nordwand

Datierung: um 1400

Maße: 508 × 224 cm

Freigelegt: bei der Restaurierung des Fuggerchores 1950 [1]

Beschreibung:
In einem rechteckigen Raum, der an der Oberkante durch von auf blattförmigen Konsolen aufliegenden, dreipaßförmigen Baldachinen getragenen Zinnen gekrönt wird, entfaltet sich aus einem Stamm heraus ein sich verzweigendes in spiralförmigen Rosettenformen endendes Rankwerk. Links aufwachsend zieht sich der Hauptast nach seiner rechten und linken Seite hin verzweigend über das Bildfeld. An langen Stilen trägt das Gewächs fünflappige stilisierte Blätter, die halb ocker, halb umbra gefärbt sind. Auch der Hauptstamm, wie die tragenden Äste, sind zweifarbig in Licht- und Schattenseite geteilt und tragen an ihrem Ende kleine fünfblättrige Blüten, die mit dunklen Blättern und hellem Blütenkern jeweils das Zentrum einer Spiralstruktur bilden. Alle Blätter des Bildes gehen von einem Pflanzenstock aus, bis auf die drei Blätter, die aus der rechten unteren Ecke den gewunden endenden Ästen entgegenwachsen.

In diesem sich vor dem weißen Kalkgrund der Mauer entfaltenden Gewächs sitzen fünf papageienähnliche Vögel unregelmäßig verteilt. Ihre schablonenhaft unbelebt gezeichneten Körper sind in der oberen Hälfte des Bildes nach rechts, in der unteren nach links ausgerichtet.

Spuren weiterer Pigmente lassen sich an ihnen kaum ausmachen, so daß sie mehr attributhaft als akzentuierend in diese zweifarbige Malerei eingefügt sind.

Stil:
Dieser zeichnerische, schematische abstrahierende Stil einer monumentalen Dekorationsmalerei läßt sich am ehesten mit dem Rankenwerk später entstandener Handschriften vergleichen [2], obwohl sich dort kein solch weitläufig zusammenhängendes System nachweisen läßt.

Das Motiv der Baldachine stellt das Ornament in einen Zusammenhang mit dem Wandsystem des Jagdzyklus des Pfettnerhauses, an dessen Reihe durchbrochener Arkaden man dabei erinnert wird. Auch der Typus der Vögel scheint auf den im dortigen Fragment 3.II gezeigten, da allerdings dunkel gefärbten abzuzielen.

Neben diesen Versatzstücken scheint beiden Denkmälern die Bewegungsdynamik jedoch als Gemeinsames zugrunde zu liegen, die sich auch hier in dem Pflanzenstock zwar immer zu gesonderten Spiralzentren aufspaltend, dennoch über das Bildganze hinzieht und Einheit schaffenden Strukturwert besitzt.

Funktion:
Da die Bausubstanz des sich hier ehemals vor Errichtung des Fuggerchores befindlichen Hauses nicht überliefert ist, bleibt man dabei gänzlich auf Spekulationen angewiesen.

Anscheinend sollte diese fast Stockwerkshöhe [3] füllende Dekoration, wie es die Baldachine vermuten lassen, einen Ausblick in einen Garten vortäuschen, beziehungsweise eine von Rankenwerk bewachsene Gartenmauer wiedergeben und damit die Abgeschlossenheit des Zimmers erweitern, ein Grundzug, der zu dieser Zeit wohl das meistverbreitetste Motiv der Wanddekoration darstellte. An eine Abbildung bestimmter Pflanzen oder auch Landschaften wurde dabei nicht gedacht.

Technik:
Die Zeichnung wurde in Secco in die noch frische auf einer dünnen Putzschicht aufgetragenen Kalkschlemme in ocker- und umbrafarbenem Rötel gemalt, wodurch die gute Bindung zustande kam. Weitere Pigmente des Originalzustandes konnten nicht nachgewiesen werden.

Erhaltungszustand:
Die bei der Nachkriegsinstandsetzung 1950 zutage getretene Malerei ist nur wenig aufgefrischt worden, indem ausgebrochene Linien geschlossen wurden. Eine Veränderung des Zeichnungscharakters ist dadurch nicht entstanden, so daß die Malerei den originalen Zustand wiedergibt.

Literatur:
Breuer, Tilmann 1958, p. 20.

Nr. 14
»Rankenwerk in Architekturrahmen«

Ehemaliger Standort:
Weite Gasse 2/1 (genauere Lokalisierung unbekannt) [1]

Zerstört: beim Wiederaufbau

Überliefert: durch Aquarellkopie von Karl Nicolai 1944 im Auftrag der Stadt, Augsburg, Städtische Kunstsammlungen, Graphische Sammlung Nr. 20587

Datierung: um 1400

Maße: Originalgröße unbekannt Kopie: 55 × 45 cm (Blattgröße)
42 × 17 cm (Kopie)

Freigelegt: Zeitpunkt unbekannt [2]

Beschreibung [3]:
Innerhalb eines Zahnschnittrahmens dehnt sich ein aus zwei Stöcken sprießendes dichtes Gewächs aus, das weniger systematisch organisiert als das des vorhergehenden Beispiels und auch mehr vom »horror vacui« bestimmt zu sein scheint.

Die fortlaufende, sich in Spiralstrukturen verzweigende Bewegung ist aufgegeben. So schließen sich die Spiralen nicht mehr, sondern bilden sich verzweigend Blattfächer aus, an denen dickstielige dreilappige Blätter sitzen, die gegen die sich krümmenden Hauptäste gerichtet sind und in diesen und in der Randgestaltung gegenläufig ihre Begrenzung finden. Am Rande der Blätter sitzen, das Geflecht verdichtend, teils auf kurzen Stielen Fiederungen, die den durch die Verzweigungen entstehenden Raum schließen. Unregelmäßig sprießen aus den Ästen und Blattfächern an sich windenden Trieben kleine Blüten mit dunklem Kern.

Äste wie Blätter sind halb in Rötel halb in dunklem Erdton gegeben, was den fleischig gebauten Pflanzenteilen mehr Räumlichkeit gibt, als es bei denen des Fuggerchores der Fall war.

Stil:
Das Fehlen der Architekturelemente und die mehr auf Flächenfüllung zielende Ausbreitung der Malerei bestärkt die Reduktion hin zum reinen Ornament.

Die fehlende durchgängige Bewegung gibt einem mehr flächigen Eindruck Raum, dessen Füllung die Fiederung und Blattflächen sucht und der nicht durch die in der Farbgebung wiedergegebene Licht- Schattenteilung aufgehoben werden kann. Die dadurch entstandene Enge kann auch keine Räumlichkeit für Tiere schaffen, auf die hier daher auch ganz verzichtet wird.

Die Fiederungen, die sich in den Rankenwerken der Buchmalereien über die ganze erste Hälfte des XV. Jahrhunderts finden lassen [4], verweisen auf die Weiterführung dieser Ornamentierung außerhalb der Monumentalmalerei und geben einen berechtigten Anlaß, dafür einen späteren Zeitpunkt zu fordern, als bei dem mehr dem Charakter der Wanddekoration verpflichteten Beispiel des Fuggerchores.

Funktion:
Diese Malerei ist in der Funktion wie die des Fuggerchores zu bestimmen. Der mehr dekorative Charakter scheint aber weniger Mangel der Qualität zu bedeuten, als eine konsequente Weiterentwicklung der Abstraktion, die weg von dem illusionistischen Ausblick hin zum dekorativen Ornament führt. Die Monumentalität wird dabei zugunsten der Dekoration aufgegeben.

Technik, Überlieferung:
Soweit es die kleine Aquarellskizze Karl Nicolais erkennen läßt, war die technische Ausbildung der Malerei ähnlich der des Fuggerchors. Die auf der linken Bildhälfte nur mehr fragmentarisch schattenhaft ausgegebene Zeichnung gibt deutlich den Verfall der Seccomalerei durch Abwitterung bzw. Abrieb wieder, was diesen Schluß unterstützt. Fraglich bleibt dennoch, ob die etwas gröbere Körperlichkeit dieser Malerei nicht nur durch das Kopierverfahren mittels wesentlich kleinerer Aquarellmalerei zustande kam, so daß in diesem Punkt bei Rückschlüssen auf das Original nur bedingt Authentizität angenommen werden kann.

Nr. 15
»Turnierkampf mit Keulen und Schwertern«

Ehemaliger Standort:
Stettenhaus, Martin Lutherplatz 3/5
genaue Lokalisierung nicht überliefert

Überliefert: a) abgenommenes Fragment auf Holz aufgezogen (?), Leihgabe der A. B. von Stetten'schen Stiftungen im Maximilianmuseum Augsburg, ohne Nummer
b) Temperakopie (von ca. 1940), Städtische Kunstsammlungen Augsburg, ohne Inv. Nr., deponiert im Maximilianmuseum (zeigt besseren Zustand)

Datierung: um 1416 (vgl. infra)

Maße: a) Fragment 300 × 60 cm
b) Kopie 440 × 45 cm

Freigelegt: Zeitpunkt nicht bekannt

Abnahme: im Laufe des Jahres 1954 [1]

Beschreibung:
(Für den heute nicht mehr erhaltenen Teil wie auch zur Rekonstruktion des Gesamtbildes ist der Betrachtung die Kopie zugrunde gelegt, wobei deren übertriebene Farbigkeit und nachweisbare Verzeichnungen vernachläßigt wurden.)

Die Bildfläche zeigt, soweit sie heute noch erhalten ist, ein geometrisches Friesband, unter dem der Turnierkampf entbrennt. Der Fries, die Oberkante der ehemaligen Rahmung (?), zeigt, begrenzt von je einer breiten und einer inneren dünnen Rötellinie, abwechselnd eine Raute und zwei übereinander liegende Kreise. Mit breiten grauen Linien sind diese Ornamente verräumlicht, indem bei den Rauten die gegenüberliegenden Seiten dunkel bzw. heller gegeben sind und bei den Kreisen jeweils auf die linke Seite ein Licht zu fallen scheint.

Unter dieser gleichmäßigen Ornamentierung kämpfen Berittene teils mit Schwertern teils mit Streitkolben gegeneinander in einem abgeschrankten Geviert, flankiert von zwei Herolden und einem Reiter, der ehemals eine Gruppe weiterer Zuschauer angeführt haben muß. Auf seinem Pferd sitzend wendet er sich nach links um, seine Rechte fragend offen erhoben, mit der heute verlorenen Gruppe in Konversation stehend. Sein Gesicht, von einem schmalen Barte gerahmt, mit vorgerecktem Kinn, scheint ruhig eine Antwort zu erwarten. Seine Kopfbedeckung, ein Hut, von dem ein darumgewundenes Tuch schleierartig rechts herabfällt und um den eng hochgeschlossenen Kragen seines Gewandes gelegt ist, bezeichnet seine hohe Stellung und faßt würdevoll betonend den Ausdruck seiner Kopfpartie. Mit seiner Linken hält der Reiter die Zügel seines Pferdes, das mit hochgebogenem Hals das vor ihm liegende Kampfgetümmel wahrnimmt, mit einem Ohr auf die Stimmen hinter ihm lauschend, das andere auf den Kampflärm gerichtet.

Innerhalb des, durch massive Holme und Vierkantpflöcke abgeschrankten, sich in den Vordergrund erweiternden Kampfplatzes tummeln sich zwölf Kämpfer, sich zumeist paarweise zugewandt, wobei die vertikalen Streben der Umzäunung die Gruppen deutlich gliedern.

Das erste Paar links kämpft mit Kolben. Der linke Ritter mit hochaufragender spitzer am Ende gefiederter Helmzier [2], die den Topfhelm beinahe völlig deckend nach links in zwei wehenden Bändern ausläuft, hat den in seiner Rechten gehaltenen Kolben neben den Hals seines Pferdes gesenkt. Über sein dunkles Wams trägt er einen Harnisch, an dem Helm und Kolben durch Riemen gesichert sind, die lasch hängend die resignierte Haltung des Kämpfers wiederspiegeln. Er wendet sich mit geneigtem Haupt dem ihn bedrängenden Verfolger zu, ohne irgendwelche Anzeichen einer Verteidigung erkennen zu lassen.

Sein Verfolger, kenntlich durch die stilisierte Schere als Helmzier [3], den Panzer mit einem roten Kragentuch bedeckt, hat den durch den Riemen gesicherten Kolben mit der Handschuh bewehrten Hand über dem Kopf zum Schlag erhoben, dessen Schwung sich in der Straffung des Sicherungsriemens ausdrückt. Nah aufgeschlossen bedrängt er den an die Schranken geflohenen Gegner, ohne ihm Raum zur Verteidigung zu lassen. Der hintere Eckpfosten der Abschrankung lokalisiert dieses Paar.

Auch das nächste Kampfpaar ist durch das Intervall der Schranken räumlich gefaßt. Auch hier ist der rechte Ritter im Vorteil, der über den Kopf seines Pferdes hinweg mit seinem eckig hochgereckten rechten Arm den spitzen Kolben in die Augenschlitze des tieferplazierten Gegners zu treiben versucht. Dieser, der den Mohren als Kennzeichen trägt [4], reißt in Gegenwehr den Arm hoch und versucht diesen gegen ihn geführten Stich durch einen Schlag abzuwehren, der in spitzem Winkel gegen die zielende Hand geführt wird. Der Schwung des Abwehrschlages – wieder gekennzeichnet durch den Bogen des Sicherungsriemens – wird durch die Festigkeit des begrenzenden, den Arm tangierenden Pfosten, hinterfangen, wie auch der andere Pfosten den Stich durch die Anlehnung des Ellenbogens an Festigkeit sichert. So entsteht ein durch Bewegung gespanntes, durch die Pfosten verfestigtes Aktionsfeld, in dessen unterem Vordergrund der gebogene, hochragende Kopf des versammelten Pferdes ragt, das seinem rotgewandeten und durch die rote buschförmige Helmzier [5] herausragend bezeichneten Reiter einen sicheren Sitz gibt, aus dem heraus dessen gezieltes Handeln sich ermöglicht.

Die Mittelgruppe setzt sich aus zwei mit blanken Schwertern streitenden Paaren zusammen und hebt sich auch in der Farbigkeit deutlich von den übrigen ab. Der blaugrün gewandete Ritter links [6], mit seiner aus zwei Büffelhörnern mit dazwischen sitzender Eule (?) bestehenden Helmzier alle anderen überragend, hat als einziger seinen Grauschimmel nach rechts gewendet und stellt sich, sein Schwert hinter sich führend weit zum Rundschlag ausholend, der anderen Turniergesellschaft in den Weg. Seine Bewegung, im Schwung, verdeutlicht durch den Riemen und den am Helm angebrachten Adlerflug (?), wird in ihrer Festigkeit nach hinten durch den Schrankenpfahl abgesichert, sowie auch seine leicht nach vorne geneigte gerade Haltung, die durch die Linie des Helmsicherungsriemens wiederholt wird, sein Vorwärtsdringen nicht in Zweifel stellt. Sein Gegenüber, der seinen Braunen aus dem Hintergrund heraus ihm entgegenstellt, hat seine Rechte zur Parade erhoben, so daß die Klinge des Schwertes hinter der aus Krone und Federbusch bestehenden Helmzier [7] horizontal nach hinten zeigt. Seine Bewegung ist wartend, wie es der hängende Riemen des Schwertes und das vom Helm herabhängende rote Nackentuch verdeutlicht. Dieses Warten drückt aber kein Zögern aus, sondern wie das leicht in den Nacken zurückgenommene Haupt und auch die feste Biegung des Rückens, welche die des Pferdehalses nochmals aufgreift, zeigt die Spannung auf, die diese Figuren in der Erwartung des Angriffsschlages beinhalten.

Dicht an seinem Rücken treibt ein anderer Ritter mit violettem Waffenrock und einem Mäusekopf als Helmzier [8] seinen Grauschimmel heran. Bevor er jedoch bei dem anderen Paar eingreifen kann, wird er von dem im Vordergrund auf einem Rappen Heranreitenden durch einen Streich in den Nacken attackiert, worauf er heftig auffahrend und sich wendend reagiert. Diese heftige Bewegung, die den Nackenschutz aufflattern läßt, durchzieht vom Sitz an aufwärts den ganzen Körper bis hin zu dem zum Schlagen erhobenen Arm, in einer Bewegung, die in ihrer Gegenläufigkeit zu der des parierenden Ritters, die plötzliche Überraschung betont und durch die aufwärts zusammenstrebenden Linien der Riemen sowie das nach rechts hin überrissen gesenkte Schwert als auch den Gürtel verspannt und ausgerichtet wird. Durch diese Haltung umfaßt er ganz die Gestalt seines tieferstehenden Angreifers, der ein rotes Horn mit Federbusch als Helmzier [9] sowie einen ehemals mehrfarbigen Rock als Erkennungszeichen trägt. Den Kopf dem Gegner zugewendet erhoben, führt er aus seinem vertikal aufgestellten rechten Arm heraus fast parallel zu dem ihn bedrohenden Schwert den Stich in den Nacken, dessen Festigkeit sich wieder in dem diese Gruppe schließenden Pfosten der Schranken findet.

In seinem unteren Teil wird dieser abgrenzende Pfosten durch den Kopf des Pferdes verdeckt, das die nachdrängende Gruppe dreier Reiter anführt. Sein Reiter, in Dreiviertelansicht gegeben, den Blick auf den vor ihm attackierenden Ritter gewandt, reißt, den Ellenbogen nach vorne seitwärts ausstellend, seine waffenlose Rechte vor die Brust, indem er sein Pferd durchpariert, während die gezackten wehenden Enden seiner Helmzier, einem Schwanenkopf mit rotem Kamm [10], noch den in der Armbewegung gestoppten Vorwärtsdrang andeuten.

Vor ihm im Vordergrund entblößt ein dunkelgrau gekleideter Reiter, nachdem er anscheinend seine Waffe verloren hat, sein Haupt, um seine Ergebung anzuzeigen. Diese Geste scheint für den nachfolgenden Reiter bestimmt zu sein.

(Das Folgende ist nur mehr in der Kopie überliefert). Er reitet auf seinem Braunen dicht aufgeschlossen und bedroht mit seinem Streitkolben den sich vor ihm ergebenden Kämpfer. Er scheint ehemals einen grünblauen Waffenrock als Erkennungszeichen sowie einen mit einem Ring gefaßten Federbusch als Helmzier [11] getragen zu haben, dessen auslaufendes Nackentuch ähnlich wie bei dem Ritter mit dem Schwanenkopf wehend endete.

Hinter ihm schließt der freistehende Pfosten der Turnierschranken den Kampfplatz ab, vor dessen im Vordergrund laufendem Holm die Kopie noch die Helmzier in Gestalt eines Turmes [12] einer verlorengegangenen Figur zeigt.

Rechter Hand warten zwei Herolde zu Pferde auf den Ausgang des Gefechts. Der linke im Hintergrund sitzt auf einem Grauschimmel und hält mit seiner Rechten eine Trompete mit weißblauer Rautenfahne, während er mit seiner Linken die Zügel des Pferdes faßt. Erhobenen Hauptes beobachtet er in weißblau gestreifter Tracht das Kampfgeschehen. Der zweite Herold, ganz in Weiß gekleidet, sitzt in gleicher Weise auf einem Braunen und hält eine gewundene Bucine mit rot-weiß-roter Fahne. Beide schließen die Folge des Bildes, ohne eine Fortsetzung vermuten zu lassen.

Dadurch daß die untere Hälfte des Bildes gänzlich verloren gegangen ist, läßt sich über die Bewegungsführung und den Gesamtaufbau nur bedingt etwas aussagen. Soweit die Begleitpersonen erhalten sind scheint es so, daß sie in einfacher Reihung, durch Zuwendung miteinander korrespondierend, gegeben sind und im Gegensatz zum Kampfplatz nur wenig Raumtiefe beanspruchen. Dieser dagegen durch die architektonische Begrenzung in die Tiefe geführt, erlaubt eine Staffelung der Kämpfer und ein Diagonal-Zueinanderstehen, das die größere Dichte der Handlungsabläufe bewirkt. Das in dem Raum vorgestellte Geschehen wird durch die vertikalen Elemente der Umschrankung aufgegliedert, welche die Bezugspaare und Gruppen verstärkend hinterfaßt und der Kampfbewegung, wie sie sich durch die Waffen ausdrückt, einen zusätzlichen teils verspannenden Rahmen gibt. So stößt beim ersten Kampfpaar die Nase des Pferdes an den Schrankenpfahl an und der schlagende Kolben trifft sich mit dem in den Raum weisenden Schrankenteil. Beim zweiten Abschnitt findet der abwehrende Kolben Rückhalt im Pfosten wie auch der zu ihm in spitzem Winkel stehend Zustoßende durch den Ellenbogen des rechtwinklig gebogenen Arms an den anderen Pfosten aufstößt und dadurch die unausweichbare Spannung unterstreicht. Im weiteren stützt die Architektur die horizontale Richtung des Schwertes ab, die vom nächsten aufgenommen in paralleler Doppelung zum Begrenzungspfahl hin leicht fallend verspannt ist. Auch im vorletzten Teil sucht der parierende Arm mit dem Ellenbogen Kontakt zum Pfosten, während die Keule des siegreichen Reiters horizontal mit dem Begrenzungspfosten einen rechten Winkel bildet, jedoch ohne Verspannung frei schwebend bleibt. Von diesem letzten, im Hintergrund liegenden Begrenzungselement, führt die Schranke ruhig, ohne durch eine Überschneidung unterbrochen zu sein, das Getümmel schließend in den Vordergrund. Die so gebildete Räumlichkeit wird durch das durchlaufende geometrische Ornamentbild ruhig überspannt, in das die Helmzieren teilweise hineinragen ohne genau davor oder dahinter zu liegen.

Das Bild zeigt damit die Steigerung der von den ruhig gereihten Zuschauern flankierten, in die Tiefe hinein entfalteten Aktion auf, die sich durch die Schranken geschlossen fassen läßt und so auch bildnerisch konkret den begrenzten Kampf des Turnieres wiedergibt.

Stil:

Im Falle dieses Turnierbildes, bei dem die Figurenbildung gänzlich dem Diktat der Rüstungsdarstellung unterliegt, sind der stilistischen Betrachtung gewisse Grenzen gesetzt. Dazu kommt noch, daß man sich nur an die Reste der oberen Bildmitte halten kann, die gewiß nur einen Teil des ursprünglichen Gesamteindruckes vermitteln.

So zeigt sich, daß die Figuren der Reiter als richtungs- und bewegungsbestimmende Teile ihren voluminösen Thorax benutzen, von dem ausgehend die Gliedmaßen, eckig herausgeführt, ihre Aktionen vornehmen, deren Ausrichtung zumeist durch die schablonenhaft die Figuren bekrönenden Helme wiederholt werden.

Ein wichtiges Element für die Figuren müssen die Pferdeleiber gewesen sein, die zum einen richtungsweisend und zum anderen basisbildend die Körper der Kämpfer unterfingen. Ihre Massigkeit, die sich heute nur mehr aus einigen der hochgewölbten Hälse erkennen läßt, scheint die Bildgestaltung nach unten hin geschlossen verdichtet zu haben, indem sie analog der Verspannung der Handlung im oberen Bereich, den sich in der Bildmitte vertiefenden Raum nutzte.

Nur ganz schwach läßt sich an den beiden Pferdeköpfen, die vor dem linken Paar der Mittelgruppe erscheinen, die ehemalige differenzierte Oberflächengestaltung erkennen, die den Hell-Dunkel-Wert zwischen Farbe und Zeichnung einzusetzen wußte. Anhand dieses Details läßt sich der eigentliche Substanzverlust, der in dem heute abgenommenen Original vorliegt, erahnen, welcher die eigentliche Qualität des Bildes schwer schmälert.

Hinsichtlich der erwähnten Raumgestaltung ist noch zu sagen, daß es sich bei dieser Komposition quasi um eine Umdrehung des Prinzips des »Marientodes« der Dominikanerkirche handelt (vgl. Obj. Nr. 5), bei dem die Raumtiefung durch das vor der Reihe stehende Bett entstand, das gleichsam durch zwei Assistenzfiguren verklammert war. Im vorliegenden Bild steht die Reihe im Vordergrund, unterbrochen durch die, die Funktion der Klammer ausübende Architektur, die in die Tiefe nach hinten führend, den Platz für die das Bildthema tragende Aktion freigibt.

Im Unterschied dazu wird auch die Weiterentwicklung von der additiven Staffelung hin zu einer eingebundenen verspannten Raumausdehnung deutlich, die sich in die Bildeinheit gänzlich einfügt, bzw. den Einheit stiftenden Träger des Bildes zu bilden vermag.

Ikonographie:

Die bayerische Fahne, die der Herold an seiner Trompete zeigt, läßt vermuten, daß dieses Bild sich auf das überlieferte Turnier [13], das im August 1416 zwischen den Vertretern der Reichsstädte Regensburg, Nürnberg, Ulm, Dinkelsbühl, Konstanz und Donauwörth und den Mannschaften Herzog Ludwigs, Herzog Ernsts und Herzog Wilhelms von Bayern auf dem Fronhof stattfand, bezieht. Dieses ist das einzige in den Chroniken und Baumeisterrechnungsbüchern überlieferte Turnier, das unter starker bayerischer Beteiligung ausgetragen wurde. Das Haus [14], das in der fraglichen Zeit vom Schwiegersohn Ulrich Langenmantels, Hans Hofmair, bewohnt wurde, hatte als Wohnsitz eines Patriziers repräsentative Funktion, wie es der Besuch Kaiser Sigmunds im Jahre 1418 zeigt [15], so daß die Darstellung eines solchen Schauspiels keine Ausnahme bedeutet.

Kolbenkämpfe sind bei solchen Turnierdarstellungen durchaus üblich, wie es z. B. die des Schlosses Lichtenberg im Vintschgau [16] bezeugen, wo diese Art des Kampfes neben das Gestech gestellt ist. Daß in dem Augsburger Bild eine gemischte Bewaffnung von Streitkolben (anscheinend aus Holz (?) und stumpfen (?) Schwertern vorgestellt ist, läßt sich durch keine gleichzeitige Parallele belegen. Ein Rangunterschied der Kämpfer dürfte darin nicht ausgedrückt sein.

Ein Bestimmen der Namen der Teilnehmer anhand der Helmzieren erübrigt sich dadurch, daß diese zu der damaligen Zeit nicht genauer reglementiert waren. Auch wechselten die Helmzieren bei einigen Rittern von Turnier zu Turnier, so daß die oben angemerkten Identifizierungsvorschläge nur hypothetischen Charakter haben können.

Das Beispiel zeigt in erster Linie, wie die Bewohner der Stadt nicht nur repräsentative Veranstaltungen zu inszenieren verstanden, sondern sie auch, wenn sie gut gelungen waren, weiterhin für die Darstellung der Größe und Bedeutung der Stadt verwendeten, an der sie in diesem Falle als Patrizier teilhatten, so daß die Repräsentation der Stadt zugleich eine der eigenen Familie wurde.

Technik:
Das abgenommene Fragment zeigt eine auf einer Kalkschlemme liegende schwache Rötelvorzeichnung, auf welcher der flächige in Secco ausgeführte Pigmentauftrag ruht, von dem sich meist nur mehr die Grundsubstanz erhalten hat. Eine schwarze Schlußzeichnung gibt besonders betonte Teile, speziell Konturen wieder.

Erhaltungszustand, Überlieferung:
Das abgenommene Fragment weist leichte Auffrischungen der durch Abrieb stark mitgenommenen Pigmente auf, die den Charakter des Bildes nicht beeinträchtigen. Die Farben, heute durchwegs transparent erscheinend, dürften ehemals opak auf der Schlemmschicht gelegen haben, wodurch der sich heute wiedergebende zeichnerische Charakter zurückgedrängt gewesen sein dürfte.

Die Kopie, in stark deckender Temperatechnik auf Karton ausgeführt, weist heute Wasserschäden auf. Viele Details sind verfremdend wiedergegeben, so daß die Kopie nur als Wiedergabe des kompositionellen Aufbaus angesprochen werden darf.

Literatur:
Breuer, Tilmann, 1958, p. 71;
Zorn, Wolfgang 1972, p. 140.

Nr. 16 bis Nr. 23
Pausen von gotischen Malereien aus der Plansammlung des Stadtarchivs Augsburg

Die acht folgenden Katalognummern stellen Pausen vor [1], die Ende des XIX. Jahrhunderts [2] von gotischen Wandmalereien in Augsburg abgenommen wurden. Es läßt sich, da bisher keinerlei Eingangsnotiz zu diesem Bestand im Stadtarchiv aufgefunden werden konnte, heute nicht mehr feststellen, aus welchen Gebäuden diese Pausen stammen. Ihre Gleichartigkeit könnte auf ein und denselben Standort der Originale schließen lassen.

Die Bilder, deren Aussagewert für die stilistische Betrachtung durch die Oberflächlichkeit und Verzeichnung der Kopie nur bedingt zu verwenden sind, wurden hier hintereinander gestellt, obwohl sie sich zwei differenzierten Zeitabschnitten zuordnen lassen. Trotzdem dienen sie dazu, die Basis der Kenntnis der frühen Augsburger Malerei zu erweitern [3].

Eine Ableitung von stilistischen Merkmalen sowie Aussagen über die technische Beschaffenheit kann unter diesen Umständen nur bedingt gegeben werden, so daß sich die Vorstellung mit der Ikonographie und der Darstellung stilistischer Abweichungen innerhalb des Bestandes begnügen muß.

Nr. 16
»Verkündigung mit dem Apostel Bartholomäus und Stifter«

Ehemaliger Standort: unbekannt

Überliefert: colorierte Pause aus dem Stadtarchiv Augsburg
Plansammlung Nr. 223 ohne Blattnummer

Datierung: siehe Zusammenfassung unter Nr. 23

Maße: 174 × 126 cm

Beschreibung:
Vor dem blauen Bildgrund steht links, sich zum Bildrand hinwendend, Maria. Ihr unverschleiertes Haupt, von dem die langen Haare auf ihre rechte Schulter fallen, hat sie zu Boden gesenkt. Die vor die Brust genommenen Arme spannen den sie verhüllenden grünen, innen rot ausgeschlagenen Mantel um ihre Schulter, der unter dem Arm eingeklemmt, in zwei fast parallel schwingenden Säumen zu Boden fällt. Ihren linken Ellenbogen lehnt sie an das in verkehrter Perspektive diagonal räumlich gestellte Lesepult, das, bedeckt mit einem roten mit Sternen und Vierpäßen verzierten Tuch, ein Buch mit anscheinend hebräischen Buchstaben trägt.

Vor dem polygonalen Sockel dieses Lesepultes hat sich der Engel Gabriel, die Flügel aufstellend, auf sein linkes Knie niedergelassen und hält, während er mit seiner Rechten auf Maria weist, in der anderen Hand die in großem Bogen das Lesepult fassende Schriftrolle, welche die Inschrift »ave.graeia.plena.dominus te cum« trägt. Er ist in ein langes, mit Kreuzen aus gefiederten Blättern geschmücktes Gewand gekleidet, das sich spannend vor seiner Brust herabzieht, über dem an der Hüfte sitzenden Gürtel mehrfach umschlägt, um dann in weiten, teils geschwungenen, teils sich breitenden Falten auf den Boden zu fließen, die Glieder des Engels bis auf den nackten rechten Fuß verdeckend. Der Blick seines jugendlichen, mit dichten braunen Haarlocken bekrönten Hauptes, richtet sich nach oben, wo über dem Raum zwischen ihm und Maria aus einem wolkenumkränzten Band der segnende Christus mit Kreuznimbus und Weltkugel auf Maria blickend erscheint.

Hinter Gabriel ist, dessen Schwingen überdeckend, der Apostel Bartholomäus an die Szene herangetreten. In seiner Linken das Messer haltend trägt er an einem T-förmigen Stab seine Haut als das zweite Attribut seines Martyriums. Dreiviertelansichtig richtet er sich auf die Szene der Verkündigung aus. Auch sein heller Mantel, den er über das rote Untergewand um die Schultern legt und mit seiner Linken vor dem Leib querführend aufnimmt, fällt, von dort in schwingenden Säumen abwechselnd seine helle Grundfarbe und das Grün des Futters zeigend, zu Boden, wo er, die Figur ganz deckend, aufliegt.

Auf seinem unbezeichneten roten Wappenschild kniend wendet sich der Stifter zu dem vor ihm stehenden, ihn fast doppelt an Größe überragenden Namenspatron hin, in seiner Hand die S-bogenförmig über ihn aufragende Schriftrolle haltend, auf der sich verstümmelt »onar ... obiscbv mino« lesen läßt. Gekleidet in einen roten Rock mit weit ausgestellten Armen, die ebenso wie der untere Rocksaum zickzackförmigen auswuchernden Besatz tragen, richtet er sich, die Hände gefaltet, zu Bartholomäus hin in seiner Haltung aus, die von der hinter ihm, maßstäblich halb so großen knienden Frau (?) wiederholt wird, die in gleicher Farbe weniger geschmückt ist.

Soweit es die Kopie erkennen läßt, setzt die Komposition deutlich den Patronatsheiligen von der durch Verklammerung mit dem Schriftband und durch die weisenden Gebärden zusammengeschlossenen Szene der Verkündigung als Attribut ab und verweist durch nochmalige Absetzung die Stifter aus der sakralen Sphäre.

Stil:
Siehe Zusammenfassung hinter Objekt Nr. 23

Ikonographie:
Die Verkündigung folgt einem gängigen Typus, bei dem der Engel Maria beim Gebet antrifft. Von daher läßt sich das Gebetspult mit dem Buch erklären, das hier als Zäsur zwischen Engel und Maria gestellt ist, welche durch das fassende Schriftband mit dem Zitat des Lukasevangeliums (2,29) überbrückt wird. Die Darstellung, die sonst auf jegliche narrative Beigabe verzichtet, ist durch die in der Himmelsöffnung sichtbare göttliche Person ergänzt, deren schirmend ausgestreckte Hand die Überschattung durch die Macht des Allerhöchsten vorstellt. Wahrscheinlich ist in der jugendlichen bartlosen Gestalt die Person des Heiligen Geistes anzunehmen, der hier an die Stelle Gottvaters getreten ist. Die Möglichkeit einer Verzeichnung der Kopie an dieser Stelle darf allerdings auch nicht ausgeschlossen werden.

Angefügt, durch Überschneidung mit dem Engel als zur himmlischen Sphäre gehörend gekennzeichnet, ist dieser Szene der Verkündigung der Apostel Bartholomäus. Das Messer und seine abgezogene Haut, die auf sein Martyrium der Schindung hinweisen, identifizieren ihn klar. Attributiv ist er als Namenspatron der hinter ihm knieenden Stifterfigur angeführt, die ihn als Vermittler anruft. So dürfte auch der richtige Beginn des stark verstümmelten Schriftbandtextes »Onar . . .« wohl als »O bar (tholome)« zu denken sein. Typus und Kleidung der Stifterfiguren lassen keinen direkten Schluß auf ihren Stand zu [4]. Die Tatsache, daß der modisch mehr höfisch gekleidete Mann auf seinem Wappen kniet, legt die Vermutung nahe, daß es sich bei dem Abgebildeten um einen Angehörigen einer patrizischen Familie handelt. Dies erklärt auch die Darstellung von ihm untergeordneten Familienangehörigen, die ihn eindeutig von dem geistlichen Stande ausschließt. Weitere Bestimmungen können aus dem heute erhaltenen Überlieferungszustand nicht geschlossen werden.

Die Zusammenstellung des Bildes in seinen einzelnen Komponenten sowie das Dazutreten der Stifter stellen dieses Bild als Einzelbild vor, das ohne Zusammenhang mit einem Zyklus zu sehen ist und als Einzelstiftung angefertigt wurde.

Erhaltungszustand, Überlieferung:
(vgl. dazu auch die Zusammenstellung unter Nr. 23) Die Pause ist am oberen Rand und rechts-unten leicht eingerissen. Die Farbsubstanz des zu dicken Farbauftrags ist durch falsche Lagerung spröde geworden und beginnt abzuschiefern.

Nr. 17
»Verkündigungsengel«

Ehemaliger Standort: unbekannt

Überliefert: colorierte Pause aus dem Stadtarchiv Augsburg
Plansammlung Nr. 223, ohne Blattnummer

Datierung: vgl. Zusammenfassung unter Nr. 23

Maße: 200 × 145 cm

Beschreibung:
Die Pause zeigt die rechte Hälfte eines Verkündigungsbildes, dessen Marienfigur gänzlich verlorengegangen ist. Vor dem dunkelblauen Hintergrund gibt einzig das diagonal gestellte in falscher Perspektive gezeichnete Lesepult und die das Buch haltende Hand sowie der Mantelzipfel vor dessen Sockel ihre ehemalige Plazierung wieder.

Rechts oberhalb des Lesepultes öffnet sich der Himmel und auf Wolken erscheint in dem Rahmen eines Regenbogens die Halbfigur Gottvaters (?), der mit seiner Rechten segnet, während er in der Linken die Weltkugel hält. Von einem Mund aus scheint ein Gnadenstrahl auf Maria hinabzugehen, der in Bezug zu dem mit dem Tragetuch (?) in gleicher Richtung fliegenden Engel zu stehen scheint.

Gabriel ist vor der zwischen ihm und Maria stehenden langhalsigen Vase, in der heraldisch ornamentierte Lilien stecken, auf dem schmalen Bodenstreifen auf sein rechtes Knie gesunken und weist mit der im Segensgestus gefalteten Hand auf Maria, in seiner Linken das Spruchband haltend. Auch bei diesem scheint die Schrift entstellt worden zu sein und gibt nur die Worte »a.plena.dominus.« wieder. Gekleidet ist der Erzengel mit einem weiten, weich fließend fallenden Untergewand, über dem er ein Dalmatica-ähnliches dunkles mit Goldrändern gefaßtes Gewand trägt, das seitlich bis an die Hüfte geschlitzt und mit einem Ziersaum mit goldenen Fransen besetzt ist. Dieses fällt steif und weist nur wenige Schattenlinien auf, die nicht zur plastischen Ausbildung der Figur beitragen. Den mit blonden gelockten Haaren bedeckten Kopf hat er leicht erhoben. Die Zeichnung seines Gesichtes dürfte aber ebenso wie die der ohne organischen Ansatz hinter dem Nimbus aufragenden Flügel nicht dem Original entsprechen.

Das Pfauenfedermuster mutet seltsam an und mahnt zur Vorsicht bei der Verwendung als Vergleichsmaterial.

Stil:
siehe Zusammenfassung unter Objekt Nr. 23

Ikonographie:
Auch für diese Darstellung der Verkündigung gilt im allgemeinen, was unter Objekt Nr. 16 angeführt wurde.

Gabriel weist auch in diesem Fall das Schriftband vor, auf dem sich stark verkürzt die Stelle des Lukasevangeliums findet, die allerdings in ihrer heutigen Fassung auf die Ausdeutung des Kopisten zurückgehen dürfte.

Die Darstellung ist ebenso wie die vorangehende rein auf das Geschehen der Szene gerichtet, wobei aber die narrativen Beigaben um einige Zufügungen erweitert wurden. So geht von der vor einem Regenbogen thronenden göttlichen Person ein anscheinend ehemals an deren Mund ansetzender Segensstrahl aus, der ursprünglich auch sicher weiter als bis zum Schriftband gelangte. Dazu tritt ein kleiner ebenfalls von dieser Himmelsöffnung aus fliegender Engel, der mit beiden Händen ein Tragetuch hält [5]. Inwieweit dieser als Begleitung eines herabgesandten Christkinds zu ergänzen wäre, kann heute nicht mehr genau bestimmt werden, jedoch würde sich seine Anwesenheit nur in dieser Rolle erklären lassen.

Neben diesen handlungsbezogenen Elementen erscheint noch die Vase, die zwischen Engel und Maria stehend drei heraldisch aufgefaßte Lilien zeigt, die sich in diesem Zusammenhang auf die Jungfräulichkeit Mariens beziehen.

So weist diese Darstellung trotz ihrer Konzentration auf das Geschehen mehr Beigaben auf, die den scholastischen Ausdeutungen folgend, ihren tieferen Gehalt vor Augen stellen sollen.

Erhaltungszustand, Überlieferung:
(vgl. dazu auch die Zusammenstellung unter Nr. 23) Das Blatt der Pause weist ringsherum keine Beschädigungen auf, so daß die fragmentarische Erhaltung bereits auf das Original zurückgehen muß. Auch bei ihr ist die Substanz der Farben durch zu dicken Auftrag und falsche Lagerung gefährdet.

Nr. 18
»Anbetung«

Ehemaliger Standort: unbekannt

Überliefert: colorierte Pause aus dem Stadtarchiv Augsburg
Plansammlung Nr. 223, ohne Blattnummer

Datierung: vgl. Zusammenstellung unter Nr. 23

Maße: 200 × 134
Beschreibung:
Auch diese Kopie der Anbetung der Könige zeigt nur einen Teil des ehemaligen Bildes, das zumindest links beschnitten ist.

Von links ziehen vor dem dunkelblauen Bildgrund die heiligen drei Könige auf die am rechten Bildrand thronende Maria zu. Der erste der Könige, der vor dem Thron angekommen ist, hat sich auf die Knie niedergelassen und bietet mit beiden Händen einen goldenen geöffneten Kasten vor sich hinhaltend, dessen Inhalt dem auf dem Schoß der Maria sitzenden Christuskind dar.

Christus wird von Maria, die auf dem durch Stufen erhöhten, von Fenstern durchbrochenen und von zwei gekurvten Gesprengeansätzen bekrönten Thron sitzt, von deren Rechten am Leib umfangen, während ihre andere Hand ihn am Oberschenkel abstützt. Den Kopf leicht nach vorne geneigt, richtet die blondhaarige Maria ihren Blick über den Kopf des zugreifenden Kindes auf das Geschenk. Ihr am Hals über dem braunen Untergewand zusammengefaßter türkisblauer Mantel öffnet sich, quasi das Kind rahmend, vor der Brust und umfängt in weichem Schwung die Knie, von denen herabhängend die Falten in parallelschwingende Säume verlaufend enden und am Boden aufliegen. Dieses reiche Faltenwerk um die Beine der Maria gibt dem nackten Kind die Basis zum Sitzen, aus der heraus es sich vorbeugend in den angebotenen Kasten des Königs greifen kann. Dieser, durch seinen vollen Bart und die Glatze als der Älteste der drei Könige gekennzeichnete, führt gekleidet in einen weiten braunen Rock mit weißem Kragentuch, der an der Hüfte durch einen goldenen Gürtel gefaßt ist, die Reihe der Könige mit ihrem Gefolge an. Die Krone hat er abgesetzt, so daß sein Haupt als einziges ebenso wie das der Maria und des Kindes von einem Nimbus hinterfangen wird.

Hinter ihm kommt sein Begleiter bärtig mit breitrandigem Spitzhut, höfisch gekleidet in ein enganliegendes Wams mit Achselstücken, dessen Ärmel weit ausgestellt mit einem geflammt gezackten Saum verbrämt sind. Der goldene untere Saum gibt den Blick auf die langen gesteltzten eng bedeckten Beine frei, die der schmächtigen Gestalt einen unwirklichen Stand geben. Seinen Blick richtet er auf den Stern, den über dem Kopf des alten Königs herab ein kleiner fliegender Engel mit beiden Händen den Kommenden entgegenhält.

Der ihm folgende König ist als reifer Mann mit gestutzten Bart und blondem vollen Haar gegeben, das unter der mächtigen Krone hervorquillt. Sein Gewand, ganz in Grün, ist modischer gehalten, als das des ersten. So trägt er einen durch Glockengürtel gefaßten in Falten gelegten Rock, der unter dem Knie in einem verbrämten (?) Saum endet. Die Fülle des Stoffes ist an der Hüfte durch einen mit Glöckchen besetzten goldenen Gürtel gerafft, während sie in schwingenden Falten fließend die Arme umfängt. Mit seiner Linken weist er auf seine Gabe, ein goldenes Füllhorn, indem er seinen Blick über die vor ihm stehenden Gestalten auf den Stern lenkt.

Begleitet wird er von dem hinter ihm stehenden Diener, dessen Gewand gleiche Farbe und ähnlichen Schnitt wie das des Königs besitzt, jedoch weniger Fülle zeigt. Er, dessen blondes gelocktes Haar durch ein gemustertes Stirnband gefaßt ist, trägt ein Kleidungsstück (?), das er über seine linke Schulter gelegt hat und um die Kragenöffnung mit beiden Händen faßt. Der Blick seines vollbärtigen Hauptes ist ähnlich dem des vor ihm schreitenden Königs nach oben ausgerichtet.

Als letzte Figur, die ganz überliefert ist, schließt sich der dritte und jüngste König der Reihe an, der jedoch mehr im Vordergrund zu lokalisieren ist. Sein langes ungegürtet zu Boden fallendes, an den Ärmeln mit einem breiten gezackten Saum besetztes Gewand scheint noch von einem dunklen Mantel bedeckt gewesen zu sein, dessen glockenbehängter Saum sich allerdings verzeichnet überlieferte und als eigener Streifen den Hals umfängt. Sein bartloses, mit langem blonden, auf die Schultern herabfallenden Haaren bedecktes Haupt wendet er nach oben, während er mit beiden Händen ein Ziborium als seine Gabe präsentiert. Auch sein Blick ist ebenso wie der seines Dieners, von dem nur noch das Gesicht hinter ihm zu erkennen ist, dem Stern zugewendet.

Zwischen diesem König und dem knieenden erstreckt sich der Grund, der mit schablonenartigen Pflanzen bedeckt die Basis für die drei etwas mehr im Hintergrund stehenden Personen gibt, und sie so aus dem dunkelblauen Bildhintergrund heraushebend mit den anderen Figuren verbindet und in eine Relation stellt.

Stil:
Siehe Zusammenfassung unter Objekt Nr. 23

Ikonographie:
Die Darstellung der Anbetung [6] folgt im großen und ganzen dem Typus der in der Monumentalmalerei das Geschehen nur durch die eigentlich wichtigen Personen, nämlich Maria, Christus und die drei Könige wiedergibt. Diese sind neben den unterschiedlichen Gefäßformen ihrer Gaben auch dem Alter nach differenziert, so daß sie als Darstellung der Altersstufen gesehen werden können, was wiederum dem normalen Typus entspricht.

Daß jeder von ihnen noch einen Begleiter zugeteilt bekommt steht im Zuge der narrativen Erweiterung des Bildes hin zu einem Historienbild, in dem das in den Legenden ausgedrückte große Gefolge der Könige verkörpert ist.

Ob man diese Ausweitung als Anhaltspunkt für die Zugehörigkeit des Bildes zu einem Zyklus anführen darf, ist nicht eindeutig zu beurteilen (vgl. Nr. 19 und die Zusammenfassung unter Nr. 23).

Dieses Gefolge zeigt aber zugleich auch den Zug der drei Magier an [7], indem sie die Reihe der zwei Könige erweiternd strecken und in der Ausrichtung auf den Stern die Führung nach Bethlehem andeuten. Der Stern, der durch den ihn haltenden Engel eindeutig als von Gott gelenktes himmlisches Zeichen gesehen ist, wiederholt auch durch seine Zuordnung zu dieser Reihe dieses sekundäre Motiv, so daß man versucht ist, dem Bild den Titel »Zug der Könige und Anbetung« zu geben. Dieses Aufbauprinzip der Zusammenfassung zweier nahestehenden Szenen wird dann, wenn auch viel deutlicher, in dem Bild des Kindermordes gegeben (vgl. Nr. 19).

Erhaltungszustand, Überlieferung:
(Vgl. Zusammenstellung unter Objekt Nr. 23) Unbeschädigtes Blatt, das in der gleichen Art wie Objekt Nr. 17 sich erhalten hat. Die Abschieferung der Farbe ist in diesem Fall allerdings weiter fortgeschritten.

Nr. 19
»Kindermord von Bethlehem und Flucht nach Ägypten«

Ehemaliger Standort: unbekannt

Überliefert: colorierte Pause aus dem Stadtarchiv Augsburg
Plansammlung Nr. 223, Ohne Blattnummer

Datierung: vgl Zusammenfassung unter Nr. 23

Maße: 193 × 137 cm

Beschreibung:
Auf dieser Pause sind der Mord an den unschuldigen Kindern und die Flucht nach Ägypten so dargestellt, als würden die beiden voneinander abhängigen Vorgänge sich in ein und derselben Bildszene abspielen.

Links sitzt auf einem treppenartigen Thron, dessen oberste Stufe durchfenstert ist, König Herodes, modisch mit rotem an der Hüfte mit einem Glöckchen besetzten Gürtel gerafft gefaßten Gewand gekleidet. Dieses endet oberhalb seiner Knie in einem verbrämten Saum, während es an den weit ausgestellten Ärmeln tiefgezackt ist, an seiner Linken umschlagend den Blick auf die grüne Ausfütterung freigebend. In der Rechten hält er ein lilienbekröntes Zepter, das seine Befehlsgewalt andeutet, das er fest, fast krampfhaft umfaßt, während er, das mit der Königskrone bedeckte Haupt hoch aufrichtend, mit der anderen Hand seine Weisungen erteilt. So sitzt er unnahbar und unerreichbar für die Mutter, die sich zu Füßen seines Thronpodestes auf die Knie geworfen hat und erhobenen Hauptes beide Arme flehend ausbreitet.

Hinter dieser, durch das lange braune hochgegürtete Kleid und das ihr Gesicht eng umfassende Kopftuch als nicht höfisch gekennzeichneten Frau, schickt sich ein stehender Soldat an, den ihm von Herodes Hand zugewiesenen Auftrag auszuführen. Er umfaßt mit seiner Linken das aufgenommene Kind, dem er mit der Rechten das Schwert in die Brust bohrt. Das nackte Kind hat die Ärmchen ausgebreitet und sucht mit seinem Blick bei dem Soldaten menschliches Mitgefühl zu erwecken, das dieser gewappnet mit Sturmhaube und aus Ketten gewirktem Nackenschutz nicht zu erwidern vermag. So wird aus dem eigentlich liebevollen Motiv des Aufnehmens des Kindes durch das horizontal zu den Falten des gegürteten Soldatenrockes geführte Schwert die Mordtat vollzogen, die sich eher als verlängerter Stoß der weisenden Hand des Herodes verstehen läßt als wie eine aktive Handlung des Kriegers. Rechts neben diesem hat ein zweiter Soldat ein zappelndes nacktes Kind am Arm ergriffen und aufgehoben. Zu Herodes ausgerichtet stehend hat er sein Schwert mit der Rechten erhoben, um das Kind zu töten, das ebenso wie das vorhergehende auf seinen Mörder schaut. Der übergroße schlanke Soldat, dessen Waffenrock wie seine Beinkleider der Länge nach geteilt, weiß und rot gefärbt sind (ohne jedoch den üblichen Wechsel vorzuzeigen), hat zwar das Visier seines Helmes hochgeklappt, ist aber ebenso wie sein Gefährte durch die Wappnung für Gefühle unerreichbar verschlossen.

In seiner Wendung scheint er über das zappelnde Kind den davontrabenden Esel zu sehen, auf dem im Damensitz Maria, von Joseph geführt, entflieht. Ihr vom Kopftuch umfaßtes Haupt wird durch einen Nimbus hinterfangen und richtet sich leicht vornüber gebeugt auf Christus aus, den sie mit beiden Händen hält. Dieses Motiv des Umfassens wird durch den weiten, vor den Schoß zusammengenommenen, nur die Brust freigebenden blaugrünen Mantel verstärkt, der das Kind einbindet und die Beine Mariens verdeckend in einem schwingenden Saum endet. Joseph, der mit seiner über den Hals des Esels gebeugten Rechten diesen am Zügel führt, wendet sich ebenfalls sein Haupt leicht neigend seinem Pflegesohn zu. Gekleidet in einen langen ungegürtet fallenden braunen Rock, sein Haupt mit dem breitrandigen Hut bedeckt, trägt er an einem Stab, den er über seine linke Schulter gelegt hat, ein kleines Fäßchen, das die ganze Habe der heiligen Familie zu sein scheint.

Eingebunden und umsorgt entgeht so Christus der Weisung des Herodes, der in der Abfolge auf Höhe seiner weisenden Hand Kinder ergreifen und ermorden läßt, aber das Entkommen des von seinen Pflegeeltern geschützten Erlösers nicht verhindern kann.

Der durchgehende Landschaftsstreifen (eigentlich mehr Bodenstreifen), wiederum mit schablonenhaften Pflanzen bedeckt, bindet auch hier die Szene zusammen, ohne echte Räumlichkeit geben zu können. Diese, die sich nur aus der Überschneidung der Figuren und deren verschieden hoch angesetzten Stand in der Bildfläche ausdrückt, kann nur vom Betrachter aus erschlossen werden, da sich auch das architektonische Element des Stufenthrones gänzlich räumlich perspektivischen Gesetzen entzieht.

Stil:
siehe Zusammenfassung unter Objekt Nr. 23

Ikonographie:
Die Darstellungen auf diesem zwei Szenen umfassenden Blatt sind eng an den Text des Matthäusevangeliums gehalten [8]. So steht der thronende Herodes für den Befehl und Sendung der Soldaten, der erste Krieger für die Ausführung der Tötung und der zweite für das Ergreifen der Kinder, während die klagende Frau im Vordergrund die in dem im Evangelium angeführten Jeremiaszitat genannte Rachel verkörpert. Erweitert wird nur das dramatisch-tragische Geschehen der Kindestötung, indem sowohl Ergreifen als auch Töten durch je einen Krieger dargestellt wird.

Ebenso lakonisch kurz ist die Flucht umrissen [9]. Im Gegensatz zu der offenen Gruppe, in welcher die Kinder getötet werden, schließen Maria und Joseph das Kind, ihm liebevoll zugewandt, ein. So abgeschlossen geborgen wird Christus durch die nach rechts gerichtete Gruppe hinweggeführt, wobei auf jegliches Detail verzichtet wird, da allein die Gegenüberstellung von Tod und Klage gegen Geborgenheit und Liebe für die Darstellung der im Text als wesentlich ausgedrückten Vorgänge genügten.

Erhaltungszustand, Überlieferung:
(Vgl. Zusammenstellung unter Objekt Nr. 23)
Unbeschädigtes Blatt, das sich in gleichem Zustand der Farbkonsistenz befindet wie die Objekte Nr. 17 und 18.

Nr. 20
»Ölberg«

Ehemaliger Standort: unbekannt

Überliefert: colorierte Pause aus dem Stadtarchiv Augsburg
Plansammlung Nr. 223, ohne Blattnummer

Datierung: vgl. Zusammenstellung unter Objekt Nr. 23

Maße: 190 × 156 cm

Beschreibung:
Im Gegensatz zu den anderen Kopien dieser Serie zeigt das Fragment der Ölbergszene eine ausführlichere Landschaft auf.

Hinter dem sich im Vordergrund öffnenden genagelten Bretterzaun, an dem zwei Hanfösen Pforten andeuten, kniet Christus vor einer aufragenden Felsformation, auf deren oberster Spitze der Kelch des Leidens schwebend erscheint. Die Hände zum Gebet gefaltet erhoben, blickt er auf die wolkenumrandete Himmelsöffnung, in der ihm Gottvater beide Hände ausbreitend erscheint. Das gescheitelte lange braune Haar fällt Christus auf die Schultern, die von dem weiten dunkelbraunen Rock gefaßt sind. Dieser gleitet in geraden Röhrenfalten, kaum Schattenknicke aufweisend, zu Boden, sich kegelförmig breit erweiternd, um aufstoßend sich in weitem Bogen zu überschlagen und zu wenden. Aus dieser, vor allem durch den Umriß bedingten Festigkeit heraus wendet er sein vom Kreuznimbus hinterfangenes Haupt in Dreiviertelansicht nach oben, sein von kurzem vollen Bart umrahmtes Gesicht in angstvollem Ausdruck, dessen Wiedergabe der Kopie allerdings nicht ganz gelungen scheint. Rechts hinter ihm kauern zusammengerückt wiederum vor einer Felskulisse die Apostel. Petrus der vorderste [10], durch seine Frisur und Bart gekennzeichnet, ist eingehüllt in seinen grünen, innen rot ausgeschlagenen Mantel nach vorne gesunken, das Haupt auf seine vor die Brust genommene Rechte stützend, die Linke auf den Schoß gelegt. Eingehüllt umwickelt ruht der Oberkörper auf den Knien, von dem der Mantel abwärts fällt und unter schwingend sich überschlagendem Saum das gelbe Untergewand und den bloßen Fuß erkennen läßt. An seiner Seite schläft Johannes, sich von ihm wegwendend. Auch sein jugendliches bartloses Haupt ist auf die Schulter gesunken. Mit der Linken faßt er seinen Mantel zusammen, mit dem er sich ganz eingehüllt hat, indem er ihn, um ihn besser zu schließen, auch unter die Arme geklemmt hat. Aus dem Zwischenraum der beiden divergierenden Figuren baut sich als dritte die des schlafenden Jakobus Maior auf, dessen Rundung der Schulter die Gruppe zusammenfaßt. Hinterfangen von den beiden Felsspitzen neigt er sein Haupt nach links, mit offenem Mund fest schlafend. Der über seine Schultern gezogene Mantel läßt nur die vor die Brust genommene Rechte erkennen, die schlaff bloß durch die Gewandung gehalten wird.

Rechts von dieser Gruppe der schlafenden Apostel lassen sich am Rande des Farbfeldes der Kopie drei Hände wahrnehmen. Die unterste bedeckt mit einem Rüstungshandschuh, weist auf die Apostel, wogegen die oberste bloße Hand, zu der auch die mittlere zu gehören scheint, einen Beutel haltend über die Jünger hinweg auf Christus zeigt. Es ist nicht zu bezweifeln, daß daran anschließend der Zug der Knechte des Hohenpriesters zu rekonstruieren ist, der von Judas, der den Beutel mit dem Geld ja schon in Besitz hat, geführt wird. Zu diesem Zug gehören auch die beiden mit Hellebarden und Spießen Bewaffneten, die hinter dem, den Garten im Hintergrund abschließenden palisadenartigen Zaun aufziehen. Der erste ist mit geöffnetem Visierhelm und Kettenhemdkragen gerüstet, wogegen der zweite ebenso bewaffnet, nur ein Hemd mit übergezogener Kapuze unter seinem Waffenrock trägt, worauf er eine weiche Tuchmütze gesetzt hat.

Der Raum des Bildes, der sich in erster Linie durch den Palisadenzaun des Gartens als architektonisches Element bestimmt, benutzt die Landschaft lediglich in versatzstückhafter Art, indem sie Gruppen hinterfangend (bei den Aposteln), klammernd (Felsmassive links und rechts von Christus) sowie als Sockel für ikonographisch wichtige Details (z. B. beim Leidenskelch) gegeben wird. So wird die Landschaft hier ebenso als Körper in die Bildgestaltung eingebracht und zur Gruppierung mit verwendet, ohne daß ein organischer Zusammenhang aufgebaut werden könnte. Auch die belebte Natur spiegelt sich nur in wenigen schablonenhaften Zweigen zwischen dem linken Felsen wieder, wie auch die zwei Bäume mehr die Rolle der Lokalisierung der Szene zu tragen haben, als sie Landschaft bildende Elemente sind.

Stil: siehe Zusammenfassung unter Objekt Nr. 23

Ikonographie:
Die Ölbergszene weicht ebenfalls von keinem der üblichen Punkte ab [11], die aus den Evangelien normalerweise übernommen werden. Der vor Christus schwebende, im Bild gleichsam auf

dem Felsen aufsitzende Kelch folgt den Evangelienstellen, wogegen der sich aus dem Himmel herausbeugende Gottvater aus den Gebetsworten Christi abzuleiten scheint und an Stelle des im Lukasevangelium [12] genannten Engels der Confortatio tritt. Die Szene, die eigentlich so völlig bestimmt wäre, wird durch das narrative Element der hinzutretenden Krieger in einem Ausblick auf das weitere Geschehen hin ausgeweitet, das noch in einer quasi Nebenszene die Absprache des Judas mit dem Hauptmann beinhaltet [13], auf welche Weise er den Verrat vollziehen sollte.

So zeigt dieses Ölbergbild zwar ebenso die getreue Beachtung der Evangelientexte, jedoch werden auch durch Einfügung von Sekundärszenen die Konnexionen auf weitere Ereignisse gelenkt, die eine Einbindung in einen Zyklus vermuten lassen.

Erhaltungszustand, Überlieferung:
(vgl. Zusammenstellung unter Objekt Nr. 23)
Das Blatt dieser Pause hat sich vollständig erhalten, ohne irgendwelche Ausbrüche. Auch ist in diesem Falle keine Aufschieferung der Farbsubstanz zu bemerken.

Nr. 21
»Kreuzigung«

Ehemaliger Standort: unbekannt

Überliefert: colorierte Pause aus dem Stadtarchiv Augsburg
Plansammlung Nr. 223, ohne Blattnummer

Datierung: vgl. Zusammenstellung unter Objekt Nr. 23

Maße: 130 × 156 cm

Beschreibung:
Zentral ragt das Kreuz Christi auf und überspannt mit einem in Untersicht gegebenen Querbalken beherrschend das Bild. Christus hängt an seinen dünnen ausgemergelten, durch den Körper gestreckten Armen an dem Kreuz. Sein Haupt, von dem sich nur mehr der Ansatz der Dornenkrone und der Kreuznimbus feststellen lassen, sind auf seine rechte Schulter gesunken. Der Körper selbst hängt eckig konturiert gerade vor dem Kreuzesstamm, den er nur wenig in der Breite überdeckt und der die beiden dünnen parallel gelegten Beine hinterfängt. Das Lendentuch, das den Körper oben umschlagend nur in sich gespannt umgibt, fällt rechts von dem gebundenen Überschlag in sich übereinanderlegenden Röhrenfalten herab, die an ihrem Ende dem Saum eine schwingende Hebung geben, unter der sich die hinteren darunterliegenden Partien des Lendentuches ruhig umhüllend darbieten.

Rechts unter dem Kreuz steht Johannes, der sein zentral im Nimbus sitzendes Haupt auf Christus zuwendet, seine Rechte zur Brust führt, während er in der verhüllten Linken ein Buch hält. Sein roter Mantel umfaßt, vor dem Hals mit einer runden Brosche geschlossen, die schmalen Schultern einhüllend, fallend, nun durch die aufnehmende Bewegung seiner Rechten vor dem Leib sich öffnend, die gesamte Figur. Hier erblickt man das gegürtete Untergewand, das unter dem, durch die verhüllte Linke des Apostels quergeführt aufgenommenen Mantel, ruhig fallend der Figur Festigkeit gibt.

Die Grundstruktur der Faltung zeigt in dem aufgenommenen Saum die parallele Schwingung und im quergeführten sich überschlagenden Teil des Mantels die Staffelung von Schüsselfalten, die auch in den vorangegangenen Bildern sichtbar war. Allerdings bewirkt die kleinteilige Faltenstruktur, welche die gesamte Gewandung der Figur überzieht, einen gänzlich anderen Charakter. Die dem Johannes gegenüberstehende Maria senkt ihr Haupt, das von einem weißen Dominikale bedeckt und vom Nimbus hinterfangen ist, zu Boden. Die Hände gefaltet, steht sie ganz in sich gekehrt trauernd, durch die sich dem Kreuz ihres Sohnes zuneigende Haltung des Körpers in den Zusammenhang gestellt. Diese Isolation der Figur ist auch in ihrer Gewandung ausgedrückt. So schließt das Dominikale das Antlitz fassend den Blick der Maria nach außen hin. Den weiten grünen, innen rot ausgeschlagenen Mantel hat sie vor sich quergeführt mit einer Ecke unter ihren Arm geklemmt, so daß er die Figur, die gefalteten Hände vor der Brust ausscheidend fassend, verhüllt. An der Seite fällt er unter dem aufnehmenden Arm in einem fülligen Faltenbund, der sich ab der Hüfte in dem schwingenden Saum öffnet. Die bei der Figur des Johannes so charakteristischen kleinen Falten, die zu der grundlegenden strukturalen Faltung hinzutraten, erscheinen bei Maria nur mehr vereinzelt an der Halspartie des Dominikale und an den Armen. Inwieweit die an dem quergenommenen Mantelteil auftretende schwache Modellierung aus Resten solcher Faltung herrührt, kann nicht mehr bestimmt werden, da die Kopie zu ungenau ist.

Stil: siehe Zusammenfassung unter Objekt Nr. 23

Ikonographie:
Die Kreuzigung folgt dem normalen Typus des »Stabat mater«-Bildes [14], ohne jedoch direkt mit der Darstellung des Leidensschwertes auf diese Sequenz Bezug zu nehmen. So als präsentierendes Bild aus dem historischen Kontex gelöst, dürfte es sich in diesem Falle um eine Einzelbildstiftung gehandelt haben.

Ob sich dabei die Darstellung als Epitaph oder als Andachtsbild verstand [15], ist heute wegen der fehlenden Überlieferung des originalen Standortes nicht mehr zu entscheiden.

Erhaltungszustand, Überlieferung:
(vgl. Zusammenstellung unter Objekt Nr. 23)
Die Pause, die auf die Fehlstelle des Originals Rücksicht nimmt, ist an ihrem oberen Rand stark beschädigt, indem der moderne angesetzte Rand abgerissen wurde. Die linke Hälfte des Bildes leidet besonders unter Farbabschieferung, die sich hier speziell in einem dicken Auftrag des Pigments begründet.

Nr. 22
»Heimsuchung«

Ehemaliger Standort: unbekannt

Überliefert: colorierte Pause aus dem Stadtarchiv Augsburg
Plansammlung Nr. 223 ohne Blattnummer

Datierung: siehe Zusammenfassung unter Objekt Nr. 23

Maße: 46 × 107 cm

Beschreibung:
In einem kleinen Rundbogenfeld begegnen sich Maria und ihre Base Elisabeth. Maria hat ihre Linke an die Schulter der ihr entgegentretenden Elisabeth gelegt, die diese Geste mit ihrer Rechten erwidert. Die Scheu, die sich in der Geste der aufgenommenen Hand Elisabeths zeigt, versucht Maria dadurch zu begegnen, daß sie, den Ellenbogen der Base fassend, ihre Nähe sucht.

Das bloße nimbierte Haupt hält Maria leicht gesenkt und blickt scheinbar an Elisabeth vorbei in die Ferne. Ihre langen blonden Haare, die auf die Schultern fließen, fassen diesen abwesenden Blick des Gesichts.

Der weite dunkelgrüne Mantel, den Maria um die Schultern gelegt hat, hüllt ihren Arm ein und fällt von diesem in gleichmäßig gekurvtem Saum zu Boden, ihren Leib halb bedeckend. Deutlich ist Maria in ihrem unter der Brust gegürteten grünen Untergewand durch ihre Schwangerschaft gezeichnet, deren Göttlichkeit durch das vor ihrem Leib sitzende Kreuz ausgedrückt ist. Elisabeth, die vor eben dieser Göttlichkeit in ihrer Geste respektvolle Scheu zeigt, läßt in keiner Weise auf ihre Schwangerschaft schließen (was, die stereotypen Geraden an dieser Figur zeigen, die höchstwahrscheinlich auf Fehler der Kopie zurückzuführen sind).

Eckig umfaßt das weiße Dominikale ihr auf Maria gerichtetes Gesicht. Ihr lindgrünes Gewand ist tiefer als das der Maria gegürtet. Ihr Mantel, den sie über das Dominikale um ihre Schultern gelegt hat, ist unter den Arm geklemmt, so daß er die untere Partie ihres Leibes verhüllt. Der vom Arm herabhängende Teil bewegt sich frei, indem er in Ansätzen den so oft bemerkten parallel schwingenden Saum erkennen läßt.

Die beiden schräg zueinander gestellten Personen, die durch ihre greifenden Gesten vor ihren Oberkörpern zwischen sich einen mehr intim abgeschlossenen Raum ausbilden, sind zu der Achse des Bildfeldes nach links hin versetzt, so daß aus dem Spannungsverhältnis der Figuren zum Bildrand ein Umraum entsteht, dessen Räumlichkeit deutlich gegenüber dem Bezugsraum der Figuren zurücktritt. Dieser Gegensatz beider Raumkategorien veranschaulicht noch mehr den durch die Scheu der Elisabeth und das Annehmen der Maria gefühlsbetonten abgeschlossenen Bereich der beiden Frauen, in dessen Spannung sich der Ort ihrer Gotteserfahrung entfalten kann.

Stil: siehe Zusammenfassung unter Objekt Nr. 23

Ikonographie:
Ohne jegliche narrative Erweiterung stellt die Konfiguration der beiden Frauen die Begegnung zwischen Maria und Elisabeth dar [16], deren Verhältnis untereinander durch die konzentrierte Hervorhebung der Räumlichkeit gegeben ist.

Die Göttlichkeit der Schwangerschaft Mariens, nur durch das Kreuzsymbol betont, zeichnet auch diese Darstellung in ihrer Knappheit und Einfachheit aus, die sich schon in den vorangegangenen Bildern finden ließ, ohne jedoch dabei ihre spezifische Wirkung des intimen Bezugs beider Personen zu verlieren.

Erhaltungszustand, Überlieferung:
(vgl. Zusammenstellung unter Objekt Nr. 23)
Die Pause ist an mehreren Stellen durch die Knicke der Lagerung gebrochen. Der Farbabrieb ist weniger stark als bei den vorhergehenden Bildern. An einem Teil des rechten Randes ist sowohl das Trägerpapier als auch die Pause ausgerissen, der einzusetzende Teil jedoch noch vorhanden.

Nr. 23
»Heilige mit Wiege und Kerze«
(Margarita oder Felicitas von Karthago)

Ehemaliger Standort: unbekannt

Überliefert: colorierte Pause aus dem Stadtarchiv Augsburg
Plansammlung Nr. 223, ohne Blattnummer

Datierung: siehe Zusammenstellung unter dieser Nummer

Maße: 85 × 108 cm

Beschreibung:
Aufrecht, frontal auf den Betrachter ausgerichtet, steht vor dem roten Grund des Bildes auf dem dunkelbraunen raumgebenden Rahmenstreifen die Frau, deren Heiligkeit durch den sie bekrönend hinterfangenden Nimbus gesichert ist. Ihr Haupt ist von dem weit herabreichenden gelblichen Dominikale bedeckt, das mit seinem den Hals und Kopf eng umschließenden helleren Teil nur beschränkt das Gesicht freigibt. Den über ihrem in reichlichen Falten fallenden grünen Gewand übergelegten weiten gelbgefütterten Mantel hat sie vor dem Körper quergenommen und über ihen Arm gelegt. So durch den Mantelbausch eingehüllt, hält sie, quasi präsentierend,

eine hölzerne Kinderwiege, während sie mit ihrer Linken eine große Kerze umfaßt. Beide Attribute flankieren das Gesicht der Heiligen, das Fassungsmotiv des Mantelbausches fortsetzend.

Weit breitet sich unterhalb dieses querziehenden Bausches der Mantel, links in einer Röhrenfalte ansetzend, dann gezogen knickend, um rechts durch den über den Arm herabhängenden Saum, der anscheinend wieder das Motiv der parallelen Schwingung aufgriff (heute an der Kopie zerstört), begrenzt zu werden.

Unterhalb des Mantels sind die steilfallenden, unregelmäßig dicht aneinandergereihten Falten des Gewandes sichtbar, die nur in der Mitte den Blick auf einen Fuß freigeben und das Standmotiv der Figur gänzlich verschleiern. Trotzdem geben diese aufragenden Falten durch ihr Umschlagen und Einknicken am Boden der Figur einen festen Stand, der, bei verweigerter Plastizität der Figur, ihr in seiner Flächigkeit genügend Sicherheit zu geben vermag.

Stil: siehe Zusammenfassung am Ende dieses Objekts.

Ikonographie:
Die stehende Heilige durch das Dominikale und das weite Gewand als reifere Frau gekennzeichnet, verweist mit ihren Attributen auf die Taufe bzw. Geburt. So scheint sie als Patronin der Gebärenden zu sehen sein, indem sie mit der leeren Wiege die Erwartung des Kindes anzeigt und mit der für die Taufe bereitgehaltenen Kerze den glücklichen Ausgang der Geburt andeutet. Als Patrone für dieses Anliegen sind im Volksglauben mehrere möglich. Generell aber lassen sich die zu den Nothelfern zählende St. Margarita und die St. Felicitas von Karthago dafür bestimmen [17].

Eine Identifizierung mit der Ersten dürfte – trotz des in Augsburg verbreiteten Kultes der Felicitas, wobei die Felicitas von Karthago mit der römischen Felicitas, der Mutter der sieben unter Kaiser Antoninus hingerichteten Söhne verschmilzt – wahrscheinlicher sein. Den Ausschlag für St. Margarita gibt weniger ihre Stellung unter den heiligen Nothelfern, als daß sie normalerweise als reifere Frau dargestellt wird, wogegen St. Felicitas als junger Typus charakterisiert ist. Für eine endgültige Entscheidung reichen die Anhaltspunkte allerdings nicht aus.

Erhaltung, Überlieferung:
(vgl. Zusammenstellung unter dieser Nummer)
Die Pause ist, wie auch das zur Verstärkung unterlegte Trägerpapier, in der unteren Bildhälfte stark zerrissen und nur wenige der zur Ergänzung nötigen Partien haben sich erhalten. Die Farbkonsistenz ist wie bei den anderen Bildern im Verfall begriffen.

Zusammenfassungen für Objekt Nr. 17 mit Nr. 23

Stil:
Die Veränderungen, die durch die Hand der Kopisten an der Ausbildung der dargestellten Figuren vorgenommen wurden, haben den Charakter der Malerei stark verwandelt, so daß die Ankoppelung dieses Bestandes an die noch originalen Bilder in der Stadt schwierig ist.

Sichern läßt sich jedoch der Unterschied zwischen den einzelnen Darstellungen [18], die so in eine gewisse Relation gebracht werden können. So bilden sich gewissermaßen bei der Analyse drei größere Gruppen heraus, die sich wie folgt zusammenfassen lassen:

In der ersten Gruppe sind die Verkündigung mit den Stiftern und ihrem Namenspatron (Objekt Nr. 16), die Anbetung (Objekt Nr. 18) und der bethlehemitische Kindermord mit der Flucht nach Ägypten (Objekt Nr. 19). Charakteristisch für diese Gruppe ist in erster Linie die sich nach unten leicht weitende Figur, die nach oben verjüngend aufgebaut, überlängt und hochgegürtet ist. Dabei scheiden bevorzugt die fassenden Hände den Oberkörper aus, vor dem zumeist dann auch die handlungstragende bestimmende Geste stattfindet. Dazu treten als verbindende Elemente dieser Gruppe die zackenartigen Ärmelmanschetten und die parallel schwingenden Säume der Gewänder, die zwischen sich freien Raum lassen, als Motive. Die Reihe dieser vereinenden Motive ließe sich über die runden, großen pantoffelartigen Füße und die bevorzugt verwendete aufschablonierte Pflanzung und Ornamentik weiterführen.

In dem Umkreis dieser Gruppe, bzw. in ihrer Nähe schließt sich die Heimsuchung (Objekt Nr. 22) und das Fragment der Verkündigung (Objekt Nr. 17) an, deren Zugehörigkeit nicht ganz so offensichtlich ist, da vergleichbare Details rarer sind. Jedoch findet sich auch hier der schwingende Saum (bei der Heimsuchung an Maria und beim Verkündigungsfragment an der linken Bildkante). Der Engel der Verkündigung bleibt vergleichbar mit dem der ersten Verkündigung (Objekt Nr. 16), wobei sich die divergente Gewandausbildung aus der Stofflichkeit heraus erklärt. Auch der kleine Engel mit dem Tragetuch verweist auf den sternhaltenden Engel bei der Anbetung, was wiederum den Anschluß an die Gruppe unterstreicht.

Die Heimsuchung dagegen weist nur neben dem Saum noch die Faltung am überhängenden Mantel der Elisabeth auf, die sich bei der reitenden Maria der Fluchtdarstellung (Objekt Nr. 19) wiederfindet. Grundsätzlicher jedoch verweist die Gestik und die bedeutungstragende Ausscheidung der Oberkörperzone auf den Zusammenhang mit den oben angeführten Bildern, die aber nie so klar diese Art Bezugsraum ausbilden, obwohl man einen solchen in der Verklammerung der Gruppe der Fluchtdarstellung sehen könnte.

Deutlich setzt sich dagegen das Ölbergbild (Objekt Nr. 20) ab, das allein die zweite Gruppe vertritt. Hier drängt die Raumauffassung, die sich in der Architektur begründet, in den Vordergrund. Auch die weite Breitung des Mantels Christi nach unten, die ein mächtiges pyramidenhaftes Aufragen der Person bewirkt und aus dem heraus die kurzen Arme greifen, stellt diese Darstellung abseits der bisher besprochenen Bildergruppen. Zwar scheiden auch hierbei die Hände den gestustragenden Oberkörper ab, jedoch ist die vorbereitende Basis statisch und körperlich mehr gefüllt, als bei den anderen Figuren. Einzelne Details, wie z. B. die am Boden gewölbt aufstehenden Falten, die S-Bögen des Gewandsaumes von Petrus und die übereinanderliegende Falte am Hals Christi scheinen aber schon mehr auf die nächste Gruppe zu zielen, als sich an die vorhergehende anzuschließen.

Diese dritte Gruppe umfaßt die Darstellung der Kreuzigung (Objekt Nr. 21) und die Heilige mit Wiege und Kerze (Objekt Nr. 23). In diesem Fall wird die Figur mit ebenso fallenden Schultern wie der Christus des Ölbergs gebildet. Jedoch werden diese herabgleitenden Gewandteile nicht in der Art statisch unterfangen.

Bei der Kreuzigung werden die durch Gürtung gefaßten Leiber durch die quergeführten Mantelteile verhüllt, die an ihren äußeren Rändern in den fallenden Teilen die vertikale Richtung aufnehmen und diese durch die Schwingungen der Säume gestaffelt nach unten leiten. Sie verdecken den eigentlichen vom Boden ausgehenden aufwärts strebenden Teil, der den Stand der Figur festigt.

Das gleiche Prinzip findet sich auch in der Einzelfigur der Heiligen, wo es allerdings nur etwas mehr gebreitet ist, um ihr mehr Körperlichkeit zu verleihen. Bei ihr wird in gleicher Weise wie bei der Kreuzigung wieder der Raum vor dem Oberkörper als Gesten tragend benutzt, deren Einbindung im Fall dieser dritten Gruppe nicht nur durch die Arme, sondern speziell noch durch die Querführung der Mäntel erreicht wird. Trotz all dieser Gemeinsamkeiten sind Johannes und Maria unter dem Kreuz durch die Kleinteiligkeit ihrer Falten von der stehenden Einzelheiligen abgesetzt, so daß trotz der Beziehung wohl kaum die gleiche Hand an dem originalen Bild gewirkt haben kann.

Die Einordnung aller Bilder in eine zeitliche Relation zu den Originalen kann nur ungefähr geleistet werden.

So wird wohl die erste Gruppe in einer Nachfolge des Assistenzheiligen der Kreuzigung in der Domkrypta (Objekt Nr. 12) zu sehen sein, wo sich die ausschwingenden Falten finden lassen und wo ähnlich auch das Herausbilden der Gesten vor dem Oberkörper bei den Figuren der Kreuzigung selbst feststellbar ist. Andererseits weisen die Schuhformen und Schablonierungen auf Motivelemente hin, wie sie bei St. Oswaldus in dem Hirnschen Grabhaus (Objekt Nr. 25, I) zu finden sind. Zu diesem Denkmal weisen auch die Ornamente der Nimben, die dort bei der Anhebungsfigur der St. Helena (Objekt Nr. 26, I) noch spurenweise festzustellen sind. Jedoch bleibt die Genauigkeit der Kopie in diesem Punkte fraglich. Als spätester Zeitpunkt dürfte jedoch eine Entstehungszeit in Frage kommen, die mit der Anbetung von St. Peter (Objekt Nr. 24) gleichliegt, da sich dort zum letztenmal der parallelschwingende Saum am Gewand des jüngeren Königs zeigt.

Auch die Ölbergdarstellung hilft für die Datierung nicht viel weiter, außer, daß sich der im

Hintergrund herankommende Kriegsknecht durch seine Kopfbedeckung als Zeitgenosse des Turnierbeobachters des Bildes aus dem Stettenhaus (Objekt Nr. 15) herausstellen könnte.

Die dritte Gruppe verweist noch eindeutiger auf die Entwicklung hin zu den Figuren der Chorheiligen der Goldschmiedekapelle, indem sie das, das Standmotiv überdeckende Verhüllungsprinzip des St. Jakobus Maior (Objekt Nr. 25, II), des St. Nicolaus (Objekt Nr. 25, IV) und des St. Thomas (Objekt Nr. 25, V) aufgreift, jedoch trotz der fülligeren Breitung der Figur jene Körperlichkeit nicht zu erreichen vermag.

So kann eine Datierung, die sich aufgrund der Überlieferung der Bilder durch Kopien, praktisch nur auf die motivischen Vergleiche verlassen kann, durch ungefähre Beschreibung erreicht werden, die für die zweite und dritte Gruppe eine Plazierung um die Jahrhundertwende andeutet und für die erste Gruppe eine Spanne im letzten Viertel des XIV. Jahrhunderts erlaubt. Allein dadurch, daß der Stifter den Namen Bartholomäus trägt, läßt sich eine Bestimmung des Standorts nicht vornehmen, auch wenn man diese zeitliche Bestimmung als fest gelten läßt.

Erhaltung, Überlieferung:
Über die Technik der Originale dieser Bilder läßt sich heute keine Aussage mehr machen. Es ist aber wahrscheinlich, daß die Bilder, wie alle in dieser Zeit in einem Seccoverfahren auf einer Kalkschicht gemalt waren.

Der ganze Bestand der Kopien ist durch die im Stadtarchiv Augsburg unter der Nr. 223 in der Plansammlung liegenden Rollen überliefert, die jedoch keinerlei nähere Angaben enthalten. Bislang konnte keine Aktennotiz über Herkunftsort und Zeit herausgefunden werden, so daß dadurch keine bindenden weiteren Angaben gemacht werden können. Alle Kopien sind auf dünnes Pauspapier aufgezeichnet und nachträglich mit pastösen Farben ausgemalt, nachdem sie auf ein festes Trägerpapier aufgezogen wurden. Die Lagerung als Rolle bedingte die Faltung des Papiers, sowie auch, daß die äußeren Blätter durch mangelnden Schutz zerrissen und an den Kanten abgestoßen wurden.

All diese mißlichen Umstände der Erhaltung führten dazu, daß die Rollen der Pausen als nicht benützbarer (d. h. gesperrter) Bestand der Plansammlung des Stadtarchivs in Vergessenheit gerieten und bisher unbearbeitet blieben.

Nr. 24
»Anbetung der Könige«

Standort: in situ
St. Peter am Perlach, Triumphbogen der nördlichen Apsis

Datierung: um 1420 (vgl. infra)

Maße: 411 × 267 cm (von Scheitel zu Scheitel)

Freigelegt: ca. 1954 bei der Entbarockisierung (?)

Beschreibung:
Nur mehr fragmentarisch läßt sich die Anlage des monumentalen Bildes erkennen, so daß eine eindeutige Klärung heute nicht mehr möglich ist.

Maria sitzt mit ihrem Sohn auf dem Schoß in einer von vier dünnen Vierkantpfeilern begrenzten, ehemals anscheinend laubenartig bekrönten Architektur, die unten durch eine halbhohe Brüstung geschlossen ist. Ein weiter blauer, innen rot ausgeschlagener Mantel umfängt ihre Schulter, zieht sich querfallend über ihren Schoß gelegt herab, um dann, nachdem er von dem Knie in weitem eng gefalteten Schwung aufgenommen wurde, am Bein in steilen Röhrenfalten herabzufallen und weitläufig am Boden brechend zu enden. Die vertikale Struktur um das Knie und die sich v-förmig staffelnd zwischen den Knien der Maria hängenden Falten geben dem auf dem Schoß aufliegenden Bausch Halt, um die Basis für den Sitz des Kindes zu bieten. Gestützt von der linken Hand der Maria wendet sich Christus gegen die haltende Hand zurückgelehnt dem ersten der drei an ihn herantretenden Könige zu. Auch Maria hat ihr nimbiertes Haupt, das bekrönt und von den blonden Haaren straff gefaßt ist, diesem zugewandt und läßt den ruhig gleichmäßigen Blick ihres jugendlichen Antlitzes auf ihm ruhen. Mit seiner Rechten segnend (?) greift das Kind mit seiner Linken das dargebotene Geschenk (einen Kasten?) und richtet den Blick seines von einem ornamentierten Nimbus hinterfangenen Hauptes auf den alten König. Dieser hat sich vor dem Kind auf die Knie niedergelassen (oder verbeugt er sich nur?) und bringt ihm mit beiden vor sich gehaltenen Händen das Geschenk dar. Sein kahler Kopf wird von einem die Schädelrundung wiederholenden Nimbus gefaßt, über dem ein Schriftband eine heute unleserliche Devise präsentiert. Das vom Vollbart umgebene Kinn vorgereckt, richtet er den Blick seiner müden Augen auf das Kind, auf das die flache Krümmung seines Rückens und auch die durch flache Kurven ausgebildeten Arme ihn hinweisend ausrichten. Von der Basis dieser Figur lassen sich nur einige vertikale, den gebeugten Körper abstützende Falten erkennen. Der hinter ihm stehende König ist bis auf den Saum seines Mantels, die oberhalb des Bogenscheitels stehenden Füße und das von seiner rechten Hand gehaltene Ostensorium zerstört. Allerdings darf man wohl, aufgrund der Größenverhältnisse des folgenden Königs annehmen, daß er nicht ganz die gleiche Kopfhöhe dessen, der eindeutig als sehr junger Mann gekennzeichnet ist, erreichte. Sein Haupt sitzt zentral vor einem dunklen Nimbus, der bis auf einen schmalen Streifen von den blonden vollen Haaren ausgefüllt wird, die unter der mächtigen auch den Nimbus überragenden Krone hervorquellen. Gekleidet in ein am Oberkörper eng anliegendes helles Gewand, das unterhalb der Gürtellinie halb rot und halb hellgrün gefärbt ist und über das der weit ausschwingende Mantel sich legt, erhebt er seine Rechte, mit der er sein Geschenk, ein kugelförmiges verkrabbtes Zimborium, darbietet. Den Blick seiner Augen richtet er über sein Geschenk hinweg auf Maria und das Kind, indem er mit seiner leicht angewinkelten Linken eine Geste des gespannten Wartens ausführt. Entsprechend faßt auch der Mantel die Figur, indem er sich um die Schultern legt, links gerade und rechts mit wellenförmig schwingendem Saum herabfällt, nach hinten weit ausschwingend das Herkommen andeutend. So gibt der wehende Saum ein Auffangen der Richtung an, die ähnlich dem halb schreitenden, halb stehenden Standmotiv die Situation der Figur verdeutlicht.

Zu seinen Füßen kniet der Stifter, ein Chorherr [1], der höchstwahrscheinlich dem Stift St. Peter angehörte. Da aber auch das sich S-förmig über ihn hin erstreckende Schriftband ebenso wie das ihm zuzuordnende Wappen unterhalb der thronenden Maria unleserlich bzw. zerstört ist, läßt sich keine weitere Bestimmung über ihn geben. Jedoch darf sein Stand durch seine Kleidung und die Tonsur als gesichert gelten. Daß er außerhalb der Rahmung sitzt, kennzeichnet ihn als außenstehende nicht zum Bildthema gehörende Figur.

Es zeigt sich die Komposition des Bildes, das von einem Fries heller Palmetten auf dunklem Streifen gefaßt ist, von der breiten sich ausweitend lagernden Gruppe der Maria mit dem Kind ausgehend über den alten König immer weiter aufrichtend und steigend bis zu dem jüngsten, der eigentlich den Beginn der Erzählung darstellt und mit seinem Geschenk und der verhaltenen Gestik wieder in das Bild verweist. Den Rahmen mit seinem wehenden Mantel überschneidend, stellt er die Verbindung zur Stifterfigur her, wie wenn er von dieser motiviert würde.

Den Schwerpunkt bildet die von der Architektur räumlich umfangene Szenerie der Anbetung, auf die die sich hintereinander staffelnden Könige zugeführt werden. Dabei scheint es so, daß der fernstehende dadurch, daß er von dem durch ihn selbst aufgebauten Rahmen isoliert ist, die größte Entfernung zu der Begegnung mit dem gesuchten Kind noch vor sich hat, während der, der mit diesem bereits in Kontakt ist, seinen Körper unter diesen Raum der Architektur stellt und noch dazu sich ganz auf das Kind eindeutig durch seine Umrißlinien hinordnet, da er die Stufe des Weisens und des Zeigens der Gaben bereits überwunden hat.

Stil:

(Die Aussage über Stilmerkmale ist natürlich ebenfalls zustandsgebunden und durch die frei nachempfundenen Ergänzungen beeinträchtigt.)

Die Volumina der Körper werden durch eine in schwachen Kurven gespannte Umrißzeichnung gesehen. Dieses Prinzip wird auch bei den stämmigen sich zu ihrem Ende hin stark verjüngenden Gliedmaßen gebraucht. Auch die dort ansetzenden Hände, meist gelängt, ordnen sich der leichten Kurvung unter, wodurch sie ausdruckslos glatt, nur richtungweisende Aufgabe haben. Bei der Sitzfigur der Maria ist der Oberkörper nach den gleichen Grundsätzen durchgebildet. Der zum Knie hinaufführende kurvige Schwung wird durch mehrere Parallelen wiederholt und durch die über das Knie stürzenden Falten so verspannt, um das Kind als Zentrum der Gruppe zu tragen. Diese hier auftauchenden Faltungen stehen durch ihre leichte Brechung und tiefe Verschattung in direktem Gegensatz zu den glatten vollen Volumina und deren gespannte Umrißzeichnung. Neben der gespannten und der parallel geführten Zeichnung erscheint als drittes Element der wellenförmig schwingende Saum, dessen indifferente Richtung zur Charakterisierung der Figur genutzt wird, um die Unklarheit des Stand- bzw. Schritt-Motivs zu verstärken und damit den ankommend – wartenden Charakter der Figur zu verdeutlichen. Die Köpfe der Personen, die zentral in den Nimben sitzen, wiederholen die Rundung derselben, wobei dann die Haare durch Auffüllung der Kreisform die Gesichtsausschnitte begrenzen. Durch diese Einzelheiten werden die Figuren teils in glatten klaren Volumen, teils hinter Faltenkaskaden verborgen monumental aufgebaut, in sich flächig gebreitet, was durch umfangende Kleidungsteile oft noch verstärkt wird.

Die Architektur ist nur für die zusammenfassende Überhöhung der Themagruppe eingesetzt und tritt gänzlich in den Hintergrund zurück. Auf die Wiedergabe einer realen Landschaft wird generell verzichtet, was der Monumentalität und der Konzentration des Gesamtbildes auf die das Thema tragenden Personen zugute kommt.

Ikonographie:
Diese Art der Darstellung zeigt in ihrer Beschränkung die größtmögliche Konzentration auf das vom Evangelium gegebene Ereignis [2]. Die unterschiedliche Altersstufung der Könige scheint ebenso wie bei der in der Kopie »Anbetung« (Objekt Nr. 18) auf die Lebensalterdarstellung Rücksicht zu nehmen. Auf eine Ausweitung mit narrativen Elementen aus der Legende wurde in diesem Fall verzichtet, was dem Votivbild des Canonikers monumentalen Charakter schafft, indem es die Aussage des Inhalts vor die kompilierte Erzählung des Geschehens stellt.

Technik:
Der Bildträger besteht aus einer direkt auf den Kalkputz aufgetragenen Mauerweißschlemme [3], auf der die intensiven originalen Pigmente aufliegen, deren pastöser Auftrag auf die anscheinend gänzlich ausgetrocknete Schlemme ein Eindringen in dieselbe verhinderte. Die Zeichnung ist der Grundauftrag, den teilweise die Pigmente verdecken, ohne sie jedoch im ganzen zu überlagern. Im Bereich der enganliegenden Faltung wird aus der Schattenmodellierung auch noch ein die Lokalfarbe deckendes Lineament gezogen, was fast den Charakter einer Schlußzeichnung annimmt, ohne jedoch für das Bildganze bestimmend zu werden.

Erhaltungszustand:
Die Putzstruktur des Bildträgers ist durch die den Bogen durchziehenden Setzungsrisse gestört, so daß vor allem im Bereich des mittleren Königs und auf das Gesicht des alten Königs hin größere Putzfehlstellen vorhanden sind, die durch Frescoputz geschlossen und eingestimmt sind, bzw. eine ergänzende Nachzeichnung tragen. Die Pigmentschicht des Originals ging ebenfalls bei der Freilegung wegen der zu geringen Bindung an die Grundschicht durch Abrieb und Verprellung verloren. Auch die dadurch frei werdenden Putzstellen sind eingetönt bzw. nachgezeichnet worden. Die starke Verschmutzung, die bis 1981 das Erkennen der Malerei erschwerte, wurde im Sommer 1982 beseitigt.

Literatur:
Breuer, Tilmann 1958, p. 40.

Nr. 25 mit Nr. 32
»Die Bilder des Hirn'schen Grabhauses«
(heute die sogenannte Goldschmiedekapelle) [1]

Gestiftet: 26. IX. 1420 [2]

Ausgeführt: 1420–1425 [3]

Freigelegt: 1890–1891 freigelegt und übermalt
1957–1960 zweite Freilegung mit »Entrestaurierung« [4]

Die Stifter [5]:
Conrad Hirn ist in Augsburg ab 1390 als steuernder Bürger nachweisbar. Zusammen mit seiner Frau Afra betätigte er sich erfolgreich als Kramer und Händler. Neben dem Handel muß er sich, wie die Aufstellung der Urkunden für ihn belegt, vor allem auch in Geldgeschäften erfolgreich betätigt haben.

Entgegen diesem sozialen Erfolg blieb das Ehepaar kinderlos und suchte nun in der Aufstellung einer Reihe von Stiftungen für sich neben der Absicherung des Seelenheils ein bleibendes Gedächtnis bei seinen Mitbürgern zu erwerben.

So stiftete Conrad und Afra Hirn 1426 die Errichtung eines Pilgerhauses unterhalb des Judenberges, dessen Einrichtung aber erst nach dem Tode beider vollzogen wurde. Ebenso scheint das Hirnsche Seelhaus, das Afra Hirn am 28. XII. 1428 ins Leben rief, erst nach ihrem Tode errichtet worden zu sein. Neben diesen beiden großen Stiftungen setzt Afra Hirn noch viele Einzellegate aus, von denen das größte die Almosenspende ist, die nach der Urkunde vom 16. VIII. 1437 jährlich durch die Stadt an bedürftige Mitbürger verteilt werden sollte. So suchten die Stifter der Kapelle ihren Stand für die Zeit nach dem Tode abzusichern.

Die Pflege ihrer Grablege übertrugen sie den Meistern der Goldschmiede, dem Münzmeister und den beiden »Geschawmeistern«, die für den Bau und dessen Erhalt verpflichtet wurden. Die Absicherung des Kultes in der Kapelle, der den Brüdern des Karmelitenklosters oblag, wurde durch die »Penegeld«-Verpflichtung an die Pfleger des Waisenhauses, zu denen Conrad Hirn wahrscheinlich als Mitglied der Jakobsbruderschaft eine engere Beziehung hatte, abgesichert.

So glaubten die Stifter die Pflege ihrer Grablege, die ja nicht durch leibliche Nachkommen gewährleistet werden konnte, durch ein Netz sozialer und für die Öffentlichkeit bestimmter Stiftungen garantiert.

Daß dies auch zum größten Teil befolgt wurde, zeigt die Tatsache an, daß die Stiftungen auch nach dem Tode Afras, sie starb zwischen 18. X. 1437 und dem 13. IV. 1438, also 11 Jahre nach ihrem Mann, der Ende 1426 oder Anfang des Jahres 1427 gestorben war, eingelöst bzw. errichtet worden sind.

Mit ihrem Grabbau setzten sie ein sichtbares Zeichen ihres Selbstbewußtseins und ihres gläubigen Stolzes, der beispielhaft für die aufstrebende Bürgerschaft der Stadt war, obwohl sich nur wenige so frühe Zeugnisse direkt belegen lassen.

Der Bau:
Am 26. IX. 1420 stiftete das Kramerehepaar Conrad und Afra Hirn die Kapelle, die es an der Nordseite des Taufchores der St.-Anna-Kirche erbauen ließ. Dieser Bau, den sie für sich als Grablege unter der Pflegschaft der Goldschmiede einrichteten, wurde am 20. V. 1425 kurz vor dem Tode Conrad Hirns vollendet [8].

Der Bau umfaßte damals den 5/8 Chorschluß und die beiden ersten Gewölbejoche der heutigen Bausubstanz, ohne den bei der Veränderung durch die Goldschmiede 1485 angesetzten Altarraum [9]. Die Nordwände der Joche waren im Gegensatz zu heute durch kleine Biforienfenster [10] durchbrochen, die ebenso wie der die Kapellensüdwand in zwei Hälften teilende Wandpfeiler des Taufchores bei der großzügigen Raumbereinigung 1889/1890 herausgebrochen und durch neugotische große Spitzbogenfenster ersetzt wurden, wobei bei diesen Umbauarbeiten die Substanz der damals noch verdeckten Gemälde in Mitleidenschaft gezogen wurde.

Der von außen durch die abgetreppten Wandpfeiler schlicht gegliederte, wahrscheinlich durch einen Dachreiter bekrönte Bau war im Chorraum an der Nordwand zugänglich. Innen wies er neben der Gewölbegliederung (Chor und die zwei Joche) noch eine Zweiteilung durch den in den Raum hereinragenden Wandpfeiler des Taufchores auf, wodurch er in einen vorderen Grabraum und den hinteren Volksraum aufgeteilt wurde. Dieser Grabraum wurde durch die 1890 in den Dom überführte Sandstein-Tumba mit Rotmarmordeckplatte bestimmt, die den wichtigsten Teil der Innenausstattung darstellte. Daneben stand, nach einer Urkunde vom 1. II. 1429, in dem durch eine Stufe erhöht ausgeschiedenen Chor der Hauptaltar, der das Patrozinium für St. Jakobus und St. Helena besaß, und an der 1485 abgetragenen Westwand der St. Eligius, dem Patron der Goldschmiede, geweihte zweite Altar.

Alle übrigen Teile der originalen Innenausstattung lassen sich heute nicht mehr rekonstruieren. Auch die plastische Ausschmückung ist bis auf die Schlußsteine, die die St. Helena und die Stifterwappen zeigen, verlorengegangen. Dieser Verlust, speziell der unter den Konsolbaldachinen der Rippen stehenden Heiligen, stellt heute für die ikonographische Ausdeutung eine nicht füllbare Lücke dar, welche die Rolle des Gesamtprogramms nur bedingt erklären läßt.

Nr. 25
Die Heiligen der Gewände der Chorfenster [11]

Die originalen drei Fenster des Chorschlusses zeigen an den Gewänden die Darstellungen von sechs stehenden nimbierten Heiligen, die durch die in gotischer Minuskelschrift ausgeführten Namen bezeichnet sind. Sie sind immer paarweise aufeinander zugeordnet, unter eselsrückenartigen Bögen vor dunkelblaugrauem Hintergrund, quasi in Nischen, die sich in den Gewänden aufzutun scheinen.

Ein schmales Band gibt illusionistisch die in die Tiefe weisende Seite des Raumes wieder. Auch das Stück »Maßwerk«, das sich unter den Namenszügen findet, durchbricht die Wand und läßt einen dahinterliegenden Raum vermuten, der hinter der gemalten Scheininkrustation, die aus karmesinroten, mit vegetabilen Mustern versehenen und rotgelb marmorierten Platten besteht und mit weißen »Fugen« zusammengefaßt ist, zu liegen scheint.

So geben sich die Heiligen als Nischenfiguren, die in den plastischen damals unter den Konsolbaldachinen befindlichen Statuen wahrscheinlich ihre ikonographische Ergänzung fanden.

Nr. 25, I
»St. Oswoldus«

Standort: in situ
Goldschmiedekapelle (I. Zustand) rechtes Gewände des Südwestfensters des Chores (vgl. Plan Nr. V)

Maße: Figurenhöhe 100 cm

Beschreibung:
Der Heilige steht, in königlicher Tracht gekleidet, sich nach links hin zu seinem Gegenüber wendend. Über seinen braunen Beinkleidern trägt er einen durch den goldenen massiven Gürtel gefaßten Rock, über den er einen dunkelroten, innen mit Pelz ausgeschlagenen Umhangsmantel gelegt hat. Dieser fällt über seine Schultern und den rechten Arm des Heiligen herab, indem er seine Linke freigibt, mit der er einen goldenen Reichsapfel hält. In der anderen Hand trägt er ein goldenes mit Lilien bekröntes Zepter.

Sein von blonden Haaren gerahmtes Haupt ist von einer großen, mit Blattkreuzen verzierten Krone bedeckt, unter der die Haare lockig hervorquellen. Das Gesicht ist von kurzem Bart umfaßt, höfisch glatt ohne besonderen Ausdruck.

Die von dem herabfallenden Mantel gänzlich hinterfangene Gestalt stellt ihr rechtes, leicht angewinkeltes Bein nach vorne und scheint es im Gegensatz zu dem zurückgenommenen linken mit dem etwas nach hinten geneigten Oberkörper nicht zu belasten.

Stil:
Trotz des Volumens, das der gegürtete Körper besitzt, schließt sich auch in dieser Figur die Breitung, die sich bei der Anbetung (Objekt Nr. 24) feststellen ließ, nicht aus, obwohl sie hier nicht so flächenhaft ornamental eingebunden ist, wie bei dem anderen Beispiel. Das Ausscheiden des aus der Standachse genommenen Oberkörpers durch die vor den Leib genommenen Arme scheint ebenfalls noch Prinzipien früherer Bilder (vgl. auch die Kopien Objekt Nr. 18 und 19) aufzunehmen, an die auch die Schablonierung des Pelzes erinnert.

Ikonographie:
vgl. Zusammenfassung am Schluß

Technik [12]:
Das auf einer Kalkschlemme aufgebaute Bild in Secco trägt in der ehemals opaken Pigmentschicht eingebunden eine rote Strichzeichnung. Ob diese als Vorzeichnung anzusprechen ist, läßt sich nicht entscheiden, da die Einbindung in die Pigmentschicht und ihre Wirkung für den Bildeindruck eigentlich gegen eine solche Rolle spricht.

Erhaltungszustand:
Die Substanz des Bildes entspricht im großen und ganzen dem originalen Zustand, wenn auch ein Verlust der deckenden Pigmente zu bemerken ist.

Nr. 25, II
»S. Jacobus Maior«

Standort: in situ
Goldschmiedekapelle (I. Zustand) linkes Gewände des Südostfensters des Chores (Vgl. Plan Nr. V)

Maße: Figurenhöhe 105 cm

Beschreibung:
Das Standmotiv des Jakobus ist durch sein bodenlanges goldockerfarbenes Untergewand und den darüberliegenden togaähnlichen weißen Überwurf rein anatomisch nicht auszumachen. So wird die gesamte Figur nur durch die Faltengebung des Gewandes, unter dem nur die rechte Fußspitze des Heiligen hervorsieht, aufgebaut. Zwei an den Seiten fallende Teile fassen den verbindenden Teil aus V-förmigen Falten, der mit seiner Staffelung so die Absicherung für den vor dem Leib quergeführten Bausch (Sinus) bildet, aus dessen Festigkeit sich der Oberkörper der Figur wie aus einer Basis entwickelt. Mit seiner, den Sinus und den fallenden Teil der Toga einklemmenden Rechten hält er ein Stäbchen (stilus/baculum?) und weist mit der von der Toga freigegebenen anderen Hand auf einen nicht näher zu bezeichnenden Gegenstand (eventuell ein Lamm?), über dem vor seiner Brust die Pilgermuschel schwebt.

Sein Gesicht hat einen scharfen forschenden Ausdruck, der durch die aus der vollen runden Stirn sich herausziehende Nase und durch die klar gerichteten Augen gebildet ist. Seine blonden, vollen gelockten Haare und sein Bart fassen das in dunklem Inkarnat gegebene Gesicht, indem sie diesem durch den Hell-Dunkel-Kontrast eine weitere Konzentration verleihen.

Die noch in voller Feinheit bei ihm im Gesicht und auf der Gewandung erhaltene Modellierung zeigt die ehemals qualitätvolle Behandlung der Details, die sowohl zwischen der Schatten-Licht-Führung der Einzelheiten als auch des Gesamtkörpers zu differenzieren weiß.

Stil:
Auch Jakobus weist eine Auffassung von Körperlichkeit auf, die bei ihm trotz des verdeckten anatomischen Standmotivs zu erkennen ist, in dem der in spannendes Mittelteil und fallende

Rahmung gegliederte »Basisblock« der Figur das Volumen aufbaut, aus dem wiederum der Oberkörper aufragt. Dieser lenkt sich allerdings bei ihm nicht wie bei St. Oswaldus aus, sondern trägt eingebunden zur Festigkeit und Bestimmtheit der »Persönlichkeit« des Jakobus bei.

Ikonographie:
Vgl. Zusammenfassung am Schluß

Technik:
Auch dieses Bild ist in einschichtiger Kalkseccotechnik durchgeführt. Der bestimmenden, die Farbflächen fassenden Grundzeichnung tritt die sich aus der Modellierung entwickelnde Oberflächenzeichnung an die Seite, teilweise ohne sichtbare Grenze ineinander übergehend, wodurch sich der eingebundene Oberflächencharakter beider Zeichnungsarten bestätigt.

Erhaltungszustand:
Seit der Entfernung der Übermalung der Restaurierung von 1890/92 stellt die Figur die originale Substanz vor, die in diesem Fall größere Teile der alten Oberfläche bewahrt hat und damit die ehemalige Licht-Schatten-Behandlung in oben genannter Weise wiedergibt.

Nr. 25, III
»Josep der Dramär«

Standort: in situ
Goldschmiedekapelle (I. Zustand), rechtes Gewände des Nordostfensters des Chores (vgl. Plan Nr. IV)
Maße: Figurenhöhe 120 cm

Beschreibung:
Die Figur des Josep ragt durch die Bekleidung von Albe und gegürtetem Chorrock vollplastisch wie eine Säule auf. Beide Arme hat er angewinkelt vor den Leib genommen, wobei er seine Rechte zum Segensgestus hebt, während er mit der etwas tiefer gehaltenen Linken auf die Erde zeigt. Blonde, in der Mitte gescheitelte Haare fassen sein rundes Gesicht. Die Modellierung seines dunkelhäutigen Antlitzes ist bei ihm nur mehr ansatzweise zu erkennen. Seine Augen erscheinen halb niedergeschlagen und die Nase nur wenig gerichtet. Der geraden aufragenden Haltung wiederspricht die Stellung seiner Füße, die auf ein Standmotiv wie bei der Figur des Oswald (Objekt Nr. 25, I) schließen läßt. Diese Diskrepanz tritt um so mehr zutage, als die Mittelachse der Figur durch die vor deren Leib gezeigten Handgesten betont wird. Auch die spontane Wendung des Kopfes scheint direkt aus einer Drehung um diese Achse zu kommen.

Stil:
Bei dieser Figur, die ebenfalls durch die vor den Leib gehaltenen Hände und die Gürtung eine Ausscheidung des flächigeren Oberkörpers von der säulenartig kannelürten Figurenbasis gegeben, wobei durch die Betonung der zentralen Mittelachse eine Einheit gestiftet wird, welche die anderen Figuren nicht aufweisen können. Das unorganisch angesetzte Motiv der Füße sollte wohl eine Vorbereitung der Drehung des Kopfes geben, wirkt aber bei dem massigen Volumen der Figur additiv verkümmert. Auch die Breitung der Figur läßt sich an Josep feststellen, obwohl Volumen und Achsialität ihn konzentrieren.

Ikonographie:
Vgl. Zusammenfassung am Schluß

Technik:
Das Bild, als Secco auf einer Schlemmschicht, zeigt deutlich durch den hier schon weiter fortgeschrittenen Abrieb das Verhältnis zwischen der konstruktiven Zeichnung, welche die Farbfläche begrenzt, und der sich aus der modellierenden Zeichnung entwickelnden Licht-Schatten-Linea-

tur, die in diesem Fall schon sehr weit zurückgedrängt und noch mehr in die Fläche eingebunden war.

Erhaltung:
Der heute sichtbare Bestand der Malerei ist original, wobei die Oberfläche durch die Entrestaurierung einen ziemlichen Substanzverlust hatte, dessen Auswirkung sich vor allem bei den gesetzten Lichtern bemerken läßt. Auch ist die Oberfläche verschmutzt, da bei der Entrestaurierung Restpartikel der Übermalung in die Poren gewaschen wurden.

Nr. 25, IV
»S. Nicolaus«

Standort: in situ
Goldschmiedekapelle (I. Zustand), linkes Gewände des Nordostfensters des Chores (vgl. Plan Nr. IV)
Maße: Figurenhöhe 130 cm

Beschreibung:
St. Nikolaus ist mit einer gelben Kasel über seine Albe gekleidet. Mit seiner Linken greift er das schräg vor seinem Körper gehaltene, mit einer verkrabbten Krümme endende Pedum, das mit beiden Enden über den Rand der illusionistischen Nische hinausragt. Mit der gleichen Hand ergreift er den von der zum Segen erhobenen Hand herabhängenden Teil der Kasel, diese vor dem Leib schließend. Sie muß ehemals den unteren Teil seines Körpers umhüllt haben, was sich allerdings nur mehr in den Umrißfalten feststellen läßt.

Sein ergrautes Haupt ist durch eine weiße, mit roten Streifen unterteilte rosettengezierte Mitra bekrönt. Sein Haupt wendet er leicht nach vorne gegen den ihm auf der anderen Seite des Fensters gegenüberstehenden Josep. Die stark zwischen Licht und Schatten variierende Modellierung seines Angesichts gibt ihm etwas asketisch Gezeichnetes, was ihn ebenso wie sein verhaltener Gestus als Gegenstück zu dem kraftvollen Josep erscheinen läßt.

Stil:
Das Prinzip der Ausscheidung des Oberkörpers wie auch die Einbindung der Gesten läßt sich an dieser Figur noch ablesen. Eine Breitung der Figur, wie sie bei den drei anderen (Objekt Nr. 25, I, II, III) vorlag, scheint hier durch die Bewegung und die Schrägführung des Pedums vermieden worden zu sein. Die stark zwischen Licht und Schatten unterscheidende Modellierung kommt in den Gewandpartien nicht zur Ausbildung einer eigenen Zeichnung, da in diesem Falle die goldockerne Lokalfarbe ein Fließen der Linien begünstigt und nur an tiefen Falten ein eigenständiges Lineament aufbaut.

Ikonographie:
Vgl. Zusammenfassung am Schluß

Technik:
Wie die anderen Bilder der Chorheiligen ist auch dies in Secco auf Schlemmschicht ausgeführt. Die schwarze Lineatur scheint in diesem Fall erst als Schlußzeichnung dazugekommen zu sein.

Erhaltungszustand:
Das Bild weist den originalen Bestand auf und ist nicht so stark durch die Restaurierung verschmutzt wie Objekt Nr. 25, III. In der unteren Hälfte ist die Pigmentschicht jedoch mit der abschiefernden Kalkschlemme verlorengegangen.

Nr. 25, V
»S. Thomas«

Standort: in situ
Goldschmiedekapelle (I. Zustand), rechtes Gewände des Nordfensters des Chores (vgl. Plan Nr. IV)
Maße: Figurenhöhe 120 cm

Beschreibung:
St. Thomas, gekleidet mit einem grünen Rock und weitem goldockerfarbenen rotgefütterten Gewand, steht leicht nach links hingewendet und hält in seiner Linken ein Buch. Leicht angewinkelt wird sein linker Unterarm durch den unter ihn durchgezogenen und durch die (ehemals) erhobene Rechte hochgenommenen Umhangsmantel gehalten. Die Stellung seiner Rechten läßt sich aber nur mehr aus den ansteigenden Säumen und fallenden Falten des Mantels ungefähr erschließen.

Der Blick des ergrauten, lange strähnige Haar- und Bart-Tracht tragenden Heiligen ist leicht über seine rechte Seite hin, über die heute nicht mehr vorhandene Hand weg, gerichtet. Seine Augen, seine gerade kurze Nase und der unter dem Bart hervorschauende Mund geben ihm etwas Energisches, Direktes, was auch in der Aufwärtsbewegung der Gewandfaltung seiner Person sichtbar wird, die eine schärfere Schattierung mit weiter gespannter Abstufung zwischen Lichthöhung, Lokalfarbe und Schattentiefe besitzt, als es z. B. bei dem St. Nikolaus der Fall war.

Stil:
Die Ausscheidung des Oberkörpers ist in diesem Fall noch durch den roten umschlagenden Saum seines Mantels gegeben, wogegen die Einbindung der Gesten in den ausgeschiedenen Raum zugunsten der redenden Geste aufgegeben wurde. Das Volumen der Figur läßt sich durch die Spannung des Mantels deutlich feststellen, dem der, die Weitung der Figur zurücknehmende, stürzende Faltenbausch vorgelagert ist. Das weite Licht-Schatten-Spektrum führt zu einem Aufeinanderstoßen großer Gegensätze, die durch schwache Zeichnungslinien getrennt werden, ohne jedoch ihren Fluß zu verlieren. Diese schärfere Trennung der Farbbereiche scheint auch die konstruktive Zeichnung als weniger notwendig zurückgedrängt zu haben.

Ikonographie:
Vgl. Zusammenfassung am Schluß

Technik:
Das Bild ist in Kalksecco auf einer Schlemmschicht ausgeführt. Die Pigmente lagern in einer pastösen opaken Schicht auf der Schlemme auf und liegen in gleicher Ebene wie die anscheinend in die feuchten Farben eingetragenen Lineamente.

Erhaltungszustand:
Als einziges war dieses Bild bei der Restaurierung 1890/92 nicht übermalt [13], wodurch sich bei diesem Beispiel die Klarheit der Farben und die Pigmentstruktur besonders klar erhalten hat. Beschädigt wurde nur der Bildrand zum Fenster hin, wodurch die linke Seite der Figur verlorenging und heute durch eine getönte Putzfläche ersetzt wurde.

Nr. 25, VI
»S. Martinus« (Fragment)

Standort: in situ
Goldschmiedekapelle (I. Zustand), linkes Gewände des Nordfensters des Chores (vgl. Plan Nr. IV)
Maße: Figurenhöe 115 cm

Freigelegt: 1957 bei der Entrestaurierung durch Theo Sprenzinger

Beschreibung:
Von St. Martin hat sich nur der Ansatz seiner rechten Hand, die Kante des Mantels links sowie der Mantelsaum erhalten. Am Boden der Nische findet sich die ihm als Attribut beigegebene Gans, die in viel zu kleinem Verhältnis zu dem Heiligen wiedergegeben ist.

Ikonographie:
Vgl. Zusammenfassung am Schluß

Technik:
Die Darstellung war in Secco auf einer Kalkschlemme gemalt und zeigt an der Ärmelmanschette und an der Gans Spuren einer starken schwarzen Schlußzeichnung.

Erhaltungszustand:
Der größte Teil des die Darstellung tragenden Putzes ist abgebrochen und wurde nach der Aufdeckung 1960 mit dem Umriß einer stehenden Person wieder ergänzt. Der Rest der Bildfläche zeigt originale Substanz, die allerdings einen größeren Pigmentverlust durch Abrieb erlitten hat.

Ikonographie (für die gesamte Nr. 25):
Die Heiligen der Chorfenstergewände scheinen sich ikonographisch kaum auf einen spezifischen Punkt vereinigen zu lassen. Auch wird jeder Versuch einer Festlegung hypothetisch bleiben müssen, da die sicher zu diesem Programm gehörenden Statuen unter den Konsolbaldachinen verloren sind.

So stehen die Figuren des Oswald, eines northumbrischen Königs, des Nicolaus von Myra und des Martin in erster Linie als Verkörperung der helfenden Nächstenliebe, die für die Stifter durch deren zahlreiche Almosenlegate ein bestimmendes Anliegen war.

Jakobus Maior, der Zebedäussohn, ist in seiner Rolle als Schirmherr der Pilger zu sehen. Der Heilige, dem das Patrozinium der Kapelle gewidmet war, findet sich auch auf der Tumbadeckplatte als Patron Conrad Hirns, dessen Mitgliedschaft in der Jakobusbruderschaft vermutet, wenn auch nicht eindeutig bewiesen werden kann.

Ebenfalls als Schirmherr der Pilger dürfte der Apostel Thomas »der Zweifler« stehen, der im Laufe seines Lebens nach der Legende die ersten Pilger, die Heiligen Drei Könige, getauft haben soll.

Der sechste Heilige als »Josep der Dramär« bezeichnet, läßt sich nicht eindeutig fassen. Es gibt keinen Anlaß, ihn als Pilgerheiligen anzusprechen. Seiner Stellung nach, die der des Jakobus und des Thomas in der Anordnung entspricht, würde auf einen Heiligen des neuen Testaments schließen lassen, wobei man an den »Joseph von Barsabbas« oder »Justus« denken müßte [14], der einer der 73 Jünger Jesu war. Außer nach der Stellung bringt diese Deutung keinerlei weitere Klärung seiner Person. Das in der Inschrift angegebene »Dramär« als Beiname des »Josep« ließe dagegen auf die Figur des alttestamentarischen Joseph weisen, der durch seine Gabe der Traumdeutung bekannt ist. Da durch seine Vorsorge die Hungersnot von sieben Jahren vermieden werden konnte, könnte er sich ebenfalls in die Reihe der mildtätigen Heiligen einordnen lassen, nach dessen Beispiel die Stifter durch die Fürsorge in guten Zeiten ihren ärmeren Mitbürgern in schlechten Tagen den Unterhalt abzusichern wußten. Vielleicht kann man auch die Weglassung der Bezeichnung »Sanctus« als Bestätigung einer alttestamentarischen Person sehen, was als weitere Stützung dieser wahrscheinlichsten Auslegung dienen dürfte.

Nr. 26
»Der Helena-Zyklus« [15]

An der durchfensterten Nordseite des Kapellenbaues findet sich ein Zyklus der Kreuzauffindung durch die heilige Helena, der die untere Hälfte der durch den weiß gefaßten Rahmen, in dessen roten Feldern Spuren von Vegetabilien feststellbar sind, begrenzten Spitzbogenfelder der Joche einnimmt. Von Westen mit dem Eröffnungsbild der Heiligen beginnend, setzt er sich mit drei anschließenden Episoden bis in den Chorraum hin fort.

Nr. 26, I
»St. Helena«

Standort: in situ
Goldschmiedekapelle (I. Zustand), 2. Joch-Nordwand, links des Fensters (vgl. Plan Nr. IV)

Maße: 45 × 123 cm

Beschreibung:
Das Eröffnungsbild des Zyklus stellt die heilige Kreuzauffinderin als jugendlich idealisierte Gestalt dar. Auf dunkelrotem Grund präsentiert sie sich ganz von einem weißen, weiten, über ihr rotes Gewand gelegten Mantel umhüllt. Diesen rafft sie mit ihrer Linken vor den Leib, während sie mit ihrer Rechten das in schräger Untersicht gegebene, sie überragende Kreuz hält. Ihr Haupt, umhüllt mit einem Kopftuch und einer großen, mit Kreuzblume verzierten Krone bedeckt, wird von dem ornamentierten Nimbus ganz umfangen. Sie hält es leicht nach rechts geneigt und blickt über ihre linke Schulter auf die Beschauer herab, scheinbar eine Verbindung zwischen dem über ihr stehenden Kreuz und dem Betrachter durch ihre Blickrichtung gebend.

Obwohl die Figur voluminös aufgebaut ist, weitet sich ihre Basis aus, nach oben hin durch die Raffung des Mantels zusammengefaßt. Der sich dort öffnende Mantel gibt eine Ausscheidung des Oberkörpers, aus der heraus die Hand das Kreuz greifen kann. Deutlich trifft das Licht den Körper, der innerhalb des umschließenden Umrisses durch eckig hart geführtes Lineament begrenzt ist, zu dem anscheinend früher eine weitere aus der Modellierung heraustretende Struktur hinzukam, die das Ziehen und Spannen des Grundkörpers verdeutlichte und den heute glatt scheinenden Flächen festen Halt und Richtung gab.

Stil:
Die unten weit ausladende Figur baut sich durch die Verspannung des Mantels nach oben hin mächtig auf und bildet dadurch eine feste Basis zu dem umfaßten Oberteil, dessen Öffnung den Blick auf den grazilen Körper freigibt. Dieses Motiv, in Abwandlung des ausgeschiedenen Oberkörpers hier geöffnet, ermöglicht der Heiligen die greifende Geste zu dem neben ihr stehenden Kreuz, das durch seine räumliche Ansicht die Figur außerhalb ihres Raumes in ein umfassendes Raumverhältnis bringt, so daß dem sich rundenden Volumen, die Öffnung und der körperlichen Ausdehnung die Raumflucht zur Seite tritt.

Ikonographie:
Vgl. Zusammenfassung am Schluß

Technik:
Das Bild ist in einschichtigem Kalksecco aufgebaut, bei dem die Lokalfarben in pastösen opaken Pigmenten auf die Schlemme gelegt sind. Die an Kopf und Händen auftretende breitlinige Zeichnung ist wie die Pigmente behandelt. Die die Figur überziehende Modellierung, die lasiert auf die Pigmentschicht gesetzt ist, läßt sich, wenn auch nur mehr in Spuren, doch noch sicher feststellen.

Erhaltungszustand:
1890 wurde das Bild bei der Vergrößerung der Fenster auf der rechten Seite zerstört, an der heute der Putz neu aufgetragen und farblich auf die anschließenden Partien eingestimmt ist. Die sonst ungestörte originale Oberfläche zeigt, durch den bei den verschiedenen Restaurierungen erlittenen Verlust der Pigmentsubstanz, heute vor allem in dem Bereich der Modellierung, größere Fehlstellen auf, die dazu führen, daß das Bild eine sehr flächige Erscheinung in der Oberflächengestaltung besitzt.

Nr. 26, II
»Die Befragung der Juden«

Standort: in situ
Goldschmiedekapelle (I. Zustand) 2. Joch, Nordwand rechts des Fensters (vgl. Plan Nr. IV)

Maße: 127 × 121 cm

Beschreibung:
Bei dieser Befragung ist Helena nicht mehr in dem idealisiert jugendlichen Typus dargestellt, sondern als reife Frau. Als agierende, das Bild bestimmende Person steht sie rechts der Bildmitte im Vordergrund. Bekleidet mit rotem Gewande, purpurfarbenem grün ausgeschlagenem Umhangmantel und weißem Kopfschleier, auf dem die große Krone sitzt, steht sie leicht nach vorne gebeugt da und hält mit ihrer Linken den Mantel vor ihrem Leib verschließend, zusammennehmend gerafft, wodurch sich eine weitumfangende Öffnung vor ihrem Oberkörper ergibt. Aus diesem ausgeschiedenen sich öffnenden Teil der Figur heraus bewegt sie die mit Nachdruck »fragende« Hand, deren Ausrichtung um so energischer ist, als sie den Gegenpol zu der greifenden Versammlung ihrer Linken darstellt. Ihr nimbiertes Haupt hat sie erhoben und richtet den Blick ihrer offenen, klaren Augen, quasi die Frage stellend, über ihre Hand hinweg. Hinter Helena steht, neugierig abwartend, halbverdeckt eine Dame ihres Gefolges, das durch drei weitere in der Tiefe gestaffelte Personen angedeutet ist. So gänzlich hinterfangen richtet sich die Figur der Helena auf die ihr gegenüberstehende Gruppe aus.

Dort steht im Vordergrund der Levit Judas, mit einem gelben Kaftan bekleidet. Betroffen blickend »vernimmt« der mit ergrauter langer Haar- und Barttracht charakterisierte die soeben von der Kaiserin an ihn ausgesprochene Frage, indem er seine Rechte aufmerksam aufrichtet, während er dagegen mit seiner Linken verschließend an seinen Gürtel greift, über die hinweg er sich leicht nach vorne der Frage entgegenbeugt. Neben ihm steht ganz in Weiß gekleidet der Bischof Macarius von Jerusalem. Er, gleichfalls durch seinen breiten gestutzten Vollbart und seine hohe Stirn als reifer Mann gekennzeichnet, wendet sich dem Judas zu und verweist, indem er ihn anschaut, mit seiner Rechten auf Helena, von der die Untersuchung ausgeht. Seine Linke hat er, mit dem aufgenommenen Teil seines rot ausgeschlagenen Mantels verhüllt, vor seinen Leib genommen, um sich selbst damit deckend, dahinter vor der Ausforschung zurückzutreten. So steht er mit Judas korrespondierend zwischen diesem und der sich anschließenden Menge aus der Jerusalemer Bevölkerung, die über die beiden Protagonisten der Gruppe hinweg neugierig wartend auf Helena blicken.

So unterliegt das ganze Bild der Fragebewegung der Helena, die als handlungstragender Gestus zugleich ein richtungweisendes Element erster Ordnung darstellt. Diese steht isoliert vor der Bildmitte und ist der Angelpunkt für die Vorwärtsrichtung der Helena und dem Davorzurückweichen des Judas bzw. für das ebenfalls von Helena weg gerichtete Eindringen des Macarius auf Judas. Die hinter Judas stehende Figur, die ebenso wie die verdeckte Menge der Bevölkerung die ganze von rechts kommende Bewegung des Bildes zur Ruhe brachte und auffing, ist durch den Fenstereinbruch verlorengegangen.

Stil:
Dieses Bild mit leerer Mitte, vor der sich einzig der das Thema bestimmende Gestus findet, lebt in der Komposition ganz von der Spannung der Bewegung der Protagonisten der jeweiligen Gruppe. Diese Bewegung wird von den Figuren durch die Auslenkung ihrer Oberkörper angedeutet, die verstärkend zu den »redenden« bzw. »hörenden« Gesten hinzutritt.

Aufgebaut sind diese ähnlich der Einzelfigur der Helena in einem Gegensatz der ruhigen vertikalen Figurenbasis, von der sich der verschlossene bzw. geöffnete Oberkörper absetzt, um die tragende Aktion zu ermöglichen. Konzentriert wird dies bei der Frage der Helena durch die zentralgeführte Raffung des Gewandes betont, die quasi als Versammlung der Aktion vorangeht. Bezeichnend für die Figurenbildung ist auch der geschlossene Umriß, dem sich die auf kurzen stämmigen Hälsen sitzenden Häupter einbinden.

Die die Lokalfarbe begrenzende konstruktive Zeichnung ist in diesem Bild fast völlig zurückgedrängt und erscheint meist als letzte Steigerung des sich aus der Licht-Schattengebung resultierenden Lineaments, das sich aus der Lasierung ausbildet. Begleitend zu dieser verdunkelnd abstufenden Modellierung tritt in diesem Fall die Weißhöhung, die sowohl abstufend als auch scharf zeichnend die Lichtreflexe wiederzugeben vermag und die materielle Existenz der Körper klar faßt.

Ikonographie:
Vgl. Zusammenfassung am Schluß

Technik:
Das Bild ist als Kalksecco auf einer Schlemmschicht aufgebaut. An den Gesichtern (besonders bei der Helena) läßt sich eine rotfarbige Untermalung (in der Art des Proplasmos?) erkennen, auf der dann wie in den übrigen Teilen die opaken Pigmente aufsitzen, in deren Schicht Lavierung und Zeichnung mit eingebunden sind. Quasi als »Schlußzeichnung« trägt das Bild die Weißhöhung, die reflektierend Farbe und Zeichnung ergänzt.

Erhaltungszustand:
Trotz des Abriebs zweier Freilegungen hat sich im Bildfeld selbst die originale Substanz gut erhalten, wie der Bestand der Weißhöhung an vielen Stellen der Oberfläche zeigt. Als Beschädigung ist nur der linke beim Einbruch der Fenster verlorengegangene Rand zu verzeichnen, durch den die Komposition der letzten Klammerfigur beraubt wurde.

Nr. 26, III
»Kreuzfindung«

Standort: in situ
Goldschmiedekapelle (I. Zustand) 1. Joch Nordwand links des Fensters, (vgl. Plan Nr. IV)

Maße: 146 × 115 cm

Beschreibung:
Zentral steht in diesem Bild die Auffindung des Kreuzes, indem das Graben und das Finden des Kreuzes wiederum vor der leeren Mitte präsentiert werden.

Helena wieder rechts mit ihrem Gefolge blickt frontal aus dem Bild. Gleichgekleidet wie auf dem vorigen Bild, läßt sie ihre Linke sinken und erhebt die geöffnete Rechte voll Ehrfurcht und Respekt vor sich. Die neben ihr stehende, über ihre Schulter schauende Hofdame überkreuzt voll Betroffenheit ihre Hände vor der Brust, während drei weitere Personen über sie hinweg einen Blick auf das Zentrum des Geschehens zu erreichen suchen.

Anlaß zu all diesen Reaktionen ist das soeben gefundene Kreuz, das Macarius ihnen mit seiner Linken entgegenhält. Der hinter ihm herangetretene Mann mit kronenartig gefaßtem Helm greift unterstützend, auf das Kreuz und die Kaiserin blickend, nach der Reliquie. Macarius dagegen wendet sich, mit seiner Rechten den das Kreuz tragenden Arm mit dem Mantel umhüllend, dem neben ihm stehenden Judas zu, der in leichter Schrittstellung etwas vornübergebeugt steht. Vor Erstaunen und Verwunderung hält er beide Hände mit der Innenfläche nach außen gedreht vor die Brust und erstarrt im Erkennen. Im Vordergrund steht der grabende Knecht. Gekleidet in einen grünen Rock tritt er mit den in kurzen braunen Stiefeln steckenden Beinen fest auf und fährt, unbeirrt durch die um ihn stattfindenden Reaktionen, fort mit seiner Hacke weiter zu suchen. Zwei hinter Judas und Macarius stehende Figuren, die durch ihre spitzen Hüte als Juden gekennzeichnet sind, betreten die Szene. Der eine schaut über den erstarrenden Judas auf den grabenden Knecht, während der andere über die das Kreuz erhebenden Personen hinweg seinen Blick auf die Reliquie zu richten sucht, quasi als Gegenstück zu den Gefolgsleuten der Helena, die Verklammerung des Bildes im Hintergrund schließend.

Stil:
Das Bild der Kreuzfindung folgt im großen und ganzen dem Bildaufbau der Befragung, in dem ebenfalls vor der leeren Mitte das Thema entwickelt wird. In der Gruppierung verfolgt es dagegen stärker das Verklammerungsprinzip. So findet sich die geschwungene Linie des Körpers der Helena gegenläufig zu der ihrer Hofdame, wie auch Judas und Macarius den Grabenden einfassen. Beide Einzelkonfigurationen werden dann durch die hinter ihnen stehenden Personen in der Bildeinheit verklammert, so daß das Bild bei der starken Betonung der Mitte nicht auseinanderfällt.

Der Aufbau der Figuren folgt dem der vorigen Darstellungen des Zyklus, wobei sich die Gestalt des grabenden Knechtes deutlich an die Gliederung Basis – Oberkörper anschließt, obwohl sie die Ausscheidung des Oberkörpers, motivisch bedingt, nicht in dem Maße wie die anderen Figuren nachvollziehen kann.

Mehr als in der vorhergehenden Szene tritt auch wieder die begrenzende Zeichnung in der Figurengestaltung auf, was anscheinend zu Lasten der Weißhöhung geht, die auf diesem Bild nur mehr im Gesicht des Macarius und des Judas zu finden ist. Daß dieses Defizit der Weißhöhung nicht nur dem Erhaltungszustand zur Last gelegt werden darf, zeigen die gut erhaltenen Hände des Judas an. Diese sind gänzlich durch die Faßzeichnung wiedergegeben und setzen sich dadurch in einen deutlichen Gegensatz zu der Darstellung der Hände im vorangegangenen Bild.

Ikonographie:
Vgl. Zusammenfassung am Schluß

Technik:
Ähnlich dem vorangegangenen Bild ist auch dieses in einschichtiger Kalkseccotechnik ausgeführt. Die dort nachweisbare Rotuntermalung fehlt in diesem. Auch ist die als »Schlußzeichnung« auftretende Weißhöhung zugunsten des die Farbflächen fassenden und in gleicher Ebene wie die Pigmente liegenden Lineamenten aufgegeben. Die Wiedergabe der Lichtreflexe ist rein auf die lavierende Modellierung beschränkt ohne jedoch die Klarheit der Weißhöhung zu erreichen.

Erhaltungszustand:
Die Bildfläche gibt im großen und ganzen den originalen Bestand wieder. Neben der Beschädigung am rechten Rand durch den 1890 erfolgten Fenstereinbruch weist die untere Zone (Füße und Gewandsäume) wie auch die Köpfe der Juden und des Gefolges der Helena Nachzeichnungen auf, die aus der Zeit der Entrestaurierung von 1957 bis 1960 stammen.

Nr.:26, IV
»Kreuzprobe«

Standort: in situ
Goldschmiedekapelle (I. Zustand), 1. Joch rechts des Fensters, (vgl. Plan Nr. IV)

Maße: 140 × 110 cm

Beschreibung:
Die Darstellung der Kreuzprobe ist bestimmt durch die im Vordergrund des Bildes abgestellte Tragbahre mit der todkranken Frau, deren Heilung die Echtheit des wahren Kreuzes erwies.

Macarius ist von hinten an diese Bahre herangetreten und legt vorsichtig das Kreuz, das er mit beiden Händen hält, auf die von einem roten Tuch bedeckte und in graues Leinen gehüllte Frau, die sich, durch die Berührung mit dem wahren Kreuz geheilt, die Arme vor der Brust kreuzend, erhebt. Diesen Vorgang beobachtet Macarius ebenso erstaunt wie die hinter ihm stehende Heilige, deren Handgestus nicht mehr festzustellen ist. Links von Macarius steht Judas, der sich ganz im Verstehen der Ereignisse befindet. Als Einziger frontal aus dem Bild gewendet legt er, während er mit seiner Linken an den Gurt seines Gewandes greift, seine Rechte auf die Brust, sich sichtbar bekehrend.

Neben ihm steht der Diener, der bei der Kreuzauffindung gegraben hatte und trägt eines der weiteren gefundenen Kreuze. Im Hintergrund beobachten zwei Juden das Reliquienwunder, während rechts von Judas die neugierigen Blicke des Kaiserinnengefolges das Geschehen verfolgen.

Scheinbar stellt sich der Aufbau dieses Bildes dem der vorangegangenen des Zyklus entgegen, indem die Mitte diesmal nicht »leer« gegeben ist. Legt man jedoch das Prinzip zugrunde, daß die leere Mitte nur zur Überhöhung und Verdeutlichung des davorgezeigten thementragenden Gestus bzw. Gegenstands war, läßt sich das Prinzip auch hier finden.

Denn beachtet man, daß das Bild heute auf der linken Seite beschnitten ist, so steht der sich bekehrende Judas hinter der soeben geheilten Frau. Wunder und Bekehrung werden hier auf die Mittelachse gesetzt, womit das Darstellungsprinzip den anderen Szenen folgt.

Dieses Bild, in dem die Gruppe sich hinter dem distanzierenden Raum, der durch die abgestellte Bahre geschaffen wurde, mehr zentral geschlossen aufbaut, schließt diesen Zyklus ab, indem diesmal nicht die Spannung zweier Gruppen gegenübergestellt ist, sondern sich die Aktion und die Reaktion auf das Wunder hintereinander konzentrierend versammelt. Noch als erzählendes Historienbild baut sich in dieser Szene eine repräsentative Gruppe aller Beteiligten um den Kern des im Zyklus erzählten Ereignisses auf, indem sie das Wesentliche konzentriert gefaßt vorstellen.

Stil:
Wie schon in der Beschreibung angedeutet, schließt sich dieses Bild an die Prinzipien der beiden vorangegangenen an, wenn auch die Gesamtgruppierung sich gemäß des modifizierten Aufbaus gewandelt hat. Ebenso bleibt der Aufbau der Figur den bei den vorigen Bildern aufgezeigten Grundsätzen treu, indem die sprechenden Gesten vor die ausgeschiedenen Oberkörper gestellt sind und die ausgreifende Aktion des Macarius sich aus der umfassenden Öffnung des Mantels heraus entwickelt. Über das Verhältnis Zeichnung und Farbe kann bei diesem Bild aufgrund des Erhaltungszustandes nur bedingt gesprochen werden. Die wenigen exakt überlieferten Stellen lassen jedoch auch hier eine starke Faßzeichnung erkennen, welche die Modellierung zurückdrängt und dem ganzen eine trockenere flächigere Faltung gegeben zu haben scheint.

Ikonographie:
Vgl. Zusammenfassung am Schluß

Technik:
Die Ausführung ähnelt der vorangegangenen. Die Darstellung auf einer Schlemmschicht in Secco ausgeführt, besaß in den Fleischtönen eine dunkelrote bis ockerfarbene Untermalung (Proplasmos?, vor allem im Gesicht des Judas), die durch den heute ruinösen Zustand zum Teil zu Tage tritt. Die flächig aufgetragene opake Lokalfarbe trug ebenfalls eine dunkle Modellierung, die mit der Weißhöhung sich ergänzt zu haben scheint, jedoch ist die Intensität und das Ausmaß dieser Wechselbeziehung nicht mehr genau zu beurteilen.

Erhaltungszustand:
Neben der durch die Fenstervergrößerung verursachten Störung ist dieses Bild insgesamt in seiner Substanz beeinträchtigt. So darf in der Oberfläche nur mehr der Körper des Macarius als nicht verfälscht gelten. Auch sein Gesicht besteht zumeist aus orignaler Substanz, die allerdings durch beträchtlichen Verlust der oberen Pigmente gelitten hat. An allen anderen Figuren sind Übermalungen festzustellen, aus welcher Restaurierungsperiode war nicht zu klären. Zwar lassen sich die heute erscheinenden Formen alle noch in Partikeln des Originals belegen, doch zeigt die Fluoreszenzanalyse die Geschlossenheit der Übermalung auf, so daß nur die Grundzüge der Darstellung beurteilbar sind, was dazu führt, daß außer den kompositorischen und ikonographischen Belangen alle übrigen Feinheiten der Ausgestaltung dieses Bildes als verloren bezeichnet werden müssen.

Ikonographie für die ganze Nr. 26:
Läßt man die Exposition der idealisierten Heiligen, die in Verweisen und darauf Hinführen das grundlegende Thema des Zyklus, das Kreuz Christi, vorstellt, einmal außer Betracht, so zeigt sich, daß die Szenen des Zyklus weitgehend mit den Elementen übereinstimmen, die Jakobus de Voragine in seiner Legenda aurea von diesen Ereignissen gibt [16]. Jedoch wird, um die Geschlossenheit des Zyklus herzustellen, der Kreis der teilnehmenden Personen begrenzt.

So erscheint schon im ersten Bild die Figur des Macarius, des Bischofs von Jerusalem, der eigentlich nur bei der Kreuzprobe erwähnt ist. In gleicher Weise ist der Levit Judas dann bei der Kreuzprobe dargestellt, obwohl seine Bekehrung schon bei der Kreuzauffindung stattfinden müßte. Neben dieser Reduzierung der teilnehmenden Personen, bei der die sonst als anwesend geschilderten Massen immer nur durch einige wenige Figuren im Hintergrund angegeben werden, fällt auch auf, daß nicht die dramatischen Szenen in den Zyklus aufgenommen sind.

So wird dabei nicht auf die Tortur des Judas hingewiesen. Auch seine Zwangsarbeit beim Ergraben des Kreuzes wird unterschlagen. Statt dessen legt die Darstellung großen Wert auf die inneren Zustände der Personen, so das energische Eindringen der Helena, das Zureden des Macarius und das sich Verweigern des Judas im ersten Bild. Im zweiten die Erkenntnis, die bei Judas einsetzt und die bewundernde Verehrung der Übrigen für die Reliquie, sowie beim dritten die zentrale Bekehrung des Judas, die die Haltung der die Gruppe verklammernden Personen gänzlich zurücktreten läßt.

Durch die Art der Darstellung gewinnt der Zyklus eine Monumentalität auf seine Weise, die sich auf das Wesentliche konzentriert, ohne die Gegebenheiten der Legende unberücksichtigt zu lassen.

Aus diesem Grund dürfte auch die Verzahnung der ebenfalls in der Legenda aurea erwähnten Fassung der Historia ecclesiastica des Theodoret von Cyrus mit in den Zyklus hineinspielen, die vor allem im dritten Bild klar zu erkennen ist. Der dort agierende Macarius wird von dem Maler des Zyklus dann auch in die anderen Bilder übernommen, einerseits um die Figur des Judas zu entlasten, andererseits um eine vermittelnde Position zwischen der Kaiserin und dem Leviten zu übernehmen, die speziell für die Charakterisierung der genannten Schwerpunkte nötig war.

Damit stellt sich die Reduktion des Zyklus durchaus als Ergebnis eines inventionsfreudigen Meisters dar, der sich voll bewußt war, wie er das Ziel der Straffung der Darstellung auch durch die Kompilation von Legenda aurea und Historia ecclesiastica ikonographisch absichert.

Nr. 27
Die Evangelisten – Symbole

Über dem Helena-Zyklus sind auf luftblauem Grund in den oberen Zwickeln die vier Evangelistensymbole plaziert, von denen jedes durch ein Schriftband bezeichnet ist.

Nr. 27, I
»St. Lucas«

Standort: in situ
Goldschmiedekapelle (I. Zustand), 2. Joch Nordwand links des Fensters, (vgl. Plan Nr. IV)

Maße: Höhe 120 cm

Beschreibung/Stil:
In Paßgangstellung hält der rote nimbierte Stier mit seinen Beinen das ihn benennende Schriftband. Seine additiv angefügten Flügel gleiten entlang der Schildbogenbegrenzung, indem sie sich einrollend eine mit dem Körper der Figur nicht übereinstimmende Räumlichkeit vortäuschen, so daß sie hinter dem durch weiße Modellierung gegebenen Korpus zu sitzen scheinen.

Technik:
Auf die Kalkschlemme ist in einer Schicht der Pigmentauftrag mit aufliegender Weißhöhung erfolgt, wobei eine schwarze Linie den Umriß des Tieres abgrenzend faßt.

Erhaltungszustand:
Durch die Fenstererweiterung ist der Kopf und das Schriftband zerstört, die sinngemäß bzw. flächig bei der Restaurierung 1957/1960 ergänzt wurden.

Nr. 27, II
»S. Matheus«

Standort: in situ
Goldschmiedekapelle (I. Zustand) 2. Joch, Nordwand, rechts des Fensters (vgl. Plan Nr. IV)

Maße: Figurenhöhe 120 cm

Beschreibung/Stil:
Der nimbierte Engel hält mit beiden Händen das schräg vor dem Körper geführte Schriftband mit dem ihn bezeichnenden Namenszug, das sich an seinen Enden frei schwingend umschlägt. Nur mehr seine linke Hand, der schmale linke Flügel und die Hälfte des von blondem Haar gerahmten Gesichts sind kenntlich. Die Reste der Gewandfaltung zeigen ebenso wie das Gesicht einen harten zeichnerischen Charakter auf.

Technik:
Das in Kalksecco auf einer Schlemmschicht ausgeführte Bild zeigt opake Pigmentschichten, die mit einer in diese Pigmentschicht eingebundenen schwarzen Zeichnung gefaßt sind. Eine Modellierung läßt sich nicht erkennen.

Erhaltungszustand:
Die Figur wurde durch den Fenstereinbruch fast völlig zerstört. Die wenigen Reste der originalen Substanz wurden gänzlich durch die Retuschierung der Restaurierung überdeckt.

Nr. 27, III
»S. Marcus«

Standort: in situ
Goldschmiedekapelle (I. Zustand) 1. Joch, Nordwand links des Fensters (vgl. Plan Nr. IV)

Maße: Figurenhöhe 120 cm

Beschreibung/Stil:
Die Stellung und das Haltemotiv des Löwen gleichen dem des Lukassymbols. Die sich ebenfalls einrollenden Flügel sind hier mehr an den Körper des Tieres organisch angegliedert wiedergegeben, wodurch sich die Räumlichkeit des Flügelüberschlags auch mehr in einen Bezug zum Körper setzt. Über die Zeichnung des Kopfes und der Mähne liegt sowohl lavierende Modellierung als auch eine durch Weißhöhung gegebene Lichtsetzung, die allerdings den schablonenartigen Charakter der Grundlage nicht zu verdecken vermag.

Technik:
In Kalksecco auf einer Schlemmschicht ausgeführt, trägt die Bildfläche über die opake Pigmentschicht, welche teilweise durch die eingebundene Faßzeichnung gegliedert ist, die lavierende Modellierung, die durch eine abschließend aufgetragene Weißhöhung gesteigert wird.

Erhaltungszustand:
Nur das Schriftbandende ist bei dieser Figur durch den Fenstereinbruch zerstört worden. Der Verlust der Pigmentsubstanz betrifft vor allem Flügel und Leib des Löwen, wobei sich auch dort keine wesentlichen Eingriffe durch die Restaurierung feststellen lassen.

Nr. 27, IV
»S. Johannes«

Standort: in situ
Goldschmiedekapelle (I. Zustand), 1. Joch, Nordwand, rechts des Fensters (vgl. Plan Nr. IV)

Maße: Figurenhöhe 120 cm

Beschreibung/Stil:
Das besterhaltenste Symbol der ganzen Reihe ist der mit seinen Füßen das Schriftband haltende Adler. Beide Flügel vom Körper angehoben weggespreizt steht er mit erhobenen Kopf in Schrittstellung. Die gegen die, durch Nimbus und Wandbegrenzung gegebene Richtung aufgestellten Kopf- und Schwanzfedern geben dem Vogel etwas Energisches, Kämpferisches und lassen ihn die trockene steife Schablonenartigkeit der anderen Symbole durchbrechen. Die ehemals die gesamte Figur durchdringende Weißmodellierung ist nur mehr um das Auge und an den Flügelrändern zu erkennen.

Technik:
Auf der Schlemmschicht liegen die opaken Pigmente in Seccotechnik gebunden auf, gefaßt durch eine breite schwarze Strichzeichnung. Die abschließende Weißhöhung verräumlichte durch Wiedergabe der Lichtreflexe die Körperlichkeit der Figur.

Erhaltungszustand:
Die Figur wird praktisch noch ganz durch die originale Substanz wiedergegeben, der lediglich die Oberfläche und damit große Teile der Modellierung verloren gingen.

Ikonographie (für Nr. 28 gesamt).
Die Evangelistensymbole wurden im süddeutschen Raum normalerweise in der Gewölbezone des Altarraums dargestellt, was sich anscheinend in diesem Falle des Grabbaues, dessen Gewölbe durch den in den Raum ragenden Taufchorpfeiler, nicht durchführen ließ. Deutlich von der irdischen Zone des Helena-Zyklus durch ihre luftblaue Hintergrundsfarbe abgesetzt, wird so die obere Hälfte der Spitzbogenfelder als »Himmelszone« wiedergegeben, die damit die ikonographische Funktion der Gewölbespiegel übernahm und den Evangelistensymbolen einen ihnen gerechten Topos geben konnte.

Nr. 28
Jakobus Maior bekehrt Hermogenes [17]

Standort: in situ
Goldschmiedekapelle (I. Zustand) Chorsüdwand (vgl. Plan Nr. V)

Maße: 143 × 310 cm

Beschreibung:
(für die der Beschreibung zugrunde liegende Ausdeutung vgl. Ikonographie und Erhaltungszustand).

Dieses Bild, das sich über die gesamte Breite der Südwand des Chores erstreckt, ist durch einen umlaufenden Rahmen gefaßt, bei dem sich die an den Rippen anstoßenden länglichen Felder mit schwarzen Quadraten und innenliegendem gelben Stern abwechseln. Die Felder selbst sind dunkelbraun und tragen vegetabile Rosettenornamente, die ähnlich denen der Chorfenstergewände blaugrau mit weißlichen Höhungen aufgebaut sind.

Die Darstellung zeigt in einer sich weit in die Tiefe staffelnden, zwei Drittel der Bildfläche füllenden Gebirgslandschaft die Auseinandersetzung des Jakobus Maior mit dem gnostischen Häretiker Hermogenes, der durch ihn bekehrt wird. Im Vordergrund steht Jakobus an der Spitze der aus dem in den Hintergrund führenden Tal kommenden Volksmenge, in reicher Tracht. Bekleidet mit einem dunklen purpurn bestickten, nur die gebauschten weißen Ärmel des Untergewandes freigebenden Brokatrock, der mit ockerfarbenen Band gegürtet ist, und einem über die Schulter gelegten, bis zu den Knöcheln fallenden Umhang, steht er frontal zum Betrachter, indem er sein mit einem roten barettähnlichen, mit hochgeschlagenem breiten Rand umfaßten Hut bedecktes Haupt dem vor ihm knienden Hermogenes zuneigt. So breitbeinig fest stehend greift er mit einer Hand an den Gürtel, während er mit seiner Rechten einen kurzen Stab an den hinter ihm stehenden Phileto reicht. Durch seinen langen Bart und die in den Nacken fallende Haartracht ist er als reiferer Mann gekennzeichnet, dem die Modellierung des Gesichtes mit den auf Stirn und Wangen wiedergegebenen Lichtern etwas Lebendiges, Aktives gibt. Obwohl er sein Haupt dem vor ihm Knienden zuneigt, scheinen die Augen auf dem rechts neben ihm stehenden Phileto gerichtet zu sein. Dieser, ein junger Mann mit lockigen blonden Haaren, der einen grünen Rock mit gepufften Ärmeln trägt, dem an seinem unteren Rand ein ockerfarbener Besatz aufliegt, hält über seiner Rechten ein Chorrock ähnliches besticktes Gewand und blickt auf den etwas vor ihm stehenden »Meister«.

Der vor Jakobus kniende Hermogenes, der mit einem kürzeren hellgrünen pelzverbrämten Rock bekleidet ist, bietet ihm aus einer geöffneten Schatuelle eine Schriftrolle an, indem er aus seiner unterwürfigen Haltung heraus sein blondgelocktes Haupt zu Jakobus hinaufwendet.

Er kniet isoliert und allein vor dem auf der ansteigenden Landschaftsterrasse stehenden offenen winkelförmigen Stallgebäude, vor dem sich ein Schimmel und ein Falbe auf der Weide tummeln. Hinter seinem Gegenüber schließt sich dagegen die aus der Tiefe des Tales herausziehende Volksmenge an.

Ebenfalls noch auf dem niedrigsten Niveau der Landschaft befindet sich die erste aus drei Schriftgelehrten bestehende Gruppe, die rechts von Jakobus hinter Phileto den Übergang in die Tiefe bildet.

Diese drei mit hochkrempigen Hüten bedeckten Männer sind gestikulierend anscheinend in ein wichtiges Gespräch vertieft. Der Linke mit grauem langen Bart und fast ganz weißlichem Haar in heller Gewandung blickt fragend auf seine beiden Gesprächspartner, indem er auf den links vor ihm stehenden Jakobus weist. Sein Gesichtsausdruck ist erstaunt fragend mit leicht vorgeschobener Mund- und Kinnpartie. Im Gegensatz zu seiner würdigen Erscheinungsform macht der rotgekleidete jüngere Mann ihm gegenüber, der ihm sich vorbeugend entgegenkommt, durch seine niedere Stirn, seine hochgereckte Knopfnase, seine Wulstlippen wie auch durch sein dunkleres Inkarnat einen verschlagenen, bösartigen Eindruck. Er schiebt sich so aufdringlich ins Bild, daß der zwischen ihm und dem Hellgekleideten stehende junge Mann fast aus der Gruppe herausgedrängt wird. Dessen grüne, weiß gerandete Kappe schließt dieses »konspirative« Gruppengebilde nach oben hin ab, in dem die Frage, der böswillige Angriff und die zurückgedrängte Unentschlossenheit des jüdischen Klerus als Reaktion der von Jakobus bewirkten Bekehrung des Hermogenes verkörpert ist, auf die im Anschluß an diese Begebenheit das Martyrium des Apostels folgt.

Hinter dieser Gruppe zieht aus dem sich öffnenden Tal, halb überschnitten durch den links ansteigenden Berg eine Volksmenge, unter der sich neben gewappneten Reitern mit gelb und schwarz bewimpelten Lanzen auch Juden mit Spitzhüten und Leute mit barettartiger Kopfbedeckung finden. Die ganze Menge scheint beritten zu sein und in ihrem Zug unterbrochen zu warten. Soweit es noch zu erkennen ist, stehen sie miteinander in Korrespondenz, oder blicken auf die Geschehnisse im Vordergrund.

Durch diese Volksmenge bindet sich die Gruppe der Figuren in die das mittlere Drittel der Bildfläche füllende Landschaft ein. Diese setzt sich links hinter dem den Vordergrund schließenden Stall in einer Zone dunklen Buschwerks fort, über dem sich quasi in einer Art Bucht vor der nächsten Terrasse des Berges die turmreiche Silhouette einer Stadt erhebt. Weiter ansteigend zeigt das Hügelmassiv hinter einem Nadelwald eine kleine Schloßanlage. Die andere Seite des Tales steigt zerklüftet im unteren Teil an, um dann einem bewaldeten Plateau Platz zu geben, das gänzlich naturalistisch durchgebildet ist. Hinter dem dort stehenden Laubwald findet sich ebenfalls eine kleine bauliche Anlage vor der abschließenden Bergkuppe. Der Umriß einer großen von Mauern umgebenen und von Türmen bekrönten Stadt zeigt sich vor dem mittleren Massiv des die Landschaft schließenden Gebirges. Von ihr aus zeigt sich ein grüner Sattel, auf dem zwei einzelne Bäume stehen, nach links hin zu dem letzten der Berge, an dessen Abhang sich gegen den das obere Drittel des Bildes füllenden blauen Himmel nochmals eine Stadtsilhouette abhebt.

Ein, in scharfem Kontrast zu diesem tiefen Blau, rot gekleideter Engel schwebt, das ganze Bild beherrschend, herab. Frontal auf die unter ihm sich abspielende Szene ausgerichtet hält er seine Linke schützend über Jakobus und Phileto, während er mit seiner Rechten sich mit adhortativem Gestus an Hermogenes wendet, ihn in seiner Bekehrung bestärkend. So schließt er bestimmend die bei den sich im Vordergrund gegenüberstehenden Parteien den isolierten Hermogenes und Jakobus mit seinem Gefolge zusammen, indem er noch einmal die im Grundthema vorhandenen Vorgänge aufzeigt.

Stil:

Bezeichnend für dieses Bild ist die großzügige Darstellung der Landschaft, in welche die agierenden Personen eingebunden sind.

Dadurch, daß bereits im unteren Drittel des Bildes eine Gleichsetzung zwischen Personen und Landschaftselementen in ihrer kompositorischen Funktion vorgenommen wird, wie z. B. der die Figur des Hermogenes hinterfangende Stall gegenüber der Schriftgelehrtengruppe hinter Jakobus, wo beidemale Hinterfangen einer Figur und die Überleitung in den Hintergrund bewerkstelligt wird, vermeidet ein Abgleiten der Landschaft in eine sekundäre Wertigkeit der Bildgestaltung. So verwachsen die handlungstragenden Personen gänzlich durch die Hinterfangung und Weiterführung mit der ihnen auf dem Bild gegebenen Umwelt, die dadurch bildbestimmenden Charakter hat.

Die Figuren selbst sind voluminös aufgefaßt. Bis auf Hermogenes sind sie statisch aufgebaut und stehen ruhig mit ihren Gesten im Umriß eingebunden, die Bezugsrichtung nur durch die Stellung der auf kurzen Hälsen sitzenden Häupter angebend. Der Kopf und der vor der Brust ausgeführte Handgestus sind die einzigen Bezüge, die man für die Rolle der Personen ausmachen kann. Auch die im Profil gesehene Figur des Hermogenes scheint sich an dieses Thema anzuschließen, weicht sie doch nur motivbedingt davon ab, da sie die zu ihr gehörende Schatulle mit dem Buch zu umfassen hat.

Alle Figuren betonen in ihrem Aufbau auch das Grundvolumen ihres Körpers, an das ebenso stämmige Gliedmaßen angeordnet sind. Die Hauptfigur des Jakobus weist das Umfassungsmotiv durch den Umhangsmantel auf, der geöffnet an beiden Seiten herabfallend ihm einen gewichtigen Umriß verschafft, der ihm durch die Breitung der Gestalt, ohne seine Körperlichkeit zu verzerren, in der Anordnung der Vordergrundpersonen eine dominante Stellung gibt.

Unterstützt wird die Körperlichkeit der Figuren durch die Lichtreflexe, die durch Weißhöhung bzw. durch Absetzen der Schatten durch Graulavierung wiedergegeben werden und durch die Wiedergabe der gespannten Rundungen der Körper oder durch kannelürenähnliche Faltenpartien sowohl Festigkeit wie auch Räumlichkeit der Figuren betonen. Diesem Gesichtspunkt ordnet sich auch die auf einigen Kleidungsstücken gegebene schablonenhafte Ornamentierung unter.

Die Inkarnatspartien zeigen eine deutliche Modellierung, die sich auf rötlicher Untermalung bis zu den weißen Reflexlichtern aufbaut, wodurch die Lebendigkeit der Figuren gesteigert ist.

Diese so stark auf Lichtreflexe betonte Manier der Wiedergaben von Körper und Volumen, die sich auch in der Landschaft nachweisen läßt, bedingt ein Zurücktreten der schwarzen Faßzeichnung, die sich fast in allen Teilen des Bildes finden läßt. Ihre Härte ist aber zumeist durch eine in die Fläche führende Graulavierung geschwächt bzw. durch Weißhöhungen überlagert, so daß sie sich zumeist dem malerischen Gesichtspunkt angleichend in dem Bildganzen unterordnet.

Die Farbigkeit des Bildes versucht ebenfalls in jeder Zone ein Gleichgewicht zu halten. So wandelt sich die Landschaft von kühlen umbrafarbenen Tönen über Blaugrün und bläuliche Abstufungen hin bis zu grauweißen und gelblichen Mischungen. Den Abschluß dieser Farbstaffelung bildet der rötliche Berg im Hintergrund, so daß immer wärmere Töne für die dahinter liegende Schicht Verwendung finden. So sind im Vordergrund die warmen Farben nur für die belebten Figuren vorbehalten, wogegen sich im Mittel- und Hintergrund die Farbe der Landschaft in dem Maße ändert, wie die Anzahl der Personen geringer wird bzw. verschwindet. So versucht der Maler durch die eigentlich verkehrte Anordnung der Tiefenwirkung der Farben den unteren Bildteil abzufangen. Durch diese Vermittlung sticht das Blau des Himmels von den abschließenden Landschaftsteilen ab, und erhält noch eine größere räumliche Wirkung, vor der sich der rote Engel in vollem Kontrast abhebt. So tritt in der obersten Zone der Farbwert unvermittelt dem Betrachter gegenüber und zwingt so die unteren Zonen des Bildes in eine Einheit.

Ikonographie:
Die Ausdeutung des Bildes litt bisher immer unter den Übermalungen der Restaurierung von 1890/1892 [18], welche grobe sinnentstellende Veränderungen in das Bild einbrachten und damit den Zugang zu dem originalen Inhalt völlig verstellten. Trotz der Entrestaurierung 1957 wurde jedoch in dieser Hinsicht keine Notiz von den Veränderungen in der Bildsubstanz genommen [19] und das Werk entweder weiterhin unter dem alten Titel erwähnt oder es wurde einfach als moderne Ergänzung angesehen.

Befaßt man sich mit dem originalen Zustand wie es ihn heute mit nur geringen Einschränkungen wieder vorweist, wird es notwendig, gänzlich unabhängig von den bisherigen Ausdeutungen, neu anzusetzen.

Eine Erklärung des Bildinhalts, die mit Jakobus Maior in Verbindung steht, empfiehlt sich, da für diesen Patron der Kapelle sonst kein Äquivalent zum Helenazyklus vorhanden wäre. Unter all den Legenden des Jakobus Maior zeigte sich die in der Beschreibung zugrunde gelegte Geschichte der Bekehrung des »Zauberers Hermogenes« als die wahrscheinlichste. Diese Begebenheit, die auf die Historia certaminis apostolici des sog. »Pseudo Abdias« zurückgeht [20], wird auch sehr ausführlich in der Legenda aurea des Jacobus de Voragine erzählt [21], so daß es sich bei diesem Stoff um ein im XV. Jahrhundert bekanntes Allgemeingut handeln dürfte.

Geht man von dieser Geschichte aus, so stellt das Bild den besiegten Hermogenes vor Jakobus dar, der sich nach der mißlungenen Auseinandersetzung mit dem Apostel bekehrt, nachdem sein Schüler Phileto sich schon vorher zu diesem Schritt entschlossen hatte und von Jakobus dessen »sudarium« zum Schutz gegen die bösen Geister erhielt. So steht Phileto auch auf dem Bild eng an den reich gekleideten Apostel herangedrängt, das ein »sudarium« verkörpernde Gewand über dem Arm festhaltend, während ihm Jakobus den anscheinend von Hermogenes zurückgebrachten Stab übergibt.

Da sich die ganze Szene nach der Rückkehr des Jakobus aus Spanien, während er in Juda predigte, abgespielt haben soll, erklärt sich auch die Stellung des Apostels an der Spitze einer daherziehenden Volksmenge, da die Auseinandersetzung zwischen Jakobus und Phileto, dem Schüler des Hermogenes, »coram Judaeis« stattfand.

Das Volk, das hinter der im Vordergrund sich abspielenden Szenerie dargestellt ist, wird hier auch deutlich als jüdisch gekennzeichnet. Ob man allerdings in den Personen mit der Barett-Kopfbedeckung die mit Jakobus ziehenden bekehrten Spanier sehen darf, ist nicht sicher.

Auch der »Angelus dei«, der über dem Geschehen bestimmend schwebt, ist in der Fassung der Legende angesprochen, indem er die Dämonen des Hermogenes in feurige Ketten band und quälte. So bekommt auch die schützend über Jakobus und Phileto gehaltene Hand und der gegenüber dem Hermogenes ausgerichtete auffordernde Gestus einen Sinn.

Im Vordergrund ist die Szene des besiegten Hermogenes dargestellt, der dem Jakobus die Schatulle mit den Büchern zum Verbrennen anbietet, die er durch den Stab (baculum) des Jakobus geschützt herbeigebracht hat. Jakobus aber, der den zurückgegebenen Stab wieder an sich genommen hat, gibt ihm die Anweisung, seine Bücher ins Meer zu werfen, damit niemand durch die aufsteigenden Rauchschwaden geschädigt werde.

Die hinter Jakobus und Phileto sich anschließende konspirative Gruppe der Schriftgelehrten verweist dagegen auf den Fortgang der Geschichte, die mit der Enthauptung des Jakobus endet.

So lassen sich die im Bild wiedergegebenen Personen alle sinnvoll in die Ausdeutung gemäß dieser Legende einordnen, ohne daß man Umdeutungen oder Außerachtlassungen für irgendwelche Details vornehmen muß. Auch die Landschaft, welche die Region Juda wiedergeben soll, läßt sich unter der Berücksichtigung der Angleichung, die der Maler an ihm bekannte Landschaftstypen vorgenommen hat, in dieser Weise sehen.

Um eine spezielle Deutung der beiden Pferde vor dem Stall wird man sich nicht bemühen müssen, da sie, wie in der Beschreibung hervorgehoben, aus kompositionellen Gründen notwendig sind. So wird man in ihnen eher Versatzstücke der Landschaftsmalerei sehen, wie z. B. Hochwild und Bär beim Dreikönigszug (Objekt Nr. 29), als daß man sie als Verkörperung des Dämonischen ausdeutet.

Dieses dämonische Element dürfte durch die ausgreifende Geste des Engels ganz aus dem Bild ausgeschlossen sein, was den Zustand der Bekehrung und Erlösung verkörpert und ähnlich wie der Helenazyklus (Objekt Nr. 26 II mit IV) auf die Wiedergabe kleinteiliger Dramatik verzichtet.

Trotz dieser Übereinstimmung gibt es an der Auffassung einige Punkte, die mit einer wörtlichen Auslegung der Texte nicht ganz in Einklang zu bringen sind.

Zunächst wäre dabei auszuführen, daß Jakobus in keiner Weise als »heilig« besonders aus dem dargestellten Historienzyklus hervorgehoben ist. Jedoch scheint ein Vergleich mit dem Dreikönigszug (Objekt Nr. 29) zu zeigen, daß bei diesen Bildern der Maler zugunsten der Realität auf Nimben verzichtet, wie ja auch der Engel in diesem Bild keinerlei Attribute überirdischer Erscheinungsform trägt. Am augenfälligsten ist aber die reiche Tracht, die Jakobus eher als einen Vertreter des patrizischen Standes vorstellt, denn als Apostel. Inwieweit hierbei das Bewußtsein des Auftraggebers als Bürger in die Darstellung hereingespielt hat, ist heute nicht mehr erklärbar. Jedoch gibt es auch Beispiele von Darstellungen, in denen die Apostel durch Golddurchwirkung ihrer Gewänder im Rang über die mithandelnden Figuren herausgehoben werden [22].

Weiter fallen Abänderungen der beiden im Text angesprochenen Attribute auf. So ist der Stab (baculum) hier nur ein verhältnismäßig kurzer Gegenstand, wollte man nicht eine Verlängerung in den Bereich der Störzone des die Höhe des Bildes durchlaufenden Risses annehmen. Es ist wahrscheinlicher, daß hier für »baculum« eher ein »stilus-« ähnlicher Gegenstand angenommen wurde, wie ihn auch der Jakobus der Chorfenstergewände (Objekt Nr. 25, II) vorweist.

Das zweite Attribut, das »sudarium« stellt sich in diesem Bild als ganzes Gewand dar. Deutlich durch die Stickerei auf Jakobus bezogen, der auch als einzige Figur ein solches Ornament auf seinem Gewand trägt, paßt es sich in den im Handlungsverlauf gegebenen Zusammenhang ein, wie es auch die beschriebene haltende Geste des Phileto beweist. Zudem dürfte ein der hiesigen Gegend fremdes Kleidungsstück, das auch schon in italienischen Darstellungen das Ausmaß eines Mantels angenommen hat [23], durch Fehldeutung des Textes diese Wandlung erfahren haben, indem es hier als bestickter Rock wiedergegeben ist.

So zeigen diese Abweichungen auf, daß das Bild, für das auch keine ähnliche Kompositionsvorlage des Themas beigebracht werden kann, aus einer direkten Umsetzung des Textes durch den Maler im Sinne der Anordnung des Auftraggebers, wie sich gerade aus dieser Zeit weitere Beispiele in Augsburg geben lassen. Indem der Maler dies durch seine eigenen Mittel löste, kam dadurch die ikonographische Unikatstellung des Werkes zustande, die dazu führte, daß es anscheinend schon kurz nach dem Tode Hirns nicht mehr ganz verstanden wurde [24].

Dadurch ließe sich der jugendliche Typus des Hermogenes erklären, der von einer Restaurierung des XV. Jahrhunderts stammt (vgl. Erhaltungszustand). Allerdings konnte bisher nicht festgestellt werden, ob nicht schon der Hermogenes der Originalbemalung jugendlich bartlos dargestellt war, was sich dann wieder auf die oben genannte Unikatstellung des Bildes in ikonographischer Hinsicht zurückführen ließe.

Technik:

In den nicht von der Restaurierung des XV. Jahrhundert betroffenen Teilen stellt sich das Bild als eine auf einem Kalkschlemmenträger aufgebaute Seccotechnik dar. Auf diese Schlemme sind anscheinend frei und ohne erkenntliche Vorzeichnung die Lokalfarben gesetzt, die anschließend mit einer schwarzen Faßzeichnung sowie mit Graulavierung und Weißhöhung modelliert wurden. Die Inkarnate weisen an einigen Stellen rote Untermalungen auf, die durch Brauntöne überlagert und durch eine Mischung von Graulavierung mit eingezogener Weißhöhung modelliert sind. Erst darauf wurden Schattenzeichnung, Haar- und Bartzeichnung, wie auch deren Grundfarben gesetzt, wie es sich an mehreren beschädigten Stellen nachweisen läßt. Die Malerei scheint bevorzugt in die noch frische Tünche gearbeitet worden zu sein, da nachträgliche Korrekturen heute durch stärkeren Verfall die Abhängigkeit der Bindekraft von der noch feuchten Kalkschicht aufzeigen (vgl. die Haare des Phileto).

Die Ausbesserung des XV. Jahrhunderts wurde ebenfalls in Secco ohne neu aufgezogenen Schlemmschichtträger vorgenommen, wodurch die pastöse Pigmentschicht einem stärkeren Verfall wie das Original unterworfen ist. Obwohl dieser Maler den Charakter des Originals zu treffen suchte, war ihm vor allem der Aufbau des Inkarnats in der plastischen Weise unbekannt, wodurch sich der undifferenzierte Charakter des Gesichts des Hermogenes von dem Gesamteindruck der rechten Bildhälfte weit entfernte [25].

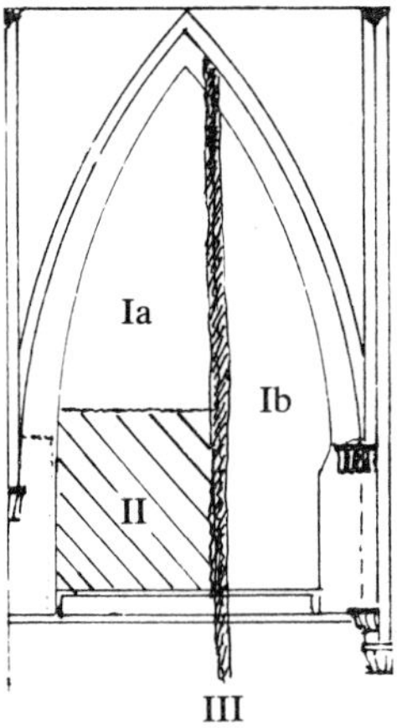

Skizze:
Die Verteilung der verschiedenen Erhaltungszustände im Jakobus-Hermogenes-Bild

Ia Originalfläche auf der Kapellenchorwand
Ib Originalfläche auf der Taufchorwand
II Bereich der Restaurierung des XV. Jahrhunderts
III Setzungsriß mit moderner Ergänzung

Erhaltungszustand:
Der Zustand des Bildes heute ist weitgehend durch die Baufehler der Entstehungszeit bedingt. So wird die Bildfläche der Höhe nach durch einen Riß durchtrennt. Dieser hat seinen Ursprung in dem Anschluß des Mauerwerks des leichteren Kapellenbaues an die rund hundert Jahre ältere, schwerlastigere Bausubstanz des Taufchores, die den Untergrund für die rechte Bildhälfte darstellt. Dieser Riß ist heute durch Frescoputz der Entrestaurierung gefüllt und trägt eine gänzlich neue Pigmentschicht.

Die linke Bildhälfte trägt oberhalb der Gebüschzone hinter dem Stall ebenso wie die rechte auf der alten Kirchenmauer aufgesetzte Bildfläche die originale Substanz, die auch nach dem Ablaugen der Übermalung der Jahre 1890 bis 1892 nur geringe Beschädigungen und Überdekkungen aufweist, wie z. B. der rechte Arm des Engels und die darum liegende Himmelsfarbe sowie einige Spuren des rötlichen Scheins der Stadtsilhouette auf dem links das Bild abschließenden Berg. Unterhalb der Gebüschzone bietet sich heute die Oberfläche der Restaurierung des XV. Jahrhunderts. Diese war notwendig geworden, da anscheinend durch den unverwahrten Vorsprung eines halbhohen Schubpfeilers der Kapelle Feuchtigkeit in die Mauersubstanz dieser Partie eindrang und zu einem frühzeitigen Verfall der dort auflagernden pigmenttragenden Kalkschlemme führte. Diese Zone, die sich sowohl durch Fluoreszenzanalyse als auch durch mikroskopische Untersuchungen genau nachweisen läßt, überzieht in diesem unteren Bereich die alte Pigmentschicht bis auf die Beschädigung vollkommen. Inwieweit sie eine Veränderung der Bildgestaltung hervorruft, kann heute nicht gesagt werden, da eine Untersuchung der unteren Schicht ohne Beschädigung der oberen unmöglich ist.

So zeigt das Bild heute einen Zustand des XV. Jahrhunderts auf, der größtenteils die originale

Oberflächengestaltung wiedergibt und außer dem modern ausgebesserten Mittelriß nur die Übermalung der Ausbesserung kurz nach der Entstehungszeit aufweist.

Die Restaurierung 1890/1892 [26]:
Der heutige Zustand weicht soweit von der oft publizierten Übermalung der Restaurierung Leopold Weinmayers ab, daß es nötig erscheint kurz auf die wichtigsten Punkte einzugehen:

Pfarrer Hans Drechsel gab bei der Freilegung dieses Bildes die Auslegung [27], daß es die drei Könige vor Herodes darstelle, die im Hintergrund abwarteten, welche Antwort der im Vordergrund stehende Herodes von den Schriftgelehrten erfahre. Unterdessen schwebe der Engel über der Szene und weise auf das im Hintergrund von Flammenschein umleuchtete Bethlehem hin, mit dem die Stadtsilhouette auf dem abschließenden Bergzug gemeint war.

Die bei der Restaurierungen vorgenommen Veränderungen [28] scheinen dieser Ausdeutung in nicht unerheblichem Maße nachgeholfen zu haben. So wurde die Stadt mit einem roten Flammenkranz umgeben, die hinter dem Stall befindliche Stadt in ein romantisches Schloß umgestaltet und die beiden vor dem Stall stehenden Rosse gemäß dem königlichen Stand des Herodes mit reichlichem Turnierzeug versehen.

Auch die Personen wurden verändert, wie z. B. die aus der Schlucht kommenden Reiter mit barettartiger Kopfbedeckung, denen das Aussehen der heiligen drei Könige aus dem Königszug gegeben wurde. Die Kopfbedeckung des Jakobus war einem Vierfürsten gemäß als Krone umgestaltet, und die vor ihm kauernde Gestalt öffnete die Schatulle nicht von sich weg, sondern zu sich hin, wodurch der Charakter des Anbietens verloren ging.

Der alsbaldige Verfall der unsachgemäß mit wachspolierter Temperafarbe aufgetragenen Übermalung führte bald zu Mißverständnissen. So bezeichnete schon Kehrer 1906 die hinter dem Herodes Stehenden als die drei Könige, da die eingesetzten Königsfiguren bereits unkenntlich geworden waren. Die Entfremdung zum Gehalt des Bildes wurde zunehmend größer, je mehr dessen Zustand eine Verifizierung der in den Publikationen gegebenen Angaben vermissen ließ.

Die Sachlage hinsichtlich der Ausdeutung des Bildes als »die drei Könige vor Herodes« wurde nach der Entrestaurierung durch Theodor Sprenzinger noch prekärer, da sich alle hinsichtlich dieser Ausdeutung wichtigen Merkmale als Zutaten Leopold Weinmayers erwiesen, wovon Sprenzinger am 6. XI. 1957 das Landesamt in Kenntnis setzte.

Trotz dieses Berichtes des Restaurators behielt Bertram Walter bei seinem Restaurierungsbericht 1960 die alte Ausdeutung bei [29] , die sich auch bis in den neuesten Kirchenführer erhalten hat. Die Nichtnachvollziehbarkeit dieser Auslegung bewirkte, daß das Bild meist stillschweigend übergangen bzw. auch entgegen seinem gut bewahrten originalen Bestand als »moderne Ergänzung« abgetan wird, wodurch dieses für die Maltechnik wie für die Landschaftsauffassung wichtige Bild aus der Betrachtung der Augsburger Malerei ohne definitiv haltbaren Grund ausgeklammert wurde.

Nr. 29
»Treffen der heiligen drei Könige«

Standort: in situ
Goldschmiedekapelle (I. Zustand), erstes Joch, Südwand (vgl. Plan Nr. V)

Maße: 250 × 289 cm

Beschreibung:
Die Darstellung des Treffens der Könige wird an ihrer linken Seite durch eine ähnliche, dem vorangegangenen Bild aufgebaute Randzone begrenzt, die im Scheitel des Bildfeldes von der Rippe getrennt herabgezogen wird und dann abbricht. Die Rahmung rechts ging durch den Ausbruch des an dieser Stelle herabgezogenen Taufchor-Wandpfeilers verloren. Die Basis des Bildes ist durch den weißen Streifen mit dem Schriftzug »Caspar . Melchior . Balthasar + die . heiligen . drei . Kinnig .« begrenzt.

Ähnlich dem Jakobus-Hermogenes-Bild besitzt auch hier die Landschaft dominanten Stellenwert. Da in der Darstellung auf die ausgedehnte Wiedergabe der Himmelszone verzichtet wurde, teilt sich die Landschaft und die mit Personen belebte Zone der Fläche im Verhältnis 1:1 auf, wodurch die Fläche gedrängt gefüllt erscheint.

Im Vordergrund eines weiten Tales treffen die Könige zu Pferd an der Spitze ihrer Heere, die jeder für sich aus schmalen Schluchten herausziehen, aufeinander. Von links trabt ein junger bartloser König mit seinem auf Kandare gezäumten Muskatschimmel heran. Das Pferd besitzt wie alle anderen auch Sattelvergurtung (Vorzeug) und eine mit breiten Zierbändern versehene Kruppenschabrake. Die Beobachtung des trabenden, am Zügel stehenden Pferdes ist naturgemäß, wenn man von der leichten Verzeichnung, die durch die räumliche Stellung gegeben ist, absieht. Der König selbst in grünlichgrauen, gestickten, mit Goldtroddeln besetzten, pelzverbrämten Brokatmantel grüßt mit seiner Rechten die beiden anderen, während er in den Steigbügeln stehend mit der Linken die Zügel seines Pferdes hält. Seine Krone besteht aus einer mehrspitzigen Kappe, um die ein breiter Goldreif mit lilienkreuzbesetzten Zacken läuft. Der auf einem am hingegebenen Zügel gehenden Braunen aus dem Bildhintergrund herausreitende zweite König ist wie sein Heer dunkelrostrot gekleidet. Sein breites durchfurchtes Gesicht wird von einem wallenden, stark ergrauten Bart umfaßt, der in vollen Strähnen auf die Brust herabfällt. Als Zeichen seiner königlichen Würde trägt er einen roten Spitzhut mit hochgeschlagener grau-weiß gezackter Krempe, auf der die Krone mit ihren Kreuzzacken aufsitzt. Hinten läuft seine Kopfbedeckung in einem Nackentuch aus, das seine vollen grauen Haare bedeckt. Soweit es erkennbar ist, hatte auch er seine Rechte zum Gruß ausgestreckt. Der dritte König trabt auf einem Schimmel aus der sich rechts auftuenden Schlucht hervor, auf die beiden anderen Könige zu. Die Steigbügel fest austretend sitzt er mit einem weißen pelzbesetzten Rock bekleidet auf der grünen Satteldecke und erhebt wie die beiden anderen seine Rechte zum Gruß, während er die Zügel mit seiner Linken hingibt. Auf seinem mit kurzer Haartracht versehenen Haupt trägt er eine der Dogenmütze ähnliche Kopfbedeckung, die eine mit Zacken und Kreuzblumen besetzte Krone faßt.

Neben jedem der Könige reitet ein unbewaffneter, durch seine Kopfbedeckung besonders hervorgehobener Mann. Bei dem König links ist es der Vollbärtige mit hoher, zackenkrempiger Spitzmütze, bei dem rechts der mit der breiten Spitzkappe mit hochgeschlagener, in aneinandergereihten Bogen endenden Krempe. Der Begleiter des mittleren Königs ist ebenso wie sein Herr ein frontal auf den Betrachter blickender vollbärtiger Mann, der eine niedere Spitzmütze mit hochgeschlagener, glatter, weißer Krempe trägt.

Jedem König folgt sein in seinen Gewandfarben gekleideter Heereszug. Der König links wird so von einer Menge grüngrau Geharnischter, die zum Teil Schultertücher und Reitermäntel tragen, geleitet. Alle Gefolgsleute besitzen breitrandige Sturmhauben. Ebenso wie dieser Heereszug ist auch der des mittleren Königs gerüstet, jedoch ganz in dessen dunkelrostroter Farbe gehalten. Die des rechten Königs sind dagegen mit weißen Umhängen, fast Sarazenen ähnelnd, gekleidet und tragen ebenfalls weiße Sturmhauben. Bewaffnet sind alle mit langen Lanzen, die kleine Wimpel in der Farbe des Heeresstanders zeigen. Nur in dem Zug der »Sarazenen« reitet einer an der Tete, der eine Armbrust trägt. Unter den Vorreitern der Heereszüge findet sich jeweils ein Standartenträger, der neben seinem besonders langen Flaggenspieß auch durch einen großen, auf dem Helm aufsitzenden Federputz als Hauptmann gekennzeichnet wird. Der des linken Heereszuges trägt einen bläulichgrauen Federbusch und ein schwarzes, mit goldenen Sternen besetztes Banner. Auch bei dem mittleren Heereszug ist der Federbusch in der Farbe der Soldaten gehalten. Der gelbe Stander zeigt silhouettenartig einen Schwarzgewappneten mit Schild und Lanze. Im weißen »Sarazenenheer« finden sich mehrere durch große blaue Federbüsche hervorgehobene Reiter. Der Vorderste von ihnen trägt den Flaggenspieß mit blauem Wimpel, der den zunehmenden Mond zeigt.

Diese drei Heereszüge drängen aus den Schluchten auf die Talsohle im Vordergrund. Während das rechte und das linke Heer aus den engen Seitenschluchten überschnitten herauskommt, ergießt sich das mittlere aus der das Tal fortsetzenden Schlucht, an deren Ende sich ganz oben im Bild die durch einen doppelten Bering befestigte Burg findet.

Der Typus der Landschaft ist ähnlich dem vorangegangenen Bild durch terrassenartig gegliederte Berge vorgestellt. Links erhebt sich nach einem kleinen, auf der Talsohle stehenden Wald steil, teils felsig, ein Berg, der ein mit Laubwald bedecktes Plateau trägt. Dahinter öffnet sich schmal die verschattete Schlucht, aus der sich der grünlichgraue Heereszug vor dem abgetreppten rötlichen Gebirgsmassiv herausdrängt. Weiter im Hintergrund, immer noch auf der linken Seite des Haupttales, lagert sich, erhoben auf einer gestuften Felswand, eine bewaldete Hochfläche die nach links hin steigend das Bild auf dieser Seite abschließt.

Weniger weit in die Tiefe gliedert sich die rechte Seite. Hinter den im Vordergrund auf einem schmalen Streifen stehenden, ornamental abstrahierten, radial strukturierte Kronen tragenden Bäumen, steigt, in stufenweisen Abschnitten gegliedert, die nur wenig Bewuchs zeigen, eine Felswand auf, an die sich ein steil ansteigendes, mit Nadelwald bestandenes Plateau anschließt. Unter dem Gehölz steht Hochwild, natürlichen Lebensraum charakterisierend. An den Rand der sich beinahe höhlenartig hinter diesen Berg einschneidenden Schlucht, aus der das »Sarazenenheer« herauszieht, tritt ein kleiner Bär, der den Schutz des Gehölzes verlassen hat. Jenseits der Schlucht steigt mit treppenförmiger Hangkante eine kahle, dunkelbräunliche Felsformation hoch bis an den oberen Bildrand und lokalisiert mit dem gegenüberliegenden Berg das mittlere Tal. In seinen unteren Hängen verdeckt erhebt sich am Ende des Tales im Hintergrund der rote Berg mit der Burganlage, von deren Torbogen ein Weg in das Haupttal führt. Die Äste der Bäume des rechten höchsten Bergmassivs scheinen, indem sie die Befestigung überwölben, fast an den Bergfried zu stoßen, hinter dessen Silhouette sich ein kleines Segment des blauen Himmels zeigt, in das die in der Enge des Gebirges stehende Burganlage hineinragt.

Stil:

Die Anordnung zwischen Landschaft und Personen ist im Verhältnis beinahe noch ausgeglichener als im Jakobus-Hermogenes-Bild, da in diesem Falle die im Vordergrund stehenden, aus dem Landschaftszusammenhang herausgelösten Akteure fehlen. Dementsprechend erhält hier auch die Landschaft eine andere Funktion. Die überführenden, hinterfangenden Zwischenglieder fehlen und die Verbindung Landschaft-Figur wird ganz durch die begrenzende Verklammerung der Bergmassive und durch das Einbetten der aus den Schluchten Herausziehenden in dieselben gegeben.

Während so die Landschaft der linken Bildhälfte mehr die Tiefendimension bestimmt und in ihren aufeinanderfolgenden Gliedern sich vollplastisch entwickelt, zeigt sich rechts durch die geschichteten, die Höhenstreckung betonenden Massive die Enge und Geschlossenheit der Bergwelt, was eine Hinführung in die Tiefe eher vermeidet denn fördert. Aus diesen beiden Elementen entsteht die Spannung, die diese Landschaft aus dem Modus des rein lokalisierenden Symbols herauslöst und sie in die Nähe naturalistischer Wiedergabe bringt.

Die Ordnung der Farbtöne in die Tiefe und ihr ambivalentes Verhältnis in Landschafts- und Personen-Darstellung ist in diesem Fall nicht so konsequent wie bei dem Jakobus-Hermogenes-Bild dargestellt. Allgemein schließt sich die Farbgebung an die des vorausgehenden Bildes mit ihren überwiegend zurückhaltenden, grünlichgrauen bis rotbräunlichen Tönen an, indem sie klare, reine Farben nur akzentuierend bei den Heeren und bei der Burganlage verwendet, so daß man sie in diesem Punkt trotz der fehlenden Systematik in vorliegendem Fall gleichzusetzen vermag.

Die Ausbildung der Figuren ist bei dieser Darstellung schematischer und weniger eindeutig differenziert, was sich vor allem auf die Größe der Personenwiedergabe zurückführen lassen dürfte. Das Körpervolumen wird primär betont, auch wenn dadurch die Gliedmaßen sekundär und verkümmert erscheinen, wie es sich auch an dem Verhältnis der Pferde zu ihren Beinen feststellen läßt. Die Gesten der Gestalten bleiben normalerweise vor dem Oberkörper eingebunden. Nur in der Gruppe der sich Treffenden agieren die beiden seitlichen Könige aus sich heraus, was eine engere Verklammerung der Gruppe bewirkt. Beim mittleren und linken Heereszug prägt die starke schwarze Umrißzeichnung die Grenze des Körpervolumens, das sich zwischen dieser Begrenzung in seiner Lokalfarbe wölbt nur differenziert durch die Lavierung, der eine durch die Grundfarbe gebrochenen Weißhöhung an die Seite tritt. Der »Sarazenenzug« dagegen vermeidet an der hellen Kleidung jede Art von Schattierung, die sich hier reduziert in dem feinen Lineament der Binnenzeichnung findet, dessen Strichdicke gegenüber der strukturalen Faßzeichnung stark zurückgenommen ist.

Die Gesichter zeigen nur eine Umrißzeichnung. Die Binnengliederung wird auf der Untermalung der Inkarnatsfarben in einer Graulavierung mit Weißhöhung wiedergegeben, wozu als Schattenzeichnung auch Rotbraun hinzutreten kann, was in diesem Fall die Charaktere der Personen trotz ihrer Kleinheit stark hervorhebt.

Die Landschaft kommt bis auf wenige Schattenumrißlinien beinahe ohne Zeichnung aus, indem sich die in ihrer Grundfarbe eingearbeitete Modellierung bis hin zu klaren Lichtkanten zu verdichten vermag. Eine ähnliche Verdichtung der Schatten ergibt ein so breites Spektrum, so daß die Skala der zur Verfügung stehenden Modulation völlig zur Ausbildung der oben angesprochenen Plastizität genügt. Die darauf gegebenen Pflanzen sind ähnlich den Figuren aufgebaut, wozu im Vordergrund noch in Schwarz aufschablonierte Gräser kommen, deren harte Ornamentalität im Zusammenhang der Landschaft gänzlich isoliert steht.

Ikonographie:
Das Treffen der heiligen drei Könige findet in den bekannten Dreikönigslegenden im Heiligen Land auf dem Kalvarienberg [31] , dem späteren Kreuzigungsorte, statt. In dieser Art wurde die Begebenheit auch in die bildende Kunst aufgenommen, wie es die Darstellung in dem zwischen 1413 und 1416 entstandenen Stundenbuch des Duc de Berry [32] zeigt. So stellt sich das Bild im Hirn-schen Grabhaus abseits dieser von Johannes von Hildesheim vor 1375 entstandenen und 1398 von Elsbeth von Katzellenbogen [33] ins Deutsche übertragenen Legende, da auf der Darstellung auch keine Andeutung der Nähe der Stadt Jerusalem zu finden ist.

Man könnte in diesem Fall an eine Fassung denken, die das Treffen der Könige bereits in ihr Heimatland verlegt, wobei sich dafür keine spezielle literarische Vorlage aufspüren läßt.

Die Darstellung der Könige selbst scheint zugunsten der historischen Realität, die das Bild vorzustellen versucht, auf eine Wiedergabe der Nimben zu verzichten, wie auch die Festhaltung der verschiedenen Altersstufen der Könige nur bedingt eingehalten wurde, indem sich der Abstand zwischen dem jugendlichen König rechts und dem reiferen links nur ungefähr festlegen läßt (im Gegensatz zu den Anbetungen Objekt Nr. 18 und Nr. 24).

So stellt dieses Bild ebenfalls eine eigenwillige Auslegung eines bekannten Typus dar, wie es bei dem Jakobus-Hermogenes-Thema der Fall war. Ob sich darin die Verdeutlichung des Pilgergedankens ausdrückt, indem in der Kapelle der Aufbruch zur Pilgerschaft und die Gemeinschaft der Pilger betont werden sollte, kann nicht eindeutig gesagt werden. Nach dem Verlust der Bemalung des Taufchor-Wandpfeilers, auf dem sich wohl eine Anbetung als Fortsetzung befand, dürfte dies auch nicht mehr eruierbar sein.

Technik:
Das Bild ist in opaken Pigmenten auf einen einschichtigen Kalkschlemmenträger gemalt. Die auf den Grund aufgetragenen Lokalfarben, in deren Schicht auch die Faßzeichnung liegt, wird durch die Lavierung wie durch die Weißhöhung in noch feuchtem Zustand bearbeitet, bevor die letzte Feingliederung von schwarzer bzw. teilweise auch weißer Zeichnung aufgetragen wird. Diese weiße Zeichnung ist in diesem Fall als eine Abart der Weißhöhung auf den Bärten und Haaren zu sehen, welche ebenfalls in der obersten Schicht liegen. In diesem letzten Arbeitsgang müssen auch die goldockerfarbenen Details der Ornate aufgesetzt worden sein, deren mangelhafte Bindung an den Grund sich darin begründet.

Erhaltungszustand:
Trotz der beinahe gänzlichen Übermalung der Restaurierung von 1890/1892 [34] haben sich die Pigmente an der Oberfläche des Bildes unverändert gut erhalten, so daß das Bild mit Ausnahme kleinerer Flickstellen an dem Gewand des rechten Königs heute als Original zu sehen ist.

Die rechte Bildkante ging beim Ausbruch des Taufchor-Wandpfeilers 1889 verloren und wurde, nachdem sie bei der ersten Restaurierung eine Ergänzung des Pilatus-Fragments trug, bei der Entrestaurierung frisch mit Frescomörtel gefüllt und »farblich negiert«, was heute zu dem unbegrenzten ausufernden Charakter des rechten Bildrandes beiträgt, da die Landschafts- und Pflanzen-Struktur dort, wenn auch ungenau und unscharf, übernommen wurde.

Nr. 30
Fragment des »Pilatusverhörs«

Standort: in situ
Goldschmiedekapelle (I. Zustand), erstes Joch, Südwand, rechtes Viertel (vgl. Plan Nr. V)

Maße: 80 × 185 cm

Beschreibung:
Bekleidet mit einem dunkelroten Mantel mit weißem, pelzbesetzten Kragen thront der Landpfleger Pilatus auf dem durch ein sternförmiges Podest mit runder Trittstufe stehenden Richterstuhl vor einem dunkelgrün indifferenten Hintergrund. Auf dem Kopf trägt er einen Spitzhut mit beinahe barettförmiger Krempe. Sein Gesicht ist leicht nach vorne geneigt, und sein Blick, soweit es die erhaltenen Spuren der Modellierung heute noch erkennen lassen, nach unten gerichtet. Sein grauer Bart fällt, in zwei langen, dünner werdenden Spitzen auslaufend, in Strähnen kraftlos hängend auf seine Brust. Der reichliche Mantel umfängt Oberkörper und Arme straff und zieht sich, unterhalb der weißen Gürtung, weitgeschwungen hin. Von den Knien an fällt er in kegelförmigen Falten, um sich, am Boden auftreffend, einknickend zu brechen und in dem in rollenden Wellen aufliegenden, ehemals weißen Saum auszulaufen. So wendet er sich nach links hin, vor den Christus (heute fehlend) auf den Boden blickend, mit seinem Oberkörper nach rechts, dem Diener zu, der mit der Schüssel Wasser an ihn herangetreten ist. Dieser, von dem sich der Gesichtsausdruck nicht mehr erahnen läßt, trägt einen grünen, mit einem Ziersaum besetzten Rock über den roten, in braunen Stiefeln steckenden Beinkleidern. Links hinter Pilatus steht ein durch seinen Spitzhut als Jude Gekennzeichneter, der nur noch an seinem Umrißfragment zu erkennen ist. Er hält in seiner Hand das S-förmig geschwungene Schriftband, auf dem die Worte »crucifige, crucifi(ge)« stehen.

Stil:
Die gesamte Anordnung des Bildfragments unterwirft sich den mangelhaften Platzverhältnissen, die neben der Verdeckung des Dieners durch die Bildbegrenzung dadurch auch die komplizierte Haltung des Pilatus bedingen. Dazu kommt, daß dieser heute sichtbare Teil die sekundäre Partie des sich auf Taufchor-Wandpfeiler und Schildwandzwickel erstreckenden »Ecce homo« – Bildes darstellt, dessen primäre Partie, der Schmerzensmann, verloren ist.

Das Sitzmotiv des Pilatus, das ganz durch das Aufragen der fallenden Falten und den zur Kante des Thrones in spitzem Winkel geführten Oberschenkel bestimmt ist, gibt der Figur im unteren Teil eine Räumlichkeit, welcher der Oberkörper mit den in schwachen Kurven ausgelenkten Armen nicht gerecht wird, so daß er fast verkümmert wirkt. Auch das große, wuchtige Haupt vermag diesen Eindruck nicht mehr aufzuheben.

An seiner Gewandfaltung zeigt sich deutlich, wie stark die Plastizität des Grundkörpers durch die reflektierenden Lichtgrate und die verdunkelten Schattenbereiche gesteigert wurde, obwohl bei seiner Figur sich dabei eine Diskrepanz zur Haltung aufbaut, indem die Faltung die Ausscheidung des Oberkörpers unterhalb der Gürtung zentral vorbereitet, dieser jedoch durch die Arme weiter nach rechts gedreht ist, so daß die Leib-Rücken-Partie links verzeichnet erscheint. Dieser Widerspruch tritt um so härter auf, da in der gesamten Figur die Weißhöhungen und Schattentiefen das einzige zeichnerische Element darstellen und nur der Umriß mit einem beinahe ganz überdeckten Fassungsstrich gezogen ist. Die Richtung dieser Licht-Schatten-Führung läßt sich auch sehr gut an den vertieften Feldern des Thronpodestes erkennen.

Gesicht, Haar und Bart zeigen im Gegensatz dazu trotz ihrem heutigen schlechten Zustand eine ausgewogenere Modellierung auf, die sich vor allem in der Abstimmung der Inkarnattöne aufeinander geschlossen vorstellt.

Ikonographie:
Die Handwaschung des Pilatus [35], die auf den Passionsbericht des Evangelisten Matthäus zurückgeht [36], dürfte in diesem über Eck laufenden Bild als Anhang zu einem mehr als Andachtsbild dem Volksraum zugewandten »Ecce homo«-Christus oder Schmerzensmann zu

sehen sein. In dieser Funktion leitete die Darstellung wahrscheinlich auf die im Anschluß stehende Passionsschildwand über, indem sie als narratives Element das Andachtsbild zu einem Historienbild ausweitete.

Die Darstellung selbst zeigt die Nennung des Zitats im Schriftband, die sich im Lukas und Johannes-Evangelium findet [37], ihren kompilierten Charakter auf, der als Grundlage der Passionsbilder eine aus der Zusammenschau der Evangelien entstandene literarische Vorlage vermuten läßt.

Technik:
Die heute noch vorhandene Schicht ist auf einem einlagigen Kalkschlemmenträger gemalt. Unter der zweifachen Freilegung haben die oberen Substanzen der Pigmente stark gelitten. Bei der Inkarnatsfarbe ist deutlich die rote Untermalung zu sehen, die durch Weißhöhungen modelliert ist. Auch in diesem Falle war die Schwarzzeichnung, sowohl in den umfassenden Linien als auch mit den aufschablonierten Ornamenten in die Schicht der Pigmente eingebunden, so daß sie nicht als Schlußzeichnung angesprochen werden kann.

Erhaltungszustand:
Von dem Bild ging der Hauptteil bei dem Ausbruch des Taufchorpfeilers mit verloren. Ebenso wurde die direkt daran anschließende Fläche stark beeinträchtigt. Diese Stellen sind heute »al fresco« neutral eingetönt und geben nur geringfügige Ansätze der Umrißfortführung. Die übrige Fläche, die den heutigen Rest des Originals darstellt, hat durch die Abwaschung der Übermalung von 1890/92 einen erneuten starken Pigmentverlust an den Feinheiten der Oberfläche erlitten, die sich jedoch aus den Resten noch gut rekonstruieren lassen.

Restaurierung 1890/1892:
Die Fehlstelle des abgebrochenen Wandpfeilers wurde nach der Aufdeckung des Bildes so störend empfunden [38], daß sie durch eine Neukomposition ergänzt wurde. Diese war durch eine einfache geometrische Trennungslinie an der vertikalen Seite zum Dreikönigsbild hin abgetrennt und an der Basis mit Schablonenornamenten umgrenzt worden. Der die Hände waschende Pilatus wurde, um der neuen Bildfläche gerecht zu werden, in seinem Volumen leicht »erweitert«, das heißt, daß an seiner rechten Seite ein Knie angesetzt und die bisherige Beinstellung durch Übermalung des Faltenwurfs zu dem zweiten Knie zusammengefaßt wurde. Auch das Thronpodest mußte dieser Erweiterung folgen. Der dadurch etwas aus der Proportion geratene Pilatus blickte auf eine vor ihm hinabführende Treppe, an deren Ende Barabbas und Jesus von einem Soldaten vorgeführt unter einem triumphbogenartigen Baldachin standen. Von links trugen mehrere Juden das Kreuz herbei. Der Vorderste dieser Menge, hinter dem sich zwei Schriftbänder, die in Anlehnung an das rechts noch vorhandene Original das Wort »crucifige« zeigten, hochrankten, suchte die Stellungsart der Figuren aus der Geißelung (Objekt Nr. 31, III) nachzuahmen.

Die Szene, die auch trotz der Übermalung der anderen Szenen in ihrer inhomogenen Kompositionsart aus den anderen Bildern herausstach, wurde in der Literatur auch immer als moderne Ergänzung angesprochen, was sich für den Bestand nach der Entrestaurierung nicht mehr behaupten läßt.

Nr. 31
Schildwand mit Passion

Standort: in situ
Goldschmiedekapelle (I. Zustand), 2. Joch, Südwand (vgl. Plan Nr. V)

Maße: 510 × 329

Beschreibung des Gesamtsystems:
Der Passionszyklus stellt sich auf einer Schildbogenwand in vier Bildern dar. Das der oberen Reihe umfaßt die beiden Szenen des Abendmahls und der Fußwaschung, während die drei

darunter von rechts her die Gefangennahme, die Geißelung und die Verspottung darstellen. Alle diese vier Bildfelder werden dem Betrachter durch ein den gesamten Bogen umfassendes Rahmensystem gefaßt vorgestellt. So gliedert eine Folge von längsrechteckigen dunkelroten Feldern im Wechsel mit schwarzen Quadraten samt einliegendem gelben Stern die an die Gewölbefelder stoßenden Kanten. In jedem der länglichen Felder findet sich ein Lindwurm- oder Laufvogelartiges Fabelwesen, das in Graulavierung mit Weißhöhung ähnlich den Vegetabilienrosetten der Chorzone und des Dreikönigsbildes gestaltet ist. Sie folgen im Typus ganz denen der Bronzegüsse der Hirn'schen Tumba [39] und sind als Ornamente entwickelt, daß die Ausdeutung, die in ihnen die Verkörperung der »Sünden« sehen zu wollen eine Überdeutung des Motivs darstellt.

Neben diesem Drachenornament stellt sich in den hellroten Feldern der Basis wiederum das in dem übrigen Kapellenraum vorkommende Vegetabilienornament, das die Basis in der Breite der Bilder der unteren Reihe unterteilt. Innerhalb dieses Rahmensystems sind die Felder nur durch ein weißes Band mit inliegender schmaler roter Auflage getrennt, die der Fassung der Rahmenfelder entspricht.

Nicht nur die Rahmung betont die Einheit dieser in Einzelbilder aufgeteilten Wandfläche. Als zweites Element tritt der auf die zentrale Vertikalachse fluchtende Raum hinzu, dem sich alle Bilder unterordnen. Diese Achse wird dann auch in der Komposition als Bedeutungsträger genutzt, indem der Christus des Abendmahls sich von ihr aus frontal aus dem Bild wendet, der der Fußwaschung, die »vor« dem Abendmahl stattfindet, darüberbeugt und in der unteren Reihe die Geißelsäule, die Christus umfaßt, mit ihr identisch ist, an deren Basis die Füße Christi die Raumfluchten aufspannend wiederholen.

Dieser übergeordneten Einheit in dem umfassenden Rahmensystem unterwerfen sich die folgenden Szenen, deren Zusammengehörigkeit neben dem ikonographischen Thema so auch gestalterisch verdeutlicht wurde.

Nr. 31, I
»Abendmahl und Fußwaschung«

Maße: 413 × 108 cm

Beschreibung:
In dem die ganze obere Reihe einnehmenden Bild ist das letzte Abendmahl mit der dazugehörigen Szene der Fußwaschung in einer zusammengefaßten Komposition dargestellt, in der die Person Christi im Vordergrund wiederholt vorgestellt ist. Bestimmend für die Gestaltung des Bildes ist die Gruppierung des Abendmahles mit ihrer raumbildenden Anordnung, die so, obwohl im Hintergrund stehend, die dominante Stellung einnimmt.

Der Boden des Raumes ist mit zentral fluchtenden grünen und roten Platten in schachbrettartigem Wechsel belegt, die vierpaßförmiges Reliefmuster tragen. Im Hintergrund ist der Raum durch eine indifferente grüne Wand geschlossen, so daß alle räumliche Illusion durch diesen Plattenboden und das Mobiliar mit der zugehörigen Personengruppe aufgebaut ist. Auf Bänken mit niederen, an den Ecken durch fialenähnliche Bekrönungen überhöhten Lehnen sitzt Christus mit seinen zwölf Jüngern um den runden Tisch, dessen klare Form durch die verzeichnende Verkürzung gestört ist. Eine mit zwei entgegen den Raumfluchten laufenden Stickereibändern verzierte, mit Spitzen und Fransen gefaßte Decke liegt über der Tafel, deren ausdehnend lagernde Form die Gruppierung bestimmt.

Auf diesem Tisch ist für die Gemeinschaft der dreizehn Personen gedeckt. Teller, Messer und Brote stehen mit zwei Beckengefäßen und einer Öllampe um eine auf der Mitte des Tisches plazierten Schüssel, auf der sich ein durch die rote Farbe als Braten charakterisiertes Lamm findet. Drei nicht genau zu definierende polygonale Gestelle [40], die man wohl als Lampenhalter auffassen soll, stehen dazwischen.

Im Hintergrund sitzt auf der Mittelachse des Bildes Christus frontal auf den Betrachter gerichtet. Rechts und links von ihm schließen sich die Apostel an, die wie er alle bis auf Johannes und Judas nimbiert sind. Während Judas dadurch als Verräter gekennzeichnet wird, ersetzt bei dem sich vor Jesus neigenden, schlafenden Johannes die ihn hinterfangende Heiligkeit des Herrn dieses formale Zeichen.

Jesus greift, ganz in Weiß gekleidet, mit seiner Linken auf den Tisch, während er die Rechte segnend erhebt. Der sich auf den Schoß Christi herüberbeugende, rotgekleidete Johannes hat schlafend sein Haupt auf seine verschränkten Arme gelegt. Rechts von Christus weist der grauhaarige, langbärtige Apostel, mit einem rot-weiß ausgeschlagenen, togaähnlichen Gewand bekleidet, leicht nach vorne gebeugt mit seiner Rechten auf seinen Tischnachbarn, indem er mit der Linken nach dem Teller greift. Der neben ihm sitzende Junge in ockerfarbenem Rock führt seine Linke zum Mund, während er mit der anderen Hand das Brot, von dem er sich gerade etwas abgebrochen hatte, auf den Tisch zurücklegt. Nach dem vor ihm stehenden Teller greifend führt der im Profil gegebene, neben ihm sitzende, weißgewandete, lange ergraute Bart- und Haartracht tragende Apostel, mit gleichmäßigem Gesicht und kurzer Nase, den gleichen Gestus spiegelverkehrt aus. Sein Nachbar, zugleich der am weitesten rechtssitzende im Bild, ist jünger. Durch seine in Dreiviertelansicht vorgestellten Gesichtszüge, die klar blickenden Augen, die kurze, hervortretende Nase, die eingezogenen Mundwinkel und das vorspringende Kinn geben ihn als energischen, entschlossenen Mann. Seine Haartracht liegt eng an, und in großen Bogenzügen ist der Umriß seines Gewandes geführt, was diesen Charakterzug noch unterstreicht.

Die drei folgenden Apostel sitzen auf dem Bankteil, der schräg von hinten gesehen wird, vor dem Tisch. Der eine der beiden, im Profil gesehenen Apostel rechts, mit grüngrauer, gegürteter Toga, deren Ende ihm über die Schulter hängt, trägt volles, dunkelbraunes Haar mit einem leichten grauen Schimmer. Die niedere, stark fliehende Stirn, die unter mächtigen Augenwulsten seinen Blick freigibt, die kurze, scharf darunter ansetzende Nase und sein klar und energisch aus dem grauen Vollbart hervorstehender Mund sowie sein dunkles Inkarnat zeigen ihn als einen entschlossenen, mehr handelnden Menschen. Auch der links von ihm sitzende, in einen grünen gegürteten Rock gewandete Apostel trägt in seinem Gesicht energisch abweisende Züge. Unter den blonden, nach hinten fallenden Haaren setzt eine gewölbte Stirn an, an der sich durch den Augenwulst abgesetzt, die kleine steil fallende Nase anschließt. Sein Mund ist zusammengekniffen mit leicht nach unten gezogenen Mundwinkeln, deren Abweisung durch die knappe Form des kurzen eckigen Kinns verdeutlicht wird. Aus dieser Verschlossenheit stechen die Augen mit abweisender Schärfe hervor, ihn von dem direkt neben ihm sitzenden Judas abhebend.

In einen rötlich violetten Rock gekleidet sitzt Judas als letzter auf dem Bankabschnitt und schließt die Reihe der Apostel rechts von Christus. Die Schultern leicht hochgezogen, hebt er die Hände in einer Art Bittgeste auf Christus hin. Der Betrachter, der ihn von links hinten erblickt, sieht sein auf Christus gewendetes Gesicht im Profil. Die langen braunen Haare, die auf die Schultern fallen, geben den Blick auf die niedere, stark fliehende Stirn frei, die direkt in einen hart vorstehenden Augenwulst übergeht. Im Gegensatz zu den vorangegangenen Aposteln springt seine Nase fast in Gegenbewegung zu der Stirnlinie klein und knopfartig ausgebildet hervor. Den wulstigen Mund hat er zum Sprechen geöffnet und blickt mit frechen, fast glotzigen Augen auf den ihm gegenübersitzenden Christus.

Auf dessen anderen Seite sitzen neben dem an ihn angelehnten Johannes noch drei weitere Jünger, die sich direkt auf das Geschehnis des Abendmahls beziehen. Sie alle zeichnen sich durch raumgreifende Gesten sowie reicher differenzierte Kleidung gegenüber den bisher beschriebenen aus. Der erste dieser Reihe, ein langhaariger, ergrauter Jünger mit einem in zwei Spitzen auslaufenden Bart, blickt en face anscheinend auf die sich im Vordergrund abspielende Fußwaschung. Während er mit seiner Rechten auf den Tisch zeigt, greift er mit der Linken unter seinem gelben Umhangsmantel heraus an dessen über seine Schulter fallendes Teil. Sein Nachbar mit kurzer, grauhaariger Frisur und zotteligem Bart zeigt sein Gesicht in Dreiviertelansicht und schaut auf das Lamm, das vor ihm in der Schale liegt. Mit der beredten Geste, mit der er den weißen, mit einem gelben Kragen besetzten Umhangsmantel, den er über den roten Rock und das nur am Ärmel sichtbare grüne Untergewand trägt, mitzieht, scheint er mit seiner Rechten an dem Teller vorbei auf das Trinkgefäß zu zeigen und über ein ihn besonders beeindruckendes Ereignis des Mahles zu sprechen. Wie zur Erklärung dazu führt sein Nachbar, ein junger blondhaariger Apostel mit weichen Gesichtszügen, seine Rechte zum Mund, um einen Bissen zu nehmen. Sein Mantel ist herabgeglitten und zusammengerafft vor seinem Leib, so daß die Figur ganz in sich gebunden, versunken und verinnerlicht ist.

Als letzter Apostel auf dieser Seite sitzt Petrus auf einem kleinen, neben die Bank gestellten

Schemel vom Tisch abgewendet. In dieser Wendung verbindet er Abendmahl und Fußwaschung, die zwischen den Aposteln vor dem Tisch stattfindet. Sein blaues Obergewand schürzt er mit seiner Rechten und streckt die entblößten Beine von sich, von denen der hier zum zweitenmal dargestellte Christus sein linkes Bein über einer auf dem Boden stehenden Schüssel ergreift. Christus steht rechts im Bild in weit gespreizter Schrittstellung und beugt sich über die Bildmittelachse hinweg, um das Bein Petri fassen zu können. Seinen roten Rock hat er durch ein um den Leib gebundenes Tuch geschürzt, so daß sein auf dem unteren Bildrand auftretendes Bein fast bloß ist. Das andere Bein tritt weiter im Hintergrund des Raumes auf, so daß der Maler durch diese Stellung anscheinend ein in den Vordergrundkommen Christi darzustellen suchte. Der Oberkörper weist jedoch diese Richtungsführung nicht mehr auf und wendet sich parallel zur Bildebene gerichtet auf Petrus zu. Aus dieser Grundhaltung heraus greifen die Hände im Vordergrund die Beine Petri, dem Christus aus seiner Vorbeugung heraus mit erhobenem Haupt in das Gesicht blickt. Der dreiviertelansichtige Kopf Christi ist von graubraunen, vom Mittelscheitel in den Nacken fallenden Haaren gerahmt, sein gleichfarbiger, kurzer Bart am Kinn zweigeteilt, den vollen, leicht geschwungenen Mund freigebend. Seine ebenmäßige, freie Stirn setzt sich in der geraden Nase fort. Die Augenwinkel drängen dicht an die Nasenwurzel heran und verstärken so den durchdringenden, auf Petrus gerichteten Blick.

Dieser zeigt, sich angesprochen fühlend, quasi als Antwort mit seiner Linken auf sein Haupt, das fest auf den massigen, runden Schultern sitzt. Auch er wendet sein Gesicht dreiviertelansichtig dem Beschauer zu, den Blick Christi kreuzend. Die runde Glatze umfaßt ein voller Haarkranz, unter dem sich die gleichmäßig geformte Stirn in der kurzen Nase fortsetzt, die rund endet. Sein Bart ist voller als der Christi, endet aber ähnlich unter dem Kinn gespalten. Mit seinem sprechenden Gestus, den Betrachter anblickend und in das Geschehen mit einbindend, wendet er sich so aus dem Bild.

Stil / Ikonographie / Technik:
Vgl. Zusammenfassung am Schluß

Erhaltungszustand:
Das Bild weist heute nach der Entfernung der Übermalung der Restaurierung 1890/1892 im großen und ganzen die Originalsubstanz wieder auf. Jedoch läßt sich neben dem in der Mitte des Bildes durchziehenden vertikalen Riß eine Beschädigung der vier am höchsten sitzenden Personen (Christus, Johannes und die zwei rechts daran anschließenden Apostel) aufzeigen, deren Köpfe und Gesichter neuere Ergänzungen sind. Es ist fraglich, ob in diesen vier Personen die bei der Aufzählung Drechsels [41] gegenüber dem heutigen Bestand vier Fehlenden zu sehen sind.

Die Rahmung dürfte damit in dieser oberen Spitze auch ergänzt sein. Von der ehemaligen Übermalung lassen sich noch Spuren auf dem Grün des Hintergrundes und auf den hinteren Bodenplatten links nachweisen. Der Abrieb hält sich trotz einiger beschädigter Partien (vgl. das blaue Gewand Petri) in Grenzen, so daß die Feinheiten der Malweise noch gut erkennbar sind.

Nr. 31, II
»Gefangennahme«

Maße: 152 × 122 cm

Beschreibung:
Die Gefangennahme stellt sich konzentriert auf die wesentlichen Personen dem Betrachter vor und verzichtet mit Ausnahme der Malchusheilung auf weitere erzählerische Details, wie sie auch gänzlich von einer Lokalisierung des Geschehens absieht.

Judas ist mit zwei Knechten an den links der Bildmitte (dieses Teilbildes) stehenden Christus herangetreten. Ihn mit seiner Rechten an der Schulter fassend nähert er sein Gesicht von unten, um Jesus zu küssen. Sein Kopf im Profil, fast in die Horizontale gelegt, sitzt, da der anscheinend kurze Hals durch den hochgenommenen Arm verdeckt ist, fast gnomenhaft auf den Schultern. Ebenso befremdend wirkt auch sein Gesichtsausdruck, der ziemlich dem des Judas des Abendmahls entspricht. Nur zeigt der geschlossene, wulstige Mund und das vorgereckte Kinn eine Entschlossenheit auf, in welcher der Charakter der Bosheit stärker zutage tritt. Judas ist in ein ockerfarbenes Gewand gekleidet, das aus einem Rock und einem grün gefütterten Überwurf besteht. Deutlich unterstützt die von unten nach oben gerichtete, sich oberhalb der vertikalen Röhrenfalten aus den V-förmigen Schüsselfalten aufbauende, gezogene Gewandpartie die von unten nach oben auf Jesus hingerichtete Bewegung der Personen, deren Ausrichtung durch das sich spannende Gewand nur mit dem, den Rücken teilweise verdeckenden, über die Schulter geworfenen Mantel aufgefangen wird.

Ruhig steht der von ihm so angegangene Christus da, sich durch die Raffung seines Gewandes verschließend festigend, während er mit seiner Linken Malchus das abgeschlagene Ohr wieder anheilt. Durch dieses raffende Aufnehmen des Gewandes ziehen sich sowohl Saum als auch die Falten nach oben und geben ihm im Zusammenhang mit dem dunkelroten, in senkrechten Falten fallenden, am Boden leicht aufstehenden Untergewand und mit der geschwungenen, nach oben laufenden Umrißlinie, einen festen, fast säulenartigen Stand. Aus dieser Festigkeit neigt er sein Haupt, ganz in die Ereignisse ergeben, leicht auf Judas zu. Sein Gesicht ist fest durch die gewellt in den Nacken fallenden Haare umfaßt, das bei diesem Ereignis durch die an den Nasenwurzeln leicht hochgezogenen Augenbrauen und die gesenkten Lider einen traurigen Ausdruck erhält, mit dem auch die scharf konturierten Mundwinkel übereinstimmen. Der Bart rahmt nur schwach das Gesicht, das, auf Judas ausgerichtet, mit keinem Blick von dem neben ihm auf ein Windlicht gestützt knieenden Malchus Notiz nimmt, obwohl Christus ihm soeben das abgeschlagene Ohr anheilt. Malchus kniet mit seinem rechten Bein am Boden und stützt sich so, wie er links an der Lampe Halt sucht, mit der anderen Hand auf seinem aufgestellten, auf den Rahmen des Bildes tretenden Bein ab. Dieses gespannte Knien wird durch die Ausbildung seines Gewandes unterstützt, indem sein knielanger, grünlichgrauer, eng am Oberkörper anliegender Rock sich um seinen rechten Oberschenkel spannt und von dort in straffen, leicht geschwungenen Falten zu der sich auf dem Bein aufstützenden Hand hinzieht. Auch an den Armen zeigt sich das Stützmotiv in der Gewandung durch leicht querlaufende Faltungen. Das kraftvolle Aufstellen des Beines, das durch den unter dem hautengen Beinkleid erkennbaren Muskelspiel die Basis für das Abstützen des Arms bietet, sichert die sich auf Christus ausrichtende Figur in ihrem Halt. Das Schultertuch, in der gleichen Färbung wie der Rock, spannt sich, die beiden Stützrichtungen verbindend, in flachlaufenden Querfalten, in denen der Kopf quasi eingebettet ist. Diesen hält er leicht schräg, um die Wunde zu präsentieren, aus der, während Christus das abgeschlagene Ohr hinhält, noch reichlich Blut fließt. Auch die unter den blonden Haaren zusammengezogene Stirn seines jugendlichen Gesichtes läßt deutlich den verspürten Schmerz sehen.

Aus dem Hintergrund treten die zwei den Judas begleitenden Männer an Christus heran und ergreifen ihn ungeachtet der soeben vor sich gehenden Heilung. Der Linke mit einem roten breitkragigen Wams und einem Spitzhelm bekleidet holt, auf Christus schauend, soeben mit seiner Linken zum Schlag aus, während der andere ihm gegenüber mit einem dunkelrötlich violetten Schuppenharnisch gewappnete, massige Krieger den zur Heilung ausgestreckten Arm ergreift. Dieser, der auf seinem grimmig blickenden, vollbärtigen Haupt einen flachen, straff gewundenen Turban trägt, wirkt in seinem Umriß massig, obwohl im Gegensatz dazu sich sein Volumen durch die aufteilende Binnenzeichnung nur wenig plastisch ausbildet, da sich die Lichter nur auf die Rüstungsteile beziehen und sich in keiner Weise seinem Gesamtvolumen einordnen. So bleibt er gegenüber den im Vordergrund stehenden Personen ganz mit dem Hintergrund verbunden.

Rechts von Malchus steckt der betroffen zu Boden schauende Petrus mit ungelenkig hochgerecktem Arm sein zweischneidiges gerades Schwert in die Scheide. Die Bewegung des Einsteckens wird von der weißen Innenseite seines dunklen Mantels hinterfangen und durch den hellen Saum wiederholt. Die die Scheide haltende Linke spannt den an der Hüfte gerafft geschürzten Umhang und verstärkt so die Abwärtsbewegung. Das leichte Vornüberneigen des Oberkörpers, das Einknicken in der Hüfte und die etwas gebeugten Knie verunsichern das Standmotiv Petri und geben wie die gesenkten Lider seine gebrochene Gemütsverfassung wieder.

Links hinter ihm ist, durch ihn und den Gewappneten fast verdeckt, eine grün gekleidete

Gestalt zu sehen, die eine weiße Spitzmütze mit dunkelgelbem Rand trägt. Sie scheint ebenso wie der hinter Petrus stehende, mit einem Turban und gelbem Kaftan gekleidete, vollbärtige Mann, der über Petrus hinweg auf das Geschehen weist, einer der Führer der Truppe zu sein, der die Gefangennahme Christi durchführt.

Gerade die Beschränkung auf die wesentlichen Begebenheiten in der Fünfergruppe (Judas, Christus, Malchus und die beiden Knechte) die in diesem Bild nur um die geklammert hinterfangene Figur des Petrus, anscheinend um eine Art Bildschluß der Gesamtwand zu erhalten (vgl. die wieder in das Bild weisende Geste der rechtesten Figur), erweitert ist, verdeutlicht die Dramatik des Geschehens, indem sie die durch die Fülle der Personen entstandene Enge nutzt, die grundlegenden Bezüge der Personen zu erhöhen, ohne sie mit erzählenden Beigaben zu verdecken.

Stil / Ikonographie / Technik:
Vgl. Zusammenfassung am Schluß

Erhaltungszustand:
Durch den Bericht Drechsels ist überliefert [42], daß das Gesicht des rechts hinter Petrus stehenden Mannes verloren war und 1891 sinngemäß ergänzt wurde. Auch wurde, wie die Untersuchungen zeigten, fast das gesamte Gewand und auch die untere Partie des Petrus erneuert. Lediglich die wieder in das Bild weisende Hand dieser Figur läßt sich mit Fragmenten originaler Substanz belegen. Die übrige Bildfläche weist ungestört originale Substanz auf, da sie auch weniger als das Abendmahl durch Abrieb beschädigt wurde.

Nr. 31, III
»Geißelung«

Maße: 155 × 121 cm

Beschreibung:
Die Geißelung, die in dem mittleren Bild der unteren Reihe vorgestellt wird, ist nicht so drangvoll gefüllt wie die Gefangennahme. So bleibt der Bildhorizont, der das untere Bilddrittel einnimmt und die Tiefe des Raumes aufspannt, sichtbar. Auf der Bildmittelachse, die zugleich auch die Wandachse ist, steht die rotmarmorierte Säule, bei der Kapitel und Basis durch einen einfachen Wulst abgesetzt sind.

Rechts neben dieser Säule steht Christus, der seinen Kopf vor diese geneigt hat und sie mit seinen durch einen Strick gefesselten Armen umfängt. Nur mit einem an der Hüfte geknoteten Lendentuch bekleidet, steht er angelehnt an den Schaft der Säule, auf deren Basis er mit seinem linken Fuß tritt. Sein rechter Fuß ist abstützend in den Hintergrund des Bildes führend aufgesetzt. Der in aschgrauem Inkarnat gegebene Körper, der aus vielen kleinen Wunden blutet, ist durch eine umbrafarbene Zeichnung gefaßt, weich und voll durch die Modellierung hervorgehoben. Die schwach sich abzeichnenden Rippen sind gegen den Bauch abgesetzt, der durch sie und den Schenkelansatz begrenzt wird. An dieser Stelle ist die Umbrazeichnung, die durch die weißlichgraue Lichthöhung gesteigert wird, in die Grundfarbe des Inkarnats als lavierte Untermalung eingearbeitet, um die eingefallenen Partien des Leibes abzusetzen. Der Gesichtsausdruck ist ähnlich dem der Gefangennahme, jedoch zeigen die in die von festen, kräftigen, dunkleren Haaren gefaßte Stirne hochgezogenen Brauen den Schmerz der Tortur an.

Halb verdeckt durch Christus steht hinter ihm ein durch ein weißes Schuppenwams mit Schienenrock als Soldat kenntlicher Mann. Um die Säule greifend reißt er Jesus mit seiner behandschuhten Hand an den Haaren, während er mit seiner Linken auf eine Stelle am Nacken Christi weist. Seine Kopfbedeckung, ein mit einem Zinnenkranz gefaßter Sarazenenhelm mit darunter gedreht hervortretendem Kopftuch, das flatternd in zwei langen Enden nach rechts weht, weist ihn als höheren Dienstgrad aus. Der Blick seines bartlosen runden Gesichts ist forschend auf die Stelle am Nacken Christi gerichtet.

Rechts neben ihm schlägt ein Scherge mit einem massiven Holzstock auf Christus ein. In

Untersicht von hinten gesehen wird das schwungvolle Schrittmotiv der mit grüner Beinkleidung und hellgrauen Stiefeln versehenen Beine, durch die Sicht auf die soeben abgehobene Sohle und den mit der Bewegungsrichtung aufsteigenden und fallenden Saum des dunkelroten gegürteten Rockes deutlich in seinem Bewegungsablauf sichtbar gemacht. Die leichten Falten des Rockes verstärken dies noch, wie sie auch in die aufnehmende Bewegung der Arme überleiten und die Streckung des Rückens im Bereich des Oberkörpers verdeutlichen. Sein Haupt ist durch eine Spitzkappe und ein Kopftuch bedeckt, das in den Nacken fallend das in das Profil gewendete Gesicht vollkommen aus der Bewegung ausscheidet und faßt. Der Blick scheint auf die von dem Hauptmann aufgezeigte Stelle konzentriert. Die Schräglage des in den Nacken geworfenen Hauptes läßt auch die kurze Nase und das vorspringende Kinn in diese Richtung weisen. Die zusammengekniffenen, in den Mundwinkeln herabgezogenen Lippen lassen die Entschlossenheit spüren, mit der der Schlag in die aufgezeigte Richtung geführt wird.

Auf der anderen Seite der Geißelsäule stehen zwei weitere Männer im Profil auf Christus ausgerichtet. Der Vordere, ein Kriegsknecht, agiert in weiter Schrittstellung, die bloßen Beine in den Stiefeln mit umgekrempeltem Rand fest aufstellend. Die Festigkeit des Stehens verstärkt der unterhalb der Gürtung in reichlichen Falten hängende Teil des grüngrauen Rockes, während das im Wehrgehänge steckende Krummschwert die Vorwärtsrichtung aufnimmt. Das Oberteil des Gewandes spannt sich um den feisten Bauch, in der Richtung der nach hinten über den Kopf ausholenden Hände, die beide behandschuht ein grünes Rutenbündel umfassen. Die Haare ungeordnet, schlägt er mit äußerster Anstrengung auf Christus ein, indem seine glotzenden Augen und die weit geöffneten Wulstlippen die ganze Aggressivität seiner Emotionen verdeutlichen.

Der hinter ihm Stehende ist ruhiger [43]. Aus dem stark reduzierten Schrittmotiv richtet er sich hoch auf und schlägt mit seiner handschuhbewehrten Rechten auf Christus ein, seinen goldockerfarbenen Umhangsmantel mit der Linken vor der Brust zusammenhaltend. Auf seinem Haupt trägt er einen Spitzhelm mit hochgestelltem Stirnschild, der auf einem gewundenen Tuch zu sitzen scheint. Die verbissene Energie, die seinem Tun zugrunde liegt, ist in seinem hart gezeichneten Gesicht wiedergegeben, dessen Dynamik ganz, da der Blick starr auf Christus gerichtet ist, in dem von der zusammengekniffenen Mundpartie ausgehenden wallenden Bart liegt.

So steht Christus, seinen Halt an der Säule findend, als die Mitte der Fünfergruppe, die dieses Mal auf dieses Zentrum agierend gerichtet ist, gegen das sich die gezielte Bosheit, das wilde Toben und die verbissene Wut entlädt. So verkörpert Christus an die Säule gelehnt dennoch in diesen Angriffen die raumbestimmenden Dimensionen, die jenen erst die Möglichkeit geben, gegen ihn zu handeln, indem er ihnen nicht nur das Angriffsziel bietet, sondern ihnen als bildraumbestimmendes Zentrum erst den Aktionsraum schafft.

Stil / Ikonographie / Technik:
Vgl. Zusammenfassung am Schluß

Erhaltungszustand:
Bis auf die Beschädigung längs des die Mitte des Bildes vertikal durchlaufenden Risses, entlang dem eine 2–3 cm breite Zone ausgebessert wurde, weist das Bild die originale Substanz auf, die nur um den rechten Schergen stärkeren Abrieb durch die Freilegungen erlitt. Fehlstellen oder Veränderungen auch in der Modellierung konnten nicht nachgewiesen werden.

Nr. 31, IV
»Dornenkrönung«

Maße: 155 × 120 cm

Beschreibung:
Wiederum stellen fünf Figuren das ganze Geschehen in dem auf jegliches Beiwerk verzichtenden Bild dar. In dem nur durch den das untere Drittel der Bildhöhe einnehmenden Boden verdeut-

lichten Raum sitzt Christus auf einer lehnenlosen Bank, die durch die auf die Wandmittelachse ausgerichtete Flucht ihrer Scheinperspektive den Bezug zu dem den ganzen Schildbogen übergreifenden System herstellt. Bekleidet mit einem weiten, unterhalb der Brust gegürteten weißen Unterrock und einem daruntergezogenen, dunkel auberginenfarbenen Untergewand sitzt er kraftlos zusammengesunken, seine mit einem groben Strick gebundenen Hände in den Schoß legend. Beide Bekleidungsstücke sind bodenlang und ziehen sich von seinem rechten Unterschenkel zum linken Knie hinauf, um von dort entlang seines Beines in vielen Falten herabzufallen, und in dem sich schwingenden übereinanderlegenden Saum des Rockes bzw. am Boden auftreffend gestaucht zu. Die sich am Oberkörper hinziehenden Falten sind durch die Gürtung unterbrochen und so in ihrem festigenden Volumen gemildert, so daß der Oberkörper den lasch hängenden, auf dem Schoß gebundenen Armen nachzugeben scheint. Die Binnenzeichnung läuft auf den Kragen zu und hebt so zentrierend den Kopf heraus, der leicht nach vorne geneigt dem Druck der durch zwei überkreuzte Stangen aufgepreßten Dornenkrone nachgibt. Der Ausdruck des von den aufgelöst auf die Schultern fallenden Haaren gefaßten Gesichts ist ebenso schmerzverzerrt wie bei der Geißelung, auch wenn die nicht mehr so scharf nach oben gezogenen Brauen Christi und die aschgraue dunkle Inkarnatsfarbe seinen mitgenommenen Zustand unterstreichen.

Zwei überkreuzte Stangen werden von den im Hintergrund stehenden Soldaten auf das nimbierte Haupt Christi gedrückt und treiben die grüne Dornenkrone tief in die Kopfhaut, so daß das Blut in die Stirn rinnt und über Schläfe und Wangen herabtropft. Links stützt sich der rotgewandete Scherge mit beiden Händen auf die Stangen und drückt mit vorgebeugtem Oberkörper darauf. Sein dreiviertelansichtiges, leicht nach vorne geneigtes Gesicht ist schmal und wird durch die lange, herabgezogene Nase und durch sein ebenso spitzes Kinn gekennzeichnet. Die schrägstehenden Augen geben ihm einen mißgünstigen Blick, den er unter dem schwungvollen Hut von oben herab auf Christus lenkt. Sein Gegenüber zieht mit dem linken Arm an der einen Stange, während er mit dem rechten, ungelenk hochgenommenen Arm auf die andere drückt. Über der gelblichen, geschienten Rüstung hat er eine Art ärmellosen Staubrock gezogen, der durch ein gedreht gewundenes Tuch gegürtet ist. Sein im Profil gegebenes Gesicht ist durch schräg fliehende Linien charakterisiert. Die niedere Stirn setzt sich in der vorspringenden Nase fort, unter die sich die Oberlippe schiebt. Das vorgereckte Kinn unter dem vollen Mund endet spitz. Diese fliehende Tendenz des Gesichtes nimmt die schifförmige Barettmütze, die seinen Schädel weit überragt, auf.

Auch der links an Christus im Vordergrund Herangetretene zeigt dieselben, beinahe karikaturhaften Züge. Mit seinem linken Fuß auf den Sockel der Bank tretend, nähert er sich vorneigend Christus. Er trägt helle, mit Bändern und Kniescheiben versehene Beinkleider mit gleichfarbigen Schuhen. Sein innen rotbraun gefütterter Rock ist an der Hüfte mit einem hellen Tuch geschürzt, wodurch die steil aufsteigenden Säume eine Unterstützung der Aufwärtsbewegung geben, von der aus dann die Richtung auf Christus hin entwickelt wird. Sein praktisch ohne Hals auf den Schultern sitzendes Haupt ist stark verzeichnet und von einer an der Spitze sich einrollenden, barettähnlichen Mütze bedeckt. Nur streifenartig wird darunter die Stirne sichtbar, unter der die hervortretenden Augen unverhohlen auf Christus blicken. Die kurze, nach oben gebogene Nase, der von Wulstlippen umgebene Mund und das kleine runde Kinn ergänzen diesen dümmlich aggressiven Eindruck. Mit seiner Linken bietet er Jesus einen Palmzweig an, auf den er mit seiner aus einer ungelenken, fast krüppelhaften Bewegung erhobenen Rechten in beredter Geste verweist. Jedoch zeigt sich von dem gänzlich passiv dem Leiden ausgesetzten Jesus keine Reaktion auf die ihm angebotene Insignie, die er leidenschaftslos zu betrachten scheint.

An der anderen Seite der Bank hat sich ein Soldat in weißlicher Rüstung, dunkelvioletten Beinkleidern und ebenso gefärbter Staubkappe auf die Knie gelassen. An seinem aus einem Tuch gewundenen Gurt, der auf seinem Rücken geknotet, sich dann weit schwingend öffnet, hängt an seiner linken Seite ein Krummschwert. Auch er trägt wie sein Gegenüber und der hinter ihm stehende Scherge langhalsige, sich am Ende weitende Handschuhe. Ruhig sich leicht nach vorne beugend kniet er in den Vordergrund hinein gerichtet. Beide Arme hat er vor die Brust genommen und wendet seine Rechte weisend und mit seiner Linken zeigend die aufnehmende Bewegung auf Christus hin. Sein durch die Staubkappe gefaßtes und durch den auf einem gewundenen Tuch aufsitzenden Spitzhelm mit Stirnschild bedecktes Haupt ist nicht so entstellend gekennzeichnet wie das der drei anderen Peiniger Christi. Dreiviertelansichtig weist das jugendliche Gesicht wenig differenzierte Formen auf. Die Nase ist leicht geschwungen, sein Mund spöttisch lächelnd an den Winkeln hochgezogen. So erweist er, indem er seinen Blick scharf auf seine rechte Seite über die Hände hinweg richtet, Christus seine »Huldigung« als dem König der Juden. Obgleich auch hier wieder Christus sowohl das Zentrum der Handlung als auch der Komposition ist, erfüllt er nicht die gleiche Funktion für das Bild wie der Gegeißelte, da er in diesem Falle selbst Teil der Gegebenheiten des die ganze Schildwand bestimmenden Raumsystems ist und dies sich nicht in der Weise zu eigen machen kann, wie es in der Geißelung durch die Stellung des Bildes möglich war.

Stil / Ikonographie / Technik:
Vgl. Zusammenfassung am Schluß

Erhaltungszustand:
Das Bild zeigt nur in der linken unteren Ecke eine Ergänzung auf, die vor allem den unteren Teil des Beines des dort auftretenden Schergens beeinträchtigt. Auch an der linken unteren Ecke der Bank ist ein herausgebrochener Teil der Putzfläche bei der Entrestaurierung wieder eingesetzt und farblich angeschlossen worden.

Die übrige Fläche des Bildes weist originale Substanz auf, die nur entlang der linken Rahmung durch Abschieferung der oberen Pigmentschichten beeinträchtigt ist, ansonsten jedoch sich bis in die oberen Substanzen heute unverfälscht vorstellt.

Stil (für die gesamte Nr. 31):
Bestimmend für die Kompositionsgestaltung der gesamten Schildwand ist die bereits in der Beschreibung mehrfach angesprochene Einheit stiftende Durchgestaltung der Raumfluchten, welche sämtliche Einzelbilder in einen größeren gestalterischen Zusammenhang bringt. Die dabei herausgestellte Bildhauptachse wird dadurch ein bestimmender Teil der Komposition und zwar nicht nur für die zentralen Bilder, wie das Abendmahl und die Geißelung, sondern auch für die ausrichtenden Fluchten der beiden seitlich stehenden Darstellungen der Gefangennahme und der Verspottung. Dieses übergeordnete Prinzip begünstigt die zentrale Komposition, wobei das obere Bild mit seinen zwei Szenen als eine zu sehen ist. In der unteren Reihe wird dadurch die Fünfergruppe als Grundschema bei der Geißelung eingeführt, das sich auch in den beiden daran anschließenden Bildern findet, die dadurch zusätzlich diesem Typ beigeordnet sind. Die Erweiterung durch die drei Personen bei der Gefangennahme bildet quasi den Schluß der Gesamtgestaltung, indem sie hier einen letztlich wieder in das Bild führenden Schwerpunkt angliedert.

Durch dieses System erhalten die Darstellungen alle eine räumliche Tiefe, die einen agierend ausgreifenden Personentypus erlaubt, der sich nicht nur durch schichtweise Staffelung der Tiefe aufbaut, sondern diagonal in den Raum »hinein« zu handeln vermag. Dies verhindert den Typ der in ihrem Umriß eingebundenen Person, wie er in den bisher besprochenen Figuren des Hirn'schen Grabhauses jeweils vorlag.

So entwickelt auch die Figur selbst für sich in diesem Rahmen ein eigenständigeres Volumen, das sie nicht nur im Körper, sondern auch in den Gliedmaßen besitzt, den organischen Übergang der Volumina jedoch immer beachtend. Dies gibt ihr die Einheit und die Festigkeit, frei zu handeln und in den nur durch die generellen Fluchten bestimmten Bildraum einen Umraum für sich zu erhalten, über den sie dann auch mit anderen Figuren in Bezug treten kann. Dieses Prinzip, am klarsten durchgeführt bei der Geißelung und Verspottung, findet sich auch in den Vordergrundfiguren der Gefangennahme und in der Szene der Fußwaschung, während die Figuren des Abendmahles durch die Einbindung in das Mobiliar nur vereinzelt ein Herausagieren in Ansätzen erkennen lassen.

Unterstützt ist die Figurengestaltung in ihrer Haltung durch die jeweilige Gewandfaltung, deren Funktion sich nicht nur auf Zusammenfassen und Verdeutlichen der Volumina beschränkt, sondern durch Spannung und Pression auch den Bewegungsablauf, Lasten und Entlasten der einzelnen Partien deutlich hervorhebt und somit substantiell zur Figur gehört.

Die Charakterisierung der einzelnen Personen wird ebenfalls schon in Stellung und Bewegung der Figuren vorgenommen. Je niedriger die Gesinnung, desto bewegter, verzerrter erscheint die Gestalt, desto praller, gespannter ist ihr Volumen. So tritt diese Charakterisierung neben die der Gesichter, die ebenfalls eine reiche Palette innerhalb dieser Bilder zu umfassen vermag. Dabei stellt sich der Abstufung des Bösen, das sich von der flüchtig verzerrten Miene über die verkrampfte Verbissenheit bis hin zur entstellten kretinhaften Verwachsung steigert, den verschiedenen Gesichtern Christi gegenüber, die sich von dem forschen Ausdruck bei der Fußwaschung über die Enttäuschung bei der Gefangennahme, dem Schmerz bei der Geißelung bis hin zu der totalen Gebrochenheit zu wandeln vermögen, wobei sich diese Abstufung nicht nur in der Form, sondern vor allem auch in der Wandlung der Inkarnats von dunkelbraun bis zu aschgrau vollzieht [44].

Zu dieser formalen Gestaltung tritt eine verhältnismäßig schmale Palette, in der neben Weiß viele Abstufungen von grünlichem Grau bestimmend sind. Diese Farben sind alle als Grund- bzw. Träger-Farben eingesetzt, denen eine Gruppe opaker Grundfarben gegenübertritt. Diese kräftigen Farben wie Goldocker, Lindgrün, Blau, Rot, Dunkelviolett und Dunkelaubergine treten zumeist in den Gewändern auf. Für die Wand bestimmend bleibt dabei der Dreiklang Rot, Goldocker und Dunkelaubergine, während die Grauabstufungen sich der Grundfarben beistellen. Dadurch erhält das Bild eine klare Farbigkeit, die akzentuiert zu betonen vermag und trotz der Beschränkung der Palette genügend Variation innerhalb der Fläche bietet.

So zeigt sich bei der Farbigkeit die gleiche Tendenz wie bei der Komposition und bei der Auswahl der zur Historie herangezogenen Materialien, die nicht durch üppige Breite, sondern durch möglichst große Variation der ausgewählten Mittel eine Vielfalt in der Darstellung sucht, die in ihrer Art die Inhalte kurz und durch die klare Aufdeckung der Bezüge direkt dem Betrachter gegenüberstellt, worin sich die Monumentalität dieser Historiendarstellung gründet, indem die Einheit des Bildes nicht gesprengt oder durch unnötiges Beiwerk »zerredet« wird.

Ikonographie (für die gesamte Nr. 31):
Die gesamte Passion scheint, wie sie hier dargestellt ist, sich auf eine Kompilation der verschiedenen Evangelien aufzubauen, da sich immer wieder Details aus den einzelnen Texten finden, ohne daß die Anlehnung an einen bestimmten Text nachzuweisen wäre.

So könnte man dem Abendmahl aufgrund der zeigenden und weisenden Gesten der Apostel den Moment als Inhalt geben, an dem Christus seinen Jüngern den Beginn der Passion offenbart, wie es bei Johannes geschildert wird:

> »amen amen dico vobis quia unus ex vobis traderet me. Aspiciebant ergo ad invicem discipuli haesitantes de quo diceret.« [45]

Die Gesten der neben Petrus sitzenden Jünger dagegen scheinen sich auf die vollzogene Einsetzung des Abendmahl-Sakraments zu beziehen, was dann auch das Anliegen des Malers, in den vorhandenen Figuren möglichst umfassend die wesentlichen Aspekte einzubringen, verdeutlichen würde.

Auch für die Fußwaschung ist der dargestellte Moment durch das Evangelium des Johannes vorgegeben:

> »dicit ei (Christo) Petrus non lavabis mihi pedes in aeternum respondit Jesus ei si non lavero te non habes partem mecum. dicit ei Simon Petrus Domine non tantum pedes meos sed et manus et caput.« [46]

Diese Begebenheit, von der Jesus selbst sagt:

> »exemplum enim dedi vobis, ut quemadmodum ego feci vobis ita et vos faciatis« [47]

scheint in diesem Falle als die Einsetzung der tätigen Caritas, von den Stiftern so bestimmt [48], in den Vordergrund gerückt worden zu sein, was sich auch durch die Stellung vor dem Abendmahl auf der Bildmittelachse ausdrückt.

Die Gefangennahme Christi dagegen überliefert mit dem Judaskuß ein Detail, das nur durch die Synoptiker berichtet wird, wogegen die Verwundung des Malchus wieder aus dem Johannesevangelium stammt. So muß man die Darstellung auf die zwei Evangelienstellen beziehen:

> »et confestim accedens ad Jesum dixit have rabbi et osculatus est eum dixitque illi Jesus amice ad quod venisti tunc accesserunt et manus iniecerunt in Iesum et tenuerunt eum.« [49]

»Simon ergo Petrus habens gladium eduxit eum et percussit pontificis servum et abscidit eius auriculam dextram erat autem nomen servo Malchus dixit ergo Iesus Petro mitte gladium in vaginam. . .« [50]

Auch die Geißelung und die Verspottung scheinen durch ihre Stellung »vor« dem Pilatusverhör der Fassung des Johannesevangeliums zu folgen [51], da sowohl Matthäus wie auch Markus diese Begebenheit erst nach dem Verhör vor der Kreuzigung ansetzen. Dabei zeigt sich die Kompilation der Evangelien darin, daß das weiße Gewand, das Christus bei der Verhöhnung umgelegt wird, aus dem Lukasevangelium genommen wurde [52], wo es für das Verhör vor dem Hohenpriester erwähnt ist. Die entsprechende Stelle des Johannesevangeliums:

». . . et milites plecentes coronam de spinis inposuerunt capiti eius et veste purpurea circumdiderunt have rex Iudeorum et dabant ei alapas. . .« [53]

spricht dagegen ausdrücklich von einem Purpurgewand.

An Hand der hier sich zeigenden Kompilation der Evangelientexte muß man wohl eine volkstümliche, legendenartige Fassung der Passion in diesem Falle zugrunde legen, die durch die Reduktion des Malers bei der Darstellung, welche sich schon bei der Verwendung der stilistischen Mittel zeigte, wieder auf die Prägnanz der Evangelientexte hinausläuft, ohne diese eindeutig zu scheiden.

Technik (für die gesamte Nr. 31):

Auch diesem Schildbogen liegt eine Kalkschlemme als Träger der Pigmente zugrunde. Jedoch müssen einige der Farben noch in den feuchten Kalk aufgetragen worden sein, da sich anders die feste Bindung zwischen Pigment- und Trägerschicht nicht erklären läßt, was besonders für die flächigen Weißausmischungen und die Ocker- und Rötel-Töne gilt.

Die Modellierung innerhalb der Pigmente ist größtenteils gleichzeitig mit diesen gesetzt, was sich an den fließenden Übergängen feststellen läßt. Über die so ausgearbeiteten Flächen zieht sich nun nuancenhaft die Weißhöhung und die Zeichnung hin, welche sich an einigen Partien quasi als Verdichtung der Modellierung auch als Umrißzeichnung findet, wobei der Strich, teilweise aus zwei Farblinien, sich schon wieder in die Fläche einbindet. Daneben tritt die Stellung einer Schlußzeichnung einnehmend das detaillierte Lineament zur Verdeutlichung von Rüstungsteilen, spezieller Gewandstücke, Haaren und ähnlichen Einzelteilen auf, das sich pastös in Secco-Technik auf die Pigmente legt, ohne jedoch für das Bildganze durch die Ausbildung eines zusammenhängenden Systems bedeutend zu werden.

Die hier beschriebenen Vorgänge lassen sich besonders gut an dem Inkarnat verdeutlichen, das eindeutig eine flächige rötliche Untermalung vorweist, die dunkel schattiert dann mit hellen Tönen gehöht ist (vgl. die Gesichter Christi in der unteren Reihe). Durch das Zusammenziehen der Modellierung der verschiedenen Partien kommen fließende Übergänge zustande (vgl. auch den Körper des Gegeißelten), die ein Zusammenwachsen der Farbflächen ermöglichen, die damit ähnlich plastisch wie der stufenweise Inkarnatsaufbau des Jakobusbildes (vgl. Objekt Nr. 28) geraten ist, ohne die dort feststellbare Härte der einzelnen Abstufungen zu besitzen. Dabei konnten die abdunkelnden Töne von Dunkelbraun bis hin zu einem fahlen Olivgrün (vgl. die heilende Hand Christi bei der Gefangennahme) gesteigert werden oder sich über eine Modulation in dunkle Grautöne in einen stufenlosen Übergang zu den Lichtsetzungen fortführen, wie es vor allem bei den Gesichtern Petri und Christi festzustellen ist. Nachträglich aufgesetzte Secco-Lichter und auch Abdunkelungen zeugen von Schlußkorrekturen, die sich aber nicht als bestimmendes Element dieser Verfahrensweise eingliedern lassen.

Das mehr homogene Verfahren ist auch der Grund, warum sich die Bilder bis heute trotz der Übermalung der Jahre 1890/1892 in so gutem Zustand erhalten haben, da es kaum isolierte Pigmentsubstanzen gibt. Lediglich die blaue Farbe des Gewandes Petri bei der Fußwaschung zeigt starken Abrieb auf, der sich durch die Auftragstechnik für Blau begründet, das daher nicht in den Arbeitsgang eingegliedert werden konnte und wegen der mangelnden Grundbindung dem Verfall preisgegeben war. Eine Schwierigkeit, die diesen Farbton daher auch weitgehend aus der Palette der im Bild vorhandenen Farben strich.

Nr. 32
»Hirn'sches Grabhaus«
Illusionistisches Wand- und Ausstattungs-System, sowie die Gesamtkonzeption des Raumes

Standort: in situ
Goldschmiedekapelle (I. Zustand) (vgl. auch Plan Nr. IV und V)

Maße: Sockelbehang: Höhe 202 bis 210 cm
Chorgestühl: 221 × 160 cm
438 × 102 cm (im 2. Joch)
Dorsale mit Engel: 65 × 105 cm

Beschreibung:
Unter den bisher beschriebenen Bildern findet sich unterhalb der Bildbasen, welche die weiter herabgezogenen Rippen unterbrechen, die zwischen 200 bis 210 cm hohe bemalte Sockelzone, die keine szenischen Darstellungen besitzt.

Die obere Grenze wird durch einen gleichsam die Bildbasen tragenden umlaufenden Gebälkfries bestimmt, dessen Gebälkköpfe in schräger Untersicht auf den Altarstandort weisen. Front- und Seitenflächen der profilierten Träger besitzen einen erhabenen Rahmen, der die Flächen vertieft erscheinen läßt und durch Licht und Schattenspiel die Räumlichkeit verstärkt, ähnlich der Kassettierung der zwischen diesen Balken liegenden Vertäfelung. Durch die so scheinbar zurückgenommene Wand tritt die Untersicht der Bildbasen frei hervor, auf deren grünem Grund eine ornamentale Verschattung die Lage und Raumverhältnis wiederzugeben sucht.

Dieses sowohl auf der Nord- wie auf der Südwand zum Altar ausgerichtete Trägerelement dürfte ehemals den ganzen Raum umschlossen haben und hinter dem Altar einen symmetrisch zusammenlaufenden und an der Westwand einen sich teilenden Schluß gehabt haben. Dieses Trägerelement, auf dem die Bilder wie auch die Wandinkrustation zu stehen scheinen, wird ebenfalls durch tragende Konsolauflager der Gewölberippen unterbrochen.

Darunter ist keine real faßbare Fläche gegeben, sondern ein dunkler »Raum« tut sich auf, der durch den mittels perspektivisch wiedergegebener Ringe an einer nur die Rippenkonsolen tangierenden Stange befestigten Wandbehang verschlossen wird. Im Farbwechsel des in Weiß, Rot, Grün und Gelb gefärbten, teils grün, teils rot zwischen den einzelnen Aufhängungen überschlagenden Tuches läßt sich keinerlei Ordnungsprinzip feststellen.

Aufschabloniert sind diesem Vorhang Webmuster. Auf der Frauenseite links des alten Eingangs sind schwarze Adler, im übrigen Raum, rechts des alten Eingangs, zwei antithetisch an einem Amphorengefäß hochspringende Löwen (Greifen?) dargestellt. Das letztere Muster wechselt die Farbe der Amphoren je nach Grundfarbe des Behangstreifens zwischen weiß und rot. Beide Ornamente sind, da sie für die Übertragung mittels Lochschablonen entworfen sind, stark ornamental reduziert und überziehen, so für dies Medium Wand zurechtgemacht, unregelmäßig angeordnet den Vorhang.

Vor diesem den dunklen Raum verhängenden Tuch sind im Chor und im zweiten Joch an der Südwand in illusionistischer Weise Gestühle gemalt. Das im Chor befindliche dreistallige Gestühl sitzt etwas erhöht an der Wand, was auf die heute beseitigte Niveauerhöhung des Chores zurückgehen dürfte. Das Gestühl ist schrägansichtig isometrisch dargestellt. Die breit geschwungenen Armlehnen sind in Aufsicht gegeben und in den Kurven leicht verzeichnet, die darunter sitzenden Trennwände an der Oberkante leicht geschwungen. Die Rückwand des Stuhls ist am Rande stark geschlossen, wogegen das aufsitzende Dorsale in jedem Abschnitt mit drei, jeweils durch Vierpaß und doppelte Spitzarkade gegliedertem Maßwerk versehenen Bögen durchbrochen ist, wobei allerdings eine hinterfangende Verplankung den Durchblick auf den Behang verwehrt. Die altarseitige Wange des Gestühls ist auf der Höhe des Dorsalsgesimses hochgezogen, wogegen die andere, um den Blick auf das Möbel nicht zu verhindern, auf der Höhe der Armlehnen abgeschnitten ist. Um die Starrheit des Objekts zu mildern und den räumlichen Charakter zu verstärken, sind die äußeren Klappsitze aufgestellt.

Ähnlich diesem Chorgestühl ist auch die sechsstallige Bank ohne Dorsale im zweiten Joch gegeben, bei der jeweils der zweite Sitz von außen her hochgeklappt ist.

Beide Gestühle, die auf einem gemalten Holzboden stehen, geben mit ihrer Schrägansichtigkeit einen Gegenpol zu den Gebälkstücken des Trägerelementes der Sockelbemalung. Durch den Wechsel von Aufsicht zur Untersicht wird zudem die Höhe zwischen Boden und Bildbasis gedehnt, wodurch diese illusionistische Ausstattung nicht nur in die Tiefe, sondern auch in die Höhe raumerweiternd wirkt.

Die Ausrichtung auf die Längsachse des Raumes, die sich in der Sockelbemalung niederschlägt, steht entgegen der, welche die Bilder aufweisen. Diese sind quasi als einzelne Tafeln in das System eingestellt, was durch die Rahmung betont wird. Auch der Passionsschildbogen ist in diese Kategorie einzuordnen, da er gleichsam als ein mehrszeniges Tafelbild aufgefaßt ist, das innerhalb seines Rahmens, ein ihm eigenes, seine Einzelteile überspannendes System aufbaut.

Auch die Auffassung der in die »Inkrustation« eingestellten Heiligen des Chores muß man unter dem Gesichtspunkt der illusionistischen Ausstattung sehen. Sie verstehen sich als in Nischen eingestellte »vollplastische« Figuren, zu denen dann die real plastischen unterhalb der Konsolbaldachine hinzutraten. Diese Auffassung verdeutlicht sich durch die teilweise Überschneidung des Rahmens, die bei den Heiligen Nikolaus und Josep der Dramer festzustellen war.

Die vollplastischen Figuren unter den Baldachinen waren zudem in das illusionistische System verzahnt, indem je zwei kleine, aus einem Raum hinter der Inkrustation herauskommende Engel die als Tuch wiedergegebene Dorsalverzierung der Figuren hielten. Diese in Funktion und Aussehen ins Ornamentale zurückgedrängten Engel schließen zwar in ihrer figürlichen Ausbildung in keinem Fall an die Gestalten der Bilder an, ordnen sich jedoch gänzlich dem System unter, das die längsgerichtete, raumbildende Sockelkonzeption mit einer ambivalent plastisch-scheinplastischen Konzeption überbaut und die Durchbrechung der Ebene der Inkrustation auch oberhalb der Sockelzone ausbildet.

Die dem Ganzen zugrundeliegende Gesamtplanung, deren einseitige Verschiebung sich im Chor auf der lagebedingten Unregelmäßigkeit des Baues begründet, läßt eine Geschlossenheit der Konzeption erkennen, die auch als Gegenargument für eine nach und nach, zeitlich weit auseinanderliegende Ausmalung der Kapelle dienen kann.

Technik:
Die gesamte Sockelmalerei [54] ist auf einer Schlemmschicht in Secco ausgeführt, wobei auf die opaken Pigmente die Weißhöhung und schwarze Zeichnung als Schluß aufgesetzt wurde. Ebenfalls zum Schluß wurden die Schablonenmuster aufgetragen, deren Farbsubstanz sich vor allem durch den in diesem Bereich rauheren Putz gehalten hat.

Erhaltungszustand:
Die frühesten Beeinträchtigungen der originalen Farbsubstanz stellen die Pilgerinschriften unterhalb des Dreikönigsbildes dar, die noch im XV. Jahrhundert aufgebracht wurden.

Die Restaurierung von 1890/1892 [55] deckte nur den Gebälkfries und den Bereich des Chores auf und übermalte ihn gänzlich, wobei aus Symmetriegründen an der Nordseite ebenfalls ein dreistalliges Chorgestühl ergänzt wurde. Die damals in die Kapelle eingebaute neugotische Wandvertäfelung zerstörte ebenfalls wie die eingebauten Gasöfen durch Putzausbruch größere Teile der Substanz.

Bei der Entrestaurierung 1957/60 wurden diese Schäden behoben und al fresco ausgebessert. Auch gelang die Entfernung der Übermalung völlig. Jedoch wurden bei der gleichzeitigen Umgestaltung die beiden Heizungsnischen in die Nordwand gebrochen. Bei der Eintönung der neuen Putzstellen verlängerte man die Farbfelder der Behangzone auch über die Baunaht der Erweiterung hinaus.

Die Trockenlegung der Nordwand in den Jahren 1976/78 bedingte einen gänzlichen Verlust der Unterkante des Behangs, welcher nach diesen Arbeiten 1978 neu verputzt und bemalt wurde [56].

Ikonographie (Zusammenfassung von Nr. 25 mit 32):
Ähnlich der Raumgestaltung des Hirn'schen Grabhauses läßt sich auch das ikonographische Programm in einen gewissen Konsens bringen, der zwar theologisch keine klare Themenfassung

beinhaltet, jedoch unter den eingangs erwähnten Anliegen der Stifter sich zu einem eigenwillig gestalteten Programm zusammenfügt, das in besonderer Weise die unregelmäßige Situation des Baues berücksichtigte.

So wählten die beiden Stifter die Heiligen St. Helena und den St. Jakobus maior als Patroziniumsheilige, die sie anscheinend als Schutzherrn der Pilger sehr verehrten. Beide finden sich ja auch auf dem Rotmarmor-Grabmal dargestellt, wo sie von Conrad und Afra Hirn angerufen werden. Bei der ikonographischen Betrachtung darf man dieses Grabmal mit der dem ehemaligen Kapelleneingang gegenüberliegenden Auferstehungsdarstellung nicht außer acht lassen, da dies der zentrale Punkt ist, auf dem die – für das Grabhaus charakteristische – erwartete Auferstehung und die Patrozinien der kaiserlichen Pilgerin Helena und des Patrons aller Wallfahrer Jakobus sich miteinander berühren, was die heute am Sarkophag unkenntlichen Prophetenbüsten auf der anderen Längsseite anscheinend mit Sprüchen erklärten.

Von beiden Patroziniumsheiligen werden in breiter erzählender Form Legenden von Bekehrungen berichtet. So auf der im Gegenlicht stehenden Nordwand der Frauenseite, die sich durch die Kreuzfindung der Helena vollziehende Bekehrung des Leviten Judas, die sich in den drei szenischen Bildern bis in den bedeutungstragenden Mittelpunkt schiebt. Gegenüber bekehrt, entsprechend an die Chorgestaltung anschließend, auf ein Bild zusammengefaßt, Jakobus den Gnostiker Hermogenes und dessen Schüler Phileto, wobei die durch die Beleuchtung hervorgehobene Stellung der Südwand die Breite des gleichgestellten, aber schlechter plazierten Helenazyklus aufwiegt.

Zwischen den beiden Bekehrungen steht eingeschlossen das Programm der Chorheiligen, die durch Fürsorge (Josep der Dramer) oder Mildtätigkeit (Oswald, Nikolaus, Martin) für ihre Mitmenschen sorgten. Aber auch der Pilgergedanke wird hier nochmals aufgegriffen (Jakobus maior, Thomas) und an den Patroziniumsgedanken angeschlossen (Jakobus und der Schlußstein mit der Büste der Helena).

Im Anschluß an die Bekehrung des Hermogenes steht das Treffen der Könige, die als die ersten Pilger zu Christus aufzufassen sind und wahrscheinlich durch die sich ehemals auf dem in den Raum stehenden Taufchorpfeiler zu der sich in der Passion gebenden gekürzten »Vita Christi« leiteten, die sich über die Fläche des Wandpfeilers, die Südwand des zweiten Joches und eventuell auch auf die zweireihige Westwand erstreckte.

Auch hier in den Bildern der Passion wird das Anliegen der Stifter verdeutlicht. So wird die exemplarische Einsetzung tätiger Nächstenliebe in dem Bild des Abendmahles in die Mitte gestellt und auch in der unteren Reihe die Heilung des Malchus als einzige narrative Beigabe in die Passionsfolge eingestellt, um die Ausrichtung auf den zweiten Grundgedanken des Gesamtprogramms zu geben. Daneben wird versucht, die Gestalt Christi in der unteren Reihe dem Betrachter, ähnlich einem Andachtsbild, zu präsentieren, was sich dann am vollkommensten in der Raumikone des Pilatusverhörs vollzogen haben dürfte, deren eine Hälfte (auf dem herausgebrochenen Wandpfeiler) sicherlich ganz von der »Ecce homo«-Darstellung bestimmt gewesen war.

Welche Darstellungen diesen Passionszyklus auf der 1485 abgebrochenen Westwand fortsetzten [57], kann heute nicht mehr bestimmt werden. Man darf aber wohl an Kreuzigung, Grablegung, Auferstehung und eventuell auch an eine Himmelfahrt denken, die den christologischen Teil des Programms zum Abschluß gebracht haben könnten.

Die Evangelistensymbole, die in einer normalen Ikonographie eigentlich im Gewölbebereich des Chores [58] zu vermuten wären, mußten aufgrund der unregelmäßigen Gewölbeaufteilung des dem Hauptaltar näheren ersten Joches in den oberen Bereich der Nordwand ausweichen, wo sie als Teil eines »Normalprogramms« eines Gotteshauses aufgrund der sekundären Plazierung wiederum an Größe erweitert wurden, eine Tendenz, die sich schon beim St.-Helena-Zyklus beobachten ließ.

So zeigt auch das Gesamtprogramm der Kapelle neben den üblichen Teilen in der Verehrung der Pilgerheiligen wie auch in der Vorstellung der mildtätigen und durch weise Voraussicht sorgenden Heiligen sowie in der besonders auf die Nächstenliebe und die für die Menschen erlittenen Qualen ausgerichteten Passion die Anliegen der Stifter auf, die diese durch die Stiftungen des Pilgerhauses, des Seelhauses sowie durch die Almosenlegate und die Tuch- und Kleiderspende am Ende ihres Lebens in die Tat umzusetzen trachteten. Eine einseitige Berücksichtigung eines der Gedanken macht dieses, nur über die Person der Stifter zu verstehende Programm undurchsichtig und führt in der Folge zu einer immerwährenden Aufspaltung der verschiedenen Teile, für die dann auch eine zeitlich weit auseinandergezogene Entstehung gefordert wird, was weder der Geschichte noch dem Inhalt des Baues gerecht zu werden vermag.

Literatur (für das Hirn'sche Grabhaus):
Schmid, Alfred 1890, p. 2, 3;
Schmid, Alfred 1890, p. 174;
Drechsel, Friedrich 1892, p. 1–24;
Buff, Adolf 1893, p. 11;
Bredt, Ernst Wilhelm 1900, p. 23–25;
Riehl, Berthold 1903, p. 49–53;
Kehrer, Hugo 1906, p. 275 ff.;
Drechsel, Friedrich 1906, p. 1 ff.;
Euringer, Gustav 1906 (MS);
Dehio, Georg 1908, p. 33;
Christoffel, Ulrich 1927, p. 71–76;
Buchner, Ernst 1928, p. 6;
Ohlenroth/Steib 1927/1928, p. 86;
Eberlein, Hans 1939, p. 132;
Schiller, D. Wilhelm 1939^{II}, p. 21–27;
Stange, Alfred 1951, Bd. IV, p. 116/117;
Dehio, Georg/Gall Ernst 1954, p. 8;
Christoffel, Ulrich 1955, p. 251;
Breuer, Tillmann 1958, p. 22;
Schenk 1977^{II}, p. 9;
Wilhelm, Johannes 1977 (MS), p. 10–89, p. 134–170;
Knauer, Elfriede Regina 1977, p. 178–179;
Foster, Michael 1979 (MS), p. 30–34;
Liedke, Volker 1979, p. 47–52;
Wilhelm, Johannes 1979, p. 96–114, p. 121–125.

Nr. 33 bis Nr. 35
Die Bilder der Elisabethkapelle des Kaisheimer Hofes

Ehemaliger Standort:
In den Gebäuden Frauentorstraße 20/22
die genaue Lage ist nicht berichtet. [1]

Datiert: ca. 1430

Freilegung: Zeitpunkt nicht bekannt [2].

Abgenommen:
Bei Abbruch des Hauses 1972 von der Restauratorin Schiele-Wengenmayr und auf Stramin übertragen [3].

Heutiger Standort:
eingelagert in den Räumen der Werkstätte Schiele-Wengenmayr. Endgültige Aufstellung wegen ungesicherter Besitzverhältnisse nicht vorhersehbar.

Geschichte/Standort:
Die folgenden Bilder stammen aus der Elisabethkapelle des Kaisheimer Hofes, die profaniert und zweckentfremdet bis 1972 erhalten blieb.

Die Anlage, die aus dem Stadtbesitz des Zisterzienserklosters Kaisheim, der an dieser Stelle seit dem XIII. Jahrhundert bestand, sich herausbildete, läßt sich baulich heute nicht mehr rekonstruieren, da auch der Zustand des Abbruchs 1972, der den Kapellenraum als tonnengewölbte Halle zeigte, wahrscheinlich schon auf eine spätere Umgestaltung zurückging.

Die Bilder der Kapelle, die zwar schon 1912 erwähnt wurden [4], waren in dem als Lagerhalle einer Eisenhandlung verwendeten Raum hinter Bretterverschlägen geschützt.

Die Unzugänglichkeit verhinderte eine grundlegendere Erforschung der verschiedenen Teile der Bemalung, die nicht homogen aus einer Epoche stammte. Die Unkenntnis wiederum stellte sich dem Erhalt der gesamten Bemalung entgegen, von der nur die drei frühen Fragmente durch Notabnahme auf Grund privater Initiative abgeborgen werden konnten. Für die angeblich vorhandenen Bilder eines späteren Kreuzwegs (?) oder einer Kreuzlegende (?) dienen nur die Angaben Ehmanns als Unterlagen, von denen heute nur mehr die mäßigen alten Zeitungsillustrationen erhalten sind. Über den Zustand der Bilder bei Abbruch des Hauses erhält man je nach Einstellung des Augenzeugen sehr unterschiedliche Berichte, so daß sich darüber kein klares Urteil gewinnen läßt. Die sich aus den Umständen des Hausabbruches sowie der Bildabnahme ergebenden ungeklärten rechtlichen Verhältnisse bedingen den derzeitigen provisorischen Zustand sowie die vorübergehende Aufbewahrung im Depot der Restaurierungswerkstätte.

Nr. 33
»Pestmadonna mit Schmerzensmann (?)«

Maße: 269 × 200 cm

Beschreibung:
In dem sich im oberen Teil des spitzbogigen Feldes absondernden Sektor, der ein breites Band (ehemals Regenbogen?) ausgeschieden ist, sitzt in Hockstellung Gottvater, der leicht nach vorne gebeugt soeben einen dreizackigen Pfeil in den von seiner Linken gehaltenen Bogen einlegt, den er mit der anderen Hand zu spannen beginnt. Ein roter Mantel umspannt seinen Körper, das angezogene Bein und die Arme freilassend. Das dreiviertelansichtige Gesicht des leicht geneigten Hauptes ist durch das gescheitelte, glatt nach hinten fallende graue Haar und den vollen langen, nur etwas die Unterlippe zeigenden Vollbart, der bis auf die Brust herabfällt, gefaßt. Die Augen sind beinahe geschlossen und geben dem Gesicht, dessen hohe, runde Stirne in einer kurzen, geraden Nase ausläuft, einen ruhigen Ausdruck. Die Ausrichtung der Person folgt der durch die Pfeilspitze gegebenen Richtung aus dem von roten Lichtstrahlen gefüllten Sektor, dessen begrenzendes Band von außen quasi stützend von der Taube des Heiligen Geistes gehalten wird.

Drohend ist dieser Pfeil auf die kniende (?) Maria gerichtet, über der von oben aus dem mit hellblauen Sternen besetzten Bildgrund heraus ein Engel herabschwebt, der, gekleidet in ein helles, mit hellblauen Schattenstreifen versehenes Gewand, seine geöffneten Hände passiv vor der Brust kreuzend, sein von blonden Locken bedecktes Haupt aus dem Bild wendet.

Maria, deren Haupt von einem dunkelroten Nimbus hinterfangen ist, reckt eckig ihren linken Ellbogen gegen den auf ihren Kopf gerichteten Pfeil, indem sie mit der Hand eine Schriftrolle (?) vor ihre Brust hält. Ein blauer, innen gelb ausgeschlagener Schleier faßt ihr Gesicht, von dem sich nur mehr der Nasenansatz und die fein geschwungenen Lippen erkennen lassen. Am Hals zusammengefaßt, fällt das Tuch zu ihrer Linken, sich über ihren gereckten Arm spannend, leicht geschwungen steil zu Boden, den weiß gekleideten Körper Mariens zwar umfassend, aber nicht bedeckend. Mit ihrer Rechten weitet Maria den schützenden Mantel aus, indem sie ihn zurücknimmt. Die Stellung der Hand ist jedoch nicht sichtbar.

Hinter diesen Mantel, an dem rechts bereits zwei zerbrochene Pfeile zu Boden fallen, hat sich eine Gruppe von Leuten schutzsuchend geflüchtet, von denen sich nur mehr die ersten drei deutlich erkennen lassen. Der erste bärtige Mann mit einer hohen zylinderähnlichen Kopfbedeckung wendet sich, halb von Maria verdeckt, zurück. Hinter ihm steht ein bärtiger König, der, die Hand abweisend vor der Brust, erschrocken nach oben blickt. Fast verdeckt von seinem roten über die runde Schulter hängenden Mantel wird links von ihm ein weiterer bärtiger Mann sichtbar, der einen blauen Rock trägt. Seine Kopfbedeckung ist zerstört. Ehemals nach links sich anschließende Figuren lassen sich kaum mehr schemenhaft erkennen.

Die ganze Gruppe der Maria und der sich hinter ihr verbergenden verschiedenen Stände wird von einem sich nach oben hin überschlagend fortsetzenden Schriftband umfaßt, dessen Text nicht einmal mehr teilweise lesbar ist.

Auf der von dem Pfeil abgewandten Seite des Himmelssektors läßt sich eine ebenfalls von einem heute unleserlichen Schriftband gefaßt stehende Gestalt fragmentarisch vor dem mit den himmelblauen Sternen besetzten Bildgrund erkennen. Die dunklen Haare und die eckig geführte Kinnlinie lassen auf einen Mann schließen, der seine anscheinend durchbohrte oder verwundete Rechte geöffnet aufhebt und in die Richtung des Heiligen Geistes hält. Bekleidet war er anscheinend mit einem weiten losen gelblichen Umhang, von dem sich allerdings nur mehr der Armansatz feststellen läßt. Ob sich auch hinter diese Figur Personen geflüchtet hatten, läßt sich heute nicht mehr sehen, da die Bildfläche an dieser Stelle beschnitten ist.

Stil:
Die Gestaltung der Figuren bei diesem Bild läßt sich heute am ehesten noch durch eine bezeichnende Verspannung von konkaven und konvexen Kurven charakterisieren. Am deutlichsten ist dieses Prinzip bei dem im Himmelssektor thronenden Gottvater ausgebildet, bei dem die Linie des Beines gegen die des gebogenen Armes stößt und gegen die Biegung der Rücken-Gesäß-Linie anläuft, wodurch seine Hockstellung gespannt nach vorne geneigt, der Biegung des Bogens, die durch die Sektorgrenze verstört ist, entgegengerichtet ist. Eine ähnliche Ausbildung dieses Prinzips läßt sich aber auch in der Schulterpartie des Königs hinter der Maria festhalten, wo die Rundung der Schultern mit den gegenläufigen Falten konkurriert. Ebenfalls zeigt die gegen die runde Schulter laufende Linie des zurückgenommenen Mantelteils der Maria diese Gestaltungsstruktur, wogegen der hochgereckte Arm die Kurven fast in Gerade überführt und dadurch eine widerstrebende Festigkeit erlangt. Auch die Faltengebung ordnet sich diesem Gesichtspunkt unter, wobei sie nur in den Schulterpartien des Königs und der Maria gegen die Umrißzeichnung anlaufen, sich sonst aber verstärkend der Zeichnung beiordnen, wie am rechten Mantelteil der Maria und an dem sich um den Leib Gottvaters spannenden Überwurf zu sehen ist. Bei Gottvater ist das Haupt gänzlich in die aus den verspannten Kurven gebildete Person eingebunden, wogegen das der Maria fest auf dem aufragenden Hals sitzt und nur durch den sie umfassenden Schleier an ihren Körperumriß gebunden ist. Die Köpfe der kleineren Figuren dagegen sitzen mehr additiv auf den durch die runden Schultern geschlossenen Körpern und betonen durch ihre im Motiv des Aufblickens bzw. des Zu-Boden-Schauens ihre Labilität. Ihr einfaches Rumpfvolumen ist ebenfalls nicht weiter differenziert, so daß sie nicht die Fülle der umhüllt gefaßten Maria und des umschlossenen Gottvaters entwickeln, sondern gemäß den flächigen laschen Händen undifferenziert wirken.

Während so die kleineren Figuren an die Gestalten früherer Bilder erinnern (speziell z. B. an die Anbetung, Objekt Nr. 18), verweisen die Zeichnungsart der Hände und der Reste der Gesichtsbinnenzeichnung sowie das Umhüllungsmotiv auf die Anbetung in St. Peter (Objekt Nr. 24). Die Verspannung und Verschränkung der Zeichnung sowie die diese Punkte verstärkende Faltengebung verweisen eher auf einen dem Helenazyklus der Goldschmiedekapelle nahestehenden Maler, was auch durch den Gesichtstypus Gottvaters sich als Annahme darbieten würde. Aus dieser Stellung heraus ergibt sich auch die ungefähre Datierung, die durch das Fassungsprinzip der Schriftbänder und dem vornehmlich auf die Zeichnung beruhenden, mehr flächigen Charakter, sich auch zunehmend von den oben genannten Objekten absetzen könnte, wenn man darin nicht einen rein qualitativen Unterschied sehen wollte.

Ikonographie:
Die Darstellung [5], auf der sich Maria schützend vor die durch die göttlichen Zornespfeile bedrohte Menschheit stellt, entspricht einem Sonderfall der Schutzmantelmadonna.

Deutlich wird durch die angezeigten Standesunterschiede der hinter dem Mantel der Maria versammelten Menge auch auf die Gesamtmenschheit verwiesen, die durch den Schutz Mariens auch schon vor den zwei abgeschossenen Pfeilen bewahrt blieb. Dem dritten Pfeil bietet Maria in der abwehrenden Haltung ihre Brust dar, auf die sie mit einer Schriftrolle (?) verweist, ihre Mutterschaft Gottvater gegenüber betonend.

Die ihr gegenüberstehende männliche Gestalt, die ihre durchbohrte Hand vorzeigt, wird man mit einiger Gewißheit als Schmerzensmann ausdeuten dürfen, der um seiner bei dem Erlösungswerk erlittenen Wunden willen ebenfalls als Fürsprecher auftritt. Daß es sich dabei nicht um einen St. Rochus oder einen anderen Pestheiligen handeln kann, der eine Pestwunde aufzeigt, läßt sich neben der Plazierung der Wunde, auch durch die sich vom Himmel segnend herablassende Taube des Heiligen Geistes schließen, die indirekt die Darstellung der Dreifaltigkeit impliziert.

Eine Verknüpfung mit der Bedeutung dieses Bildes als Pestvotivbild wird sich dennoch nicht von der Hand weisen lassen, obwohl eine endgültige Klärung wahrscheinlich nur durch die heute unleserlichen Schriftbänder vorzunehmen wären. Jedoch stellt die oben vorgenommene stilistische Betrachtung das Bild in solche Nähe der Pestepidemien von 1419/1420 und 1430 [6], daß eine Ausdeutung in diesem Sinne wahrscheinlich ist, obwohl sie aus dem Typus der Darstellung nicht eindeutig festzulegen ist.

Technik:
Das Bild ist auf einem aus einer Schlemmschicht aufgebauten Träger in Secco-Technik gemalt. Eine rötliche Vorzeichnung legt die Grundformen für Platzverteilung und Figurengestaltung fest, nach der dann der Pigmentauftrag erfolgte. Die geringe Eindringtiefe zeigt an, daß zwischen Schlemmauftrag und Zeichnung bzw. Pigmentauftrag ein völliger Trockenprozeß lag, der die schlechte Haftung der Farbe begründet. Die Lichthöhen der Gewandung sind durch Aussparung der Pigmente gegeben wie auch die Verschattung der hellen Gewänder nur durch schmale Pigmentstreifen, welche die auf dem Grund aufliegende rote Zeichnung begleiten (vgl. Engel). Überlagernde Pigmentschichten und Modellierungen scheinen vor allem in den Inkarnatsflächen der Gesichter aufzutreten, wo sich heute nur der flächige Untermalungsgrund finden läßt. Lediglich die Ausbildung des Gesichts von Gottvater läßt jedoch deutlich den ehemaligen Aufbau erkennen. Fassend und akzentuierend überzieht eine schwarze Schlußzeichnung die meisten Bildteile und gibt ambivalent mit der Vorzeichnung dem Ganzen heute den zeichnerischen Charakter, der jedoch im ursprünglichen Zustand nicht so bestimmend gewesen sein dürfte.

Erhaltungszustand:
Die frühe Freilegung des Bildes wie auch die unsachgemäße Verwahrung führte zu großen Substanzverlusten in der Pigmentschicht, die aufgrund der Bindungstechnik schon stark abriebgefährdet war. Das abgenommene Fragment bietet derzeit einen kaum gereinigten Zustand, der von geringen Ausbrüchen abgesehen die originale Putzoberfläche zeigt, auf der die größtenteils abgesplitterte Kalkschlemme aufsitzt. Die Pigmentsubstanz ist bis auf die blauen und dunkelroten Töne beinahe völlig abgerieben. Lediglich im Bereich des Himmelssektors hat sich eine geschlossene Farbfläche erhalten, an welcher der ehemalige technische Aufbau erschlossen werden kann. Auffrischungen und Nachzeichnungen sind auf dieser Bildtafel bisher unterblieben [7].

Nr. 34
»Engel mit Spruchband«

Maße: 116 × 127 cm

Beschreibung:
Das kreisviertelförmige Fragment, das an seiner linken gebogenen Seite durch eine breite rote Linie gefaßt ist, zeigt den Oberkörper eines sich nach links wendenden Engels, der beide dunkel gefiederte Flügel über sich hoch aufstellt, so daß die langen Schwingenränder sich in von den Kreisbogen wegführenden Kurven über ihn spannen. Das ehemals von blondem Haar gefaßte Gesicht ist ebenso wie die Binnenzeichnung des Gewandes zerstört. Mit seiner noch kenntlichen

Rechten hält er ein sich überschlagend verschlingendes Schriftband, dessen eingerolltes Ende anscheinend von seiner Linken aufgenommen wurde. Von der Schrift sind noch die Worte lesbar:

»Dür / maria / lo. / Dich / aller / gnaden / v . . . auf / zů/ himel / fuhrn«

Stil:
Eine Betrachtung des Stils muß zwangsläufig angesichts des Bestandes dürftig bleiben. So kann man neben dem Motiv des jeweilig weiter abgeleiteten Bogens der Schwingen, in dem man ein Anknüpfen an die Bogenkonstruktion der Pest-Madonna sehen könnte, nur das manieristisch verschlungene Schriftband mit den stark bewegen Schriftbändern der Pest-Madonna und des Schmerzensmannes in Verbindung bringen, da es dieselbe Lineatur aufweist. Allerdings können beide Punkte nur ein Anstoß zu einem hypothetischen Anschluß sein, der sich nur auf diese beiden Details gründend nicht beweisen läßt.

Ikonographie:
Die Textworte des Schriftbandes stellen den Engel in den Zusammenhang eines Marienbildes, das er anscheinend mit den zwei singenden Engeln in Assistenz begleitete. Man wird dabei wohl an eine Himmelfahrt oder eine Krönung Mariens denken müssen. Ohne die Überlieferung des ganzen originalen Zusammenhanges ist aber auch eine Klärung dieser Frage nicht mehr möglich.

Technik:
Auf einschichtigem Kalkschlemmenträger sind in Secco-Technik eine rote Vorzeichnung und die Pigmentschichten aufgetragen. Die Rotvorzeichnung ist als Entwurf zu werten, da am unteren Ende des Schriftbandes deutlich eine Abänderung gegenüber dem Erstauftrag zu erkennen ist. Von der Farbschicht scheinen besonders die hellen Töne schlecht auf dem Grund gehaftet zu haben, da sie fast völlig abgerieben sind. Eine schwarze Schlußzeichnung überdeckte akzentuierend die Vorzeichnung und gab vor allem die Schrift wieder.

Erhaltungszustand:
Das abgenommene Fragment weist nur mehr Spuren der originalen Pigmentstruktur auf, da größtenteils nicht nur die Pigmente abgerieben sind, sondern durch den Verlust der Kalkschlemme auch der Bildträger verlorenging, so daß meist nur die oberste Putzschicht bei der Abnahme übertragen wurde.

Dazu wurden die Farbflächen und die spärlich vorhandenen Zeichnungen in den Flügelflächen aufgefrischt, was zu einer zu starken Gewichtung der dunklen Farbe führte und durch die massive Schwarz-Zeichnung der Federn einen nicht mehr dem Original entsprechenden, plumpen Eindruck hervorruft.

Nr. 35
»Engel mit Notenblatt«

Maße: 113 × 127 cm

Beschreibung:
Auch dieses kreissektorförmige Bild ist entlang des Bogens durch eine breite rote Linie gefaßt. Zwei nebeneinander stehende blondhaarige Engel halten ein großes, oben übergeschlagenes Notenblatt. Ihre Flügel haben sie erhoben gespreizt, wobei die jeweils vorderen mit ihrem Schwung die Gruppe einfassen, wogegen die hinteren, Aufgestellten ihre Häupter als Zentrum des Bildes betonen. Die Flügeldecke des linken Engels durchbricht zwar durch ihre hellere Farbgebung die Einfarbigkeit des Klammermotivs, ohne jedoch aus der zentrumsbetonenden Stellung auszuweichen. Gesichter, Gewandgestaltung und Handgestus sind nicht mehr erkennbar.

Deutlich sind jedoch auf dem sich überschlagenden Teil des Notenblatts zwei Notenzeilen mit einer dazwischenliegenden Textzeile zu erkennen, die sich jedoch nicht entziffern lassen. Nur bei den Noten der ersten Zeile lassen sich die quadratischen Köpfe und die teilweise anhängenden Mensurstriche feststellen.

Stil:
Auch in diesem Fall muß die Stilauswertung mager bleiben. Die Flügelstellung scheint mehr an der zentrierenden Funktion ausgerichtet, indem sie durch Fassen und Hinleiten der Flügelkanten die beiden rundschultrigen Figuren als Einheit vorstellt. Bei dem Notenblatt könnte man in der Art der Lineatur einen Anschluß an den Engel mit dem Schriftband bestärkt sehen, der allerdings durch die gleichartige Ausführung und Rahmung des Bildes schon evident ist.

Ikonographie:
Die beiden singenden Engel lassen sich nur im Zusammenhang mit dem Engel der vorangegangenen Nummer auf eine Mariendarstellung beziehen. Eine endgültige Klärung dürfte aber auch hier wegen des fehlenden Zusammenhangs nicht mehr möglich sein.

Technik:
Im Gegensatz zu dem Engel mit dem Schriftband findet sich hier keine Rotvorzeichnung als Erstauftrag auf der einschichtigen Kalkschlemme. Die Pigmente sitzen direkt ohne Entwurfszeichnung auf der Kalkschicht und sind durch die schwarze Schlußzeichnung gänzlich umrandet. Auch in diesem Fall ist das Notenblatt und die Schrift durch diese letzte Zeichnung wiedergegeben.

Erhaltung:
Die Erhaltung entspricht der von Objekt Nr. 34. Lediglich sind hier die Eintönungen zurückhaltender vorgenommen. Auch wurde bei der Auffrischung der Zeichnung auf eine Verstärkung verzichtet, so daß diese beiden Engel dem originalen Charakter eher entsprechen.

Literatur:
Steinhäußer, Fritz 1912, p. 12;
Ehmann, H. 1934, p. 208;
Breuer, Tilmann 1958, p. 80;
Bergmann, Ingrid 1972.

Nr. 36
»Myrrhophoren«

Standort: in situ
Dom, Westchor, südlicher Ostpfeiler, Südseite

Datierung: ca. 1430 [1]

Maße: 127 × 212 cm

Freigelegt: 1934 bei der Domrestaurierung [2]

Beschreibung:
Das Bild zeigt eine durch aufwendiges Architektursystem aufgebaute Dreiteilung, in deren Mittelzone die eigentliche Darstellung sich befindet. Über die gespannte Mitte zieht sich vertikal eine Störung hin, bei der auf darunterliegender Malschicht der »Schmerzensmann« (Objekt Nr. 2) sich erkennen läßt.

Man sieht drei in reiche, weite Gewänder gekleidete Frauen, die je ein Salbgefäß tragen. Die rechts Stehende hat ihr mit einem Strahlennimbus hinterfangenes Haupt leicht geneigt, von dem die langen Haare in aufgelösten Locken über die Schultern und die verdeckt hochgenommene Rechte herabfallen. Der Blick der verweinten, verquollen erscheinenden Augen ist zu Boden gerichtet, das aus leichten Rundungen modellierte Gesicht, durch die gegen die Wurzel der lang herabgezogenen Nase geschwungen hochgeführten Augenbrauen in tiefem Schmerz gekennzeichnet, den auch der über dem kleinen, runden Kinn sitzende volle Mund widerspiegelt. Ihr Mantel ist vor dem schlanken Hals mit einer Brosche geschlossen und fließt weit über die schmalen, fallenden Schultern, auf denen darüber ein mit einer Goldborte besetztes Schleiertuch liegt. Ein in gleicher Ausstattung gefaßtes Tuch (oder das Ende des Schleiers?) hat sie über ihre Rechte gelegt, die sie anscheinend, um ihre Tränen zu trocknen, zum Gesicht führte. In der von dem roten Umhangsmantel freigegebenen anderen Hand hält sie eine verschlossene Pyxis, unter der sie das überhängende Ende des aufgenommenen Tuches durchgezogen hat.

Nur an der Brust das rotviolette Untergewand freilassend, fällt der Mantel über ihren Rücken steil und zieht sich in vollen, nach unten immer tiefer durchhängenden Schüsselfalten vor ihrem Körper, dessen Volumen sich nur schwach im Faltengrund erkennen läßt, quer zu der aufnehmenden Linken, von der er überstürzend in steilen, im schwingenden Saum endenden Röhrenfalten herabfällt. Die an ihrer rechten Seite von der verdeckten Hand aufgenommene Partie des Mantels hängt ebenfalls in einem dichten Bündel von Röhrenfalten, deren schwingender, sich unten öffnend herabziehender Saum die Räumlichkeit des Bündels wie die aufnehmende Bewegung der Hand verdeutlicht, die sich schon in dem goldbordierten Tuchsaum in gleicher Weise andeutete. Zwischen den fallenden Mantelsäumen zeigt sich nochmals in steilen, aufragenden Falten das Untergewand, dessen Eigenständigkeit durch die Gleichfarbigkeit mit der Innenseite des Umhangmantels zugunsten der Einheit der Figur zurückgenommen wird, ohne dessen grundsätzliche Funktion für den Stand der Figur zu negieren.

Auf der anderen Seite der Störung steht, zur rechten Figur hinblickend, eine weitere Heilige. Ihr ebenfalls von einem Strahlennimbus hinterfangenes Haupt ist von dem weiten, weißen, innen rot ausgeschlagenen Manteltuch bedeckt, auf den schlanken Hals und mit leicht nach vorne gerecktem Kinn auf die ihr Gegenüberstehende ausgerichtet. Der Ausdruck ihres Gesichts ist ähnlich dieser ersten Frau gebildet, jedoch die Nase leicht geschwungen herabgezogen. Durch Ausrichtung und Aufmerksamkeit hat ihr Ausdruck nicht dieTiefe der einsamen Trauer wie bei der ersten. Ihre Rechte hat sie mit dem an ihrer linken Seite herabfallenden Mantelteil, den sie vor ihrem durch ein hochgegürtetes gelbes Gewand verhüllten Körper quergeführt hat, verborgen und stellt darauf das geschlossene Salbgefäß, das sie mit ihrer unter dem Mantel herausgreifenden Linken am Deckel abstützt. Der unterhalb des Halses durch eine runde Agraffe geschlossen über das Haupt gezogene Mantel fällt die Schultern eng umspannend in schmalen, flachen Falten an den Oberarmen entlang, umhüllt rechts die stützende Linke, von der er sich in weiten, sich wiederholend fassenden Bögen zu der aufnehmenden Rechten hinzieht. Von dort hängt er in einem Faltenbündel über, das sich unten in einem teils gegengerichtet, teils parallel schwingenden Saum öffnet und einen tiefen Einblick in den von der roten Ausschlagung gefaßten Raum gibt, in dessen unteren Teil, nochmals die Figur abstützend, das gelbe Untergewand in weit hinausschwingendem Umriß zeigt. Rechts der fallenden Säume entwickelt sich zwischen diesen und dem vom Rücken herabziehenden, lang geschwungenen Teil des Mantels eine Zone sich teils verschränkender Schüsselfalten, die, beide Gewandvolumina verbindend, die eigentliche Körpermasse der Figur verdecken, das hinter diesem gezogenen, auf dem Boden auslaufend in überschlagend knickendem Saum gewellt endendem Teil, als solches nicht mehr realisieren läßt. Der dennoch vorliegende Eindruck eines großen Körpervolumens ergibt sich ganz aus der Schulterpartie und dem gegürteten Oberkörper, dessen Festigkeit man die Gewandvolumina bei der Betrachtung vorlagert, wodurch sich ein Eindruck einer gebreiteten Figur einstellt.

Halb verdeckt durch diese Frauengestalt steht dahinter die dritte Heilige. Nach links gewendet, führt sie ihre verdeckte Rechte zu ihrem von den über den Kopf gezogenen Mantel und dem mit Strahlennimbus gefaßten Haupt. Der Blick ihres trauernden Gesichts scheint über die erhobene Hand hinweg auf den Betrachter gerichtet. Mit welligem Saum umzieht der über den Kopf genommene Mantelteil das Gesicht und fällt, am Hals wiederum geschlossen über die Schultern. Ihre von der im Vordergrund Stehenden verdeckte Linke scheint das Salbengefäß zu halten, das nur halb sichtbar ist. Das Haupt beugt die Frau leicht der nach oben geführten, verdeckten Rechten entgegen, von der das Faltenbündel herabhängt und in gewelltem, parallel schwingendem Saum sich öffnend endet. Auch bei dieser Figur wird unter diesem Öffnungsmotiv das Gewand sichtbar, dessen klare Farbe allerdings durch Beschädigung stark beeinträchtigt ist.

Zusammen mit der vor ihr Stehenden bildet sie eine Einheit, was sich vor allem durch den beinahe die Breite beider Figuren einnehmenden Mantelsaum der Frau im Vordergrund ausdrückt. Auch erscheint die tiefere Trauer der hinteren, in sich geschlossenen Figur quasi als eine Reaktion auf den gerichtet wahrnehmenden Blick der Frau im Vordergrund, aus deren umfassenden Schwung sich die zweite heraus entwickelt. Durch die Wiederholung der Motive des stützenden, schwingend aufragenden Gewandumrisses und des sich öffnenden Faltenbausches hinterfängt sie die vorne Stehende.

Diese drei Trauernden stehen in einem komplizierten, real jedoch nicht nachzuvollziehenden architektonischen Raum. So tritt die Rechte durch einen Bogen, dessen im Vordergrund befindliche Auflage (Säule oder ins Bild hereinragender Balkenkopf) heute zerstört ist, und der deutlich in den Hintergrund führt, vor dem die mittlere Gestalt steht. An diesen Hintergrund schließt sich ein die linke Frau überfangender Bogen an, welcher der Flucht nach deutlich in den Vordergrund führt, jedoch durch seine Stellung zu der den Raum schließenden Decke in den Hintergrund zurückgebunden wird. Diese Einbindung in den Hintergrund wird durch das den Raum nach links hin schließende Gewänge, das in sich mittels Durchfensterung und Gesimse dreistöckig gegliedert ist und auf einem zweizonigen Sockel aufsteht, verstärkt. Gegenüber dem richtungslosen bunten Estrichboden trägt die untersichtige Decke die primäre Rolle für die Bildung des Architekturraums. Diese wird verstärkt, indem auf der Decke zwei von verzierten Gesimsen umfaßte Plattformen weitere Gebäude in der gleich ausgerichteten Isometrie vor rotem Hintergrund stehen. Links durch zwei auskragend verkrabbte Träger gehalten, steht eine von Arkaden getragene Loggia mit einem in den Hintergrund weisenden, offenen Anbau, in der eine Katze und zwei affenähnliche Tiere sich tummeln. Auf der rechten Seite der Decke hält ein kleiner, auf dem vorstehenden, das Dach stützenden Kapitell aufhockender Atlant die Plattform, auf der sich ein offener Arkadenbau mit ziegelgedecktem verkrabbten Giebeldach, das an seinen Ecken durch Fialentürmchen bekrönt ist, steht. Auch dieser Tempietto war, wie es die Farbspuren am rechten Bildrand zeigen, mit einer Meerkatze (?) belebt.

Die unter der Bildbasis befindliche Sockelzone, die durch ein doppelt vorgelegtes Gesims abgetrennt ist, zeigt in ihrer noch erhaltenen Hälfte einen von zwei Kreuzgrat-Gewölbejoche gedeckten Raum, der im Vordergrund auf Säulen gestützt ist. Die isometrische Flucht dieses Raumes geht im erhaltenen Teil gegenläufig zum Hauptfeld des Bildes nach rechts, wodurch sich ein dem ganzen System zugrundeliegendes Verschränkungsprinzip andeutet, das im Mittelteil zu der unklaren, ambivalenten Konstellation führte.

Stil:

Dieses verschränkende Prinzip, das in der Architektur, wie soeben in der Beschreibung gezeigt wurde, so bestimmend zutage tritt, läßt sich in gewissen Abwandlungen auch bei der Figurenbildung verfolgen.

So zeigt sich das Körpervolumen, das in Gesicht und Hals unbedeckt zum Vorschein kommt, im Schulterbreich der Figuren klar durch die Abformung in dem Gewand und durch den auf das Untergewand gegebenen Durchblick. Die aufnehmenden Gesten machen die dahinterstehende Person unklar, indem sie eigene Gewandvolumina ausbilden, die körperhaft vor das Volumen der Figur treten und teils bestimmend mit diesem konkurrieren. Die Bewegung, die dabei in diesen Teilen ausgeführt wird, stellt sich einseitig laufend dar und ist in sich nicht abgesichert. Erst das abstützende Element der herausgeführten Untergewandpartien bringt die gesamte Situation in ein Standmotiv, das, da es sich zumeist mehr der Bewegung der Gewandteile verpflichtet, andrerseits durch den oben gegebenen Durchblick der körperlichen Ebene zugehörig zu sehen ist, wiederum zusammenfassend einheitsstiftend wirkt. Durch die flachere Faltung hebt diese Partie auch die weniger festen, weil unten offenen oder nur tangierend auf dem Boden aufliegenden, räumlich tiefer gefalteten Gewandteile in eine beständigere statische Festigkeit. So tritt hier eine zum Körpervolumen gehörende Ebene zu der locker verspannten Ebene der einzelnen Gewandvolumina hinzu, diese durch die Verschränkung mit ihr stützend tragend.

Diese Ausbildung von Gewandvolumina ist in erster Linie in der plastisch körperlich zu erfassenden Ausbildung der Faltung begründet, die das Existieren unabhängig vom Körper erst ermöglicht. Die dazu nötige Grundlage findet sich in der Modellierung der Faltung, die, ohne stofflichen Sprung vom tiefen, fast schwarzen Schatten ausgehend, eine Steigerung über Lavierungstöne bis hin zu den ganz weißen Glanzlichtern ermöglicht.

Dieselbe Malweise führt auch bei den Gesichtern zu dem geschlossenen Ausdruck, da die Zeichnung sich gänzlich auf die akzentuierenden Linien beschränkt. Die übrige Gesichtsform vermag, ohne deutlichen Bruch ineinander übergehend, sich als Einheit vorzustellen, deren weicher Charakter die Elemente, welche die Trauer ausdrücken und die sich meist in der Zeichnung (Augen, Nasenlinie) manifestieren, verstärkend unterstreicht. In dieser Hinsicht scheint das Bild eine Weiterentwicklung des Passionsschildbogens des Hirn'schen Grabhauses zu sein, obwohl es sich in technischer wie in qualitativer Auffassung von diesem absetzt.

Ikonographie:
Für die ikonographische Frage stellte bisher weniger die thematische Ausdeutung als die Funktion des Bildes ein Problem dar.

Die drei Frauen sind eindeutig als die drei Marien am Grabe anzusprechen [3], was durch die Salbgefäße als auch durch den Typus der rechten Figur festgehalten ist. Diese ist durch das lange, aufgelöste Haar und die reichere, durch Goldverbrämung hervorgehobene Kleidung als Maria Magdalena gekennzeichnet [4]. Auch der trauernde, verweinte Ausdruck stellt sich ganz in den Zusammenhang dieses Themas.

Unstimmig mit diesen Aspekten ist vor allem der Architekturrahmen, als auch die Störung, die zwischen den beiden Bildhälften die ältere Schmerzensmann-Darstellung [5] erkennen läßt. So wurde auch schon an ein »Imago Pietatis« gedacht, bei dem die alte Darstellung in dem Zusammenhang der neueren Bemalung stehenblieb [6]. Auch wurden die verschiedensten Rekonstruktionen für eine vierte, über dem älteren Bild stehende Figur unternommen, wobei jeweils auf den fehlenden Platz für diese hingewiesen wurde. Stehen diese für eine ergänzende Lösung im Wege [7], so zeigt die erste in der weitgehenden Überdeckung der alten Malerei keinerlei Berücksichtigung auf. Dies dürfte als wesentliches Gegenargument dienen und gegenüber dem unterschiedlichen Maßstab der Darstellungen auch das stichhaltigere sein.

Betrachtet man die zusammenlaufenden Linien, die ja bei einer zusammenhängenden Ergänzung aneinander geschlossen werden müßten, genau, wie z. B. die Hintergrundsbegrenzung oder die Vorderkante des Daches, so ist festzustellen, daß sie neben der teilweise divergierenden Ausrichtung auch unterschiedliche Stärke besitzen, so daß eine nahtlose Zusammenführung sich ohne größere Unregelmäßigkeiten in der Linierung nicht gewährleisten ließe. Da der Maler in den anderen Fluchten des Bildes eine akkurate Linie einhält, scheint diese Unregelmäßigkeit auf andere Gründe zurückzuführen zu sein.

Am ehesten ließe eine vor die Wand gestellte, plastische Ausbildung diese Divergenz erklären, die ein Anlegen einer Schnur oder Lineals bei der Ausführung des Bildes verhinderte. Auch würde eine vorgestellte Plastik es erklären, daß über die gesamte Bildhöhe in der Mitte keinerlei Farbspuren der oberen Schicht sich erhalten haben und sich die alte Schichtung relativ gut präsentiert. Sucht man nun nach der Möglichkeit einer Rekonstruktion eines plastischen Objektes vor dieser Wand, so muß man sich die bei Objekt Nr. 2 erwähnte, auf die Eucharistie bezogene Ausdeutung des Schmerzenmann-Bildes in Erinnerung rufen. Denn war das alte Christusbild mit einer Sakramentsnische für einen hier im Westchor stehenden Altar verbunden [8], so wäre dessen Umgestaltung in ein plastisches, vor die Wand gestelltes Sakramentshaus möglich, das, die alte Wand überdeckend, auch diese ältere Malerei geschützt hätte.

Bei dieser Annahme würde die Bemalung der zweiten Schicht als eine »Dorsal«-Bemalung dieses Sakramentshauses zu verstehen sein, was den prächtigen Architekturrahmen erklärt. In der Auffassung, daß dieses Sakramentshaus den »Leib Christi« birgt, wie er ehemals im Grab geborgen war, lassen sich auch die Myrrhophoren als Thema besser erklären. Auch fände sich darin eine Begründung der zentralen Zuwendung der beiden rechten Figuren, die in dieser Art auch als verehrende Geste vor dem Sakrament zu sehen ist. Weiter würde ein plastisch vorgestellter Körper die Art der architektonisch räumlichen Verschränkung ergänzen und erklären, indem so den Figuren gegenüber dem hervortretenden plastischen Körper ein größtmöglicher illusionistischer Raum gegeben werden sollte.

Eine Lösung in dieser Richtung scheint am ehesten sinnvoll und käme den durch die erhaltene Malerei gegebenen Umständen sehr nahe, ohne auf eine komplizierte ikonographische Unikatslösung hinauszulaufen.

Technik:
Das Bild stellt sich in der Verfahrensweise zwischen die reine »secco«- und die »al fresco«-Technik. Auf der einschichtigen Kalkschlemme sind anscheinend noch im feuchten Zustand die Pigmente aufgetragen, die sofort durch die Lavierung modelliert wurden, wodurch sich praktisch eine untrennbare Verbindung zwischen Pigmenten und Träger ergab. Auch die Weißlichter scheinen unmittelbar, soweit sie nicht aus der Grundlage heraus modelliert wurden, im Anschluß aufgesetzt zu sein. Die fassende Schwarzzeichnung steht am Schluß des Auftrags. Das Inkarnat scheint in der gleichen Weise gebildet, indem die fleischfarbene Untermalung durch Weißhöhung und leicht unter den Wangen eingesetzte Graulavierung ausmodelliert wird.

Erhaltungszustand [9]:
Das Bild erweist sich heute als praktisch völlig original und ist lediglich an der beschnittenen Rückenlinie der Magdalena rechts und an dem links aufgehenden Gewänge ausgebessert. Auch die Frau links weist speziell an ihrer Mantelinnenseite und dem stützenden Gewand Ausbesserungen auf, die jedoch durch genügend Substanz gesichert sind und dem Original entsprechen.
Ein Abrieb fand auf Grund der technischen Eigenart kaum statt, jedoch löste sich an einigen Partien die Kalkschlemmen-Substanz, ein Verfall, der gegenwärtig anzuhalten scheint.

Literatur:
Roth, Toni 1934;
Lieb, Norbert 1934, p. 347;
Lill, Georg 1935, p. 68;
Stange, Alfred 1951, Bd. IV, p. 116;
Martin, Kurt 1952, p. 74;
Foster, Michael 1979 (MS), p. 127–134.

Nr. 37
Fragment eines Abendmahls (oder einer Pfingstdarstellung)

Standort: in situ
Dom, Lukaskapelle, Ostwand

Datierung: ca. 1430/1450 (?) [1]

Maße: 120 × 150 cm

Freigelegt: 1934 anläßlich der Domrestaurierung [2]

Beschreibung:
Rechts des Marmoraltars der Lukaskapelle lassen sich die Überreste von fünf nimbierten Häuptern erkennen. Vier von ihnen bilden eine ehemals den Hintergrund schließende Reihe, von der die drei rechten Personen nach links blickten. Eine fünfte Person vor dieser Reihe ist ebenfalls nach links gewendet. Sie trug, soweit es sich aus den Spuren des Lineaments erkennen läßt, ein Buch.
Außer der dunkelroten Hintergrundsfarbe und den weißen, das Bild nach oben hin abschließenden Begrenzungsstreifen, läßt sich heute nur mehr die dunklere Lokalfarbe des Gewandes der Person ganz links und ein zeichnerischer Schulteransatz der Figur rechts erkennen.
Die Reste links des Altars lassen keinerlei Deutung mehr zu.

Stil:
Die Ausbildung der Nimben mit dem in dunkler Erdfarbe gegebenen Strahlenkranz schließt diese Figuren an die Myrrhophoren (Objekt Nr. 36) an, wogegen die Strichführung der Zeichnung auf die Bilder der späteren Zeit wie z. B. den hl. Leonhard aus der Leonhardskapelle (Objekt Nr. 39) und die Bischofs-Legende in St. Peter (Objekt Nr. 40) verweist.

Ikonographie:
Die Anordnung der Figuren könnte auf eine Abendmahls- oder Pfingst-Darstellung schließen lassen, wobei das von der im Vordergrund stehenden Person gehaltene Buch auf letztere hinweist.

Aber auch andere Bildthemen wie z. B. Marientod, Apostelreihe u. a. dürfen nicht ausgeschlossen werden. Die vorhandene Substanz ist für eine Ausdeutung zu gering.

Technik:
Das Bildfragment ist in Kalksecco in einer Schicht ausgeführt [3], von dem sich heute nur die zuerst aufgetragene Umbrauntermalung sowie die Grundzeichnung erhalten hat.

Erhaltungszustand:
Durch Abplatzen der Kalkschlemme und durch Abrieb der nur locker gebundenen, pastösen Pigmente ist das gesamte Fragment nahezu ruiniert. Die Substanz der Farben ist original, eingesetzte neue Putzstellen in Strettecco-Technik ohne direkte Angleichung an die Umgebung farblich eingestimmt.

Literatur:
Breuer, Tilmann 1958, p. 6.

Nr. 38
Andachtsbild »Kreuzigung«

Standort: in situ
Goldschmiedekapelle, Sakristei, Südwestwand [1]

Datierung: ca. 1430/1440 [2]

Maße: 75 × 95 cm

Freigelegt: bei der Restaurierung 1890 [3]

Beschreibung:
Das in der Kapellensakristei der Goldschmiedekapelle 1890 aufgedeckte Kreuzigungsbild steht in keinem Zusammenhang mit den Malereien der Kapelle [4].

Unter dem in isometrischer Untersicht gegebenen Kreuz steht auf schmalem, grünlichem Bodenstreifen Maria und Johannes Evangelist. Christus hängt tot an dem fast die gesamte Bildbreite einnehmenden Kreuzbalken. Sein Haupt, vom Nimbus hinterfangen und mit der dünnen, reifenähnlichen Dornenkrone bekrönt, ist auf seine rechte Schulter gesunken. Der Corpus hängt an den dünnen, gerade gestreckten Armen und überdeckt mit seiner grazilen Statur kaum den Kreuzesstamm. Der durch weiche, mit Weißlichtern überhöhte Modellierung wenig gegliederte Körper ist knapp und anliegend durch das einmal geschlungene Lendentuch bekleidet, das fast durchsichtig, keine eigene Stofflichkeit besitzt. Die langen, schlanken Beine sind übereinandergelegt an dem Vierkantholz des Kreuzesstammes mit einem Nagel fixiert.

Links unter dem Kreuz steht Maria und blickt mit gefalteten Händen zu ihrem toten Sohn auf. Der weiße Umhang, den sie über ihr von einem dunkelgerandeten Strahlennimbus umgebenes Haupt gelegt hat, fällt, im Umriß nur knapp die vor die Brust genommenen Arme umspannend, sich leicht nach unten hin weitend, zu Boden. Die Binnenstruktur der Figur wie auch die Faltung des Mantels wird dagegen auf die gefaltet erhobenen Hände zentriert, wodurch der kurze Oberkörper durch die sich spannend um die Oberarme legenden Partien ausgeschieden wird. Der untere Teil des Mantels ist, fast symmetrisch auf die gefalteten Hände hin ausgerichtet, hochgehoben und bildet dadurch ein pyramidenähnliches, festes Standmotiv, durch welches das unter dem durch hellblaue Farbe gefaßten, symmetrisch schwingenden Mantelsaum in steilen Falten fallende Untergewand verstärkt wird.

Der der Maria gegenüberstehende Johannes Evangelist blickt ebenfalls auf und weist mit seiner Rechten auf Christus, während er mit seiner anderen Hand ein Buch an seinen Leib preßt. Seine lockig gewellten Haare fallen von dem nach oben ausgerichteten Haupt in den Nacken und geben diesem Halt. Auch bei ihm wird der Oberkörper durch runde Spannung des rötlichen Mantels umfaßt und durch den von der aufgenommenen Hand zum Buch sich erstreckenden Bausch ausgeschieden, wobei der Blick auf die von dem gelben Untergewand mit blauem Kragenaufsatz bedeckte Brust freigegeben ist. Unter diesem querlaufenden Bausch fällt dann der Mantel steil in Röhrenfalten und endet in einem eigenartig auszipfelnden, rapportartigen Saum, unter dem das Unterkleid in festen Röhrenfalten auf dem Boden aufsteht.

Stil:
Das Bild zeigt durch die Schwarz- bzw. Rötel-Zeichnungen, die sich heute in den flächigen Lokalfarben als bestimmend erweisen, einen mehr graphischen Charakter. Der originale Zustand ist in Ursprünglichkeit nur mehr am Körper Christi zu erfassen.

Die Figurenbildung betont den Körper nur in den umspannten, ausgeschiedenen Partien des Oberkörpers, während die Absicherung des Standmotives gänzlich durch Umriß und Statik des Gewandes gegeben wird. Dabei überwiegt bei der Maria die, sich im Motiv der faltenden Hände begründende, Symmetrie, während Johannes durch das enge, rapportartige Wiederholen und durch kannelürenartige Verdichtung seine Festigkeit gewinnt, die additiv unter seiner erhobenen Hand auch diese in den Umriß und in die Festigkeit der Figur einbindet.

Diese Festigkeit zeigt sich auch in dem am Kreuz hängenden Christus, der nur durch die weiche Modellierung vom Kreuzesholz abgehoben ist und sich sonst fast gänzlich auf dessen Breite beschränkt, die er nur an Hüfte und Brust leicht überschreitet. Seine gestreckt gespannten Arme zeigen zwar das Hängen an, indem sie schräg zum Querbalken des Kreuzes verlaufen, jedoch verbleibt auch diese ganz in der Starrheit, die dem Bild durch die genaue Beachtung dieser auf Festigkeit beruhenden Komposition zu eigen ist.

Ikonographie: (vgl. Objekt Nr. 21)
Die Funktion des Bildes als Epitaph dürfte durch seine ehemalige Lage an dem straßenseitigen schmalen Ausläufer des »Leichhofs« gesichert sein.

Seine heutige Lage [5] verdankt es nur dem Kapellenumbau der Goldschmiede 1485, bei dem auch die hier liegende kleine Kapellensakristei angebaut wurde.

Technik:
Das Bild ist in Kalksecco ausgeführt, wobei die Modellierung des Körpers Christi sowie der Gesichter in die noch frische Schlemme des Bildträgers vorgenommen worden sein mußte. Auch die Grauzeichnung der Maria und die Rötelzeichnung des Johannes sind allem Anschein nach bei dem Erstauftrag angelegt worden. Die bei den Figuren auf den Lokalfarben sitzende Modellierung läßt sich heute nur mehr begrenzt feststellen. Der Anlage der Figuren nach dürfte sie eine sekundäre Rolle in der Gestaltung gespielt haben.

Erhaltungszustand:
Das Bild, das 1890 bei der Freilegung der Malereien der Kapelle aufgedeckt wurde [6], ist heute noch mit einem bei der Restaurierung 1890/92 aufgebrachten Rahmen versehen, der keinerlei originale Substanz beinhaltet. Die übrige Bildfläche zeigt im großen und ganzen das Original, bei dem nur das Gesicht der Maria, deren gefalteten Hände und die weisende Hand des Johannes übermalt wurden. Als größere Störung findet sich eine Putzergänzung, die sich von der Hüfte Mariens zum linken Bildrand erstreckt. Eine grundlegende Reinigung des Bildes steht noch immer aus.

Literatur:
Drechsel, Friedrich 1892, p. 24;
Wilhelm, Johannes 1977 (MS), p. 121–123;
Wilhelm, Johannes 1979, p. 106.

Nr. 39
»St. Leonhard«

Ehemaliger Standort:
St. Leonhardskapelle [1], der genaue Standort der Figur nicht überliefert

Heutiger Standort:
Senioratsgebäude der Fuggerei, Westwand der Gewölbehalle im Erdgeschoß [2]

Datierung: ca. 1440

Maße: 62 × 188 cm

Freigelegt: Zeitpunkt nicht genauer bestimmbar [3]

Abgenommen: ca. 1958 aus der 1945 zerstörten Leonhardskapelle anläßlich des Wiederaufbaues [4]

Beschreibung:
(als Grundlage dient die Aufnahme vor der Restaurierung [5])

Frontal aufrecht steht St. Leonhard dem Betrachter gegenüber, mit seiner Linken an seinen aus Kettenfesseln gebildeten Gurt fassend und mit seiner Rechten, die er zum Segensgestus erhoben hat, einen zepterähnlichen Stab schräg vor seinem Oberkörper haltend.

Den Blick seines flachen Gesichtes richtet er offen auf den Betrachter. Sein Haupt, von einem Nimbus hinterfangen und von dem schmalen Haarkreis der Tonsur bekrönt, sitzt, eingebettet in die auf die Schulter zurückgeschlagene Kapuze, auf kurzem Hals. Die runden, gleichmäßig fallenden Schultern betonen die ruhige Festigkeit des Heiligen, mit der er segnend die Befreiung von den Fesseln verheißt, mit denen er selbst gegürtet ist. Auch sein linkes Handgelenk ist von einem Eisenring umfaßt. Seine Kutte, die ihn auf ganze Länge einhüllt, spannt sich auf seiner Brust in weichen, vertikal laufenden Falten, die ganz dem schweren Stoffcharakter gleichkommen, mit dem sich sein linker Ärmel über dem Handgelenk staucht. Vom Gürtel abwärts fällt die Kutte und läßt nur einen links ausschwingend steigenden Saum erkennen, der nach rechts hin gleichmäßig zu hängen scheint. Über dem Heiligen schwebt ein kleiner Engel, der mit beiden Händen das Schriftband mit dem folgenden Text hält:

»arde leo..nard^{us} fidei Sc̄s leonard^{us} ad bona nō tard^{us} mala transit ut leopard^{us}«

Über das Schriftband hinweg blickt der Engel mit offenen Augen auf den Heiligen.

Stil:
Durch die Stellung der Figur, Einbindung des Hauptes und die Körperauffassung scheint die Darstellung sich in die Nähe der Chorheiligen der Goldschmiedekapelle zu stellen (vgl. Objekt Nr. 25 IV), an die auch der ausschwingende Saum links und die Gestalt des Engels erinnert. Die Verhärtung der Zeichnung, die in seinem Gesicht allerdings vorliegt, läßt eher an die Bischofslegende von St. Peter (Objekt Nr. 41) denken, so daß sich für diese Figur eine Mittelstellung zwischen den beiden angesprochenen Objekten anbietet.

Ikonographie:
Die Darstellung zeigt den heiligen Nothelfer als Befreier der Gefangenen, wovon sein Kettengürtel und das um die Hand liegende Eisen erinnert. Das Spruchband verweist auf seine Meisterschaft der Tugend und auf seine Glaubensstärke, in der er den Gläubigen zusätzlich ein Vorbild sein sollte.

Inwieweit das Patrozinium der Kapelle für den Gefangenenbefreier in einem Zusammenhang mit dem sich ehemals in diesem Haus befindlichen Gerichtsplatz [6] in Abhängigkeit zu sehen ist, kann an dieser Stelle nicht geklärt werden.

Technik:
Die Aufnahme des unrestaurierten Zustands zeigt deutlich Abriebs- und Verfalls-Spuren, wie sie für ein Kalkseccobild charakteristisch sind. Die Gleichmäßigkeit der Abnützung sowohl im Pigment als auch in der Zeichnung läßt einen in die feuchte Tünche vorgenommenen Auftrag als am wahrscheinlichsten gelten. Der heutige Zustand der Malerei gibt durch seine gleichmäßige erneuernde Überarbeitung keinen Aufschluß mehr für die Schichtung der originalen Pigmente.

Erhaltungszustand:
Die Malerei wurde nach der Abnahme im ganzen neu übermalt, wodurch sowohl in der Zeichnung als auch in der Modellierung starke Veränderungen hervorgerufen wurden. Am bezeichnendsten ist die ausweitende Einbindung des ausschwingenden Saumes links, die Aufteilung des nach rechts fallenden Saumes sowie Einbindung des Handeisens in den Ärmelsaum, wodurch der Arm unter dem Ärmel und nicht aus ihm zu kommen scheint. Auch der Kettengurt wurde in einen Strick umgewandelt, an dem nur mehr einige Ketten hängen.

Nr. 40
»Legende eines heiligen Diakons« (Heilung?)

Standort: in situ
St. Peter, nördliche Apsis, nördliche Bogenleibung

Datierung: ca. 1450

Maße: 93 × 111 cm (heutiger Zustand)

Freigelegt: bei einer Restaurierung, vermutlich 1935 [1]

Beschreibung:
(Es wurde in erster Linie der überlieferte Zustand zugrunde gelegt [2])

Vor einem großen Haus mit sich kreuzenden Giebeldächern steht aufgerichtet, mit einer langen Albe bekleidet, der heilige Diakon, seine Linke offen erhoben, während er mit der Rechten den Segen spendet. Rechts von ihm läßt sich die gebeugte Gestalt eines alten Mannes erkennen, der sich gerade von einem Sitz zu erheben scheint. Auch diese Figur wird von einer hoch aufragenden Hausarchitektur hinterfangen. In welcher Beziehung die beiden Figuren stehen, läßt sich nicht eindeutig feststellen, jedoch scheint die kleine, aus dem Rundbogenfenster des Hauses hinter dem Diakon blickende Figur auf ein besonderes Ereignis schließen zu lassen, wodurch man an eine Heilung durch den Heiligen denken könnte.

Stil:
Das Bild insgesamt scheint sich an die zeichnerische Gestaltung der Bischofslegende (Objekt Nr. 41) anzuschließen, mit der sie auch Haltungsmotive und die Ausbildung des Volumens sowie der Einsatz der Architektur gemeinsam hat.

Ikonographie:
Die Ausdeutung des Bildes ist eng verknüpft mit der Ausdeutung der Legendendarstellung (Objekt Nr. 41) auf der gegenüberliegenden Seite des Apsisbogens, mit dem das Bild wahrscheinlich vor der Zerstörung der Rundapsis durch den Anbau des Mesnerhauses einen Zyklus gebildet hatte. Für eine isolierte Ausdeutung ist der vorhandene Bestand zu gering.

Technik:
Das Bild ist auf einer Kalkschlemme als Bildträger ausgeführt [3], auf dem die Pigmente in überlagernder, kaum eingedrungener Schicht liegen. Das schwarze Lineament der Schlußzeichnung liegt bestimmend über dem Bild. Eine Vorzeichnung ist jedoch nicht erkenntlich.

Erhaltungszustand:
Allein der Verfall, der seit der Freilegung (vgl. Aufnahme Städtische Kunstsammlungen F I/9991) eingesetzt hat, bewirkte beinahe eine gänzliche Auslöschung des Bildes durch Abrieb und Abplatzen des Kalkschlemmträgers, was auch die Restaurierung und Härtung mittels Kaseinwasser im Jahre 1955 (?) nicht aufhalten konnte.

Literatur:
Schilcher, J. 1935;
Breuer, Tilmann 1958, p. 40.

Nr. 41
Legende eines heiligen Bischofs [4]

Standort: in situ
St. Peter, südliche Bogenleibung der nördlichen Apsis

Datierung: ca. 1450

Maße: 126 × 157 cm (Bildfläche ohne Schrift)

Freigelegt: bei der Restaurierung 1935 [5]

Beschreibung:
Das Bild der Bischofslegende scheint das Schlußbild eines sich ehemals um die gesamte Apsis ziehenden Zyklus gewesen zu sein, von dem die Szene des heiligen Diakons (vgl. Objekt Nr. 40) das Anhebungsbild darstellen würde. Diese Stellung als ein in einen Zyklus eingebundenes Bild zeigt heute die praktisch völlig zerstörte Weiterführung der Bildfläche, auf der Rückseite des Triumphbogens und der beginnenden Apsiswandung. Allerdings deutet das dort vorhandene Lineament nur mehr Partien von Gewändern und einige Fluchtlinien von Architektur an, die jedoch keinerlei Zusammenhang mehr rekonstruieren lassen.

Die Szene zeigt in der Mitte des Bildes einen isoliert stehenden, nach rechts hingewendeten heiligen Bischof. Er richtet sich hoch auf und stellt mit seiner Linken das Pedum fest vor sich hin, während er mit seiner Rechten der zu ihm scheu hindrängenden Volksmenge den Segen spendet. Sein Haupt, vom Nimbus hinterfangen und von einer mit Krabben und Kreuzen besetzten Inful bekrönt, unter der das lockige blonde Haar hervorquillt, ist aufgerichtet und faßt fest diese Gruppe mit seinem Blick. Dennoch gibt der weiche Bart und der volle Mund dem hageren Antlitz einen gütigen, wenn auch ernsten Ausdruck. Der hohe, umgeschlagene Kragen, der vor dem Hals mit einer Agraffe geschlossenen Kasel umrahmt fast festigend das so gehaltene Haupt. Diese dunkelrote, innen weiß besetzte Kasel hüllt seine Gestalt ganz ein und gibt nur unterhalb der Knie die gelbliche steil auf dem Boden umknickende Albe, unter ihrem eckig schwingenden Saum frei.

Die von ihm ins Auge gefaßte Gruppe ist durch ihre Kleidung deutlich dem Bauern- und Handwerker-Stand zugeteilt. Die beiden Protagonisten der vierköpfigen Gruppe tragen knielange, an der Hüfte gerafft gegürtete Röcke. Ihre Beine stecken in ungebundenen Schuhen, unter denen der eine über die Waden reichende, oben gerollte Strümpfe trägt. Drei der Männer haben runde Tuchkappen auf, deren Ränder ebenfalls gerollt erscheinen. Die Bewegung dieser Gruppe ist indifferent. So zeigt die Fußstellung des im Vordergrund stehenden Mannes zwar in das Bild und würde die Gruppe schräg nach hinten an dem Bischof vorbeiführen, jedoch nimmt seine hochgezogene linke Schulter und das geduckte, auf den Bischof ausgerichtete, eingezogene Haupt diese Richtung zurück. Auch stellt sich der zweite Protagonist seiner Bewegung entgegen und blickt, indem er vor seinem Körper mehrere verzierte, teils goldene Gefäße zusammenrafft, leicht sein Haupt wendend auf den Bischof. Seine Fußspitze stößt mit der seines Gegenübers zusammen und schließt so die Gruppe, ihre sich wandelnde Richtung betonend, wogegen die beiden aus dem Hintergrund, ins Bild Drängenden über die beiden sich Wendenden hinweg einen Blick auf das Geschehen der Bildmitte zu erreichen suchen.

Ein Zaun aus Weidengeflecht trennt den Bischof und die vor ihm zurückweichende Bauerngruppe von dem übrigen Geschehen im Bild ab. Im Hintergrund, neben dem das Bild nach links abschließenden Haus, bedroht ein mit knielangen, von einem mit grünem Schultertuch bedeckten Rock und grüngelben Hosen Gekleideter einen Bischof mit einer Hiebwaffe (Messer?). Hoch erhebt er diese über sein grimmig blickendes, von zotteligem Haar bedecktes Haupt, zum Schlag ausholend, während er mit seiner Linken den Bischof angreift. Dieser steht bekleidet mit Mitra und einem am Hals vor dem umgeschlagenen goldfarbenen Kragen mit einer Brosche geschlossenen Kasel (?) und erteilt mit seiner Linken, das Pedum haltend, ruhig dem Angreifer den Segen, ohne sich gegen die ihn bedrohende Hand zu wehren. Dem Typus nach könnte die Person des Bischofs mit dem im Vordergrund Stehenden identisch sein, jedoch fehlt der seine Heiligkeit anzeigende Nimbus.

Rechts von dem Angreifenden scheint ein durch seine Tonsur als Mönch gekennzeichneter, bartloser junger Mann einen Bärtigen zu taufen, der nackt in einem Holzzuber sitzt. Dabei richtet der Mönch seinen Blick, der durch die entspannten zufriedenen Züge des Gesichts die Ruhe seiner Persönlichkeit unterstreicht, zum Himmel, während er mit seiner Rechten das Wasser über den Täufling gießt. Dieser, der in dem Zuber kauert, hält seinen Blick in demütiger Geste gesenkt und erhebt beide Hände gefaltet. Die Gruppe der Taufe wird von einem bogenförmigen Ausläufer der hinter dem Bauern aufsteigenden, nicht mehr genau zu bestimmenden Landschaft überwölbt und durch den Weidenzaun von den sich im Vordergrund zutragenden Ereignissen abgeschlossen.

Aus dem das Bild nach links hin abschließenden Haus drängen vier Männer in den Vordergrund, die aus dem Bild zu enteilen trachten. Der Hinterste, dessen Haupt von einer runden Kappe bedeckt ist, trägt, ebenso wie die zwei ihm Vorauseilenden nach links aus dem Bild schauend, eine Kelle (oder Pfanne?) über seiner Schulter, deren Stiel er mit der vor die Brust genommenen Rechten hält. Sein jugendliches Gesicht mit kurzer, runder Nase und klaren Augen hat durch das eckig verschobene Kinn etwas flüchtig Hektisches. Der vor ihm Eilende, ein älterer, asketischer Typ mit dünnem Bart und langen, strähnigen Haaren unter seiner weißen Stoffkappe, zeigt den gleichen Ausdruck durch seine aufgerissenen, großen Augen. Vor ihm wendet sich ein jüngerer Weißgekleideter mit einem grünen Stoffhut auf seinem Haupt nach links aus dem Bild, indem er zwei Waffeleisen (oder auch Pfannen?) hinwegträgt, die er auf die gleiche Weise wie der aus der Tür Tretende geschultert hat. Auch er hat große, geweitete Augen, obwohl er nicht ganz so wie die andern gehetzt wirkt. Jedoch scheint der Ausdruck seines Gesichtes durch die tiefe Verschattung der Augenbrauen und die nach oben gebogene Nase sich den mißgünstigen negativen Charakter zu eigen zu machen, welchen die gesamte Gruppe aufzeigt. Der im Vordergrund Stehende, der quasi für die gestaffelte Gruppe die Protagonistenrolle übernimmt, ist der Stellung seiner bloßen, in kurzen Stiefeln steckenden Beine nach ebenfalls im Begriffe, sich nach links zur Flucht zu wenden. Er, der die Grenze des geflochtenen Weidenzauns bereits überschritten hat, wendet sich um und richtet mit trotzig in den Nacken geworfenem Haupt den Blick seines Gesichts auf den im Vordergrund stehenden Bischof, der ihm den Rücken zukehrt. Spitz läuft in diese Blickrichtung seine fliehende Stirne, die nach unten gezogene Nase, die vorstehende, spitze Unterlippe und das eckige Kinn, was dem Gesicht des nur von kurzen, ungeordneten Locken bedeckten Kopfes etwas hämisch Abweisendes gibt. Durch die Wendung präsentiert er dem Betrachter seinen von einem knielangen Rock bekleideten Oberkörper frontal, vor dem er die gerafften Gegenstände, ein Gewand, zwei Säckchen (?) und einen Henkelkorb, trägt. So flieht diese Gruppe nach links, anscheinend um die Ecke herumlaufend, der Macht des Heiligen, mit der dieser die von rechts ins Bild laufende Gruppe zum Stehen gebracht hat.

Die Inschrift, die sich sockelartig unten an das Bild anschließt, läßt nur noch einzelne Buchstaben erkennen, wobei die originale Substanz der Schriftzeichen noch bei weitem geringer ist, als es den Anschein hat, da der Restaurator durch schattenhafte Ergänzung einen vollkommeneren Eindruck erwecken wollte, was heute der Entzifferung der Schrift im Wege steht.

Stil:

Der Stil dieses Bildes richtet sich gänzlich nach der zeichnerischen Art, die keinerlei Modellierung zuläßt, sondern jegliches Volumen durch die Zeichnung, die nur auf dunklen Gründen von hellen Lichtstreifen, welche wiederum zeichnerischen Charakter haben, begleitet ist. Ansonsten geben die Tönungen flächig die Lokalfarben des entsprechend dargestellten Gegenstandes.

Das Inkarnat der Gesichter dagegen weist stellenweise an Modellierung erinnernde, verschattende Flächen auf, die, bevorzugt bei der Ausbildung von Wangen, um Schläfenvertiefungen zu finden sind. Jedoch werden auch diese meist in eine Schraffur aufgelöst oder von Strichlagen der schwarzen Zeichnung überlagert, so daß auch hier die primäre Rolle des Striches gegenüber der Fläche zum Tragen kommt. Jedoch ist dieser »malerische« Einsatz des Lineaments ganz auf die Gestaltung der Häupter und Kopfbedeckungen begrenzt, so daß ihr im Gesamtsystem des Bildes nur die Rolle der individualisierenden Charakterisierung zukommt, die sich auf die genannten Bereiche beschränkt, aber nicht auf den Körperbau ausgreift.

Trotz dieser Verlagerung des Gewichtes auf das Lineament entwickelt die Gestaltung des Bildes eine bewegte Räumlichkeit, deren Grundlage in der Ausbildung der Figuren zu sehen ist. So besitzt jede Figur eine Körperlichkeit, die durch Binnenzeichnung, die Spannung der Gewandfalten, deren räumlicher Verlauf und auch deren Stofflichkeit vorzustellen vermag. Dadurch, daß die Räumlichkeit des Körpers, wenn daran nicht durch Gesten für die Person ein weiterer »Umraum« aufgebaut ist, dieses Körpervolumen selbst durch die Arme umfaßt, wird an den materiellen Raum eine weitere, von der Figur umschlossene Raumschicht aufgebaut, die sich durch Gegeneinanderstellung der Einzelfiguren dann auch als Kontaktraum bezeichnen läßt, dessen Verschränkung durch die Beine (wie bei der linken und rechten Volksgruppe) oder noch durch fassende Gesten verschließen und verzahnen läßt. Dieses Prinzip verhindert eine flächige Schematisierung die vor allem durch die überschneidende Staffelung gegeben wäre, wenn nicht dazu das der Figur eigene Raumprinzip hinzukommen würde.

Durch diese hier genannten Grundprinzipien wird auch eine verhältnismäßig starke Abwechslung des eigentlich immer gleichbleibenden rundschultrigen Typus erreicht. Auch die Haltungsmotive wiederholen sich, wie ein Vergleich der beiden Bischofsgestalten, der beiden ihre Beute geschultert aus dem Haus Tragenden und des Protagonisten links und des hinteren Zurückweichenden rechts zeigt, wobei bei dem letzten Vergleichspaar durch die Kopfhaltung und die Drapierung verschiedener Gegenstände eine Abwechslung gesucht wurde. Noch mehr versatzstückhaft wirkt die immer wieder im Bild auftauchende Kopfform, wie die des Taufenden, des Bischofs im Vordergrund und des Protagonisten links, die nur durch Bart bzw. durch die Ausformung der Details wie Nase und Lippen unterschiedlich sind.

Für die Grundkomposition ist die Ausrichtung der Figuren auf die Bilddiagonalen maßgebend, welche durch den die Bildfläche durchlaufenden Zaun betont wird. Diese Diagonalenbetonung wiederholt sich in allen Schrittmotiven und in den Wendungen der Gesichter. Die starke, teilende Betonung der von links unten nach rechts oben verlaufenden Diagonalen wird durch den Überhang der Landschaft rechts über die Taufszene verbunden, die auf die beiden Hintergrundsgruppen hinweist, von denen sich dann die flüchtende Gruppe in den Vordergrund bewegt. Eine weit stärkere Verbindungsrolle spielt der Protagonist dieser Gruppe, der auch als einzige Figur des Bildes seinen Schultergürtel frontal dem Beschauer zudreht und der durch die nach links flüchtende Bewegung der Gruppe und die nach rechts blickende des Bischofs im Vordergrund auf der Grenze des auf der Diagonalen sitzenden Zauns überwindet.

So zeigt sich ein umlaufendes Prinzip, das von der indifferent gerichteten, von der Landschaft hinterfangenen Gruppe über den Hintergrund wieder in den Vordergrund führt und die Einzelgestalt des Heiligen rahmt, der vor der Raumdiagonale ausgeschieden isoliert steht, aber durch die Richtungswiederholung in dem Protagonisten mit in der Reaktion der vor ihm zurückweichenden Gruppe in das Bildganze eingebunden wird.

Ikonographie:

Durch die Unleserlichkeit des erklärenden Schriftblockes [6] und das Fehlen eindeutiger Attribute ist das Bild heute nicht genauer zu deuten. Auch ist es unklar, ob in der Abfolge der einzelnen Gruppe, eine historische Vita mit den Begebenheiten der Taufe, der Bedrohung, des Raubes und des verhinderten (?) Raubes zu sehen wäre, was der Einbindung in einen Zyklus, der ehemals das ganze Rund der Apsis erfaßte und das gegenüberliegende Bild des Diakons zur Anhebung hätte, widersprechen würde oder ob das Ganze als gleichzeitig geschehende Einheit zu verstehen ist, dem aber das »friedliche« Nebeneinander von Taufe und Angriff entgegensteht.

Das Bild als Nothelferbild zu erklären, kann ebensowenig belegt werden wie alle anderen Hypothesen.

Solange es nicht gelingt, eine Legende oder Historie ausfindig zu machen, die alle auf dem Bild vorkommenden Details sachlich vereinigt, kann nur die Entzifferung der Schrift mit weiterführen.

Technik:
Auf einem stark geglätteten Putz sitzt eine mit diesem eng verbundene Schlemmschicht aus Mauerweiß (Kalk), worauf eine schwache, nur wenige Stellen der Figur anreißende schwarze Vorzeichnung gesetzt ist. Die Pigmente sind in Secco-Technik aufgetragen und kaum in den Grund eingedrungen, besitzen aber dennoch opaken Charakter. Die bildtragende und gestaltende schwarze Zeichnung sitzt als Schlußzeichnung auf, zu der auch zum Teil ocker- und umbrafarbene Schraffuren in den Schattenteilen auftreten, was zu der malerischen Gestaltung des Inkarnats beiträgt.

Erhaltung:
Die außerhalb der Laibung des Triumphbogens liegenden Bildflächen sind durch Abrieb und Verschmutzung heute unkenntlich [7]. Die oben beschriebene Bildfläche zeigt nur an der rechten indifferent gerichteten Gruppe einen Ausbruch auf, der nachträglich ergänzt wurde und nun die Gewandfaltung des aus dem Hintergrund herausgewendeten Mannes beeinträchtigt. Da außer einer Härtung mit Kaseinwasser an den die gesamte Bildfläche überziehenden kleinen Hammerschlägen kein Eingriff erfolgte, kann man den Eindruck, der sich heute bietet, als Original betrachten, wenn man den Abrieb der Pigmente, der vor allem die Grüntöne betrifft, berücksichtigt.

Der Schriftblock dagegen, der durch das Abplatzen der Kalkschlemme schwer gestört ist, wurde teilweise aufgefrischt, wobei schattenhaft einige Schriftzeichen ergänzt wurden.

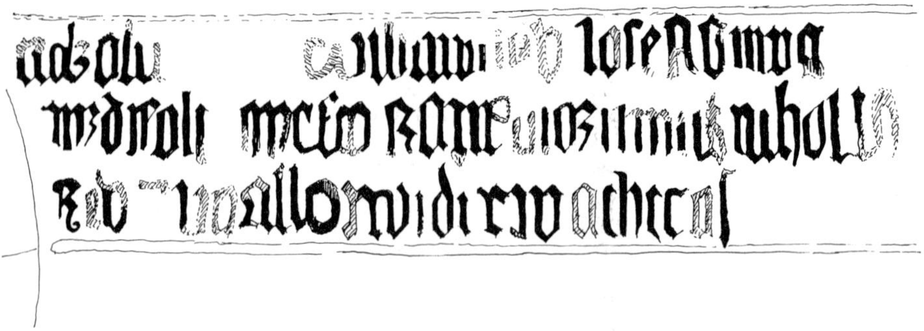

Schriftblock unter der Bischofslegende

Literatur:
Schilcher, J. 1935;
Breuer, Tilmann 1958, p. 40;
Foster, Michael 1979 (MS), p. 35/36.

Nr. 42
»Kreuzigung«

Standort: in situ
Vogeltor, Südfassade

Datierung: ca. 1445–1460

Maße: ca. 180 × 280 cm [1]

Freigelegt: schon auf Unterlagen des XIX. Jahrhunderts sichtbar, wahrscheinlich nie völlig übertüncht, jedoch mehrmals erneuert.

Beschreibung:
An der Feldseite des Vogeltores sitzt, in einem Steinrahmen leicht vertieft, eine Kreuzigungsdarstellung, die über dem Kreuz noch das Schweißtuch Christi (Mandilion) zeigt. Unter dem Kreuz steht links Maria, die mit beiden Händen ihren weiten Mantel vor ihrem Leib verschließend rafft und ihr nimbiertes, von einem Kopftuch umfangenes Haupt in Trauer versunken vom Kreuz wegwendet. Ihr gegenüber steht Johannes, der seine Hände gefaltet vor die Brust genommen hat und, seinen Kopf nach vorne geneigt, ganz in sich versunken nach unten blickt. Auch er bildet durch Einklemmen einen weiten Mantelbausch aus, der denen entspricht, die bei der Maria den Oberkörper fassen.

Vor dem Kreuzfuß, der in einem Felsbrocken gründet, liegt ein Schädel mit einem Knochen, der den Ort des Geschehens, die Schädelstätte, kennzeichnet und gleichzeitig die Legendenauslegung des Kalvarienbergs als Grab Adams andeutet.

Stil:
Auf stilistischem Gebiet weisen bei diesem Bild nur mehr Motive [2], wie Ausscheidungsprinzip des Oberkörpers, das umfassende Umhüllen durch die Mäntel sowie die Grundstruktur der Faltengebung auf das XV. Jahrhundert hin. Besonders der Corpus des Gekreuzigten, der nur auf der rechten Seite etwas das Holz des Kreuzesstamms überschneidet, scheint in seiner Haltung in der Ausmodellierung des Körpers wie auch in der Wiedergabe des Lendentuches dem Original verpflichtet zu sein. Bei Maria und Johannes dagegen scheinen sich Spuren früherer (eventuell barocker) Ausbesserungen niedergeschlagen zu haben.

Die Datierung schließt in Rücksicht auf die genannten Motive an die Erbauungszeit des Tores um 1445 an, wobei angesichts der Binnenstruktur der Gewandung ohne weiteres auch an ein Datum um 1460 gedacht werden könnte, was die Malerei mehr in den Umkreis der Bilder des Kreuzgangs bei St. Anna rücken würde (vgl. Objekt Nr. 44 bis 46).

Ikonographie:
Die Darstellung folgt dem normalen, an den »Stabat Mater«-Typ anschließenden Kreuzigungsbild (vgl. Objekt Nr. 21 und 38), zu dem das narrative Element des Schädels hinzutritt. Das Schweißtuch, das nochmals die Passion Christi anspricht, ist eine beliebte Darstellung an Türen und Toren. Ob sich allerdings dies in Zusammenhang der Mandilion-Legende von Edessa mit dessen schützender Funktion für die Tore der Städte verbindet, kann nicht eindeutig bestimmt werden.

Technik:
Wie die ursprüngliche Technik des Originals aufgebaut war, kann wegen der totalen Übermalung und der Unzugänglichkeit des Objekts nicht geklärt werden [3].

Erhaltungszustand, Überlieferung:
Das Bild wurde bei der Restaurierung des Torturms nach dem Kriege gänzlich übermalt und besitzt nur mehr die Aussagekraft einer Kopie, die allerdings auch sämtliche Übermalungszustände früherer Restaurierungen übernommen hat.

Literatur:
Ohlenroth/Steib 1927/1928, p. 68;
Breuer, Tilmann 1958, p. 61.

Nr. 43
Thronende Madonna mit Kind
assistiert von St. Ulrich und St. Afra

Ehemaliger Standort:
Nordfassade der Predigtkirche bei St. Ulrich und Afra (heute Evangelische St. Ulrichskirche) [1]

Überliefert: durch eine Kopie des Briefmalers Simnacher aus dem Jahre 1709, Wien, Haus- Hof- und Staats-Archiv Reichshofrat, Decisa Kart. 281/9 [2]

Zerstört: 1709 bei der Barockisierung [1]

Datierung: 1458 [3]

Maße: nicht bekannt

Beschreibung:
In dem von Blumenornamenten gefaßten Bildfeld sitzt auf einem frontal zum Betrachter stehenden Thron Maria, mit ihrer Rechten auf ihrem Schoß das in dunkle Gewandung gewickelte Kind haltend, während sie ihre Linke gleichsam segnend erhoben hat. Ein dunkel gefaßter Mantel, der schleierartig über ihren Kopf gezogen ist, umhüllt sie und gibt unter ihren Knien den Blick auf das dunkle Untergewand frei. Der Thron, aus einer filigranen Säulenarchitektur aufgebaut, ist im Hintergrund durch zwei Fialentürmchen bekrönt, wogegen auf den die Lehnen im Vordergrund abschließenden Podesten zwei kleine, musizierende Engel stehen, deren bewegte Haltung nicht mit der massigen Steifheit der anderen Figuren übereinstimmen will. Über dem Haupt Mariens schweben zwei Engel herab, die eine Krone über sie halten.

Neben den durchbrochenen Gewänden des Thrones stehen die beiden Patrone des Klosters, die zugleich auch die Bistumspatrone Augsburgs sind. St. Ulrich steht links des Thrones, mit hoher Mitra und schwerer goldverbrämter Kasel bekleidet, das Pedum als Zeichen seines Amtes und das Buch als Zeichen seiner theologischen Gelehrsamkeit führend. Auf der rechten Seite des Thrones steht St. Afra. Sie trägt eine mächtige Krone auf ihrem verschleierten Haupt und ist mit einem reich bestickten, mit Borten besetzten Gewand gekleidet. Als Zeichen ihres Märtyrertodes hält sie einen Palmzweig in der Hand. Beide wenden sich der in ihrer Mitte thronenden Maria zu, die zentrale Komposition des hieratischen Bildes fassend.

Stil:
Über den Stil dieser Malerei läßt sich bezüglich der Grundlagen für das XV. Jahrhundert kaum mehr eine Aussage gewinnen. Wie die Gestalten der bewegten, musizierenden Engel vermuten lassen, scheint das Bild durch mehrere ergänzende Restaurierungen stark verfälscht, was die schwere steril wirkende Zeichnung der Köpfe und die massige verschwimmende Ausgestaltung der Gewänder begründen würde. Auch zeigen die architektonischen Elemente des Throns neuere Formen auf, die ganz aus dem Rahmen der zeittypischen Malerei fallen.

Auf Grund dieser Sachlage und der Stellung zur ehemaligen Mittelachse des Baues erscheint es nicht schlüssig, die Malerei allein an Hand der Typologie auf eine Zeit nach 1500 zu datieren [4], da sie diese ebenfalls nicht in reinem Zustand vorweist, da die Übermalung aus späterer Zeit (ca. nach Mitte des XVI. Jahrhunderts) stammen muß. Die statisch hieratische Haltung würde dagegen einer in den Grundzügen aus der Zeit um 1460 stammenden Malerei eher entgegenkommen, als daß man sie im Anschluß an Holbein'sche Altarbilder in das frühe XVI. Jahrhundert datieren müßte.

Ikonographie, Funktion:
Das Bild zeigt gleichsam wappenhaft das Patrozinium des Klosters. Dies scheint auch der Sinn dieser Malerei an dem Bau, der ehemals die Funktion einer offenen Markthalle hatte, gewesen zu sein, indem es nach außen hin zeigte, daß der Bau nun zur Kirche gehörte. Daß das Bild eine Nachfolge eines Glasfensters gewesen sei, was von Knorre mit den in die Fassade eingelassenen

Medusenhaupt begründen will [5], ist nicht einsichtig, da dieses Fenster von der beim Umbau als Predigthaus eingezogenen Decke geschnitten worden wäre. Die vorher offene Halle dürfte dagegen sicherlich nicht mit Glasgemälden verziert gewesen sein. Auch erscheint der Zusammenhang eines auf den Innenraum bezogenen diaphanen Glasgemäldes auf eine an der Außenfassade sitzende Plastik zweifelhaft.

Die Rolle des Bildes quasi als Wappen des freien Reichsstiftes St. Ulrich und Afra ist dagegen einleuchtender, weil einfacher.

Ob sich die Spolie des Medusenkopfes überhaupt auf das Bild bezog, bleibt fraglich. Eher wird man darin eine Verdeutlichung der Freiung des Klosters sehen müssen, welche der städtischen Gerichtsbarkeit hier ihre Grenze setzte. Die bei von Knorre gegebene Ausdeutung als Cisa-Kopf [6], die im späten XVI. Jahrhundert bezeugt ist, scheint eine durch den Volksmund abgewandelte Ausdeutung widerzuspiegeln, die nicht der ursprünglichen Sinngebung zu eigen war.

Technik:
Die Technik des Bildes ist nicht überliefert, jedoch weist der in der Kopie dargestellte Verfallszustand, der große abgeplatzte Stellen aufzeigt, eher auf ein Seccoverfahren hin.

Erhaltungszustand, Überlieferung:
Neben zwei Fassadenrissen des XVI. Jahrhunderts [7] zeigt eine getreue Bestandsaufnahme in einem Aquarell des Briefmalers Simnacher den Zustand des Gemäldes vor seiner Zerstörung an 1709.

Literatur:
Knorre, Eckhard von 1975, p. 46–52.

Nr. 44 bis Nr. 46
Passionszyklus des Klosterkreuzgangs des Karmelitenklosters St. Anna mit erklärenden Gleichnissen

Datiert: 1464 [1]

Übermalt: 1560/1561 [2]

Freigelegt: 1962/1964 durch Theodor Sprenzinger [3]

Geschichte:
Nachdem am 30. XI. 1460 das Kloster der Karmeliten bis auf die Kirche und die daran angebaute Hirn'sche Grabkapelle niedergebrannt war, wurden in den folgenden Jahren mit großer Anteilnahme der Bevölkerung und des Rates der Stadt die Gebäude des Klosters wiedererrichtet. Die Bauarbeiten begannen am 7. I. 1461 und dauerten bis in den Sommer 1464 [4]. Erst gegen Ende dieser Arbeiten wurde der Kreuzgang in den Jahren 1463 bis 1464 in Angriff genommen [5], der anscheinend bald mit der heute nur mehr teilweise vorhandenen Ausmalung versehen wurde. Da noch 1464 am Kreuzgang gebaut wurde, wird man die Ausmalung nicht früher ansetzen dürfen.

Die Bilder müssen jedoch in einer Inschrift an den Klosterbrand und den damit verbundenen Wiederaufbau erinnert haben, da sie in der Chronik Gassers, die über hundert Jahre später entstand, in diesem Zusammenhang für das gleiche Datum zitiert werden. So berichtet er:

> »Bissextili etiam hocce exustum hic in profesto S. Andreae (1460), invidia coqui, exceptis templo & bibliotheca totum Carmelitarum coenobium, ad divam Annam, cum duabus propinquioribus aedibus est. Quod brevi tamen iterum cives, promiscua stipe multo melius restaurarunt, ambitiumque templo junctum, fornicibus intexerunt primo, parietumque arcus, Byblicarum historiarum serie depingi curarunt. Quae imagines elapsis centum & uno annis, iterum abrasae sunt, & civium novis epitaphiis ad ostentationem usque oblinatae.« [6]

Nach Aussage der Chronik hatten die Bilder die Zeit der Reformation überdauert und wurden um 1560/1561 durch die Epitaphien zerstört bzw. ganz übertüncht.

Nach der Wiederauffindung bei der Restaurierung 1962/64 wurden von den ehemals um den ganzen Kreuzgang laufenden Bildern noch an vier Schildwänden die Überreste der Bemalung freigelegt [7], von denen drei konserviert wurden, während die Schriftblöcke und das Bild im dritten Joch der Südwand wieder übertüncht wurden. Allerdings machten die Beschädigungen, die durch das Einstellen der Epitaphia und wohl am schwerwiegendsten durch die Abstützung des Kreuzgang-Gewölbes vor der Restaurierung angerichtet waren, größere Retuschierungen nötig.

Das Wandsystem:
Nur der Schildbogen unter dem fünften Joch des Südflügels weist noch alle Bilder auf. Daran läßt sich erkennen, daß gleichsam jeder Wandabschnitt tryptichonartige Grundgliederung aufwies. Das Mittelbild, das die gesamte Höhe des Bildbereichs der Wand umfaßte, stellte als Hauptthema die Darstellung des sich um den ganzen Kreuzgang ziehenden Zyklus dar, das die beiden »Seitenflügel« kommentierten, indem sie die Ereignisse durch Gleichnisse oder Legenden erläuterten. Diese Seitenszenen, die nur zwei Drittel der Wandhöhe umfassen, wurden durch je eine in dem Zwickel darübersitzende Halbfigur eines Propheten mit Schriftband zum Thema des Hauptbildes in Verbindung gesetzt. Diese Bildflächenaufteilung innerhalb der von den dunkelgrauen Rippen gefaßten Wand ist durch schmale, mit Lichtkanten profilierte Rahmenleisten gegliedert, die kaum tektonische Körperlichkeit annehmen.

Schriftblöcke, die sich in ursprünglichem Zustand unterhalb der Basislinie des Bildsystems befanden [8], scheinen den ikonographisch gegebenen Konnex für den Betrachter verdeutlicht zu haben. Die bibelexegetische Tendenz des Zyklus verhinderte anscheinend eine Beseitigung der Bilder, die erst 1560 den repräsentativen Ansprüchen der protestantischen Gläubigen weichen mußten, denen bis dahin die beliebteste und vornehmste Grablege im »finstern Gred« am Dom verschlossen blieb.

Nr.: 44, I
Passion: Ölberg

Standort: in situ
St. Anna Kreuzgang, Südwand, 5. Joch

Maße: 132 × 244 cm

Beschreibung:
In einer weitläufigen Landschaft kniet links zwischen zwei Palmen Christus vor dem sich dahinter in der Landschaft abhebenden Bergmassiv, beide Hände dem vom Himmel herabschwebenden Leidenskelch entgegengestreckt. Sein Körper ist ganz von dem langen, hellblauen Leibrock umfangen, der sich, auf dem Boden auftreffend, über das Grün der Wiese breitet und nur die Füße bloß läßt. Sein Haupt mit der hohen, runden Stirn, hinterfangen von einem Kreuzesnimbus, hat er in den Nacken geworfen, so daß sein Haar in langen Strähnen auf die Schultern fällt und sein Bart, der das Gesicht ausscheidend rahmt, spitz nach vorne gerichtet ist. Die abwehrend gehaltenen Hände sind wie das Gesicht und die bloßen Füße von punktartigen, blutigen Schweißperlen bedeckt, die seine ängstliche Haltung unterstreichen.

Vor ihm ist Johannes in Schlaf versunken, der durch den Namenszug in seinem Nimbus kenntlich ist. In Hockstellung sitzend hat er die verschränkten Arme auf die Knie gelegt, die sein ruhendes Haupt einbettend umfangen, von dem in dem reichen Faltenspiel des sich knitternd um die Figur legenden Gewandes nur der blondhaarige, vom fülligen Kragen ganz umfaßte Scheitel sichtbar ist. Die Faltung des Gewandes betont ganz das zusammengesunkene Ruhen, dem nur die vertikale Struktur der Unterschenkel Halt gibt, die selbst wiederum von dem auf den Boden aufstehenden Gewand gefaßt wird. Rechts neben ihm hat sich Petrus, sein Haupt auf seinen linken Arm stützend, quer zum Bildgrund der Länge nach gelagert. Weit auslaufend umfängt sein dunkelroter Mantel den ehemals hellblau gekleideten Körper, wobei die aufstehende Partie an seinen Füßen das in den Raum hinein Auslaufen des Gewandes verdeutlichen soll. Sein Haupt ist kahl, nach unten zulaufend, was durch den schmalen, auf der Brust aufliegenden grauen Bart noch mehr ins Asketische verstärkt wird. Auch er schläft fest, wobei er mit seiner vor dem Körper herabhängenden Rechten an das neben ihm liegende Schwert greift, was bereits seinen Angriff auf Malchus in der nächsten Szene vorbereitet.

Hinter ihm hockt Jakobus nur leicht nach vorne geneigt. Er, der ebenso wie die beiden anderen durch die Inschrift im Nimbus gekennzeichnet ist, hat die Hände auf den an den Körper herangezogenen Knien übereinander gelegt, gleichsam in sich selber Halt suchend. Sein rechter Ellenbogen, von dem der weiße, die ganze Figur weit einhüllende Umhangsmantel bereits herabgerutscht ist, gleitet etwas ab, wodurch die gesamte Figur etwas Labiles, nach vorne Sinkendes erhält. Als »Bruder Christi« ist sein Gesicht ganz dem Typus des blutschwitzenden Herrn angeglichen.

Diese vier Personen beherrschen in ihrer monumentalen Größe die Bildfläche, in die sich die Landschaft, ausgehend von dem Raum zwischen den Aposteln im Vordergrund, erstreckt. Leichte, sich überschneidende Hügellinien geben die Entfernung an, ohne sich farblich voneinander abzusetzen. Der dabei entstehende Entfernungseindruck wird durch die fortschreitende Verkleinerung der Bäume verstärkt, die allerdings maßstabsgemäß gegenüber den Personen viel schneller abzunehmen scheinen. Auch die beiden neben Christus stehenden Palmen wirken im Vergleich mit der pyramidenähnlich aufragenden Figur verkümmert.

Vor dem sich in die Ferne erstreckenden Hintergrund, in dem ein Wanderer auf einem weiterführenden Weg dahinzieht, ist die Begegnung Christi mit der Gruppe der Häscher dargestellt. Blockhaft aufrecht steht Christus mit fragender Handgeste vor der Schar, welche hintenübergesunken vor ihm auf dem Hang des den Mittelgrund schließenden Hügels liegt. Nur einer der Knechte steht in der letzten Reihe, gleichsam die Macht Christi schauend. Neben der Schar steht in gelben Gewand Judas, seine Rechte betroffen zur Brust nehmend und die Linke kraftlos sinken lassend, auf die am Boden besiegt liegenden Soldaten zeigend.

Diese Gruppe bildet mit dem ihr gegenüberstehenden Felsmassiv, vor dem Christus kniet, die Begrenzung der Mittelgrundzone, ohne diese auszuscheiden. So überwindet die Durchgängigkeit der Landschaft die betonende Monumentalität der Figuren im Vordergrund und gibt in der Verbindung die Grundlage für die Bildeinheit.

Nr. 44, II
Prophetenbüste
mit dem Gleichnis der törichten Jungfrauen

Standort: in situ
St. Anna, Kreuzgang, Südwand, 5. Joch

Maße: 110 × 212 cm

Beschreibung:
Das Bild gibt einen Ausblick in eine hügelige Landschaft, in der S-förmig ein Weg auf die im Hintergrund in den Himmel ragende befestigte Stadtanlage führt, die von mächtigen Türmen überragt wird. Am höchsten Punkt der Stadt scheint eine doppeltürmige Kirche zu stehen, vor deren Tor zwei schattenhafte Silhouetten die Szene beleben. Im Vordergrund ist das ganze Bild durch eine von einem rechts oben befindlichen Portal herabführende Treppe gleichsam abgeschrankt, auf der in modischer Tracht fünf Frauen herabschreiten. Die Oberste vor dem Portal trägt eine Spitzhaube und ein weit ausgeschnittenes, hoch gegürtetes blaues Kleid, das reich auf den Boden fällt. Die Zweite in gleicher Weise, jedoch ganz in Weiß gekleidet, hält ebenso wie diese beide Hände verschließend vor ihrem Schoß, trägt jedoch auf ihrem Haupt eine große, gebundene, runde Mütze. Der Standort dieser beiden obersten Frauen läßt sich nicht mehr genau bestimmen. Die Nächste verläßt gerade die oberste kenntliche Stufe, über die ihr goldokkerfarbenes Kleid herabfließt. Mit ihrer Linken hält sie eine kaum mehr kenntliche Lampen-

schale nach unten, auf die sie, wie man aus der Wendung ihres mit einer hohen Haube bedeckten Kopfes schließen kann, herabschaut, während sie mit ihrer Rechten den Rock vorne leicht anzuheben scheint. Die vor ihr Schreitende, mit einem weißen Kleid mit dunkel eingesetzten Ärmeln bekleidet, hat ebenfalls ihre in der Rechten gehaltene leere Lampenschale gewendet und hält einen Teil ihres Gewandes über die Linke gelegt geschürzt, um beim Gehen weniger behindert zu sein. Der Ausdruck des von einer gebundenen, asymmetrischen Haube bedeckten Gesichts ist leer in die Ferne über die vor ihr gehende Frau hinweggerichtet. Diese betritt soeben die unterste Stufe des Treppenlaufes, indem sie mit beiden über Kreuz gehaltenen Händen ihr Gewand hochnimmt, das von der hohen Gürtung steil zu Boden fällt und sich über die Stufe fließend in üppigem Faltenspiel bricht. Am Fuß der Treppe ist gerade noch ein kleiner Streifen der Landschaft zu sehen, welche die von der Treppe gebildete tektonische Räumlichkeit nach hinten weitet und ihr gleichsam einen zweiten Raum hinterlegt, der mittels der Durchgängigkeit seiner Flucht und seiner organisch schwingenden Gliederung einen Gegensatz zu den hinteren Linien der Treppe gibt, indem er entgegen der Abwärtsbewegung im Vordergrund nach hinten schwingend ansteigt.

Über der Szene beugt sich, getrennt von der profilierten Rahmenleiste, die Halbfigur eines Propheten aus dem Rahmen heraus. Bekleidet mit rotem, grün ausgeschlagenen Kapuzenmantel und rotem, weiß gerandeten Barett hält er ein Schriftband mit beiden Händen, von dem sich ein Ende vor ihm spiralförmig hochwindet, während sich das untere vor ihm leicht schwingend hinzieht und einrollt. Von den Schriftzeichen sind nur mehr Spuren erhalten, die sich nicht mehr lesen lassen.

Nr. 44, III
Prophetenbüste
mit der Darstellung des Engelsturzes

Standort: in situ
St. Anna, Kreuzgang, Südwand, 5. Joch

Maße: 150 × 212 cm

Beschreibung:
Frontal auf den Betrachter ausgerichtet sitzt Gottvater auf einem von hohem Dorsale hinterfangenen, mit zwei geschwungenen Gewängen versehenen Thron, der auf einem Wolkenband schwebt. Gekleidet in ein violettes Untergewand, über das sich ein weiter roter, grüngefütterter Mantel legt, den er halb auf seinen Schoß gezogen hat, stützt er sich mit seiner Linken, die andere Mantelhälfte zurückschlagend, auf das Gewänge, während er mit seiner Rechten die auf dem Mantel aufliegende goldene Weltkugel hält. Sein von einer Kaiserkrone bedecktes Haupt hat er gerade gerichtet, unbewegt durch die sich um ihn ereignenden Kämpfe.

Links von ihm stößt ein golden gewandeter Engel mit beiden Armen weit ausgreifend einem stürzenden Teufel seine Lanze ins Gesäß, daß das Blut aufspritzt. Dieser hundsköpfige, nackte Dämon sucht verzweifelt mit allen Vieren nach einem Halt. Neben ihm fällt ein kleiner roter Teufel, von dem sich nur mehr eine Hand und das Gesicht wahrnehmen lassen.

Rechts von Gott erhebt ein weißgekleideter Engel sein Schwert. Die vor ihm wegstürzende Gewandfigur (?) läßt sich aber nicht mehr klären, da eine Verzeichnung vorzuliegen scheint. Zusammenhangslos kann man nur mehr ein prankenartiges Glied sehen. Darunter stürzt ein brauner geflügelter Dämon mit verzerrtem Gesicht (?) in die Tiefe.

Auch über dieser Szene hält eine Prophetengestalt ein Schriftband. Bärtig, mit grünem Gewand, rotem Mantel und gelb-roter Barетthaube greift er mit seiner Rechten nach dem schräg vor seinem Körper verlaufenden Band, das sich ähnlich wie das seines Gegenübers räumlich entwickelt. Auch auf ihm sind nur die drei Buchstaben ».SA.L« zu entziffern.

Stil: siehe Zusammenfassung nach Nr. 46

Ikonographie für die gesamte Nr. 44:
Die Hauptszene scheint bei dieser Schildwand dem Evangelium nach Johannes zu folgen [9], der als einziger die Szene der zurückweichenden und stürzenden Häschergruppe berichtet. Jedoch wird man auch bei diesem Zyklus nicht fehlgehen, eine kompilierte Fassung der Passion anzunehmen [10]. Eigenartig ist bei der Darstellung des Ölbergs, die sonst ganz dem üblichen Typus folgt, die Konnexion mit der stürzenden Häscherschar, die eigentlich von der theologischen Thematik her viel eher in den Zusammenhang des Verrats an Jesus gestellt gehörte. Es ist nicht auszuschließen, daß kompositorische Gegebenheiten beide Szenen zusammenstellten, und sei es nur, daß sich in diesem Fall die Kommentierung durch ein noch nicht besetztes Seitenfeld anbot.

So erläutert die Szene des Gleichnisses der törichten Jungfrauen [11], die von der verschlossenen Türe zurückkehrten, den Schlaf der Apostel, die, unfähig zu wachen, nicht mit Jesus beteten. Die Darstellung des Gleichnisses zeigt in ihrer Abwärtsbewegung auch ganz das negative Ereignis der Abweisung auf. In diese Richtung lassen sich auch die Jungfrauen mit beachtlicher Passivität ein, indem sie ihre Lampen umkehrten und nach unten blickend, die Treppe herabstiegen.

Läßt sich diese Szene verhältnismäßig unproblematisch in einen Konnex mit der Ölbergszene bringen, so ist die Eingliederung des Engelsturzes in diesen Zusammenhang nicht so offensichtlich. Sie scheint sich auf den Ausspruch Christi bei der Gefangennahme zu beziehen, bei dem er die Apostel daran erinnerte, daß ihm sein Vater, wenn er es wollte, 12 Legionen Engel schicken würde, die ihm zu Hilfe eilten [12]. Als sichtbare Auswirkung dieser Hilfe sah man offenbar die gestürzten Häscher an, die von unsichtbarer Macht zu Boden geworfen wurden. Die gleiche Kraft der Engel zeigt sich bei der jüdischen Legendenfassung [13], welche auch durch die Wiedergabe in christlichen Legenden Gemeingut geworden war [14], so daß über diese Konnexion die Verbindung zwischen Engelsturz und den Darstellungen der Hauptszene gegeben ist.

Die Propheten, die beide nicht als Könige gezeichnet sind, lassen sich nicht identifizieren, da die sie bestimmende Schrift verloren ist.

Erhaltungszustand: für die gesamte Nr. 44:
Durch weitgehendes Abplatzen der Schlemmschicht ist über die gesamte Bildfläche der Zusammenhang der originalen Pigmente schwer gestört [15]. Die Flächen wurden nach der Freilegung 1964 mit Kasein gebundenen Farben in Stretteccotechnik retuschiert. Dabei kam es in den stärker beschädigten unteren Partien zu Formveränderungen, wie die Gewandfaltung der drei unteren Jungfrauen, die Faltung von den Gewändern des Johannes und des Petrus sowie zu der Verzeichnung in der unteren Partie des Engelsturzes. Dort wurden auch wesentliche Veränderungen in den Zeichnungen speziell der Teufelsgesichter vorgenommen.

Auch die Binnenzeichnung der Gesichter ist im wesentlichen auf die erneuerten Verstärkungen zurückzuführen, so daß sie daher in der Beschreibung nicht weiter berücksichtigt wurde.

Technik siehe Zusammenfassung nach Nr. 46

Nr. 45, I
Passion: Gefangennahme

Standort: in situ
St. Anna, Kreuzgang, Südwand, 6. Joch

Maße: 144 × 250 cm

Beschreibung:
Judas, in grünem Gewand und mit einem bis an die Hüfte geschlitzten Überrock gekleidet, ist im Vordergrund an Jesus herangetreten und küßt diesen, wobei er die Hand auf die Schulter Christi legt. Dieser steht ruhig und fest, gerade die Hand zur Heilung des Malchus ausstreckend. Gleichsam angewidert wendet er sich von dem auf ihn zukommenden Gesicht des Judas ab, der mit seinen roten Haaren, der vorspringenden Nase und dem spitzen vorstehenden Bart in

Gegensatz zu dem glatten, straff von den Haaren und dem Nimbus umfaßten Gesichtstypus des Herrn steht.

Neben dem steil aufragenden, hellblauen Gewand Christi befindet sich zu dessen Füßen Malchus, der etwas von ihm verdeckt wird. Beide Füße an den Leib gezogen, hockt er in einem weiten roten, weiß ausgeschlagenen Kittel mit breitem, umschlagenden Kragen sowie einer schwarzen engen Hose gekleidet. Ungelenk streckt er seinen Arm aus, mit dem er sich am Boden abzustützen trachtet.

Links von ihm wendet Petrus sich aus dem Bild, der mit seiner Rechten das Schwert in dem weißen, rot gefütterten Mantel verbirgt, den er weit unter dem ausgestreckten, die Fluchtrichtung anzeigenden linken Arm durchgezogen hat und über die Beuge des rechten Ellenbogens aufnimmt. Sich mit einem weiten Schritt so aus dem Bild drehend, wendet er sein kahles Haupt auf Christus zurück.

Hinter der Gruppe von Christus, Judas und Malchus drängt aus dem Bildgrund die Schar der Häscher hervor. Die beiden Vordersten scheinen bereits Hand an Jesus zu legen, wobei der Linke, mit einem roten Kittel und weißer Hose Bekleidete seine Rechte, in der er ein Messer (oder Stock?) hält, drohend gegen Christus erhoben hat. Der andere, weiß Gekleidete scheint soeben mit seiner Linken Christus ergreifen zu wollen. Die übrige Horde schließt sich diesen beiden an. Knechte, von denen der hinterste eine Fackel trägt und ein anderer einen Wimpelspieß führt, sind mit zwei Speeren bewaffnet und drängen hinter der rechten Bildkante hervor.

Auch in diesem Bild öffnet sich tief die Landschaft, in deren Mittelgrund sich links ein steiles rotes Felsmassiv erhebt, an dessen Fuß nochmals eine Gruppe von Leuten erscheint. Es ist unklar, ob damit herannahende oder abziehende Häscher gemeint sind. Dahinter erhebt sich eine Hügelkette, die das Bild im Hintergrund schließt. Eine silhouettenartig dargestellte, große doppeltürmige Anlage soll anscheinend die Stadt Jerusalem verkörpern, den Ort der Passion.

Die Landschaft, die sich auch in diesem Bild durchgängig vom Vordergrund bis in die Tiefe der abschließenden Hügelkette erstreckt, kann in diesem Fall nicht mit der Räumlichkeit, die durch die Staffelung der monumentalen Gestalten im Vordergrund gegeben wird, konkurrieren, so daß sie trotz ihrer hinführenden Binnengliederung flächig dem Bildgrund verhaftet bleibt, mit dem sie vor allem durch die Silhouettenwirkung der die Hügel bekrönenden Bäume und der Stadt verbunden ist.

Nr. 45, II
Prophet mit Landschaftsfragment

Standort: in situ
St. Anna, Kreuzgang, Südwand, 6. Joch

Maße: 110 × 213 cm

Beschreibung:
Von dem linken Seitenfeld ist noch der untere Gewandsaum und die in hohen Stiefeln steckenden, in Schrittstellung stehenden Beine zu erkennen. Oberhalb von dem zerstörten Oberkörper sieht man eine Turmanlage und die Reste der abschließenden Landschaft.

Im oberen Feld des Seitenteils sitzt ein bartloser Prophet, der mit beiden Händen ein Schriftband vor seinen in einen roten, gelbkragigen Mantel gekleideten Körper hält, das spiralig umschlagend endet. Seine Kopfbedeckung ist von einer Krone umfaßt, die ihn als einen der Prophetenkönige kennzeichnet. Jedoch ist der Gesichtstypus durch die Retuschen verzeichnet und die Schrift auf dem Band gänzlich ausgelöscht.

Nr. 45, III
Landschaftsfragment

Standort: in situ
St. Anna, Kreuzgang, Südwand, 6. Joch

Maße: 113 × 153 cm

Beschreibung:
Nur ein schmales Relikt der rechten Seitenfläche zeigt einen Überrest der Landschaft des Hintergrunds, wo sich zwischen kleinen Bäumen ein mächtiger Rundturm mit kegelförmigem Dach vor dem Himmel abhebt.
Auch die darüberliegende Prophetenbüste ist bis auf den linken Rand des Schriftbandes völlig zerstört.

Stil: siehe Zusammenfassung nach Nr. 46

Ikonographie: für die gesamte Nr. 45

Sie stellt sich für die Hauptszene des Judaskusses ganz im normalen Typus vor [16] (vgl. auch Objekt Nr. 31). Das Herannahen des Zuges (bzw. die Wegführung Christi?) scheint in diesem Fall ebenso wie das Hinstürzen der Häscher im Zusammenhang des Zyklus zu sehen zu sein, womit eine Einbindung in den Ablauf durch Anzeigen verbindender Geschehnisse angedeutet ist.
Die Seitenszenen gaben in diesem Fall sicherlich auch einen Bezug auf die Hauptszene, der jedoch durch die Zerstörung wie der Prophetenkönig links nicht näher bestimmbar ist.

Technik: siehe Zusammenfassung nach Nr. 46

Erhaltungszustand:
Auch bei diesem Bild wurde die pigmenttragende Schlemmschicht durch Abplatzen stark gestört [17], wobei wiederum die größten Ausbrüche an der Bildbasis liegen. Auch in diesem Fall wurde in Stretteccotechnik retuschiert, wobei allerdings nicht alle Teile, die ergänzt wurden, gekennzeichnet sind. So ist die Schritt- und Fußpartie Petri und auch der sich im Leeren aufstützende Arm des Malchus neu. Erstere wohl dem Original entsprechend, wogegen letztere aus verschiedenen Originalpartikeln, die falsch verbunden wurden, komponiert wurde. Die Gesichtszüge sind insgesamt ergänzt und sind daher nicht bewertbar, wogegen sich die Gewandfaltung des Malchus (nur am Körper) und des Judas in ihrer trockenen scharfen Zeichnung als echt erwies.
Die Reste auf den Flächen der Seitenfelder wurden aufgefrischt, wobei es, weil der Zwang zur Vollständigkeit fehlte, anscheinend zu keinen größeren Verzeichnungen kam.

Nr. 46, I
Passion: Grablegung

Standort: in situ
St. Anna, Kreuzgang, Westwand, 6. Joch

Maße: 95 × 195 cm

Beschreibung:
Zwei Männer legen im Vordergrund den in weiße Tücher gewickelten Leichnam Christi in eine rotmarmorne (?), kistenförmige Tumba. Beide, die wohl mit Joseph von Arimathia und Nikodemus zu identifizieren sind, stehen an den Schmalseiten des schräg zum Bildgrund stehenden

Sarkophags. Während der eine Gelbgekleidete die Füße bereits hineingesenkt hat, stützt die reicher gekleidete, mit einer Fez-artigen Haube bedeckte Gestalt noch das nimbierte Haupt und den Oberkörper des Leichnams. Neben der ehemals bärtigen Gestalt scheint eine Frau, in der wohl Maria zu sehen ist, zu knien, die ihr Haupt ganz in einen weißen Schleier gehüllt hat, der nur Brust und die gefalteten Hände freigibt. Rechts neben ihr schließt sich eine weitere Heilige an, die ebenfalls einen weißen Schleier trägt und ihren hellroten Mantel unter die gehobenen Arme klemmt, so daß nur eine kleine Partie des grünen Untergewandes die vor den Oberkörper gehaltenen Hände umfängt. Rechts hinter ihr ist die dritte Heilige herangetreten, die durch ihre langen Haare, die gelöst auf die Schultern fallen, als Maria Magdalena kenntlich ist. Auch sie hatte scheinbar ihre Hände, vor dem Oberkörper gefaltet, vor ihr weißes Untergewand genommen, das von dem am Hals geschlossenen, in schweren Falten fallenden roten Mantel weit umfaßt gerahmt wird. Hinter dieser Reihe der neben dem Grab stehenden heiligen Frauen ist eine weitere weiß gekleidete heilige Gestalt, in der man, obwohl sie heute als bärtig anzusehen ist, mit einiger Sicherheit Johannes, den Jünger Jesu, zu erkennen hat, wodurch sich auch seine Zuordnung zur Maria erklären würde.

Diese Gruppe riegelt im Vordergrund durch die Tektonik des Sarkophages und die dicht geschlossene Reihe der Heiligen das Bild so ab, daß sich der Hintergrund ziemlich unvermittelt anschließt, da die in den anderen Bildern so charakteristische Verzahnung zwischen weiterführender Landschaft und der monumentalen Vordergrundsgruppe ausgeklammert wurde. So zeigt der Hintergrund nach einer abermaligen Abgrenzung durch lockeres Buschwerk in einer hügeligen Landschaft den Ausblick auf eine Richtstätte, auf der links ein leeres Kreuz (oder auch Galgen?) steht, an das eine Leiter gelehnt ist. Zwei reich gekleidete Personen stehen vor diesem und scheinen sich zu unterhalten, indem ein junger, modisch gekleideter Mann auf sie zukommt. Weitere Gruppen von Bewaffneten umstehen das Kreuz, während sich drei nach rechts in ein bewaldetes Tal zu entfernen scheinen. Hinter dieser Szene erhebt sich kaum mehr kenntlich eine mächtige Burganlage, die an einem breiten Fluß zu liegen scheint und die Landschaft mit ihrer Silhouette schließt.

Nr. 46, II
Prophetenbüste mit Szenenfragment

Standort: in situ
St. Anna, Kreuzgang, Westwand, 6. Joch

Maße: 72 × 136 cm (Gesamtfläche)

Beschreibung:
Vor dem Saum einer Hügelkette, die teils bewaldete Hänge zeigt und in einem Sattel einen hoch in den Himmel ragenden Baum trägt, unterhalten sich zwei Männer. Der eine, ganz weiß gekleidet, wendet sich im Profil seinem Gegenüber zu, welcher durch ein rotes Gewand und einen hochgewölbten, schmalkrempigen Hut gekennzeichnet ist. Er, der sich dem anderen in Dreiviertelansicht zuwendet, scheint ehemals mit seinen Händen eine sprechende Geste ausgeführt zu haben, auf die der hinter ihm Stehende mit dunkelgrauem Hut und der rechts vor ihm Stehende, mit dunkelvioletter Kleidung und Hut ins Profil gewendet, zu schauen scheinen. Eine Deutung des Fragments ist durch den Zustand ausgeschlossen.

Oberhalb des Fragments findet sich die Büste eines Prophetenkönigs, der ein sich wellend bewegendes Schriftband, das sich am Ende einrollt, mit seiner Rechten hält und mit der Linken darauf verweist. Über sein rotes Gewand mit golden gefaßten Ärmeln hat er einen grünen ärmellosen Hemdenrock gezogen, der, an den Rändern goldverbrämt, ihm ein reicheres Aussehen verleiht. Auch bei ihm ist eine Identifizierung nicht möglich.

Nr. 46, III
Prophetenbüste mit Landschaftsfragment

Standort: in situ
St. Anna, Kreuzgang, Westwand, 6. Joch

Maße: 63 × 148

Beschreibung:
Das Szenenfragment zeigt nur mehr den Umriß eines von einem roten Barett mit gelbem Rand umfaßten Hauptes, hinter dem sich fragmentarisch Gebäudeumrisse am Hang eines nach links hin aufsteigenden Hügels, auf dem ein dunkler Wald steht, erkennen lassen.

Der über dieser Szene befindliche Prophet ist ebenfalls durch die mit einer goldenen Krone gefaßten Mütze als Prophetenkönig gekennzeichnet. Gekleidet in einen roten Umhang, der einen goldgelben Schulterbesatz trägt, und der voluminös sich breitend seinen ganzen Körper umhüllt, faßt er umschließend das vor diesem laufende Schriftband, dessen Ende sich spiralig überschlagend vor seinem Gesicht nach oben entfaltet und am Ende einrollt.

Stil: Siehe Zusammenfassung am Ende der Nummer.

Ikonographie:
Das Bild wurde zum Teil auch als die Auferweckung des Jünglings von Naim angesprochen [18], was sich jedoch durch die Darstellung nicht halten läßt.

So weist die Heiligkeit der Figur im Sarkophag, welche noch durch die anbetenden Gesten der Frauen erhöht wird, die ja selbst Heilige darstellen, ganz auf die Person Christi hin. [19] Die drei Frauen, die als die drei Marien anzusehen sind, sowie Johannes folgen ganz dem Normaltyp einer Beweinung bzw. Grablegung, die hier durch die Figuren des Nikodemus und des Joseph von Arimathia erweitert wurde.

Die Szene der Gerichtsstätte im Hintergrund scheint sich auf die Kreuzabnahme zu beziehen, wogegen allerdings die Darstellung nur eines Kreuzes spricht. So läßt sich der Konnex zwischen Vordergrundgruppe und Hintergrund eher als Lokalisierung verstehen.

Die beiden Seitenszenen sind wie bei Objekt Nr. 45 wegen ihres Erhaltungszustandes nicht mehr zu bestimmen. Auch die Prophetenkönige entziehen sich der Identifizierung, da die Schriftzüge der Sprüche zerstört sind.

Technik: vgl. Zusammenfassung nach dieser Nummer.

Erhaltungszustand: (für die gesamte Nummer 46)
Auch auf dieser Schildwand [20] ist der Verfall der tragenden Schlemmschicht weit fortgeschritten, jedoch gleichmäßiger vonstatten gegangen, so daß die Retuschierung, die hier im wesentlichen nur schließende Funktion hat, keine extremen Verzeichnungen bewirkte. Gänzlich neu aufgebaut wurde jedoch das Lineament der Binnenzeichnung der Heiligengruppe, das keine originale Grundlage mehr hatte, und in seiner Flüchtigkeit gänzlich dem Stil widerspricht. Demgegenüber ist die Hintergrundzeichnung kaum ergänzt und gibt den originalen Charakter wieder.

Die Seitenfelder, die in dieser Wand auch stark in der Oberfläche ruiniert sind, wurden ebenfalls mit Kalkkasein retuschiert, worauf die »verwaschene« Gestalt der rechten Propheten zurückgeht. Jedoch wurde hier mehr die Farbwertigkeit als die Form erneuert, so daß weniger neuschöpfende Zeichnung notwendig war.

Stil: Zusammenfassung für Nr. 44 mit Nr. 46
Der Stil der Bilder wird durch die Gestaltung der Landschaft bestimmt, die in ihrer Art eine neue, eine Einheit stiftende Rolle für das Bildganze übernimmt und nur dann in den Hintergrund gedrängt wird, wenn sich die monumentale Vordergrundszenerie abschrankend vorstellt oder nicht in der ihr zugewiesenen Zone verbleibt und, zu weit nach hinten reichend, die Abstufung

der Landschaftstiefe stört. In sich wahrt die Landschaft selbst bei Ausbildung eines Mittelgrundes ihre bruchlose Durchgängigkeit, die sie durch Verklammern der sich überschneidenden Hügellinien, durch die Wegfluchten und durch Abstufung des Pflanzenbewuchses erreicht. Die Fernwirkung wird vor allem durch die kleinen, silhouettenhaften Personen gesteigert, die sich in der lichtdurchfluteten Landschaft zu bewegen scheinen. Sie, die die Belebung der Hintergründe um Wesentliches steigern, stellen für die erhaltene Monumentalmalerei ein Unikat dar. Wie sehr diese dem Landschaftsvorbild verbunden scheinen, zeigt sich, wenn der Maler themenzugehörige Gruppen in den Mittelgrund der Landschaft einstellt, die er nicht so einzupassen vermag wie die anscheinend als Versatzstück übernommenen Schattenfiguren.

Ohne Rücksicht auf diese differenzierte Gestaltung der Landschaft stellt sich der Figurenaufbau im Vordergrund dar, der einen gestreckt überlängten Typus von fast zwei Drittel der Bildhöhe einnehmenden Gestalten aufbaut. Auch die Binnenstruktur ist gelängt gestreckt und bewirkt eine pyramidale Weitung nach unten, der schmale, fallende Schultern entgegenstehen, auf denen für die Gesamtgröße der Figur meist zu kleine Häupter sitzen. Der sich dabei einstellende Eindruck wird durch die gestrafft in der Länge der Stehenden verlaufende Faltung (soweit diese original feststellbar war) verstärkt, was die Monumentalität der Gestalt zwar hebt, aber der Einheit des Bildganzen nicht angepaßt erscheint.

Was bei den Figuren der Szenen die Streckung in die Höhe bewirkt, scheint bei den Halbfiguren der Propheten in eine Breitendimension zu laufen, die durch ausgreifende Gestik der Hände und die Umfassungsmotive der Gewandungen verstärkt wird. Auch die horizontalen Schriftbandteile, welche die Figuren im Volumen umfassen, betonen die Mächtigkeit der Körper, denen wiederum kleine Köpfe beigeordnet sind.

Die Auffassung der Figur, die so konträr zur differenzierten Auffassung der Landschaft läuft, zeigt, wie auch ganze Teile von Bildern als Versatzstücke aufgefaßt werden können, die dann zusammengestellt in Diskrepanz treten. Zwar wird das Bemühen um Übereinstimmung besonders in den Teilen, die aus der thematischen Vorlage in die Landschaft eingestellt werden, deutlich, jedoch zeigt die Divergenz von Figurenraumtiefe und Landschaftsraumtiefe die Schwierigkeiten an, die der Maler bei der Ausarbeitung unter Verwendung beider technisch zwar gekonnter, aber im Zusammenklang nicht verarbeiteter Bildelemente hatte. So ist es verständlich, daß er mit tektonischer Abschrankung diese Schwierigkeit zu übergehen suchte und den Figurenraum durch den Landschaftsraum hinterfing, wodurch dieser nur mehr zu einer Vertiefung des Bildgrundes diente und in seiner eigentlichen, Einheit stiftenden Funktion für das Bild verkümmerte.

Technik: Zusammenfassung für Nr. 44 mit Nr. 46
Die Bilder sind auf eine einschichtige Kalksseccoschlemme gemalt, auf welche die Pigmente fein ausgemischt in pastösen Schichten aufgetragen wurden, die vor allem in den Hintergründen einen flüchtig impressionistischen Eindruck wiedergeben. Eine Modellierung fand nur durch Setzen der Farben statt, die trocken neben- bzw. aufeinander kamen und so nicht die malerischen weichen Übergänge erhielten, sondern hart und zeichnerisch blieben. So wurden auch Abtönungen der grünen Farbe im Hintergrund durch Strichlagen vorgenommen. Auf das Ganze setzte sich eine dünne Zeichnung, die diesen graphischen Charakter betonte und durch Strichlagen, Schattentiefen und Faltengrate heraushob sowie die Bereiche von Lokalfarben umfaßte.

Untermalungen, die auf die Transparenz der oberen Schichten hin ausgerichtet waren, kamen kaum vor. Nur in wenigen Bereichen, wo Strichlagen Flächen abschattieren, könnte man davon sprechen, was jedoch nicht der normalen Auffassung von Untermalung entspricht.

Der gesamte technische Aufbau geht von einem trockenen Auftrag aus, der keinerlei Verfließen oder Einziehen von Farben benutzt, um seine Ausdrucksmöglichkeit zu steigern. Dies trägt aber zugleich die Ursache für die starke Zerstörung der Substanz in sich, da die Labilität der Bindung vor allem der Abnahme der darüber gelegten Tünchen nicht standhielt.

Literatur:
Gasser (Chronik) Sp. 1569;
Stetten (Chronik) I, p. 242, 878;
Schenk/Lindermayer 1977, p. 16;
Foster, Michael 1979 (MS), p. 119.

Nr. 47
Tod Mariens mit Jakobus Maior und Antonius Abbas
mit den Stiftern Lukas Welser und Ursula Laugingerin

Ehemaliger Standort:
St. Jakobskirche, Chornordwand

Datierung: 1469

Maße: Original: 545 × 285 cm [1]
Photographie: 31,5 × 18,3 cm [2]

Freigelegt: 1720 [3]

Überliefert:
Photographie aus dem Nachlaß Buchner [4], Aquarell im Privatbesitz der Familie von Welser, (derzeit nicht auffindbar) [5]

Beschreibung:
(Die Darstellung ist nur im Zustand der Restaurierung von 1884 überliefert, so daß Aussagen über das Original nur bedingt möglich sind).

Die Bildfläche gliedert sich in triptychonaler Form und ist durch einen schmalen Rahmen, der durch Licht- und Schattenkanten profiliert ist, gefaßt, wobei die Rahmenleisten eine Beschneidung der ursprünglichen Gestaltung erkennen lassen.

Das Mittelfeld zeigt den Tod Mariens inmitten der trauernden Apostel. In dem auf zentrale Achsen fluchtenden, mit Platten ausgelegten Raum steht bestimmend, in isometrischer Wiedergabe, das Sterbebett Mariens, die, von einer schweren Brokatdecke bedeckt, bereits entschlafen ist. Das auf doppelten Kissen ruhende Haupt ist zur Seite geglitten, die Arme ungelenk über den verdeckten Körper geführt, auf dessen Schoß die Hände ineinander gelegt sind.

Hinter dem Bett steht mit gefalteten Händen ein Apostel, der durch seine Christus ähnlichen Züge als Jakobus Maior gekennzeichnet ist. Mit gesenktem Haupt betet er, während der neben ihm stehende Petrus, mit Albe und Stola bekleidet, soeben Maria aussegnet, mit seiner Rechten den Weihwasserspender schwingend und mit der Linken den Kessel (aspersorium) haltend. An Petrus anschließend steht eine Gruppe von drei Aposteln, von denen sich der Erste mit verhülltem Haupt sich mit seiner Linken verschließt und in die erhobene Rechte weint. Der mittlere Weißhaarige hält die brennende Sterbekerze, während sein Nachbar, dessen Haupt von einer hohen Kappe bedeckt ist, sich inbrünstig betend über das Bett beugt. Rechts von ihm schwenkt ein junger Apostel, der dem Typus nach als Johannes anzusprechen wäre, ein Rauchfaß, mit dem er, sich vom Sterbebett abwendend, den Raum ausräuchert. Vor diesem stehen zwei, die gemeinsam aus einem Buch lesen, das der jüngere rechte Apostel, der in einen Rauchmantel gekleidet scheint, in der Hand hält. Sein Nachbar, der seinen Mantel über seinen Kopf gezogen hat, ist an ihn herangetreten und stützt mit seiner Rechten das Buch, während er die andere Hand auf die Schulter des jüngeren Apostels legt. Vor dem Fußende des Bettes schlägt ein hellgekleideter Apostel mit runder Mütze in einem Buch nach, das auf einem polygonalen Lesepult aufgeschlagen ist. Seinen Blick wendet er dem zu, der sich vor diesem Lesepult auf sein rechtes Knie niedergelassen hat und betend die gefalteten Hände erhebt. Hinter seinem Rücken kniet genau entgegengesetzt ein anderer junger Apostel, der anscheinend soeben die Hände der Maria zurechtgelegt hat. Leicht nach vorne übergebeugt, verharrt er in der Stellung, unverwandt auf das Gesicht der Toten starrend. Neben deren Haupt hat sich der Zwölfte auf den Boden gesetzt und betet ganz in sich versunken, das Haupt über die gefalteten Hände gelegt. Zwischen den vier Fenstern des dargestellten Raumes öffnet sich, von kleinen, betenden Engeln umgeben, ein Himmelssegment, in dem Gottvater die in einem weißgekleideten Kind verkörperte Seele Mariens in seine Hände aufnimmt.

Das linke Seitenfeld des Triptychons zeigt unter einem dreiteiligen neugotischen Gesprenge die Gestalt des Jakobus Maior. Dieser, bekleidet mit einem bodenlangen Rock und einem weiten, ihn umfangenden Umhangsmantel, den er um seinen rechten Arm herum vor dem Körper in Hüfthöhe quergezogen hat, hält in seiner Rechten als seine Attribute die Pilgermuschel und den Wanderstab. Er weist mit seiner Linken auf den Stifter Lukas Welser [6], der, leicht den Rahmen überschneidend, vor ihm kniet und dessen Wappen links von Jakobus am Rahmen des Feldes dargestellt ist.

Im rechten Seitenfeld steht in gleicher Weise Antonius Eremita, der in seiner Linken das Patriarchenkreuz hält. Mit seiner Rechten schlägt er seinen Übermantel zurück, den er über der hellen Ordenstracht trägt. Hinter dem Wappen der vor seinen Füßen knienden Ursula Laugingerin [7] findet sich als sein Attribut das zahme Schwein mit dem um den Hals gebundenen Glöckchen.

Beide Stifter sind um vieles kleiner als die Apostel oder die hinter ihnen stehenden Heiligen dargestellt und betonen so durch ihre Wendung zum Mittelteil die triptychonale Gliederung des Bildes, das am unteren Rahmen auf das Jahr 1469 datiert ist.

Stil:
Da bei diesem Bild nur mehr die Gesamtanlage, die Raumgestaltung sowie die Gruppierung als Original anzusprechen sind, läßt sich über die spezielle stilistische Eigenart des ehemaligen Originals nicht allzuviel aussagen. Große Teile der Detailgestaltung scheinen späteren Jahrhunderten anzugehören und eine Beurteilung des ursprünglichen Bildes unmöglich zu machen.

Ikonographie:
Die Darstellung folgt gänzlich dem normalen Typus des Marientodes [8]. Die in früheren Bildern die Seele der Maria aufnehmende Jesusfigur ist hier jedoch der Gestalt Gottvaters im von Engeln umfaßten Himmelsbogen gewichen. Ob es sich dabei um die Folge der barocken Restaurierung handelt, kann anhand der Unterlagen nicht mehr bestimmt werden.

Die Gesamtanlage stellt sich als Votivbild vor, auf dem die Patrone, deren Auswahl in diesem speziellen Fall nicht näher begründet werden konnte, die durch ihre »arma« gekennzeichneten Stifter empfehlend dem Mittelbild gegenüberstellen. In welcher Funktion das Bild zum Gesamtraum der Kirche gestanden hat, läßt sich heute nicht mehr rekonstruieren.

Technik:
In der alten Literatur wird das Bild immer als auf »nassen Wurf« gemalt bezeichnet, was sich angesichts der Entstehungszeit als falsch herausstellen dürfte. So wird man auch dieses Bild als Seccomalerei bezeichnen müssen, deren Aufbau und Ausbildung allerdings heute nicht mehr erschließbar ist.

Überlieferung:
Das Bild war 1720 hinter einem größeren Tafelbild anläßlich der Restaurierung der St. Jakobskirche zutage getreten. Schon bei dieser Aufdeckung muß das Bild übermalt und rekonstruiert gewesen sein, da die Nachzeichnungen des XVIII. Jahrhunderts keinerlei Verfallsstellen kenntlich machen. Das ganze XVIII. und XIX. Jahrhundert hindurch galt es als das wesentlichste Zeugnis alter Augsburger Malerei und ist neben den Kirchenbeschreibungen von Christell Johann Martin und Augustin Schaller auch bei von Stetten Paul dem Jüngeren 1779 erwähnt. Die einzige Zustandsbeschreibung aus dieser Zeit gibt Waagen Gustav Friedrich 1845 [9], der das gesamte Bild als roh übermalt und nur mehr das Gesicht der Madonna und den vor dem Bett sitzenden Apostel als soweit original bezeichnete, daß man den beklagenswerten Zustand der Figuren ersehen konnte.

Die 1884 durch Sesar vorgenommene Restaurierung, deren Zustand in einer Aufnahme Fritz Hoefles sich erhalten hat [10], scheint nochmals die gesamte Fläche übermalt und die Malerei für stilkritische Analysen entwertet zu haben.

Die ebenfalls anläßlich dieser Restaurierung gemalte Aquarellkopie des Bildes [11], die sich im Welser'schen Privatbesitz befindet und 1950 in Augsburg ausgestellt war [12], konnte im Laufe der Untersuchungen im Depot in Neuenhof nicht aufgefunden werden, so daß der Beurteilung des Bildes allein auf Grund der Überlieferung Grenzen gesetzt waren, da sich keine weiteren Aufnahmen des Objektes vor der Zerstörung in der Nacht vom 25. auf 26. II. 1944 erhalten haben.

Literatur:
Christell, Johann Martin 1733;
Stetten Kunstgeschichte 1779, p. 271;
Waagen, Gustav Friedrich 1845, Bd. II p. 69;
Herberger, Theodor 1852, p. 34;
Riehl, Berthold 1903, p. 52;
Welser, Johann Michael 1917, p. 47/48;
Thieme-Becker Kstl. Lex. Bd. XXVII (1933), p. 378;
Katalog Augsburg 1950, p. 57;
Hilbich, Eberhard P. 1968, p. 123 Anm. 33;
(vgl. auch Personenkatalog Nr. 26, Nr. 29).

Nr. 48
Andachtsbild einer Kreuzigung

Standort: in situ
St. Galluskirche an der südlichen Außenseite des Chores

Datierung: ca. 1460/1470

Maße: 88 × 120 cm

Freigelegt: 13. VII. 1953 [1]

Zustände überliefert:
Zustand 1953: Stadtbildstelle Photo Scherer, ohne Nr.
Zustand 1954: Kunstsammlungen FI 4053

heutiger Zustand:
unzugänglich hinter einem verrotteten Bretterverschlag [2]

Beschreibung:
(Grundlage ist die Aufnahme des Fundzustandes)
Unter dem fast die gesamte Wandnische ausfüllenden Querbalken des Kreuzes, an dem nur mehr schwache Fragmente des Körpers Christi zu erkennen sind, steht Maria und Johannes Evangelist.

Der Kreuzbalken ist in Untersicht gegeben und betont so die Höhenerstreckung des Kreuzes, vor dessen Fuß ein Schädel mit einem Röhrenknochen liegt. Der Stamm wird von dem schmächtigen Körper Christi nur an der linken Seite überschnitten. Die Arme, die in den Handflächen von den Nägeln durchbohrt sind, ziehen sich steiler nach unten, als es bei den bisherigen Kreuzigungsbildern der Fall war. Jedoch scheint sich die lasche, kaum bewegte Haltung Christi in ähnlicher Weise wie bei der Kreuzigung der Goldschmiedekapelle (Objekt Nr. 38) und der am Vogeltor (Objekt Nr. 42) rekonstruieren zu lassen. Das Lendentuch umspannt die Hüftpartie hauteng, nur einen knappen Faltenbund am oberen Rand aufwerfend.

Links vom Kreuz hat Maria ihr von einem weiten Schleiermantel bedecktes Haupt geneigt und blickt zu Boden. Beide Hände sind über dem Schoß verschränkt und fassen raffend den fülligen, hellen Mantel, der die Figur am Oberkörper umgibt. Durch dieses Aufnehmen bauscht sich der Mantel um die Arme auf und bildet mit den Falten der über der Hand umschlagenden Partie eine Zone, die durch ihre räumliche Ausladung den verhüllten Körper der Figur gürtet, quasi fassend die aufragenden Gewandteile überfängt, deren Festigkeit durch die sich unten öffnenden Säume des Mantels in einem relativen Bezug zu den steilen festen Falten des Untergewandes zu sehen ist. Dadurch wird erreicht, daß Maria sicher als fester Körper steht, dessen Umhüllung die ganze niederdrückende Tendenz, ausgehend von dem herabgezogenen Schleiertuch, dem gesenkten Blick und im sich überfangend fallenden Motiv des Umhanges widerspiegelt.

Gänzlich anders steht Johannes rechts vom Kreuz ihr gegenüber. Er richtet seinen Blick nur leicht gesenkt auf die Madonna, indem er sein dreiviertelansichtiges, nimbiertes Haupt auf dem aus den schmalen Schultern aufwachsenden Hals ihr klar zuwendet. Leicht zurückgelehnt steht er fest und hält seine Hände locker aneinander, so daß sich nur die Fingerspitzen berühren. Eckig stellt er die Ellenbogen von seinem Körper ab, über die der am Hals geschlossene, helle Mantel links steil herabfällt. Rechts dagegen teilt sich die fallende Partie des Mantels über dem aufgenommenen Arm, indem der innere Teil gerade fällt und sich nur rechts in eckig gewelltem Saum hinzieht, während der reichere äußere Teil mit sich umschlagenden Saum und zwei starken, jedoch sich brechenden Falten zu Boden sinkt, ohne die Festigkeit des Umrisses zu stören. Dieser schließt ganz an die Steilheit des Untergewandes mit seinen fast kannelürenartigen Röhrenfalten an, die in den straffen vertikalen Strukturen des Umhangs wiederholt werden, was der Figur des Jüngers ihre Festigkeit gibt.

Stil:

Diese Kreuzigung läßt zwar in einigen Motiven Anklänge an die bisher behandelten Kreuzigungen erkennen (vgl. Objekt Nr. 21, Nr. 38, Nr. 42), wobei vor allem die Ähnlichkeit mit der Kreuzigung des Vogeltors (Objekt Nr. 42) ins Auge fällt, da von der Ikonographie her die gleiche Situation zu herrschen scheint.

Bei genauerer Betrachtung, die jedoch auch immer den fraglichen Erhaltungszustand der Malerei am Vogeltor zu berücksichtigen hat, setzt sich dieses Objekt deutlich von den dortigen Figuren ab, indem der fest aufragende Körper selbst in dem gedrückten Zustand noch, wenn auch verhüllt, erhalten bleibt. Dadurch wird die zerfließende Breitung, die bei Maria wie beim Johannes am Vogeltor vorliegt, weitgehend unterdrückt. Im Gegenteil werden hier die überschlagend weitenden Elemente, indem sie neue Volumina erzeugen, im Umfassungsmotiv zur Bindung der darunterliegenden Schichten verwendet (vgl. Maria), wenn sie den Charakter des umhüllten, wenn auch leicht geschwungenen, so doch feststehenden Körpers widerzuspiegeln suchen. Bei Johannes ist dieses festigende Prinzip noch viel weiter ausgebaut, indem er dieses Aufragen doppelt zeigt, da sein Umriß und auch die die Figur umgebende Schale des Mantels in derselben Richtung ausgebildet ist, welche nur um seinen aufgenommenen linken Arm sich in der Unsicherheit bricht, die auch in dem Motiv der sich nur an den Fingerspitzen berührenden Hände widerspiegelt. So vermag auch die so offensichtlich im Gegensatz zur Maria konzipierte und gleichsam in ihrer Festigkeit des Umrisses das Bild schließende Figur auf die Charakterisierung des Ereignisses Rücksicht zu nehmen.

Betrachtet man das Aufragen und Feststehen, so scheint sich in dieser Kreuzigung unwillkürlich auch die Tendenz niedergeschlagen zu haben, die bei den Bildern des Kreuzganges bei St. Anna (Objekt Nr. 44 mit 46) zu dem überdehnten Höhentrend geführt hatte. Am ehesten schließen sich die Gestalten der heiligen Frauen bei der Grablegung (Objekt Nr. 46, I) an die Ausbildung der Figuren dieser Kreuzigung an, die allerdings durch den gänzlichen Verlust der Binnenzeichnung flächiger wirken. Bezeichnenderweise wurden aber auch dort ähnliche Motive in fast gleicher Ausbildung zur Darstellung der Trauer verwendet.

Den Anklang an die Bilder des Kreuzgangs von St. Anna geben aber auch rein motivisch die schmalen, stark fallenden Schultern, sowie die schmalen graphischen Falten, die mit denen des Judas zu vergleichen wären (vgl. Objekt Nr. 45, I), wobei die Höhentendenz hier entfällt. Auch die Ausbildung der gestaucht überfallenden Falten zeigt Parallelen zu den törichten Jungfrauen (vgl. Objekt Nr. 45, II) und zu dem überstürzenden Gewandbausch des fliehenden Petrus (vgl. Objekt Nr. 46, I) auf, wobei dort die vergröbernde Monumentalität zu berücksichtigen ist.

Aus diesem Grund wurde diese Kreuzigung, für die jede weitere Datierungsgrundlage fehlt, in die Zeit zwischen 1460 und 1470 gestellt, da sie trotz vieler altüberkommener ikonographischer Motive, die sich besonders im Typus des Kreuzigungsbildes lange gehalten haben mögen, die Tendenzen des an 1464 entstandenen Zyklus des St.-Anna-Kreuzgangs, die sich in Abwandlung und gänzlich anderer technischer Ausführung in den 1470 entstandenen Antonius Abbas und Magdalenen-Zyklus der St.-Katharinen-Kirche zeigen (vgl. Objekt Nr. 50, 51), berücksichtigt. Eine Datierung in frühere Zeit scheint durch die Tendenz zum Graphischen hin nicht gegeben zu sein, obwohl der Corpus Christi dazu verleiten würde. Jedoch entzieht dafür die in den Faltenbeugen vor allem bei Maria vorhandene Strichschattierung und die sich brechenden Faltengradlinien die Grundlage dafür.

Ikonographie: vgl. Objekt Nr. 42

Technik:
Die heutige »Zugänglichkeit« des Objekts macht eine genaue Untersuchung des Bildes hinsichtlich seines technischen Aufbaues praktisch unmöglich. Soweit es sich erkennen ließ, handelt es sich dabei um eine Malerei in Kalksecco mit einem opaken Pigmentauftrag auf die trockene Schlemmschicht über die nach Aussage der Aufnahme des Aufdeckungszustandes eine aufliegende dunkle Schlußzeichnung besaß. Genauere Angaben könnten jedoch erst nach Beseitigung des heutigen Schutzverschlages gemacht werden.

Erhaltungszustand:
Das am 13. VII. 1953 freigelegte Bild [3], von dem lediglich »der Kopf Christi« zerstört war, wurde nach Beschluß vom 28. VIII. 1953 restauriert [4]. Der Zustand nach dieser Restaurierung, die sich vor allem durch eine weiche Zeichnung mit verwaschen fließender Modellierung kennzeichnet, ist ebenfalls überliefert.

Schon vor 1958 wurde das Bild anläßlich eines Garagenanbaues des Nachbarn an die Kirche mit Brettern verschalt, hinter denen das Bild seither dem Verfall preisgegeben ist. Nachdem nun in den letzten Jahren der Bretterverschlag immer mehr durch mutwillige Beschädigung seine schützende Funktion verlor, hat der Verfall und vor allem die Verschmutzung ein großes Ausmaß erreicht.

Literatur:
Breuer, Tilmann 1958, p. 27;
Foster, Michael 1979 (MS) p. 89 a, 120, 121.

Nr. 49 mit Nr. 51
St.-Katharinen-Kirche
Magdalenenzyklus und Legende des Antonius Abbas

Standort: in situ
St.-Katharinen-Kirche, Südwand, unter dem heutigen Fußboden (vgl. Plan Nr. VI) [1]

Datierung: 1470 [2]

Freigeräumt: 1960 bei der Renovierung der Räume der Staatsgalerie Augsburg [3]

Geschichte:
Die Bilder der beiden Zyklen haben sich an der Südwand der 1518 neuerbauten Katharinenkirche erhalten, die an dieser Stelle die Umfassungsmauer der alten Kirche, an die der Kreuzgang anschloß, wiederverwendete. Da der Neubau durch ein unteres Gewölbegeschoß angehoben wurde, fiel dieser Abschnitt nicht der Neugestaltung der Wand zum Opfer, da er auf Höhe der Gewölbetaschen hinter deren Auffüllung verborgen lag.

Für den Vorgängerbau der heutigen Katharinenkirche haben sich wenige Hinweise erhalten [4]. Für 1470 jedoch ist eine größere Stiftung durch Ulrich Walther berichtet:

> »Item mer han ich, Urlich Walther, ain glaß lassen machen in chor czů sant Katharina czů Augspurg und an der hupsch gemal in der kirchen daselbß auch han ich ain hupsche gemalte tafel lausen machen ober die thür in creuczganck for dem capitelhauß . . .« [5].

Es läßt sich diese Stiftung von Gemälden in der Kirche, die gegenüber dem Glasgemälde und dem Tafelbild abgegrenzt ist, nur auf Wandmalereien beziehen. Daß es sich dabei um die beiden

Zyklen gehandelt hat, ist nicht eindeutig zu beweisen, jedoch dürften diese Malereien ungefähr zum gleichen Zeitpunkt entstanden sein, als in der Kirche größere Umbauarbeiten vorgenommen wurden [6], für die sich Walther anscheinend als Geldgeber zur Verfügung stellte.

Nr. 49
Wandsystem der Legendenzyklen

Standort: in situ
St.-Katharinen-Kirche, Südwand unter dem heutigen Fußboden (vgl. Plan Nr. VI)

Maße: des gesamten Wandsystems unbekannt

Beschreibung:
Die Bilder dieses Wandsystems sind durch rote Rahmen, deren Stirnseite vertieft ist, gefaßt, wobei die auf den Kanten aufsitzenden Lichtreflexe eine starke Plastizität widerspiegeln. Dieses Rahmensystem steht weit auskragend auf einer Wand mit rechteckigen Durchbrüchen, deren Ränder jeweils für sich zentralperspektivisch fluchten. Diese nehmen fast die Breite der darüberliegenden Darstellungen ein.

Auf der Achse der vertikalen Rahmungen sitzen, die vorspringende, in Untersicht dargestellte Basis der Bildzone stützend, Säulen mit doppelt abgestuftem Rundkapitell. Deren Schäfte werden durch ein an einer dünnen Leiste gespanntes Tuch verhängt, das sich auf der ganzen Länge der Malerei hinzog [7]. Dieses Tuch mit aufschablonierten großen Blattkreuzen verhüllte gleichsam auf der Raumebene der Bildrahmen das durchbrochene, tragende System. So wird nur in diesem schmalen Streifen zwischen Bildbasis und Behang die Ebene des Systems illusionistisch räumlich vertieft. Der dabei aufgezeigte Durchbruch in einen luftblauen Raum sollte die Materialeigenschaft der Mauer abwandeln, indem mit dem vorgespiegelten, diaphanen Element einer auf Stützen stehenden, ikonostasenähnlichen Schranke der Raum nur abgeteilt vorgestellt wurde.

Technik: vgl. Zusammenfassung unter Nr. 51

Erhaltungszustand:
Wie die Planskizze zeigt [8], hat sich die Bemalung der Sockelzone unter den Bildern bis tief in die Gewölbetaschen erhalten. Da aber nach der Restaurierung der Räume 1960 die Gewölbefüllung wieder ergänzt wurde, kann man heute nur mehr die Zone der Kapitelle und der Stürze der Durchfensterung sehen. Die darunterliegende Behangzone ist gänzlich verschüttet und zudem durch den Einbau des Bretterganges unzugänglich. Somit kann auch nicht gesagt werden, ob sich durch die erneute Auffüllung weitere Beschädigungen ergaben.

Nr. 50, I
Magdalenenzyklus
»Kommunion der Magdalena«

Standort: vgl. Nr. 49 und Plan Nr. VI

Maße: 110 × 114 cm

Beschreibung:
Die kniende Maria Magdalena, die andächtig die gefalteten Hände vor ihrem durch die Ockerfarbe als behaart gezeigten nackten Oberkörper hält, wendet ihr auf schlankem Hals aufsitzendes, schmales Haupt, von dem aus die langen, blonden Haare knapp anliegend auf die Schultern und um den Körper fließen und das von einem großen Nimbus hinterfangen ist, dem ihr entge-

gentretenden Bischof zu. In dieser Haltung wird sie durch den hinter ihr stehenden und den vor ihr knienden Engel »erhoben«. Dabei stützt der aus dem Hintergrund herangetretene Engel sie am Rücken und der Schulter, während der kniende ihre Beine hält. So greifen beide Engel in ihren langen Gewändern in das Bildgeschehen ein, nur durch ihre Flügel als überirdische Erscheinung gekennzeichnet. Dabei steht der Rotgewandete im Hintergrund, der seine Flügel weit spreizt, fest auf dem Boden der Szene, wogegen der Zweite in seinem Knien durch sein sich bauschendes, weißes Gewand sich nicht so deutlich im Raum lokalisieren läßt, in dem er mehr durch das Aufstellen seines linken Flügels eingespannt ist als durch die Stellung seines Körpers.

Dieser diagonal zum Bildvordergrund gestellten Gruppe tritt der Bischof Maximinianus entgegen. Weit beugt sich der von links auf die Bildmitte zuschreitende, mit goldener Albe und blauer Kasel gekleidete Bischof auf Magdalena zu und bietet ihr über der mit der ausgestreckten Linken gehaltenen Patene die Kommunion. Sein Haupt, bedeckt mit einer hohen, mit roten Streifen geschmückten Mitra, hält er leicht geneigt, die Augen in Andacht vor der Erscheinung geschlossen. Die steile Faltung seines Untergewandes stützt den vorgebeugten Oberkörper des Heiligen ab, der ganz von der Kasel umhüllt ist und aus deren Frontöffnung die darreichende Geste herausgeführt wird.

Links neben ihm steht ein weiterer Kleriker (?) vor dem Altar, der einen weißen Umhang über seinem grünen Rock trägt. Die Hände hat er gefaltet erhoben und sein von einer runden Kappe bedecktes Haupt zum Himmel gewendet, zu dem er seine geschlossenen Augen aufhebt. Durch diese Haltung und die den geschwungen sich wölbenden Umriß der Figur wiederholende Binnenzeichnung bleibt er gänzlich in sich abgeschlossen und verinnerlicht.

Auch der auf der anderen Seite des Altares stehende Diakon (oder Ministrant?) ist unbewegt, ganz von seinem Chorrock umfangen. Den Blick seines leicht zur Seite gelegten Hauptes, dessen kurze, gelockte Haare durch ein Band gefaßt sind, lenkt er auf das Geschehen in der Bildmitte.

Zu diesem Geschehen scheint die ganz in Rot gekleidete Person rechts soeben durch den im Hintergrund sichtbaren Eingang hinzugekommen zu sein. Ehrfürchtig verharrt sie mit gefaltet erhobenen Händen vor der Erscheinung der von den Engeln erhobenen Heiligen.

Der Ort, in dem dies alles geschieht, ist ein architektonisch sparsam gestalteter Kirchenraum, der rechts im Hintergrund durch eine hohe, rundbogige Pforte geöffnet ist. Die daran anschließende Wand ist glatt, weiß getüncht und gibt durch ihre zwei hochrechteckigen Fenster den Blick auf einen grün bewachsenen Hang frei, der von einem Horizontstreifen überlagert ist (eventuell der Ausblick auf das Meer?). An der in den Vordergrund führenden Seitenwand steht ein schlichter Altar, auf dessen Mensa zwei Leuchter ohne Kerzen, Meßkelch und Meßbuch auf die soeben stattfindende Liturgie hinweisen. Das Retabel, das nur von wenig Maßwerkelementen verziert ist und einen kleinen Gesprengeaufsatz besitzt, zeigt in einem Triptychon eine Schutzmantelmaria, die von zwei stehenden Heiligenfiguren flankiert wird. Weder Boden noch Decke des schlichten Raumes sind genauer zu bestimmen. Sie dürften aber ursprünglich nur durch monochrome Flächen gegeben gewesen sein.

Stil: vgl. Zusammenfassung unter Nr. 51, III

Ikonographie: vgl. Zusammenfassung unter Nr. 50, III

Technik: vgl. Zusammenfassung unter Nr.: 51, III

Erhaltungszustand:
Der Bestand des Bildes ist am linken Rand und an der Oberkante durch Abschlagen des Putzes beschädigt. Die Oberfläche zeigt keine weiteren Eingriffe auf und weist lediglich durch Abwaschung und Abrieb gegenüber dem originalen Aussehen einen Pigmentverlust auf, dem vor allem die blaue Farbe zum Opfer fiel. Der Bart des Diakons im Hintergrund ist eine Bleistiftkritzelei, die während der letzten Bodenreparatur angebracht wurde.

Nr. 50, II
Magdalenenzyklus
»Grablegung der Magdalena« (?)

Standort: vgl. Nr. 49 und Plan Nr. VI

Maße: 82 × 114 cm
Beschreibung:
Diagonal zu der Bildbasis steht auf einem einstufigen Podest eine Tumba aus rötlichem Stein, deren oberer, durch ein profiliertes Gesims gefaßter Rand weit ausladend ist. Am Fußende dieses Sarkophages steht ein Mann, der durch seine rote Kappe, seinen breiten, fallenden Schulterkragen und den rockähnlichen, weißen Umfang, den er über seinem dunkelroten Untergewand trägt als Geistlicher (Kanonikus?) gekennzeichnet scheint. Seinen Kopf zum Himmel erhebend, ordnet er mit beiden Händen die Tücher, die den Leichnam bedecken. Auch rechts vor dem Grab befand sich ehemals eine Figur, die sich an der Einbettung der Leiche beteiligt haben muß, von der heute aber nur mehr der linke Gewandsaum und der darunter hervortretende Fuß sichtbar ist.

Eine scheinbar hinter der Tumba laufende Brüstung grenzt den Vordergrund, der streifenartig grün, ockergelb und abermals grün als teilweise bewachsen wiedergegeben ist, vom Mittelgrund des Bildes ab. Von dort beugt sich eine weitere Gestalt über die Tumba, sich scheinbar an der Bestattung beteiligend. Auch von dieser Person ist nur mehr die gebeugte Linie des blau gewandeten Rückens zu erkennen. Hinter ihr tritt eine weitere männliche Gestalt zu der Bestattung hinzu, die über ihrem weiten, reichlich in parallelen Falten fallenden, goldfarbenen Gewand einen weiten weißen Umfang mit Kapuze trägt. In ihrer Rechten das Aspersorium haltend, aus dem sie mit der Linken das Weihwasser verteilt (heute zerstört), hält sie den von einer weißen, engen Kappe bedeckten Kopf leicht geneigt. Der Ausdruck des Gesichts ist versonnen. Jedoch muß durch die flüchtige, skizzenhafte Wiedergabe der Gesichtszüge auch bei ihr wie schon bei der Figur im Vordergrund eine genauere Beurteilung über den sich aus dem Zusammenhang ergebenden Charakter hinaus unterbleiben. Der Platz der Handlung scheint von einer Ringmauer umgeben, die links durch ein großes Rundbogenportal geöffnet ist, von wo in weitgeschwungener Linie ein Weg hinaus in die Hügellandschaft führt, die sich im Hintergrund links hebt und nach rechts hin abfällt.

Stil: vgl. Zusammenfassung unter Objekt Nr. 51, III

Ikonographie: vgl. Zusammenfassung unter Objekt Nr. 50, III

Technik: vgl. Zusammenfassung unter Objekt Nr. 51, III

Erhaltungszustand:
Das Bild ist in seinem Handlungszentrum (dem Kopfende der Tumba) zerstört, da an dieser Stelle ein Balkenkopf in die Wand beim Kirchenneubau 1518 eingelassen wurde. So ist der obere Bildrand und die linke Hälfte der Darstellung verloren. Die Erhaltung der Oberfläche entspricht dem des Objektes Nr. 50, I.

Nr. 50, III
Magdalenenzyklus
Fragment des »Meerwunders der Magdalena«

Standort: vgl. Objekt Nr. 49 und Plan Nr. VI

Maße: 67 × 114 cm

Beschreibung:
Unter einem Felsüberhang steht eine heilige Gestalt, vor der auf dem flach auslaufenden Küstensaum ein kleines Kind läuft.

Dieser Küste nähert sich ein Schiff mit hochaufragendem Mast mit Krähennest, unter dem ein kleines Segel lose im Wind schlägt. Hinter den sich vom Mast herab spannenden Wanten haben sich vier Personen dicht in das Vorderteil des Schiffes gedrängt. So steht ganz vorne am Bug ein Steuermann, in ein leicht blaues Gewand gekleidet, der, das Steuerruder eng am Schiffsrumpf führend, die Annäherung an das Ufer überwacht. Sein Haupt, das ganz von seiner kapuzenähnlichen Kopfbedeckung umfaßt ist, richtet er auf das Kind. Auch der neben ihm im Bug des Schiffes stehende König wendet sich ganz dem Kinde zu. Nach der Legende vom Meerwunder der heiligen Magdalena erkennt der König in dem am Strand spielenden Kind seinen Sohn wieder, den die Heilige über zwei Jahre beschützt hatte. Dieses Erkennen ist in der Figur deutlich dargestellt. Das von der goldenen Krone bedeckte Haupt hat er leicht in den Nacken genommen, so daß seine langen grauen Haare weit auf die Schultern fallen. Er hebt leicht das von langem Vollbart gerahmte Gesicht, die Augen scheinbar verschließend, in eine innere Schau versunken. Was er erkennend verknüpft zeigen seine Hände einzeln. So weist er mit der Rechten auf seinen totgeglaubten, jetzt wiedergefundenen Sohn, während die Linke vor seinem, von dem mächtigen roten Königsmantel bedeckten Oberkörper, auf die hinter dem Knaben stehende heilige Gestalt zeigt, die mit Sicherheit die Maria Magdalena darstellt. Hinter dem König blicken noch zwei weitere Schiffsinsassen auf die Geschehnisse im Vordergrund. Der Linke mit roter Phrygiermütze und rundem, durch einen krausen Vollbart gerahmten Gesicht scheint zur Besatzung des Schiffes zu gehören, während der Zweite rechts hinter dem König durch sein grünes, mit einem weißen Saum besetztes Gewand und durch seinen hellen hohen Hut eher dem königlichen Gefolge zuzurechnen ist. So läuft das Schiff unter der gespannten Erwartung aller auf die Küste zu.

Hinter dem Meeresarm, den es eben durchkreuzt, verlegt eine große Hügelkuppe die Sicht auf das offene Meer. Über dieser, um die sich ein Felsband hinzuziehen scheint, wölbt sich hinter dem links hochragenden Felsmassiv der Küste der Himmel in hellem Blau, in welches das Segel des Schiffes fahnenartig hineinweht.

Stil: vgl. Zusammenfassung unter Objekt Nr. 51, III

Ikonographie: vgl. Zusammenfassung unter Nr. 50, III

Technik: vgl. Zusammenfassung unter Objekt Nr. 51, III

Erhaltungszustand:
Von der Darstellung ist das linke Drittel durch Abschlagen des Putzes verlorengegangen und auch der rechte wie der obere Bildrand sind durch Ausbrüche beeinträchtigt. Dagegen ist die Bildfläche in diesem Fall nicht so stark dem Abrieb unterworfen gewesen, als es bei den beiden vorausgegangenen Szenen des Zyklus der Fall war. So bleibt der Charakter des Bildes hier unverfälscht erhalten, wobei man die Originalität des transparenten Aufbaus der Technik am ehesten sehen kann.

Ikonographie: (für die gesamte Nr. 50)
Der Zyklus der Maria Magdalena, der soweit heute noch kenntlich ist, mindestens aus vier Bildern bestand, zeigt mit den heute erhaltenen Teilen zwei Szenen auf, die für die Vita der Heiligen nach der gängigen Legendenauffassung, wie sie sich auch in der »Legenda aurera« niedergeschlagen hat, typisch sind. Es ist dies die letzte Kommunion der Heiligen durch den Bischof Maximinianus vor ihrem Tode [9], die schon in der Legendenerzählung aus der Vita der Maria Aegyptica kompiliert wurde und das Meerwunder der Magdalena [10], bei dem die Heilige die auf der Pilgerreise nach Rom bei der Geburt ihres Sohnes gestorbene Frau des Königs von Massilia zwei Jahre beschützte und sowohl Mutter wie Kind, die auf einer Insel von den Schiffern ausgesetzt worden waren, bis zur Rückkehr des Vaters am Leben erhielt.

Die dazwischengestellte Bestattung weicht dagegen von dem normalen Verlauf des Zyklus ab [11], da sowohl der Empfang der Kommunion als auch das Meerwunder noch zu Lebzeiten der

Magdalena stattfinden. Da nun das zweite, zwischen die beiden eindeutigen Szenen gestellte Bild gänzlich zerstört ist, bleibt eine Klärung der Leserichtung des Zyklus hypothetisch. Am wahrscheinlichsten bietet sich die Lösung an, die ihn von links nach rechts abfolgen läßt. Das würde bedeuten, daß die Kommunion den Abschluß des Lebens wie in der Legende darstellte, auf den dann die Grablegung folgt. Das zerstörte Bild könnte eine erste Szene des Meerwunders, wie z. B. eine Vision des Königs mit der Aufforderung zur Pilgerfahrt oder die Aussetzung der totgeglaubten Frau, beinhaltet haben [12], was durch die Errettung von Frau und Kind in dem nur mehr fragmentarisch erhaltenen Schlußbild des Zyklus in ihrem glücklichen Ausgang vorgestellt wird. Bestärkt wird diese Deutung durch den gegenläufigen Zyklus des Antonius Abbas (Objekt Nr. 51), der ebenfalls an der zwischen beiden Heiligenviten stehenden Öffnung (Fenster oder Türe zum Kreuzgang?) endet, so daß in dieser Öffnung das Zentrum zu sehen ist, auf das hin beide Zyklen zulaufen.

Für die Magdalenenvita bedeutet dies, daß der Legendenteil, in dem die Heilige so oft auf wunderbare Weise den Ort ihrer Erscheinung wechselt, als posthume Wundervision aufgefaßt ist, was unter Umständen eine »Bereinigung« der Auslegung durch den Maler darstellt.

Die Bilder selbst halten sich dagegen ganz an die Schilderungen. So findet die Kommunion im Innenraum einer Kirche statt, in die Magdalena von den Engeln hereingetragen wird. Abweichend von der Erzählung sind lediglich die weiteren anwesenden Personen, da Maximinianus bei dieser Begebenheit mit der Heiligen allein gewesen sein soll. Dieses narrative Element scheint der Maler aber zur Verdeutlichung der »wundersamen« Erscheinung verwendet zu haben, indem er diese Figruen darauf reagieren läßt. Auch die Bestattung ist in üblichen Typus vorgestellt, soweit es das erhaltene Fragment erkennen läßt. Auch das Meerwunder weist keine besonderen Abweichungen außer seiner Stellung im Zyklus auf. Dabei wird man aber die Darstellung der »schlafenden« Gemahlin des Königs in dem verlorenen linken Drittel des Bildes rekonstruieren müssen. Wahrscheinlich deuten die hellen Spuren auf dem überhängenden Felsmassiv das Lager der Frau an, die, nachdem sie als Tote mit ihrem Kind ausgesetzt wurde, über zwei Jahre von Magdalena beschützt worden war.

So stellt der Zyklus dem Betrachter die Gnade vor Augen, die der Maria Magdalena gegen Ende ihres Lebens für ihren starken Glauben zuteil geworden war und zeigt in dem glücklichen Ausgang des Meerwunders die Hilfe auf, in deren Genuß diejenigen kommen, welche sich dieser Heiligen anvertrauen.

Nr. 51, I
Legende des Antonius Abbas
»Vision des Antonius«

Standort: vgl. Nr. 49 und Plan Nr. VI

Maße: 105 × 114 cm

Beschreibung:
Vor seiner Hütte, die nur mit einem einfachen Holzdach, das durch zwei Balken gestützt wird, vorgestellt ist, kniet der greise Eremit Antonius andächtig, die gefalteten Hände erhebend. Seine Gestalt wird fast ganz von dem weißen Kapuzenmantel umfaßt, der auf dem Boden sich in reichem Faltenspiel knitternd wirft. Nur das Gesicht des nimbierten Hauptes, mit den scheinbar geschlossenen Augen und ruhigen, müden Zügen, von dem aus der ungeordnete Bart in langen Strähnen auf die Brust fällt, sowie der unter dem durch die aufgenommenen Arme geöffneten Mantelspalt schmale Streifen seines rötlich grauen Untergewandes durchbrechen die Fülle des Umhangs. Leicht hebt er sein Haupt, richtet es auf den ihm gegenübertretenden Christus.

Dieser, gekleidet in einen weißen Leibrock, über den er lose seinen roten Umhang, den er unter seiner rechten Achsel hindurch über die linke Schulter geworfen hat, steht, in Schrittstellung schräg zur Bildbasis ausgerichtet, vor Antonius. Das von dem großen Kreuznimbus hinterfangene Haupt neigt er leicht. Seine dunkelbraunen Haare fassen das schmale, asketische, von dem dünnen Kinnbart gerahmte Gesicht. Die Hände hat Christus erhoben, wobei er, wie der

Gestus der aneinander gelegten Fingerspitzen zeigt, zu dem Eremiten zu sprechen scheint. Die Begegnung der beiden Figuren findet in dem von der Hütte rechts und dem roten Felsen links begrenzten Vordergrund statt, der sich auch hinten auf halber Höhe des Bildes durch die dort ansteigende Gebirgslandschaft schließt. Über das Dach der Hütte hat sich ein Engel gebeugt, der mit gespreizt ausgebreiteten Flügeln über dem Heiligen zu schweben scheint. Mit seiner Linken den Nimbus des Eremiten berührend, weist er mit der anderen Hand auf Christus. So führt er gleichsam eine Vermittlerrolle zwischen dem entrückten Heiligen und dem visionär geschauten Christus aus und überträgt so den für den Betrachter realistisch zu sehenden Charakter der Begegnung in die transzendentale Ebene, die dem Ereignis nach der Vision zukommt.

Der Hintergrund der Darstellung zeigt in einer steilen Mattenlandschaft drei große rotbraune Felsmassive, die den abgeschiedenen Ort der Einsiedelei verkörpern sollen. Jeweils die Zwischenräume der beiden im Vordergrund agierenden Personen akzentuierend, verbinden sie die in den Hintergrund entrückte Landschaft mit dem lichten, fast weißen Himmel zu der Bildebene, aus der heraus sich der Engel mit rötlich grauem Gewand und seinem in kräftigem Rot und Gelb gefärbten Flügeln wieder über den Vordergrund beugt.

Stil: vgl. Zusammenfassung unter Objekt Nr. 51, III

Ikonographie: vgl. Zusammenfassung unter Objekt Nr. 51, III

Technik: vgl. Zusammenfassung unter Objekt Nr. 51, III

Erhaltungszustand:
Nur der obere und rechte Bildrand weisen Putzausbrüche auf. Die Bildfläche selbst ist fast unbeeinträchtigt und nur in kleineren unerheblichen Partien durch Abplatzen der pigmenttragenden Kalkschlemme gestört. Ein Verlust von Pigmenten ist im Falle dieser Darstellung bei weitem weniger zu bemerken als bei den Anfangsbildern des Magdalenenzyklus. (vgl. Objekt Nr. 50, I und II).

Nr. 51, II
Legende des Antonius Abbas
»Schwäche des Antonius«

Standort: vgl. Nr. 49 und Plan Nr. VI

Maße: 105 × 114 cm

Beschreibung:
Weit ausschreitend trägt ein Mann auf seinem Rücken den ohnmächtigen Antonius nach links auf seine Hütte zu, die ähnlich wie auf dem Bild der Christusvision gebaut ist. Der junge Mann ist mit einer blauen Jacke und hellbrauner Bundhose gekleidet. Seine Beine stecken in dunkelroten Strümpfen, über die er halbhohe Stiefel gezogen hat. Sich in der Hüfte beugend hat er sich beide Arme des Eremiten um den Hals gelegt, welche er mit seinen Armen umfangen hält.

Schwer und wuchtig lastet die weißgekleidete Figur des Antonius in horizontaler Lage auf seinem Rücken auf. Wiederum ist sie gänzlich von dem weißen Kapuzenmantel umhüllt, der die Haltung des Heiligen gänzlich unklar läßt und auf dem Rücken wie dem Gesäß des Trägers aufliegt und hinter ihm frei herabfällt. Das Haupt des Antonius ruht umrahmt von der Kapuze des Umhangs und von dem Nimbus hochüberfangen direkt auf dem Hinterkopf des Tragenden auf, dessen Haupt in der doppelten Umklammerung der Arme isoliert von seinem Körper die Anstrengung der Fortbewegung erkennen läßt.

Auch in diesem Bild erstreckt sich der Vordergrund zwischen der Hütte links und einem Felsmassiv rechts und greift damit das Gestaltungsprinzip der vorhergehenden Darstellung spiegelbildlich auf, so daß die beiden Felsformationen nur durch den Rahmen getrennt nebeneinander liegen.

Die Landschaft ist im Vordergrund durch zwei Grünstreifen, die ebenso wie der Träger parallel auf die Bildbasis ausgerichtet sind, gleich einem Weg auf die Hütte hin orientiert, unter deren Dach eine Schräge aus Brettern (oder Stroh?) die Lagerstatt des Asketen darzustellen scheint. Auch hier erhebt sich im Hintergrund ein Bergmassiv, das schwer lastend den getragenen Heiligen überfängt, quasi das auf dem Träger liegende Gewicht symbolisierend.

Stil: vgl. Zusammenfassung unter Objekt Nr. 51, III

Ikonographie: vgl. Zusammenfassung unter Objekt Nr. 51, III

Technik: vgl. Zusammenfassung unter Objekt Nr. 51, III

Erhaltungszustand:
Bei dem Bild wurde das rechte obere Viertel durch Einsetzen eines Balkens beim Kirchenneubau 1518 zerstört, wie auch der obere Bildrand durch Einbau des Parkettbodens beschädigt. Auch ist das Abplatzen der Kalkschlemme und der Abrieb der Pigmente nach links hin zunehmend. Ein späterer Eingriff, der die Substanz verändert hätte, ist nicht festzustellen.

Nr. 51, III
Legende des Antonius Abbas
»Klage um den Eremiten«

Standort: vgl. Nr. 49 und Plan Nr. VI

Maße: 95 × 114 cm

Beschreibung:
Der heilige Antonius liegt auf den Knien sich mit den Händen am Boden aufstützend vor der Pritsche (?) seiner Hütte, die ganz ähnlich denen in den vorangegangenen Bildern gebaut ist. Auch diesmal umhüllt der schwere weiße Mantel seine Gestalt, jedoch zeichnet sich deutlich Oberschenkel und Knie seines linken Beines ab. Der an dem Hals geschlossene Mantel ist vorne offen, so daß die Hände herausgreifen, um den schweren Körper abzustützen. Unter der Öffnung des Mantels werden die sich hinziehenden Falten des grauen Untergewandes sichtbar, die sich von dem Knie zu den stützenden Armen spannen.

Hinter Antonius sind drei Männer herangetreten, von denen jeder für sich seine Trauer zeigt. Der Erste links, der einen grünen, ärmellosen ,gegürteten Kittel über sein rotes Hemd gezogen hat, hebt beide Arme, die Hände beinahe zusammenschlagend, über den Kopf. Diesen, der mit einer großen Mütze mit weißem Stirnschild bedeckt ist, hat er leicht nach vorne auf die Brust geneigt und blickt auf den vor seinen Füßen zusammengebrochenen Heiligen. Sein Nachbar rechts dagegen beugt sich zusammenziehend vor und ringt die Hände, sie vor sich verschließend. Weit spreizt er seine von einer roten Hose umhüllten Beine, die bis auf die Oberschenkel von seiner gegürteten blauen Jacke umfangen werden. Über diesen durch den Schritt in Anspruch genommenen Raum beugt er sich, quasi die Leere umfassend. Sein Haupt, von einer gelben, schiffähnlichen Barettmütze bedeckt, hat er nach vorne über die Mitte des von seinen Gesten geschaffenen Raumes gereckt und verharrt mit niedergeschlagenen Augen scheinbar in dieser Stellung hinter dem gestürzten Heiligen, an den von rechts ein weiterer junger Mann herangetreten ist. Dieser, mit blauer Hose und weitem rotem Kittel gekleidet, beugt sich noch im Herankommen über den Gestürzten. Auch er scheint seine Arme zu einer umfangend schließenden Geste auszuholen, die er jedoch noch nicht vollzogen hat. So greifen beide Hände aneinander vorbei ins Leere ohne helfend einzugreifen. Sein Haupt das von einer roten Mütze mit weißem Rand bedeckt ist, hält er horizontal gerichtet, in dem er aber unter den fast geschlossenen Lidern auf den vor ihm liegenden Heiligen zu blicken scheint. So stehen sie offen klagend, sich vor Trauer verschließend und in hilfloser Bereitschaft um den Eremiten, der gebrochen sich gerade nochmals aufzurichten sucht, wobei er sein von der Kapuze verhülltes nimbiertes Haupt, dessen Züge ganz hinter dem fallenden Bart und der Verhüllung zurücktreten, demütig zu Boden richtet.

Auch die Gesamtkomposition verstärkt die Abwärtsrichtung indem das Dach der Hütte, in Aufsicht dargestellt, sich zur Mitte hin neigt und auch die Landschaft des Hintergrunds in der Mitte eine Senke zeigt, die hinter der Hütte und am rechten Bildrand von Bergmassiven flankiert wird.

So drückt der gesamte Bildaufbau auf den Gestürzten, der von seinen Begleitern umringend hinterfangen wird, ohne daß sie die auf ihm lastende fallende Bewegung aufzuhalten vermögen.

Stil: vgl. Zusammenfassung unter Objekt Nr. 51, III

Ikonographie: vgl. Zusammenfassung unter Objekt Nr. 51, III

Technik: vgl. Zusammenfassung unter Objekt Nr. 51, III

Erhaltungszustand:
Bei diesem Abschnitt des Zyklus ist nur der obere Rand durch den Einzug des Fußbodens verlorengegangen. Auch finden sich über das ganze Bild verteilt Stellen mit Pigmentverlust, die nach unten hin zunehmen. Diese beruhen meist auf Abrieb, so daß sich die pigmenttragende Schlemme bis auf minimale Ausbrüche fast lückenlos erhalten hat. So läßt sich durch die hier vor allem in den Grün und Rottönen überlieferte originale Oberfläche der Charakter der ursprünglichen Malerei gut erkennen.

Ikonographie: (für die gesamte Nr. 51)
Auch der Zyklus des Antonius scheint von der normalen Ausrichtung abzuweichen. Denn beachtet man die Richtung der Bilder und vor allem die Stellung des Heiligen selbst, so scheint die Erzählung von der Vision aus über den Transport des Heiligen hin zur Klage um ihn zu führen. Die Legendenfassung weiß allerdings die Geschehnisse in anderer Reihenfolge zu berichten [13]. So ist dort die Schwäche des Antonius auf Grund eines bestandenen Kampfes mit bösen Geistern erwähnt. In der Folge wird er dann in diesem Zustand zu seinen Freunden getragen, welche in der Annahme seines Todes in laute Klage ausbrechen. Die Vision des Heiligen, bei der ihm von Christus die Verherrlichung seiner Taten zugesichert wird, steht erst in der Abfolge einer weiteren Versuchung.

So scheint auch in diesem Zyklus eine straffende Bereinigung der Erzählung durch den Maler vorgenommen worden zu sein, welche die göttliche Verheißung vor die Schwäche und den vermeintlichen Tod des Heiligen stellt, um mehr den Sieg als die menschliche Unzulänglichkeit des Eremiten dem Betrachter vorzustellen.

Die Ikonographie der Einzelszenen ist in größtmöglicher Knappheit wiedergegeben. So dient die Holzhütte (eigentlich mehr ein Verschlag) zur Lokalisierung des Ortes, mit dem in allen drei Bildern die Einsiedelei gemeint ist.

Die Vision, bei welcher der weisende Engel die Übernatürlichkeit der Darstellung aufzeigt, stellt Christus als eindeutig Sprechenden dar, dem der Heilige beinahe in andächtiger Verzükkung zuhört.

Die Szene des Wegtragens [14] folgt ganz dem üblichen Typus, wobei die basisparallele Stellung der in den Figuren angedeuteten Vorwärtsbewegung entgegenkommt. Abweichend von der Erzählung ist lediglich der Ort des Geschehens, was aber auf die ungenaue Formulierung des Textes zurückzuführen ist [15].

Das Gleiche scheint auch in der letzten Szene rechts neben der Tür (oder auch Fenster?) vorzuliegen, wo die Klage vor der Einsiedelei ausgedrückt wird. Hilflos umstehen die Jünger, ganz in ihrer Klage versunken, den Heiligen, welcher, auf sich gestellt, sich aufzurichten sucht. Gänzlich in sich gebunden, nimmt er keine Notiz von der Klage, die seine Umwelt seinetwegen erhebt.

So scheint dieser Zyklus vor allem das Aufsichgestelltsein des Mönches zu betonen, dem von außen keine Hilfe gebracht werden kann, seinen einmal eingeschlagenen Weg zu vollenden, um das ihm von Christus verheißene Ziel zu erreichen.

So stellt dieser Legendenzyklus das Beharren im Glauben innerhalb des monastischen Lebensideals dar und ergänzt auf diese Weise in der Kirche des Nonnenklosters den Magdalenenzyklus, der eine ähnliche Grundtendenz besaß, ohne jedoch so stark das Gewicht auf das dreißigjährige Einsiedlerleben der heiligen Maria Magdalena zu legen, da an ihrem Beispiel die durch den Glauben erreichte Hilfe vorrangig gezeigt werden sollte.

Stil: Zusammenfassung für Objekt Nr. 50 und 51
Die Bilder zeigen eine eindeutig graphisch orientierte Auffassung, bei welcher der Strich den Vorrang vor der Farbfläche besitzt. Die Farben, die in ihrer räumlichen Erstreckung ganz durch die sie fassenden Linien gegeben sind, füllen ihren »Ort« meist flächig aus und sind nur in den Felsmassiven sowie an einigen Kleidungsteilen durch leicht in der Helligkeit variierende Lavierung belebt. Dieses graphische Prinzip wird gleichermaßen für Landschaft, Architektur und auch für die Personen angewendet.

Die Züge der Gesichter sind schematisch gegeben, wobei nur die Setzung der Augenbrauen sowie die verschiedene Gesichtsform die Charakterisierung bewirken, die im Kontex der Gesamtfigur deren Grundhaltung und Stimmung wiedergibt. Dennoch erreicht die Figurenbildung eine starke Räumlichkeit, die nicht nur in den ausgreifenden Gesten der Gestalten begründet ist. So werden die Volumina der langgewandeten Figuren durch die enge zeichnerische Parallelfaltung kannelürenähnlich verfestigt und neben der Breitung, die dabei durch die rapportartige Wiederholung entsteht, sowie durch die sich wölbende Spannung des Umrisses auch räumlich erweitert. Dieses Motiv wird teilweise dadurch noch gesteigert, daß zwischen einer äußeren Mantelschale und dem darunterliegenden, eigentlichen Körper durch schmales Öffnen des Mantels oder durch ein Gegenübersetzen von Überfangen und Stehen ein Spannungsverhältnis zwischen Stützen und Lasten aufgebaut wird. Aus dieser Ummantelung heraus werden die Aktionen der Figuren geführt, die dadurch unter die einende Umfangung der weiten, runden Schultern gefaßt werden. Dieses Motiv findet sich auch bei dem gestürzten Antonius, wo die sich unter dem geöffneten Mantel vom Knie zu den Armen spannenden Falten den vergeblichen Versuch des Aufrichtens widerspiegeln (vgl. Objekt Nr. 51, III). So kann man auch die Konfiguration von Träger und Antonius (vgl. Objekt Nr. 51, II) unter diesem Umhüllungsprinzip sehen, da die Gewänder des Eremiten auch den tragenden Körper teilweise bedecken, mit dem er durch das starke Verklammern der Arme beinahe eine Einheit bildet. Die Personen, die umfassende Gesten ausführen, sind entweder durch weite, reichlich ihre Arme umfassende Gewänder an den Körperblock zurückgebunden oder greifen aus seitlichen Schlitzen des sie verhüllenden Gewandes. Auch über die Gürtung hängende Bäusche greifen das Motiv der Überfangung auf, wie es sich bei dem Engel der Magdalenenkommunion (vgl. Objekt Nr. 50, I) und den Gefährten des Antonius, der seine Arme über dem Kopf erhoben hat (vgl. Objekt Nr. 51, III), zeigt. Bei Christus (vgl. Objekt Nr. 51, I) scheint dieses Prinzip von Lasten und Stützen durch seinen schräg geführten Umhang aufgehoben zu sein, um ihn der Vision gemäß leichter und aufragender vorzustellen. Auch Magdalena selbst (vgl. Objekt Nr. 50, I) stellt einen Sonderfall dar. Jedoch ist auch ihr nackter, nur von Haaren bedeckter Körper durch die wölbende Spannung der Umrißlinien verräumlicht. Auch die Gefährten des Antonius sind durch ihre anders geartete Kleidung von diesen Prinzipien abgesetzt, wobei aber innerhalb der Oberkleidung ebenfalls an die Gestaltung durch die spannend sich wölbende Umrißlinie angeknüpft wird.

Diese Figuren sind auf einen bühnenähnlichen Grund gestellt, der bis auf die Darstellung der Kommunion der Magdalena von Landschaft hinterfangen ist, die sich kulissenhaft durch Überschneidung in die Tiefe gestaffelt über den Horizont zieht. Der Vordergrund ist meist horizontal gegliedert, wobei die Architekturteile (ausgenommen Tumba und Schiff im Magdalenenzyklus) eine auf ein Zentrum hinzielende Flucht angeben, das sich jedoch in der Kulisse nicht fortsetzt, die bildbasisparallel die Bewegungstendenz des Vordergrundes begleitend den Hintergrund schließt. Auf Grund dieses Aufbaus der Bilder scheint auch die Verzeichnung des Kirchenraumes bei der Kommunion der Maria Magdalena zustande zu kommen, die den Anschein eines zentralperspektivischen Bildraumes zu verhindern versucht.

So wird das Raumgefühl dadurch aufgebaut, daß die Figuren sich in ihrer Drehung meist auf die Bilddiagonale ausrichten und sich so aus der Tiefe des Bildes zueinander wenden. Dadurch wird ein Fluchtensystem in den Personen (auch in den in das Bild gestellten Gegenständen wie

z. B. die Tumba bei Objekt Nr. 50, II) hergestellt, das den auf die Bildmitte zulaufenden Raumlinien der umfassenden Architektur und teilweise auch der Landschaft entgegenläuft, wodurch eine Weitung und Vertiefung des Bildes durch dieses Spannungsverhältnis gegeben wird. Nur der Träger des ohnmächtigen Antonius schreitet zur Bildbasis parallel (vgl. Objekt Nr. 51, II), womit er das Fortlaufen seiner Tätigkeit andeutet, indem er sich nicht gegen den Beschauer herauswendet.

Diese hier geschilderten Aufbauprinzipien stehen ganz in Abfolge der Figurenbildung der Kreuzigung von St. Gallus (vgl. Objekt Nr. 48), welche die aufragende Körpergestaltung des Kreuzganges von St. Anna (vgl. Objekt Nr. 44 mit 46) übernommen hatte. Die Weiterentwicklung zeigt sich vor allem auf dem Gebiet der technischen Ausführung und des Raumverständnisses, das sich nicht aus den bestehenden Denkmälern der Wandmalerei ableiten läßt, sondern auf andere Quellen zurückgreift.

Technik: Zusammenfassung für Objekt Nr. 49 mit 51
Die Malerei der beiden Zyklen ist auf eine ca. 1 mm dicke Kalkschlemme als Träger aufgemalt, in die in noch feuchtem Zustand eine flüchtige Entwurfszeichnung gefertigt wurde. Diese, die sich dadurch leicht grau verfärbte, diente als maßgebliche Grundlage für den Farbauftrag, der in Secco erfolgte, wie es die geringe Eindringtiefe der Pigmente in die Kalkschlemme erkennen läßt. Die Farbflächen selbst weisen fast monochromen Charakter auf, die nur in wenigen Teilen durch eine leichte Lavierung durchbrochen wird. Schatten, die sich in Faltenbereichen farbig absetzen, sind direkt durch die Setzung einer weiteren Lokalfarbe wiedergegeben. Alle Farbtöne weisen, wie die in der Beschreibung angesprochenen, fast unversehrten Teile der Bilder zeigen, eine leuchtende, beinahe transparente Eigenschaft im Auftrag auf, welche die Vorzeichnung in allen Teilen durchscheinen läßt.

Über die Bildfläche ist im Schluß mit einem breiten Pinsel eine Zeichnung gezogen, die im großen und ganzen die Vorzeichnung wiederholt. Allerdings ist sie frei und schwungvoll gemacht, so daß sie diese eckiger und gespannter wiedergibt und als breites, tiefschwarzes Lineament die Bilder überzieht. Dadurch, daß beide Zeichnungslinien nicht deckungsgleich verlaufen, entsteht quasi eine Ambivalenz zwischen Zeichnung und Schattenlinie, die fast eine plastische Ausbildung der Körperbegrenzungen hervorruft, welche an einigen Stellen durch lavierende graue Striche und leichte, parallel laufende Strichlagen verstärkt ist. Ebenso gehört zu diesem Lineament der Schlußzeichnung die Setzung von Lichtkanten durch den Auftrag von wässriger weißer Farbe, die sich fast ganz auf Rahmen und Architekturteile beschränkt.

Die Technik stellt damit mit dem transparenten Farbauftrag und der Verwendung der Vorzeichnung als Schattenlinie zu der skizzenhaften Schlußzeichnung das bestimmendste Element dieser Malerei vor, die im Charakter mehr einer cholorierten Federzeichnung als einer monumentalen Wandmalerei gleicht.

Nr. 52 mit Nr. 55
Die späten Bilder der Westkrypta des Domes

Freigelegt: 1980 anläßlich der Umgestaltung der Krypta [1]

Geschichte:
Die späten Bildfragmente, welche im Februar 1980 anläßlich der Grabungskampagne der Umgestaltung der Domkrypta zutage traten, lassen sich auf Grund ihres Erhaltungszustandes nur bedingt in die Stilkette einordnen.

Es liegt nahe, die Bilder in die Zeit der Restaurierung von 1483 bis 1510 zu setzen [2], wofür auch die stilistischen Anhaltspunkte, so spärlich sie auch sind, sprechen. Eine genaue Festlegung aber innerhalb des Zeitraums ist jedoch nicht zu sichern.

Die Stellung im Katalog geht jedoch von der Figurenbildung und den dabei gegebenen Anschlüssen an die bisher genannten Objekte aus. Dadurch ergab sich für die Bilder eine zeitliche Einordnung in die Jahre 1480 bis 1490.

Eine weitere Erklärung der Bilder, von denen die Objekte Nr. 52 mit 54 als Gruppe und Nr. 55 eindeutig als Einzelwerk entstand [3], im Sinne einer Gesamtbemalung des Raumes dürfte aber nur im Zusammenhang der Übermalungen der Darstellung der Frau am Grabe (vgl. Objekt Nr. 10) und des Märtyrerbischofs (vgl. Objekt Nr. 7) zu klären sein, bei denen offensichtlich die Thematik der alten Bilder übernommen wurde. Ob auch für die anderen Darstellungen des späteren Zustandes ähnliche ältere Vorlagen bestanden, ist fraglich. Gerade aber diese Aufnahme der alten Themata bezeugt eine geschlossene Erneuerung der Bemalung unter einem Auftraggeber [4]. Dieser Annahme steht jedoch die Grablegung (vgl. Objekt Nr. 55) entgegen, die eher auf eine Ausführung durch verschiedene Stifter schließen läßt. Dieser Widerspruch dürfte jedoch im heutigen Zustand ohne Auffindung weiterer archivalischer Quellen kaum mehr zu bereinigen sein.

Nr. 52
Fragment eines Weltenrichters [5]

Standort: in situ
Domkirche, Westkrypta, westlicher Gewölbeansatz am östlichen Nordpfeiler (vgl. Plan Nr. II)

Datierung: ca. 1480/1490

Maße: 85 × 142 cm

Beschreibung:
Das stark beschädigte Bildfeld zeigt nur mehr das Fragment eines Figurenoberkörpers, dessen rechte Hand auf die Zeilen des vor ihm geöffneten Buches gelegt ist, während die andere Hand rechts neben dem Buch eine von einem goldenen Reif mit aufgesetztem Kreuz versehene Weltkugel hält. Das Buch scheint fest in rotem Leder gebunden zu sein. Die Seiten liegen leicht gewölbt und zeigen neben roten Randornamenten und Titeln eine linienhafte Andeutung eines schwarz geschriebenen Textes. Von der Person selbst läßt sich außer dem lichtblauen Gewand, von dem auch noch unterhalb des anscheinend auf den Knien ruhenden Buches Teile von Falten vorhanden sind, nichts mehr erkennen. Die Figur saß auf einem Thron mit Lehnen, von denen sich noch Spuren rechts und links derArme finden. Ein roter Umhang oder drapierter Behang scheint die gesamte Figur samt Thron umfangen zu haben, wie es die Farbreste rechts und links der Faltenfragmente unterhalb der Knie andeuten.

Der Thron selbst lief unten in einem Podes aus, das an das sich oberhalb des Kapitells gemalten Ornament anschließt. Dieses in Steingrau auf ockerfarbenen Grund ist kreuzblumenartig gebildet, wobei die überstürzenden Teile in lilienähnlichen Blättern ausschwingen. Als Bildbasis bildete es gleichsam den Gegenpol zu dem die Figur nach oben hin rahmenden Gesprenge, dessen wenige Spuren in der Art des Baldachins über der Marienkrönung (vgl. Objekt Nr. 53) zu ergänzen ist.

Eine eindeutige Rekonstruktion der Kopf- und Halspartie scheint durch die sich hier teilweise überlagernden Schichten nicht möglich. Jedoch läßt die sich weit in die Mitte ziehende rote Farbe darauf schließen, daß der den Thron umfangende Mantel (?) auch noch die Schultern der Figur überdeckte und vor deren Brust geschlossen war. Geht man von dieser Rekonstruktion aus, so würde die Ockerfarbe in der Mitte die Agraffe vorstellen und die Brauntöne oberhalb eine rechts am Gesicht fallende Haarsträhne andeuten.

Stil:
Auf Grund des Erhaltungszustandes bleibt die Aussage über den Stil fragmentarisch. Die Modellierung der Armpartien zeigt jedoch, daß die Darstellung neben der kräftigen schwarzen Faßzeichnung auch eine Licht-Schatten-Abstufung besaß, die der ganzen Gestalt eine ziemliche Fülle und Festigkeit gegeben haben muß. Dies läßt sich auch noch in den Resten der von den Knien abwärts stürzenden Gewandteilen sehen. Der Umhang scheint die Figur weit umfaßt zu

haben, wobei er der Breitung der Gestalt durch seine dunkel gefaßte Kontur eine fast plumpe Schwere gegeben hat, die auch in der Ornamentik festzustellen ist.

Ikonographie:
Die sitzende Gestalt mit Buch und Weltkugel in ihrem roten Mantel legt die Vermutung nahe, daß es sich bei dieser Darstellung um einen Weltenrichter gehandelt haben könnte. Daß die Figur Christus vorstellt, dürfte dabei sicher sein, da dieser bei der folgenden Marienkrönung ebenfalls eine Weltkugel gleicher Art hält (Objekt Nr. 53). Die Deutung als Weltenrichter dagegen bleibt hypothetisch [6], da sich bei der Darstellung keinerlei eschatologische Symbole feststellen lassen.

Technik: vgl. Zusammenfassung unter Objekt Nr. 54

Erhaltungszustand:
Das Bildfeld in dem Gewölbeansatz ist links durch eine nachträglich eingezogene Mauer eines Grufteinbaus bis auf die Steinschicht zerstört [7]. Die restliche Fläche überziehen nach rechts hin zunehmend Hammerschläge. Die pigmenttragende Kalkschicht ist großenteils mit der darunterliegenden Putzoberfläche (teils auch Tüncheschichten) abgeplatzt. Die pastös in Seccotechnik aufgetragenen Pigmente haben sich in den oberen Partien gut erhalten, wogegen sie unterhalb des Buches fast gänzlich abgerieben sind. So hat sich von den unteren Teilen nur das Ornament, dessen Schlemmschicht direkt auf den Stein aufgetragen war, bewahrt, da hier die hygroskopische Einwirkung weniger stark gewesen war als in den auf der porösen Putzschicht aufsitzenden Teilen.

Nr. 53
»Marienkrönung«

Standort: in situ
Domkirche, Westkrypta, westlicher Gewölbeansatz des östlichen Südpfeilers (vgl. Plan Nr. II)

Datierung: ca. 1480/1490

Maße: 100 × 138 cm

Beschreibung:
Unter einem verkrabbten Baldachin mit paßförmigen Durchbrüchen, der auf einer grünlich gefaßen Konsole steht, kniet Maria, die Hände gefaltet vor die Brust genommen, das Haupt leicht gesenkt. Gekleidet ist sie mit einem hochgegürteten, dunkel ockerfarbenen Gewand, das steil in geraden Falten zu Boden fällt und dort unterhalb der Knie fließend ausläuft. Darüber hat sie einen blauen Überwurf gelegt, der sie um ihre Schultern faßt und, in straff geführtem Bogen zu Boden gleitend, hüllenartig umfängt. Der Überwurf scheint sich am Boden fließend auszubreiten und fast bis an den Rand des Ornaments der Bildbasis zu reichen, das gleich dem des Weltenrichterbildes (Objekt Nr. 52) kreuzblumenartig aufgebaut, in Lilienblättern endet.

Rechts von Maria sitzt Christus, ganz in ein hellrotes Gewand gekleidet, das innen purpurfarben ausgeschlagen und mit goldenen Säumen verbrämt ist. Mit seiner Linken hält er die von einem Reif gefaßte und vom Kreuz bekrönte Weltkugel, die auf seinem Schoß liegt, fest, während er mit seiner Rechten die Krone über Maria zu heben scheint, worauf nur mehr der Verlauf des Gewandsaumes deutet. Sein nimbiertes Haupt wendet er in Dreiviertelansicht aus dem Bild. Ihm gegenüber saß in ähnlicher Haltung Gottvater, von dem man nur mehr die indifferente Farbfläche seines roten Gewandes und Fragmente seines Nimbus erkennen kann.

Die ganze Gruppe war hinterfangen von einem grünen Dorsale, auf dem die den Baldachin tragende Konsole aufsaß. Unter der mittleren Öffnung des Baldachins saß die weiße Taube, die den Heiligen Geist verkörperte und von der nur mehr Kopf und eine Flügelspitze zu sehen ist. So die göttliche Dreifaltigkeit vervollständigend, überkrönt er die Szene abschließend.

Stil:
Die Figur der Maria zeigt die das Volumen der Gestalt voll betonende Art der Malerei, bei der in leichten Bögen die Falten des Gewandes aneinandergereiht den Körper umlaufen. Die leicht geschwungene Kontur bestärkt dabei die Fülle des Körpers, die von dem wiederum leicht geschwungen sich um ihn hüllenden Mantel verstärkt ist. Dieses die Figur im Umriß Schließen zeigt sich in Abwandlung auch bei der Figur Christi, bei welcher der Saum des Gewandes von der erhobenen Rechten geschwungen bis zum Knie läuft, von wo er, durch den entgegengeführten Schwung des Mantels der Maria aufgenommen, gegenläufig weggeführt wird.

Auch bei dieser Darstellung überwiegt ein Zug zum Graphischen, der jedoch durch die Nebeneinandersetzung von farbiger Linie und Schwarzzeichnung weit mehr malerisch gewandelt ist als in der Figur des Weltenrichters (Objekt Nr. 52). Obwohl auch in diesem Bild eine Modellierung durch Weißhöhung existierte, überwiegt doch eine Abschattung durch Strichlagen, die zuweilen, wie bei dem Gewand der Maria, in zwei verschiedenen Farben ausgeführt ist. Auch die flächige Verschattung wird durch Überlagern reiner Farben wiedergegeben, wobei die auflagernde, zur Lokalfarbe hinzutretende keinen festen zeichnerischen Rand besitzt. Diese Tendenz, graphische Elemente in malerischer Weise einzusetzen, stellt das Charakteristikum des Bildes dar, dem wohl die beiden anderen, die ihm technisch wie materialmäßig so ähnlich sind, geglichen haben, was allerdings auf Grund des heutigen Erhaltungszustands nicht mehr nachvollzogen werden kann.

Ikonographie:
Das Bild folgt dem allgemein üblichen Darstellungstypus der Krönung Mariens durch die Dreifaltigkeit [8]. Als Besonderheit wäre das jugendliche Gesicht Christi anzusehen, dessen Bartlosigkeit in diesem Falle dazu diente, ihn von der Figur Gottvaters abzusetzen, mit dem er, wahrscheinlich auskompositionellen Gründen, in der Gewandung völlig gleichgestellt war.

Technik: vgl. Zusammenfassung unter Objekt Nr. 54

Erhaltungszustand:
Auch dieses Bild ist rechts durch den Einzug einer Vermauerung bis auf die putztragende Steinschicht gestört [9], wodurch die Rückenpartie Christi verlorenging. Allerdings zieht sich diese Beschädigung nicht soweit hinauf, so daß sich hier der Baldachin erhalten hat. Links von dieser Störung ist die Bildfläche durch Hammerschläge schwer beschädigt. Die feuchtigkeitsbedingten Schäden verhalten sich wie bei dem Bild des Weltenrichters (vgl. Objekt Nr. 52).

Nr. 54
»Fragment einer Gewandfigur«

Standort: in situ
Domkirche, Westkrypta, westlicher Gewölbeansatz des mittleren Südpfeilers (vgl. Plan Nr. II)

Datierung: ca. 1480/1490

Maße: 45 × 100 cm

Beschreibung:
Von dem Bild, das ehemals eine ähnliche Rahmung wie Objekt Nr. 52 und Nr. 53 besaß, hat sich nur mehr ein Fragment des Baldachingesprenges und des weißen, das Bildfeld abgrenzendfassenden Rahmens erhalten. Von der Darstellung selbst ist die Partie eines roten Gewandes sowie einer Hand (?) die ein Schriftstück (?) hält, sichtbar.

Stilistische und ikonographische Aussagen sind nicht mehr möglich.

Technik: vgl. Zusammenfassung unter dieser Nr.

Erhaltung:
Auch dieses Feld ist rechts durch einen Mauereinzug beschädigt [10]. Die hier dichter liegenden Hammerschläge haben jedoch die pigmenttragende Kalkschlemme soweit abplatzen lassen, daß ein Erkennen von Motiven nicht mehr möglich ist.

Technik (Zusammenfassung für die Objekte Nr. 52 mit 54):
Bei der Malerei handelt es sich um eine Kalkseccoarbeit, die auf einer Kalkschlemmschicht ausgeführt wurde, welche auf dem porösen Putz aufgetragen war.

Eine separate Vorzeichnung ist allgemein nicht erkennbar, so daß es fraglich bleibt, ob der Rötelstrich, der an der Hand des Weltenrichters festzustellen ist und welcher zu der Vermutung einer Vorzeichnung führen könnte, nicht doch von einer zweifarbigen Fassung der Hand herzuleiten ist, wie sie sich bei dem Bild der Marienkrönung finden läßt.

Auf diese Schlemmschicht scheint nach völligem Austrocknen der Pigmentauftrag in pastöser Weise erfolgt zu sein. Die Farben wurden dann, nachdem sie abgebunden waren, verschattet bzw. in den Blautönen durch Weißlichter gehöht, wodurch sich die Modellierung ergab. Dabei ist nur die Weißhöhung wegen ihrer Transparenz mehr flächig aufgetragen worden, wogegen die dunkleren opaken Farben der Schatten, um fließende Übergänge zu erzeugen, in Strichlagen angelegt wurden. Daß dabei auch zweifarbig gearbeitet wurde, ist darauf zurückzuführen, daß in keinem Bereich die Farben gemischt zur Verwendung kamen. Dies dürfte auch der Grund sein, daß mangels eindeutiger Inkarnatfarben die Umfassungslinien der Hände und auch der Gesichter zweifarbig ausgeführt wurden, wobei der schwarzen Umrißzeichnung ein begleitender Rötelstrich hinzugefügt wurde.

So scheint sich bei diesen Bildern die Verwendung graphischer Mittel unter den unter »Stil« genannten malerischen Gesichtspunkten in der Beschaffenheit der Farben zu begründen, die der ausführende Meister nicht mischen konnte oder wollte. Eine genauere Erklärung dafür dürfte sich aber erst in einer differenzierten chemotechnischen Analyse gewinnen lassen.

Literatur:
Kosel, Karl 1981, p. 140–164
Dasser, Karl Ludwig 1982, p. 72–75.

Nr. 55
»Grablegung Christi« (?)

Standort: in situ
Domkirche, Westkrypta, westlicher Gewölbeansatz des mittleren Nordpfeilers (vgl. Plan Nr. II)

Datierung: ca. 1480/1490

Maße: 130 × 120 cm

Beschreibung:
Unter einem sich aus den die Bildseiten fassenden Rundstäben, die sich mit anderen Rundstäben astartig umwinden, geschwungenen Baldachin, der in der Mitte vor einer aus dem spitzbogigen Geäst herauswachsenden Kreuzblume bekrönt ist, steht vor dem in die Ferne gerückten grünen, von blauem Himmel überwölbten Landschaftsstreifen eine Heilige. Ihre Gestalt ist ganz von dem über das nimbierte Haupt gezogenen hellen Umhangsmantel verhüllt, welcher an der auf Hüfthöhe sitzenden Gürtung gebauscht überfällt. Die Falten des Kleidungsstückes fallen hart und brechend, wobei der Schatten sich teils in dunkelbrauner, teils in violetter Zeichnung wiedergibt. Die Figur hält ihr Haupt leicht gesenkt und führt ihre linke Hand zu dem nur mehr in schwachen Zügen erkennbaren Antlitz hoch, still und in Schmerzen versunken weinend.

Nur wenige Spuren deuten die restliche Darstellung an. So findet sich auf halber Höhe der Frau gegenüber ein Gesichtsprofil, das ebenfalls von einem Nimbus umfangen ist. Vor der stehenden Frau läßt am Boden eine blaue Gewandfaltung auf das Vorhandensein einer dritten

Figur schließen, die allerdings nicht weiter bestimmbar ist. Eine schwache, horizontal verlaufende Farbstruktur, die wegem des Zustandes des Bildes nicht mehr genauer zu rekonstruieren ist, scheint das Zentrum der Zuwendung der Frau und des Gesichtsprofils darzustellen.

Stil:
Die Darstellung der Frau, die im Aufbau des Überfangungsmotivs stark an die Gestalt der Maria unter dem Kreuz an der Galluskirche (Objekt Nr. 48) erinnert, zeigt in der Ausarbeitung der Faltung und deren eckiger Führung sowie in der Art der Verschattung Elemente, die im Zyklus des Antonius Abbas der Katharinenkirche (Objekt Nr. 51, II) vorbereitet wurden. Diesem, dem auch die Palette der Farben entsprechen würde, scheint auch die Darstellung der Landschaft verpflichtet zu sein. Die Verhärtung der Zeichnung, die auch bei diesem Bild dadurch, daß sie in der Farbe wechselt, die Rolle der Modellierung übernimmt, schließt die Darstellung an den 1484 entstandenen Zyklus des Kreuzgangs der Barfüßerkirche (Objekt Nr. 60) an. Diesem entspricht auch ganz die Durchbildung des Gesprenges, dessen Ähnlichkeit mit dem im gleichen Gebäudetrakt aufgefundenen Maßwerksfragment, das wahrscheinlich mit dem obengenannten Zyklus entstanden ist (Objekt Nr. 74), nicht von der Hand zu weisen ist.

Ikonographie:
Das Weinen der Frau und die Zuwendung von ihr sowie dem Gesichtsprofil auf die horizontale Farbstruktur legt als Ausdeutung die Vermutung nahe, daß es sich bei diesem Bild ursprünglich um eine Grablegung oder eine Beweinung [11] gehandelt hat.

Technik:
Bei der Malerei handelt es sich um ein auf einem Kalkschlemmenträger aufgetragenes Kalkseccobild. Eine entwerfende Vorzeichnung, die sich über die gesamte Bildfläche hinzieht, scheint, wie ihre graue Färbung vermuten läßt, noch im feuchten Zustand darauf gelegt worden zu sein. Über dieser Zeichnung liegen direkt die Pigmente und die darin eingebundene Schlußzeichnung, deren Farbe im Bereich der Gewandung der Frau diesem angepaßt, wogegen sie in den Partien des Gesprenges als auch in dem Fragment des zweiten Gesichts als schwarzes Lineament auftaucht. Die Transparenz der Farben scheint hierbei weniger auf das Durchscheinen der Vorzeichnung ausgelegt zu sein, als daß sie insgesamt den graphischen Charakter des Bildes steigernd die Körperlichkeit der Farbe zurücknehmen wollte.

Erhaltungszustand:
Die gesamte Bildfläche [12] ist nach rechts hin durch Hammerschläge gestört, die ein fast völliges Abplatzen des Kalkschlemmenträgers zur Folge hatten. Links dagegen liegt außer dem feuchtigkeitsbedingten Verfall der Pigmente und der Trägerschicht keine mechanische Störung vor.

Literatur:
Kosel, Karl 1981, p. 140–164;
Dasser, Karl Ludwig 1982, p. 74.

Nr.: 56
Fragmente von vier Prophetenbüsten

Standort: in situ
St. Anna, Lettner, nördliches Gewölbe

Maße: 158 × 140 cm (Originalfläche)

Datierung: ca. 1480/1490

Freilegung: bei der Restaurierung nach dem Kriege, genauer Zeitpunkt nicht bekannt, jedoch vor 1958 [1]

Beschreibung:
(Es wird nur das nördliche noch originale Viertel des Gewölbes berücksichtigt).

Aus einem Ornament, das im Zwickel zwischen den sich kreuzenden Rippen in Art von Kreuzblumen aus überfallenden Blättern sich aufbaut, »wächst« gleichsam, von diesem Ornament umfaßt, die Halbfigur eines Propheten (?). Vom Gürtel an erhebt sich der schmächtige Oberkörper mit den schmalen, fallenden Schultern, bei dem die aufstrebende Tendenz durch den Schwung des breiten, den Hals füllig umfassenden Kragens, der sich entlang des Saumes der Jacke bis zum Gürtel hinabzieht. Glockenähnlich weit umfassen die Ärmel dieses Kleidungsstückes die Oberarme und geben unter den rundgelappten Säumen die schmächtigen, von einem türkisgrünen Hemd bedeckten Arme frei. Mit seiner Linken scheint er auf den nächsten Gewölbeabschnitt zu weisen, während er mit der Rechten an den Gürtel greift. Sein Haupt, das auf dem vom Jackenkragen fast völlig verdeckten schlanken Hals sitzt, wird von einer Haube bedeckt, die mit einem breiten Band die Stirne faßt und über die blonden Haare nach hinten kippend fällt. Die noch kenntlichen Gesichtszüge (nur das Auge links und der Mund sind original [2]) geben ihm jugendlichen, freundlichen Ausdruck, mit dem er in die von seiner Hand gewiesene Richtung schaut.

Vor dem dunkelbraunen Hintergrund schlingt sich in zwei Schleifen, an den Enden überschlagend, in zwei langen Fortsätzen endend, ein Schriftband, das ehemals sein Motto enthielt. Die Schrift selbst ist nicht mehr lesbar. Auch das Feld, auf das er weist, zeigt noch ein originales Ende eines Schriftbandes gleicher Art auf. Hier sind ebenfalls die nachgezogenen Buchstaben in ihrem Sinn nicht mehr zu entziffern.

Stil:
Das Ornament dieser Gewölbemalerei schließt eng an das des kreuzblumenförmigen Abschlusses der Grablegung der Domkrypta (Objekt Nr. 55) an, die sich wiederum mit dem auf 1484 zu datierenden Fragment des Kreuzgangs der Barfüßerkirche (Objekt Nr. 74) in Zusammenhang bringen läßt. Auch die Verschlingung des Schriftbandes kann auf die gleichartige Struktur des Gesprenges der Darstellung in der Domkrypta zurückgeführt werden. Zusätzlich lassen sich auch Grundsätze wie Details der Figurenbildung mit der Grablegung vergleichen. So z. B. die schmalen, fallenden Schultern, die straff gezogenen, hart brechenden Falten und auch die schraffurähnliche Verschattung der Faltentäler. Die sich bei dem Propheten weicher gebende Struktur um den Hals und an der Haube hat sich nicht als original beweisen lassen, so daß sie als Gegenargument gegen einen stilistischen und zeitlichen Anschluß an diese Bilder nicht ins Gewicht fällt.

Ikonographie:
Durch den fehlenden Zusammenhang mit den anderen heute verlorenen Propheten des Gewölbeabschnittes, wie auch durch die Zerstörung seines Mottos [3] ist die Rolle der Figur nicht zu klären.

Wahrscheinlich bezogen sich jedoch die Sprüche der Propheten auf das Altarsakrament, auf das sie durch ihre Plazierung in den Laienraum und Chor trennenden Lettnergewölben vermittelnd hinzuweisen schienen.

Technik:
Die Malerei ist wiederum auf einer einschichtigen Kalkschlemme, in die eine Vorzeichnung noch in feuchtem Zustand gesetzt wurde, gemalt. Die darauf in secco aufgesetzten Pigmente wurden durch das schwarze Lineament der Schlußzeichnung gefaßt, das zudem teilweise durch dunklere Striche der entsprechenden Lokalfarbe verstärkt war, die hauptsächlich die Verschattungen wiedergeben. So zeigte sich auch bei dieser Darstellung eine Tendenz zum graphisch Zeichnerischen hin.

Erhaltungszustand:
Die gesamte Fläche des Bildes zeigt einen erheblichen Verlust der Pigmentsubstanz auf [4], zu dem die Störung durch einen im Gewölbescheitel verlaufenden Riß hinzukommt. Entlang desselben ist die Fläche ausgebessert. Bei dieser Ausbesserung, bei der auch die drei übrigen

Gewölbefelder eingetönt wurden, schient auch eine Härtung und teilweise Auffrischung der Substanz im Bereich des Gesichtes, des Kragens und der fallenden Partie der Haube sowie an der in den Gürtel greifenden Hand vorgenommen worden zu sein.

Die Fluoreszenzanalyse zeigte [5], daß die Schriftzeichen im Spruchband nur noch zu geringen Teilen originale Substanz aufwiesen, weshalb auf eine Wiedergabe verzichtet wurde.

Literatur:
Breuer, Tilmann 1958, p. 18.

Nr. 57
»Krippennische mit Engeln«

Standort: in situ
St. Annakirche, Taufchor, Nordwand (heute hinter einem Epitaph)

Datierung: ca. 1480

Freigelegt: sichtbar nach dem 25. II. 1944 [1]; nach Einsetzung des Epitaphs wieder verdeckt.

Überliefert:
Schwarzweiß-Aufnahmen; Städtische Kunstsammlungen Nr. F. I 9993, F. I 9994, P 1851

Beschreibung:
Die heute wieder verdeckte Nische zeigte im Scheitel ihres Gewölbes auf einem gewellten Wolkenband die Körper dreier Figuren, von denen die beiden seitlichen mit ihren Händen ein Schriftband mit der Aufschrift: »(g)loria in excelsis deo« hielten.

Die Äußeren, die in einfache, kittelartige Gewänder gekleidet waren, greifen mit beiden Händen das in drei Bögen geführte Schriftband, während der Mittlere, der über sein helles Gewand einen von einer Agraffe gefaßten dunklen Überwurf gelegt hat, seine Rechte zu einer sprechenden Geste erhebt. Die Falten der Gewänder sind hart sowohl von einer schwarzen als auch von einer farbigen Zeichnung bestimmt. Der Charakter der Faltung, der noch mit dem eckigen Rand des Schriftbandes zusammenstimmt, steht in eigenartigem Gegensatz zu dem sich rund wellenden Wolkenband, dessen Rand durch kleine helle Bögen manieristisch verbrämt ist.

Nach rechts setzt sich die Malerei durch einen weiteren Engel fort, der sich aus der Nische herauswendet und, beide Flügel aufgestellt, neben sein von langen gelockten Haaren bedecktes Haupt hält. Den Blick seines schmalen, hochstirnigen Gesichts hat er gesenkt, gleichsam zur Mitte der Basis der Nische gelenkt. Hohe Augenbrauen umfassen die halb niedergeschlagenen Augenlider, zwischen denen sich die Nase leicht geschwungen herabzieht. Der volle Mund gibt dem in ein schmales Kinn auslaufenden Gesicht etwas gütig Warmes. Beide Hände hat er, vor Ehrfurcht geöffnet, vor seinem hell gewandeten Oberkörper erhoben und verharrt so auf seinem – allerdings verwitterten – Wolkenband in tiefer Andacht.

Auf der Gegenseite der Nische findet sich abermals auf einem Wolkenband, das genauso wie das der Engel im Nischenscheitel ausgearbeitet ist, ein Engel, der, beide Flügel von seinem Körper abspreizend, neben sein von vollem dunklen Haar bedecktes Haupt hebt und dieses dadurch quasi einspannt. Sein Gesicht mit einem runden Umriß zeigt ebenfalls niedergeschlagene Augen, jedoch eine kurze Nase und einen schmalen Mund. Beide Hände andächtig gefaltet, wendet er sich dem gleichen Punkt zu, der auch das Ziel der Verehrung des ihm gegenüberstehenden Engels ist.

Unterhalb dieses Engels zeigt sich eine geöffnete Architektur [2], deren Rolle und Funktion in dem Bild an Hand der zugängigen Unterlagen nicht zu klären ist.

Stil:
Jede Aussage über die stilistische Beschaffenheit hat zu berücksichtigen [3], daß die Figuren nur in den vorliegenden drei Schwarzweiß-Aufnahmen zugänglich sind. Jedoch läßt sich auch davon

erkennen, daß die hier zum Teil knittrig, eckig geführte Faltung neben der schwarzen Zeichnung in anscheinend der Lokalfarbe nahestehenden Tönen durch breite Schattenstriche verstärkt wurde. Inwieweit dazu noch eine Weißhöhung trag, ist nicht auszumachen. Auch hier besitzen die Figuren schmale, fallende Schultern, die ähnlich der Art der Modellierung an die Figur des Propheten erinnern. Trotz der schwunghaften, so stark strichbetonten Ausarbeitung zeigt der Maler, wie z. B. in der Mundpartie des Engels des rechten Nischengewänges, daß er durchaus in der Lage ist weich und modellierend zu arbeiten. Diese Mittel werden aber so verhalten eingesetzt, daß der graphisch zeichnerische Charakter weit überwiegt.

Ikonographie:
Die Nische wird gewöhnlich als Krippennische angesprochen, was sich vor allem aus dem Text des Spruchbandes herleitet. Da sich diese Nische jedoch in dem für Laien normalerweise unzugänglichen Teil der Kirche hinter dem Lettner direkt neben dem Hauptaltar befand, wird man dafür kaum die Funktion eines Andachtsbildes in Anspruch nehmen können. Die Stellung zum Altar könnte die Frage als Sakramentsnische aufwerfen, was allerdings durch den Verlust des Nischengrundes auch nicht mehr eindeutig zu klären ist. Der Bezug auf die Anbetung der Engel an der Krippe, der durch den Text des Schriftbandes gegeben ist, ist in dieser Funktion denkbar, aber nicht zwingend.

Technik:
Bei der Malerei scheint es sich, wie die Abriebspuren auf den Aufnahmen zeigen, um eine Kalkseccomalerei gehandelt zu haben [4], deren Aufbau man sich ähnlich dem der Propheten im Lettnergewölbe vorstellen muß. (vgl. Objekt Nr. 56)

Erhaltungszustand:
Die Aufnahmen zeigen, daß die Bildfläche der Nischenleibung durch Vorsetzen der Reliefplatte beschnitten wurde, wodurch die Köpfe der Engel im Nischenscheitel verlorengingen. Auch die Beschädigung der Architektur unter dem linken Engel ist darauf zurückzuführen. Ansonsten weisen die Bilder nur einen auf die Verwitterung durch die aus dem Mauerwerk kommende Feuchtigkeit zurückzuführenden Verlust von Pigmenten auf, zu dem noch unwesentliche Kratzspuren hinzukommen.

Nr. 58
Malereien der Domgewölbe

Standort: in situ
vgl. Plan Nr. VII

Datierung: 1483–1510

Freigelegt: 1934 bei der Domrestaurierung [1]; dabei wurde teilweise der Aufdeckungsbefund photographisch festgehalten.

Geschichte:
Es dürfte außer Zweifel sein, daß die Malereien der Chorgewölbe nicht auf das Datum der Einwölbung zurückzuführen sind [2]. Denn allein die Schilderung der Baumaßnahmen an den Gewölben und dem Dach, wie sie sich in den Kapitelrezessionalien erhalten haben [3], zeigen die Unmöglichkeit auf, daß sich angesichts solcher Umgestaltungen und Eingriffe Malereien in der Gewölbezone unbeeinträchtigt erhalten hätten.

Daher wird man die Entstehung dieser Malereien in der Form, wie sie uns heute vorliegen, in Zusammenhang mit diesen Arbeiten bringen müssen, bei denen sukzessiv die Gewölbe neu getüncht und mit Ornamenten geschmückt wurden. Es bleibt allerdings fraglich, ob der bei Braun 1829 erwähnte Kontrakt mit einem Maler aus dem Jahre 1484 [4] auf die Gewölbemalereien direkt zu beziehen ist. Es scheint mehr, daß dieser Vertrag den Beginn der Malerarbeiten innerhalb des Domes bedeutet.

Denn nachdem das Kapitel am 3. XI. 1484 beschlossen hatte, die Bauarbeiten innerhalb der Kirche einzustellen [5], faßt es am 22. XI. 1484 die »Maynung«, daß »der Bildung vff dem alten Chor dar von herr hanß pfister gschrieben hant . . . mit dem mauler vff das ziemlichest zů concordieren« sei [6]. Es scheint jedoch ziemlich sicher, daß mit der »Bildung vff dem alten Chor« andere Bilder als die Gewölbeornamentik angesprochen sind. Jedoch müssen auch sie zu dieser Zeit in Angriff genommen worden sein. So berichtet der Zechpfleger in einer seiner Rechnungen des Jahres 1484, daß er dem »maller von dem gewelb zů mallen und ettlichen bild vund seyl« 8 ½fl ausgegeben habe [7], wobei in diesem Betrag noch weitere kleinere Tätigkeiten enthalten sind. Diese Rechnung, die im Zusammenhang mit der Aufstellung des Michaelsaltars von Gumpold Giltlinger genannt ist [8], bezeugt, daß in diesen Jahren die Gewölbe gemalt wurden und daß die Zechpfleger das Gewölbe über dem ihnen unterstehenden Altar entweder auf eigene Kosten bezahlen mußten, oder aber nur vor der Aufstellung der neuen Altartafel vollendet wissen wollten, um eine Beschädigung des neuen Altars zu vermeiden.

Diese beiden archivalischen Belege scheinen den Anfang der Ausmalung anzudeuten, in deren Verlauf die Gewölbe und auch 1491 der große monumentale Christophorus (Objekt Nr. 68) fertiggestellt wurden. Dabei wird man diesen Christophorus als Schlußbild der Restaurierung ansehen müssen, was dann auch dessen währungsbezogene Inschrift erklären würde. Ob allerdings alle Gewölbemalereien 1491 schon abgeschlossen waren, kann nicht eindeutig erwiesen werden, da die Arbeiten öfters unterbrochen wurden und sich wahrscheinlich auch Schwierigkeiten bei der Koordinierung der Arbeit durch die verschiedenen Auftraggeber der Kapellen sowie die rechtliche Berücksichtigung älterer Stiftungen die Ausführung unangemessen lang hinzog.

So muß für diese Malereien eine Datierung zwischen 1484 und dem Beginn des XVI. Jahrhunderts in Anspruch genommen werden, wobei wohl die meisten vor dem Termin des Jahres 1491 fertiggestellt wurden.

Beschreibung:
Die Beschreibung der Gewölbemalereien, die aus praktischen Gründen in vier Gruppen (I–IV) vorgestellt werden, berücksichtigt durch den Vergleich der Aufnahmen des Aufdeckungszustandes und der 1934 von Norbert Lieb angefertigten Notizen bereits den heutigen Erhaltungszustand [9], so daß dieser nicht mehr eigens aufgeführt ist. Stil, Ikonographie und Technik werden in Zusammenfassungen am Ende dieser Objektnummer behandelt.

Nr. 58, I
Gruppe I Gewölbemalereien
Westchor und Hauptschiff

I.1
Die Notiz bei der Aufdeckung [9] nimmt für die nördliche und südliche Gewölbekappe Rankenwerk an, in dem in letzteren Abschnitt ein langer Arm mit Trompete sichbar gewesen sei. In der genannten Fläche lassen sich heute aber nur mehr schwache Spuren grüner Farbe und einer schwarzen Faßzeichnung feststellen, deren Zusammenhang zerstört ist.

I.2
Bei der Aufdeckung [9] konnte im östlichen Gewölbeteil noch eine Frau mit Vogelleib (Sirene) und ein geflügelter Kentaur erkannt werden, unter denen ein Schriftband verlief, dessen Buchstaben so schlecht wahrzunehmen waren, daß die Inschrift als »wohl ohne Sinn« bezeichnet wurde. Auch die westliche Gewölbekappe zeigte eine gelbgekleidete Frau, die einem Kentaur gegenüberstand, und an deren zum Schlußstein gerichteten Basis sich abermals ein Schriftband »wohl ohne Sinn« befand. Im nördlichen Gewölbeteil sah man noch schalmeienblasende Engel, von denen der rechte gelbbraun und der linke grün gewandet war. Ihnen gegenüber korrespondierten im südlichen Teil zwei Weihrauchfässer schwingende Engel. Das ganze Zentrum des

Gewölbes wurde mit goldbraunem Rankenwerk, aus dem grüne Blätter sprossen, umfaßt. Auch die Malerei dieses Gewölbes ist fast gänzlich verloren, so daß sich von den obengenannten Darstellungen nur mehr Farbflecke finden lassen. Dabei ist der Federschwanz der Sirene mit den darunter auf dem Schriftband stehenden Buchstaben OHA (die nicht mit den Aufzeichnungen von 1934 übereinstimmen) kenntlich. Auch die schalmeienblasenden Engel kann man noch rekonstruieren, wogegen das System des Rankenwerks und die Form der Blätter als verloren bezeichnet werden müssen.

I.3
Bei der Aufdeckung [9] waren in dem östlichen Gewölbeteil drei hinter Zinnen stehende Gestalten zu bemerken. In dem gegenüberliegenden Teil standen drei nackte Gestalten, die ein Schriftband hielten. Diese sind heute noch zu erkennen. Ihren Köpfen nach scheint es sich bei diesen Figuren um Tote gehandelt zu haben (Gegenüberstellung der drei Lebenden und der drei Toten?). Für die nördliche und südliche schmale Gewölbekappe lautete der Befund bei der Aufdeckung »schreitender Mann oder Adler«, was sich heute auf Grund des fortgeschrittenen Verfalls nicht mehr bestätigen läßt. Auch das System der Ranken, die mit gelbem Astwerk und grünen Blättern die Malerei hinterfangend umgaben, ist nicht mehr zu erkennen.

I.4
Der Aufdeckungszustand zeigt für die östliche und westliche Gewölbekappe [9] einen Mann, der in einem grünen Gewand mit gelben Schrägstreifen, der den Rachen eines gelben Löwen aufreißt (Darstellung Samsons im Kampf mit dem Löwen). In der nördlichen Kappe fand sich eine »Männermaske« (?), aus deren Mund das die Gewölbemitte fassende Rankenwerk wuchs. Von diesem sind noch die rotbraunen, dem Eichenblatt ähnlichen gelben und grünen Blättern besetzten, sich zu den Gewölbescheiteln symmetrisch in Sprialen endenden Äste kenntlich. Allerdings läßt sich das Aufbauprinzip ebensowenig wie die figürlichen Elemente rekonstruieren, von denen nur mehr in der östlichen Kappe Farbfragmente sichtbar sind.

I.5
Die östliche Gewölbekappe zeigte bei der Auffindung zwei Ringer, die, nur mit Hosen bekleidet, in Ausfallstellung sich gegenseitig ansprangen [9]. In dem westlichen Sektor der Malerei hielt ein grüngewandeter Mann ein Schachbrett vor seine Brust, während rechts davon eine zweite Gestalt mit nacktem Oberkörper stand (?). Diese beiden Felder zeigten ebenso wie das südliche, in dem damals noch zwei »hockende Gestalten« auszumachen waren, ein sich verzweigendes, in kreisförmigen Ästen endendes rotbraunes Rankenwerk auf, das grüne Blätter besaß, deren Form bei der Aufdeckung als »Feigenblätter« beschrieben wurde. Von den figürlichen Darstellungen nichts mehr zu erkennen und nur teilweise sind Partien der Äste sowie Farbreste der grünen Blätter erhalten.

I.6
Die östliche Gewölbekappe zeigt das Opfer Kain und Abels, die gegeneinander gerichtet knien und ihre Gaben hochhalten. Abel, der ein kleines, durch schwarze Zeichnung gegebenes Lamm hält, trägt ein grünes, bis zu den Füßen nur in wenigen Falten fallendes Gewand. Sein von vollen, gelockten blonden Haaren bedecktes Haupt besitzt eine eckige Kontur und grobe Binnenzeichnung. Der ihm gegenüber kniende Kain mit blondbehaartem Kopf und von einem blonden Vollbart umfangenen Gesicht, ist ähnlich mit einem roten Rock gekleidet und bringt ein Garbenbündel dar.

Der Aufdeckungsbericht [9] schildert die Darstellung des westlichen Gewölbeteiles als die Bedrohung einer grüngekleideten Frau durch einen rotgewandeten Mann, der diese mit hoch erhobenem Schwert anscheinend erschlagen will. Die Szene rechts des »anscheinend leeren Wappenschildes« wird ebenfalls als Angriff eines »wilden grüngekleideten Mannes, mit vollem Haar, gegen eine Frau« ausgedeutet. Mit »seiner Rechten hat er das Schwert erhoben, während er mit seiner Linken das blonde Haar der rotgekleideten Frau ergreift, die flehend vor ihm hockt«. Da von diesen Figuren nur mehr einige Farbreste zu sehen sind, kann eine Bewertung dieser Beschreibung nicht mehr vorgenommen werden. Die Farbgleichheit der Gewänder mit den opfernden Kain und Abel könnte jedoch auf eine Fortführung der Geschichte schließen lassen (Brudermord?) [10]. In den nördlichen und südlichen Feldern werden Fragmente des schwarzen Gefieders eines großen Vogels berichtet. Alle diese Darstellungen sind von einem sich spiralförmig eindrehenden Rankenwerk umfaßt, dessen gelbe Äste jeweils die großen, herzförmigen, spitz auslaufenden Blätter umfassen, die meist flächig grün und nur bei der Darstellung des Opfers auch rot-weiß geteilt gefärbt sind.

Von all den hier beschriebenen figürlichen Darstellungen hat sich nur das Opfer Kain und Abels erhalten. Auch das Rankenwerk ist in den übrigen Partien stark gestört.

Innerhalb der an der Stelle des Schlußsteins sitzenden Abzugsöffnung findet sich ein auf den verschließenden Deckel gemalter Gottvater, der eine breite Krone auf seinem Haupt trägt. Gekleidet in einen dunkelroten Mantel, erhebt er seine Rechte zum Segen und hält in der Linken ein Lilienzepter vor seinen Körper. Ob diese Malerei original ist und ob sie sich auf das Programm der Gewölbe bezog, konnte im Rahmen dieser Untersuchungen nicht festgestellt werden.

I.7

Die bei der Aufdeckung [9] für die westliche und östliche Gewölbekappe beschriebene Darstellung eines goldgelben Löwen mit einem rotgewandeten Mann, von dem rechts sich eine Frau in grünem Kleid auf einem hockenden gelben Tier fand, läßt sich nur an den Farbresten der westlichen Kappe nachvollziehen. In der östlichen Gewölbepartie geben die Farbreste keinen Anhaltspunkt für eine solche Darstellung. Auch die langgefiederten grünen Vögel der südlichen und nördlichen Kappe lassen sich nicht mehr erkennen.

Das aus einem rötlichen, schwarz gefaßten Rankenwerk gebildete Ornament baut sich dagegen ähnlich dem der Nr. I.6 auf. Nur sind hier die durchwegs grünen Blätter herzförmig mit einem abgerundeten Spitz gegeben.

I.8

In der östlichen und westlichen Gewölbekappe halten je zwei, den Gewölbescheitel sich entlangstreckende, Rücken an Rücken die Flügel spreizende, schwebende Engel mit ausgestreckten Armen das Wappen der Randegg [11]. Auch für die südliche und die nördliche Kappe gibt der Aufdeckungsbericht dieses Wappen an [9], das dort allerdings nur von je zwei vom Schlußstein herkommenden Armen gehalten wurde. Das aus dünnen schwarzen Ästen gebildete Rankenwerk ist in ähnlicher Struktur aufgebaut wie bei Nr. I.5. Die Blätter sind weinlaubähnlich, teils grün, teils rot gefärbt und werden von den Ästen in Kreisbögen umschlossen, an deren Verzweigungen kleine, teilweise rote, vierblättrige Blüten sitzen.

I.9

Entlang der Gewölbescheitel zieht sich hier vom Schlußstein ausgehend je ein Hauptast, von dem symmetrisch nach unten eingebogene Nebenäste wachsen, die auf ihrer Außenseite kurze, sich teilweise gabelnde Triebe besitzen. Haupt- und Nebenäste enden in je einem großen, weinlaubähnlichen Blatt, während die Triebe weitaus kleinere, in ihrer Größe jedoch unterschiedliche, runde, herzförmige Blätter tragen.

Das ganze der Achsensymetrie des Gewölbes angeglichene Ornament ist grün. Nur einige der kleinen Blätter besitzen eine gelbliche Tönung, die jedoch nicht regelmäßig angewandt ist.

I.10

Ähnlich dem Gewölbe Nr. I.9 entwickeln sich hier aus einem Hauptast zwei nach innen gebogene Nebenäste, die neben kurzen Triebansätzen je zwei Zweige an ihrer Außenseite angesetzt haben. Haupt- und Nebenäste sowie die Zweige enden in je einem Weinblatt, das gemäß der Stellung der Äste am Stamm in der Größe abnimmt. Die kleinen Triebansätze, die nicht gemäß der Symetrie verteilt sind, enden spitz zulaufend. Das Gewächs ist grün und von einer schwarzen Faßzeichnung gerahmt.

I.11

Ähnlich den Gewölben Nr. I.9 und I.10 entwickelt sich in der breiten Gewölbepartie aus den zwei Zweigen des Hauptstammes, die sich am Ende in drei blatttragende Äste aufspalten, eine

Anzahl von kleinen Trieben, die kleine, aus Paßbögen gebildete Blättchen tragen. Die fülligeren Hauptäste enden dagegen in je einem Blatt, das die Form der Blätter der Bärenklaupflanze (Heracleum sphondylium) hat. In den schmäleren Zwickeln des Westchorschlusses ist das Ornament auf je einen Ast beschränkt. Alle Teile der Pflanze sind grün und durch eine schwarze Kontur gefaßt.

I.12
Der Struktur der Westchorschlußmalerei (Nr. I.11) ähnlich entwickelt sich bei dieser Malerei achsensymmetrisch zu den Gewölbescheiteln ein dünnes grünes Rankenwerk, das sowohl grüne Blätter und Knospen als auch fünfblättrige Blüten trägt. Diese sind weiß mit einem roten Blütenboden bzw. alternieren in diesen beiden Farben. Jedoch wird in der Setzung der Blüten keine strenge Symmetrie bewahrt. Auch diese Malerei ist mit einer schwarzen Schlußzeichnung gefaßt.

I.13
Wiederum zu den Linien der Gewölbescheitelachsen symmetrisch bildet sich in ähnlicher Struktur wie bei Nr. I.11, jedoch viel reicher verzweigt, das Ornament aus. Die Blätter lassen auf eine Weinpflanze (eventuell vitis vinifera silvestris) schließen, der auch der rebenähnliche Fruchtstand und die sich windenden Triebe entsprechen würden. Auch dieses Ornament ist monochrom grün gefärbt und durch schwarze Konturen gefaßt. Die östliche und die westliche Gewölbekappe sind stark verwittert.

I.14
In jeder Gewölbekappe entsprießen am Schlußstein drei Äste, die sich wiederum teilweise spaltend verzweigen. Neben spitzen, lanzettförmigen grünen Blättern trägt jeder Ast am Ende eine heraldisch stilisierte weiße Lilienblüte, die in ihrer Größe der Stellung des Astes entspricht. Die Kontur ist allgemein schwarz, der bei der Freilegung erwähnte feuerrote Fassungsring unter der Blüte ist nicht mehr erkennbar.

I.15
Aus dem einen am Schlußstein entwachsenden Trieb verzweigen sich drei Äste unregelmäßig, die dreilappige Blätter und grüne Feigenfrüchte tragen, wobei das Laub dem der Frucht gemäßen Pflanze des Feigenbaumes (Ficus carica) nicht entspricht. Äste, Blätter und Früchte sind einfarbig grün, durch eine schwarze Kontur gerahmt, welche die ornamentale Auffassung betont. Der südwestliche Teil ging durch Neuputz verloren.

Nr. 58, II
Gruppe II Gewölbemalereien
Südliche Seitenschiffe

II.1
Der Aufdeckungsbericht [9] nennt für dieses Gewölbe »Rankenwerk darin große gelbe Vögel«. Diese wenig differenzierte Beschreibung läßt sich heute nur mehr anhand der gelben Farbflekken innerhalb der grünen Fragmente der Ranken nachvollziehen. Die formale Ausgestaltung ist jedoch verloren.

II.2
In den vier Gewölbekappen [9] sind Halbfiguren von Engeln, die, auf den Schlußstein hin ausgerichtet, mit beiden Händen zwei lange Posaunen von ihrem Mund weggerichtet halten. Ihre parallel zu den Gewölbescheiteln hochgestellten Flügel mit langen Einzelfedern werden von einem zu den Scheitelachsen symmetrischen Rankenwerk, das in der Grundstruktur ähnlich dem des Gewölbes Nr. I.5 ist, umfaßt. Die Pflanze stellt deutlich eine Windenart vor, die mit ihren glatten, runden Blättern und der Einbuchtung am Blattansatz nicht genauer bestimmbar ist. Erkennen kann man die Malerei nur mehr im nördlichen und westlichen Gewölbeteil, während in den anderen Abschnitten nur noch wenige Farbspuren erhalten sind.

II.3
Von dem bei der Aufdeckung [9] erwähnten Weinlaubrankenwerk ist heute nur mehr in der westlichen Gewölbekappe ein Fragment des rotbraunen Geästs erhalten. Ansonsten lassen nur wenige Pigmentreste auf das Vorhandensein von Malerei schließen, ohne jedoch deren Form wiederzugeben.

II.4
Bei der Aufdeckung [9] sind langbeinige gelbe Tiere erwähnt, die als Hirsche ausgedeutet wurden. Von dem damals angesprochenen Rankenwerk ist nur mehr der mittlere Ast in der östlichen Kappe kenntlich, der lange, spitze, lanzettförmige Blätter trägt. Der nördliche Gewölbeteil weist nur noch die Spuren zweier Tierbeine auf. Die übrige Substanz der Malerei ist verloren.

II.5
Nur noch im nördlichen und östlichen Abschnitt des Gewölbejoches lassen sich Spuren der bei der Aufdeckung [9] erwähnten Löwen erkennen. Dabei hat sich im letzteren der Umriß von Kopf und Körper, im ersteren die Stellung der Hinterpranken erhalten. Das Rankenwerk, das ehemals den in jedem Abschnitt springenden Löwen umfaßte, ist bis auf wenige Pigmentreste verschwunden.

II.6
Die Malereien dieses Joches, für das die Notiz bei der Freilegung noch »Rankenwerk« verzeichnete [9], sind gänzlich zerstört.

II.7
Bei der Aufdeckung [9] wurde für dieses Joch »Rankenwerk mit gelben Blättern« verzeichnet. Die noch erhaltenen Spuren zeigen jedoch in dem nördlichen Abschnitt zwei antithetisch ausgerichtete, affenähnliche (?), gelbe Tiere, die sich an eine grüne, kugelförmige Blüte (?) des aus rotbraunen Ästen gebildeten Rankenwerks anlehnen. In den übrigen Teilen ist die Malerei gänzlich zerstört.

II.8
Auch bei diesem Joch ist in den Notizen von 1934 nur »Rankenwerk« vermerkt [9]. Jedoch lassen sich in den Resten, die sich heute ganz auf die südliche Kappe beschränken, zwei gegeneinander gerichtete, zurückgebogene Hälse von schwanenähnlichen Vögeln erkennen. Das Rankensystem ist nicht rekonstruierbar.

II.9
Wiederum vermerken die Notizen Liebs [9] nur »Rankenwerk mit weinlaubartigen rötlichen Blättern«. Die heute noch erhaltenen Farbwerte zeigen jedoch ein sich zu den Scheiteln des Gewölbes achsensymmetrisch entwickelndes Rankenwerk mit grünem Weinlaub, in dem sich rötlich gefärbte, antithetisch gestellte Tiere (Hasen?) finden. Eine Rekonstruktion des gesamten Systems ist wegen des ruinösen Zustands unmöglich.

II.10
Die heute bis auf kleine Zeichnungsreste verlorenen Malereien wurden bei der Aufdeckung [9] als »gelbes Rankenwerk mit grünen Blättern und Blumen« bezeichnet, ohne daß der Aufbau näher differenziert worden wäre. Eine Rekonstruktion ist heute auf Grund der wenigen erhaltenen Pigmente nicht mehr möglich.

II.11
Schon bei der Aufdeckung [9] war die als »gelbes Rankenwerk« identifizierte Malerei kaum mehr zu erkennen. Heute lassen nur einige Farbspuren überhaupt noch darauf schließen, daß sich ehemals in dem Joch Malereien befanden.

II.12
1934 wurden für dieses Gewölbe kaum kenntliche Spuren einer »jedenfalls als Rankenwerk« zu bezeichnenden Malerei genannt [9], von denen sich nichts erhalten hat.

II.13
Nur mehr in der westlichen Gewölbekappe kann man das bei der Aufdeckung festgestellte »gelbe Rankenwerk mit grünen Blättern« [9] in einem Detail erkennen, das für die Schilderung der Ausbildung des Ornamentes allerdings zu spärlich ist.

II.14
Im südlichen Teil dieses Gewölbes hat sich, umfaßt von zwei S-förmigen Ästen, die Gestalt einer weiblichen Halbfigur mit Krone auf den vollen blonden Locken erhalten. Bekleidet mit einer rot-grün quergestreiften, wamsähnlichen Jacke, wächst sie frontal schauend aus dem Zusammenschluß der Äste, mit dem Kopf auf den Schlußstein hin ausgerichtet, auf und läßt beide Arme lasch dem Körper entlangfallen. Das System des Rankenwerks ist nicht mehr eindeutig zu rekonstruieren. Auch die bei der Aufdeckung [9] erwähnten, gleichgestalteten Figuren in den drei anderen Kappen sind bis auf wenige Linien der schwarzen Zeichnung verloren.

II.15
Das bei der Aufdeckung 1934 [9] als »geometrisch stilisiertes Rankenwerk« bezeichnete Geflecht läßt sich heute noch als zu den Gewölbescheitelachsen symmetrisch, vom Schlußstein ausgehendes, sich gabelndes und in doppelten Schwingungen zurückgebogenes Geäst in der östlichen Gewölbekappe erkennen, das ehemals Blätter, ähnlich dem Geflecht in I.11, besaß.

II.16
Die Äste dieses Rankenwerkes, die sich entlang der Gewölbescheitel S-förmig verschlingen, spalten sich, verzweigen sich und bilden mit den sich in Kreisbogen krümmenden Trieben einen die ganze Malerei umfassenden Ring aus, der an dem Kreuzungspunkt mit den Scheitelachsen knotenartige Auswucherungen zeigt. Das Gewächs ist mit grünen, dreipaßförmigen Blättern und roten Früchten (?), deren Form nicht mehr genau zu differenzieren ist, besetzt. Auch die Berichte des Jahres 1934 [9] geben über die ehemalige Ausbildung keinen weiteren Aufschluß.

II.17
Das Rankenwerk, das bei der Aufdeckung [9] nur als symetrisch stilisiert bezeichnet wurde, wuchs ähnlich dem des Westchorraumes (I.10) aus einem auf dem Scheitel entlang laufenden Mittelast, dessen beide Nebenäste sich spiralig einordnen. Alle Äste enden in großen, dreilappigen Blättern, die bis auf die roten, welche auf der Scheitelachse sitzen, grün gefärbt sind. Das Ornament ist stark verwittert und in der westlichen und südlichen Kappe weitgehend zerstört.

Nr. 58, III
Gruppe III Gewölbemalereien
Nördliche Seitenschiffe

III.1
Nur wenige schwarze Linien zeigen an, daß dieses Gewölbe früher Malerei trug. Auch die Aufdeckungsberichte nennen keinerlei Spuren von feststellbaren Darstellungen.

III.2
Jede der vier Kappen zeigt einen schreitenden Löwen mit schlankem Leib, kräftigen Pranken und einem gesenkt gehaltenen, von einer vollen Mähne umfangenen Kopf, aus dem glotzend zwei runde Augen stechen. Seinen Schweif hat er S-förmig durch die Beine gezogen, so daß er gleichsam mit den hinteren Pranken darüber zu steigen scheint. Die Quaste seines Schweifes hängt tiefer unter die Linie, die er als Grund zu benützen scheint und wo sich vor dem roten

Hintergrund einer quasi durch ein »Velum« halb verdeckten Öffnung drei kleinere gelbe Löwenköpfe mit aufgesperrten Mäulern und ebenso glotzenden Augen ihm entgegenstrecken.

Das diese Öffnung halb schließende »Velum« spannt sich zwischen den Rippen und betont so die Zentralität der Malerei, die von einer der Haselwurz ähnlichen Ranke (Asarum europaeum) umfaßt wird, in dem an jeweils gegenläufig auseinander herauswachsenden Ästen nierenförmige Blätter, die von den Ästen fast ganz umfangen werden und kurze gefiederte Triebe sprossen. Auch diese Ranke benützt die Scheitelachsen zur Symmetrie und betont so den vierteiligen Aufbau der Malerei.

III.3

Für dieses Joch haben sich weder Beschreibung noch Reste von Malerei erhalten.

III.4

Die Malerei dieses Gewölbes, die nur mehr in der südlichen Kappe kenntlich ist, zeigt eine gelbliche weit ausschreitende Gestalt, die anscheinend beide Arme in der Laufbewegung mitschwingt. Auch sie ist von einer aus gegenläufigen, zu der Scheitellinie hin symmetrisch geordneten Kreisbogen gebildeten roten Ranke, die innerhalb der Bögen fünfblättrige glatte Blüten besitzt, umfaßt, welche sich auch bruchstückhaft in den anderen Teilen des Joches nachweisen läßt. Ob auch hier in allen vier Abschnitten die gleiche Gestalt gegeben war, ist nicht nachzuweisen.

III.5

In diesem Joch umfaßt eine Ranke, die ähnlich der von III.2 und III.4 gebildet ist, eine hausförmige Laube (?). Sowohl die Ausbildung dieses Gegenstandes wie auch die innerhalb der gebotenen Äste liegenden Blattformen sind wegen des Zustandes der drei noch Farbfragemente vorweisenden Kappen unkenntlich. Im westlichen Teil des Gewölbes ist die Malerei gänzlich gestört.

III.6

In jeder Kappe des Gewölbes sind Adam und Eva unter dem Baum der Erkenntnis dargestellt, der zwischen ihnen vom Schlußstein her aufwächst und über ihnen sie fassend seine Krone herabhängen läßt, welche durch zwei schwarze Linien begrenzt ist, an welcher, wie auch in der Fläche der Baumkrone große, rote Äpfel mit spiegelnden Lichtreflexen sitzen. Um den Stamm des Baumes hat sich die Schlange gewunden, welche ihren Kopf der Eva zuwendet. Diese steht rechts vom Baum in leichter Schrittstellung und bedeckt mit einem von ihrer Linken gehaltenen Blätterbündel ihre Scham. Ihr, von langem, auf die Schulter fallenden blondem Haar umfangenes Haupt hat sie mit leicht niedergeschlagenen Blick auf den Apfel gerichtet, den sie soeben Adam anbietet.

Dieser, der ihr in leichter Schrittstellung gegenübersteht und gleichfalls mit seiner Rechten ein Blattbündel vor seine Scham hält, hat seine Linke in fast fragender Geste erhoben. Sein Gesicht, das von blondem fülligem Haar und einem kurzen Vollbart umgeben ist, hat er mit offenen Augen auf Eva gerichtet, unschlüssig, ob er deren Angebot annehmen soll.

Die beiden freistehenden Akte der Figuren sind in zügigen, die Volumina der Körper betonenden Linien gegeben. Die Haltung der Körper ist in sich fest, indem die hohlkreuzartige Biegung des Rückens durch das Schrittmotiv abgesichert und durch die Neigung der Häupter ausgeglichen wird. Das flächige, nur wenig modellierte grünbraune Inkarnat betont die Einheit der Körper, welche die Natürlichkeit der Darstellung unterstützen soll, der nur die altertümliche Verzeichnung der Brust der Eva im Wege steht.

Diese Szene des Sündenfalls der beiden Stammeltern wird durch die Unterseite der Baumkrone umfaßt, deren stark schwarz nachgezogene Konturen bei dieser Gewölbemalerei die Rolle des Rankenwerkes übernehmen, indem die äußeren Linien aller vier Baumkronen über die Rippen hinweg der Malerei eine vierpaßähnliche Begrenzung geben und so an die anderen Malereien dieser Gruppe anschließen.

III.7 und III.8

Für diese beiden Gewölbe sind Spuren von Bemalung weder vermerkt noch erhalten.

III.9
Nur einige Farbfragmente zeugen von einer ehemaligen Bemalung der Gewölbekappen, lassen aber keinerlei Formen erkennen.

III.10
Von der Bemalung sind nur mehr zwei Blattfragmente zu sehen. Zur Rekonstruktion des ornamentalen Aufbausystems können sie jedoch nicht genügen.

III.11
Jede der vier Gewölbekappen zeigt einen im Passgang vorwärts schreitenden Elefanten, der auf seinem Rücken einen überdeckten pavillonartigen Turm trägt. Der Elefant ist jeweils in Blaugrau gemalt, mit großen fallenden gelben Ohren. Gerade aus der Rückenlinie heraus setzt sich die Stirne und der nach unten eingerollte Rüssel mit deutlich wiedergegebenem Greiffinger ohne Absatz an. Das Gesicht ist ganz in den Rüsselansatz verlegt und gegen den Körper durch die herabhängenden Ohren abgegrenzt. Das Maul mit seiner spitzen Unterlippe ist geschlossen und nur die langen Stoßzähne ragen aus ihm vertikal aufgestellt auf, indem sie die Oberlippe leicht zurückdrängen. Zwischen dem Stoßzahn und dem Ohr, aus knapp bemessenem Platz heraus, blickt das kleine dunkle Auge, das dem ganzen Tier einen bedrohlichen Charakter gibt.

Der Körper selbst ist kaum gegliedert. Nur der hintere Schenkel setzt sich in seiner Streckung gegen den fülligen Bauch ab, wodurch das Volumen des Tieres mehr zum Tragen kommt. An der Rückseite sitzt der kleine geringelte Schwanz, der sich gleich dem Rüssel ohne Absatz entwikkelt.

Der Turmpavillon, den das Tier trägt, ist ohne Sattelzeug aufgesetzt. Eine wulstartige Basis gibt ihm den nötigen Halt, um das aufragende, sich im oberen Stockwerk erweiternde Gebäude mit seinem giebelförmigen Dach und dem aufsitzenden zwiebelartigen Knopf statisch sicher erscheinen zu lassen. Die drei in dem ausladenden Stockwerk sitzenden Fenster stellen eine unwirkliche Größenrelation zwischen dem Tier und der getragenen Architektur dar, die den ornamentalen Charakter des gesamten Bildes aufzeigt.

Gleichsam aus der Dachzwiebel entsprießen die roten Ranken, die in langgestreckten Bogen vor und hinter dem Tier herabgleiten, je einen nach innen in Kreisbogenform sich rollenden Ast haben und in einem ebenso gearteten Ast enden. Alle Äste tragen herzförmige grüne Blätter mit gezacktem Rand (Lindenblätter?) und gefiederte Triebe. Der Rand des Schlußsteins ist von ebensolchen Blättern umfaßt und von einer kreisförmigen Ranke umgeben, die keinen Anfang hat. Diese dient als Basis für die Elefanten, die dadurch zwischen zwei Ranken gefaßt, ähnlich Adam und Eva bei III.6 in das medaillonähnliche Bildfeld eingefangen werden.

III.12
Die Malerei dieses Gewölbes, für das es ebenfalls keine Berichte von der Aufdeckung gibt, ist heute stark beschädigt. Bei ihm sind in den jeweils gegenüberliegenden Kappen die gleichen Darstellungen gegeben. So zeigt die westliche und östliche eine rote Maske mit flammendem Rand, während die südliche und nördliche nur mehr eine anscheinend glatte (ehemals auch mit einem Gesicht besetzte?) runde Scheibe erkennen lassen. Die teilweise um diese Masken (Scheiben) herum noch sichbaren roten und grünen Sterne dürften die Ausdeutung als Gegenüberstellung von Sonne und Mond absichern. Diese Sterne scheinen aber ohne verbindende Struktur zu sein und umschlossen nur durch ihr Dichtgedrängtsein das vierpassförmige Feld in der Gewölbefläche, das bei den anderen Bildern dieser Gruppe durch die Ranken gefaßt ist.

III.13
In jedem der Gewölbefelder schreitet ein greifenähnliches Tier. Die Hinterpranken und der schmale Leib entsprechen denen des Löwen des Gewölbes III.2, wogegen die Vorderfüße die Gestalt großer Vogelpranken haben, von denen die Rechte jeweils ausholend erhoben ist. Auf der vogelähnlichen Brust setzt der S-förmig gebotene Schwanenhals an, der ein echsenförmiges Haupt mit kleinen, runden Ohren, großen, wild blickenden Augen und aufgesetzten Nüstern besitzt. Das weit einspringende Maul mit dem dünnen, fast zerbrechlich wirkenden Unterkiefer ist aufgesperrt und betont wie der kurze emporgehobene Schweif das Imponiergehabe des Tieres.

Hinter ihm entwickelt sich, durch den aufragenden Kopf zur Asymmetrie gezwungen, ein rotes Rankenwerk, das abgesehen von der einseitigen Verschiebung ähnlich dem des Gewölbes III.4 entspricht. Auch bei diesem Rankenwerk rollen sich die Äste kreisförmig um die großen dem Ahorn ähnlichen Blätter, die teils grün, teils halb grün, halb rot gefärbt sind. Der Schlußstein ist auch hier von einem Ast umwunden, der jedoch nicht wie bei den Elefanten von III.11 die Basis für das Tier bildet, sondern an der Scheitelachse spitz hochgezogen ein großes Blatt trägt, über welches das Tier wegzutreten scheint.

III.14
Aus einem um den Schlußstein laufenden Gewächs sprießt in jeder Gewölbekappe ein Pflanzenstock, der sich in zwei umschlagend gebogene, weiße Äste gabelt, die große dreipaßförmige grüne Blätter tragen. Verzweigt zwischen diesen wachsen zwei gelbe Rankenäste hervor, die sich gebogen wiedervereinigen, nach unten in ein großes grünes Blatt und nach oben in eine goldene Frucht zusammenlaufen. Seitlich an jedem dieser gelben Bogenäste sitzt ein nach außen umfallender, kleiner gelber Trieb mit gleichfarbenem Ahornblatt. Antithetisch stellen sich an dieser Pflanze zwei Bären auf ihre Hinterbeine, greifen mit den Vorderpfoten an die sich vereinigenden Äste, um sich abzustützen und nähern ihre Köpfe mit den kleinen runden Ohren, weit geöffneten Augen und aufgerissenen Mäulern der Kugelfrucht. Dabei kommt aus dem Maul eines jeden ein Rankenast, der an der Scheitellinie hochwächst und kleine gefiederte Blätter trägt.

Bei diesem Gewölbe übernehmen die von den Köpfen abwärts gleichmäßig geschwungenen Rücken der Tiere die Begrenzung gegen die unbemalte Fläche des Gewölbes, so daß Funktion von Tier und Pflanze hier gleichsam ausgetauscht vorliegen. Die vierpaßförmige Grundform wird wie bei den anderen Bildern dieser Gruppe gewahrt.

III.15
Im nördlichen Feld dieses Gewölbes läßt sich schemenhaft eine auf einem zwischen den Rippen eingespannt geweiteten Thron sitzende weibliche (?) Figur mit gelbem Oberkleid und langem, fallenden grünen Rock erkennen, die ihre Rechte erhebt um einen heute unkenntlichen Gegenstand zu zeigen und ihre Linke scheinbar auf eine neben ihr befindliche Kugel gelegt hat. Über dieser Figur wölbt sich die aus gegeneinander laufenden Kreisbogen gebaute rote Ranke, bei der ähnlich der anderen, jeder der Äste in ein grünes Eichenblatt endet, das er selbst umrundend faßt (vgl. III.2 und III.4).

Auch im westlichen und südlichen Feld lassen sich Figur wie Pflanze noch umrißmäßig erkennen, während im östlichen die Malerei, die dort sicher gleich den drei anderen angebracht war, ganz verschwunden ist.

III.16
Für dieses Gewölbe sind Spuren von Malerei weder erhalten noch überliefert.

III.17
Aus einem amphorenähnlichen Gefäß entsprießt ein zweiästiges Rankengewächs, das wiederum aus gegenläufigen Kreislinien gebildet ist. Die Äste, deren Zweige der Länge nach halbierte rotgrüne Weinblätter tragen, umfassen das Wappen der Randegg [11], das auch auf dem Schlußstein dieses Gewölbes wiedergegeben ist. Auch hier scheint die Malerei, die heute nur mehr im östlichen und südlichen Teil fragmentarisch erhalten ist, das Feld eines Vierpasses umschlossen zu haben.

Nr. 58, IV

Gruppe IV Gewölbemalereien
Hochchor
Kapellenkranz

IV.1

Das einzige Gewölbe, das innerhalb des Hochchors Malereien zeigt, stellt in von einem hellblauen, sich wellenden, von Sternen besetzten Wolkenband umfangenen Kreis im östlichen Sektor eine ganz von goldfarbenen ornamentalen Blattranken hinterfangene Maria mit dem Kinde dar. Diese hat als Halbfigur stehend das Kind auf die Arme genommen und das von einem roten Nimbus umfangene Haupt zum Kind gewendet zugeneigt, das sich mit seinem linken Arm an dem blauen Schleiermantel der Mutter hält und sich von ihr weglehnend den Segen erteilt (?). Der gelockte runde Kopf des Kindes ist von einem goldenen Kreuznimbus gefaßt, der beinahe zwischen den Ranken der Glorie verschwindet.

In den anschließenden Sektoren, nördlich und südlich des Schlußsteines, wendet sich je ein rotgewandeter Engel auf den Sektor der Maria mit dem Kind zu. Beide haben die Flügel vom Körper leicht abgestellt erhoben und die Arme andächtig betend vor der Brust gefaltet.

Der westliche Sektor zeigt einen neben zwei Berggipfeln stehenden bärtigen Propheten, der sein Haupt nach links hin erhoben hat und mit der Rechten die Augen verschattend schaut, während er in der Linken ein Schriftband hält, auf dem sich ehemals der Namenszug Mariens mit einem weiteren Wort fand. Auch er ist in den Kreis des Wolkenbands miteinbezogen und hat an der durch die roten Strahlen verdeutlichten Glorie teil.

Auch an den Gurtrippen finden sich kleine Malereien. So ist auf der östlichen auf einer Art gelber Kreuzblume ein dunkelroter Vogel dargestellt, der seine Schwingen ausbreitet. Die Malerei der westlichen Gewölberippe dagegen ist durch den späteren Einbruch einer Kandelaberaufhängung zerstört. Soweit noch kenntlich, besaß auch sie einen kreuzblumenförmigen Unterbau, auf dem sich eine Figur (Engel?) präsentierte.

IV.2

Ein roter Rundstab umfaßt die Malereien dieses Gewölbes, auf den vom Schlußstein her zwei sich kreuzende Sprosse zuwachsen. Diese, die längliche sich einrollende Blätter besitzen, strekken sich in mehrlappige Blätter verzweigend diesem Rundstab entgegen, wobei sich ein Teil der Blätter um diesen legt und die Pflanze hält, während die anderen sich verzweigend in spiralförmige Äste einrollen und in stilisierten Blüten enden. Das in ungezwungener scheinbarer Symmetrie zu den Gewölbeachsen aufgebaute Rankenwerk ist braun und grün gefärbt, ohne daß diese Farbigkeit ein System aufweisen würde. Die schwarze Kontur, die ehemals die Malerei faßte, ist nur noch vereinzelt erhalten.

IV.3

Ähnlich den vorausgehenden wachsen auch hier vom Schlußstein zwei Sprosse, die sich umschlingend und in langgezogenen Akanthusblättern verzweigend dem umgebenden ockerfarbenen Rundstab zustreben, den sie mit den Blättern teilweise umfassen, während die andern Blattäste spiralförmig umschlagen. Die Symetrie ist bei diesem Ornament, soweit es heute noch festzustellen ist, strenger als bei IV.2. Die Farbigkeit teilt sich ebenfalls in Ocker für die Äste und Grün für die Blätter auf.

(Das Wappen des Schlußsteins dieses Gewölbes ist auch an die das Langhaus abschließende Wand als großes Wappenbild gemalt. Der gelbe Schild mit dem schwarzen Einhorn mit weißer Halsbinde, welcher das Wappen der Familie Egloffer [12] war, ist dort mit voller Helmzier dargestellt. Welche Beziehung dieses Geschlecht zu diesem Teil der Kirche hatte, ist nicht bekannt.)

IV.4 und IV.5

Für diese Gewölbe sind weder Berichte über Malereien erhalten, noch lassen sich Spuren von solchen feststellen.

IV.6
Im nördlichen und südlichen Teil des Gewölbes überkreuzen sich über einem kurzen lilienähnlichen Sproß je zwei Triebe, die sich in Blattäste verzweigend in stilisierten Lilienblüten enden. Die beiden anderen Kappen zeigen drei aus einem Stock herauswachsende Äste, die sich ebenfalls in Büschel langgezogener, mehrlappiger Blätter verzweigen, an deren Ende wiederum eine Blüte (?) sitzt. Die ganze Malerei ist von einem roten Rundstab umgeben, der sie kreisförmig umfaßt, ohne daß er von den Blättern der Gewächse umschlungen ist.

IV.7
Die westliche Kappe zeigt eine sitzende Gestalt, von der nur mehr der Körperansatz, die Beine, das lange ausfließende rote Kleid und der weit ausgebreitete gelbe Mantel kenntlich sind. Die Gewandfaltung ist ähnlich den Figuren von IV.8 und IV.10, ohne jedoch die monumentale Verspieltheit von IV.11 zu besitzen. Im östlichen Teil stützt eine kleine Figur mit langem dunkelgrünen, gegürtetem Gewand ein Wappen haltend, von dem die großen steil aufragenden Federn der Helmzier erhalten sind. In der südlichen Kappe zeigt eine hockende Figur, die mit einem langen roten Gewand, von dem sie die Ärmel hochgekrempelt hat, bekleidet ist, mit beiden Händen das Wappen der Familie Kraft [13] vor. Im nördlichen Teil des Gewölbes scheint ein alter bärtiger Mann gegeben zu sein, dessen Rolle und Haltung nicht mehr eindeutig ist.

Der Hintergrund ist mit kleinteiligen Ornamenten versehen, die das Feld der Malereien auf die Kreisform füllten und sich verschränkend schlossen. Ergänzt wurde diese Begrenzung im westlichen Teil durch den weit auslaufenden Saum des Gewandes, während der Flug des Wappens im Ostteil über die so geschlossene Kreisform hinausragt.

IV.8
Nur mehr der südliche Teil des sechsteiligen Gewölbes läßt vor kleinteiligen, sich einrollenden Blättern zwei gegeneinander kniende Gestalten in einem hellroten und einem blaugrünen Gewand erkennen (eventuell musizierende Engel wie bei IV.10?). Zwischen den beiden Figuren laufen zwei goldockerfarbene Äste, welche anscheinend zum tragenden System der Vegetabilien gehörten. Auch an der diesem Teil gegenüberliegenden Gurtrippe findet sich ein pflanzliches Ornament, bei dem zwei aufragende und zwei spiralig sich einrollende Äste braun-gelben Blattwerks einen spitzen gelben Sproß einfassen.

IV.9
In dem westlichen Feld ist zweimal gegeneinander geneigt, das Wappen der Bierbrauer [14] in einem Pflanzenornament vorgestellt, das in seinem System nicht mehr rekonstruierbar ist. Diese östliche Gewölbekappe zeigt den dazugehörigen Zierhelm mit einem großen Adlerflug und Bündern. Nördlich findet sich ein Laute spielender Engel, mit großen, vom Körper abgehobenen, fast die ganze Länge der Figur fassenden Flügeln. Sein ehemals grünes Gewand breitet sich unter der Gürtung in gleichmäßig auseinanderlaufenden Falten und gibt ihm eine pyramidenähnliche feste Form. Auch er ist von dem vegetabilen Ornament umgeben, das bis auf wenige Spuren jedoch zerstört ist.

IV.10
In der südlichen Kappe dieses sechsteiligen Gewölbes schweben zwei Engel mit langen hochgegürteten, unten weit ausschwingenden Gewändern. Der Linke, eine Geige spielend, hat über seine Arme eine Pelerine in der gleichen hellblauen Farbe wie sein Gewand geworfen. Mit erhobenem Kopf blickt er sein Gegenüber an. Dieser, der ein goldfarbenes Gewand mit weiten Glockenärmeln trägt, erwidert den offenen Blick auf gleiche Weise und scheint mit seiner Laute den Violenspieler zu begleiten. Die Flügel halten sie beide aufgestellt, so daß ihre Körper von diesen gerahmt werden. Dadurch füllen sie die gesamte Fläche zwischen den Rippen aus, ohne daß Vegetabilien als Füllmuster verwendet sind.

Im westlichen Teil des Gewölbes musizieren zwei in ähnlicher Haltung schwebende Engel auf einer Gambe und auf einem Triangel. Bei dem Linken, der ebenfalls wieder ein hellblaues Kleid trägt, liegen die Arme eng an, während bei dem anderen die Fülle des goldgelben Stoffes weit gebauscht ist. Zwei weitere Engel, die in gleicher Weise farblich unterschieden sind, scheinen in der südöstlichen Kappe von einem Schriftband zu singen, das der Rechte hält.

Bei allen Figuren ist die Gewandfaltung in schweren Strichen gegeben, wozu nur bei der blauen Farbe eine Lichthöhung tritt. Die Falten spreizen sich nach unten und knicken hart. Schwingende Bewegungen sind nur in den Säumen der Gewänder und in den zum Umriß parallelen Partien gegeben. In ihren Motiven weisen die Gewänder Wiederaufnahmen älterer Malereien auf, die jedoch in anderer, mehr organischer Weise zum Einsatz kommen und nicht der Statik der Figur verpflichtet sind (so der schwingende Gewandsaum an den Glockenärmeln und die Dreiecksverspannungen an dem Lautenspieler, sowie die überschlagende Faltung beim Triangelspieler).

Die übrigen drei Kappen dieses Gewölbes sind mit Vegetabilien gefüllt, die zusammen mit den Gewandsäumen der Engel der Malerei ein medaillonartiges Aussehen verleihen. Der Aufbau der Pflanzenteile, bei denen ebenfalls die Farben Blau und Goldgelb vorherrschen, ist nicht mehr zu erkennen. Es dürfte aber dem langlappigen symmetrischen Blätterwerk an der westlich anschließenden Gurtrippe entsprochen haben.

IV.11

Im nördlichen Teil thront in einem Rankenwerk aus sich verflechtenden Blättern, deren längliche Lappen sich am Ende einrollen, Gottvater in ein blaues Gewand gehüllt, das sich auf einem Goldstreif am Boden weit ausbreitet. Über seine Schultern hat er einen roten Mantel gelegt, der seinen zum Segnen erhobenen rechten Arm stürzend überfängt und sich in großen Kreisbogen zu seiner Linken zieht, in der er die von einem großen Kreuz bekrönte Weltkugel hält. Sein bärtiges Haupt blickt frontal aus der Fläche, in der er auf einem bankähnlichen Sitz thront. Die Blätter des Ornaments, das teils grün, teils gelb ist, umranken ihn ohne System.

In ähnlicher Art umfaßt das Rankenwerk in der westlichen Kappe einen Engel, der schräg vor seinem Körper ein Schriftband hält. Dieser, der auch schon in den Aufnahmen der Freilegung nur schwach zu erkennen war, läßt sich heute nur mehr durch das Farbfeld seiner gelblichen Gewandung feststellen, von der rechts zum äußeren Rand der Malerei hin das Schriftband läuft.

Die südöstliche Kappe zeigt ein Rankenwerk, das sich aus einem Knoten (oder figürliche Gestalt?) entlang der Scheitellinie des Gewölbes entwickelt. Der Mittelast endet in einer großen gelben Kugel (oder Blüte?), während sich die in weiteren lang gelappten Blättern verzweigenden Äste asymmetrisch über die Fläche verteilten und verflechten. In gleicher Weise wie die Blätter der Schlußsteinmalerei sind auch die an den Gurtbögen der drei Gewölbekappen die Blattbüschel ausgebildet, die ebenfalls keinem eigentlichen System folgen.

IV.12

Für dieses sechsteilige Gewölbe nennen die Freilegungsberichte [9] »in den Kappen um den Schlußstein Engel mit Schriftbändern in Rankenwerk«, die schon damals schlecht erhalten waren. Heute läßt sich nur mehr in der südwestlichen Kappe ein Ausläufer eines Rankenwerkes feststellen. In den übrigen Kappen weisen nur mehr Pigmentspuren auf ehemals vorhandene Malerei hin.

IV.13

Von dem bei der Aufdeckung [9] erwähnten »Rankenwerk« dieses dreikappigen Gewölbes lassen sich heute nur mehr gelbgrüne, türkisfarbene und rote Farbspuren erkennen, die auf ein fülliges Flechtwerk (vielleicht auch mit Figuren?) hindeuten. Außer einigen umschlagenden Blattspitzen lassen sich jedoch keine eindeutigen Formen mehr sichern.

IV.14

In dem Gewölbe der Gertrudiskapelle, für das bei der Aufdeckung [9] in der »in den Kappen um den Schlußstein Rankenwerk« bezeugt ist, sind die grünen Farbtöne dieser Malerei bis auf minimale Pigmentreste verfallen. Nur in der westlichen Kappe haben sich die beiden nach Osten gerichteten Wappen der Familien Mielich (nördlich) [15] und Kocher (südlich) [16] erhalten.

IV.15

Dieses Gewölbe war nicht bemalt.

IV.16
Die Aufdeckungsaufnahme von 1934 [17] bestätigt den Bericht Liebs, daß in der nordwestlichen Kappe die Krönung Mariens dargestellt war. Dieses Bild, das schon damals in einem sehr schlechten Zustand gewesen war, ist heute noch weiter verwittert, so daß sich nur mehr die sich hart brechenden Falten des blauen Gewandes der Maria und des roten Mantels Christi feststellen lassen. Haltung und Gesichtsausdrücke sind verloren.

Dagegen sind die in der nördlichen Kappe hockenden, mit den Füßen zum Schlußstein hin ausgerichteten Engel noch gut kenntlich, von denen der grüngewandete linke anscheinend ein Tasteninstrument (Portativ, Virginal?) spielt, wozu ihn der rot gekleidete auf einer Geige begleitet. Auch die südliche Kappe zeigt Malspuren, die noch 1934 als musizierende Engel kenntlich waren. Die drei östlichen Gewölbekappen waren bereits bei der Aufdeckung gänzlich zerstört.

IV.17
Bei der Aufdeckung [9] fand man in diesem Gewölbe, wie Lieb berichtet, »Ranken« und die im XVII. Jahrhundert darüber gemalte Schicht einer rohen, dekorativen Rankenmalerei. Beide Schichten sind nicht mehr erkennbar.

IV.18
In der nordwestlichen Gewölbekappe zeigt sich eine blau gewandete Halbfigur mit kreuzförmigen Strahlen hinter dem Haupt (Kreuznimbus?), die bei der Aufdeckung als »sitzender Christus« bezeichent wurde, was angesichts der Tatsache, daß sie ornamental in die Ranken eingearbeitet und von diesen auch überdeckt wird, nicht eindeutig bestimmbar ist. Der in der Notiz [9] erwähnte »Mann mit blauem Mantel ein Schriftband haltend« ist südlich davon noch zu erkennen. Auch das an gelben Ästen sprießende Blattwerk ist in seiner Einzelform und Struktur nicht mehr nachzuvollziehen. Die übrigen Kappen des Gewölbes sind zerstört.

IV.19
Für das dreiteilige Gewölbe erwähnt die Notiz von 1934 »Rankenwerk« mit dem Wappen der Ohnsorg [18] und einem zweiten Wappen mit einem nach rechts laufenden schwarzen Tier auf gelbem Grund [19]. Während das Erstere mit seinen Büffelhörnern als Helmzier in der westlichen Kappe noch leidlich sichtbar ist, lassen sich von dem Zweiten im südlichen Teil kaum mehr die Umrißformen ausmachen.

IV.20
In der nördlichen Kappe des sechsteiligen Gewölbes hält ein Engel das Wappen der Familie Ellerbeck [20], während daneben das der von Landau [21] steht. Der Engel hat die Breitseite des Wappens quasi auf seine Schultern geladen und trägt es mit beiden ausgespannten Armen und vorgebeugtem Oberkörper, indem er vor der Last anscheinend in die Knie gegangen ist. Um seine Beine zieht sich das türkisgrüne Gewand, das vom Oberkörper in einer weiten Schüsselfalte herabschwingt, deren starke Austiefung beinahe die Körperlichkeit der Figur aufhebt. Nur von seinem Flügel ist eine Spitze unter der rechten Achsel zu sehen, die ihn eindeutig als Engel kenntlich macht. Nach dem Bericht von 1934 [9] soll auch das andere Wappen von einem Engel getragen worden sein.

Deutlich zeigen auch die gegen Osten, Südost und Süden gerichteten Kappen je zwei Wappen auf, die wegen ihres Erhaltungszustandes allerdings nicht bestimmbar sind. Auch die Darstellungen der südwestlichen und der westlichen Kappe (Ranken mit Figuren?) sind soweit zerstört, daß eine Deutung nicht mehr möglich war.

IV.21
Die Malerei dieses Gewölbes ist ähnlich denen der Joche IV.2 und IV.3 aufgebaut. Ein Rundstab umringt kreisförmig den bemalten Bezirk, wo in jeder Kappe am Schlußstein aus einer Knospe, die reich von Blättern umrankt ist, zwei sich überkreuzende grüne, durch schwarze Zeichnung plastisch ausgebildete Äste hervorkommen, die sich zurückbiegend in den von Rundstab und Rippen gegebenen Raum einspannen. Aus diesen Ästen wuchsen ohne die Symetrie zu beachten Blätter hervor, deren Gestalt dem Akanthus ähnlich, teils auch nur dreilappig ist.

Diese Blätter umschlingen den Rundstab und halten so das Gewächs mit diesem verflochten, oder sie bilden gleichsam als Kompositform blütenähnliche Konfigurationen aus, die von den Hauptästen sprialförmig umschlungen werden.

IV.22
Für dieses Gewölbe der Lukaskapelle sind weder in den Freilegungsberichten Malereien genannt, noch lassen Farbreste heute auf solche schließen.

IV.23
Auch in diesem Gewölbe umgibt ein grüner Rundstab kreisförmig das Feld der Malerei. Dieser ist jedoch nicht anorganisch glatt (wie bei IV.2, IV.3 und IV.21), sondern trägt selber kurze Blattriebe und sprengt, indem er auf den Scheitellinien sich spitz zusammenfügt, aufgestellt die abstrakte Kreisform. An dieser setzt er zu palmettenähnlichen Blattbüscheln an. Innerhalb des von ihm umfaßten Feldes sprossen zwei sich verzweigende Äste vom Schlußstein weg auf die Umfassungsranke zustrebend, die ganz von den an ihnen ansetzenden länglichen Akanthusblättern verdeckt werden. Diese füllen sich überschlagend und ineinander verschlingend die Fläche ohne jedoch über die begrenzende Ranke hinauszuführen. Die dunkelgrünen, von einer schwarzen Kontur umfaßten Blätterranken halten sich nicht an die durch die Scheitellinien gegebene Symmetrie, sondern versuchen flächig das Ornament zu schließen, so daß man sich dem Eindruck eines »horror vacui« nicht erwehren kann.

IV.24
Die nördliche Kappe dieses Gewölbes zeigt zwischen zwei gebogenen Ästen, die eine herzförmige Fläche umspannen, zwei mit ihren korallroten Hörnern gegeneinander anrennende graue Steinböcke. Die Äste, die diese beiden Tiere quasi in »Geweihform« umfassen, verzweigen sich in nach hinten spiralförmig umgeschlagenen Zweige oder kleine Triebe, die alle eichenblattähnliches Laub tragen. Licht verspannen sie so die Fläche, der sie eine kreisförmige Gestalt gaben. Da auch die östliche Kappe noch die Hälfte der gleichgestalteten Malerei zeigt, wird man nicht fehlgehen, auch die restlichen heute zerstörten Teile des Gewölbes gleichartig zu rekonstruieren.

IV.25
Das Gewölbe zeigt ein im Aufbau gleiches System wie IV.23. Jedoch setzt sich hier der buntfarbige Charakter, der zwischen Dunkelrot, Gelbgrün und Türkis variiert, von der vorangegangenen Malerei ab. Die technische Ausführung in der Flächigkeit des Auftrags und im breiten Strich der Kontur stellt sich jedoch mit IV.23 und IV.27 gleich.

IV.26
Lieb erwähnt in seinen Notizen [9] bei der Aufdeckung »Rankenwerk« in diesem Gewölbe, von dem sich keine Spuren mehr feststellen lassen.

IV.27
Der Aufdeckungsbericht Liebs [9] nennt für dieses Gewölbe ein mit IV.23 und IV.25 identisches Rankenwerk. Dies trifft aber nur für die technische Ausführung zu.
Die umfassende Ranke besitzt einen deutlichen Schlagschatten an der Innenseite, der ihre Körperlichkeit hebt. Die an ihr ansitzenden Blattriebe sind ornamental stilisiert gleichsam als Krabben wiedergegeben, die symmetrisch zu der Scheitellinie des Gewölbes ausgerichtet sind. Auch die Nahtstelle der umfassenden Ranke auf dieser Achsenlinie ist ornamental systematisiert, indem zwei dieser Krabben gegeneinander gestellt sind. Das Gewächs innerhalb des umgebenden Feldes ist strenger der Symmetrie verpflichtet, die jedoch nicht mathematisch kalt eingehalten wird. Palmettenartig baut sich die Blattstruktur in drei Stufen auf, wobei nach oben und unten gebogene Enden der Akanthusblätter sich im Wechsel die einzelne Stufe auf- oder abwärtsrichtend durch Einrollen ihrer Spitzen an die Begrenzung führen. Dieses so tektonisch aufgefaßte Ornament läßt nicht den geringsten Hang zu dem »horror vacui« erkennen, der den anderen beiden Gewölben (IV.23, IV.25) zu eigen ist.

Die Farbigkeit ist zwar im heutigen Zustand nur eingeschränkt zu beurteilen, jedoch scheint sie sich an die polychrome Art von IV.25 angeschlossen zu haben, wobei auch hier eine exaktere Verwendung der Töne als Lokalfarbe vorgelegen haben muß.

Zusatz:
Die Ostwand des Hochchores zeigt neben dem Glasfenster zwei gemalte Wappen, von denen das rechte dem der Hörlin [22] (vgl. auch Schlußstein von IV.21) ähnlich sieht. Das linke, ein weißer Schild mit einer Schrägteilung durch rotes Wellenband ist nicht eindeutig bestimmbar. Die Rolle und Entstehungszeit dieser emblematischen Malerei ist nicht genauer festzulegen. Die Möglichkeit einer Datierung mit der Hochchoreinwölbung 1431 läßt sich in diesem Falle nicht abweisen.

Auch über dem Fenster des Gewölbes IV.4 ist als Einzelwappen das der Pappenheim [23] zu erkennen, das ein blaues Sturzfeh im Feld führt und als Helmzier einen Mohrenrumpf zeigt. Die Ausführung der Helmzier läßt jedoch auf eine Gleichzeitigkeit mit der Gewölbemalerei schließen.

Stil (für die gesamte Nr. 58):
Die Malereien der Gewölbe des Domes wurden bisher ohne nähere Differenzierung mit den Daten der Einwölbung der Kirche in Verbindung gebracht [24]. Dies ergäbe für die Teile des Westchores eine Datierung zwischen 1331 und 1334, sowie für die Seitenschiffe und den Ostchor zwischen 1410 und 1413.

Zwar hatte Lieb bei den Notizen [9] über die freigelegten dekorativen Malereien ab und zu vermerkt, daß es sich um Gestalten der Zeit um 1430 (IV.7, IV.9) oder um Ornamente aus dem XVI. Jahrhundert (IV.21) oder des späten XVI. Jahrhunderts (IV.24) handle. Die Publikation nimmt dann allerdings keine Unterschiede vor.

Die im Vorangegangenen unternommene Vorstellung der Malereien in ihren Gruppierungen, die ja in sich auch nicht homogen sind, zeigt zwar die Notwendigkeit einer Differenzierung in verschiedene Werkstätten auf, ohne eine weitgehende Entzerrung der Entstehungszeiten über Jahrhunderte hinweg fordern zu müssen. Die hier unternommene Gruppierung ist sich der durch Zustand und schlechte Zugänglichkeit bedingten Grenzen voll bewußt und versteht sich bis zu einer genaueren Untersuchung und Aufnahme der Reste nur als Versuch, der die noch feststellbaren Merkmale erfaßt, bevor weiterer Verfall die Bilder gänzlich dem Interesse entzieht [25].

Die altertümlichsten Formen in der Gestaltung der Gewänder und in der Ausbildung der Gesichter lassen sich in der Gruppe I feststellen, wo in den Gestalten von Kain und Abel (I.6) noch Grundprinzipien der Figurenbildung des XIV. Jahrhunderts sich erkennen lassen, welche man mit dem Bild des Marientodes aus der Magdalenenskirche (Objekt Nr. 5) vergleichen möchte. Auch finden sich in dieser Gruppe Rankenmotive, die in ihrer einfachen Tektonik relativ enger Bindung an die Symmetrie der Scheitellinien (I.9, I.10, I.11) aus den übrigen Ornamenten dieser Gruppe herauszufallen scheinen. Diese strengen Ornamente sind allerdings ganz auf den westlichen Chorraum begrenzt. Die Malereien des Westchorquerhauses, die teilweise die Aufbaustruktur der Westchorjoche berücksichtigen, stellen sich vor allem in ihrer genaueren botanischen Beobachtung in einen gewissen Abstand zu den ornamentalen Bildern der anderen Gruppen, an die sie sich jedoch nicht nahtlos angliedern lassen.

Schon die Ranken um das Kain und Abel-Thema (I.6) weisen wie die des Joches I.8 die Spiralstruktur auf, welche sich in den Gewölben der südlichen Seitenschiffe (II.17) und bei vielen der nördlichen (III.2, III.3, III.11, III.15, III.17) wiederfinden läßt. Diese Gewölbe der nördlichen Seitenschiffe sind durch ihre Rankenausbildung, die mit der von I.6 auch meist noch die gefiederten Triebe gemeinsam hat, so eng verknüpft, daß man für die beiden Gruppen einen Werkstattzusammenhang sehen muß, der insbesondere für die der Gewölbe I.4, I.5, I.6 mit III.4, III.13, III.15 und III.17 zu setzen ist. Auch zeigt die figürliche Ausgestaltung der Malereien von I.4 und 1.5 wie ihn die Aufdeckungsaufnahmen erhalten haben, einen Gleichklang in Plastizität und Ausarbeitung der Zeichnung zu den Gewölben III.13 auf. Auch die Modellierung, die im Körper des Ringkämpfers zu sehen ist, kann an die des Greifen anschließen. Die anderen Gewölbe der nördlichen Seitenschiffe zeigen bis auf III.6, III.12 und III.14 alle den gleichen Strukturenbau auf, der bei diesen Ausnahmefällen als bewußte Abwandlung jedoch in Einhaltung gleicher Flächenteilung verwendet worden zu sein scheint. Dabei ist die Tendenz zu beobachten, daß je massiger die in dem Feld dargestellte Figur (oder Tier) ist, die Vegetabilien in ihren Ästen an Körperlichkeit verlieren, wobei die Konsequenz dieser Variation auf eine Gleichzeitigkeit der Entstehung dieser Ornamente schließen läßt.

Auch die Gruppe der südlichen Seitenschiffe zeigt in dem Joch II.17 einen Grundaufbau, dem die Spiralform zu eigen ist. Die Verwendung erfolgt jedoch in gänzlich anderer Art, indem die sich rollenden Äste nicht als umlaufende Ranke, sondern als scheitelsymmetrisch aufstehende Palmette geordnet sind. Überhaupt scheint der vom Mittelstamm aufstrebende Palmettencharakter den Bildern dieser Gruppe zuzugehören, was sich auch eindeutig an den Jochen I.14 und I.16 zeigt und sich in den Darstellungen achsenkongruenter Figuren oder antithetisch gestellter Tiere niederschlägt. Verwandt mit dieser Gruppe scheint auch das Gewölbe IV.24 zu sein, das mit seiner Vorstellung der gegeneinander gestellten Steinböcke in der herzförmig umfassenden Palmette sich von den übrigen Malereien des Hochchores abhebt.

Diese Gruppe der Gewölbe des Hochchores setzt sich aufs entschiedenste von den Bildern der anderen drei Gruppen ab. Jedoch ist auch sie nicht in sich homogen. Das Mittelbild IV.1, das mit seinem kreisförmig umfassenden Wolkenband an die Wolken der Engelsgruppe in der St. Annakirche anschließt (vgl. Objekt Nr. 57), stellt sich in der Rankenbildung des Hintergrundes des östlichen Viertels fast exemplarisch für diese Gruppe dar. Die weichen, mehrere kurzlappige, umgebogene Teile besitzenden Akanthusblätter, die am Ende sich fleischig einrollen, finden sich in den meisten dieser Gewölbe. Die Figur des Propheten dagegen, die hier eine eigene, nicht dem Ornament unterworfene Statik besitzt, scheint dagegen mehr an I.3 des Hauptschiffjoches zu erinnern. Auch Maria und die beiden Engel stellen in ihrem Aufbau einen Sonderfall dar. Ob man allerdings dieser Gruppe die nur mehr beschriebenen figurenreichen Joche des östlichen Mittelschiffes auf Grund der Bezüge zu I.3 zuweisen darf, ist nicht mehr zu entscheiden.

Gegen die Figurenbildung dieses Joches setzen sich vor allem die Joche IV.7, IV.8, IV.10 und IV.11 ab, bei denen sie in ihren Gewändern teilweise die Flächenfüllung des Ornaments mit übernehmen. So ordnen sich bis auf die Wappen haltenden Engel von IV.7 die Gewänder breitend auf den äußeren Rand der Malerei hin aus, den Gestalten durch nebeneinandergelegten Rapport der Faltung fast pyramidenähnliche Festigkeit gebend, die nur bei dem Mandolinenspieler in IV.10 durch Dreiecksverspannung und in der Mitte geführte V-förmige Falten durchbrochen ist. Wie sehr sich Figur und Ornament als Einheit darstellen, zeigt am besten der thronende Gottvater des Joches IV.11, bei dem, wäre nicht die farbliche Abgrenzung, von der Zeichnung her ein direktes Auslaufen des Gewandes in das Blattwerk festzustellen ist.

Ähnlich mit dem Figurentypus der Malerei des Chormittelschiffs (IV.1) scheinen noch die allerdings schlecht erhaltenen Engel und die Maria von IV.16 zu sein, von denen die Aufnahmen des Auffindungszustands eine Ähnlichkeit mit dem Gewandfragment in IV.20 besitzen. Diese durch Schattenstriche und Lavierung so räumlich gebauten Figuren waren anscheinend durch konkave Faltung (vgl. IV.20) in ihrer Körperlichkeit weit reduziert, so daß nur die handelnden Oberkörper positiv zu sehen waren. Eine genauere Analyse sowie eine Überprüfung der Abhängigkeit zu IV.1, die sich von Proportion und Kopftyp her anbietet, ist wegen der Erhaltungszustände der Bilder nicht mehr möglich.

Die rein ornamentalen Felder weisen nur wenig Unterschiede auf. So lassen sie sich in eine Gruppe von räumlichen und eine von mehr flächigen Ranken unterscheiden. Die räumliche Gruppe, bei der sich die Vegetabilien um den umlaufenden Rundstab schlingen, umfaßt IV.3 und IV.21, wozu auch noch IV.2 hinzuzuzählen ist, das allerdings in der Streckung und in der Farbgebung der Blätter sich von den gesamten Ornamenten abzusetzen scheint. Die flächige Gruppe (IV.6, IV.23, IV.25) zeichnet sich durch breitere Blätter aus, die den Innenraum der Malerei dichter füllen. Dabei ist allerdings anzumerken, daß die beiden südlichen Umgangsgewölbe (IV.23, IV.25) anscheinend noch eine Übermalung tragen, deren verbreiternde Tendenz das Gefühl des »horror vacui« evoziert. Das Ornament IV.27 zeigt stärkere tektonische und zeichnerische Tendenz, die sich in strengerer Symmetrie und in der Wiedergabe der Verschattung betont. Alle Rankenornamente sind jedoch trotz der genannten Unterschiede so voneinander abhängig, daß eine Aufteilung in verschiedene Werkstätten müßig ist.

So lassen sich die Malereien der Gruppe IV auch unter verschiedenen Gesichtspunkten aufgliedern, die jedoch zu keiner klaren Trennung führen. Auch die farbliche Beschaffenheit kann nur bedingt herangezogen werden, da gerade die Grün- und Blautöne den Ausblühungen des Putzes zum Opfer fielen und die Farbnuancen dadurch veränderten. Nur die Malerei des Joches

IV.24, die sich an die Gruppe II anschließt, fällt eindeutig aus dem Gesamtbild heraus, das sich unter Ausklammerung der heraldischen Malerei hier zusammentragen ließ.

So gibt sich auch hier eine Verzahnung der Gruppen, wie sie ähnlich zwischen IV.1 und I.3 zu vermuten ist. Dies dürfte neben den erwähnten archivalischen Grundlagen einer der gewichtigsten Gründe gegen eine zeitlich weit auseinandergezogene Datierung der einzelnen Gewölbemalereien sein. Neben der geschichtlichen Bestimmung der Entstehungszeit sichern aber auch die anderen datierten ornamentalen Malereien, wie das Rankenwerk aus dem Kreuzgang der Barfüßerkirche (Objekt Nr. 74) und die Gewölbemalerei der Goldschmiedekapelle (Objekt Nr. 66 I mit II) die Einbindung in die örtlich gegebenen Umstände, was auch noch die Maßwerkfragmente der Domkrypta (Objekt Nr. 76 I mit II) bezeugen.

Die alten Elemente wie Kain und Abel, sowie der Engel an dem Joch der Randegg-Wappen (I.8) und auch die tektonischen Ornamente der Westchorjoche (I.9, I.10, I.11) scheinen auf Übernahmen früherer Malerei zurückzugehen, die quasi aus Tradition aufgegriffen und gänzlich überdeckt wurde. In diesen Teilen einen Anlaß zur Frühdatierung zu sehen, ist nicht möglich, da gerade sie einerseits durch Rahmung bzw. durch Wiederaufgriff der Struktur in den Gewölben des westlichen Querhauses fest in die Malerei eingebettet sind, deren zum größten Teil handwerkliche Ausführung durch die Masse bedingt ist und nicht zuletzt der meist großen Entfernung von Objekt und Betrachter Rechnung trägt.

Ikonographie: (für die gesamte Nr. 58)
Der Bestand der Gewölbemalereien bietet so wie er sich heute erhalten hat, kein eindeutiges System für ein ikonographisches Programm, so daß generell die Angaben der Beschreibung für sich sprechen sollen.

Während die Malereien des Kapellenkranzes wahrscheinlich meist direkt auf den Auftraggeber d. h. der entsprechenden Familie, welcher die Kapelle gehörte, entsprang, dürften sich die Bilder im Chorgewölbe selbst (IV.1), welche die Vision der Jungfrau mit dem Kind darstellten, direkt auf das Patrozinium der Kirche bezogen haben.

Auch das Opfer Kain und Abels (I.6), das wahrscheinlich eine Übernahme eines älteren Programmes ist, steht an dieser Stelle nicht nur in dekorativer Weise. Leider ist es auf Grund der mangelhaften Erhaltung und Beschreibung nicht möglich, zu entscheiden, ob es sich bei den beiden anderen Szenen um die Ermordung Abels und den Tod Kains durch Lamech handelte, so daß in diesem Gewölbe ein verkürzter Ablauf einer biblischen Begebenheit zu sehen wäre.

Die anderen Gewölbe scheinen nur dekorative Funktion ohne zusammenhängendes Programm gehabt zu haben, indem sie teils schon im Kirchenraum dargestellte Motive (so vor allem Samson mit dem Löwen an der Bronzetüre und an dem Schlußstein von II.7) wiederholten, oder in sich selbst gleiche Symbolfiguren oder Szenen gegeneinanderstellten, deren Aussagekraft dadurch erheblich verringert wird. Dies gilt vor allem bei den Bildern der nördlichen Seitenschiffe für die Darstellung des Sündenfalls (III.6) und der Tag und Nachtsymbolik (III.12).

Gerade aber diese ornamentale Auffassung zeugt von dem Einbringen des Dekorationssystems in einen schon bestehenden Raum, in dem besonders die Ansprüche der Zechpflege und der Kapellen- bzw. Altarstifter berücksichtigt werden mußten. So wurde quasi in einer Art Restaurierung diese Gewölbemalerei eingesetzt, die noch vorhandene Bilder auffrischte und ihnen durch Hinzusetzen neuer Malereien wenigstens optisch zum Eindruck des geschlossenen Systems verhalf.

Technik:
Auf Grund der Unzugänglichkeit kann nur aus den Verfallsspuren geschlossen werden, daß es sich bei der Malerei um einschichtige Kalkseccotechnik handelt. Die Pigmente sind opak pastös aufgetragen und in vielen Teilen von einer durch breiten schwarzen Pinselstrich ausgeführten Schlußzeichnung gefaßt.

Erhaltungszustand:
Die Malereien wurden, wie die Aufnahme der Freilegung des Westchorabschlusses zeigt, schon im XVI. Jahrhundert übermalt (anscheinend bei der Domrestaurierung des J ahres 1554), wobei die altertümlichen Formen des Westchorgewölbes ganz verdeckt und neu gestaltet wurden.

Die heute sichtbaren Malereien wurden alle, sowie sie nach der Freilegung 1934 zu Tage traten im wesentlichen belassen. Die Restaurierung, die sich damals betont als Konservierung verstand, beschränkte sich anscheinend auf geringfügige Schließung farblicher Lücken, wobei auch dies nicht eindeutig belegt werden kann. Auch beim Tünchen wurden damals die Malereien nur »umfahren«, worauf der sich heute oft schattenhaft zeigende Rand, der gleich einer medaillonartigen Fassung wirkt, zurückgeht.

Nach dieser Freilegung jedoch setzte ein rasch fortschreitender Verfall der Substanz ein. Dabei ist der geringste Verlust durch Bauschäden der Gewölbe begründet. Vielmehr bewirkt die Kondensatbildung, die durch Beheizen des Raumes in Zusammenwirken der von größeren Menschenansammlungen ausgeschiedenen Feuchtigkeit an den kalten Gewölbeflächen entsteht, ein für die Bindung Kalkschlemmenträger auf Putz ungünstiges Innenklima, dem große Teile der originalen Substanz zum Opfer fielen.

Bauarbeiten, wie die Umgestaltung des Altarraums sowie Heizungsumbauten bewirkten in den letzten Jahren eine zunehmende Staubverschmutzung, die in Verbindung mit der Feuchtigkeit den Verfall nur noch beschleunigte, so daß schon heute viele der Gewölbemalereien blind sind, die 1934 noch eindeutig zu erkennen waren. Obwohl während der Aufdeckungsarbeiten das Interesse an der Malerei der Gewölbe groß war, erlosch es ziemlich schnell, da die Ornamente, nachdem sie ihre schmückende Funktion durch den Verfall nach und nach verloren, mangels Inhalts keinerlei Anreiz mehr darstellten.

Literatur:
Roth, Toni 1934;
Lieb, Norbert 1934, p. 336, 343, 345;
Lill, Georg 1935, p. 67/68;
Breuer, Tilmann 1958, p. 5.

Nr. 59
Heiliger unter Gesprenge

Standort: in situ
Domkirche, südliches äußeres Seitenschiff, Südwand östlich des Bronzeportals

Datierung: ca. 1485

Maße: 76 × 97 cm

Freigelegt: vor 1900 [1]

Beschreibung:
Die Gestalt des stehenden Heiligen läßt sich nur mehr als Schemen in verschiedenen Grautönen erkennen, dessen Kopf von einem ockerfarbenen schwarz gefaßten Nimbus umgeben ist. Die Figur mit hochgerecktem Hals, auf dem frontal das eckige bärtige Haupt sitzt, unter dessen flachen reifartigen Kopfbedeckung die Locken hervordrängen, hat runde leicht fallende Schultern. Die Arme scheint er vor die Brust genommen zu haben, wobei er in seiner Linken einen zepterähnlichen Stab hielt, der außerhalb der Figur noch in ockerfarbenem Pigment und aufliegender Schlußzeichnung erhalten ist. Von seiner Gewandung lassen sich nur der Kragen und rechts einige steil fallende Partien sowie ein anscheinend an der Gürtung überhängendes Tuch erkennen.

Die Figur steht unter einem Baldachin, der aus einem von zwei organisch gegebenen Ästen gestützten Rundstab gebildet wird. Entlang der Unterkante der Äste und des horizontalen Stabes ziehen sich kurze Aststücke, die im Scheitel spitz an die Begrenzung stoßen und in Bögen aufstehend knospenartige Knoten ausbilden. In den Ecken des Baldachins sitzen zwei tartschenförmige Wappenschilde, die heute allerdings unkenntlich sind.

Stil:
Über die Figur selbst läßt sich kaum mehr eine einordnende Bestimmung geben, da das Motiv der Kopfbedeckung ziemlich eigenartig ist. Die runden fallenden Schultern sind ähnlich denen des Propheten des Lettners der St. Annakirche (Objekt Nr. 56) als auch der Engel der dortigen Krippennische (Objekt Nr. 57). Jedoch ist dies ein viel zu allgemein verbreitetes Merkmal, als daß es für einen eindeutigen Anschluß Anhalt geben könnte. Einordnen läßt sich hauptsächlich das Geäst des Baldachins, dessen Verknotung auf das Rankenwerk von 1484 der Barfüßerkirche (Objekt Nr. 74) verweist und das sich in der plastischen Ausbildung eng an das Maßwerkfragment der Annastraße 26 (Objekt Nr. 78) anschließt, wodurch sich die Datierung um 1485 bis 1495 ergibt. Mit dieser Datierung geht auch die Wappenform der einseitig ausgebogenen Tartsche konform. Dadurch dürfte diese Malerei auch in der Zeit der unter Objekt Nr. 58 geschilderten Domrestaurierung fallen.

Ikonographie:
Schroeder erwähnt diese Figur als »St. Sebastian« [2], was sich anhand der oben geschilderten Merkmale als nicht haltbar zeigen dürfte. Die Barttracht ließe eher auf eine Petrusfigur schließen, welche durch Krone als Apostelfürst gekennzeichnet wäre. Jedoch könnte dieses wahrscheinlich als Votivbild gestiftete Gemälde auch jeden anderen heiligen König oder auch Kaiser vorstellen.

Technik:
Die Malerei ist auf einer dünnen Schlemme, die über die Quaderung der Wand gelegt wurde, mit ehemals opaken Pigmenten gemalt. Eine Vorzeichnung ist nicht kenntlich.

Neben der Modellierung durch leichte Beimischung von Weiß, die noch in dem Baldachingeäst vorhanden ist, scheint sich die räumliche Wiedergabe in erster Linie auf die Spannung der schwarzen Schlußzeichnung beschränkt zu haben, die auch nur mehr fragmentarisch feststellbar ist.

Erhaltungszustand:
Die Malerei, die vor 1900 freigelegt wurde, ist durch Abplatzen der tragenden Kalkschlemme, zu der in den unteren Teilen auch noch ein starker Abrieb der Pigmente hinzutritt, fast gänzlich verloren. Eingriffe späterer Restaurierungen lassen sich heute nicht mehr feststellen.

Literatur:
Schroeder, Alfred 1900, p. 25.

Nr. 60
Fragmente eines Zyklus alttestamentarischer und passionaler Szenen

Standort: in situ – heute verdeckt [1]
Jakobspfründe (ehemaliges Barfüßerkloster)
Kreuzgang Südflügel, Südwand

Datierung: 1484

Maße: nicht genauer bekannt, Höhe des freigelegten Streifens ca. 120 cm [2]

Freigelegt: Bei den Umbauarbeiten 1975 [3]

Verdeckt: Bei Abschluß der Arbeiten 1975

Überliefert: Photographien [4] der Stadtbildstelle Augsburg Nr. P 5612, Nr. P 5613, Nr. P 5614, Nr. P 5619, Nr. P 5620

Geschichte:
Die Malereien gehören zu einem großen Zyklus des Kreuzganges, der zu dem Franziskanerkloster »zu den Barfüßern« gehörte. Die Bilder, die auf 1484 datiert sind, wurden bei der Erweiterung der Jakobspfründe 1537 [5], die in Folge der Reformationseinführung vom Stadtrat unternommen wurde, bis auf den Basisstreifen zerstört und der Rest verdeckt. Erst 1975 kamen sie bei Umbauarbeiten wieder ans Tageslicht. Allerdings wurden sie auch jetzt wieder nach Einbau der neuen Altenheimräume verdeckt, wobei lt. Auskunft des Bauamts eine Schalung zum Schutz vor den Bildflächen angebracht wurde.

Eine systematische Aufmessung oder auch nur photographische Erfassung unter kunstgeschichtlichen Kriterien ist unterblieben. Somit sind die hier für die Untersuchung verwendeten fünf Teilaufnahmen die einzige Unterlage.

Wandsystem:
Die Bilder sind von hellgrauen Rahmen, die nach innen durch Weißhöhung und Verschattung als profilierte Leisten wiedergegeben sind, umfaßt. Immer drei Bilder scheinen eine Einheit darzustellen, die einem Joch entsprach. Diese Einheit wird zusätzlich zu den Bildinschriften auf der unteren Rahmenleiste durch zwei große Schriftblöcke exegetisch kommentiert. Gefaßt ist in der unteren Zone jede Dreiergruppe durch zwei Brustbilder von Propheten, die durch Überschneiden der Rahmung deutlich als vor den Bildern stehend dargestellt sind. Nur bei einem Prophetenpaar sind die Schriftbänder noch erhalten, die jene unter den Schriftblöcken hielten, zwischen denen sich jeweils eine emblematische Darstellung (wahrscheinlich Wappen) befindet. Unter diesen Schriftbändern auf Hüfthöhe der Propheten läuft ein grüner Rundstab, der an illusionistisch vorgestellten scheinbar in die Wand geschlagenen Haken hängt und ein gelbes mit roten Ornamenten (?) geschmücktes Tuch hält. Dieses, vor den Körpern der Propheten die Wand verhängend, bindet deren Volumina wieder in die Malebene zurück und schließt die Sockelzone des umlaufenden Zyklus zusammen.

Beschreibung der Bildfragmente:
Von der gesamten Bemalung haben sich die Abschnitte von vier Jochen erhalten, die an der ehemaligen Südwand des Kreuzganges von Ost nach West abfolgend jeweils eine Szene der Passion Christi mit zwei alttestamentarischen Begebenheiten kommentiert vorstellen.

Nur ein schmaler unterer Rand hat sich erhalten. Im ersten Abschnitt ist nur ein am grünen Boden liegendes, von einer Hand gehaltenes Schwert als Rest des Mittelfeldes sichtbar. In dem zweiten erkennt man mehrere Beinpaare in den Nebenfeldern, während im Mittelfeld in der rechten Ecke eine Laterne auf dem Boden liegt. Auch hier scheinen sich alle drei Szenen unter freiem Himmel abzuspielen. Im dritten erhaltenen Abschnitt sind alle drei Bilder mit ihrem jeweils zentral fluchtenden Plattenboden zu erkennen. Während die Szene links gänzlich zerstört ist, sind im Mittelbild die bloßen Füße einer vor einer Stufe stehenden Person (Thronpodest?) zu sehen. In dem Bilde rechts sieht man noch Knie und Arme einer auf den Boden lagernden Gestalt. Das letzte überlieferte Joch zeigt wieder Szenen unter freiem Himmel, von denen nur die linke noch einige am Boden sich ausbreitende Gewandfalten zeigt.

Beschreibung der Figuren der Sockelzone:
Im östlichen Joch ist das Brustbild des linken Propheten breit gelagert. Gekleidet in einen grünen Überwurf mit ockerfarbener Verbrämung, unter dem er einen roten Rock trägt, legt der durch das nebenstehende Schriftband als Oseas bezeichnete Prophet seine Rechte auf den Rundstab des Wandbehangs und zeigt mit seiner Linken in horizontaler, die Breite der Figur betonenden Geste auf seinen Spruch. Auf seinem Haupt, dessen Antlitz zerstört ist, trägt er eine spitze Kappe, bei der ein grüner hochgeschlagener Rand die Haube faßt. Sein Gegenüber, dessen Schriftband unleserlich ist, scheint dieselbe Haltung eingenommen zu haben. Er trägt jedoch einen dunkelbraunen Rock mit angesetztem gelben Kragen und Ärmeln, sowie einen flachen braunen Hut mit schwarzem Band, dessen Krempe hinten hochgeschlagen ist. Die emblematische Malerei besteht aus den tartschenförmigen gegeneinander geneigten Wappen der Familien Hofmair [6] und Geirhos [7].

Im zweiten überlieferten Joch ist nur das rechte Brustbild des Propheten schematisch zu erkennen, der als Kopfbedeckung eine turbanähnlich umwundene Mütze trägt. Zwischen den

Schriftblöcken steht nur das Wappen der Familie Helmschmied [8], das wiederum in Tartschenform nach links geneigt ist.

Das folgende Joch zeigt links nur Kopf und Schultern eines Propheten mit spitz auslaufender barettähnlicher Mütze, dessen Gegenüber nur mehr im Umriß sein Haupt mit seinem Turban erkennen läßt. In der Mitte steht, quasi als Wappen des Ordens, St. Franziskus, seine stigmatisierten Hände in Orantenhaltung erhebend. Rechts über dem Heiligen und über dem rechten Propheten steht die Zahl 1484, in der man wohl die Datierung der Malereien sehen muß.

Auch das vierte Joch läßt die Gestalten der Propheten kaum mehr erkennen. Nur von dem Linken ist der hochkrempige dunkle Hut und der Umriß des Hauptes zu sehen, während sich der Rechte nur mehr in der Farbfläche seines Baretts erahnen läßt. Der Halbrundschild in der Mitte zeigt hier das Wappen der Familie Nördlinger [9], die auch in der dabeistehenden Inschrift zusammen mit der Familie Breyschuch genannt ist.

Stil:
Auf den Stil der Bilder [10] kann man außer der technisch bedingten Erscheinungsform des transparenten Farbauftrags keine Rückschlüsse mehr ziehen. Die Breitung der Propheten der Sockelzone dürfte hier ebensowenig für die Bilder zutreffen, wie dies auch bei dem Zyklus des Kreuzgangs von St. Anna der Fall gewesen war (vgl. Objekt Nr. 44 mit 46). Auch läßt das Fragment der gestürzten Figur auf dem rechten Bild des dritten Joches nicht darauf schließen.

Trotz des Einsatzes der Linie in den Umrissen und im tektonischen Bildaufbau (Plattenboden), scheint hier die Farbe ihrer transparenten Erscheinungsform nicht mehr hinter der Zeichnung zurückzutreten, sondern durch Weißhöhung und Modellierung eine eigene Körperlichkeit aufzubauen, welche den malerischen Charakter der Halbfiguren wieder verstärkt. Ob sich dieser Grundzug auch in die Szenen hinein fortsetzte, ist nicht zu ergründen.

Ikonographie:
Diese läßt sich nur mehr über die Texte [11] der Schriftblöcke erschließen, wobei deren Erhaltungszustand auch nicht alle Unklarheiten beseitigen kann.

Ein jeder dieser Texte stellt eine Begebenheit des alten Testamentes in Bezug zu dem Evangelienbericht der Passion dar, woraus sich der Inhalt der Bilder erschließen läßt. Die Bilduntertitel, die im ersten Joch lesbar sind, geben Anlaß zu der Vermutung, daß in den äußeren Bildern jeder Dreiergruppe die alttestamentarische Episode abgebildet war, die, wie eingangs geschildert, die Passion begleitete.

Text I
östlichstes erhaltenes Joch / linker Schriftblock, bezieht sich auf II Rg, 19, 35–33

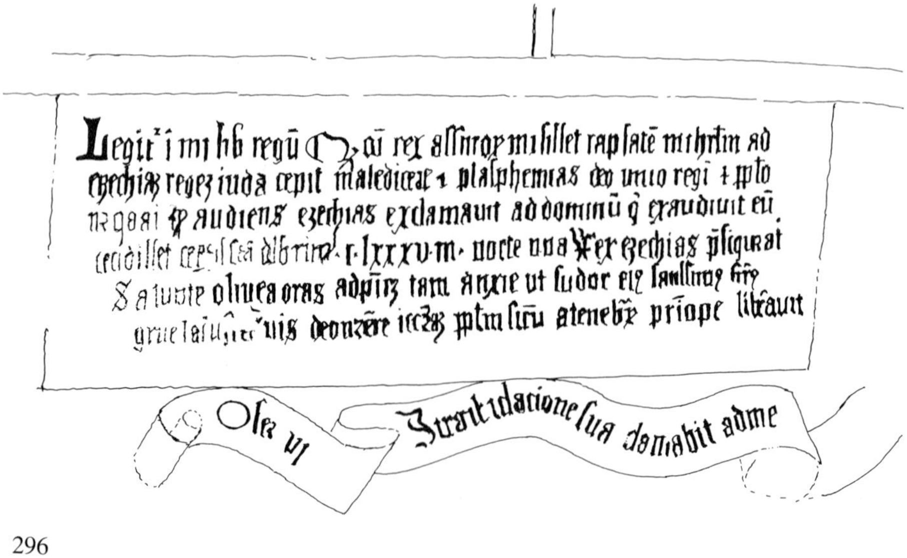

Text II
östlichstes erhaltenes Joch / rechter Schriftblock bezieht sich auf Dn, 13, 1–64

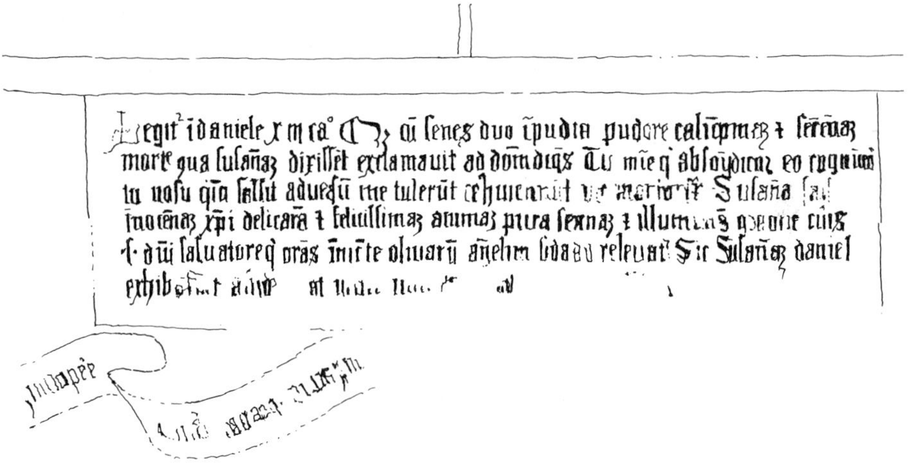

Text III
zweites erhaltenes Joch von Osten her / linker Schriftblock, bezieht sich auf II Rg, 3, 22–39

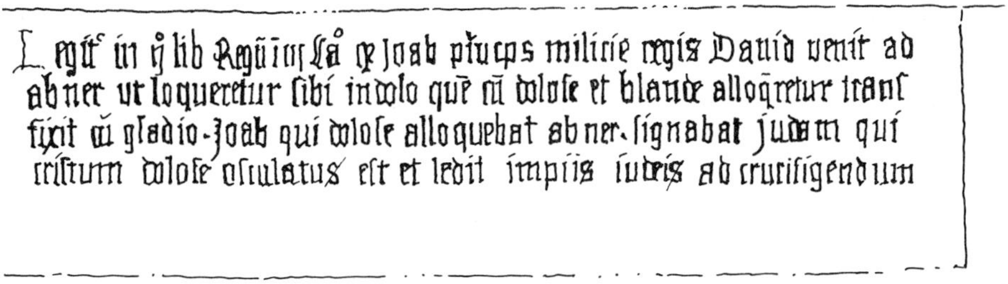

Text IV
zweites erhaltenes Joch von Osten her / rechter Schriftblock, bezieht sich auf I Mcc, 12, 39–52

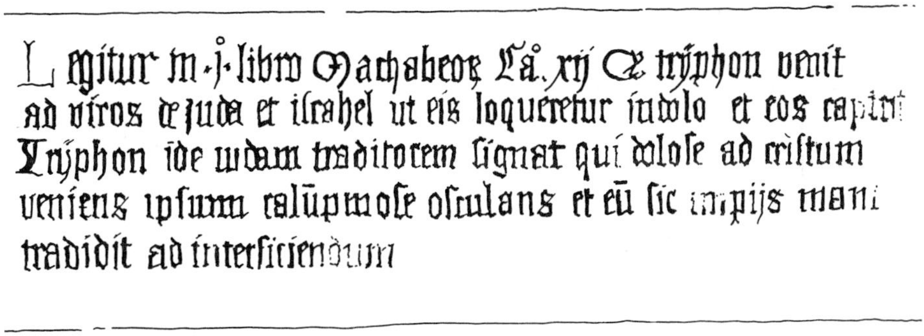

Text V
drittes erhaltenes Joch von Osten her / linker Schriftblock, bezieht sich auf II Mcc, 11

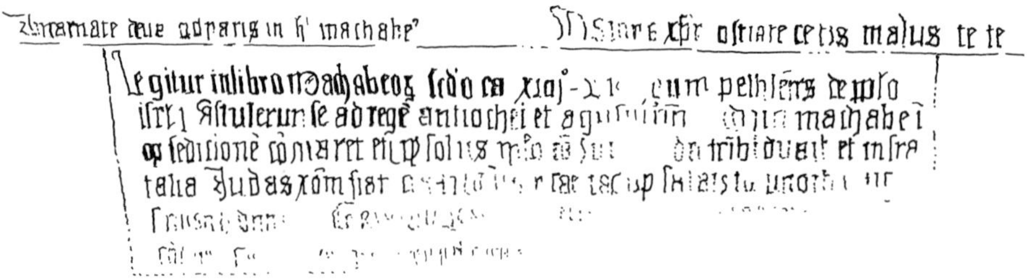

Text VI
drittes erhaltenes Joch von Osten her / rechter Schriftblock, bezieht sich auf III Rg. 21, 12–14

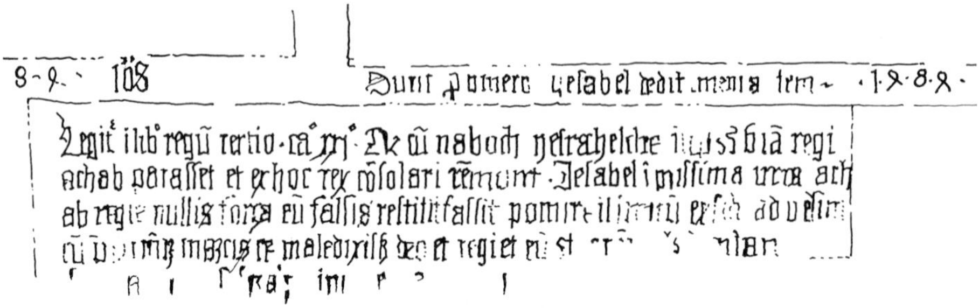

Text VII
westlichstes erhaltenes Joch / linker Schriftblock, Bezug nicht klärbar

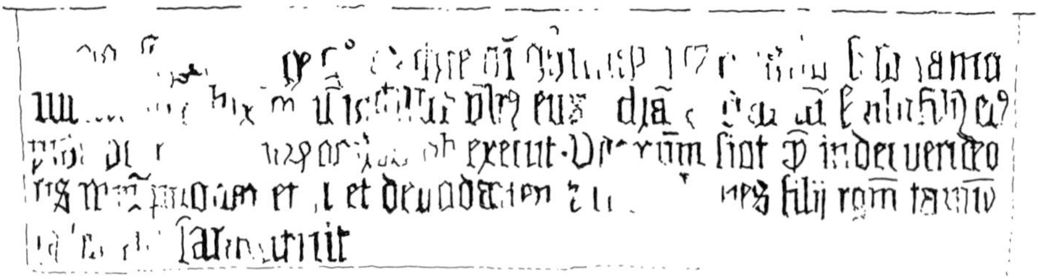

Text VIII
westlichstes erhaltenes Joch / rechter Schriftblock, bezieht sich auf IV Rg, 2, 23–25

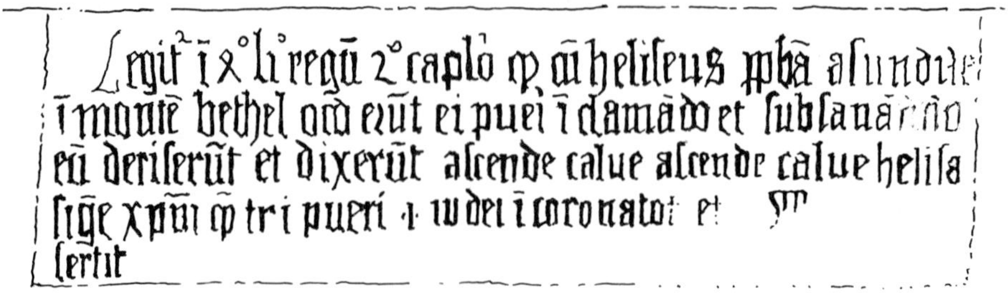

So vergleicht der Text I die Bitten des Ezechias zu Gott (II Rg, 19, 35–37) [12] mit den Bitten Christi am Ölberg. Ebenso nimmt Text II mit dem Vergleich der Bitten der unschuldigen Susanna (Dn, 13, 1–64) mit denen Christi, daß der Kelch an ihm vorübergehe, die Ölbergszene zum Anlaß. Damit dürfte es sicher sein, daß hier im Mittelfeld ein Bild von Christus mit den Jüngern im Ölgarten dargestellt war. Das in diesem Szenenfragment am Boden liegende Schwert kommt dieser Vermutung entgegen, da es sich dabei um das des Petrus handeln dürfte, das er ähnlich dem Bild im Kreuzgang von St. Anna (Objekt 44. I) vor sich auf den Boden gelegt hat und es im Schlafe umfaßt.

Die Texte des zweiten Joches spielen auf die Gefangennahme Jesu hin an, indem der Text III den trügerischen Angriffs Joabs auf Abner (II Rg, 3, 22–39) und Text IV den Verrat des Tryphon an Jonathan (I Mcc, 12, 39–52) mit dem Judaskuß vergleicht. Auch hier kann man die Mittelszene durch die umgefallene Laterne (des Malchus?) identifizieren.

Im dritten Joch lassen sich die Ausdeutungen der Texte nicht so klar erkennen, da die Schlußsätze der Schriftblöcke weitgehend zerstört sind. So scheint sich der Text V über den Aufstand der Makkabäer gegen Lysias (II Mcc, 11) auf Judas zu beziehen. Der Text VI dagegen, der die Begebenheiten um den Tod Nabots durch die Verleumdungen Jezabels schildert (III Rg, 21, 12–14) geht eindeutig auf die falschen Aussagen und Anschuldigungen gegen Jesus vor dem hohen Rat ein. Die Füße, die vor der Stufe stehen, sind damit ziemlich sicher als die Christi zu identifizieren, der vom hohen Rat (oder auch Pilatus?) verhört wird. Auch die bei der Steinigung gestürzte Gestalt Nabobs ist noch in dem Bild rechts zu erkennen.

Die Dornenkrönung ist in dem Text VIII des letzten Abschnittes der Gegenstand des Vergleichs. So werden dort die Knaben, die den Eliseus verspotten (IV Rg, 2, 23–25) mit den Schergen, die Christus verspotten, gleichgesetzt. Der Text VII wie auch die zugehörigen Bildabschnitte dieses ehemaligen Joches sind jedoch so gestört, daß eine Deutung der Bildreste durch den zweiten Schriftblock nicht mehr möglich ist. So kann man nur die Analogie zu den vorangegangenen Szenen als Anhaltspunkt nehmen.

Dieses ikonographische System, das sich hier auch an den wenigen Resten aufzeigen läßt, scheint für die Zyklen der Klosterkreuzgänge typisch gewesen zu sein, wie es die gleichartige Folge des Karmelitenklosters bei St. Anna zeigt. Bezeichnend an diesem Beispiel ist, daß keine Legenden und auch keine Gleichnisse zum Vergleich herangezogen sind, sondern alttestamentarische Episoden. Dies läßt, wie auch die Kompilation der lateinisch verfaßten Texte auf ein theologisches Interesse in dem Kloster selbst schließen, das den Zyklus für den internen Gebrauch malen ließ. Es ist überhaupt fraglich, ob er nicht direkt von den Mönchen selbst angefertigt wurde, die ja schon 1480 durch Tätigkeit ihrer Glaserei den Widerspruch des Malerhandwerks bewirkt hatten und dabei vom Rat die Ausübung der handwerklichen Tätigkeit innerhalb des Klosters nur für ihre eigenen Bedürfnisse zugesichert erhielten.

Technik:
Die Bilder scheinen, wie es die Beschädigungen vermuten lassen, in Kalkseccotechnik ausgeführt zu sein, worauf lichte, fast als transparent auzusprechende Pigmente aufgetragen wurden, die durch Weißbeimengung eindeutig modelliert sind. Die anscheinend am Schluß aufgesetzte schwarze Zeichnung, die in erster Linie Schattenränder und tektonisch wichtige Strukturen betonte, ist dieser Modellierung gleichwertig beigegeben. Eine Setzung reiner Weißerhöhung ist nur an den Lichtkanten der Rahmung zu bemerken.

Erhaltungszustand, Überlieferung:
Von den Bildern sind nur mehr die oben bezeichneten Teile erhalten [13], die sich in einer Auffüllung des Pfründeumbaues von 1537 bewahrt hatten. Bei der Aufdeckung 1975 zeigten sich vor allem Schlag- und Kratzspuren, also Beschädigungen durch das Füllmaterial, wozu noch in den weiter westlich gelegenen Bildern ein Verfall durch die hygroskopisch ins Mauerwerk eingezogene Feuchtigkeit kam. Daß dieser Verfall nach der Zudeckung durch die Verschalung weiter fortschreitet, ist anzunehmen.

Die Überlieferung ist nur durch die fünf Negative der Stadtbildstelle gesichert. Es wurde weder eine Beschreibung noch ein Aufmaß vor Ort angefertigt, geschweige denn versucht, die Schriften im Original zu lesen. So beruht die oben geschilderte Situation auf mündlichen Mitteilungen des städtischen Hochbauamtes und des Landesamtes für Denkmalspflege. Die Reihenfolge der Bilder wurde durch die ikonographischen Gegebenheiten festgelegt, da auch die Inventarisierung der Aufnahmen nicht der tatsächlichen Situation folgte.

Nr. 61 mit Nr. 66

Die Bilder der Goldschmiedekapelle [1] (Erweiterung des Hirn'schen Grabhauses)

Bau: vgl. Plan Nr. VIII, IX, X;

Datiert: vor der Einweihung am 15. XI. 1485
Freigelegt: 1890 (teilweise auch erst 1957/1960) [2]
Maler: Ulrich I Apt mit Werkstätte (?) [3]

Geschichte:
Das Hirn'sche Grabhaus, für das Conrad und Afra Hirn 1429 die Goldschmiede als Pfleger bestimmten [4], wurde durch diese Handwerksgruppe als Zunftkapelle benutzt. Ein Umbau, den diese trotz des vertraglichen Unveränderlichkeitsstatus [5] an der Kapelle vornahmen, führte zu einer Verlängerung des Kapellenhauses um zwei Joche und zum Anbau eines Altarraums, der heute das charakteristische Glockentürmchen trägt. Grund dieser Erweiterung war einmal die Vergrößerung der Handwerksgemeinschaft und, wahrscheinlich noch ausschlaggebender, die Notwendigkeit, den handwerkseigenen Getreidespeicher zu erweitern [6], der sich im Dachboden der Kapelle befand. Dies beeinflußte vor allem die Gestaltung der Straßenseite der Fassade sowie die Treppenanlage zum Turm, in dessen Fuß die Aufzugsvorrichtung für diesen Zweck eingebaut war.

Der Zeitpunkt dieses Um- und Anbaues läßt sich durch eine »Reconziliation«, die der Titularbischof von Hadrumentum am 15. XI. 1485 [7] für die Kirche, die Kapelle, den Friedhof und den Kreuzgang vornahm, bestimmen. Die Begründung für diese generelle Neueinweihung liegt in den durch den Kapellenumbau verursachten Eingriffen in die Substanz des Friedhofs, die eine Anzahl von Umbettungen von Gräbern erfordert haben dürfte. Auch wird so der eigentliche widerrechtliche Status der Umbauarbeiten durch die Einweihung innerhalb dieser größeren Zeremonie verdeckt worden sein.

Auch der Innenraum bezeugt diese Rücksichtnahme auf das bestehende Recht der Stifter, indem in den Schlußsteinen ihre Wappen, die schon in denen des ersten Zustandes vorhanden waren, wiederholt werden. Auch in den Glasmalereien der Fenster [8], die bis 1890 erhalten waren, wurden sie aufgegriffen.

Architektonisch [9] schloß sich die Umgestaltung soweit möglich an die durch den Bau der Hirns vorgegebenen Formen an, von denen sich nur der Altarraum mit dem großen Stabwerksfenster abhob. Die hinteren beiden Joche wurden, da der Platz durch das im Westen anstoßende Seitenschiff der Kirche beschränkt war, kürzer gehalten. Auch wurden sie, da der Abbruch der Westwand der alten Kapelle den darin verbauten Taufchorpfeiler freilegte, durch diesen vom übrigen Kapellenraum getrennt. In diesen verlängerten Teil fügten die Goldschmiede einen neuen Haupteingang zur Kapelle in die Südwand des vierten Joches ein [10], der später um 1562 durch Abtrennung dieses Joches durch eine Schiedmauer und einen Durchbruch zur Kirche als Haupteingang der St. Annakirche [11] diente.

Mit dieser Umgestaltung der Kapelle wurde es notwendig, auch die Ausmalung, die durch den Ausbruch der Westwand gestört war, wieder zu erneuern. Es gibt keinen Grund, diese Ausmalung in ihrer Entstehungszeit von dem Umbaudatum abzusetzen, es sei denn man verfolgt die spezielle Absicht einer Zuschreibung an Hans I Burgkmair oder Leonhart I Beck [12]. Gegen die Zuweisung Feuchtmayrs [13], der die Bilder dieser Kapellenerweiterung Ulrich I Apt zuteilen möchte, gibt es aber auf Grund der Archivalien kein Gegenargument, da dieser ab 1481 tätige Meister [14] den Auftrag ohne weiteres ausgeführt haben könnte. Die Überprüfung dieser Zuschreibung, die nicht bis ins letzte gesichert werden kann, ist dem überblickenden Kapitel der stilistischen Betrachtung zu entnehmen.

Nr. 61
Volkreiche Kreuzigung

Standort: in situ
Goldschmiedekapelle (II. Zustand)
3. Joch, Südwand (vgl. Plan Nr. X)

Maße: 290 × 304 cm

Beschreibung [15]:
(Da sich für dieses Bild die Aufnahme des Aufdeckungszustandes [16] erhalten hat, ist diese der Beschreibung zugrunde gelegt, wobei die Abweichungen des heute sichtbaren Bildes mitberücksichtigt sind.)

Die Kreuzigung bietet sich dem von der Architektur gegebenen Rahmen der Gewölberippen [17], der an der Basis in gleicher »caput mortuum«-Tönung durch ein illusionistisch gemaltes, nur durch Weißbeimischung modelliertes, profiliertes Gesimsstück geschlossen wird, dessen Oberkante sich zum Bildfeld hin durch einen gelben Streifen absetzt.

Die drei wuchtigen Kreuze bestimmen den Raum des Bildes, in dem das auf der Bildmittelachse frontal stehende Kreuz Christi von den etwas tiefer in den Raum gestellten schrägansichtigen Schächerkreuzen flankiert wird, deren Querbalken die Fluchtlinien der Zentralperspektive wiedergeben. Diese heute so dominante Mittelstellung des Kreuzes, war im ursprünglichen Zustand durch die Beschneidung der Bildfläche [18], die sich links durch den Pfeiler des Taufchores ergab, nicht vorhanden, so daß der Aufbau keiner starren Symmetrie nachzukommen schien.

Die Anhebungsfigur der Komposition findet sich links in der Frau mit der üppig gebundenen Haube, die helfend der zusammenbrechenden Maria beisteht. In großem weit auslaufendem Schwung fällt ihr über die Schulter gelegter roter, innen blau ausgeschlagener Mantel zu Boden, wo er in vollen einknickenden Falten ausläuft. Dieser Schwung des Mantels der Frau, die, gekleidet in ein grünes Gewand, mit ihrer Linken Maria stützt und ihre Rechte hilfreich anbietet, führt den Blick des Betrachters über die kraftlos auf der Schulter der Frau aufliegende Hand der Maria zum Zentrum der »Stabat Mater«-Gruppe, die heute ziemliche Unterschiede zu der ursprünglichen Gestaltung zeigt.

Maria ist soeben am Zusammenbrechen. Ihr jugendliches (heute verhärmtes) Gesicht hält sie, vom weißen, weich auf ihre Schulter fallenden Kopftuch umgeben, leicht geneigt. Ihre sinkende Linke gibt den gehaltenen Umhangsmantel frei, während ihre Rechte auf der Schulter der ihr beistehenden Frau ohne Halt aufruht. Das hoch und eng taillierte Gewand fällt, die Statik der Figur ganz aufhebend, in großzügigen (heute unruhig barocken) Falten zu Boden, wo es im kleinteiligen Faltenspiel ausläuft. Nur der Beistand der Frau, die durch den festen Schwung ihres Mantels und die bestimmte Kontur ihres Kleides selbst in sich fest ist, sichert die Statik der Gruppe. Drei an diese Gruppe herangetretene Personen hinterfangen sie festigend. So steht links eine Frau, ganz in ihr gelbes Dominikale gehüllt (heute ist diese Gestalt nur mehr schemenhaft zu erkennen). Vor Trauer starr richtet sie ihren Blick unverwandt »glotzend« auf das Gesicht der zusammenbrechenden Maria, hinter der, wahrscheinlich ebenfalls sie stützend, Johannes steht, der sein dunkelbehaartes Haupt erhoben hat und mit dem scharf profilierten Gesicht (heute mehr weibliche Gesichtszüge und hellblonde Haare) nach oben auf das Kreuz Christi blickt und so überhöhend schließend die Verbindung der »Stabat Mater«-Gruppe zum Zentrum des Bildes herstellt. Halb verdeckt hinter der Maria steht eine Frau, dunkelgrau ganz in ihr weit nach vorne über den Kopf gezogenes Dominikale gehüllt (heute nur mehr flächig und umrißhaft sowie viel weicher gezeichnet). Leicht nach vorne geneigt steht sie, das Sinken der Maria gegenläufig beantwortend, in sich gekehrt. Zugleich leitet sie aber zu der Gestalt der Maria Magdalena über, die, losgelöst von der Gruppe, eine weitere Trauerreaktion auf den Tod Christi zeigt. So führt quasi eine Linie die verschiedenen Arten von Trauer vor, die von dem »Glotzen« der Frau links über das gebannt starrende Schauen des Johannes, das ohnmächtige Zusammensinken der Maria und das in sich Versunkensein der verschleierten Frau bis hin zu der fassungslosen Reaktion der Magdalena geht. Diese ist an den Stamm des Kreuzes herangetreten und umgreift ihn mit beiden Armen und blickt, indem sie ihr Haupt zurückbeugt, auf die Realität des Geschehens über ihr. Schwung und Kraft der Bewegung sind in ihrer Kontur, dem durch dem im Schritt sich aufspreizenden Mantelsaum, der sich, in Gürtelhöhe in einer Agraffe gefaßt schließt, die Taille und die gegen das Kreuz gerichtete Brust voll betont, sowie in dem, das Umfassen der Arme in ihrem vielfältig weitend betonenden Plissee der gebauschten Ärmel ihres modischen ockerfarbenen Gewandes zum Ausdruck gebracht (heute durch die falsche Ausdeutung der Brustpartie und das verflachende Faltenspiel der Ärmel nicht mehr zu erkennen). Auch die Bewegung ihres Hauptes ist von den über ihrer hohen gewölbten Stirn ansetzenden, straff gefaßt und im Nacken gebundenen Haaren, die über ihre Stirn fließend die Bindung an den Körper verstärken, in diesen Schwung miteinbezogen, aus dem heraus das jugendliche Gesicht mit der kurzen geschwungenen Nase und den vollen Lippen den Blick unter den hochgezogenen Brauen auf Christus richtet (heute ist das Gesicht durch runde von dünnen Brauen überzogene Glotzaugen, einer spitzen hängenden Nase, sich aufwerfenden Lippen und die eckige Kinnlinie bis zur Häßlichkeit entstellt). Exponiert wie ihre Reaktion steht sie nur durch die verhüllte Gestalt der Trauernden in ihrer Bewegung vorbereitet allein.

Links hinter der »Stabat-Mater«-Gruppe schließt sich in den Hintergrund gestaffelt Longinus mit seinem Helfer an. Auf einem rotbraunen Fuchs, der seinen von gelblich-weißlicher Zäumung umfaßten Kopf an der Gruppe um Maria aus dem Bild herauswendet, sitzt Longinus, der durch seine braune Kappe mit aufgestelltem weißen Stirnschild und langem auf die Schulter fallenden gezahnten Rand als höherer Dienstgrad gezeichnet ist. Gekleidet in ein dunkles Wams mit breitem Schulterkragen, hat er durch ruhigen Ausdruck seines flächigen von einem grauen (?) Bart gerahmten Gesichtes eine würdige Erscheinungsform (heute jugendlich bartlos mit fast weiblichen Zügen). Während er mit der Rechten anscheinend die Zügel hält, greift er mit seiner Linken an die Lanze, die ihm, der ja blind ist, der vor seinem Pferd stehende mit dunklem Koller und Buckelhaube gerüstete Soldat mit beiden gestreckten Armen zum Stoß in die Seite Christi führt. Dieser Soldat ist durch seine Wendung auf Longinus hin mit diesem als Kompositionseinheit gedacht, was die über den Arm des Longinus und den Umriß der Rückenfigur herablaufende Linie verdeutlicht. Die aufragende Lanze, die aus der linken Randzone direkt auf die rechte soeben durchbohrte Seite Christi zeigt, stellt wiederum eine Hinführung zum Zentrum des Geschehens dar, welche diese, die Anhebungsgruppe hinterfangende Konfiguration leistet.

Neben dem Soldaten, der Longinus zur Hand geht, steht eine Gruppe von Männern, die mit der ihr entsprechenden rechts des Kreuzes dieses halbkreisförmig umgibt. Mit dem Rücken zum Betrachter steht der Protagonist, in dunkles Hemd mit darübergelegtem Panzer und Schurz gekleidet und weist mit erhobener Rechten zum Kreuz hinauf, zu dem er auch sein von einer Sturmhaube bedecktes Haupt wendet. Der nach links versetzt hinter ihm Stehende, der einen weiten ärmellosen Rock (heute ein dunkles Hemd mit hellem Lederkoller) über sein gelbes Hemd trägt, folgt mit seinem von einem Barett bedeckten Kopf der aufgezeigten Richtung. Auch der ockerfarben Gekleidete, der sich in den Hintergrund hinein anschließt, hat sein von einem breitrandigen Hut umfaßtes Gesicht mit einer großen vorspringenden Hakennase erhoben.

Rechts halb verdeckt vom Kreuz stützt sich ein Soldat, gerüstet mit Panzer und breitrandiger Eisenhaube, vorbeugend auf seinen Speer, den er vor seinen, unter dem halblangen weiß-grau gestreiften Rock sichtbaren, mit Schienen geschützten Beinen aufgestellt hat. Auch sein Blick (heute völlig zerstört) ist ebenso wie die der vorigen auf Christus gerichtet. Dieser neben ihm sich an den am Kreuzesfuß aufgestellten Speer lehnende ältere Soldat (heute bis auf den Speer völlig ausgelöscht), reckt seinen Kopf, den er mit einem dunklen Tuch bedeckt hat, hoch und blickt mit ganz nach oben gedrehten Augen auf das Kreuz. Der dritte dieser Reihe, der dem Protagonisten auf der anderen Seite des Kreuzes entspricht, tritt gerade zu dieser Gruppe hinzu. Auch er ist gewappnet und trägt zu seinem gegürteten, eng gefalteten, grauweiß gestreiften (?) Rock mit dunklem Schultertuch einen Visierhelm. Seine bloßen Beine stecken in kurzen Stiefeln und sind durch Kniescheiben geschützt. So herbeikommend hält er seine Linke vor die Brust und wendet sich aus seiner Schrittrichtung heraus dem von rechts auf ihn zukommenden Reiter entgegen, dem er in die Zügel greift.

Dieser Reiter, dessen Schimmel mit hochgebogenem Hals ungeduldig mit seinem linken Vorderhuf scharrend am Zügel steht, zeichnet sich durch seine reiche Kleidung aus. Auch sein

Pferd ist durch eine rote Schabracke gedeckt, über die weit der mit einem weißen Kragen besetzte blaue Mantel des Reiters fällt. Sein im Profil erhobenes Haupt, das von einer fülligen Barettmütze mit rotem Rand bekrönt ist, stellt ganz die selbstbewußte Würde dar, mit der er quasi über dem Gedränge des gemeinen Volks steht. Hinter ihm ist ein zweiter Berittener auf einem mit beschlagenen Zierriemen aufgezäumten Braunen herangekommen. Gekleidet in einen dunkelbraunen Rock mit sternförmiger ockerfarbener Kragenfassung spricht er den anderen Reiter an. Auch er, der in seiner Rechten den Spieß mit der dunkelroten schwach geblähten Fahne hält, scheint einen höheren Rang zu besitzen, der sich in seinem breiten Turban mit dem roten Frontbesatz ausdrückt.

Hinter den Reitern drängt sich eine Reihe von vier das Bild abschließenden Personen. Zwei ältere Männer mit dunklen Kappen und hellen Bärten (heute bis zur Unkenntlichkeit verstümmelt) stehen hinter zwei Soldaten, von denen der hellgekleidete hintere seinen Spieß vor sich haltend, das Haupt hochgereckt gegen den Gekreuzigten zu schmähen scheint, während der vordere mit dunklem vollen Harnisch und einem roten Schild mit weißem Rand Gewappnete seinen Speer an sich zieht und ruhig und gefaßt den Ereignissen folgt.

Im Vordergrund vor den Reitern schreitet ein Bewaffneter, der schräg von hinten zu sehen ist (heute einen Speer schulternd), auf das Kreuz zu. Über sein dunkelgraues Wams trägt er einen Waffenrock, an dessen Riemengürtung an seiner linken Seite ein Säbel hängt. Sein rechter Nachbar (nur in den unteren Partien im Original gesichert) läuft in gleiche Richtung blickend neben ihm her (für sein heute von einer Kappe bedecktes Haupt gibt der Originalbestand keinen Anhaltspunkt). Die Folge der Gruppierungen um das Kreuz herum schließt rechts im Vordergrund der Knabe mit der breitrandigen Mütze, der von dem neben ihm stehenden, sich zu ihm hinabbeugenden Mann mit turbanartiger in den Nacken fallenden Kopfbedeckung und geschürztem grünen Gewand auf das Kreuz verwiesen wird.

Diese bisher geschilderten Gruppen umstehen gleichsam im Halbkreis die Szene, in deren Vordergrund sich drei (heute nur mehr zwei) Soldaten um den Leibrock Jesu zanken. Diese Streitszene nimmt genau den Platz der Bildmitte (nach der Flächenaufteilung des Originalbestands) ein.

Links vor dem Kreuz Christi kniet ein mit Helm, Harnisch und Schuppenrock Gepanzerter und verwehrt, sich mit einer Hand auf dem am Boden ausgebreitet liegenden Leibrock aufstützend, mit seiner Rechten den Schlag seines Gegenübers, indem er diesen mit seinem Blick fixierend an seinem Arm ergreift. Dieser mit hellem Rock und Wams gekleidete Soldat, holt mit seiner Linken zum Schlage aus, dadurch daß er sich mit seinem weit vorgesetzten linken Bein abstützend mit dem rechten auf den Leibrock kniet. Der verwehrte Schlag galt einem dritten am Boden liegenden Soldaten, den er mit seiner Rechten an den Haaren packte und zur Erde drückte. Der am Boden liegende dunkel gekleidete Soldat hatte mit seiner Linken einen Dolch gezogen, den er noch in der mit seinem Kopf nach unten gepreßten Hand hält, während er sich mit seiner Rechten verzweifelt dem Niederpressen zu entziehen sucht. (Heute [19] ist dieser am Boden Liegende bis auf die Dolchspitze und die dunkle Fläche, die jetzt den Kopf des zum Schlage ausholenden Soldaten darstellen soll – ehemals stellte sie die Haare des Liegenden und die zupackende Hand vor –, und ein Fragment der aufstützenden Hand verschwunden. Der Kopf des Zuschlagenden, der ehemals nur durch die hinter dem erhobenen Arm sichtbaren Haare dargestellt war, ist heute in den Stiefelschaft des schreitenden Soldaten hinter ihm umgewandelt, so daß diese Gruppe bis zur Unkenntlichkeit entfremdet ist.)

Leicht links versetzt zu dieser auf der Bildmitte plazierten Gruppe und umgeben von den die Szene umstehenden Personen steht das Kreuz Christi, das hoch aufragend fast bis an die Bildrahmung stößt. Es ist frontal ansichtig gegeben, und nur leicht erscheint die rechte Seite sowie die Untersicht des Kreuzbalkens. Hoch über der Menge hängt im oberen Bilddrittel der Corpus, der fast symmetrisch im Umriß an das Kreuz gespannt geheftet ist. Die Arme sind beinahe im rechten Winkel des Kreuzes abgespreizt, die Beine parallel gelegt und die eingedreht übereinander gedeckten Füße mit einem Nagel durchbohrt. Unter der Inschrifttafel (mit heute wieder ergänzter Inschrift) ist der Kopf Jesu nach links auf seine Mutter ausgerichtet geneigt, wobei sich der Ausdruck des Gesichtes nicht mehr bestimmen läßt. In dieser Haltung wird Christus, der mit einem vorne geknotet überfallenden (heute unter dem Knoten durchgezogenen) Lendentuch, das zwischen den Beinen hindurch nach rechts wegweht, bekleidet ist, soeben von der Lanze des

Longinus durchbohrt. Dadurch wird das monumentale in seiner ruhigen Spannung fast hieratisch aufgefaßte Kreuz wiederum in die Historie zurückgebunden, die sich um seinen Stamm abspielt.

Die beiden Schächer sind in der gleichen Haltung wie Jesus an die schräg stehenden Kreuze geschlagen und unterscheiden sich nur in ihrer Kopfhaltung. Der gute reuige Schächer, der von Christus noch in der Todesstunde die Verheißung des Paradieses erhielt, ist links, also an der rechten Seite Christi dargestellt. Dismas, so der legendäre Name, hebt zum Zeichen seiner Erlösung das Haupt, während Gesmas, sein formaler wie inhaltlicher Widerpart, als Zeichen seiner verstockten Haltung das seine zu Boden neigt.

Hinter dem von den Kreuzen überspannten Raum ist ein Ausblick auf eine Landschaft gegeben, die links durch einen Berg, der von hohen Mauern bekrönt ist (heute verschwunden) und rechts durch einen ansteigenden Hang der sich in der Ferne in einen Talrand fortsetzt, begrenzt wurde. Die Mitte der Landschaft war von einem großen rundkuppigen Hügel bestimmt (heute durch eine reich differenzierte Landschaft ersetzt), der sich zwischen den Kreuzesstämmen wölbte. Damit griff auch die Landschaft das Umfassungsmotiv auf, das sich in der Gruppenanordnung des Bildes zeigte und betonte ähnlich, wie die beiden Schächerkreuze, die Zäsuren der im Bildmittelgrund stehenden Gruppen, deren räumliche Ordnung ebenfalls durch die Querbalken dieser Kreuze gespiegelt wird.

Stil:
Bemerkenswert ist an dem Aufbau des Bildes die klare räumliche Stellung der Gruppen, die im Halbkreis unter den Kreuzen versammelt sind, wobei dieses Umfassungsmotiv des Kreuzes mehrfach wiederholt wird, so daß man innerhalb des Halbkreises fast von einer gestaffelten Verklammerung sprechen könnte, die nach rechts erweitert ist, um die Asymmetrie des Bildfeldes aufzufangen.

Die innerste Klammer bilden die zwei Gruppen, welche das Kreuz umstehen und die wiederum links durch Longinus und rechts durch die zwei Reiter umfaßt werden. Die »Stabat Mater«-Gruppe bildet die Klammer des Vordergrundes links, der rechts die zwei auf das Kreuz zuschreitenden Soldaten entsprechen. Die Reihe hinter den Reitern stellt diese verdoppelnd die Schlußklammer nach rechts in den Hintergrund hinein dar. Auch der im Vordergrund stehende Mann, der den Knaben auf das Kreuz hinweist, ist als eine Aufspaltung des Elementes zu verstehen, das der Gruppe um Maria gegenübersteht. Sein Verweisen auf das Bildzentrum konnte auch als Anhebung ausgedeutet werden [20], vor allem da sich eine Beschreibung der Gruppen in der Bewegung auch von rechts nach links durchführen läßt. Allein die Ausrichtung der Lanzen und die rechts vorgenommene Staffelung (bzw. Verdoppelung) der Verklammerung schließen diese Deutung aus.

Die Gruppe der Streitenden, die von dieser Konfiguration umgeben ist, betont die Bildmitte des Vordergrundes und wird durch die Gestalt der sich vorbeugenden Maria und dem eng gestreift gewandeten Soldaten rechts gefaßt und auf das Handlungszentrum des Kreuzes hin zentriert, indem diese Klammer durch den von hinten hereingewendeten Soldaten neben dem Kreuz geschlossen wird.

Die Gruppen selbst sind in diesem Bild meist in Dreiecksform gebaut, so die Kerngruppe des »Stabat Mater« (Maria, die Beistehende und Johannes ohne die beiden »Assistenz«-Figuren der Frauen), die Gruppe des Longinus (Pferdekopf, Soldat und Longinus), die Streitenden vor dem Kreuz und der wieder ins Bild weisende Mann mit dem Knaben. Die übrigen Figuren bilden Reihungen, wobei bei den um das Kreuz Stehenden jeweils der vorderste abgesetzt gewendet ist. Dies ermöglicht dem auf das Kreuz Zuschreitenden rechts seine ambivalente Doppelfunktion als Schluß der Reihe und als gleichzeitige Entsprechung zur Magdalena, mit der zusammen er die Gruppe der Streitenden in der oben beschriebenen Weise umfaßt.

Aus diesen Elementen baut der Maler eine Vermittlung der Asymmetrie des Feldes und mit der auf eine Zentrierung abzielenden Gruppierungsstruktur eine Einheit auf, die gerade durch diese Spannung ihre Lebendigkeit erhält.

Die Figurenbildung selbst zeichnet sich durch eine Körpervolumen betonende Grundtendenz aus, die bei den Soldaten, teils durch die Art der Kleidung bedingt, eine Gliederpuppen ähnliche Einzelvolumen herausstellende Ausbildung zur Folge hat, deren Zusammenschluß nicht immer als geglückt zu bezeichnen ist. Die Statik der Figuren wird in erster Linie durch die Betonung der festen Kontur gesichert, wobei umhüllende und fließende Gewänder, die um den Körper gelegt sind, zur Charakterisierung der Einzelperson verwendet sind (vgl. »Stabat Mater«-Gruppe). Auch heftige Aktion wird durch die Gestaltung der Gewandung ausgedrückt, indem diese das Körpervolumen und die sich aus der Bewegung entwickelnde Kontur durch farblich abgesetzte Teile und parallel laufende Faltung verstärkend wiederholt.

Diese volumenbetonte Figurengestaltung scheint, soweit es sich noch auf den alten Photographien erkennen läßt, neben der durch Lichtsetzung erreichten Modellierung vor allem durch die Setzung einer die Figuren in wesentlichen Teilen betonenden Zeichnung erreicht worden zu sein, durch die ganz in graphischer Weise auch der Gesichtsausdruck ausgebildet war.

Eine Bewertung der Rolle der Farbe, die nur mehr in flächigen pastellartigen Tönen vorhanden ist, in der sich Blau, Ockergelb und Rot gegenüber Dunkelgrau und Weiß die Waage halten, kann aufgrund der Veränderungen, welche das Bild nachweislich erfuhr, nicht mehr unternommen werden.

Ikonographie:
Die Darstellung zeigt den Typ der volkreichen Kreuzigung auf, der auch Kreuzigung »im Gedränge« genannt wird. Dieser, der dies Geschehen als große Historiendarstellung auffaßte, zeigt in den einzelnen Gruppen die den damaligen Gläubigen aus den Passionsspielen geläufigen Einzelthemata auf.

So lassen sich auch in dieser Darstellung, die generell die vier Evangelienberichte als Grundlage benutzte [21], die Gruppe des »Stabat Mater« [22] und die bei der Kreuzigung anwesenden »principes sacerdotum« [23] in den Reitern nach den Evangelien identifizieren. Die Unterscheidung der Schächer [24], die mit Christus hingerichtet wurden, geht ebenso wie auch die Szene der streitenden Soldaten [25] auf die Texte der Heiligen Schrift zurück, wobei die Dramatisierung des Streites als Kampf das Sakralspiel als Quelle haben dürfte. Auch die Geschichte des blinden oder augenkranken Longinus geht aus einem Zitat des Johannesevangeliums [26] hervor, das, so wie es hier dargestellt ist, eindeutig die Legendenfassung aufgreift, welche die Heilung durch das ausströmende Blut Jesu schildert [27]. Die anderen Gruppen, als Soldaten und Volk gekennzeichnet, sind nicht näher zu identifizieren.

Der am Bildschluß stehende Mann, der das Kind auf das Geschehen hinweist, entspringt weniger der ikonographischen Gegebenheit. Wahrscheinlich ist, daß diese so stark in das Bild führende Gruppe auf die Stellung zum Kapelleneingang Rücksicht nahm und so quasi eine sekundäre inhaltliche Einleitungsfunktion hatte, die innerhalb der Komposition die Rolle eines aufs Zentrum weisenden Schlusses hatte.

Technik: vgl. Zusammenfassung nach Nr. 66, II;

Erhaltungszustand:
Das Bild zeigt sich heute [28] nach der 1958 erfolgten Entfernung der Übermalung des Jahres 1895 stark ruiniert. Der durch den zweischichtigen Aufbau des Bildgrundes labile Charakter der Bildsubstanz ist für den so starken Verfall des Originals bei der zweiten »Aufdeckung« verantwortlich. Wie in der Beschreibung in Klammern angemerkt, finden sich in dem heutigen Zustand gegenüber dem der Aufdeckung von 1890 inhaltliche Veränderungen. Auch wurde – wenn nicht noch in viel stärkerem Maße – der Charakter der Erscheinungsform geändert [29], indem die eigentlich als Vorzeichnung auf der ersten (unteren) Schlemmschicht liegende Rötelzeichnung vom Restaurator als bildtragende Zeichnung auch auf die noch erhaltenen Teile der Pigmentschicht ausgedehnt wurde. Zusammen mit der flächigen kaseingebundenen Retuschierung, die sich über noch erhaltene Originalpigmente wie auch über noch vorhandene aufliegende Tünchereste erstreckt, gibt sie heute dem Ganzen einen Sgraffito ähnlichen Gesamtcharakter, der in seiner Verhärtung, seiner Kontur und der Negierung spannender Binnenzeichnung sowie Modellierung keinerlei Rückschlüsse auf den originalen Bestand des Bildes [30], wie er der oben gegebenen Beschreibung zugrunde gelegt wurde, mehr zuläßt.

Die Restaurierung von 1895

Für diese Kreuzigung hat sich auch der Zustand der Restaurierung von Prof. Ludwig Kramer überliefert [31], der hier kurz vorgestellt werden soll, da er für die früheren Beurteilungen der Bilder ausschlaggebend war.

Diese Restaurierung, die eine gänzliche Übermalung der Bildfläche mit »hinzukomponierten« Teilen [32] auf den nun leeren Putzflächen des ehemaligen ausgebrochenen Taufchorwandpfeilers darstellte, verfuhr mit dem formalen Inhalt der originalen Vorlage ziemlich genau. Auch die Charaktäre der Gesichtsausdrücke sind bis auf die der Personen der rechts aus dem Hintergrund kommenden Reihe entsprechend wiedergegeben. Die Hauptveränderung nahm er in der plastischen Ausgestaltung der Gewänder vor, indem er zum Teil Schattenmodellierungen in Ornamentstreifen umwandelte. Die Faltengebung wurde kleinteiliger und mehr in Rapport wiedergegeben, wodurch sich gegenüber dem Original ein gewisser Spannungsverlust feststellen läßt.

Die Gruppe um Maria wurde dahingehend ausgeweitet, daß die ohnehin weit ausgebreiteten Gewänder noch üppiger und voller gestaltet wurden. Hinter dem Pferd des Longinus kommen weitere Soldaten hinzu, die zum Kreuz aufschauen und mit ihren Händen drohen. Aus dieser Gruppe ragen zwei Lanzen nach links geneigt, die ebenso wie das neu eingefügte Rohr mit dem aufgesteckten Schwamm unter dem Kreuz des Dismas ein Gegengewicht zu denen rechts und der wehenden Fahne geben sollten. Diese angeführte Gruppe wird nach vorne durch ein nach links hinten aus dem Bild gehendes Pferd geschlossen, dessen Reiter über die »Stabat Mater«-Gruppe auf die streitenden Soldaten zu schauen scheint [33]. Dieses Element der Erweiterung besitzt keinerlei Einbindung in die bestehende Komposition und wird durch den rein dekorativ in der unteren Bildecke stehenden Hund in seiner Deplazierung bestärkt.

Die Veränderung der Landschaft scheint auch die Grundlage für den heutigen Zustand zu bieten. Sie ist durch einen fernsichtigen, durch Hügel und Berge begrenzten Horizont »erweitert«, der ebenso der romantischen Malerei entlehnt zu sein scheint, wie der wolkenverhangene Himmel. Die noch im Original erkennbaren Mauern Jerusalems verschwanden zugunsten der angegliederten Komposition und wurden zusammen mit dem dazugehörigen Hügel in ein einzelstehendes Felsmassiv umgebaut.

Durch die Anfügung an die Bildanhebung ging die der Komposition eigene Spannung verloren, wie auch das Bild durch die detailliertere manieristische Ausgestaltung überladen wirkte, so daß trotz inhaltlich richtiger Wiedergabe das ursprüngliche Bild nicht mehr zu erkennen war.

Nr. 62
Christophorus-Fragment

Standort: in situ
Goldschmiedekapelle (II. Zustand)
3. Joch Nordwand, rechts des Fensters (vgl. Plan Nr. IX)

Maße: 80 × 205 cm (ohne die Landschaft links des Fensters)

Freigelegt: 1890 (zum ersten Male) [34]
1895 (wieder überdeckt) [35]
1957/1958 (aufgedeckt und restauriert) [36]

Beschreibung:

Die Wand, auf der sich das Fragment des Christophorus befindet, ist in gleicher Weise wie die Kreuzigung (vgl. Objekt Nr. 61) gerahmt, nur daß hier das 1889 erweiterte Fenster das gemalte Profil in der Mitte unterbricht. Rechts des Fensters wird eine rötliche Senkrechte sichtbar, die man eventuell als Entsprechung zu dem der linken Wandhälfte sehen muß, wo ein rötlicher Stamm deutlich als Baum zu erkennen ist. Die links des Fensters noch schwach sichtbare Landschaft mit einem See oder einer Meeresbucht scheint die Fortsetzung zu dem Christophorusbild gewesen zu sein.

Rechts neben dem aufragenden Baumstamm (?) trägt der Heilige, schreitend auf einen Knotenstock gestützt, das Christuskind. Fest stemmt er den großen ihn überragenden Stamm, der bis auf die im Vordergrund gegebene rötliche Fläche reicht, mit seiner Rechten auf und lehnt sich in Schrittstellung, soeben sein rechtes Bein erhebend, gegen ihn. Seine Füße, deren untere Partie zerstört ist, stehen noch in der graugrünen Fläche, die anscheinend das Wasser des Flusses darstellte. Sich so im Wasser vorwärts mühend, trägt er fast bis an die Knie reichende dunkle Stulpenstiefel, deren oberer heller Teil umgekrempelt ist. Über sein zugeknöpftes Hemd hat er ein weites türkisfarbenes, innen rot ausgeschlagenes, um die Hüfte gegürtetes Wams gelegt, das bis auf seine stämmigen Oberschenkel fällt. Seine Linke hat er aufgenommen, um das auf dieser Seite sitzende Kind zu halten, an das er sich wendend sein Haupt lehnt. Die kurzen roten Haare sind durch ein am Hinterkopf gebundenes Band gefaßt, das eckige Gesicht durch einen krausen Vollbart bedeckt, der die breiten Lippen freigibt. Er schaut unter den halbgesenkten Lidern müde aus den weiten Augenhöhlen, zwischen denen die kräftige, derbe Nase sich herabzieht. Dieser Blick, aus dem fast Resignation spricht, gibt dem an und für sich derben und wilden Gesicht etwas Gutmütiges, was die Anlehnung an das Kind verstärkend ausdrückt.

Dieses Kind sitzt, in seiner Statur etwas feist wiedergegeben, auf seiner Schulter und erhebt segnend seine Rechte über dem Haupt des Heiligen, während es in seiner Linken die bläuliche große Weltkugel hält. Nur durch kurze Bogenlinien sind Augen, Nase und Mund in seinem vollen, runden Kopf gegeben, der von kleinen rötlichen Locken bedeckt, fast ohne Hals auf den Schultern aufsitzt. Sein offenes Schauen und sein Lächeln stellt sich in direkten Gegensatz zu den Mühen des Heiligen, der seine Last kaum vorwärts zu tragen vermag.

Stil:
Soweit zu erkennen ist, wurde auch hier die Linie der Kontur benutzt, um das Körpervolumen wiederzugeben, das sich in dem Hemd noch voll spannt, während die knickenden Falten des weiten Wamses die Auswirkung der Last spüren lassen. So ist auch hier die Faltung ähnlich wie in der Kreuzigung zur Charakterisierung der Person eingesetzt, was sich im Wams und in den knitternden Zonen der Stulpenstiefel, welche die Stämmigkeit der Beine aufheben, deutlich zeigt.

Die Ausgestaltung der Falten entspricht der der Kreuzigung, wo sich die der »Stabat-Mater«-Gruppe ebenfalls knickend, sinkend geben, wobei die Härte des Knicks durch eine Abrundung zwischen den zulaufenden Linien jeweils genommen ist. Auch die Haltung der Hand des Christophorus entspricht mit dem angehobenen Mittelfinger und dessen leicht durchgedrückten Vordergliedern der Hand der Maria, die diese auf die Schulter der ihr helfenden Frau gelegt hat. Damit kann man dieses Bild, so fragmentarisch es heute auch erhalten ist, an die Kreuzigung (allerdings nur bei Berücksichtigung des Aufdeckungszustands derselben) ohne Bedenken anschließen.

Ikonographie:
Die Darstellung folgt ganz der Schilderung der Legende [37] nach der Christophorus auf die Weisung eines Einsiedlers hin den Dienst auf sich genommen hatte, Menschen über einen reißenden Fluß zu tragen. Die Szene gibt ihn, wie er Christus, der ihm als kleines Kind erschienen ist, übersetzt und unter der Last des Kindes beinahe zusammenzubrechen vermeint, worauf ihm Christus offenbart, daß er nicht nur die Welt, sondern auch deren Schöpfer zu tragen habe. Auf diesen Moment der Offenbarung bezieht sich das Bild, wie aus der Beigabe der Weltkugel zu ersehen ist.

Christophorus, der in diesem Fall in einem größeren Landschaftsszenarium dargestellt ist, galt als Beschützer der Reisenden und als Helfer gegen einen jähen Tod, was ihn zu einer der populärsten Heiligengestalten werden ließ.

Technik: vgl. Zusammenfassung nach Objekt Nr. 66, II

Erhaltungszustand:
Durch die zweimalige Aufdeckung hat das zwischenzeitlich durch andere Heiligenfiguren übermalte Bild ziemlichen Schaden genommen. Die Fluoreszenzanalyse zeigt [38], daß zwar der

Bestand generell mit Kasein gehärtet wurde, jedoch die Ergänzungen sich an den vorhandenen originalen Substanzen ausrichten. Diese Retuschierungen, die sowohl Nachziehen der Zeichnung, als auch das Schließen der Farbflächen umfaßten, nehmen nach links hin zu. Die unter Stil angesprochenen Teile, wie der Faltenwurf des Stulpenstiefels rechts, der Kragen des Wamses und die Beine des Kindes mit der sie haltenden Hand, sind jedoch gesichert. Abweichungen bzw. Ergänzungen ohne originalen Anhaltspunkt liegen in der linken Gesichtshälfte des Christophorus und im Gesicht des Kindes vor. Auch ist die originale Farbigkeit durch Abplatzen des Pigmentträgers bis auf wenige Spuren der in der Beschreibung angegebenen Lokalfarben verloren.

Nr. 63
Georgskampf

Standort: in situ
Goldschmiedekapelle (II. Zustand)
4. Joch, Nordwand (vgl. Plan Nr. IX)

Maße: 375 × 219 cm

Beschreibung:
Der Rahmen des Georgskampfes ist nach oben, wie bei den anderen Bildern, durch die Rippe, der untere Rahmen durch den Spitzbogen des links sich öffnenden Kapelleneinganges ausgebildet, der von einer gemalten Fassung umgeben ist, die ganz dem Profil der Bildbasis der Kreuzigung gleicht. So nach links hin eng zulaufend geschlossen ist das Bild heute auf der rechten Seite ohne Basisbegrenzung. Ob und in welcher Höhe sich daran ein Gebälkstück angeschlossen hat, wie es bei der Restaurierung 1895 ergänzt wurde, ist nicht mehr festzustellen.

Von rechts unten galoppiert auf einem im Sprung aufsteigenden Pferd der heilige Ritter in voller Rüstung heran. Sein Brauner (soweit dies an der Farbe der Nüstern und des Schweifes auszumachen ist) ist ebenfalls mit einem Pferdepanzer, der Brust, Hals und Kopf des Tieres bedeckt, gerüstet. Bug, Flanken und Hinterhand sind durch eine mit Schienen verstärkte (eventuell auch nur gestreifte?) Schabracke geschützt. Die Haltung des Pferdekopfes läßt auf angenommene Zügel schließen, die nicht mehr zu erkennen sind (die Restaurierung von 1895 ergänzte hingegebene Zügel). Georg, der, die Bügel fest austretend, ganz in den leichten Sitz gegangen ist, beugt sich mit seiner Linken in der Hüfte aufstützend in die Richtung des Pferdehalses vor und erhebt mit seiner angewinkelten Rechten über die Schulter das blank gezogene Schwert zum Streich. Seine Rüstung scheint ein Gliederharnisch zu sein, mit ebenfalls gepanzerten Handschuhen, jedoch sind nur Visierhelm und kurzer Lendenrock klar zu erkennen. In dieser Haltung stürmt er auf seinem anspringenden Pferd in die Landschaft hinein, die sich vor ihm wie eine Ebene öffnet. Spannungsgeladen drängt so die Bewegung seines Pferdes und des zum Streich erhobenen Schwertes hervor.

Auf dem Spitzbogen des Eingangs, ganz in den engeren Teil des Bildes gerückt, lagert der Drache, dem der Angriff gilt. Die geflügelte grüne Echse, in der die Spitze der abgebrochenen Lanze Georgs unterhalb des sich aufsträubenden Flügels steckt, richtet mit letzter Kraft ihr mit Widderhörnern bewehrtes Haupt drohend auf die in der Bildmitte stehende weißgekleidete Königstochter von Silene. Seinen Schwanz reckt der Drache schlängelnd entlang der Gewölberippe, jedoch scheint ihm die freie Kraftentfaltung zu fehlen, was, wie in dem geduckten Auflagern des Leibes, hier in dem mehrfachen Tangieren der Rahmung ausgedrückt ist. Die Blickrichtung des Ungetüms, dessen Kopf nur mehr umrißhaft zu erkennen ist, lenkt von dem Angriff ab und über den abgebrochenen Schaft der Stechlanze, einem Überrest aus dem ersten Treffen, auf die Gestalt der Prinzessin hin (das früher neben dieser stehende Schaf ist heute verschwunden). In einem langen, weit auf dem Boden ausfließenden weißen Kleid nimmt diese in einer Art Verzweiflungsgestus (treme facta [39]) die Hände hoch und wendet sich in ihrer ausweglosen Situation an den angreifenden Heiligen.

Hinter ihr erhebt sich auf einem überhängenden Felsen, unter dem sich der See, in dem der Drache hauste, weitet, burgartig die Befestigung der Stadt Silene.

Die Anlage gruppiert sich um einen massigen achteckigen Burgfried mit einem pagodenähnlich geschwungenen Dach, an dem zwei kleinere Annexbauten stehen. Eine hohe Mauer befestigt die Oberstadt und ihre Nebengebäude, während sich rechts eine Vorstadt an ein hochgiebliges Torhaus anschließt. Diese zieht sich, weniger befestigt, mit Türmen und kleineren Häusern den Hang herab bis zum Bildrand.

So, steigt die Befestigung hinter dem heranstürmenden Ritter an und »hintermauert« ihn, wogegen der Burgfels sich über der Silhouette des Drachens wölbt, der so vor der Weite des Meeres in seiner Ecke kauernd plaziert, dem zweiten Angriff Georgs ausgesetzt ist.

Obwohl die Haupttendenz der erzählten Bewegung von rechts nach links läuft, ist die Komposition nach rechts ausgerichtet, die gleichsam die linke Hälfte der Türrahmung als Anhebung benutzend durch die Drohgeste der Echse in die Bildmitte führt, wo die Königstochter und die bedrohte Stadt sich befinden. Die in dem Drachen steckende Lanzenspitze und der am Boden liegende Schaft verweisen auf den von rechts kommenden Retter, dessen wieder in das Bild führende Linie in der Landschaft wiederholt ist, die damit ähnlich der Kreuzigung (Objekt Nr. 61) in das Geschehen einbezogen ist.

Stil:
Über die stilistische Ausgestaltung des Bildes kann heute außer der Abhängigkeit von Bewegung und hinterfangender Landschaft praktisch nichts mehr geschlossen werden, da das Bild nur mehr eine formale Inhaltsangabe des Originals darstellt (vgl. infra Erhaltungszustand).

Ikonographie:
Dargestellt ist in diesem Bild das Ereignis aus der Legende St. Georgs [40], in dessen Folge die Bekehrung des Königs und der Bevölkerung von Silene sich begab. Diese Stadt, die nach der Erzählung je einen Menschen und ein Schaf (daher die wahrscheinliche Originalität des bei der Entrestaurierung verschwundenen Lammes) an den sie terrorisierenden Drachen auszuliefern hatte, wird an dem Tage, an dem die Tochter des Königs geopfert werden sollte, durch den Ritter St. Georg, der als Idealbild des »Miles Christianus« vorgestellt ist, in heldenhaftem Kampf befreit. Tat und Großmut des Retters bewirkte darauf die Konversion des Herrschers und seiner Untertanen.

Bis ins letzte Detail hält sich das Bild an den von der Erzählung gegebenen Inhalt, wobei die Ritterschaft Georgs neben der Rüstung noch durch die Art des Kampfes, in einem ersten Gang im Stechen und dann in der Folge im Schwertkampf, ganz den turniermäßigen Ablauf unterstreichend, verdeutlicht. Auf jedes äußere Zeichen der Heiligkeit wurde in der Darstellung des ebenfalls sehr populären Heiligen verzichtet, um die Realität des Kampfes besser hervorzuheben.

Technik: vgl. Zusammenfassung nach Objekt Nr. 66, II

Erhaltungszustand:
Das Bild ist nur mehr eine grobe Wiedergabe der Umrisse der ehemaligen Malerei [41], in ungefähr den originalen Lokalfarben flächig entsprechend. Nur an wenigen Stellen läßt sich die Vorzeichnung der unteren Schlemmschicht noch erkennen [42], die hier vom Restaurator nicht wie bei der Kreuzigung (Objekt Nr. 61) als tragender Part des Bildes verwendet wurde, da die flächenhafte Gestaltung, die durch Schließen der Beschädigungen mittels kaseingebundener Farbe erreicht wurde, bereits zur Ausgestaltung des Themas genügte. Die Retusche, die pastelle Tönungen bevorzugte, überzieht auch hier beinahe die gesamte Bildfläche, wobei der Anteil freier Ergänzung nach links hin zunimmt (vgl. die Flügel und das Haupt des Ungeheuers).

Den hauptsächlichen Verlust an Substanz dürfte das Bild bei der Entrestaurierung erlitten haben, die für den labilen zweischichtigen Aufbau des Originals unter der Übermalung von 1895 zu scharf war. Auch wurden durch Mißdeutungen originale Teile wie das Lamm, das als Unschuldszeichen der Königstochter ausgelegt wurde [43], beseitigt, ohne deren legendentreuen originalen Chrakter zu erkennen. Eine Beurteilung der wirklichen Abweichung zum Original ist heute kaum mehr möglich, da weitergehender – über dem Eingang – witterungsbedingter Verfall die Substanz allzuweit reduzierte und keinerlei Aufnahmen des Aufdeckungszustandes erhalten sind.

Die Restaurierung von 1895:
Der Zustand nach der Restaurierung von 1895 hat sich in einer Photographie von 1911/1912 erhalten [44]. Nach dieser läßt sich feststellen, daß auch dieses Bild durch Prof. Ludwig von Kramer ähnlich der Kreuzigung detailfreudig übermalt gewesen war. Als Vorlage zur Landschaftsausgestaltung diente ihm unter Umständen Leonhard I Beck's Drachenkampf [45], an den auch die Ergänzungen am Burgfelsen erinnern.

Entgegen dieser Beck'schen Detaileinflüsse, die auch in der Kopf- und Halspanzerung des Pferdes zum Durchbruch kommen, steht als Charakteristikum dieser Restaurierung auch ein Trend zur »romantischen« Ausbildung, die sich besonders in dem Drachen bemerkbar macht. Inwieweit sich auch bei diesem Bild die Übermalung an die inhaltlich richtige Wiedergabe des Originals hielt, kann, da dieses nicht überliefert ist, nicht gesagt werden.

Nr. 64
Weltgerichts-Fragmente

Standort: in situ
Goldschmiedekapelle (II. Zustand)
Westwand (vgl. Plan Nr. IX)

Die Westwand der Kapelle zeigt noch zwei Fragmente eines »Jüngsten Gerichts«. Der Zusammenhang der gesamten Wand kann nur mehr nach dem allgemein üblichen ikonographischen Schema ergänzt werden, da die Substanz der Wand durch die vielen sich immer wieder ändernden Epitaphiaeinbauten, die in der Zeit, als dieses vierte Joch der Kapelle als Haupteingang der Kirche diente, vorgenommen wurden, gestört ist. Die beiden Fragmente bezeugen jedoch, daß diese Darstellung ehemals die gesamte Breite der Schildwand in den beiden oberen Dritteln bedeckte.

Nr. 64, I
Der Weltenrichter (»Deesis«) [46]

Maße: 190 × 185 cm

Freigelegt: 1890 [47]

Beschreibung:
In einem weißen Gewand, über das der weite, um seine Schultern gelegte Mantel in reichen Falten fällt, thront Christus auf einem sich über den blauen Himmel spannenden Regenbogen, auf dem der Mantel aufliegt und in weiten, teils kurvig geschwungenen Partien herabhängt. Neben seinem Umriß ist von ihm einzig die nach seiner linken Seite nach unten gestreckte, im Abwehrgestus gehaltene Hand erkennbar. Ob dieser Weltenrichter auch Wundmale [48], die ihn gleichzeitig als Salvator gekennzeichnet haben würden, besaß, kann man nicht mehr sehen. Seine Füße ruhten anscheinend auf einem dunklen Ring, dessen Deutung heute nicht mehr zu sichern ist.

Der Fuß des Regenbogens auf dem er thront steht auf einer weiß-grau lavierten Wolkenbank auf, die sich nach rechts bis zum Bildrand erstreckt. Acht weißgekleidete Heilige sitzen in zwei Reihen hintereinander geordnet auf diesen Wolken. Diese Beisitzer des Gerichts (Apostel?) sind durch Reste von Rötelzeichnung gegliedert. Nur mehr schemenhaft deuten sich das Inkarnat und die Haare der nimbierten Häupter an. In der vorderen Reihe haben sich vier ältere Männer niedergelassen. Die zwei neben Christus haben die Hände gefaltet erhoben und blicken auf ihn, während der dritte sich seinem Nachbarn zuwendet, der wiederum mit seiner angehobenen Rechten auf das Bildzentrum, auf Christus, verweist. Vor diesen beiden Letzten kniet ein kleiner Engel, der einen wehenden roten Umhang über sein hellblau-weißes Gewand geworfen hat. Er beugt sich über das Wolkenband herab, um soeben mit seiner langen schmalen, leicht geschwungenen Trompete die Toten zu erwecken.

Ganz im Vordergrund kniet vor ihm im Profil auf einer sich fast von der Wolkenbank lösenden Partie Johannes der Täufer, der bittend beide Hände gefaltet erhoben hat und so seine Rolle als Fürsprecher der Menschheit zum Ausdruck bringt. Er, der durch seine verwilderten langsträhnig fallenden Haare, seinen dunkel-ockerfarbenen zerschlissenen Kamelhaarrock und das daruntergezogene ebenfalls abgetragene Linnengewand gekennzeichnet ist, besitzt ein schmales asketisches Gesicht. Nur ein schmales Band blauen Himmels hat sich unter den Wolken erhalten, die, deutlich in die Tiefe führend, den Thron des Weltenrichters umspannen.

Nr. 64, II
Die Verdammten

Maße: 190 × 100 cm

Freigelegt: 1957/1960 [49]

Beschreibung:
Unter der das Fragment des Weltenrichters begrenzenden Störungszone zieht sich ein schmaler Streifen nackter Gestalten, welche als Verdammte von den Teufeln direkt nach der Auferstehung in die Finsternis der Hölle geführt werden.

Von links her werden sie anscheinend von einem Teufel mit schweren klauenbewehrten Füßen (von der ganzen Figur hat sich nur noch ein Fuß erhalten) geschoben. Hinter diesen Pranken beugt sich eine Gestalt mit langen, dunklen, über die Schultern herabhängenden Haaren, soeben der Erde entsteigend, weit vor, und wirft laut mit schmerzverzerrtem Gesicht schreiend die Arme nach hinten. Der vor oder über ihr stehende widerstrebende Mann mit dunklem Gesichtsinkarnat wird durch eine kräftige muskulöse langgeschwänzte Gestalt mit dunkelgelber Haut und Schwimmvogelfüßen gezogen, die beide Hände nach hinten fassend ihn und eine fülligere, ebenfalls unwillige weibliche (?) Gestalt nachschleppt. Hinter den sich spannend ziehenden, greifenden und ergriffenen Händen wendet sich eine Frau frontal zum Betrachter und schaut, ihre Arme verzweifelnd erhebend, mit weit geöffnetem Mund schreiend zurück.

Neben dieser Gruppe schreitet eine nackte, spärlich behaarte Dämonsgestalt, dem Betrachter ihre derbe Rückseite zeigend. Über seinem Rücken hängt leblos der Oberkörper eines Mannes mit kraftlos fallenden Armen herab. Mit seiner grauen, zottelig behaarten Rechten hält der mit roten Schwimmvogelfüßen weit ausschreitend auf den Hölleneingang Zueilende den ebenfalls leblosen Körper einer langhaarigen Frau, die er auf den Rücken gewendet an der Hüfte umfaßt. Auch ihre Gliedmaßen hängen kraftlos herab, jedoch scheinen ihre Hände mit eingebogenen Fingern angstvoll verkrampft. Rechts davor hängt vor dem Dunkel des Höllenrachens ein weiterer lebloser Körper kopfüber nach unten. Die ihn tragende bzw. haltende Gestalt ist jedoch nicht mehr auszumachen.

So bewegt sich die makabre Prozession mit ihren Opfern nach rechts, deren Widerstand je näher sie ihrem Ziel kommen, immer weiter nachläßt.

Stil: (für die gesamte Nr. 64):
Bei dem Fragment des Weltenrichters ist zu wenig der originalen Substanz erhalten (vgl. Erhaltungszustand), als daß man es noch für eine eingehendere stilistische Analyse verwenden könnte. Die Zuwendung und Staffelung der sitzenden Heiligen und auch das Knie-Motiv des Johannes lassen sich, soweit sie auch heute entstellt sind, ebenso wie die Faltungen der Gewänder von

einem Original herleiten, das man ohne weiteres auf den überlieferten Zustand der Kreuzigung beziehen könnte.

Auch die Gestalten des Höllenrachens fallen in ihrer barocken, sich spannenden Zeichnung aus dem Rahmen der Bilder dieser Ausmalungsstufe der Kapelle. Jedoch ist hier die originale Substanz noch nachzuweisen [50] (vgl. Erhaltungszustand). So lassen sich die Körper, von denen der der weggetragenen Frau am ehesten dem originalen Zustand noch sichtbar entspricht, an die Akte der Kreuzigung (allerdings nur des Aufdeckungszustands) anschließen. Dies setzt aber voraus, daß die in dem Bild vorhandenen, heute durch Parallelstriche und leichte Schraffuransätze als »Endzeichnung« erweiterten Konturen ehemals nur die Funktion einer Vorzeichnung hatten [51], zu welcher in der heute verlorenen zweiten Schicht der Pigmentauftrag hinzukam.

Ikonographie (für die gesamte Nr. 64):
Diese beiden Fragmente geben wie eingangs erwähnt in ihrer Stellung Anlaß zur Rekonstruktion eines großen »Jüngsten Gerichts« [52], das mit seiner Plazierung an der Westwand die gewöhnliche Stellung einnimmt.

So ist das Fragment des Weltenrichters nach links in entsprechender Form mit auslaufender Wolkenbank zu ergänzen, wobei als Gegenüber des Johannes Maria in gleicher Rolle als Fürsprecherin auftritt und mit diesem zusammen die Gruppe der Deesis bildet.

Der Verdammte, der soeben der Erde entsteigt, deutet an, daß in der Mitte der unteren Zone die Auferweckung der Toten sich befand, die auch schon durch den Posaunenengel angedeutet war. Dem Zug der Verdammten dürfte eine ähnliche Prozession der Seligen in das Paradies gegenüber- gestanden haben.

Soweit läßt sich die allgemeine Konstellation der Einzelgruppen noch rekonstruieren, ohne daß die ikonographischen Details bestimmbar sind, die eine genauere Einordnung des Jüngsten Gerichts zulassen würden. Dazu zählt neben dem unbestimmbaren ringförmigen Gebilde zu den Füßen Christi die Frage nach den Wundmalen ebenso wie auch die Frage, ob andere attributive Beigaben dazukamen, wie z. B. die »arma Christi« [53], die Darstellung bestimmter Heiliger unter den Seligen oder die Vorstellung des Paradieses. Diese Punkte lassen sich jedoch aus den beiden Fragmenten – insbesondere in deren heutigen Zustand – nicht mehr erklären.

Technik: vgl. Zusammenfassung nach Objekt Nr. 66, II

Erhaltungszustand:
Beide Fragmente sind in ihrer Erscheinungsform nur mehr bedingt als Originale anzusprechen. So ergab die Fluoreszenzuntersuchung [54] für das Fragment des Weltenrichters, das schon 1890 aufgedeckt war [55] und gleich den anderen Bilder 1895 übermalt wurde [56], wobei Christus auf einer Weltkugel thronend dargestellt war, eine gänzliche Überarbeitung, die während der Entrestaurierung [57] ausgeführt wurde. Diese Entfernung hatte auch bei den beiden Fragmenten des Weltgerichts die obere Schlemmschicht ebenfalls beschädigt, wodurch fast alle Pigmentzusammenhänge zerstört waren. Die Restaurierung, die sich daran anschloß, ergänzte nun aufgrund der Rötelvorzeichnung die Fehlstellen durch lasierendes Überdecken mit kaseingebundener Farbe, die in größeren Fehlstellen auch in Stretteccotechnik aufgetragen wurde. Dazu verstärkte man die Rötelzeichnungen um die Gestalten plastischer wirken zu lassen. Bei dem Fragment der Deesis nahm dies aber ein solches Ausmaß an, daß man höchstens von einer inhaltlich richtigen flächig wiedergegebenen »Neumalung« sprechen darf, aufgrund derer man höchstens hypothetisch in Analogie zu den Veränderungen an der Kreuzigung (Objekt Nr. 61) auf einen eventuellen Originalzustand der Bilder schließen könnte.

Bei dem Fragment der Verdammten [58], das erst 1957 aufgedeckt wurde, liegt die Situation ähnlich, jedoch verzichtete man, da bei der Freilegung die Pigmente des hellen Inkarnats der Personen bis auf sehr kleine Spuren vernichtet worden waren, auf eine neue Einfärbung. So »begnügte« man sich mit der Auffrischung der Vorzeichnung, die allerdings mehr gespannt und zum Teil in kurzen Bogen ausgeführt wurde. Um die dabei entstehende Zeichnung noch mehr zu verräumlichen sind teils parallel laufende, teils die Volumina umfassende Binnengliederungen hinzugefügt worden, die vor allem der linken Gruppe mit den gezogenen Armen und der schreienden Frau ein barockes Aussehen geben. Auch die Dämonen, deren dunkles Inkarnat mehr erhalten war, wurden auf diese Weise behandelt.

Der ruhige durchlaufende Charakter der Vorzeichnung und der geschlossene Umriß ging dabei verloren und konnte erst durch die Fluoreszenzanalyse in den wenigen noch unbeeinträchtigten Teilen wie bei der Frau rechts nachgewiesen werden.

Nr. 65
Sockelbemalung

Freigelegt: 1957

Von der Sockelzone haben sich für diese Ausmalung nur Fragmente dreier Tierfriese erhalten, deren genaueres System nicht zu erfassen ist. Es scheint jedoch, daß sie abschnittsweise wechselnd das rote Profilgesims der Bilder an der Unterseite begleiteten.

Nr. 65, I
Fries der Löwinnen

Standort: in situ
Goldschmiedekapelle (II. Zustand)
2. Joch, Südwand, 3. Joch, Nordwand (vgl. Plan Nr. IX und X)

Maße: 60 × 50 cm (eine Figur)

Beschreibung:
Dieser Fries, von dem sich unter dem Passionsschildbogen drei [59] und unter dem Bild des Christophorus ein Abschnitt erhalten haben, stellt jeweils zwischen zwei stilisierten baumähnlichen Pflanzen eine auf der Hinterhand sitzende Löwin dar. Die gelben Pflanzen entspringen zwischen schmalen, spitzen, gelben und grünen Trieben und tragen am Stamm flächige, breite, oben als Krone schmale, lanzettförmige Blätter. Zwischen diesen baumähnlichen Pflanzen sitzt die Löwin mit aufgestelltem Schweif ganz in Weiß von einer starken schwarzen Umrißzeichnung umgeben. Im Profil nach oben schauend stellt sie beide Vorderpfoten gerade auf eine Art Grashügel auf, aus dem links hinter ihr ein kurzer, dreiblättriger, grün-weiß gestreifter Sproß wächst. Über dem so ausgebildeten heraldischen Motiv lief ein Schriftband, das anscheinend über jedem Tier die gleichen Buchstaben zeigte, die sich als » idc « noch erkennen lassen, deren Sinn jedoch wie der des heraldischen Symbols nicht mehr zu klären ist.

Nr. 65, II
»Vogelfries«

Standort: in situ
Goldschmiedekapelle (II. Zustand) an der Grenze des 3. und 4. Joches, Nordwand (vgl. Plan Nr. IX)

Maße: 45 × 50 cm (eine Figur)

Beschreibung:
Unter der Rippenkonsole zwischen dem dritten und vierten Joch hat sich diese Raumgrenze überschreitend ein Fragment eines Vogelfrieses erhalten. Zwischen je zwei Pflanzen, die ebenso gebildet sind wie beim Fries der Löwinnen (vgl. Objekt Nr. 65, I) hocken die Vögel auf einem schwarzen Halbrund als Bodenstück mit ihren langen Krallen und stellen die Flügel leicht vom

Körper ab. Kopf und die Oberdecke ihrer Schwingen sind rot, während die Farbe des übrigen Gefieders gelblich ist. Der Schwanz ist gelb und rot gestreift, steil hinter den Klauen das schwarze Grundhalbrund nach unten gerichtet. Die schwache Umrißzeichnung illusioniert die Schwungfedern der Tiere, die ihre adlerähnlichen Köpfe hochrecken und, im Profil nach rechts gewendet, den Betrachter zu fixieren scheinen.

Auch bei ihnen lief ein Schriftband an der oberen Frieskante. Es ist jedoch unklar, ob der Sinn der sichtbaren Zeichen » ſI « über den eines Ornamentes hinausging.

Nr. 65, III

»Greifenfries«

Standort: in situ
Goldschmiedekapelle (II. Zustand)
3. Joch, Südwand (vgl. Plan Nr. X)

Maße: 70 × 60 cm (eine Figur)

Beschreibung:
Unter der Kreuzigung hat sich der einzige durchgängig laufende Fries erhalten, der drei nach links schreitende Greifen zeigt [60], die jeweils von einer kaum mehr erkennbaren Pflanze, die ähnlich denen der anderen Friese gebaut war, voneinander getrennt wurden.

Bei den Tieren ist die Hinterhand als Pranken und die Vorderhand als Vogelklaue ausgebildet. Ihre Flügel mit zickzackförmigen Federn und mit durch Ornamente schräggestreifte, eingeknickte Oberdecken tragen sie imponierend aufgestellt. Der Kopf auf dem von einem gelben Band umfaßten Hals, ist aus einem Hunde- und aus einem Adlerhaupt gebildet, wobei der Schnabel und das Glotzauge des Vogels gegenüber den abstehenden Hundeohren, welche das Motiv der am Flügelrand aufgestellten grüngerandeten, roten Feldern wiederholen, dominieren. Der Grund des Frieses ist durch eine Horizontlinie grünschwarz halbiert und betont das in diesen Fries stärker vorhandene fortlaufende Element, das die Bewegung der Tiere zu unterstützen scheint. Ein Schriftband bzw. Schriftzeichen fehlt hier.

Stil: (für die gesamte Nr. 65)
Alle drei Friese scheinen nach Schablone gearbeitet zu sein, nur geringfügig mit der freien Hand nachträglich nachgezogen. In ihrem so versteiften, heraldisch emblematischen Charakter entziehen sich diese Ornamente einer eingehenden stilistischen Bestimmung.

Ikonographie, Funktion: (für die gesamte Nr. 65)
Weder das System noch die Anordnung im Raum überhaupt konnte für diese Friese geklärt werden. Es scheint, daß der Wechsel von einem zum anderen Fries auch innerhalb einer Schildwand unter ein und demselben Bild stattfand (vgl. Situation im dritten Joch an der Nordwand).

Da sich keine anderweitige heraldische Bedeutung für die hier dargestellten Lebewesen fand, muß man sich mit der Erklärung rein ornamentaler Funktion zufriedengeben.

Technik: vgl. Zusammenfassung nach Objekt Nr. 66, II

Erhaltungszustand:
Die Friese, die ohne Vorzeichnung als Schablonenarbeit auf die Kalkschlemme gemalt wurden, sind inzwischen durch deren labile Bindung zum Grund und durch die Verprellung bei der mechanischen Freilegung stark beeinträchtigt.

Die stärksten Ausbesserungen weisen die Teile des Löwenfrieses [61] auf, die an den exponierten Stellen ergänzt wurden. Der Vogelfries scheint, da man sich über die genaue Form der Schablone aufgrund der schlechten Erhaltung und des kaum möglichen Vergleichs mit ganzen

Teilen im unklaren war, nicht überarbeitet zu sein. Beim Greifenfries wurden die beiden linken originalen Tiere leicht überarbeitet, wogegen der rechte die originale Farbigkeit vorweist.

Nr. 66
Goldschmiedekapelle
Gewölbemalerei

Nr. 66, I
Vegetabilien mit Evangelisten-Symbolen

Standort: in situ
Goldschmiedekapelle (II. Zustand)
Gewölbe 3. Joch (vgl. Plan Nr. IX und X)

Beschreibung:
In dem Gewölbezentrum bauen sich die Vegetabilien in Palmettenstruktur auf, ohne daß sie einander entsprechen. In der östlichen Gewölbekappe umfassen die roten Zweige eine geschlossene, distelähnliche Knospe, bevor sie sich, nachdem sie nach außen hin sich rollend verzweigten, wieder zusammenfügen und in einem Blätterkranz eine gelbe Frucht tragen. In der westlichen Gewölbekappe ist kein Astwerk zu sehen. Aus dem sich verschlingenden Blattwerk mit sich an den Spitzen einrollenden Blättern, die ihre gelbe bzw. rote Unterseite zeigen, sprießt auf der Scheitellinie ein Trieb, der einer Mohnkapsel ähnliche gelbe Frucht hervorbringt. Im nördlichen Teil strebt eine sich selbst rankend umschlingende Pflanze entlang der Scheitellinie hoch, die hängende kleine Blüten hat. Ihr Gegenüber im südlichen Teil ist aus drei zusammengefaßten Ästen mit sich einrollend fallenden Blättern gebaut, die am Ende große rote Korbblüten mit gelbem Blütenboden und in der Mitte eine rote, von blaugrünen Blättern umstandene Distelknospe tragen.

Auch an den Gurtbogenscheiteln und in den Gewölbeansätzen sind Ranken mit ähnlichen Motiven und Blüten in teils S-förmiger, teils gerader Struktur gegeben, wobei die an den Schildwänden anstehenden, in ihren am Astende ansitzenden Korbblüten je ein Evangelisten-Symbol zeigen. So findet sich oberhalb der Kreuzigung im Osten das Symbol des Johannes und im Westen das des Matthäus, oberhalb des Christophorus das des Lukas im Osten und das des Markus im Westen. Jedes der Symbole ist durch ein gewundenes Schriftband bezeichnet.

Nr. 66, II
Vegetabilien mit musizierenden Engeln

Standort: in situ
Goldschmiedekapelle (II. Zustand)
Gewölbe 4. Joch (vgl. Plan Nr. IX und X)

Beschreibung:
Auch in diesem Gewölbe bauen sich die Vegetabilien palmettenartig auf, wobei sie in der nördlichen und südlichen Kappe am Schlußstein entspringen. Das nördliche teilt sich in zwei Äste, von denen jeder S-förmig sich mit seiner eigenen Verästelung verschlingend, ohne den anderen zu berühren hochrankt, und sich nach innen umbiegend ohne Blüte endet. Das Ornament des südlichen wächst in einem Haupttrieb auf, der eine gelbe Knospe hervorbringt. Rechts und links von diesen schlingen sich S-förmig Blattranken, die runde, teils rot, teils blau gefärbte Fruchtstände tragen. Die Äste der beiden anderen Kappen entspringen entlang der Rippen zum Schlußstein hingewendet und biegen sich gegeneinanderlaufend, sich verzweigend, entlang der Scheitellinie zurück. Dabei ist das westliche, bei dem sich, ähnlich dem nördlichen, die Äste

nicht verschlingen, ebenfalls ohne Blüte, wogegen das östliche sich in den auslaufenden Spitzen, an denen kleine Knospen sitzen, umfaßt und an den eigebogenen Seitenästen große Korbblüten mit gewölbtem Blütenboden besitzt, von denen die eine rote Blätter und grünen Kern hat, was die andere in umgekehrter Weise erwidert.

Die Ranken der kurzen Bündel an den Gurtbogenscheiteln und der Kappen weisen teils gerade sich verzweigende, teils S-förmige Sprossen auf, welche die in der Gewölbemitte gegebenen Motive um blaue Blüten mit rotem Kern und um rote Beeren erweitern. Auch hier sitzen in den Trieben, die an die Längswände der Kapelle anschließen, kleine Figuren, welche musizierende Engel vorstellen. So spielt der über dem Georgskampf westlich Sitzende Flöte, sein östlicher Nachbar Portativ. Auf der anderen Seite, über dem Eingang der Kirche, bläst der Westliche die Posaune, zu der ihm der Östliche mit einem Krumzinken antwortet. Die Ausbildung der Engelsfigürchen entspricht denen der Evangelistensymbole.

Stil: (für die gesamte Objekt Nr. 66)
Von der Aufbaustruktur her würden diese Rankenornamente am ehesten der Gruppe II der Domgewölbe (Objekt Nr. 58) entsprechen, wobei sich jedoch mit dieser keine Gleichheit in der Ausbildung der Pflanzen nachweisen läßt. Diese scheint eher mit dem Gewölbe IV.21 des Domhochchores (vgl. Objekt Nr. 58, IV. 21) identisch zu sein. Die feinere Zeichnung und die detailliertere Ausbildung ist auf die geringere Raumhöhe zurückzuführen, welche auch in den dekorativen Teilen eine genauere Ausarbeitung verlangte.

Dieser Vergleich läßt sich nur bedingt halten, da die heutige Gestaltung der Vegetabilien der Goldschmiedekapelle aufgrund des vorliegenden Materials sich nur bedingt als echt erweist.

Ikonographie, Funktion: (für die gesamte Objekt-Nr. 66)
Die Rolle dieser Gewölbemalereien war eine rein ornamentale, die auf keinerlei übergreifendes Programm Rücksicht nahm. Auch die Pflanzen, die zum größten Teil Konglomerate verschiedener Spezies darstellen, haben keine ikonographische Bedeutung.

Technik: vgl. Zusammenfassung nach dieser Objekt-Nr.

Erhaltungszustand:
Nur von der Ranke des Evangelistensymbols des Matthäus rechts der Kreuzigung hat sich die Aufnahme des Aufdeckungszustandes erhalten. Sie zeigt zwar die gleiche Struktur auf, weicht jedoch mit weicherer Modellierung der Fläche von dem heutigen Eindruck der stark konturbetonten Ausarbeitung ab.

Dies zeigt, daß die Ranken, die sich heute fast gänzlich in neuer Farbsubstanz vorstellen, weitgehend den originalen Befund wiederzugeben scheinen, der lediglich in Modellierung und dem Verhältnis Zeichnung zu Farbfläche sich geändert hat. Dies läßt sich jedoch nur durch Generalisierung des obigen Beispiels auf alle anderen Teile des Gewölbes ausweiten.

Technik: (Zusammenfassung für die Objekte Nr. 61 mit 66):
Die Bilder dieser zweiten Ausmalung der Kapelle, die ehemals nicht nur den angebauten, sondern auch den alten Teil des Hirn'schen Grabhauses umfaßte [62], sind in ihrer Technik subtiler aufgebaut, als die bisher geschilderten Bilder.

So zog sich über den Kalkputz eine Kalkschlemme, auf der die in den Beschreibungen öfters erwähnte Vorzeichnung lag, welche secco in die nur teilweise noch »grüne« Schlemmschicht aufgetragen wurde. Über diesen Unterbau war eine zweite Schlemmschicht gelegt, auf welche die Farbpigmente dann mit der im Bild sichtbaren Schlußzeichnung secco gemalt wurden. Inwieweit die Vorzeichnung des Unterbaues sich im frischen Zustand der darübergelegten Schlemme durchscheinend bemerken ließ, ist heute nicht mehr zu entscheiden. Da jedoch, wie das Eindringen der Pigmente in diese obere Schlemmschicht zeigt, die Farben in die noch feuchte Schlemme eingelegt wurden (wobei man vor allem mit den Erdtönen begann), scheint es, daß die diaphane Wirkung der nassen Pigmentträgerschicht für die Anlage des Bildes möglichst genutzt werden sollte [63]. Nach Abtrocknen der Trägerschicht wurde dann unter Verwendung gebräuchlicher, wahrscheinlich weitgehend organischer Bindemittel [64] das Bild ausgemalt.

Bei den Schablonenfriesen war diese Vorzeichnung nicht nötig, so daß sie nach Fertigung der oberen Partien wie den Bildern mit den gesimsähnlichen Bildbasen auf diese zweite Schicht aufgesetzt wurden, wobei sie einerseits durch die Labilität dieser Schicht und andererseits durch den Seccoauftrag nach dem gänzlichen Abbinden der Schlemmschicht doppelt in ihrer Substanz gefährdet waren.

Inwieweit die Doppelschichtigkeit auch in den Gewölben vorlag, konnte in dem heutigen übermalten Zustand nicht ermittelt werden [65].

Durch diese Art der Maltechnik ist es verständlich, daß die mechanische Freilegung wie auch die Feuchtigkeitseinwirkung der Jahre 1944 bis 1949 so verheerende Wirkungen auf diese Bilder haben mußte, da diese doppelte Schlemmschicht besonders leicht durch Stöße verprellt werden konnte bzw. durch die aus dem Mauerwerk herausschiebende Feuchtigkeit sich ablöste.

Diese Doppelschichtigkeit, welche die logische Weiterentwicklung des transparenten Farbauftrags darstellte (vgl. Objekt Nr. 49 mit 51), legt die Vermutung nahe, daß bei diesen Bildern die Ausführung durch eine größere Werkstätte mit einer konzipierenden Hand zugrundegelegt werden muß.

Ikonographie der Goldschmiedekapelle:
(Zusammenfassung für die Objekte Nr. 61 mit 66)
Über die Programmgestaltung für den gesamten Raum des zweiten Zustandes kann heute nach dem Verlust der sich über den ganzen Chorraum und die zwei Joche der ersten Baustufe erstreckenden Bilder nichts Eindeutiges gesagt werden.

Allein der Tatsache wegen, daß über den Thomas im nördlichen Chorfenster wiederum ein Thomas gemalt war [66], eine sinngleiche Neubemalung des alten Kapellenteils zu fordern, ist zu vage, da für die Erhaltung dieses Chorheiligen durchaus die rechtlichen Bestimmungen für die durch die Stifter primär genannten bzw. abgebildeten Heiligen ausschlaggebend gewesen sein kann. Für den Beweis einer Erhaltung des gesamten ersten Programms ist diese nur bei der Figur des Apostels Thomas festgestellte Beibehaltung zuwenig.

In anderer Weise widerlegen die in den Vegetabilien des dritten Joches auftauchenden Evangelistensymbole keineswegs die Beibehaltung der Symbole auf der Nordwand des alten Bauteils, da sie, so stark als ornamentale Versatzstücke zurückgedrängt, in keiner Weise mit den Wandbildern konkurrieren konnten.

Aus der Plazierung der drei erhaltenen Gemälde läßt sich auch kein charakteristisches Programm mehr entwickeln.

Das Weltgericht nimmt den dafür traditionellen Platz an der Westwand ein und scheint keinen Einfluß auf die anderen Wandflächen zu haben. Dadurch, daß die Heiligenbilder von St. Georg und St. Christophorus an der Nordwand und die Kreuzigung auf der Südwand dargestellt sind, auf eine Teilung des Programms in eine Gegenüberstellung von Heiligenlegenden zu einer Christusvita zu schließen, ist ebenfalls zu hypothetisch. Auch ist die Bedeutung der beiden Heiligen viel zu allgemein und sie selbst zu populär, als daß man daraus eine spezielle Konstellation rekonstruieren könnte. So läßt sich auch kein Rückschluß darauf ziehen, was die Goldschmiede dazu veranlaßt haben könnte, diese Auswahl zu treffen.

Eine Deutung der heraldischen Motive der Friese, die über ihre ornamentale Rolle hinausging, läßt sich nicht mehr geben, insbesondere, da die zugehörigen Inschriften (oder auch Zeichen) verloren sind.

Anhand dieser hier aufgezeigten Überlegungen muß man zugeben, daß das ikonographische Programm für den Zustand des Erweiterungsbaues der Goldschmiede als verloren bezeichnet werden muß.

Zusatz:
Die in älteren Beschreibungen geschilderten und auf den Photographien vor der Endrestaurierung sichtbaren Bilder der Auferstehung an der Südwand des vierten Joches und zweier stehender Heiliger an der Nordwand des dritten Joches stammen aus der Restaurierung von 1895 und wurden von Prof. Ludwig von Kramer nach eigenem Entwurf ohne Rückgriff auf eventuelle Originalsubstanzen ausgeführt.

Literatur (zu den Objekten Nr. 61 mit 66):
Schmid, Alfred 1890 I, p. 2 ff;
Schmid, Alfred 1890 II, p. 174 ff;
Drechsel, Friedrich 1892, p. 20 ff;
Riehl, Berthold 1903, p. 52;
Dehio, Georg 1903, p. 33;
Drechsel, Friedrich 1906, p. 17 ff;
Euringer, Gustav 1906 (MS), fol. 273, p. 308 ff;
Thieme-Becker Kstl. Lex. Bd. V (1911), p. 253;
Christoffel, Ulrich 1927, p. 76;
Schwisow, Theodor 1928, p. 12;
Ohlenroth/Steib 1927/1928, p. 86;
Schiller, D. Wilhelm 1938, p. 25–27;
Eberlein, Hans 1939, p. 137;
Dehio, Georg 1954, p. 8;
Christoffel, Ulrich 1955, p. 251;
Breuer, Tilmann 1958, p. 22;
Bertram, Walther 1960, p. 30 ff;
Schenk 1977^{II}, p. 10;
Wilhelm, Johannes 1977 (MS), p. 90 ff, p. 143 ff;
Wilhelm, Johannes 1979, p. 117, p. 124/125.

Nr. 67
Badende Frau in einer Laube vor einer Stadtsilhouette

Ehemaliger Standort:
Ludwigstraße 1 (Lit. Nr. D 214) [1]
genaue Lage innerhalb des Hauses unbekannt;

Zerstört: 1953/1954 beim Wiederaufbau [1]

Überliefert: Photographien der Städtischen Kunstsammlungen FI 2315, FI 2316, FI 2318, FI 2319;

Datiert: ca. 1490/1510

Maße: ca. 300 × 210 cm [2]

Freigelegt: 1953 bei Abbruch der Ruine [1]

Beschreibung:
Nur wenige feste Anhaltspunkte der Darstellung lassen sich heute noch aus den überlieferten Schwarz-Weiß-Aufnahmen des Bildes gewinnen, das durch die Kriegsschäden von 1944 zutage trat.

So erkennt man in dem Bildfeld, das von einem teilweise profilierten Rahmen umfaßt war und dessen linke Hälfte zerstört ist, rechts eine mit Blattwerk gedeckte, aus Holzstangen und Zweiggeflecht aufgebaute Laube, die in leicht seitlich verschobener Perspektive gegeben ist. Darin steht diagonal zu dem Raum eine hölzerne Badewanne. Diese in Schäfflerarbeit aus Brettern und Reifen gefügt, besitzt an einem Ende eine kurz aufragende Lehne. Eine Frau, durch ihr volles Haar, das anscheinend nach hinten gebunden ist, und durch ihren schlanken Hals gekennzeichnet, sitzt, soeben ihr Bad nehmend, mit einem Hemd bekleidet, darin, ihren Oberkörper leicht von der Lehne abhebend. Vor ihr liegt quer über der Wanne ein Brett, das die Funktion eines Tisches erfüllt.

Am Fußende scheinen zwei Personen [3] an die Wanne herangetreten zu sein. So bietet im

Vordergrund ein durch ein kurzes rockartiges Hemd bekleideter »Badeknecht« eine Platte (oder Teller?) dar, während die hinter ihm stehende, durch ihre Gürtung gekennzeichnete Frau ihren linken Arm zu der in der Wanne Sitzenden hinüberstreckt. Der Gestus und der Ausdruck der so umsorgt bedienten Frau ist nicht erkennbar. Auch das von ihr ausgehende, sich S-förmig aufrichtende, in der Biegung umschlagende Schriftband ist nicht mehr zu deuten. Nur das letzte Wort am oberen Ende läßt sich als »schad« entziffern.

Nachzeichnung von Objekt Nr. 67 (angefertigt nach dem Lichtbild Nr. FI 2315)

Der Raum der Laube ist von einer niederen Brüstung aus Brettern nach rechts hin gefaßt, die im Bogen um die Laube zu führen scheint. Ob sich diese Brüstung nach links fortsetzte, kann nicht erkannt werden, da dort der Bestand zu stark gestört ist. In der oberen links anschließenden Hälfte sind Turmspitzen einer Stadt zu erkennen, von denen einer einen nach oben offenen Halbmond [4] zeigt.

Über dieser Stadtsilhouette ist ein Fraktur »M« bzw. eine »III« gegeben, das von einer heraldischen Königskrone überfangen ist. Frei schwebend scheint dieses Emblem die Mitte des Bildes betont zu haben, da sich auf der fast ganz zerstörten linken Hälfte die Reste der Zeichnung einer zweiten, in gleicher Art gegebenen Wanne zeigen, die spiegelbildlich zur ersten steht. Deutlich lassen sich die Bretter, der obere Reif und das Tischbrett erkennen. Auch der Insasse dieser Wanne scheint bedient worden zu sein, wie es Zeichnungsreste am Fußende der Wanne vermuten lassen. Ob allerdings auch die linke Partie des Bildes von einer Laube gefaßt war, kann man nicht mehr klären.

Stil:
Aufgrund der mangelhaften Überlieferung läßt sich in stilistischer Hinsicht nur mehr wenig festhalten. So scheint vor allem die an Lehne und Reifen der Wanne sichtbare Zeichnung in einer Ausführung wie die späten Bilder der Domkrypta aufgebaut zu sein (vgl. Objekt Nr. 52 mit Nr. 54), wogegen jedoch die scheinbar helle Struktur der Farbe spricht, die an die Zyklen der Katharinenkirche denken läßt (vgl. Objekt Nr. 49 mit Nr. 51). Diese technischen Anhaltspunkte würden somit auf eine Zeit von 1470 bis 1480 weisen.

Dem widerspricht aber die naturalistische Wiedergabe von Blatt- und Astwerk der Laube, die eher an eine Zeit um die Jahrhundertwende denken lassen. Dieser Naturalismus deutet auf die Ausbildung der Blattkrone des Christophorus im Dom hin (vgl. Objekt Nr. 68), während die straff geführte Zeichnung schon auf die Zeit des Hochzeitsbildes vom Hunoldsgraben hinweist. All dies bleibt jedoch nur vage, da sich anhand des erhaltenen Bildmaterials für diese Darstellung im Detail – und nur dieses könnte Aufklärung geben – zu wenig aussagen läßt, so daß nur die ungefähre Angabe zwischen 1490 bis 1510 getroffen werden kann.

Ikonographie:
Auch diese bleibt hier auf Hypothesen angewiesen. Es ist wahrscheinlich, daß der Frau ein Mann in der zweiten Wanne gegenübersaß, der einen ihrem Spruchband vorausgehenden oder antwortenden Satz sprach. So dürfte sich die Darstellung auf die Beziehung zwischen Frau und Mann ausgerichtet haben. Daß dazu eine Badeszene verwendet wurde, ist nicht allzu erstaunlich, da das Bad gesellschaftliches Vergnügen war, das nicht nur im intimen häuslichen Bereich stattfand. Jedoch unterscheidet sich diese Szene in ihrer Ausrichtung und in ihrem intimen Charakter von den üblichen ausgelassenen Bildern der Badestuben dieser Zeit, da auf jegliche weitere Gesellschaft verzichtet wird. So sind nur die Diener anwesend, welche die nötigsten Handreichungen leisten. Dadurch wird die Rolle des Bildes von dem gewöhnlichen Typus abgehoben.

Die Vermutung, daß es sich bei dieser Badeszene um das mit den Hochzeitsbräuchen der damaligen Zeit übliche gemeinsame Bad der Brautleute handelte, scheint nicht ganz von der Hand zu weisen zu sein, da dies auch die Stellung des Bildes in einem Privathaus erklären könnte, in dem dieses Bild die Rolle eines intimen Familienbildes [5] übernommen haben könnte.

Es ist nicht zu klären, welche Rolle das Emblem mit der Krone für diese Darstellung hatte. Ein Wappen dieser Art läßt sich weder für die Familie Höchstetter, die das Anwesen zu dieser Zeit in Besitz hatte [6], noch für andere Familien geltend machen. Ob die Deutung des Frakturbuchstabens »M« als »matrimonium« zulässig ist [7], bleibt ebenso fraglich, so daß auch über das Emblem keine genaue bzw. sichere Ausdeutung vorgenommen werden kann.

Als Erinnerungs- bzw. intimes Familienbild könnte diese Darstellung jedoch die Funktion gehabt haben, die im größeren Rahmen dem Hochzeitsmahl im Hunoldsgraben (vgl. Objekt Nr. 70) zugekommen sein dürfte. So wird diese Deutung, auch ohne nähere Bestimmung des Emblems, sich doch als wahrscheinlich erweisen. Die Darstellung gibt damit zusammen mit dem Bild vom Hunoldsgraben einen Eindruck der profanen Wandmalerei dieser Zeit wieder, deren Bestand durch die immer wieder vorgenommenen Änderungen der Gebäude weitaus mehr gefährdet war als die Malereien in sakralen Bauwerken.

Technik:
Anhand der Verfallsspuren ist ersichtlich, daß es sich bei dieser Malerei um eine Seccotechnik auf einer (?) Schlemmschicht, die direkt auf den Kalkputz aufgetragen war, gehandelt hat. Bei den dünnen Linien wird man eine Vorzeichnung annehmen, welche fester mit dem Pigmentträger verbunden war, da sie länger dem Abrieb standhielt. Pigmente und Schlußzeichnung scheinen locker aufzuliegen.

Erhaltungszustand, Überlieferung:
Das Bild ist in den vier oben genannten Schwarz-Weiß-Aufnahmen erhalten, welche den Zustand des Jahres 1953 zeigen, bei dem das Bild starke Schäden von Schlageinwirkung wie auch vom Verfall der tragenden Mauer aufzeigt. Daneben liegt ein anscheinend durch Witterungseinflüsse bedingter Abrieb wie auch eine starke Verschmutzung vor.

Nach der photographischen Erfassung wurde die Originalsubstanz, die weder beschrieben noch vor Ort aufgemessen wurde, beim Wiederaufbau beseitigt.

Nr. 68
Christophorus

Standort: in situ
Domkirche, südlicher Querhausarm, Westwand

Datiert: 1491
Maße: 624 × 1431 cm

Freigelegt: Bei der Domrestaurierung 1934 [1]

Maler: Ulrich I Apt [2]

Geschichte:
Das Monumentalbild des Christophorus ist sowohl durch die Inschrift auf dem Gewandsaum als auch durch die über dem Kopf Christi stehende Jahreszahl genau auf das Jahr 1491 datiert.

In eigenartiger Weise schildert die Inschrift die Lebenslage der Stadt in Verbindung mit diesem Bild:

»ST. CRIST WARD GEMALT IN DEN
I49I IAR VND EIN SCHAF KORN GALT
4 GVLDEN (RH)«

So war es durch den übermäßig harten Winter [3] in der gesamten Region Schwabens zu unmäßiger Teuerung des Getreides gekommen, die auch in Augsburg das Brot für die ärmere Bevölkerung unerschwinglich werden ließ, so daß nur mit öffentlicher Speisung durch den Rat der Stadt [4] eine größere Katastrophe verhindert werden konnte.

Wie die Verbindung zwischen dem Christophorusbild und dieser Inschrift zustande kam, läßt sich heute nicht mehr nachvollziehen. Weder das Rechnungsbuch der Zechpfleger, noch die erhaltenen Kapitelrezessionalien dieses Jahres erwähnen das Bild [5]. So gilt es als ziemlich gesichert, daß dieses Monumentalgemälde als Einzelstiftung eines Mitgliedes des Domkapitels oder eines Bürgers in Auftrag gegeben wurde.

Seitdem bei der Aufdeckung 1934 Ulrich I Apt als Maler genannt wurde [6], gilt das Bild als das einzige erhaltene Wandbild dieses Meisters in der Stadt. Jedoch ließen sich keine genaueren Anhaltspunkte als der stilistische Vergleich mit dem Bild der »Anbetung« aus dem Louvre beibringen. Als zusätzlichen Beleg darf man wohl die Rechnung der Zechpflege [7] ansehen, mit der dieser Meister am 9. XI. 1490 für Ausbesserungen an einem Kreuz bezahlt wird. Dies zeigt, daß Ulrich I Apt zu dieser Zeit anscheinend mit einem größeren Auftrag im Dom tätig war, da solche Kleinaufträge meist an den derzeit anwesenden Maler vergeben wurden [8]. Auch findet sich unterhalb des monumentalen Bildes ein Monogramm nebst einigen unleserlich in Rötel gekritzelten Zeilen, das, da es auf dem Grundputz unter der Kalkschlemme liegt, während bzw. vor der Festigung der Malerei entstanden sein muß. Es läßt sich allerdings nicht belegen, ob dieses, das sich in die Buchstabeneinzelteile »ΛᚹϮ« zerlegen läßt, eindeutig diesem Maler zugeordnet werden darf.

Diese Malerei des Christophorus, die höchstwahrscheinlich als Nachfolge des großen, im Dachboden noch in den Gewölbetaschen erkennbaren Bildes des Heiligen gesehen werden muß, dürfte den Abschluß der Innenrestaurierung der Kirche bedeuten, die um 1483 begann und eine gänzliche Neufassung des Raumes bewirkte [9].

Das monumentale Gemälde erhielt sich nach der »Reinigung des Domes« durch den Rat [10] im Rahmen der Einführung der Reformation im Januar 1537. Dabei hatte man sich anscheinend damit begnügt, die von »allerlay verzweiffelter, gottloser aberglaub« zeugenden Anrufungen des Heiligen [11] zu tilgen. Trotzdem erregte auch die Darstellung allein genügend Ärgernis, da der reformatorische Prediger Buzer am 21. VI. 1537 in seiner Predigt klagte, daß es zwar nicht unrecht wäre, »die Bilder abzutun, wo man allein keinen Zwang daraus machte, derhalben die Herren (des Rats) nicht unrecht daran gethan« [12], aber so wären im Dom noch zwei Bilder übriggeblieben, »der Ritter St. Jörg vorn bei den Kündblech (Zifferblatt) und der lang Christoffel hinten beim alten Chor; die wollt er auch abtun, wenn er der Rath wäre«[13].

Anscheinend hatte diese Anklage zur Folge, daß man das Bild, soweit erreichbar, beschädigte und übertünchte, was dann die Restaurierung im Jahre 1554 nötig machte, von der sich nur die untere Übermalung der Landschaft und die Schriftkartusche erhielt.

Beschreibung:
Breitbeinig ragt der monumentale Christophorus, der mit seiner gesenkten Rechten und der erhobenen Linken den langen schlanken Stamm, dessen kleine Laubkrone hinter der Gewölbeschale zu verschwinden scheint, schräg sich darauf stützend, vor seinen Körper hält, auf. Gekleidet in einen blauen Rock mit gelbem Saum, auf dem sich die Inschrift der Datierung findet, schreitet er mit seinem rechten Bein vorwärts. Die steil fallenden Falten der unteren Partie des Rockes betonen die Festigkeit der Beine. Der schräg nach oben, fast parallel zu dem Baumstamm verlaufende Gewandsaum, vermittelt zwischen dem Stehen und der Stütze, wie auch die gestauchte Faltung der Ärmel das Greifen der Hände und das Aufragen des Körpers ineinander überzuführen sucht. Ein Gürtel scheint die Faltung des Rockes gefaßt zu haben, was durch die Beeinträchtigung speziell dieser Zone sich allerdings nicht mehr eindeutig rekonstruieren läßt. Jedoch fordert die hängende Tasche eine solche Gürtung. Auch der blaue Rock muß in seinen vor der Brust links steil fallenden Falten eingeschnürt gewesen sein, wie es die sich einknickenden Faltenenden anzeigen. Das so durch die Gürtung schon einmal unterbrochene Aufragen umfaßt der rote, bis unterhalb der Knie fallende Mantel und führt es mit dem haltenden Greifen der Arme zusammen, indem er den nach unten stützend zupackenden Arm freigibt und ihn entlang der linken Kontur fallend begleitet, sich über seine rechte Schulter hinweg voll zu seiner haltenden Rechten hinüberschwingt und von dort sich in der aufgenommenen Beuge stauchend, den haltenden Arm umfassend, rechts herabfällt. Auch der Rücken des Umhangmantels wird hinter dem blauen Rock sichtbar und schließt so, sich frei um die Beine schwingend, die Umfassung des gesamten Leibes durch das Rot des Mantels.

Eingebettet in die Schwingung des Mantels ruht auf den breiten Schultern das flächig angelegte, frontal blickende Haupt des Heiligen, das von den grauen, durch ein rotes Band gefaßten fallenden Locken und dem vollen, auf die Brust wallenden Bart umgrenzt ist. Die breit stehenden Augen blicken unter der niederen Stirne, von der die wuchtige, sich in den Flügeln breitende Nase sich herabzieht, gerade hervor. Mit den mürrisch nach unten gezogenen Winkeln des zusammengekniffenen Mundes geben sie dem heiligen Riesen etwas Trotziges, das im Einklang mit dem stämmigen Aufrechtstehen, das ohne die Stütze des Stammes schon fest wäre, den Charakter des Heiligen vorstellt.

Direkt über seinem Haupt blickt Christus als Kind, die weiße, durch ein Kreuz bekrönte Weltkugel in seiner Linken haltend, nach links auf den Betrachter herab. Anscheinend mit seinem linken Knie sich im Nacken des Christophorus aufstützend, stellt er sein rechtes Bein auf die Schulter des sich am Stamm aufstemmenden Armes, während er seine Rechte segnend erhebt. Auch sein weißes langes Gewand verdeutlicht das Stützen in überfallend gestauchten Falten, oberhalb denen es das Aufragen des Körpers in schmalen, sich nach unten weitenden Linien verdeutlicht. Der runde Kopf des Kindes mit blonden, lockigen Haaren ist von einem dunklen, kreuzförmigen Strahlennimbus umfaßt. Ernst geht der Blick der unter der hohen Stirn sitzenden Augen hervor, den auch kein Lächeln des vollen Mundes begleitet. Ähnlich dem Christophorus ist auch Christus von einem roten Umhang umfaßt, den er an einem am Hals geschlossenen weißen Kragen trägt. Jedoch ist dieser bewegter und mehr aufgebläht, so daß er nicht nur die Kontur der Gestalt faßt, sondern auch die segnende Hand und das Haupt des Heiligen umfängt. Rechts weht er hinter der Schulter des Christophorus herab, sich deutlich in der Qualität des Farbtons von dessen Umhang absetzend.

So bilden beide Gestalten sowohl formal, als auch im Ernst des Ausdrucks, mit dem sie durch die zu ihren Füßen gegebenen Landschaft schreiten, eine Einheit, der weniger das Zusammenspiel von Last und Tragen, als ein gemeinsames in sich Aufragen charakteristisch ist, dessen Tendenz sich an dem Zusammenklang von Aufragen, Fassen, Stützen und aufragend Hinterfangen ausgebaut ist, die beide Figuren in gleicher Weise aufzeigen, so daß man bei dieser Figur des Heiligen nicht von der Last des Kindes, die ihn zu erdrücken scheint, sprechen kann.

Die Beine des Christophorus scheinen unten in einem dunklen schmutzig grüngrauen Streifen gleichsam abgeschnitten zu sein [14]. Auch der Baum wird in seinem Fuß unvermittelt durch ein aufragendes Felsmassiv verdeckt, das ihn – ganz gegen den Sinn der Statik – vertikal schneidet. Rechts von diesem Felsmassiv zieht sich eine Felswand in die Tiefe, in welcher noch einige Gräser und eine sich grün erstreckende Fläche zu erkennen sind, die sich nach rechts hin fortsetzen, wo sie anscheinend durch ein weiteres Gebirgsmassiv (?) begrenzt wurden.

Eine von Rollwerk umfaßte Schrift der im Vordergrund dargestellten Tafel, auf der sich noch die Worte »PICTVM. VASTO« und in der zweiten Zeile » . . . C(HR)IST(O)PHO(RV)S« lesen lassen, scheint auf eine Restaurierung bzw. Übermalung hinzuweisen, der wohl die Landschaft wie auch die beiden neben den von Rollwerk gefaßten Schrifttafeln stehenden Wappen [15] zugehören, was den unorganischen Übergang zwischen der Figur und der Landschaft erklärt.

Unter dem Bild haben sich zwei Schriftblöcke erhalten, die anscheinend Anrufungen des Heiligen enthielten. Diese, die nach Art der Schrift sich deutlich von der Partie der Landschaft absetzen, scheinen aus der ursprünglichen Gestaltung der Malerei zu stammen.

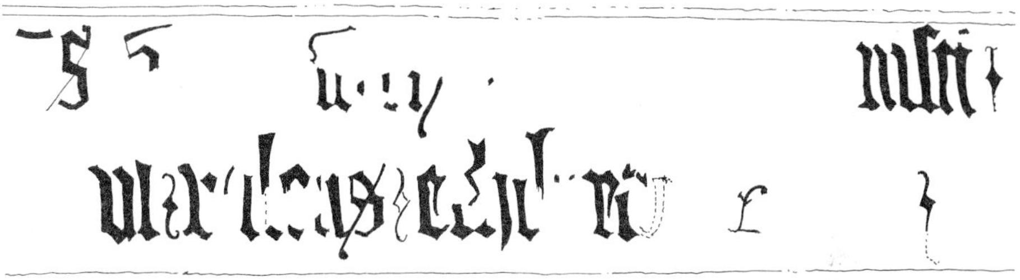

Schriftblock auf der linken Seite

Schriftblock auf der rechten Seite

Stil:

Das Hauptmerkmal dieser Malerei ist die differenzierte Abstimmung der aufragenden und der abstützenden Teile zueinander, die in Zusammenhang mit dem Fassungsmotiv eine geschlossene Einheit bilden. Gerade dieser – wie in der Beschreibung geschilderten – Ausgewogenheit verdankt es die monumentale Gestalt, daß sie sich nicht in Einzelpartien zergliedert, sondern als natürliche Einheit dem Betrachter entgegentritt.

Die Faltung zeigt sich in ihrer vollen Plastizität nur mehr an den Partien um den aufgenommenen Arm rechts. Die knickenden Grate sind jeweils in den Ecken durch leichte Bogen gemildert. Die entlang der Grate laufende Weißhöhung gibt ihnen eine füllige Stofflichkeit, der die Verschattung der Faltentäler die räumliche Wirkung hinzufügt. Diese Tendenz hat sich im linken Teil der Figur nicht mehr erhalten, wo sich eine flache, nur durch springende Linien angedeutete Faltung findet. Die füllige Modellierung des Inkarnats ist nur in der erhobenen Hand und im

Gesicht des Christophorus zu beurteilen. Eine schwache, schwarze Konturlinie faßt an der Hand die klar modellierten Glieder, die durch Ausmischung mit Weiß abgetönt sind. Das Gesicht zeigt diese Art auf, jedoch ist dabei auch die Verschattung durch Einsetzen einer Graulavierung mit verwendet, die Augenhöhlen und Backenknochen absetzt. Darin zeigt sich die räumliche, plastische Durchgestaltung der Malerei, welche die Körperlichkeit der Gestalt aufbaute und dadurch der Einheit der Figur zugute kam.

Dieser Tendenz zur realistischen Wiedergabe der Stofflichkeit kommt auch die Gestaltung des Baumstamms entgegen, die diesen als glatt und rund, mit weichen klaren Schattenabstufungen, wiedergab (heute nur mehr in wenigen Abschnitten zu erkennen). Die Krone mit dem sich wölbend innen verschatteten, fleischigen Laub trägt zu dieser Charakteristik bei, die ehemals die ganze Figur auszeichnete.

Dies stellt zusammen mit der Ausgestaltung der Faltung eine Weiterentwicklung der Grundzüge der Goldschmiedekapelle [16] dar, wo diese Ausbildung der Stofflichkeit und der Räumlichkeit sicher ähnlich vorhanden war, wie dies die wenigen unbeschädigten Stellen des Originalzustandes der Kreuzigung (vgl. Objekt Nr. 61) zeigen. Heute läßt sich jedoch kaum mehr eine Brücke zwischen den beiden Denkmälern schlagen, was vor allem durch die Veränderungen der »Entrestaurierung« dieser früheren Bilder zuzuschreiben ist.

Ikonographie:
Das Bild hält sich ganz im Typus, der durch die Legendenfassung gegeben ist [17]. Allerdings scheint hier die Darstellung weniger auf die Schilderung der Begebenheit in historischem Sinne als auf eine exemplarische Vorstellung des Heiligen zu zielen, der dadurch weniger unter der Last leidet, sondern eher idealisiert verklärt dem Gläubigen mit dem von ihm getragenen Christus entgegentritt. So bietet er sich stark und entschlossen als Helfer an, der nach der damaligen Auffassung gegen den jähen und unvorbereiteten Tod die stärkste Hilfe war. Gerade diese Popularität und die Einbettung in den Volksglauben aber war es, was in der Zeit der Reformation Bilder dieses Heiligen anrüchig machte und sie besonders den Angriffen religiöser Eiferer aussetzte.

Technik:
Die exponierte Lage dieser Malerei ließ keine eingehende Untersuchung des technischen Aufbaus des Bildes zu.

So kann nur mit Sicherheit gesagt werden, daß es sich dabei um eine Seccotechnik handelt, die wahrscheinlich auf einer Schicht einer Kalkschlemme aufgetragen wurde. Die Rottöne scheinen noch in die feuchte Grundlage aufgetragen worden zu sein, wie es sich an deren Abrieb erkennen läßt. Das Blau des Rockes besitzt eine leichtere Bindung da es eine starke Abschieferung aufzeigt. Die Weißhöhung ist in beiden Fällen schon beim Auftragen der Farben erfolgt und nur in wenigen Glanzlichtern nachträglich überarbeitet. Ebenfalls als abschließender Auftrag erfolgte die Einfassung durch die schmale schwarze Konturlinie, die alle Teile des Bildes überspannt.

Eine Vorzeichnung auf dieser Schicht wie auch eine eventuell darunterliegende Entwurfszeichnung konnte mit den zur Verfügung stehenden Mitteln nicht nachgewiesen werden.

Erhaltungszustand:
Die besterhaltendsten Partien der Oberfläche der Malerei finden sich, wie in der Beschreibung genannt, auf Höhe des Kopfes und der erhobenen Linken des Heiligen. Die anderen Teile, sowohl die des jugendlichen Christus, als auch die tiefer gelegenen blauen Gewandteile des Christophorus, sind stark abgerieben und durch teilweisen Verlust der pigmenttragenden Kalkschicht endgültig verloren. Eine stärkere Störzone zieht sich quer über die Gürtellinie des Heiligen und verschleiert die Aufbaustruktur dieser Teile.

Unter dieser Zone nehmen die Eingriffe der Konservierung des Jahres 1934 zu, die deutlich in ihrem Stretteccoauftrag zu erkennen sind. Die damals nachgezogenen Linien der bei der Aufdeckung verlorengegangenen Schlußzeichnung [18] wurde linear und hart knickend nachgezogen, was den nur mehr flächigen Charakter der Gestalt bewirkt.

In dem Bereich unter der Gürtellinie finden sich auch Reste von einer späteren Übermalung. Diese ist vor allem in dem den Saum eine Handbreit höher wiederholenden gelben Band zu erkennen. Da in diesem Band genau die Inschrift des Saumes wiederholt wird, kann man es als Teil der Restaurierung des Jahres 1554 ansprechen, in dem die untere übertünchte und beschädigte Hälfte der Gestalt neu gemalt wurde. Dabei hatte die nun erfolgte Einfügung von Landschaft und Restaurierungsinschrift dazu geführt, daß man die unteren Extremitäten des Heiligen verkürzte und zum Ausgleich dafür auch den Rocksaum höher legte, damit eine wieder annehmbare Proportion entstand.

Für Landschaft und Wappen, die beide heute stark retuschiert sind, gab es keine Vorlage des Originals, das unterhalb der Wand des Heiligen aufhörte und sich erst in den gotisch geschriebenen Schriftblöcken darunter wieder fortsetzte, zu denen noch weitere, heute aber kaum mehr im Umriß zu erkennende Schrifttafeln gehörten.

So ist es nicht sicher, ob die ursprüngliche Malerei überhaupt Stifterwappen und einen Landschaftsvordergrund besaß. Das Fehlen eines solchen würde den Charakter des idealisierten, nicht in eine realistische Historie eingebundenen Heiligenbild entgegenkommen.

Literatur:
Roth, Friedrich 1904, Bd. II, p. 328;
Roth, Toni 1934;
Lieb, Norbert 1934, p. 344;
Lill, Georg 1935, p.
Lieb, Norbert 1934 (1979^{XIX}), p. 19;
Eberlein, Hans 1939, p. 137;
Dehio, Georg/Gall, Ernst 1954, p. 6;
Stange, Alfred 1957, Bd. VIII, p. 80;
Breuer, Tilmann 1958, p. 9;
Binder/Lieb/Roth 1965, p. 20, p. 154;
Kindler, Mal. Lex. 1976, Bd. I, p. 127;
Wilhelm, Johannes 1977 (MS), p. 211.

N. 69
Fragment eines Weltgerichts
Engelgruppe mit den Arma Christi

Ehemaliger Standort:
Barfüßerkirche, 2. Dachboden
Westwand des Langhauses

Überliefert: Photographie des Jahres 1908; abgedruckt in der Zeitschrift des Historischen Vereins für Schwaben und Neuburg XXXIV (1908)

Datierung: ca. 1490/1500

Maße: 950 × 380 cm [1]

Freigelegt: 1908 [1]

Zerstört: 25. Februar 1944

Beschreibung:
In einem Rundbogen, der von einem kleinteiligen Ornament aus palmettenförmigen Wolken gefaßt ist, schweben fünf große Engel, welche die Leidenswerkzeuge Christi tragen.

Leicht nach links von der Mittelachse abgerückt umfängt ein Engel mit seiner Rechten das hoch, bis an den Scheitel des Bildfeldes aufragende, Kreuz, an das er, es an seine Brust drükkend, sein Haupt lehnt. Seine Schwingen hält er so vor seinem aufgerichteten Oberkörper abgespreizt, daß die dunkleren Flügelkanten diesen fassen. Gekleidet ist er mit einem albenähnlichen Gewand, das, seinen Körper verhüllend, fällt, und im unteren Teil die schwebend sich aufrichtende Bewegung betonend nach links hin hochschwingt. Ein dunkler stolaähnlicher Besatz, der den Kragen faßt und an der Front des Gewandes herabläuft, nimmt diese Bewegung auf und verstärkt sie am Ende S-förmig mit dem Rand hochschlagend. Dieses Ausschwingen des Gewandes nach links hin gab anscheinend ehemals das Gegengewicht zu seiner nach rechts gehaltenen Linken, die durch den Einbruch einer Türe verlorenging.

Von rechts und links schweben je zwei weitere Engel herbei. Der links im Vordergrund ist fast horizontal ausgerichtet. Leicht hebt er sich mit seiner Brust an und präsentiert den am Ende mit beiden Armen umfaßten Speer, der bis an den Rand des Bildes reicht. Seinen Kopf leicht neigend, hält er die rechte Schwinge aufgestellt gegen den Wolkenrand des Bildes gerichtet, wobei die steigende Linie seiner linken Flügelkante die in das Bild kommende Bewegung unterstreicht, deren Schweben wiederum durch das in üppig knitternden Falten hochschwingende Gewand gekennzeichnet ist. Sein Gegenüber, mit der Linken das Rohr mit dem essiggetränkten Schwamm haltend, kommt in gleicher Weise von rechts. Sich etwas mehr aufrichtend, wendet er sein von langen Haaren umfaßtes Haupt zurück und streckt die Rechte (ebenfalls beim Türeinbruch zerstört) dem Kreuzträger in der Mitte entgegen. Auch bei ihm ist die Körperhaltung durch die Flügelstellung betont und die schwebende Bewegung durch die vor der Brust gekreuzt gelegte Stola, die nach hinten mit dem Gewand aufschwingt, hervorgehoben.

Hinter ihm schultert ein Engel die von einem Rautenmuster bedeckte Geißelsäule, die er anscheinend mit beiden Händen umfaßt. Sein Gesicht dem Kreuz zugewendet, nimmt er die gleiche Körperhaltung wie die Engel im Vordergrund ein, nur daß sein wiederum in der Bewegung der Stola betontes Gewand stärker aufwirbelt und am Rande des Bildes sich überschlagend zurückwölbt. Seine Schwingen sind mehr horizontal gerichtet und überfassen Kreuzträger und den Engel rechts. Links ihm gegenüber hält ein weiterer Engel die Geißel und das Rutenbündel vor seiner Brust aufgerichtet. Die Flügel seinen Körper umfassend aufgestellt, blickt er, sich leicht wendend, zu dem Speerträger. Sein Gewand ist gleich dem des Säulenträgers bewegt und betont die hohlkreuzartige Haltung.

Über die Farbigkeit des Bildes [2], in dem »auf blaugrauem Grund Grün, Rosa, Violett und Blau« sowie »frische Fleischfarbe« und »gelbe Locken« nach der Schilderung frisch erhalten gewesen seien, läßt sich anhand der photographischen Wiedergabe nicht mehr rekonstruieren. Die Schilderung scheint jedoch mit der Aufzählung der Farben die der Details wiederzugeben, da eine deckende flächige Einfärbung der Gewänder aus der Aufnahme nicht zu erschließen ist.

Stil:
Die Überlieferung grenzt die Möglichkeit einer stilistischen Bestimmung ein. So ist als Anhaltspunkt für eine Einordnung in erster Linie nur mehr die Faltung der Gewänder zu verwenden, die sich an die des aufgerichteten Armes des Christophorus (Objekt Nr. 68) anschließen läßt. Auch scheinen die umschlagend freien Teile den wehenden Gewändern des Christus im gleichen Bild zu entsprechen. Allerdings ist nichts mehr von der ausgewogenen Statik der Einzelteile zu bemerken, die die Komposition des Monumentalbildes im Dom auszeichnete. So kommt es zur Ausbildung schwerer Volumina, welche eine unorganische Breite erhalten. Auch die Gesichtstypen zeigen eine flächige Gestaltung mit nur geringer Abwechslung. Dies könnte sich zwar einerseits auf das Bemühen, das Schweben der Engel wiederzugeben, zurückführen lassen oder aber auch darauf, daß die Engel, die nur eine Randgruppe einer größeren Komposition waren, von einem schwächeren Mitglied der hier arbeitenden Werkstätte ausgeführt wurden. Jedoch erscheint der Abfall der Qualität, der sich neben der Verwendung des alten Wolkenpalmettenmotivs vor allem in der unorganisch über die Gewänder gelegten Bewegungen der Stolen ausdrückt, deutlich auf eine, mit dem Monumentalauftrag die Grenze ihrer Leistungsfähigkeit erreichende Werkstätte des ausgehenden XV. Jahrhunderts anzudeuten.

Ikonographie:
Bei der Aufdeckung 1908 wird berichtet [3], daß unter der im Barock eingezogenen Flachdecke, die noch über der 1724 ausgeführten Kirchendecke lag, weitere Köpfe von Engeln und ein Kopf Christi zu erkennen gewesen seien. Daraus folgerte Dirr, daß es sich bei der Darstellung um eine ehemals die gesamte Westwand bedeckende Wiedergabe der Himmelfahrt Christi gehandelt habe [4].

Die Stellung des Bildes sowie die Tatsache, daß die »Arma Christi« ikonographisch fester Bestandteil des »Weltgerichts« sind, widersprechen dieser Annahme. So dürfte das Fragment eher ein Überrest einer monumentalen Weltgerichtsdarstellung gewesen sein, die sich über die Westwand der Basilika erstreckte. Das Bild nahm damit ähnlich monumentale Ausmaße wie das Schongauer'sche Weltgericht im Münster zu Breisach ein und bestimmte entscheidend das Bild des basilikalen Raumes der alten Barfüßerkirche [5].

Technik:
Das Bild wurde 1908 als »primitive Frescomalerei« bezeichnet [6]. Diese Feststellung läßt sich an der Aufnahme nicht mehr überprüfen. Die sich über die Gestalten hinwegziehende schwarze Schlußzeichnung scheint jedoch auf ein Kalksecco- bzw. auf ein Mischtechnik-Verfahren hinzuweisen.

Erhaltungszustand:
Zur Zeit der Aufdeckung scheint außer dem Einbruch der Türe keine wesentliche Beschädigung an den beschriebenen Teilen vorgelegen zu haben. Auch von nachträglichen Restaurierungen ist nichts erwähnt, bzw. an den Aufnahmen festzustellen, so daß man die Darstellung, so wie sie sich bis zu ihrer Zerstörung durch den Krieg im Februar 1944 erhalten hatte, als Original ansprechen kann.

Literatur:
Dirr, Pius 1908, p. 201/202;
Ohlenroth/Steib 1927/1928, p. 65.

Nr. 70
Hochzeitsmahl (?) mit Tanzpaaren

Standort: in situ
Hunoldsgraben 27, südliche Brandmauer des 1972 abgebrochenen Hauses

Datierung: ca. 1510 bis 1520

Maße: 692 × 253 cm (Gesamtfläche) (vgl. Plan Nr. XI)

Freigelegt: Sommer 1972 [1]

Zerstörung: Teilzerstörung Oktober 1979
Totalzerstörung Winter 1982/1983 [3]

Beschreibung:
(Entscheidend für die Darstellung war der Zustand, den die Malerei im Sommer 1979 hatte, als noch alle wesentlichen Details am Original überprüfbar waren.)

Die Wand, welche die gesamte Breite der südlichen Brandmauer des ehemaligen Hauses Nr. 27 einnimmt, wird durch zwei pilasterähnliche Vorlagen in drei ungleich große Abschnitte aufgeteilt, die zusammengehörend die Bildfläche darstellen.

Auf dem linken schmalen Abschnitt läßt sich eine Tafelgesellschaft erkennen, die an einem parallel zur Bildebene länglich rechteckigen Tisch Platz genommen hat, auf dem zentral in einem topfähnlichen Faß ein Stab steht, dessen die Personen überragendes Ende ein garbenartiges Bündel von Sprossen (?) und Früchten (?) trägt, die sich in einfarbigem Zustand nicht differenziert präsentieren.

An der linken Ecke zur Schmalseite des Tisches hin sitzt ein bartloser Mann, vor dem ein goldfarbener Becher auf dem Tisch steht. In Dreiviertelansicht gegeben ruht der Blick seines bekrönten (oder mit einer nicht näher zu identifizierenden Kopfbedeckung ausgezeichneten?)

Hauptes auf dem Zentrum der Tafel. Seine Arme, von den runden Schultern herabfallend, scheint er unter dem Tisch verschränkt zu halten. Farbspuren, die sich etwas weiter links von ihm finden, lassen eine weitere Figur vermuten, die sich nicht rekonstruieren läßt.

Rechts von ihm sitzt eine frontal auf den Tisch ausgerichtete Person, von der sich gerade noch einige lose Haarfransen neben ihrer rechten Wange, Schulteransatz und ihr linker, auf den Tisch aufgesetzter Ellenbogen erkennen lassen. Hinter ihr tritt ein älterer Mann (ehemals mit Bart?) an die Tafel. Sein dunkelhaariges Haupt, mit einer von einem Reif umgebenen Kappe bedeckt, wendet er sich der nächsten, am Tisch sitzenden Person zu, mit der er Kontakt sucht, indem er seinen linken Arm auf ihre Schulter legt. Diese Person sitzt ebenso wie die benachbarte, von der sie durch den aufragenden Tafelschmuck getrennt wird, frontal an der Langseite des Tisches, auf den sie beide Ellenbogen aufsetzt und in ihrer Rechten einen goldfarbenen Becher vor die Brust erhoben hält. Das von blondem Haar umfaßte Gesicht zeigt durch noch erhaltene Spuren der Binnenzeichnung die frontale Blickrichtung, die keinerlei Reaktion auf die Ansprache des an sie herantretenden Mannes zeigt.

Der Blick scheint sich auf die Gaben zu richten, deren erste (eine Platte oder auch Brot?) vor ihr von einem rechts an den Tisch herankommenden Mann abgestellt wird. Leicht nach vorne gebeugt, das von einem durch ein Band (oder Reifen) gehaltene Tuch bedeckte Haupt etwas gesenkt, bringt er die Gabe mit beiden Händen dar. Gekleidet ist er mit einem einfachen hellen, am Kragen zugeknöpften Gewand, das, an seiner Hüfte durch einen gebundenen Gürtel gerafft, fällt. Hinter ihm erscheint dicht aufgeschlossen, noch etwas von dem Pilaster überdeckt, ein weiterer bärtiger älterer Mann. Auch sein Haupt ist durch ein kapuzenartiges Tuch verhüllt, das den Hals wie einen Kragen umgebend, die Schultern deckend, oberhalb der Brust zusammengefaßt ist. Darunter trägt er ein weites fülliges Gewand, das ebenso wie das Kopftuch grau gefärbt ist. Dieses gibt, den angewinkelten Arm in weich modellierten Falten einhüllend, sich vor der Manschette mehrfach brechend, nur die Hand frei, mit der er eine sackartige (?) Tasche herbeiträgt.

Die Reihe der an den Tisch heranschreitenden Personen setzt sich auch noch jenseits der Mauervorlage fort. Nur die obere Hälfte hat sich von dem folgenden bärtigen Mann erhalten, der ein Tischfäßchen (oder auch Stoffballen?) unter dem Arm tragend auf die Tafelgruppe zugeht. Auch bei ihm scheint das flachnasige, durch den gestutzten Bart energisch konturierte Haupt bedeckt zu sein, ohne daß man die Art dieser Kopfbedeckung näher bestimmen könnte. Seine Gewandung zeigt nur, daß das Wams ehemals blau gefärbt, der Ärmel blau und grau gestreift war. Die beiden folgenden, ebenfalls noch zur Tafel hinschreitenden Diener sind beinahe völlig zerstört. Von dem Linken lassen sich noch Bein und Stiefelansatz, Teile des gestreiften Rocks sowie ein Fragment der Gesichtsfarbe feststellen. Der Zweite, bei dem das Haar von der Gesichtsfläche sich noch klar abhebt und die Ausrichtung nach links hin zeigt, ist in seinen unteren Partien besser erhalten. Deutlich ist der Rock zu erkennen, unter dessen Saum der Ansatz weit ausschreitender Beine zu sehen sind. Dieser schließt die Reihe der zum Tisch hingewendeten Personen.

Der anschließende freie Raum trennt nachdrücklich die bisher geschilderte Tischgesellschaft und die dazugehörenden Personen von den folgenden Tanzpaaren ab, von denen das erste, noch auf dem mittleren Wandabschnitt, gegen den Pilaster hin die Bewegung vorwärts aufwärts gerichtet beginnt.

Die Frau des ersten Paares, bekleidet mit einem langen, am Körper eng anliegenden, hoch gegürteten, unten weit ausschwingenden Kleid, dessen weiter V-förmiger Ausschnitt den Blick auf ein goldfarbenes Mieder freigibt, trägt auf ihrem gebundenen (oder durch Netz gehaltenen?) schwarzen Haar eine Haube mit ringförmigem Rand. Im Profil aufrecht blickend, den Oberkörper in Ruhe, läßt sie ihren rechten Arm gerade fallen, während sie den linken dem Tanzpartner reicht, dem sie weit ausholend folgt. Dieser schreitet, auf seinem linken Bein stehend, mit dem rechten weit nach rechts und wendet, während er, seine Linke hoch aufstreckend, die Vorwärts-Aufwärts-Bewegung betont, sein Gesicht seiner Partnerin zu, deren Hand er mit seiner Rechten ergreift, um so die bei ihr im Anfang befindliche Bewegung fortzuführen und zu dem Stadium zu steigern, das beide dann als Tanzpaar verbinden soll. Die Kleidung unterstreicht die temperamentvolle Bewegung des schwarzhaarigen jungen Mannes. Der lose umgeschlagene Kragen seines grauen Hemdes ist nicht geschlossen, um ebenso wie die weit geöffnete, oberhalb der

Hüfte gegürtete ockerfarbene Jacke seinen weitausgreifenden Gesten nachzugeben, welche die lockeren Gewandpartien um Schultern und Oberarme umfassen und die eng zulaufenden Manschetten schließen. Auch der untere Teil des seitlich geschlitzten Jacketts nimmt die raumgreifende Bewegung der in eng anliegenden dunklen Hosen und breitstulpigen Stiefeln steckenden Beine auf, die sie weit ausschwingend wiederholend umfaßt. An seiner linken Seite hängt, seinen freien Stand verdeutlichend, das große Schwert, die Richtung des nach oben gerissenen Armes betonend. Die in diesem Paar schwungvoll ansetzende Bewegung wird in keiner Weise durch die die Bildfläche verdeckende Mauervorlage behindert, die schon die Spitze des hochgenommenen Fußes überdeckte.

Dennoch setzt das erste Paar des nächsten Bildabschnittes diese begonnene Bewegung nicht fort. Die Frau scheint ruhig innezuhalten, soweit sich dies aus den erhaltenen Umrißlinien des Rockes und der hängenden Gürteltasche schließen läßt, wogegen der Mann, der mit seiner Rechten ihre Linke (?) ergriffen hat, den Eindruck erweckt, als weiche er vor etwas zurück. In der Hüfte eingeknickt, leicht in die Knie gegangen, steht er, die Arme aus den runden Schultern heraus leicht gebeugt, vom Körper weghebend, als warte er etwas ab, was ihn in seinem Bewegungsablauf behindere. Nur mehr fragmentarisch läßt sich sein helles, geöffnetes Wams erkennen, das, wie bei dem vorhergehenden Tänzer, durch das Wehrgehänge an der Hüfte gegürtet ist und sich über den Schenkeln schwingend teilt. Die Linien der schwarz und grau gestreiften, in den mächtigen Stulpenstiefeln steckenden Hose betonen in ihrer Wiederholung die innehaltende Stellung der Beine, so wie das Schwert die Richtung des Oberkörpers aufgreift. Dieses Innehalten scheint sich durch die Wendung des ihm entgegentanzenden Paares zu begründen.

Bei diesem steht der Mann ruhig, gerade aufgerichtet, seinen linken Arm hängend an die Seite genommen, während er mit dem vor das Gesicht gehobenen rechten Arm seine Dame um sich herumführt. Nur fragmentarisch zeichnet sich der Umriß der Figur des blondhaarigen Mannes ab, der wie die anderen Tänzer das Wehrgehänge trägt, das Schwert zwischen Oberkörper und hängendem Arm eingeklemmt. Einzig ein in seinen Gürtel gestecktes gelbes Tuch und eine an seiner linken Seite hängende dunkle Tasche lassen sich als Einzelheiten feststellen. Auch die Dame, die mit ihrer erhobenen Linken die führende Hand des Mannes ergriffen hat, läßt sich nur mehr in ihrem Umriß charakterisieren. Ruhig und gemessen scheint sie der Führung zu folgen, wie das fallende, durch einen rötelfarbenen Gürtel gefaßte Kleid vermuten läßt. Farbspuren deuten an, daß auch sie auf ihrem Haupt eine Haube getragen hat, unter welcher der lange, über die Hüfte hinabreichende Haarzopf herabfällt und leicht durch die Bewegung vom Körper abschwingt.

Auf dieses gewendete Tanzpaar folgt auf dem freien Bildgrund keine figürliche Darstellung mehr, so daß man es als Bildschluß ansprechen kann. Farbspuren, die sich auf dem rechts an das Paar anschließenden Teil noch ausmachen lassen, konnten nicht eindeutig in Zusammenhang mit oben geschilderter Malerei gebracht werden.

Nur wenige Elemente der Malerei lassen ihren ehemaligen räumlichen Charakter erkennen. Als einziges architektonisches Element hat sich der Tisch erhalten, dessen Tiefe durch den darauf aufgestellten Tafelaufsatz gesteigert wird. Seine Lang- und Schmalseiten gliedern die Personen in die Tiefe, die ihre Standorte durch Überdeckungen weiter differenzieren. So gliedern sich die Gruppe, die sitzende Einzelfigur, das frontal ausgerichtete Paar mit dem dahinter herantretenden Mann und die beiden gabenbringenden Personen deutlich voneinander, indem sie räumlich genau lokalisiert in der oben geschilderten Weise korrespondieren.

Der mittlere und rechte Bildabschnitt kommt dagegen gänzlich ohne Architekturelemente aus. Auf dem Boden deuten fragmentarisch Grasbüschel die Grundlinie an, auf der die Aktion der Figuren abläuft. Die Reihung der drei schreitenden Gestalten leitet zu den Tanzpaaren über, bei denen die räumliche Wirkung jeweils durch den Umraum der Figuren und durch diese selbst gebildet wird, so wie sie ihn durch ihre Geste erweitern, öffnen oder schließen. Ob im ursprünglichen Zustand zu dieser Räumlichkeit der Figuren noch weitere architektonisch gebaute Raumelemente traten, kann nicht mehr gesagt werden.

Das spärlich erhaltene Rankenwerk schließt vordergründig die Oberkante des Raumes, indem es bandförmig schlingend sich nur flach überschneidend die Rolle später Maßwerkrahmung übernimmt. Wendepunkte und Zäsuren des Bildes sind durch die aus dem Bandwerk herabhängenden farbigen Quasten betont und verweisen auf die Nähe festonartiger Ornamentik, die jedoch durch das Einbringen organischer Elemente wie die Blütenrosetten wieder aufgehoben zu werden scheint.

Das Gesamtbild läuft, ohne die Trennung der Wandvorlagen zu berücksichtigen, die ehemals architektonisch gegliedert waren, durch und erweckt so den Eindruck einer hinter den Stützen geöffneten Bühne, deren Charakterisierung durch den fehlenden oberen Abschluß nicht mehr möglich ist.

Stil:

Eine Analyse des Stils findet in diesem Falle ihre Grenzen in dem Erhaltungszustand, in dem sich das Bild vor der Zerstörung 1982 befand.

Die Massigkeit der Figuren, die sich meist bei den weniger bewegten, in der gebundenen Kontur und den fast ohne Hals auf die runden Schultern gesetzten Kopf ausdrückt, ist auch bei den bewegten Gestalten der Tanzpaare zu beobachten. Auch hier überwiegt bei aller Mobilität die voluminöse Breitung der Gliedmaßen zum Körper hin (vgl. die Arme des vorwärts-aufwärts schreitenden Tänzers), die auch durch die modifizierte Binnengliederung nicht aufgehoben werden kann. Betont war diese Massigkeit noch in der voluminösen Modellierung, von der sich nur Fragmente in den beiden, an den Tisch herantretenden Dienern erhalten haben.

Dieses Moment führt in der Komposition der Bilder aber keineswegs zu einer unbeweglichen Plumpheit. Durch bewußtes Ausrichten der Figuren zueinander, Überleiten durch Blickbezüge, durch überdeckende Staffelung und ausrichtende gestaffelte Reihung standen dem Maler genügend Mittel zur Hand, die Komposition zu gliedern.

Die größte räumliche Tiefe wird bei der um den Tisch versammelten Gesellschaft erreicht, die sich um das Zentrum, das in dem Tafelaufsatz gegeben ist, gruppiert. Diese Räumlichkeit wird über die gestaffelt hintereinanderstehenden beiden ersten Gabenträger hin zu der Reihe der ruhig Schreitenden geführt, wobei nur mehr das raumgreifende Volumen der Figuren die Tiefe des Bildes gibt. Auch die drei Tanzpaare bestimmen – jedes für sich – nur ihren Figurenraum. Eine Tiefe, die sie untereinander lokalisieren läßt, ist heute in dem Bild nicht mehr nachweisbar. Dafür tritt hier die Bewegung in den Vordergrund. Man muß in der Aneinanderreihung der Motive vorwärts, aufwärts und Innehalten sowie Rückwärtswenden die Bildkonnexion sehen, die bei der Tafelgesellschaft durch die räumliche Gliederung gegeben war.

So verbindet die vorwärts-aufwärtsgerichtete Bewegung die beiden ersten Tanzpaare, indem, wie auch die gleichgestellte Diagonale des Schwertes zeigt, das Innehalten als Abwandlung dieser Bewegungsrichtung aufgefaßt ist. Diese schließt sich in der Korrespondierung mit der Wendung, die steiler, da sich um eine Achse drehend, in dem hängenden Schwert, betont durch den parallel fallenden Zopf der Frau, sich der Richtung der anderen beiden Paare entgegenstellt. Diese Konnexion versteht der Maler ebenso Einheit stiftend einzusetzen, wie die Tiefenstaffelung des Raumes. Auch die Verbindung ist durch die Reihung der dem Tisch zuschreitenden Personen geglückt, die sich als »entfaltete« Staffelung (man beachte die ansteigende Linie der Häupter) oder als ruhige Vorwärts-Abwärts-Bewegung, im Gegensatz zu der entgegengerichteten Tanzbewegung des Paares, aufzufassen ist.

Das gleichwertige Zusammen beider Prinzipien schafft das bandwerkartige Gesprenge, das den Raum von dem Betrachter und dem real gebauten Raum abschloß und auf Distanz verwies, die für alle Teile des Bildes gleichzeitig gilt. In diesem Sinne übernimmt das Bandwerk die Rolle des Gesprengerahmens, ähnlich dem Basilikabild des Monogrammisten L. F. aus dem Jahre 1502 [4]. Es verweigert die tektonische Festigkeit, die Burgkmair und Holbein ihren Bildfassungen zu geben trachteten und greift in seinen dekorativen verspielten, dennoch bewußt für die Gliederung der Darstellung verwendeten Formen Elemente auf, wie sie sich in den Blättern Dürers zum Gebetbuch Kaiser Maximilians finden lassen. Die tektonischen Elemente bleiben dem Raum und dessen Fassung vorbehalten, die sich nicht unbedingt in dieser Art als ursprünglich erweisen läßt.

So verbindet das Bild vor allem alte Prinzipien mit neuen Formen, aus deren Zwiespalt sich auch die ungefähre Zeit der Entstehung schließen läßt, die nach jener der Basilikabilder, aber noch vor dem allgemeinen Durchbruch der Renaissanceformen in der Monumentalmalerei an den Fuggerhäusern und am Rathaus anzusetzen wäre.

Ikonographie:
Auch sie läßt sich in diesem Falle nur in eingeschränkter Weise klären.

Das Motiv von Gelage, Gabenüberreichung und Tanz in ein und demselben Bild legt zwar den Gedanken an ein Hochzeitsmahl nahe, bleibt aber für eine Bestimmung viel zu vage.

Die Hauptszene der Darstellung ist die Tafelgesellschaft, deren räumlicher Charakter auch zu dem Schluß führen könnte, daß sie in einem Innenraum stattgefunden hat. Das bestimmende Zentrum stellt sich dabei in dem Tafelaufsatz vor, dessen Rolle nicht eindeutig zu klären ist. Das Gebinde, das sich am Ende des Stabes befindet, scheint aus Früchten und Zweigen gebildet zu sein, was jedoch mit der Farbgebung, einem gleichmäßigen Ocker, nicht in Einklang zu bringen ist. Die Quellen erwähnen nirgends einen solchen Gegenstand des Volksbrauches im Zusammenhang mit Hochzeiten oder anderen Festen. Ebenso fehlen vergleichbare Darstellungen dieser Zeit, die eine Ausdeutung erlauben würden.

Lenkt man den Blick auf die Gruppierung der Personen, so ist die durch die frontale Ausrichtung der beiden rechts und links vom Tafelaufsatz sitzenden Gestalten hervorgehobene Stellung zu bemerken, von denen die größere rechts auch durch die Zuwendung des älteren Mannes aus dem Hintergrund heraus, als auch das vor ihm stattfindende Abstellen der Gaben Priorität erhält. Legte man den Größenunterschied zu der benachbarten Person als Differenzierung zwischen Mann und Frau aus, so hätte man in diesen beiden das Hochzeitspaar zu sehen. Die offenen Haarfransen, die sich an den Schläfen der »Braut« feststellen lassen, würden dem nicht widersprechen, da eine ehrbare Jungfrau normalerweise mit ungebundenem Haar ihre Hochzeit feierte [5].

Das Abstellen der Gaben vor dem Bräutigam ist mit dieser Ausdeutung zu vereinbaren wie der Tanz, der eindeutig im Freien stattfindet. Das Tragen der »Wehr« bezeichnet den freien Bürgerstand der Tänzer, die sich in ihrer Kleidung weit von der distinguierten Eleganz der Darstellung der Geschlechtertänze abheben. Die heftige Bewegung und die weit geöffneten Jacken und Hemden sowie die schweren Stiefel zeigen in ihrer Art die direktere Lebenslust der unteren Stände an, die wohl dem ganzen Bild als Hauptthema gedient haben dürfte-

Über die ursprüngliche Lage des Bildes im Raum sowie über die Rolle und den Auftraggeber läßt sich heute nichts mehr aussagen. Der Stadtplan Jörg Selds zeigt an dieser Stelle 1521 ein Gartenanwesen, dessen Baubestand schon auf dem Vogelschauplan Kilians von 1626 bedeutend reduziert worden war. Eine Lokalisierung der Wand anhand dieser Unterlagen ist nicht zu treffen, außer, daß das bis zum Jahre 1972 bestehende Haus nicht den ursprünglichen Rahmen für das Bild gegeben haben kann.

Inwieweit dieses Bild eine Entsprechung zu der Badeszene im Anwesen Ludwigstraße 1 darstellte und einen »familiären Charakter« hatte, ist in diesem Fall nicht bekannt.

Die Größe des Bildes läßt in diesem Fall auf einen mehr repräsentativen Charakter schließen, der bürgerliche Verhältnisse zu sprengen scheint, so daß man unter Umständen in diesem Haus mit einem Festraum, der nicht nur einer Familie diente, rechnen könnte.

Technik:
Die Malerei wird von einer auf einem porösen Kalksandputz aufliegenden ca. 1 mm dicken Schlemmschicht, welche die in secco aufgetragenen Pigmente trägt, die, flächig aufgetragen, von einer schmalen grauen Vorzeichnung gefaßt, die nur an wenigen Stellen kenntlich ist.

Eine schwarze Strichzeichnung schließt die Bildschichtung nach oben hin ab, sich teilweise lavierend modellierend über die Pigmentschichten legend.

Erhaltungszustand:
Nach dem Abbruch des Hauses im Sommer 1972 wurden zwar, als sich hinter dem herabgeschlagenen Putz die Malerei erkennen ließ, sachgemäße Freilegung sowie konservierende Maßnahmen gefordert [6], zu denen im Zusammenhang eine ausgiebige Photodokumentation dieser Bilder treten sollte. Der damalige Befund zeigt die durch Hammerschläge beschädigte Originaloberfläche, die noch weitgehend mit neuem Putz und Farbschichten überdeckt war. Die Intensität der Farben war noch nicht durch Abwaschung und Rußeinwirkung zerstört, so daß eine Konservierung, wie sie noch am 5. 12. 1972 von der Stadt vorgesehen war [7], den Gesamtbestand hätte erfassen können. Trotz dieser Beschlüsse unterblieb eine reguläre Freilegung und die Wand wurde nur notdürftig mit Plastikfolien abgedeckt.

Dieser Zustand blieb auch so, als die Abdeckung bald durch Wind und Wetter zerstört war. Auch vermutete kein Passant, daß an der ruinösen Mauer, in die schon bald nach der Aufdekkung Reservierungsschilder mit Dübeln angebracht wurden, irgendwelche Reste zusammenhängender Bemalung seien. So erhielten die Bilder, obwohl sie bei den städtischen Kunstsammlungen bekannt waren, keinen weiteren Schutz.

Im Sommer 1979 waren noch alle in der Beschreibung genannten Einzelheiten sichtbar. Anfangs Oktober 1979 wurde die obere Hälfte der Bankettszene abgeschlagen und die Fragmente beschädigt, obwohl am 21. 8. 1979 der Erhalt der Bilder nochmals vom Landesamt für Denkmalspflege, Stadtbauamt und dem Heimatpfleger beschlossen worden war [8].

Der nasse Winter und Frühsommer 1980 führte zu weiteren Substanzverlusten der Pigmente, was durch Anschüttung von Bauschutt Ende Mai 1980 noch verstärkt wurde [9/10].

Der allgemeine Substanzverlust sowie auch der Verlust der ikonographisch interessanten Partien verhinderte das Interesse an dieser Malerei. Zur Jahreswende 1982/1983 verfielen die letzten erkennbaren Partikel des Originals.

Nr. 71 und Nr. 72
Fragment der Bemalung der Fuggerhäuser am Weinmarkt (Maximilianstraße 36/38; Lit. Nr. B 9/10/11)

Datierung: 1512–1536

Zerstört: endgültiger Verlust am 25. II. 1944, nachdem durch verschiedene Umbauten und Restaurierungen die Originalsubstanz geschmälert worden war.

Überliefert:
Lieb Norbert 1952 (Zusammenfassung des erhaltenen Bildmaterials)
Photographien der Kunstsammlungen ohne Namensnennung

Geschichte:
(Überlieferung der Gesamtbemalung der Fassade)

Die Fuggerhäuser am Weinmarkt stellen, über den Rahmen der Augsburger Kunstgeschichte hinausgehend, ein bedeutendes Denkmal der frühen italienischen Renaissanceeinflüsse in Deutschland dar. Neben der Architektur, die eindeutig mit den toskanischen Säulen, den Rundbogenarkaden und den die Fassaden teilweise krönenden Balustraden auf italienisch-venezianische Grundformen Bezug nahm, wurde diese Frage auch für die Malereien an diesen Häusern gestellt.

Die Malereien der Straßenseiten der drei unter einem Besitz zusammengefaßten Häuser werden schon in dem Reisetagebuch des Italieners Antonio de Beatis 1517 erwähnt [1], so daß man ihre Entstehungszeit schon bald nach dem Erwerb der Bauten durch Jakob Fugger 1511 ansetzen muß [2]. Die Malereien des Damenhofes im nördlichen Haus trugen in einer Arkade die Jahreszahl 1515 [3]. Die Entstehungszeit der gesamten Bemalung der Häuser läßt sich damit eindeutig auf das zweite Jahrzehnt des XVI. Jahrhunderts festlegen.

Die einzige archivalische Nachricht über Malereien im Fuggeranwesen selbst liefert für die Jahre 1532 bis 1536 Jörg I Breu in seiner Chronik:

> »Item adj 23 brachmonat (23. Juni) hab ich herrn Anthoni Fuggers hinderhaus ausgemalt und hab daran 4 summer und ein halben winter gemalt. solche grosse, unnutze bauung und abprechen ist da geschehen. ist mir die costung mit saumnus, verdorben Zeug, aufhörung und anfang der zeit auf ein neues nit bezalt worden, hab alle ding sten miessen lassen.« [4]

Diese Chroniknotiz, die sich anscheinend auf die Anlage des großen südlichen Arkadenhofes bezieht (heute Gebäude Nr. 38) [5], wird man entweder auf den Abschluß der gesamten Umgestaltung des Anwesens oder gar auf einen ersten Umbau beziehen müssen, da die oben genannten Daten die Zeit der Entstehung der Fassadenmalerei und der Ausschmückung des Damenhofes eindeutig belegen.

Die Urheberschaft der frühen Bemalung wird durch die Erwähnung bei Sandrart [6], welcher

1660–1674 in Augsburg lebte, für Hans I Burgkmair in Anspruch genommen. Da die Fassadenmalerei aber 1761 beseitigt wurde [7], bleiben nur mehr zwei Darstellungen des Straßenprospektes für die Beurteilung dieser Malereien übrig.

Der ältere, ein Holzschnitt von 1566, [8], zeigt die Belehnung Herzog Augusts von Sachsen. Skizzenhaft gibt er die Gliederung der Wand: Über den Fenstern im Parterre zieht sich eine rechteckige, von Pilastern (?) gegliederte Bildreihe, wogegen im ersten und zweiten Stockwerk die großen Fenster von in Bogen gefaßten Bildfriesen gerahmt sind. Nur die beiden nördlichen Fassaden sind bemalt.

Der jüngere, ein Kupferstich von Raphael Custos [9], zeigt 1632 dagegen im Erdgeschoß eine andere Teilung aus übergreifend ausgebauten Säulen mit zwischenliegenden Inkrustationsfeldern und einer perspektivisch gegebenen Säulenflucht; links und rechts des Portales scheinen stehende Figuren unter Arkadenbögen gegeben, auf deren Scheiteln wiederum Säulen aufsitzen, welche das Biforium über dem Portal mit den beiden anschließenden Emblem(?)feldern fassen. Von einer durchgehenden Flucht rechteckiger szenarisch gestalteter Felder kann in diesem Fall nicht die Rede sein. Dagegen scheint sich die Gliederung zwischen dem ersten und zweiten Stockwerk mit der Folge von segmentbogenartig gefaßten Feldern, in denen Szenen (Allegorien?) und Rossebändiger zu erkennen sind [10], zu dem frühen Holzschnitt identisch zu verhalten. Die Zone über der oberen Fensterreihe stellt dagegen nur mehr eine Folge von giebelartigen Bekrönungen vor (Sprenggiebel mit Spitzgiebeln wechselnd?). Auch die Gliederung des nördlich anschließenden Hauses hat sich gegenüber der Gestaltung der früheren Abbildung in der unteren Zone verändert, wo die durchlaufende Gesimsgliederung fehlt, obwohl auch sie im oberen Teil mit dem Bogenfelderfries, und dessen Höhenunterschied zu der südlichen Fassade ähnlich sich verhalten hat.

Die Unterschiede der beiden Abbildungen, die unter Umständen auch nur in der Verschiedenartigkeit der Auffassungen der Zeichner begründet sein können, lassen aber keineswegs den Schluß zu, daß nicht eine zwischenzeitliche, auch die Struktur (vor allem in den Erdgeschossen) verändernde Bemalung stattgefunden haben könnte. Läßt man nun nur den 1566 entstandenen Holzschnitt als Quelle für die Fassadenbemalung gelten, so läßt sich gerade für die von Buff betonten Renaissanceformen kaum mehr eine Aussage treffen [11]. Auch müßte die Identität der Bemalung vierzig Jahre nach der Entstehung ohne jeglichen weiteren verändernden Eingriff nachgewiesen werden [12].

Eine Verifizierung der Urheberschaft Burgkmairs wird dadurch noch unsicherer, da die »Renaissanceformen«, die für ihn als Charakteristikum belegt sind, erst in einem 120 Jahre späteren Zeugnis gefunden werden können. Daß diese Fassadenmalerei zeitlich so lange ohne Restaurierung bestanden haben könnte, darf als ziemlich unwahrscheinlich gelten.

Die Zuweisung der Malereien allein aufgrund der Aussage Joachim von Sandrarts vorzunehmen erscheint unter diesen gegebenen Verhältnissen dann doch als zu vage, da, wie es den Anschein hatte, auch zu seiner Zeit schon nicht mehr der Originalzustand gegeben war. Insgesamt läßt sich aufgrund der Quellen weder eine Rekonstruktion noch eine Zuweisung der zwischen 1512 und 1517 entstandenen Bilder geben.

Nr. 71
Die Bilder des Damenhofes der Fuggerhäuser »Triumphzug Kaiser Maximilians«

Ehemaliger Standort:
Maximilianstraße 36, nördlicher Innenhof

Datierung: 1515

Zerstört: am 25. II. 1944

Beschreibung:
Die Malereien des Damenhofes im nördlichen Haus des Fugger'schen Anwesens sind heute bis auf wenige stark nachgemalte Reste von Grisaille-Malerei der Bogenlaibung der südöstlichen

Arkade verschwunden. Auch die wenigen Aufnahmen, die verwaschene Reste der Wandbemalung zeigen, können nicht als Grundlage einer erneuten Beschreibung der 1944 gänzlich zerstörten Malerei dienen. So verwies schon Lieb [13] 1952 auf die von Julius Groeschel 1888 gegebene Beschreibung [14]. Heute läßt sich die dort gegebene Rekonstruktion nur noch übernehmen, da die gesamten Malereien der Wandflächen verschwunden sind.

Das Bemalungssystem [15] zeigte unter dem die Arkaden überfangenen Gesims Girlanden, die sich festonartig zwischen den eingelassenen Rundscheiben und Bogenscheiteln spannten. Über diesen lief noch unter dem Gesims eine Frakturinschrift, welche das Programm des Triumphzuges des Kaiser Maximilian wiedergab.

Die Fläche oberhalb des Gesimses, war in drei Zonen geteilt. Die untere durch ein auf Höhe der Fensterbänke umlaufendes gemaltes Gesims als Brüstung ausgestaltet, trug die zu den Texten der Schrift zugehörigen Bilder, die nur an den Eckkanten und unterhalb der an der kurzen Hofseite gemalten Säulen durch Pilasterformen gegliedert wurden. Darüber spannte sich auf den Fenstern aufliegend eine Reihe von Rundbögen, über denen sich ein Putten-Fries hinzog, von dem sich ein Lichtbild erhalten hat. Dieser Fries zeigt, sich jeweils über den Scheiteln der Bögen verkröpfend, zwei Putten, die antithetisch gestellt ein Amphoragefäß präsentieren.

Unter den Bögen, die in luftblauer Farbe das Gebäude negierten, war in jedem Abschnitt (außer an den durch Ecken gebrochenen) eine Gruppe von Personen gegeben, die in den Hof schauen. Diese Zuschauer beleben, durch ihre Körperlichkeit einen Raum ausbildend, die Zwischenräume der Fenster, die als dunkle Flächen zusammen mit ihren gemalten Rahmungen gleichsam die Stützen des Systems bildeten. Nur an der Ostfront treten Stützelemente in der Malerei auf, welche die Scheitel der gemalten Arkaden tragen. Die Bogenzone des gebauten Arkadenganges, der an dieser Seite fehlt, wurde an der Ostseite von einem Fries mit Musikern eingenommen, so daß die Gewichtung der Fläche auch an dieser anders gearteten Architektur erhalten blieb.

An der Westseite des Hofes wird die Unregelmäßigkeit durch die drei großen Segmentbogenfenster im Obergeschoß erzwungen. So läuft hier der Fries der Geländezone über den Arkaden wie auf den anderen drei Seiten durch. Oberhalb wurden dagegen zwischen die Fenster Säulen gestellt, die ein Gesims tragen, welches die seitlichen Fenster trapezförmig überfängt und an die Rahmung des Mittelfenster stößt. Über diesem ist ein Stück der Balustrade der toskanischen Säulchen in der Malerei aufgegriffen, die real die übrigen Wandflächen bekrönen. Die Seitenfenster sind durch Segmentbogen überfangen. Zwischen diesen drei abschließenden Elementen sind zwei Inkrustationsmedaillons gemalt, die zusammen mit den Girlanden die parallel zu den Säulenschäften neben den Fenstern hängen, den malerischen Charakter der Wandgliederung betonen.

Die Eigenartigkeit des die Gebäudearchitektur weitgehend umwendenden und nur zum Teil einbeziehenden Wandsystems, die Groeschel als »Stempel eines kräftigen Wollens aber begrenzten Könnens einer schaffensfreudigen, energischen Phantasie« sehen wollte, »die noch nicht in die tieferliegenden constructiven Nothwendigkeiten der neuen Formen« [16] eingedrungen sei, scheint in der Abfolge der Denkmäler eher ein gelungener Versuch, die in der Tradition verankerten illusionistischen Züge mit den neuen Stilformen zu vereinen, welche in den letzten Jahren des XV. Jahrhunderts zugunsten einer möglichst naturalistischen Wiedergabe in der Malerei vernachlässigt worden waren. Darin, daß in diesem Fall die Malerei sich als »Malerei« verstanden in ihrem Eigenwert behauptete, liegt die Bedeutung des Damenhofes. Nicht die Verwendung der neuartigen Dekorformen, die schon länger in Augsburg bekannt waren [17], sondern die Art ein aus Malerei heraus geschaffenes, eigenständiges System zu entwickeln, scheint hier die Bedeutung des Denkmals darzustellen, dem man kaum gerecht werden wird, wenn man in ihm nur die Tektonik italienischer Renaissance erwartet. So sollte man in dieser Gestaltung, welche die Malerei eigenständig auffaßte, nicht die Unzulänglichkeit eines Nichteinordnens in eine dekorative Rolle entgegenhalten. Eher wäre hier die Art zu bewerten, wie es der Maler verstand, trotz der Tektonik der Architektur ein System aufzubauen, das mit dieser konkurrieren konnte, diese aufgreifen und so ins Malerische zu wenden vermochte, daß teilweise eine Identität von Architekt und Maler gefordert wurde [18]. So dürfte es nicht nötig sein, einen jungen Meister für diese Malerei verantwortlich zu machen. Auch ein anpassungsfähiger Mann dem die illusionistischen Systeme, wie sie sich im Kreuzgang der Barfüßerkirche (vgl. Objekt Nr. 60) und in der Fassade von evangelisch St. Ulrich (vgl. Objekt Nr. 76), in ihrer Denkungsart geläufig waren, wäre als Schöpfer einer solchen Anlage denkbar.

Stil:
Die stilistischen Vergleiche müssen sich immer an den alten Beschreibungen ausrichten, da zu wenig gesicherte Formen erhalten sind. Eine Zuschreibung an Burgkmair durch die am ausführlichsten bei Groeschel 1888 gezogenen Vergleiche [19] scheint nicht mehr schlüssig, da einige der herangezogenen Beispiele heute anderen Malern zugeschrieben werden. Auch ist die Beschreibung des Stils zu uneinheitlich, als daß sich darauf weitere Ableitungen bauen ließen. Der Aufbau einer neuen Stilanalyse ist aufgrund des vorhandenen Abbildungsmaterials nicht mehr möglich.

Ikonographie:
Ikonographisch ist in diesem Falle nur das umlaufende Band mit den Darstellungen des Triumphzuges Kaiser Maximilians, welche durch die von Groeschel noch gelesenen Unterschriften bezeugt sind [21] zu fassen. Diese Texte stellten eine lose Kompilation des von Kaiser Maximilian seinem Sekretär Marx Treytzsaurwein diktierten Programms dar, das in Zusammenarbeit mit dem Humanisten Johannes Stabius entstand. Dieses Programm, das von dem Hofmaler Jörg Kölderer 1507 bis 1512 als Miniatur ausgeführt wurde, scheint wie Lieb schlüssig ausführte, durch die Verbindung Fuggers mit dem Kaiser in den Komplex der 1515 entstandenen Malerei gekommen zu sein. So ist auch das Argument Groeschels, der in der Ähnlichkeit mit dem Aufbau der Burgkmair'schen Schnittfolge den Beweis für die Urheberschaft dieses Malers sehen wollte, nicht zu erbringen, da das Vorwissen seines »unpublizierten Werkes« nicht notwendig war. Die feststellbare Übereinstimmung in den Texten ist daher in ein und derselben Quelle, nämlich dem diktierten Programm begründet, dessen Übernahme durch den Auftraggeber um vieles einleuchtender ist, als die Programmgestaltung durch einen ausführenden Maler.

Signaturen, Zuschreibungen:
Mehrere Signaturen sind für den Hof bezeugt. So stellte Waagen 1845 das Monogramm »A« fest [22], woraus er die Zuschreibung an Albrecht Altdorfer ableitete. Groeschel berichtet von dem Monogramm » HB «, das von anderen auch als » IB « gelesen wurde [23]. Dabei verwahrt er sich gegen die zweite Lesung, hinter der sich der Name Jörg I Breu verbergen könnte und legt seine Lesart in Verbindung mit den obigen Gründen als Hans I Burgkmair aus [24]. Ein zweites Monogramm mit den Buchstaben »BDP« vermochte er nicht zu deuten. 1891 greift Friedländer [25] das von Waagen gefundene Monogramm auf und weist es Jakob Apt zu, wogegen Dörnhöffer 1897 eine Zusammenarbeit zwischen Ulrich I Apt und Leonhard I Beck aus stilistischen Gründen annimmt [26].

So wird fast die gesamte namhafte Augsburger Malerschaft mit diesen Bildern in Verbindung gebracht, wobei sich ohne weitere archivalische Grundlage keine Erklärung jetzt nach dem Verlust der Malereien beibringen läßt.

Lieb weist zu Recht darauf hin [27], daß in diesem Falle mit einer größeren Arbeitsgemeinschaft wie bei der Rathausbemalung 1516 zu rechnen ist. Dabei dürfte aber gerade Hans I Burgkmair, für den sich keine Arbeit als Wandmaler eindeutig belegen läßt [28], wohl am wenigsten beteiligt gewesen sein.

Technik:
Die Bilder werden in der Literatur immer als Fresken bezeichnet. Eine Überprüfung dieser Feststellung anhand der Unterlagen und der geringen erhaltenen Spuren ist nicht mehr möglich.

Überlieferung, Erhaltungszustand:
Aus der Zeit um 1888 haben sich vier Lichtbilder erhalten, welche außer dem Puttenfries und der Malerei auf den Arkadenlaibungen nur mehr Spuren erkennen lassen. Als Grundlage für die Auseinandersetzung mit diesem Denkmal gelten heute die Rekonstruktionszeichnungen Groeschels, die dieser im selben Jahr publizierte [29].

Nr. 72
Fuggerhäuser
Dekorative Architekturmalerei

Standort: in situ
Maximilianstraße 38, Eingangshalle, sowie nördliche und südliche Arkadengewölbe des Hofes

Datierung: 1532–1536

Maler: Jörg I Breu

Beschreibung:
Im südlichen Gebäude des Fugger'schen Anwesens haben sich Reste von Malereien erhalten, die heute in Verbindung mit der eingangs erwähnten archivalisch belegten Tätigkeit Jörg I Breu in Bezug gebracht werden [30].

So sind die von Tonrippen gefaßten Gurtbögen der Eingangshalle auf dunkelgrünem Grund in Goldocker Groteskornamente gemalt, welche aus Vasen hervorwachsen und sich in einem gegliederten Stab aus knoten- und birnenförmigen Elementen fortsetzen, der immer wieder zu pokalähnlichen Ausbildungen führt. Aus diesem Stab wachsen fleischig gebundene Ranken, die teils in spiralig eingerollten Blättern enden, teils ahornartige Blätter tragen. Die Wirkung der flächig aufgetragenen Ornamente [31], die nur durch eine schwache Modellierung gegliedert sind, ist in der plastischen Rahmung grazil und leicht, was ehemals durch die Leuchtkraft des Ockers auf dem dunklen Grund in dem weit gespannten Raum noch stärker gewesen sein muß.

Zu dieser Groteskornamentik wird auch die Malerei der Arkaden im Hof des Hauses gezählt [30]. Dort haben sich in den Gewölbetonnen, die durch Stichkappen miteinander verbunden sind, rein dekorative Malereien erhalten. Diese zeigen in den Gewölbescheiteln ein Medaillon, das in eine Kartuschenfassung von je zwei gleichen Maskarons flankiert wird. Die Kartusche, die von der kassettiert bemalten Arkadenlaibung sowie von dem Rahmen der Schildwand seitlich gefaßt wird, ist an ihren Enden durch die gleichartig illusionistisch profilierte Gewölbegratfassung » gestützt«. Die Masken, welche als Typen wilde bärtige Gesichter mit Geweihen oder Hörnern als auch Harlekine oder von einem Muschelornament umfangene Frauenköpfe zeigen, scheinen ohne besonderes Prinzip in der Reihenfolge zu wechseln. Auch die Zwickel zwischen den Gewölbegraten und den Seitenbegrenzungen zeigen Masken, welche bärtige gehörnte Silenen (?) darstellen. Die erhaltenen Stichkappen weisen eine an dem Gewölbescheitel und dem Gurtgrat ausgerichtete Raute auf, die mit doppeltem Rahmen ein Kreuzblattmuster einschließt. Von den Seiten her wachsen aus breiten Basen, umwuchert von flügelähnlich angeordnetem Geäst, Frauenköpfe, die mit ihren Kronen den Rahmen der Raute zu tragen scheinen, an dessen in die Länge gerichteten Ecken zwei ähnliche Büsten sitzen, die von Laubkränzen bekrönt sind. Die wuchernden Pflanzen verdichten sich jeweils als Körper, wobei spiralförmig gedrehte Blätter die Brüste ausbilden. Die Schildwände der Arkaden sind durch je zwei gemalte Inkrustationsmedaillons mit beigeordneten Diamantquadern geschmückt, die jeweils ein Fenster mit gemaltem Profilrahmen fassen, der von einer Muschel bekrönt wird. In den Jochen, wo die Fenster fehlen, sind diese durch gemalte Butzenscheiben angedeutet. In den unteren Partien lassen sich noch weitere Gesimsstücke von Türrahmen feststellen.

Die Farbigkeit der Malerei beschränkt sich auf den Ockerton des Grundes sowie die schwarzweiße Ausführung der Figuren, wobei der Grund immer durchscheinend blieb. Nur in den Fenstern und Medaillons werden weitere Farben verwendet.

Stil:
Während sich die Groteskform noch in ihrer grazilen Haltung in das Zeitbild einfügt, das sich in Augsburg durch die Malereien Jörg II Breus in der Weberstube aus dem Jahre 1538 fassen läßt [33], scheinen die Malereien der Hofarkaden in ihrem breiten wuchtigen Aussehen sich stark davon abzuheben. Aufbau der Dekoration und die Ausbildung der Masken sowie die Fassung der Medaillons lassen sich zwar für die Zeit von 1532 bis 1536 nachweisen [34], da sie sich in ähnlicher Form schon im Damenhof fanden, wogegen die heute kantige Ausbildung der Mu-

scheln wie auch des Laubwerks von späterer Hand erscheint. Angesichts der Derbheit dieser Malerei wird man die Urheberschaft in Frage stellen müssen. Dies wird jedoch auch weitgehend von der Feststellung des Originalzustandes der Bilder abhängig sein.

Technik:
Die Fassung der Gurtbögen in der Eingangshalle ist in Secco auf einer Schlemmschicht ausgeführt, wobei das goldockerfarbene Ornament über den dunkelgrünen Grund gelegt wurde. Die Modellierung erfolgte in die noch nasse Farbe des Ornaments, was ihre Transparenz anzeigt.

Die Malerei der Arkaden scheint ursprünglich auf eine dünne Putzschicht (oder dickere Kalkschlemme?) gemalt, wobei sie mit Ocker und Weiß angelegt wurde, die durch die graue Zeichnung gefaßt und plastisch ausgestaltet wurde. Der Auftrag von Weiß und Ocker scheint in den noch feuchten Grund erfolgt zu sein, wogegen sich das Grau der Zeichnung eindeutig als in secco ausgeführt zeigt.

Erhaltungszustand:
Das Ornament der Gurtbögen weist einen starken Abrieb sowie größere Abplatzungen der pigmenttragenden Schicht auf. Die in den oberen Bereichen feststellbare Zeichnung läßt auf eine früher erfolgte teilweise Auffrischung schließen, die jedoch nicht den ganzen Bereich des Gurtbogens umfaßte. Insgesamt ist der Bestand soweit gestört, daß sich in keinem der Bogen die volle Abwicklung des Ornaments verfolgen läßt.

In den Arkadengängen lassen sich mehrere Erneuerungen wie auch Restaurierungen feststellen, von denen nur die letzte auf ergänzende Bemalung verzichtete. Die vorangegangenen Restaurierungen ergänzten teils al fresco das Fehlende, teils überdeckten sie anschließend originale Teile um einen geschlossenen Charakter zu erreichen. Je nach Technik der Restaurierung ist der Verfall vorangeschritten, der zusammen mit den teils plumpen Nachzeichnungen die Malerei so beeinträchtigt, daß auch die stilistische Einordnung darunter – wie oben gezeigt wurde – leidet.

Literatur: (für die Nr. 71 und Nr. 72)
Sandrart, Joachim von 1675, (ed. Peltzer 1925), p. 76;
Stetten Kunstgeschichte 1779, p. 277;
Waagen, Gustav Friedrich 1845, p. 76/77;
Herberger, Theodor 1852, p. 37;
Buff, Adolf 1886, p. 59–62;
Groeschel, Julius 1888, p. 240–225;
Buff, Adolf 1893, p. 32–37;
Dörnhöffer, Friedrich 1897, p.
Thieme-Becker, Kstl. Lex. Bd. I (1907), p. 34;
Hartig, Michael 1922, p. 28;
Eberlein, Hans 1939, p. 119;
Lieb, Norbert 1952, p. 92 ff;
Breuer, Tilmann 1958, p. 86;
Falk, Tilmann 1968, p. 78 ff;
Pfaud, Robert 1976, T. 11;
Blendinger/Zorn 1976, Nr. 183;
Katalog Augsburg 1980, p. 253 Nr. 205.

Nr. 73 mit Nr. 80

Illusionistische Architekturmalerei und Fassaden-Fassungen

Dieser abschließende Teil des Kataloges gibt die überlieferten Fassaden- und Architekturfassungen ohne chronologische Ordnung wieder.

Dabei sind in alphabetischer Reihenfolge zunächst die kirchlichen und im Anschluß daran die profanen Objekte angeführt.

Nr. 73
Kreuzgang von St. Anna
Illusionistische Architekturschranke

Standort: in situ
St. Anna, Kreuzgang, Verbindungsjoch zwischen Taufchor und Kreuzgang Westwand

Datierung: 1464 [1]

Maße: 163 × 232 cm

Beschreibung:
In einer vermauerten Türnische findet sich die als halb geschlossen, halb mit Stabwerk vergitterte Schranke. Die obere Hälfte ist durch hochrechteckige Rahmen, die in nach rechts flüchtender Perspektive dargestellt sind, vergittert, während die untere Hälfte durch einen mit rotem Webmuster sowie schwarzem und weißem Blütendekor verziertem unten ausgefranstem Behang geschlossen ist.

Von den Durchbrüchen, die von einer monochromen roten Fläche hinterfangen sind, ist die obere und untere sowie jeweils die linke Leibung zu sehen. Die Frontseite ist profiliert und gibt durch die schwarzlinige Zeichnung, die an lichtreflektierenden Seiten weiß ist, einen von links oben kommenden Lichteinfall wieder, der jedoch keinen Schatten innerhalb der Öffnungen wirft. Der Behang ist flächig mit fast schablonenartig aufliegendem Dekor. Nur die Fransen deuten die Stofflichkeit an, ohne die in ihnen liegende Bewegung in die Fläche zu übertragen.

Stil:
Die Profilierung gibt genau die der Bilder des Kreuzganges in der Art des Lichteinfalls wieder, so daß die Entstehungszeit in Zusammenhang mit dem Zyklus des Kreuzganges gesehen werden muß (vgl. Objekt Nr. 44 mit Nr. 46). Das Muster des Vorhangs scheint die Art der Decke des Bettes in dem »Tod Mariens«-Bild in St. Jakob (vgl. Objekt Nr. 47) [2] widerzuspiegeln, so daß man diese illusionistische Malerei durchaus in die Zeit um 1464 setzen kann.

Funktion, System:
Die Malerei scheint eine beim Neuaufbau des Kreuzgangs entstandene Lücke zu schließen. Sie hat keinerlei heute mehr feststellbare Funktion (für den raumbildenden Charakter) [3] im Zusammenhang mit der übrigen Ausmalung, so daß der Grund für sie in einem gewissen »horror vacui« zu sehen ist.

Technik:
Die Pigmente liegen auf einem einschichtigen Kalkseccoträger auf, in dem die Schranken, der Hintergrund sowie die Grundfarbe des Vorhangs zuerst aufgetragen wurde. Schwarze und weiße Lineatur verstehen sich wie die Dekors des Behangs als Schlußzeichnung.

Erhaltungszustand:
Außer der Ausbesserung in dem Bereich der Stabwerksdurchbrüche, die durch Stretteccotechnik bzw. durch hellere Färbung kenntlich sind, lassen sich keine späteren Eingriffe erkennen.

Nr. 74
Stab mit Rankenwerk (Fragment)

Standort:
ehemaliges Barfüßerkloster (Jakobspfründe) [4]
Kreuzgang, Südflügel, Nordwand
(die genaue Lage ist nicht festgehalten).

Datiert: 1483 [5]

Freigelegt: Beim Umbauarbeiten 1975

Verdeckt: Bei Abschluß der Arbeiten 1977

Maße: nicht bekannt

Überliefert: durch Photographie der Stadtbildstelle Nr. P 5621

Beschreibung:
An einem aufragenden Rundstab mit kleinen Knospen schwingt sich S-förmig ein Rankenwerk aus einem sich links und rechts verzweigenden Akanthuslaubwerk, dessen Triebe sich spiralig einrollen und in umschlagenden, sich breitenden Blattspitzen enden, deren Unterseite dunkler gefärbt ist. Das in Grau, Hellrot und Gelb gemalte Ornament ist durch eine schwarze Zeichnung gefaßt, die im Bereich der Blätter durch Doppellinien, Schraffuren und durch den Wechsel der Strichstärken den plastischen Charakter der Blätter wiedergibt, dementgegen der tragende Rundstab durch stufenweise Weißhöhung modelliert ist.

Stil:
Durch seinen Zusammenhang zu dem datierten Zyklus des Kreuzgangs ist dieses Ornament schon öfters im Katalog genannt worden (vgl. Objekt Nr. 58 und Nr. 66, I u. II). Bezeichnend für dieses Fragment ist die Verknospung des Stabes, sowie die Variierung des Strichs zur Verräumlichung des Rankenwerks. Letzteres ließ sich bei den Malereien des Doms nur in dem Gewölbe IV. 27 in Ansätzen finden. Die präzisere Ausbildung scheint hier allerdings auch durch den Standort in Augenhöhe des Betrachters begründet zu sein. Die helle, fast transparente Farbigkeit entspricht der des Zyklus aus dem gleichen Gebäude (vgl. Objekt Nr. 60).

Funktion, System:
Es scheint sich bei dem an der Nordwand liegenden System um die Fassung der Fenster gehandelt zu haben, die sich allein aus diesem bekannten Fragment nicht rekonstruieren läßt.

Technik:
Das Fragment scheint in Seccotechnik auf einer Schlemme ausgeführt zu sein [6]. Die Weißhöhung liegt als Modellierung in den Pigmenten, das verräumlichende Lineament als Schlußzeichnung auf.

Erhaltungszustand, Überlieferung:
Das Fragment wies in der unteren Hälfte stärkeren Abrieb auf, der von der ehemaligen Auffüllung des Raumes herrührte. Ob auch dieser Teil vor der erneuten Verdeckung durch eine Verschalung geschützt wurde, ist nicht bekannt [7].

Nr. 75
Rankenwerk der Türfassungen der Domkrypta

Standorte: in situ
Domkirche, Westkrypta (vgl. Plan Nr. II)
I a Mittelschiff, östlichstes Gewölbe, südlicher Ansatz;
II b Mittelschiff, östlichstes Gewölbe, nördlicher Ansatz;

Datierung: ca. 1490/1510

Freigelegt: Februar 1980 durch Klaus Klarner

Maße: I a 45 × 70 cm
II b 70 × 30 cm
(beide Maße beziehen sich auf die besprochenen Stellen und umfassen nicht das ganze spurenhaft erkennbare Rankenwerk-System).

Beschreibung:
Aus der Unzahl der Spuren von Fragmenten, die in der Krypta aufgedeckt wurden seien hier mehr oder weniger exemplarisch zwei Stücke herausgenommen, welche anscheinend zu der Bemalungsschicht der späten Bilder gehören (vgl. Objekt Nr. 52 mit Nr. 55), sich jedoch merklich von diesen in der Art der Ausführung abzusetzen scheinen.

Nr. 75, I

Das Fragment stellt die rechte Ecke der ehemaligen Türrahmung des östlichen Durchganges zwischen dem Mittel- und Südschiff der Krypta dar. Es zeigt ein sich aufspaltendes, teils nach unten umstürzend fallendes, teils sich nach oben einrollendes dem Akanthus ähnliches [8] Blatt, das aus dem Motiv des Umschlagens heraus an seinen Enden knospenartige Verdickungen zu entwickeln scheint. Das Blatt selbst besitzt keine Lokalfarbe mehr, sondern baut sich ganz aus der teilweise gegebenen Kontur und der lavierenden Schattenzeichnung auf, die mit wässeriger Farbe aufgetragen ist. Zu diesem Blattwerk scheinen fächerartige, durch Wellenlinien begrenzte Elemente zu kommen, welche Teile der Blattstruktur hinterlegen. Es scheint, daß diese Elemente auf dem gleichen tragenden Rundstab saßen wie die Blätter und mit diesem konkurrierend eine palmettenartige Struktur aufbauten.

Nr. 75, II

Dieses Fragment zeigt, noch stärker zerstört, den ehemaligen Ast, der sich in diesem Fall nicht glatt über die Öffnung hinwegbeugt, sondern selbst als pflanzliches Ornament sich verdickt und aus diesen knospenartigen Stellen die sich rollenden Blätter hervorbringt. Die Lokalfarben negierende Tendenz scheint bei diesem Beispiel weniger stark ausgebildet zu sein.

Stil: (für die gesamte Nr. 75):
Die Ausbildung des Rankenwerks nur durch eine Kontur und die dazugehörige Lokalisierung des Schattens, scheint eine Steigerung der Differenzierung des Lineaments zu sein, welche sich in dem Fragment der Barfüßerkirche am deutlichsten niederschlug. Nur der tektonisch wichtige Rundstab bzw. Ast ist in beiden Beispielen voll gefärbt. Die im Blattwerk einsetzende Aufhebung der tektonischen Linie läßt sich sonst in dieser Zeit nicht beobachten [9]. Dies setzt die Ornamente auch deutlich von den Kapitellfassungen unter den Bildern ab, welche sowohl tektonische Linien als auch eine modellierte Lokalfarbe aufwiesen. Ähnlichkeit besteht nur in der Blattform und in der wellenförmigen Umrißlinie, die sich bei den Bildern im Gesprenge nieder-

geschlagen hatte. So ist hier die Frage zu stellen, ob nicht ein späterer Maler diese Türdurchbrüche zu fassen hatte und sich dabei an die gegebenen Formen der Malereien zu halten versuchte.

Funktion, System:
Beide Fragmente gehören zu Türstockfassungen, welche aus einem in die Türe geführten Ast aufgebaut sind. Während der Ast der Nr. 75.II sich selbst abschnittsweise biegend unterbrochen und verflochten (?) scheint, ist der von Nr. 75.I in einem Zug korbbogenförmig über die Türe gespannt. Ob dieser gespannte Bogen ähnliche knotenartige Verdickungen aufwies ist nicht klar.

Technik:
Die Malerei ist in Secco mit aufgesetzter Schwarzzeichnung und wässerig grauem Farbauftrag ausgeführt, wobei die Schwarzzeichnung im Anschluß auf die freigesetzte Farbgebung aufgetragen wurde.

Erhaltungszustand [10]:
Der Putz, wie auch die farbtragende Schlemmschicht, ist durch Hammerschläge und Abplatzen stark beeinträchtigt. Wo sich die Schlemme erhalten hatte, ist jedoch der gut gebundene Pigmentauftrag, der sich anscheinend durch seine dünnflüssige Konsistenz beim Aufbringen tief eingezogen hatte, noch voll erhalten. Das System beider Oranmente ist jedoch verloren.

Nr. 76
Illusionistische Fassadenfassung der Predigtkirche bei St. Ulrich

Ehemaliger Standort:
Evangelische St. Ulrichskirche, ehemalige Predigtkirche Nordfassade

Datierung: 1490/1500 [11]

Zerstörung: 1709 bei der Barockisierung [11]

Überliefert:
Vgl. Abb. bei Knorre, Eckhard [12]

Beschreibung:
(In diesem Falle handelt es sich nicht um eine Darstellung der Baugeschichte dieser Fassade, welche in den Einzelheiten von Eckhard von Knorre zusammengetragen wurde. Allein die Rolle der Malereien hinsichtlich der Funktion für die architektonische Wirkung soll hier Gegenstand sein.)

Die Malerei an dem Gebäude, über dessen uneinheitliche Gestaltung durch die nach Osten 1458 vorgenommene Erweiterung am besten der Aufriß des Jahres 1709 in der Augsburger Stadt- und Staatsbibliothek [13] Auskunft gibt, hatte in erster Linie die Aufgabe die Fassade als Einheit zu präsentieren.

So teilt ein durchlaufendes Gesims, das über den drei alten Arkaden nach Angabe des Aufrisses plastisch vorgegeben war, in illusionistisch ausgebildeter Verlängerung die Fassadenfläche so, daß in den die Bemalung wiedergebenden Zeichnungen der Absatz zu dem angefügten vierten östlichen Arkadenbogen nicht mehr wahrzunehmen ist. Ebenso einend überzieht der an Basis und Kanten entlang laufende Maßwerksbogenfries, der sich anscheinend rechts über dem alten Spitzbogenfries legte und dessen plastische Gliederung zu seiner Grundlage machte, im Umlauf das gesamte Giebelfeld. Als scheinbar plastische Vorlage schließt er sich mit der rechten ehemaligen Fensterrahmung und dem links davon zur Erhaltung der Symmetrie gemalt angefügten Scheinfenster zu einem gliedernden Hausteinrahmen zusammen, der vor der Wand sitzt. Diese Lokalisierung als vor der Wand befindlich ist deutlich durch die gemalten Konsolauflagen der oberen Teile der Verzierung gegeben. Die Wand selbst, die in dem umfaßten Feld als polychromes Hausteinmauerwerk vorgestellt ist, wird im Hintergrund der Maßwerke einheitlich dunkel gegeben, so daß die fassende Funktion des Maßwerkrahmens deutlich hervorgehoben wird. Die Maßwerkstruktur selbst ist einfach gehalten und schließt sich im Giebelspitz in treppenförmig angeordneter Bogen- (Blatt-)Struktur, deren untere freie Enden knospenartige Blumen tragen.

Im unteren Geschoß hebt sich die Ausgestaltung der Maßwerke, welche die Wandzwickel zwischen den Bögen füllen, deutlich von dem alten Baukörper und dem angefügten Bogen ab. Das in den westlichen Teilen aus Fischblasen, dreiteiligen Blättern und Dreipässen gebildete Maßwerk scheint sich über der vierten östlichen Arkade in ein Flamboyant-Maßwerk zu ändern, das deutlich (wahrscheinlich durch den im Aufriß angegebenen Absatz der Fassadenabschnitte begründet) durch einen Stab von den übrigen Teilen getrennt ist. Eine Aufhebung dieser Trennung scheint wegen dem sich auf den alten Baukörper beziehenden Figurenprogramm nicht vorgenommen worden zu sein [14]. Diese Maßwerkfassung des unteren Geschoßes geht noch ganz von dem diaphanen Charakter der offenen Arkaden aus, indem sie, die Fläche negierend, die Leichtigkeit dieses Teils des Gebäudes betont.

Die Vermauerung der Arkade [15], die 1552 vorgenommen wurde, greift jedoch mit den hochrechteckigen Fenstern deren Rahmenfassung und den balustradenähnlich eingesetzten Maßwerkfriesen die Elemente des Giebelfeldes wieder auf. Durch die Fassung der Fenster in sich selbst als statische Elemente mit zugehöriger Wandfläche zu verstehen, treten sie hinter das diaphane System der Arkadenfassung und konkurrieren mit dieser.

Stil:
Soweit es die zeichnerische Wiedergabe zuläßt, sind die Ausbildungen des Maßwerks im Erdgeschoß mit den Aufsätzen Burkhard Engelbergs auf den Westchorschranken von 1501 zu vergleichen, worauf auch schon Eckhard von Knorre verwies [16]. Die Ausbildung der Gesprenge im Giebelschluß sowie in dem linken Scheinfenster des oberen Geschoßes scheinen sich an das Gesprenge in der Annastraße 26 (vgl. Objekt Nr. 78) als auch an das des Heiligen im südlichen Seitenschiff des Doms (vgl. Objekt Nr. 59) anzuschließen. Dies würde ebenfalls auf eine Ausbildung der Fassadenfassung um das letzte Jahrzehnt des XV. Jahrhunderts schließen lassen. Inwieweit die polychrome Quaderfassung ebenfalls auf diese Zeit zurückgeht oder sich an die Erneuerung des Jahres 1552 anschließt, ist nicht zu entscheiden, da es an Vergleichsmaterialien mangelt. Dadurch, daß sie die Spitzbogenfriese nicht hinterfängt, sondern von diesen gerahmt wird und die von Uhrenrahmung und den beiden Fenstern umfaßte Fläche nicht bedeckt, könnte man eine spätere Hinzufügung dieser Flächengestaltung annehmen.

Funktion, System:
Die Bemalung versucht in erster Linie durch Ergänzen bzw. Negieren vorhandener architektonischer Gliederung den Erweiterungsbau und den alten Baukern in eine Einheit zu bringen. Dies wird in dem unteren Geschoß durch eine scheinbare Durchbrechung der Wandflächen versucht, die unter dem Gesims das tragende Element ganz auf die Arkadenbögen beschränkt und damit die Unterschiedlichkeit der Wandflächen zu überspielen sucht. Im oberen Teil dagegen wird die Fläche, welche die fragmentarisch vorhandene Gliederung des Altbaus zeigt, geschlossen und durch eine scheinbar vorgeblendete Fassung umrahmt, welche, die vorhandenen plastischen Elemente wie das rechte Fenster in sich aufnehmend, ein eigenständiges Programm einer Maßwerksarchitektur vorgibt. Die auflagernde Geschlossenheit des oberen Stockwerks sollte quasi durch den optisch lastenden Eindruck das untere, diaphan aufgefaßte Geschoß zu einer Einheit zwingen, die auch das durchlaufende, lastende Gesims ausdrückt.

Technik:
Über die Maltechnik läßt sich anhand der Zeichnungen keine Aussage mehr machen.

Erhaltungszustand, Überlieferung:
Die Zeichnungen geben notariell beglaubigt eine ältere, heute verschollene Bauaufnahme wieder [17], so daß auch über den Zustand der Bemalung zum Zeitpunkt der Streitigkeiten 1709, als diese Vorlagen zur Prozessführung hergestellt wurden, nichts genaues mehr festzustellen ist. Von wann die zu Grunde liegende Vorlage stammte, ist nicht zu eruieren.

Literatur:
Knorre, Eckhard von 1975, p. 31 ff.

Nr. 77
Gewölbemalerei
Illusionistischer Gewölberippen

Standort: in situ
evangelische St. Ulrichskirche, Sakristei, Gewölbe

Datierung: ca. 1480–1500

Maße: Breite der Rippen: ca. 15 cm
Höhe der Vegetabilien: ca. 70 cm

Freigelegt: 1962 durch Theo Sprenzinger [18]

Beschreibung:
Gurte und Grate der Gewölbe dieses Raumes sind durch zwei nebeneinander laufende Rillen im Putz gekennzeichnet, welche durch eine steingraue Färbung, welche die Rillen überzieht und an den äußeren Rändern überlagert, gefaßt ist. Eine leichte Verdunkelung verstärkt die Tiefung der Rillen, wie auch eine Weißmodellierung die Lichtkanten hervorhebt.

Verräumlicht und als Rippen vorgestellt wird diese Fassung durch die Wiedergabe der in weißen Strichen gegebenen Stöße, die perspektivische Projektion vollplastischer Rippen wiederzugeben versuchen, wobei das Lichtspiel in den Rillen die scheinbare Ausbildung von negativer und positiver Plastizität wechseln läßt.

Palmettenförmige Ranken in den Scheiteln der Gewölbeschlüsse wie auch der Gurte heben den Eindruck der Räumlichkeit dieser Illusionsmalerei. Die Sprosse selbst sind alle beinahe gleich gestaltet und bauen sich aus einem aufstrebenden, eine Knospe tragenden Mittelsproß sowie je zwei verzweigenden Blattranken auf, deren Blattenden sich teils nach außen, teils nach innen spiralig umschlagen. Die Außenseite der Blattwerke ist rötlich, während die Sprosse wie auch die Innenseite der Blätter grün gefärbt sind und sich nur durch eine leicht gelbliche Modellierung gliedern.

Stil:
Mit ihren einrollenden Enden und in der Struktur des Aufbaues scheinen diese Vegetabilien in der Abfolge des vierten Joches der Goldschmiedekapelle zu stehen (vgl. Objekt Nr. 66, II, Malerei in der südlichen Kapelle des Gewölbes). Jedoch läßt die Art des Vortrages die dünnen Blattflächen sowie die eher magere Ausbildung durch die Modellierung keinen Anschluß zu diesem zu. Anscheinend handelt es sich bei dieser Bemalung um das Werk eines Handwerkers, der sich neben der üblichen Anstreichertätigkeit auch der einfachen Dekorationsgestaltung widmete [19]. Die sterile, wenig wechselnde Gestaltung wie auch die Verbindung der Malerei mit dem Putzauftrag selbst ließe eine Urheberschaft in dieser Richtung vermuten.

Funktion, System:
Die Malerei sollte in dem Nebenraum des ehemaligen Predigthauses, der sogenannten Agneskapelle, eine reichere Ausstattung, die in dem Bauwerk zunächst nicht vorgesehen war, vortäuschen. Dabei wollte man allerdings keine größeren baulichen Veränderungen vornehmen, sondern verblieb ganz im Rahmen der dekorativen Malerei. Der Art der Gestaltung kam anscheinend eine gleichzeitige Erneuerung des Putzes zugute, die diese eigenartige Kombination zwischen Malerei und »Stuck«-Arbeit bewirkte.

Technik:
Die Malerei ist in Secco auf die getünchte und »profilierte« Wand aufgetragen. Die weißen Linien der Stöße sind als Schlußzeichnung anzusprechen.

Erhaltungszustand:
Die Malerei ist überwiegend erneuert, so daß die heute sichtbare Oberfläche eher als Rekonstruktion denn als ein Original anzusehen ist [20]. Es ist nicht ausgeschlossen, daß diese Neugestaltung sich in der Stereotypie der Vegetabilien niedergeschlagen hat und diese für die stilistische Einordnung unbrauchbar machte.

Nr. 78
Maßwerkfragment

Standort:
Annastraße 26, nördliche Brandmauer im ersten Stock, (Welserhaus)
(heute an der gleichen Wand, aber versetzt) [21]

Datierung: ca. 1490

Maße: 195 x 98 cm

Freigelegt und übertragen:
anläßlich der Renovierung der Räume des Maximilianmuseums 1976

Beschreibung:
Das Fragment, das in seinem Zusammenhang nicht mehr zu rekonstruieren ist, scheint den Abschluß eines Stabwerkes gebildet zu haben. Zwischen vier aufgehenden, über Eck gestellten »Pfeilern«, die auf Kapitellen stehen und selbst ein von einem Wulst unterlegtes Gesims tragen, schneiden zwei Bogen, die sich zwischen dem ersten und dritten, sowie dem zweiten und vierten vertikalen Teil von Kapitell zu Kapitell spannen, den jeweils zwischenliegenden vertikalen Teil wie auch sich selbst in Durchdringung. So, den mittleren Teil in Spitzbogenform versteifend ausspannend, schließen sie die Seitenabschnitte in Bogenform und bilden an der Innenseite dieses Bogens aus zwei gegeneinander aufstehenden, mit Nasen versehenen Ästen, die, sich vereinend, in zwei Blättern enden, welche eine knotenförmige Frucht tragen, eine kreuzblumenähnliche Figuration aus.

Das gesamte Maßwerk ist durch die steingraue Farbe als Steinmetzarbeit erkenntlich, deren Körperlichkeit durch einen im Oberflächenreflex wiedergegebenen Lichteinfall von rechts oben verdeutlicht ist.

Stil:
Die straffe, naturalistische Tektonik dieses Fragementes unterscheidet es, eindeutig von den Ornamenten der Gewölbemalereien. Entsprechend ausgebildet und plastisch formuliert zeigt bisher nur das Gesprenge über dem Heiligen im Südschiff des Domes (vgl. Objekt Nr. 58), der mit diesem Fragment vor allem die Knoten ähnliche Ausformung der Nase gemein hat. Der dort vorgegebene Typus des Gesprenges ist aber in seiner Grundstruktur mehr organisch ausgebildet, so daß er nur als Beleg gleicher Tendenzen in dieser Zeit herangezogen werden kann. Auch das auf 1483 datierte Rankenwerk des Barfüßerklosters, das ähnliche Knoten am Rundstab aufweist (vgl. Objekt Nr. 74), läßt sich nur als Vergleich für dieses Motiv ansprechen.

Die Art der Durchdringung der Rippen als auch die Verwendung eines auf Kapitellen aufgestellten Gesprenges zeigen die beiden Basiliken-Bilder von Hans I Holbein [22], wo jedoch eine grazilere Wiedergabe durch die Stellung der Gesprengeformen als ornamentale Rahmung bewirkt wird.

Das in diesem Beispiel als tektonisch-festgebaute Architektur vorgestellte Maßwerk, das in seiner plastischen Ausbildung am ehesten den erhaltenen Partien des monumentalen Christophorus im Dom (vgl. Objekt Nr. 68) entspricht (was Lichtreflex und Lichtführung anbelangt), ist einziges Original vom Augsburg des ausgehenden XV. Jahrhunderts mit Verwendung illusionistischer Malerei in naturalistischer Weise, wie sie in den Kopien öfters erhalten ist (vgl. Objekt Nr. 76 und Nr. 80). Dabei scheint gerade die beabsichtigte Tektonik die Auflösungserscheinungen, welche die Fragmente der Domkrypta aufwiesen (vgl. Objekt Nr. 75), verhindert zu haben, um die hier beabsichtigte »naturalistische« Körperlichkeit nicht zu stören und das Maßwerk nicht in ein reines Ornament abzuschwächen.

Funktion, System:
Die unter »Stil« angeführten Punkte wie auch die klare Gliederung zeigen an, daß diese Malerei eine »architektonische« Funktion gehabt haben muß. Die Einstellung in ein größeres System ist für das Fragment durch darüberliegende Farbreste gleicher Art als auch durch die kaum mehr sichtbaren Kapitellfragmente bezeugt. Es ist aber nicht ausfindig zu machen, welche Rolle diese architektonische Malerei, die sich durch ihre Klarheit von den illusionistischen Systemen des frühen und mittleren XV. Jahrhunderts unterscheidet, innerhalb des größeren Systems spielte [23].

Technik:
Das Fragment ist in Secco wahrscheinlich auf einer Schlemmschicht ausgeführt. Die Grautöne sind beim Auftrag bereits mit Weißbeimischung modelliert und nur in minimalen Reflexpartien durch Weißhöhung in Strichlagen verstärkt. Eine schwarze Kontur, die sich in den Schattenzonen verbreitert, faßt den Umriß und betont die tektonischen Grundlinien.

Erhaltungszustand:
Mit der oberen Putzschicht wurde das Fragment nach der Freilegung versetzt und den jetzt herrschenden Raumverhältnissen angepaßt. Neben den Ausbrüchen der linken Hälfte und rechts unten weist es nur wenige Beschädigungen durch mechanische Einwirkung innerhalb der noch erhaltenen Oberfläche auf.

Nr. 79
Geometrische Fassadenbemalung

Ehemaliger Standort:
Maximilianstraße 12 [24]
Brandgiebel (südlich)

Datierung: I. Viertel XVI. Jahrhundert (?)

Maße: nicht bekannt

Freilegung: Zeitpunkt unbekannt

Zerstört: bei Abbruch des Gebäudes 1956 (?)

Überliefert: Photographie der Stadtbildstelle Augsburg Nr. L 1231/14

Beschreibung:
Die rein ornamentale Malerei hatte sich bis in die Mitte der fünfziger Jahre dieses Jahrhunderts an einem Brandgiebel in der Maximilianstraße 12 erhalten.

Das Giebelfeld, an das eventuell schon seit der Entstehungszeit ein kleines Nachbarhaus angebaut gewesen ist, war in hochrechteckige Felder geteilt. Jedes von ihnen ist diagonal durch eine Wellenlinie in eine dunkle und eine hellere Hälfte geteilt, deren nicht von der Grenzlinie berührte Ecke abgerundet ist und einen kleinen Bezirk in der jeweils anderen Farbe ausspart. So entsteht ein vexierbildartiges Muster, indem man jeweils vier zu einem um ein Karo laufendes »Rund«-Muster oder zu einem über Kreuz liegenden »Blüten«-Muster zusammensehen konnte.

Das Ornament, das durch seine diagonale Teilung auch Schrägläufe erkennen ließ, scheint so auch gleichzeitig auf die Form des ehemals anstoßenden Treppengiebels einzugehen.

Stil:
Stilistisch ist über diese Malerei, die sonst nirgends erwähnt wird, nichts auszusagen. Die Datierung für das erste Viertel des XVI. Jahrhunderts wurde in Anlehnung an die Fassade des Monatsbildes von Jörg I Breu angenommen [25], die eine rot-grau quadrierte Wand vorstellt, welche in das Ambiente des Perlachplatzes eingerückt ist, wobei sich die Farblinien der Quaderung schräg über die Fläche des Hauses ziehen. Die Kopie, welche Heinrich Vogtherr (?) zugeschrieben wurde [26], löst diese Schrägtendenz zugunsten einer flächigen, schachbrettartig strukturierten Musterung auf.

Dieses Bild und seine Kopie scheinen in einer vereinfachten Art solche und ähnlich geometrisch gemusterte Fassaden auszudeuten, wobei sich in der Umwandlung der Kopie die Hinwendung zu ruhigeren flächengebundeneren Strukturen erkennen läßt.

Der Giebel dieses mit der Traufe zur Straße stehenden Hauses dürfte das einzige überlieferte Fragment [27] einer solchen Bemalung darstellen, die, in sich unruhig durch ihren Vexierbildcharakter, die Fläche belebt, ohne ihr eine tektonische Teilung zugrundezulegen.

Funktion, System:
Diese Art von Bemalung scheint an weniger repräsentativen Flächen verwendet worden zu sein, die meist an den von den großen Straßen abgewandten Seiten der Häuser entstanden. Ein gliederndes Prinzip wurde nach Möglichkeit vermieden, wie auch eine eindeutige Ausrichtung, um die beabsichtigte Belebung der Fläche nicht auf Kosten ihrer architektonischen Einheit zu erreichen. Damit wollte man den Schmuck weniger zugänglicher Teile erreichen, ohne in Konkurrenz zu den Hauptfassaden zu treten.

Technik:
Der technische Aufbau läßt sich anhand der erhaltenen Aufnahme nicht rekonstruieren.

Erhaltungszustand, Überlieferung:
Die Aufnahme, welche anläßlich des Abbruches 1956 aufgenommen wurde [28], zeigt einen in den oberen Teilen stark verwaschenen Zustand. Die unteren Partien sind, anscheinend durch das Nachbarhaus geschützt, besser erhalten gewesen. Das Fragment wurde bei der Erneuerung der Bausubstanz zerstört.

Nr. 80
Maßwerk – Arkaden

Ehem. Standort:
Philippine-Welser-Straße 22/1
(genaue Lage ist nicht bekannt)

Datierung: 1470/1490

Maße: Kopie: 26 × 7,7 cm
Blattgröße: 45 × 55 cm

Überliefert: Durch Aquarellkopie von Karl Nicolai 1944 im Auftrag der Stadt Augsburg, Städtische Kunstsammlungen, Graphische Sammlung Nr. 20587

Zerstört: beim Wiederaufbau

Beschreibung:
Die Kopie zeigt eine Art Maßwerkgeländer, von dem noch fünf Abschnitte erkennbar sind. Jeder Abschnitt umfaßt zwischen zwei sich zusammenneigenden, sich aber nicht spitzbogenförmig schließenden Rippen je ein rundbogiges Biforium, über dem aus dessen Zusammenschluß sich abzweigend zwei Rippen aufgehen, die, in Fischblasenform sich schließend, die sich zunei-

genden Rippen vereinen. Die Innenseiten der Biforien, der Fischblasen sowie die Außenseiten der umfassenden Rippen bilden Nasen aus, welche die geschilderte Grundform unterteilend bereichern. Ein durchlaufendes Gesims schneidet alle, die Oberkante berührenden Rippen und faßt die Einzelabschnitte zu einer Einheit zusammen.

Die Innenseiten aller Teile sind auf der rechten Seite weiß wiedergegeben und geben so gegenüber dem Steingrau der anderen Teil den Reflex eines von links oben kommenden Lichteinfalls wieder.

Stil:
Durch die Art der Überlieferung läßt sich bezüglich des Stils kaum mehr eine Aussage machen. Die tektonische Wiedergabe gebauter Architektur, ohne den Einsatz eines den illusionistischen Charakter der Malerei kennzeichnenden Details, wie z. B. perspektivische Umkehr oder Überspringen räumlicher Ebenen, verweist jedoch auf das letzte Drittel des XV. Jahrhunderts [30]. Die starre Statik und das Fehlen organischer Details wie Kreuzblumen (vgl. Objekt Nr. 59 und Nr. 78) lassen dieses Ornament auch aus der Kette der übrigen späten Beispiele des Jahrhunderts herausfallen, so daß eine Einstufung um 1470 bis 1490 zwar wahrscheinlich ist, aber nicht belegbar ist.

Funktion, System:
In diesem Punkt ist keine Aussage möglich, da weder die Lage noch die Größe des Ornaments überliefert sind.

Technik:
Es scheint sich bei der Malerei um eine Seccoarbeit mit einer schwarzen Schlußzeichnung gehandelt zu haben.

Erhaltungszustand, Überlieferung:
Während der Aufnahme scheint der Streifen des Fragments nur links eine stärkere Verschmutzung aufgewiesen zu haben. Innerhalb der Bildfläche lassen sich keine weiteren Beschädigungen erkennen.

Die Kopie von Karl Nicolai gibt nur die nötigsten Informationen über den Aufbau wieder, so daß es auch nicht eindeutig ist, ob die Unregelmäßigkeiten aus dem freien Vortrag der Kopie oder vom Original stammen, so daß dieser Punkt nicht für eine stilistische Aussage verwendet werden kann.

Anhang zum Objektkatalog

In diesem Teil sind Beispiele von gotischen Wandmalereien genannt, die erst in jüngerer Zeit zerstört wurden und von denen sich nur ungenügendes Bildmaterial bzw. nur inhaltliche Beschreibungen erhalten haben.

Anhang Nr. 1
Die Monumentalfigur des St. Christophorus von Jörg I Breu an der Nordfassade der Katholischen Heiligkreuzkirche

In seinem 1618 geschriebenen Werk »Liber rerum Monasterii Sanctae Crucis« [1] berichtet der Klosterchronist P. Gregor Aberzhauser:

> »De anno 1509 . . .«
>
> »Praepositus concessit Georgio Breu pictori et civi Augustensi lapidem sepulcralem coemiterio poni, propter quem pinxit illam Sancti Christophori imaginem vastissimo corpore in pariete Ecclesiae Sanctum Othmarum versus.« [2]

Diese Notiz, welche sich auch in dem »Opus miscellaneum in quo res variae et commixtae tractantur« [3], das ebenfalls das Heiligkreuzkloster der regulierten Augustiner-Chorherrn betrifft, kopiert findet, überliefert Datierung wie Urheberschaft für das Bild, das in den beiden ersten Jahrzehnten des XX. Jahrhunderts wieder unter den verwitterten neueren Putzschichten zum Vorschein kam. Schon vor 1919 erklärte die Kommission des königlichen Landesamtes für Denkmalspflege [4], daß eine Konservierung der Reste wegen deren Geringfügigkeit nicht in Frage komme.

So wurden im Sommer 1926 [5] bei der Fassadenerneuerung von Grund auf die Reste des als »auf nassen Kalk« gemalten Bilds zusammen mit dem Altputz beseitigt, ohne daß eine genaue Aufnahme der Abbildung stattgefunden hätte.

Die einzige bildliche Überlieferung [6] ist nur in dem Stich von Johann Ulrich Krauß, der den Abbruch der evangelischen Heiligkreuzkirche zeigt, erhalten, worauf Gode Krämer anläßlich der Confessio-Ausstellung aufmerksam machte [7].

Die Detailvergrößerung läßt noch deutlich die Lage der Malerei an der Wand erkennen. Die Darstellung des durch das Wasser schreitenden Christophorus, der, auf mächtigen Beinen aufragend und von reichlich drapiertem Gewand umhüllt, unter wolkenverhangenem Himmel das auf seiner linken Schulter sitzende Christkind trägt, ist aber in der Verkürzung und in ihrer Ausarbeitung zu ungenau, als daß man darauf eine nur einigermaßen exakte Analyse aufbauen könnte.

Literatur:
Riedmüller, Leopold 1916/1919, p. 630/631;
Katalog Augsburg 1980, Bd. I, p. 395 f.

Anhang Nr. 2
Die Bemalung der Südfassade der Peterskirche

Die Augsburger Postzeitung berichtete am 22. X. 1912 [8] über gotische Malereireste an der Südfassade der Peterskirche, die anläßlich der Restaurierung des Ensembles von Perlach und St. Peter aufgedeckt wurden [9]. Obwohl man von der Seite des Generalkonservatoriums für Denkmalspflege [10] aus die Erhaltung der Malereien wünschte, war die Stadt nur zu einer Aufnahme derselben durch den Kunstmaler August Brandes, der auch die Neubemalung des Perlachturms ausführte, bereit. Die Ergebnisse der zeichnerischen Aufnahme [11], für welche 600 Mark (Goldmark) bewilligt waren, lassen sich derzeit nicht auffinden. Der dabei angefertigte Bericht vom 30. X. 1912 gibt jedoch eine kurze Inhaltsangabe der Bilder [12]:

»In den nischenartigen 8 Seitenfeldern an den 4 Fenstern befand sich je eine lebensgroße

Figur. Von der ersten links erkennt man nur noch einen hochroten Mantel mit blauer Fütterung, die zweite scheint die Tracht eines Kurfürsten aus dem 15. Jahrhundert zu tragen, wie Vergleiche mit Kostümbildern sowie Darstellungen aus jener Zeit ergeben. Ein Schwert, ein dunkelroter Mantel mit grauem Pelzkragen, sowie eine für die damaligen Kurfürsten charakteristische Kopfbedeckung sind hier zu sehen. In der dritten Füllung ist deutlich die Apostelfigur des heiligen Petrus zu erkennen, und nachdem die weniger gut erhaltene vierte Figur ebenfalls wie die dritte einen Heiligenschein hat, so dürfte sie wohl diejenige des heiligen Paulus sein. Die fünfte Figur steckt in einer Rüstung von gelbroter Färbung, über die Schulter trägt sie eine weiße Fahne mit roten Kreuz, während sie zu Füßen (rechts an der Fensterkante) einen ovalen Schild mit rotem Kreuz gehalten hat, St. Georg. Außer einem Stück gelbrot gemustertem Stoff, sowie einigen in der Form unbestimmten Farbflecken, sieht man in dem 6. Feld nichts mehr.

Die 7. und 8. sind wieder zwei Ritterfiguren, von denen die linke eine Fahne trägt, und die rechte einen rotgeränderten ovalen Schild zu Füßen hält . . .

. . . Die in der Mitte zwischen den Fenstern auftretenden Pfeiler, sowie die unteren und oberen vorspringenden Fassadenteile waren ebenfalls, aber einfacher, mit einer Steinquaderung bemalt, außerdem oben unter dem Dach mit einem gotischen Architekturmotiv und auf den Pfeilern mit vereinzelter Füllung. Ganz außen rechts mit einem farbigen Wappen nebst nicht mehr feststellbarer Jahreszahl in römischen Ziffern. Die abwechselnden Farben in violett-rot und grau der Quader sieht man oft an gemalten Gebäudedarstellungen von Meistern der spätgotischen Zeit, . . .«

Es scheint sich bei dieser Malerei um eine Fassung des Gebäudes in der Art der Fassade der Evangelischen St.-Ulrichs-Kirche (vgl. Objekt Nr. 76) gehandelt zu haben, wobei hier ein figurenreicheres Programm vorlag. Eine Datierung der Malereien aufgrund der Schilderung ist nicht mehr möglich.

1913 wurden die Malereien bei der Neuverputzung der Kirche zerstört [13], da sie sich nicht gut in den neuen Architekturrahmen einfügen ließen, der durch die großfigurige und grellbunte Bemalung des Perlachturms durch Brandes bestimmt wurde, gegen deren Charakter sich die gotischen Originale nicht behaupten konnten.

Da die Zerstörung die Trägersubstanz der Bilder sie vernichtete und nicht nur überdeckte, war es auch nicht möglich, nachdem die Perlachturmbemalung innerhalb weniger Jahre durch die Witterung ausgelöscht war, erneut an den Erhalt der alten Originale zu denken.

Anmerkungen zum Objektkatalog:

Anmerkungen zu Nr. 1

[1] Schon bei Schröder, Alfred 1900, p. 14 erwähnt.
[2] Allgemeine Ikonographie dieses Typus vgl. auch bei Von der Osten, Gert, 1935, sowie Ikon. Lex. Bd. IV (1972), p. 87–95, Artikel Schmerzensmann.
[3] Vgl. dafür Von der Osten, Gert 1935, Abb. 34 mit 44.
[4] Siehe Blendinger/Zorn 1976, p. 44, Nr. 70.
[5] Fluoreszenzanalyse durch den Verfasser vom 7. III. 1980.

Anmerkungen zu Nr. 2

[1] Nach Roth, Toni 1953, in Beilage zur Neuen Augsburger Zeitung am 8. XII. 1934; auch Lieb, Norbert 1934, p. 348.
[2] Vgl. Von der Osten, Gert, 1935, p. 32.
[3] Dies müßte jedoch durch eine Bauuntersuchung, sowie durch eine Nachforschung der alten Altarstandplätze noch eingehender untersucht werden.
[4] Der fehlende Kalkgrund erweist die Notwendigkeit der deckenden Pigmente, da sonst die Quaderung der Wand immer durchgeschienen hätte.

Anmerkungen zu Nr. 3 mit 4

[1] Nach Werner, Anton 1977 (MS), p. 58.
[2] Ibid; auch Blendinger/Zorn 1976, p. 48.
[3] Städtechr. IV, p. 143.
[4] Vgl. Zimmermann, Eduard 1970, Nr. 4711. Siehe auch Blendinger/Zorn 1976, p. 48.
[5] Inwieweit diese Abweichung heraldisch zu vertreten ist, kann nicht eindeutig bestimmt werden. Jedoch scheint sich dies im Rahmen einer Verlebendigung des Emblems abzuspielen.
[6] Siehe Stadtarchiv Augsburg, Reichsstadt, STB.: 1362, 12a; 1363, 11d; 1363, 12a; 1367, 11c; 1368, 12b. Der letzte genannte Eintrag nennt bereits »Rudg. Langenmantel« als den Hausinsassen.
[7] Nach Werner, Anton 1977 (MS), p. 58.
[8] Dieses Datum wurde aufgrund der Amtszeit Pfettners schon in Erwägung gezogen; vgl. Reg. LfD Akt Philippine-Welserstr. 20.
[9] Die Abrechnung für die Freilegung erfolgte am 15. XI. 1968; siehe Reg. LfD Akt Philippine-Welserstr. 20.
[10] Auch Tristan gibt sich in der Erzählung Gottfrieds von Straßburg als Sohn eines Kaufmanns aus, nachdem er der Jagdgesellschaft König Marke sein Wissen über die Zerlegung der Jagdbeute gezeigt hat. Vgl. von Straßburg, Gottfried, Tristan, Vers 3080–3119.
[11] Vgl. zu diesem Unterschied das Jagdbuch des Petrus de Crecentiis in: Lindner, Kurt 1957, sowie Voss, Hella 1961, p. 60; Abb. der höfischen Jagd in Schloß Lichtenberg.
[12] siehe Anm. 9 unter dieser Nummer.
[13] Knorre, Eckehard von 1968, p. 2.
[14] Ibid., p. 3.
[15] Ibid., p. 2/3.
[16] Foster, Michael 1979, p. 27 Anm. 93.
[17] Heute im Bayerischen Nationalmuseum München; vgl. Wyss, Robert L. 1957, p. 88/89.
[18] Fluoreszenzanalyse vom 8. III. 1980.

Anmerkungen zu Nr. 5

[1] Nach Wiedenmann, Hans 1917, p. 13.
[2] So die abgelegten Bauakten des Stadtbauamtes (Stadtarchiv Augsburg, Aktenabgabe 19/

375 Dominikanerkirche 1268a–3113A); Der bei Wiedenmann, Hans 1917 erwähnte Bericht des Bauamtes war nicht mehr auffindbar.

[3] Wieder aufgefunden im Februar 1980 bei der Auflösung des Depots im Stadtwerkehaus.

[4] Die Beschreibung folgt der Kopie und ist daher nur bedingt als »originalgetreu« zu verstehen. Desgleichen gilt auch für die unter »Stil« gemachten Angaben.

Anmerkungen zu Nr. 6

[1] siehe Anm. Nr. 1 zu Objekt Nr. 5.

[2] Ausschlaggebend war, für diese Datierung Fundumstände und Standort des Objektes, wobei im Anschluß an den »Tod Mariens« (Objekt Nr. 6) davon ausgegangen wurde, da die Verkleinerung mit Sicherheit eine ungenauere Wiedergabe des Bestandes bewirkte.

[3] Auch der Zeitpunkt der Freilegung wurde aus den Umständen der Kopie analog Objekt Nr. 6 abgeleitet, da diese Fragmente nicht aktenkundig waren.

[4] Die Bestimmung nach Zimmermann, Eduard 1970, ist nicht besonders ergiebig. Eine genauere heraldische Analyse müßte in diesem Zusammenhang mit der Klostergeschichte von einem Fachmann noch unternommen werden.

Anmerkungen zu Nr. 7 mit 11

[1] Die Freilegung der Bilder erfolgte während der Grabungskampagne 1979/1980 in der Domkrypta. Die Arbeiten wurden von Restaurator Klaus Klarner, München, durchgeführt.

[2] Die Typen der Lettern sind gleich denen der Bauinschriften des Westchores. Da sich aber die Schrift auch farblich von der Malerei absetzt, ist keine Gleichzeitigkeit anzunehmen. Bei Dasser, Karl Ludwig 1982, findet sich die Lesart: »T. MAR. YR«.

[3] Es scheint hier auch die Schicht der späteren Bilder vorzuliegen (vgl. Objekt Nr. 52 mit Nr. 55), die sich jedoch nicht zusammenhängend nachweisen läßt. Die Übernahme des Themas läßt auf eine »Restaurierung« (vielleicht die Domrestaurierung von 1483) schließen. Vgl. dazu Objekt Nr. 10.

[4] Die Identifizierung dieser Gestalt ist nur durch das Motiv des auf Wolken Thronens und der Geste der Hände vorzunehmen.

[5] Vgl. den Rechtsbrauch der Mantelkinder, Zufluchtsrecht (nach Hinkeldey, Ch. 1980, p. 316).

[6] So z. B. in Gerency, auch auf der Empore der Schloßkirche zu Mariaberg und der Kirche in Sepsi Kilény (vgl. dazu Eber, L. 1913, p. 350 ff.). Auch die Wandmalereien der Schloßkapelle zu Steyeregg (vgl. Schmidt, Gerhard 1964, p. 41, Abb. 30).

[7] Diese Figur ist im Zusammenhang mit der in der Front des Torbogens dargestellten Szene des Weltgerichts zu sehen. Vgl. Abb. bei Binder/Lieb/Roth 1965, p. 125 mit 129.

[8] An einigen Stellen des Mantels der Madonna lassen sich Pigmentschichten nachweisen.

[9] Zustand vom 1. II. 1980. Allein die Grabung, welche im März 1980 durchgeführt wurde, brachte eine erneute Verschmutzung des Bildes mit sich. Die folgende Konservierung beeinträchtigte die Substanz.

[10] Die Ausrichtung der roten Linien bestimmte die Deutung als Lichtreflex.

[11] Die pigmenttragende Schicht läßt sich um die Kante durchgängig verfolgen.

[12] Leg. Aurea Cap. LIV, p. 244–245; auch I Pt 3.19 und Eph. 4, 9 sowie Ikon: Lex Bd. II (1970), p. 322 ff.

[13] Vgl. Anm. Nr. 9

[14] Vgl. Objekt Nr. 12 und Objekt Nr. 24. Auch die Bilder, welche für die Kopienserie des Stadtarchivs als Vorlage dienten, zeigen dieses Motiv auf, so daß dies sich als ein zeitbedingtes Hauptmotiv erfassen läßt.

[15] Vgl. Anm. Nr. 11. Die durchgehende Schicht findet sich in Höhe des Engelkopfes. Da beide Bilder erst nach dem völligen Abbinden der Kalkschlemme aufgetragen wurden, ist die Durchgängigkeit der Schicht nicht als unbedingt stichhaltiges Argument zu verwenden. Die Gleichartigkeit der Technik jedoch läßt auf eine Ausführung durch den gleichen Meister bzw. die gleiche Werkstätte schließen.

[16] Vgl. Io. 20, 1. Dasser, Karl Ludwig 1982, p. 74, sieht in dieser Szene Christus mit Engel oder Maria Magdalena.
[17] Vgl. Anm. Nr. 9.
[18] Vgl. dazu auch Objekt Nr. 10 mit Anm. 9.
[19] Aufgrund der Vielzahl der Schichtungen wird diese Frage auch nicht mehr eindeutig zu klären sein.
[20] Ein abgenommenes Weihekreuz ähnlichen Aufbaus findet sich in der Sakristei der St.-Anna-Kirche. Dieses wurde, da es höchstwahrscheinlich aus früherer Zeit stammt, nicht eigens in diesen Katalog aufgenommen.

Anmerkungen zu Nr. 12
[1] Vgl. Archiv LfD. Ablage Augsburg Dom / Notiz von Lieb Norbert; auch Breuer, Tilmann 1958, p. 10.
[2] Eine unsachgemäße Freilegung erfolgte im Winter 1977/1978 bei den Bauuntersuchungen der Kryptaabgänge. Die Festigung der verprellten Substanz erfolgte 1979 durch den Restaurator Klaus Klarner, München, im Rahmen der Freilegung der Westkrypta.
[3] Freigelegt und vorläufig gereinigt 1979 durch Klarner.
[4] In Anlehnung der 1306 von Jacobo Todi verfaßten Passionssequenz des »Stabat Mater«, welche auf den Evangelienberichten Mt. 27, 56; Mc. 15, 40–41; Lc. 23, 49 und insbesondere Io. 19, 26–27, basiert.
[5] Die übergreifende Stellung der Evangelistensymbole zeigt an, daß die Assistenzheiligen zusammen mit dem »Stabat-Mater«-Bild sichtbar waren und erst durch den weißen Rahmen ausgeklammert und verdeckt wurden.
[6] Diese ältere Malerei, die wahrscheinlich mit der von 1332 berichteten Altarweihe in Verbindung zu bringen ist (Lieb, Norbert 1934, p. 336), war unter der Kreuzigung 1978 in einem durch die Freilegung entstandenen Schaden deutlich zu sehen.
[7] So stellt sich die Frage, ob nicht eventuell Bauschäden, wie Setzungsrisse und ähnliches, welche zu größeren Ausbrüchen der alten Putzschicht geführt haben, diesen dickeren Aufbau als ausgleichende Schicht nötig machten, was auf den unbeschädigten Seiten nicht nötig gewesen war.
[8] Siehe Anm. Nr. 1.
[9] Vgl. Anm. Nr. 2. Eine sachgemäße Freilegung hätte die Bildfläche wahrscheinlich ohne bemerkenswerte Beschädigung zutage gefördert.

Anmerkungen zu Nr. 13
[1] Vgl. Breuer, Tilmann 1958, p. 20.
[2] Vgl. für die Spiralstruktur die Salzburger Bibel von 1428 (Staatsbibliothek München, Cod. lat. m. 15 701), Abb. Nr. 1 bei Steingräber, Erich 1956.
[3] Breuer, Tilmann (1958, p. 20), nimmt ein vorausgehendes Privathaus an. Ein Beleg dafür ist nicht beizubringen, da die Stiftungsurkunden keinen Verweis auf vorausgehende Bauwerke geben.

Anmerkungen zu Nr. 14
[1] Angaben auf dem Blatt der Kopie sowie der Kartei der Graphischen Sammlung der Städtischen Kunstsammlungen Augsburg.
[2] Der Zeitpunkt der Kopie läßt vermuten, daß die Malerei während der Beschädigung des Gebäudes durch Bomben sichtbar wurde. Ob eine »Freilegung« stattfand ist nicht bekannt.
[3] Maßstab der Kopie sowie die skizzenhafte Ausführung geben den folgenden Ausführungen eine gewisse Beschränkung.
[4] Vgl. für die Verbreitung des Ornaments das Rankenwerk der Historienbibel von 1457 (Staatsbibliothek, München, Cod. germ. m. 206), Abb. 33 bei Lehmann – Haupt, Hellmuth 1929.

Anmerkungen zu Nr. 15

[1] Vgl. Reg. des LfD. Akt Martin-Luther-Platz 3/5, Schriftstücke Nr. 3, Nr. 7 und Nr. 8.

[2] Will man die Gestalten nach ihren Helmzieren bestimmen, so ergeben sich meist mehrere Möglichkeiten. In den folgenden Anmerkungen sind die sich nach der Wappenaufstellung Zimmermann, Eduards 1970, erweiterten Möglichkeiten genannt, wobei die angegebene Nummer jeweils den Namen mit der Katalognummer dieses Werkes angibt. So für dieses Beispiel: Langenmantel (987), v. Argon (1235), v. Rorbach (1409), Busch (2837), Scheppach (4677) und Mantel (6702).

[3] Nach Zimmermann, Eduard 1970: Segesser (2490).

[4] Id.: v. Haslang (1493) (?).

[5] Id.: Stadlin (1578) (?).

[6] Id.: Ulhard (5695), Hug (5696).

[7] Id.: Fladingen (3173), Schrall (3455), Beck-Peccoz (4030).

[8] Id.: in dieser Form nicht bestimmt.

[9] Id.: Hornik (2906).

[10] Id.: Weychsler (1419), Dienner (1721) oder v. Sickingen (1726) (?).

[11] Id.: Weltin (2403) oder Köberlin (3342).

[12] Id.: Thurm (2602) (?).

[13] Vgl. Städtechr. V., p. 74; Städtechr. XXII, p. 59; auch Gasser, Chronik, Sp. 1557; vgl. auch Stadtarchiv Augsburg, Reichsstadt, BRB 1416, fol. 136 v.

[14] Nach Werner, Anton 1977 (MS), p. 61.

[15] Ibid.

[16] Vgl. Schlosser, Julius von 1916, Taf. VI.

Anmerkungen zu Nr. 16 mit 23

[1] Diese Pausen waren aus konservatorischen Gründen nicht benutzbar, wodurch ihr Inhalt nicht bekannt wurde. Da sie in gerolltem Zustand ohne Schutzhülle aufbewahrt wurden, sind sie infolge der Umlagerungen – auch während der Auslagerung im Krieg – in den äußeren Blättern beschädigt und zerrissen.

[2] Der Zeitpunkt der Entstehung der Pausen erklärt sich aus der Technik und dem Stil dieser Blätter.

[3] Die deutlich gekennzeichneten Fehlstellen zeigen an, daß es sich bei diesen Bildern um authentische Pausen handelt, welche den Verfall der Originale wiederzugeben suchen.

[4] Der Name Bartholomäus ist in der Zeit um 1400 schon viel zu häufig, allein unter den führenden Familien, bezeugt, als daß er zur Identifizierung der Stifter dienen könnte.

[5] Vgl. Verkündigungsbild der 10. Arkade des Brixner Domkranzganges.

[6] Nach Mt. 2, 10–11.

[7] Als Zusammenfassung von Mt. 2, 1 und Mt. 2, 10–11.

[8] Nach Mt. 2, 16–18.

[9] Nach Mt. 2, 14.

[10] Die Unterscheidung der Apostel, deren Namen in zwei Evangelien belegt sind (Mt. 26, 37 und Mc 14, 33) ist nach den Gesichtstypen möglich.

[11] Nach Mt. 26, 37–45; Mc. 14, 33–44; Lc. 22, 40–46 und Io. 18, 1.

[12] Vgl. Lc. 22, 43.

[13] Vgl. Mt. 26, 48 und Mc. 14, 44.

[14] Nach Io. 19, 26–27, auch nach der »Stabat-Mater« Sequenz; vgl. Objekt Nr. 12 Anm. 4.

[15] Vgl. Objekt Nr. 38 in seiner Stellung zum ehemaligen Friedhof.

[16] Nach Lc. 1, 40–55.

[17] Vgl. RAC Bd. IX (1976), Sp. 142/143 (Artikel Geburt II). Für Felizitas vgl.: (Leg. Aurea Cap. CLXXIII, p. 798/799).

[18] So überwiegt bei dieser Analyse bevorzugt die Stellung der Motive, welche sich in dieser Art der Kopie eher erhalten haben.

Anmerkungen zu Nr. 24

[1] Außer seiner eindeutigen Kennzeichnung als Chorherr ist über den Stifter nichts bekannt. Auch, daß er aus dem Stift St. Peter stammte, ist nur mit der prägnanten Stellung des Bildes begründet.

[2] Nach Mt. 2, 11.

[3] Die folgenden Beobachtungen waren von einem am 14. VI. 1978 aufgestellten Gerüstturm aus möglich. Eine Fluoreszenzanalyse konnte an diesem Bild aus technischen Gründen nicht vorgenommen werden.

Anmerkungen zu Nr. 25 mit 32

[1] Die hier gegebene Darstellung beruht insgesamt auf den Ergebnissen der Magisterarbeit, welche umstrukturiert und erweitert hier Verwendung fanden.
Vgl. die entsprechenden Abschnitte bei Wilhelm, Johannes 1977 (MS). Für die Geschichte sowie für die Baugeschichte ist grundlegend die Publikation Wilhelm, Johannes 1979, p. 96–125, herangezogen, wo sich auch die genauere Aufschlüsselung von Archivalien findet.

[2] Vgl. Stadtarchiv Augsburg, Reichsstadt, US. v. 3. X. 1420 für das Datum vgl. Wilhelm Johannes 1979, p. 99 Anm. 10.

[3] Vgl. Wilhelm, Johannes 1979, p. 102, dagegen Bertram, Walther 1960, p. 29, sowie Liedke, Volker 1979, p. 47 ff.. Beide Annahmen des stufenweisen Ausbaues widersprechen dem Baubefund.

[4] Vgl. Schmid, Alfred 1890 I; vgl. id. 1890 II, p. 174; auch Drechsel, Friedrich 1892, p. 1 ff.; sowie id. 1906, p. 1; auch Schiller, Wilhelm 1938, p. 21 ff.; Alt Reg. LfD. Akt Goldschmiedekapelle. Für die Entrestaurierung vgl. Bertram, Walther 1960, p. 22 ff.; zusammengefaßt in Wilhelm, Johannes 1977 (MS), p. 134–156; id. 1979, p. 96 ff.

[5] Die Schilderung der Stifterpersonen folgt Wilhelm, Johannes 1979, p. 99–105.

[6] Ibid. p. 101. Ergänzend dazu ist noch ein Beleg für ihn als Gewürzhändler anzusprechen, welcher sich in den Baumeisterrechnungen findet (vgl. Stadtarchiv Augsburg, Reichsstadt, BRB 1404).

[7] Ibid., p. 101 mit Anm. 28 und Anm. 61.

[8] Ibid., p. 102. Vgl. auch Inschrift der Rotmarmortumba im Dom zu Augsburg.

[9] Vgl. Objekt Nr. 61 mit 66.

[10] Wilhelm, Johannes 1979, p. 107; zu rekonstruieren nach dem Stich Simon Grimms von 1680; vgl. Blendinger/Zorn 1976, Abb. Nr. 96.

[11] Auch die Beschreibungen der Objekte Nr. 25 – Nr. 32 beruhen auf einer weitgehend revidierten Übernahme der Ergebnisse der Magisterarbeit; vgl. Wilhelm Johannes 1977, p. 37–89.

[12] Die Ergebnisse der mikroskopischen Untersuchung sowie der Fluoreszenzanalyse, welche für die Magisterarbeit verwendet wurden, sind auch hier bei den Objekten Nr. 25 – Nr. 32 für die Schilderungen unter »Technik« und »Erhaltungszustand« maßgebend. Vgl. Wilhelm, Johannes 1977 (MS), p. 156 ff. Für die Bereitstellung der technischen Geräte sowie für die Anleitung für die Untersuchungen, bin ich Herrn Reichwald, ehemals LfD. München und Herrn Beier der Städtischen Kunstsammlungen Augsburg zu Dank verpflichtet.

[13] Nach Drechsel, Friedrich 1892, p. 12.

[14] Diese »konstruierte« Deutung bei Wilhelm, Johannes 1977 (MS), p. 40 und id. 1979, p. 112 mit Anm. 69 ist unwahrscheinlich.

[15] Zur Deutung und Namensgebung, welche in der Beschreibung verwendet sind, vgl. Zusammenfassung der Ikonographie.

[16] Die Auslegung nach der Legenda Aurea wurde gewählt, da diese auch die Elemente der Historia eccleiastica des Theodoret von Cyrus umfaßt (vgl. Bibl. d. Kirchenväter LI, p. 64/65); für die Legenda Aurea Cap. LXVIII, p. 308/309. Die Benennung der Personen wurde aus der Darstellung des gesamten Zyklus in Zusammenschau in Vergleich mit den Texten angenommen.

[17] Die hier wiedergegebene Ausdeutung und Beschreibung greift die der 1977 in der Magi-

sterarbeit ausführlich und in Detailnachweis gegebene Erklärung wieder auf (vgl. Wilhelm, Johannes 1977 [MS], p. 166 ff.).

[18] Für diese Ausdeutung vgl. Drechsel, Friedrich 1892, p. 10, sowie Kehrer, Hugo 1906, Bd. II, p. 275.

[19] Vgl. dazu Privatakten Sprenzinger, Theo, Bericht des Restaurators vom 6. XI. 1957; abgedruckt in: Wilhelm, Johannes 1977 (MS), p. 169/170.

[20] Vgl. Gillis, J. A. 1852, p. 327–336; zusammengefaßt in: James Montague Rhodes 1953^{V}, p. 453.

[21] Leg. Aur. Cap. XCIX, 423. Die Fassung der Legenda Aurea ist in diesem Fall für die Beschreibung zugrundegelegt.

[22] Vgl. die Bildfolge in der Kapelle di S. Giacomo in der Basilica del Santo, Padova; vgl. Mellini, Gian Lorenzo 1965, Abb. auf p. 19 sowie Abb. Nr. 86 mit Nr. 87.

[23] Vgl. Bildfolge des Hermogenes von Jakobus von Lorenzo Monaco, Louvre Paris; vgl. Zeri, Frederico 1964, Abb. 6.

[24] Vgl. infra Absatz Technik und Erhaltungszustand.

[25] Liedke, Volker 1979, p. 52, bezeichnet dieses Bild als Herodes – Szene, welche eine neue Ergänzung sei. Dies beruht auf einer Mißdeutung der Eintragung Breuer, Tilmanns (1958, p. 22), der mit der Herodes-Szene das Pilatusverhör betitelte, welches zur Zeit der Bearbeitung des Kurzinventars noch gänzlich übermalt war. Diese Verwechslung Liedkes beruht in erster Linie auf der Fehldeutung des Pilatus als Prophet, welche ikonographisch nicht haltbar ist.

[26] Nach Altphotographie, Pfarrarchiv St. Anna (Fritz Höfle Nr. 235/1911/12).

[27] Vgl. Anm. Nr. 18.

[28] Die Schilderungen beruhen auf den Angaben des Berichts von Theo Sprenzinger vom 6. XI. 1957; vgl. Anm. 19.

[29] Bertram, Walther 1960, p. 28.

[30] Knauer, Elfriede Regina (1977, p. 178/179) identifizierte den en face blickenden, mittleren König als ein Portrait König Sigismunds und seinen Begleiter als dessen Berater Filippo Scolari. Was allerdings Conrad Hirn veranlaßte, dieses Bild so gestalten zu lassen, ist nicht klar. Die Motivation für die Königsverehrung der Stadt kann aber nicht auf den Privatmann einfach übertragen werden. Am ehesten ist die Identität über eine als Muster für das Bild verwendete Zeichnung des königlichen Aufzuges zu erklären, welche aber dann die Bedeutung der Frontalstellung des Portraitierten in Frage stellt. Die Verwendung des Typus des Sigismund als Vorlage für religiöse Malerei ist zwar bezeugt, jedoch dürfte die Ausdeutung für eine spezielle Verehrung zu weit gehen. Die Verwendung des königlichen Gesichts als Mustervorlage käme dem Stil des nach Versatzstücken arbeitenden Meisters eher nahe und ist daher wahrscheinlicher.

[31] Vgl. Kehrer, Hugo 1906, Bd. II, p. 276 ff.

[32] Vgl. Longnon, Jean / Cazelles, Reymond 1969, Abb. 47.

[33] Simrok, Karl 1884, p. 15 ff.

[34] Vgl. Abb. Nr. 41 mit Abb. Nr. 44.

[35] Für die der Rekonstruktion zugrunde gelegten Situation des Baus vgl. Plan III.

[36] Vgl. Mt. 27, 24.

[37] Vgl. Lc. 23, 21 und Io. 19, 6. Liedke, Volker (1979, p. 49–52), bezeichnete dieses Pilatusfragment als Propheten, was angesichts der Darstellungsdetails des Schriftbandes unmöglich haltbar ist. Der daran angeschlossene Beweis zwischen dem Gesicht des Pilatus und dem Kopf des Jakobus auf der Tumba läßt sich weder motivisch noch stilistisch nachvollziehen.

[38] Vgl. Abb. 44, Altphotographie, Pfarrarchiv St. Anna (Fritz Höfle Nr. 236, 1911/1912).

[39] Vgl. Schott, Eberhard 1879, Taf. I. Diese Nachzeichnung stellt bisher die einzige Abbildung der Ornamente der Tumba in der Literatur dar.

[40] Diese nicht näher zu definierenden Gegenstände sind bei Drechsel, Friedrich (1892, p. 14), als Brezen bezeichnet.

[41] Drechsel, Friedrich (1892, p. 6), gibt hier für die Passionsschildwand 28 Personen an. Ob diese vier ergänzten Figuren die fehlenden sind, ist nur zu vermuten.

[42] Ibid., p. 14.
[43] Ob in dieser Hand früher ein Schlagwerkzeug gelegen hat, läßt sich nicht mehr nachweisen. Es könnte aber die Handhaltung auch auf einer Musterübernahme beruhen, bei der der Maler das zugehörige Werkzeug wegließ.
[44] Inwieweit diese Färbung des Inkarnats von einer Veränderung der Pigmente abhängt, könnte nur durch eine chemotechnische Analyse eruiert werden.
[45] Io. 13, 21–22.
[46] Io. 13, 8–9.
[47] Io. 13, 15.
[48] Vgl. die übrigen Stiftungen von Conrad und Afra Hirn; Wilhelm, Johannes 1979, p. 104/105.
[49] Mt. 26, 49–50.
[50] Io. 18, 10–11.
[51] Mt. 27, 27–31; Mc. 15, 16–20;
[52] Lc. 23, 11; bezieht sich auf das Verhör bei Herodes.
[53] Io. 19, 2–3.
[54] Diese Bemalung des Sockels ist die letzte eingefügte Malerei, da sie die unteren Ränder der Bildflächen der szenischen Darstellungen überdeckt. Aus technischen Gründen ist sie der Werkstätte des Passionsschildbogens zuzuweisen.
[55] Vgl. AltReg. LfD. Akt Goldschmiedekapelle sowie Reg. LfD. Akt Goldschmiedekapelle und Privatakten Theo Sprenzingers. Auch die Gegenüberstellung der Berichte von Drechsel, Friedrich (1892 und id. 1906) sowie Bertram, Walther. Die genaueren Quellenangaben finden sich bei Wilhelm, Johannes 1977 (MS), p. 134 mit 165 und id. 1979, p. 123.
[56] Durch die Restauration Wiltrud Schiele-Wengenmayr, Augsburg.
[57] Die Rekonstruktion der Registerteilung der Westwand erfolgte nach dem Bildfeldfragment westlich der Helena-Einzelfigur, das sich durch den Durchbruch des Rahmensystems eindeutig auf die Westwand bezog.
[58] Vgl. Clariez, Ulrike 1976, p. 68 ff.

Anmerkungen zu Nr. 33 mit 35

[1] Einzige Quelle für die ehemalige Plazierung der Bilder ist der Zeitungsbericht von Ehmann, H. (1934). Die dort publizierten Bilder geben ebenfalls keine eindeutige Lagebestimmung. Das Hauptaugenmerk Ehmanns fällt auf die Geschichte des Hauses, wogegen er die Bilder als »Fresken, wie sie im Mittelalter zu Hunderten auf den Markt gebracht wurden«, bezeichnet, und dementsprechend summarisch würdigt.
[2] Es ist nicht eindeutig geklärt, ob die Bilder überhaupt übermalt gewesen waren.
[3] Angaben für Lage der Bilder und der Umstände der Abbergung verdanke ich Frau Schiele-Wengenmayr, Augsburg.
[4] Vgl. Steinhäußer, Fritz 1912, p. 12.
[5] Vgl. für die ikonographischen Angaben zum Typ der Schutzmantel-Madonna Objekt Nr. 8, Absatz Ikonographie; für den Typus des Pestbildes vgl. Künstle, Karl 1926, Bd. I, p. 637/638.
[6] Vgl. dazu Gasser Chronik, Sp. 1563; vgl. auch Städtechr. V, p. 68 und p. 149.
[7] Die bereits teilweise vorgenommene »Auffrischung und Reinigung« soll nach Auskunft der Restauratorin bei einer Klärung der Besitzverhältnisse fortgesetzt werden.

Anmerkungen zu Nr. 36

[1] Vgl. Foster, Michael 1979 (MS), p. 132/33.
[2] Vgl. Roth, Toni 1934.
[3] Vgl. Foster, Michael 1979 (MS), Sp. 127.
[4] Ibid; vgl. auch Ikon. Lex. Bd. VII (1974), Sp. 516 ff.; sowie id. Bd. II (1970), Sp. 54 ff.
[5] Vgl. Objekt Nr. 2.

[6] So zuerst vermutet bei Lill, Georg 1935, p. 38; als bestehend übernommen bei Martin, Kurt 1952, p. 74, Anm. 22; vgl. dazu Foster, Michael 1979 (MS), p. 127.
[7] Foster, Michael (1979 [MS], p. 128) setzt sich ausführlich mit den Lösungsmöglichkeiten dieser Malschicht auseinander, wobei der Schluß offenbleibt (»Zur Gestaltung eines einzigartigen Themas hat man offenbar die vertraute Typologie einer Darstellung der Marien am Grabe herangezogen.«).
[8] Eine solche Verbindung zwischen dem Myrrhophoren-Thema und einer Sakramentsnische existiert für diese Zeit in der St. Michaelskirche in Tüllingen (Lörrach).
[9] Abschnitte Technik und Erhaltung basieren auf der Fluoreszenzuntersuchung vom 29. IX. 1979.

Anmerkungen zu Nr. 37
[1] Vgl. Breuer, Tilmann 1958, p. 6 »gegen 1400«. Die hier vorgenommene Spätdatierung basiert auf dem Vergleich mit Objekt Nr. 36 und Nr. 38.
[2] Vgl. LfD. München, Ablage Dom fas. Wandbemalung.
[3] Eine Untersuchung von der Leiter aus war in diesem Fall nicht möglich. So unterblieb auch eine Fluoreszenzanalyse.

Anmerkungen zu Nr. 38
[1] Vgl. Plan Nr. III.
[2] Vgl. auch Wilhelm, Johannes 1977 (MS), p. 121–123.
[3] Vgl. Drechsel, Friedrich 1892, p. 24.
[4] Dies zeigt sich durch die Plazierung zum Leichhof vor dem Anbau der Kapellensakristei. Die bei Drechsel (1892) erwähnten Wappen der Hirns konnten nicht nachgewiesen werden. Ebenfalls erwies sich der Rahmen der Malerei, den Drechsel mit dem der Kapelle gleichsetzt, als neue Zutat.
[5] Vgl. Plan Nr. III; sowie Objekt Nr. 61 mit Nr. 66.
[6] Für die technischen Untersuchungen siehe Objekt Nr. 25 mit 32 Anm. 12.

Anmerkungen zu Nr. 39
[1] Nach freundlicher Auskunft von Hubertus Freiherr von Welser.
[2] Übertragen 1968 bei der Neuerrichtung des Gebäudes.
[3] Wahrscheinlich wurde die Malerei erst durch die Kriegszerstörung sichtbar.
[4] Zeitpunkt der Abnahme war nicht genau feststellbar.
[5] Photographie aus den Archivbeständen der Fugger'schen Stiftungsadministration Augsburg.
[6] Die Rolle des Gebäudes in der Zeit vor dem Kapellenbau ist nicht geklärt. Jedoch wird auch die Darstellung des sogenannten »Zinsgroschen« (vgl. Blendinger/Zorn 1976, Nr. 70) als Beweis einer Gerichtsfunktion dieses Ortes angesehen, so daß man eine Beziehung zwischen dem Gerichtsplatz und dem Heiligen sehen könnte.

Anmerkungen zu Nr. 40 mit 41
[1] Vgl. Schilcher, J. 1935.
[2] Der Zeitpunkt dieser Photographie ist nicht eindeutig bestimmt. Im Verhältnis zu dem heutigen Zustand dürfte sie aber noch in den dreißiger Jahren entstanden sein (Vorlage Städtische Kunstsammlungen, Phot. Nr. FI 9991).
[3] Feststellungen beruhen auf optischen Untersuchungen sowie auf Fluoreszenzanalyse vom 29. IX. 1979.
[4] Dieses Bild wurde bei der Aufdeckung ohne weitere Beziehung als »Nothelferbild« ausgedeutet (vgl. Schilcher J. 1935). Eine Nachvollziehbarkeit dieser Begründung ist nicht eindeutig vorzunehmen.
[5] Vgl. Anm. Nr. 1.

[6] Die Fluoreszenzanalyse erwies so wenig der Substanz der Schrift als eindeutig original, so daß eine Rekonstruktion des Schriftblocks nicht möglich war.
[7] Für die Untersuchung vgl. Anm. 3.

Anmerkungen zu Nr. 42
[1] Die Maße konnten nur geschätzt werden.
[2] Das Bild besitzt für die stilistische Aussage nur den Wert einer Kopie, deren Genauigkeit nicht bestimmbar ist.
[3] So spricht Breuer, Tilmann (1958, p. 69) von einer neugemalten Kreuzigungsgruppe um 1445.

Anmerkungen zu Nr. 43
[1] Für die Daten generell vgl. Knorre, Eckhard von 1975, p. 46 mit 52.
[2] Abbildung nur im Sonderdruck dieses Aufsatzes.
[3] Die Wappenfunktion des Bildes stellt eine Zeitgleichheit mit dem daneben angegebenen Datum des Umbaus des Gebäudes dar. Eine Zeitgleichheit mit der Fassadenfassung aus der Zeit 1490/1500 (vgl. Objekt Nr. 76) liegt nicht vor, wie schon die andere Gestaltung der Rahmenform zur Fläche des Bildes erkennen läßt.
[4] Knorre, Eckhard von 1975, p. 49.
[5] Ibid., p. 47.
[6] Ibid., p. 50.
[7] Vgl. Angaben bei Objekt Nr. 76.

Anmerkungen zu Nr. 44 mit 46
[1] Vgl. Stadtarchiv Augsburg Reichsstadt, Spitalarchiv Tit. I. Thom. 19, Nr. 1a, fol. 45v.
[2] Vgl. Gasser Chronik, sp. 1569.
[3] Vgl. Privatakten Sprenzinger, Theo.
[4] Vgl. Schott, Eberhard 1892, p. 239.
[5] Vgl. Anm. 1.
[6] Gasser Chronik, sp. 1569.
[7] Vgl. Sprenzinger, Theo, Privatakten, Bericht vom 5. I. 1965.
[8] Ibid.
[9] Vgl. Io. 18, 6.
[10] Vgl. dazu den Passionsschildbogen des Hirn'schen Grabhauses (Objekt Nr. 31).
[11] Vgl. Mt. 25, 1–13.
[12] Vgl. Mt. 26, 53.
[13] Vgl. Kautzsch, E. 1900, Bd. II, p. 513.
[14] Meist ausgehend von Lc. 10, 8.
[15] Vgl. Berichte vom 4. I. 1965 und vom 1. XII. 1966 in den Privatakten Theo Sprenzingers; Untersuchung basiert auf der Fluoreszenzanalyse vom 30. XI. 1979.
[16] Mt. 26, 49–50.
[17] Vgl. Anm. 15.
[18] Vgl. die angegebenen Berichte Sprenzingers.
[19] Außerdem wurde bei einer Totenerweckung wohl kaum der soeben ins Leben Zurückgerufene an Schultern und Beinen von Helfern gestützt.
[20] Vgl. Anm. 15.

Anmerkungen zu Nr. 47
[1] Nach Angaben bei Augustin Schaller: »18 schuh, 8 zol breit und 9 schuh, 9 zol hoch.«
[2] Original Photographie in Nachlaß Buchner / dep. Zentralinstitut für Kunstgeschichte München.

[3] Nach Sammelband St. Anna Großfolio Nr. 171 (s.fol.).
[4] Vgl. Anm. 2.
[5] Nach Auskunft von Hubertus Freiherr von Welser, München.
[6] Identifiziert nach Welser, Johann Michael 1917, p. 47.
[7] Ibid.
[8] Vgl. Ikon Lex., Bd. III (1971), sp. 216–233; sowie Keller, Hiltgart L. 1968, p. 351.
[9] Waagen, Gustav Friedrich 1845, Bd. II, p. 69.
[10] Vgl. Welser, Johann Michael 1917, p. 17 Anm. Nr. 1.
[11] Vgl. supra, p. 368 mit Anm. 5.
[12] Vgl. Katalog Augsburg 1950, p. 57, Nr. 84.

Anmerkungen zu Nr. 48

[1] Vgl. Reg. LfD. München, Akt S. Gallus Nr. 17.
[2] Trotz mehrfacher Versuche, auf den Zustand des Bildes aufmerksam zu machen, unterbleiben seit 1977 jegliche Sicherungsmaßnahmen.
[3] Vgl. Reg. LfD. München, Akt S. Gallus Nr. 17.
[4] Ibid., Nr. 19.

Anmerkungen zu Nr. 49 mit 51

[1] Stellung in der alten Kirche kann heute nicht mehr eindeutig bestimmt werden.
[2] Nach der Ulrich Walther'schen Stiftung vgl. infra.
[3] Nach Auskunft des Landbauamtes Augsburg.
[4] Lediglich die Stellung Kreuzgang-Kirche ist noch die alte (der Kreuzgang gehört heute zu den Schulräumen des angrenzenden Gymnasiums).
[5] Städtechr. XXII, p. 394, 21–24.
[6] So scheint der in der Stiftung angeführte Umfang auf eine größere Erneuerung der Kirche schließen zu lassen.
[7] Dieses Tuch ist nurmehr auf den Photographien zu erkennen, da es heute durch die statisch notwendige Gewölbefüllung verdeckt wird.
[8] Die Überlassung der Planskizze verdanke ich dem Landbauamt Augsburg.
[9] Vgl. Leg. Aurea, Cap. XCVI, p. 414.
[10] Vgl. ibid., p. 411/412.
[11] Vgl. ibid., p. 414.
[12] Vgl. Zyklus der Maria Magdalena in St. Maria in Pontresina (vgl. Bamert, Markus 1977, KF).
[13] Vgl. Leg. Aurea, Cap. XXI, p. 104.
[14] Vgl. Antonius Abbas – Zyklus in der St. Blasius-Kapelle in Kaufbeuren.
[15] Vgl. Leg. Aurea, Cap. XXI, p. 104.

Anmerkungen zu Nr. 52 mit 55

[1] Durch Restaurator Klaus Klarner, München; vgl. Anm. Objekt Nr. 7 mit 11, 1.
[2] Vgl. Ausführungen zur Geschichte des Objekts Nr. 58.
[3] Es wäre möglich, daß die Bilder im Auftrag einzelner Stifter bzw. Bruderschaften angefertigt wurden. Urkundliches Material zu den Vorgängen des späten XV. Jahrhunderts hat sich nicht erhalten.
[4] Ob eine unterschiedliche Erneuerung aufgrund der Besitzrechte von Grablegen und ähnlichem entstand, ist nicht zu klären.
[5] Die Benennung dieses Fragments kann über den hypothetischen Charakter hinaus nicht gesichert werden.
[6] Es lassen sich auch keine programmatischen Verbindungen zu den anderen Bildern herstellen.
[7] Zustand nach den Sicherungsarbeiten am 1. II. 1980.

[8] Vgl. Ikon. Lex., Bd. III (1971), sp. 216–233.
[9] Vgl. Anm. 7.
[10] Id. Ob diese Fläche erhalten bleibt, oder bei einer Neugestaltung der Kapelle überdeckt wird, war fraglich.
[11] Das Fehlen von Spuren, die auf einen Sarg oder eine Tumba hindeuten, läßt beide Vermutungen zu.
[12] Vgl. Anm. 7.

Anmerkungen zu Nr. 56
[1] Zum erstenmal bei Breuer, Tilmann 1958, p. 18 erwähnt.
[2] Nachgewiesen durch Fluoreszenzanalyse am 30. XI. 1979.
[3] Die als originale Reste der Schrift erkennbaren Buchstaben lassen keine Rekonstruktion zu.
[4] Neben dem Substanzverlust entwertet vor allem die darübergelegte Übermalung den Wert der Figur.
[5] Auch im Schriftband sind viele freigesetzte Ergänzungen zu finden.

Anmerkungen zu Nr. 57
[1] Vgl. Aufzeichnungen und Photographien von Strauss, Erich 1941–1964, Pfarrarchiv St. Anna.
[2] Es ist fraglich, ob diese Architekturmalerei nicht den Übergang zu einem, den Taufchor bedeckenden, Wandmalereisystem darstellte.
[3] Dabei muß besonders auf die Qualität der Nachkriegsaufnahmen Rücksicht genommen werden.
[4] Um dies allerdings genau festzustellen, müßte man die Farbe mitberücksichtigen.

Anmerkungen zu Nr. 58
[1] Vgl. Roth, Toni 1934; auch Lill, Georg 1935, p. 68.
[2] So bei Lieb, Norbert 1934, p. 345.
[3] Vgl. Bayerisches Hauptstaatsarchiv München, Augsburg Hochstift NA, Nr. 5486, Nr. 5487, Nr. 5488, Nr. 5489, Nr. 5490 und 5491.
[4] Braun, Placidus 1829, p. 24.
[5] Bayerisches Hauptstaatsarchiv München, Augsburg Hochstift NA, Nr. 5486, fol. 83v.
[6] Ibid., fol. 174 r.
[7] Stadtarchiv Augsburg Reichsstadt, SCH. 142 d, fol. 12 r.
[8] Vgl. Personenkatalog Nr. 81.
[9] LfD. München, Ablage Augsburg, Dom. fasc. Gewölbemalereien. (Dieser Bestand umfaßt eine Zettelsammlung, in welcher Norbert Lieb 1934 oder kurz danach seine Beobachtungen festgehalten hat.)
[10] So könnte man an die Ermordung Abels in Gegenüberstellung mit dem Tode Kains denken. Die Schilderung Liebs scheint in diesem Falle nicht zuzutreffen, da in den Notizen für Abel auch »Mann mit Fisch« festgehalten wurde.
[11] Vgl. Zimmermann, Eduard 1970, Nr. 1303 und Nr. 1304.
[12] Ibid., Nr. 4459.
[13] Ibid., Nr. 1297.
[14] Ibid., Nr. 2792.
[15] Ibid., Nr. 2220.
[16] Ibid., Nr. 2126.
[17] Photothek LfD. München, Akt Augsburg Dom, Wandmalereien.
[18] Zimmermann, Eduard 1970, Nr. 1558.
[19] Auch die Unterlagen des Wappenbuches Zimmermanns geben dafür keine brauchbare Lösung.
[20] Ibid., Nr. 1335.

[21] Ibid., Nr. 4204.
[22] Ibid., Nr. 4094.
[23] Ibid., Nr. 1208.
[24] Vgl. Anm. 2.
[25] Das Ende 1982 beschlossene Restaurierungskonzept für den Hohen Dom sieht soweit möglich eine Bewahrung der Malereien vor.

Anmerkungen zu Nr. 59
[1] Schon bei Schroeder, Alfred 1900, p. 25 erwähnt.
[2] Ibid.

Anmerkungen zu Nr. 60
[1] Genauer Standort an der angegebenen Fundamentmauer ist nicht festgehalten.
[2] Geschätzt nach den Ziegelformaten, die auf den Bildern mit sichtbar sind.
[3] Nach freundlicher Mitteilung des Städtischen Hochbauamtes.
[4] Bei den Aufnahmen handelt es sich um Farbphotographien.
[5] Vgl. Baureferat der Stadt Augsburg, Broschüre Jakobspfründe 1978.
[6] Nach Zimmermann, Eduard 1970, Nr. 3361.
[7] Ibid., Nr. 5831.
[8] Ibid., Nr. 5647.
[9] Ibid., Nr. 1885.
[10] Um technische Details zu erkennen, sind die Aufnahmen zu überblicksmäßig.
[11] Die unklare Deutung der Texte beruht auf dem uneinheitlichen Kürzelsystem des Schreibers.
[12] Vgl. für die angegebenen Bibelstellen den Vulgatatext, von dem die Schriftblöcke eine freie Nacherzählung sind.
[13] Auffindungsumstände und Situationsschilderung beruhen auf der Information des Städtischen Hochbauamtes.

Anmerkungen zu Nr. 61 mit 66
[1] Vgl. Objekt Nr. 25 mit Nr. 32, Anm. 1.
[2] Vgl. ibid Anm. Nr. 55.
[3] Vgl. Ohlenroth/Steib 1927/1928, p. 86;
vgl. auch Wilhelm, Johannes 1977 (MS), p. 204 ff.
[4] Vgl. Stadtarchiv Augsburg Reichsstadt, US. UK.v. 1. II. 1429;
vgl. Wilhelm, Johannes 1979, p. 103.
[5] Vgl. Wilhelm, Johannes 1979, p. 103; auch Stadtarchiv Augsburg Reichsstadt US. Ukv. 3. X. 1420.
[6] Ibid., p. 120; nach Stadtarchiv Augsburg EWA, 732 TI / 45;
vgl. auch Weiss, August 1897, p. 63.
[7] Vgl. Schott, Eberhart 1878, p. 283 mit p. 298.
[8] Vgl. Wilhelm, Johannes 1977 (MS), p. 228; nach Stadtarchiv Augsburg EWA 732 T.I. 59 wurden bei der Vergrößerung beseitigt.
[9] Für die Baugeschichte vgl. Wilhelm, Johannes 1977 (MS), p. 90 ff. und id., 1979, p. 114 ff.
[10] Vgl. Plan Nr. VIII; sowie Stadtarchiv Augsburg Plansammlung ad Nr. 249 (Stenglin'scher Plan von 1657).
[11] Ibid;
Im Stenglin'schen Plan befindet sich die Benennung »prima porta templi« für das abgetrennte IV. Joch der Kapelle;
[12] Für Burgkmair: vgl. Personenkatalog Nr. 39; auch Schmid, Alfred 1890; sowie in: Thieme-Becker Kstl. Lex. Bd. V (1911), p. 253;
für Beck vgl. Personenkatalog Nr. 21; siehe auch Buchner Ernst 1928, p. 388.

[13] Vgl. Anm. Nr. 3.
[14] Vgl. Personenkatalog Nr. 5.
[15] Die Beschreibung übernimmt mit Abänderungen Teile von Johannes Wilhelm 1977 (MS), p. 100 ff.
[16] Nach dem Lichtbild aus den Jahren 1892 bis 1895, Pfarrarchiv St. Anna Vgl. Abb. 90.
[17] Die Rahmung zog sich früher links nicht bis zur Basis, da der Taufchorwandpfeiler die Bildfläche beschnitt; vgl. Plan Nr. VIII und Plan Nr. X.
[18] Für die damalige Situation vgl. Abb. 90.
[19] Vgl. Skizze bei Wilhelm, Johannes 1977 (MS), p. 107.
[20] So die Schilderung id. p. 100 ff.
[21] Mt. 27, 32–56; Mc. 15, 22–41; Lc. 23, 32–49; Io. 19, 17–30.
[22] Zurückgehend auf Mt. 27, 56; Mc. 15, 40–41; Lc. 23, 49 und Io. 19, 25–27 unter Miteinbeziehung der »Stabat Mater«-Sequenz (vgl. Objekt Nr. 12 Anm. 4).
[23] Vgl. Mt. 27, 41; Mc. 15, 31; Lc. 23, 35;
[24] Vgl. in der Leg. Aurea, Cap. LIII, p. 223; Wurde allerdings dort schon nach alter Tradition aufgegriffen.
[25] Vgl. Mt. 27, 35; Mc. 15, 24; Lc. 23, 35; Io. 19, 23–24.
[26] Nach Io. 19, 23–34.
[27] Vgl. Leg. Aurea, Cap. XLVIII, p. 202/203.
[28] Vgl. Abb. 90 mit Abb. 92; auch Wilhelm, Johannes 1977 (MS), p. 100–110 und 130.
[29] Vgl. Abb. 90 mit Abb. 91.
[30] So liegt der gesamten Einordnung des Bildes das Lichtbild des Aufdeckungszustandes zugrunde.
[31] Vgl. Altaufnahme, Pfarrarchiv St. Anna (Fritz Höfle, Nr. 238, 1911/1912), Abb. Nr. 92.
[32] Nach Altreg. LfD. Akt Goldschmiedekapelle Nr. 17 vom 29. VIII. 1892.
[33] In Anlehnung an italienische Vorbilder, vgl. die Kreuzigung aus dem Oratorio di S. Giorgio, Padova, Abbildung Mellini, Gian Lorenzo 1965, Abb. p. 93.
[34] Vgl. Drechsler, Friedrich 1892, p. 23 und id 1906, p. 18.
[35] Vgl. Altaufnahme, Pfarrarchiv St. Anna (Fritz Höfle, Nr. 201, 1911/1912).
[36] Vgl. Bertram, Walther 1960, p. 31.
[37] Leg. Aurea, Cap. C, p. 432.
[38] Fluoreszenzanalyse vom 7. VII. 1977 durch den Verfasser im Beisein von Restaurator Bodo Beier.
[39] Vgl. Leg. Aurea, Cap. LVIII, p. 260.
[40] Vgl. Ibid.
[41] Die Zustandbeschreibung bezieht sich auf den Sommer 1980.
[42] Ausgenommen im Bereich der Figur der Königstochter, welche sonst nicht mehr zu sehen gewesen wäre.
[43] Nach Auskunft Theo Sprenzingers 1977.
[44] Vgl. Altphotographie, Pfarrarchiv St. Anna (Fritz Höfle, Nr. 240, 1911/1912).
[45] Dies führte wiederum zur Zuschreibung an Leonhard I. Beck; vgl. Buchner, Ernst 1928, p. 393.
[46] Benennung nach den ikonographischen Bezeichnungen der großen Weltgerichtsdarstellungen; vgl. Ikon. Lex., Bd. IV (1972), p. 514 ff.
[47] Vgl. Drechsler, Friedrich 1892, p. 21.
[48] Es ist nicht sicher, ob die Farbspuren auf den Handflächen Reste des Originals sind oder von Verschmutzung beim Abwaschen der Übermalung herrühren.
[49] Vgl. Privatakten Theo Sprenzingers, Schreiben vom 4. IX. 1958; auch Bertram, Walther 1960, p. 31.
[50] Nach Ergebnissen der Mikroskopuntersuchung durch Herrn Reichwald (ehemals LfD. München) am 5. VII. 1977.
[51] Die Pigmente sind nurmehr in verschwindend geringen Partikeln auf der heutigen Oberfläche nachzuweisen.
[52] Bestimmt durch die Stellung der Fragmente zueinander, welche sich in das übliche Schema

der Weltgerichtsdarstellung einpassen. Daß dieses Weltgerichtsbild die gesamte Wand eingenommen hatte, erweist die übergreifende Plazierung der Deesis.

[53] Vgl. z. B. Objekt Nr. 69.

[54] Vgl. Anm. Nr. 38.

[55] Vgl. Drechsel, Friedrich 1892, p. 21.

[56] Ibid. und id. 1906, p. 17;
Daher wurde auch die fehlende Hälfte Christi eingesetzt. Ob auch die Deesis ergänzt wurde, ist nicht überliefert. Dies dürfte wohl hinsichtlich einer »protestantischen« Auslegung unterblieben sein.

[57] Nachgewiesen durch Fluoreszenzanalyse vgl. Anm. 38.

[58] Id.; auch durch die mikroskopische Untersuchung nachweisbar.

[59] Das Fragment unter dem Passionsschildbogen ist der einzige noch erhaltene Hinweis, daß der ältere Teil der Kapelle gleich dem der Erweiterung ausgemalt wurde.

[60] Das vierte Tier wurde schematisch 1957 bei der Entrestaurierung ergänzt.

[61] Vor allem das Fragment unter dem Passionsschildbogen.

[62] Vgl. Drechsler, Friedrich 1892, p. 12; id. 1906, p. 10; vgl. auch Anm. 59.

[63] Dies würde die Annahme einer Werkstattarbeit unterstützen, bei der mehrere Hände nach der Vorzeichnung des Meisters gearbeitet hätten.

[64] Diese Bindemittel sind heute durch den Zerfall der organischen Substanzen kaum mehr nachweisbar.

[65] Auch in den Freilegungsberichten findet sich darüber keine Notiz.

[66] Vgl. Anm. 62.

Anmerkungen zu Nr. 67

[1] Nach Eintragungen der Bildkartei der Städtischen Kunstsammlungen Augsburg.

[2] Geschätzt nach den Abmessungen der Ziegel.

[3] Die obere Hälfte der vorderen Person scheint durch Abrieb zerstört, so daß sich auf den Aufnahmen nur ihr Fuß und der das Teller haltende Arm erhalten hat. Der obere Armansatz kennzeichnet deutlich die zweite Gestalt, welche durch die hoch angesetzte Gürtung als Frau zu deuten wäre.

[4] Die Bekrönung eines Turmes durch einen Halbmond scheint keine spezifische Bedeutung zu haben, da auch in der Schedel'schen Weltchronik der Holzschnitt, der für die Städte Padua, Massilia und Metz pauschal verwandt wurde, einen solchen Turmabschluß zeigt. Bezüge zu einem Augsburger Bauwerk können nicht aufgezeigt werden.

[5] Vgl. S. Gimignano Palazzo Communale, Malereien der Camera del Podestá (vgl. Ceccarini, Ivo 1978, Abb. 59).

[6] Nach Werner Anton 1977, (MS), p. 69.

[7] Nach Capelli, Adriano, ˉmˉ= matrimonium; ein Beispiel einer solchen Verwendung außerhalb der Manuskripte läßt sich nicht beibringen.

Anmerkungen zu Nr. 68

[1] Vgl. Roth, Toni 1934.

[2] Vgl. Lieb, Norbert 1934, p. 344; auch Stange Alfred 1957, Bd. VIII, p. 80.

[3] Vgl. Gasser Chronik, Sp. 1713; auch Städtechr. XIII, p. 52.

[4] Vgl. Gasser Chronik, Sp. 1713/1714; auch Städtechr. XXIII, p. 52.

[5] Jeder öffentliche Auftrag bzw. jeder des Domkapitels in seiner Gesamtheit hätte sich in den erhaltenen Quellen niedergeschlagen.

[6] Zum erstenmal erwähnt bei Lieb, Norbert, 1934, p. 344.

[7] Stadtarchiv Augsburg Reichsstadt, SCH. Nr. 142 d, fol. 26 v; vgl. Personenkatalog Nr. 5.

[8] Vgl. auch Gumpold I Giltinger während des Auftrags des Michaelsaltars (Personenkatalog Nr. 81).

[9] Vgl. Objekt Nr. 58 Geschichte.

[10] Vgl. Roth, Friedrich 1904, Bd. II, p. 318.

[11] Id., p. 360; Zitat aus der Verordnung des Rats vom 17. I. 1537.
[12] Id., p. 328.
[13] Id., ibid.;
Die hier erwähnte »Abtuung« fand wie es der Zustand des Bildes zeigt, nicht statt.
[14] Das Folgende scheint sich aus der Erneuerung von 1554 nach den Beschädigungen durch die Abschaffung der Bilder in der Reformation erhalten zu haben.
[15] Das Wappen rechts zeigt den Schild »von Zollern«, das links den derer »von Freyberg« (nach Zimmermann, Eduard 1970 Nr. 1337–1339 und Nr. 2902). Friedrich von Zollern war Bischof zu der Entstehungszeit des Bildes. Ob hier eine bischöfliche Stiftung vorlag, bleibt fraglich. Das Wappen derer »von Freyberg« scheint sich auf die Restaurierung selbst zu beziehen. Eine Datierung ist nicht möglich, da es mehrere Domherren dieses Geschlechts gab.
[16] Vgl. die Frage der Zuschreibung der Bilder der Goldschmiedekapelle in Teil I.
[17] Vgl. auch Objekt Nr. 62.
[18] Siehe Aufdeckungsaufnahme von 1934 in Photothek des LfD. (ohne Nummer in Akt Augsburg Dom).

Anmerkungen zu Nr. 69
[1] Vgl. Dirr, Pius 1908, p. 201.
[2] Vgl. ibid., p. 202;
Die Schilderung der Farbigkeit ist unwahrscheinlich. So ist violett auf Blaugrau als Absetzung in einem so auf Fernwirkung gedachten Bild kaum zu erwarten. Auch läßt die helle Wiedergabe der Gewänder auf der Aufnahme keine deckende Einfärbung der Gewänder erwarten. Ob es sich bei den genannten Farben der Gewänder nur um die Fassungen der Stolen handelte, kann nicht mehr nachgewiesen werden.
[3] Vgl. ibid., p. 201.
[4] Vgl. ibid., p. 201/202.
[5] Trotz dieses großen Ausmaßes und der bestimmenden Stellung im Raum gibt es keine Berichte aus dem XVI. Jahrhundert, obwohl die Darstellung sicherlich auch die Stellungnahme der reformatorischen Prediger herausgefordert hat.
[6] Dirr, Pius 1908, p. 201.

Anmerkungen zu Nr. 70
[1] Nach dem Schreiben der Städtischen Kunstsammlungen vom 3. 10. 1972, vgl. Reg. LfD. Akt Hunoldsgraben 27, Schreiben Nr. 12 108.
[2] Bei Instandsetzung der anschließenden Hofmauer wurde die Szene der am Tisch sitzenden Personen in der oberen Hälfte zerstört.
[3] Zerstört nach Abschluß der Arbeit.
[4] Staatsgalerie Augsburg Inv. Nr. 5342, Nr. 5343, Nr. 5344; vgl. Katalog Augsburg 1967, p. 98 ff. und Katalog Augsburg 1978, p. 143 ff.
[5] Nach den Untersuchungen von Lyndal Roper-Boanas über die Stellung der Frau in Augsburg zu Beginn des XVI. Jahrhunderts, laut mündlicher Mitteilung.
[6] Vgl. Reg. LfD. Akt Hunoldsgraben 27, Schreiben Nr. 12 108 vom 3. 10. 1972.
[7] Ibid.
[8] Bei dem Lokaltermin in Anwesen Hunoldsgraben 27.
[9] Vgl. Abb. 103.
[10] Auch im September 1980 wurden noch keinerlei Schutzmaßnahmen getroffen.

Anmerkungen zu Nr. 71 mit 72
[1] Antonio de Beatis weilte als Begleiter des Kardinals Luigi d' Aragona vom 25. bis 27. V. 1517 in Augsburg. Seine Bemerkung:

»Lli si vedde el palazzo de li Fucchari chi e de li belli da la Magna, ornato assai di pietre marme et mischie, et la fazzata de la strata lavorata de historie con molto oro et di perfectissimi colori, et la coperta de decta casa e tucta di rame, et tra li todeschi vi sonno alcuni appartamenti a la italiana bellissimi et assai bene intese.« (Zitiert nach Lieb, Norbert 1952, p. 93/94).
Vgl. auch Falk, Tilmann 1968, p. 79 mit Anm. 501.

[2] Vgl. Groeschel, Julius 1888, p. 244.
[3] Vgl. Buff, Adolf 1886, p. 59; auch Groeschel, Julius 1888, p. 246.
[4] Städtechr. XXIX, p. 71/72.
[5] Vgl. Breuer, Tilmann 1958, p. 86.
[6] Sandrart, Joachim 1675 (ed. Peltzer 1925), p. 76.
[7] Vgl. Groeschel, Julius 1888, p. 244; auch Stetten Kunstgeschichte 1779, p. 277.
[8] Herausgegeben von Hans Tirol; Städtische Kunstsammlungen Augsburg Inv. Nr. G 14574, abgebildet in Blendinger/Zorn 1976, Nr. 183; auch Pfaud, Robert 1976, T. II; auch Katalog Augsburg 1980, Bd. I, Nr. 205, p. 253. Ähnliche Struktur der Fassadenbemalung findet sich auf den Darstellungen der Verleihung der Kurwürde an Moritz von Sachsen durch Karl V. von Matthäus Gundelach 1624 (Augsburg, Städtische Kunstsammlungen Inv. Nr. 9339, Inv. Nr. 9370, Inv. Nr. 9336; vgl. Katalog Augsburg 1980 Bd. I, p. 244 ff.). Es könnte sich bei diesen Darstellungen um die historisierende Wiedergabe der alten Bemalung handeln.
[9] Abgebildet bei Buff, Adolf 1886, p. 61; auch Pfaud, Robert 1976, T II (die Malerei ist auf dieser Abbildung allerdings kaum sichtbar).
[10] Siehe genauere Aufstellungen bei Buff, Adolf 1886, p. 60; vgl. auch Lieb, Norbert 1952, p. 98; Die dort anhand eines Bildes des Jahres 1659 gewonnene Beschreibung weicht wieder von dem Zustand von 1632 ab.
[11] Buff, Adolf 1886, p. 60; id. 1893, p. 32.
[12] Dies dürfte bei der repräsentativen Rolle des Bauwerkes und seiner zentralen Stellung während der Reichstage 1530 wie auch 1548 kaum zu überprüfen sein.
[13] Lieb, Norbert 1952, p. 111 ff.
[14] Groeschel, Julius 1888, p. 248 ff.
[15] Zusammenfassung nach Lieb, Norbert 1952, p. 111 ff.; und Groeschel, Julius 1888, p. 247 ff.; sowie Buff, Adolf 1886, p. 59 und id. 1893 p. 33 ff.
[16] Groeschel, Julius 1888, p. 252/252.
[17] Vgl. Lieb, Norbert 1952, p. 118.
[18] Groeschel, Julius 1888, p. 253. dagegen Lieb, Norbert 1952, p. 118/119.
[19] Groeschel, Julius 1888, p. 247.
[20] Vgl. Lieb, Norbert 1952, p. 117/118.
[21] Auch für das Folgende: Groeschel, Julius 1888, p. 244; Lieb, Norbert 1952, p. 115/116.
[22] Waagen, Gustav Friedrich 1984, Bd. II, p. 76/77.
[23] Groeschel, Julius 1888, p. 253.
[24] Ibid., p. 250–255.
[25] Vgl. Thieme Becker Kstl. Lex., Bd. I (1907), p. 34; zu der Wahrscheinlichkeit dieser Zuschreibung vgl. Personenkatalog Nr. 3.
[26] Dörnhöffer, Friedrich 1897, p. 39/40.
[27] Lieb, Norbert 1952, p. 118.
[28] Vgl. Personenkatalog Nr. 39.
[29] Groeschel, Julius 1888, Abb. zwischen p. 244 und p. 245; auch Lieb, Norbert 1952, Abb. 55 und Abb. 56.
[30] Siehe Breuer, Tilmann 1958, p. 86.
[31] Die Uneinheitlichkeit dieser Malerei zeigen die im oberen Bereich unmodellierten im Gegensatz zu den unteren Ornamenten mit schwarzer Strichzeichnung versehenen Teile an.
[32] Siehe Breuer, Tilmann 1958, p. 86.
[33] Vgl. Katalog Augsburg 1980, Bd. I, p. 269/270.
[34] Vgl. dazu ebenfalls die Maskarons in den Ornamenten der Weberstube. Man könnte aber

bei diesen vier vorliegenden Exemplaren auch an eine Überarbeitung aus der Zeit der Sustrisausstattung denken.

[35] Eingehendere Untersuchungen der Technik bzw. der Originalität konnten in diesem Falle nicht vorgenommen werden.

Anmerkungen zu Nr. 73 mit 80

[1] Im Anschluß an die Bemalung des Kreuzganges (vgl. infra) ist dieses Teil illusionistischer Malerei datiert. (Für die Datierung selbst vgl. Objekt Nr. 44 mit Nr. 45).

[2] Dies kann nur behauptet werden, insofern die Übermalung dieses Objektes die originale Form wenigstens wiedergibt.

[3] Im Rahmen der übrigen Bemalung dürfte diese Malerei wenigstens die Farbigkeit der Fläche aufrecht erhalten und die Tiefe dieser Nische betont haben. Eine Verbindung zum tektonischen System der Zyklen kann nicht hergestellt werden.

[4] Lageangaben nach mündlicher Auskunft des städtischen Hochbauamtes.

[5] Datierung durch die Bibelzyklen des Kreuzganges (vgl. Objekt Nr. 60). Für die weiteren Daten vergleiche dort. Ein eindeutiger Zusammenschluß zwischen Zyklus und Ornamentfragment kann nicht gegeben werden. Jedoch stellt die Farbigkeit Fragment und Zyklus in einen Zusammenhang, der jedoch für die endgültige Absicherung als zuwenig erscheint.

[6] Soweit sich die Technik aus den im Photo sichtbaren Anhaltspunkten erkennen läßt.

[7] Vgl. Objekt Nr. 60 Erhaltungszustand.

[8] Die Bezeichnung »akanthusähnlich« bezieht sich mehr auf die Art der Blätter, aus der sich diese Form entwickelt hat, als daß damit die ungenaue Gestaltung des vorliegenden Beispiels gemeint ist.

[9] Am ehesten ließe sich eine Verbindung zu dem Rankenwerk im Hunoldsgraben 27 herstellen, wo die Äste teilweise dunkel- und hellgrau in zwei parallel laufenden Linien gegeben sind. Die in diesem Objekt aber bereits wieder einsetzende Verhärtung der Form wirkte der freien Setzung von Kontur und Schatten schon wieder entgegen (vgl. Objekt Nr. 70).

[10] Im Februar 1980.

[11] Für die Daten und die Baugeschichte vgl. Knorre, Eckhard von 1975, p. 47 ff.

[12] Ibid., Abb. Nr. 3 und Nr. 5.

[13] Ibid., Abb. Nr. 4; Vorlage Augsburg Stadt- und Staatsbibliothek Sch 28/25.

[14] Dieses Figurenprogramm, dessen oberer Teil bei Objekt Nr. 43 untersucht wurde, zeigt im Erdgeschoß nochmals die Gestalten von St. Ulrich und St. Afra, die scheinbar auf Konsolen stehend die alte Fassade flankierten. Diese beiden Figuren heben sich auf der Zeichnung so deutlich im Stil ab, daß von Knorre (1975, p. 49) sie als Ergebnis einer Restaurierung nach dem »Bildersturm« 1537 bezeichnete. Die erhaltene Überlieferung der Figuren ist aber zu ungenau, um dies schlüssig zu zeigen. Es legt sich die Vermutung nahe, daß diese Figuren zusammen mit der übrigen Malerei des unteren Geschoßes bei der Vermauerung der Arkadenbögen 1552 erneuert wurden.

[15] Der Zeitpunkt der Vermauerung wurde von von Knorre eindeutig durch Archivalien belegt;
vgl. Knorre, Eckhard von 1975, p. 46.

[16] Ibid., p. 49.

[17] Ibid., p. 44.

[18] Nach Auskunft des Restaurators sowie der Küsterei der evangelischen St. Ulrichskirche.

[19] So wäre hier auch die Frage zu stellen, ob nicht im Zusammenhang mit der Gestaltung der Putzoberfläche hier die Tätigkeit eines »Maurers« oder eines sogenannten »Weißmalers« vorliegt.

[20] Die Ausgestaltung der Rippen und der Vegetabilien war nur fragmentarisch und nicht durchgehend erhalten (nach den Privatunterlagen Theo Sprenzingers).

[21] Angaben nach der Auskunft der Städtischen Kunstsammlungen Augsburg. Es ist fraglich, inwieweit sich die im Dachgeschoß aufgefundene, auf die Wand gemalte Jahreszahl »1488« für diese Malerei geltend machen läßt.

[22] Z. B. das Bild der Basilica Sta. Maria Maggiore (Staatsgalerie Augsburg Inv. Nr. 5335, Nr.

5336 und 5337); wie auch die Darstellung der Basilica S. Paolo fuori le Mura (ibid. Inv. Nr. 5332, Nr. 5333 und Nr. 5334).

[23] So läßt sich nicht klären, ob das Gesims als Basis für ein Bild oder weitere architekturtragende Teile diente.

[24] Lokalisierung nach Angaben der Photothek des LfD. Akt Maximiliansstraße. Das Haus mit den Mustern scheint auch auf einer Aufnahme von 1913 zu sehen zu sein (vgl. Debold-Kritter, Astrid 1979, p. 69).

[25] Vgl. Katalog Augsburg 1980, Bd. I, p. 117 ff. mit Farbtafel Nr. I.
Die Datierung dieser Ornamentik ist eine hypothetische Annahme aufgrund der hier angegebenen Beziehung. Da weder von dem Gebäude eine genauere Baugeschichte bekannt ist noch für die Art der Ornamentik in der Wandmalerei authentische Beispiele gefunden werden konnten, läßt sich diese Annahme auch nicht weiter absichern.

[26] Vgl. Blendinger/Zorn 1976, p. 71, Nr. 166; Die hier angegebene Datierung und Zuschreibung läßt sich allerdings nicht überprüfen. Vgl. dazu Katalog Augsburg 1980, Bd. II, p. 119.

[27] Sowohl der Seld'sche Plan von 1521 wie auch die späteren Pläne zeigen auf diesem Grundstück, das durch seine Stellung zu dem 1901 beseitigten Afraturm eindeutig auszumachen ist, ein traufseitiges Haus mit breitem Giebel. Dabei läßt sich jedoch der angebaute Giebel nicht eindeutig nachweisen.

[28] Nach Angaben der Unterlagen in der Photothek des LfD. Akt Maximiliansstraße.

[29] Die Kopie stellt eine Art Nahaufnahme des Bestandes dar, welche einen flüchtigen skizzenhaften Charakter hat, was sowohl die genaue Beschreibung wie auch die genaue Bestimmung erschwert.

[30] Durch das Fehlen der Größenrelation bleibt die Charakterisierung ungenau.

Anmerkungen zum Anhang

[1] Nach Riedmüller, Leopold 1916/1919, p. 630–631.

[2] Staats- und Stadtbibliothek Augsburg, Cod. Aug. 330, p. 127; hier zitiert nach Riedmüller Leopold 1916/1919, p. 630.

[3] Staats- und Stadtbibliothek Augsburg, Cod. Aug. 331, p. 20.

[4] Nach Riedmüller, Leopold 1916/1919, p. 631.

[5] Durch die Fa. Wilhelm und Weber; vgl. Geschäftsakten des liquidierten Unternehmens.

[6] In Katalog Augsburg 1980, Bd. I, Nr. 406; städtische Kunstsammlungen Inv. Nr. G 16819.

[7] Ibid., p. 396.

[8] Augsburger Postzeitung vom 22. X. 1911 unter Rubrik »Aus dem Augsburger Rathaus«; siehe auch Alt. Reg. LfD. Akt Peterskirche, 13.

[9] Vgl. Stadtarchiv Augsburg, Akten des Bauamtes, Akt Perlachturm.

[10] Vgl. Alt. Reg. LfD. Akt Peterskirche, Nr. 9.

[11] Vgl. Augsburger Postzeitung vom 25. II. 1913; Der Beitrag scheint sich auf die Gesamtkosten von Freilegung und Aufnahme mit allen Nebenkosten zu beziehen.

[12] Vgl. Alt. Reg. LfD. Akt Peterskirche, Nr. 12.

[13] Vgl. Münchner und Augsburger Abendzeitung vom 23. II. 1913 unter Rubrik »aus dem Augsburger Rathause«.

Personenkatalog

I. Aufgabe des Katalogs

Der Katalog der Personen hat in diesem Zusammenhang der Arbeit die Funktion, die für die Ausführungen herangezogenen Archivalien und Einzelinformationen zu belegen[1]. Die vorliegende Form wurde gewählt, um die sich dadurch abzeichnenden Persönlichkeitsbilder zu erhalten, die zugleich auch für den bearbeiteten Zeitraum eine Charakterisierung geben.

So werden in diesem Katalog alle in Augsburg arbeitenden Maler, die bis zum 31. XII. 1529 als Meister oder als selbständig Arbeitende nachweisbar sind[2], aufgeführt. Als Kriterium diente, daß sie als Maler gearbeitet haben, beziehungsweise durch die eindeutig überlieferte Berufsbezeichnung von ihren Zeitgenossen als »Maler« genannt sind. Die Grenze war um so schwieriger zu ziehen, da speziell zur Frühzeit eine Trennung der Handwerke innerhalb der Zunft nicht definitiv vorhanden war und so eine Klassifizierung immer das Problem der gleitenden Abgrenzung berücksichtigen mußte. War dies anfangs hauptsächlich zwischen Malern und Glasern als Schwierigkeit vorhanden, so zeigte es sich für den Zeitraum nach dem Aufkommen des Buchdrucks vor allem zwischen den Illuministen, den Druckern und den auf dem Gebiet der Chalkographie arbeitenden Meistern.

Aufgenommen wurden in diesen Katalog neben den eingeschriebenen Meistern der Zunft auch alle Lehrknaben und Gesellen, welche den Werkstätten ihrer Meister zugeteilt sind. Daneben wurden auch alle als Maler, Weißmaler, Illuministen[3] und Visierer bezeichneten Personen, wenn ihnen diese Berufe eindeutig nachweisbar waren, aufgenommen. Glaser wurden nur berücksichtigt, wenn sie in einer spezifischen Stellung zu dem Handwerk der Maler standen, oder wenn Mitglieder ihrer Werkstätte als Maler bezeugt sind, so daß die Annahme gestalterischer Tätigkeit in ihren Fällen berechtigt zugrundegelegt werden durfte.

Auch Personen, für die sich nur Werke sichern ließen, wurden in den Katalog aufgenommen, so daß auch möglichst viele der nur kurzfristig in Augsburg ansässigen Maler und Gesellen erfaßt wurden. Gesellen, Altgesellen sowie Meisterwitwen, die keiner bestimmten Werkstätte zugeteilt werden konnten, sind im Katalog unter einer eigenen Nummer aufgeführt.

Die zeitliche Begrenzung des Kataloges stellte sich neben der durch das Thema vorgegebenen auch durch die Archivalienlage. So wurden auch Maler aus der Zeit vor der Zunftverfassung mit aufgenommen, um die Ausgangssituation des Handwerks besser erfassen zu können. Als Anfang bot sich somit der Beginn der durchgängig erhaltenen Archivalien an, der mit dem Anfang der Steuerbuchreihe auf 1346 anzusetzen ist. Die Richtigkeit dieses Vorgehens zeigt die Tatsache, daß es nur für zwei Maler frühere Hinweise gab. Die Endbegrenzung des Kataloges stellte der zu behandelnde Zeitraum, wobei alle Meister, die bis zum 31. XII. 1529 zu erfassen waren, aufgeführt wurden und die sie betreffenden Quellen noch bis in das Jahr 1550 er-

1 Die Genauigkeit des Katalogs wird auch aus dieser Funktion heraus bestimmt, die eine vollständige Erfassung sämtlicher Informationen verwehrt.
2 Dazu noch nicht zuweisbare Meisterwitwen und Gesellen (auch Altgesellen).
3 Mitglieder der Klosterwerkstätten wurden nach den bisherigen Publikationen erfaßt.

wähnt sind. Eventuelle spätere Quellen für Meister, die noch über dieses Jahr hinaus am Leben waren, konnten in diesem Rahmen nicht mit aufgenommen werden und wurden vernachlässigt[4].

II. Die Quellen

Um die Dichte der angeführten Fakten einsichtig zu machen, scheint es sinnvoll, die vorhandenen Archivalien in ihrer Schichtung kurz vorzustellen und die für die Arbeit daraus folgende Struktur aufzuzeigen.

1. Struktur der Quellenlage[5]

A) Quellen für die Personen hinsichtlich der Namensfestlegung und der Berufsbezeichnung

Schema A

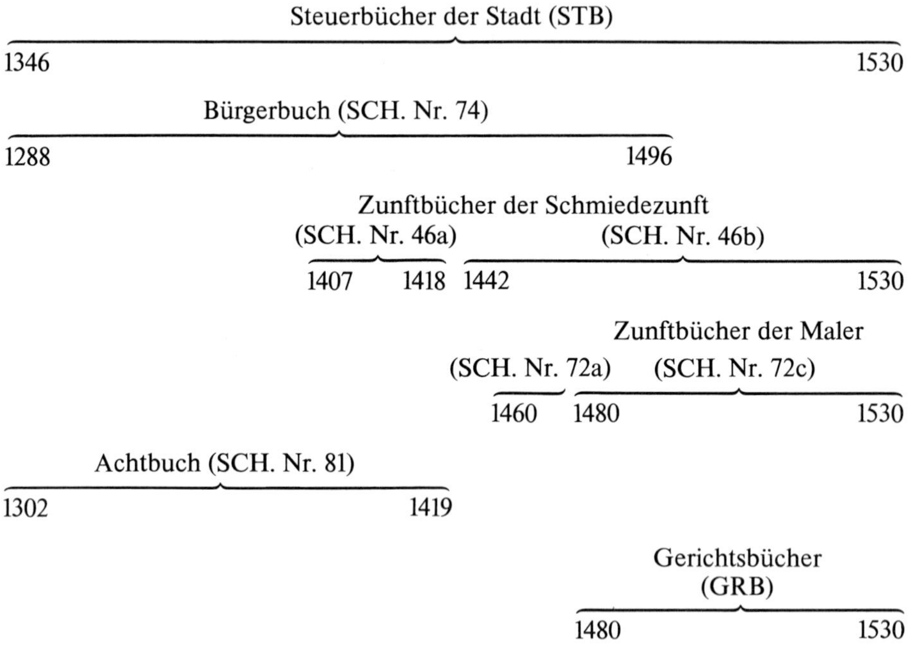

Für die Erstellung des Personenkataloges stellte sich die Schwierigkeit, außerhalb der schon bekannten Malerzunftbücher den Nachweis für die Tätigkeit und Meisterschaft der Personen zu führen. Neben dem durchgehenden Bestand der Steuerbücher der

4 Diese Tatsache ist bei den entsprechenden Fällen gesondert vermerkt. Die geringe Anzahl dieser Fälle berechtigt die Vernachlässigung.

5 Diese schematische Vorstellung der Struktur soll die Arbeitsweise aufdecken und neben der Darlegung der in diesem Katalog gewonnenen Dichte auch die möglichen Ansatzpunkte weiterer Bearbeitungen aufzeigen.

Stadt Augsburg zeigten sich für diese Aufgabe besonders das Bürgerbuch (Neuaufnahmen der Bürger) wie auch das Achtbuch und die Gerichtsbücher mit ihren genauen Angaben über die Person der Prozeßbeteiligten als ergiebige Quellen. Auch die bisher für diese Frage nicht herangezogenen Zunftbücher der Schmiede boten mit den Rüstungs- und Wachaufzugslisten der gesamten Großzunft eine hilfreiche Quelle zur Identifizierung der Meister.

Es läßt sich jedoch eine durch die Archivalienlage bedingte Zunahme der Gewißheit gegen das Ende des XV. Jahrhunderts nicht gegenüber der Unsicherheit des Jahrhundertbeginns vermeiden.

B) Quellen für die sich auf die Personen beziehenden Werke und Ereignisse
Dieser Namenskatalog stellte die Grundlage für die Fragestellung bei der Durchsicht der Einzelbestände dar, speziell der umfassenden großen Sammelbestände, die nur anhand von Registern oder Regesten zu sichten waren.

Schema B

Namens-Katalog

Baumeisterrechnungsbücher (BRB)
1320 — 1530

Ratsbücher (RB)
1332 — 1530

Ratsämterbuch (SCH. Nr. 49a)
1520 — 1530

Zunfteinschreibebuch (SCH. Nr. 72b)
1480 — 1530

Malerakten (MA)
1520 — 1530

Bürgerbuch (SCH. Nr. 74)
1288 — 1496

Söldnerbuch (SCH. Nr. 137a)
1360 — 1382

Achtbuch (SCH. Nr. 81)
1302 — 1419

Gerichtsbücher (GRB)
1480 1530

Strafbuch (StrB)
1509 1526

Kapitelrezessionalien
(München/Hauptstaatsarchiv)
1460 1530

Zechpflegebücher Dom
(SCH./KWA)
1480 1530

Zechpflegebücher St. Moritz
(SCH. Nr. 11/I F)
1503 1530

Zechpflegebuch
St. Ulrich (KK)
1433/1442 1454

Nach Registern u. ä.:
- Urkundensammlung (US)
- Literaliensammlung (Lit)
- Katholisches Wesensarchiv (KWA)
- Evangelisches Wesensarchiv (EWA)
- Missivbücher (SCH. Nr. 105)
- Urgichten (Urg.)

Nach Publikationen:
- Chroniken der Stadt
- Wittwer, Catalogus Abbatum etc.
- Bestände auswärtiger Archive
- Bestände auswärtiger Bibliotheken

Die Schwierigkeit, die sich dabei herausstellte, war, daß nur die Arbeiten für die öffentlichen Ämter der Stadt anhand der Baumeister-Rechnungsbücher durchgehend zu belegen waren, während sich die Überlieferung aller anderen Tätigkeiten nur fragmentarisch aus direkten Quellen oder über die indirekte Information aus den Gerichtsakten etc. erschließen ließ. So ergibt sich hier für die frühe Zeit ein gänzlich einseitiges Bild, das erst ab dem letzten Drittel des XV. Jahrhunderts durch die Bestände der einzelnen Zechpflegebücher korrigiert werden kann, wobei diese auch nur die über die Pfarrstellen gegebenen Aufträge verzeichnen und Einzelstiftungen kaum beinhalten.

C) Quellen zur Rekonstruktion der Handwerks-Ordnungen (bzw. Zunftsatzungen)
Auch um die Ordnungen des Malerhandwerks zu rekonstruieren, muß man über die bisher herangezogenen Maler-Zunftbücher hinausgehen, um so vor allem die Wandlung der Handwerksordnung während der Zeit der Zunftverfassung darstellen zu können.

Schema C

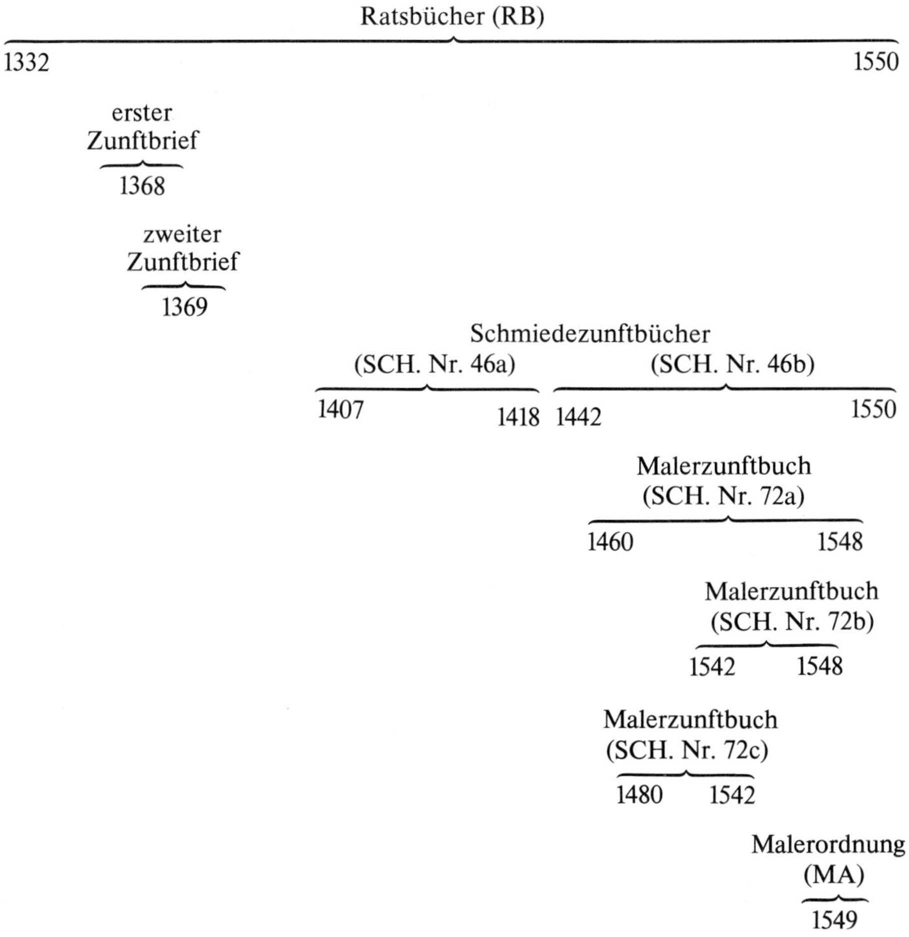

Dabei zeigt sich auch in diesem Falle für die frühere Zeit die Verdichtung der Quellen ab dem Ende des XV. Jahrhunderts, die sich aber durch die erhaltenen Ratsdekrete und durch das frühe Schmiedezunftbuch ausgleichen läßt und so eine Rekonstruktion der frühen zünftischen Malerschaft erlaubt.

2. Die Beschreibung der einzelnen Quellenbestände

(In Klammern steht jeweils die genaue Bezeichnung des Archivs, des Bestandes und der Signatur; kursiv wird immer die im Katalog für diesen Bestand benutzte Abkürzung wiedergegeben.)

– 1. Die Steuerbücher der Stadt Augsburg
(Stadtarchiv Augsburg, Reichsstadt Steuerbücher)
STB

Sie dienen zum Nachweis des Bürgerrechtes, des Wohnortes in der Stadt sowie der Anwesenheit in derselben, als auch der Vermögensverhältnisse der einzelnen Personen.

R = Register; frg. = fragmentarisch erhalten;
GSt = Sondersteuer für den Grabenbau, »Grabensteuer«;
Huss = Sondersteuer für die Hussitenkriege;
Türk = Sondersteuer für die Türkenkriege;

1346 R	1406 GSt	1441 R	1479 R	1516 R
1351 R	1406	1442	1480 R	1517
1355 R	1407	1443	1481	1518
1356	1408 R	1444	1482	1519
1357 R	1409 R	1445	1483	1520
1358	1410	1446	1484	1521
1359 R	1411	1447	1485	1522 R
1362	1412 frg.	1448 R	1486 R	1523
1363	1413 R	1449	1487	1524
1364 R	1414	1451	1488 R/frg.	1525
1365 frg.	1415	1452	1489 R	1526
1367	1416	1453	1490	1527
1368 R	1417	1454	1491	1528 R
1376	1418 R	1455 R	1492 R	1529
1377 R	1419	1456	1493	1530
1380 R	1420	1457	1494 R	1531
1382	1421	1458	1495 R	1532
1383 R	1422 R	1459	1496 R	1533
1384	1423	1460	1497 R	1534 R
1386 R	1424	1461	1498 R	1535
1389	1425	1462 R	1499	1536
1390 R	1426	1463	1500	1537
1391	1427 R	1464	1501 R	1538
1392	1428 Huss	1465	1502	1539
1393	1428	1466 R	1503	1540 R
1394 R	1429	1467	1504 R	1541
1395	1430	1468	1505	1542 Türk
1396	1431	1469	1506	1542
1397 frg.	1432	1470	1507	1543
1398 R	1433	1471 R	1508	1544 R
1399	1434 R	1472	1509 R	1545
1400	1435	1473	1510	1546
1401	1436	1474 R	1511	1547
1402 R	1437	1475 R	1512 R	1548
1403 R	1438	1476	1513	1549
1404	1439	1477 R	1514	1550 R
1405	1440	1478	1515	

– 2. Bürgerbuch
(Stadtarchiv Augsburg, Reichsstadt Schätze Nr. 74)
SCH. Nr. 74

In diesem Buch finden sich alle Fälle, in denen das Bürgerrecht käuflich erworben wurde. Der Normalfall der Einheirat in die Stadt läßt sich dadurch nicht nachweisen. Der Band umfaßt die Jahre 1288 bis 1496.

– 3. Ratsbücher der Stadt Augsburg
(Stadtarchiv Augsburg, Reichsstadt Ratsbücher)
RB. Nr. . . .

Die Ratsbücher beinhalten die Beschlüsse, Satzungen und Einzelfallentscheidungen, die von den Ratsgremien in den Sitzungen gefaßt wurden.

Nr. 1	1332–1471	(Satzungssammlung)
Nr. 2	1368–1534	(Satzungssammlung)
Nr. 3	1392–1441	(Satzungssammlung)
Nr. 4	1442–1447	(Beschlußprotokolle)
Nr. 5	1453–1457	(Beschlußprotokolle)
Nr. 6	1458–1463	(Beschlußprotokolle)
Nr. 7	1466–1473	(Beschlußprotokolle)
	(Kopie nach dem Original der K. K. Hofbibliothek Wien, sub HS Nr. 2836 / civ. 117)	
Nr. 8	1474–1478	(Beschlußprotokolle)
Nr. 9	1479–1481	(Beschlußprotokolle)
Nr. 10	1482–1484	(Beschlußprotokolle)
Nr. 11	1489–1491	(Beschlußprotokolle)
Nr. 12	1492–1498	(Beschlußprotokolle)
Nr. 13	1498–1500	(Beschlußprotokolle)
Nr. 14	1501–1520	(Satzungssammlung?)
Nr. 15	1520–1529	(Beschlußprotokolle)
Nr. 16	1529–1542	(Beschlußprotokolle)
Nr. 17	1543	(Beschlußprotokolle)
Nr. 18	1544	(Beschlußprotokolle)
Nr. 19	1545	(Beschlußprotokolle)
Nr. 20	1546	(Beschlußprotokolle)
Nr. 21	1547	(Beschlußprotokolle)
Nr. 22	1548	(Beschlußprotokolle)
Nr. 23	1549	(Beschlußprotokolle)
Nr. 24	1550	(Beschlußprotokolle)

– 4. Ratsämterbücher
(Stadtarchiv Augsburg, Reichsstadt Schätze Nr. 49 a/b)
SCH. Nr. 49 a/b

Diese Bände enthalten die Besetzungen der jeweiligen öffentlichen Ämter durch die gewählten Mitglieder des Großen Rats.

SCH. Nr. 49 a umfaßt die Jahre 1520–1535
SCH. Nr. 49 b umfaßt die Jahre 1536–1548

– 5. Baumeisterrechnungsbücher
(Stadtarchiv Augsburg, Reichsstadt Baumeisterrechnungen)
BRB

Diese Bände beinhalten die Abrechnungen der öffentlichen Hand bei teilweiser Nennung der Meister, die diese Aufträge ausführten.

EB = Einnehmerbuch[6];
DB = Denkbuch;
frg. = fragmentarisch erhalten;

1320–1331
1361–1368
(Excerpta derzeit
nicht auffindbar)
1368–1379, 1380 frg.
1388–1389
1390
1391 a EB
1391 b
1392
1393–1394
1395
1396 a EB
1396 b
1397
1398
1400
1402
1403
1405
1407
1409
1410
1413
1414
1415
1416
1418
1420 EB frg.
1421
1422
1423
1424 EB
1429–1430 frg.
1430 EB
1431 a
1431 b EB
1432
1436
1437
1438 a EB
1438 b
1439 EB
1440
1441 EB
1442
1447 a EB
1447 b
1449
1451
1452 EB
1453 EB
1454
1455
1456 EB
1456 DB
1457
1458
1459
1461 DB
1462 EB
1463 a 16. I.–31. VII.
1463 b 14. VIII.–26. VIII.
1463 c
1463 d 22. XI.–14. I. 1464
1464
1465
1466
1466 DB
1468 DB
1469
1470
1473
1477
1481
1482
1483
1484
1485
1487
1488
1489
1490 a
1490 b DB
1491
1492 DB
1494 a DB
1494 b
1495
1497
1498
1499
1500
1501
1502
1503
1504
1505
1506
1507
1508
1509
1510
1511
1512
1513
1514
1515
1516
1517
1518
1519
1520
1521
1522
1523
1524
1525
1526
1527
1528
1529
1530

6 Die Einnehmerbücher bilden ab dem Jahre 1463 einen eigenen Bestand, der nicht weiter untersucht wurde.

– 6. Zunftbücher der Schmiedezunft
a) Zunftbuch der Jahre 1407–1418
(Stadtarchiv Augsburg, Reichsstadt Schätze Nr. 46a)
SCH. Nr. 46a
Original mit Satzungen und Meistereintragungen mit eingelegten Rüstungs- und Aufzugslisten
b) Zunftbuch der Jahre 1442 und folgende
(Stadtarchiv Augsburg, Reichsstadt Schätze Nr. 46b)
SCH. Nr. 46b
Kopie aus dem Jahre 1569, welche eine Gesamtzunftliste des Jahres 1442 sowie Satzungen des Handwerks als auch die Meisteraufnahmen der Schmiede beinhaltet.
– 7. Zunftbücher des Malerhandwerks
a) Satzungsbuch des Malerhandwerks
(Stadtarchiv Augsburg, Reichsstadt Schätze Nr. 72a)
SCH. Nr. 72a
Dieses Original umfaßt die Satzungen des Handwerks, welche im Zeitraum 1473 bis 1547 gefaßt wurden, sowie auch eine Liste der zwischen 1460 und 1473 gestorbenen Meister.
b) Einschreibebuch der Maler, Bildhauer, Goldschläger und Glaser 1480–1542
(Stadtarchiv Augsburg, Reichsstadt Schätze Nr. 72c)
SCH. Nr. 72c
Original mit den Meisteraufnahmen und Lehrknabenvorstellungen der Jahre 1480 bis 1542 mit eingestreuten Satzungsbeschlüssen und Strafeintragungen.
c) Einschreibebuch der Maler, Bildhauer, Goldschläger und Glaser 1480–1548
(Stadtarchiv Augsburg, Reichsstadt Schätze Nr. 72b)
SCH. Nr. 72b
Dieses Buch ist bis zu dem Jahre 1542 eine Kopie von Sch. Nr. 72c, wobei die Eintragungen geordnet und die Strafeintragungen weggelassen wurden. Meisteraufnahmen wie Lehrknabenvorstellungen sind bis 1548 weitergeführt.
d) Einschreibebuch der Maler, Bildhauer, Goldschläger und Glaser 1480–1624
(Stadtarchiv Augsburg, Archiv des Historischen Vereins)
H. Nr. 54a
Der Band ist eine 1548/1549 gefertigte Kopie von Sch. Nr. 72b, in welcher die Meisteraufnahmen und die Lehrknabenvorstellung bis 1624 fortgeführt sind. Beigegeben ist eine Zusammenfassung der Malerordnung vom 23. VII. 1549.
– 8. Akten des Malerhandwerks
a) Handwerksakten ab. ca. 1520
(Stadtarchiv Augsburg, Reichsstadt Handwerksakten, Maler, fasc. I)
MA fasc. I
Schriftstücksammlung verschiedener Originale und Kopien
b) Ordnungen des Malerhandwerks
(Stadtarchiv Augsburg, Reichsstadt Handwerksakten, Maler, fasc. Ordnungen)
MA fasc. Ordn.
Dieses Faszikel enthält verschiedene Malerordnungen, beginnend mit der Ordnung der Maler, Glaser, Bildschnitzer und Goldschlager vom 23. VII. 1549
– 9. Zunftgüter
(Stadtarchiv Augsburg, Reichsstadt, Zunftbücher ohne Nummer)
ZG
Umfaßt die »lautere Beschreibung was die Handwerker übergeben haben 1548/1549« (betrifft das Malerhaus).

– 10. Achtbuch 1302–1419
(Stadtarchiv Augsburg, Reichsstadt Schätze Nr. 81)
SCH. Nr. 81

Beinhaltet Vollstreckungsbeschlüsse für Ausweisungen aus der Stadt sowie Achtverhängungen in den Jahren 1302 bis 1419.

– 11. Strafbücher
(Stadtarchiv Augsburg, Reichsstadt Strafbücher ohne Numerierung)
StrB

Diese Bücher enthalten strafrechtliche Urteile der Richter der Stadt sowie Disziplinar-, Finanz- und Ausweisungsstrafen als auch Begnadigungen in folgenden Zeiträumen:

Buch I	1509–1526	
Buch II	1533–1539	(Die Bücher werden mit dem jeweiligen Zeitintervall im
Buch III	1540–1543	Zitat angegeben)
Buch IV	1543–1553	

– 12. Urgichten[7]
(Stadtarchiv Augsburg, Reichsstadt Urgichten)
Urg.

Vernehmungsprotokolle vor dem Gericht, als auch bei den, den Prozeß vorbereitenden Verhören.
(Zitiert mit Namen des Hauptbeteiligten des Prozesses und Datum des Verhöres)

– 13. Gerichtsbücher der Stadt Augsburg, mit alten Registern der »Clagschatzer« und des »Gerichts« (Stadtarchiv Augsburg, Reichsstadt Gerichtsbücher)
GRB

Beinhalten die zivilrechtlichen Entscheidungen und Verhandlungen vor den Richtern der Stadt.

B = Gerichtsbuch
C = Register des »Clagschatzers«
R = Register der Gerichtseintragungen

1480	BCR	1496	BCR	1512	BCR
1481	BR	1497	BCR	1513	BR
1482	BCR	1498	C	1515	BCR
1483	BCR	1499	BCR	1516	BCR
1484	BCR	1500	BCR	1517	BCR
1485	BCR	1501	BCR	1518	BCR
1486	BCR	1502	BCR	1519	BCR
1487	BC	1503	BCR	1520	BR
1488	BC	1504	BCR	1521	BCR
1489	BCR	1505	BCR	1522	BCR
1490	BR	1506	BCR	1523	BCR
1491	BCR	1507	BC	1527	BCR
1492	BC	1508	BC	1528	BCR
1493	BCR	1509	BCR	1531	BCR
1494	BCR	1510	BCR	1532	BCR
1495	BCR	1511	BCR	1533	BCR
				1539	B

7 Die Verweise auf die die Maler betreffenden Stellen in den Urgichten verdanke ich den freundlichen Hinweisen von Frau Lyndal Roper-Boanas, Melbourne.

ab 1542 ist der Modus der Gerichtsbucheinträge geändert
– 14. Zechpflegebücher der Pfarrzeche zu »Unserer lieben Frau« (Dom)
a) Saal- oder Güterbuch
(Stadtarchiv Augsburg, Reichsstadt Schätze Nr. 139)
SCH. Nr. 139
Eintragungen von Verträgen, Zinseinnahmen u. ä. der Pfleger;
b) Saal- oder Güterbuch de anno 1453
(Stadtarchiv Augsburg, Reichsstadt Schätze Nr. 140)
SCH. Nr. 140
Verträge und Verpflichtungen der Pfarrzeche;
c) Zechpflegebuch »Schulden oder was man ist järlich pflichtig ze thun« de anno 1452
(Stadtarchiv Augsburg, Reichsstadt Schätze Nr. 141)
SCH. Nr. 141
Verträge für immer wiederkehrende Ausgaben der Zeche aber auch andere Vertragskopien;
d) Saal- oder Güterbuch de anno 1463
(Stadtarchiv Augsburg, Reichsstadt Schätze Nr. 142b)
SCH. Nr. 142b
Verträge und Verpflichtungen der Pfarrzeche;
e) Ausgabenregister der Zeche 1481–1498
(Stadtarchiv Augsburg, Reichsstadt Schätze Nr. 142d)
SCH. Nr. 142d
Einzelabrechnungen der Zechpfleger für in ihrem Auftrag durchgeführte Arbeiten im Dom;
f) Rechnungsbücher der Zeche der Jahre 1522ff. folgende siehe unter »Katholisches Wesensarchiv«
KWA
(Stadtarchiv Augsburg, Reichsstadt, Katholisches Wesensarchiv, Dom 3/53
– 15. Rezessionalien des Domkapitels Augsburg
(Bayerisches Hauptstaatsarchiv, München, Augsburg, Hochstift, Neuburger Abgabe)
Augsburg Hochstift NA
Diese Bände beinhalten in laufender Folge die Beschlüsse des Augsburger Domkapitels.

Akten Nr.		Akten Nr.	
5482	1462/1463	5491	1507–1508
5483	1474	5492	1509–1510
ad 5483	1475	5493	1511
5484	1476–1478	5494	1512–1513
5485	1479–1481	5495	1514–1516
5486	1482–1485	5496	1517–1522
5487	1486–1488	5497	1523–1527
5488	1489–1492	5498	1528–1531
5489	1493–1497	5499	1541–1544
5490	1503–1506		

– 16. Rechnungen der Zechpflege zu St. Moritz 1503–1578
(Stadtarchiv Augsburg, Reichsstadt Schätze Nr. 11, I; ehemals ebenda unter Katholisches Wesensarchiv B 11, I)
SCH. Nr. 11, I (ohne Seitenzählung)

Laufende Rechnungen über Ausgaben und Einnahmen der Zechpfleger der St. Moritzkirche;

– 17. Rechnungsbuch der Zechpfleger zu St. Ulrich und Afra 1433/1442–1454
(Stadtarchiv Augsburg, Reichsstadt, Kirchen und Klöster; ohne Nummer)
KK St. Ulrich

Laufende Abrechnungen der Zechpfleger der Pfarrzeche;

– 18. Rechnungsbände des Karmelitenklosters St. Anna
(Stadtarchiv Augsburg, Reichsstadt, Spitalarchiv Tit. I Thom. 19 Nr. . . .)
SpitA. Tit. I Thom. 19 Nr. . . .

Diese Bände bzw. Hefte beinhalten die Abrechnungen des Klosters, teils allgemein, teils selektiert für folgende Jahre:

a) Nr. 1	1401–1453	
b) Nr. 1a	1453–1492	
c) Nr. 1b	1479–1497	
d) Nr. 2	1497–1507	
e) Nr. 2a	1492–1511	
f) Nr. 8	1513	
g) Nr. 9	1514–1519	
h) Nr. 9a	1520–1525	
i) Nr. 10	1526–1529	
k) Nr. 13	1498–1509	(Baurechnungen)

– 19. Missivbuch 1427–1443
(Stadtarchiv Augsburg, Reichsstadt Schätze Nr. 105, IVa)
SCH. Nr. 105, IVa

Die Missivbücher beinhalten die vom Rat der Stadt abgesandte Korrespondenz (wurde nur nach Hinweisen exzerpiert).

– 20. Nach Registern und publizierten Hinweisen wurden folgende Bestände durchgesehen und aufgenommen:

– a) Urkundensammlung
(Stadtarchiv Augsburg, Reichsstadt Urkundensammlung, chronologisch geordnet)
US. UK. vom (Datum)

– b) Literaliensammlung
(Stadtarchiv Augsburg, Reichsstadt Literalien, chronologisch geordnet)
Lit. Schriftstück vom (Datum)

– c) Katholisches Wesensarchiv
(Stadtarchiv Augsburg, Reichsstadt, Katholisches Wesensarchiv mit Signatur)
KWA (mit Signatur)

– d) Kirchen und Klöster
(Stadtarchiv Augsburg, Reichsstadt, Kirchen und Klöster, nur teilweise signiert)
KK

Dieser sich zum Teil mit den Beständen des Katholischen Wesensarchivs überschneidende Bestand war wegen der nicht durchgängig vorhandenen Signaturen nur bedingt benutzbar.

– e) Evangelisches Wesensarchiv
(Stadtarchiv Augsburg, Evangelisches Wesensarchiv – deponiert –, mit Signaturen)
EWA (mit Signatur)

Alle hier nicht aufgeführten Archivalien werden nach den angegebenen Publikationen (siehe Verweise innerhalb des Katalogtextes, vgl. III p. 22) oder mit der voll ausgeschriebenen Signatur zitiert.

Auch alle auswärtigen Archive (mit Ausnahme des Bayerischen Hauptstaatsarchivs München und des Stadtarchivs Memmingen) werden wie die Chroniken der Stadt Augsburg nach den jeweilig genannten Publikationen zitiert.

III. Vorbemerkungen zum Personenkatalog

Der Katalog ist in alphabetischer Reihenfolge nach dem vereinfachten phonetischen Alphabet geordnet:
A / B, P / C, K / D, T / E / F, Ph / G / H / I, J, Y / L / M / N / O / Q / R / S / U, ů v̊ /W / X / Z /

Um den Überblick der in dem Katalog gesammelten Einzelinformationen besser zu gewährleisten, wurden diese in einzelne Spalten aufgegliedert.
Folgende Erläuterungen dienen zum Gebrauch und zur Auswertung der Einträge sowie zur Erklärung der dort aufgeführten speziellen Begriffe.

1. Die Daten zur Person

- Die Kopflinie nennt den *Namen* in der Schreibweise, wie sie in der vorliegenden Arbeit verwendet wurde, sowie die gesichert feststellbaren *Berufsbezeichnungen* für den entsprechenden Maler.
- *Andere* gebräuchliche oder in den Urkunden festgehaltenen *Schreibweisen* des Familiennamens sind *in Klammern* darunter angegeben.
- *Geburtsdaten* für die Meister sind nur genannt, wenn sie sich aus den Quellen genau erschließen lassen.
- Der *Lehrmeister* ist in den gesicherten Fällen als auch in den Fällen berechtigter Annahme angeführt.
- Die *Verbindung zur Zunft* drückt sich durch den *»Gerechtigkeitserwerb«* aus. Das dabei angegebene Datum bezeichnet den Tag (oder das Jahr), an dem der Maler als Meister sich in die Zunft einkauft bzw. einheiratet oder die Gerechtigkeit seines Vaters erwirbt. (Daten vor dem Jahr 1487 erschließen sich aus der Kombination der Steuerbucheintragungen und der frühen Zunftlisten.)
- Die bekleideten *öffentlichen Ämter* sind nur in gesicherten Fällen angegeben.
- Das *Todesjahr* ist in dem Fall, daß es aus den Steuerlisten gewonnen wurde, mit zwei Daten angegeben, da der Steuerturnus von Oktober zu Oktober lief. In den

8 Bisher liegt für eine Bestimmung der Steuerbezirke nur Werner, Anton (MS) 1977 vor, so daß die originalen Bezeichnungen wiedergegeben sind, um die Lokalisierung anhand eventuell noch entstehender Bearbeitungen zu ermöglichen.

anderen Fällen wurden sie entweder aus den Totentafeln der Zunftbücher entnommen oder aus der Kombination weiterer Quellen erschlossen.

2. Ansässigkeit und Anwesenheit in Augsburg

- Läßt sich die Person des Malers in den Steuerlisten als *in Augsburg lebend* nachweisen, so ist neben dem Zeitraum der *Steuerbezirk,* wie er in dem entsprechenden Jahre geheißen hat, angeführt[8]. Steht er in den *»Ausbürgerlisten«* (burger so nit hie sein) oder in den *Pfahlbürgerlisten*, so ist dies vermerkt.
- Leitet sich die *Anwesenheit* aus anderen Quellen ab, so sind diese mit dem entsprechenden Datum genannt.
- *Fehlstellen* in der chronologischen Abfolge der Quellen (vgl. Quellenbeschreibung) sind in gleicher Weise wie die Jahre, in denen die Person nicht in den Quellen nachweisbar war, durch »———« gekennzeichnet. Zeigt jedoch die Seßhaftigkeit in dem gleichen Haus im Anschluß an die Fehlstelle an, daß keine Änderung erfolgte, so wurde diese Lücke vernachlässigt, wobei sie jedoch durch die Angaben in dem Quellenverzeichnis deutlich zu ersehen bleibt.

3. Steueraufkommen

A) Der *Modus der Besteuerung*[9]

- Erst ab dem Jahre 1396 lassen sich die gezahlten Summern der *Steuerbeträge* festlegen, deren Auswertung jedoch keine völlig sicheren Rückschlüsse auf die *Vermögenslage* des einzelnen Bürgers erlaubt, sondern nur *relativen Aussagecharakter* besitzt.
- Bei der Besteuerung sind grundsätzlich drei Arten von Steuern zu unterscheiden:
  a) Die festgesetzte *Habnit-Steuer* (Stiura minor), die jeder Bürger, ob arm oder reich, zu entrichten hatte, schwankte zwischen 15dn und 60dn. Die Beträge dieser Steuer werden erst ab dem Jahr 1472 getrennt in den Listen vermerkt und sind dann bei den Aufstellungen im Katalog in Klammern vermerkt, wenn dazu noch eine weitere Steuerzahlung für das Vermögen hinzukommt. Wurde nur diese Pauschalsteuer entrichtet, ist dies ähnlich wie bis 1471 bei den Fällen der Habnit-Steuer durch den Eintrag »Kopfsteuer« (Stiura minor) gekennzeichnet, wobei die einzelnen Schwankungen nicht mehr eigens vermerkt sind.
  Diese Differenzierung ist nur hier im Katalog vorgenommen, um den verschiedenen Eintragemodus zu kennzeichnen.
  b) Die *Vermögenssteuer* mußte für alle Barschaft und alle liegenden Güter entrichtet werden, wenn diese über das steuerfreie »Haushaltsgut«[10] hinausgingen. Dabei sind die Zahlungen für die mit ca. 1 % besteuerte Barschaft und die mit ca. 0,5 % besteuerten Liegenschaften in einem Betrag genannt, so daß sich darin die Unsicherheit für die Rückschlüsse auf die tatsächlichen Vermögensverhältnisse des einzelnen begründet. Die hier angegebenen Prozentzahlen belaufen sich auf die übliche »Ganze Steuer« und weichen in Jahren, in denen nur der

9 Vgl. für diese Punkte Frensdorff F. in Städtechr. IV. Beilage I und Clasen, Claus-Peter 1976.

10 Als steuerfrei bezeichnet der sogenannte zweite Zunftbrief vom 16. XII. 1368 wie folgt: »usgenomen husgeschirr, vederwat, trinckgeschirr, cleinat, zerschnitens gewant, speis uf ein jare, zwu milchku und ir fůr, einem erbern mann einen meyden oder zwen und ir fůr damit er dheinen lon verdient und die er durch dheines gewinnes willen nicht gekauft hat, daz sol allez ungestiurt beliben als von alter her komen ist. . . .«
(zitiert nach Städtechr. IV, Beilage I, p. 137, 21–26). Dieses Zitat soll hier nur für den

halbe Satz eingetrieben wurde, entsprechend ab. Daneben gibt es natürlich weitere Abweichungen, deren Aufschlüsselung allerdings einer speziellen Bearbeitung vorbehalten bleiben muß.[11]

c) Das *Wachgeld* war eine pauschale Abgabe[12], die bereits 1455 eingeführt wurde. Da es aber bis zum Beginn des XVI. Jahrhunderts jährlich durch die Viertelhauptleute eingezogen wurde, erscheint es erst im Jahre 1529 in den Steuerlisten, als die Eintreibung dieses Geldes den Steuerherren übertragen wurde. Da es ab diesem Zeitpunkt Teil der Steuer war, ist es als Pauschalabgabe ebenso wie die Habnit-/Kopfsteuer unter der Spalte Steueraufkommen in Klammern angegeben.

- Die *Festsetzung* und *Schätzung der Steuern* erfolgte allgemein zu den jeweiligen *Schwörsteuerterminen,* die in unregelmäßigen Abständen alle drei bis sechs Jahre stattfanden. Diese Schwörsteuertermine lassen sich zwischen den folgenden Jahren festsetzen:

1398/1399	(diese Termine sind wegen der nicht konsequenten Eintragsweise unsicher)	
1401/1402		
1404/1405		
1407/1408	1427/1428	1454/1455
1412/1413	1433/1434	1461/1462
1417/1418	1440/1441	1465/1466
1421/1422	1447/1448	
1471/1472	(Änderung der Steuereinschreibung)	
1474/1475	1503/1504	1533/1534
1479/1480	1509/1510	1539/1540
1485/1486	1515/1516	1544/1545
1491/1492	1521/1522	1547/1548
1497/1498	1527/1528	

- Traten bei einem Bürger besonders *Änderungen des Vermögens innerhalb eines dieser Schwörsteuerzeiträume* auf, so wurde er einzeln neu veranlagt und mußte neu schwören. Um diese individuellen Abweichungen festzustellen, sind die Steuerlisten der Einzelpersonen im Katalog mit der oben aufgeführten Aufstellung der Schwörsteuertermine zu vergleichen.

B) *Die Währung[13] der Steuerzahlungen und Rechnungen*

In diesem Rahmen stellt sich bei der Bewertung der Steuerzahlungen (wie später bei den Rechnungsbeträgen) die *Währung* als besonderes Problem dar, dessen Lösung hier nicht gegeben werden kann[14].

ungefähren Umfang des steuerfreien Haushalts stehen, dessen genaue Bestimmung sich im Laufe der Zeit ebenfalls gewandelt hat.
Inwieweit es auch in der Zeit des XIV. und XV. Jahrhunderts ein steuerfreies »Sparhafengeld« oder eine ähnliche Einrichtung gab, konnte aufgrund der untersuchten Materialien nicht festgelegt werden. Für die Bestimmungen der Versteuerungen des späten XV. und des XVI. Jahrhunderts vgl. Clasen, Claus-Peter 1976, p. 7–10.

11 An dieser Stelle sei auf die Untersuchung von Peter Geffcken, München, verwiesen, die bald als Dissertation vorliegen wird.

12 Vgl. für das folgende Kraus, Jürgen 1980, p. 377/378.

13 Dieser Absatz folgt im wesentlichen den Ergebnissen Peter Geffckens, München, dem ich für diese Informationen großen Dank schulde.

14 Vgl. Frensdorff, F. in Städtechr. V, Beilage VII Absatz 1 sowie Steinhilber, Dirk 1955, p. 21–25.

Als Leitlinien können lediglich folgende Angaben dienen, welche die ungefähre *Einschätzung* der *Währungsrelationen* ermöglichen sollen.

- Bis zum Jahre 1396, in dem die Münzeinung stattfand und die Einträge in den Steuerlisten differenziert vorgenommen wurden, dürfte als ideelle Grundlage das Münzgesetz von Kaiser Karl IV. von 1365, welches durch König Wenzel 1385 erneuert worden war, dienen, welches folgende *Wechselrelation* vorgab[15]:
  1fl (ungarischer od. böhmischer) = 1lib hl = ½ lib dn = 20ß hl = 10ß dn = 240 hl = 120 dn;
  Diese ideale Wechselrelation wurde aber kaum verwirklicht, wie es sowohl die Chroniken als auch die erhaltenen Rechnungsbestände aufzeigen.
- Während den drei ersten Schwörsteuerzeiträumen erhöhte sich der Wert des Guldens (in Gold) durch die Verschlechterung der kleinen Münze auf eine Relation von ca. 1 fl = 141 dn (Augsburger), was anscheinend dann auch für die weitere Zeit als Grundlage galt, wenn man von aktuellen Schwankungen absieht.
- Im Zeitraum 1455 bis 1461 steigert sich der Wert des Guldens (in Gold) auf die Relation 1 fl = 192 dn (Augsburger) und erhöht sich in dem folgenden Schwörsteuerzeitraum auf eine Relation von 1 fl = 220 dn (Augsburger).
- In der Zeit von 1466 bis 1471 fällt diese Relation wieder auf den Stand von 1 fl = 208 dn (Augsburger) zurück.
- Nach dem Jahre 1471 konsolidiert sich diese Wechselrelation auf dem Stand von 1 fl = 210 dn (Augsburger), welchen sie nur mit geringen Abweichungen beibehält. Diese Konsolidierung beruht anscheinend auf der Loslösung des realen Goldguldens aus diesem Relationssystem, worauf dann ein sogenannter *Rechnungsgulden* in die Beträge eingesetzt wurde.
- So ergibt sich nach diesem Zeitraum folgende *Währungsrelation:*
  1 fl = 3,5 lib dn (kleine Pfund) = 28 plaph = 26,25 groß = 70 ß = 210 dn (Augsburger) = 420 hl;
- Für die *kleinen Währungen* kann man für die Zeit davor folgende Relation annehmen:
- Das *große Pfund* (in den Rechnungen immer eigens vermerkt) besitzt seit der Münzeinung von 1396 den Wert von ca. 240 dn (Augsburger).
- Das *kleine Pfund (lib)* hat den Wert von 60 dn (Augsburger)
- *1 groß* gilt bis 1440 7,5 dn (Augsburger), ab 1441 hat er den Wert von 8 dn (Augsburger)
- *1 plaph* hat bis 1440 den Wert von 7 dn (Augsburger) und steigt ab 1441 auf die Relation 1 plaph = 7,5 dn (Augsburger).
- *1 ß* ist seit der Münzeinung mit dem Wert von 3 dn (Augsburger) zu rechnen.
- *1 hl* hat ebenfalls seit der Münzeinung den Wert von 0,5 dn (Augsburger).
- Alle diese hier gegebenen Relationen waren natürlich Schwankungen unterworfen, die meist durch die verschiedenen Münzprägungen hervorgerufen wurden.
- Feststehend war die Relation der Guldenteilung zum Gulden. So erscheint öfters in den Rechnungen der Begriff ein »ort« eines Guldens, was soviel bedeutet wie ¼ Gulden und in diesem Wert in die oben genannten Währungsrelationen einzusetzen wäre.
- Ab den neunziger Jahren des XV. Jahrhunderts wird neben den oben genannten Einheiten auch noch der Kreuzer (kr) in den Rechnungen aufgeführt, der die Relation von 1 fl = 60 kr besaß, so daß ein kr den Wert von 3,5 dn (Augsburger) hatte.

15 Für die Abkürzungen der Münze siehe infra Absatz III, 3 C.

Um weiteren Forschungen in bezug auf das Geldwesen gerecht zu werden, sind im Text wie im Katalog die Geldbeträge immer im Wortlaut der Quellen zitiert, so daß eine eventuell eintretende Änderung nur diesen Abschnitt der Wechselrelationen der Münzwerte betrifft.

C) *Abkürzungen der Währungseinheiten*

fl	=	Gulden (ohne nähere Bezeichnung/Rechnungsgulden);
fl.rh.	=	Rheinischer Gulden (Gulden in Gold);
lib	=	»librum«, Pfund Pfennig (in den Rechnungen immer das »kleine Pfund, wenn keine weitere Bestimmung hinzutritt);
groß	=	Groschen;
plaph	=	Plaphart;
kr	=	Kreuzer;
ß	=	Schilling;
dn	=	»Denar«, Pfennig (meint, wenn nicht anders durch nähere Bestimmung ausgedrückt, immer Augsburger Pfennige);
hl	=	Heller;

Weitere Münzeinheiten und *auswärtige Währungen* werden grundsätzlich ausgeschrieben zitiert.

4. Lehrknaben und Gesellen

- *Lehrknaben,* die bei einem Meister im Lehrverhältnis standen, sind nur in gesicherten Fällen angegeben. Das dabei erwähnte Datum bezeichnet den Tag (oder das Jahr), an dem die *Vorstellung vor der Zunft* stattfand, das heißt das Lehrverhältnis offiziell begonnen wurde.
- Liegt die Vermutung nahe, daß der *Sohn eines Meisters* die *Ausbildung bei seinem Vater* erhielt, so wird dies mit dem terminus ante quem erwähnt und durch (?) als Vermutung gekennzeichnet.
- *Gesellen,* die sich nur in Ausnahmefällen belegen lassen, werden unter dem Datum der Erwähnung angeführt. Eine Aussage über die Dauer des Arbeitsverhältnisses ist dadurch nicht ausgedrückt.

5. Werkstattverbindungen

Unter dieser Rubrik werden

- Hinweise aufgenommen, die eine *Zusammenarbeit* vermuten lassen, wie z. B. *Verwandtschaftsbeziehungen,* soweit sie eine Verbindung innerhalb des Handwerks oder der Zunft bezeugen, sowie *Wohngemeinschaften, Nachbarschaftsverhältnisse* und *Übernahmen* von Häusern oder Werkstatträumlichkeiten,
- oder aber Belege, die eine Zusammenarbeit nachweisen, wie *Lehrverhältnisse* oder *gemeinsame Ausführung* von größeren Aufträgen.

6. Werke

- Unter diesem Punkt werden alle archivalischen Nachrichten über ausgeführte *Aufträge* sowie deren *Abrechnungen* (bezüglich der Währung siehe III, 3 B/C) in chronologischer Reihenfolge genannt.

- Zudem werden die eindeutig für diesen Maler *gesicherten Bilder,* die *durch Signatur* und *Datierung* urkundenähnlichen Aussagewert haben, in chronologische Tätigkeitsliste aufgenommen.
- Daraus wird eine zusammenfassende *kurze Charakterisierung der Tätigkeit* des betreffenden Meisters abgeleitet.

7. Zuschreibungen

- Es werden in erster Linie nur die dem entsprechenden Meister *zugewiesenen Wandmalereien* erwähnt und auf die Wahrscheinlichkeit seiner Urheberschaft hin untersucht.
- In einigen Fällen sind auch fragliche *Zuweisungen* von *Tafelbildern* erwähnt, wenn dies für die Klärung der Tätigkeit und der Persönlichkeit des Künstlers von Bedeutung erschien.

8. (Sonstige) Überlieferung

- Unter dieser Rubrik finden sich alle die *Person und Verhältnisse* des Malers betreffenden Informationen, die nicht unmittelbar mit seiner künstlerischen Tätigkeit zusammenhängen.
- Auch seine *Stellung innerhalb der Zunft* sowie die Bekleidung öffentlicher Ämter sind in diesem Abschnitt erwähnt.

9. Quellen

- In diesem Abschnitt sind die *Standorte der Quellen* sowie deren *Signatur* als auch die *Stellen* der Notizen angegeben, auf die sich der Katalogtext bezieht.
- *Die in Klammern stehenden Buchstaben geben den Verweis, auf welche Aussage im Text sich die Angabe der Quelle bezieht.*

10. Chroniken

- Dieser Punkt nennt die zitierten Stellen der einzelnen *publizierten Chroniken,* auf die wie auf die Quellen (vgl. III, 9) verwiesen wird.

11. Literatur

- Bei den kleineren Meistern wurde versucht, möglichst alle Hinweise zu sammeln und anzugeben, während bei den bekannten und oft erwähnten Namen eine Auswahl getroffen werden mußte.
- *Werke, die sich allgemein* auf einen Maler *beziehen,* sind *ohne Seitenangaben* angeführt.
- Bei *Literatur, die* auf einen im Katalogtext befindlichen Punkt *Bezug nimmt,* wird diese Stelle *mit der entsprechenden Seitenzahl* angegeben, auf die wie auf die Quellen (vgl. III, 9) verwiesen wird.

IV. Personenkatalog

A

Nr. 1	**Abesmaister Hans**	Maler

Gerechtigkeitserwerb: vor 1487 (?) (nicht belegbar);

Gestorben: 1505/1506 [a];

Überlieferung: Die Verzeichnisse der »abgestorbenen Meister« der Malerzunft, die nach der Totentafel der Zunft angefertigt wurden, nennen einen Meister »Hans Abesmaister« als Maler, der 1505/1506 gestorben sein soll. Für einen Maler dieses Namens gibt es aber keinerlei weitere Belege.

Es ist zu vermuten, daß er der Sohn des Schmiedes Hans Abaismaister (Ambassmaister) von Lauingen war, der in den Steuerlisten von 1459 bis 1472 erwähnt ist. So wäre in dem Schmied Jacob Ambaismaister, der 1505/1506 verstarb, sein Bruder zu sehen. In einer Verwechslung mit diesem den Ursprung des Eintrages in den Malerzunftbüchern zu sehen, gibt es keinen Anlaß.

Quellen:
Stadtarchiv Augsburg, Reichsstadt
SCH. Nr. 72b, fol. 3r [a];
Stadtarchiv Augsburg, Archiv des Hist. Vereins
H. Nr. 54a, fol. 8v [a];

Literatur:
Vischer, Robert 1886, p. 566 [a].

Nr. 2	**Apt Peter**	Maler

(Appt, Abbt, Abt)

Gerechtigkeitserwerb: ca. 1456/1457;

Ermordet: vor dem 11. III. 1475 [a];

Wohnhaft in Augsburg:

1457	Vom Ulrich Langenmantel
1458 –1459	hailig crutzertor intra
1460–1462	in das Bartshof
1463	vom Ulrich Artzatt
1464	Pfaffengaß
1465–1466	in des Bartshof
1467–1469	Prüder Closter

1470–1471	Sträffingertor extra
1472–1474	vom Ulrich Artzt
1475–1481	//Witwe nachweisbar

Steueraufkommen:

1457–1459	Habnit Steuer
1460	steuerfrei
1461–1471	Habnit Steuer
1472–1474	Kopfsteuer

Lehrknaben:
Wahrscheinlich begann sein Sohn (?) Apt Ulrich I bei ihm seine Ausbildung, die durch den Tod des Meisters abgebrochen wurde.

Werkstattverbindungen (vgl. Werkstattschema Nr. I):
Für den Meister, der als Stammvater der Apt Familienwerkstätte gilt, gibt es keine Überlieferung, die ihn in Verbindung mit gleichzeitigen Augsburger Meistern nennen würde.

Werke: Es finden sich keinerlei archivalischen Zeugnisse für irgendwelche Aufträge, was dem aus den Steuerlisten ersichtlichen Bild eines finanziell schwach gestellten und oft umsiedelnden Meisters entspricht.

Der bei Hoffmann aufgestellte Bezug auf die Baumeisterrechnung von 1485 erübrigt sich durch die Fixierung des Todesjahres [a]. Angesichts dieser Sachlage dürfte sich auch die bei Steinhäußer angesprochene Stellung als »hervorragender Maler« erübrigen [b].

Sonstige Überlieferung:
Am 30. I. 1466 vergleicht sich Peter Apt mit dem Stadtvogt Jörg Ott, nachdem er durch diesen in einem von ihm selbst begonnenen Streit »wund geschlagen« wurde, vor dem Rat. Von der Bestrafung wurde wegen seiner Verwundung in diesem Falle abgesehen [c].

Die Urfehde des Erasmus Vollnhals vom Perlach berichtet am 11. III. 1475, daß dieser den Maler Peter Apt erschlagen hatte und deshalb auf Veranlassung der Witwe und »deren Freunde« in das Gefängnis der Stadt eingeliefert worden war [d].

Quellen:
Stadtarchiv Augsburg, Reichsstadt
STB.: 1457, 29a; 1458, 27d; 1459, 30c; 1460, 1d; 1461, 1d; 1462, 2a; 1463, 29d; 1464, 27a; 1465, 1c; 1466, 1c; 1467, 27c; 1468, 25d; 1469, 29d; 1470, 10c; 1471, 10d; 1472, 29a; 1473, 26d; 1474, 24a; // 1475, 24b; 1477, 2a; 1478, 1d; 1480, 1d; 1481, 1d;
SCH. Nr. 72a, fol. 1r;
RB. Nr. 7, fol. 23r [c];
US. UK. v. 11. III. 1475 [a, d];

Literatur:
Vischer, Robert 1886, p. 489;
Hoffmann, Robert 1887, p. 11 Anm. 33 [a];
Thieme-Becker Kstl. Lex. Bd. I (1907), p. 34;
Steinhäußer, Friedrich 1902, p. 13 [b];
Hartig, Michael 1922, p. 34;
Stange, Alfred 1957, Bd. VIII, p. 53;
Kindler Mal. Lex. (1976), Bd. I, p. 127;
Liedke, Volker 1979, p. 8.

Nr. 3 **Apt Jakob** Maler

(Abbt)

Lehre: bei seinem Vater Ulrich I Apt (?);

Gerechtigkeitserwerb: am 18. VIII. 1510 begehrt Ulrich I Apt für ihn die Gerechtigkeit, die ihm nach der Bezahlung von 1 fl 8 kr gewährt wird [a];

Gestorben: 1518 [b];

Wohnhaft in Augsburg:
1511–1518
Am Zitzenberg

Steueraufkommen:

1511	steuerfrei
1512–1515	(30 dn) 30 kr
1516–1518	1 fl pro toto

Lehrknaben:
19. X. 1511 Beck Mathey [c]

Werkstattverbindungen (vgl. Werkstattschema Nr. I):
Dadurch, daß sein Vater Ulrich I Apt die Gerechtigkeit für ihn begehrt, darf man mit großer Sicherheit schließen, daß Jakob sowohl die Lehr- als auch die Gesellenzeit innerhalb der Werkstätte seines Vaters verbrachte.

Eine Mitarbeit bei seinem Vater nach dem Erwerb der eigenen Meisterschaft 1510 darf man ausschließen, da sich dafür keinerlei Belege finden lassen. Eher spricht die Vorstellung eines eigenen Lehrknaben gegen eine Unterordnung unter die väterliche Werkstätte. Auch, daß Ulrich I Apt bei dem städtischen Großauftrag der Rathausbemalung 1516 auf seine Schüler Ulrich Maurmüller und Jörg Breu zurückgreift und keinen seiner selbständigen Söhne für diese Arbeiten heranzieht, muß man wohl als Gegenargument für die enge Zusammenarbeit der einzelnen Familienmitglieder sehen.

Diese Ablösung von der väterlichen Werkstätte nach dem Erwerb der eigenen Gerechtigkeit widerlegt allerdings auf keine Weise eine durch die Ausbildung beim Vater geprägte stilistische Abhängigkeit.

Werke/Zuschreibungen:
Archivalisch lassen sich für Jakob Apt keinerlei Arbeiten belegen, so daß sein Name nur durch Zuschreibungen mit Werken verbunden werden kann. So versuchte Friedländer die Signatur , die Waagen 1845 noch in einem der Fuggerhöfe feststellen konnte [d], auf Jakob Apt zu beziehen. Nach der gänzlichen Zerstörung der Bilder 1944 dürfte sich diese Frage heute kaum mehr beantworten lassen [e].

Die weiteren Zuschreibungen, die Feuchtmayr 1921 und 1928 für Jakob Apt in Erwägung zieht, sind immer an die Frage dessen Beteiligung an dem 1517 fertiggestellten Rehlinger Altar (Staatsgalerie Augsburg Inv. Nr. 5349, 5350, 5351, 5373, 5374) [f] gebunden. Da aber eine Händescheidung an diesem durch Signatur für die Werkstätte der Familie Apt gesicherten Werk ohne Auffinden neuerer Quellen nicht durchführbar ist, besitzen die darauf aufbauenden Zuschreibungen rein hypothetischen Charakter und sind als Quellenbelege untauglich.

Allein seine Vermögensstellung würde ihn als Meister eigener größerer Aufträge eher in Frage kommen lassen als seinen zur gleichen Zeit selbständig arbeitenden Bruder Ulrich II Apt (vgl. Nr. 6), was allerdings als Kriterium der Zuschreibung dieses Altarwerkes unzulänglich erscheint.

Sonstige Überlieferung:
Nach seinem Tod 1518 hinterläßt Jakob Apt Frau und Kinder, welche zunächst wieder bei Ulrich I Apt aufgenommen werden. Die Witwe heiratet dann 1520 Sebastian Schwab, einen Goldschmied aus Nürnberg, der sich in Augsburg niederläßt und die Gerechtigkeit des Malerhandwerks erwirbt, die ihm durch die Heirat der Witwe eines Malermeisters vergünstigt gewährt wird (vgl. Nr. 165).

Sebastian Schwab übernimmt 1533 nach dem Tode Ulrich I Apts die Pflegschaft für die hinterlassenen Kinder Jakobs, zu denen auch Georg Apt zu rechnen ist, der nach dem Erlöschen der Pflegschaft 1548 Anspruch auf die Gerechtigkeit der Maler beim Rat erhebt, da in diesem Jahr wegen der Abschaffung der Zunftverfassung Unsicherheit bezüglich der Art und Weise der Meisterrechtsverleihung besteht [g].

Quellen:
Stadtarchiv Augsburg, Reichsstadt
STB.: 1511, 26c; 1512, 26a; 1513, 26b; 1514, 26a; 1515, 27a; 1516, 28a; 1517, 28b; 1518, 27a;
SCH. Nr. 72c, fol. 5r [a];
SCH. Nr. 72c, fol. 26v [a];
SCH. Nr. 72c, fol. 44v [c];
SCH. Nr. 72b, fol. 3v [b];
RB. Nr. 22, fol. 78v [g];

Literatur:
Waagen, Gustav Friedrich 1845, Bd. II p. 76/77 [d];
Vischer, Robert 1886, p. 514 [a], p. 548 [c], p. 566 [b];
Thieme-Becker Kstl. Lex. Bd. I (1907) p. 34 (Friedländer) [e];
Feuchtmayr, Karl 1921, p. 58 ff. [f];
Feuchtmayr, Karl 1928, p. 110 ff. [f];
Lieb, Norbert 1952, p. 117 [e];
Stange, Alfred 1957, Bd. VIII, p. 54/55;
Katalog Augsburg 1967, p. 11;
Kindler Mal. Lex. 1976, Bd. I, p. 127;
Katalog Augsburg 1978, p. 13.

Nr. 4 **Apt Michael** Maler

(Appt, Abbt, Abt)

Lehre: bei seinem Vater Ulrich I Apt;

Gerechtigkeitserwerb: begehrt 1520 die Gerechtigkeit seines Vaters [a];

Gestorben: 1528/1529 [b];

Wohnhaft in Augsburg:

1521–1523	Von predigern
1524–1525	—
1526– 1528	Vom Lewpriester
1529)1531	// Witwe nachweisbar

Steueraufkommen:

1521	steuerfrei
1522–1523	(30 dn) 6 kr
1525–1527	(30 dn) 6 kr
1528	(30 dn) 7 kr

Lehrknaben:
28. VII. 1521 VMBACH Bastian [c]

Werkstattverbindungen (vgl. Werkstattschema Nr. I):
Michel APT arbeitete in der Werkstätte seines Vaters mit dessen Schülern Jörg BREU und Ulrich MAURMÜLLER 1516 am Rathaus mit [d]. Nach den Jahren 1524/1525, in denen er sich anscheinend außerhalb Augsburgs aufgehalten hat, zieht er zu seinem Vater, in dessen Werkstätte er dann bis zu seinem Tode mitgearbeitet zu haben scheint.

Werke/Zuschreibungen:
Die einzig bezeugte Tätigkeit Michael APTS ist die bei der Rathausbemalung der Jahre 1516/1517. Zu diesem Zeitpunkt wirkte er noch als Lehrknabe oder Geselle unter seinem Vater, was mit ziemlicher Sicherheit eine selbständige Arbeit bei diesem Auftrag ausschließt [e] (vgl. Nr. 30 und Nr. 135, sowie Nr. 5; vgl. auch Beilagen Nr. XIV, 1–5).

Die Tatsache, daß er sich zu dieser Zeit noch in der Ausbildung bei seinem Vater befand, dürfte auch seine Urheberschaft bei dem 1517 entstandenen Rehlinger Altar (Staatsgalerie Augsburg Inv. Nr. 5349, 5350, 5351, 5373, 5374) in Frage stellen [f] (vgl. Nr. 3 und Nr. 6), so daß daran angeschlossene Zuschreibungen nicht haltbar sind. Auch die Zuweisung des Gebetbuches Kaiser Maximilians I. an Michel APT, anhand des Monogramms »MA«, die schon von Giehlow 1899 zurückgewiesen wurde, ist ebenfalls aus diesen zeitlichen Gründen nicht haltbar [g].

Sonstige Überlieferung:
Die Witwe, die in den Jahren 1529 bis 1531 bei Ulrich I APT lebt, hinterläßt aus ihrer Ehe mit Michael Kinder, die nicht namentlich bekannt sind. Die Pflegschaft für diese übernimmt in den Jahren 1532 bis 1538 Valentin PREU, dessen Stellung zu der Familie APT nicht genauer belegbar ist [h].

Quellen:
Stadtarchiv Augsburg, Reichsstadt
STB.: für die Person des Meisters:
1521, 43d; 1522, 43b; 1523, 42c; 1526, 45a; 1527, 46c; 1528, 46d; // 1529, 48d; 1530, 48c; 1531, 47b;
für die Pflegschaft [h]:
1532, 47a; 1533, 47d; 1534, 50a; 1535, 50b; 1536, 50b; 1537, 54c; 1538, 54d; 1539, 55b;
SCH. Nr. 72c, fol. 8v [a]; SCH. Nr. 72c, fol. 52v [c];
SCH. Nr. 72b, fol. 3v [b];

Chroniken:
Städtechr. XXIX, p. 22 [e];

Literatur:
Vischer, Robert 1886, p. 518 [a], p. 556 [c], p. 567 [b];
Giehlow, Karl 1899, p. 81/82, p. 97 [g];
Thieme-Becker Kstl. Lex. Bd. I (1907), p. 34;
Feuchtmayr, Karl 1921, p. 57 [f];
Katalog Augsburg 1967, p. 11 [f];
Kindler Mal. Lex. 1976, Bd. I, p. 127;
Katalog Augsburg 1978, p. 13 [f].

(Appt, Abbt, Abt)

Lehre: bis 1475 bei seinem Vater Peter Apt (?);

Gerechtigkeitserwerb: 1481;

Büchsenmeister der Zunft: 1494, 1495, 1497, 1501, 1503, 1504 [a];

Zwölfer im Großen Rat: 1517 [b], 1520 bis 1531 [c];

Mitglied des Gerichts: 1520 bis 1531 [d];

Gestorben: 1532 vor dem 18. X. [e];

Wohnhaft in Augsburg:

1481	in der Bächin hof
1482–1484	Schmidhaus
1485–1489	Von St. Anthonino
1490–1531	Vom Lewtpriester

Steueraufkommen:

1481	steuerfrei
1482–1485	(45 dn) 8 dn
1486–1487	(45 dn) 30 ort
1488–1491	(60 dn) 1 fl
1492–1494	(60 dn) 1 fl 19 groß
1495	(45 dn) 34 groß 1 dn
1496–1497	(30 dn) 21 groß 6 dn
1498–1503	(30 dn) 2 fl 3 lib
1504	(60 dn) 6 fl 2 ½ lib
1505–1508	(45 dn) 5 fl 2 kr
1509	(30 dn) 3 fl 21 kr 3 hl
1510–1521	(30 dn) 4 fl 30 kr
1522–1527	(30 dn) 3 fl
1528–1529	3 fl pro toto
1530–1531	3 fl pro toto (6 dn)

10. VI. 1533 versteuert Leonhart Stambler für die 152 fl, die die Kinder Hans Linders von Kaufbeuern aus dem Erbe Ulrich I Apts erhielten, 13 fl 30 kr [f].
16. IX. 1533 versteuert der Goldschlager Hans Lutz die 248 fl, die Bonaventura Apt von seinem Vater Ulrich (I oder II?) Apt ererbt hatte, mit 22 fl 30 kr [g].
1491–1504 versteuert Ulrich I Apt die Pflegschaft für die Tochter Ursula des Claus Pfeifer von Saulgaw (Sulgen) [h].

Lehrknaben:

1486	Dendrich Sigmund [i] (wird am 7. III. 1493, als er immer noch bei Ulrich I Apt arbeitet, wegen der gewaltsamen Verwundung, die er zusammen mit einem anderen Gesellen dem Schreiber Johannes Lochenwarten zugefügt hatte verklagt und, nachdem er sich losgezahlt hatte wieder freigelassen [k].)
23. X. 1490	Saurböcken Franz [l];
1493	Breu Jörg I (Braig) [m] (vgl. Nr. 30);
1498	Maurmüller Ulrich [n] (vgl. Nr. 135);

Auch seine Söhne dürften bei ihm in der Ausbildung gewesen sein:
vor 1510 Apt Jakob (vgl. Nr. 3);
vor 1512 Apt Ulrich II (vgl. Nr. 6);
um 1516 Apt Michael (vgl. Nr. 4);

Werkstattverbindungen (vgl. Werkstattschema Nr. I):
Ulrich I Apt, der als junger Meister von 1482 bis 1484 in der Nachbarschaft Thoman Burgkmairs wohnt, hat keinerlei Beziehungen zu Werkstätten, die sich nicht aus seiner eigenen entwikkelt haben. So greift er auch bei dem großen öffentlichen Auftrag der Rathausbemalung auf Meister, die ehemals bei ihm in der Lehre waren, zurück. Ob aus der Nachbarschaft mit Thoman Burgkmair eine Zusammenarbeit oder eine Beeinflußung geschlossen werden darf, kann man anhand der bisherigen Unterlagen nicht entscheiden.

Werke: Die erste überlieferte Tätigkeit, die sich für Ulrich I Apt sichern läßt, ist die Bemalung der Uhrenzeiger am Frauentor, wofür er am 20. VIII. 1485 von den Baumeistern 2 fl als Bezahlung erhält [aa]. 1490 wird als sein erster kirchlicher Auftrag die Ausbesserung eines Kruzifixes und dessen Bemalung, für die er am 9. XI. 26 kr empfängt, im Zechpflegebuch des Domes erwähnt [ab].

1496 arbeitet er für das Kloster St. Ulrich und Afra. So gab ihm der Abt Conrad Mörlin den Auftrag, im Chor der Kirche St. Afra im Felde bei Hochzoll um 48 ½ fl verschiedene Bilder aus der Legende und dem Martyrium der Heiligen zu malen [ac]. Dazu sollte der Maler, der bei dem Auftrag als Sohn der Pfarrei St. Ulrich genannt ist, die Wappen und Zeichen der Leute malen, die dafür Geld gespendet haben, wobei vermerkt wird, daß nur die Wappen derer, die mehr als einen Gulden gespendet hätten, berücksichtigt würden. Im Zusammenhang mit diesem Auftrag bemalte er auch eine Leinwandfahne für diesen Abt, auf der St. Afra in ihrem Martyrium dargestellt war, zusammen mit zwei Folterknechten, die Holz auf den Scheiterhaufen werfen und ihn in Brand stecken [ae].

Öffentliche Aufträge bekommt Ulrich I Apt erst im Jahre 1498 wieder, in dem er zunächst 9 fl für Ausbesserungen am Gögginger Tor am 12. V. erhält [af] und gegen Ende des Jahres nochmals 9 fl für Malereien am gleichen Gebäude abrechnet [ag].

1507 bekommt Ulrich I Apt von den Zechpflegern von St. Moritz 10 fl für eine gefaßte Tafel (zu einem Werk Gregor Erharts ?) am 29. IX. als Entlohnung. Ob sich die überlieferte Endabrechnung des Jahres 1509 auf die Bilder zu diesem Altarwerk bezieht, läßt sich nur vermuten. Jedoch lassen die am 11. X. ausbezahlte Restsumme von 300 fl und das Trinkgeld von 7 fl für »sein weib und sein gesindt« vom 1. X. Rückschlüsse auf einen Großauftrag zu, dessen Bezahlung nach dem Geding in Raten erfolgte [ah]. Die Restzahlung des Jahres 1515, die die Zechpfleger am 17. VI. in der Höhe von 13 fl an ihn tätigten, ist wohl kaum noch auf diesen Großauftrag zu beziehen und wird wohl durch die Lücke im Bestand der Zechpflegeabrechnungen nicht näher zu erklären sein [ai].

Für die Kirche Heilig Kreuz arbeitete Ulrich I Apt den von Martin Weiss gestifteten Altar im Jahre 1510 [ak], dessen beide Seitenflügel sich noch erhalten haben (Louvre Nr. 2711 [al] und Karlsruhe Staatliche Kunsthalle Inv. Nr. 2448 [am]) [an].

Nach diesen kirchlichen und privaten Aufträgen wendet er sich wieder Arbeiten für die Stadt zu, von denen die Rathausbemalung nach dem Programm Conrat Peutingers [ao] die größte und repräsentativste war (vgl. Beilage Nr. XIV, 1–5). Als ältesten und angesehensten Meister nennen ihn die Rechnungen vom 7. VIII., 4. X. und 20. XII. 1516 immer an erster Stelle [ap, aq, ar], so daß man ihm wohl auch die Leitung der Ausführung dieses Auftrags entgegen der Notiz der Chronik Breus [as] zuweisen muß.

Anschließend an diesen Auftrag, den er höchstwahrscheinlich auch seiner Stellung innerhalb der Malerzunft als Zwölfer (was für dieses Jahr durch die fehlenden Ämterlisten nicht zu belegen ist) zu verdanken hatte, malt er drei Tafeln »so man jn vnnsers hern drey Ruw̃ gegen Sanndt Lienhart hinawß aufgemacht hat«, wofür er am 16. V. 1516 den Betrag von 24 fl erhält und seinen Gesellen 1 lib als Trinkgeld ausgesetzt wird [at]. Im selben Jahr fertigte er laut der Rechnung vom 5. IX. für 32 fl und 1 lib Trinkgeld vier Tafeln für die »neue Ratsstube« [au].

Diese Tätigkeiten für die Stadt schränken die Schöpfung des Rehlingeraltares durch ihn allein

(Staatsgalerie Augsburg, Inv. Nr. 5349, 5350, 5351, 5373, 5374) weitgehend ein, so daß man bei diesem Werk auch an eine Zuweisung an einen seiner bereits selbständigen Söhne denken könnte (vgl. Nr. 3 und Nr. 6), um der darauf gefundenen Signatur »Apt« gerecht zu werden [av].

Die letzte Tätigkeit auf künstlerischem Gebiet, die für Ulrich I Apt überliefert ist, ist eine »Conterfectung« des Jörg Hörmann aus dem Jahre 1529 [aw]. So wie die Stelle im Brief des Castulus Fugger vom 9. VI. 1529 es schildert [ax], darf man bei diesem Werk kaum an eine Porträtskizze für eine Medaille denken [ay], die es wohl nicht erforderlich gemacht hätte auf eine Endabrechnung zu warten (»pis es als in summen chumptt«). Eher wird darunter ein größeres Ölbild zu verstehen sein.

So scheint sich der Meister im Alter, nachdem er sich immer mehr den ihm zugefallenen öffentlichen Ämtern und Aufgaben zugewandt hatte, auf ehrenvolle Privataufträge von hochgestellten Bürgern verlegt zu haben, die auch seiner Stellung nach ihm angemessen erschienen.

Zuschreibungen (von Wandgemälden):
Feuchtmayr schrieb Ulrich I Apt die Wandgemälde des Erweiterungszustandes der Goldschmiedekapelle zu, die auf die Zeit vor dem 15. XI. 1485 zu datieren sind (vgl. Objekt Nr. 61 bis Nr. 66) (p). Diese Zuschreibung wäre nach der Lage der Archivalien möglich, da für ihn im Sommer 1485, der günstigsten Jahreszeit zur Ausführung einer solchen Arbeit, kein anderer größerer Auftrag überliefert ist.

Lieb forderte 1934 nach der Aufdeckung des monumentalen Christophorus im Dom die Urheberschaft Ulrich I Apts [q]. Auch dieser Zuweisung steht von der Lage der Archivalien nichts entgegen. Eher würde der Großauftrag des Christophorus die 1490 an Ulrich I Apt übergebene Reparatur des Kruzifixes [ab] begründen, da man sich mit solchen Lapalien zumeist an den derzeit in der Kirche arbeitenden Meister wandte (vgl. auch Nr. 81). Auch das unterhalb des Monumentalgemäldes aufgefundene Zeichen  ließe sich zur Not in A – P – T auflösen (vgl. Objekt Nr. 68).

Sonstige Überlieferung:
Ulrich I Apt, der unabhängig von seiner Mutter 1481 seinen Wohnsitz nimmt, scheint selbst erst zu der Übernahme der Zunftgerechtigkeit nach Augsburg zurückgekehrt zu sein, da sich seine Mutter noch am 19. VIII. 1480 allein ohne Beistand des erwachsenen Sohnes vor Gericht verantwortet [r].

Die Steuerbeträge weisen ein stetiges Aufwärtsstreben der Verhältnisse des Meisters auf, das nur in den Jahren 1495 bis 1497 unterbrochen ist. Diese sicheren Umstände dürften auch zur Übernahme der Pflegschaft der Ursula Pfeifer geführt haben, für die er zusammen mit den Erben Claus Pfeifers, worunter sich auch der Maler Jörg I Furtennagel befand, am 15. VI. 1495 den Anwalt Peter Spät mit der gerichtlichen Durchsetzung der Interessen dieser Erbengemeinschaft beauftragte [s].

Am 9. VIII. 1496 wird er selbst von Ulrich Wagner wegen 12 groß vor Gericht gerufen [t] und am 15. V. 1497 wird er von der Zunftversammlung wegen des Vtz Stainmetz – der genaue Grund ist nicht angegeben – mit 1 lib wachs (=8 kr) bestraft [u]. Am 19. I. 1500 wird er mit einer Reihe weiterer Personen von der »Apptin dochter« (seiner Schwester?) verklagt, um ihr anscheinend für ihre Heirat zustehendes Gut herauszugeben [v].

1501 ist er zum ersten Mal in einer Funktion für die Zunft erwähnt, als er am 4. X. die Antwort des Goldschlagergesellen Lorenz Steyb in dem Streit mit dem Goldschlagermeister Gebhart von Ulm vor der Zunft vortrůg [w], was sich aus seiner Stellung als Büchsenmeister der Zunft erklärt, in der er die Rechtsvertretung des Gesellen übernahm. Dieses Amt des »Kassenführers« der Zunft hatte er nach Aussage der Steuerlisten seit 1494 zum vierten Male in diesem Jahr ausgeübt [a]. In dieser Eigenschaft als Büchsenmeister der Zunft verklagt er zusammen mit dem Glaser Hans Ost am 5. VI. und am 20. XI. 1503 Hans Schaur einen Buchdrucker und überträgt die Vollmacht zu diesem Prozeß dem Anwalt Gastl Wagner [x, y].

Dies zeigt den Beginn seines Aufstieges innerhalb der Zunftorganisation an, den er als Vertreter der Zunft im Großen Rat (Zwölfer) abschloß. Wann er zum ersten Male dieses Amt inne hatte ist nicht genau zu bestimmen, da die Ämterlisten der Jahre 1500 bis 1520 nicht erhalten sind. So stellt die Erwähnung der Amtsausübung von 1517 im Zunftsatzungsbuch [b] den frühesten Beleg für seine Ratsmitgliedschaft dar, die er aber möglicherweise schon vor der Übernahme des Rathausauftrages besessen haben kann.

1518 tritt er als Sprecher der Meister, die im Auftrag der Stadt die Feuergeschau durchgeführt haben, auf und erhält am 19. VI. den Betrag von 25 fl, der dieser Kommission als Entgeld zustand [z]. Diese Aufgabe wird man in seiner Rolle als Zwölfer sehen müssen. Daß er in diesem Jahr auch das Amt des Biergeschauers besetzt hatte, wie es Feuchtmayr 1921 erwähnt, läßt sich aus den Quellen nicht definitiv belegen [j].

Quellen:
Stadtarchiv Augsburg, Reichsstadt
STB.: 1481, 21d; 1482, 23c; 1483, 23a; 1484, 23a; 1485, 24b; 1486, 25b; 1487, 15a; 1488, 27c; 1489, 25c; 1490, 29d; 1491, 29c; 1492, 26b; 1493, 28b; 1494, 31c; 1494, 35b [a]; 1495, 31a; 1495, 34c [a]; 1496, 33a; 1497, 30a; 1497, 33c [a]; 1498, 30d; 1499, 37c; 1500, 40b; 1501, 40b; 1501, 45a [a]; 1502, 40d; 1503, 41a; 1504, 40c; 1504, 45c [a]; 1505, 39d; 1506, 40b; 1507, 40a; 1508, 39 a; 1509, 39a; 1510, 40b; 1511, 39d; 1512, 40c; 1513, 41a; 1514, 41a; 1515, 41a; 1516, 42c; 1517, 43d; 1518, 41d; 1519, 43b; 1520, 44b; 1521, 45b; 1522, 44d; 1523, 43d; 1524, 43a; 1525, 43a; 1526, 45a; 1527, 46c; 1528, 46d; 1529, 48d; 1530, 48c; 1531, 47b; 1532, 48c; 1532, 54a [f]; 1532, 54c [g];
SCH. Nr. 11, I (s. fol.) [ah, ai];
SCH. Nr. 49a, fol. 13r, fol. 32r, fol. 51r, fol. 71r, fol. 90v, fol. 109r, fol. 127r, fol. 145r, fol. 163r, fol. 181r, fol. 197 v, fol. 214r [c];
fol. 6r, fol. 25r, fol. 44v, fol. 64v, fol. 85r, fol. 102r, fol. 120r, fol. 138r, fol. 156r, fol. 174r, fol. 192r, fol. 207r [d];
SCH. Nr. 72a, fol. 20v [b];
SCH. Nr. 72b, fol. 4r [e];
SCH. Nr. 72c, fol. 32v [i];
SCH. Nr. 72c, fol. 34v [m];
SCH. Nr. 72c, fol. 72v [w];
SCH. Nr. 72c, fol. 33v [l];
SCH. Nr. 72c, fol. 79r [n];
SCH. Nr. 72c, fol. 92r [u];
SCH. Nr. 142d, fol. 26v [ab];
BRB. 1485, fol. 30r [aa];
BRB. 1498, fol. 58r [ag];
BRB. 1516, fol. 69r [ap];
BRB. 1517, fol. 56r [at];
BRB. 1518, fol. 63v [z];
BRB. 1498, fol. 54r [af];
BRB. 1516, fol. 60r [aq];
BRB. 1516, fol. 71r [ar];
BRB. 1517, fol. 62v [au];
GRB. 1480, p. 204b [r];
GRB. 1496, p. 217b [t];
GRB. 1503, p. 183a [x];
GRB. 1493, p. 78a [k];
(betr. Dendrich Sigmund);
GRB. 1495, p. 158b [h, s];
GRB. 1500, p. 14b [v];
GRB. 1503, p. 323a [y];
Peutinger Konzept H fol. 292r [ao];

Chroniken:
Städtechr. XXV, p. 63/64 [ap, aq, ar];
Städtechr. XXIX, p. 22 [o, ap, aq, ar, as];
Wittwer Catalogus, p. 419 [ac], p. 420 [ad], p. 429 [ae];

Literatur:
Vischer, Robert 1886, p. 497 [b], p. 534 [i, l], p. 536 [m], p. 540 [n]; p. 502 [u], p. 504 [w];
Hoffmann, Robert 1887, p. 11 [aa], p. 25 [af, ag];
Schmidt, Alfred 1891, p. 227 [ac, ae, ap, aq, ar, at, au];
Buff, Adolf 1892, Nr. 8610 [ao];
Buff, Adolf 1893, p. 20 Anm. 38 [ap, aq, ar, au], p. 21 [ao];
Baum, Julius 1907, p. 65 [ap, aq, ar, as];
Thieme-Becker Kstl. Lex. Bd. I (1907), p. 34;
Dirr, Pius 1917, p. 139;

Hampe, Theodor 1918/1919, p. 34 [ay], p. 82 [ax];
Feuchtmayr, Karl 1921, p. 30/31 (Überblick auf Leben), p. 31 [j], p. 35/36 [ak, al];
Hartig, Michael 1922, p. 21 [ac], p. 28 [ao], p. 34 [ak], p. 35/36;
Hartig, Michael 1923, p. 40 [ac], p. 41 [ae];
Glaser, Curt 1924, p. 241;
Christoffel, Ulrich 1927, p. 58, p. 108;
Ohlenroth/Steib 1927/1928, p. 86 [p];
Feuchtmayr, Karl 1928, p. 97ff [ak, al];
Christoffel, Ulrich 1928, p. 42, p. 67;
Lieb, Norbert 1934, p. 344 [q];
Stange, Alfred 1957, Bd. VIII, p. 53ff;
Lauts, Jan 1960, p. 58ff [al, an];
Katalog München 1963, p. 35–38;
Katalog Karlsruhe 1964, Nr. 23 [am];
Katalog Augsburg 1967, p. 11;
Stange, Alfred 1970, Nr. 732–Nr. 743;
Kindler Mal. Lex. 1976, Bd. I, p. 127;
Katalog Augsburg 1979, p. 13;
Wilhelm, Johannes 1979 MS, p. 144 [p];
Katalog Augsburg 1980, Bd. I, p. 119/p. 121 [ap, aq, ar, as];
Katalog Augsburg 1980, Bd. II, p. 23 [as].

Nr. 6	**Apt Ulrich II**	Maler

(Abt, Abbt)

Lehre: bei seinem Vater Ulrich I Apt (?);

Gerechtigkeitserwerb: begehrt 1512 die Gerechtigkeit seines Vaters [a];

Gestorben: 1521 [b];

Wohnhaft in Augsburg:

1512	Vom Schusterhaus
1513–1514	—
1515–1517	Vom Schusterhaus
1518– 1520	Schongawergaß

Steueraufkommen:

1512	steuerfrei
1513–1520	Kopfsteuer

Werkstattverbindungen (vgl. Werkstattschema Nr. I):
Außer der durch die Verwandtschaft und die wahrscheinliche Ausbildung bedingte Verbindung mit seinem Vater Ulrich I Apt läßt sich für Ulrich II keinerlei Beleg einer Zusammenarbeit beibringen. Auch eine Verbindung zu seinen Brüdern, speziell zu Jakob Apt, ist nicht zu belegen.

Werke/Zuschreibungen:
Die Vermutung Friedländers 1907, daß es sich bei dem im Zusammenhang mit der Rathausbemalung genannten Ulrich Apt um den jüngsten Meister gehandelt haben könnte [c], muß zurückgewiesen werden, da Jörg I Breu in seiner Chronik Michel Apt als Sohn des ausführenden Meisters nennt [d].

Auch für ihn gilt, was hinsichtlich weiterer Zuschreibungen bereits im Zusammenhang mit Jakob Apt und dessen Urheberschaft für den Rehlinger Altar gesagt wurde (vgl. Nr. 3). Dabei schränken die für Ulrich II überlieferten Steuerbeträge und die Tatsache, daß er während der gesamten Zeit als Meister in Augsburg keinen Lehrknaben der Zunft vorstellt, die Möglichkeit für eine begründete Annahme eines größeren, durch ihn geleiteten Werkstattbetriebs ein, so daß er nur als mitarbeitender Meister in Betracht käme [d].

Die Stellung, die ihm bisher innerhalb der »Apt-Schule« zugewiesen wurde, wird man angesichts seines frühen Todes (bei Vischer irrtümlich übergangen und deshalb bisher nicht realisiert [e]) neu überdenken müssen (vgl. Ausführungen Feuchtmayrs [f]).

Sonstige Überlieferung:
Seine Wohnung wird nach seinem Tode von Sebastian Schwab (vgl. Nr. 165) übernommen, der im vorangegangenen Jahr die Witwe seines Bruders Jakob Apt geheiratet hatte. Inwieweit damit auch eine Übernahme der Werkstätte und eventueller Mitarbeiter verbunden war, läßt sich auf Grund der undeutlichen Quellenlage für diese nicht mehr eindeutig bestimmen.

Quellen:
Stadtarchiv Augsburg, Reichsstadt
STB.: 1512, 39c; 1515, 40b; 1516, 41d; 1517, 42d; 1518, 42c; 1519, 44b; 1520, 45;
SCH. Nr. 72b, fol. 3v [b];
SCH. Nr. 72c, fol. 7r [a];

Chroniken:
Städtechr. XXIX, p. 22 [d];

Literatur:
Vischer, Robert 1886, p. 516 [a]; p. 566 [e];
Thieme-Becker Kstl. Lex. Bd. I (1907), p. 35;
Feuchtmayr, Karl 1921, p. 57ff [f];
Feuchtmayr, Karl 1928, p. 110ff [f];
Katalog Augsburg 1967, p. 11;
Kindler Mal. Lex. 1976, Bd. I, p. 127;
Katalog Augsburg 1979, p. 13.

Nr. 7 **Albrecht** Maler

Gerechtigkeitserwerb: bei der Begründung der Zunft (?);

Gestorben: 1390/1391;

Wohnhaft in Augsburg:

1351	Von hansen Luitfrid ge den Frontor
1355–1358	Von hansen Luitfrid ge den Frontor
1359	Auf dem Kunold
1362–1365	Vom Kůnol
1367–1368	Vom Kunol
1376–1377	Vom Kunol
1380	Vom Kunol
1382–1384	Von dem Konold
1386	Von dem Konold
1389–1390	Von dem Kunold
ab 1391	//Witwe nachweisbar

Steueraufkommen:
1396 1 ½ lib ½ fl

Werke: 1390 stattet er die »Zöttels stuben« mit »Gläßern« aus. Dieser Auftrag, für den er 30 ß bezahlt bekommt, beinhaltet auch »sliemen« (?) für das »Risthuse« [a].

Sonstige Überlieferung:
Es ist nicht gänzlich gesichert, ob es sich bei den Steuereintragungen der Jahre 1351 bis 1358 um die gleiche Person handelt wie in der folgenden Zeit, da die für die Identifizierung wichtigen Steuerbeträge in dieser Zeit noch nicht verzeichnet sind. Sollten sich hinter den Eintragungen zwei Personen verbergen, so müßte die zweite eindeutig als Sohn der ersten bezeichnet werden. Definitive Anhaltspunkte dafür lassen sich außer dem Eintrag 1362/1363 für die bei dem Maler lebende Mutter nicht feststellen.

Am 6. VIII. 1355 verklagt der Maler ALBRECHT den Plattner Haintz den POETEL, der ihn verwundet hatte und deshalb in die Acht getan wurde [b].

Quellen:
Stadtarchiv Augsburg, Reichsstadt
STB.: 1351, 11b; 1355, 11c; 1356, 10d; 1357, 11a; 1358, 10c; 1359, 10c; 1362, 10a; 1363, 10a; 1364, 10b; 1365, 9c; 1367, 9c; 1368, 10b; 1376, 10c; 1377, 11a; 1380, 10c; 1382, 10d; 1383, 10c; 1384, 10d; 1386, 10c; 1389, 20a; 1390, 19b;//1391, 17a;
SCH. Nr. 81, fol. 19v [b];
BRB. 1390, fol. 60v [a].

Nr. 8 **Aman Jörg** Maler

(Amman)

Gerechtigkeitserwerb: 16. VI. 1420 zusammen mit dem Bürgerrecht erkauft (?) [a];
Abgewandert: vor dem 16. V. 1460 nach Tegernsee übergesiedelt [d];

Zwölfer im Großen Rat: 1443, 1444, 1447, 1457, 1458 [b];

Zunftmeister: 1457, 1458 [c];

Wohnhaft in Augsburg:

1420	Bürgerbuch (?)
1421	—
1422–1424	Vom Raupott
1425– 1426	Vom Diepolt
1427	Vom Kunold
1428 (Huss)	Von der Dächsin
1428–1429	Vom Kunold
1430–1432	Vom Diepold
1433–1438	An der Horbrugg
1439–1458	hailigcrutzertor intra
1459 (domus)	hailigcrutzertor intra

Steueraufkommen:

1422	15 ß
1423	1 lib
1424–11425	12 ½ ß
1426–1427	5 groß

1428 (Huss)	1 fl 1 groß
1428–1429	2 lib 3 ß
1430–1432	15 ß 2 dn
1433	17 groß
1434–1439	14 groß
1440	35 groß
1441–1447	1 fl
1448–1452	17 groß
1453	13 groß
1454	17 groß
1455–1457	18 groß
1458	36 groß
1459 (domus)	36 groß ½ lib

Lehrknaben:
Bei seiner Abwanderung wird sein Sohn Jörg erwähnt [d]. Es ist allerdings nicht bekannt, ob dieser im Beruf seines Vaters tätig war und ob er eine Ausbildung von diesem erhalten hatte.

Werkstattverbindungen:
1425 übernimmt Jörg AMAN die Werkstatträume des Malers Hans SCHMID, in denen er selbst aber auch nur zwei Jahre verblieb. 1429 lebt bei ihm der »Maler Ulrich«, der sich als der Steinmetz Ulrich WOLFFARTZHAUSER identifizieren läßt. Dieser übernimmt 1430 dann auch die Räumlichkeiten der AMAN'schen Werkstätte.

Im Jahre 1439 bezieht Meister Jörg AMAN das Haus von Jörg MÜHLICH im Steuerbezirk »hailigcrutzertor intra«. Ob sich darin eine Beziehung zu den miniaturenmalenden und schreibenden Brüder MÜHLICH (vgl. Nr. 141 und Nr. 142) ausdrückt ist fraglich.

Werke: Die erste faßbare Tätigkeit, die uns von Jörg AMAN überliefert ist, stellt rein handwerkliche Ausführungen im Auftrag der Stadt vor. So erhält er am 29. V. 1423 für die Bezeichnung von fünf Kannen und 14 »Büchßlachen« sowie für eine Fahne zu malen und zwei Öfen zu färben den Betrag von 5 lib [e]. 1429/1430 arbeitet er ebenfalls eine Reihe städtischer Aufträge, so z. B. 40 fl »remlinge« für das Rathaus und das Tanzhaus anzustreichen, von denen je zwei 3 plaph machten, oder um 5 fl zehn Kranzbretter in das Rathaus zu liefern [f]. 4 fl erhält er für vier auf Glas gemalte Wappen, die er in die Fenster des Rathauses einsetzte, und für 20 fl streicht er eine Vertäfelung über dem »Gericht« blau an, wobei sich die Höhe der Bezahlung durch die Materialkosten bestimmt haben dürfte [f]. Im gleichen Jahr werden ihm aber neben diesen Handwerksarbeiten auch 127 fl für die Bemalung des Haunstetter Torturmes bezahlt, wobei in dieser Summe auch die Reisebesoldung für ein »geritt gen Nurenberg« eingeschlossen ist [f]. Am 16. X. des Jahres malt er für 1 fl zwei Fahnen für die Toranlage beim Wertachbrucker Tor [g] und am 6. XI. für 3 lib weitere sechs kleine Fahnen [h]. 1431 wird er von der Stadt beauftragt, für 12 fl Wappen zu malen und für 2 fl 3 groß eine Kammer im Haus Peter EGENS auszumalen, was aus Anlaß des Aufenthalts König Sigismunds am 3. IX. geschah [i]. Im gleichen Jahr liefert er am 22. IV. um 1 lib eine Fahne für den »püchsenstadel« [k] und am 18. VIII. bemalt er für 6 fl die Säulen und Durchzüge im Rathaus [l]. 1432 erhält er 21 lib für alle städtischen Aufträge, die er bis zum 16. XI. ausgeführt hatte [m] und am 17. I. 1433 nochmals 6 ½ lib für die Fertigstellung der Vertäfelung in der Ratsstube und für ein »Büchslin« [n].

Bei all diesen städtischen Aufträgen ist es erstaunlich, daß er nicht bei der Bemalung des Perlachturmes und des Luginslandturmes in den Jahren 1436/1437 mit in die Arbeitsgemeinschaft aufgenommen wurde. So nehmen sich die Bezahlungen von 3 fl 4 ß für die Vergoldung des Knopfes des neuen Luginslandturmes [o] und die 6 lib für die zwölf Fahnen [p], die er dazu lieferte, vergleichsweise mager aus, wenn man die Beträge der anderen Meister beachtet (vgl. Nr. 46, Nr. 60 und Nr. 108, sowie Beilage Nr. XIII, 1–3).

Diese schwache Beteiligung an den städtischen Aufträgen in diesen Jahren kann man sich nur mit der Übernahme privater und kirchlicher Arbeiten durch die Werkstätte des Meisters erklären. So wird auch in einem Brief der Stadt an die Bürgermeister und Räte der Stadt Höchstetten von einem großen Altar berichtet, den Jörg AMAN für die Pfarrkirche dieser Gemeinde fertigte (vgl. Beilage Nr. IX) [q]. Die Tatsache, daß er diesen Altar, der ihm für 100 fl verdingt war, ohne sich um den festgesetzten Betrag zu kümmern »nach hayschunge der materij und nach rechtformiger ordnung« geschaffen hatte und nachträglich nicht bereit war, diesen entsprechend der Bezahlung zu verkleinern, sondern ihn lieber billiger abzugeben, zeigt ihn als einen Meister, der mehr dem schöpferischen Werksgedanken als einer auf Erwerb orientierten Handwerkergesinnung nahe gestanden hat. Dies dürfte auch seine Stellung, die sich in der Bitte des Augsburger Stadtrates widerspiegelt und durch die Unterstützung der zur Zunft gehörenden Meister in dieser Angelegenheit belegt ist, bewirkt haben. Der Ausgang dieser Petition vom 22. VI. 1439 ist nicht überliefert, jedoch darf man annehmen, daß die Schöpfung dieses Werkes und das damit verbundene Interesse in der Stadt seine Stellung nicht geschwächt hat.

Trotz solcher Einstellung findet sich Jörg Aman 1440 mit kleineren Arbeiten in den Rechnungen der Baumeister wieder. So rechnet er für einen Reichsadler am Salzstadel 6 fl [r] und für zwei vergoldete Kästen in der Ratsstube 6 lib [s] ab. 1442 bereitet er ähnlich wie 1431 das Haus Peter Egens als Herberge für König Friedrich vor [t].

Peter Egen hatte ihm auch den Auftrag für den Geschichtszyklus nach der »Küchlin'schen Reimchronik« an seinem Haus gegeben, was auch die Ausführung monumentaler Bilder für Jörg Aman belegt [u].

Als letzter Auftrag für die Stadt hat sich der der Lieferung von Glaswerk und Fahnen für den Salzstadel um 12 fl 2 lib aus dem Jahre 1451 überliefert [v].

Auch für das Kloster St. Ulrich und Afra ist Jörg Aman tätig geworden, indem er am 19. 3. 1456 einen von einem Ulmer Schnitzer gelieferten Palmesel um 7 fl faßte, wobei er auch noch den Wagen für die Figur liefern mußte [w].

So zeigt die Werkaufstellung das Oeuvre eines Meisters, der sich zwar gänzlich als Handwerker fühlte, aber durch seine Verpflichtung dem Werk und der Form gegenüber bereits an die Grenzen rührte, die einer handwerklichen Vertragsform gegeben waren, wenn sie mit wirklichem künstlerischen Schaffen konfrontiert war.

Sonstige Überlieferung:

Die Einbürgerung des Meisters Jörg Aman vom 16. VI. 1420 ist nicht eindeutig gesichert, da bei dem Eintrag nur ein »Amman von Zusmarshausen« ohne Vornamen und Beruf angeführt wird [a], so daß sich daraus keine weiteren Folgerungen für seine Person ziehen lassen.

1444 stellt er sich am 14. VI. für die Kaufferin Adelhaitt Kellerin als Bürge für ihre Geschäftsfähigkeit zur Verfügung [x]. Inwieweit diese Bürgschaft auf Grund einer Verwandtschaftsbeziehung zustande kam, ist nicht klärbar.

Nachdem die Petition des Rats seine allgemeine Anerkennung schon für das Jahr 1439 belegt hat, wird er in den Jahren 1443, 1444 und 1447 durch seine Zunftgenossen in den Großen Rat gewählt [b]. Dieses Amt scheint er mit voller Anerkennung der Zunftmitglieder ausgeübt zu haben, die ihn dann 1457 zum Zunftmeister der gesamten Schmiedezunft wählen [c]. Welche Rolle dies bei der Loslösung der Maler, Glaser, Bildschnitzer und Goldschlager innerhalb der Schmiedezunft hatte, ist nicht entgültig zu eruieren. Es ließe sich aber vermuten, daß die Einstellung des Meisters die übrigen Mitglieder dazu brachte, den spezifischen Stand ihrer Gruppe innerhalb der Schmiedezunft festzulegen.

Mit Ablauf seiner Amtszeit scheint sich Jörg Aman nach Tegernsee begeben zu haben, da bereits 1459 in der Steuerliste nur mehr die »domus Jörigen« eingetragen ist, welches er 1460 an den Kürschner Bartholomäus Jenisch verkaufte [y]. Ob er also 1460 überhaupt noch in Augsburg anwesend war, ist trotz der Nennung im Vorwort des Zunftsatzungsbuches, das Thoman Burgkmair geschrieben hatte [z], fraglich, da er einer Vorladung der Stadt am 16. V. 1460, wonach man sich nochmals mit dem Hausverkauf befassen wollte, angesichts »der swären lanntlauff und annder merklich vrsachen« nicht mehr Folge leisten wollte oder konnte [y].

Das Zunfteinschreibebuch erwähnt ihn im Vorwort als vor 1473 gestorben, was angesichts dieser Tatsachen auch anzunehmen ist, jedoch nicht weiter belegt werden kann [z].

Quellen:

Stadtarchiv Augsburg, Reichsstadt

STB.: 1422, 21b; 1423, 22d; 1424, 18d; 1425, 12b; 1426, 16a; 1427, 18d; 1428 Huss., 16c;

1428, 18d; 1429, 16c; 1430, 19c; 1431, 17a; 1432, 15a; 1433, 16a; 1434, 13b; 1435, 15c; 1436, 13c; 1437, 13a; 1438, 14c; 1439, 19b; 1440, 20b; 1441, 22b; 1442, 20a; 1443, 24d; 1444, 24b; 1445, 23d; 1446, 23d; 1447, 23c; 1448, 25c; 1449, 24b; 1451, 24b; 1452, 24d; 1453, 24c; 1454, 25a; 1455, 26c; 1456, 33a; 1457, 29c; 1458, 27d; 1459, 30c;
SCH. Nr. 46b, fol. 22r [c];
SCH. Nr. 72a, fol. 1r [z];
SCH. Nr. 74, fol. 176v (p. 348) [a];
SCH. Nr. 105, IVa, p. 196 Nr. 279 [q];
RB. Nr. 4, fol. 23v [b];
RB. Nr. 4, fol. 42v [b];
RB. Nr. 4, fol. 135r [b];
RB. Nr. 4, s. fol. [x];
RB. Nr. 5, fol. 124v [c];
RB. Nr. 5, fol. [b];
RB. Nr. 6, fol. 8r [c];
RB. Nr. 6, fol. 13v [b];
BRB. 1423, fol. 96v [e];
BRB. 1429/1430, fol. 75v [f];
BRB. 1429/1430, fol. 76v [g];
BRB. 1429/1430, fol. 77v [h];
BRB. 1431, fol. 96v [i];
BRB. 1431, fol. 101r [k];
BRB. 1431, fol. 103r [l];
BRB. 1432, fol. 67r [m];
BRB. 1432, fol. 67v [n];
BRB. 1437, fol. 94r [o];
BRB. 1437, fol. 94v [p];
BRB. 1440, fol. 94v [r];
BRB. 1440, fol. 95r [s];
BRB. 1442, fol. 65a [t];
BRB. 1451, fol. 63r [v];
US. UK. v. 16. V. 1460 [y];

Chroniken:
Städtechr. IV, p. 337, Anm. 4 (Überblick), p. 355 [u];
Städtechr. XXV, p. 309/310 [w];
Wittwer Catalogus, p. 199 [w];

Literatur:
Waagen, Gustav Friedrich 1845, Bd. II, p. 5;
Vischer, Robert 1886, p. 488 [z];
Hoffmann, Robert 1887, p. 22 [f], Anm. 63 [b, c, u];
Bredt, Ernst Wilhelm 1900, p. 42/44;
Baum, Julius 1907, p. 63 [n, m];
Thieme-Becker Kstl. Lex. Bd. I (1907), p. 334;
Joachimsen, Paul 1910, p. 42 [u];
Hartig, Michael 1922, p. 21 [u];
Hartig, Michael 1923, p. 34 [w];
Eberlein, Hans 1939, p. 66 [f, l], p. 67 [f];
Stange, Alfred 1951, Bd. IV, p. 113 [f, u];
Liedke, Volker 1979, p. 8 [z].

Nr. 9 **Anderz** Maler

(Andresen)

Gerechtigkeitserwerb: ist nicht belegbar; der Maler wird jedoch 1413, 1415 und 1416 als Meister genannt;

Abgewandert: 1417 (?) nach Nürnberg;

Wohnhaft in Augsburg:
1415–1416 in der Bächin hof

Steueraufkommen:
1415–1416 Habnit Steuer

Werke: Der anscheinend schon als fertiger Meister zugezogene Maler erhält 1413 für die Bemalung der Türe an der »Neuen Stube« im Rathaus den Betrag von 8 fl [a].

Sonstige Überlieferung:
Meister ANDERZ »verainte« sich mit dem Nürnberger Glasermeister Conrat HERGOT darauf, daß er dessen Tochter heiraten und nach Nürnberg übersiedeln solle, worauf der Rat der Stadt Augsburg, der den Maler nicht ziehen lassen wollte, dem Nürnberger Meister das Gegenangebot machte, daß er mit seiner Tochter zusammen nach Augsburg kommen solle. Als Vergünstigung wolle man ihm dann »seiner Kunst und Frömmigkeit willen sämtliche Vortheile und Förderung vor andern Meistern thun und beweisen, wie man zuvor nie einem andern gethan« (zitiert nach Herberger) [b]. Trotz dieser verlockenden Angebote scheint jedoch Meister ANDERZ Augsburg verlassen zu haben, da er ab 1416 nicht mehr nachweisbar ist.

Quellen:
Stadtarchiv Augsburg, Reichsstadt
STB.: 1415, 13a; 1416, 12b;
BRB. 1413, fol. 61v [a];

Literatur:
Herberger, Theodor 1852, p. 33 [b].

Nr. 10 **Aulbercht** Maler

Dieser Maler aus der Zeit vor der Zunftverfassung ist nur in den Steuerlisten zu erfassen. Eine weitere Überlieferung für ihn existiert nicht.

Wohnhaft in Augsburg:
1346 Vor dem alten Burgtor gen Frontor
1351 Von den alten Burgtor gen den Frontor

Quellen:
Stadtarchiv Augsburg, Reichsstadt
STB.: 1346, 13a; 1351, 13a.

B, P

Nr. 11 P.
12 Bart Conrat
13 Bartholome I
14 Bartholome II
15 Bartholome III
16 Pauls I
17 Pauls II
18 Beck Hans
19 Beck Jörg
20 Beck Laux
21 Beck Leonhart I
22 Peter I
23 Peter II
24 Bämler Johannes
25 Perschin Nicolaus
26 Blanck Hans
27 Plomentaler Michel
28 Brecheisen Melchior

29	Prenk	35	Burckhart Thoman
30	Breu Jörg I	36	Burckhart Jerg
31	Probst Jörg gen. Rottenfelder	37	Burckhart Leonhart
32	Prunner Urban	38	Burgkmair Thoman
33	»puer«	39	Burgkmair Hans I
34	Burckhart Peter	40	Burlin Jos

Nr. 11 **P.** Maler

Zweimal erscheint in den Steuerbüchern die Namensabkürzung »P.« mit der Berufsbezeichnung »mauler«. Neben der fraglichen Identität der Person läßt sich auch die Rolle, die dieser Maler eventuell gespielt haben könnte, nicht mehr aufzeigen. Auch läßt sich nicht festlegen, ob es sich dabei um einen Meister oder einen Altgesellen gehandelt hat.

Nachweisbar in Augsburg:
1377 Vom Kunold
1398 Vnter den Lederern

Quellen:
Stadtarchiv Augsburg, Reichsstadt
STB.: 1377, 11a; 1398, 11d.

Nr. 12 **Bart Conrat** Maler

(Bartt, Part, Port)

Gerechtigkeitserwerb: vor 1460;

Gestorben: 1471/1472 (?), sicher vor 1473 [a];

Nachweisbar in Augsburg:
1460 im Zunftbuch erwähnt [a]
1465 Schmidgaß
1466–1467 Von Philipp appenteker
1469–1470 in den Baumeisterrechnungen genannt

Steueraufkommen:
1465–1467 Habnit Steuer

Werke:
Am 3. VI. 1469 erhält Conrat Bart 10 groß für die Bemalung von »venster vnd eẏsen« [b] und am 4. XI. dieses Jahres 8 fl 2 lib und 4 groß Trinkgeld für Malereien in der Ratsstube [c]. Im Rahmen desselben Auftrages wird er am 3. II. 1470 für zwei Tafeln in der Ratsstube mit 1 fl belohnt [d]. Am 10. II. werden ihm nochmals 2 fl für »das tach ob der thür« des gleichen Raumes bezahlt [e].

Diese Eintragungen in den Baumeisterrechnungen bestätigt auch die Nachricht, die Stetten aus dem »Mair'schen Memorialbuch« entnommen hatte, und nach der Bart Conrat (oder wie er dort genannt ist Port) als Urheber der Vertäfelung des alten Ratszimmers zu sehen ist, das zu Lebzeiten Stettens noch in Augsburg bei einer Metzgersfamilie zu sehen war [f, g].

Eine weitere Rechnung vom 17. III. 1470 berichtet, daß Conrat Bart im Auftrag der Stadt Öfen angestrichen hat [h], und am 7. IX. 1470 wird er das letzte Mal in einer Nachtragszahlung erwähnt, die sich mit keiner spezifischen Tätigkeit in Verbindung bringen läßt.

Quellen:
Stadtarchiv Augsburg, Reichsstadt
STB.: 1465, 22a; 1466, 23a; 1467, 23b;
SCH. Nr. 72a, fol. 1r [a];
BRB. 1469, fol. 44r [b];
BRB. 1469, fol. 153v [c];
BRB. 1470, fol. 134r [d];
BRB. 1470, fol. 134r [e];
BRB. 1470, fol. 136r [h];
BRB. 1470, fol. 139r [i];

Literatur:
Stetten Kunstgeschichte 1779, p. 272 [f];
Stetten Kunstgeschichte 1788, p. 185 [g];
Vischer, Robert 1886, p. 488 [a];
Hartig, Michael 1922, p. 34 [a];
Eberlein, Hans 1939, p. 66 [c];
Liedke, Volker 1979, p. 8 [a].

Nr. 13 **Bartholome I** Maler

Gerechtigkeitserwerb: vor 1408;

Nachweisbar in Augsburg:
1408 Vom Ror
1409 —
1410–1414 Vom Ror

Steueraufkommen:
1410 10 ß
1414 19 ß
in den anderen Jahren Habnit Steuer

Werkstattverbindungen:
1408 wohnt er zusammen mit dem Maler Hans von Ketz, was zu der Annahme führen könnte, in ihm einen Schüler dieses Meisters zu sehen. Eindeutige Belege können dafür aber nicht beigebracht werden.

Sonstige Überlieferung:
Der Maler wird auch in der zwischen 1407–1418 zu datierenden Aufzugsliste der Schmiedezunft erwähnt, was seine Zugehörigkeit zur Zunftorganisation eindeutig belegt. Weitere Fakten können jedoch für seine Person nicht gesichert werden.

Quellen:
Stadtarchiv Augsburg, Reichsstadt
STB.: 1408, 11b; 1410, 13b; 1411, 15a; 1412, 11b; 1413, 13b; 1414, 15d;
SCH. Nr. 46a, p. 79, p. 91.

Nr. 14 **Bartholome II** Maler

Gerechtigkeitserwerb: nicht nachweisbar;

Wohnhaft in Augsburg:
1458–1459 Am Schwaul

Steueraufkommen:

1458–1459	steuerfrei

Überlieferung:
Die Stellung dieses Malers zur ortsansäßigen zünftischen Malerschaft ist nicht geklärt. Aus dem Status seiner Steuerfreiheit könnte in seinem Fall auch an ein außerordentliches Arbeitsverhältnis zu denken sein. Unterlagen für eine außerhalb der Zunft bestehende Arbeit oder Werkstätte in dieser Zeit haben sich allerdings nicht erhalten.

Quellen:
Stadtarchiv Augsburg, Reichsstadt
STB.: 1458, 16b; 1459, 16c.

Nr. 15 **Bartholome III** Maler

In der Zeit zwischen 1474 und 1481 finden sich drei Einträge für einen nicht näher zu identifizierenden Meister (?) oder Altgesellen (?) in den Steuerbüchern der Stadt, dessen Stellung zur Zunft nicht zu eruieren ist.

Nachweisbar in Augsburg:

1474	Salta zům Rotten Tor
1475	Auf unnser Frawen Graben
1481	Vom Schwibbogen

Steueraufkommen:

1474/1475/ 1481	jeweils Habnit Steuer

Quellen:
Stadtarchiv Augsburg, Reichsstadt
STB.: 1474, 4a; 1475, 6d; 1481, 17b.

Nr. 16 **Pauls I** Maler

Dieser Maler aus der Zeit vor der Zunftverfassung ist eindeutig nur in der Steuerliste des Jahres 1346 festzustellen. Nach der Überlieferungslücke der Jahre 1347 bis 1350 kann nur mehr der Name, aber keine Berufsbezeichnung mehr festgestellt werden, was bei diesem Namen keine Identifizierung zuläßt.

Wohnhaft in Augsburg:

1346	von dem Tollenstain
(1351	Pons von Lauterlech ab intra)
(1355–1357	ans Schongauers gazz)

Quellen:
Stadtarchiv Augsburg, Reichsstadt
STB.: 1346, 11c; (1351, 12c; 1355, 12d; 1356, 12a; 1357, 12c).

Nr. 17	**Pauls II**	Maler Goldschlager

Gerechtigkeitserwerb: vor 1466;

Gestorben: 1494 [a];

Wohnhaft in Augsburg:

1466	vom Philipp Appentecker
1467–1468	—
1469	Schmidgaß
1470–1472	Sträfingertor intra
1473–1475	Schmidgaß
1476–1494	Vom Diepold

Steueraufkommen:

1466	10 groß
1469–1471	6 groß
1472–1475	(60 dn) 1 lib
1476	(60 dn)
1477–1479	(60 dn) 1 lib
1480–1485	(45 dn) 12 dn
1486–1487	(45 dn) 21 dn
1488–1489	(60 dn) 28 dn
1490–1494	(60 dn) 1 ort

Überlieferung:
Die Rolle dieses Meisters als Maler ist nicht eindeutig zu belegen, da er nur als junger Meister in den Steuerlisten als Maler genannt wird. Anscheinend wechselte er später seine Tätigkeit. 1495 übernimmt der Sohn des Bildhauers Michel I Dreyers, Michel II, das Anwesen von Pauls II im Steuerbezirk »Vom Diepold«.

Quellen:
Stadtarchiv Augsburg, Reichsstadt
STB.: 1466, 22c; 1469, 22d; 1470, 22d; 1471, 22b; 1472, 21c; 1473, 18c; 1474, 18c; 1475, 19a; 1476, 20b; 1477, 22c; 1478, 22d; 1479, 22d; 1480, 22d; 1481, 22d; 1482, 23d; 1483, 23b; 1484, 23b; 1485, 23a; 1486, 24a; 1487, 24a; 1488, 26c; 1489, 24c; 1490, 26a; 1491, 25d; 1492, 22d; 1493, 24c; 1494, 27b;
SCH. Nr. 72b, fol 2v [a].

Nr. 18	**Beck Hans**	Maler

(Beckh)

Lehre: Nach dem 20. V. 1498 bei dem Glaser Erhart Heberlin [a]; Gerechtigkeitserwerb: am 29. XI. 1523 begehrt er die Gerechtigkeit seines Vaters Jörg Beck (?) [b];

Gestorben: nach 1548 [c];

Nachweisbar in Augsburg:
Der Maler Hans Beck ist wegen seines Namens nicht in den Steuerlisten nachzuweisen, da sich dieser mit der damals gebräuchlichen Form der Berufsbezeichnung der Bäcker deckt.
1524 nachgewiesen durch Strafbucheintrag
1528 nachgewiesen durch bezeugtes Verhör

Lehrknaben: 1528 wird sein Sohn Leonhart II Beck erwähnt. Es ist nicht gesichert, ob dieser im Malerhandwerk tätig war [d].

Überlieferung: Der Maler Hans Beck, für den sich keinerlei Beleg einer künstlerischen Tätigkeit beibringen läßt, wird am 21. I. 1524 für zehn Jahre aus der Stadt gewiesen, da er »david fuchs spengler, der des Kellerpaders son entleipt zugesprungen ist«. Da er bei dem Todschlag aber nicht selbst die tödlichen Schläge ausführte und da »vil Erber Lewt« um seine Begnadigung baten, kam er mit der Bestrafung einer Ausweisung davon [e]. Erneuten Bitten erwidert der Rat am 24. V. 1524, daß dieses Urteil »besteen vnd beleiben sol, . . ., diweill die Sach noch also new were« [f].

Dennoch scheint eine Begnadigung stattgefunden zu haben, da er bereits 1528 wieder in Augsburg bezeugt ist. So wird er am 13. IV. dieses Jahres, nachdem er bei einer Versammlung der Wiedertäufer ergriffen wurde, verhört. Dabei gab er an, daß er zusammen mit seinem Sohn Leonhart II in den Garten gegangen sei, um einen Vogel zu holen, und nur aus Neugierde zu der Versammlung schaute, da er das Vaterunser beten hörte. Des Verbotes solcher Versammlungen seien sie sich in diesem Moment nicht bewußt gewesen. Auch sei er nicht von dieser Sekte getauft worden und habe auch keinen anderen getauft, wenn er auch vor dem Zeitpunkt des Verbotes öfters zu den Versammlungen der Wiedertäufer gegangen sei [d].

Nach diesem Vorfall verliert sich die Spur seiner Person bis zum Eintrag in der Totentafel der Zunftmitglieder, wo für ihn aber auch keine genaue Jahresangabe vermerkt ist [c].

Quellen:
Stadtarchiv Augsburg, Reichsstadt
SCH. Nr. 72c, fol. 36r [a]; SCH. Nr. 72c, fol. 64r [b];
RB. Nr. 15, fol. 58r [f];
StrB. 1509/1526, p 141 [e]; StrB. 1509/1526, p. 146 [f];

Stadtarchiv Augsburg, Archiv d. Hist. Vereins
H. Nr. 54a, fol 11r [c];

Literatur:
Vischer, Robert 1886, p. 520 [b], p. 540 [a];
Roth, Friedrich 1901/I, p. 38, p. 76 [d].

Nr. 19	**Beck Jörg**	Illuminist Maler

(Böck, Brug, Beckh)

Lehre: in Giengen (?);

Gerechtigkeitserwerb: Am 3. IV. 1490 zusammen mit der Bürgerrechtsübernahme (?) [a];

Gestorben: 1513/1514 [b];

Wohnhaft in Augsburg:

1478–1498	Sächsengaß vom Neydbad
1499–1501	Am Judenberg
1502–1511	Am Kappenzÿpffel
1512	Brůwllbruck gen thor
1513	Sechsengaß vom Neidbad

Steueraufkommen:

1478–1479	(60 dn) 10 groß

1480–1485	(45 dn) 8 groß
1486–1487	(45 dn) 18 groß
1488–1491	(60 dn) 24 groß
1492–1491	(60 dn) 15 groß
1492–1494	(45 dn) 90 dn
1495	
1496–1497	(30 dn) 60 dn
1498–1503	(30 dn) 8 groß
1504	(60 dn) 64 dn
1505–1508	(45 dn) 48 dn
1509	(30 dn) 32 dn
1510–1513	(30 dn) 48 dn

Lehrknaben:

1498	Kinig (fünf?) Laux [c];
1499	Stenglin Six [d];
1501	Nattershoffer Kÿllion [e];
1504	Ellchinger Ambrosy [f];
1505 5. X.	Hirsslin Ambrosy [g];
1506 29. III.	Branger Hanns [h];
um den 7. VII. 1495	stand auch sein Sohn Leonhart I Beck bei ihm in der Ausbildung bzw. war als Geselle in der Werkstätte seines Vaters beschäftigt [i].

Werkstattverbindungen (vgl. Werkstattschema Nr. II):
Der Meister erwirbt, obwohl seit 1478 in Augsburg anwesend, erst am 3. IV. 1490 als »Jorg Beck Illuminist von Giengen« das Augsburger Bürgerrecht [a]. Was es ihm ermöglichte, so lange regelmäßige Steuerzahlungen zu leisten, ohne daß er das Bürgerrecht erwarb, kann nicht geklärt werden. Als Mitarbeiter der Klosterwerkstätte von St. Ulrich und Afra wird er erst für die Zeit nach dem 7. VII. 1495 mit seinem Sohn Leonhart I als Gehilfen bezeugt, so daß eine Stellung unter dem Schutz des Klerus für diese Umstände keine eindeutige Erklärung abgeben würde.

Den ersten Kontakt zu einer zünftischen Werkstätte kann man für seine Person erst im letzten Jahre seines Lebens nachweisen, in dem er bei Jörg I Lutz als Mieter und eventueller Mitarbeiter (?) in den Steuerlisten erwähnt ist. Die oftmals angenommene Verbindung zur Werkstätte Hans I Holbeins kann archivalisch nicht nachgewiesen werden.

Werke: Nur zwei seiner Werke haben sich bis heute erhalten. Durch den Bericht Wittwers wissen wir, daß die beiden Psalterien, die 1494 im Auftrag des Abtes Johannes von Giltlingen geschrieben worden waren, in der Stadt von »Jeorium Beck et filius eius, ambo illuministe« [i] mit Miniaturen geschmückt wurden. Die am 2. und 7. IV. 1495 von Balthasar Kramer [i] und Leonhart Wagner [k] fertiggeschriebenen Bücher wurden demnach in seiner Werkstätte, die anscheinend ein ausgeprägter Familienbetrieb war, wie es sich aus den erst später einsetzenden Lehrknabenvorstellungen schließen läßt, ausgeschmückt. Über die Dauer und Intensität der Schmuckarbeiten hat sich jedoch keine Überlieferung erhalten, obwohl die Arbeiten umfangreicher gewesen zu sein scheinen als die normalerweise durch die Klosterwerkstätte hergestellten Illuminationen.

Bredt schreibt ihm auch noch die Illumination eines Gebetbuches zu, das sich in Sigmaringen im fürstlichen Hohenzollerischen Museum befand [1], für das aber nur der Werkstattcharakter gesichert gelten darf, da ja auch bei den obengenannten Psalterien die Eigenhändigkeit nicht endgültig zu sichern ist.

Sonstige Überlieferung:
Schon vor der Bürgerrechtsaufnahme vom 3. IV. 1490 ist er ohne besonderen Vermerk am 11. IX. 1488 im Gerichtsbuch erwähnt, als er 3 ort von der Schmidin, einer Kürschnerin, eintreibt [m]. Am 3. VI. 1493 beklagt er seine Schuld von 3 fl und »etlich gelt«, das »jm ausligt von Kind zů ziehen« [n], was auf eine übernommene Vormundschaft oder Pflegschaft schließen läßt.

Jörg Beck scheint trotz seiner verhältnismäßig geringen überlieferten Werkanzahl eine, wenn auch beschränkte, so doch kontinuierlich arbeitende Werkstätte betrieben zu haben, die zunächst als Familienbetrieb, dann aber, nach dem Weggang seines Sohnes, der sich nach dem Auftrag für das Ulrichskloster vollzog, von ihm allein geführt wurde. Danach übernahm er als zunftzugehöriger Meister laufend Lehrknaben zur Ausbildung, eine Tatsache, die ihn zur Zunftzugehörigkeit auch verpflichtete, der ansonsten die Illuministen nicht zwingend unterworfen gewesen zu sein scheinen.

Quellen:
Stadtarchiv Augsburg, Reichsstadt
STB.: 1478, 11b; 1479, 12d; 1480, 11d; 1481, 11d; 1482, 12c; 1483, 12b; 1484, 12b; 1485, 12a; 1486, 12c; 1487, 12d; 1488, 14a; 1489, 12d; 1490, 13c; 1491, 13d; 1492, 12a; 1493, 12k; 1494, 14b; 1495, 14a; 1496, 14d; 1497, 13d; 1498, 15d; 1499, 29a; 1500, 31a; 1501, 31a; 1502, 16a; 1503, 15d; 1504, 14k; 1505, 15b; 1506, 15b; 1507, 15b; 1508, 15c; 1509, 16b; 1510, 16b; 1511, 16a; 1512, 21c; 1513, 18d;
SCH. Nr. 72b, fol. 3v [b];
SCH. Nr. 72c, fol. 36r [c]; SCH. Nr. 72c, fol. 37r [d];
SCH. Nr. 72c, fol. 38r [e]; SCH. Nr. 72c, fol. 39v [f];
SCH. Nr. 72c, fol. 40v [g]; SCH. Nr. 72c, fol. 40v [h];
SCH. Nr. 74, fol. 220r (p. 434) [a];
GRB. 1488, p. 224a [m]; GRB. 1493, p. 155b [n];

Staats- und Stadtbibliothek Augsburg
Cod. in folg. 49a, fol. 197v [k];
Bayerische Staatsbibliothek München
Cod. lat. m. 4301, fol. 185v [i];

Chroniken:
Wittwer Catalogus, p. 372, p. 395 [i, k];

Literatur:
Bredt, Ernst Wilhelm 1900, p. 73 ff [i, k, l];
Thieme-Becker Kstl. Lex. Bd. III (1909), p. 137;
Hartig, Michael 1922, p. 22 [i, k], p. 36 [i];
Hartig, Michael 1923, p. 40 [i];
Steingräber, Erich 1955, p. 174 [i, k];
Steingräber, Erich 1956, p. 12/14/17/21, Kat. Nr. 27 [i], Nr. 28 [k];
Katalog Augsburg 1965, p. 175.

Nr. 20	**Beck Laux**	Glaser Maler

Gerechtigkeitserwerb: 3. V. 1528 begehrt er die Gerechtigkeit seines Vaters (Jörg oder Leonhart I Beck?) [a];

Gestorben: nach 1548 [b];

Nachweisbar in Augsburg:
Laux Beck ist auf Grund seines Namens, der mit der Berufsbezeichnung der Bäcker übereinstimmt, nicht in den Steuerlisten zu identifzieren.

Überlieferung (vgl. auch Werkstattschema Nr. II):
Der Meister, der in den Anschriften der Zunftbücher auch Glaser genannt wird [c], läßt sich weder mit Werken noch durch andere Überlieferungen eindeutig identifizieren. Auch sein Ver-

wandtschaftsverhältnis zu Leonhart I Beck ist nicht klar, da sich die Bemerkung, daß er die Gerechtigkeit seines Vaters erhalten habe, sowohl auf Jörg als auch auf Leonhart I beziehen könnte.

Die Totenfafel der Zunft erwähnt ihn unter den gestorbenen Meistern, ohne ein genaues Jahr für seinen Tod anzuführen [b].

Quellen:
Stadtarchiv Augsburg, Reichsstadt
SCH. Nr. 72c, fol. 65r [a];
Stadtarchiv Augsburg, Archiv d. Hist. Vereins
H 54a, fol. 10v [b];

Literatur:
Vischer, Robert 1886, p. 520 [a].

Nr. 21	**Beck Leonhart I**	Maler Illuminist

(Beckh, Peckh, Pecken)

Lehre: um 1495 bei seinem Vater Beck Jörg [a];
Gerechtigkeitserwerb: 1503 [b];
Gestorben: vor dem 18. X. 1542 [c];

Wohnhaft in Augsburg:

1504	Salta zum Windbrunnen
1505–1508	——
1509	Von Sant Anthonino
1510–1511	——
1512–1513	Vom Gablinger Bad
1514–1515	——
1516	Pilgrimhaus
1517–1525	in der Prediger garten
1526–1542	Pilgrimhaus
1542–1550	//Witwe nachweisbar

Steueraufkommen:

1503	steuerfrei
1509	(30 dn) 11 dn
1512–1513	(30 dn) 24 kr
1516–1521	(30 dn) 1 fl 1 ort
1522–1527	(30 dn) 2 fl
1528	(30 dn) 3 fl
1529–1533	(30 dn) 3 fl (6 dn)
1534–1542	(30 dn) 2 fl 30 kr (6 dn)

Lehrknaben:

1505 3. I.	Inchenhofer Hanns [d];
1512 10. X.	Gminder Laux [e];
1518 3. X.	Daucher Martin [f];
1520 25. VII.	N. N. entläuft ihm vor der Vorstellung bei der Zunft, wofür Leonhart I Beck 1 fl 16 kr zu bezahlen hat [g];
1536 31. XII.	Hes Hans [h];
1538 24. VII.	Stromor Hans [i];

Werkstattverbindungen (vgl. Werkstattschema Nr. II):
Die Lehre bei seinem Vater ist durch die bei Wittwer überlieferte Mitarbeit an den beiden Psalterien [a] eindeutig gesichert. Ein Eintrag im Frankfurter Gerichtsprotokoll vom 4. X. 1501 erweist seine Verbindung zu Holbein Hans I, die allerdings erst nach dem Abschluß seiner Ausbildung entstanden sein dürfte [k]. Einen Gesellen wird man auch in Frankfurt schwerlich unter der Bezeichnung »vir honestus« als Zeuge und Prozeßbeteiligten aufgeführt haben.

Später sind ihm keine Verbindungen oder Zusammenarbeiten mit anderen Zunftwerkstätten nachzuweisen, was in diesem Fall die Selbständigkeit des Meisters auch in schöpferischen Gebieten unterstreicht.

Werke:
Den Wirkungsbereich dieses vielseitigen Meisters auf Grund sicherer Nachrichten abzugrenzen, fällt schwer, da seine Betätigung auf beinahe allen Gebeiten des damaligen Malerhandwerkes eine weite Ausdeutung offen läßt.

Seine Ausbildung als Illuminist ist durch die Mitarbeit an der Ausschmückung der von Balthasar Kramer (vgl. Nr. 58) [aa] und Leonhart Wagner (vgl. Nr. 178) [ab] geschriebenen Psalterien in der Werkstätte seines Vaters bezeugt (vgl. Nr. 19) [a].

Ob durch ihn, der ja damals noch in der Ausbildung stand, der Entwurf für die Schlachtendarstellung auf dem von Jörg Seld gefertigten Gehäuse des Ulrichskreuzes stammt, muß bezweifelt werden [ac]. Eher wäre man geneigt, das seinem Stil nahestehende Werk auf dieselbe gemeinsame Quelle zurückzuführen, was den Umständen der Daten auch eher entgegenkommen würde.

Angesichts seiner oben erwähnten Beziehung zu Hans I Holbein wird er auch als Urheber einer Partie der Frankfurter Passion [ad] des Waltherepitaphs [ae] und an dem sogenannten Kreuzaltar des Klosters Kaisheim geltend gemacht [af], was sich aber allein aus der Anwesenheit Leonharts in Frankfurt wohl kaum absichern lassen dürfte.

Am 25. IX. 1509 wird er vom Würzburger Domkapitel für die Ausmalung des Chores der Domkirche in Würzburg gedungen [ag]. Leonhart I Beck verlangte für die Renovierung der alten durch die Bausanierung beschädigten Malereien 30 fl, beziehungsweise im Falle einer totalen Erneuerung der Malereien 40 fl. Die Würzburger Domherrn ließen den von Beck vorgeschlagenen Lohn nochmals durch ihren Baumeister und Meister »Tilo« (Tilman Riemenschneider) begutachten, bevor sie am 27. IX. endgültig den Vertrag abschlossen [ah], in dem sie ihm 50 fl aussetzten und ihm zugleich die Beschaffung der Farbe auftrugen. Schon am 5. I. 1510 scheint das Bild beendet gewesen zu sein, da Leonhart I Beck an diesem Tag um eine Aufbesserung seines Lohnes ersuchte, die ihm aber abgeschlagen wurde [ai]. Erst das zweite Gesuch, das er mit der Begründung einreichte, daß er drei Wochen auf das Gerüst habe warten müssen und auch noch einen Gesellen als Hilfskraft benötigt habe, führte am 10. I. in der Form einer Verehrung in der Höhe von 4 fl zum Erfolg [ak].

Neben diesem auswärtigen Auftrag arbeitete er in der Folgezeit in erster Linie für den Kaiserhof, für den er 77 Blätter des »Theuerdankes« [al] und 126 Blätter für den »Weißkunig« als Holzschnitte lieferte [am]. Für die Ausgabe des Triumphzuges des Kaisers Maximilian I. schuf er nur 6 Blätter [an], wogegen er alle Zeichnungen des Werkes über die »Heiligen aus der Sipp-, Mag- und Schwägerschaft des Kaiser Maximilian I.« ausführte [ao]. Zu diesen kaiserlichen Aufträgen muß man noch eine Reihe weiterer Holzschnittwerke rechnen, um dem graphischen Wirken Becks gerecht zu werden, was aber an dieser Stelle zu weit führen dürfte.

Neben diesen Tätigkeiten erhält Leonhart I Beck von den Zechpflegern der St.-Moritz-Kirche 4 fl 8 kr »von wegen zwayer Materi des abent essen nach des alten vnnd newen ee wegen zu malen ob der zwayen thüren neben den Frůmeßaltar« [ap].

Erst 1527 wird er am 2. XI. in den Baumeisterrechnungen erwähnt, als er 120 fl für die Bemalung der Dächer des Perlachturmes und für »anderes« daran erhält [aq]. Mit diesem Auftrag zusammen übernimmt er auch die Bemalung für den Heiligkreuzertorturm, wie es in der Abrechnung vom 30. V. 1528 erwähnt ist [ar]. Am 3. I. 1529 leihen ihm die Baumeister der Stadt nochmals 100 fl [as] in vier Teilzahlungen für die anscheinend immer noch laufenden Arbeiten, denen dann am 23. X. bei einer vorläufigen Endabrechnung weitere 70 fl für die Bemalung des Perlachs folgen [at]. Auch im nächsten Jahr setzt er seine Arbeiten für die Stadt fort, wie es die Zahlung von 4 fl 3 lib 3 ß 1 dn »vmb arbait« am 9. VII. belegt [au].

1533 bemalt er für 19 fl das Haus der Argon und das Gießhaus der Stadt [av]. Auch für die Dachungen des »Metzg-Hauses«, des Perlachturmanbaues (?) und des Rathauses werden ihm in diesem Jahr 63 fl ausgezahlt [aw].

Ob er allerdings bei dieser Fülle von öffentlichen Großaufträgen in dieser Zeit vorübergehend als Stadtmaler anzusprechen ist, kann nicht eindeutig festgelegt werden, da diese Stellung erst in der Folgezeit für Jörg I Sorg belegbar ist.

1534 arbeitet Beck wieder für die Zechpfleger von St. Moritz, denen er goldene Schriften auf zwei Tücher malt, wofür er den Betrag von 20 fl 2 kr am 10. III. erhält [ax]. Auch am 3. III. 1537 zahlen ihm die Zechpfleger 3 fl »von den Altar zu malen und zu schreiben« [ay].

Noch im hohen Alter arbeitet Meister Leonhart I Beck für die Baumeister, von denen er am 24. VIII. 1538 12 fl für »etlich gemäll« [az] erhält, und kurz vor seinem Tod ist am 14. X. 1442 noch eine Auszahlung von 6 fl 4 kr für ihn in den Abrechnungen eingetragen [ba].

So läßt sich allein aus den urkundlichen Materialien für Leonhart I Beck ein umfangreiches und vielseitiges Werk sichern, das in Augsburg nur mehr von dem Werkstattverband der Meister um die Apt-Werkstätte annähernd erreicht wird. Erstaunlich ist seine Entwicklung, die ihn bald von seinem erlernten Metier weg zur Monumentalmalerei führt, die zunächst auswärts ihre Anerkennung findet. Daß er solange von öffentlichen Aufträgen in seiner Heimat ausgeschlossen war, wird man wohl auf die durch das Ratsamt gestärkte Stellung seines Konkurrenten Ulrich I Apt zurückführen müssen, den er erst nach dem Verfall seines Werkstattverbandes aus dieser Rolle verdrängen konnte.

Zuschreibung (von Wandmalereien):
Vor der Entrestaurierung der Bilder der Goldschmiedekapelle wurden die Malereien des Erweiterungsbaues (vgl. Objekt Nr. 61 mit Nr. 66) Leonhart I Beck zugeschrieben [bb]. Diese Zuschreibung basierte in der ersten Linie auf einem Vergleich des Bildes des Georgskampfes (Objekt Nr. 63) mit dem ihm zugeschriebenen Bild des gleichen Themas in Wien. Der heutige Zustand (welcher eher dem originalen gleicht) spricht aber gegen eine derartige Verbindung. Ebenso dürfte die nun gesicherte Datierung der Bilder auf das Jahr 1485 [bc] sich einer Urheberschaft Becks entgegenstellen.

Die Zuschreibung der Malereien der Wladislauskapelle am Veitsdom zu Prag, läßt sich ebenfalls archivalisch nicht verifizieren [bd]. Auch setzen sich diese Malereien derart in der Malweise von Leonhart I Beck ab, daß es nicht verwunderlich ist, daß diese Zuschreibung innerhalb der deutschen Kunstgeschichte keine weitere Resonanz fand und unbeachtet blieb [be].

Sonstige Überlieferung:
Nur viermal ist der in sicheren Verhältnissen lebende Meister bei Gericht vorstellig geworden. So am 2. IX. 1517 in einer Schuldsache mit Valentin Schwab, einem Hafner, dem er 10 fl zahlen mußte [l] und am 17. III. 1522, als er als Erbe des Baders Franz Brůngells die Herausgabe des Pflegschaftsvermögen der Elsbetha Wagnerin, der Tochter des Baders, verlangte [m]. Am 5. VIII. 1527 übergibt er eine Prozeßvollmacht an den Anwalt Matheisen Lůtzen gegen den Färber Allexius Reisch, um eine Schuld einzutreiben [n]. Diese Verhandlung wurde mit dem Schuldbekenntnis des Beklagten am 29. VIII. abgeschlossen, bei dem sich dieser dem Spruch des Gerichtes beugte und sich zur Zahlung verpflichtete [o].

1532 setzt ihn Matheus Langenmantel in seiner Eigenschaft als Verwalter der Gläubiger des Höchstetter'ischen Vermögens als seinen »affteranwalt« ein, in welcher Eigenschaft er am 22. I. und am 1. III. in den Gerichtsprotokollen erwähnt wird [p, q].

Quellen:
Stadtarchiv Augsburg, Reichsstadt
STB.: 1504, 8d; 1509, 36a; 1512, 31b; 1513, 31d; 1516, 32d; 1517, 32a; 1518, 30c; 1519, 32a; 1520, 32b; 1521, 32d; 1522, 32b; 1523, 31d; 1524, 32b; 1525, 32b; 1526, 35c; 1527, 36b; 1528, 36c; 1529, 37a; 1530, 37a; 1531, 36d; 1532, 37c; 1533, 37c; 1534, 40a; 1535, 40a; 1536, 39d; 1537, 39d; 1538, 40a; 1539, 40a; 1540, 41c; 1541, 41b; 1542 Türk., 31a;//1542, 46d; 1543, 43a; 1544, 44b; 1545, 44c; 1546, 50c; 1547, 51a; 1548, 52a; 1549, 54a; 1550, 56c;
SCH. Nr. 11, I, s. fol. [ap, ax, ay];

SCH. Nr. 72b, fol. 4v [c];
SCH. Nr. 72c, fol. 61v [b];
SCH. Nr. 72c, fol. 45v [e];
SCH. Nr. 72c, fol. 51v [g];
SCH. Nr. 72c, fol. 67r [i];
BRB. 1527, fol. 0/75v [aq];
BRB. 1528, fol. 79r [as];
BRB. 1530, fol. 71v [au];
BRB. 1533, fol. 75r [aw];
BRB. 1542, fol. 74r [ba];
GRB. 1517, p. 116b [l];
GRB. 1527, p. 85b [n];
GRB. 1532, p. 6b [p];

SCH. Nr. 72c, fol. 40r [d];
SCH. Nr. 72c, fol. 50v [f];
SCH. Nr.72c, fol. 66v [i];

BRB. 1528, fol. 68v [ar];
BRB. 1529, fol. 74r [at];
BRB. 1533, fol. 67r [av];
BRB. 1538, fol. 72r [az];

GRB. 1522, p. 35b [m];
GRB. 1527, p. 92a [o];
GRB. 1532, p. 26a [q];

Staats- und Stadtbibliothek Augsburg
Cod. in fol. 49a, fol 197 [ab];
Bayerische Staatsbibliothek München
Cod. lat. m. 4301, fol. 185v [aa];

Chroniken:
Wittwer Catalogus, p. 372, p. 395 [a];

Literatur:
Vischer, Robert 1886, p. 544 [d], p. 548 [e], p. 554 [f], p. 556 [g], p. 560 [h, i], p. 567 [c];
Laschnitzer, Simon 1887, p. 159 [ao];
Schultz, Alwin 1888, p. XXV [am];
Laschnitzer, Simon 1890, p. 89 [al];
Bredt, Ernst Wilhelm 1900, p. 73 [a];
Valentiner, Wilhelm R. 1905, p. 60 [m, n];
Thieme-Becker Kstl. Lex. Bd. III (1909) p. 140;
Bier, Justus 1927, p. 14 [ag, ah], p. 15 [ai, ak];
Buchner, Ernst 1928, p. 388 ff. (Tafelbilder Überblick);
Dehio/Gall 1954, p. 8 [bb];
Steingräber, Erich 1955, p. 174 ff. [a, al, am];
Steingräber, Erich 1956, p. 25 ff. [a, al, am];
Krása, Joseph 1958, p. 31 ff. [bd];
Stange, Alfred 1957, Bd. VIII, p. 83;
Bertram, Walter 1960, p. 31 [bb];
Beuteler, Christian 1960, p. 92 [ad, ae], p. 93 [af];
Katalog Augsburg 1965, p. 140 ff. p. 175, p. 176;
Stange, Alfred 1966, p. 15 ff.;
Katalog Augsburg 1967, p. 15–21;
Falk, Tilmann 1968, p. 109 Anm. 498 [be];
Schaaf, Manfred 1971, p. 505 ff. [ac];
Kindler Mal.Lex. 1976, Bd. I, p. 261;
Wilhelm, Johannes 1977, MS, p. 145, p. 203 [bb, bc];
Wilhelm, Johannes 1979, p. 114 [bc];
Katalog Augsburg 1980, Bd. I, p. 122, Bd. II, p. 222.

Nr. 22 **Peter I** Maler

(Peterich)

Dieser Maler aus der Zeit vor der Einrichtung der Zunftverfassung, darf nur für die Jahre 1355/1356 als völlig gesichert gelten, da die weitere Feststellung nur über die in diesem Falle unsichere Namensgleichheit angenommen werden kann.

Nachweisbar in Augsburg:

1355–1356	Vom Strefinger tor abintra
(1357–1359	Am Kůtzenmargt)
(1362–1365	Am Kůtzenmargt)
(1367–1368	Am Kůtzenmargt)
(1376–1377	Am Kůtzenmargt)

Quellen:
Stadtarchiv Augsburg, Reichsstadt
STB.: 1355, 10d; 1356, 10a; (1357, 12a; 1358, 11a; 1359, 11b; 1362, 10d; 1363, 10d; 1364, 11a; 1365, 10c; 1367, 10c; 1368, 11b; 1376, 11d; 1377, 11d).

Nr. 23 **Peter II** Maler
Weißmaler

In den Steuerlisten läßt sich in der Zeit von 1411 bis 1439 fünfmal der Name Peter mit der Berufsbezeichnung Maler bzw. Weißmaler, teils über mehrere Jahre, feststellen. Wegen der nicht durchgängig verzeichneten Steuerbeträge kann man allerdings nicht schlüssig annehmen, ob es sich dabei um ein und dieselbe Person handelt. Daher steht auch nicht fest, ob sich hinter diesen Einträgen der in den Zunftlisten genannte Maler Burckhart Peter verbirgt (vgl. Nr. 34), der selbst in den Steuerlisten nicht genau zu fixieren ist.

Die Bezeichnung Weißmaler ist nur für die Zeiträume III und IV bezeugt.

Nachweisbar in Augsburg:

I.	1411	Vom Wintbrunnen gen Sant Stephan
	1413–1414	Vom Wintbr. gen Sant Stephan
II.	1422	Vom Diepolt
III.	1427–1428	Sträfingertor intra
IV.	1434	Am Tollenstein
V.	1439	Vom Diepolt

Steueraufkommen:

1413	15 ß
1414	14 ß
1422/1427	10 ß

Quellen:
Stadtarchiv Augsburg, Reichsstadt
STB.: 1411, 4c; 1413, 4b; 1414, 4b; 1422, 16d; 1427, 17a; 1428, 16c; 1428 Huss., 19c; 1434, 10c; 1439, 14b.

Nr. 24	**Bämler Johannes**	Schreiber Buchbinder Buchtrucker Trucker

(Bemler, Pamler, Bambler, Bämbler)

Gerechtigkeitserwerb: ca. 1452/1453;

Zwölfer im Großen Rat: 1490 [a];

Gestorben: 1504 [b];

Wohnhaft in Augsburg:

1453–1462	Vom Ror
1463	——
1464–1473	Vom Rathaus
1474–1503	Von den Predigern
1505	// Witwe nachweisbar

Steueraufkommen:

1453–1454	8 ß
1455–1457	3½ groß
1458–1459	7 groß
1460	4 groß
1461	7 groß (1 lib)
1462	1 fl 8 dn
1464–1465	2 fl
1466	4 fl
1467–1468	2 fl
1469–1471	1 fl
1472–1474	(60 dn) 1 fl 2½ lib
1475–1480	(60 dn) 3 fl
1481–1485	(45 dn) 5 fl
1486–1487	(45 dn) 6 fl
1488–1490	(60 dn) 8 fl
1491	(60 dn) 5 fl
1492	(60 dn) 3 fl 8 groß 7 dn
1493	(60 dn) 3 fl 3 ort
1494–1498	(——) ——
1499–1503	(30 dn) ½ fl

Lehrknaben:
Bämler Johannes wird 1460 als Lehrherr von Burgkmair Thoman bezeugt [c].

Werkstattverbindungen (vgl. auch Werkstattschema Nr. III):
Bämler beginnt in dem Haus seine Tätigkeit, in dem 1452 zuletzt der Schreiber Johannes Kesselmann (vgl. Nr. 44) erwähnt wurde.

Der 1499 und 1500 bei ihm lebende Leonhart Apt dürfte nicht mit der Malerfamilie Apt in Verbindung gestanden haben, da es sich wahrscheinlich bei diesem um ein Mitglied der Sattlerfamilie handelt.

Werke:
Außer zwei Miniaturen aus dem Jahre 1457 lassen sich für Bämler definitiv keine künstlerischen Arbeiten sichern [d]. Seine Haupttätigkeit als Drucker, Rubrikator und Verleger kann in

dieser Aufstellung vernachlässigt werden, da sie zu weit von dem hier zu untersuchenden Zusammenhang wegführen würde.

Daß er neben diesen Tätigkeiten aber auch noch als Schreiber für die Stadt tätig war, bezeugt eine Rechnung der Baumeister, die ihm 5 lib 40 dn für Tinte im Jahre 1466 bezahlten [e].

Quellen:
Stadtarchiv Augsburg, Reichsstadt
STB.: 1453, 20d; 1454, 21b; 1455, 22d; 1456, 27a; 1457, 24b; 1458, 23b; 1459, 25b; 1460, 21d; 1461, 23c; 1462, 30a; 1464, 24c; 1465, 25c; 1466, 24a; 1467, 24a; 1468, 22c; 1469, 26a; 1470, 26d; 1471, 25d; 1472, 25c; 1473, 23d; 1474, 21b; 1475, 21c; 1476, 23b; 1477, 25b; 1478, 25d; 1479, 25d; 1480, 25d; 1481, 25d; 1482, 26d; 1483, 26b; 1484, 26b; 1485, 26b; 1486, 27b; 1487, 26d; 1488, 29c; 1489, 27b; 1490, 28d; 1491, 28c; 1492, 25b; 1493, 27c; 1494, 30c; 1495, 29d; 1496, 31d; 1497, 29a; 1498, 32d; 1499, 36a; 1500, 38d; 1501, 39a; 1502, 39b; 1503, 39d;//1504, 39a;
SCH. Nr. 72a, fol. 1r [c];
SCH. Nr. 72b, fol. 3r [b];
RB. Nr. 11, p. 82 [a];
BRB. 1466, fol. 79v [e];

Literatur:
Thieme-Becker Kstl. Lex. Bd. II (1908), p. 340 [d];
Hind, Arthur M. 1935, p. 233–295, 288, 306, 326, 338;
Schmid, Helmut H. 1958, p. 31 ff.;
Liedke, Volker 1979, p. 8 [c].

Nr. 25 **Perschin Nicolaus** Illuminist

(Perse, Pertschi, Pertsche, Portschin, Perssich, Peschin, Berschi, Bertschy)

Dieser als Illuminist tätige Meister läßt sich in den Zunftakten nirgends fassen, so daß eine Verbindung zu dieser Organisation ausgeschlossen werden muß.

Gestorben: 1541/1542;

Wohnhaft in Augsburg:

1510–1516	Außerhalb St. Gallenthor
1517–1518	——
1519–1541	Schmidhaus
1542–1546	//Witwe nachweisbar

Steueraufkommen:

1510–1516	2 lib 30 kr (2 lib = Steuer für Nichtbürger)
1519–1521	(30 dn) 18 kr 2 dn
1522–1527	(30 dn) 24 kr
1528–1533	(30 dn) 26 kr (6 dn)
1534–1539	(30 dn) 18 kr (6 dn)
1540–1541	(30 dn) 1 fl 14 kr (6 dn)

Werke:
Hämmerle charakterisierte Nicolaus Perschin 1935 auf Grund verschiedener Buchzeichen als einen unselbständigen, jedoch technisch durchaus befriedigenden Formschneider, der quasi als Handwerker noch hinter die zweitrangigen Holzschneider zu stellen sei [a]. Diese Charakterisierung läßt sich ohne weiteres mit der Abbildung seiner Arbeitsweise im Graduale der Württembergischen Landesbibliothek Stuttgart [b] in Einklang bringen, auf der sich Perschin zusammen

mit seiner Frau und dem Schreiber Leonhart WAGNER (vgl. Nr. 178) bei der Arbeit darstellte. Zusammen mit WAGNER, der die Noten zu dem Text, den Lorenz UTERRIEDT aus Blaubeuern geschrieben hatte, malte, stellte er in Arbeitsgemeinschaft am 6. III. 1512 für das Kloster Lorch bei Schwäbisch-Gmünd dieses Graduale fertig [c], wobei die auszuführenden Aufgabenbereiche genau getrennt waren. Daß auch seine Frau aktiv an der Arbeit beteiligt war, zeigt über die Abbildung hinaus die Unterschrift, die als Doppelsignatur verstanden werden kann: »Nicolaus Bertschy Illuminista Auguste vxor eius Margaretha«.

1516 illuminierte er den Ablaßbrief des Kardinaldiakons und Bischofs Mathäus Lang für das Augsburger Kollegiatsstift von St. Moritz [d].

Für das 1531 entstandene Antiphonarium des Abtes Konrad REITTER von Kaisheim, das sich anhand der Monogramme »NB« und dem Zeichen der sich kreuzenden Mondsicheln für PERSCHIN sichern läßt [e], glaubt Steingräber nochmals eine Zusammenarbeit mit einem Schüler Leonhart WAGNERS annehmen zu können.

PERSCHIN, der stilistisch unter dem Einfluß Hans I BURGKMAIRS stand, ist als Vertreter der kleinen Handwerksfamilienbetriebe zu charakterisieren, der kleinere kirchliche und eventuell auch private Arbeiten besorgte, sich aber nicht um den Erwerb der Gerechtigkeit bemühte, von dem ihn anscheinend die enge Verbindung zu den Klosterwerkstätten befreite.

Typisch dürften für diese Art Werkstätten die Weiterführung des Betriebes durch die Witwe und die darauf erfolgende Übernahme durch den Sohn sein. Eine Ausbildung von Lehrknaben in solchen Betrieben ist mit großer Wahrscheinlichkeit auszuschließen.

Quellen:
Stadtarchiv Augsburg, Reichsstadt
STB.: 1510, 10c; 1511, 10c; 1512, 10c; 1513, 10c; 1514, 10d; 1515, 11a; 1516, 11a; 1519, 38b; 1520, 39a; 1521, 39d; 1522, 39b; 1523, 38c; 1524, 38a; 1525, 38c; 1526, 40c; 1527, 41c; 1528, 41d; 1529, 43b; 1530, 42d; 1531, 42b; 1532, 43a; 1533, 43a; 1534, 45d; 1535, 46a; 1536, 46b; 1537, 46b; 1538, 46c; 1539, 46c; 1540, 48a; 1541, 48a; //1542 Türk., 48b; 1542, 50b; 1543, 50b; 1544, 52a; 1545, 52b; 1546, 59a;
Bayerisches Hauptstaatsarchiv München
Raritätenselekt Nr. 36 (nach Steingräber Kat. Nr. 48) [d];
Württembergische Landesbibiliothek Stuttgart
Cod. mus. fol. Nr. 65, fol. 233v [b], fol 263 [c], (nach Steingräber Kat. Nr. 46);
Provinzialbibliothek Neuburg an der Donau
Cod. lat. 28 150, p. 77, p. 457 [e] (nach Steingräber Kat. Nr. 47);

Literatur:
Hämmerle, Albert 1935, p. 73 ff. [a];
Steingräber, Erich 1955, p. 177 ff., Abb. 8 [b];
Steingräber, Erich 1956, p. 38–40, Kat. Nr. 46 [b, c], Kat. Nr. 47 [e], Kat. Nr. 48 [d].

Nr. 26 **Blanck Hans** Maler

(Blank, Blannck, Plank, Planck)
(vgl. auch PRENK Nr. 29)

Gerechtigkeitserwerb: 1450/1451
Zwölfer im Großen Rat: 1478 zusammen mit BURCKHART Thoman [a];

Gestorben: 1492/1493 [b];

Wohnhaft in Augsburg:

1451	Vff vnser frowen Graben
1452–1461	Vom Kunold appenteker
1462	Vom Weberhaus

1463	Vom Ror
1464–1469	Vom Kunolt (Philipp) Appenteker
1470–1471	Vom Ror
1472–1473	Vom Rathaus
1474	Bilgrimhausy
1475–1477	Vnnderm Tollenstain
1478–1480	Vom Rathaws
1481	Schongawergaß
1482	Vom Ulrich Artzt
1483–1484	Brüder Closter
1485	——
1486–1488	Vom Canolt appenteker
1489	Vom Rathaus
1490–1492	Vom Gablinger Bad

Steueraufkommen:
1451–1492 Habnit-Steuer (bzw. ab 1472 die sogenannte Kopfsteuer)

Werkstattverbindungen:
1452 wohnt er in einem Haus mit dem Goldschlager Michel Stribel zusammen und 1482 lebt er für ein Jahr mit dem Visierer V̊kirch zusammen.

Werke/Zuschreibungen:
Obwohl es in den Baumeisterrechnungen keine Einträge für Hans Blanck gibt, wird er mit öffentlichen Aufträgen am Perlachturm und im Rathaus in Verbindung gebracht. Eine der dafür ausschlaggebenden Quellen ist eine spätere Hinzufügung in der Stuttgarter Handschrift des Hector Mühlich, die für die Bemalung des Perlachturmes »ainen der hieß Blanckh mit der großen nasen« als Urheber der Bilder anführt [c]. Da sich aber die Rechnungen über die Perlachturmbemalung 1437, die hier angesprochen ist, erhalten haben (vgl. Beilage Nr. XIII, 1–3) und sich darin kein Meister mit diesem Namen darin findet, muß man wohl diese Beifügung als falsch fallenlassen.

Auch für seine Urheberschaft für die bei der Rathausumgestaltung 1456 bis 1458 angebrachten Malereien gibt es trotz oftmaliger Nennung in den Stadtchroniken [d] keinerlei Beleg, außer der Zuweisung Stettens [e].

Angesichts der in den Steuerlisten genannten Beträge, die für ihn nie eine Vermögensabgabe ausweisen, wird man die ihm zugegebene Hauptrolle in so repräsentativen Unternehmungen der öffentlichen Hand nochmals in Frage stellen müssen. Ob die einmalige Aufstellung als Zwölfer des Großen Rats im Jahre 1478 Grund genug bieten würde, ihm diese Stellung zuzuschreiben, kann nicht gesagt werden [b], da diese Wahl auch aus Altersgründen ehrenhalber dem nun schon 27 Jahre lang tätigen Meister zugefallen sein kann.

Für das ihm zugewiesene Bild des »Marientodes« in der St. Jakobskirche (vgl. Objekt Nr. 47) gibt es außer der Vermutung Herbergers [f] keinen weiteren Anhaltspunkt (vgl. Nr. 29). Es liegt in diesem Fall speziell der Verdacht nahe, daß sich diese Zuweisung aus der nebeneinander liegenden Nennung von Meister und Bild bei Stetten entwickelt hat.

So läßt sich keines der ihm zugewiesenen Werke bzw. Tätigkeiten zweifelsfrei für ihn belegen.

Sonstige Überlieferung:
Hans Blanck stellte sich am 27. VI. 1474 Hans Lingk (vgl. Nr. 127) bei seiner Urfehde als Bürge zur Verfügung [h]. Die gleiche Rolle übernahm er auch 1477, als er sich dem Hans II Kron (vgl. Nr. 61) zur Seite stellte.

Für seine eigene Person haben sich noch zwei Eintragungen in den Gerichtsbüchern erhalten, die sich beide auf Auseinandersetzungen mit Hans Schönsperger beziehen.

So muß Blanck am 22. XI. 1480 ihm gegenüber eine Schuld von 8 fl bekennen [k]. Am 18. VI. 1482 scheint er – vermutlich in Folge der vorigen Schuld – von Schönsperger nochmals um 4 fl Hauszins beklagt worden zu sein, was er vor dem Vogt als abgewickelt meldet [l].

Diese Schuldverschreibungen zeigen nochmals die Verhältnisse des Malers, die gänzlich im Widerspruch zu der ihm zugewiesenen repräsentativen Tätigkeit stehen.

Quellen:
Stadtarchiv Augsburg, Reichsstadt
STB.: 1451, 6c; 1452, 19c; 1453, 19d; 1454, 20a; 1455, 20d; 1456, 25b; 1457, 23a; 1458, 22a; 1459, 23c; 1460, 20c; 1461, 22a; 1462, 23c; 1463, 25a; 1464, 23c; 1465, 24c; 1466, 23a; 1467, 23a; 1468, 21b; 1469, 23b; 1470, 26a; 1471, 25b; 1472, 25a; 1473, 23c; 1474, 16a; 1475, 17d; 1476, 18c; 1477, 20c; 1478, 25d; 1479, 25c; 1480, 25c; 1481, 27b; 1482, 30a; 1483, 30a; 1484, 29d; 1486, 25d; 1487, 25a; 1488, frg; 1489, 27a; 1490, 22d; 1491, 22c; 1492, 19c;
SCH. Nr. 72b, fol. 2v [b];
RB. Nr. 8, fol. 92r [a];
GRB. 1480, p. 276a [k];
GRB. 1482, p. 124b [i];
US. UK. v. 27. VI. 1474 [h];
US. UK. v. 28. VI. 1477 [i];

Chroniken:
Städtechr. IV, p. 326 [d];
Städtechr. XXII, p. 77 [c];
Städtechr. XXII. p. 505 [d];
Städtechr. XXV, p. 313 [d];
Gasser, sp. 1625 [d];

Literatur:
Stetten Kunstgeschichte 1779, p. 270/271 [c, g];
Stetten Kunstgeschichte 1788, p. 185 [e];
Herberger, Theodor 1852, p. 34 [e, f];
Baum, Julius 1907, p. 64 Anm. 4 [e, f];
Eberlein, Hans 1939, p. 66 [d].

Nr. 27 **Plomentaler Michel** Maler

Der Maler PLOMENTALER Michel läßt sich nur in den Steuerbüchern erfassen, wodurch weder seine Rolle innerhalb des Kunstschaffens seiner Zeit noch seine Zugehörigkeit zur Zunftorganisation belegt ist. 1425 wird zudem bei dem Familiennamen PLOMENTALER die Berufsbezeichnung »sarto« angegeben, so daß der Eintrag dieses Jahres nicht für den Maler dieses Namens geltend gemacht werden darf.

Nachweisbar in Augsburg:

1423	Vom Kunold
1424	Vom Ror
(1425	Hailigcruzertor abintra)
1426	hailigkruzertor abintra
1428–1429	Vom Diepold

Steueraufkommen:

1423–1424	10 ß
(1425	10 ß)
1426/1428	10 ß
1429	Habnit-Steuer

Quellen:
Stadtarchiv Augsburg, Reichsstadt
STB.: 1423, 19a; 1424, 16b; (1425, 16a); 1426, 20a; 1428, 17d; 1429, 16b.

Nr. 28	**Brecheisen Melchior**	Maler Söldner

(Brecheyssen)

Gerechtigkeitserwerb: zeitlich nicht belegbar;

Gestorben: 1533/1534 [a];

Nachweisbar in Augsburg: (nicht eindeutig, vgl. infra):

1507	Von Sand Anthonino
1508	——
1509–1510	Vom Rappenbad
1511	——
1512	Vom Ůrich Artzt
1513–1522	Pfaffengaß
1523–1525	Vnnderm wöschen
1526–1527	Průuewlbruck gen thor
1528–1529	vff dem Roßmarkt
1530	——
1531–1533	Sannd Katharinen gaß

Steueraufkommen:

1507	(45 dn) 1 fl 7 kr 2 dn
1509	(30 dn) 45 kr 1 hl
1510	(30 dn) 36 kr
1512–1515	(——) 36 kr
1516–1527	(——) 45 kr
1528	(——) 1 fl 3 kr
1529	45 kr (6 dn) abgezogen
1531	25 kr abgezogen
1532	21 kr abgezogen
1533	15 kr abgezogen

Überlieferung:
Die Identifizierung dieses Malers ist nicht eindeutig, da die in den Steuerbüchern genannte Person gleichen Namens in den Jahren 1531 bis 1533 als »söldner« genannt ist. Da aber dieser Söldner, der auch in den Jahren 1518 [b] und 1521 [c] durch Eintragungen in den Baumeisterrechnungen in dieser Rolle bezeugt ist, durchaus aus den Reihen der Angehörigen der Malerzunft stammen könnte (vgl. Nr. 61), darf man wohl bei diesem nicht leicht zu verwechselnden Namen eine Übereinstimmung der Person annehmen. Dafür, daß er sich erst im Laufe seines Lebens zu dem Beruf des Söldners hingewandt hat, kann man die Befreiung von der Kopfsteuer (stuira minor) ab dem Jahre 1512 als Argument heranziehen, welche er als im Dienst der Stadt stehend dann nicht mehr hätte bezahlen müssen. Einen eindeutigen Beleg dafür gibt es allerdings nicht.

Auch der Eintrag des Gerichtsbuches vom 6. II 1511, der von einem Prozeß des Hans Schmid gegen ihn berichtet, gibt in dieser Frage keine Aufklärung [d].

Quellen:
Stadtarchiv Augsburg, Reichsstadt
STB.: 1507, 35c; 1509, 22d; 1510, 23a; 1512, 43c; 1513, 42c; 1516, 44a; 1517, 45b; 1518, 43b; 1519, 45a; 1520, 45d; 1521, 46d; 1522, 46b; 1523, 12d; 1524, 12d; 1525, 13a; 1526, 25c; 1527, 25c; 1528, 25c; 1529, 23b; 1531, 49c; 1532, 49c; 1533, 49c;
SCH. Nr. 72b, fol. 4r [a];
BRB. 1518, fol. 68v [b];

BRB. 1521, fol. 66v [c];
GRB. 1511, p. 23a [d];
Stadtarchiv Augsburg, Archiv des Hist. Vereins
H. Nr. 54a, fol. 9v [a];

Literatur:
Vischer, Robert 1886, p. 567 [a];
Katalog Augsburg 1955, p. 120 [a].

Nr. 29 **Prenk** »Maler«

(Prenck, Prengkh, Prengk)

Überlieferung:
Der Name eines Malers PRENK läßt sich unter den archivalischen Quellen nicht auffinden.

Zum erstenmal wird der Name bei Paul von Stetten dem Jüngeren 1779 erwähnt, der ihn jedoch noch mit dem der Person BLANCKS (vgl. Nr. 26) identifiziert [a] und ihm die Chroniknotiz über die Rathaus- und Perlachturmbemalung zuwies. Diese Angaben, die er aus der Chronik Clemens Jägers hatte, stellten aber bereits eine Verstümmelung der Stelle der Chronik Hector Mühlichs in Stuttgart dar [b], die sich auf die Bemalung des Perlachturmes des Jahres 1437 bezog (vgl. Nr. 29; vgl. auch Nr. 46, Nr. 60 und Nr. 108, sowie Beilage Nr. XIII, 1–3.

Durch die Vernachlässigung der Identität zwischen den Namen PRENK und BLANCK kam es in der Folgzeit dazu, daß sich in der Literatur eine eigene »Person« PRENK herausbildete, die sich zum erstenmal im Bayerischen Künstlerlexikon Lipowsky's niederschlug [c]. Nachdem sie in Nagler's Künstlerlexikon aufgenommen war [d], verselbständigte sich die »Personlichkeit«, so daß, als Theodor Herberger 1852 den Namen BLANCK mit dem Wandgemälde des Marientodes in der St. Jakobskirche in Verbindung brachte, sich dies auch auf den Namen PRENK übertrug [e].

Diese Verbindung besitzt einen solchen Bestand, daß sie, obwohl sie in der Publikation des Bildes der Jakobskirche bei Riehl nicht erwähnt ist [f], in Thieme Becker's Künstler-Lexikon aufgegriffen wird [g] und sich so bis in neueste Arbeiten erhalten hat [h].

Andere Autoren machen seine Urheberschaft bei der Außengestaltung des Rathauses im Jahre 1456 geltend, die sich archivalisch ebenfalls nicht belegen läßt [i].

Man wird die diesem »Meister« zugewiesenen Archivalien und Chronikstellen bei einem genauen Durchgang ohne Widerspruch auf belegbare Personen zurückführen können und die von Stetten 1779 ausgesprochene Identität mit BLANCK wieder aufgreifen müssen. Die Zuschreibung des »Marientodes« in der St. Jakobskirche wird sich in diesem Zusammenhang wohl kaum aufrecht erhalten lassen (vgl. Nr. 26, auch Objekt, Nr. 47).

Chroniken:
Städtechr. V, p. 158 Anm. 1 [b];
Städtechr. XXII, p. 77 [b];

Literatur:
Stetten Kunstgeschichte 1779, p. 270/271 [a];
Stetten Kunstgeschichte 1788, p. 185 [a];
Lipowsky, Felix Joseph 1810, Bd. II, p. 21 [c];
Nagler Kstl. Lex. 1835/1852 Bd. XIII, p. 251/252 [d];
Herberger, Theodor 1852, p. 34 [e];
Riehl, Berthold 1903, p. 52 [f];
Hartig, Michael 1922, p. 21 [i];
Christoffel, Ulrich 1927, p. 50 [i];
Thieme-Becker Kstl. Lex. Bd. XXVII, (1933), p. 378 [g];
Hilbich, Eberhard P. 1968, p. 23 [i], p. 123 Anm. 33 [h].

Nr. 30	**Breu Jörg I**	Maler

(Brew, Breü, Brewÿ, Braig, Brůw, Brewn, Preu, Prü, Preẅ, Preü, Prew, Prewen)

Lehre: 1493 bei Ulrich I Apt begonnen [a];

Gerechtigkeitserwerb: 1502 (eventuell am 18. X.) um 16 fl erkauft [b];

Gestorben: 1536 [c];

Wohnhaft in Augsburg:

1502–1507	An der horbrugg
1508–1509	Vom weberhaws
1510–1536	in der Crotenawy
1537	//Witwe nachweisbar

Steueraufkommen:

1502	steuerfrei
1503	Kopfsteuer
1504	(60 dn) 33 kr 2 dn
1505–1508	(45 dn) 25 kr 1 dn
1509	(30 dn) 16 kr 3 dn
1510–1515	(30 dn) 4 fl
1516–1527	(30 dn) 5 fl
1528	(30 dn) 5 fl 30 kr
1529–1533	(30 dn) 5 fl 30 kr (6 dn)
1534	(30 dn) 5 fl (6 dn)
	mit der Versteuerung des Erbes seiner Schwiegermutter
1535–1536	(30 dn) 4 fl (6 dn)

Lehrknaben:

1502 (18. X.?)	Breu Klaßen, sein Bruder [b];
1502	Zwingenstain, Cristofs des Gürtelers Son [d];
1505 5. X.	Schmid Matheis [e];
1507 11. IV.	Schemel Gall (vgl. Nr. 158) [f];
1507	Hass Hans von Frigberg [g];
1514	Hassen (Füssen) Hans bzw. Hassen Hans von Füssen [h];
1514 16. X.	Mang Matheis von Weÿssenhorn [i];
1516 24. II.	Stedlin Hans von Memmingen [j];
1520 25. VII.	Koch Bernhart von Venedig [k];
——	in einem undatierten Schreiben an seinen Zwölfer berichtet Jörg I Breu über einen Lehrknaben, den er nicht fristgerecht der Zunft vorstellen konnte, da dessen Verwandte die Ehelichkeit nicht bezeugen wollten oder konnten. [1]
vor 1533	Breu Jörg II der Sohn des Meisters dürfte ebenfalls seine Ausbildung in der Werkstätte seines Vaters erhalten haben.

Werkstattverbindungen (vgl. Werkstattschema Nr. I):
Jörg I Breu verließ nach seiner Lehre bei Ulrich Apt Augsburg und ging, wahrscheinlich bis 1502, auf die Wanderschaft. Aber auch nach seiner Niederlassung in Augsburg hatte er zu seinem ehemaligen Lehrherren wieder Kontakte, wie seine Beteiligung an dem Auftrag der Rathausbemalung 1516 erweist, wo er auch mit dem jüngeren Schüler Apts Ulrich Maurmüller zusammenarbeitet.

1531 bis 1537 wohn in seinem Haus auch der spätere Bauvogt Hans Tirol, der seine Tochter Anna geheiratet hatte.

Die Zahl der bei ihm von auswärts in die Lehre gegebenen Knaben läßt auf einen größeren

Bezugskreis schließen, der ihm auch außerhalb der Stadt einen beachtlichen Ruf als Meister sicherte. Innerhalb der Stadtgemeinde dürfte ihn die Reputation seines Lehrers und dessen Anerkennung ihm gegenüber auch innerhalb der Zunft Ansehen verschafft haben, ohne daß er in dieser ein Amt bekleidete.

Werke:
Das erste erhaltene Werk Jörg I Breus ist der auf 1501 datierte und vollsignierte Altar des Stiftes Herzogenburg in Niederösterreich [aa]. Dieses Werk bezeugt, daß Breu anscheinend schon vor seiner Rückkehr nach Augsburg das Meisterrecht erworben haben muß und sich hier als bereits fertiger Meister in die Zunft einkaufte.

Die Tafeln des »Wullersdorfer Altars«, der sich heute im Stift Melk befindet, stellen Jörg I Breus Abschlußwerk für seinen Aufenthalt in Österreich dar [ab]. Die anhand dieser beiden Frühwerke angeschlossenen Abwägungen der Einflüsse auf ihn sind über die bei Buchner 1928 deutlich hervorgehobenen Stilkriterien mit keinem weiteren Beleg zu verifizieren [ac], so daß sie in diesem Zusammenhang ausgeklammert wurden.

Als seine erste belegbare Tätigkeit in Augsburg muß die im Auftrag der Zechpfleger von St. Moritz durchgeführte Bemalung des Sakramentshauses dieser Kirche gelten. Am 4. XII. 1505 erhält er 6 fl für ein »gemell bey den zacramenthawß plaw anzůstreychenn« [ad]. 1506 erhält er für den gleichen Auftrag eine Nachzahlung von 3 fl, wozu am 24. X. nochmals 3 fl hinzugegeben werden [ae]. Die lange Arbeitszeit erscheint seltsam für einen so verhältnismäßig kleinen Auftrag. Jedoch darf man aus dem Hinweis, daß das Gemälde »plab in plab« war, annehmen, daß es sich hier um eine diffizilere Grisaille-Arbeit handelte, die über die Auftragsstellung hinausging und daher die Nachzahlungen nötig machte.

1509 arbeitete Breu für das Augustiner-Chorherrnstift Heilig Kreuz. Er malte an der Nordfassade der Kirche einen monumentalen Christophorus, der erst 1926 endgültig zerstört wurde [af] (vgl. Anhang d. Objektkatalogs Nr. 1).

Der nächste Auftrag für eine Wandbemalung ist seine Beteiligung an der Rathausbemalung 1516 in Zusammenarbeit mit seinem Lehrherrn Ulrich I Apt und Ulrich Maurmüller (vgl. Nr. 5 und Nr. 135 sowie Beilagen Nr. XIV, 1–5). Seine Rolle als Vorsteher der Arbeit, die er selbst bezeugt, wird man wohl auf die Koordinierung und Materialvorhaltung sowie die Abrechnung der Auszahlungen beschränken müssen, da die in den Baumeisterrechnungen aufgeführten Bezahlungen nur Ulrich I Apt als leitender Maler nennen und ihn sogar als Vertreter der anderen Maler anführen [ag].

Ungefähr im Anschluß daran entstand die Folge der Jagd- und Schlachtendarstellungen [ah], die er im Auftrage Kaiser Maximilians I. anfertigte. Diese Risse wurden in der Folge von Hans Knoder als Glasgemälde für den »Neuen Turm« in Lermoos ausgearbeitet (vgl. Nr. 57) [ai].

1522 wird Breu auch von der Stadt als Visierer eingesetzt. So erhält er am 12. VII. »für ein vererung vmb das er von Baden awß gen Straßburg gezogen vnd die basteyen daselbs abgerissen vnd entworfen hat« 4 fl [ak] und am 19. VII. werden ihm 2 fl 1 lib 11 ß 3 hl für die dort entstandenen Zeichnungen und »Conterfetten werck« ausgezahlt [al].

1532 bis 1536 ist er für Anton Fugger bei der Bamalung der Fuggerhäuser tätig. Am 23. VI. berichtet er selbst, daß er »herrn Anthoni Fuggers hinderhaus ausgemalt« habe und »daran 4 summer vnd ein halben winter gemalt« habe, »solch grosse, unnutze bauung und abprechen ist da geschehen«. Der wirre und anscheinend nicht gut geplante Umbau führte dazu, daß ihm seine Materialien verdarben, da er so oft die Arbeiten unterbrechen mußte, worüber er sich bitter beklagt. Hinzu kommt, daß er weder für die geleistete Arbeit noch für die Ausfälle entsprechend entlohnt wurde, was für Jörg I Breu quasi eine Bestätigung seiner Einschätzung gegenüber der Oberschicht der Stadt bedeutete [am].

Neben diesen archivalisch berichteten Arbeiten Breus haben sich von ihm eine ganze Reihe von Tafelbildern erhalten, die zusammen mit der oben genannten Überlieferung ihn als produktiven und äußerst schöpferischen Meister erscheinen lassen. Da die Aufzählung aller ihm zugewiesenen und für ihn gesicherten Werke zu weit führt, soll nur folgendes kurze Resümee als Einschätzung dienen.

So zeigt sich, daß Breu sich zunächst Aufträgen religiöser Themata widmet, die ihm größtenteils von Privatpersonen gegeben wurden. Darunter fallen auch die Arbeiten für die Orgel des

Fuggerchores an der St.-Anna-Kirche in Augsburg, für die er ab 1512 die beiden kleineren Flügel mit der Geschichte der Erfindung der Musik malt [an], sowie auch die großen Flügel mit den Darstellungen der Himmelfahrt Christi und Mariens [ao]. Ob diese Aufträge die erste Verbindung zu diesem reichen Augsburger Auftraggeber waren, ist nicht eindeutig festlegbar.

Nachdem 1524 in Augsburg die reformatorischen Unruhen ausgebrochen waren und Jörg I Breu sich diesen neuen Gedanken sehr zugeneigt fühlte, nehmen die eindeutig religiösen Aufträge für ihn merklich ab. So greift er zudem auf die profanen Stoffe zurück, wie es die Ausarbeitungen und Umzeichnungen der verschiedenen Buchillustrationen zeigen, die heute für ihn in Anspruch genommen werden [ap]. Der wichtigste unter den Auftraggebern für Bilder profanen Inhalts wurde für ihn der Bayernherzog Wilhelm IV., für den er 1528 das Bild des Todes der Lukretia [aq] und 1529 die Schlacht bei Zama [ar] anfertigte. Auch das ihm zugeschriebene Bild der Einnahme von Rhodos [as] muß in diese Zeit fallen.

Diese Aufteilung zwischen kirchlich-religiösen und profanen Themata findet sich auch in seinem zeichnerischen und druckgraphischen Werk, dem er sich vor allem nach dieser Wende widmete. Sind es vorher meist nur Einzelstücke und Teillieferungen, so stellt er später, meist in handwerklicher Ausführung, ganze Illustrationsreihen für Druckwerke zusammen, ohne dabei jedoch die Lebendigkeit und Direktheit seiner früheren Tafelbilder zu erreichen [at].

Trotzdem scheint er sich in den ursprünglicheren Arbeitstechniken seinen guten Ruf bewahrt zu haben, was die herzoglichen Aufträge und die wahrscheinlich in der Folge daran anknüpfenden Arbeiten für Anton Fugger beweisen.

Zuschreibungen (von Wandmalereien):
Auf Grund der Arbeiten Maximilian Steifs 1930/1931 wird Jörg I Breu auch für Wandmalereien in Mähren und Niederösterreich in Anspruch genommen. So soll er 1504 einen großen Wandgemäldezyklus im Kreuzgang des Olmützer Domes geschaffen haben, der durch »Porträtsignatur« eindeutig für ihn gesichert sei [au]. Steif schließt an dieser durch Stilanalyse der frühen Breuschen Tafeln gewonnenen Zuschreibung dann auch die Urheberschaft für zwei »Fresken« in der Minoritenkirche zu Brünn an, die deutlich auf das Jahr 1508 datiert sind [av]. Außer diesen stilistischen Fakten lassen sich aber keine Gründe für eine Abwesenheit Breus in diesen Jahren von Augsburg aufweisen. Die Rückkehr des Meisters ist eindeutig durch Archivalien belegt (vgl. infra die Einträge der Gerichtsbücher) und weder die Steuerbücher noch ein Eintrag für eine Erlaubnis längerer Abwesenheit in den Ratsbüchern, wie es die Reise zu solchen Großaufträgen erfordert hätte, läßt darauf schließen. Auch dürfte der Begriff des »Wandermalers« im Zusammenhang mit einem Meister, der jedes Jahr in Augsburg seine Steuer entrichtete, fraglich sein.

Angesichts dieser Tatsachen sollte es näherliegen, im Schöpfer dieser Werke einen Mitarbeiter oder eventuell den übergeordneten Meister der Werkstätte anzunehmen, in der Breu seine letzten Gesellenjahre verbrachte, bevor man ausschließlich einen Augsburger und unter diesen nur Hans I Burgkmair oder Jörg I Breu dafür in Anspruch nimmt. So sind diese Wandmalereien ohne Zweifel in einen Bezug zu dem Werk Jörg I Breus zu stellen, was aber durch die Inanspruchnahme Breus als Schöpfer nicht den Weg zu anderen Überlegungen verstellen sollte.

Sonstige Überlieferung:
Neben der Überlieferung für seine Werke und seine Tätigkeiten gibt es für Jörg I Breu eine Reihe weiterer Nachrichten, die seine Anwesenheit in Augsburg bestätigen und näheren Aufschluß über seine Person geben.

So überträgt er am 7. VI. 1502 die Prozeßvollmacht dem Anwalt Hans Lutterbach, um seine Angelegenheiten in Augsburg zu regeln [m]. Diese Eintragung scheint zunächst auf eine längere Abwesenheit des Meisters von Augsburg schließen zu lassen, jedoch widerlegt diesen Eindruck der Umstand, daß Breu bereits am 16. VIII. des gleichen Jahres abermals vor dem Gericht demselben Anwalt eine Vollmacht gegen den Kürschner Hans Lutz erteilt [n], der sich dann am 21. XI. deswegen verantwortet und dem Kläger Jörg I Breu innerhalb eines Jahres die Erlegung der Schuld von 4 fl 22 kr gelobt [o]. Nachdem am 5. III. 1510 seine Magd von einem Schneider um 1 fl 3 kr verklagt wurde [p] erteilt Jörg I Breu am 13. V. dem Anwalt Hans Vassnacht eine allgemeine Prozeßvollmacht [q]. Dieser vertritt ihn, wie es aus einer Eintragung vom 17. IX.

1510 hervorgeht, in den Streitigkeiten gegen seinen Schwager Hans RÖSSLIN [r]. Weiter erteilt BREU am 18. I. 1513 dem »Geschmÿdmacher« ERHART die Befugnis, seine Angelegenheiten gegen Leonhart WERELIN zu verhandeln [s], und am 26. IV. 1520 überträgt er eine umfassende Gerichtsvollmacht dem Anwalt Zimprecht FAWSSER in seinen Forderungen gegen den Steinschneidemeister BENEDIKT [t]. All diese Vollmachtsübertragungen bestätigen für seine Person, daß er sich nicht selbst vor Gericht vertreten wollte oder konnte, so daß er es vorzog, in rechtlichen Angelegenheiten Fachleute oder ihm bekannte erfahrene Mitbürger als Anwälte seiner Sache zu betrauen.

Anno 1520 bezeugt Jörg I BREU sich selbst in seiner Stellung als »vnder hauptmann« des Bürgeraufgebots. In dieser Rolle als Hauptmann über zehn Häuser, der selbst im Besitze von drei Harnischen war, übte er die Aufsicht über die Rüstung der ihm untergebenen Bürger aus, deren Zustand er dem Rat zu melden hatte [u].

Innerhalb der Zunft hielt er sich aber von der Übernahme von Ämtern zurück, so daß er lediglich als Teilnehmer der Sitzung am 15. X. 1525 erwähnt wird [v], wenn man von den Vorstellungen der Lehrknaben absieht. Als Schüler Ulrich I APTS dürfte er aber innerhalb dieser Organisation dennoch über nicht geringes Ansehen verfügt haben.

Am 29. I. 1534 wird Jörg I BREU zusammen mit seinem Sohn Jörg II beschuldigt, die Dienste des Kupplers und Malers Sigmundt GUTTERMAN (vgl. Nr. 84) in Anspruch genommen und in dessen Haus öfters verkehrt zu haben [w]. Wie es aus dem Verhör der Ursula WEISKOPFIN vom 2. VIII. 1534 hervorgeht, besaß er sogar den Schlüssel zu diesem Etablissement, das er bevorzugt dann aufsuchte, wenn GUTTERMAN zur Predigt gegangen war [x]. Die Episode zeigt den für bürgerliche Vorstellungen weiten Moralbegriff des Meisters auf, der wahrscheinlich zusammen mit seiner allgemeinen Einstellung zur Oberschicht sich dadurch auch weniger für Amtsstellungen im Rat geeignet hatte.

Noch deutlicher wird diese unruhige und unzufriedene Gesinnnung sowie seine allgemeine Einstellung zu seiner Umwelt in der von ihm geschriebenen Chronik, die eine lose Zusammenstellung der von ihm erlebten Ereignisse der Stadtgeschichte darstellt. Als Quelle für die Einschätzung der Entwicklung zwischen den Jahren 1512 und 1536 aus der Sicht eines Meisters der Zunft sowie für die religiösen Ansichten stellt diese Schrift ein einmaliges Zeugnis dar [y].

Obwohl die Chronik bis zu Einträgen des Jahres 1542 weitergeführt ist, muß man den Tod Jörg I BREUS im Jahre 1536 ansetzen, in welchem er auch in der Totentafel der Zunft aufgeführt ist [c]. Für dieses Jahr wird er auch noch im Ainungsbuch der Stadt erwähnt, als er am 13. VI. dem Michel ELGAST von München die Bezahlung der Forderung von 6 fl 51 kr innerhalb einer Woche gelobte [z].

Auch die Steuerliste dieses Jahres führt ihn noch als lebend an, wogegen die von 1537 nur mehr das Vermögen der anscheinend kurz vor dem Steuertermin verstorbenen Witwe verzeichnet, das noch nicht unter die Erben verteilt war und so als Ganzes versteuert werden mußte.

Quellen:
Stadtarchiv Augsburg, Reichsstadt
STB.: 1502, 34b; 1503, 34d; 1504, 34d; 1505, 33b; 1506, 33c; 1507, 33a; 1508, 42a; 1509, 41c; 1510, 43d; 1511, 43b; 1512, 44b; 1513, 44c; 1514, 44b; 1515, 44a; 1516, 46a; 1517, 47b; 1518, 45b; 1519, 47a; 1520, 47d; 1521, 49b; 1522, 48d; 1523, 47c; 1524, 46c; 1525, 46c; 1526, 48c; 1527, 50b; 1528, 50b; 1529, 52c; 1530, 52d; 1531, 51a; 1532, 52b; 1533, 52b; 1534, 55c; 1535, 55c; 1536, 55c; // 1537, 56d;
SCH. Nr. 72b, fol. 4v [c]; SCH. Nr. 72b, fol. 83v [f];
SCH. Nr. 72c, fol. 34v [a]; SCH. Nr. 72c, fol. 38v [b];
SCH. Nr. 72c, fol. 39r [d]; SCH. Nr. 72c, fol. 40r [e];
SCH. Nr. 72c, fol. 41v [g]; SCH. Nr. 72c, fol. 46v [h];
SCH. Nr. 72c, fol. 47r [i]; SCH. Nr. 72c, fol. 48r [j];
SCH. Nr. 72c, fol. 52r [k]; SCH. Nr. 72c, fol. 64v [v];
SCH. Nr. 72a, lose Einlage [1];
SCH. Nr. 11, I (s. fol.) [ad, ae];
BRB. 1516, fol. 60r [ag]; BRB. 1516, fol. 69r [ag];
BRB. 1516, fol. 71r [ag];

BRB. 1522, fol. 50v [ak]; BRB. 1522, fol. 71r [al];
GRB. 1502, p. 183a [m]; GRB. 1502, 245a [n];
GRB. 1502, p. 326a [o]; GRB. 1510, p. 49b [p];
GRB. 1510, p. 189a [q]; GRB. 1510, p. 199a [r];
GRB. 1513, p. 7b [s]; GRB. 1520, p. 57b [t];
Ainungsbuch 1535/1537, Eintr. v. 13. VI. 1536 [z];
Urg. Sigmundt GUTTERMAN, Verhör v. 29. I. 1534, 6. II. 1534 [w];
Urg. Ursula WEISKOPFIN, Verhör v. 2. VIII. 1534 [x];

Chroniken:
Städtechr. XXIX, p. 5 [u], p. 19 ff. [y], p. 22/23 [ag], p. 71/72 [am];

Literatur:
Lipowsky, Felix Joseph 1810, Bd. I p. 33;
Rosenberg, Adolf 1875, p. 388 ff.;
Vischer, Robert 1886, p. 507 [v], p. 536 [a]; p. 542 [b, d], p. 544 [e], p. 546 [f, g], p. 550 [h, i], p. 552 [j], p. 556 [k], p. 567 [c], p. 578 [ad], p. 579 [ae];
Stiassny, Robert 1893, Sp. 289–298 [an];
Stiassny, Robert 1894, Sp. 101–120 [aq];
Dörnhöffer, Friedrich 1897, p. 2 ff., p. 274 ff. [ah, ai];
Stiassny, Robert 1897, p. 296–298;
Giehlow, Karl 1899, p. 97/98;
Dodgson, C. A. 1900, p. 192 ff. [ap, at];
Dörnhöffer, Friedrich 1903, p. 114 ff.;
Dodgson, C. A. 1903, p. 335 ff. [ap, at];
Roth, Friedrich 1906, p. 3–17 (Lebenslauf/Zusammenfassung);
Röttinger, Heinrich 1908, p. 48 ff. [ap, at];
Thieme-Becker Kstl. Lex. Bd. IV (1910), p. 594 ff. [ap];
Riedmüller, Leopold 1916/1919, p. 629 [af];
Glaser, Curt 1924, p. 242/243;
Benesch, Otto 1928, p. 229 ff. [aa, ab];
Buchner, Ernst 1928, p. 273 ff. [aa, ab, ac, an, ao];
Huber, Hans 1928, p. 19 ff. [ag, am];
Steif, Maximilian 1930/1931, p. 221–225 [av];
Steif, Maximilian 1931, p. 62–69 [ae, au];
Pölnitz, Götz von 1949, p. 337, p. 468 [an, ao];
Pölnitz, Götz von 1952, p. 14, p. 188 [an, ao];
Lieb, Norbert 1952, p. 92–120 [am];
Oettinger, Karl 1952, p. 151/153 [aa, am];
Roh, Franz 1955, p. 164–167 [an];
Katalog München 1963, p. 48, p. 207–209 [aq, ar, as];
Stange, Alfred 1967, p. 19–30;
Katalog Augsburg 1967, p. 22–23;
Kindler Mal. Lex. 1976, Bd. II, p. 152–158;
Katalog Augsburg 1978, p. 30–32;
Katalog Augsburg 1980, Bd. I, p. 116–121, p. 136, p. 164, p. 171, p. 200, p. 307/308, p. 323, p. 326/327, p. 396 [af];
Bd. II, p. 23 [ag, am], p 112, p. 224–231;
Augsburg 1981, Bd. III, p. 115 ff.;
Menz, Cäsar 1982 (Frühwerk in Österreich).

Nr. 31	**Probst Jerg**	Maler

genannt Rottenfelder

Lehre: 1513 bei Meister Hans KNODER begonnen [a];

Gerechtigkeitserwerb: erkauft am 6. VIII. 1525 die Halbe Zunft [b];

Nachweisbar in Augsburg:
PROBST Jerg läßt sich in den Steuerlisten nicht eindeutig identifizieren, so daß die unter der Rubrik Überlieferung angeführten Daten den einzigen Nachweis der Anwesenheit in Augsburg für ihn darstellen.

Überlieferung:
Schon die Tatsache, daß der bei dem Maler Hans KNODER ausgebildete Jerg PROBST am 6. VIII. 1525 nur die »Halbe Zunft« erkauft, stellt die Annahme in den Vordergrund, daß dieser Maler als untergeordneter Meister in einer anderen Werkstätte gearbeitet hat. Übereinstimmend mit diesem Faktum wären auch die nicht vorhandenen Eintragungen in den Steuerlisten.

Am 22. XI. 1526 wird er aus der Stadt ausgewiesen, da er bewaffnet in das Haus EGGLOFS eingedrungen war und dort eine Frau geschlagen hatte [c]. Die ihm für die Rückkehr auferlegte Strafe von »einem offen Stain an der Stat paw« hat er anscheinend bezahlt, da er wiederum innerhalb der Stadt ergriffen wird und am 5., 7. und 12. III. 1533 als Wiedertäufer angeklagt und verhört [d] und wegen Unterstützung der Wiedertäufer zusammen mit dem Schlosser Philipp ADLER am 18. IX. 1533 zum zweitenmal aus der Stadt ausgeführt wird. Dabei wird ihm diesmal unter Androhung einer »leipstraf« die Rückkehr in die Stadt verboten, ohne daß eine Zahlung für die Aussetzung dieser Strafe angegeben wurde [e].

Trotzdem kehrt er zurück, worauf er abermals festgenommen wurde und am 13. IV. 1535 sein drittes Ausweisungsurteil verhängt bekommt [f]. Am 15. IV. 1535 wird er dann mit »Ruten ausgeschlagen und wider hinausgeführt« und mit der Androhung einer »merklichen Leipstraff« weiterhin auf vier Meilen Umkreis der Stadt verwiesen [g]. Diese Ausweisung scheint dann auch endgültig gewesen zu sein, denn weder die Totenliste der Zunft noch die Liste der 1542 lebenden Meister erwähnen seinen Namen.

Quellen:
Stadtarchiv Augsburg, Reichsstadt
SCH. Nr. 72c, fol. 46v [a]; SCH. Nr. 72c, fol. 64v [b];
StrB. 1509/1526, p. 194 [c];
StrB. 1533/1539, fol. 12v [e];
StrB. 1533/1539, fol. 50v [f, g];
Urg. Probst Jerg Rottenfelder, Verhör v. 5. III. 1533, 7. III. 1533, 12. III. 1533 [d];

Literatur:
Vischer, Robert 1886, p. 520 [b], p. 550 [a].

Nr. 32	**Prunner Urban**	Maler

Gerechtigkeitserwerb: vor 1460;

Gestorben: vor 1473;

Nachweisbar in Augsburg/Überlieferung:
PRUNNER Urban ist nur im Vorwort des Zunftsatzungsbuches als Maler genannt. Er läßt sich auch nicht mit dem Schwiegersohn des Gastel HAFNER von Landsberg, der 1468 bis 1479 in

Aichach ansässig ist, identifizieren, da dieser den Bau des Malerhauses ja noch erlebt hat. So kann man wegen fehlender weiterer Quellen auch keinerlei Bestimmung seiner Tätigkeit vornehmen.

Quelle:
Stadtarchiv Augsburg, Reichsstadt
SCH. Nr. 73a, fol. 1r;

Literatur:
Vischer, Robert 1886, p. 489;
Steinhäußer, Fritz 1902, p. 13;
Liedke, Volker 1979, p. 8.

Nr. 33	**»puer«**	Maler

In den Steuerbüchern finden sich in der Zeit vor 1417 Einträge, die sich auf »puer maler« beziehen. Es ist unklar, welche Personen damit angesprochen sind und in welcher Beziehung sie zum Handwerk der Maler standen.

Es liegt lediglich die Vermutung nahe, daß es sich dabei um Gesellen oder unverheiratete junge Meister handelte, die wegen ererbter Vermögen steuerpflichtig waren.

Der Vollständigkeit halber sind die Einträge, die sich sicherlich auf zwei unabhängige Personengruppen beziehen, hier unter einer Nummer aufgeführt.

Nachweisbar in Augsburg

I.	»puer(i) maler«	
	1362–1365	Vom Liutpriester ze sant vͦlrich (im Haus Teisach)
	1368	Vom Ror (im Haus der Bächin)
	Haus der »puerorum maler«	
	1363–1365	Von dem Liutfried
II.	»puer maler«	
	1410–1416	Von der Daͤchsin (im Haus Schmähinger)

Steueraufkommen:

I.	1362–1368	——
II.	1410–1413	12 ß
	1414	1 ort
	1415	8 ß
	1416	Habnit-Steuer

Quellen:
Stadtarchiv Augsburg, Reichsstadt
STB.: I. für »puer(i) maler«: 1362, 11a; 1363, 11a; 1364, 11a; 1365, 10c; 1368, 10c; für Haus der »puerorum maler« 1363, 9d; 1364, 10a; 1365, 9c;
II. für »puer maler« 1410, 12c; 1411, 14b; 1412, 10d; 1413, 12d; 1414, 15a; 1415, 14c; 1416, 13c.

Nr. 34	**Burckhart Peter**	Maler

Gerechtigkeitserwerb: vor 1418;

Gestorben: nach 1442;

Nachweisbar in Augsburg:
Der in der Zunftliste des Schmiedezunftbuches 1442 [a] unter den Malern aufgeführte Meister, der auch in der Rüstungsliste [b] und in der Aufgebotsliste [c] des alten Schmiedezunftbuches genannt ist, kann in anderen Archivalien nicht eindeutig gefunden werden. Eine Identität mit den in den Steuerlisten auftretenden Einträgen »peter maler« (vgl. Nr. 23) ist weder sicher nachzuweisen noch abzulehnen.

Quellen:
Stadtarchiv Augsburg, Reichsstadt
SCH. Nr. 46a, p. 79 [c];
SCH. Nr. 46a, p. 91 [b];
SCH. Nr. 46b, s. fol. [a].

Nr. 35	**Burckhart Thoman**	Glaser

Gerechtigkeitserwerb: vor 1467;

Zwölfer im Großen Rat: 1478 zusammen mit dem Maler Hans Blanck [a], 1480 zusammen mit dem Goldschlager Vlrich Sitziger [b];

Gestorben: 1487/1488;

Wohnhaft in Augsburg:

1467–1470	Vom Kunold appenteker
1471–1477	Vom Ror
1478	—
1479–1484	Vom Ror
1485–1487	Vom Conolt Appentegker

Steueraufkommen:

1467–1471	34 dn
1472–1474	(60 dn) 6 groß
1475–1477	(60 dn) 1 lib
1478	—
1479	(60 dn) 1 lib
1480–1487	(45 dn) 45 dn

Überlieferung:
Der mit keiner Überlieferung für seine Werke eingrenzbare Meister, übernimmt 1472 die Behausung von Vinzentz Glaser, mit dem er 1473 und 1474 in Nachbarschaft lebt.

Am 27.VI.1474 tritt er als Siegelzeuge für den Maler Hans Lingk [c] auf und übernimmt am 28.VI.1477 die Bürgschaft für den straffällig gewordenen Hans II Kron [d]. 1485 wird er selbst am 10.V. von dem Tuchscherer Klein Hans wegen einer Schuld von 4 fl ½ ort vor Gericht gebracht und angeklagt [e].

Kurz vor seinem Tod lebt er noch mit dem Glaser Caspar II Magerbain in einem Hause zusammen.

Quellen:
Stadtarchiv Augsburg, Reichsstadt
STB.: 1467, 23a; 1468, 21b; 1469, 23a; 1470, 25b; 1471, 25b; 1472, 24d; 1473, 23d; 1474, 20d; 1475, 21a; 1476, 22b; 1477, 24d; 1479, 25a; 1480, 25c; 1481, 26a; 1482, 26a; 1483, 25c; 1484, 25a; 1485, 25a; 1486, 26a; 1487, 25c;
SCH. Nr. 72b, fol. 2v;
RB. Nr. 8, fol. 92r [a];
RB. Nr. 9, fol. 37v [b];
GRB. 1485, p. 85b [e];
US. UK. v. 27.VI.1474 [c];
US. UK. v. 28.VI.1478 [d];

Literatur:

Vischer, Robert 1886, p. 566.

Nr. 36 **Burckhart Jerg** Glaser

Lehre: bei Jacob Knopf am 18.X.1490 begonnen [a];

Gerechtigkeitserwerb: erhält am 31.XII.1493 die Gerechtigkeit seines Vaters Burckhart Thoman [b];

Gestorben: 1515 [c];

Nachweisbar in Augsburg:
Die Identifizierung seiner Person läßt sich in den Steuerlisten nicht eindeutig durchführen, so daß die oben genannten Daten die einzigen Belege für seine Meisterschaft in Augsburg sind.

Überlieferung:
Müller bringt 1955 den Eintrag im Zunftbuch, daß Jacob Knopf den Jerg Burckhart »Thoman des Glasers son« als Lehrknaben vorstellt, mit der Familie Burgkmair in Verbindung und bezeichnet diesen als Bruder des Hans I Burgkmair, indem sie Thoman (Burckhart) Glaser mit dem Maler Thoman Burgkmair (vgl. Nr. 38) gleichsetzt, wozu sich in den Quellen keinerlei Anhaltspunkte finden lassen [d].

Über Tätigkeiten dieses Meisters, sowohl als Glaser wie auch als Maler lassen sich keine Belege beibringen.

Quellen:
Stadtarchiv Augsburg, Reichsstadt
SCH. Nr. 72b, fol. 3v [c];
SCH. Nr. 72c, fol. 31r [a];
SCH. Nr. 72c, fol. 62r [b];

Literatur:
Vischer, Robert 1886, p. 510 [b], p. 534 [a], p. 566 [c];
Müller, Hannelore 1955, p. 49 [d].

Nr. 37	**Burckhart Leonhart**	Maler Glaser

Gerechtigkeitserwerb: vor 1454;

Gestorben: 1462/1463;

Wohnhaft in Augsburg:
1454–1462 Vom Ror
1463 //Witwe nachweisbar

Steueraufkommen:

1454	4 groß
1455–1457	20 dn
1458–1459	5 groß
1460	20 dn
1461	5 groß
1462	Habnit-Steuer

Überlieferung:
Der in dem Vorwort des Malerzunftbuches als Maler erwähnte Meister [a] läßt sich in den Steuerlisten nur über eine verhältnismäßig kurze Zeit nachweisen, wo er immer als Glaser bezeichnet wird. Ob man darin allerdings eine Bestätigung einer Familienbeziehung zu Burckhart Thoman (vgl. Nr. 35) sehen muß (altersmäßig könnte dieser sein Bruder gewesen sein), bleibt ebenso fraglich, wie die zu Burckhart Peter (vgl. Nr. 34), in dem man seinen Vater sehen könnte.

Quellen:
Stadtarchiv Augsburg, Reichsstadt
STB.: 1454, 20d; 1455, 21c; 1456, 26b; 1457, 23d; 1458, 22c; 1459, 24c; 1460, 21b; 1461, 22d; 1462, 29a; //1463, 20a;
SCH. Nr. 72a, fol. 1r [a];

Literatur:
Vischer, Robert 1886, p. 489 [a];
Steinhäußer, Fritz 1902, p. 13 [a];
Liedke, Volker 1979, p. 8 [a].

Nr. 38	**Burgkmair Thoman**	Drucker Maler

(Burckmair, Burgkmayr, Purckmair)

Geboren: 1444 [a];

Lehre: um 1460 bei Johannes Bämler [b];

Gerechtigkeitserwerb: 1471 (oder schon 1462?);

Gestorben: 1523 [c];

Wohnhaft in Augsburg:
(Die in Klammern stehenden Angaben können wegen des fehlenden Vornamens bzw. der verän-

derten Schreibweise des Familiennamens nicht eindeutig für ihn gesichert werden, sind aber der Vollständigkeit wegen hier mit aufgeführt)

1462	Auf dem Bühel
(1471)	(Ins Nathans Garten)
1472–1473	—
(1474)	(Schmidgaß oder Salta zum windbrunnen?)
1475	Von Sannd anthonino
(1476–1478)	(Von Sannd anthonino als Th. Burckhart?)
1479–1480	Von Sant anthonino
1481–1484	Schmidhus
1485–1522	Vom Diepolt
1523–1541	//Witwe nachweisbar

Steueraufkommen:

1462–1479	Habnit/Kopfsteuer
1480–1485	(45 dn) 16 dn
1486	(45 dn) 18 dn
1487	(45 dn) 8 dn
1488–1492	(60 dn) 10 dn 1 lib
1493–1494	(60 dn) 63 dn
1495	45 dn) 41 dn
1496–1497	(30 dn) 31 dn 1 hl
1498–1503	(30 dn) ½ fl
1504–15	(60 dn) 1 fl
1505–1507	(45 dn) 3 ort
1508	(45 dn) 45 kr
1509–1522	(30 dn) 30 kr

Lehrknaben:

1497 18.X.	GUTKNECHT Jörg (vgl. Nr. 83) [d];
vor 1498	BURGKMAIR Hans I, sein Sohn wird wohl auch in der Zeit vor 1498, als er bei seinem Vater wohnt, einige Zeit seiner Ausbildung bei ihm verbracht haben [e];

Werkstattverbindungen (vgl. Werkstattschema Nr. III):
Der Auftrag der Bischofporträts 1487/1488 ist die einzige direkte Zusammenarbeit die ihm nachgewiesen werden kann. Ob allerdings Thoman BURGKMAIR oder der mit ihm arbeitende Peter KALTENOFEN (vgl. Nr. 41) der leitende Meister dieses Auftrags war, ist nicht mehr nachzuweisen (vgl. infra) [i, j].

Aber auch andere Verbindungen lassen sich für den Maler geltend machen. So ist es nicht klar, welchen Einfluß die 1460 bezeugte Verwandtschaft mit dem Bildhauer Ulrich WOLFFARTZHAUSER, der sein Schwiegervater war, auf seine Tätigkeiten ausübte [f]. Dagegen ist die manchmal geäußerte Vermutung, daß Hans I HOLBEIN bei ihm gewohnt habe, was zeitweise dazu führte, in diesem seinen Schwiegersohn zu sehen, in den Archivalien nicht zu bestätigen [g]. Die Gleichheit des Steuerbezirkes im Jahre 1494 gibt bei weitem nicht die Grundlage dazu, da beide Meister in verschiedenen auseinanderliegenden Häusern erwähnt sind.

Welche Rolle der 1507 bei ihm wohnende »alt trucker« spielte, läßt sich ebenfalls nicht mehr eruieren. Unter Umständen könnte es sich auch nur um einen Beinamen für Thoman BURGKMAIR selbst handeln, so daß auch dieser Hinweis ziemlich unsicher ist.

Fest steht dagegen, daß der 1510 bei seinem Sohn wohnende Meister Sebastian LOSCHER in den Jahren 1511 und 1512 in seinem Haus wohnt, wobei sich die Stellung zu den Werkstätten der BURGKMAIRS sich in diesem Falle ebenfalls nicht festlegen läßt.

Werke:
Für das Werk Thoman BURGKMAIRS finden sich nur wenige gesicherte Anhaltspunkte, die seinen Tätigkeitsbereich umreißen. Das einzige erhaltene gesicherte Werk ist das posthume Porträt des

Predigers Johannes Capistranus, das sich heute in der Prager Nationalgalerie findet. Das Bild, welches er auf der Rückseite mit der Bemerkung signierte, daß auch er als Kind mit acht Jahren 1452 diesen Prediger in Augsburg gehört habe (was zur Festlegung seines Geburtsjahres diente) [a], scheint nach einem älteren Porträt, eventuell auch nach einer Medaille, gemalt zu sein [h].

Die sich daran aufbauenden Zuschreibungen können im Rahmen dieses Katalogs nicht zur Debatte stehen, auch fehlt ihnen der belegende Charakter, um sie hier einzufügen (vgl. Buchner Ernst 1928, Stange Alfred 1957 Bd. VIII). Jedoch scheint der zeichnerische Charakter, der bei den ihm zugeschriebenen Bildern immer wieder betont wird und der bei dem Capistranus-Porträt ebenfalls dominant ist, Rückschlüsse auf eine häufigere Betätigung als Zeichner und Holzschneider zuzulassen. Dazu käme auch die Ausbildung Thomans in der Werkstätte des Schreibers und Druckers Johannes Bämler, die sicherlich prägenden Charakter für das Werk des Meisters hatte.

Der einzige weitere belegte Auftrag ist die Zusammenarbeit mit Peter Kaltenofen 1487/1488 bei der Bildergalerie der Augsburger Bischöfe im Dom. Den Beschluß, diese Bilder malen zu lassen, faßte das Domkapitel am 26.X.1487 [i] und setzte am 6.II.1488 das Geding für die beiden Meister auf, das diese anwies, die Bilder in »gutter farb vnd vff das wirigest« zu machen. Als Bezahlung wurde ihnen der Betrag von 2 fl für fünf Bilder festgesetzt, wobei eine Klausel des Vertrags eine höhere Bezahlung von vornherein ausschloß. Zudem sollten die Bilder auch noch vor der Abrechnung der »Geschau« eines Malers und eines Goldschmieds unterzogen werden (vgl. Nr. 41) [j]. Daß es sich bei diesem Auftrag um keine überragenden Tafelbilder gehandelt haben kann, läßt sich an diesen Bedingungen ablesen. Dennoch ist man dazu geneigt, die Tatsache, daß Burgkmair diesen Auftrag zusammen mit dem alten renommierten Meister bekam, auf eine Reihe von Porträtarbeiten zurückzuführen, die er zur Zufriedenheit der Auftraggeber vollendet hatte.

So wird man sein Werk neben seiner Tätigkeit als Holzschneider und Zeichner für die Druckereien am ehesten noch in der Porträtmalerei für Privatpersonen suchen müssen, was ihm aber keineswegs eine überragende Stellung innerhalb der zu dieser Zeit tätigen Malerschaft in der Stadt hätte sichern können.

Was dazu führte, daß der Herzog Christoph von Bayern am 8. IV. 1492 bekannte, seinem »lieben besonndern Thoman Burkmair dem Maler zu Augsburg 6 fl rh« schuldig zu sein, ist nicht überliefert [k]. Wie »groß« diese Anerkennung durch den Herzog wirklich war, ist nicht an dieser Anrede zu beurteilen, die sich für diese Zeit gänzlich in den üblichen Formen hält, sondern eher daran, daß er auch 1493 immer noch nicht bezahlt war und sich zusammen mit zwei anderen Augsburger Kunsthandwerkern auf der Gläubigerliste des Herzogs findet [l].

Sonstige Überlieferung:

Thoman Burgkmair hatte nach Lage der Quellen nur einen einzigen Sohn, der wieder das Handwerk des Vaters erlernte. Der bei Müller 1955 ebenfalls zu der Familie Burgkmair gezählte Jerg [m], der 1490 bei dem Glaser Jacob Knopf in die Lehre kam, ist als Sohn des Glasers Thoman Burckhart zu identifizieren (vgl. Nr. 36) und kann somit nicht als Bruder des Hans I Burgkmair in Anspruch genommen werden.

Über sein Leben in Augsburg haben sich neben der Bürgschaft, die er für den Maler Hans Lingk (vgl. Nr. 127) [n] am 27. VI. 1474 leistete, noch einige Einträge in den Gerichtsbüchern erhalten, die über seine eigenen Prozesse berichten. So am 29. III. 1487, als er von dem Karrer Jacob Mayr zusammen mit Nicolas Thum um 1 ort verklagt wurde. Während der Zahlungseintrag für Thum noch am selben Tag erfolgte, ist es nicht bekannt, wann Thoman seine Schulden beglich [o].

Am 24. I. 1497 verklagt er den Hans Spitzenmacher wegen eines »Schadens« von 34 groß [p]. Diese Auseinandersetzung scheint sich im Sommer des Jahres zugespitzt zu haben, denn am 18. VII. gibt Thoman Burgkmair dem Anwalt Peter Spät die Prozeßvollmacht in dieser Sache [q]. Dies hinderte Hans Spitzenmacher nicht daran, nun seinerseits ihn am 20. VII. wegen eines »Schadens« von 4 fl, seine Frau »wegen einer Stubenladen« und seinen Sohn (Hans I Burgkmair), weil er ihn einen »Juden« geheißen habe, vor Gericht zu fordern [r]. Der Ausgang der Verfahren ist nicht überliefert.

1504 wird Thoman nochmals von Gilg Probst am 18. IX. auf 1 ½ fl verklagt [s], wobei der

Anlaß des Zahlungsrückstandes nicht überliefert ist. So weisen auch alle diese Gerichtstermine auf seine »normale« soziale Stellung als zünftischer Meister hin, die keinesfalls von der anderer Maler dieser Zeit abweicht.

Auch innerhalb der zünftischen Organisation scheint er sich nicht besonders hervorgetan zu haben. Aus der Tatsache, daß er das Satzungsbuch der Malerzunft zu schreiben begonnen hatte, auf eine »dominierende Persönlichkeit« der Zunft zu schließen [t], ist überzogen. Eher dürfte seine Ausbildung auf kalligraphischem Gebiet ihn als Schreiber der Satzungen, die nach dem Erwerb des Malerzunfthauses 1473 schriftlich neu festgelegt wurden, empfohlen haben. Ausschlaggebend für die Einschätzung seiner Stellung innerhalb der Zunft muß der Umstand bleiben, daß er kein einziges Amt dieser Organisation ausübte und auch nie über die Zunft einen Auftrag der öffentlichen Hand erhielt.

Quellen:
Stadtarchiv Augsburg, Reichsstadt
STB.: 1462, 18c; (1471, 5a); (1474, 18d od. 5c); 1475, 19c; (1476, 20d); (1477, 23a); (1478, 23a); 1479, 23b; 1480, 23b; 1481, 22c; 1482, 23c; 1483, 23a; 1484, 23a; 1485, 23b; 1486, 24a; 1487, 24a; 1488, 26d; 1489, 24c; 1490, 26a; 1491, 25d; 1492, 22d; 1493, 24c; 1494, 27b; 1495, 26d; 1496, 28c; 1497, 28a; 1498, 29c; 1499, 32c; 1500, 35a; 1501, 35a; 1502, 35a; 1503, 35d; 1504, 34d; 1505, 34d; 1506, 34c; 1507, 34a; 1508, 34a; 1509, 34c; 1510, 35a; 1511, 35a; 1512, 35c; 1513, 36a; 1514, 35d; 1515, 36c; 1516, 38a; 1517, 38d; 1518, 36d; 1519, 38c; 1520, 39a; 1521, 40a; 1522, 39b;
//1523, 38d; 1524, 38b; 1525, 38d; 1526, 40c; 1527, 41c; 1528, 41d; 1529, 43c; 1530, 42b; 1531, 42b; 1532, 43b; 1533, 43b; 1534, 46a; 1535, 46a; 1536, 46b; 1537, 46c; 1538, 46d; 1539, 46c; 1540, 48a; 1541, 48b; 1542 Türk., 36a; 1542, 48b;
SCH. Nr. 72a, fol. 1r [b, f];
SCH. Nr. 72b, fol. 3v [c];
SCH. Nr. 72c, fol. 35v [d];
GRB. 1487, p. 69b [o]; GRB. 1497, p. 19b [p];
GRB. 1497, p. 206a [q]; GRB. 1497, p. 210a [r];
GRB. 1504, p. 234a [s];
US. UK. v. 27. VI. 1474 [n];
Bayerisches Hauptstaatsarchiv München
Hochstift Augsburg N. A. Nr. 5487, fol. 160v [i];
Hochstift Augsburg N. A. Nr. 5487, fol. 177v [j];

Literatur:
Stetten Kunstgeschichte 1788, p. 186;
Lipowsky, Felix Joseph 1810, Bd. I p. 36;
Braun, Placidus 1829, p. 28 [i, j];
Herberger, Theodor 1852, p. 36;
Huber, Edmund von 1874, p. 310;
Vischer, Robert 1886, p. 488 [b, f, t], p. 538 [d], p. 566 [c];
Schröder, Alfred 1900, p. 14 [i, j];
Vetter, August 1910, p. 36 [i, j];
Thieme-Becker Kstl. Lex. Bd. V (1911), p. 258;
Hartig, Michael 1922, p. 34/35;
Hartig, Otto 1926, Nr. 337 [k], Nr. 345 [l];
Buchner, Ernst 1928, p. 65 ff. (Überblick), p. 76 ff. [h];
Christoffel, Ulrich 1928, p. 156;
Lieb, Norbert 1934, p. 344 [i];
Müller, Hannelore 1955, p. 44–49 (Überblick), p. 49 [m];
Stange, Alfred 1957, Bd. VIII, p. 48–51;
Bushart, Bruno 1959, p. 153;
Katalog Augsburg 1965, p. 129 [g];
Katalog Augsburg 1967, p. 33–37;

Falk, Tilman 1968, p. 10 [e];
Stange, Alfred 1970, Bd. II, Nr. 720–730;
Dussler, Hildebrand 1971, p. 105 [i];
Katalog Augsburg 1973, s. p. [t];
Kindler Mal. Lex. 1976, Bd. II, p. 196;
Katalog Augsburg 1979, p. 49–54;
Liedke, Volker 1979, p. 8 Anm. 30 [b, f];
Foster, Michael 1979 (MS), p. 3/4 Anm. II, 138/139.

Nr. 39 **Burgkmair Hans I** Maler

(Burckmair, Burckmayr)

Geboren: 1473 vor dem 10.V. [a];

Lehre: bei seinem Vater Thoman Burgkmair [b] und bei Martin Schongauer in Colmar um 1488 [c];

Gerechtigkeitserwerb: erhält die Gerechtigkeit am 29.VII. 1498 um 1 fl und 1 Pfund Wachs (= 8 kr) [d];

Gestorben: 1531 [e] vor dem 13.V. [bw];

Wohnhaft in Augsburg:

1498–1500	Vom Diepold
1501–1506	Schmidhauß
1507–1530	Vom Diepolt
1531–1554	//Witwe nachweisbar

Steueraufkommen:

1498	1 fl für 200 fl
(wegen Hochzeit steuerfrei)	
1499–1503	(30 dn) 1½ ort
1504	(30 dn) 1 fl 36 kr
1505–1508	(45 dn) 1 fl 12 kr
1509	(30 dn) 48 kr
1510–1515	(30 dn) 1 fl 33kr
1516–1521	(30 dn) 2 fl
1522–1527	(30 dn) 2 fl 18 kr
1528	(30 dn) 2 fl 30 kr
1529–1530	(30 dn) 2 fl 30 kr (6 dn)

Lehrknaben:

1499 12.V.	»sainen Jungen« [f];
1501 14.III.	Straffo Caspar von Venedig [g];
1501 25.IV.	Kracher Balthiß von Hailbrunn [h];
1501 4.X.	Kinig Jörg [i];
1502 15.VI.	Ziegler Wilhalm [k]; »von Kröglingen«(von ihm hat sich aus diesem Jahr eine Porträtskizze erhalten [l]);
1506	Kinzidin (Kinig) Lenhart [m];
1510	Forster Six [n];
1513	Dederla Heinrich [o];
1517 10.VII.	Friedrich Hans [p];

1520 17.I. SCHIESSER Hans von Dillingen [q];

nach 1520 BURGKMAIR Hans II dürfte dann in der Werkstätte seines Vaters mitgearbeitet haben, bzw. seine Ausbildung bekommen haben, was die fehlenden Neuaufnahmen von Lehrknaben in dieser Zeit verständlich machen würde.

Gesellen:

1499 6.XI. FUCHSBUCHL Leonhart (vgl. Nr. 134) [r];

Werkstattverbindungen (vgl. Werkstattschema Nr. III):
BURGKMAIR Hans I bezeugt selbst seine Verbindung zu der Werkstätte des Martin SCHONGAUER durch ein Bildnis dieses Meisters, das er 1488 signierte [c, s]. Der längere Aufenthalt in der oberrheinischen Landschaft dürfte auch noch durch die Aufschrift des 1490 gemalten Porträts des »Doctor Johannes Gailer von Caysersperg predikant zu straßbürg« bezeugt sein, die allerdings erst nachträglich auf die Tafel gekommen ist [t].

Spätestens an seiner Hochzeit am 20.XII.1497 hält sich BURGKMAIR Hans I wieder in Augsburg auf, wo er im Haushalt seines Vaters lebt, was durch seine Erwähnung in der Auseinandersetzung mit Hans SPITZENMACHER am 20.VII.1497 bezeugt ist (vgl. Nr. 38) [u].

Bis zum Jahre 1500 bleibt er im väterlichen Haus, das er dann verläßt, um sich, nachdem er sechs Jahre in einem anderen Stadtteil (sprich Steuerbezirk) gewohnt hatte, abermals in dessen Nachbarschaft niederzulassen.

Die weiterhin bestehende Verbindung zu der Werkstätte seines Vaters wird dadurch bestätigt, daß der 1510 bei ihm lebende Bildhauer Sebastian LOSCHER im Jahr darauf zu Thoman BURGKMAIR übersiedelt, bei dem er dann noch zwei Jahre wohnt (vgl. Nr. 38).

Werke:
Für Hans I BURGKMAIR dürfte allein die Aufzählung der für ihn gesicherten Werke in diesem Rahmen zu weit gehen, da der Meister über ein äußerst umfangreiches Gesamtwerk verfügt.

Das erste gesicherte Werk ist das Bild des Doktor Johannes GAILER von KAYSERSBERG aus dem Jahre 1490 [t], das er zwei Jahre nach seinem Aufenthalt bei Martin SCHONGAUER malte [s].

Nachdem er Meister geworden war, werden ihm 10 fl nach einer Rechnungsnotiz im Gedenkbuch Kaiser Maximilians I. am 21.IV.1500 bezahlt, die er für Arbeiten »von des Gortz seligen begenknus« erhielt [aa]. Am 9.VIII. erhält er abermals von der kaiserlichen Kasse 12 fl für »etlich Arbait« [ab]. 1501 findet er sich in den Rechnungsbüchern des Karmelitenklosters St. Anna in Augsburg [ac] mit einem Betrag von 2 fl 12 kr. In derselben Angelegenheit scheint er am 19.II.1502 1 lib 6 ß [ad] und am 26.V. 2 fl [ae] erhalten zu haben. Wie die ausgezahlten Beträge erschließen lassen, muß es sich dabei um kleinere Aufträge gehandelt haben. Auch die nächste archivalisch überlieferte Arbeit führt er um 2 fl in diesem Kloster in dem Jahre 1505 aus, wobei auch hier die Tätigkeit BURGKMAIRS nicht genau zu bestimmen ist [af].

Im Jahr darauf übernimmt er wieder Aufträge hochgestellter Persönlichkeiten, die ihm höchstwahrscheinlich durch Conrat PEUTINGER vermittelt wurden, für den er am 14.I.1506 Zeichnungen römischer Kaiserporträts als Illustrationen der Münzsammlung lieferte [ag].

So arbeitet er im Laufe des Jahres 1506 für den Kurfürsten Friedrich den Weisen ein Triptychon, für das er am 2.VII. den Betrag von 81 fl erhält [ah]. Mit demselben Hof korrespondiert PEUTINGER auch über die von BURGKMAIR angefertigten Clair-Obscur-Holzschnitte im Jahre 1508, die BURGKMAIR in Zusammenarbeit mit dem in diesem Jahr bei ihm lebenden Formschneider Wolfgang RESCH fertigte [ai].

Erst nach dieser Reihe ehrenvoller und repräsentativer Aufträge für Klöster (man muß dazu ja noch die Basiliken-Bilder und den Rosenkranzaltar für das Augsburger Kloster St. Katharina zählen [aj]) und auswärtige Fürsten, erscheint der Meister zum ersten Mal in den Rechnungen der Stadt Augsburg selbst, indem er am 9.XII.1508 1 lib 15 ß für Visierungen »zum rörkasten« (Brunnen) erhält [ak].

Während die Stadt – wahrscheinlich unter dem Einfluß Conrat PEUTINGERS – nun Aufträge an den Meister vergibt, berichtet der Kapitelbeschluß des Augsburger Domkapitels vom 4.V.1509 über die Zurückweisung einer Fürbitte PEUTINGERS, seinem Schützling einen Teil der an Hans I HOLBEIN vergebenen Flügel für den Silberaltar des Domes zu überlassen [al].

1510 erhält Hans I Burgkmair von Peutinger 113 fl 24 kr für 92 Holzschnitte, die er zusammen mit zwei Formschneidern und einem, das Material vorbereitenden Schreiner ausgeführt hatte [am]. Diese Abrechnung dürfte sich mit Sicherheit auf die im kaiserlichen Auftrag gearbeiteten Buchillustrationen beziehen, die durch Peutingers Vermittlung an ihn vergeben wurden.

1514 findet sich der Meister wieder in den Rechnungsbüchern der Stadt, wo er am 5.VIII. 17 ß 3 hl [an] und am 19.VIII. 1 lib 3 ß 1 dn [ao] für Entwürfe für die »kunigstainsche Müntz« erhält. Am 31.III.1515 wird ihm 1 lib 15 ß für Visierungen von Gläsern ausbezahlt [ap], deren Ausführung der Glaser Hans Braun am 2.VI. für 14 fl übernahm [aq].

In die Jahre 1516 und 1517 fällt seine Haupttätigkeit für die Ausführungen des Triumphzuges und des Theuerdanks für Kaiser Maximilian I. [ar], die ihn anscheinend voll ausgelastet zu haben scheinen, da keine anderen Aufträge sich für ihn in dieser Zeit sichern lassen.

Von den Baumeistern der Stadt erhält er 1519 am 5.II. 6 fl für die 12 Wappen der Zeit, die er gemalt hatte [as], und am 11.II. 7 ß für die Fassung zweier »boten buchsen« (Botentaschen), die er mit dem Wappen und den Farben der Stadt versah [at]. Aus dem gleichen Jahr ist auch die Restaurierung eines romanischen Kruzifixes in St. Stephan durch ihn überliefert [au].

1521 entwarf er im Auftrag der Stadt Münzbilder, die auf dem Wormser Reichstag zur Prägung bewilligt wurden, wofür er am 25.V. als »Eerung« 1 fl erhielt [av], und am 9.XI. bezahlt man ihm für drei Schilde, die gegen St. Peter aufgestellt wurden, für die Arbeit des Malens und des Schneidens 2 lib 4 ß 1 dn [aw].

Während er in Augsburg für die Stadt solche Kleinaufträge besorgte, arbeitete er an dem Rosenkranzaltar der Rochuskapelle in Nürnberg, für den die detaillierten Abrechnungen Hieronymus Imhoffs erhalten sind [ax]. Dies zeigt, daß der Maler, obwohl ihm innerhalb seiner Heimatstadt größere Aufträge versagt waren, trotzdem von auswärts gesucht wurde.

1523 bezahlen ihn die Baumeister wieder für sechs Visierungen goldener und silberner Münzen am 4.II. 8 ß 1 dn [ay], und 1525 erhält er den Auftrag, für 3 fl 3 ß 1 dn die 200 Wappen des »fridens« zu machen [az]. Nachdem er am 23.III.1527 mit der Stadt wiederum 2 fl 1 lib 17 ß 1 dn abrechnete [ba], werden ihm anscheinend als Nachzahlung dieser Summe am 27.VII. nochmals 1 lib 15 ß für »etlich gerisne müntz« ausgezahlt [bb].

Als letzte archivalisch belegte Arbeit findet sich dann die Bemalung eines Thron- bzw. Traghimmels, den er am 4.VI. um 2 fl mit dem Reichsadler schmückt [bc].

Diese Überlieferung stellt Burgkmair als einen Maler vor, der in erster Linie neben Tafelbildern für Druckvorlagen und für Münzen Entwürfe erarbeitete. In keiner zeitgenössischen Nachricht wird er als Schöpfer von Wandgemälden genannt, so daß dies mit Recht in Frage gestellt werden muß [bd].

Seine über die Beziehungen Peutingers erhaltenen Aufträge des Kaisers und der Fürsten scheinen ihm zwar große Anerkennung als Porträtmaler und Entwerfer in der Stadt gebracht zu haben, jedoch blieb die Würdigung durch die Erteilung eines Auftrages für eine Monumentalmalerei aus. Hierin scheint ihn der Kreis der Meister aus der Werkstätte Ulrich I Apts übertroffen zu haben.

Zuschreibungen (von Wandmalereien):
Die ehemalige Zuweisung der Bilder des zweiten Zustandes der Goldschmiedekapelle (vgl. Objekt Nr. 61 mit Nr. 66), die im Überschwang der Entdeckerfreude 1890 von A. Schmid aufgestellt wurde [be], läßt sich, nachdem die Baugeschichte dieses Objektes feststeht [bf], wohl kaum mehr aufrechterhalten.

Auch die Bemalung der Fuggerhäuser, des Damenhofes und des Hauses in der Annastraße 19 sind nicht eindeutig für seine Person zu sichern.

So wird auch bei Lieb 1952 für die Malereien im Damenhof des Fuggerhauses die Beteiligung einer größeren Gruppe von Meistern – zwar noch unter Beteiligung und Leitung Burgkmairs – gefordert, da allein die erhaltenen Beschreibungen und Abbildungen (vgl. Objekt Nr. 71 und Nr. 72) der Malereien in keiner Weise den Schluß auf eine ausführende, bzw. auf eine konzipierende Hand zuließen [bg]. Daß das Thema mit dem Triumphzug des Kaisers Maximilian I. enge Beziehungen aufwies, muß für die Künstlerfrage keinesfalls ausschlaggebend sein. Dies ist nicht zwingend, wie schon die häufige Visierungstätigkeit dieser Zeit aufzeigt, daß meist die Konzeption auch über das Programm hinaus schon formal gestaltend in einem eigenständigen Entwurf festgelegt war und dann erst zur Realisation des Werkes übergegangen wurde. Die Bedeutung der Druckwerke für den Hof wird wohl nicht überschätzt, wenn man sie als Anlaß für große dekorative Wandgestaltung zu Grunde legt, deren endgültige Umsetzung aber nicht in den Händen BURGKMAIRS lag. In dieser Weise ist wohl auch die Beeinflussung der Wandgestaltung an den Fassaden der Fuggerhäuser zu sehen, die auf Grund der Äußerung Sandrarts ebenfalls als gesichertes Werk Hans I BURGKMAIR gelten.

Auch für das Anwesen in der Annastraße 19 ist die Erwähnung in Sandrarts »Teutschen Academie« 1675, daß BURGKMAIR das Gebäude bemalt habe, als Quelle nicht zwingend [bh]. Die Erfassung der Meister und die Scheidung der einzelnen Hände zu diesem Zeitpunkt war zu indifferent, was man schon daran erkennen kann, daß auch die Person Hans I BURGKMAIRS überhaupt erst wiedererkannt wurde. Über die Möglichkeiten und über den Umfang anderer Werkstätten gab es bis auf die HOLBEINS keine Überlieferung. Diesen Umstand begann erst Stetten in seiner Kunstgeschichte in Angriff zu nehmen, ohne jedoch den gesamten Kreis erfassen zu können.

Die späteren Wiedererwähnungen der Zuschreibungen Sandrarts an BURGKMAIR besitzen kaum weiteren Aussagewert, da sie sich nicht eingehend mit den Resten der Malereien befaßten, bzw. nach deren Zerstörung nur mehr die in der älteren Literatur genannten Erwähnungen erneut wiedergaben [bi].

So kann keine der für BURGKMAIR in Anspruch genommenen Wandmalereien mit primären Quellen belegt werden. Es wäre falsch ihm, allein durch seine heutige Bedeutung, auch alle in seinem Umkreis entstandenen Werke zuzuschreiben, nur um die ihm einmal zugeteilte Stellung zu bestärken.

Sonstige Überlieferung:

Hans I BURGKMAIR berichtet selbst auf einer Zeichnung den Zeitpunkt seiner Verlobung mit Anna ALLERLAY am 20.XII.1497, bei der Conrat PEUTINGER und der Stadtvogt Jörg OTT anwesend waren [bk] (vgl. Abb. Nr. III,2). Am 3.VII.1498 erfolgte die kirchliche Trauung, für die er wiederum den Zeitpunkt und seine Kleidung mittels einer Zeichnung überlieferte [bl]. Am 19.XII. wird er in einer Urkunde, mit der die Witwe seines Schwiegervaters Zinsrechte verkaufte, genannt [bm].

Am 3.VIII.1504 beauftragt er den Anwalt Jörg GESSLER, für ihn einen ausstehenden Hauszins einzutreiben [bn], was der einzige Gerichtsauftritt des sonst in geregelten Verhältnissen lebenden Meisters war.

Als Teilnehmer einer Zunftversammlung wird er am 15.XI.1525 erwähnt [bo]. Dieser Eintrag ist das einzige Zeugnis, daß Hans I BURGKMAIR außer bei den Vorstellungen seiner Lehrknaben aktiv an dem Leben der Zunftorganisation teilgenommen hat.

Mit 53 Jahren erkauft er sich zusammen mit seiner Frau ein Leibgeding, das ihm am 12.V.1526 zugesagt wurde [bp]. Bei der ersten Auszahlung, die in der Höhe von 40 fl am 18.V.1527 erfolgte, scheint die Höhe dieses Gedings auf 50 fl aufgestockt worden zu sein [bq], was auch die Auszahlung vom 16.V.1528 bestätigt [br]. Eine weitere Änderung wird am 24.VIII. des Jahres getroffen, als ein erneuter Leibgedingsbrief noch eine zweite Zahlung auf St.-Bartholomäus-Tag (24.VIII.) jeden Jahres festsetzt [bs]. Diese Zahlung wird noch am selben Tage vorgemerkt [bt] und dann ab dem Jahr 1529 zusätzlich zu den 50 fl ausbezahlt [bu]. Nachdem auch noch 1530 das Ehepaar den gesamten Betrag erhielt [bv], wird bei der Auszahlung vom 13.V.1531 nur mehr der halbe Satz verrechnet [bw], was bedeutet, daß Hans I BURGKMAIR an diesem Tag nicht mehr am Leben war.

Diese mehr bürgerlich anmutende Existenz des Meisters, der sich auch gänzlich von den Ämtern der Zunft und des Rates fernhielt, unterstreicht das Bild, das sich aus den Steuerbeträgen und auch aus den Primärquellen seiner Tätigkeit ergibt. Durch Heirat mit einer aus vermögendem Bürgerstand stammenden Frau, war er finanziell so abgesichert, daß die Auftragslage sich nie in Schwankungen zwischen den Schwörsteuerterminen niederschlug. Dies und die Beziehung zu Conrat PEUTINGER, der ihm alle größeren Aufträge auswärts besorgte und ihn auch innerhalb der Stadt protegierte, bildete die Grundlage für sein geregeltes Leben, das er so ziemlich als einziger Malermeister seiner Zeit in Augsburg noch durch eine von der Stadt gekaufte Rente für das Alter abzusichern wußte.

Als zweites Hauptmerkmal Hans I Burgkmair kommt dazu, daß er trotz seiner regen Tätigkeit keine Werkstattgruppe um sich bilden konnte. Keiner seiner Schüler ließ sich hier nieder, um im Umkreis des Meisters weiterzuarbeiten. So lag die Stärke seines Einflusses in seiner Tätigkeit als Visierer und in der großen Verbreitung seiner Werke, sei es als Drucke oder als Münzbilder.

Man muß in ihm einen Meister sehen, der sich von der Abhängigkeit der Zunftverbindung durch die Beziehungen nach außen und durch die sozial sichere Stellung loslöste, ohne jedoch einen weiter gespannten Wirkungsbereich für sich zu erringen. Erst die Auswirkung seiner Werke konnte diesen Rahmen seiner Person überwinden und durch die Verarbeitung bei sekundären Meistern und durch die Wiederaufnahme als Vorlagen bei anderen Künstlern den Raum gewinnen, den man heute gern seiner Person zuschreiben möchte.

Quellen:
Stadtarchiv Augsburg, Reichsstadt
STB.: 1498, 29c; 1499, 32c; 1500, 35a; 1501, 34c; 1502, 34b; 1503, 35b; 1504, 34b; 1505, 33c; 1506, 34a; 1507, 34a; 1508, 33d; 1509, 34b; 1510, 34d; 1511, 35a; 1512, 35b; 1513, 36a; 1514, 35d; 1515, 36c; 1516, 37d; 1517, 38d; 1518, 36d; 1519, 38b; 1520, 39b; 1521, 39d; 1522, 39d; 1523, 38d; 1524, 38a; 1525, 38c; 1526, 40c; 1527, 41c; 1528, 41d; 1529, 43c; 1530, 42b; //1531, 42b;
SCH. Nr. 72b, fol. 3v [e];
SCH. Nr. 72c, fol. 4r [d];
SCH. Nr. 72c, fol. 37v [g];
SCH. Nr. 72c, fol. 38v [k];
SCH. Nr. 72c, fol. 43v [n];
SCH. Nr. 72c, fol. 49r [o];
SCH. Nr. 72c, fol. 64v [bo];
SCH. Nr. 72c, fol. 37r [f];
SCH. Nr. 72c, fol. 38r [h, i];
SCH. Nr. 72c, fol. 41r [m];
SCH. Nr. 72c, fol. 46r [o];
SCH. Nr. 72c, fol. 51v [q];
BRB.: (für die Leibgedinge)
BRB. 1526, fol. 170v [bp];
BRB. 1528, fol. 170v [br];
BRB. 1529, fol. 170v [br];
BRB. 1530, fol. 166v [bv];
BRB. 1531, fol. 166v [bw];
BRB. 1527, fol. 170v [bq];
BRB. 1528, fol. 172r [bt];
BRB. 1529, fol. 172r [bu];
BRB. 1530, fol. 168r [bv];
BRB.: (für die Werke)
BRB. 1508, fol. 54v [ak];
BRB. 1514, fol. 55r [ao];
BRB. 1515, fol. 53v [aq];
BRB. 1520, fol. 54v [at];
BRB. 1521, fol. 74r [aw];
BRB. 1525, fol. 68r [az];
BRB. 1527, fol. 70v [bb];
BRB. 1514, fol. 54v [an];
BRB. 1515, fol. 51r [ap];
BRB. 1519, fol. 161r [as];
BRB. 1521, fol. 63v [av];
BRB. 1523, fol. 65r [ay];
BRB. 1527, fol. 65v [ba];
BRB. 1530, fol. 69v [bc];
GRB. 1497, p. 210a [u];
GRB. 1499, p. 293a [r];
GRB. 1504, p. 192b [bn];

Dreizehnerprotokoll 1526, fol. 53r [bp];
US. UK. v. 24.VIII.1528 [bs];
SpitA. Tit. I, thom. 19 Nr. 13 (s. fol.) [ac, ae, af];
SpitA. Tit. I, thom. 19 Nr. 2a, fol. 94v [ad];
Peutinger Konzept, vom 24.IX.1508 [ai];
Peutinger Konzept, vom 25.IX.1508 [ai];
Peutinger Konzept, Rechnungsbeleg von 1510 [am];
Stadtarchiv Augsburg, Evangelisches Wesensarchiv
Nr. 224 (UK. v. 19.XII.1500) [bm];
Bayerisches Hauptstaatsarchiv München
Hochstift Augsburg N. A. Nr. 5492, fol. 24r [al];
Bayerisches Nationalmuseum München Inv. Nr. MA 150 [au];

Germanisches Nationalmuseum Nürnberg
Imhoff-Archiv, fasc. 34, Nr. 4 [ax];
K. u. K. Reichsfinanzarchiv Wien (nach Zimmermann H. 1885)
Reg. Nr. 2287 [aa];
Reg. Nr. 2339 [ab];
Staatsgalerie Augsburg
Inv. Nr. 5341, Inv. Nr. 5346–5348, Inv. Nr. 5338–5340 [aj];
Inv. Nr. 5325–5327 [aj];
Inv. Nr. 3568 [t];
Bayerische Staatsbibliothek München
Cod. lat. m. 4009, fasc. 5, fol. 7r [ag];

Literatur:

Sandrart, Joachim von 1675, (nach ed. Peltzer 1925) p. 75/76 [bh];
Stetten Kunstgeschichte 1779, p. 276/277;
Stetten Kunstgeschichte 1788. p. 186/187;
Lipowski, Felix Joseph 1810, p. 35 [bi];
Waagen, Gustav Friedrich 1845, Bd. II, p. 27 ff. [bi];
Herberger, Theodor 1852, p. 36–38;
Huber, Edmund von 1875, p. 310–319 (Archivalienauszüge);
Vischer, Robert 1886, p. 512 [d], p. 540 [f], p. 542 [g, h, i, k], p. 544 [m], p. 546 [n], p. 550 [o], p. 554 [p, q], p. 567 [e];
Groeschel, Julius 1888, p. 240–255 [bg, bi];
Buff, Adolf 1892, Nr. 8600 [an], Nr. 8601 [ao], Nr. 8640 [as];
Buff, Adolf 1893, p. 31 [bh], 32–37 [bg];
Thiersch, Friedrich von 1902, p. 8 [bi];
Riehl, Berthold 1903, p. 85 ff.;
Valentiner, Wilhelm R. 1905, p. 61 [bn];
Röttinger, Heinrich 1908, p. 48–52 [bk, bl];
Thieme-Becker, Kstl. Lex. Bd. V (1911), p. 252–258 [be];
Rupé, Hans 1912, (graphisches Werk);
Hartig, Michael 1922, p. 24, 26, 29, 33, 36–39;
Hartig, Michael 1923, p. 41;
Dogson, Campbell 1928, 224 ff. [ag];
Parker, Theodor K. 1928, 208 ff.;
Rupé, Hans 1928, p. 208 ff.;
Schwisow, Theodor 1928, p. 12 [be];
Katalog Augsburg 1932, (Gemälde);
Burkhard, Arthur 1932, (Graphik);
Lieb, Norbert 1952 Bd. I, p. 92–120 [bg];
Müller, Hannelore 1955, p. 44–66 (Archivalienzusammenfassung)
Reitzenstein, Alexander von 1955, p. 265 ff.;
Behling, Lottlisa 1957, p. 150 ff.;
Katalog München 1963, p. 50–57, p. 210–212;
Katalog Karlsruhe 1964, Nr. 24;
Katalog Augsburg 1965, p. 142 ff., p. 161 ff.;
Katalog Augsburg 1967, p. 93–98, p. 100–104;
Falk, Tilman 1968, (besonders p. 112–120 Archivalienabdruck);
Katalog Nürnberg 1971, p. 133, p. 164;
Katalog Augsburg 1973, (graphisches Werk);
Katalog Coburg 1975, p. 37/38;
Wilhelm, Johannes 1977 MS, p. 203 [be, bf];
Katalog Augsburg 1978, p. 136–143, p. 146–151;
Wilhelm, Johannes 1979, p. 114 [bf];
Katalog Augsburg 1980, Bd. I, p. 136/137, p. 141, p. 168, p. 176/177, p. 235–237; Bd. II, p. 23 [bi], p. 234.

Nr. 40	**Burlin Jos**	Maler

(Buerlin, Pirlin, Bierlin, Purlin)

Eine Verbindung dieses nur in den Steuerlisten nachweisbaren Malers zur Zunftorganisation kann nicht belegt werden. Es dürfte sich bei ihm um einen untergeordneten Gesellen oder Meister gehandelt haben, der nie das volle Bürgerrecht erwarb, wie es aus seinen bezahlten Steuerbeträgen hervorgeht. Es ist auch fraglich, ob die Lebensdaten des von 1500 bis 1506 bei dem Glaser Hans Ost lebenden Malers mit den Daten seines Aufenthaltes in Augsburg identisch sind.

Eine weitere Überlieferung für seine Person existiert in Augsburg nicht.

Wohnhaft in Augsburg:
1500–1506 Vom Gablinger bad
1507–1512 Vom Rathawß

Steueraufkommen:
1500–1512 2 lib (= Steuer für Nichtbürger)

Quellen:
Stadtarchiv Augsburg, Reichsstadt
STB.: 1500, 30c; 1501, 30c; 1502, 30c; 1503, 31d; 1504, 30a; 1505, 29c; 1506, 30a; 1507, 38a; 1508, 38a; 1509, 38b; 1510, 38d; 1511, 38c; 1512, 39a.

C, K

Nr. 41 Kaltenofen Peter
42 Karrer
43 Caspar
44 Kesselmann Johannes
45 von Ketz C.
46 von Ketz Kaspar
47 von Ketz Greta
48 von Ketz Haintz
49 von Ketz Hans
50 von Ketz Leonhart I
51 von Ketz Leonhart II
52 von Ketz Michael
53 Claus
54 Klesatel Johannes
55 Kletzinger
56 Kletzinger C.
57 Knoder Hans
58 Kramer Balthasar
59 Kropffenstain Ludwig
60 Kron Hans I
61 Kron Hans II

Nr. 41	**Kaltenofen Peter**	Maler

(Kalltenhoffer, Kelltenofen, Kaltenhofer, Keltnofen, u. ä.)

Gerechtigkeitserwerb: 1447/1448;

Gestorben: nach dem 7.V.1488/vor dem 16.X.1489 [a];

Wohnhaft in Augsburg:
1448–1449 Vom rappolt
1451–1488 An der horbrugg

Steueraufkommen:

1448–1456	Habnit-Steuer
1457	5 groß
1458	10 groß
1459–1460	Habnit-Steuer
1461	10 groß 3 dn
1462	2 lib
1463–1465	1 lib
1466	1½ lib
1467	45 dn
1468	1 fl
1469–1471	45 dn
1472–1474	(60 dn) 45 dn
1475–1479	Kopfsteuer
1480–1485	(45 dn) 11 dn
1486–1487	(45 dn) 18 dn
1488	(60 dn) 24 dn

Werkstattverbindungen (vgl. Werkstattschema Nr. III):
Erst gegen Ende seines Lebens arbeitet er 1485 gleichzeitig mit Ulrich I Apt zusammen am Frauentorturm. Während dabei eine Arbeitsgemeinschaft mit Sicherheit ausgeschlossen werden kann, ist dies bei dem Auftrag der Bischofporträts nicht so klar zu entscheiden, da in diesem Fall der Auftrag an beide Meister vergeben wurde. Jedoch ist es nicht von der Hand zu weisen, daß diese sich die größere Anzahl der Tafelbilder in zwei »Gewerke« aufgeteilt haben, die sie unabhängig voneinander anfertigten. (Für seine Verbindung zu der Malersippe von Ketz vgl. Nr. 52).

Es ist nicht zu klären, ob der auf der Zeichnung des Berliner Kupferstichkabinetts von 1502 dargestellte »Kristof Koltenoven« direkt mit ihm verwandt war. Es scheint aber ziemlich unwahrscheinlich, daß er der Sohn des Augsburger Meisters war. Eher dürfte er von einem anderen Mitglied der Augsburger Familie abstammen [b].

Werke:
Der Maler Peter Kaltenofen ist ab dem Jahre 1451 für die Baumeister tätig. Sein erster Auftrag war um 22 fl 3 groß das Manghaus zu bemalen, was für ihn am 3.VI. abgerechnet wurde [c]. 1454 liefert er für 3 fl Scheiben für das Ungeldhaus [d] und erhält auch noch 5 lib für den »künich« (?) am Perlachturm [e]. 1455 werden ihm 5 lib für eine Fahne und eine »löfferbuchs« (Botentasche) [f] bezahlt. Auch wird er im selben Jahr für Malerarbeiten am Rathaus [g] entlohnt.

Das größte Ausmaß erreichen seine Arbeiten für die Stadt 1457. Es scheint sich dabei um mehrere zugleich laufende Arbeiten am Frauentorturm und am Zeughaus (?) gehandelt zu haben. Nachdem ihm zunächst 80 fl noch für alte Arbeiten abgegolten wurden [h], erhält er für die Bilder und Wappen am Frauentor 4 fl am 23.VI., 3 fl am 6.VIII. und je 10 fl am 27.VIII. und am 24.IX. ausgehändigt [i]. Die Endabrechnung um 10 fl Lohn und je 1 fl Trinkgeld für seine Frau und seine Gesellen am 5.XI. nennt dann auch nicht näher bezeichnete Arbeiten an dem Zeughaus (?) innerhalb dieser Auftragsserie dieses Jahres [k].

Aus dem gleichen Jahr hat sich die Vertäfelung der Zunftstube der Weber erhalten, die durch die Inschrift am Türstock für ihn gesichert ist [l]:

Anno Dõini 1457
das man die stūb
en malen lies pe
ter kaltennoff der
mäler hieß

Der Wert dieses gesicherten Werkes wird erheblich durch die verschiedenen Erneuerungen geschmälert. Schon 1538 erneuerte Jörg II Breu die Malereien, 1601 ist eine weitere durch Johann Herzog durch Inschrift gesichert. Eingriffe in die Substanz der Vertäfelung scheinen aber erst bei der Übertragung in das Bayerische Nationalmuseum vorgenommen worden zu sein, so daß man diese Bilder mit Vorsicht dennoch zur Erfassung des Stils Peter KALTENOFENS heranziehen kann. Die Bedeutung als einzig erhaltener Zyklus größeren Ausmaßes der Augsburger Malerei Mitte des XV. Jahrhunderts ist diesen Bildern auf keinen Fall abzusprechen, wenn man von der gleichzeitigen Buchmalerei einmal absieht.

Entstanden ist das Werk höchstwahrscheinlich während des Jahres 1456, da die Dichte der Arbeiten, die er 1457 für die Stadt ausführte, ihm keine Zeit für die Erledigung eines solchen Großauftrages gelassen haben dürfte.

Am 20.V.1458 berechnet KALTENOFEN den Baumeistern weitere 8 fl, die, wie die Restzahlung vom 23.VI. aufzeigt, für Arbeiten am »gloggentürmlin« (des Rathauses?), in der neuen Ratsstube und für einen Tisch galten und mit 8 fl 6 groß Lohn und Trinkgeld abgerechnet werden [m]. Zweimal erhält er 1459 Zahlungen für angestrichene Öfen in der Höhe von 60 dn [n] und 11 groß [o], wobei es sich dabei um rein handwerkliche Arbeiten gehandelt haben dürfte.

Nach diesen Aufträgen ist für Peter KALTENOFEN für eine längere Zeit keine Tätigkeit archivalisch zu belegen, was möglicherweise auf eine stärkere Betätigung für private Auftraggeber hindeutet. Erst 1485 erscheint er wieder in den Baumeisterrechnungen. Am 3.IX. erhält er 10 lib 1 ß 2 dn für Arbeiten »am Turn und Stul vff vnser frawen Thurm«, an dem zur gleichen Zeit auch Ulrich I APT beschäftigt ist [p].

Ganz gegen Ende seines Lebens erhält er am 26.X.1487 [q] zusammen mit Thoman BURGKMAIR den Auftrag, die Bischofsbildnisse für den Dom zu malen. Das am 6.II.1488 erstellte Geding weist für je fünf Bilder den Betrag von 2 fl aus, wozu noch eine abschließende Geschau durch einen Goldschmied und einen Maler als Bedingung in einer Klausel hinzugefügt wurde [r] (vgl. Nr. 38). Diese Bilder wurden 1591 in die St.-Moritz-Kirche übertragen, wo sie allerdings nicht mehr erhalten sind. Inwieweit dieser Bischofskatalog mit dem des Augsburger Codex Aug. I, der nach 1480 entstanden ist [s], in Beziehung zu setzen ist, kann man heute nicht mehr entscheiden. Es zeigt sich aber darin, daß ein solches Projekt einer fiktiven Porträtreihe in diesen Jahren in mehreren verschiedenen Ansätzen erarbeitet wurde.

So scheint sich Peter KALTENOFEN durch seine bei privaten Aufträgen bewiesene Fertigkeit für charakteristische Personendarstellungen, die sich auch schon bei den Kurfürsten- und Philosophenporträts der Weberzunftstube abzeichnete, für diesen Auftrag empfohlen zu haben.

Sonstige Überlieferungen:

Am 11.VII.1480 wird seine Frau von ihrer Magd WALTBURG wegen 7 groß vor dem Gericht angeklagt, da sie ihr anscheinend ihren Lohn nicht ausbezahlen wollte [t]. Helena KALTENOFEN, die Tochter des Malers, verklagt am 2.IX.1484 ihren Vater, da er den »halben Keller« eines Hauses, das ihr aus dem Erbteil ihrer Mutter zustand, verkauft hatte. Am selben Termin hatte er sich auch gegenüber Leonhart RECHLINGER wegen einer Schuld von 10 fl ausstehenden Hauszinses zu verantworten. Bei dieser Verhandlung mußte sich der Maler verpflichten, all diese Mißstände zu begleichen bzw. rückgängig zu machen [u]. Dennoch kommt es am 20.IV. 1485 nochmals wegen ausstehenden Hauszinses zu einer Verhandlung mit Leonhart RECHLINGER [v].

Zum letzten Mal ist er außerhalb der Steuerlisten am 7.V.1488 als lebend erwähnt, als ihn die Frau des Gürtlers VTZ um den Betrag von 1½ fl verklagt [w].

All diese Prozesse zeigen die Eigenschaft sorglosen Umgangs mit wirtschaftlichen Dingen, mit denen der Meister anscheinend gegen Ende seines Lebens nicht so ganz zurechtkam.

Quellen:

Stadtarchiv Augsburg, Reichsstadt

STB.: 1448, 24c; 1449, 23b; 1451, 18a; 1452, 18a; 1453, 18a; 1454, 18d; 1455, 18d; 1456, 22c; 1457, 21a; 1458, 20b; 1459, 21b; 1460, 18c; 1461, 18c; 1462, 25b; 1463, 21b; 1464, 21a; 1465, 21c; 1466, 20d; 1467, 20d; 1468, 19b; 1469, 22c; 1470, 22d; 1471, 22b; 1472, 21d; 1473, 20c; 1474, 18c; 1475, 18d; 1476, 19d; 1477, 21d; 1478, 22b; 1479, 22b; 1480, 22b; 1481, 22a; 1482, 23a; 1483, 22c; 1484, 22c; 1485, 22c; 1486, 23b; 1487, 23b; 1488, 25d;

SCH. Nr. 72b, fol. 2v [a]; SCH. Nr. 72c, fol. 92v (Frau);

BRB. 1451, fol. 64r [c]; BRB. 1455, fol. 78v [d];

BRB. 1454, fol. 81r [e]; BRB. 1455, fol. 58v [f];

BRB. 1455, fol. 158r [g];
BRB. 1457, fol. 1r [i, k];
BRB. 1457, fol. 122r [h];
BRB. 1458, fol. 2v [m];
BRB. 1459, fol. 61v [o];
BRB. 1459, fol. 64r [n];
BRB. 1485, fol. 30r [p];
GRB. 1480, p. 164a [t];
GRB. 1484, p. 190b/191a [u];
GRB. 1485, p. 69b [v];
GRB. 1488, p. 105a [w];
Staats- und Stadtbibliothek Augsburg
Cod. Aug. I, fol. 264–227 [s];
Bayerisches Hauptstaatsarchiv München
Hochstift Augsburg N. A. Nr. 5487, fol. 160v [q];
Hochstift Augsburg N. A. Nr. 5487, fol. 177v [r];

Chroniken:
Städtechr. V., p. 215 [h, i], Anm. 2 [i, k, l, g];

Literatur:
Stetten Kunstgeschichte 1779, p. 271/272 [l];
Lipowsky, Felix Joseph 1810, Bd. I p. 140 [g, i, l];
Braun, Placidus 1829, p. 28 [q, r];
Waagen, Gustav Friedrich 1845, p. 5/6 [k];
Herberger, Theodor 1852, p. 34 [l];
Vischer, Robert 1886, p. 502 (Frau), p. 566 [a];
Hoffmann, Robert 1887, p. 11 [i, k] Anm. 32 [l];
Bredt, Ernst Wilhelm 1900, p. 45 [s];
Baum, Julius 1907, p. 64 [g], Anm. 3 [i, k, l];
Vetter, August 1910, p. 36 [q, r];
Hartig, Michael 1922, p. 21 [g];
Christoffel, Ulrich 1927, p. 50 [l];
Lehmann-Haupt, Helmut 1929, p. 183/184 Kat. Nr. 3 [s];
Thieme-Becker Kstl. Lex. Bd. XIX (1929), p. 486/487;
Lieb, Norbert 1934, p. 344 [q, r];
Lieb, Norbert 1937, p. 17 ff. [l];
Eberlein, Hans 1939, p. 66 [m] mit falschem Datum, p. 67 [i];
Winkler, Friedrich 1948, Kat. Nr. 3 [b];
Heer, Friedrich 1955, p. 111, p. 131 [l];
Götz, Wolfgang 1956, B. 275, B. 382 [l];
Wyss, Robert L. 1957, p. 88/89 [l];
Dussler, Hildebrand 1971, p. 105 [l, q, r];
Blendinger/Zorn 1976, p. 47 Nr. 85 [l], p. 91 Nr. 259 [i, k].

Nr. 42 **Karrer** Maler

Da es sich auf Grund der Eintragung im Steuerbuch nicht entscheiden läßt, ob Karrer oder Maler die Berufsbezeichnung vorstellt, muß man die Identifizierung dieses »Malers« aus der Zeit vor der Zunftverfassung als nicht gesichert bezeichnen, wenn sich nicht noch weitere Belege auffinden lassen.

Nachweisbar in Augsburg:
1359 Ans klebsattels gaß

Quelle:
Stadtarchiv Augsburg, Reichsstadt
STB.: 1359, 11c.

Nr. 43	**Caspar**	Briefmaler

Dieser als Briefmaler, als spezialisierter Illuminist, auftretende Maler ist in keiner Weise in einer Verbindung zur Zunft zu stellen. Dies dürfte als Beleg zu sehen sein, daß Briefmaler, Illuministen und zeichnende bzw. illuminierende Schreiber nicht dem Maße dem Zunftzwang unterlagen als die Meister, die sich mit der Tafelmalerei und mit der Wandmalerei befaßten.

Wohnhaft in Augsburg:

1488	An der wuerin Pruelpruck
1489	in der Prediger garten

Steueraufkommen:

1488–1489	Habnit-Steuer

Quellen:
Stadtarchiv Augsburg, Reichsstadt
STB.: 1488, 15b; 1489, 19c.

Nr. 44	**Kesselmann Johannes**	Schreiber

Gerechtigkeitserwerb: vor 1442 [a];

Gestorben: vor 1460;

Nachweisbar in Augsburg:

1442	durch Eintrag in der Zunftliste
1443–1447	—
1448–1449	Vom Ror
1451–1452	Vom Ror

Steueraufkommen

1448–1452	3 groß

Überlieferung/Werkstattverbindungen:
1442 ist Johannes KESSELMANN als selbständiges Mitglied der Zunft in der Musterungsliste aufgeführt [a]. Der Meister, dessen Beruf dort, wie auch bei den wenigen Einträgen in den Steuerbüchern, die sich für ihn eindeutig sichern ließen, als »Schreiber« bezeichnet wird, läßt sich in anderen Archivalien nicht auffinden, so daß keine weiteren Angaben zu seinem Leben und zu seinem Werk möglich sind. Sein Tod muß in die Zeit vor 1460 fallen, da er in dem Vorspruch des Zunftsatzungsbuches nicht mehr erwähnt ist.

So ist es auch fraglich, ob der Wechsel seiner Behausung an 1452/1453 an den Schreiber und Drucker Johannes BÄMLER (vgl. Nr. 24) eine Übernahme nach seinem Tod oder ein normaler Wohnungswechsel darstellt. Nach diesem Zeitpunkt läßt sich KESSELMANN Johannes jedenfalls nicht mehr nachweisen.

Quellen:
Stadtarchiv Augsburg, Reichsstadt
STB.: 1448, 21d; 1449, 21c; 1451, 20c; 1452, 20d; 1453,
SCH. Nr. 46b, s. fol. [a].

Nr. 45	**von Ketz C.**	—

Mitglied der ersten Generation der Malersippe von Ketz, von dem mit Sicherheit weder der Beruf noch die Lebensdaten angegeben werden können, da es nur in einem Beleg sicher faßbar ist (vgl. Werkstattschema Nr. IV).

Nachweisbar in Augsburg:
1398 Vom Ror

Quelle:
Stadtarchiv Augsburg, Reichsstadt
STB.: 1398, 16a;

Nr. 46	**von Ketz Kaspar**	Maler

(Ketzz, Kötzz, Chötzz)

Lehre: nach 1405 bei seinem Vater Hans von Ketz [a];

Gerechtigkeitserwerb: 1415/1416;

Gestorben: 1444/1445;

Wohnhaft in Augsburg:

1416–1417	Von dem Diepold
1418–1419	Von dem Nagengast
1420–1422	—
1423–1435	Am Judenberg (Vnder den tollenstain)
1436–1437	—
1438–1444	An der horbrugg

Steueraufkommen:

1416–1419	10 ß
1426–1427	5 ß

in den anderen Jahren Habnit-Steuer

Werkstattverbindungen (vgl. Werkstattschemata Nr. IV und V):

Neben der durch seine Ausbildungszeit belegten Verbindung zu seinem Vater ist die Zusammenarbeit bei den städtischen Großaufträgen am Perlachturm und am Turm »im Vogelsang« (dem heutigen Luginsland) mit den Malern Kron Hans I und Hartmann für die Jahre 1436 und 1437 bezeugt. Die in diesem Zusammenhang stehenden Einträge in den Baumeisterbüchern, »seinen prüdern« bzw. »seinem pruder«, veranlaßten Hoffmann sie auf einen jüngeren Hans von Ketz zu beziehen. [b]. Beachtet man aber die Stellung und Reihenfolge der Einträge, so muß man diese auf einen (oder mehrere) Bruder (Brüder) von Hartmann bezogen sehen, welcher dann im Jahre 1437 durch Kron Hans I abgelöst wurde (vgl. zu der Frage eines jüngeren Hans von Ketz auch Nr. 49).

Im Jahre 1438 arbeitet dann ein Sohn Kaspars (Michael von Ketz?), wie es aus einer Trinkgeldzahlung hervorgeht, in seiner Werkstätte mit [c]. Ob es der gleiche Sohn war, der schon 1423 und 1424 mit ihm zusammenwohnte, kann nicht mehr geklärt werden.

Werke:
Für Kaspar von Ketz sind nur mehr die Tätigkeiten für die Stadt in den Jahren 1436 mit 1440 zu belegen.

Darunter stellt der Auftrag der Bemalung des Perlachturmes und des Turms »im Vogelsang« in den Jahren 1436 mit 1438 den Schwerpunkt seines Wirkens dar (vgl. Beilage Nr. XIII, 1–3; vgl. Nr. 8, Nr. 60, Nr. 108) [d]. Als einziger der dabei zusammenarbeitenden Meister scheint er an beiden Aufträgen zugleich beteiligt gewesen zu sein, was einen Rückschluß auf eine leitende Funktion bei diesem städtischen Großauftrag zuläßt. Damit kann auch der Hinweis in Übereinstimmung gebracht werden, daß er als einziger der Maler nicht »gedungen« wurde [e] und ebenso, daß er sowohl für die Anfertigung der zum Perlachturm gehörenden Schilde als auch für die übrigen Malereien »zum Turm« jeweils die größten Entlohnungen abrechnete. So ist Kaspar von KETZ auch der einzige Maler, der über die gesamte Zeit an diesem städtischen Sonderauftrag arbeitet und auch noch 1438, als die übrigen Ausführungen schon alle abgeschlossen waren, für einen Nachtrag von 25 Schildern 43 lib 15 ß erhält [c].

Ob diese Zusammenarbeit bei diesem Auftrag über ein Nebeneinanderherarbeiten in einem Werkstattkonglomerat hinausging, läßt sich aus den erhaltenen Unterlagen nicht mehr eindeutig rekonstruieren, vor allem weil uns weder Beschreibungen noch bildliche Überlieferungen der Arbeiten zur Verfügung stehen. Die sich aus den Rechnungen abzeichnende Bedeutung des Kaspar von KETZ als Hauptträger der Ausführung würde dieser Auffassung allerdings widersprechen.

Neben diesem Großauftrag fertigte er 1437 ein Gemälde (Tafelbild?) um 3 lib für die Trinkstube an [f] und erhielt 21 groß im Jahre 1438 um 19 »pottenpüchs« (Botentaschen?) zu bemalen [g]. 1440 malte er für 22 groß zehn Fahnen [h] und rechnet im gleichen Jahr 11 groß für vier weitere Fahnen und ein Pfund »Könswarz« (Farbstoff?) ab [i]. Das bei Stetten erwähnte Jüngste Gericht, das er 1457 gemalt haben soll, muß man wohl doch eher dem in dieser Zeit arbeitenden Michael von KETZ zuweisen.

Sonstige Überlieferungen:
Kaspar von KETZ wird sowohl in der Musterungsliste des ersten Schmiedezunftbuches von 1407/1418 als auch in der Musterungsliste der Schmiede von 1442 als Maler genannt [k].

Quellen:
Stadtarchiv Augsburg, Reichsstadt
STB.: 1416, 13a; 1417, 12b; 1418, 12d; 1419, 11d; 1423, 16a; 1424, 13a; 1425, 10c; 1426, 13c; 1427, 16a; 1428Huss., 18b; 1428, 15c; 1429, 14b; 1430, 13c; 1431, 14d; 1432, 12d; 1433, 14d; 1434, 10c; 1435, 14c; 1438, 14b; 1439, 13b; 1440, 14d; 1441, 15d; 1442, 14d; 1443, 17d; 1444, 17c;
SCH. Nr. 46a, p. 92 [k];
SCH. Nr. 46b, s. fol. [k];
BRB. 1405, fol. 72v [a];
BRB. 1436, fol. 2v [b, d];
BRB. 1437, fol. 1r [d];
BRB. 1438, fol. 2v [c, d];
BRB. 1440, fol. 94r [h, i];
BRB. 1436, fol. 2r [b, d, e];
BRB. 1436, fol. 53r [d];
BRB. 1437, fol. 92v [f];
BRB. 1438, fol. 63v [g];

Chroniken:
Städtechr. V, p. 158,4 mit Anm. 1 [d];

Literatur:
Stetten Kunstgeschichte 1788, p. 184 [d];
Lipowsky, Felix Joseph 1810, p. 160 [d];
Herberger, Theodor 1852, p. 33 [d];
Hoffmann, Robert 1887, p. 35/36 [b, d, h, i];
Thieme-Becker Kstl. Lex. Bd. XXI (1927), p. 195 [d].

Nr. 47	**von Ketz Greta**	Malerin

Nach dem Tode Leonhart II von Ketz tritt neben dessen Frau auch eine Greta von Ketz als »Malerin«, bei einer »alt Goldschlagerin« wohnend, in Erscheinung. Ob diese Verwandte des Meisters auch nach der Auflösung der Werkstätte kleinere Arbeiten durchführte, kann nicht ergründet werden. Für sie scheint es aber im Gegensatz zu der Witwe des Meisters festzustehen, daß sie selbst im Handwerk tätig war, da die Berufsbezeichnung normalerweise auf entferntere Verwandte nicht übertragen wurde. Eine Verbindung zur Zunft kann allerdings nicht belegt werden.

Nachweisbar in Augsburg:
1476–1478 Vom Diepolt

Steueraufkommen:
1476–1478 Kopfsteuer

Quellen:
Stadtarchiv Augsburg, Reichsstadt
STB.: 1476, 20b; 1477, 22b; 1478, 21d.

Nr. 48	**von Ketz Haintz**	—

Mitglied der dritten Generation der Malerfamilie von Ketz, das nach dem Tode der Frau des Leonhart I von Ketz anscheinend einen eigenen Haushalt gründete, bevor es abgewandert ist. Weitere Daten wie auch ein genauer Beleg über die Berufsausübung fehlen.

Nachweisbar in Augsburg:
1452 ins Nathans Garten

Quelle:
Stadtarchiv Augsburg, Reichsstadt
STB.: 1452, 5b.

Nr. 49	**von Ketz Hans**	Maler

(Ketzz, Ketzen, Kötz)

Gerechtigkeitserwerb: 1388/1390;

Gestorben: nach 1442;

Wohnhaft in Augsburg:

1390–1394	An der Pfaffengaß
1395	Vom Ror
1396–1399	—
1400–1403	am Schwal
1404–1405	—
1406	am Schwal
1407	—
1408	Vom Ror
1409–1410	an dem Judenberg
1411–1412	—

1413	Vom Ror
1414	—
1415	am Judenberg
1416–1417	von dem Diepold
1418	in der Bächin Hof
1419–1422	auf dem Tollenstain
1423–1426	am Judenberg
1427–1428	Vom Ror
1429–1433	—
1434–1435	Vom Murdigl
(1442)	(in der Musterungsliste der Maler erwähnt)

Steueraufkommen:

1403	2 ß
1416–1423	10 ß
1424/1426	5 ß

in den anderen Jahren steuert er Habnit-Steuer

Werkstattverbindungen (vgl. Werkstattschema Nr. IV):
Hans von KETZ wohnte und arbeitete (?) 1408 mit BARTHOLOME I zusammen.

Anhand eines Eintrages des Jahres 1405 bei der Bezahlung von Quatembergeldern in den Baumeisterrechnungsbüchern kann man nachweisen, daß sein Sohn Kaspar von KETZ (vgl. Nr. 46) bei seinem Vater die Ausbildung erhielt [o]. Auch 1416 und 1417 wohnte dieser Sohn als ausgebildeter Sohn bei ihm. Ob sich daraus eine Zusammenarbeit ableiten lassen kann, ist fraglich.

Werke/Überlieferung:
Für Hans von KETZ, das älteste bekannte Mitglied der Malersippe, läßt sich besonders in der Zeit von 1406 bis 1422 die Tätigkeit für die öffentliche Hand belegen. So empfängt er am 11.XI. 1406 13 fl für das Zifferblatt und die Vergoldung der Uhr am »Horturm« [a]. 1407 bearbeitet er das »geschnitz« an dem gleichen Turm um 6 fl und erhält im Laufe dieses Jahres noch zwei Nachzahlungen für diese Arbeiten in Höhe von 2 lib und 6 lib [b]. Auch »fidert« er Pfeile in diesem Jahr im Auftrag der Stadt, wobei er zweimal 2½ lib für je 1500 Stück und einmal 7 lib 4 ß für 4300 Stück als Lohn erhält [c]. 1413 werden ihm nochmals 3 fl Lohn und 3 fl »pesserung« für eine Uhr ausgezahlt [d], und 32 ß erhält er für die Bemalung der Schilder auf die Schenkkannen (des Rates?) [e]. 1421 bemalt er vier Fahnen und drei Köpfe für Zelte um 4 lib und zwei »Büchßlachn« um 4 groß [f]. Auch im folgenden Jahr werden ihm nochmals 3½ ß für Fahnen und Schilde am 16.XII. von den Baumeistern bezahlt [g]. Diese Aufträge dürften im direkten Zusammenhang mit den Quatembergeldzahlungen für Hans von KETZ stehen, die dieser in den Jahren 1403, 1405, 1406, 1407 sowie 1410 und 1413 erhält [h]. Ob sich daraus allerdings eine feste Anstellung dieses Meisters quasi als »Stadtmaler« unter den Baumeistern folgern läßt, ist fraglich, da eine zu große Anzahl der öffentlichen Aufträge an andere Meister vergeben wurden.

Ganz im Gegensatz zu diesen handwerklichen Arbeiten stehen die Überlieferungen, die in den Chroniken erhalten sind. So berichtet Hector MÜLICH für das Jahr 1406, daß er die Tafel des Fronaltares in St. Ulrich für 300 fl gemalt habe [i]. Die Annalen des Benediktinerfraters Johannes FRANK belegen die Ausführung der Tafel des Frühmeßaltares in St. Ulrich an 1456 durch einen Meister Hans von KETZ, der dafür 400 fl erhalten haben soll [k]. Clemens SENDER berichtet dagegen in dem gleichen Jahr für den Meister die Fertigstellung einer Tafel für den Frühmeßaltar im Dom um 300 fl [l]. Da aber die Zechpflegebücher des Domes für 1423 die Aufstellung des Frühmeßaltares und seiner Tafel berichten, wird man wohl für den Eintrag Senders eine Verwechslung zugrunde legen müssen [m].

Die Tatsache, daß Hans von KETZ in der Zeit nach 1435 nur mehr in der Musterungsliste des Jahres 1442 genannt ist, steht der Überlieferung FRANKS so unvermittelbar gegenüber, daß man noch am ehesten einen gleichnamigen, eventuell auswärts lebenden Meister annehmen möchte.

Dieser läßt sich aber in keiner anderen Unterlage nachweisen. Trotzdem muß aber die Möglichkeit, daß der hochbetagte Meister noch ein Bild für das Kloster anfertigte, erwogen werden, da ein Irrtum des Fraters hinsichtlich des Namens und der Datierung nicht zu erwägen ist, da er in demselben Jahr in den Konvent eintrat. Eine eindeutige Klärung all dieser Widersprüche aber ist derzeit auf Grund der vorhandenen Quellen nicht mehr möglich.

Quellen:
Stadtarchiv Augsburg, Reichsstadt
STB.: 1390, 22b; 1391, 21a; 1392, 26b; 1393, 21b; 1394, 16c; 1395, 12a; 1400, 12b; 1401, 10d; 1402, 11a; 1403, 11b; 1406GST., 15v; 1408, 11b; 1409, 10b; 1410, 10c; 1413, 15b; 1415, 12b; 1416, 13a; 1417, 12b; 1418, 12d; 1419, 11c; 1420, 13a; 1421, 14d; 1422, 15a; 1423, 16a; 1424, 13a; 1425, 10c; 1426, 13c; 1427, 19c; 1428Huss., 22b; 1428, 19c; 1434, 10d; 1435, 15a;
SCH. Nr. 46a, p. 79, p. 92;
SCH. Nr. 46b, s. fol.;
SCH. Nr. 139, fol. 35r [m];
BRB.: (für die Arbeiten)
BRB. 1406, fol. 66v [a]; BRB. 1407, fol. 55v, fol. 61v, fol. 65v [b];
BRB. 1407, fol. 60r, fol. 61r, fol. 63r [c];
BRB. 1413, fol. 64v [d]; BRB. 1413, fol. 53v [e];
BRB. 1421, fol. 20v [f]; BRB. 1422, fol. 71r [g];
BRB.: (für die Quatembergeldzahlungen) [h]
BRB. 1403, fol. 68r, fol. 68v, fol. 74r;
BRB. 1405, fol. 72v, [o], fol. 82v;
BRB. 1406, fol. 50v, fol. 56v, fol. 60r, fol. 62r, fol. 69r;
BRB. 1407, fol. 47v, fol. 54r, fol. 65v;
BRB. 1410, fol. 34v, fol. 38v, fol. 42r, fol. 46v;
BRB. 1413, fol. 52v, fol. 55v, fol. 59v, fol. 61v;

Chroniken:
Städtechr. XXII, p. 52,6 [i];
Städtechr. XXV, p. 310,26 [k];
Städtechr. XXIII, p. 37,29 [l];
Gasser, Sp. 1546 [a];
Stetten, Paul von Bd. I, p. 141 [a];

Literatur:
Stetten Kunstgeschichte 1779, p. 270 [i];
Stetten Kunstgeschichte 1788, p. 184 (die hier erwähnten Malerarbeiten in der Gerichtsstube lassen sich keinesfalls für Hans von Ketz sichern);
Lipowsky, Felix Joseph 1810, Bd. I, p. 160;
Waagen, Gustav Friedrich 1845, Bd. II, p. 5 (fälschlich als Herman von Ketz erwähnt);
Herberger, Theodor 1852, p. 33 [i];
Hartig, Michael 1922, p. 22 [k];
Hartig, Michael 1923, p. 34 [k];
Thieme-Becker Kstl. Lex. Bd. XXI (1927), p. 195.

Nr. 50 **von Ketz Leonhart I** Maler

(Kettz, Ketzz, Kötzz, Keecz)

Gerechtigkeitserwerb: 1409;

Zwölfer im Großen Rat: 1445, 1446 [a];

Gestorben: 1449/1451;

Wohnhaft in Augsburg:

1409–1412	Vnter den Lederern
1413–1415	an dem Judenberg
1416–1417	—
1418–1426	an dem Judenberg
1427–1431	vnder den Lederern
1432	vom Ror
1433–1434	Am Judenberg
1435	—
1436	Am tollenstain
1437–1449	Am Judenberg
1451	//Witwe nachweisbar

Steueraufkommen:

1410–1415/	10 ß
1418–1423	
1424–1427	5 ß

in den anderen Jahren steuert er Habnit-Steuer

Werke/Überlieferung:
Leonhart I von Ketz wurde bisher in der Literatur nicht von seinem Sohn Leonhart II unterschieden, obwohl ihn die Quellen deutlich als eine eigene Persönlichkeit abheben.

So erwähnt schon die Zunftliste des ersten Schmiedezunftbuches aus der Zeit von 1407–1418 einen Sohn [b], der allerdings nicht mit Leonhart II identisch sein kann. Daß für den Meister, der sowohl in der Musterungsliste dieses ersten Schmiedezunftbuches [c] als auch in der des Jahres 1442 eingetragen ist [d], keine Werke archivalisch überliefert sind, muß man wohl hauptsächlich mit dem Umstand begründen, daß er in erster Linie für Privatpersonen gearbeitet hat.

Es dürfte aber zu weit gehen, wenn man ihn auf Grund eines Namenseintrags in der Maihinger Handschrift des »Speculum humane salvationis« (ehemals Fürstlich Oettingen-Wallerstein'sche Bibliothek Maihingen, Cod. I,2 (lat.) fol. 25) [e] nur als einen Buchmaler und in diesem Fach lediglich als »ein sehr durchschnittliches Talent« sehen wollte [f]. Gegen diese Generalisation anhand dieses Einzelwerkes spricht neben der Möglichkeit, daß es sich auch ohne weiteres auf seinen Sohn Leonhart II beziehen ließe, auch die Anerkennung, die er innerhalb der Zunft durch seine Kollegen erfuhr und welche sich in seiner Mitgliedschaft als Zwölfer im Großen Rat der Stadt ausdrückt.

Quellen:
Stadtarchiv Augsburg, Reichsstadt
STB.: 1409, 9b; 1410, 9d; 1411, 11b; 1412, 8b; 1413, 10d; 1414, 12c; 1415, 12b; 1418, 12a; 1419, 11a; 1420, 12c; 1421, 14b; 1422, 14b; 1423, 15d; 1424, 12d; 1425, 10b; 1426, 13b; 1427, 14d; 1428 Huss., 16d; 1428, 14a; 1429, 13a; 1430, 15b; 1431, 13c; 1432, 15d; 1433, 14c; 1434, 10b; 1436, 12c; 1437, 11d; 1438, 13b; 1419, 12b; 1440, 13c; 1441, 14c; 1442, 13c; 1443, 16b; 1444, 16a; 1445, 15d; 1446, 15d; 1447, 15c; 1448, 17b; 1449, 16c; //1451, 16c;
SCH. Nr. 46a, p. 79 [b];
SCH. Nr. 46a, p. 91 [c];
SCH. Nr. 46b, s. fol. [d];
RB. Nr. 4, fol. 71v [a];
RB. Nr. 4, fol. 95v [a];

Literatur:
Thieme-Becker Kstl. Lex. Bd. XXI (1927), p. 195;
Lehmann-Haupt, Helmuth 1929, p. 31–33, Kat. Nr. 14 [e];
Stange, Alfred 1951 Bd. IV, p. 113 [e,f].

(Kötz, Katz, Ke̋tzz)

Lehre: vor 1444 bei seinem Vater Leonhart I von Ketz (?);

Gerechtigkeitserwerb: 1444;

Zwölfer im Großen Rat: 1461, 1462 [a];

Gestorben: 1476/1477 [d];

Wohnhaft in Augsburg:

1444	Am Judenberg
1445	vom Ror
1446	—
1447–1449	Am Judenberg
1451	Vom Ror
1452–1476	Am Judenberg
1477–1485	//Witwe nachweisbar

Steueraufkommen:

1444	8 ß
1445	3 groß
1447	8 ß
1448–1457	6 groß
1458–1459	12 groß (1 lib)
1460	6 groß (10 ß)
1461	12 groß (1 lib)
1462	20 groß 2 dn
1463	10 groß 1 dn
1464–1465	22 groß 7 dn
1466	24 groß
1467	22 groß
1468	12 groß
1469	7 groß
1470–1471	12 groß
1472–1474	(60 dn) 12 groß
1475–1476	(60 dn) 10 groß

Werkstattverbindung (vgl. Werkstattschema Nr. IV):
Außer der Beziehung zu der Werkstätte seines Vaters, dessen Haus er 1452 übernimmt, läßt sich heute nur mehr ein Nachbarschaftsverhältnis mit dem Maler Schnellenweg Mang Hans feststellen, das von 1452 bis 1468 und nach der Rückkehr dieses Meisters aus Innsbruck von 1472 bis 1473 andauerte. Ebenfalls läßt es sich aus den Quellen nicht belegen, inwieweit sich die Verbindung zu Michael von Ketz über eine Verwandtschaftsbeziehung hinaus auch in den Bereich seiner handwerklichen Tätigkeit erstreckte.

Werke/Überlieferung:
Sieht man von der durch Signatur für einen »lennhart von ke̊ecz« gesicherten Handschrift des »Speculum humanae salvationis« ab (vgl. Nr. 50), so lassen sich auch für Leonhart II von Ketz keinerlei Belege für sein Schaffen beibringen. Auch aus seiner Vermögenslage läßt sich dafür kein Rückschluß gewinnen, da, wie der erste Steuereintrag erweist, er die Grundlage dazu erheiratet haben muß [b]. Man kann lediglich aus dem Erhalt seiner Vermögenslage bzw. aus der

leicht kontinuierlichen Vermehrung einen Rückschluß auf eine andauernd ausreichende Beschäftigungslage vornehmen.

Diese soziale Sicherheit wird ihn auch als Bürgen seiner Verwandten Anna, der Frau des Malers Michael von Ketz, empfohlen haben, als diese am 16.IX.1462 fünf Bürgen für sich in ihrer Eigenschaft als »Kaufferin« (Krämerin) dem Rat vorstellen mußte [c].

So wird ihm auch diese seine sichere Stellung, als auch die ehemalige Anerkennung seines Vaters ihm in den Jahren 1461 und 1462 das Amt des Zwölfers im Großen Rat verschafft haben [a], in dem er seinem Hausnachbarn Schnellenweg Mang Hans nachfolgte.

Die Stellung seiner Frau, die ihn um zehn Jahre überlebte, wird dadurch deutlich, daß sie, nachdem sie bereits in den Jahren 1469, 1472 und 1476 eigenes Gut versteuerte, auch nach seinem Tode größere Steuerbeträge zu entrichten hatte. Die Rolle des von 1476 bis 1484 bei ihr lebenden »Witzig«, der als ihr »sun« bezeichnet wird, konnte nicht geklärt werden. Wahrscheinlich handelte es sich dabei um ein von dem Maler angeheiratetes Kind, daß dadurch auch nicht in den Vorzug der Handwerksgerechtigkeit kam und somit in den Zunftbüchern nicht erwähnt ist.

Der Zeitpunkt des Todes Leonharts II von Ketz steht im Widerspruch zu dem, der im Vorspruch des Malerzunftbuches verzeichnet ist, und zeigt dadurch die nur bedingte Zuverlässigkeit dieser Angaben auf [d].

Quellen:
Stadtarchiv Augsburg, Reichsstadt
STB.: 1444, 16a; 1445, 19b; 1447, 15d; 1448, 17b; 1449, 16c; 1451, 20b; 1452, 16c; 1453, 16c; 1454, 17a; 1455, 17b; 1456, 20b; 1457, 19a; 1458, 18c; 1459, 19b; 1460, 17a; 1461, 18a; 1462, 23a; 1463, 19b; 1464, 19a; 1465, 19c; 1466, 19a; 1467, 23a; 1468, 17c; 1469, 20c; 1470, 20d; 1471, 20b; 1472, 19d; 1473, 19d; 1474, 17a; 1475, 17b; 1476, 18b; //1477, 20a; 1478, 20c; 1479, 20b; 1480, 20b; 1481, 20b; 1482, 21b; 1483, 20d; 1484, 20c; 1485, 20c; 1486, 21b;
SCH. Nr. 72a, fol. 1r [d];
RB. Nr. 6, fol. 172r [a]; RB. Nr. 6, fol. 204v [a];
RB Nr. 6, fol. 227v [c];

Literatur:
Lipowsky, Felix Joseph 1810, Bd. I p. 160;
Steinhäußer, Friedrich 1912, p. 13 [d];
Hartig, Michael 1922, p. 34 [d];
Thieme-Becker Kstl. Lex. Bd. XXI (1927), p. 195;
Stange, Alfred 1951, Bd. IV p. 113 [b];
Liedke, Volker 1979, p. 8 [d].

Nr. 52 **von Ketz Michael** Maler

(Kettz, Kötz, Kelt, Keitz)

Gerechtigkeitserwerb: 1448//1449;

Gestorben: 1490//1491 [a];

Wohnhaft in Augsburg:

1449	Vom Diepolt
1451	Von Sant Anthonino
1452–1455	Vom Kunolt appenteker
1456–1473	Von Sant Anthonino
1474	Vom Kunold Appenteker
1475	Brueder Closter
1476–1482	Von Sant Anthonino

1483–1487	Brueder Closter
1488–1490	Von Sant Anthonino
1491–1496	//Witwe nachweisbar

Steueraufkommen:

1449	22 dn
1452–1453	7 ß 1 dn
1454	7 ß
1467	4 dn
1480	(45 dn) 39 dn

In den übrigen Jahren steuert er Habnit-Steuer bzw. den entsprechenden Betrag der Kopfsteuer.

Werkstattverbindungen (vgl. Werkstattschema Nr. IV):
In einem Ratsdekret vom 16. IX. 1462 sind Peter Kaltenofen und Leonhart II von Ketz als Bürgen für seine Ehefrau Anna angeführt, die als »Kaufferin« (Krämerin) fünf Bürgen für ihre Geschäftsfähigkeit dem Rat stellen mußte [b]. Es wird aber eine Überdeutung dieser Quelle sein, wenn man die Beziehungen dieser Maler zu Michael von Ketz auch auf seine Werkstätte ausdehnen wollte.

1483 bis 1487 ist er der Vorstand des Hauses, in dem Gumpold I Giltlinger und Ludwig Kropffenstein lebten. Auch in diesem Fall läßt sich jedoch eine Zusammenarbeit nur vermuten.

Werke:
Es ist nicht exakt aufzuzeigen, ob man die Abrechnung »von ainen Raÿswagen ze maulen«, wofür der »von Ketz maler« 1 ½ fl am 23. VII. 1464 erhält [c], sich schon auf Michael von Ketz beziehen kann, da mit diesem Eintrag auch Leonhart II angesprochen sein könnte. Eine Entscheidung, diese Arbeit an Michael zuzuweisen, gründet allein darin, daß der Auftrag sich gut in die übrigen handwerklichen Tätigkeiten dieses Meisters einpassen würde.

In dieser Art sind uns für Michael von Ketz eine ganze Reihe von Aufträgen der öffentlichen Hand in späterer Zeit belegt. So erhält er am 22. V. 1473 20 dn »von ainer Tafel schwarz zemachen« [d], und am 18. IX. desselben Jahres 9 groß für drei angestrichene Öfen [e]. Im Jahre 1477 erhält er eine Zahlung von 2 lib von den Baumeistern, deren Anlaß eine von ihm gestellte, heute aber verlorene Rechnung war [f]. Nach dem Memorialbuch des Hector Mair erhielt er für Malereien am Tanzhaus 1482 den Betrag von 10 fl [g] und am 27. IX. 4 fl »von dem Tůrn zum hailigen Kreutz ze malen an der vr da es zaigt« [h]. 1483 am 15. XI. rechnet er 3 lib 15 ß 2 dn für 32 Schilder an den Schenkkannen ab [i], denen am 16. I. des folgenden Jahres eine Rechnung für weitere 43 Schilder folgt [k]. Am 9. X. 1484 werden Michael von Ketz 2 lib 2 ß 1 dn für das Anstreichen von Öfen bezahlt [1], eine Arbeit, für die er am 3. IX. 1485 1 lib 15 ß [m], am 8. IX. 1487 21 lib 2 ß 1 dn [n] und zum letzten Male am 5. IX. 1488 21 lib [o] erhält.

Allein diese Aufstellung seiner öffentlichen Arbeiten charakterisieren ihn als einen reinen Handwerker, der auf keinen Fall an die Aufträge eines Hans oder auch eines Kaspar von Ketz anzuschließen vermag.

Sonstige Überlieferung:
Mit der Charakterisierung, die sich aus den Aufträgen erschließt, geht es dann auch völlig überein, daß seine Frau Anna von Ketz selbst ein Geschäft als Krämerin betrieb und sich nicht mit der Anteilnahme an der Werkstätte als Frau des Meisters begnügen konnte (oder wollte).

In den Jahren 1471, 1472, 1475 und von 1477 bis 1478 wohnt bei Michael von Ketz die Frau eines anscheinend früh verstorbenen Sohnes, dessen Name und Beruf anhand der Augsburger Unterlagen jedoch nicht zu bestimmen ist.

Quellen:
Stadtarchiv Augsburg, Reichsstadt
STB.: 1449, 18c; 1451, 19b; 1452, 19c; 1453, 19c; 1454, 20a; 1455, 20c; 1456, 24c; 1457, 22c; 1458, 21c; 1459, 23a; 1460, 20a; 1461, 21b; 1462, 27b; 1463, 23b; 1464, 22d; 1465, 23b;

1466, 22a; 1467, 22a; 1468, 20c; 1469, 24d; 1470, 24d; 1471, 14a; 1472, 23c; 1473, 22b; 1474, 20a; 1475, 24c; 1476, 21b; 1477, 23c; 1478, 24a; 1479, 24a; 1480, 24a, 1481, 24a; 1482, 25a; 1483, 30a; 1484, 30a; 1485, 30a; 1486, 30d; 1487, 30b; 1488, 27c; 1489, 25b; 1490, 26d; //1492, 26d;
SCH. Nr. 72b, fol. 2v [a];
RB. Nr. 6, fol. 227v [b];
BRB. 1464, fol. 81v [c];
BRB. 1473, fol. 35v [d];
BRB. 1473, fol. 37v [e];
BRB. 1477, fol. 60v [f];
BRB. 1482, fol. 45v [h];
BRB. 1483, fol. 37r [i];
BRB. 1484, fol. 29r [k];
BRB. 1484, fol. 35r [l];
BRB. 1485, fol. 30r [m];
BRB. 1487, fol. 35v [v];
BRB. 1488, fol. 37r [o];

Chroniken:
Gasser, Sp. 1696 [h];

Literatur:
Stetten Kunstgeschichte 1779, p. 270 [a];
Stetten Kunstgeschichte 1788, p. 184/185 [g];
Lipowsky, Felix Joseph 1810, Bd. I p. 160;
Vischer, Robert 1886, p. 566 [a];
Hoffmann, Robert 1887, p. 28 [h];
Hartig, Michael 1922, p. 90 (mit falschen Datum);
Thieme-Becker Kstl. Lex. Bd. XXI, (1927) p. 195.

Nr. 53 **Claus** Maler

(Clas)

Dreimal wird im Zeitraum von 1463 bis 1477 ein Maler mit dem Namen Claus genannt. Wegen der nicht durchgängig erhaltenen Steuereinträge kann allerdings die Identität einer Person dafür nicht festgelegt werden.

Der Eintrag von 1468, der auf »Clas mäler turner« lautet, dürfte bedeuten, daß auch dieser Maler in einem der Stadt gehörenden Türme gewohnt hat, wie dies öfters für Maler und auch für Schnitzer belegt ist (vgl. Nr. 136) [a]. Eine Beziehung zu der Malerin Apolonia Turnerin wäre zeitlich möglich, läßt sich aber in keiner weiteren Weise belegen (vgl. Nr. 64).

Nachweisbar in Augsburg:

I.	1463	Vom Nagengast
II.	1468	Vom Murdigel
III.	1474–1475	Vom Judenberg
	1476	Vom Judenberg (nur die Frau genannt)
	1477	Vom Judenberg

Steueraufkommen:
Alle Eintragungen dieses Malers (oder dieser Maler) belegen, daß er nur die Habnit- bzw. die Kopfsteuer bezahlte. Nur für das Jahr 1476, in dem die Frau allein steuert, ist eine geminderte Kopfsteuer von 28 dn eingetragen.

Quellen:
Stadtarchiv Augsburg, Reichsstadt
STB.: (für I) 1463, 20c; (für II) 1968, 18b; (für III) 1474, 16d; 1475, 17b; 1476, 18a; 1477, 19d;

Literatur:
Hoffmann, Robert 1887, p. 22 Anm. 64 [a].

Nr. 54	**Klesatel Johannes**	Schreiber Illuminist (?)

Frater O.S.B. im Kloster St. Ulrich und Afra zu Augsburg;

Überlieferung:
Frater Klesatel Johannes schrieb und illuminierte (?) 1454 für das Kloster eine Vita der Heiligen Ulrich, Simpert, Afra und Eustachius.

Quelle:
Bayerische Staatsbibliothek München
Cod.germ.m. 751;

Literatur:
Bredt, Ernst Wilhelm 1900, p. 56;
Bühler, Nonnosus 1916, p. 52/53;
Lehmann-Haupt, Helmuth 1927, p. 96, Kat. Nr. 17;
Haupt, Karl 1955, p. 50 ff, Abb. 13–34;
Foster, Michael 1979 (MS), p. 43, 70, 71, p. 141 ff, p. 145 ff, p. 149 ff.

Nr. 55	**Kletzinger**	Maler

Maler aus der Zeit vor der Zunftverfassung;

Gestorben: 1365/1366;

Wohnhaft in Augsburg:

1346/1351	Vom alten Burgtor gen Frontor
1352–1354	—
1355–1359	von hansen Liutfried (gen Frontor)
1360–1361	—
1362–1365	Von hansen dem Liutfried

Überlieferung:
Bei dem nur in den Steuerlisten faßbaren Maler ist es zu vermuten, daß sein Sohn Kletzinger C. bei ihm seine Ausbildung erhielt (vgl. Nr. 56). Ansonsten besteht für diesen Meister keine Überlieferung.

Quellen:
Stadtarchiv Augsburg, Reichsstadt
STB.: 1346, 12c; 1351, 12d; 1355, 11b; 1356, 10c; 1357, 10d; 1358, 10b; 1359, 10a; 1362, 9c; 1363, 9c; 1364, 10a; 1365, 9b.

Nr. 56	**Kletzinger C.**	Maler

(Cletzinger)

Maler aus der Zeit vor der Zunftverfassung;

Nachweisbar in Augsburg:
1367–1368 Von (hansen) dem Liutfried

Überlieferung:
Der Sohn des Meisters KLETZINGER (vgl. Nr. 55), der anscheinend Haus und Werkstätte seines Vaters übernommen hat, ist nur bis zum Jahr der Zunftrevolution nachweisbar. Da er 1376, zu dem Zeitpunkt, zu dem die Quellen wieder einsetzen, nicht mehr aufzufinden ist, kann eine Abwanderung nach der Zunfteinführung nicht ausgeschlossen werden.

Quellen:
Stadtarchiv Augsburg, Reichsstadt
STB.: 1367, 9b; 1368, 10a.

Nr. 57 **Knoder Hans** Maler

(Knoderer)

Gerechtigkeitserwerb: 1509/1510;

Abgewandert: am 29. VII. 1522 nach »pfertzn« (Pforzheim) [a];

Wohnhaft in Augsburg:

1510–1516	Sanndt Katharinengaß
1517–1521	Vom Diepolt

Steueraufkommen:

1510–1515	45 kr pro toto
1516–1518	(30 dn) 1 fl 6 kr
1519–1521	(30 dn) 1 fl 30 kr
1522 29. VII.	1 ½ fl Nachsteuer für Bürgerrechtsaufgabe

Lehrknaben:

1511 25. VIII.	SCHALLER Mathis [c];
1513	PROBST Jerg »Rottenfelder« (vgl. Nr. 31); (im Zunftbuch fälschlich 1503) [d];

Werkstattverbindungen (vgl. Werkstattschema Nr. VII):
Der Hofmaler Kaiser Maximilians I. kam durch Heirat mit der Familie Gumpold I GILTLINGER in Verbindung, bei der er auch bis 1513 wohnt. Neben den Bezügen zu seinem Schwiegervater wird auch noch für das Jahr 1516 die Zusammenarbeit mit der Werkstätte Jörg I BREUS glaubhaft nachgewiesen (vgl. Nr. 30) [e].

Werke/Tätigkeiten:
Hans KNODER stellt im Jahre 1508 eine Quittung für Reisegeld in Innsbruck aus, »um gegen Augspurg ze reitten etwas ze malen« [f]. Im gleichen Jahr erhält er am 1. IV. eine Bezahlung für einen Ritt von Ulm nach Augsburg, um etwas abzumalen [g], und am 24. IV. kopiert er für den Kaiser das Grabmal König Rudolfs in Speyer [h].

Nachdem er 1509/1510 in die Augsburger Zunft eingetreten war, scheint er auch weiterhin seine Aufträge vom kaiserlichen Hof erhalten zu haben. So beauftragt Kaiser Maximilian den Hans BOMGARTNER am 24. XI. 1514, er solle dem »Hofmaler« im Auftrag 15 fl und ein »Hofwinterclait« zur Begleichung der kaiserlichen Schulden übergeben [i].

Am 14. VI. 1516 übersandte der Kaiser »ain abschrift etlich gemelte« für 20 Glasgemälde, die für den Turm in Lermoos angefertigt werden sollten an Jacob VILLINGER [k]. Von diesen Entwürfen, die Jörg I BREU zugewiesen werden, hat sich die Mehrzahl erhalten [1]. Die Entwürfe sollten von VILLINGER an Hans KNODER verdingt werden, um von ihm gemalt und geschmolzen zu werden. Auch von diesen Ausführungen hat sich eine Scheibe erhalten, die heute im Museum Carolino-Augusteum aufbewahrt wird [m].

Ein Brief PEUTINGERS vom 26. VI. 1517 erwähnt KNODER im Zusammenhang mit einer genealogischen (?) Folge die von »kunig Karlein bis auf den paurn« sich erstrecken sollte. Diese Folge der sogenannten »zotende mendl«, die PEUTINGER zu diesem Zeitpunkt bereits gestochen vorlag, sollte noch um eine weibliche Parallelfolge erweitert werden, zu der ebenfalls PEUTINGER das Programm erarbeiten sollte [o]. Ob dabei auch wieder an eine Beteiligung KNODERS gedacht war, ist nicht überliefert.

Diese für ihn gesicherten Tätigkeiten zeigen in ihm eine Persönlichkeit, die höchstwahrscheinlich durch überragende technische Ausführung beim Kaiser in hohes Ansehen gekommen war und so in erster Linie für getreue Kopien und Verwirklichung der Entwürfe anderer Maler eingesetzt wurde.

Sonstige Überlieferung:
Nachdem Hans KNODER in die Augsburger Zunft eingeheiratet hatte, wird er zusammen mit seinem Schwager Pangraz GILTLINGER bei Kaiser Maximilian in Schloß Berneck vorstellig, um für seinen jüngeren Schwager Florian GILTLINGER Gnade zu erbitten, worauf am 27. VIII. 1510 der kaiserliche Gnadenerlaß für diesen ausgestellt wurde [p].

Am 26. V. 1519, nach dem Tode des Kaisers, der ihn so gefördert hatte, erhält er vom Rat der Stadt die Genehmigung, sich ein Jahr außerhalb der Stadt niederzulassen, wobei weder sein Bürgerrecht noch seine Steuerpflicht ihm abgesprochen oder nachgelassen werden sollten [q]. Diese erste Abwesenheit dürfte dann auch die endgültige Abwanderung am 29. VII. 1522 nach »pfertzn« (Pforzheim) bewirkt haben [r], wobei sowohl der Rat [s] wie auch die Zunft [t] in ihren Akten am 24. VII. den Erhalt des Bürgerrechts sowie der Zunftgerechtigkeit für seine Kinder Joachim, Maximilian, Joseph, Hans, Anna und Maria festgehalten haben.

Über sein Wirken in Pforzheim wie auch über seinen Tod ist nichts näheres bekannt.

Quellen:
Stadtarchiv Augsburg, Reichsstadt
STB.: 1510, 41b; 1511, 41a; 1512, 41d; 1513, 42b; 1514, 42a; 1515, 42a; 1516, 43d; 1517, 38d; 1518, 37a; 1519, 38c; 1520, 39b; 1521, 40a; 1521, 52b [a, r];
SCH. Nr. 72c, fol. 9r [t] SCH. Nr. 72c, fol. 44r [c];
SCH. Nr. 72c, fol. 46v [d];
RB. Nr. 14, p. 252 [q]; RB. Nr. 15, 15, fol. 19v [s];
Peutinger, Konzept, vom 26. IV. 1517 [n, o];
Maximilian, Schreiben vom 27. VIII. 1510 [p];
K. und K. Haus-, Hof- und Staatsarchiv Wien (nach Zimmermann Heinrich 1893)
Reichsreg. Bd. QQ, fol. 357r [i];
Reichsreg. Bd. Z, fol. 82r [k];

Literatur:
Zimmermann, Heinrich 1883, Nr. 337 [i], Nr. 400 [k];
Vischer, Robert 1886, p. 548 [c], p. 550 [d], p. 569 [t, falsch wiedergegeben];
Stiassny, Robert 1886, p. 296/298; Buff, Adolf 1892, Nr. 8571 [p], Nr. 8616 [n, o];
Beck, D. 1897, p. 148;
Dörnhöffer, Friedrich 1897, p. 9 [k], p. 11 [g, h, l];
Österreichischer Kunsttop. Bd. XVI (1919), p. 175 [m];
Thieme-Becker Kstl. Lex. Bd. XXI (1927), p. 12 ff [f].

Nr. 58	**Kramer Balthasar**	Schreiber Illuminist

Frater O.S.B. im Kloster St. Ulrich und Afra zu Augsburg;

Überlieferung/Werke:
Balthasar KRAMER, ein Schüler Leonhart WAGNERS (?), wird zusammen mit diesem von Abt

Johannes von GILTLINGEN vom Chorgebet freigestellt, um sich an der Herstellung zweier Psalter zu beteiligen [a]. Am 2. IV. 1495 signiert er einen der Psalter im Explicit [b], wobei sich seine Tätigkeit in diesem Falle nur auf die Schreibarbeit beziehen kann, da nach einer Notiz im Catalogus Wittwers die Illuminationen außerhalb des Klosters gefertigt wurden: »Sed illuminatura psalteriorum facta est in civitate per quendam laycum sc. Jeorium BECK et filius ejus, ambo illuministe« [c].

Diese Zusammenarbeit zwischen den kalligraphischen Werkstätten des Klosters und den bürgerlichen bzw. zünftischen Malern scheint kein Einzelfall gewesen zu sein (vgl. auch Nr. 19, Nr. 21, Nr. 25 und Nr. 178).

Quelle:
Bayerische Staatsbibliothek München
Cod.lat.m. 4301, fol. 185v [b];

Chroniken:
Wittwer Catalogus, p. 372 [a], p. 395 [c];

Literatur:
Bredt, Ernst Wilhelm 1900, p. 73/74, 82/83;
Bühler, Nonnosus 1916, p. 55/56;
Hartig, Michael 1923, p. 36;
Steingräber, Erich 1955, p. 174;
Wehmer, Carl 1955, p. 153, 158, 160;
Steingräber, Erich 1956, p. 21, 27, 44, Kat. Nr. 27.

Nr. 59	**Kropffenstein Ludwig**	Briefmaler

(Kopfenstein, Kropfenstain, Cropfenstain, Kroppfenstain)

Maler ohne Verbindung zur Zunft;

Gestorben: 1524/1525;

Wohnhaft in Augsburg:

1473–1489	Brüder Closter
1490–1498	Vom Weberhawß
1499	—
1500–1502	Vom Rathawß
1503–1509	Vom Weberhawß
1510–1524	Auf dem Roßmarckt
1525–1530	// Witwe nachweisbar

Steueraufkommen:

1473–1491	Kopfsteuer
1492–1494	(60 dn) 20 dn
1495	(45 dn) 15 dn
1496	(30 dn) 10 dn
1497	(30 dn) 15 dn
1498	(30 dn) 40 dn
1499	(—) —
1500–1503	(30 dn) 40 dn
1504	(60 dn) 4 fl
1505–1508	(45 dn) 3 fl
1509	(30 dn) 2 fl

1510–1516	(30 dn) 3 fl 3 ort
1517–1521	(30 dn) 2 fl 1 ort
1522–1524	(30 dn) 2 fl 15 kr

Werkstattverbindungen: (vgl. Werkstattschemata Nr. IV und VII):
Kropffenstein Ludwig kommt, nachdem er 1473 zum ersten Male bei einem Gerichtsschreiber zu fassen ist, bei dem Bildhauer Beuerlin Hans mit einer künstlerischen Werkstätte in Berührung. Nachdem er von 1476 bis 1478 mit diesem zusammen war, wohnt er von 1481 bis 1489 bei Gumpold I Giltlinger. Zu dieser Gemeinschaft stößt dann in der Zeit von 1483 bis 1487 noch der Maler Michael von Ketz. Inwieweit Kropffenstein aber in seiner Tätigkeit durch diese Wohngemeinschaften geprägt und beeinflußt wurde, kann man heute nicht mehr genau eruieren.

Überlieferung:
Kropffenstein Ludwig wird nur einmal im Jahre 1475 als Briefmaler erwähnt. Außer den Wohngemeinschaften mit den verschiedenen Künstlern gibt es keinerlei Beziehungen zu der Zunft der Maler, die auf eine ausgedehntere künstlerische Betätigung des »Meisters« (?) schließen ließen. Auch stehen andere Hinweise, wie der vom 20. X. 1498, der ihn im Zusammenhang mit einem Mahl für die Stadtboten [a] oder der Gerichtsbucheintrag, der ihn als den Stubenmeister auf der Bürger-Trinkstube nennt [b], ganz für die Vermutung, daß er nach einer Ausbildung zum Schreiber und Kalligraphen sich im nachhinein mehr der Verwaltungstätigkeit zugewendet hatte. Diese Wende in seinem Leben wird man wohl um 1491/1492 ansetzen müssen zu dem Zeitpunkt, an dem sich auch seine Vermögenssituation ändert und einen kontinuierlichen Aufstieg nimmt.

Quellen:
Stadtarchiv Augsburg, Reichsstadt
STB.: 1473, 24b; 1474, 24b; 1475, 24c; 1476, 26a; 1477, 29a; 1478, 29c; 1479, 29c; 1480, 29c; 1481, 29c; 1482, 30c; 1483, 30a; 1484, 30a; 1485, 30a; 1486, 30d; 1487, 30b; 1488, 33b; 1489, 31a; 1490, 31d; 1491, 31c; 1492, 27d; 1493, 30b; 1494, 33c; 1495, 33a; 1496, 35a; 1497, 32a; 1498, 35d; 1500, 38b; 1501, 38b; 1502, 38c; 1503, 43c; 1504, 43b; 1505, 42c; 1506, 42d; 1507, 42c; 1508, 42b; 1509, 41d; 1510, 19a; 1511, 19a; 1512, 19b; 1513, 19c; 1514, 19c; 1515, 20a; 1516, 20c; 1517, 21a; 1518, 20b; 1519, 21c; 1520, 22a; 1521, 22a; 1522, 21c; 1523, 21b; 1524, 21b; // 1525, 40d; 1526, 42d; 1527, 44a; 1528, 44b; 1529, 23c; 1530, 23d;
BRB. 1498, fol. 56r [a];
GRB. 1504, p. 283a/b [b].

Nr. 60 **Kron Hans I** Maler

(Cron, Crůn, Krůn, Kronn, Krun)

Gerechtigkeitserwerb: 1433;

Gestorben: 1486/1487;

Wohnhaft in Augsburg:

1433–1480	Vom Kunolt (Philipp) appenteker
1481	Vom Ror
1482	Vom Kunolt Appenteker
1483–1485	—
1486	Salta zum Rottenthor

Steueraufkommen:

1433–1435	Habnit-Steuer
1436	6 ß

1437	20 dn
1438–1439	7 ß 2 dn
1440	7 ß
1441–1443	8 ß
1444–1447	3groß
1448–1451	3 ½ groß
1452–1454	10 ß
1455–1457	3 ½ groß
1458	7 groß
1459	6 groß
1460	3 groß
1461	6 groß
1462	2 lib
1463–1465	1 lib
1466	12 groß
1467–1468	6 groß
1469–1471	Habnitsteuer
1472–1473	(60 dn) 9 groß 21 dn
1474–1476	Kopfsteuer
1477	(60 dn) 26 dn
1478	—
1479	Kopfsteuer
1480	—
1481–1482	Kopfsteuer
1486	Kopfsteuer

Lehrknaben:

vor 1465 Zan Jakob, sein Schwiegersohn (?);
um 1477 Kron Hans II, sein Sohn;

Werkstattverbindungen (vgl. Werkstattschema Nr. V):
Anhand der Unterlagen kann man annehmen, daß der zum ersten Mal 1465 in seinem Haushalt als »filiaster eius« erwähnte Zan Jakob aus seiner Werkstätte hervorgegangen ist. Dieser lebt dann auch von 1467 bis 1481 und 1483 mit Kron Hans I zusammen, woraus sich auch sicherlich eine Arbeitsgemeinschaft mit Hartmann und dessen »prüdern« (?) unter der Hauptbeteiligung des Kaspar von Ketz in den Jahren 1436 bis 1437 an der Arbeitsgemeinschaft der Perlachturmbemalung teil.

Werke:
Außer den Tätigkeiten, die er für die Arbeitsgemeinschaft ausführte, sind für ihn keine weiteren Arbeiten belegt. So rechnet er für diese Arbeiten am Perlachturm 1436 für 26 Schilde den Betrag von 28 lib ab, wozu er noch 2 groß Trinkgeld erhält [a], bevor er dann am 21. IX. dieses Jahres in die Gruppe der am Turm arbeitenden Maler aufgenommen wurde [b]. 1437 befehlen ihm die Baumeister am 21. IV. gleichfalls wie Kaspar von Ketz »ohne Geding« den Turm voll auszumalen, wofür er im Herbst dieses Jahres dann 65 fl abrechnet [c] (vgl. Beilage Nr. XIII, 1–2; vgl. Nr. 8, Nr. 46, Nr. 108).

Nach dieser Tätigkeit für die öffentliche Hand wandte er sich offensichtlich mehr den privaten und den kleineren Arbeiten zu. Den Steuerbeträgen nach zu schließen, scheint er sich gegen Mitte der siebziger Jahre aus der aktiven Arbeit zurückgezogen zu haben.

Sonstige Überlieferung:
Am 26. VI. 1477 stellt er sich zusammen mit elf anderen Zunftmitgliedern als Bürge für seinen Sohn Hans II Kron anläßlich dessen Urfehdeschwurs zur Verfügung [d].

Am 9. II. 1480 bestimmte er, daß die »Weilerin Kaufferin«, der er eine Armbrust zu veräußern gegeben hatte, deswegen von ihm nicht mehr weiter belangt werden solle. Welche

Beweggründe dazu führten, läßt sich heute aus der kurzen Notiz nicht mehr erschließen [e]. 1486 verklagt er den bei ihm ausgezogenen Schwiegersohn Jakob ZAN am 5. IX. wegen des Betrages von 6 fl vor dem Gericht der »Clagschatzer« [f], wofür sich ebenfalls keine näheren Belege beibringen lassen.

Quellen:
Stadtarchiv Augsburg, Reichsstadt
STB.: 1433, 17c; 1434, 17b; 1435, 16d; 1436, 14d; 1437, 14a; 1438, 15d; 1439, 15b; 1440, 16b; 1441, 17c; 1442, 16a; 1443, 19d; 1444, 19b; 1445, 19a; 1446, 19a; 1447, 18d; 1448, 20d; 1449, 19d; 1451, 19d; 1452, 19d; 1453, 20a; 1454, 20b; 1455, 21a; 1456, 25d; 1457, 23b; 1458, 22c; 1459, 24a; 1460, 20d; 1461, 22b; 1462, 28c; 1463, 24b; 1464, 23c; 1465, 24b; 1466, 23a; 1467, 23a; 1468, 21b; 1469, 23a; 1471, 24d; 1472, 24b; 1473, 22d; 1474, 20b; 1475, 20c; 1476, 21d; 1477, 24a; 1478, 24c; 1479, 24c; 1480, 24b; 1481, 24d; 1482, 25c; 1486, 4c;
SCH. Nr. 72b, fol. 2v;
BRB. 1436, fol. 1v [a];
BRB. 1436, fol. 2v [b];
BRB. 1437, fol. 1r [c];
GRB. 1480, p. 35a [e];
GRB. 1486, p. 182b [f];
US. UK. v. 26. VI. 1477 [d];

Literatur:
Stetten Kunstgeschichte 1788, p. 184 [a, b, c];
Herberger, Theodor 1852, p. 33 [a, b, c];
Vischer, Robert 1886, p. 566;
Hoffmann, Robert 1887, p. 35 Anm. 98 [a, b, c].

Nr. 61	**Kron Hans II**	Maler Söldner

(Kronn)

Lehre: um 1477 bei seinem Vater Hans I KRON (?);

Gerechtigkeitserwerb: 9. III. 1488 [a];

Gestorben: 1504 [b];

Nachweisbar in Augsburg (und außerhalb):

1477	Urfehde in Augsburg geschworen [c]
1488–1489	Vom Cunolt Appenteker
1490–1492	Vom Ror/in der Bächin Hof
1494	Vom neuen Thor
1498	Ausbürger
1502	Erbverzicht in Augsburg geleistet [d]

Steueraufkommen:

1488	steuerfrei
1489–1492/ 1494/1498	steuert er den normalen Satz der Kopfsteuer

Überlieferung (vgl. Werkstattschema Nr. V):
Hans II KRON, für den kein einziger Hinweis auf eine handwerkliche oder künstlerische Tätigkeit überliefert ist, stellt mit seinem unsteten Wandel eine Ausnahme unter den zünftischen Meistern dar. Darin schlägt sich wohl neben einem unbeherrschten Temperament des Meisters auch der soziale Niedergang der kleineren Handwerksmeister dieser Zeit nieder.

So muß sich Hans II KRON schon als Jugendlicher wegen seiner Beteiligung bei dem Anschlag und der Verwundung des städtischen Scharwächters FLÄCHSSINHAURS vor Gericht verantworten. Auf Fürsprache des Herrn Johann, Pfalzgrafen bei Rhein, Herzog in Bayern und Dompropst zu Augsburg, wird er am 27. VI. 1477 aus der Haft entlassen und schwört vor dem Stadtvogt Jörg OTT die Urfehde, bei der ihm zwölf Zunftangehörige als Zeugen beistehen. So finden sich neben seinen Verwandten, seinem Vater Hans I KRON, seinem Schwager Jakob ZAN, beide Maler, auch noch die Glaser Michael STRYBEL, Sigmund GEIDISCHER, Peter BRAUN, Jörg I HAMER, Thoman BURCKHART, Conrat HEBERLEIN, der Glasmaler Bartholome WINCKLER, der Bildhauer Michael DREYER, sowie der Maler Hans BLANCK und der Illuminist Claus WOLFFSTRIGEL bereit, sich als Bürgen und Zeugen für ihn zu verwenden [e].

Auch sein Zunfteintritt verläuft nicht in der gewohnten Weise (im Gegensatz zu den Angaben bei Vischer Robert 1886) [a]. So gelobt er der Zunft, daß dieser darum, daß ihm die »Zunft der Maler verliehen wurde«, kein Schaden weder an Geld noch an ihrem Recht entstehen solle, wenn er von einem Dritten belangt werde oder in einer anderen Stadt das Bürgerrecht nehme.

Am 25. II. 1492 wird er jedoch von den regelmäßigen Sitzungen der Zunft ausgeschlossen, da er die Strafe von 1 fl, die er wegen Jörg I HAMER erhalten hatte (der Grund ist nicht bekannt), nicht bezahlen wollte. Deshalb beschließt die Zunft, in Anlehnung an das übliche Schuldrecht der Stadt, daß er alle Quatember 1 ort eines fl zahlen müsse und während dieser Abzahlungszeit nur auf Vorladung der Zunftgemeinschaft auf den Versammlungen erscheinen dürfe [f].

Dieser Verpflichtung entzieht sich Hans II KRON, indem er sich im Mai des gleichen Jahres um ½ fl Sold und ½ fl Verpflegsgeld der Abteilung der Schmiede des Augsburger Aufgebots gegen Regensburg anschließt [g].

Während dieser Zeit wird er von Johannes GREIF, einem Schreiber, vor dem »Vogtsding« (Gerichtstag des Stadtvogtes) am 19. VI. 1492 angeklagt, daß er ihn mit »gezogener wer angelaufen sey vnd Jn ain großе wunden geschlagen hab«. Da er nach dem Eintrag im Gerichtsbuch aber selbst nicht anwesend war, wird ihm eine Strafe von 15 groß verhängt [h]. Durch diesen Vorfall dürfte sich auch seine Abwesenheit im Jahre 1493 begründen.

Am 16. II. 1495 wird er durch die Frau Hans SCHÖPFELS um 14 dn vor Gericht beklagt [i]. Auch in diesem Fall scheint er bei der Anklage nicht selbst zugegen gewesen zu sein.

Im Laufe des Jahres 1497 ersucht er seine Zunftgenossen wegen der Strafe des Jahres 1492 um Gnade, die ihm auch gewährt wurde mit der Bedingung, daß er innerhalb eines Monats mit der Bezahlung der ausstehenden Strafgelder beginne [k]. Die Streichung der entsprechenden Einträge im Zunftbuch belegt dann auch die Erfüllung dieser Bedingungen.

Die letzte Nachricht, die Hans II KRON vor seinem Tode in Augsburg erwähnt, ist die seines Verzichts auf sein Erbteil, das ihm von väterlicher und mütterlicher Seite an deren Haus in Augsburg zusteht. Diesen Erbverzicht zugunsten seiner Schwester Anna und deren Mann Jakob ZAN leistet er am 14. IV. 1502 vor dem Gericht der Stadt. [d].

1504 verzeichnet die Zunft seinen Tod in ihrer Totentafel [b], wobei nicht sicher gesagt werden kann, ob er in der Stadt oder außerhalb gestorben ist.

Quellen:
Stadtarchiv Augsburg, Reichsstadt
STB.: 1488, 28b; 1489, 26a; 1490, 27b; 1491, 27c; 1492, 21c; 1494, 11d; 1498, 38a;
SCH. Nr. 72b, fol. 3r [b];
SCH. Nr. 72c, fol. 62r [a]; SCH. Nr. 72c, fol. 91v [f];
SCH. Nr. 72c, fol. 92r [k];
GRB. 1492, p. 154b [h];
GRB. 1495, p. 45a [i];
GRB. 1502, p. 125b [d];
Lit. Schriftstück von 1492 Nr. 3 [g];

Literatur:
Vischer, Robert 1886, p. 500 [f], p. 502 [k], p. 510 [a], p. 566 [b];
Hartig, Michael 1922, p. 34,90 [b];
Katalog Augsburg 1955, p. 118 [b].

D, T

Nr. 62	**Degen Stephan**	Schreiber Illuminist

Frater O.S.B. im Kloster St. Ulrich und Afra zu Augsburg;

Überlieferung:
Frater Stephan DEGEN illuminierte 1489/1490 in einem Graduale, das Frater Conrad WAGNER (vgl. Nr. 177) von Ellingen in Zusammenarbeit mit dem Schreiber Leonhart WAGNER (vgl. Nr. 178) fertigte, ein Initial. Nach dieser Arbeit mußte er seine Dienste sowohl für die Werkstätten als auch für das Kloster wegen »größten Kopfschmerz« einstellen und konnte sie, wie Wittwer berichtet, bis in das Jahr 1494 nicht wieder aufnehmen.

Chronik:
Wittwer Catalogus, p. 353/354;

Literatur:
Hartig, Michael 1923, p. 40;
Steingräber, Erich 1956, p. 20;

Nr. 63	**Thoma**	Maler

Verbindung zur Zunft nicht belegbar;

Gestorben: 1514/1515 (?);

Nachweisbar in Augsburg:
1513–1514 Auf dem Bühel
1515–1517 //Witwe nachweisbar (oder nur Frau?)

Steueraufkommen:
1513–1517 2 lib (Steuer für Nichtbürger)

Überlieferung:
Für den Maler THOMA, der als Nichtbürger keine Verbindung zu der Zunft hatte, steht nicht fest, ob er als Meistergeselle oder nur Altgeselle in einer der hiesigen Werkstätten tätig war. Über eine Tätigkeit gegen die Bestimmungen der Zunft hat sich kein Anhaltspunkt bezüglich seiner Person erfassen lassen.

Quellen:
Stadtarchiv Augsburg, Reichsstadt
STB.: 1513, 27a; 1514, 26d; // 1515, 28a; 1516, 29a; 1517, 29c.

Nr. 64	**Turnerin Apolonia**	Malerin

Zunftzugehörigkeit nicht belegbar;

Nachweisbar in Augsburg:
1469–1473 Am Judenberg

Steueraufkommen:
1469–1473 Habnit-Steuer bzw. Kopfsteuer

Überlieferung:
Inwieweit Apolonia TURNERIN als Malerin tätig war läßt sich nicht eindeutig klären. Die Frau, die in den Jahren 1469 bis 1472 mit ihrer Mutter, der »Kertzenmacherin« GÖLLDNERIN lebte scheint mit dieser zusammen Wachsbossierungen und Bilder auf Wachskerzen hergestellt zu haben, wobei dieser Betrieb nie größere Ausmaße angenommen hat.

Eine Beziehung zu dem Maler CLAUS »turner« (vgl. Nr. 53) wäre zeitlich möglich, ist aber nicht beweisbar.

Quellen:
Stadtarchiv Augsburg, Reichsstadt
STB.: 1469, 20a; 1470, 20c; 1471, 20b; 1472, 19d; 1473, 18d.

E

Nr. 65 Eberlin
66 Edelman Jos
67 Enndlin
68 Erlinger Hieronimus
69 Erlinger Johannes
70 Erringer

Nr. 65	**Eberlin**	Maler

Gerechtigkeitserwerb: nicht belegbar;

Wohnhaft in Augsburg:
1392–1394 Vom Ror
1395–1396 Vom Diepolt

Steueraufkommen:
1396 1 lib

Überlieferung:
Für diesen Maler der frühen Zunftzeit läßt sich außer den Einträgen in den Steuerlisten keine Überlieferung sichern. Die Notiz des Steuerbetrages von 1 lib zeigt allerdings auf, daß EBERLIN nicht nur als Geselle oder untergeordneter Meister gesehen werden darf, da er über die Habnit-Steuer hinaus noch Vermögen zu versteuern hatte.

Quellen:
Stadtarchiv Augsburg, Reichsstadt
STB.: 1392, 21a; 1393, 18b; 1394, 14b; 1395, 11b; 1396, 16a.

Nr. 66 **Edelman Jos** Maler

Ulmer Maler ohne organisatorische Verbindung zur Augsburger Zunft;

Gestorben: nach 1492;

Nachweisbar in Augsburg:
18. VII. 1489 laut Ratsbuch

Überlieferung:
Der Maler Edelman Jos, der in Ulm in den Jahren 1984 und 1492 bezeugt ist [a], wird auf Drängen des Ulmer Rates von dem Augsburger Stadtrat aufgefordert, daß er »Jn achttagen zů seinem eeweib sitzzen, oder wa er das nit thůn sich vß der Statt fůgen, vnd sich darüber Jnn der Statt nit betretten lassen sůlle«.

Dies zeigt an, daß nicht nur die Augsburger darauf achteten, ihre Bürger und Zunftgenossen innerhalb der Stadt zu halten. Erstaunlich ist, daß die Ulmer Bitte schneller gestellt wurde, als eine eventuelle Reaktion der Augsburger Malerschaft auf den fremden Maler. Man wird darin wohl die Klage der verlassenen Frau als Grund annehmen müssen.

Um diesen Vorfall eingehender interpretieren zu können, ist allerdings die Quelle zu dürftig.

Quelle:
Stadtarchiv Augsburg, Reichsstadt
RB. Nr. 11, p. 46;

Literatur:
Weyerman, Alfred 1830, p. 262 [a];
Thieme-Becker Kstl. Lex. Bd.X (1914), p. 338.

Nr. 67 **Enndlin** Malerin

(Endlin, Andlin)

Zunftzugehörigkeit ist nicht gesichert;

Nachweisbar in Augsburg:

1484	durch Eintrag im Gerichtsbuch [a]
1485–1486	Vf vnser frawen Graben
1487	durch Einträge im Gerichtsbuch [b, d, d]

Steueraufkommen:

1485	(45 dn) 15 dn 3 dn
1486	Kopfsteuer

Überlieferung:
Diese Malerin ist in ihrer Tätigkeit ebensowenig festzulegen als in ihrer Beziehung zur Zunft oder irgendeiner bekannten Werkstätte. Neben den Eintragungen in den Steuerlisten sind auch noch Gerichtsentscheidungen über sie überliefert. So nimmt sie am 1. VII. 1484 »ein gedenken auf ergangen vrteil und vnderschied« in der Verhandlung gegen Johannes Hangewirt [a]. 1487 wird sie von Leonhard Kesselschmid am 24. VII. wegen 3 ß [b], am 29. VIII. von Hans Hamer, einem Glaser, um 7 fl [c] und am 8. X. auf dem Vogtsding (Gerichtstag des Stadtvogts) von Has Sorgen wegen 50 groß [d] verklagt und zur Zahlung verurteilt.

Ob diese Einträge in direkter Beziehung zu dem Nachtrag im Steuerbuch von 1486 stehen, in dem der Enndlin die »statt verbotten« wurde, ist nicht nachzuweisen. Jedenfalls ist der Eintrag vom 8. X. 1487 die letzte Erwähnung ihrer Person in Augsburg.

Quellen:
Stadtarchiv Augsburg, Reichsstadt
STB.: 1485, 8a; 1486, 8a;
GRB. 1484, p. 133a [a]; GRB. 1487, p. 138a [b];
GRB. 1487, p. 181b [c]; GRB. 1487, p. 207b [d];

Nr. 68 **Erlinger Hieronimus** Maler

(Nerlinger, Nördlinger)

Lehre: bei seinem Vater (?) Johannes ERLINGER 1468 (?);

Gerechtigkeitserwerb: 1476/1477;

Abgewandert: 5. II. 1506 [a];

Wohnhaft in Augsburg:

1477–1478	Vom Rathaus
1479	Vom Schusterhaus
1480–1483	Vom Conold appenteker
1484	im Gerichtsbuch erwähnt
1485	—
1486–1488	Bruͦder Closter
1489–1501	Vom Rathaws
1503–1505	Haustetterthor extra
1506 5. II.	Abwanderung

Steueraufkommen:

1477–1479	(60 dn)
1480–1483	(45 dn) 19 dn
1486–1487	(45 dn) 33 dn
1488–1491	(60 dn) 44dn
1492–1494	(60 dn) 42 dn
1495	(45 dn) 31 dn 1 lib
1496–1497	(30 dn) 21 dn
1498–1503	(30 dn) 54 dn
1504	(60 dn) ½ fl 3 dn
1505	(45 dn) 23 kr
5. II. 1506	»3 fl minder 2 dn für ain steur und 3 nachsteuer von all sein hab« [a];

Lehrknaben:

1483	SCHWINGENKLOBEN Michel [b];
1493	NIERENBERGER Wolfgang [c];
1493	WELFLIN von Nierenberg [d]; (mit NIERENBERGER Wolfgang identisch?)
1495	PONLIN Henslin von Schongab (Schongau) [e];

Werkstattverbindungen:
Außer der Vermutung, daß ERLINGER Hieronimus bei dem Buchillustrator ERLINGER Johannes, in dem man wohl seinen Vater zu sehen hat, die Lehrzeit verbracht haben könnte, lassen sich für ihn keine Verbindungen zu anderen Werkstätten geltend machen (vgl. Nr. 69) [f].

Werke:
Für Hieronimus ERLINGER, für den sich heute keine noch vorhandenen Bilder sichern lassen, ist eine Reihe von Abrechnungen mit den Baumeistern erhalten.

So erhält er am 23. V. 1489 für Mal- und Vergoldungsarbeiten zu dem Himmel, »den man ob dem Römischen Kunig trage sol«, 10 fl [g]. Seine Gesellen erhalten für diesen Auftrag, zu dem Hector MÜLICH um 6 fl »zandels Rot gron vnd weys« lieferte, noch 11 ß 2 dn Trinkgeld [h]. Am 15. XI. 1494 bekommt er 18 fl, »von der Rechtstuben ze malen« [i]. Zu diesem Auftrag gehört auch die Abrechnung vom 20. XII. 1494, bei der ihm der Betrag von 1 fl 17 ß 2 dn für »2 täferlechen des Jüngsten gerichts« in dem gleichen Raum ausbezahlt wird [k], wozu ebenfalls für die Rechtsstube am 21. II. 1495 noch 1 fl 1 lib 6 ß 2 dn kommen [l]. Ob mit den dabei erwähnten » 2 Tafenlachen« wiederum das Jüngste Gericht gemeint ist, bleibt unklar.

Da neben ihm kein anderer Maler im Auftrag der Stadt in diesen Jahren Arbeit übernimmt, ist man versucht, auch den Eintrag von 14 ß, die »der maler von etlichen schilten vnd ainem fänlin vff ain floß als man dem kaißr harnasch vnd zellt schenkt«, am 24. VII. 1490 erhält, auf Hieronimus ERLINGER zu beziehen, vor allem da sich dieser Auftrag eng an den für den Traghimmel anschließen würde [m].

Sonstige Überlieferung:
Neben den Erwähnungen in den Zunftbüchern bei der Vorstellung seiner Lehrknaben ist er nur noch zweimal im Zusammenhang mit der Zunft genannt. So versteuert er als »Büchsenmeister« 1487 und 1499 das Zunfteigentum [n]. Dies läßt ebenso wie der Prozeß vom 2. IX. 1484, bei dem er »alle Rechte« gegenüber der Frau des Schusters Ludwig LIPHART um den Betrag von 12 fl 40 dn erlangte [o], den Eindruck einer gesicherten sozialen und wirtschaftlichen Stellung erkennen.

In diesem Zusammenhang dürfte auch die Rechtsvertretung zu sehen sein, die seine Frau am 11. II. 1489 für OTILIA die Dienstmagd »der SCHMUCKERIN« übernimmt [p].

Seine Auswanderung am 5. II. 1506 ist nur im Steuerbuch [] verzeichnet und nennt keinen Ort, an dem der Meister sich niederlassen wollte. Daß dieser Vorgang im Zunftbuch nicht vermerkt wurde, hat seinen Grund wohl darin, daß ERLINGER keine Kinder hinterließ, die noch als geborene Meisterkinder einen Anspruch auf die Zunftgerechtigkeit hätten erheben können.

Quellen:
Stadtarchiv Augsburg, Reichsstadt
STB.: 1477, 25a; 1478, 25c; 1479, 25d; 1480, 24a; 1481, 24a; 1482, 25a; 1483, 24c; 1486, 30c; 1487, 30a; 1487, 30d [n]; 1488, 33b; 1489, 26a; 1490, 28b; 1491, 28a; 1492, 24d; 1493, 26d; 1494, 29d; 1495, 29b; 1496, 31a; 1497, 28b; 1498, 32a; 1499, 35c; 1499, 41c [n]; 1500, 38b; 1501, 38b; 1503, 1d; 1504, 1c; 1505, 1d; 1506, 45d [a];
SCH. Nr. 72c, fol. 31v [b]; SCH. Nr. 72c, fol. 34r [c];
SCH. Nr. 72c, fol, 34v [d]; SCH. Nr. 72c, fol. 35r [e];
BRB. 1489, fol. 34r [g]; BRB. 1489, fol. 34v [h];
BRB. 1490, fol. 40r [m]; BRB. 1494, fol. 48v [i];
BRB. 1494, fol. 50r [k]; BRB. 1495, fol. 42r [1];
GRB. 1484, p. 190a [o]; GRB. 1489, p. 38a [p];

Literatur:
Vischer, Robert 1886, p. 532 [b], p. 536 [c,d], p. 538 [e];
Bredt, Ernst Wilhelm 1900, p. 57 [f];
Hartig, Michael 1922, p. 34, p. 89.

Nr. 69 **Erlinger Johannes** Schreiber Illuminist

Maler ohne Verbindung zur Zunft;

Überlieferung/Werke:
Dieser Meister läßt sich in Augsburg selbst nicht nachweisen. Die in den Steuerbüchern in dem Zeitraum von 1462–1478 vorkommenden Personen gleichen Namens werden dort eindeutig als Fuhrleute bezeichnet.

So bleibt es fraglich, ob der 1468 in der Sammelhandschrift der Münchner Staatsbibliothek als »johannes Erlinger de Augusta« genannte Miniaturenmaler diese überhaupt in Augsburg herstellte oder ob er damit nur seinen Geburtsort bezeichnen wollte [a]. Dennoch darf die Möglichkeit, daß die Handschrift innerhalb einer Klosterwerkstätte von dem Maler angefertigt wurde, nicht außer acht gelassen werden, da er in diesem Falle von der Steuer und von dem Zunftzwang befreit gewesen sein könnte.

Es liegt nahe, in ihm den Vater des Hieronimus ERLINGER zu sehen, jedoch kann diese Mutmaßung nicht weiter belegt werden.

Quelle:
Bayerische Staatsbibliothek München
Cod. germ. m. 568, fol. 151r;

Literatur:
Bredt, Ernst Wilhelm 1900, p. 57 [a];
Thieme-Becker Kstl. Lex. Bd. X (1914), p. 610;
Lehmann-Haupt, Helmuth 1929, Kat. 20;
Haupt, Karl 1955, p. 50 ff, Abb. 12–23;
Foster, Michael 1979 (MS), p. 143–147, 150.

Nr. 70 **Erringer** Weißmaler

Zunftzugehörigkeit und Selbständigkeit dieses Malers ist nicht belegbar. Auch die Zugehörigkeit zu einer zünftischen Werkstätte kann nicht nachgewiesen werden.

Wohnhaft in Augsburg:
1434 Am tollenstain

Steueraufkommen:
1434 Habnit-Steuer

Quelle:
Stadtarchiv Augsburg, Reichsstadt
STB.: 1434, 10c.

F, Ph

Nr. 71 Fennd Bernhard
72 Franck
73 Franck Johannes
74 Fritz
75 Fuchs Hans
76 Furtennagel Jörg I
77 Furtennagel Jörg II
78 Furtennagel Laux

Nr. 71 **Fennd Bernhard** Schreiber

(Fend, Faind, Vännd, Vennd, Vend)

Gerechtigkeitserwerb: vor 1480;

Gestorben: 1516/1517 [a];

Wohnhaft in Augsburg:

1480–1482	Auf dem Bůhel
1483–1485	—
1486	Sallta ad sanctam Margaretham
1487–1488	Vom Canolt Appenteker
1489–1491	—
1492–1494	in der Brediger garten
1495	—
1496	willig Arm
1497	hawstetterthor extra
1498–1500	Sallta ad Sanctam Margaretham
1501–1510	Auff dem Bůhel
1511–1514	Am Schwaal
1515–1516	Auf den Bühel
1517–1518	//Witwe nachweisbar

Steueraufkommen:
FENND Bernhard zahlt während der ganzen Zeit jeweils die Kopfsteuer (stiura minor).

Überlieferung:
Archivalische Unterlagen für den wahrscheinlich als Buchilluminierer tätigen Maler lassen sich nur hinsichtlich seiner Zunftzugehörigkeit und seines Aufenthaltes finden. Auch der Rückschluß, daß er Illuminierer war, ist lediglich in seiner Zunftzugehörigkeit begründet, da nur Schreiber, die gleichzeitig sich über die Kalligraphie hinaus mit Miniaturmalerei befaßten, normalerweise Mitglieder der Malerzunft wurden.

Wegen der fehlenden eindeutigen Belege seiner Tätigkeit ist auch die Feststellung, daß er »zu der Richtung Hans I Holbeins gehörte und für Kirchen und Stifte arbeitete« [b], nicht nachzuprüfen. Gegen die rein kirchlichen Aufträge spricht die Zunftzugehörigkeit und seine belegte Steuerpflicht.

Als einzige zusätzliche Überlieferung für seine Person ist vom 4. XI. 1500 eine gerichtliche Auseinandersetzung mit seinem Schwiegersohn Ulrich BARTZENHAWER erhalten, bei der FENND diesen wegen der Veruntreuung von überlassenem Hab und Gut verklagt [c].

Quellen:
Stadtarchiv Augsburg, Reichsstadt
STB.: 1480, 16c; 1481, 16c; 1482, 16c; 1486, 16c; 1492, 18a; 1493, 19b; 1494, 21d; 1496, 22b; 1497, 1b; 1498, 21a; 1499, 22d; 1500, 24c; 1501, 16a; 1502, 25d; 1503, 26c; 1504, 25b; 1505, 24d; 1506, 25a; 1507, 25a; 1508, 24d; 1509, 25d; 1510, 26a; 1511, 27b; 1512, 28a; 1513, 28b; 1514, 28a; 1515, 28d; 1516, 28d; //1517, 29d; 1518, 27d;
SCH. Nr. 72b, fol. 3v [a];
GRB. 1500, p. 335b [c];

Literatur:
Vischer, Robert 1886, p. 566 [a];
Thieme-Becker Kstl. Lex. Bd. XI (1915), p. 386 [a, b].

Nr. 72	**Franck**	Maler

(Ffranck)

Gerechtigkeitserwerb: nicht belegbar;

Gestorben: nach 1383;

Nachweisbar in Augsburg:

1368	Vom Ror

1369–1375	—
1376–1377	Von des Nagengastz haus
1378–1379	—
1380	Vndan von den Predigern
1381–1382	—
1383	Vom Ror

Überlieferung:
Bei FRANCK, der zum ersten Mal 1368 erwähnt ist, muß man wohl eine Beteiligung an der Zunftorganisation annehmen, die sich jedoch nicht belegen läßt.

Obwohl nur bei dem Eintrag des Jahres 1383 die eindeutige Berufsbezeichnung beigefügt ist, darf man bei diesem Namen – er ist jeweils der einzige Vertreter in der Steuerliste – auf eine Identität der Person schließen. Was die Bezeichnung »im kelr« bedeutet, die 1380 angegeben ist konnte nicht eruiert werden.

Quellen:
Stadtarchiv Augsburg, Reichsstadt
STB.: 1368, 10d; 1376, 9c; 1377, 10a; 1380, 9a; 1383, 10d.

Nr. 73 **Franck Johannes** Schreiber
Illuminist

Pater O.S.B. im Kloster St. Ulrich und Afra zu Augsburg;

Gestorben: 19. V. 1472 [a];

Werke/Überlieferung:
Johannes FRANCK, der 1447 nach Augsburg kam [b], trat als Novize in das Kloster St. Ulrich und Afra ein [c], wo er am 23. IV. 1458 zum Priester geweiht wurde [d]. Bekannt ist er vor allem durch seine Annalen, die die Geschichte der Stadt in der Zeit von 1430 bis 1462 schildern [e].

Durch einen Hinweis in Wittwers Catalogus ist es bekannt, daß er sich nicht nur der Verfassung und der Kopie von Texten widmete, sondern auch viele Bücher selbst illuminierte und mit Miniaturen schmückte [f]. Dies muß er mit einer solchen Fertigkeit vollbracht haben, daß ihn sein Mitbruder anläßlich seines Todes mit den Worten »vir bonus et optimus illuminista« rühmte [g].

Wittwer erwähnt, daß der Schwerpunkt seiner Tätigkeit zusammen mit Pater Hainrich PITTINGER und Pater Johannes LANIFICIS (alias LUTIFIGULUS) unter die Regierung des Abtes Melchior von STAMHEIM (1459–1474) fiel, in dessen Auftrag der Buchbestand des Klosters erneuert wurde [h].

Auf Grund dieser Überlieferung identifiziert Steingräber Johannes FRANCK mit dem Illuministen einer Gruppe von fünf Antiphonarien, von denen eines durch Explicit auf das Jahr 1459 datiert ist [i]. Ausschlaggebend für diese Zuschreibung ist die Tatsache, daß in einem der undatierten Exemplare an zwei Stellen der Name »franck« in die Folie der Vergoldung der Initialen eingeritzt ist [k]. Ein genauer Nachweis der identischen Urheberschaft für alle fünf Codices müßte aber noch eingehender geführt werden.

Quellen:
Diözesanmuseum Augsburg (deponiert im Maximilianmuseum)
DM I, 13;
Bayerische Staatsbibliothek München
Cod. lat. m. 4302, fol. 214r [i];
Cod. lat. m. 4303;
Cod. lat. m. 4305, fol. 69r [k], fol. 166r [k];
Cod. lat. m. 17406;

Chroniken:
Wittwer Catalogus, p. 213 [h], p. 214 [f], p. 265 [a, g];
Städtechr. XXV, p. 287 [a], p. 295–346 [e];

Literatur:
Steichele, Anton 1859, p. 81 [b], p. 84 [c], p. 100 [d];
Bühler, Nonnosus 1916, p. 49–51;
Hartig, Michael 1923, p. 36;
Steingräber, Erich 1955, p. 173 [i];
Steingräber, Erich 1956, p. 14. [i], p. 46 [a], Kat. Nr. 3–7.

Nr. 74	**Fritz**	Maler

Gerechtigkeitserwerb: vor 1404; jedoch nicht belegbar;

Gestorben: nach 1416;

Wohnhaft in Augsburg:

1404–1406	Vom Ror
1407	An der hourbrugg
1408	Vom Ror
1409–1413	in dem Kützengäßlin
1414–1416	Vom Ror

Steueraufkommen:

1404–1409	10 ß
1410–1413	12 ß
1414–1416	10 ß

Überlieferung:
Für diesen Maler, der »fritz pictor« genannt wird, lassen sich keine Belege seiner Tätigkeit auffinden. Es liegt daher nahe, seinen Wirkungsbereich in dem Gebiet der privaten Aufträge zu suchen, da sein Steueraufkommen auf eine rege Tätigkeit schließen läßt. Da er in der Liste der Grabensteuer des Jahres 1406 nicht genannt ist, muß man für dieses Jahr wohl einen längeren Aufenthalt auswärts annehmen.

Quellen:
Stadtarchiv Augsburg, Reichsstadt
STB.:1404, 16c; 1405, 12c; 1406, 11d; 1407, 10d; 1408, 11a; 1409, 4b; 1410, 4d; 1411, 5a; 1413, 4c; 1414, 15c; 1415, 15a; 1416, 14b.

Nr. 75	**Fuchs Hans**	Maler

Gerechtigkeitserwerb: 1471;

Gestorben: 1490 [];

Wohnhaft in Augsburg:

1471	Schmidgaß
1472–1488	hailig crutzertor intra
1489	Brüder Closter
1490	hailigcrutzerthor intra

Steueraufkommen:

1471	steuerfrei
1472–1474	(60 dn)
1475–1476	(60 dn) 5 dn
1477–1479	(60 dn)
1480	(45 dn) 20 dn
1481–1487	(45 dn) 10 dn
1488–1489	(60 dn) 13 dn
1490	(60 dn)

Werkstattverbindungen (Werkstattschema Nr. VII):
Im Jahre 1476 zieht Jörg Setz in seine Nachbarschaft, die er allerdings schon im Jahre darauf wieder verläßt. Welche Beziehung Hans Fuchs zu Gumpold I Giltlinger hatte, bei dem er 1489 lebte, ist nicht mehr festzustellen.

Überlieferung:
Hans Fuchs, dessen Name in den Zunftbüchern nicht erwähnt wird und für dessen Wirken sich keine Belege finden lassen, ist trotzdem in seiner Stellung als Zunftmitglied klar zu fassen. So weist ihn der Steuerbucheintrag des Jahres 1481, nach dem er 40 dn für das »maler gut«, den Besitz der Zunftgemeinschaft, versteuert, als »Büchsenmeister« dieses Handwerks aus [b]. Dieses Amt hätte er ohne reguläre Gerechtigkeit der Zunft nicht besetzen können.

Auch sonst scheint er sich stark auf die Zunft und deren innere Gerichtsbarkeit zu berufen. Nur so ist sein Antrag vom 11. VII. 1480 vor dem Stadtgericht zu verstehen, in dem er die Klage, welche die Pfleger »aines Knaben« (Lehrknaben?) gegen ihn anstrengten, in die Gerichtsbarkeit des »Handwerks« verweisen läßt [c]. Trotz des schon gesprochenen Urteils gibt das Stadtgericht diese Möglichkeit, die Hans Fuchs, wie seine »appellation« vom 19. VIII. 1480 vor dem Rat zeigt, erfolgreich nutzte, da ihm der Urteilsbrief wieder zurückgegeben wird [d].

Am 26. II. 1481 klagt er die Rechte des Glasers Caspar II Magerbain, die dieser gegen Hans Hollanen wegen einer Schuld von 1 fl geltend machte, vor dem Stadtgericht ein [e]. Den Betrag von 8 dn erstreitet er für »Knechte« seines Handwerks am 9. VII. 1481 von Nicolaus Zechmeister, indem er anscheinend die Interessen dieser Gesellen in seiner Eigenschaft als »Büchsenmeister« der Zunft wahrnahm [f]. Wie hartnäckig er diese seine Aufgabe erfüllte, zeigt die Notiz über die zweite Sitzung in diesem Prozeß am 11. VII., in der er seinen Gegner auch noch wegen des Vorwurfs, daß er »ain man von worten« sei »vnd die lewt mit worten bezaln wöll«, beklagt [g].

Entgegen seiner Stellung innerhalb der Zunft scheint seine eigene soziale Stellung an seinem Lebensende nicht allzu üppig gewesen zu sein. So zeugt der Schludnachlaß, den seine Frau von Barbara Waltherin am 17. XI. 1490 anscheinend kurz nach seinem Tode erhält, diese Bedürftigkeit zu erklären [a].

Quellen:
Stadtarchiv Augsburg, Reichsstadt
STB.: 1471, 22d; 1472, 30a; 1473, 27d; 1474, 25a; 1475, 25a; 1476, 26d; 1477, 29d; 1478, 24b; 1479, 30b; 1481, 30b [b]; 1482, 30b; 1483, 31a; 1484, 30d; 1485, 30d; 1486, 31a; 1487, 31a; 1488, falsch eingebunden in 1490, 34b; 1489, 31a; 1490, 33c;
RB. Nr. 9, fol. 49r [d];
GRB. 1480, p. 165b [c];
GRB. 1481, p. 148a [f];
GRB. 1490, p. 383a [a];
GRB. 1481, p. 54b [e];
GRB. 1481, p. 151b [g].

(Furttennagel, Furttnnagel)

Gerechtigkeitserwerb: 16. X. 1487 um 16 fl erkauft [a];

Gestorben: 1510/1511 [h];

Wohnhaft in Augsburg:

1487–1489	Von Sant Anthonino
1490–1492	Vom Diepolt
1493	—
1494–1510	Vom Diepolt
1511–1513	//Witwe nachweisbar

Steueraufkommen:

1488–1491	(60 dn) 1 ort
1492	(60 dn) 21 groß
1493	—
1494	(60 dn) 22 groß
1495	(45 dn) 15 groß
1496	(30 dn) 10 groß 8 dn
1497	(30 dn) 10 groß 4 dn
1498	(30 dn) 22 groß 5 dn
1499–1503	(30 dn) ½ fl
1504	(60 dn) 1 fl 15 dn 1 hl
1505–1507	(45 dn) 56 kr 2 dn
1508	(45 dn) 36 kr 2 dn
1509	(45 dn) 24 kr 3 hl
1510	(30 dn) 30 kr

Lehrknaben:

1488 1.I.	RÖSLIN Henslin [b];
1493	MÜLLER Mathis [c];
1502	SORG Jerg I (vgl. Nr. 171) [d];

Werkstattverbindungen (vgl. Werkstattschema Nr. VI):
In der Zeit von 1488 bis 1489 lebt Jörg I FURTENNAGEL mit dem Glaser Jörg I HAMER zusammen, dessen Sohn Leonhart II HAMER dann auch 1514 sein Anwesen übernimmt und seinen Sohn Laux FURTENNAGEL ausbildet [e]. Ob zu seinen Lebzeiten eine Beziehung zu dem Goldschlager Hans LUTZ bestand, ist nicht zu belegen. Jedoch darf man auf Grund seiner Übernahme der Pflegschaft für die Kinder FURTENNAGELS auf eine engere Beziehung zwischen den beiden Meistern schließen.

Überlieferung:
Für den eng mit den anderen Zunftgenossen verbundenen Meister, der als Vater von Jerg II und Laux FURTENNAGEL und als Lehrmeister des späteren Stadtmalers Jörg I SORG sicher einen nicht unbedeutenden Einfluß auf die Augsburger Malerei Anfang des XVI. Jahrhunderts gehabt hat, lassen sich heute auch archivalisch keine Werke mehr belegen. Die stark schwankenden Steuerbeträge, die anscheinend direkt seine Beschäftigungslage wiedergeben, lassen eine rege Tätigkeit vermuten.

Auch sonst ist die Überlieferung für seine Person spärlich: Am 17. VI. 1489 wird er als Mitglied der Erbengemeinschaft des Claußen PFEIFFERS (von Saulgau) von Petter SCHMID, Kornmesser, um »1 verdel barchanttuch« verklagt [f], und am 1. VIII. 1497 tritt er gegen Bernhart PLEICHER in einem Prozeß auf [g]. Jedoch lassen auch diese beiden Verfahren keinen weiteren Einblick in seine Verhältnisse zu.

Quellen:
Stadtarchiv Augsburg, Reichsstadt
STB.: 1487, 24c; 1488, 27a; 1489, 25a; 1490, 26b; 1491, 26a; 1492, 22d; 1494, 27d; 1495, 27a; 1496, 28d; 1497, 26b; 1498, 30a; 1499, 32d; 1500, 35b; 1501, 35c; 1502, 35b; 1503, 36b; 1504, 35b; 1505, 34c; 1506, 35a; 1507, 34b; 1508, 34b; 1509, 34d; 1510, 35b; // 1511, 35d; 1512, 35d; 1513, 36b;
SCH. Nr. 72b, fol. 3r [h];
SCH. Nr. 72c fol. 2r [a];
SCH. Nr. 72c, fol. 33r [b];
SCH. Nr. 72, fol. 34v [c];
SCH. Nr. 72, fol. 38v [d];
SCH. Nr. 72c, fol. 47r [e];
GRB. 1489, p. 133b [f];
GRB. 1497, p. 222a/b [g];

Literatur:
Vischer, Robert 1886, p. 510 [a], p. 534 [b], p. 536 [c], p. 542 [d], p. 550 [e], p. 566 [h];
Thieme-Becker Kstl. Lex. Bd. XXII (1916), p. 602;
Hartig, Michael 1922, p. 34, p. 89 [h].

Nr. 77 **Furtennagel Jörg II** Maler

(Furtennagell)

Gerechtigkeitserwerb: erhält am 15. X. 1531 die Gerechtigkeit seines Vaters Jörg I FURTENNAGEL (a);

Gestorben: 1532 (b);

Überlieferung (vgl. Werkstattschema Nr. VI):

Nach den Eintragungen der Pflegschaftssteuer, die Hans LUTZ für die Kinder der FURTENNAGELIN seit 1519 bezahlte, scheint Jerg II FURTENNAGEL das letzte von drei Kindern des 1510/1511 verstorbenen Meisters gewesen zu sein (c).

Außer dem Gerechtigkeitserwerb und dem Todesjahr läßt sich keine weitere Überlieferung für den jung verstorbenen Meister sichern, da er anscheinend sowohl die Lehr- wie auch die Gesellenzeit außerhalb der Stadt verbrachte.

Quellen:
Stadtarchiv Augsburg, Reichsstadt
STB.: (für die Pflegschaft) 1519, 46d; 1520, 47c; 1521, 49a; 1522, 48c; 1523, 47b; 1524, 46b; 1525, 46c; 1526, 48c; 1527, 50a; 1528, 50a; 1529, 52c; 1530, 52c; 1531, 51a; 1532, 52a; 1533, 52a(c);
SCH. Nr. 72b, fol. 4r (b);
SCH. Nr. 72c, fol. 10r (a);

Literatur:
Vischer, Robert 1886, p. 522 (a), p. 567 (b);
Thieme-Becker Kstl. Lex. Bd. XII, (1916), p. 602;
Hartig, Michael 1922, p. 89 (b).

Geboren: 1505 (a);

Lehre: begonnen am 15. V. 1515 bei Leonhart II Hamer (b);

Gerechtigkeitserwerb: am 15. VI. 1546 die Gerechtigkeit seines Vaters Jörg I Furtennagel erfordert (d);

Gestorben: nach 1548 (f);

Überlieferung (vgl. Werkstattschema Nr. VI):

Laux Furtennagel begann seine Lehre bei dem Maler Leonhard II Hamer wahrscheinlich auf Grund der engen Verbindung die beide Familien zueinander hatten (vgl. Nr. 78 und Nr. 96). Bis 1527 muß er sich noch als Geselle in Augsburg aufgehalten haben, da eine von Hagenauer Friedrich in Augsburg geschaffene Medaille ihn in diesem Jahr als Zweiundzwanzigjährigen abbildet (a).

Anschließend verließ er Augsburg und scheint auch auswärts geheiratet zu haben. Über diese Abwesenheit ist nichts genaueres bekannt. Nur in der Zeit von 1542 bis zum Februar 1546 ist Laux Furtennagel in Halle an der Saale nachweisbar, von wo er auch nach Eisleben reiste und dort am 19. I. 1546 das Porträt des toten Martin Luther schuf (c).

Es ist nicht zu klären, ob er das Doppelbildnis von Hans I Burgkmair und dessen Frau (Wien, Kunsthistorisches Museum) bei einem kürzeren Aufenthalt oder noch als in Augsburg ansässiger Maler 1529 geschaffen hat [d].

Erst nach seiner Rückkehr in seine Heimatstadt am 15. VI. 1546 erfordert er die Zunftgerechtigkeit, die neben ihm nur auf seine in Augsburg geborene Tochter Maria übertragen wird, was die Ortsgebundenheit der Zunftgerechtigkeit erklärt [e]. Über eine weitere Tätigkeit in Augsburg ist aber ebenso wenig bekannt wie über seine eventuellen früheren Aufenthalte in der Stadt, da nur sein Name in der fortgeführten Totentafel der Zunft vermerkt ist. Da aber auch dieser Eintrag ohne Datum erfolgte [f], kann nur der Terminus post quem angegeben werden.

Quellen:
Stadtarchiv Augsburg, Reichsstadt
SCH. Nr. 72b, fol. 44v/45r [e];
SCH. Nr. 72c, fol. 47r [b];
Stadtarchiv Augsburg, Archiv d. Hist. Vereins
H. Nr. 54a, fol. 11r [f];

Literatur:
Vischer, Robert 1886, p. 528 [e], p. 550 [b];
Habich, Georg 1907, p. 184/185 [a];
Thieme-Becker Kstl. Lex. Bd. XXII (1916), p. 602;
Von der Osten, Gert 1972, p. 105–118;
Reitzenstein, Alexander von 1975, p. 106–110 [d];
Katalog Augsburg 1980, p. 199 [c,d].

G

Nr. 79 **Geygennagel** Maler

Gerechtigkeitserwerb: vor 1442;

Überlieferung:
Der Maler, der in der Zunftliste des Jahres 1442 in der Abschrift des Schmiedezunftbuches erwähnt ist, kann weder in den gleichzeitigen Steuerlisten noch sonst in den Archivalien nachgewiesen werden.

Quelle:
Stadtarchiv Augsburg, Reichsstadt
SCH. Nr. 46b, s. fol.

Nr. 80 **Giltlinger Florian** Glasmaler
Maler

(Gultinger, Giltinger, Gumpold)

Lehre: bei seinem Vater Gumpold I GILTLINGER (?);

Gerechtigkeitserwerb: 1510 [a];

Gestorben: 1547 [b];

Wohnhaft in Augsburg:

1510–1515	in den Steuerbüchern nicht unabhängig nachweisbar
1516	Vom vnndern Schlachthaws
1517–1521	Vom Zimerlewthaws
1522–1526	Vom vndern Schlachthaws
1527	Am hindern Lech
1528–1530	Vom vndern Schlachthaws
1531–1546	Am hindern Lech
1547–1550	// Witwe nachweisbar

Steueraufkommen:

1510–1515	—
1516	Kopfsteuer
1517–1521	(30 dn) 6 kr
1522–1529	Kopfsteuer
1530–1535	(30 dn) 3 kr (6 dn)
1536–1539	(30 dn) 10 kr 5 hl (6 dn)
1540–1544	(30 dn) 9 kr (6 dn)
1545–1546	(60 dn) 18 kr (6 dn)

Werkstattverbindungen (vgl. Werkstattschema Nr. VII):
Nachdem der Maler, der in der Zeit von 1510 bis 1516 in den Werkstätten seines Vaters Gumpold I Giltlinger und seines Schwagers Hans Knoder zu vermuten ist, sich aus seinem verwandtschaftsbedingten Rahmen gelöst hatte, lebt er 1517 bis 1519 mit dem hochbetagten Meister Jakob Zan zusammen. Nach dessen Tod scheint Florian Giltlinger, ziemlich auf sich gestellt, ohne näheren Kontakt zu den anderen großen Werkstätten gearbeitet zu haben, ohne sich jedoch voll durchzusetzen.

Werke:
Bisher ist es noch nicht gelungen, für Florian Giltlinger Arbeiten zu sichern. Daß er als erster Maler in Augsburg ausschließlich als Glasmaler im Zunftbuch erwähnt ist, besitzt auch keine allzu große Aussagekraft, da dieser Eintrag sich nur in der Abschrift des Jahres 1542 erhalten hat und somit eventuell nur auf die spätere Tätigkeit des Malers Bezug nimmt.

Überlieferung:
Am 27. VIII. 1510 schreibt Kaiser Maximilian I. an den Rat der Stadt Augsburg, daß dieser den gefangengenommenen Florian Giltlinger freilassen möge, wie es sein kaiserlicher Wille und seine Gnade begehre [c]. Wie in dem Schreiben geschildert, waren die Fürsprecher für ihn der Maler Hans Knoder, der als Hofmaler für den Kaiser tätig war (vgl. Nr. 57) und sein Bruder Pangratz Giltlinger, der ebenfalls schon für den Hof gearbeitet hatte. Eine Urgicht (Verhörprotokoll) vom 19. VIII. 1510 berichtet, daß Florian Giltlinger mit Hans Ravenspurger zusammen mehreren Kaufleuten Barchenttücher entwendet hatte, deren Erlös er, der zum Zeitpunkt der Tat zwölf bis dreizehn Jahre alt war, dann vertrunken hatte [d]. Zwar wurde etlichen Händlern durch den Vater Florians die entstandenen Schäden ersetzt, jedoch reichte diese Genugtuung anscheinend nicht aus, wie das Wiederaufgreifen dieses Tatbestandes nach sechs bis sieben Jahren danach zeigt.

Ob dieses erneute Interesse anläßlich der Rückkehr von seiner Gesellenwanderzeit und seiner daran anschließenden Gerechtigkeitsübernahme wiedererwachte, läßt sich nicht belegen.

Quellen:
Stadtarchiv Augsburg, Reichsstadt
STB.: 1516, 32b; 1517, 40d; 1518, 37d; 1519, 40b; 1520, 41b; 1521, 42a; 1522, 33b; 1523, 32d; 1524, 32c; 1525, 33b; 1526, 35a; 1527, 35a; 1528, 35d; 1529, 36d; 1530, 36b; 1531, 35a; 1532, 35d; 1533, 35d; 1534, 38b; 1535, 38b; 1536, 38a; 1537, 38a; 1538, 38b; 1539, 38b; 1540, 39d; 1541, 39d; 1542 Türk., 29d; 1542, 40b; 1543, 40c; 1544, 42b; 1545, 42c; 1546, 48b;//1547, 48d; 1548, 50c; 1549, 51c; 1550, 54a;
SCH. Nr. 72b, fol. 4v [b]; SCH. Nr. 72b, fol. 30 r [a];
Maximilian, Schreiben vom 27. VIII. 1510 [c];
Urg. Florian Giltlinger, Verhör v. 19. VIII. 1510 [d];

Literatur:
Hoffmann, Robert 1874, p. 122 [a, b];
Vischer, Robert 1886, p. 514 [a], p. 567 [b];
Buff, Adolph 1892, Nr. 8571 [c] mit Anm. [d];
Thieme-Becker Kstl. Lex. Bd. XIV (1921), p. 53 [a, b, c];
Hartig, Michael 1922, p. 35;
Thiem, Gunther 1960, p. 169, p. 206.

(Gultlinger, Gultinger, Gulltinger
Giltinger, Gültinger, Güllltinger)

Gerechtigkeitserwerb: 1479/1480 bei seiner Heirat (?);

Gestorben: 1522 [a];

Wohnhaft in Augsburg:

1480	Vom Schusterhaus
1481–1492	Brueder Closter
1493–1509	Vom Rathaws
1510–1514	Sanndt Katarinen gaß
1515–1521	in des Bartshof
1522–1526	// Witwe nachweisbar

Steueraufkommen:

1480	(45 dn) 8 groß mit der Erbschaftssteuer für die Hinterlassenschaft seines Schwiegervaters
1481–1487	(45 dn) 10 groß
1488	(60 dn) 13 groß 5 lib
1489	(60 dn) 13 groß 13 dn
1490–1491	(60 dn) 13 groß 1 lib
1492–1494	(60 dn) 13 groß 1 dn
1495	(45 dn) 9 groß 7 dn
1496–1497	(30 dn) 6 groß 5 dn
1498–1501	(30 dn) 1½ ort
1502	(30 dn) 2 fl 79 dn
1503	(30 dn) 1½ ort
1504	(60 dn) 1 ort
1505–1508	(45 dn) 11 kr 1 dn
1509	(30 dn) 7 kr 3 hl
1510–1515	(30 dn) 15 kr
1516–1517	(30 dn) 10 kr
1518–1521	Kopfsteuer

Lehrknaben:

1483 2. II.	DREŸER Hans [b] lebt ab 1497 in Landsberg [c], veräußert 1503 [d] und 1504 [e] seine Liegenschaften in Augsburg, die er von seiner Mutter, der Witwe des Bildhauers Michael I DREŸER ererbt hatte;
1490 24. IX.	FREILICH Laux [f];
1493	SURLOCH Six [g];
1498, 27. X.	MÜLLER Wolfgang [h];
1499 27. I.	MÜLLER Stephan [i];
1500 5. II.	MOR Vlrich [k];

Gesellen:

An 1482 erhält sein Knecht WALTHER von der Zeche im DOM den Betrag von 6 kr ausbezahlt [1].

Am 30. X. 1483 werden für seine Werkstätte weitere vier Gesellen bezeugt, die der Rat wegen »grosser vnfur vnd geschraÿ« zur Verantwortung zieht. GANGOLF, RUPRECHT und MARTIN werden bei diesem Vorfall nur als Mitläufer genannt, wogegen VRBAN als Rädelsführer darüber hinaus wegen unerlaubten Tragens von einem »langen Messer« beschuldigt wird, mit dem er nach dem Scharwächter geschlagen haben soll. Wegen dieser Rolle bei dem Krawall erhält er für ein halbes Jahr nächtliches Ausgangsverbot und muß zum Ende dieser Frist, an Lichtmeß des nächsten Jahres, zehn Pfund Schmalz für das Findelhaus bezahlen, was für einen unselbständigen Gesellen angesichts seiner niederen Entlohnung eine empfindliche Strafe darstellte [m].

Werkstattverbindungen (vgl. Werkstattschemata IV und VII):
1480 lebt er mit dem Glaser Sigmund GEIDISCHER zusammen, dessen Haus er im folgenden Jahr verläßt, um sich selbständig zu machen. 1483 bis 1487 lebt er im Hause Michael von KETZ, zusammen mit dem seit 1481 bei ihm lebenden Ludwig KROPFFENSTAIN. Dieser bleibt auch nach dem Wegzug Michaels von KETZ bei ihm und verläßt ihn erst 1490, nachdem der Maler Hans FUCHS 1489 für ein Jahr sich an der Hausgemeinschaft beteiligt hatte. Für Gumpold I GILTLINGER sind diese Kontakte des Jahres 1489 die letzten zu den anderen Augsburger Meistern des Malerhandwerks, was sich in der Form von Haus- bzw. Wohngemeinschaften ausdrückte.

1510 bis 1512 weilt sein Schwiegersohn Hans KNODER in seinem Haus, wobei man zu dieser Gemeinschaft auch noch den jungen Florian GILTLINGER zu zählen hat, der gerade Meister geworden war.

Werke:
Gumpold I GILTLINGER arbeitet ab dem Jahre 1481 an dem Michaelsaltar im Dom, der bei ihm von den durch den Rat ernannten Zechpflegern in Auftrag gegeben worden war. Für diesen Auftrag haben sich so ziemlich alle Belege erhalten.

Allein für die Malerarbeiten wurden in dem Geding, das insgesamt 600 fl umfaßte, 400 fl aufgenommen, wobei in diesem Betrag die Materialkosten für die Vergoldung und die Bemalung bereits mit eingeschlossen waren [aa]. So erhält Gumpold I GILTLINGER am 16. XII. 1481 [ab], am 23. IV. 1482 [ac], am 7. X. 1482 [ad] und am 4. X. 1483 [ae] je 50 fl von den Zechpflegern. Am 6. XI. dieses Jahres folgt dann noch eine Zahlung von 30 fl [af] und am 2. III. 1484 eine über 70 fl [ag]. Ebenfalls 1484 [ah] werden ihm nochmals 30 fl für die Arbeiten am Altar und zusätzlich zum Geding noch 8½ fl für die Bemalung des Gewölbes und anderer Bilder [ai] gegeben. Am 16. X. 1485 wird er mit dem Betrag von 86 fl abschließend für seine Arbeiten an dem St.-Michaels-Altar entlohnt, wobei ihm die Zeche über das Geding hinaus noch eine »Besserung« von 16 fl zugestanden hatte [ak]. Am gleichen Tag wird er auch abschließend für die Bemalung der äußeren Flügel des Frühmeßaltares mit 1 fl belohnt, wozu er schon 1484 4 fl als Vorschuß erhalten hatte [al]. Auch die Trinkgeldbezahlung von 10 fl für ihn, 1 fl für die Gesellen und 4 fl für seine Frau sind bei dieser Abschlußrechnung mit angeführt.

Ebenfalls für die Zeche des Domes malt er am 25. VIII. 1486 quasi als Anschlußauftrag an den Altar für 8 fl 1 lib 3 hl ein Hungertuch für den Michaelsaltar und bessert eine Fahne aus [ao].

An demselben Tag übergibt der Meister den Zechpflegern eine Verzichtserklärung für alle weiteren Forderungen, die er eventuell in Zukunft an die Zeche stellen könnte [am]. Zuvor hatte er am 2. II. 1486 den Zechpflegern für 2 fl 52 dn ein »bilde« gefaßt, wobei es nicht genauer festzulegen ist, um welches Bildwerk es sich dabei gehandelt haben könnte [an].

Am 4. III. 1486 wird GILTLINGER für den einzigen Auftrag, den er von den Baumeistern erhielt, mit 2 fl entlohnt, nachdem er ein »Taflin Jn Bawmaister stuben« gemacht hatte [ap].

Nach diesen Aufträgen, die er vom Rat bzw. von Ratsverordneten erhalten hatte, wechselt er anscheinend den Kreis seiner Brotgeber. So schließt am 24. VIII. 1490 Ulrich FUGGER mit ihm einen Vertrag für die Fassung des von Michael ERHART geschnittenen Altars für die Dionysiuskapelle bei St. Ulrich und Afra ab [aq], für den er bis zum 21. XI. 1492 den Betrag von 140 fl erhält [ar]. Auch den Altar der Marienkapelle desselben Klosters malt er 1493, für den die Kaufleute der Familie STAMLER die Mittel bereitgestellt hatten [as]. Es ist nicht auszuschließen, daß er auch die beiden Glasfenster bemalte, die von diesen Stiftern bezahlt wurden [at].

Auch im Auftrag des Abtes erhielt er Arbeiten im Kloster. So malt er 1495 an die Westwand des Refektoriums die heilige Stadt »Iherusalem« mit den anderen Orten des Heiligen Landes, wie es ihm in Abwesenheit des Abtes der Prior Conrad MÖRLIN auftrug [au].

Auch für die Johannes- bzw. die Abtskapelle, die über der St.-Simperts-Kapelle lag, ist seine Beteiligung bei der Ausstattung bezeugt. Ob er auch die Glasgemälde mit den Darstellungen des Johannes des Täufers, Johannes Evangelist, der Jungfrau Maria, St. Andreas, St. Benedikt mit dem Abt Johannes von Giltlingen geschaffen hat, läßt sich nicht eindeutig belegen [av]. Gesichert ist dagegen seine Urheberschaft für das Altarbild dieser Kapelle, das Abt Johannes noch in Auftrag gab, aber erst durch dessen Nachfolger Abt Conrad Mörlin mit 100 fl bezahlt wurde [aw].

1497 faßt und malt er den Altar der Simpertskapelle, wofür er den Betrag von 230 fl erhält [ax]. Auch nach dieser Zeit wird man Gumpold I Giltlinger weitere Aufträge für das Kloster zuweisen müssen, die lediglich durch die Quellenlage nicht mehr zu belegen sind, da die Klosterchronik des Fraters Wittwer mit dem Jahre 1497 abbricht.

Später arbeitet er für die Zeche von St. Moritz, wo er für eine gemalte Fahne 1502 10 fl erhält [ay]. 1503 bezahlt ihm dieselbe Zeche nochmals 10 fl für seine »arwait« und eine Folgezahlung von 30 fl [az]. 1504 richtet er in dieser Kirche einen Engel, dem beide Flügel abgebrochen waren, um 4 kr [ba]. Für 1504 hat sich auch die Abrechnung für eine Fahne erhalten, deren Gesamtkosten sich auf 95 fl beliefen [bb]. Wahrscheinlich handelt es sich dabei um dieselbe Fahne, für die sich auch die obigen Abrechnungen erhalten haben.

In der folgenden Zeit arbeitet er auch für auswärtige Auftraggeber, wie es die Abrechnungen für die Pfarrkirche von Schwaz in Tirol beweisen. So erhält »Maister Gumpot vonn Augsburg« von der dortigen »Gesellschaft« (Zeche?) 1506 nach dem Inhalt einer Visierung 60 fl und 30 fl für bereits ausgeführte Stücke [bc]. Am 6. VI. 1509 rechnet man nochmals mit ihm 56 fl ab, die er für die Glasmalereien der Friedhofskapelle dieser Pfarrei erhält [bd].

Für die Zeit nach 1510 lassen sich für Gumpold I Giltlinger keinerlei Werkstücke mehr belegen, was auf einen starken Rückgang seiner Werkstätte zurückzuführen sein dürfte, der sich auch in dem Abwärtstrend seiner Steuerbeträge ausdrückt. Der eigentliche Grund für diesen Rückgang der Aufträge für den ehemals so stark beschäftigten Meister läßt sich nicht mehr eindeutig festlegen, dürfte jedoch indirekt mit dem Stilwandel dieser Jahre zusammenhängen.

Sonstige Überlieferung:
Am 9. V. 1485 verantwortet sich Gumpold I Giltlinger zusammen mit Veit Wanner gegenüber der Ursula Rewlerin in einer Erbstreitigkeit, deren Ausgang nicht überliefert ist [n]. Am 9. V. 1489 verspricht er zusammen mit Guardian Salwirck in seiner Eigenschaft als Pfleger einer Frau und eines Kindes zu »Musterhaußen«, den verfallenen Zins von 1 fl 7 dn den Erben des Stadtpfeifers Claußen Pfeifer von Saulgen (Saulgau) (worunter sich auch der Maler Ulrich I Apt als Pfleger dessen Kindes befunden haben muß) zu Händen des Vogtes auszubezahlen [o].

Bezeichnend für den Niedergang seiner persönlichen Verhältnisse ist der Eintrag des Gerichtsbuches vom 28. II. 1510, in dem er wegen augenblicklicher Zahlungsunfähigkeit dem Melchior Stuntz die Bezahlung von 6 fl binnen zweier Wochen gelobt [p].

Quellen:
Stadtarchiv Augsburg, Reichsstadt
STB.: 1480, 25d; 1481, 29c; 1482, 30c; 1483, 30a; 1484, 30a; 1485, 30a; 1486, 30d; 1487, 30b; 1488, 33b; 1489, 31b; 1490, 32d; 1491, 32b; 1492, 28c; 1493, 26d; 1494, 30a; 1495, 29b; 1496, 31b; 1497, 28b; 1498, 32a; 1499, 35b; 1500, 38a; 1501, 38b; 1502, 38b; 1503, 39a; 1504, 38b; 1505, 37c; 1506, 38a; 1507, 37d; 1508, 37d; 1509, 37d; 1510, 41b; 1511, 41a; 1512, 41d; 1513, 42b; 1514, 42a; 1515, 2b; 1516, 2a; 1517, 2a; 1518, 2a; 1519, 2b; 1520, 2a; 1521, 2a;
//1522, 2a; 1523, 2a; 1524, 2a; 1525, 2a; 2526, 2a;
STB.: (für Dreyer Hans): 1497, 8a [c]; 1503, 46b [d]; 1504, 46a [e];
SCH. Nr. 11, I s. fol. [ay, az, ba, bb];
SCH. Nr. 72b, fol. 3v [a];
SCH. Nr. 72c, fol. 31v [b];
SCH. Nr. 72c, fol. 33v [f];
SCH. Nr. 72c, fol. 34v [g];
SCH. Nr. 72c, fol. 36v [h];
SCH. Nr. 72c, fol. 36v [i];
SCH. Nr. 72c, fol. 37v [k];
SCH. Nr. 141, fol. 53r [aa];
SCH. Nr. 142d, fol. 3v [ab];
SCH. Nr. 142d, fol. 5r [ac];
SCH. Nr. 142d, fol. 6r [l, ad];
SCH. Nr. 142d, fol. 9r [ae, af, ag];
SCH. Nr. 142d, fol. 12r [ah, ai];
SCH. Nr. 142d, fol. 14v [ak];
SCH. Nr. 142d, fol. 13v [an];
SCH. Nr. 142d, fol. 16r [ao];

SCH. Nr. 142d, fol. 12v [al];
RB. Nr. 10, fol. 93v [m];
BRB. 1486, fol. 28v [ap];
GRB. 1485, p. 83b [n]; GRB. 1489, p. 101a [o];
GRB. 1510, p. 45b [m];

Chroniken:
Wittwer Catalogus, p. 342 [aq], p. 344 [as, at], p. 388 [au], p. 393 [au], p. 430 [aw], p. 434 [ax];

Literatur:
Stetten Kunstgeschichte 1779, p. 275;
Stetten Kunstgeschichte 1788, p. 186;
Hoffmann, Robert 1874, p. 116ff (Archivalienüberblick);
Vischer, Robert 1886, p. 532 [b], p. 534 [f], p. 538 [g], p. 540 [h, i, k], p. 566 [a], p. 571 [aa, l, ab], p. 572 [ae, af, ak, ao, an, ay, az, ba];
Thieme-Becker Kstl. Lex. Bd. XIV (1921), p. 53;
Hartig, Michael 1922, p. 22, 34, 35;
Hartig, Michael 1923, p. 39;
Pölnitz, Götz von 1949, Bd I, p. 27;
Egg, Erich 1950, p. 38ff [bc, bd];
Lieb, Norbert 1952, p. 335 [aq], p. 49 [ar, aq];
Stange, Alfred 1957, Bd. VIII, p. 56ff.;
Thiem, Gunther 1960, p. 163ff (Archivalienüberblick), p. 117, Anm. [am];
Falk, Tilman 1976, p. 4ff [aw] (Zuschreibung/Identifizierung).

Nr. 82 **Giltlinger Gumpold II** Maler

(Giltnger)

Lehre: bei seinem Vater Gumpold I Giltlinger (?);

Gerechtigkeitserwerb: begehrt am 14. X. 1520 die Gerechtigkeit seines Vaters [a];

Gestorben: 1547 [b];

Nachweisbar in Augsburg/Überlieferung:
Gumpold II Giltlinger ist in den Steuerbüchern nicht eigens nachzuweisen, was auf eine untergeordnete Stellung des Meisters als Beisitzer (?) schließen läßt, der auch keine Lehrknaben der Zunft vorstellte. 1542 wird er als in Augsburg lebender Meister in der Zunftliste erwähnt (c). Werke lassen sich für seine Person keine sichern.

Quellen:
Stadtarchiv Augsburg, Reichsstadt
SCH. Nr. 72b, fol. 5v [b];
SCH. Nr. 72c, fol. 9r [a];
Stadtarchiv Augsburg, Archiv d. Hist. Vereins
H. 52, fol 25v [c];

Literatur:
Hoffmann, Robert 1874, p. 122 [a, b];
Vischer, Robert 1886, p. 518 [a], p. 567 [b];
Thieme-Becker Kstl. Lex. Bd. XIV (1921), p. 55;
Hartig, Michael 1922, p. 35;
Thiem, Gunther 1960, p. 164 [b].

Nr. 83	**Gutknecht Jörg**	Maler Illuminist

Lehre: am 17. X. 1497 bei Thoman Burgkmair begonnen [a];

Abgewandert: vor 1515;

Überlieferung:
Der Maler, der wahrscheinlich sowohl Lehr- als auch Gesellenzeit in Augsburg verbrachte, wanderte als Meister, ohne die Gerechtigkeit zu erwerben, aus und trat als Novize in das Benediktinerkloster Tegernsee ein, wo er 1515 einen von ihm illuminierten Psalter als »Jorg Gutknecht, Maller von Augspurg zu der zey Noficz«, im Explizit signierte [b]. Eine Überlieferung weiterer Tätigkeit existiert nicht.

Quellen:
Stadtarchiv Augsburg, Reichsstadt
SCH. Nr. 72c, fol. 35v [a];
Bayerische Staatsbibliothek München
Cod. lat. m. 19201, fol. 8v [b];

Literatur:
Vischer, Robert 1886, p. 538 [a];
Riehl, Berthold 1895, p. 106 [b];
Steingräber, Erich 1955, p. 177 [a, b], Abb. 12;
Steingräber, Erich 1956, p. 33 ff [a, b], Kat.-Nr. 41.

Nr. 84	**Gutterman Sigmundt**	Maler

Lehre: am 12. X. 1511 bei Jörg I Lutz begonnen [k];

Gerechtigkeitserwerb: nach dem 21. IX. 1522 begehrt er die Gerechtigkeit seiner Frau, einer geborenen Wolffstriegel [a];

Ausgewiesen: am 7. II. 1534 [i];

Überlieferung:
Sigmundt Gutterman ist der einzige Maler, dem von den vier Handwerken nur das der Maler bei der Gerechtigkeitsverleihung gewährt wird. Durch diesen Umstand ist es notwendig, das bei Vischer [a] angegebene Datum zu korrigieren und auf einen Zeitpunkt nach dem 21. IX. 1522 zu verlegen (die undeutlich geschriebene Datumsangabe meint wahrscheinlich den »sontag vor leo(nardi)« = 2. XI. 1522).

Die hier für den Schwiegersohn Hans Wolffstriegels angewandte Verordnung, welche die Teilung der Gerechtigkeit der vier Handwerke vorschrieb, war nämlich von den Zunftgenossen am 21. IX. 1522 beschlossen [b] worden, galt aber nur bis zu ihrer Aufhebung durch den Rat der Stadt am 28. VII. 1523 [c]. Auch scheint sie umstritten gewesen zu sein, da sie nicht konsequent durchgesetzt wurde und schon bei der Gerechtigkeitsübernahme des Leonhart Thoman am 24. VI. 1523 [d] keinerlei einschränkender Vermerk mehr in das Zunftbuch eingetragen wurde. Andere Meister waren in diesem Zeitraum von dieser Vorschrift nicht betroffen, da diese alle bereits in die Zunft aufgenommenen Mitglieder nicht betraf.

Am 29. I. 1534 wird Sigmundt Gutterman zusammen mit seiner Frau und der Dirne Magdalena Boglerin wegen Zuhälterei und Kuppelei festgenommen und verhört [e], wobei er angibt, daß ihn die große Armut zu dieser Tat getrieben habe. In diesem Prozeß werden unter anderen auch Jörg I Breu [e], sein Sohn Jörg II, »weil er noch ledig was« [e, f], ein lediges Mitglied der Malerfamilie Hamer, Meister Gregor Erhart und der zu dieser Zeit »bei den Predigern« weilende Illuminist Narziß RENNER als Besucher und Kunden seines Hauses genannt [e], von denen nur Gregor ERHART im Verlauf des Prozesses am 6. II. 1534 wieder entlastet wurde [g].

An dem gleichen Tag, an dem er Gregor ERHART entlastet, entschuldigt GUTTERMAN auch den Georg RADOLT, der nicht in obiger Sache sein Haus aufgesucht habe, sondern ihm den Auftrag gegeben habe, »etlich hörnelen(?)« zu malen, die er ihm dann auch nach Hause geschickt habe [h]. Diese Aussage des Angeklagten ist heute auch das einzige Zeugnis für eine handwerkliche Tätigkeit des Malers Sigmundt GUTTERMAN.

Wegen des Vergehens der Kuppelei und der Zuhälterei wird er zusammen mit den Frauen am 7. II. 1534 mit Ruten ausgestrichen, auf den Pranger gestellt und aus der Stadt gewiesen [i], was auch das Fehlen seines Namens in der Totentafel der Zunft erklärt.

Quellen:
Stadtarchiv Augsburg, Reichsstadt
SCH. Nr. 72b, fol. 12v [b];
SCH. Nr. 72c, fol. 9v [b];
SCH. Nr. 72c, fol. 63v [a];
RB. Nr. 15, fol. 40r [c];
SCH. Nr. 72c, fol. 9v [d];
SCH. Nr. 72c, fol. 44v [k];
Urg. Sigmundt GUTTERMAN, Verhöre v. 29. I. 1534 [e], 1. II. 1534 [f], 6. II. 1534 [g, h], 7. II. 1534 [i];

Literatur:
Vischer, Robert 1886, p. 497 [b], p. 518 [a, d];
Huth, Hans 1923, p. 76 [b].

H

Nr. 85 **H.** Maler
Bildmaler

Maler aus der Zeit vor der Zunftverfassung;

Nachweisbar in Augsburg:
(1346 vnder den lederern)
1351–1363 Von den Predigern vndan

Überlieferung:
Das Namenskürzel H. erscheint in den Steuerbüchern des Zeitraumes 1351 bis 1363 mit der Berufsbezeichnung Maler, ohne daß sich eine weitere Überlieferung für diese Persönlichkeit beibringen ließe. Eine Gleichsetzung mit dem 1346 erwähnten »bildmaler« wäre möglich, läßt sich jedoch nicht schlüssig beweisen.

Quellen:
Stadtarchiv Augsburg, Reichsstadt
STB.: (1346, 11b); 1351, 11b; 1355, 10a; 1356, 9b; 1357, 9c; 1358, 9a; 1359, 9a; 1363, 8c.

Nr. 86 **Hagenauer Friedrich** Conterfetter

(Hagenawer, Hagenaẘer)

Hält sich ohne die Gerechtigkeit zu erwerben, drei Jahre in Augsburg auf.

Nachweisbar in Augsburg:
Es läßt sich nicht eindeutig bestimmen, wann Friedrich HAGENAUER nach Augsburg gekommen ist. Nach seinen Werken scheint er aber ab 1527 (vgl. Nr. 78) sich hier aufgehalten zu haben, so daß er für die Zeit 1527 bis 1530/1531 in Augsburg anzunehmen ist.

Überlieferung:
Gesichert sind für den aus Straßburg stammenden Künstler nur plastische Medaillen, die im Zusammenhang dieses Kataloges nicht zur Untersuchung stehen. Ob HAGENAUER, der sich selbst als »Conterfetter« bezeichnete, überhaupt malerisch tätig war, kann bisher nicht nachgewiesen werden.

Anscheinend hatte er die neu aufkommende Technik sich zu eigen gemacht, die sich in den bisherigen Bestimmungen der zünftischen Handwerkstätigkeiten noch nicht bestimmend niedergeschlagen hatte. Daß er sich seiner rechtlich nicht abgesicherten Stellung durchaus bewußt war, zeigt er, indem er trotz der Genehmigung seiner Arbeit in Augsburg durch den Bürgermeister noch den Schutz des Beisitzes bei dem Kleriker Philipp von RECHBERG suchte, um jeglichen bürgerlichen Abgaben zu entgehen.

Er steht in diesem Falle als Vertreter des »freien Künstlers«, wie er sich selbst bezeichnet, im Konflikt mit der durch die Unsicherheiten der reformatorischen Bewegungen in Bedrängnis gekommenen ansässigen bürgerlichen Künstlerschaft und klärt durch seine Streitschriften, die er in dieser Sache mit dem Rat und mit der Zunft wechselte, zum erstenmal für Augsburg den Anspruch der Freizügigkeit des Künstlers, sowohl in der Ortswahl als auch in der freien konkurrierenden Arbeit (vgl. Beilagen Nr. XI, 1–3).

Allerdings dürften diese Beweggründe ihn nicht allein aus seiner idealistischen Haltung heraus zu solchem Handeln geführt haben, da dies in keiner Weise eine Umgehung der normalen Steuerpflicht – und sei es nur in der Form der sogenannten Auswärtigensteuer – benötigt hätte. Eher scheint ihn die lukrative Stellung eines Günstlings des Klerus, die in diesen Tagen auch nicht als freizügig zu bezeichnen war, zu seinen Ansichten geführt zu haben, was er nachträglich allerdings, als die Sache offenkundig geworden war, vor dem Rat durch höhere Motivationen zu verteidigen suchte.

Es ist nicht bekannt, ob sein Gesuch positiv beschieden wurde. Wie die Lage der Überlieferung aber ist, dürfte HAGENAUER jedoch den Ausgang des Prozesses gar nicht in der Stadt abgewartet haben, da sich trotz der erhaltenen Entscheidungsbücher des Rates weder ein Urteil für noch gegen ihn überliefert ist.

Aus diesen Gründen wurde HAGENAUER Friedrich in den Bestand des Kataloges mit aufgenommen, da er als Sonderfall zu einer eindeutigeren Auslegung der Zunftgesetze dienlich ist.

Quellen:
Stadtarchiv Augsburg, Reichsstadt
MA. Fasc. I, Nr. 3, Nr. ad 5, Nr. 6;

Literatur:
Stetten Kunstgeschichte 1779, p. 279;
Habich, Georg 1907, p. 181–192, p. 230–274;
Katalog Augsburg 1955, p. 120;
Katalog Augsburg 1980, Bd. II, p. 181/182;
Thieme-Becker Kstl. Lex. Bd. XV (1922), p. 465/466.

Nr. 87	**Hainlin Hans**	Maler

Gerechtigkeitserwerb: nicht belegbar;

Gestorben: nach 1519;

Wohnhaft in Augsburg:

1506–1512	Cleesattlergaß
1513–1515	—
1516–1519	Cleesattlergaß

Steueraufkommen:

1506	2 lib (Steuer für Auswärtige)
1507–1512	Kopfsteuer
1513–1515	—
1516–1519	Kopfsteuer

Überlieferung:
Der von auswärts kommende Meister oder Geselle, der 1507 das Bürgerrecht erwirbt, ist in den Listen der Zunft nicht erwähnt, was auf eine untergeordnete Rolle in einer anderen Werkstätte schließen läßt. Ob der 1508 von Ulrich MAURMÜLLER vorgestellte Lehrknabe gleichen Namens mit ihm identisch oder verwandt war, kann nicht mehr festgestellt werden (vgl. Werkstattschema Nr. I; vgl. Nr. 135) [a].

Quellen:
Stadtarchiv Augsburg, Reichsstadt
STB.: 1506, 40c; 1507, 40b; 1508, 40a; 1509, 40a; 1510, 40c; 1511, 40c; 1512, 40d; 1516, 42d; 1517, 44a; 1518, 42a; 1519, 43c;
SCH. Nr. 72, fol. 42r [a];

Literatur:
Vischer, Robert 1886, p. 546 [a].

Nr. 88	**Hainrich I**	Maler

Maler aus der Zeit vor der Zunftverfassung, für dessen Person keine weitere Überlieferung besteht (vgl. Nr. 89).

Nachweisbar in Augsburg:

1346	Von dem Tollenstain
1351	Auf dem Graben

Quellen:
Stadtarchiv Augsburg, Reichsstadt
STB.: 1346, 11c; 1351, 12c.

Nr. 89	**Hainrich II**	Maler

(Heinrich)

Gerechtigkeitserwerb: bei der Einführung der Zunftverfassung (?);

Gestorben: nach 1383;

Nachweisbar in Augsburg:

1368	Vom Ror
1369–1375	—
1376–1377	Vnder den Tollenstain
1380	Vnder den Tollenstain
1381–1382	—
1383	Von dem Kunold

Überlieferung:
HAINRICH II, der nur in dem Jahr 1383 durch die Berufsbezeichnung als Maler gekennzeichnet ist, läßt sich sonst nirgendwo nachweisen. Eine Identität mit dem Maler HAINRICH I (vgl. Nr. 88) ist nicht nachzuweisen, wogegen der Zusammenhang der hier angeführten Eintragungen ziemlich sicher sein dürfte.

Quellen:
Stadtarchiv Augsburg, Reichsstadt
STB.: 1368, 10c; 1376, 9b; 1377, 9d; 1380, 9b; 1383, 10c.

Nr. 90	**Hainricus**	Schreiber Illuminist (?)

Frater O. S. B. im Kloster St. Ulrich und Afra zu Augsburg;

Überlieferung:
HAINRICUS schrieb 1419 Teile des spärlich illuminierten Psalters des Augsburger Diözesanmuseums, den er selber im Explicit signierte. Ob von ihm auch die Illuminierung des Buches stammt, ist nicht eindeutig gesichert.

Quelle:
Diözesanmuseum Augsburg (deponiert im Maximilianmuseum)
DM I 8;

Literatur:
Stange, Alfred 1951, Bd. IV, p. 114;
Steingräber, Erich 1956, p. 12, Kat. Nr. 1.

Nr. 91	**Haintz**	Maler

Untergeordneter Meister oder Altgeselle in der Zeit vor der Zunftverfassung;

Ausgewiesen: 30. VII. 1366;

Nachweisbar in Augsburg:

1366	im Achtbuch erwähnt

Überlieferung:
Haintz, der in den Steuerlisten nicht eindeutig zu erfassen ist, wird am 30. VII. 1366 aus der Stadt gewiesen. Der Goldschlager Hainrich hatte ihn verklagt, weil er ihn »aun schuld vnd aun recht« verwundete und Hainrich infolge dieser Verwundung einen Zahn verlor.

Über den Maler selbst, dessen Frau als »kaufflerin« ebenfalls erwerbstätig war, gibt es keine weitere Überlieferung in Augsburg.

Quelle:
Stadtarchiv Augsburg, Reichsstadt
SCH. Nr. 81, fol. 25d.

Nr. 92	**Hamer Jörg I**	Glaser

Gerechtigkeitserwerb: vor 1478;

Gestorben: 1504/1505 [a];

Wohnhaft in Augsburg

1478–1483	Vom Canold appentegker
1484–1485	—
1486	Von Sant Anthonino
1487	Vom Diepolt
1488–1489	Von Sant Anthonino
1490	—
1491–1504	Vom Diepolt

Steueraufkommen:

1478–1479	(60 dn) 1 lib
1480	(45 dn) 45 dn
1481	(45 dn) 45 dn und 12 dn erb
1482–1483	(45 dn) 57 dn
1486–1487	(45 dn) 57 dn
1488–1489	(60 dn) 76 dn
1491–1494	(60 dn) 53 dn
1495	(45 dn) 5 ort
1496–1497	(30 dn) 33 dn
1498–1503	(30 dn) 1 ort
1504	(60 dn) 66 dn

Lehrknaben:

1481 16. X.	Niess Laux [b];
1497	Gräflin Henslin [c];
1497	des Summers Sun (Geselle?) [d];
1501 3. II.	Feichter Daman [e];
1504 10. III.	Stainmair Peter [f]; (der Eintrag wurde nachträglich gestrichen, da der Meister vor der Beendigung des Lehrverhältnisses starb)
1504 10. III.	Caspar [g]; (muß an diesem Tag die Ehelichkeit seiner Geburt beweisen und bekommt dafür eine Frist bis zum 29. IX. 1504. Bis er den Nachweis erbracht hat, darf er jedoch von keinem Meister in Augsburg beschäftigt werden.);
vor 1943	Hamer Jörg II (dürfte als sein Sohn ebenfalls in der väterlichen Werkstätte mit seiner Ausbildung begonnen haben.);

Überlieferung:
Meister Jörg I HAMER bürgt 1477 am 26. VI. für KRON Hans II [h] bei dessen Urfehde. In den Jahren 1478 und 1479 versteuert er als »Büchsenmeister« das Zunftgut der Maler [i]. 1492 wird Hans II KRON wegen einer Anklage HAMERS von der Zunft gestraft (vgl. Nr. 61 [k] und 1497 erhält HAMER Jörg I selbst wegen einer Klage des Glasers Hans OST eine Zunftstrafe von einem Pfund Wachs (= 8 kr) [l]. Nach dem frühen Tod seines Sohnes Jörg II HAMER übernimmt er die Pflegschaft für dessen Kinder.

Quellen:
Stadtarchiv Augsburg, Reichsstadt
STB.: 1478, 24c [i]; 1479, 24c [i]; 1480, 24c; 1481, 24c; 1482, 25c; 1483, 25a; 1486, 24b; 1487, 24b; 1488, 27a; 1489, 25a; 1491, 62a; 1492, 23a; 1493, 24c; 1494, 27d; 1495, 27a; 1496, 29a; 1497, 26c; 1498, 30a; 1499, 33a; 1500, 35c; 1501, 35c; 1502, 35c; 1503, 36b; 1504, 35b;
SCH. Nr. 72b, fol. 3r [a];
SCH. Nr. 72c, fol. 33v [b];
SCH. Nr. 72c, fol. 35v [c];
SCH. Nr. 72c, fol. 37v [e];
SCH. Nr. 72c, fol. 39r/63r [f];
SCH. Nr. 72c, fol. 91v [g, k];
SCH. Nr. 72c, fol. 92r [l];
US. UK. v. 28. VI. 1477 [h];
Stadtarchiv Augsburg, Archiv d. Hist. Vereins
H. Nr. 54a, fol. 163r [d];

Literatur:
Vischer, Robert 1886, p. 500 [k], p. 502 [l], p. 532 [b], p. 536 [b], p. 538 [c], p. 542 [e], p. 544 [f], p. 566 [a].

Nr. 93 **Hamer Jörg II** Glaser

Lehre: bei seinem Vater HAMER Jörg I (?);

Gerechtigkeitserwerb: 31. XII. 1493 [a];

Gestorben: 1502 [b];

Überlieferung:
Der ebenfalls als Glaser tätige Sohn Jörg I HAMERS steuert 1501 Habnit-Steuer im Steuerbezirk »Vff vnser frawen graben« [c]. Seine Werkstätte scheint sich nie so entfaltet zu haben wie die seines Vaters, da er in den neun Jahren seiner Tätigkeit nicht einen einzigen Lehrknaben vorstellt.

Ob sich der Gerichtsbucheintrag vom 16. IX. 1499, nach dem ein Jerg HAMER, Glaser, die HECHENWORTERIN wegen Unterschlagung beklagt, auf ihn bezieht, ist nicht mit völliger Sicherheit zu entscheiden [d].

Auch der zweite überlieferte Prozeß, der sich auf diesen Namen erhalten hat, kann nur mit einer gewissen Wahrscheinlichkeit auf seine Person bezogen werden. Dabei verklagt ihn Jörg LANGENMANTEL, einen Hund, der ihm überantwortet war, zurückzuhalten. Dieser Anklage kann sich Jörg nur durch einen Eid entziehen, da der Ankläger seine Angaben, daß ihm der Hund »vff dem berlach« entlaufen sei und er nicht wisse, wo er sich nun aufhalte, nicht annehmen wollte [e].

Quellen:
Stadtarchiv Augsburg, Reichsstadt
STB.: 1501, 11c [c];
SCH. Nr. 72b, fol. 3r [b];
SCH. Nr. 72c, fol. 62r [a];

GRB. 1499, p. 255b [d];
GRB. 1501, p. 232a/b [e];

Literatur:
Vischer, Robert 1886, p. 510 [a], p. 566 [b].

Nr. 94	**Hamer Jörg III**	Maler Glaser

Lehre: am 10. VIII. 1510 bei seinem Onkel, dem Maler Leonhart II HAMER begonnen [a];

Gerechtigkeitserwerb: am 1. V. 1524 begehrt er die Gerechtigkeit seines Vaters [b];

Gestorben: um 1560 [c];

Lehrknaben:
1542 STAINHER Berman [d];

Überlieferung:
Trotz seiner Ausbildung bei einem Maler wird Jörg III HAMER, nachdem er sich als Meister selbständig gemacht hatte, immer als Glaser erwähnt. Es gibt keinen Hinweis, ob er sich in diesem Handwerk dann auf die Ausfertigung von Glasmalereien verlegt hat.

Sein Geschäft entwickelte sich rasch. Als Beleg dafür kann man die von ihm an den Rat gerichtete Supplikation ansehen, mit der er sich als einziger Glaser die Erlaubnis geben läßt, während des Reichstages des Jahres 1548 entgegen dem Brauch zwei anstatt eines Ladens innerhalb der Stadt zu unterhalten. Der Rat, der in dieser handwerksinternen Angelegenheit die Zunft doch nicht übergehen wollte, überließ die Entscheidung den Handwerksmeistern, die ihm dann dieses Sonderrecht nur für die Zeit während des Reichstages gewährten. Damit dieser Einzelfall aber nicht die Grundlage für ein daran abgeleitetes Gewohnheitsrecht biete, wurde er sowohl von der Zunft als auch vom Rat am 10. III. 1548 schriftlich niedergelegt [e].

Quellen:
Stadtarchiv Augsburg, Reichsstadt
SCH. Nr. 72a, fol. 27r [e];
SCH. Nr. 72b, fol. 100r [d];
SCH. Nr. 72c, fol. 43v [a];
Stadtarchiv Augsburg, Archiv d. Hist. Vereins
H. Nr. 54a, fol. 11r [c];
SCH. Nr. 72a, s. fol. [e];
SCH. Nr. 72c, fol. 64r [b];

Literatur:
Vischer, Robert 1886, p. 520 [b], p. 547 [a], p. 562 [d], p. 500 [e].

Nr. 95	**Hamer Leonhart I**	Glaser Maler

Gerechtigkeitserwerb: um 1483 (?);

Gestorben: 1504 [a];

Nachweisbar in Augsburg:
1482–1483 Vom Canold appentegker

Steueraufkommen:

1482	12 dn (Erbschaftssteuer)
1483	steuerfrei (wegen Heirat?)

Überlieferung:
Der sonst nur in der Totentafel der Zunft erwähnte Meister läßt sich in seiner Persönlichkeit nicht näher fassen. Mit ziemlicher Sicherheit hat man in ihm einen Bruder Jörg I HAMERS zu sehen, mit dem er in den Jahren 1482 und 1483 zusammenlebt.

Ob er der Lehrmeister Leonhart II HAMERS war, ist nicht belegbar und dürfte erst nach der Klärung seines Wirkungsbereiches genauer zu untersuchen sein.

Quellen:
Stadtarchiv Augsburg, Reichsstadt
STB.: 1482, 25c; 1483, 25a;
SCH. Nr. 72b, fol. 3r [a];

Literatur:
Vischer, Robert 1886, p. 566 [a].

Nr. 96 **Hamer Leonhart II** Maler

Lehre: bei seinem Vater Leonhart I HAMER (?);

Gerechtigkeitserwerb: am 1. I. 1499 empfangen [a];

Gestorben: 1537 [b];

Wohnhaft in Augsburg:

1501–1506	Vom Diepolt
1507	—
1508–1513	Von Sant Anthonino
1514–1530	Vom Diepold
1531–1536	hailigkreitzerthor intra (im »domus der maler«)
1537–1546	// Witwe nachweisbar

Steueraufkommen:

1501	steuerfrei
1502–1503	(30 dn) 35 dn
1504	(60 dn) 20 kr
1505–1506	(45 dn) 15 kr
1508	—
1509	(30 dn) 10 kr
1510–1515	(30 dn) 9 kr
1516–1521	(30 dn) 3 kr
1522–1527	(30 dn) 2 fl 30 kr
1528	(30 dn) 1 fl 45 kr
1529–1533	(30 dn) 1 fl 45 kr (6 dn)
1534–1536	(30 dn) 30 kr (6 dn)

Lehrknaben:

1505 3. I.	SCHMID Hans [c];
1510 10. VIII.	HAMER Jörg III (vgl. Nr. 94) [d];
1515 15. V.	FURTENNAGEL Laux (vgl. Nr. 78) [e];

Werkstattverbindungen (vgl. Werkstattschema Nr. VI):
Leonhart II Hamer übernimmt zusammen mit dem Anwesen des Jörg I Hamer auch die Pflegschaft für die Kinder des früh verstorbenen Jörg II Hamer, wodurch sich die enge Familienbindung ausdrückt. 1508 bis 1512 lebt er mit dem Goldschlager Hainrich Roch zusammen, wobei sich allerdings eine Zusammenarbeit nicht belegen läßt. 1513, dem Jahr, in dem er mit der Witwe dieses Meisters noch zusammen wohnt, stößt zu dieser Werkstätte noch Ulrich Maurmüller, der im folgenden Jahr dieses Anwesen übernimmt. 1514 zieht Hamer Leonhart II in das Anwesen des verstorbenen Malers Jörg I Furtennagel, mit dessen Familie ebenfalls eine engere Beziehung bestanden haben muß (vgl. Nr. 76).

Überlieferung:
Für Leonhart II Hamer als Maler lassen sich keinerlei Werke belegen. Es ist aber sicher anzunehmen, daß der durch die Heirat mit Otilia Meuting mit der oberen Bürgerschicht verbundene Meister eine gut florierende, wohl hauptsächlich mit Privataufträgen ausgelastete Werkstätte unterhielt.

1505 vertritt er bei drei Terminen (am 19. II. [f], 3. IV. [g] und 2. VI. VI [h]) seine Frau in einer Erbschaftsstreitigkeit und in Auseinandersetzungen mit Marx Walther vor dem Gericht. Auch für seine Mutter führt er die Anklage gegen Margarethe Seckelmayr um eine ausstehende Schuld von 2½ fl am 19. V. dieses Jahres [i]. 1506 bekennt der Schuster Hans Schmid vor dem »Clagschatzer«, daß er Leonhart II Hamer noch 2 fl schuldig sei, wofür der Modus der Abzahlung am 14. V. festgelegt wird [k].

Trotzdem wird der so oft vor dem Gericht als ehrenwerter Bürger auftretende Meister auch selbst zur Verantwortung gezogen. So verbietet ihm am 26. VII. 1516 das Gericht für ein Jahr die »gassen zwischen den zwayen hornplasen«, da er zusammen mit den Glasermeistern Mathias Dirr und Hans Knopf gegen den Scharwächter »rumort« hatte [l].

1531 bezieht Leonhart II Hamer die Wohnung im Zunfthaus der Maler, wo er und nach ihm seine Witwe bis 1546 leben. Ob für dieses Mietverhältnis eine besondere Rolle innerhalb der Zunft den Ausschlag gegeben hatte, ist heute nicht mehr nachzuweisen.

Quellen:
Stadtarchiv Augsburg, Reichsstadt
STB.: 1501, 35c; 1502, 35c; 1503, 36b; 1504, 35b; 1505, 34c; 1506, 35a; 1508, 35a; 1509, 35c; 1510, 36a; 1511, 36b; 1512, 36c; 1513, 37a; 1514, 36b; 1515, 36d; 1516, 38b; 1517, 39b; 1518, 37b; 1519, 37d; 1520, 39c; 1521, 40b; 1522, 39d; 1523, 39b; 1524, 38d; 1525, 39a; 1526, 40b; 1527, 42a; 1528, 42b; 1529, 44a; 1530, 43b; 1531, 51d; 1532, 52d; 1533, 52d; 1534, 56a; 1535, 56a; 1536, 56a; // 1537, 57b; 1538, 58c; 1539, 58c; 1540, 59a; 1541, 59a; 1542 Türk., 44b; 1542, 59b; 1543, 61d; 1544, 63c; 1545, 63b; 1546, 70c; 1547, 71a;
SCH. Nr. 72b, fol. 4r [b];
SCH. Nr. 72c, fol. 40r [c];
SCH. Nr. 72c, fol. 43v [d];
SCH. Nr. 72c, fol. 47r [e];
SCH. Nr. 72c, fol. 61v [a];
GRB. 1505, p. 40b [f];
GRB. 1505, p. 70b [g];
GRB. 1505, p. 114b [i];
GRB. 1505, p. 141a [h];
GRB. 1506, p. 118b [k];
StrB. 1509/1526, p. 61 [l];

Literatur:
Vischer, Robert 1886, p. 512 [a], p. 544 [c], p. 546 [d], p. 550 [e], p. 567 [b].

Nr. 97 **Hans I** Maler

Maler aus der Zeit vor der Zunftverfassung, der nur durch einen Eintrag im Steuerbuch überliefert ist. Ein Zusammenhang mit den Einträgen gleichen Namens läßt sich nicht herstellen.

Nachweisbar in Augsburg:
1351 Von dem alten Burgtor gen den Frontor

Quelle:
Stadtarchiv Augsburg, Reichsstadt
STB.: 1351, 12d.

Nr. 98 **Hans II** Maler

Maler aus der Zeit vor der Zunftverfassung.

Nachweisbar in Augsburg:
1351 Auf dem Tollenstain (seine Frau)
1355 Vnder den Tollenstain
1356–1357 Vnder den Tollenstain (seine Frau oder Witwe?)

Überlieferung:
Da der Maler selbst nur in dem Jahre 1355 in Augsburg selbst steuert, muß man in ihm einen wohl öfters auswärts tätigen Meister sehen. Weitere Belege seiner Tätigkeit sind nicht beizubringen.

Quellen:
Stadtarchiv Augsburg, Reichsstadt
STB.: 1351, 11d; 1355, 10b; 1356, 9c; 1357, 9d.

Nr. 99 **Hans III** Maler

Nicht näher zu identifizierender Meister der Zeit vor der Zunftverfassung.

Nachweisbar in Augsburg:
1355–1356 Am Schwal

Quellen:
Stadtarchiv Augsburg, Reichsstadt
STB.: 1355, 9b; 1356, 8d.

Nr. 100 **Hans IV (de Wal)** Maler

Maler der Zeit vor der Zunftverfassung, der nicht das Augsburger Bürgerrecht voll besaß.

Gestorben: 1365/1366;

Erwähnt in Augsburg:
1362–1364 Pfahlburgerij
1363–1365 porta messer desup.

Steueraufkommen:
1364–1365 1 lib

Überlieferung:
»Hans maller de wal« wird in den den Steuerlisten angefügten »Pfahlbürgerlisten« als 1359 aufgenommener Pfahlbürger erwähnt. 1363–1365 ist er zudem in den Steuerlisten im Bezirk »porta messer desup.« als seßhaft verzeichnet.
Der Eintrag des Jahres 1365 wurde nachträglich gestrichen, da HANS de Wal gestorben ist. Über seine Tätigkeit gibt es keinerlei Nachrichten.

Quellen:
Stadtarchiv Augsburg, Reichsstadt
STB.: 1362, 13c; 1363, 3a; 1363, 13c; 1364, 3a; 1364, 13c; 1365, 2d.

Nr. 101 **Hans V** Maler

Selbständiger Maler, der nur bis zum Jahr der Zunftverfassung nachgewiesen werden kann. Eine Verbindung zu anderen gleichnamigen Einträgen in den Steuerlisten früherer Jahre ist begründet nicht zu vertreten.

Wohnhaft in Augsburg:
1363–1368 Am Zitzenberg

Quellen:
Stadtarchiv Augsburg, Reichsstadt
STB.: 1363, 7c; 1364, 7d; 1365, 7b; 1367, 7b; 1368, 7d.

Nr. 102 **Hans VI** Maler

Maler, der als untergeordneter Meister oder Altgeselle tätig war und von dessen Bindung zur Zunft nichts bekannt ist.

Nachweisbar in Augsburg:
1448 Vom Diepolt

Steueraufkommen:
1448 Habnit-Steuer

Quelle:
Stadtarchiv Augsburg, Reichsstadt
STB.: 1448, 19c.

Nr. 103 **Hans VII** Maler

Maler ohne Verbindung zur Zunft;

Wohnhaft in Augsburg:
1466–1468 Vom Nagengast (im »domus der Korherren«)
1469–1470 Vom Nagengast
1471 —
1472 Vom Nagengast (nur seine Frau)

Steueraufkommen:

1466–1470	steuerfrei
1472	Habnit-Steuer (durch die Frau)

Überlieferung:

Der zunächst bis 1468 im »domus der Korherren« wohnende Maler scheint wie die Steuerfreiheit vermuten läßt, im Dienste der Kirche gestanden zu haben und somit auch von der Verpflichtung zur Zunftgerechtigkeit freigestellt gewesen zu sein. Nachdem 1469 Michel HOLBEIN, mit dem er zusammen bei den Chorherren gewohnt hatte, dieses Haus übernahm, bleibt er weiter in dem Anwesen. Auch kehrt seine Frau, die anscheinend mit ihm 1471 weggezogen war, wieder zu Michel HOLBEIN zurück, wobei sie ihre Steuerfreiheit verliert.

Es ist auf Grund der Unterlagen heute nicht mehr klärbar, welche Verbindung zwischen ihm und dem Onkel (?) von Hans I HOLBEIN bestand und inwieweit seine Tätigkeit eine Auswirkung innerhalb dieser Wohngemeinschaft hatte.

Auch besteht keinerlei Überlieferung, die den Wirkungsbereich seiner Tätigkeiten für ihn rekonstruierbar machen würde.

Quellen:

Stadtarchiv Augsburg, Reichsstadt
STB.: 1466, 19d; 1467, 19d; 1468, 18c; 1469, 21d; 1470, 22a; 1472, 20d.

Nr. 104	**Hans VIII**	Briefmaler

Briefmaler ohne Zunftgerechtigkeit;

Nachweisbar in Augsburg:

1477–1478	Schmidhaus

Steueraufkommen:

1477–1478	Kopfsteuer

Überlieferung:

Der nur in den Steuerlisten faßbare Maler scheint ohne Verbindung zur Zunft kleinere Arbeiten für Privat oder für die Kirche gearbeitet zu haben, wie es in deutlicher Weise für Nicolaus PERSCHIN (vgl. Nr. 25) bezeugt ist.

Quellen:

Stadtarchiv Augsburg, Reichsstadt
STB.: 1477, 22a; 1478, 21c.

Nr. 105	**Hans IX**	Maler

In den Steuerlisten läßt sich in der Zeit von 1505 bis 1520 viermal der Name HANS mit der Berufsbezeichnung Maler feststellen. Im Gegensatz zu den Eintragungen Ende des XIV. Jahrhunderts könnte man dahinter ein und dieselbe Person annehmen, da die Steuersätze immer im gleichen Niveau verbleiben. Jedoch ist die Habnit-Steuer/Kopfsteuer nicht in dem Maße charakterisierend, daß man dies als schlüssigen Beweis ansehen könnte. Wollte man diese hypothetisch gewonnene »Persönlichkeit« näher bestimmen, müßte man sie als untergeordneten Meister oder als Altgesellen bezeichnen, der einen eigenen Hausstand führt.

Nachweisbar in Augsburg:

I.	1505–1506	Sant Afragäßlin
II.	1507–1508	Am Kitzenmarckt

III. 1515–1517 Am Schwaal
IV. 1518–1520 in des Fuggershewser

Steueraufkommen:
1505 steuerfrei
in den anderen Jahren jeweils Kopfsteuer

Quellen:
Stadtarchiv Augsburg, Reichsstadt
STB.: für I. 1505, 24b; 1506, 24d;
für II. 1507, 39c; 1508, 39b;
für III. 1515, 29c; 1516, 30b; 1517, 31a;
für IV. 1518, 16d; 1519, 17c; 1520, 17d.

Nr. 106	**Hans X**	Maler

Auswärtiger Maler ohne Verbindung zur Zunft und ohne Bürgerrecht;

Nachweisbar in Augsburg:
1519 Eng Kirchgaß

Steueraufkommen:
1519 2 lib (Auswärtigensteuer)

Quelle:
Stadtarchiv Augsburg, Reichsstadt
STB.: 1519, 24d.

Nr. 107	**Hans XI**	Maler Trager

Der in den Jahren 1521 bis 1533/34 als Verwalter der Häuser des Claus Nuber auftretende Hans »maler« dürfte höchstwahrscheinlich nicht im Malerhandwerk tätig gewesen sein.

Jedoch kann dies nicht allein durch seine Tätigkeit als »Trager« (Verwalter) ausgeschlossen werden. Ob sich allerdings der Eintrag der Steuerliste des Jahres 1534 mit der Anweisung, »sol Zunft empfahen«, eindeutig auf seine Person bezieht, ist fraglich. Jedenfalls ist er nach dem Termin dieser Anweisung nicht mehr in Augsburg nachzuweisen.

Wohnhaft in Augsburg:
1521–1534 Vnndern Wöschen

Steueraufkommen:
1521–1528 37 kr
1529–1533 37 kr (6 dn)
(Da die Steuer auch Beträge für die drei verwalteten Häuser beinhalten kann, sind die genannten Summen nur bedingt für Hans Maler heranzuziehen)

Quellen:
Stadtarchiv Augsburg, Reichsstadt
STB.: 1521, 13b; 1522, 12d; 1523, 12d; 1524, 12d; 1525, 13b; 1526, 14a; 1527, 13c; 1528, 14a; 1529, 13d; 1530, 13c; 1531, 14a; 1532, 13d; 1533, 13a; 1534, 15c.

(Hartmann)

Gerechtigkeitserwerb: 1423/1424;

Gestorben: 1451/1452;

Wohnhaft in Augsburg:

1424	hailigcrutztor abintra
1425–1427	Vom Kunold
1428–1429	Vom Ror
1430–1435	Vom Konold
1436–1445	Vom Ror
1446–1447	—
1448–1451	Von der pruggerin

Steueraufkommen:

1424–1428	6 ß
1429	8 ß
1430	7 ß
1431–1433	3 groß
1434	14 ß
1435	10 ß
1436–1437	5 groß
1438	mer 8 fl nachsteuer von 80 fl (Erbschaftssteuer)
1438–1440	14 lib 8 dn
1441–1445	10 lib
1446–1447	—
1448–1451	2 fl
1452	19 fl (Nachsteuer durch die Frau am 27. X. 1452) [a]

Werkstattverbindungen (vgl. Werkstattschemata Nr. IV und V):
Hartman wohnt 1430 und 1431 in der Nachbarschaft von Mangold, wobei eine Verbindung der beiden Meister nicht genauer belegbar ist. Von 1433 bis 1435 ist er der Nachbar von Hans I Kron, mit dem er zusammen mit Kaspar von Ketz 1436 am städtischen Großauftrag für den Perlachturm arbeitet.

Werke:
In dem Baumeisterbuchfragment der Jahre 1429/1430 wird für das Datum vom 25. XI. (wahrscheinlich 1430, da in diesem Jahr das Datum auf einen Samstag, den üblichen Zahltag der Baumeister fällt) die Bezahlung von 3 lib an Hartman für einen »Setzschild« (Tartsche) überliefert [b].

In dem Jahr 1436 ist Hartman dann zusammen mit Hans I Kron und Kaspar von Ketz am Perlachturm tätig, wobei er im Gegensatz zu Kaspar von Ketz nur am 4. VI. 1436 eine Zahlung von 28 lib für 16 Schilde bekommt und sich sonst in der Hauptsache nur mit der Bemalung des Turmes beschäftigt [c]. Hartman ist für diese Arbeitsgemeinschaft während des ganzen Jahres tätig. Der Eintrag »vnd seinen prüdern« bzw. »seinem pruder«, der sich der Stellung nach auf einen oder mehrere Brüder Hartmans beziehen müßte, läßt sich anhand der erhaltenen Archivalien nicht genauer für eine Persönlichkeit bestimmen (vgl. Nr. 46). Diese Verwandtschaft Hartman sscheidet dann am 21. IX. aus der Arbeitsgemeinschaft aus [d]. Der Grund dafür, der in der Folge auch zu der Beteiligung von Hans I Kron führte, ist nicht mehr zu erfassen (vgl. Nr. 46, Nr. 60; vgl. Beilage Nr. XIII, 1–2).

Sonstige Überlieferung:
HARTMAN, der zu den vermögenderen Malern seiner Zeit gehört, beerbt 1438 Meister Peter TRUKENSCHERER, was ihn, wie die Steuerbeträge zeigen, zu konstantem Vermögen verhilft.

Diese sicheren Verhältnisse des Meisters werden 1446 jäh beendet. Wie das Ratsbuch berichtet, hatte die Ehefrau HARTMANS mit einem Juden, der getauft werden sollte, Ehebruch begangen und war mit diesem in ein »offen Frawenhus« gezogen, um darin »Jr bubery̋« zu treiben, insbesondere auch an dem Tag, an dem er »gotzlychnam nam«. Wegen diesem provozierenden Verhalten, das »si so mänigfaltiklich gethān«, beschloß der Rat der Stadt, um zu verhindern, »daz sölichs andern bösen frowen ain vorbild werd«, daß ihr Ehemann »die wäl han sol si zů ewigen tagen ze vermurer, damit si nymmer mer Jr leptag ledig werd oder aber mit Jr vß diser Statt Augspurg vn zehen myl wegs oder ferrer von dannen sein vnd näher hinzů noch hinein nymer mer Jr leptag komen süllen«.

Nachdem HARTMAN sich für die erstere Lösung entschied, wurde er beauftragt, ein »gevanknůß« in seinem Haus einzurichten, während die Frau in den »y̋sen« (dem städtischen Gefängnis) bleiben mußte. Am 5. IV., als er die Fertigstellung des Raumes dem Rat meldet, wird ihm die Frau unter der Bedingung überlassen, daß er sie in diesem Gefängnis einsperre, sie dort versorge, die Schlüssel aber dem Stadtvogt überantworten solle. Falls seine Frau aus dieser Verwahrung entkommen sollte, werde er selbst vom Rat dafür zur Rechenschaft gezogen [e].

Am 24. VIII. 1446 wird der Maler jedoch wieder beim Rat vorstellig, da er sich außerstande sah, die ihm gemachten Auflagen weiter zu erfüllen, worauf er vom Rat aufgefordert wird, die Stadt unter Aufgabe des Bürgerrechts (d. h. bei Bezahlung der dreifachen Steuer) bis zum 16. X. zu verlassen und seine Frau bis zum Zeitpunkt des Auszuges wieder in das Gefängnis der Stadt zu geben, falls er sie nicht selbst in dem verschlossenen Gemach halten wolle [f].

Diese Aufforderung des Rates scheint HARTMAN befolgt zu haben, denn schon im Jahr 1446 ist er nicht mehr in den Steuerlisten eingetragen. 1448 aber wurde ihm offensichtlich eine Begnadigung gewährt, da er ab diesem Jahr bis 1451 wieder in Augsburg weilt. Die Frau jedoch, die zunächst mit ihm zurückgekehrt war, muß nach seinem Tode nochmals eine Nachsteuer in der Höhe von 19 fl am 27. X. 1452 entrichten und die Stadt abermals verlassen [a].

Vermutlich haben diese Vorgänge um ihn und seine Frau auch die Möglichkeiten seiner handwerklichen und künstlerischen Tätigkeit stark eingeschränkt, was sich auch im Fehlen weiterer Belege für seine Arbeit ausdrückt.

Quellen:
Stadtarchiv Augsburg, Reichsstadt
STB.: 1424, 19d; 1425, 12c; 1426, 16b; 1427, 19a; 1428 Huss., 22a; 1428, 18d; 1429, 17a; 1430, 19d; 1431, 17b; 1432, 15b; 1433, 17b; 1434, 12b; 1435, 15c; 1436, 15a; 1437, 14b; 1438, 16a; 1439, 17d; 1440, 16c; 1441, 17d; 1442, 16b; 1443, 20b; 1444, 19c; 1445, 19a; 1448, 22a; 1449, 20d; 1451, 21a;
SCH. Nr. 46b, s. fol. (Zunftliste 1442);
RB. Nr. 4, fol. 118v (p. 196) [e];
RB. Nr. 4, fol. 116 (126)v (p. 212) [f];
BRB. 1429/1430, fol. 77v [b];
BRB. 1436, fol. 2r/v [c];
BRB. 1436, fol. 2v [d];
BRB. 1452, fol. 20v [a];

Chroniken:
Städtechr. V, p. 158, 4 mit Anm. 1 [b, c, d];

Literatur:
Stetten Kunstgeschichte 1788, p. 184 [b, c, d];
Hoffmann, Robert 1887, p. 35/36 mit Anm. 98 [b, c, d].

Nr. 109	**Has**	Maler

Maler, dessen Verbindung zur Zunft nicht belegbar ist.

Nachweisbar in Augsburg:
1386 Vnder dem Tollenstain
1390 Straͤwingertor gen den Luterlech

Überlieferung:
Weder zur Person noch zu deren Tätigkeit lassen sich in Augsburg weitere Belege auffinden.

Quellen:
Stadtarchiv Augsburg, Reichsstadt
STB.: 1386, 9a, 1390, 8d.

Nr. 110	**Herman**	Maler

(H., Her.)

Maler aus der Zeit vor der Zunftverfassung;

Nachweisbar in Augsburg:
1346 Von dem alten Burgtor den Frauentor
1347–1354 —
1355 Vͦf dem Grabñ
1356 —
1357–1359 Vͦf dem Grabñ
1360–1361 —
1362–1364 Vͦf dem Grabñ
1365 im Achtbuch erwähnt [a]

Lehrknaben/Gesellen:
1365 Örtel [a];
(wird wegen Verwundung und Mißhandlung der Frau Adelhaid Ringlerin am 15. IV. 1365 in die Acht getan und aus der Stadt gewiesen);

Werke:
Exzerpte der verlorenen Baumeisterrechnungsbücher der Jahre 1361 bis 1368 erwähnen Meister Herman 1362 bei der Bemalung des Gögginger Tores [b] und zweimal bei Abrechnungen »von Pilden an hl. Creutzertor« im gleichen Jahr [c]. Ebenfalls 1362 malte Herman für den Zug gegen Zwingenberg um 15 ß die »venlin« der Stadt, wobei in dem Rechnungsbetrag auch die Materialkosten enthalten sind [d].

Die in der Literatur auftauchenden späteren Arbeiten, die auf Meister Herman bezogen werden, entbehren jeglicher archivalischen Grundlage [e].

Überlieferung:
Bei der Lückenhaftigkeit der Steuerlisten in diesen frühen Jahren und wegen der fehlenden Identifikationsmöglichkeit durch differenzierte Steuerbeträge können mit Sicherheit nur die Einträge der Jahre 1357–1364 auf ein und dieselbe Person bezogen werden.

Quellen:
Stadtarchiv Augsburg, Reichsstadt
STB.: 1346, 12c; 1355, 11a; 1356, 10b; 1357, 10c; 1358, 10a; 1359, 9a; 1362, 9c; 1363, 9d; 1364, 9d;

SCH. Nr. 82, fol. 25a [a];
SCH. Nr. 137a, fol. 11v [d] (Söldnerbuch);
BRB. Exzerpta der Jahre 1361–1368 (derzeit nicht auffindbar) [b, c];

Literatur:
Stetten Kunstgeschichte 1788, p. 183 [b, c];
Hoffmann, Robert 1886, p. 25 [b], p. 27 [c];
Buff, Adolf 1886, p. 58 [b, c];
Thiersch, Friedrich von 1902, p. 8 [b, c];
Hartig, Michael 1922, p. 21 [e];
Thieme-Becker Kstl. Lex. Bd. XVI (1923), p. 484 [b, c, d];
Christoffel, Ulrich 1927, p. 50 [d];
Eberlein, Hans 1939, p. 67 [b, c].

Nr. 111	**Hirisman Karl**	Maler

Verbindung zu der Zunft nicht belegbar;

Nachweisbar in Augsburg:

1472	Vom Kunolt appenteker
1481	(im Gerichtsbuch eingetragen) [a]
1482	(im Gerichtsbuch eingetragen) [b, c]

Steueraufkommen:

1472	Kopfsteuer

Werkstattverbindungen:
HIRISMAN ist 1472 im Haus der Maler Hans I KRON und dessen Schwiegersohn Jakob ZAN belegt. Dies ist für seine Person der einzig nachweisbare Kontakt zu den zünftischen Malern.

Überlieferung:
Der nur mit einem einzigen Eintrag im Steuerbuch erwähnte Maler stand wahrscheinlich bei einer größeren Werkstätte in einem Dienstverhältnis (oder sogenannten Beisitz?), so daß er in der Folgezeit nicht mehr als selbständiger Steuerzahler zu fassen ist.

1481 läßt er am 23. VII. einen Verzicht, den er zugunsten seines Schwagers, Karl BECKHART, und seiner Schwester Dorothe in bezug auf seine Ansprüche gegen den Kürschner Hans YENISCH leistete, in das Gerichtsbuch eintragen [a].

Am 1. VIII. 1482 will er einen LEONHART Maler (es bleibt unklar, welcher Maler damit angesprochen wird) wegen einer ausstehenden Schuld verklagen, wird jedoch vom Gericht an die »Clagschatzer« verwiesen, um den normalen Verfahrensgang einzuhalten [b]. Wenige Tage später, am 12. VIII., wird er zusammen mit dem jüngeren Hans YENISCH in Folge der Erbschaft, die ihnen von dessen Vater zugefallen war, von Mathias MANLICH wegen des Betrages von ½ fl 13 dn angeklagt [c].

Außer diesen Fragmenten aus seinem persönlichen Leben lassen sich für Karl HIRISMAN keine weiteren Belege beibringen.

Quellen:
Stadtarchiv Augsburg, Reichsstadt
STB.: 1472, 24b;
GRB. 1481, p. 163b [a];
GRB. 1482, p. 160a [b]; GRB. 1482, p. 167b [c].

Nr. 112	**Hopfer Daniel**	Ätzmaler Maler

(Hopper, Hupfer, Hopffer, Hoffpfer)

Gerechtigkeitserwerb: mit Aufnahme des Bürgerrechts am 12. X. 1493, als er von Kaufbeuern zuzog [a];

Zwölfer im Großen Rat: 1532, 1533, 1534, 1535, 1536 [b];

Gerichtsherr: 1532, 1533, 1534, 1535, 1536 [c];

Gestorben: 1536 [d];

Wohnhaft in Augsburg:

1493–1501	Von Sannt Anthonino
1502	Schmidhawß
1503–1504	Außerhalb St. Gallenthor
1505–1535	Von vnser Frawen Brüder
1536–1549	// Witwe nachweisbar

Steueraufkommen:

1493	steuerfrei
1494–1497	Kopfsteuer
1498	(60 dn) 63 dn
1499–1503	(30 dn) 63 dn
1504	(60 dn) 1 fl
1505–1507	(45 dn) 3 ort
1508	(45 dn) 45 kr
1509	(30 dn) 30 kr
1510–1511	(30 dn) 1 fl 1 ort
1512–1515	(30 dn) 1 fl 3 ort
1516–1521	(30 dn) 2 fl
1522–1527	(30 dn) 6 fl
1528	(30 dn) 8 fl 30 kr
1529–1530	(30 dn) 8 fl 30 kr (6 dn)
1531	(30 dn) 9 fl (6 dn)
1532–1533	(30 dn) 8 fl 30 kr (6 dn)
1534–1535	(30 dn) 12 fl (6 dn)

Lehrknaben:

1493	MERGSTETTER Michel [e];
1498 18. X.	BAIR Peter von Ochsenfurt [f];
1501 10. X.	WANNER Wolf [g];
1503 3.IX.	MAŸRR Hanß [h];

Auch sein Sohn Hieronimus HOPFER, der zum ersten Mal 1528 selbständig in den Steuerbüchern erwähnt ist [i], wird in der väterlichen Werkstätte seine Ausbildung erhalten haben.

Werkstattverbindungen:

Der durch Heirat mit der Verlegerfamilie GRIMM verbundene Meister zieht 1502 in das von dem Bildhauer Michel II DREYER verlassene Haus im Steuerbezirk »Außerhalb S. Gallenthor«. Dies und die Tatsache, daß Jörg und Hieronimus HOPFER, seine Söhne, 1528/1529 bei der Witwe des Gabriel DREYER leben, läßt auf engere Beziehungen der beiden Sippen schließen.

Ab 1509 lebt Daniel HOPFER in der Nachbarschaft mit dem Goldschlager Hans LUTZ, mit dem zusammen er nach dem Tode Ulrich I APTS die Zunft der Maler im Großen Rat vertritt.

Nähere Beziehungen zu anderen Künstlern seiner Zeit in Augsburg scheint er nicht gepflogen zu haben.

Werke:
Daniel Hopfers Leistung wird heute im allgemeinen mehr in seiner technischen Fähigkeit als in seinem künstlerischen Vermögen gesehen. Die Bezeichnung Ätzmaler gibt seinen Schaffensbereich sehr genau wieder.

So läßt sich heute für den Maler eine Reihe von Eisenätzungen sichern, die wohl seine ursprüngliche Tätigkeit darstellten. Diese, an dem in Augsburg zu dieser Zeit stark aufblühenden Plattnerhandwerk angeschlossene technische Kunstausübung dürfte auch den wirtschaftlichen Aufschwung der Familie eingeleitet haben.

Seine wichtigste Leistung aber liegt darin, daß er die Umsetzung der Ätzmalerei-Technik als Drucktechnik bewerkstelligte und in Augsburg als erster Maler im großen Stile einsetzte. Seine Rolle dabei muß so bedeutend gewesen sein, daß man ihn schon eine Generation später wegen der »Erfindung der Chalcographij« schätzt [k].

Die heute für ihn durch Monogramm und Stilkritik gesicherten Blätter zeigen auch deutlich, daß der Meister seine technischen Fertigkeiten mehr einzusetzen wußte, als daß er neue Bildeinfälle suchte. Dies macht seine Rolle speziell in der Rezeption auswärtiger und einheimischer Maler und Bildhauer interessant, da er somit auch die Übernahme italienischer Renaissanceformen und deren versatzstückartigen Gebrauch förderte.

Tätigkeiten als Tafelbildmaler bzw. Wandmaler lassen sich für den auf die Technik der Ätzmalerei versierten Meister nicht belegen. Angesichts des Bildes, das sich für ihn aus seinem bisher erkannten Werk ergibt, darf man diese auch wohl mit an Sicherheit grenzender Wahrscheinlichkeit ausschließen.

Sonstige Überlieferung:
Der Meister erscheint nur in zwei Einträgen in den Augsburger Gerichtsakten, die ebenfalls die starke soziale Stellung unterstreichen. So muß der Messerschmied Ludwig Vogel am 15. III. 1504 eine Schuld von 2 fl 25 kr gegenüber ihn eingestehen und eine Rückzahlung in Raten geloben [l]. Am 9. X. 1515 erteilt er dem Anwalt Hans Strauch eine allgemeine Vollmacht, für ihn alle Ausstände in Augsburg einzutreiben und seine finanziellen Forderungen zu vertreten [m].

Anerkennung für seine handwerkliche-technische Fertigkeit wird ihm aber nicht nur in finanzieller Weise zuteil. Am 28. I. 1524 stellt der Erzherzog Ferdinand stellvertretend für den abwesenden Kaiser ihm einen Wappenbrief aus [n], der auch die kaiserliche Wertschätzung seiner Arbeit zum Ausdruck bringt [o].

Die Zunft schließlich wählt 1532 den anerkannten Meister an Stelle des verstorbenen Altmeisters Ulrich I Apt als Zwölfer in den Großen Rat der Stadt [b], wo ihm die Ratsherrn auch den vakanten Sitz als Gerichtsherr übergeben [c]. Auch wirkte er in der Rolle als Ratsherr bei der Einführung der Reformation in Augsburg mit [p], da er ein Mitglied der zwinglianischen Führungsgruppe in der Stadt war [q]. Beide Ämter hat er bis zu seinem Tode im Jahre 1536 inne.

Auch an seinem Beispiel zeigt sich, daß die technischen Fähigkeiten meist das Urteil über die künstlerischen aufwiegen konnten, vor allem, wenn sie für die bedeutenden Persönlichkeiten des Hofes und der oberen Stadthierarchie bedeutend waren, wie es hier im Falle der der Mode unterworfenen Waffenätzung der Fall gewesen zu sein scheint.

Quellen:
Stadtarchiv Augsburg, Reichsstadt
STB.: 1493, 25b; 1494, 28b; 1495, 27c; 1496, 29c; 1497, 26d; 1498, 30c; 1499, 33c; 1500, 36a; 1501, 36a; 1502, 34c; 1503, 10a; 1504, 9c; 1505, 44b; 1506, 44b; 1507, 44a; 1508, 43c; 1509, 43a; 1510, 43d; 1511, 43a; 1512, 44c; 1513, 44b; 1514, 44b; 1515, 43d; 1516, 45d; 1517, 47a; 1518, 45a; 1519, 46a; 1520, 47c; 1521, 49a; 1522, 48c; 1523, 47b; 1524, 46b; 1525, 46c; 1526, 48c; 1527, 50a; 1528, 50a; 1529, 52b; 1530, 52c; 1531, 51a; 1532, 52a; 1533, 52a; 1534, 55b; 1535, 55b;//1536, 55b; 1537, 56c; 1538, 56d; 1539, 57c; 1540, 58b; 1545, 62d; 1546, 69d; 1547, 70b; 1548, 74b; 1549, 76a; 1528, 49b;

SCH. Nr. 49a, fol. 225r [c], 232r [b], 243r [c], 257r [c], 264r [b], 275r [c], 282r [b];
SCH. Nr. 49b, p. 13 [c], p. 27 [b];
SCH. Nr. 72b, fol. 4r [d];
SCH. Nr. 72c, fol. 34v [e]; SCH. Nr. 72c, fol. 36r [f];
SCH. Nr. 72c, fol. 38r [g]; SCH. Nr. 72c, fol. 39r [h];
SCH. Nr. 74, fol. 226v (p. 447) [a];
GRB. 1504, p. 71a [1]; GRB. 1515, p. 132b [m];

Chroniken:
Städtechr. XXIII, p. 384 [p], p. 391 [p];

Literatur:
Stetten Kunstgeschichte 1779, p. 377;
Stetten Kunstgeschichte 1788, p. 229;
Brun, Carl 1882, p. 201 ff.;
Vischer, Robert 1886, p. 538 [e], 540 [f], 542 [g, h], 567 [d];
Roth, Friedrich 1901, Bd. I, p. 149 [p];
Roth, Friedrich 1904, Bd. II, p. 8 [q];
Eyssen, Edmund 1906, p. 20 ff. (Archivalienüberblick), p. 28 [k]; p. 37/38 [n];
Thieme-Becker Kstl. Lex. Bd. XVII (1924), p. 474 ff.;
Christoffel, Ulrich 1928, p. 23;
d'Ester, Karl 1955, p. 339;
Reitzenstein, Alexander von 1955, p. 269/270;
Stöver, Ulla 1955, p. 365;
Wegner, Wolfgang 1957, p. 239–259;
Zimmermann, Eduard 1970, Nr. 6402 [o];
Katalog Coburg 1975, p. 35;
Scribner, Charles 1976, p. 14–22;
Katalog Augsburg 1980, Bd. I, p. 123–126, 131, 132, 136, 148, 149; Bd. II, p. 246–251, 487, 503.

Nr. 113 **Holbein Hans I** Maler

(Holbain, Holpain, Holbon)

Zugezogen: 1494 aus Ulm [a];

Gerechtigkeitserwerb: 1494;

Abgewandert: 1514/1516;

Gestorben: 1524 in Isenheim [b, u];

Wohnhaft in Augsburg:
(bzw. als abwesender Bürger notiert)

1494–1495	Vom Diepold
1496–1516	Salta zum Schlechten Bad
1517–1524	Sant Martin (unter der Liste der auswärts lebenden Augsburger Bürger)

Steueraufkommen:

1494	steuerfrei (wegen Bürgerrechtsaufnahme)
1495	(45 dn) 63 dn
1496–1497	(30 dn) 42 dn

1498–1503	(30 dn) 1 lib 15 dn
1504	(60 dn) 1 fl 36 kr
1505–1508	(45 dn) 1 fl 12 kr
1509	(45 dn) 45 kr
1510–1513	(30 dn) 30 kr
1514	Betrag ausradiert
1515–1516	———
1517–1518	Kopfsteuer (durch die Herren von St. Martin)

Lehrknaben:

1496 18. X.	KRIECHBAUM Steffan von Passau [c]; (Ein Eintrag vom 18. X. 1495, mit dem derselbe Lehrknabe von ihm vorgestellt wurde, ist nachträglich durchgestrichen. Wahrscheinlich wurde die Annahme als Lehrknabe um ein Jahr verschoben [d]. Ein Bruder dieses Knaben mit Namen Sebastian kommt am 1. X. 1498 bei Meister Gregor ERHART in die Lehre, woraus sich auf eventuelle Verwandtschaftsbeziehungen in Augsburg für die beiden Knaben schließen läßt [e].)
vor 1515	seine Söhne Hans II und Ambrosius HOLBEIN dürften ebenfalls in der Werkstätte ihres Vaters die Ausbildung als Maler bekommen haben.

Werkstattverbindungen (vgl. Werkstattschema Nr. VIII):
Die Zusammenarbeit zwischen der Werkstätte ERHART und HOLBEIN geht noch auf die Ausführung des Weingartner Altars zurück, der noch in die Ulmer Zeit HOLBEINS fällt. Diese Verbindung bleibt auch nach der Übersiedelung nach Augsburg bestehen, wo sich dieser Verband noch um den Schwager Gregor ERHARTS, den Kistler Adolf DAUCHER, erweiterte.

Mit anderen Malerwerkstätten des Augsburger Zunftkreises scheint HOLBEIN keinen engeren Kontakt gehabt zu haben, wie es auch die geringe Beteiligung am Leben der Zunft ersehen läßt. So ist außer seinem Bruder Sigmund HOLBEIN, dessen Junggesellenstand ihn an die Werkstätte des älteren Bruder fesselte, nur noch Leonhart I BECK 1501 in seiner Umgebung erwähnt [f]. Wie jedoch das Verhältnis zu diesem genau einzuschätzen ist, läßt sich auf Grund der spärlichen Archivalienlage nicht beurteilen.

Werke:
Es würde in diesem Rahmen zu weit führen, das gesamte gesicherte Werk Hans I HOLBEINS auch nur aufzuzählen. So sei an dieser Stelle auf die Kataloge seiner Werke verwiesen, von denen die umfangreichsten durch Glaser 1908 und durch Stange/Lieb 1960 vorgelegt wurden.

Besser als die einzelnen heute aus ihren ursprünglichen Bezügen gelösten Tafelbilder und Zeichnungen charakterisieren die Archivalien die Tätigkeit des Meisters, da sie die Umstände der Entstehung der Werke überliefern.

Stehen am Anfang kleinere Werke, die neben der Signatur »H« bzw. »HH« auch stilistisch sich mit dem Werk HOLBEINS verbinden lassen, so kann man den Eintritt in Großaufträge doch mit dem Datum von 1493 verknüpfen, als der anerkannte Ulmer Meister Michael ERHART den jüngeren Hans I HOLBEIN für den Weingartner Altar als Maler wählte [aa]. Der Afra-Altar, den er 1490 mit vollem Namen signierte, dürfte zwar eines seiner frühen Altarwerke sein, das jedoch bei weitem nicht an die Bedeutung des repräsentativen Weingartner Werkes herankam [ab].

Danach scheint HOLBEIN, wie es die Liste seines Werkkataloges zeigt, bevorzugt für Privatpersonen gearbeitet zu haben, die seine Erzeugnisse schätzten und sie denen der großen Werkstätten vorzogen.

Mit Zunahme der Aufträge muß auch HOLBEIN seine Werkstatt ausgebaut haben, wobei er anscheinend fortgeschrittene Gesellen eher hinzuzog, als daß er selbst Lehrknaben ausbildete, wie es auch die einzige Lehrknabenvorstellung vor der Zunft bezeugt [c]. Mit der Übernahme des Auftrages für den Dominikaner-Altar in Frankfurt beginnt jedoch spätestens die Werkstätte sich in seinen Werken bemerkbar zu machen. Wahrscheinlich muß man aber den Beginn dafür schon früher ansetzen, ohne direkte Quellen dafür geltend machen zu können.

Der unter Abt Johann von WILNAU für das Dominikanerkloster in Frankfurt geschaffene Altar ist durch Inschrift auf das Jahr 1501 datiert [ac]. Aufgrund eines Eintrages im Straßburger

Gerichtsakt sind Sigmund HOLBEIN Leonhart I BECK für diesen Altar als Mitarbeiter angenommen worden [f]. Ohne Zweifel stellten beide sich als Fortgeschrittene an die Seite des konzipierenden Meisters, wobei ihre Stellung über die einfacher Gesellen hinausgegangen sein muß, da sie sonst nicht vom Gericht als »viri honesti« betitelt worden wären [ad].

Im folgenden Jahr arbeitet er zusammen mit Adolf DAUCHER, Gregor ERHART an der »Chortafel« für das Kloster Kaisheim. Der Chronist des Klosters verweist mit Stolz darauf, daß die Tafel, welche »die besten iij maister zu Augspurg haben gemacht, alss sy der zeit weit und Prait mochten sein«, eine beachtliche Summe gekostet hatte [ae]. Es ist verständlich, daß die Mönche, den durch ihren Abt Georg KASTNER herbeigeholten Meistern dieses Lob zuteil werden ließen, um damit nicht unerheblich das Ansehen des Werkes und somit auch ihres Klosters zu heben.

Neben diesem Großauftrag arbeitete HOLBEIN für den Kanoniker Wilhelm von RECHBERG im Eichstätter Dom an einem Glasgemälde, das dieser als persönliche Stiftung in der Kirche, in der er auch Kustos war, ausführen ließ [af].

In diesen Jahren arbeiteten er und seine Werkstätte auch für das Katharinenkloster in Augsburg, wo er anläßlich einer Stiftung der Veronika WELSER das Basilikenbild der Basilica di San Paolo fuori le muri [ag] und das der Basilica della Santa Maria Maggiore auf Stiftung der Dorothea von REHLINGEN malte [ah]. Letzteres Bild wurde mit dem Betrag von 60 fl entlohnt [ai]. Es trägt in der Signatur die Jahreszahl 1499 und bezeichnet damit den Beginn der Reihe der Basilikenbilder noch vor dem Jubeljahr.

Auch das sogenannte VETTER-Epitaph entstand 1499/1500 als Werkstattarbeit [ak]. Der überlieferte Betrag von 26 fl scheint jedoch für ein Bild solcher Dimension eine recht spärliche Entlohnung [al].

1502/1503 malte er auch noch einen Kreuzaltar für das Kloster Kaisheim, der allerdings auch wieder in der Hauptsache durch die Werkstätte ausgeführt wurde [am].

1504 arbeitet er für die Moritzkirche in Augsburg an Altarflügeln, für die er zum ersten Mal am 25. XI. eine Zahlung von 20 fl erhält [an]. Danach, nachdem er noch 1504 weitere 16 fl von dem Zechpfleger bezahlt bekam [ao], rechnet er am 19. XI. 1505 32 fl ab [ap]. Für denselben Auftrag folgen Rechnungen, so am 15. II. 1506 um 32 fl [aq], am 28. X. 1506 um 10 fl [ar], ebenso am 14. I. 1507 um 10 fl [as] und am 16. VI. 13 fl [at]. Nachdem der Maler jedoch wegen der ihm zu geringen Bezahlung weiter »groß clagen vnd anruffen« führt, entschließt sich der Zechpfleger am 27. VI. 1507 ihm 27 fl sofort als Besserung zu geben [au], der am 1. X. die Begleichung einer zusätzlichen Rechnung von 40 fl folgt [av]. Im Anschluß daran wird ein zusätzliches Geding erwähnt, für das er am 15. VI. 1507 bereits 20 fl erhalten hat und für welches ihm die Zeche noch 30 fl schuldig sei, falls er die Flügel ausmalt [aw]. Am 16. III. 1508 kommt es abermals zu einer Abrechnung zwischen dem Maler und den Pflegern, bei der man die erneute Gesamtsumme auf 325 fl festsetzt, von der der Maler bereits 240 fl erhalten habe. So gibt man HOLBEIN an diesem Tag zu der bereits bezahlten Summe 11 fl, wobei der noch ausstehende Rest auf Wunsch des Malers an Thoman FREIHAMER überwiesen werden sollte. Der Frau HOLBEINS werden bei dieser Abrechnung 5 fl als »leikoff« und seinem Sohn 1 fl als Trinkgeld überlassen [ax]. Mit der Begleichung der Zuweisung an Thoman FREIHAMER am 31. III. 1508 wird die Arbeit für die Altarflügel in St. Moritz abgeschlossen. Allein die Art der Abwicklung seiner Geschäftsforderungen lassen einen deutlichen Unterschied zu dem Gebaren der übrigen Zunftmeister erkennen, die sich nicht auf ein immer weiter forderndes Drängen über den verdingten Betrag hinaus einließen.

Nach diesem Auftrag der Zechpfleger von St. Moritz erhält Hans I HOLBEIN den Auftrag, für den Fronaltar im Dom »Deckin« zu malen. Am 14. VI. 1508 erbietet sich HOLBEIN dem Domkapitel, durch Bernhart ADELMANN für das von Jörg SELD geschaffene Siberretabel Flügel um die verdingte Summe von 100 fl bis zum 29. IX. 1508 zu liefern [ay]. Nach diesem Angebot wird aber dem Maler am 5. II. 1509 der Bescheid gegeben, daß sich das Kapitel erst nach Pfingsten in dieser Sache entscheiden wolle [az]. Eine von Müller 1960 angenommene Erstausführung der Tafeln scheint nicht zustande gekommen zu sein. So dürfte es sich bei den Beschlüssen über die Schlüsselgewalt am 18. IV. 1509 hinsichtlich der erwähnten Retabelabschlüsse lediglich um Deckplatten zum Schutz der Silberarbeiten gehandelt haben [ba]. Denn erst am 24. IV. 1509 beschließt das Kapitel die Anfertigung der Flügel [bb] und beauftragt am 27. IV. die Herren Hans von WOLFSTAIN und Marquard vom STAIN, in dieser Sache die Interessen des

Kapitels nach dem vorliegenden Entwurf zu vertreten und weitere Verhandlungen mit dem Maler zu führen [bc]. Diese Verhandlungen waren am 30. IV. abgeschlossen, als sich HOLBEIN erbietet, die Flügel nach seiner Visierung auszuarbeiten. Da er aber für die Zeit nach dem 25. VII. in das Elsaß verpflichtet sei, könne er erst nach seiner Rückkehr im nächsten Frühjahr die Arbeit vollenden. Daß er sich dennoch an den Vertrag gebunden fühle und auch keinerlei zusätzlichen finanziellen Forderungen stellen wolle, bekräftigte er dadurch, daß er sein Haus hier in Augsburg als Pfand verschreibe [bd]. Diesen Umstand scheint die Konkurrenz HOLBEINS zu nutzen versucht zu haben, denn am 2. V. versuchte sich Hans I BURGKMAIR wenigstens einen Teil des Auftrages durch die Fürsprache des Bischofs und Conrat PEUTINGERS zu sichern. Dieser Vorstoß beim Domkapitel wurde jedoch negativ beschieden, so daß Hans I HOLBEIN allein den repräsentativen Auftrag zugesprochen bekam [be]. Am 25. V. beschließt das Kapitel, mit weiteren Verhandlungen zu warten, bis der Maler die Visierungen ausgearbeitet hat, um dann erst mit ihm das endgültige Geding aufzusetzen [bf]. Eine weitere Verschiebung ergab sich durch die Abwesenheit des Domdechanten am 8. VI. [bg], deren ungeachtet man dennoch am 11. VI. auf Fürsprache des Herr Hans von WOLFSTAIN dem Maler wenigstens 20 fl bewilligte, damit er die Visierungen besser ausarbeiten könne [bh]. Der Beschluß vom 6. VII., daß man »die Innersten viertail an yedem fligel nit kostlich bemalen, sunder leer . . . lassen« wolle, weil man nicht wisse, »ob die mit der Zeit mit Silber ausgemacht wurden«, scheint die endgültige Entwurfsfestlegung zu markieren [bi]. Erst am 25. I. 1510 scheinen die Tafeln so weit fertig zu sein, daß man über ihre Anbringung berät, wobei sich das Kapitel ganz auf den Rat der damals am Dom beschäftigten Bauleute verläßt [bk]. Die Zahlung von 26 fl an den Maler, die anläßlich dieser Aufstellung erwähnt wird, scheint sich als Trinkgeld zu verstehen, da der Betrag als Entlohnung zu gering ist. Eine Teilzahlung muß man mangels der Erwähnung des Gesamtbetrages oder der Rechnung in diesem Fall ausschließen. Nicht eindeutig ist dagegen, ob die Diskussion um die Fassung der Sockelteile des Retabels am 25. VI. 1510 auf HOLBEIN zurückgeht oder nicht [bl]. Es zeigt dies jedoch, wie sehr auch solche Details von dem Beschluß der Auftraggeber abhängig waren, die sich nicht immer zu der besseren Lösung entschließen konnten.

Dieser Auftrag, der durch die Unentschlossenheit des Domkapitels sich unerwartet lang hinausgezögert hat, scheint auch die Zeitplanung des Meisters entsprechend durcheinandergebracht zu haben. Auf eine solche verschobene Arbeit scheint auch der Brief des Suppriors ZIMMERMANN von St. Ulrich und Afra an den Abt des Klosters Hirsau am 20. VII. 1509 zu deuten [bm].

Noch 1509 entstand der sogenannte Hohenburger Altar, dessen ursprünglicher Aufstellungsort, die Kirche des Frauenklosters auf dem Odilienberg bei Straßburg, nur hypothetisch zu erschließen ist [bn]. Es könnte sich unter Umständen um den Auftrag gehandelt haben, der HOLBEIN zum Aufschub an der Arbeit für den Augsburger Dom gezwungen hatte. Das letzte gesicherte Altarwerk in Augsburg ist der Katharinenaltar für das gleichnamige Kloster, den HOLBEIN 1512 signierte [bo].

Wie schon der Rückgang der Steuerbeträge HOLBEINS vermuten läßt, scheint die Auftragslage des Meisters nicht mehr so dicht gewesen zu sein wie bisher. Dementsprechend gehen auch die Nachrichten über die Werke des Meisters zurück.

Als letztes signiertes Bild HOLBEINS ist das des Lebensbrunnens erhalten, wobei die Ursprünglichkeit der auf 1519 datierenden Signatur nicht eindeutig gesichert ist [bp]. Ob dieses Bild von HOLBEIN in Augsburg gemalt wurde, ist zu bezweifeln, da es keinerlei Beleg für eine Tätigkeit des Malers nach dem Jahre 1517 mehr gibt. Auch wenn, wie Bushart 1977 schlüssig nachweist, das Bild in Lissabon als eine Altartafel für die Dominikanerkirche St. Magdalena in Augsburg im Auftrage Georg KÖNIGSBERGER und seiner Frau Regina ARZT geschaffen wurde [bq], genügt nicht, um allein auf dieser Tatsache die Annahme einer erneuten oder fortdauernden Tätigkeit HOLBEINS aufzubauen. Eher liegt die Vermutung nahe, daß diese Tafel bei dem nun auswärts weilenden Meister bestellt wurde. Als eingeschriebenes Zunftmitglied und als Bürger von Augsburg konnte HOLBEIN bei einer längeren Rückkehr nach Augsburg nicht das »Gastrecht« in Anspruch nehmen, wie das z. B. für DÜRER im Gefolge Kaiser Maximilians I. möglich war.

Sicher schließt das »Ausbürger-Verhältnis«, in dem HOLBEIN nun lebt, eine zeitweise Rückkehr in die Stadt nicht aus, jedoch muß die Ausübung des Berufes bei solchen kurzen Besuchen stark in Frage gestellt werden.

Zuschreibung (von Wandmalereien):
Ähnlich wie bei Hans I Burgkmair sind auch für Hans I Holbein keinerlei Zeugnisse erhalten, die auf eine Tätigkeit als Wandmaler schließen lassen.

Seit bei der Restaurierung 1967 in Lindau die Signatur »HH« im Passionszyklus der Lindauer Peterskirche gefunden wurde, wird dieser als das einzig erhaltene Werk des Meisters in dieser Gattung bezeichnet [br].

Dieser Zyklus würde in diesem Zusammenhang überhaupt das früheste erhaltene Werk des Malers darstellen, das er vor seiner Übersiedlung nach Ulm bzw. während seiner Wanderzeit als Geselle gemalt haben müßte. Nun macht aber auch Lieb 1969 in seiner Abhandlung auf die Verbindung der Bilder dieses Zyklus zu der älteren Tradition hin aufmerksam. »Nachklänge des Stils um 1470 und eine Dominanz des Stiles um 1480« seien ohne weiteres in den Bildern vorzufinden, und nur »die Züge einer Beruhigung, die auf die Stilwende um 1490 hinweisen«, geben überhaupt den Anlaß einer späten Datierung auf die zweite Hälfte der achtziger Jahre.

Allein diese Traditionsverbundenheit widerspricht aber der Annahme, daß als Urheber dieser Bilder eine Persönlichkeit wie Hans I Holbein in Frage kommt, die noch dazu bei einem ihrer ersten selbständigen Vorträge sich so stark mit Traditionen verbunden gefühlt haben sollte, die sie wohl kaum bewußt selbst erlebt bzw. sich erarbeitet haben könnte.

Vergleicht man diese Bilder der Lindauer Passion mit denen der sogenannten Grauen Passion, so fällt neben den gattungsbedingten Verschiebungen hinsichtlich der Lichtführung im Bild vor allem ein wesentlicher Unterschied der Personenproportionierung und der Figurenbildung auf, der nicht durch die Unbeholfenheit eines noch nicht Ausgelernten, sondern eher durch die Befangenheit eines zu stark der Tradition verhafteten Meisters entstanden sein könnte.

Figurenbildung und Gruppenbildung variieren in diesem Falle so stark, daß, wenn nicht der Signaturfund vorliegen würde, man keinesfalls ernsthaft auf eine Gleichsetzung der Meisterpersönlichkeiten verfallen könnte.

Bevor man aber diese Gleichsetzung unternimmt, müssen weitere Anhaltspunkte gegeben sein, die auch die Ausdeutung der verhältnismäßig wenig zwingenden Signatur »HH« auf Hans I Holbein erlauben. Eine Untersuchung der Lindauer Archivalien hinsichtlich der Maler steht bislang ebenso aus, wie eine grundlegende Bauuntersuchung der Kirche selbst, so daß man erst die Einfügung der Bilder in den Bodenseeraum abwarten muß, bevor man eine so fragliche Gleichsetzung akzeptiert.

Vergleicht man die Bilder in Lindau mit den Augsburger Materialien, so wird sich eher ein Vergleich mit den auf 1470 zu datierenden Zyklen der Katharinenkirche (vgl. Objekt Nr. 49 mit Nr. 51) anbieten, die sich jedoch in der speziellen Anwendung der Transparenttechnik von ihnen absetzen. Zeichnung, Personen- und Gruppenaufbau zeigen jedoch deutliche Verwandtschaft auf.

Angesichts dieser Verbundenheit zu einer über Schwaben verbreiteten Tradition und der Tatsache, daß Hans I Holbein niemals als Wandmaler bezeugt ist, muß man diese Zuschreibung des Wandmalereizyklus an Hans I Holbein ablehnen.

Sonstige Überlieferung:
Hans I Holbein, als Sohn des 1487/1488 gestorbenen Lederers Michel Holbein in Augsburg geboren, besitzt für seine Jugend in dieser Stadt keinerlei Überlieferung. Auch für die von Beuteler 1960 geforderte frühere Niederlassung in Augsburg gibt es keinerlei Anhaltspunkte. Richtig ist jedoch, daß die Steuerfreiheit, die er 1494 genießt, nicht unbedingt auf eine zu diesem Zeitpunkt erfolgte Heirat schließen läßt. Die dann jedoch ins Gewicht fallende fehlende Bürgerrechtsaufnahme, die bei einem Wechsel von Ulm nach Augsburg fällig gewesen wäre, macht den Zeitpunkt der Eheschließung um diese Zeit wahrscheinlich, da er so das Bürgerrecht durch die Heirat mit seiner Frau Anna, geb. Mair, erworben hätte.

Am 18. V. 1483 erwähnt ihn eine Hausverkaufsurkunde als »Hans Holbein, den maler yeczo bürger zu Ulme«, was eindeutig Ulm als den ersten Wirkungsort für ihn als Meister belegt [g]. Auch 1499 am 6. XI. wird er bei einem erneuten Hausverkauf erwähnt, bei dem dieser Passus wörtlich wiederholt wird, was jedoch auf einen Kopierfehler des Schreibers zurückzuführen sein dürfte [h].

Er selbst erwirbt sich erst 1496 eigenen Hausbesitz, in dem er auch bis zum Verlassen der Stadt 1516 als dort wohnend verzeichnet ist.

1503 steht er am 12. VII. zum ersten Mal vor dem Gericht der Stadt, da er auf eigene Faust in das Haus seines Nachbarn und Schwiegervaters (?) eingedrungen war, indem er einen Verschlag erbrach (?) [i]. Der Grund für diese Tat ist nicht zu eruieren, jedoch dürfte es sich dabei um einen einmaligen Vorfall gehandelt haben.

Erst nachdem seine finanzielle Lage desolat geworden war, wird er fast regelmäßig in den Gerichtsbüchern erwähnt. So erreicht der Metzger Ludwig SCHMID 1515 einen Vollzugsbeschluß um 1 fl gegen ihn [k]. Am 28. VI. erteilt der Goldschlager Hans LUTZ eine Prozeßvollmacht an Hans STAUCHER gegen Hans I HOLBEIN, um Ausstände einzufordern [l], die er am gleichen Tag in der Höhe von 8 fl als Klage eintragen läßt [m]. 1516 klagen Jörg LANGENMANTEL und Jheronimus IMHOFF in ihrer Eigenschaft als Pfleger des Vermögens von Warmundt Ilsung und übergeben am 19. II. eine Prozeßvollmacht an den Anwalt Zimprecht FAWSER, um den ausstehenden Hauszins von Hans I HOLBEIN einzufordern [n]. Am 12. XI. erreicht der Lederer Jörg LOTTER eine Vollstreckung gegen ihn um den Betrag von 32 kr [o]. 1517 klagt am 12. I. Sigmund HOLBEIN seinen Bruder an, weil er seine Zusage, mit ihm nach »Eysznen« zu ziehen, nicht eingehalten und zudem eine Schuld von 34 fl nicht bezahlt habe, zu der eine weitere von 3 fl hinzu kam [p]. Am 20. I. erreichte Sigmund die Vollstreckung wegen der 3 fl [q] und am 3. II. die zweite Vollstreckung, die sich wahrscheinlich auf den Schuldbetrag von 34 fl bezog [r].

Auch nach seinem Wegzug aus Augsburg wird er nochmals vor dem Gericht der Stadt angeklagt, was wahrscheinlich auf einen seiner kürzeren Aufenthalte in Augsburg zurückzuführen sein dürfte. So verklagt ihn am 29. I. 1521 der Fischer Hans KEMLIN um 40 kr [s] und erreicht in Abwesenheit des Malers am 28. II. die Vollstreckung eines Betrages von 2 fl 40 kr, dessen Anlaß sich allerdings nicht weiter aufschlüsseln läßt [t].

Daß er von der Verpflichtung, in einer Zunft eingeschrieben zu sein, entbunden war [u], entbehrt jeglicher Grundlage, da HOLBEIN bis zu seinem Tode Mitglied der Augsburger Zunft der Maler war, was durch die Eintragung des Todesjahres in den Zunftbüchern belegt ist [b]. Sollte sich der 1545 von seiner Schwiegertochter in Basel erwähnte Freibrief überhaupt auf seine Seßhaftigkeit bezogen haben, so kann es sich nur um den Freispruch von einer erneuten Bürgerrechtsaufnahme und den damit verbundenen Verlust des Augsburger Bürgerrechts sowie der Augsburger Zunftgerechtigkeit gehandelt haben. So scheint es, daß der Maler auf sein Bürgerrecht und die damit verbundenen Schutzansprüche nicht verzichten wollte, als er, aus welchen Gründen auch immer, seine Vaterstadt verließ. Gerade in der desolaten Lage, in der er sich, wie die gegen ihn angestrengten Prozesse zeigen, befand, dürfte es für ihn unerläßlich gewesen sein, auf diese Vorteile der Handwerksorganisation zu verzichten. Auch spricht der bei einem Neueinkauf in ein Bürgerrechts- und Zunftverhältnis aufzuwendende Betrag dafür, daß HOLBEIN seinen alten, erworbenen Status zu erhalten suchte.

Hans I HOLBEIN starb 1524, während er zu »Ysenen« (Isenheim) an einer Tafel arbeitete, wie es aus dem Schreiben des Basler Bürgermeisters an den Präceptor des Antoniusordens dort hervorgeht, in dem er am 4. VII. 1526 für den jüngeren Hans HOLBEIN die in dem Kloster verbliebenen Materialien und Werkzeuge seines Vaters zurückerbittet [v].

Quellen:

Stadtarchiv Augsburg, Reichsstadt

STB.: 1494, 27c; 1495, 26d; 1496, 24d; 1497, 22c; 1498, 25d; 1499, 28b; 1500, 30b; 1501, 30b; 1502, 30b; 1503, 31c; 1504, 30a; 1505, 29b; 1506, 29d; 1507, 29c; 1508, 29b; 1509, 30a; 1510, 30b; 1511, 30b; 1512, 31b; 1513, 31c; 1514, 31b; 1515, 32b; 1516, 33b; 1517, 48c; 1518, 46b; 1519, 48a; 1520, 48a; 1521, 50b; 1522, 49d; 1523, 48b; 1524, 47c;

SCH. Nr. 72b, fol. 3v [b];
SCH. Nr. 72c, fol. 30v [d]; SCH. Nr. 72c, fol. 35r [c];
SCH. Nr. 72c, fol. 30v [e];
SCH. Nr. 11, I, s. fol. [an, ao, ap, aq, ar, as, at, au, av, aw, ax];
GRB. 1503, p. 190a [i]; GRB. 1515, p. 57b [k];
GRB. 1515, p. 87b [m]; GRB. 1515, p. 88b [l];
GRB. 1516, p. 23a [n]; GRB. 1516, p. 120b [o];
GRB. 1517, p. 2a [p]; GRB. 1517, p. 7a [q];
GRB. 1517, p. 16a [r]; GRB. 1521, p. 14a [s];

GRB. 1521, p. 32a [s];
US. UK. v. 18. V. 1493 [g];
US. UK. v. 4. XI. 1499 [h];
Bayerisches Hauptstaatsarchiv München
Hochstift Augsburg N.A. Nr. 5491, fol. 127v [ay];
Hochstift Augsburg N.A. Nr. 5492, fol. 10v [az], 20v [ba], 21v [bb], 22r [bc], 22v [bd], 24r [be], 30v [bf], 34v [bh], 41v/42r [bi], 92v [bk], 143r [bl];
Ordinariatsbibliothek Augsburg
Cod. 81a, fol. 189r [ag, ah, ai, al];
Dom, Augsburg
Darbringung im Tempel [aa];
Staatsgalerie Augsburg
Inv. Nr. 5332, 5333, 5334 [ag];
Inv. Nr. 5335, 5336, 5337 [ah];
Inv. Nr. 4669 [ak];
Inv. Nr. 4551, 4552, 4552 [am];
Inv. Nr. 5296, 5297, 5364, 5365 [bo];
Bischöfliche Kapelle Eichstätt
Grablegung der St. Afra [ab];
Dom Eichstätt
Glasgemälde im Mortuarium [af];
Städel'sches Kunstinstitut Frankfurt a. M.
Wurzel Jesse [ac];
Kunsthalle Hamburg
Darbringung im Tempel [ac];
Nationalgalerie Prag
Inv. Nr. 040/041 [bn];

Literatur:

Sandrart, Joachim von 1675, (nach ed. Peltzer 1925) p. 98/99;
Stetten Kunstgeschichte 1779, p. 273–275;
Stetten Kunstgeschichte 1788, p. 185–186;
Waagen, Gustav Friedrich 1845, Bd. II p. 16 ff.;
Herberger, Theodor 1852, p. 35/36;
Woltmann, Alfred 1874, Bd. I;
Woltmann, Alfred 1876, Bd. II, p. 25–35 (Urkundenabdruck);
Vischer, Robert 1886, p. 538 [c, d], p. 540 [e], p. 566 [b];
Stoedtner, Franz 1896;
Riehl, Berthold 1903, p. 84 ff.;
Valentiner, R. Wilhelm 1905, p. 59 [i, k, l], p. 60 [m, n, o, p, q, r, s, t];
Glaser, Curt 1908, (Katalog);
Schroeder, Alfons 1915, p. 487–492 [ay–bo];
Hartig, Michael 1922, p. 34, 36, 37;
Thieme-Becker Kstl. Lex. Bd. XVII (1924), p. 333–335;
Baldaß, Ludwig 1928, p. 158 ff.;
Buchner, Ernst 1928, p. 133 ff.;
Christoffel, Ulrich 1928, p. 135, 136;
Hugelshofer, Walther 1928, p. 192 ff.;
Pölnitz, Götz von 1949, Bd. I, p. 39, 287, 657;
Pölnitz, Götz von 1952, Bd. II, p. 178, 188, 356, 478;
Lieb, Norbert 1952 (LB), p. 161–171;
Kodlin-Kern, Elisabeth 1953;
Stange, Alfred 1957, Bd. VIII, p. 57–80;
Katalog Basel 1960, p. 17–20 (Archivalienzusammenfassung) p. 39–41 (Literaturzusammenfassung);

Beuteler, Christian 1960, bes. p. 101–121 (Archivalienabdruck) Nr. 18 [f, ad], Nr. 42 [bm];
Stange/Lieb 1960, (Katalog);
Thieme, Gunther 1960, p. 143–241 (Glasmalerei);
Katalog München 1963, p. 96–104;
Katalog Augsburg 1965, bs. p. 15–21 (Archivalienzusammenfassung von Müller Hannelore);
Bushart, Bruno 1965, p. 8 [u];
Bushart, Bruno 1966, p. 5 ff (Archivalienzusammenfassung), p. 12 [u];
Katalog Augsburg 1967, p. 41–58, p. 104–109 [ag, ah, ak, am, bo];
Lieb, Norbert 1969, p. 18–21 [br];
Stange, Alfred 1970, Bd. II, Nr. 744–787;
Kindler Mal. Lex. 1976, Bd. VI p. 175–182;
Bushart, Bruno 1977, p. 46 [bp], p. 58/60–62, p. 63 [u];
Katalog Augsburg 1978, p. 62–86, p. 151–158 [ag, ah, ak, am, bo];
Katalog Augsburg 1980, Bd. II, p. 23, p. 109.

Nr. 114 **Holbein Sigmund** Maler

(Holbain, Holpain)

Gerechtigkeitserwerb: in Augsburg nicht nachweisbar;

Abgewandert: 1518/1520 nach Isenheim (?) [a];

Gestorben: vor dem 18. XI. 1540 in Bern [b];

Wohnhaft in Augsburg:

1504–1509	Salta zum Schlechtenbad
1510–1511	Vom Cunold Appenteker
1512–1518	Vom Zimmerlewthaws
	(gleiches Haus/hier liegt nur die Neubenennung des Steuerbezirkes vor)
1519	——
1520–1542	wird für ihn (oder unter seinem Namen eine Pflegschaft durch Silvester Natan im
Türk.	Bezirk vom Zimmerlewthaws versteuert)

Steueraufkommen:

1504	30 kr 4 dn
1505–1508	23 kr 3 hl
1509	16 kr (durch Silvester Natan)
1510–1515	19 kr
1516–1518	23 kr
1519	——
Pflege:	
1520	46 kr (für zwei Jahre)
1521–1533	23 kr
1534–1535	——
1536	1 fl 21 kr (für drei Jahre)
1537–1541	27 kr
1542	est ab

Werkstattverbindungen (vgl. Werkstattschema Nr. VIII):
Sigmund Holbein ist ab 1501 in der Werkstätte seines älteren Bruders bezeugt, bei dem er in einem Dienstverhältnis gestanden haben muß, da er nur sein von der Mutter ererbtes Vermögen, aber nicht die Kopfsteuer zu entrichten hatte.

Auch nach seinem Umzug zu dem Goldschmied Silvester Natan scheint er ein solches Verhältnis diesem gegenüber gehabt zu haben, da er diesen Modus der Steuerzahlung beibehält. Man könnte auch an eine Mitarbeit in dieser Werkstätte als Entwerfer denken.

Werke:
Für Sigmund HOLBEIN sind keinerlei Werke archivalisch zu belegen. Es hat sich jedoch durch Stilkritik und Händescheidung ein Œuvre sichern lassen, das in erster Linie auf die Arbeiten Glasers, Buchners und Beutelers zurückzuführen ist. Diese Werke, die für ihn durch Zuschreibung gesichert wurden, bezeugen vor allem seine Mitarbeit in der Werkstätte seines Bruders, wo er Teile der großen Altarstücke gearbeitet hatte.

Eigenständige Arbeiten aus der Zeit nach der Trennung von Hans I HOLBEIN, die auf einen selbständigen Charakter des Malers schließen ließen, konnten bisher noch nicht aufgefunden werden.

Sonstige Überlieferung:
Am 4. X. 1501 tritt Sigmund HOLBEIN zusammen mit Leonhart I BECK als Zeuge in einer Gerichtsverhandlung in Frankfrut auf [c], wobei er als »vir honestus« bezeichnet wird, was auf eine zumindest auf handwerklichem Gebiet abgeschlossene Meisterschaft schließen läßt.

Am 12. I. 1517 begehrt Sigmund HOLBEIN vor dem Augsburger Gericht, daß dieses die von ihm gegen seinen Bruder Hans I erreichten Urteilssprüche im Gerichtsbuch niederlege, in denen er erstens die Nichteinhaltung der Zusage seines Bruders mit ihm binnen vier Wochen nach »Eysznen« mitzuziehen, zweitens eine Schuld von 34 fl und drittens eine Zahlungsverpflichtung über 3 fl, welche sein Bruder ebenfalls gegen ihn ausstehen hatte, festhalten ließ [d]. Am 20. I. gelobt Hans I. HOLBEIN, ihm die 3 fl zu bezahlen, womit er aber in Verzug geraten zu sein scheint, da Sigmund am 3. II. die Vollstreckung des Urteils erlangt [f]. Es ist nicht eindeutig, ob bei diesem letzten Termin auch die noch ausstehende Summe von 34 fl verhandelt wurde.

Nachdem der Maler nach dem Steuertermin 1518 Augsburg verlassen hatte, steuert für sein Vermögen Silvester NATAN als Pfleger. Dieser Vorgang war nötig, um ihm seine Augsburger Liegenschaften zu erhalten. Er scheint als im »Dienst« stehender Meister kein Bürgerrecht erworben zu haben, da er sonst die Kopfsteuer hätte erlegen müssen.

So kann er in Bern dann das Bürgerrecht erwerben und sich am 6. IX. 1540 in seinem Testament als »Ingesässner Burger zu Bernn« bezeichnen [g]. Aus diesem Testament ergibt sich, daß Sigmund ohne leibliche Erben geblieben war und wahrscheinlich immer unverheiratet gewesen war. Dies dürfte auch der Grund dafür gewesen sein, daß er in Augsburg keine eigene Zunftgerechtigkeit erwarb.

Am 18. XI. 1541 vermerkt der Rat der Stadt Bern im Manual, daß nach Augsburg geschickt worden war, um den Tod des Malers seinen Verwandten mitzuteilen [k]. Das Testament wurde, nachdem der »Gewaltbrief« von Augsburg nach Bern gelangt war, am 10. I. 1541 in Kraft gesetzt [i, k] und am 23. VII. versiegelt an die Schwester Sigmunds gesandt [l].

In Augsburg dauerte die Auflösung seines Hab und Guts länger, was man an den bis zum Termin der Türkensteuer fortgesetzten Zahlungen der Vermögenspflegschaft feststellen kann. Ein, wie Beuteler meint, versehentliches Weiterzahlen der Steuer liegt sicherlich nicht vor, da auch verwaltete Vermögen und Liegenschaften bis zur endgültigen Auflösung des Besitzes versteuert waren, wenn sich die rechtswirksame Auflösung des Besitzes über den Tod des Eigentümers länger hinzog.

Am Beispiel Sigmund HOLBEINS werden die Grenzen der damaligen Zunft- und Bürgerrechtsordnungen deutlich, die diese unverheirateten Meistern auferlegten. Eine Überwindung solcher Hindernisse wäre lediglich durch den Anschluß an eine vom Klerus abhängige Werkstätte möglich gewesen, eine Lösung, die Sigmund HOLBEIN, aus welchen Gründen auch immer, nicht in Erwägung gezogen hatte.

Quellen:
Stadtarchiv Augsburg, Reichsstadt
STB.: 1504, 30a; 1505, 29b; 1506, 29d; 1507, 29c; 1508, 29b; 1509, 30a; 1510, 30b u. 37b; 1511, 33b; 1512, 37d; 1513, 38b; 1514, 38a; 1515, 38c; 1516, 40a; 1517, 41a; 1518, 39a; (für die Pflegschaft): 1520, 41b; 1521, 42b; 1522, 41d; 1523, 41a; 1524, 40b; 1525, 40c; 1526,

42c; 1527, 43d; 1528, 44a; 1529, 45d; 1530, 45a; 1531, 44b; 1532, 45b; 1533, 45b; 1534, 48b; 1535, 48b; 1536, 48c; 1537, 49a; 1538, 49c; 1539, 49c; 1540, 50d; 1541, 51a; 1542 Türk., 38a;
GRB. 1517, p. 2a [a, d]; GRB. 1517, p. 7a [e];
GRB. 1517, p. 16a [f];
Staatsarchiv Bern (nach Beuteler)
Testamentsbuch Nr. 4, p. 67 [g];
Ratsmanual Nr. 274, p. 140/143 [b, h];
Ratsmanual Nr. 275, fol. 71,3 [k];
Ratsmanual Nr. 275, fol. 145r [l];
Oberes Teutschspruchbuch d. Stadt Bern KK, p. 3030/304 [i];

Literatur:
Sandrart, Joachim von 1675, (nach ed. Peltzer 1925) p. 98;
Stetten Kunstgeschichte 1779, p. 273–275;
Stetten Kunstgeschichte 1788, p. 185–186;
Hiß, Eduard 1871, p. 215;
Woltmann, Alfred 1876, Bd. II, p. 33–35 (Urkundenabdruck);
Valentiner, R. Wilhelm 1905, p. 60 [d, e, f];
Hartig, Michael 1922, p. 37, 72;
Thieme-Becker Kstl. Lex. Bd. XVII (1924), p. 334;
Thieme-Becker Kstl. Lex. Bd. XXXVII (1950), p. 22;
Lieb, Norbert 1952 (LB), p. 165, 177/178;
Buchner, Ernst 1953, p. 153;
Stange, Alfred 1957 Bd. VIII, p. 77/78;
Beuteler, Christian 1960, p. 76 ff. (sämtliche Urkunden in Abschrift und Werkskatalog) p. 116, Nr. 1 [c];
Katalog Augsburg 1960, p. 139 ff., p. 159 ff.;
Katalog Basel 1960, p. 20 (Archivalien-Überblick), p. 42 (Literatur);
Katalog München 1963, p. 35/39;
Stange, Alfred 1970, Nr. 788–795;
Kindler Mal. Lex. 1976 Bd. VI, p. 199–203.

Nr. 115	**Huber Erasmus**	Kalligraph Illuminist

Frater O.S.B. im Kloster St. Ulrich und Afra zu Augsburg

Überlieferung:
Erasmus Huber schrieb und illuminierte 1501 ein Antiphonar im Kloster [a]. Wittwer erwähnt ihn 1496 als »frater Erasmus Hůber de Boczen« [b].

Quelle:
Bayerische Staatsbibliothek München
Cod. lat. m. 4306, fol. 239r [a];

Chronik:
Wittwer Catalogus, p. 426 [b];

Literatur:
Hartig, Michael 1923, p. 36;
Steingräber, Erich 1956, p. 29 ff., Kat. Nr. 32.

Nr. 116	**von Husstetten**	Maler

Gerechtigkeitserwerb: ca. 1416 (nicht belegbar);

Wohnhaft in Augsburg:
1416–1420 Von der Dächsin

Steueraufkommen:

1416, 1419–1420	15ß
1417–1418	Habnit-Steuer

Überlieferung:
Der Sohn des B. von Husstetten wird in den Steuerlisten von 1416–1420 jeweils als selbständiger Maler genannt. Seine Rolle innerhalb der Augsburger Malerschaft kann aber nicht geklärt werden, da er weder in dem ersten Schmiedezunftbuch noch in anderen sich auf die Zunft beziehenden Quellen genannt ist.

Quellen:
Stadtarchiv Augsburg, Reichsstadt
STB.: 1416, 13c; 1417, 12d; 1418, 13a; 1419, 13a; 1420, 14c.

I, J, Y

Nr. 117	**Jakob**	Maler

Zunftzugehörigkeit nicht zu belegen;

Nachweisbar in Augsburg:
1472 An der horbruck

Steueraufkommen:
1472 Habnit-Steuer

Überlieferung:
Jakob wohnt im Haus des Hans Wilbrecht, der 1471 in Venedig weilte und 1473 dorthin wieder zurückkehrte. Es bleibt fraglich, ob es sich hier um einen Maler handelte, der bei ihm in Diensten stand und ihn auf seinen Reisen begleitete.

Quelle:
Stadtarchiv Augsburg, Reichsstadt
STB.: 1472, 21c.

Nr. 118	**Johannes**	Maler

(Jo., Hans)

Zunftzugehörigkeit nicht belegbar;

Nachweisbar in Augsburg:
1399–1406 Vom Diepold

Steueraufkommen:

1399	1 lib
1400	23 ß 1 dn
1401	22 ß
1402	21 ß
1403	10 ß
1404	12 ß
1405	Habnit-Steuer
1406	15 ß

Überlieferung:
Der nicht näher zu charakterisierende Maler läßt sich genau in dem Grundstück nieder, das Eberlin 1396 zuletzt bewohnte. Man wird in diesem Fall an die Übernahme der günstigen Baulichkeiten und eventueller Werkstättenvorrichtungen denken dürfen.

Quellen:
Stadtarchiv Augsburg, Reichsstadt
STB.: 1399, 17a; 1400, 16b; 1401, 14c; 1402, 14b; 1403, 15b; 1404, 15a; 1405, 10c; 1406 GSt., 22v; 1406, 10d.

Nr. 119	**Johannsen**	Maler

Maler aus der Zeit vor der Zunftverfassung;

Nachweisbar in Augsburg:
1344 (durch Eintrag im Achtbuch)

Überlieferung:
Der Maler Johannsen führt am 24. IX. 1344 gegen C°unrat Frechen, einen Schäffler, Klage, weil ihm dieser seine Ehefrau Elspeth entführt und ihm »somit er vnd gut damit bekrenchet« hat. Die Tochter des Malers tritt bei der Verhandlung, in deren Verlauf der Schäffler in die Acht getan wurde, als Nebenklägerin auf.

Quelle:
Stadtarchiv Augsburg, Reichsstadt
SCH. Nr. 81, fol. 9d.

Nr. 120 **Jos** Maler

(Joz)

Maler, der als Meister oder Altgeselle in Augsburg lebte. Seine Zunftzugehörigkeit ist nicht belegbar.

Nachweisbar in Augsburg:
1382–1383 In der engen Kirchgazzen (von Hustetter tor ab intra)

Steueraufkommen:
1382–1383 Habnit-Steuer

Quellen:
Stadtarchiv Augsburg, Reichsstadt
STB.: 1382, 6c; 1383, 6b.

Nr. 121 **Irr Peter** Maler

(Ir, Irh, Ihr)

Gerechtigkeitserwerb: bei der Gründung der Zunft (?);

Gestorben: 1393/1394 (?);

Wohnhaft in Augsburg:

1357	Vnderm Tollenstain
1358	——
1359	V̊f den genspůhel
1360–1362	——
1363–1364	salta ad portam
1365–1366	——
1367–1368	pons
1369–1375	——
1376–1377	vom Streuingertor gen Luterlech
1380	vom Streuingertor gen Luterlech
1382–1384	vom Streuingertor gen Luterlech
1386	vom Streuingertor gen Luterlech

Überlieferung:
Von Irr Peter sind außer den Eintragungen der Steuerlisten keine Archivalien erhalten. Ob man einige der Baumeisterabrechnungen auf ihn beziehen könnte, die ohne Namensnennung der Meister über geleistete Malerarbeiten handeln, bleibt fraglich.

Auch sein Todesdatum kann man nur hypothetisch bestimmen, da es möglich wäre, die Einträge von »peter maler« in dem Bezirk »vom Ror« in den Jahren 1394 bis 1398 auch noch auf Irr zu beziehen. Jedoch spricht die zweimalige Übernahme bestehender Werkstätten, die für diesen Peter bezeugt sind, gegen einen hochbetagten Meister, so daß diese Einträge in diesem Katalog auf Lauffenberg Peter bezogen wurden (vgl. Nr. 125).

Quellen:
Stadtarchiv Augsburg, Reichsstadt
STB.: 1357, 3d; 1359, 6c; 1363, 5d; 1364, 6b; 1367, 5d; 1368, 6a; 1376, 6b; 1377, 6d; 1380, 6b; 1382, 5d; 1383, 5c; 1384, 5c; 1386, 5b; 1389, 9a; 1390, 8d; 1391, 7a; 1392, 8c; 1393, 7d.

Nr. 122	**Judmann Conrad**	Maler Glaser

Gerechtigkeitserwerb: bei der Gründung der Zunft (?);

Gestorben: 1421/1422;

Wohnhaft in Augsburg:

1364–1365	Von dem Liutfried
1367–1368	Von dem Liutfried
1369–1376	——
1377	Von der Dahs
1380	Von dez Dahs hus
1382–1384	Von dez Dahs huse
1386	Von der Dehsin hus
1389–1396	Von der Dåhsin
1396–1403	Von der Dächsin
1404–1421	Vom Diepold

Steueraufkommen:

1389	. . .30 lib
1396	2 fl ½ lib
1398	2 fl 7 ß
1399	2 fl 2 lib 8 ß
1400–1401	3 fl
1402	2 fl
1403–1404	1 fl
1405	5 lib
1406	3 lib 2 dn
1407	2 lib 2 ß
1408	Habnit-Steuer (?)
1409	10 fl
1410–1412	1 fl
1413	Habnit-Steuer (?)
1414	2 lib
1415	30 ß
1416–1417	2 lib
1418–1421	1 fl

Werkstattverbindungen:

JUDMANN Conrad war sicherlich ein Verwandter zu dem Maler H. JUDMANN (vgl. Nr. 123), wobei weder das Verwandtschaftsgrad noch eine eventuelle Werkstattsabhängigkeit nachgewiesen werden kann. Ob sein in den Jahren 1414 und 1415 bei ihm lebender Bruder ebenfalls Maler war und in seiner Werkstätte mitarbeitete, ist nicht bekannt.

Werke:

1372 malt er den »zwanzen« (?) einer Reichsfahne um 30 ß [a], 1378 bekommt er eine Zahlung von 16 ß für Glasscheiben in der Ratsstube [b]. 1402 malt er im Auftrag der Stadt an dem Vorwerk der Wertachbrücke ein Gemälde, für das ihm 2 lib bezahlt werden [c]. Ob sich an die Auszahlung von 8 fl zu »dem gemålde tzü wertachpruck an dem newen zwinger« vom 30. VIII. 1403 sich auf die gleiche Arbeit bezieht, ist nicht zu entscheiden [d]. Als letzter Auftrag, den Conrad JUDMANN ausführte, ist die Lieferung »geferter gleser« für die große Stube im Rathaus um 23 ß im Jahre 1415 überliefert [e].

Allein diese überlieferten öffentlichen Aufträge belegen, wie auch schon die hohen Steuerbeträge vermuten ließen, die rege Tätigkeit dieses Malers und Glasmalers, der wahrscheinlich die größte Augsburger Werkstätte zu Beginn des Zunftregiments leitete.

Sonstige Überlieferung:
Es ist erstaunlich, daß die Musterungsliste des ersten Schmiedezunftbuches seinen Namen nicht nennt. Daß er trotzdem ein Zunftmitglied war, belegt die Rüstungsliste, aus der er allerdings wegen seines hohen Alters bereits gestrichen wurde [f].

Quellen:
Stadtarchiv Augsburg, Reichsstadt
STB.: 1364, 10a; 1365, 9b; 1367, 9b; 1368, 10a; 1377, 10c; 1380, 10a; 1382, 10a; 1383, 10a; 1384, 10b; 1386, 10a; 1389, 18d; 1390, 18b; 1391, 16a; 1392, 19c; 1393, 16d; 1394, 13b; 1395, 11b; 1396, 16b; 1398, 14d; 1399, 17a; 1400, 16c; 1401, 14c; 1402, 14c; 1403, 15c; 1404, 15a; 1405, 10b; 1406 GSt., 22v; 1406, 10d; 1407, 11a; 1498, 10b; 1409, 11d; 1410, 12a; 1411, 13d; 1412, 10b; 1413, 12b; 1414, 14b; 1415, 14a; 1416, 13a; 1417, 12c; 1418, 13c; 1419, 12d; 1420, 14b; 1421, 16b;
SCH. Nr. 46a, p. 79 [f];
BRB. 1368/1379, fol. 118v [a];
BRB. 1368/1379, fol. 273v [b];
BRB. 1402, fol. 81v [c];
BRB. 1403, fol. 65v [d];
BRB. 1415, fol. 52v [e];

Literatur:
Herberger, Theodor 1852, p. 32 [a, e];
Hoffmann, Robert 1887, p. 33 [c, d];
Eberlein, Hans 1939, p. 68 [c, d].

Nr. 123 **Judmann H.** Maler

Zunftzugehörigkeit nicht belegbar.

Wohnhaft in Augsburg:
1398 Vom Kunold

Überlieferung:
Der Maler ist nur in diesem einen Jahr in Augsburg belegt. Außer der Vermutung, daß er mit dem Maler JUDMANN Conrad verwandt gewesen sein mußte, läßt sich über ihn nichts mehr aussagen.

Quelle:
Stadtarchiv Augsburg, Reichsstadt
STB.: 1398, 15c.

L

Nr. 124 **Landsperger Völkhard** Schreiber Illuminist

(Landspergus)

Illuminist ohne Verbindung zur Zunftorganisation;

Nachweisbar in Augsburg (nach Lehmann-Haupt [a]):
1455 Salta ad Sanctam Crucem
1458–1462 Inns Nattans Garten

Werke/Überlieferung:
Für den aus Kaufbeuern stammenden Illuministen findet sich in der Fürstlichen Oettingischen – Wallersteinischen Bibliothek eine Sammelhandschrift mit Texten des »Speculum humanae salvationis« über die »sieben Tugenden und Laster«, die »Ars moriendi« und das »Alexanderbuch« Dr. Johann Hartliebs als ein gesichertes Werk. Die Handschrift, die nicht genau datiert ist (ca. 1450–1460) ist viermal durch den Namen des Schreibers signiert [b]. Durch den Zusatz: »han ich nit wolgeschrieben So han ich doch die weil vertrieben« [c], könnte man wohl eher auf einen gebildeten Laien schließen, der – ähnlich wie die Brüder Mülich – sich der Schreiberei und Buchmalerei widmete.

Folgt man jedoch der genauen Analyse Lehmann-Haupts, so wird der Blick über die verschiedenen Hände auf die Wahrscheinlichkeit eines Werkstattverbandes gelenkt [d]. Dies um so mehr, da in der Herzog-August-Bibliothek zu Wolfenbüttel eine Historienbibel desselben Schreibers aufbewahrt wird, was eher auf einen Auftrag als auf gebildete Kurzweil schließen läßt [e].

Quellen:
Fürstl. Oetting.-Wallerstein. Bibliothek Maihingen (jetzt Augsburg) Cod. I,3, fol. 91r [b], fol. 118v[b], fol. 132 [b, c], fol. 309v [b];
Herzog-August-Bibliothek Wolfenbüttel.
81,3 Aug. Vol. Nr. 2822 [e];

Literatur:
Lehmann-Haupt, Hellmuth 1929, p. 78 ff. [d], p. 84 [a], Kat. Nr. 15.

Nr. 125 **Laufenberg Peter** Maler

Zunftzugehörigkeit nicht belegbar;

Wohnhaft in Augsburg:
1392–1393 Vom Kunold
1394–1398 Vom Ror
1399 Vom Kunold

Steueraufkommen:
1396 30 ß

Werkstattverbindungen:
Peter LAUFENBERG übernimmt 1398 die Räume der Werkstätte von dem Glaser ALBRECHT und 1399 die des Malers H. JUDMANN.

Überlieferung:
Für den Maler, dessen Selbständigkeit durch die Werkstattübernahmen und durch den Vermögenssteuerbetrag des Jahres 1396 bezeugt ist, gibt es keine weiteren Archivalien. Bezüglich der Identitätsfrage in den Jahren 1394 bis 1399 vergleiche IRR Peter (Nr. 121).

Quellen:
Stadtarchiv Augsburg, Reichsstadt
STB: 1392, 20d; 1393, 18a; 1394, 14b; 1395, 12b; 1396, 17c; 1398, 16a; 1399, 18a.

Nr. 126 **Lechbecken Hans** Kartenmaler

Verbindung zur Zunft nicht belegbar.

Nachweisbar in Augsburg:
1527 im Gerichtsbuch eingetragen

Überlieferung:
LECHBECKEN Hans scheint sich, wie es die fehlende Verbindung zur Zunftorganisation bezeugt, in seiner Tätigkeit nur auf Kartenmalerei beschränkt zu haben.

Er ist nur durch den Eintrag des Gerichtstermins zu erfassen, bei dem am 9. X. 1527 ihm Jörg EBERLIN eine Schuld von 34 kr eingesteht.

Quelle:
Stadtarchiv Augsburg, Reichsstadt
GRB. 1527, p. 103b.

Nr. 127 **Lingk Hans** Maler

Maler, der als Begleiter des Pfalzgrafen bei Rhein auf dem kaiserlichen Berufungstag 1474 in Augsburg war.

Überlieferung:
Der Maler Hans LINGK wurde bei seinem Aufenthalt in Augsburg, während er infolge einer Beleidigung seines Herren, Pfalzgraf Albrecht bei Rhein, Herzog von Ober- und Niederbayern, in Tätlichkeiten verwickelt war, festgenommen und in das Gefängnis geworfen.

Am 27. VI. wurde er auf Bitten seines Herren freigelassen und, nachdem er Urfehde geschworen hatte, vor den Rat der Stadt geladen. Als Bürgen dienten ihm in dieser Rechtssache seine Augsburger Berufskollegen aus der Zunft. So stellten sich für ihn die Maler Hans BLANCK, Thoman BURGKMAIR und die Glaser Jörg I HAMER, Sigmund GEYDISCHER, Peter BRAUN und Thoman BURCKHART zur Verfügung.

Quelle:
Stadtarchiv Augsburg, Reichsstadt
US.UK. v. 27. VI. 1474.

Nr. 128	**Ludwig**	Maler

Zunftzugehörigkeit nicht belegbar;

Abgewandert: 1455;

Wohnhaft in Augsburg:
1451–1452 Am Zitzenberg
1453 Vom Rappot
1454–1455 Vom Kunold Appenteker

Steueraufkommen:
1451–1454 Habnit-Steuer

Überlieferung:
Der Maler, der die Gerechtigkeit des Handwerks im Jahre 1450 erworben haben könnte, was aber durch die fehlenden Unterlagen nicht mehr nachzuweisen ist, verläßt, wie es der Eintrag im Steuerbuch bezeugt, Augsburg. Inwieweit er dabei Zunft- und Bürgerrecht aufgab, ist nicht überliefert.

Quellen:
Stadtarchiv Augsburg, Reichsstadt
STB.: 1451, 13a; 1452, 13b; 1453, 23b; 1454, 20c; 1455, 21a.

Nr. 129	**Lutz Hainrich**	Maler

Zunftgerechtigkeit wahrscheinlich zusammen mit dem Bürgerrecht am 14. X. 1410 erworben.

Wohnhaft in Augsburg:
1411–1412 von der weberhus

Steueraufkommen:
1411 Habnit-Steuer
1412 14 dn

Überlieferung:
Der aus München zuziehende Maler Hainrich Lutz erwirbt am 14. X. 1410 das Bürgerrecht in Augsburg, wobei eigens betont wird, daß er wie ein anderer Bürger seine Steuern zu entrichten habe. Da er nur zwei Jahre in der Stadt bleibt, haben sich für ihn keine weiteren Überlieferungen erhalten.

Quellen:
Stadtarchiv Augsburg, Reichsstadt
STB.: 1411, 17b; 1412, 13c;
SCH. Nr. 74, fol. 168v (p. 332).

Gerechtigkeitserwerb: 1510 erkauft er um 16 fl die Zunft [a];

Gestorben: 1546 [b];

Wohnhaft in Augsburg:

1509	Vnnder den wöschen
1510–1516	Sächsengaß vom Neidtbad
1517–1518	Vnder den wöschen
1519–1529	Sachsengaß vom Neydbad
1530–1531	——
1532–1546	Vom lautterlech

Steueraufkommen:

1509	steuerfrei
1510–1512	(30 dn) 12 kr
1513	(30 dn) 8 kr
1514	wird seine Steuer auf die Kopfsteuer gemindert

Die anderen Jahre steuert er Kopfsteuer, wozu ab 1529 noch das Wachgeld in der Höhe von 6 dn hinzukommt.

Lehrknaben:

1511 1.II	Schichtinger Hans [d];
1511 12.X.	Guttermann Sigmundt (vgl. Nr. 84) [e];
1511 23.XI.	Schranckenmyller Martin [f];
——	Lutz Jörg II (Der Sohn von Jörg I Lutz, der 1541 die Zunftgerechtigkeit empfängt [g], wohnt 1543 bei seinem Vater, dessen Werkstatt er dann nach 1546 übernimmt. 1547 am 24. V. werden er und seine Frau Barbara der schweren Kuppelei bezichtigt und in Fronfest gelegt [h]. Am 26. V. wird er dem peinlichen Verhör unterworfen und mit der Folter bedroht [i], jedoch am 28. V. auf ein Gnadengesuch wieder freigelassen, wobei er die Auflage erhält, in seinem Hause weder Einladungen noch Trinkgelage abzuhalten [k]. Über seine Laufbahn als Maler ist nichts bekannt.)

Überlieferung:

Als Jörg I Lutz Anfang des Jahres 1510 die Gerechtigkeit der Augsburger Zunft begehrt, wird ihm auf seine Bitte hin eine besondere Regelung für die Bezahlung der 16 fl in Form einer Stundung zugestanden [a], obwohl die Steuerliste dieses Jahres ihn nicht als vermögenslosen Mann ausweist. Aus diesen Jahren hat sich von dem Maler nur sein Porträt aus dem Jahre 1513 im Berliner Kupferstichkabinett erhalten [c].

Vom 7. VII. 1516 ist ein Rechnungsbetrag überliefert, der von einer Inhaftierung Jörg I Lutz berichtet. Warum er »in den thurm vnd an ain Kettlin« gelegt wurde, ist nicht bekannt [l]. Daneben werden eine ganze Reihe von Gerichtsterminen berichtet, in denen er wegen ausstehender Schulden belangt wird. So vom 20. XI. 1511 über 2 fl gegenüber Conrat Burckmair, der die Leistung des Malers, daß er »den gemach im Stüblin hab geweyßt vnd gericht« hab, nicht als Zahlung gelten lassen wollte [m]. Am 27. VII. 1512 kommt es nochmals zu einem Termin mit Conrat Burckmair, da die Schuld inzwischen durch den fälligen Hauszins auf 5 5½ fl angewachsen war [n]. Am 18. I. 1515 wird er wegen einer Schuld von ½ fl aus einem Erbfall beklagt [o], welcher er wiederum mit einer Ratenzahlung nachzukommen verspricht [p]. Im Jahr darauf beklagt ihn Michel Krönlich am 10. II. um 2 fl 30 kr und am gleichen Tag auch Conrat Negelin um 8 fl [q]. Es wäre denkbar, daß die beiden letzteren Klagen zu der Haft vom 7. VII. 1516 geführt haben, was für einen solchen Fall allerdings ungewöhnlich wäre. Am 2. XII. 1523 muß er sich zusammen mit seiner Frau nochmals zu einer Schuld von 8 fl bekennen und einer Abzahlung auf Raten zustimmen [r].

Gemäß der desolaten finanziellen Lage gibt es, abgesehen von der im Gerichtsbuch erwähnten Arbeit, keinerlei Zeugnisse seiner Tätigkeit, die höchstwahrscheinlich im Bereich des Handwerks angesiedelt werden muß.

Der Meister, der gemäß den Abständen, in denen er seine Lehrknaben vorstellte, eine größere Werkstätte angestrebt hat, wird 1514 in Bern und in Freiburg im Üchtlande angenommen. Jedoch geben die Augsburger Quellen keine Bestätigung für einen solchen Aufenthalt [s].

Quellen:
Stadtarchiv Augsburg, Reichsstadt
STB.: 1509, 12a; 1510, 18b; 1511, 18b; 1512, 18c; 1513, 18c; 1514, 18d; 1515, 19b; 1516, 19d; 1517, 12c; 1518, 12b; 1519, 20d; 1520, 21b; 1521, 21b; 1522, 20d; 1523, 20c; 1524, 20c; 1525, 21d; 1526, 23a; 1527, 22c; 1528, 23b; 1529, 23a; 1532, 15d; 1533, 15c; 1534, 17c; 1535, 17b; 1536, 17b; 1537, 17c; 1538, 17c; 1539, 17d; 1540, 18d; 1541, 18c; 1542 Türk., 14a; 1542, 18c; 1543, 19c; 1544, 19b; 1545, 19b; 1546, 23a; 1547, 22d;
SCH. Nr. 72b, fol. 4v [b];
SCH. Nr. 72c, fol. 6r [a];
SCH. Nr. 72c, fol. 44r [d];
SCH. Nr. 72c, fol. 44v [e];
SCH. Nr. 72c, fol. 45r [f];
SCH. Nr. 72c, fol. 76r [g];
RB. Nr. 21, fol. 74r [h];
RB. Nr. 21, fol. 74v [i];
StrB. 1543/1553, fol. 106v/107r [k];
BRB. 1516, fol. 54v [l];
GRB. 1511, p. 214a [m];
GRB. 1512, p. 157b/158a [n];
GRB. 1515, p. 5a [o];
GRB. 1515, p. 15b [p];
GRB. 1516, p. 16b [q];
GRB. 1523, p. 108b [r];

Literatur:
Vischer Robert 1886, p. 514 [a], p. 526 [g], p. 546 [d], p. 548 [e, f], p. 567 [b];
Valentiner Wilhelm R. 1905, p. 61 [r];
Thieme-Becker Kstl. Lex. Bd. XXIII (1929), p. 485;
Hartig, Michael 1922, p. 90;
Winkler, Friedrich 1948, p. 29 [s] mit Abb. 18 [c].

M

Nr. 131	**Mayr Lucaß**	Maler

Altgeselle, dessen Werkstätte nicht feststellbar ist;

Nachweisbar in Augsburg:
1494 Jeweils im Gerichtsbuch eingetragen
1495
1510

Überlieferung:
Lucaß MAYR beauftragt am 16. VIII. 1494 den Lizentiaten Hanßen BAYR und seinen Vetter Vlrich MAYR, seinen Prozeß gegen Jörg WISSER um seinen Erbteil vor dem Gericht zu führen [a]. Am 10. XII. 1495 entzieht er seinem Vetter die Prozeßvollmacht [b] in dieser Sache, wobei aber kein Grund dafür genannt wird.

Er selbst wird am 27. II. 1510 von Hans KESSELSCHMID verklagt, da er geliehenes Geld nicht zurückzahlte. Auch bei diesem Prozeß wird er als »maler gesell« bezeichnet, so daß man annehmen muß, daß er während seines Aufenthaltes in Augsburg die Meistergerechtigkeit nicht erwerben konnte [c].

Quellen:
Stadtarchiv Augsburg, Reichsstadt
GRB. 1494, p. 234b [a];
GRB. 1510, p. 44a [c];
GRB. 1495, p. 346a [b].

Nr. 132	**Mandlin Michel**	Visierer

Besitzt keine Zunftzugehörigkeit;

Nachweisbar in Augsburg:
1518 durch Gerichtsbucheintrag

Für Michel MANDLIN ist nur der Gerichtstermin vom 15. IX. 1518 überliefert, bei dem er von einem Kaufmann mit Namen Hans BAYRLIN durch den beauftragten Anwalt wegen einer Schuld von 9 fl 1 ort beklagt wird.

Quelle:
Stadtarchiv Augsburg, Reichsstadt
GRB. 1518, p. 109b.

Nr. 133	**Mangold**	Maler

Zunftzugehörigkeit nicht belegbar;

Nachweisbar in Augsburg:
1430–1431 Vom Kunold

Steueraufkommen:
1430–1431 Habnit-Steuer

Überlieferung:
Ob der 1430 bis 1431 in der Nachbarschaft von dem Maler HARTMANN wohnende Maler zu dessen Werkstätte Beziehungen hatte, ist aus den Quellen nicht zu belegen. Nachrichten über eine Tätigkeit dieses Malers bestehen nicht.

Quellen:
Stadtarchiv Augsburg, Reichsstadt
STB.: 1430, 19d; 1431, 17b.

genannt Fras

Gerechtigkeitserwerb: am 26. VIII. 1498 hat er die Zunft um 16 fl erkauft [a];

Gestorben: 1502 [b];

Wohnhaft in Augsburg:

1500–1501	hailig Crutzertor intra
1502	//Witwe nachweisbar

Steueraufkommen:

1500	steuerfrei (weil er noch ledig bei seinem Vater lebte)
1501	steuerfrei (von der Kopfsteuer befreit wegen seiner Heirat) versteuert aber 13 dn 1 hl für gesondertes Vermögen (30 dn)
1502	3 ort (bezahlt durch die Witwe)

Lehrknaben:

1499	Maistetter Gregori [c];
1501 12. XII.	Kremel Jörg [d];

Werkstattverbindungen:
Die oftmals genannte Beziehung zu der Werkstätte Holbeins, die sich aus der Zuschreibung des Tafelbildes der Basilica von S. Lorenzo und S. Sebastiano in der Staatsgalerie Augsburg ableitet, läßt sich archivalisch nicht nachweisen.

Auch die Inschrift auf dem 1490 von Holbein geschaffenen Afraaltar »Leo CO«, die zum Teil als Hinweis Leo Maurers in der Werkstätte Holbeins angeführt wurde, wird seit der Widerlegung durch Stoedtner nicht mehr aufrechterhalten [e].

Werke:
Die Zuweisung der bei dem Basilikenbild sich findenden Signatur »LF« des Jahres 1502 wird heute mit dem Argument abgelehnt, daß der Meister dafür nicht in Frage komme, da er in demselben Jahr verstorben sei.

Dazu kommt, daß diese Abkürzung sich auf den Nenn-Namen des Meisters beziehen würde, welcher nur in der Eintragung der Lehrknabenvorstellung des Jahres 1499 überliefert ist [f].

Die beiden Argumente sind aber keineswegs geeignet, die Urheberschaft Leo Maurers an dem Basilikabild eindeutig zu widerlegen, da ihnen dafür die notwendige Eindeutigkeit fehlt.

Überlieferung:
Die Untersuchung der Steuerlisten zeigt auf, daß Leo Maurer der Sohn des Augsburger Goldschmiedes Hans Maurer war. Warum er schon 1498 die Gerechtigkeit erwarb, wo er noch 1500 als ledig im Haushalt seines Vaters erwähnt wird, kann nicht geklärt werden (vielleicht muß man den frühen Tod seiner ersten Frau annehmen?). Bezeugt ist nur seine Heirat im Jahre 1501 durch den Steuereintrag.

Im folgenden Steuerjahr ist er dann wie auch sein Vater gestorben, so daß im folgenden Jahr nur mehr die beiden Frauen, Mutter und Schwiegertochter, aufgeführt sind, wobei auch der Name der Mutter beim Steuerrundgang gestrichen wurde.

Quellen:
Stadtarchiv Augsburg, Reichsstadt
STB.: 1500, 45a; 1501, 45a; //1502, 45c;
SCH. Nr. 72b, fol. 3r [b];
SCH. Nr. 72c, fol. 4r [a];
SCH. Nr. 72c, fol. 36v [c];
SCH. Nr. 72c, fol. 38v [d];

Literatur:
Vischer, Robert 1886, p. 512 [a], p. 540 [c], p 542 [d], p. 566 [b];
Janitschek, Hubert 1890, p. 280 [f];
Stoedtner, Franz 1896, p. 35 ff. [e];
Weis-Liebersdorf, E. J. 1901, p. 215 [f];
Steinhäußer, Fritz 1902, p. 14;
Thieme-Becker Kstl. Lex. Bd. XII (1916), p. 395;
Beuteler, Christian 1960, p. 21 [e];
Katalog Augsburg 1965, Kat. Nr. 2 [e];
Katalog Augsburg 1967, p. 98 ff.;
Katalog Augsburg 1978, p. 143 ff.

Nr. 135 **Maurmüller Ulrich** Maler

(Mauermüller, Maurmiller, Mawrmüller)

Lehre: 1498 bei Ulrich I Apt [a];

Gerechtigkeitserwerb: 1502 [b];

Gestorben: 1546 [c];

Wohnhaft in Augsburg:

1503–1512	Hailigcrutzerthor intra
1513–1518	Von Sanndt Anthonino
1519–1545	Vom Schusterhaus

Steueraufkommen:

1503	(30 dn) 42 dn
1504	(60 dn) 1 ort
1505	(45 dn) 11 kr 1 dn
1506–1508	(45 dn) 27 kr 1 hl
1509	(45 dn) 18 kr 1 hl
1510	(45 dn) 19 kr 3 hl
1511–1515	(30 dn) 19 kr 3 hl
1516–1527	(30 dn) 45 kr
1528	(30 dn) 48 kr
1529–1533	(30 dn) 48 kr (6 dn)
1534	(30 dn) 1 fl 30 kr (6 dn) mer 30 kr
1535–1537	(30 dn) 2 fl (6 dn)
1538–1540	2 fl pro toto
1541–1545	—

Lehrknaben:

1505 10. II.	Nusshart Bartholome [d];
(1508)	Hainlin Hans [e];
1513	Laub Peter [f];
1516 24. II.	Pregnitzer Laux [g];
1523 22. IX.	Wagygel Symon wird von seinem Schwiegervater Ulrich Maurmüller der Zunft vorgestellt, damit er die Gerechtigkeit erwirbt. Es ist zu vermuten, daß er den Abschluß seiner Ausbildung bei ihm erwarb [b].

Werkstattverbindungen (vgl. Werkstattschema Nr. I):
Neben der bestimmt engen Verbindung, die Ulrich Maurmüller auf Grund seiner Ausbildung

zu Ulrich I Apt hatte und welche sich 1516/1517 bei der Zusammenarbeit am Rathaus nochmals fassen läßt, ist nur noch die Wohngemeinschaft mit Leonhart II Hamer bezeugt, mit dem er bei der Witwe des Goldschlagers Hainrich Roch 1513 lebte.

Im übrigen dürfte er viel mit den anderen Künstlern der Stadt zusammengearbeitet haben, wobei er in den meisten Fällen, ähnlich der Umgestaltung des Rathauses, in erster Linie die Handwerksarbeiten zu erledigen hatte, die ihm wohl durch seine Stellung als »Stadtmaler« zufielen.

Werke:

Ulrich Maurmüller wird meist im Zusammenhang mit dem Auftrag der Neubemalung des Rathauses genannt, wo er zusammen mit seinem Lehrer Ulrich I Apt und dessen älterem Schüler Jörg I Breu 1516 und 1517 arbeitete. Beachtet man allerdings die übrigen Arbeiten, die er für die Stadt zu erledigen hatte, so ist zu bemerken, daß er in der Hauptsache für die handwerklichen Arbeiten herangezogen wurde, wie es auch die dem Rathausauftrag folgenden Rechnungen zeigen, wo er nie wie Ulrich I Apt für künstlerische Leistungen bezahlt wurde.

Seine Rolle als »Stadtmaler« läßt sich nur durch die Aufstellung seiner Abrechnungen mit den Baumeistern belegen. Genannt wird er nie mit diesem Titel, den erst Jörg I Sorg für sich überliefert (vgl. Nr. 171).

Allein die für ihn namentlich belegten Arbeiten für die Stadt ergeben folgende Liste:

18. V. 1507	8 fl	Bemalung des Zollhauses am Roten Tor [aa];
	½ fl	seiner Frau als Trinkgeld [aa];
15. IV. 1508	3 fl 1 lib	»ettliche materia in den eysen zu malen [ab];
2. XII. 1508	20 fl	Malereien in der Baumeisterstube;
	14 ß	Trinkgelt [ac];
29. XII. 1508	2 fl 1 lib 6 ß 5 hl	Brunnensäule auf dem Kitzenmarkt zu bemalen [ad];
30. III. 1510	4 lib 2 dn	»für Arbeit« [ae];
2. XI. 1510	1 fl 4 ß 2 dn	»für Arbeit oder Malwerk [af];
24. V. 1511	15 fl	Malarbeit am Siegelhaus [ag];
28. VI. 1511	5 fl	Malarbeit am Siegelhaus [ah];
11. VII. 1511	13 fl	Bemalung und Vergoldung der Brunnensäule im »Vischbrunnen« am Perlach
	17 ß 3 hl	seiner Frau als Trinkgeld [ai];
	(Dieser Auftrag führte zu der von Gode Krämer vertretenen Ansicht, in Ulrich Maurmüller einen Vergolder zu sehen, was sich aber anhand des archivalisch überlieferten Werkes als nicht haltbar zeigt) [aj];	
9. VIII. 1511	1 fl 1 lib 17 ß	»für Arbeit« [ak];
4. IX. 1512	3 fl 1 lib 15 ß	»für Arbeit im Ambt« [al];
2. X. 1512	50 fl	die Uhr am Rathaus zu bemalen;
	1 fl	der Frau und den Knechten [am];
23. IV. 1513	1 lib 16 ß 1 hl	»für Malwerk« [an];
25. VI. 1513	9 fl 19 ß 2 dn	für ein »Cruzifix« am Jakobertor zu malen und um im Rathaus »secken« und »banken« zu malen (bzw. anzustreichen) [ao];
24. VI. 1514	6 fl 1 lib 17 ß 1 dn	um am Einlaß zwei Reichsadler und ein Stadtwappen zu malen [ap];
5. VIII. 1514	2 fl	Arbeiten in den »eysen« [aq];
16. IX. 1514	4 fl 1 lib 15 ß	für »schwarz anzestreichen« am Einlaß [ar];
14. VII. 1515	10 fl	Malerarbeiten am Luginsland und »ölbainens« Holz [as];
20. IX. 1515	3 fl 1 lib 8 ß	die »Breßwagen« anzustreichen und Schüsseln im Rathaus zu bemalen [at];
24. IX. 1515	39 fl 3 ß	Nachzahlung für die Arbeiten am Luginsland und an der »Breßwagen« [au];
1. VIII. 1516		Abrechnungen für die [av];

4. X. 1516		Arbeiten am Rathaus [aw];
20. XII. 1516		vgl. Beilage Nr. XIV, 1–4 [az];
30. V. 1517	8 fl 2 ß 4 hl	»Malwerk« am Turm (?) und an Kannen [ba];
20. VI. 1517	43 kr	die Fenster und das Stiegengeländer im Rathaus anzustreichen [bb];
5. IX. 1517	5 fl 2 lib 2 ß	das Dach am Schwibbogentor zu streichen und für die graue Farbe für den Turm [bc];
19. XII. 1517	1 fl 6 ß 2 dn	»um Malwerk« [bd];
23. I. 1518	2 lib 6 ß 1 dn	um Säcke für die Stadt zu kennzeichnen [be];
6. II. 1518	3 fl 16 ß 1 dn	um zwei Schlitten anzumalen und 130 Säcke mit dem Stadtwappen zu versehen [bf];
3. IV. 1518	3 fl	303 Kornsäcke »zu merken und zu bezeichnen, auf jedem Sack zwei Marken«, je Sack für 2 dn;
	24 dn	den Knechten als Trinkgeld [bg];
24. IV. 1518	2 fl	für Malwerk in der »Pfalz« [bh];
5. VI. 1518	4 fl	um Kornsäcke zu kennzeichnen, einen Leuchter auf dem Tanzhaus rot zu streichen und Schilder zu malen [bi];
17. VII. 1518	4 fl 1 lib 4 ß 3 hl	für eine gemalte Tafel in die »Stuben in (den) eysen darein man die gefangenen vierdt so man sie mit dem Sacrament versiht« [bk];
21. IV. 1520	3 ort	eine Tischdecke grün zu »malen« und etliche Fenster zu »zaichnen« [bl];
10. XI. 1520	2 lib 8 ß	für fünf Fahnen zu malen und »die Stattbiern vnnder oel« [bm];
16. XI. 1521	2 fl 2 lib 18 ß 1 dn	den »rörkasten« auf dem Kreuz »vnnder öl zweimal anzustreichen«, den »Kÿmich« (Kamin) im Rathaus und sechs Kannenschilder zu bemalen [bn];
28. III. 1523	1 fl 1 lib 17 ß 1 dn	um Stangen und anderes zu bemalen [bo];
27. VI. 1523	2 lib 2 ß	um Malwerk an mehreren Orten [bp];
26. IX. 1523	5 fl 1 lib 15 ß	für Malwerk der Stadt [bq];
9. VII. 1524	3 fl 2 lib 5 hl	für Arbeiten im Zeughaus [br];
30. IX. 1525	9 fl	um das Haus der »Herren« an der Schranne anzustreichen und zu bemalen [bs];
9. III. 1527	4 fl	für Arbeiten in der alten Ratsstube [bt].

Zu dieser Liste ließen sich noch einige Abrechnungen hinzufügen, welche zwar nicht namentlich für ihn gesichert sind, aber eindeutig mit den hier angeführten Aufträgen in Zusammenhang stehen. Auch sie bestätigen nur wieder die Beschränkung des Meisters auf handwerkliche Arbeiten. Man wird diesen Umstand auch im Zusammenhang mit der kurzen Ausbildungszeit MAURMÜLLERS sehen müssen, der schon im vierten Jahr nach seiner Vorstellung die Gerechtigkeit als ein Meister des Handwerks erwarb. Er scheint sich vollkommen mit einer technischen Ausbildung begnügt zu haben, indem er auf die Wanderzeit als Geselle verzichtete und damit sein gestalterisches Vermögen nicht zu erweitern trachtete.

Sonstige Überlieferung:
Daß der so oft bei der Stadt beschäftigte Meister ein regelmäßiges Gehalt von der Stadt bezog, trifft nicht zu [i], da es sich bei den Quatembergeldauszahlungen, wo der Name MAURMÜLLER ebenfalls öfters genannt wird, um einen Verwandten des Malers gehandelt hat (Onkel ?).

Am 29. VII. 1511 übergibt er dem Simprecht FAWSER eine Vollmacht, um für ihn vor Gericht gegen den Kistler Christoff HAINLIN (den Vater seines Lehrknaben ?) zu prozessieren [k]. Diese Vollmachtsübertragung ist sein einziger Auftritt bei Gericht in der Zeit, in der er für die Stadt arbeitet.

Nachdem er seit Ende der Zwanziger Jahre des XVI. Jahrhunderts keine Aufträge von der

Stadt mehr bekam, bleibt er zunächst wirtschaftlich noch sehr erfolgreich, obwohl sich für ihn aus dieser Zeit keine Arbeiten mehr belegen lassen. So ist es nicht bekannt, warum er dann plötzlich 1541 keine Steuern mehr bezahlt. Jedoch scheint dies das erste faßbare Zeichen seiner wirtschaftlichen Schwierigkeiten zu sein, die dann am 6. IX. 1543 zu seinem Bankrott führen [1]. Da er die von den verschiedenen Gläubigergruppen geforderte Summe von ca. 1200 fl durch die Versteigerung seiner Häuser nicht bezahlen konnte, scheint auch die Stadt von ihm in seinen letzten Lebensjahren keine Steuerforderungen mehr eingetrieben zu haben. Wodurch diese Freistellung allerdings zustande kam, ist nicht mehr belegbar.

Quellen:

Stadtarchiv Augsburg, Reichsstadt

STB.: 1503, 46a; 1504, 45c; 1505, 45b; 1506, 45b; 1507, 44d; 1508, 44c; 1509, 43d; 1510, 44c; 1511, 44a; 1512, 45a; 1513, 37a; 1514, 36d; 1515, 37c; 1516, 39a; 1517, 39d; 1518, 38a; 1519, 42c; 1520, 43b; 1521, 44b; 1522, 43d; 1523, 43a; 1524, 42b; 1525, 42b; 1526, 44b; 1527, 45d; 1528, 46a; 1529, 47d; 1530, 47c; 1531, 46b; 1532, 47c; 1533, 47c; 1534, 50c; 1535, 50c; 1536, 50d; 1537, 51b; 1538, 51c; 1539, 52a; 1540, 53a; 1541, 53b; 1542 Türk., 39d; 1542, 53a; 1543, 55c; 1544, 57a; 1545, 57b;

SCH. Nr. 72b, fol. 4v [c];
SCH. Nr. 72b, fol. 24r [b];
SCH. Nr. 72b, fol. 79r [a];
SCH.Nr. 72c, fol. 39v [d];
SCH. Nr. 72c, fol. 42r [e];
SCH. Nr. 72c, fol. 46r [f];
SCH. Nr. 72c, fol. 48r [g];
SCH. Nr. 72c, fol. 63v [h];
BRB. 1507, fol. 51v [aa];
BRB. 1508, fol. 47r [ab];
BRB. 1508, fol. 54v [ac];
BRB. 1508, fol. 55v [ad];
BRB. 1510, fol. 47v [ae];
BRB. 1510, fol. 56r [af];
BRB. 1511, fol. 46v [ag];
BRB. 1511, fol. 47v [ah];
BRB. 1511, fol. 48r [ai];
BRB. 1511, fol. 49r [ak];
BRB. 1512, fol. 54r [al];
BRB. 1512, fol. 55v [am];
BRB. 1512, fol. 55v ad [ao];
BRB. 1513, fol. 50r [an];
BRB. 1513, fol. 52r [ao];
BRB. 1514, fol. 53v [ap];
BRB. 1514, fol. 55r [aq];
BRB. 1514, fol. 57v [ar];
BRB. 1515, fol. 56r [as];
BRB. 1515, fol. 58v [at];
BRB. 1515, fol. 62v [au];
BRB. 1516, fol. 69r [av];
BRB. 1516, fol. 60r [aw];
BRB. 1516, fol. 71r [az];
BRB. 1517, fol. 57r [ba];
BRB. 1517, fol. 58r [bb];
BRB. 1517, fol. 62r [bc];
BRB. 1517, fol. 68r [bd];
BRB. 1518, fol. 52v [be];
BRB. 1518, fol. 53v [bf];
BRB. 1518, fol. 58r [bg];
BRB. 1518, fol. 60r [bh];
BRB. 1518, fol. 63r [bi];
BRB. 1518, fol. 65r [bk];
BRB. 1520, fol. 57v [bl];
BRB. 1520, fol. 64v [bm];
BRB. 1521, fol. 75r [bn];
BRB. 1523, fol. 67v [bo];
BRB. 1523, fol. 67v [bp];
BRB. 1523, fol. 75v [bq];
BRB. 1524, fol. 73v [br];
BRB. 1525, fol. 73r [bs].
BRB. 1527, fol. 65r [bt];
BRB. 1527, fol. 65r [bt];
GRB 1511, p. 137b [k];
GRB. 1542/1543, p. 202a–203a [1];

Chroniken:

Städtechr. XXV, p. 63 [av, aw, az];
Städtechr. XXIX, p. 22, Anm. 3 [av, aw, az];
Gasser, sp. 1756 [as, au];
Stetten 1743, p. 277 [as, au].

Literatur:
Vischer, Robert 1886, p. 512 [b], p. 518 [h], p. 540 [a], p. 544 [d], p. 546 [e], p. 550 [f], p. 552 [g], p. 567 [c], p. 582 [bl];
Hoffmann, Robert 1887, p. 38 [as, au], Anm. 104, p. 46 ad [ac] [ao];
Buff, Adolf 1893, p. 20 ff [av, aw, az] (mit fragmentarischer Zusammenstellung über die Brunnenbemalungen);
Baum, Julius 1907, p. 65 ff [av, aw, az];
Feuchtmayr, Karl 1921, p. 31 [av, aw, az];
Hartig, Michael 1922, p. 28 [av, aw, az], p. 34 [b], p. 35 [a]; p. 90 [ac];
Baum, Julius 1923, p. 11, 18 [av, aw, az];
Huber, Hans 1928, p. 19 [av, aw, az];
Thieme-Becker Kstl.Lex. Bd. XXIV (1930), p. 283;
Stange, Alfred 1957, Bd. VIII, p. 53 [av, aw, az];
Hilbich, Eberhard 1968, p. 24/25, Anm. 44/45 [av, aw, az];
Walther, Renate von 1972, p. 61 [av, aw, az];
Katalog Augsburg 1980, Bd. I, p. 120 [aj], p. 303 [ai, av, aw, az].

Nr. 136 **Mentellin** Maler

(Mentillin)
Zunftzugehörigkeit nicht beweisbar

Nachweisbar in Augsburg:
1396/1403 durch Baumeisterrechnungen

Werke/Überlieferung:
Namentlich wird Mentellin nur zweimal in den Baumeisterbüchern erwähnt. Der Maler, von dem Hoffmann vermutet, daß nach ihm der Mentellins-Turm hinter St. Ulrich und Afra benannt sei, da er ihm als Wohn- und Arbeitsstätte gedient habe [a], bekommt 1396 4 fl von der Stadt bezahlt, da er das »vorzaichen« vor dem »husstett tor« (heutiges Rotes Tor) gemalt hat [b]. 1403 rechnet er 10 ß für eine Fahne für einen Turm ab [c].

Diese beiden öffentlichen Aufträge, welche die einzigen Nachrichten für den Meister darstellen, zeigen, daß der Zeitgenosse von Conrad Judmann (vgl. Nr. 122) zusammen mit diesem bevorzugt für repräsentative Aufgaben herangezogen wurde.

Quellen:
Stadtarchiv Augsburg, Reichsstadt
BRB 1396b, fol. 54v [b];
BRB. 1403, fol. 70r [c].

Literatur:
Hoffmann, Robert 1887, p. 22 Anm. 46 [b], p. 23 [a].

Nr. 137 **Mer** Maler

Nicht näher zu identifizierender Meister aus der Zeit vor der Zunftverfassung;

Nachweisbar in Augsburg:
1351 Von der Brůnigin hinter den Predigern

Quelle:
Stadtarchiv Augsburg, Reichsstadt
STB.: 1351, 14a.

Nr. 138 **Michel I** Maler

Meister bzw. Altgeselle, dessen Zunftzugehörigkeit nicht zu sichern ist.

Nachweisbar in Augsburg:
1477 Vnnder Lederern

Steueraufkommen:
1477 21 dn

Überlieferung:
Es ist nicht zu klären, warum dieser Maler, für den sich nur der Steuereintrag dieses Jahres erhalten hat, keine Kopfsteuer zu entrichten hatte. Ob ein Beisitzverhältnis vorlag konnte in diesem Fall nicht eruiert werden.

Quelle:
Stadtarchiv Augsburg, Reichsstadt
STB.: 1477, 18c.

Nr. 139 **Michel II** Weißmaler

Gerechtigkeitserwerb: MICHEL II ist nicht in den Zunftlisten aufgeführt. Es scheint, daß er wie einige andere kleinere Handwerksmeister, welche keine Lehrknaben hielten, die Möglichkeit einer Existenz außerhalb der Malerzunft nutzen konnte.

Nachweisbar in Augsburg:
1513 Eintrag im Gerichtsbuch

Überlieferung:
Am 2. III. 1513 mußten der Kistler Hans HEBENTANZ und sein Gesell Peter HEŸSS vor dem »Clagschatzer« bekennen, daß sie MICHEL II dem Weißmaler 4 fl »verdingten Geldes« schuldig seien, welche sie laut einer Marginalie vor der vereinbarten Stundungsregelung nach dem Urteil bezahlten. Um welchen Auftrag es dabei für MICHEL II ging, kann aus dieser Aktennotiz nicht entnommen werden.

Weitere Belege für diesen Weißmaler konnten nicht gefunden werden.

Quelle:
Stadtarchiv Augsburg, Reichsstadt
GRB.: 1513, p. 42b.

Nr. 140 **Molitor Hainrich** Illuminist (?)
Schreiber

(Müller, Mollitor)

Geboren: in Öttingen (nach Bredt);

Gerechtigkeitserwerb: nicht nachweisbar;

Gestorben: 1482/1483 (?);

Nachweisbar in Augsburg:
(Die bei Bredt [a] und Wehmer [b] vorgenommene Identifizierung mit Hainrich MÜLLER Schrei-

ber, welcher in den Steuerbüchern zu fassen ist, ergibt Widersprüchliches, da der in der Stadt lebende Schreiber (I) nicht mit dem in den Ausbürgerlisten feststellbaren Hainrich MÜLLER (II) identisch sein kann.)

I. Nachweisbarkeit des Schreibers:

1447	Vom Kunoldt
1448–1460	Von Sant Anthonino
1461–1462	—
1463–1476	Von Sant Anthonino
1477	Von Sant Anthonino (als Haintz MÜLLER)
1478	Von Sant Anthonino
1479	Von Sant Anthonino (als Haintz MÜLLER)
1480–1482	Von Sant Anthonino

II. Nachweisbarkeit des »Ausbürgers«:

1460–1473	Vßburger

Steueraufkommen:

I)	1447–1460 1463–1482	jeweils Habnit- bzw. Kopfsteuer
II)	1460–1473	jeweils Habnit- bzw. Kopfsteuer (durch Vertreter)

Werkstattverbindungen:
Der Schreiber Hainrich MÜLLER (I) lebt 1479/1480 als Nachbar und 1481 als Hausgenosse mit dem Maler Jörg SETZ (vgl. Nr. 170) zusammen. Eine Arbeitsgemeinschaft beider Werkstätten ist nicht bezeugt.

Werke/Überlieferung:
Der nicht in der Zunftorganisation nachweisbare Illuminist läßt sich nach der hier aufgestellten Auswertung der Steuerlisten nicht durch eine Verbindung beider Personen identifizieren, da beide eindeutig unabhängig sind. Die Verbindung beider Eintragsketten, wie sie bisher in der Literatur vorgelegen haben [a], ist unzulässig. Auch für eine nur teilweise Inanspruchnahme dieser Eintragungen [b] gibt es keinerlei Anhaltspunkte, da dieser mit der Berufsbezeichnung identische Name viel zu häufig in den Steuerlisten auftaucht.

Da sich aber die archivalischen Einträge nicht mit den von Hainrich MOLITOR selbst berichteten Abwesenheitszeiten decken, wird man keinen der hier angeführten Bürger mit der Person des Schreibers und Illuministen gleichsetzen dürfen. Auch muß man die Möglichkeit, daß er als Hintersasse der Klöster lebte und kein volles Bürgerrecht besaß, nicht aus dem Auge verlieren dürfen. In diesem Falle würde er sich ganz der Erfassung durch die Steuerbücher entziehen.

Als ältestes Werk dieses Malers und Schreibers sieht Hartig ein für St. Ulrich und Afra geschriebenes Chorbuch an [c], welches er durch den Nachtrag des Festes Mariae Heimsuchung auf die Jahre um 1440 zu datieren vermochte [d].

Seine nächsten Werke arbeitete er in Tegernsee für das dortige Benediktinerkloster. So die »Meditationes vitae Christi« des Ludolfus Carthusiensis, von denen er den ersten Band 1448 [e] und den zweiten 1451 abschloß [f]. Im Explicit des zweiten Bandes bezeichnet er sich selbst als »Hainricus Molitoris de Augusta tunc Temporis existentis in Tegernsee« [f].

Im Anschluß daran muß er nach Scheyern übergesiedelt sein, wo er im Auftrag des Abtes Wilhelm KIENBERGER 1453 [g] und 1454 [h] zwei Bücher desselben Inhalts kopierte und illuminierte. 1458 schrieb er ebendort das »Catholicon« des Johannes Balbus [i]. Wegen der »Schönheit« dieses Werkes wurden ihm von den Mönchen auch 8 lib Münchner Pfennige von seinen sich insgesatm auf 24 lib Münchner Pfennige belaufenden Schulden nachgelassen, welche er durch seine Arbeit zu tilgen hatte. (Allein dieses Abarbeiten der Schulden spricht dagegen, in ihm einen freien Bürger einer Reichsstadt zu sehen.) Um diesen Forderungen der Mönche nachzukommen, schuf er ein Missale, das er am 9. VIII. 1462 beendete [1]. Als letztes erhaltenes Werk, welches er für das Kloster Scheyern fertigte, ist der 1471 von ihm signierte vierte Band des »Speculum historiale« des Vicentius Bellovacensis [m] zu erwähnen. Dieses Werk, an das Steingräber auch die zugehörigen Bände I. und III. anschließt, welche von dem gebürtigen Augsburger und späteren Kleriker der Diözese Freising, Johannes KEYM, und dem Scheyerner Frater Maurus 1464 und 1468 geschrieben waren [o, p], muß für Hainrich MOLITOR den Abschluß seines Scheyern'schen Aufenthaltes dargestellt haben, was schon früh zu einer Gleichsetzung mit dem »Ausbürger« Hainrich MÜLLER führte [a].

Den einzigen sicheren Anhaltspunkt für eine Abwesenheit und die Rückkehr des Schreibers nach Augsburg geben die Bezeichnungen, welche er sich selbst bei der Signatur seiner Bücher gibt. So signiert er später nie mehr als »Hainrich MOLITOR de Augusta«, sondern immer nur »in Augusta«. So scheinen seine vier erhaltenen späten Werke für das Kloster Tegernsee allesamt in Augsburg entstanden zu sein.

Diese Codices, einer mit den »Vitae Patrum, Barrlaams und Josaphats« von 1474 [r], einer »de institutis coenobiorum« des Verfassers Johann Cassianus von 1475 [s] und zwei Bände der »Moralium in Lib. Job« des S. Gregorius Magnus der Jahre 1477 [t] und 1479 [u], weisen in der Illumination einen von seinen früheren Werken so differenten Stil auf, daß auch Steingräber für diese eine Beteiligung eines anderen Illuministen innerhalb der Stadt forderte [v].

Diese Tatsache wie auch der Stilunterschied zwischen den frühen Werken für Tegernsee und denen für das Kloster Scheyern veranlaßten schon Wehmer, die Urheberschaft der Illuminationen gänzlich anderen Werkstätten zuzuweisen, da es keinen eindeutigen Beleg gibt, der MOLITOR als Buchmaler eindeutig nennt. [w].

Auch die gelobte »bonitas« der Catholicon-Schrift muß sich nicht, wie es Hartig als eindeutig erwiesen ansieht, auf die Malereien beziehen, so daß auch dieser bei ihm gegebene Beweis nur eingeschränkte Aussagekraft besitzt [x]. Eine Klärung dieser Probleme muß allerdings bis zu einer endgültigen Bearbeitung der Augsburger Buchmalerei des XV. Jahrhunderts zurückgestellt bleiben, insbesondere, da sie den hier gegebenen Rahmen sprengen würde.

Das Todesjahr MOLITORS wird anhand der Steuerbucheinträge des Schreibers »MÜLLER« (I) immer auf das Steuerjahr 1482/1483 festgelegt, was angesichts der bestehenden Identifizierungsschwierigkeiten der Person des Illuministen mit der des Schreibers als nicht sicher gelten darf.

Quellen:

Stadtarchiv Augsburg, Reichsstadt

STB.: (für I): 1447, 18b; 1448, 20b; 1449, 19c; 1451, 19c; 1452, 19c, 1453, 19c; 1454, 20a; 1455, 20c; 1456, 25a; 1457, 22d; 1458, 21d; 1459, 21d; 1459, 23b; 1460, 20b; 1463, 23c; 1464, 23c; 1465, 23c, 1466, 22b; 1467, 22b; 1468, 20c; 1469, 22b; 1470, 24d; 1471, 24a; 1472, 23d; 1473, 22b; 1474, 19d; 1475, 20a; 1476, 21b; 1477, 23c; 1478, 24a; 1479, 23d; 1480, 23d; 1481, 23d; 1482, 25a;

(für II): 1461, 29a; 1462, 36b; 1463, 31c; 1464, 29c; 1465, 31b; 1466, 29a; 1467, 29c; 1468, 28d; 1469, 31c; 1470, 33b; 1471, 32d; 1472, 30d; 1473, 29a;

Bayerische Staatsbibliothek München (nach Literatur)

Cod. lat. m. 18075, fol. 229r [e];
Cod. lat. m. 18076, fol. 228v [f];
Cod. lat. m. 17406, [c];
Cod. lat. m. 17413, fol. 236v [g];
Cod. lat. m. 17414, fol. 249v [h];
Cod. lat. m. 17402, fol. 312v [i];
Cod. lat. m. 17422, fol. 293r [l];
Cod. lat. m. 17418, fol. 256r [m];
Cod. lat. m. 17416, fol. 253v [n];
Cod. lat. m. 17417, fol. 233r [o];
Cod. lat. m. 18093, fol. 258r [r];
Cod. lat. m. 18074, fol. 163r [s];
Cod. lat. m. 18025, 1, fol. 189v [t];
Cod. lat. m. 18025, 2, fol. 222r [u].

Literatur:
Riehl, Berthold 1895, p. 86 ff, p. 91 ff;
Bredt, Ernst Wilhelm 1900, p. 64 ff [a];
Riehl, Bertold 1903, p. 54 ff;
Hartig, Michael 1914, p. 10 ff, p. 11 [d] Anm. 1 [k], p. 11 [x];
Thieme-Becker Kstl. Lex. Bd. XXV (1931), p. 37;
Wehmer, Carl 1938, p. 111/112 [b], p. 113 [b], p. 109/110 [w];
Wehmer, Carl 1955, p. 140 ff, p. 152, 158, 160, 165;
Steingräber, Erich 1956, p. 14 ff [p], p. 18 [v], Kat. Nr. 8–20;
Stange, Alfred 1957 Bd. VIII, p. 81.

Nr. 141	**Mülich Georg**	Krämer »Illuminist«

Erwähnt: zum ersten Mal am 23. III. 1450 [a];

Gestorben: 1501/1502;

Nachweisbar in Augsburg:
1463–1503 Vom Weberhaus

Steueraufkommen:
(Ist in diesem Fall, da Georg MÜLICH sein Vermögen aus seiner Tätigkeit als Kaufmann erworben hatte, nicht ausschlaggebend)

1466	31 fl
1467–1471	17 fl
1472–1474	(60 dn) 22 ½ fl
1475–1479	(60 dn) 27 fl
1480–1485	(45 dn) 29 fl 1 lib
1486–1487	(45 dn) 31 fl 3 ort
1488–1491	(60 dn) 42 fl 10 groß 2 dn
1492–1494	(60 dn) 48 fl
1495	(45 dn) 36 fl
1496–1497	(30 dn) 24 fl
1498–1501	(30 dn) 26 fl

Überlieferung/Werke:
Georg MÜLICH, der Bruder Hector MÜLICHS, bezeichnet sich selbst als Schreiber einer Sammelhandschrift, deren ersten Teil er am 23. III. 1450 vollendet hatte [a]. Das Buch, das die Texte der XXIV Alten von Otto von Passau, Meister Ingolds goldenes Spiel und einen Text von den zehn Geboten, dem Auszug der Israeliten aus Ägypten und eine Beschreibung des heiligen Landes enthält, weist unter Umständen eine Darstellung des Schreibers selbst in dem knieenden Jüngling bei der Auferstehungsdarstellung auf [b].

Am 16. XII. 1455 erwähnt er sich zusammen mit seinem Bruder Hector im Explicit des Alexanderbuches nach der deutschen Fassung des Dr. Johannes Hartlieb [c]. Auch hier bezeichnet er sich wiederum nur als Schreiber, wie er es auch in seinem letzten Werk, der von GOSSENBROT in die deutsche Sprache übertragenen Chronik des Sigmund MEISTERLIN, die er 1457 beendete, tut [d].

Seine Tätigkeit als Schreiber muß man als die eines bildungsbeflissenen Laien sehen, wie es auch aus dem Explicit der Sammelhandschrift hervorgeht. Die Frage seiner Beteiligung an der reichen kolorierten Federzeichnungsillustration der drei Handschriften ist nicht eindeutig zu beantworten und kann auch an dieser Stelle nicht vorweg geklärt werden. Die Möglichkeit, daß Georg seine Bücher durch einen berufsmäßigen Illuministen ausschmücken ließ, kann man nicht eindeutig ausschließen, obwohl man eher zu der Vermutung neigen möchte, daß er quasi in

Verbindung mit seinem Bruder ebenfalls beides – nämlich Schrift und Illustration – selbst ausführte.

Die endgültige Entscheidung dieser Frage muß aber einer Untersuchung der Handschriften vorbehalten bleiben.

Quellen:
Stadtarchiv Augsburg, Reichsstadt
STB.: 1463, 27c; 1464, 27c; 1465, 28c; 1466, 28d; 1467, 25d; 1468, 25a; 1469, 27b; 1470, 30a; 1471, 28d; 1472, 28d; 1473, 26b; 1474, 23c; 1475, 23c; 1476, 25b; 1477, 28a; 1478, 28c; 1479, 28b; 1480, 29b; 1481, 28b; 1482, 29a; 1483, 29a; 1484, 29a; 1485, 29a; 1486, 29d; 1487, 29b; 1488, 32c; 1489, 30a; 1490, 31c; 1491, 31b; 1492, 27d; 1493, 30a; 1494, 33c; 1495, 32d; 1496, 35a; 1497, 31d; 1498, 35d; 1499, 40c; 1500, 42c; 1501, 42d;
Bayerische Staatsbibliothek München
Cod. germ. m. 581, fol. 148v [c];
Universitätsbibliothek Gießen
Nr. 813, fol. 166r [a];
Württembergische Landesbibliothek Stuttgart
H.B.V. Hist. 22, fol. 4v [d];

Literatur:
Riehl, Berthold 1895, p. 40 ff.;
Bredt, Ernst Wilhelm 1900, p. 26 ff [c], p. 34 ff [d];
Lehmann-Haupt, Hellmuth 1929, p. 188 Kat. Nr. 8 [a, b], Nr. 18 [c]; Nr. 26 [d];
Thieme-Becker Kstl.Lex Bd. XXV (1931), p. 216;
Steingräber, Erich 1955, p. 174;
Stange, Alfred 1957 Bd. VIII, p. 83;
Blendinger/Zorn 1976, p. 49;
Foster, Michael 1979 (MS), p. 3 p. 71, p. 149–151.

Nr. 142	**Mülich Hector**	Krämer »Illuminist«

Erwähnt: zum ersten Mal am 16. XII. 1455 [a];

Gestorben: 1489/1490 [b];

Nachweisbar in Augsburg:

1457	Weberhaus
1458–1460	—
1461–1489	Weberhaus

Steueraufkommen:
(Besitzt in diesem Falle nur beschränkte Bedeutung, da Hector Mülich sein Vermögen als Kaufmann erwarb)

1457	steuerfrei
1458–1460	—
1461	(10 ß)
1462	Habnit-Steuer
1463–1465	30 fl 1 ort zusammen mit seinem Bruder Georg
1466	24 fl
1467–1471	17 fl
1472–1474	(60 dn) 25 fl
1475–1479	(60 dn) 34 fl

1480	(45 dn) 40 fl
1481–1485	35 fl »für als«
1486–1487	(45 dn) 45 fl
1488–1489	(60 dn) 60 fl

Überlieferung/Werk:
Für Hector MÜLICH läßt sich anders als für seinen Bruder Georg mit Sicherheit seine Tätigkeit als Illuminator belegen [c]. Im Explicit des in Zusammenarbeit mit diesem entstandenen Alexanderbuches des Dr. Johannes HARTLIEB gibt er ebenso wie sein Bruder nur die Urheberschaft für die Schreibtätigkeit an [a], jedoch läßt die präzise Aussage im Explicit seines Exemplars der Chronik des Sigmund Meisterlins keinen Zweifel, daß er sich selbst als Illustrator betätigte.

So signiert er es mit der Bemerkung: »DAS BVͦCH. IST. GESCHRIEBEN. GEMALT. VND. EINGEPVUNDEN. WORDEN. VON. HECTOR. MVͦLICH« [c]. Durch diese gesicherte Tätigkeit wird seine Bedeutung für die Buchillustration beurteilbar, da man ausgehend von diesen Bildern auch seine Beteiligung in den anderen MÜLICH'schen Codices aufzusuchen vermag.

Was die Gebrüder dazu veranlaßte, selbst Bücher zu schreiben, ist unklar. Bezeichnend ist, daß diese Arbeiten für Hector alle in eine Zeit fallen, in der er noch keinen eigenen Hausstand gegründet und keine eigene Verantwortung im Geschäft übernommen hatte [d].

Auch seine Tätigkeit als Chronist nahm er erst auf, als er seine Ämter als Zunftmeister der Kramerzunft und als regierender Rat abgelegt und sich anscheinend von den aktiven Geschäften zurückgezogen hatte [e].

Dies bestätigt, daß er seine Arbeit als Illuminist bzw. als Chronist eher als Zeitvertreib denn als eine Arbeit sah.

Zu klären ist noch, woher er seine Fertigkeit erhielt und auf welchen Einflüssen seine Inventionen der Landschaftsauffassung und der Historienbildgestaltung beruhte. Man könnte versucht sein, aus der Tatsache, daß bei dem letzten Pflegschaftseintrag des Kindes von Hans Mang SCHNELLENWEG die Bemerkung steht »hector mülich est ab«, eine Verbindung zu diesem Maler abzuleiten [f]. Allerdings ist der Bezug dieser Notiz des Steuerschreibers 1483 in keinen eindeutigen Zusammenhang mit dem Pflegschaftsverfahren direkt zu bringen, so daß die Beweiskraft zunächst nicht einschlägig ist, was auf eine spätere Bearbeitung und Analyse zu verlegen ist.

Quellen:
Stadtarchiv Augsburg, Reichsstadt
STB.: 1457, 27c; 1461, 26c; 1462, 33c; 1463; 28d; 1464, 27d; 1465, 28c; 1466, 28d; 1467, 25d; 1468, 25a; 1469, 27b; 1470, 30b; 1471, 28d; 1472, 28c; 1473, 26b; 1474, 23c; 1475, 23c; 1476, 25b; 1477, 28a; 1478, 28c; 1479, 28c; 1480, 29c; 1481, 28b; 1482, 29c; 1483, 29a; 1483, 27c [f]; 1484, 29a; 1485, 29a; 1486, 29d; 1487, 29b; 1488, 32c; 1489, 30a;
Staats- und Stadtbibliothek Augsburg
2° Cod. Halder I, 5. Seite ohne Zählung [c, e];
Bayerische Staatsbibliothek
Cod. germ. m. 581, fol. 148 [a, e].

Chroniken:
Städtechr. XXII, p. XIII [d], p. XVI [b,e].

Literatur:
Riehl, Berthold 1895, p. 40 ff.;
Bredt, Ernst Wilhelm 1900, p. 26 ff., p. 30 ff.;
Lehmann-Haupt, Hellmuth 1929, p. 34 ff., p. 49 ff.;
Thieme-Becker Kstl. Lex. Bd. XXV (1931), p. 216;
Stange, Alfred 1957 Bd. VIII, p. 83;
Foster, Michael 1979 (MS), p. 3.

Nr. 143	**Müller Michael**	Illuminist Kartenmaler

Besaß keine Zunftgerechtigkeit;

Nachweisbar in Augsburg:
1486–1487 Sträffingertor extra
1489/1512 ist Anna MÜLLERIN als Kartenmalerin im Gerichtsbuch der Stadt erwähnt

Steueraufkommen:
1486–1487 Kopfsteuer

Überlieferung:
Der Maler MÜLLER Michael ist außer diesen beiden Eintragungen in den Steuerlisten nicht weiter zu identifizieren, da er unter der Vielzahl der »müller« ohne seine Berufsbezeichnung nicht festzulegen ist. Da seine Frau als Kartenmalerin am 7. X. 1489 allein gegen Hans Gogel und dessen Frau wegen einer unbezahlten Rechnung von 6 fl vor Gericht tritt [a], könnte man wohl den Tod des Malers in diese Zeit legen. Seine Frau scheint die nicht zur Zunft gehörende Werkstätte weitergeführt zu haben (ähnlich wie bei Nr. 25), da sie am 16. VI. 1512 nochmals als Gläubigerin vor Gericht tritt [b].

Quellen:
Stadtarchiv Augsburg, Reichsstadt
STB.: 1486, 11c; 1487, 11d;
GRB. 1489, p. 250b [a];
GRB. 1512, p. 122b [b].

N

Nr. 144 Nicolaus
145 N. N. (I)
146 N. N. (II)
147 N. N. (III)
148 N. N. (IV)
149 N. N. (V)
150 N. N. (VI)
151 Nussfelder Bartholome

Nr. 144	**Nicolaus**	Maler Bildschnitzer

(Claus, Clas, Nyclausen)

Gerechtigkeitserwerb: wahrscheinlich 1409;

Wohnhaft in Augsburg:
1409–1416 Vom Diepolt

Steueraufkommen:
1409 steuerfrei oder Habnit-Steuer (?)
1410 11 ß
1411–1413 12 ß
1414 2 lib 3 ß
1415–1416 10 ß

Werkstattverbindungen:
1410 und 1411 wird ein Ulrich Goldschlager in seinem Haus bezeugt, an dessen Stelle 1412 dann der Goldschlager Jos Täschler tritt.

Werke/Überlieferung:
Ein Eintrag des Baumeisterbuches, der die Bezahlung an »nyclausen dem pildschnitzer« von 11 lib für die Anfertigung von »glaswerk« für den Nachrichter (Henker) und für die Stube auf dem Rathaus bezeugt [a], bezieht sich mit größter Wahrscheinlichkeit auf den in den Steuerlisten »Maister Claus maler« genannten Handwerker. Dies läßt sich um so eher realisieren, als die enge Zusammenarbeit mit Vergoldern den Schluß nahelegt, daß sich seine Haupttätigkeit auf plastische Arbeiten erstreckte. Daß er als Bildschnitzer auch Glasarbeiten ausführte, bezeugt die fließende Grenze zwischen den vier zu der Zunft gehörenden Handwerken in den ersten Jahrzehnten des XV. Jahrhundert.

Quellen:
Stadtarchiv Augsburg, Reichsstadt
STB.: 1409, 11d; 1410, 12a; 1411, 13c; 1412, 10b; 1413, 12b; 1414, 14b; 1415, 14a; 1416, 13a;
BRB. 1410, fol. 47v [a].

Nr. 145 **N.N. (I)** Maler

Nicht näher zu identifizierender Meister oder Geselle;

Nachweisbar in Augsburg:
1380 Von des Dahs hus
1382–1384 Von des Dahs hus

Überlieferung:
Da der Eintrag 1380 nachträglich gestrichen wurde, muß man annehmen, daß er zu dieser Zeit noch in einem Dienstverhältnis stand und steuerfrei war. Auch eine längere Abwesenheit kann nicht ausgeschlossen werden.

Quellen:
Stadtarchiv Augsburg, Reichsstadt
STB.: 1380, 10b; 1382, 10b; 1383, 10a; 1384, 10b.

Nr. 146 **N.N. (II)** Maler

Nicht näher zu identifizierender Maler;

Nachweisbar in Augsburg:
1410 Vom Ror

Steueraufkommen:
1410 10 ß

Quelle:
Stadtarchiv Augsburg, Reichsstadt
STB.: 1410, 13a.

Nr. 147	**N.N. (III)**	Maler

Gerechtigkeitserwerb: 1442 als Zunftmitglied genannt;

Überlieferung:
Der Maler »der Saurbeckin man« ist namentlich nicht zu erfassen, obwohl ihn die Zunftliste des Jahres 1442 als Meister nennt. Dieser Fall zeigt die Beschränkung auf, die auch bei der Identifizierung durch die Steuerlisten gegeben ist.

Quelle:
Stadtarchiv Augsburg, Reichsstadt
SCH. Nr. 46, s. fol..

Nr. 148	**N.N. (VI)**	Maler

Gerechtigkeitserwerb: 1442 als Zunftmitglied genannt;

Überlieferung:
Der Maler, den die Zunftliste 1442 als »des schneiders dochterman von Lechhausen« nennt, dürfte sich dadurch, daß er wahrscheinlich in einem Haushalt als Verwandter wohnte und nur mit dem Verwandtschaftsgrad in den Steuerlisten aufgeführt wurde, einer Identifizierung entziehen.

Quelle:
Stadtarchiv Augsburg, Reichsstadt
SCH. Nr. 46b, s. fol..

Nr. 149	**N.N. (V)**	Weißmaler

Nicht näher zu identifizierender Meister oder Geselle, der mit der Zunft keine Verbindung hatte, da er sich als Weißmaler ganz auf handwerkliche Grobarbeit beschränkte.

Nachweisbar in Augsburg:
1465 Vom Ror

Steueraufkommen:
1465 Habnit-Steuer

Quelle:
Stadtarchiv Augsburg, Reichsstadt
STB.: 1465, 24d.

Nr. 150	**N.N. (VI)**	Maler

Namentlich nicht zu identifizierender Meister oder Geselle;

Nachweisbar in Augsburg:
1498 Von Sant Anthonino

Steueraufkommen:
1498 steuerfrei

Überlieferung:
Man könnte für diesen Maler, der aus München stammte und wahrscheinlich das dortige Bürgerrecht besaß, eine Beziehung zu Daniel HOPFER annehmen, da sein Hausherr, der Buchbinder Mathes, im folgenden Jahr zu diesem zieht und dort anscheinend in der Werkstätte mitgearbeitet hat.

Quellen:
Stadtarchiv Augsburg, Reichsstadt
STB.: 1498, 30c; 1499, 33d.

Nr. 151	**Nussfelder Bartholome**	Maler Glaser

(Dů̊chhefffter, Rußfelder)

Gerechtigkeitserwerb: 1520 (nur im Steuerbuch belegbar);

Gestorben: 1528/1529 [a];

Wohnhaft in Augsburg:
1520–1527 Vom Lawterlech
1528 In des Custers weyer

Steueraufkommen:
1520 steuerfrei (bedeutet Heirat und den damit verbundenen Gerechtigkeitserwerb)
1521–1528 Kopfsteuer (Stiura minor)

Überlieferung:
Es ist nicht eindeutig zu klären, ob Bartholme NUSSFELDER mit den Einträgen in den Gerichtsbüchern der Jahre 1508/1509 zu identifizieren ist, in denen er unter anderem als Gewalthaber seines gleichnamigen Vaters gegenüber Leonhart Nadler erwähnt wird [b].

NUSSFELDER, der in der Chronik Jörg BREUS als Maler, sonst aber als Glaser erwähnt wird, ist 1524 als Beteiligter bei den Religionsunruhen bezeugt.

So entriß er zusammen mit anderen in der Barfüßerkirche einem Mönch das lateinische Gebetbuch, da sich dieser weigerte, dem Verlangen der Gläubigen nachzukommen und seinen Gottesdienst in deutsch zu lesen [c]. Wegen dieses Frevels wird er dann aus der Stadt gewiesen, wobei diese Strafe auf Lebzeiten gelten sollte, es sei denn, NUSSFELDER bezahle zuvor zwei Brennöfenfüllungen Ziegelsteine für die städtischen Befestigungsbauten [d]. Die Strafe, deren Härte durch eine Häufung religiöser Ausschreitungen bestimmt wurde, war auch in den Augen von Zeitgenossen überzogen [e]. So ist es nicht verwunderlich, daß sich auch der Name Nußfelder in den Begnadigungen findet, die Herzog Johann zu Sachsen [f] am 9. VII. 1524 und Herzog Erich von Braunschweig am 1. I. 1525 [g] beim Rat der Stadt für die verurteilten »lutterischen« einreichten, welche aber beide abgeschlagen wurden. Am 6. III. 1525 erlaubt ihm der Rat wieder in die Stadt zurückzukehren [h] und gestattet ihm den dauernden Aufenthalt unter der Bedingung, daß er innerhalb und außerhalb der Stadt ein Jahr lang keine Wirtshäuser aufsuchen dürfe, keine »andere Wehr trage als die kleine« und zwischen den »Hornblasen« sich nachts nicht auf den Straßen aufhalte [i]. Diese Bestimmungen nimmt NUSSFELDER an, wobei er sich noch verpflichten muß, sich im Verhalten bescheiden und keinesfalls aufrührerisch zu betragen.

Die nächste Nachricht vom 5. V. 1526 berichtet von einer abermaligen Festnahme, da er sich nicht an die vom Rat gestellten Auflagen gehalten habe [k], aber obwohl er abermals auf Lebzeiten aus der Stadt gewiesen wurde, steuert er die beiden darauffolgenden Jahre. Warum dieses Urteil aufgehoben wurde, ist aufgrund der Quellenlage – die Strafbucheintragungen enden 1526 (Fortsetzung erst nach dem Tode des Malers) – heute nicht mehr zu eruieren.

1528 wird er bei den Prozessen mit den Wiedertäufern mehrmals als »vorsteer« genannt, da er auch gepredigt habe [l]. Auch seine Frau wird als Predigerin erwähnt [m].

Über die Tätigkeit NUSSFELDERS, den auch BREU in seiner Chronik zu den »gmain man« zählt, läßt sich nichts aussagen. Man muß aber wohl anhand der bestehenden Berichte eine untergeordnete Handwerkerrolle annehmen.

Quelle:
Stadtarchiv Augsburg, Reichsstadt
STB.: 1520, 14a; 1521, 14c; 1522, 14b; 1523, 14b; 1524, 14c; 1525, 15a; 1526, 16a; 1527, 15c; 1528, 18c;
SCH. Nr. 72b, fol. 3v [a];
GRB. 1508, p. 103a, p. 106b, p. 125b, p. 138b [b];
GRB. 1509, p. 55a, p. 68a, p. 178a, p. 237a [b];
StrB. 1509/1526, p. 145 [c, d];
StrB. 1509/1526, p. 149 [f];
StrB. 1509/1526, p. 157 [g];
StrB. 1509/1526, p. 160 [h];
StrB. 1509/1526, p. 161 [i];
StrB. 1509/1526, p. 177 [k];

Chroniken:
Städtechr. XXIX, p. 25 mit Anm. 1 [c, d], p. 25 [d];
Gasser, Sp. 1771 [c, d];

Literatur:
Vischer, Robert 1886, p. 567 [a];
Roth, Friedrich 1900, p. 7;
Roth, Friedrich 1901, p. 6, 42 [l], 43 [l], 43 [b], 54, 77 [c, d];
Roth, Friedrich 1901, Bd. I. p. 125, 158, 159, 227, 230.

R

Nr. 152 Rennd Bartholomäus
153 Renner Hans
154 Rieger Thomas
155 Ruger

Nr. 152	**Rennd Bartholomäus**	Maler

Verbindung zur Zunft nicht belegbar;

Nachweisbar in Augsburg:
1495 durch Eintrag im Gerichtsbuch

Überlieferung:
RENND Bartholomäus, der in anderen Quellen nicht klar zu erfassen ist, dürfte als Altgeselle in einer der größeren Werkstätten mitgearbeitet haben und so der Erfassung durch die Zunftlisten entgangen sein.

Er erhält am 9. III. 1495 sein Recht gegenüber dem Schuster Eberlin vor dem »Vogtsding« (Gerichtstag des Stadtvogtes). Die Streitsache ist in dem Eintrag allerdings nicht überliefert.

Quelle:
Stadtarchiv Augsburg, Reichsstadt
GRB. 1495, p. 69a.

Nr. 153	**Renner Hans**	Illuminist

Miniaturenmaler ohne Zunftzugehörigkeit;

Nachweisbar in Augsburg:
1496 durch Eintrag im Gerichtsbuch

Überlieferung:
RENNER Hans wird am 7. VII. 1496 im Auftrag des Domlesers Hans BECKEN von dem Anwalt Peter SPÄT verklagt, daß er das ihm für einen Auftrag geliehene Geld – insgesamt 10 fl – wieder zurückgebe, es sei denn, er lasse seine Arbeit von einem Gremium von »Meistern vnd Illuministen« beschauen, ob es den Betrag wert sei oder nicht.

Dieser Eintrag belegt, daß die Stadt im Falle unsachgemäßer Arbeitsausführung die Gerichtsbarkeit letztendlich immer noch innehatte. Speziell für diesen Fall ist es aber von Bedeutung, daß sich hier der Klerus an die Stadt um Schlichtung wendet und als Schiedsgericht in bezug auf die handwerkliche Ausführung die »Meister vnd Illuministen« anerkennt. Dies belegt zudem noch, da mit den Meistern nur die der Zunft angehörigen Maler gemeint sein können, daß es eine von der Zunft unabhängige Gruppe von Miniaturmalern innerhalb der Stadt gab, die sich aber dennoch durch die handwerkliche Gemeinsamkeit eng an die Zunft anschlossen.

Für RENNER Hans gibt es außer diesem Eintrag keine weitere Überlieferung.

Quelle:
Stadtarchiv Augsburg, Reichsstadt
GRB. 1496, p. 174a.

Nr. 154	**Rieger Thomas**	Schreiber Illuminist (?)

Frater O.S.B. im Kloster St. Ulrich und Afra zu Augsburg

Überlieferung:
Thomas RIEGER schreibt 1495 die mit Federzeichnungen verzierte »Expositio regulae S. Benedicti Steffani Parisiensis« im Kloster St. Ulrich und Afra in Augsburg.

Quelle:
Bayerische Staatsbibliothek München
Cod. Lat. m. 4308, fol. 133r;

Literatur:
Bredt, Ernst Wilhelm 1900, p. 71, 73;
Lehmann Haupt, Hellmuth 1929, p. 208 Kat. Nr. 24.

Nr. 155	**Ruger**	Maler

Maler aus der Zeit vor der Zunftverfasssung, der weiter nicht zu identifizieren ist.

Nachweisbar in Augsburg:
1364 Vom Ainsorgen

Quelle:
Stadtarchiv Augsburg, Reichsstadt
STB.: 1364, 12b;

S

Nr. 156	**Spätten Hansen**	Malergeselle

Geselle in einer Zunftwerkstätte, die nicht näher zu bestimmen ist;

Nachweisbar in Augsburg:
1494 durch Gerichtsbucheintrag

Überlieferung:
Hans Spätten wird am 11. IX. 1494 von Ändlin, der Tochter Stephan Mollens, angeklagt, daß »er sy gerafft vnd geschlagen habe vnd mit f°ußen dretn hab« und sie, als sie ihr Haarband zurückhaben wollte, verwünscht habe.

Wegen dieses Vorfalls wird er zu 60 dn Buße verurteilt, oder er muß die Stadt verlassen, falls er diese Buße nicht innerhalb von 14 Tagen bezahlt. Dieser Ausweisung kommt Hansen Spätten durch die Entrichtung der Buße zuvor.

Quelle:
Stadtarchiv Augsburg, Reichsstadt
GRB. 1494, p. 269a.

Nr. 157	**Schäffler Bartholome**	Maler

Gerechtigkeitserwerb: vor 1460;

Gestorben: vor 1473;

Überlieferung:
Der Maler Schäffler Bartholome wird nur im Vorwort des Zunftbuches genannt. Seine Identifizierung in den Steuerlisten war nicht realisierbar, so daß außer den oben genannten Daten für ihn keine weitere Überlieferung besteht.

Quelle:
Stadtarchiv Augsburg, Reichsstadt
SCH. Nr. 72a, fol. 1r;

Literatur:

Vischer, Robert 1886, p. 489;
Steinhäußer, Friedrich 1902, p. 12;
Hartig, Michael 1922, p. 34;
Liedke, Volker 1979, p. 8.

Lehre: 11. IV. 1507 vorgestellt von Jörg I BREU [a];

Gerechtigkeitserwerb: 1528 erkauft [b];

Gestorben: nach 1550 (auch in der zweiten Totentafel nicht erwähnt) [c];

Wohnhaft in Augsburg:

1528	Von der horbruck
1529–1550	Vom Ror
	(folgende Jahre wurden nicht mehr untersucht)

Steueraufkommen:

1528	(30 dn) 30 kr
1529–1544	(30 dn) 30 kr (6 dn)
1545–1547	(60 dn) 60 kr (6 dn)
1548	(30 dn) 1 fl 30 kr (6 dn)
1549–1550	(30 dn) 1 fl 3 kr (6 dn)
	(die folgenden Jahre wurden nicht mehr untersucht)

Lehrknaben:

1534 2. IX.	SECKLIN Leonhart [d]
1540 19. VII.	MOR Jeronimüss [e]
1541 9. II.	MOTZHART Stoffel [f]

Werkstattverbindungen:
Während seiner Ausbildungszeit bei Jörg I BREU dürfte Gall SCHEMEL mit den Werkstätten Ulrich I APTS und Ulrich MAURMÜLLERS bei der Rathausbemalung in Kontakt gekommen sein, da die Vermutung naheliegt, daß er als einer der vier Gesellen BREUS an den Arbeiten teilgenommen hat [g]. Weitere Verbindungen zu Augsburger Werkstätten lassen sich anhand des erhaltenen Materials nicht nachweisen.

Werke:
Außer der oben erwähnten Beteiligung bei der Bemalung des Rathauses 1515 ist für ihn nur ein einziger Auftrag belegbar. So bemalte er am 30. März 1545 Bretter »von dem himel ůffen bredig Stůl« in der Moritzkirche um 30 kr. Diesen Auftrag hatte ihm der Zechpfleger auf Geheiß des Bürgermeisters Hans WELSER gegeben [h]. Weitere Tätigkeiten sind für ihn in der Zeit bis zum Jahre 1550 nicht belegbar.

Seine Tätigkeit als Miniaturenmaler, die von Lieb angenommen wurde, läßt sich archivalisch nicht belegen [i].

Quellen:
Stadtarchiv Augsburg, Reichsstadt
STB.: 1528, 41a; 1529, 46a; 1530, 45b; 1531, 44c; 1532, 45c; 1533, 45c; 1534, 48c; 1535, 48c; 1536, 48d; 1537, 49b; 1538, 49b; 1539, 49d; 1540, 51a; 1541, 51b; 1542 Türk., 35a; 1542, 51a; 1543, 53c; 1544, 55a; 1545, 55b; 1546, 62b; 1547, 62d; 1548, 65b; 1549, 67a; 1550, 68c;
SCH. Nr. 11, I, ad 30. III. 1545 [h];
SCH. Nr. 72b, fol. 22 ff [c];
SCH. Nr. 72c, fol. 41r [a];
SCH. Nr. 72c, fol. 67v [e];
SCH. Nr. 72c, fol. 9v [b];
SCH. Nr. 72c, fol. 65v [d];
SCH. Nr. 72c, fol. 68r [f];
Stadtarchiv Augsburg, Archiv des Hist. Vereins
H. Nr. 54a, fol. 8r–11v [c];

Chroniken:
Städtechr. XXIX, p. 22 [g];

Literatur:
Vischer, Robert 1886, p. 520 [b], p. 546 [a], p. 558 [d], p. 360 [e, f];
Katalog Augsburg 1955, p. 109;
Katalog Augsburg 1980, p. 223.

Nr. 159	**Schmid Hans**	Maler

Gerechtigkeitserwerb: vor 1414;

Gestorben: 1426/1427;

Wohnhaft in Augsburg:

1414–1419	Von der Dachsin
1420	—
1421–1426	Vom Diepolt (von der Dächsin)
1427	//Witwe nachweisbar

Steueraufkommen:

1414–1417	10 ß
1418–1419	Habnit-Steuer
1420	—
1421–1423	10 ß
1424–1426	5 ß

Überlieferung:
Der Maler, der in keiner der frühen Zunftlisten der Schmiedezunft aufgeführt ist, scheint in dem Jahr 1420 sich außerhalb der Stadt aufzuhalten. 1424 wird er als der »Alte Maler« in der Steuerliste genannt, wobei in demselben Jahr sein Steuersatz herabgesetzt wird, was auf eine Verkleinerung seiner Werkstätte schließen läßt.

Quellen:
Stadtarchiv Augsburg, Reichsstadt
STB.: 1414, 15a; 1415, 14c; 1416, 13d; 1417, 13a; 1418, 14b; 1419, 13b; 1421, 17a; 1422, 17c; 1423, 18d; 1424, 16b; 1425, 12b; 1426, 15d; //1427, 18d.

Nr. 160	**Schmucker Augustin**	Maler

(Schmugker, Schmuckher)

Gerechtigkeitserwerb: 16. IX. (1497) begehrt er die Gerechtigkeit, indem er Jörgen Rygler, dessen Frau, die des Schmuckers Tochter war, Hans Endorfer, Hans Laymlin, den alten Wanner und Pfefferlin als Bürgen für seine eheliche Geburt stellt. Die Gerechtigkeit wird ihm aber nur unter der Bedingung gegeben, daß die Schwester der Ryglerin zu Reutlingen dies ebenfalls der Zunft noch schriftlich bezeugt [a].

Gestorben: 1539 [b];

Wohnhaft in Augsburg:

1498–1516	Sachssengassen vom Neydbad
1517–1533	Vnndern wöschen
1534–1539	Vnndern wöschen (steuert seine Frau)
1540	//Witwe nachweisbar

Steueraufkommen:

1498–1539	Habnit-Steuer bzw. Kopfsteuer (Stiura minor), wozu dann ab 1530 noch das Wachgeld von 6 dn kommt

Überlieferung:

SCHMUCKER Augustin, der bis 1516 mit seiner Schwiegermutter Anna SCHWEIGKLERIN zusammenlebt, scheint eine recht bescheidene handwerkliche Existenz gehabt zu haben, da ihm weder Lehrknaben zugeordnet noch Verbindungen zu den anderen Werkstätten nachgewiesen werden können. Vor diesem Hintergrund wird die Ausdeutung der Signatur AS, die auch Dörnhöfer im Zusammenhang des Zeichnungszyklus von Kriegs- und Jagdszenen für Maximilian I zurückgewiesen hatte, unwahrscheinlich [c].

Einzig die Erwähnung seiner Anwesenheit bei der Zunftversammlung vom 15. X. 1525 bezeugt seine Beteiligung am Leben der Organisation [d].

Was dazu führte, das die Steuer für ihn schon sechs Jahre vor seinem Tode von seiner Frau bezahlt wurde, ist nicht bekannt.

Quellen:

Stadtarchiv Augsburg, Reichsstadt
STB.: 1498, 16a; 1499, 17b; 1500, 18c; 1501, 18c; 1502, 18c; 1503, 18c; 1504, 17b; 1505, 17c; 1506, 17c; 1507, 17c; 1508, 17d; 1509, 18c; 1510, 18c; 1511, 18c; 1512, 18d; 1513, 19a; 1514, 19a; 1515, 19c; 1516, 20a; 1517, 12d; 1518, 12c; 1519, 13b; 1520, 13b; 1521, 13c; 1522, 13b; 1523, 13c; 1524, 13c; 1525, 13d; 1526, 14d; 1527, 14b; 1528, 14d; 1529, 14c; 1530, 14c; 1530, 14d; 1533, 14d; 1534, 16c; 1535, 16a; 1536, 16b; 1537, 16c; 1538, 16d; 1539, 16d; //1540, 17d;
SCH. Nr. 72b, fol. 4v [b];
SCH. Nr. 72c, fol. 3v [a];
SCH. Nr. 72c, fol. 64v [d];

Literatur:

Vischer, Robert 1886, p. 510 [a], p. 566 [b];
Dörnhöfer, Friedrich 1897, p. 9 [c];
Thieme-Becker Kstl. Lex. Bd. XXX. (1936), p. 179.

Nr. 161 **Schnellenweg Mang Hans** Maler

(Schnöllenweg, Schnollenweg)

Gerechtigkeitserwerb: 1445/1446;

Zwölfer im Großen Rat: 1454, 1459, 1467, 1468, 1471 [a];

Gestorben: 1472/1473;

Wohnhaft in Augsburg:

1446–1448	Vom Ulrich Langenmantel
1449	Pfaffengaß
1451–1470	Am Judenberg
1471	Märzenbad
1472	Am Judenberg
1474–1483	//Pflegschaft für das Kind des Malers bei der Ulrich Stamler im Bezirk Klebsattler gaß

Steueraufkommen:

1446–1447	Habnit-Steuer

1448	in stura (?)
1449–1450	——
1451–1454	26 dn
1455	8 groß
1456–1457	8 dn
1458–1459	13 groß 2 dn
1460	7 groß 2 dn
1461	13 groß 2 dn
1462	21 groß 2 dn
1463	25 groß 2 dn
1464–1465	2 lib 2 dn
1466	1 ½ fl
1467	3 ort
1468–1469	steuerfrei gestellt
1470	2 fl 1 ort (inklusiv der Nachsteuer der vorangegangenen Jahre)
1471	1 fl ½ ort
1472	60 dn 1 fl
1474–1479	60 dn 1 fl (Steuer der Pflegschaft)
1480–1482	2 fl 10 dn (Steuer der Pflegschaft)
1483	aufgelöst

Werkstätteverbindungen:
1451 zieht SCHNELLENWEG Mang in die Nachbarschaft der Witwe von Leonhart I von KETZ. In diesem Haus bleibt er auch, als Leonhart II das Anwesen seiner Eltern übernimmt. In welcher Beziehung er zu dem Maler, der 1461 seinen Sitz im großen Rat der Stadt übernahm, stand, kann aus den Unterlagen nicht eruiert werden. Auch nach seiner Abwesenheit 1469/1470 kehrt er aus Innsbruck und Seefeld kommend wieder in seine alte Wohnung zurück, welche 1473 der Goldschlager Hainrich ROCH übernimmt.

Werke:
Die erste Nachricht über seine Tätigkeit in Augsburg ist die der Bemalung der Tafel auf dem Ulrichsaltar in der Klosterkirche St. Ulrich und Afra 1446 [b]. Im Jahr darauf wird er in der Baumeisterrechnung genannt, in der ihm 32 fl für die Malereien am Gögginger- und Heiligkreuzertor zugewiesen werden [c]. 1449 erhält er 8 lib 5 ß 2 dn für die Bemalung einer »Bottenbüchs« (Botentasche) und für Gläser, worauf sich auch die Nachzahlung von 3 lib 5 groß zu beziehen scheint [d]. Im gleichen Jahr bekommt er 22 fl 2 groß für die Bemalung der Ratsstube, 4 fl für die Bemalung von vier Karren und dazu noch 12 ß für Glaswerk [e].

Neben diesen öffentlichen Aufträgen ist er dennoch für die Kirche tätig. So erhielt er für die Bemalung der großen Prozessionsfahne des Klosters St. Ulrich und Afra, deren Materialwert allein schon 20 fl betrug, 1455 den Betrag von 16 fl [f].

1464 werden ihm 14 groß von den Baumeistern dafür gegeben, daß er mehrere Kannen mit dem Stadtwappen verziert [g]. Im Jahr darauf rechnet er 9 groß für die Bemalung von »Stattbuchsen« [h] und 3 lib für 8 Fahnen für den Hailigkreuzertorturm [i] ab. Zuletzt erscheint er 1466 in den Rechnungen der öffentlichen Hand, indem er 12 groß erhält, weil er einen Tisch »grün gemacht« habe [k], und am 18. X. ½ groß für verschiedenes Malwerk [l].

Ende des Jahres 1468 oder Anfang 1469 verläßt SCHNELLENWEG Mang Augsburg ohne sein Bürgerrecht aufzugeben, um sich längere Zeit in der Umgebung Innsbrucks aufzuhalten. Während dieser Abwesenheit scheint er auch die Tafel für die Pfarrkirche in Seefeld gemacht zu haben, wegen deren Bezahlung er noch am 28. VII. 1472 durch Boten nachsuchen läßt [m].

Nach seiner Rückkehr scheint er sich nicht mehr um die mehr handwerklichen Aufträge, die die Baumeister zu vergeben hatten, gekümmert zu haben, da sich in Augsburg keinerlei Beleg findet, die solches bezeugen würden.

Sonstige Überlieferung:
SCHNELLENWEG Mang Hans scheint innerhalb der Augsburger Meister schnell Anerkennung

gefunden zu haben, da er verhältnismäßig früh als Zwölfer in den Rat gewählt wurde [a]. Auch er befaßte sich mit den verschiedenen Handwerken gleichzeitig, ohne sich bei der Übernahme rein handwerklicher Aufgaben zurückzuziehen. Die Ausdeutung Herbergers, die hinter dem Namen SCHNELLENWEG die deutsche Wiedergabe des italienischen Begriffs »fa presto« sehen will, dürfte eine Überdeutung darstellen, da auch dieser Maler seinen Tätigkeitsbereich über die bei Herberger genannte »Frescomalerei« hinaus ausgedehnt hat [n].

Am 27. VII. 1469, während er sich in Innsbruck aufhielt, benachrichtigte ihn der Stadtrat, daß der von ihm von der Stadt angemietete Turm (in der Wallanlage) wieder von der Gemeinde zurückgenommen und daß sein von ihm eingerichteter Ofen (für Glasbrand oder Kalkbrand?) abgebrochen werde [o]. Der Grund für diese Aufkündigung des Mietverhältnisses war eine Zusammenlegung der verschiedenen Brennöfen (der Maler?), die zuerst über mehrere Türme verteilt waren, was der Stadt aus feuertechnischen Gründen notwendig zu sein schien. Die neu errichteten Öfen sollten dann in einem Turm von allen Zunftmitgliedern gemeinsam benutzt werden, wobei der Stadtrat im Falle von Streitigkeiten sich das Recht vorbehielt, diese Feuerstellen in den Befestigungsanlagen gänzlich abzusprechen, wodurch die Handwerker dann zu einer Neuerrichtung der Öfen außerhalb der Stadt gezwungen worden wären.

Ob SCHNELLENWEG Mang von diesem Eingriff in seine Werkstätte nach seiner Rückkehr stärkere Auswirkungen verspürte, ist unwahrscheinlich, da die Zeit seines größten Wirkens bereits vorüber war. So ist auch sein Todesjahr neben den Einträgen in den Steuerbüchern noch durch den Vermerk im Vorwort des Malerbuches gesichert [p], so daß die Annahme, der Meister habe noch in späteren Jahren auswärts gearbeitet, hinfällig ist.

Quellen:

Stadtarchiv Augsburg, Reichsstadt

STB.: 1446, 23a; 1447, 24d; 1448, 24d; 1449, 22c; 1451, 16c; 1452, 16c; 1453, 16c; 1454, 17a; 1455, 17b; 1456, 20b; 1457, 19a; 1458, 18c; 1459, 19b; 1460, 17a; 1461, 18a; 1462, 23a; 1463, 19b; 1464, 19a; 1465, 19c; 1466, 19a; 1467, 19a; 1468, 17c u. 29b; 1469, 20c; 1470, 20d; 1471, 19a; 1472, 19d; 1473, 19a;

Pflegschaft: 1474, 22b; 1475, 22c; 1476, 24a; 1477, 26c; 1478, 27a; 1479, 26d; 1480, 26d; 1481, 26d; 1482, 28a; 1483, 27c;

SCH. Nr. 72a, fol. 1r [p];

RB. Nr. 5, fol. 10v [a];
RB. Nr. 6, fol. 69v [a];
RB. Nr. 6, fol. 129v [a];
RB. Nr. 7, fol. 48r [a];
RB. Nr. 7, fol. 85v [a];
RB. Nr. 7, fol. 182v [a];
BRB. 1447, fol. 64v [c];
BRB. 1449, fol. 2r [d];
BRB. 1449, fol. 62r [e];
BRB. 1464, fol. 83r [g];
BRB. 1465, fol. 62r [h];
BRB. 1465, fol. 62v [i];
BRB. 1466, fol. 80r [k];
BRB. 1466, fol. 86r [l];

Lit. Schriftstück vom 27. VII. 1469 [o];

K. K. Stadthalterei Archiv Innsbruck (nach Mayr-Adlwang M. 1899)

Tiroler Rechnungsbücher 1472/1473, fol. 147r [m];

Chroniken:

Städtechron. XXV, p. 308,4 [b]; p. 308, 1 et Anm. 1 [f];

Wittwer Catalogus, p. 206 et Anm. 175 [f];

Literatur:

Stetten Kunstgeschichte 1788, p. 184 [c, e];
Lipowsky, Felix Robert 1810, Bd. I. p. 193 [c, e];
Waagen, Gustav Friedrich 1845, Bd. II. p. 5;
Herberger, Theodor 1852, p. 34 [c, e, n];
Vischer, Robert 1886, p. 489 [p];
Hoffmann, Robert 1887, p. 25 [c], Anm. 77 [p];
Buff, Adolf 1892, Regest Nr. 8490 [o];
Mayr-Adlwang, M. 1889, Regest Nr. 18108 [m];

Bredt, Ernst Wilhelm 1900, p. 21 [c], p. 22 [b, f];
Baer, Leo 1912, p. 448;
Hartig, Michael 1922, p. 21 [b, f];
Hartig, Michael 1923, p. 34 [b, f];
Thieme-Becker Kstl. Lex. Bd. XXIV. (1930), p. 11;
Eberlein, Hans 1939, p. 66 [e].

Nr. 162	**Schnider Hans**	Maler

Zunftgehörigkeit nicht belegbar;

Nachweisbar in Augsburg:
1414–1415 hinter dem Rappenbad

Steueraufkommen:
1414 Habnit-Steuer
1415 10 ß

Überlieferung:
SCHNIDER Hans wird nur in der Steuerliste des Jahres 1415 als Maler bezeichnet. Warum er im Jahre 1414 die Bezeichnung »conditor« führt, kann wegen der fehlenden Unterlagen nicht geklärt werden.

Quellen:
Stadtarchiv Augsburg, Reichsstadt
STB.: 1414, 8c; 1415, 8a.

Nr. 163	**Schongauer Ludwig**	Maler

Gerechtigkeitserwerb: wahrscheinlich zusammen mit dem Bürgerrecht am 17. III. 1486 erkauft [a];
Abgewandert: 27. IV. 1491 nach Colmar [b];

Gestorben: 1494 in Colmar [c];

Nachweisbar in Augsburg:
1486 Pfaffengaß
1487 —
1488 Vom Ror
1489–1490 Sallta zum Rottenthor

Steueraufkommen:
1486 steuerfrei (wegen der Neuaufnahme des Bürgerrechts)
1487 —
1488–1490 (60 dn) 1 fl
1491 dreifache Steuer wegen der Aufgabe des Bürgerrechts

Lehrknaben (in Augsburg):
1486 24. XII GESSLER Peter [d];
1490 13. VI. GESSLAR Hans (Bruder des Vorgenannten? [e])

Werkstattverbindungen/Überlieferung:
Der in Colmar geborene Ludwig, Bruder des Malers Martin SCHONGAUER, der seine Lehre bei Caspar ISENMANN in Colmar begann, erheiratete 1479 das Ulmer Bürgerrecht, als er Anna, die Schwester des Ulmer Malers Hans LINDENMAYR, zur Frau nahm. Bei seiner Umsiedlung nach Augsburg muß er, obwohl sein Vater gebürtiger Augsburger war, das Bürgerrecht um 4 fl erkaufen [f]. Auch die Zunftgerechtigkeit wird ihm höchstwahrscheinlich um die üblichen 16 fl geliehen worden sein. Was der Anlaß für seine Umsiedlung gewesen war, läßt sich nicht mehr rekonstruieren.

Seine Tätigkeit während seiner Augsburger Zeit ist ebenfalls aus den offiziellen Akten nicht genauer zu definieren. Der Eintrag vom 14. X. 1490 in den Gerichtsbüchern, der von einem Streit mit einem Gesellen, den er für eine genau beschränkte Anzahl Werkstücke gedungen hatte berichtet, legt die Vermutung nahe, daß sich die SCHONGAUER'SCHE Werkstätte in erster Linie mit der Ausführung von Stichen und Holzschnitten beschäftigte [g]. Auch wird dies durch die Geschäftsbeziehungen zu dem Kartenmaler Hans HEGNER belegt, der wahrscheinlich den Vertrieb und die farbliche Fassung dieser Stücke besorgte bzw. die Kartenbilder bei Ludwig SCHONGAUER schneiden ließ. Diese Geschäftsbeziehung bezeugen die Gerichtstermine vom 20. IV. [h], 25. IV. [i], 27. IV. [k] und 16. VI. 1491 [l], bei denen er angesichts seiner Abreise die noch ausstehende Schuld von 30 fl von HEGNER einzutreiben sucht.

Der Grund für die Umsiedlung nach Colmar dürfte im Tode seines Bruders Martin zu sehen sein. Vor seiner Abreise läßt er aber noch die Zunftgerechtigkeit seiner in Augsburg geborenen Kinder Martin und Susanna in das Zunftbuch eintragen [m]. Am 27. IV. 1491 gelobt er vor dem Rat, sich wegen aller eventuell noch anfallenden Ansprüche, die aus der Zeit seines Augsburger Bürgerrechtes entstehen würden, hier in Augsburg zu verantworten und verläßt die Stadt, nachdem er den dreifachen Steuersatz für die Aufgabe des Bürgerrechts bezahlt hatte [b].

Nachdem er sich wieder in Colmar niedergelassen hatte, stirbt er dort 1494 als Mitglied der Rosenkranzbruderschaft [c].

Quellen: (für seinen Aufenthalt in Augsburg):
Stadtarchiv Augsburg, Reichsstadt
STB.: 1486, 29d; 1488, 28d; 1489, 5a; 1490, 5b;
SCH. Nr. 72b, fol. 78r [m];
SCH. Nr. 72c, fol. 32v [d];
SCH. Nr. 72c, fol. 33r [e];
SCH. Nr. 74, fol. 216 (p. 416) r [a, f];
RB. Nr. 11, p. 178 [b];
GRB. 1490, p. 361a [g];
GRB. 1491, p. 111a [h];
GRB. 1491, p. 118a [i];
GRB. 1491, p. 122b [k];
GRB. 1491, p. 180b [l];

Literatur:
Vischer, Robert 1886, p. 534 [d, e], p. 568 [m] (mit falschem Datum);
Thieme-Becker Kstl. Lex. Bd. XXX (1936), p. 249;
Baum, Julius 1953, p. 39;
Stange, Alfred 1954, p. 82–93;
Stange, Alfred 1957, Bd. III, p. 17–21;
Katalog Augsburg 1965, p. 126/127, p. 163 ff.;
Blum, Lucien 1978, p. 11 [c].

Nr. 164	**Schürnmaister Hainrich**	Maler

(Schirenmaister)

Gerechtigkeitserwerb: zwischen 1407 und 1418;

Gestorben: nach 1442;

Überlieferung:
Hainrich Schürnmaister ist nur in der Musterungsliste des ersten Schmiedezunftbuches und in der Meisterliste des Jahres 1442 als Maler genannt. Sein Name kann weder in den gleichzeitigen Steuerlisten noch in anderen Archivalien zu dieser Zeit belegt werden.

Quellen:
Stadtarchiv Augsburg, Reichsstadt
SCH. Nr. 46a, p. 91;
SCH. Nr. 46b, s. fol.

Nr. 165	**Schwab Sebastian**	Goldschmied Maler

Gerechtigkeitserwerb: 1520 macht er den Anspruch auf die Gerechtigkeit der Maler geltend, den er durch die Heirat mit der Witwe Jakob Apts erhalten hatte [a];

Gestorben: (zwischen 1550 und 1568) auf der zweiten Totentafel der Zunft erwähnt [b];

Wohnhaft in Augsburg:

1521–1527	Schongawergaß
1528–1530	Vom Murdigel
1531–1532	—
1533–1536	Sant Katharinengaß
1537–1550	Schongauergaß
	(die folgenden Jahre wurden nicht untersucht)

Steueraufkommen:

1521	1 fl pro toto
1522–1527	(30 dn) 1 fl
1528–1530	(30 dn) 1 fl 30 kr
1531–1532	—
1533–1535	(30 dn) 1 fl 30 kr
1536–1539	2 fl 51 kr (6 dn)
1540–1543	(30 dn) 6 fl (6 dn)
1544	(30 dn) 4 fl 45 kr (6 dn)
1545–1546	(60 dn) 8 fl 90 kr (6 dn)
1547	(60 dn) 8 fl (6 dn)
1548–1550	(30 dn) 9 fl 30 kr (6 dn)
	die folgenden Jahre wurden nicht untersucht;

Werkstattverbindungen/Überlieferung:
Schwab Sebastian, der aus Nürnberg kommt, besitzt zum Zeitpunkt seiner Einheirat in die Augsburger Zunft eine Goldschmiedeausbildung, so daß es nicht eindeutig geklärt werden kann, ob er überhaupt als Maler tätig war, da die Bestimmung, die für jeden, der die Gerechtigkeit übernehmen wollte, auch die Kenntnis des Handwerks verlangte, erst 1522 in Kraft trat (vgl. Beilage Nr.: IV, 2).

Es wäre jedoch möglich, daß der Nachfolger Jakob Apts, der ja auch zunächst seine Werkstätte übernommen zu haben scheint, seine Kenntnisse als Goldschmied in modifizierter Weise als Stecher eingesetzt hat. Die ständig wachsenden Steuerbeträge würden auf das in dieser Zeit so lukrative Handwerk schließen lassen, obwohl man auch eine Tätigkeit als Goldschlager annehmen könnte.

In Widerspruch zu einer aufblühenden Werkstätte steht die Tatsache, daß Schwab in der ganzen Zeit nicht einen einzigen Lehrknaben vorstellt und auch in keiner Weise in den Zunftbüchern genannt ist.

So bleibt die Rolle des Pflegers der Enkel Ulrich I Apts innerhalb der Zunft ungeklärt, da sich auch in anderen Quellenbeständen keine weiteren Angaben dazu finden lassen.

Quellen:
Stadtarchiv Augsburg, Reichsstadt
STB.: 1521, 46b; 1522, 45d; 1523, 44d; 1524, 43d; 1525, 44a; 1526, 46a; 1527, 47c; 1528, 39d; 1529, 41a; 1530, 40c; 1533, 49d; 1534, 52d; 1535, 52d; 1536, 53a; 1537, 53c; 1538, 53d; 1539, 54a; 1540, 55a; 1541, 55b; 1542 Türk., 41b; 1542, 55a; 1543, 57d; 1544, 59b; 1545, 59b; 1546, 66a; 1547, 67a; 1548, 70d; 1549, 72b; 1550, 73c;
SCH. Nr. 72c, fol. 8v [a];
Stadtarchiv Augsburg, Archiv des Histor. Vereins
H. Nr. 54a, fol. 11v [b];

Literatur:
Vischer, Robert 1886, p. 518 [a].

Nr. 166 **Schwindenbach** Maler

Zunftzugehörigkeit nicht belegbar;

Abgewandert: 22. IV. 1494;

Überlieferung:
Ein Maler namens Schwindenbach wandert am 22. IV. 1494 nach einer Notiz im Ratsbuch aus. Da sich dieser Name weder in den für diese Zeit noch lückenhaften Eintragungen der Zunftbücher auffinden, noch in den Steuerbüchern eindeutig identifizieren läßt, ist es nicht zu entscheiden, ob es sich in diesem Falle um einen Meister oder um einen Altgesellen gehandelt hat.

Quelle:
Stadtarchiv Augsburg, Reichsstadt
RB. Nr. 12, p. 137.

Nr. 167 **Staudhin** Maler

Verbindungen zur Zunft nicht belegbar;

Nachweisbar in Augsburg:
1407 An der hourbrugg

Steueraufkommen:
1407 10 ß

Überlieferung:
1407 wird der Sohn der »Staudhinin« als »pictor« bezeichnet. Es ist zu bezweifeln, daß er je die Zunftgerechtigkeit erhielt und in Augsburg tätig war, da ihn schon das Grabensteuerbuch des gleichen Jahres nicht mehr erwähnt.

Quelle:
Stadtarchiv Augsburg, Reichsstadt
STB.: 1407, 10d.

Nr. 168	**Stoczinger Martinus**	Schreiber Illuminist (?)

Schreiber bei den Augustiner Chorherren im Stift Heilig Kreuz zu Augsburg;

Nachweisbar in Augsburg:
1501 im Kloster Hl. Kreuz

Überlieferung:
STOCZINGER Martinus, dessen Zugehörigkeit zum Orden der Augustiner Chorherrn nicht nachweisbar ist, schreibt und illuminiert (?) 1501 ein Missale für das Kloster Hl. Kreuz in Augsburg.

Quelle:
Bayerische Staatsbibliothek München
Cod. lat. m. 4103, fol. 226r;

Literatur:
Bredt, Wilhelm 1900, p. 68;
Steingräber, Erich 1956, p. 31, Kt.-Nr. 36.

Nr. 169	**Sebold Gilg**	Malergeselle

Geselle in einer Zunftwerkstätte, die nicht näher zu bestimmen ist;

Nachweisbar in Augsburg:
1492 durch Gerichtsbucheinträge

Überlieferung:
Gilg SEBOLD fiel im Juli 1492 zusammen mit dem Schneidergesellen Jerg Lutz den Sohn von Hans Lauterbach auf offener Straße mit gezogenen Waffen an und verwundete ihn schwer. Da beide Täter nach diesem Vorfall flüchtig sind, wird der erste Gerichtstermin vom 5. VII. auf den 9. VII. verschoben.

Auf dieser zweiten Sitzung fordert der Vater des Opfers Schadenersatz und Bestrafung der Täter, die dann wegen ihrer Flucht, die erschwerend gewertet wurde, in Abwesenheit in die Reichsacht getan wurden.

Quellen:
Stadtarchiv Augsburg, Reichsstadt
GRB. 1492, p. 170b, p. 174b, 175a, 175b.

Nr. 170	**Setz Jörg**	Maler

(Setzen, Soͤtz, Sös)

Gerechtigkeitserwerb: 1471;

Gestorben: 1491 nach dem 29. VIII. [a, i];

Wohnhaft in Augsburg:
1471–1473 Vom Dieppolt
1474–1475 Bruͤder Closter
1476 hailigcrutzer tor intra

1477	Lewppolts bad
1478	—
1479–1481	Von Sant Anthonino
1482–1485	Vom Ror
1486–1487	Vom Dieppolt
1488	Vom mordigel
1489	Vom Canolt Appenteker

Steueraufkommen:

1471	Habnit-Steuer oder steuerfrei
1472	(60 dn) 1 fl 9 groß
1473	(60 dn) 2 fl 30 dn
1474–1475	(60 dn) 2½ fl
1476–1477	(60 dn) ½ fl
1478	—
1479–1487	Kopfsteuer (Stura minor)
1488	(60 dn) 20 dn zur Straff
1489	Kopfsteuer (Stura minor)

Werkstattverbindungen:
1476 läßt sich Jörg Setz mit seiner Mutter in der Nachbarschaft von Hans Fuchs nieder. 1482 bis 1485 lebt er bei dem Glaser Vinzentz und dessen Tochter Apolonia.

Überlieferung:
Der Maler, für den sich keinerlei Überlieferung seiner Werke sichern läßt, scheint einen wirtschaftlich guten Start gehabt zu haben. Nachdem er aber 1478 sich anscheinend außerhalb der Stadt aufgehalten hatte (was sich nur aus dem fehlenden Steuereintrag schließen läßt), erreicht sein Vermögen nie mehr die vorige Höhe.

Übereinstimmend mit der aus den Steuerlisten ersichtlichen Lage berichten eine Anzahl von Gerichtsbucheinträgen von der zunehmenden Zahlungsunfähigkeit des Meisters. So treibt der Schuster Thoman Abelltshaußer die Schuld von 1 fl 22 dn am 3. IV. 1481 auf dem Klageweg von ihm ein [b]. Am 10. VII. 1482 bekennt er vor dem Gericht, daß er der Langenmantelin 3 fl Hauszins schuldig ist [c], am 2. VI. 1484 muß er die Schuld von 2 fl rh 1 ort gegenüber Hans Reutmayr dem Becker zugeben [d]. Im gleichen Jahr muß er, nachdem er zahlungsunfähig geworden war, am 17. VIII. dem Metzger Hans Tenn 6 groß »vnd etlich hailigen« überlassen, um dessen Ansprüche zu befriedigen [e]. 1489 klagt Hans Hummel am 25. VI. [f], 20. VII. [g] und am 17. VIII. [h] gegen Jörg Setz wegen 20 groß, wobei ihm bei der Nichterfüllung der Zahlungstermine, die ihm in der letzten Gerichtsverhandlung gesetzt waren, die Ausweisung aus der Stadt angedroht wird. Dieser Fall ist dann wahrscheinlich auch eingetreten, da er innerhalb der Stadt bis auf die Gerichtsverhandlung vom 29. VIII. 1491, in welcher der Mesner des Doms von ihm 42 dn einklagt, nicht mehr nachweisbar ist [i].

Diese letzte Klage ist auch für die Festsetzung seines Todesjahres ausschlaggebend.

Quellen:
Stadtarchiv Augsburg, Reichsstadt
STB.: 1471, 23b; 1472, 22c; 1473, 21b; 1474, 24b; 1475, 24c; 1476, 26d; 1477, 20c; 1479, 23d; 1480, 23d; 1481, 23d; 1482, 26a; 1483, 25c; 1484, 25c; 1485, 25c; 1486, 24b; 1487, 24b; 1488, 24d; 1489, 26a;
SCH. Nr. 72b, fol. 2v [a];
GRB. 1481, p. 88b [b];
GRB. 1482, p. 73b [c];
GRB. 1484, p. 117a [d];
GRB. 1484, p. 168b [e];
GRB. 1489, p. 143b [f];
GRB. 1489, p. 175b [g];
GRB. 1489, p. 207b [h];
GRB. 1491, p. 283a [i];

Literatur:
Vischer, Robert 1886, p. 566 [a].

Lehre: 1502 bei FURTENNAGEL Jörg I begonnen [a];

Gerechtigkeitserwerb: 24. V. 1517 [b];

Zwölfer im Großen Rat: 1542, 1543, 1544, 1545, 1546, 1547, 1548, [c];

Gestorben: nach 1562 (eingetragen in der zweiten Totentafel der Zunft) [d];

Wohnhaft in Augsburg:

1517–1521	Von Sant Anthonino
1522	hailigkreützerthor extra
1523	—
1524–1527	in der Krotenaw
1528–1532	Schmidhaus
1533–1550	in der Krotenaw
	(die folgenden Jahre wurden nicht untersucht)

Steueraufkommen:

1517	steuerfrei
1518–1521	(30 dn) 6 kr
1522–1527	(30 dn) 36 kr
1528	(30 dn) 45 kr
1529–1532	(30 dn) 1 fl 45 kr (6 dn)
1532/1533	Sondersteuern für das Erbe der Plattnerin Laurentz Helmschmidin
1533–1536	(30 dn) 4 fl 45 kr (6 dn)
1537–1544	(30 dn) 4 fl (6 dn)
1545–1547	4 fl in gold u. 4 taler
1548–1550	(30 dn) 4 fl (6 dn) die folgenden Jahre wurden nicht untersucht

Lehrknaben:

1518 6. XII.	TAUCHER (DAUCHER) Jörg [e]
1520 25. VII.	SWATZ Vallentin [f]
1522 13. I.	BICHEL Hans [g]

Werkstattverbindungen:

Der aus der Werkstätte FURTENNAGELS hervorgehende Meister besaß als Schwiegersohn des Plattners Koloman Helmschmid gute Beziehungen zu den Waffenschmieden, was in der Folge in der Harnisch-Entwurfszeichnung und in der Waffenätzung bei ihm seinen Niederschlag fand.

In den Jahren 1541 bis 1548 lebt bei ihm der Bruder von SCHEMEL Gall, Moritz SCHEMEL, der nie die eigene Gerechtigkeit als Meister erhielt; er dürfte in der SORG'schen Werkstatt als Altgeselle mitgearbeitet haben. Auch ist nicht bekannt, inwieweit diese Arbeitsgemeinschaft sich auch auf die Tätigkeiten Gall SCHEMELS erstreckte.

Werke:

Die früheste Arbeit, die für Jörg I SORG bezeugt ist, ist die Bemalung und Herstellung des Stadtgerichtsbüchleins, für die er am 16. X. 1529 1 fl von den Baumeistern erhält [h]. Dieser Auftrag ist der erste, den er für die Stadt ausführt und der eine sehr dichte Kette öffentlicher Arbeiten eröffnet, deren einzelne Anführung zu weit führen würde, zudem die Eintragungen der nachfolgenden Jahre meist nurmehr die Summen nennen, die der Maler aufgrund seines »zettels« (Abrechnung) erhält, der keinerlei Differenzierung der Aufträge mehr beinhaltet.

In diesen Zusammenhang fallen auch erhaltene Rechnungszettel, die Jörg Sorg als »stat maler« unterzeichnete [i, k, l]. Aber auch diese Rechnungen, die wahrscheinlich aus dem Jahre 1544 stammen, lassen eine Aufführung der geleisteten Arbeit vermissen. In dieser Stellung als Stadtmaler war Jörg I Sorg wahrscheinlich ähnlich wie Ulrich Maurmüller auch an jedem der größeren öffentlichen Aufträge beteiligt, so daß ihm mit Recht eine Mitwirkung an der Bemalung des Perlachturms zuzuschreiben ist.

Ob er selbst als Ätzmaler tätig war, ist nicht eindeutig zu bestimmen, da sein gleichnamiger Sohn die Zuweisung der Archivalien erschwert und verunsichert. Gearbeitet hat Jörg I Sorg bis in sein hohes Alter, so daß er noch als 84jähriger eine gereimte Kaiserfolge illustrierte [m].

Sonstige Überlieferungen:
Jörg I Sorg, der am 9. III. 1531 als Bürge der Anna Wieambrunnin auftritt [o], wird 1542 als Vertreter der Malerzunft in den Großen Rat der Stadt gewählt, wo er als Zunftvertreter bis zur Aufhebung zur Zunftverfassung tätig ist.

Auch bei der Abschaffung der alten Zunftordnung behält er seine Rolle als Sprecher des Handwerks bei und wird vom Rat bei der Einsetzung der »Neuen Malerordnung« am 23. 7. 1549 als erster Maler dem Handwerk als »verordneter Vorgänger« zugewiesen [p]. Dies zeigt nochmals die Bedeutung, die Sorg erlangte, und welche sein Sohn Jörg II in Verbindung zu den Waffenschmieden als Ätzmaler ausbauen konnte.

Quellen:
Stadtarchiv Augsburg, Reichsstadt
STB.: 1517, 40a; 1518, 38a; 1519, 39c; 1520, 40b; 1521, 41a; 1522, 9c; 1524, 46d; 1525, 46d; 1526, 48c; 1527, 50c; 1528, 41a; 1529, 43a; 1530, 42b; 1531, 42a; 1532, 42d; 1532, 53d; 1533, 52b; 1533, 54b; 1533, 54c; 1534, 55c; 1535, 55c; 1536, 55c; 1537, 56d; 1538, 57a; 1539, 57d; 1540, 58b; 1541, 58c; 1542 Türk., 43d; 1542, 58c; 1543, 61b; 1544, 62d; 1545, 62d; 1546, 70a; 1547, 70b; 1548, 74b; 1549, 76b; 1550, 76d;
SCH. Nr. 72a, fol. 24r [c]; SCH. Nr. 72c, fol. 7v [b];
SCH. Nr. 72c, fol. 38v [a]; SCH. Nr. 72c, fol. 50v [e];
SCH. Nr. 72c, fol. 52r [f]; SCH. Nr. 72c, fol. 53v [g];
SCH. Nr. 49b, p. 243, p. 279, p. 327, p. 380, p. 433, p. 495, p. 552 [c];
BRB. 1529, fol. 73v [h];
GRB. 1531, p. 21b [o];
MA. Fasc. I, Nr. 43 [i], Nr. 44 [k], Nr. 45 [l];
MA. Fasc. Ordnungen, Nr. 1 [p];
RB. Nr. 23, fol. 100r [p];
Stadtarchiv Augsburg, Archiv des Histor. Vereins
H. Nr. 54a, fol. 11r [d];
Bayerische Staatsbibliothek, München
Cod. ger. m. 960 [m];

Literatur:
Vischer, Robert 1886, p. 499 [c], p. 516 [b], p. 554 [e], p. 556 [f], p. 558 [g];
Hartig, Michael 1922, p. 34 [b];
Thieme-Becker Kstl. Lex. Bd. XXXI (1937), p. 292;
Lieb, Norbert 1955, p. 236 (Perlachturmbemalung).

Nr. 172	**Sůchenstein C.**	Maler

(Sůchensin, Sůchensein)

Gerechtigkeitserwerb: wahrscheinlich 1376, jedoch ist die Zunftzugehörigkeit nicht nachweisbar;

Wohnhaft in Augsburg:

1376	Von dem Liutfrid
1377–1380	Von dez Dahs hus
1381–1389	—
1390–1399	Von der Daͤhsin

Steueraufkommen:

1376	30 lib
1396	21 ß
1399	23 ß 1 dn

Überlieferung:
Die Identität dieses Malers ist nur für den Zeitraum 1390 bis 1399 eindeutig gesichert, da eine Verbindung der Einträge aus den siebziger Jahren mit den späteren durch die Lücken im Bestand der Steuerlisten kaum möglich ist. Obwohl Sůchenstein beträchtliche Steuerleistungen in den Büchern aufweist, lassen sich für ihn weder Tätigkeitsbereich noch Werke sichern.

Quellen:
Stadtarchiv Augsburg, Reichsstadt
STB.: 1376, 10b; 1377, 10c; 1380, 10b; 1390, 18c; 1391, 16b; 1392, 19d; 1393, 17a; 1394, 13a; 1395, 11b; 1396, 16c; 1398, 14d; 1399, 17a.

U, Ů, V̊

Nr. 173	**V̊kirch**	Visierer

(Ukerich)

Verbindung zur Zunft nicht belegbar;

Nachweisbar in Augsburg:

1481	Vom Rauthaus
1482	Vom Ulrich Artzt

Steueraufkommen:

1481–1482	(45 dn) 45 dn

Werkstattverbindungen/Überlieferung:
V̊kirch, der nur während zweier Jahre in Augsburg ansässig war, lebt 1482 mit dem Maler Hans

BLANCK zusammen. Ob dieser Wohngemeinschaft eine Zusammenarbeit zuzuordnen ist, bleibt ebenso ungeklärt wie auch der Tätigkeitsbereich dieses Visierers.

Quellen:
Stadtarchiv Augsburg, Reichsstadt
STB.: 1481, 25c; 1482, 30a.

Nr. 174 **Ulrich I** Maler

Verbindungen zur Zunft nicht belegbar;

Nachweisbar in Augsburg:
1428 Vom Diepold

Überlieferung:
Da der Maler ULRICH nur in der Liste der Hussitensteuer des Jahres 1428 aufgeführt ist, muß man in ihm mit größter Wahrscheinlichkeit einen Altgesellen sehen, der in einer anderen Werkstätte mitarbeitete und so nur in der personenbezogenen Steuerliste dieser Sondersteuer eingetragen wurde.

Quelle:
Stadtarchiv Augsburg, Reichsstadt
STB.: 1428 Huss, 20b.

Nr. 175 **Uͦlrich II** Maler

Verbindungen zur Zunft nicht belegbar;

Nachweisbar in Augsburg:
1448 Am Kuzzenmarkt

Steueraufkommen:
1448 Habnit-Steuer

Überlieferung:
UͦLRICH, Maler, ist nur ein einziges Mal in einer Steuerliste erwähnt. Er läßt sich mit keinem anderen Meisternamen identifizieren und mit keiner der bestehenden Werkstätten in Verbindung bringen.

Quelle:
Stadtarchiv Augsburg, Reichsstadt
STB.: 1448, 22c.

Nr. 176 **Vͦlrich (Frau des) III** Malerin

Verbindungen zur Zunft nicht nachweisbar;

Wohnhaft in Augsburg:
1477 Vom Diepolt

Steueraufkommen:
1477 Habnit-Steuer

Überlieferung:
Die 1477 erwähnte Frau eines Malers Vͦlrich läßt sich hinsichtlich ihrer Person nicht näher bestimmen. Auch ist es unklar, ob sie die Witwe oder die Tochter eines Malers war und ob sie eine Tätigkeit im Handwerk ausübte.

Quelle:
Stadtarchiv Augsburg, Reichsstadt
STB.: 1477, 22d.

W

Nr. 177 **Wagner Conrad** Illuminist

Pater O. S. B. im Kloster St. Ulrich und Afra zu Augsburg;

Erwähnt: 1490 [a];

Werke/Überlieferung:
Conrad Wagner illuminierte den größten Teil des 1490 von Leonhart Wagner geschriebenen Graduale [b], nachdem der zweite Illuminist des Klosters, Stephan Degen, durch Krankheit an seiner Mitarbeit verhindert war. Er signierte das Werk mehrfach mit Monogrammen [c].

Quellen:
Diözesanmuseum Augsburg (deponiert im Maximilianmuseum) DM I, 11, fol. 180r [c], fol. 227r [c], fol. 294 [b];

Chroniken:
Wittwer (ed. Steichele), p. 353 [a, b];

Literatur:
Hartwig, Michael 1923, p. 40 [b];
Steingräber, Erich 1956, p. 19 ff., Kat.-Nr. 26;
Stange, Alfred 1957, Bd. VIII, p. 82;
Katalog Augsburg 1965, p. 174.

(alias Würstlin)

Pater O. S. B. im Kloster St. Ulrich und Afra zu Augsburg;

Geboren: 1454 in Schwabmünchen [a];

Profess: 1472 [b]
1502–1505 Supprior des Klosters, ab 1506 Cellerarius [c];

Gestorben: 1. I. 1522 [d];

Werke/Überlieferung:
Leonhart WAGNER, alias Würstlin, wird zum erstenmal mit einer Arbeit 1479 im Catalogus Wittwers erwähnt, als er 25jährig ein Missale für den Convent schrieb [e]. 1480 schrieb er sich ein Brevier zum eigenen Gebrauch, das höchstwahrscheinlich keinerlei Verzierungen hatte [f]. Sein Ansehen im Kloster muß aber sich sehr schnell gefestigt haben, da er im Zusammenhang mit der Reliquienerhebung von St. Nidgarius und St. Simpert genannt ist [g]. Im selben Jahr beginnt er ein Graduale zu schreiben [h], das er 1490 vollendet [i]. Dieses Graduale entstand unter der Mitarbeit der beiden Confratres, den Illuministen Conradus WAGNER und Stephanus DEGEN. 1491 und 1492 schrieb er zum Gebrauch im Kloster zwei Lektionarien, von denen er erst das des Winterhalbjahres [k] und im Anschluß daran das des Sommerhalbjahres [l] vollendete. Die von dem Frater Petrus Wagner geordnete Ordensregel des Hl. Benedictus schrieb er 1493 auf eine vergoldete, zum Teil mit Pergament überzogene Tafel, die auch mit vielen Bildern illustriert war [m]. Es ist nicht zu klären, ob diese Malereien, die auf dieser Tafel, die über dem Eingang des Chores der Maria Magdalena aufgehängt wurde, ebenfalls von seiner Hand stammte. Danach hielt er 1494 auf einer »tabula« alle mit dem Convent von St. Ulrich und Afra verbrüderten Klöster und Orden fest [n]. Ebenfalls 1494 wird er von seinem Abt, Johannes Giltlinger, von den klösterlichen Verpflichtungen entbunden, um gleichzeitig mit Balthasar KRAMER [o] einen Psalter zu schreiben, der nach seiner Fertigstellung am 7. IV. 1495 [p] von Jörg BECK und seinem Sohn außerhalb des Klosters illuminiert wurde [q]. Ebenfalls noch 1495 entstand unter seiner Hand ein Antiphonar, das aber anscheinend auch nicht von ihm selbst mit Initialen versehen wurde [r], und 1496 wirkt er auf Geheiß des Abtes Konrad Mörlin bei der Aufstellung eines Kleinodienkataloges des Klosters mit [s].

Die Anerkennung, die seine Arbeit findet, zeigt die Nachricht, daß er für ein 1506 für den Dom geschriebenes Missale vom Domdekan Wolfgang Zillenhart ein Silberreliquiar mit dem Sudarium des St. Ulrich als Geschenk erhielt [t]. In der Zeit vom 13. V. 1508 bis zum 1. VII. 1509 berichtet er selbst von einer ausgiebigen Reise, die ihn als Lehrer für Schreibkräfte in die Klöster Zwiefalten, Mariaberg bei Reutlingen und Salem führt. In diesem Zusammenhang unternimmt er auch eine Wallfahrt nach Einsiedeln und besucht Zürich sowie die Klöster von St. Gallen und der Reichenau [u]. Am 6. III. 1512 schreibt er die Noten in einem Graduale in Arbeitsgemeinschaft mit Lorenz Uterried aus Blaubeuern und dem zunftlosen Laien Nicolaus PERSCHIN für das Kloster Lorch bei Schwäbisch-Gmünd [v]. Dies belegt die für ihn anscheinend typische Zusammenarbeit mit Illuministen und Malern der Stadt bzw. der Zunft.

Seine hauptsächliche Auswirkung auf die nichtklösterlichen Werkstätten gründet sich in seinem Schriftmusterbuch »Proba centum Scripturarum« [w], das er Kaiser Maximilian widmete und welches seinen Einfluß auf die Augsburger Drucker nicht verfehlte.

Als letztes erhaltenes Werk WAGNERS ist ein Antiphonarium zu erwähnen, das er im Alter von 65 Jahren am 10. I. 1519 für den Convent fertigstellte [x]. Die hier wiederum gering vertretene Miniaturmalerei zeigt abermals den Umstand auf, daß Leonhart WAGNER ein überragender Kalligraph war, der sich kaum der Illumination seiner Bücher widmete, sondern dies meist Mitarbeitern der Klosterwerkstätte und außenstehenden Künstlern überließ.

Quellen:
Augsburg, Diözesanmuseum (deponiert im Maximilianmuseum)
DM I 11, fol. 294r [i];
DM I 14, fol. 79r [r];
Staats- und Stadtbibliothek, Augsburg
4° Cod. 149, fol. 286r [u];
Cod in fol. 49a, fol. 197v [p];
Ordinariatsbibliothek, Augsburg
Hs 85 a [w], fol. 1r [d];
Bayerische Staatsbibliothek München
Cod. lat. m. 4304, fol. 84r [x];
Württembergische Landesbibliothek Stuttgart
Cod. Mus. fol. Nr. 65, fol. 263r [v];

Chroniken:
Wittwer Catalogus: p. 302 [e], p. 308 [f], p. 343 [m], p. 346 [g], p. 353 [h], p. 354 [k], p. 357 [l], p. 372 [o], p. 394 [p], p. 395 [q], p. 411 [l];

Literatur:
Bredt, Ernst Wilhelm 1900, p. 73 ff.;
Hartig, Michael 1923, p. 40 [o, q], p. 41 [t];
Wehmer, Carl 1935, p. 78 ff. (Lebenslauf), p. 109/110 [a, b, c, d], p. 111 [u], p. 107 ff. (Aufzählung aller Werke);
Wehmer, Carl 1955, p. 146, p. 148 [w];
Steingräber, Erich 1955, p. 177 [w, v];
Steingräber, Erich 1956, p. 19 [i], p. 21 [p], p. 29 [r], p. 38 [v], p. 41 [x], Katalog-Nr. 26 [i], Nr. 28 [p], Nr. 29 [r], Nr. 46 [v], Nr. 49 [x];
Wehmer, Carl 1963, Bd. I [w];
Katalog Augsburg 1965, p. 179 ff.

Nr. 179 **Wagnerin (Frau des Michel)** Malerin

Zunftzugehörigkeit nicht nachzuweisen.

Nachweisbar in Augsburg:
1504 Am Swäl (durch Gerichtsbucheintrag)

Überlieferung:
Die Malerin, über deren Mann (oder auch Vater) keine weiteren Nachrichten auffindbar sind, wird am 11. I. 1504 von dem Spitalmeister wegen 1 fl und 5 kr bei Gericht angeklagt. Inwieweit sie überhaupt das Handwerk ausübte, ist nicht zu eruieren.

Quelle:
Stadtarchiv Augsburg, Reichsstadt
GRB. 1504, p. 3a.

Nr. 180	**Waltherlin**	Maler

Meister oder Geselle der Zeit vor der Zunftverfassung;

Nachweisbar in Augsburg:
1361 durch Eintrag im Achtbuch

Überlieferung:
WALTHERLIN wird am 1. VI. 1361 für fünf Jahre aus der Stadt gewiesen, weil er ein Bild aus St. Peters Münster und weitere Bilder an anderen Orten der Stadt gestohlen hatte. Auf diese Ausweisung mußte er einen heiligen Eid schwören, daß, wenn man ihn in der Stadt oder im Umkreis von drei Meilen auffinde, ihm zur Strafe seine Schwurhand abgeschlagen werde.

Es ist nicht überliefert, ob es sich bei den gestohlenen Bildern um seine eigenen Werke handelte oder ob er sich die Objekte zwecks Weiterverkauf oder als Vorlagenmaterial besorgte.

Quelle:
Stadtarchiv Augsburg, Reichsstadt
SCH. Nr. 81, fol. 83c.

Nr. 181	**Waler Johannes**	Maler

(Wäler)

Maler aus der Zeit vor der Zunftverfassung;

Nachweisbar in Augsburg:
1358–1367 Am hintern Lech
1368 (entsprechende Stelle unleserlich)

Überlieferung:
Der Maler, der bis 1365 zusammen mit seiner Mutter lebt, läßt sich nach der Bestandslücke der Jahre 1369 bis 1375 nicht mehr nachweisen, so daß es unklar bleibt, ob er nach der Zunftrevolution innerhalb dieser Handwerksorganisation tätig war.

Quellen:
Stadtarchiv Augsburg, Reichsstadt
STB.: 1358, 8c; 1358, 8c; 1362, 8a; 1363, 8d; 1364, 8c; 1365, 7d; 1367, 7d; 1368, 8c.

Nr. 182	**Wegelin Jakob**	Schreiber Illuminist (?)

Dekan und Chorherr des Augustinerstiftes Heilig Kreuz;

Überlieferung:
WEGELIN Jakob schrieb 1497 das spärlich illuminierte Graduale, das aus den Beständen des Augustiner Chorherrnstiftes in Augsburg erhalten ist. Verbindungen zu der Werkstätte von St. Ulrich und Afra oder zu anderen Schreibern der Stadt lassen sich nicht nachweisen.

Quelle:
Bayerische Staatsbibliothek München
Cod. lat. m. 4101, Blatt 2 (s. fol.);

Literatur:
Steingräber, Erich 1956, p. 31, Kat.-Nr. 35.

Nr. 183	**Weiss Johann**	Maler

Der Maler, dessen Zunftzugehörigkeit nicht zu belegen ist, läßt sich nur in den Jahren 1404 bis 1409 eindeutig identifizieren. Ob sich auch die Einträge des »Jo.maler« der Jahre 1401–1403 auf ihn beziehen, kann nicht schlüssig bewiesen werden. Eine weitere Überlieferung, die diesen Umstand klären könnte, fehlt.

Wohnhaft in Augsburg:

1401–1403	Weyt Kirchgazz
. . .	. . .
1404	Vom Diepolt
1405–1408	hourbrugg
1409	in dez Nathans gassen

Steueraufkommen:

1401	14 ß
1402	10 ß
1403	Habnit-Steuer
. . .	. . .
1404–1407	10 ß
1408	15 ß
1409	10 ß

Quellen:
Stadtarchiv Augsburg, Reichsstadt
STB.: 1401, 9a; 1402, 9b; 1403, 9c; 1404, 14d; 1405, 10b; 1406 GSt. 22r; 1406, 10c; 1407, 10d; 1408, 10a; 1409, 3a.

Nr. 184	**Weÿss Hans**	Maler

Der Maler Weÿss Hans ist als Person nur ungefähr in den Steuerlisten zu erfassen. Inwieweit er das volle Bürgerrecht besaß, ist nicht zu bestimmen, da sich auch die Einträge, die ihn als Auswärtigen bezeichnen, u. U. als zu einer anderen Person gehörend anzusehen sind.

Wohnhaft in Augsburg:

1492–1497	Am Kitzenmarkt
. . .	. . .
1498–1499	willig Arm
1500–1501	haustetter thor extra
. . .	. . .
(1504)	(Klebsattler gaß)

Steueraufkommen:

1492–1493	(60 dn) Kopfsteuer
1494	2 lib Auswärtigensteuer
1495	90 dn
1496	60 dn
1497	(30 dn) Kopfsteuer.
. . . .	. . . . .
1498–1501	2 lib Auswärtigensteuer
. . . .	. . . . .
(1504)	(60 dn) Kopfsteuer

Überlieferung:
Für Hans WEŸSS, dessen persönlicher Status schon ziemlich im unklaren liegt, gibt es keine weiteren Unterlagen. Ebenso ist sein Tätigkeitsbereich ungeklärt.

Quellen:
Stadtarchiv Augsburg, Reichsstadt
STB.: 1492, 26a; 1493, 28a; 1494, 31b; 1495, 30d; 1496, 32d; 1497, 29d; 1498, 23c; 1499, 25d; 1500, 1c; 1501, 1c; 1504, 40d.

Nr. 185 **Wernherus de Fœrdelingen** Maler

(Wernher, Wernlin, Werenhůs)

Maler aus der Zeit vor der Zunftverfassung;

Gestorben: vor 1351;

Überlieferung:
Die erste Überlieferung eines Malers in den Unterlagen des Stadtarchivs stellt die Einbürgerung des »Wernherůs pictor de fördelingen« am 21. I. 1321 dar [a]. Da in der ersten erhaltenen Steuerliste des Jahres 1346 ebenfalls ein Maler WERNHER vermerkt ist, könnte man annehmen, daß dieser mit dem 1321 eingebürgerten Meister identisch ist.

Nimmt man dies an, so ergibt sich aus dem Eintrag des Jahres 1351, in dem nur ein »puer Wernlin«, d. h. der Sohn jenes Malers des Jahres 1346 genannt ist, daß der ältere Meister inzwischen verstorben sein muß.

Nachweisbar in Augsburg:

1321	Einbürgerung
1346	Auf dem Graben
(1351)	(Auf dem Graben)

Quellen:
Stadtarchiv Augsburg, Reichsstadt
STB.: 1346, 12b; (1351, 12c);
SCH. Nr. 74, fol. 30v (p. 54) [a];

Literatur:
Stetten Kunstgeschichte 1779, p. 268 [a];
Lipowsky, Felix Robert 1810, Bd. II, p. 166 [a];
Nagler Kstl. Lex. Bd. IV. (1837), p. 384 [a];
Thieme-Becker Kstl. Lex. Bd. XXXV (1942), p. 405 [a].

Nr. 186 **Wernher** Maler

(Wernlin)

Maler aus der Zeit vor der Zunftverfassung;

Wohnhaft in Augsburg:

1351	Auf dem Graben
. . . .	. . . . .

1355	Von des wirtlins brunnen
1357–1365	Ans Klebsattels gazz

Überlieferung:
Man wird bei dem Maler Wernher, dessen Identität sich über den obengenannten Zeitraum nicht vollständig sichern läßt, eine Ausbildung bei seinem Vater Wernherus de Fördelingen annehmen können.

Quellen:
Stadtarchiv Augsburg, Reichsstadt
STB.: 1351, 12c; 1355, 7d; 1357, 12b; 1358, 11b; 1359, 11c; 1362, 11a; 1363, 11a; 1364, 11b; 1365, 10c.

Nr. 187 **Winckler Bartholome** Maler
Glaser

Gerechtigkeitserwerb: 1454/1455;

Gestorben: 1504 [a];

Wohnhaft in Augsburg:

1455–1503	Vom Kunold appenteker

Steueraufkommen:

1455–1471	Habnit-Steuer
1472–1485	Kopfsteuer (Stiura minor)
1486–1487	(45 dn) 40 dn
1488–1491	(60 dn) 53 dn
1492–1497	Kopfsteuer (Stiura minor)
1498–1501	(30 dn) 6 dn
1502	Kopfsteuer (Stiura minor)
1503	gestrichen
1504 7. V.	Sohn bezahlt Erbschaftsteuer

Werkstattverbindungen:
In den Jahren 1455 bis 1459 lebt er zusammen mit dem Glaser Caspar Magerbain, von dem er dann wegzieht. Da auch Magerbain erst ein Jahr seine Werkstätte aufgemacht hatte, dürfte die gemeinsame Nutzung technischer Einrichtungen für die jungen Meister für diese Gemeinschaft ausschlaggebend gewesen sein.

Überlieferung:
Am 28. VI. 1477 stellt sich Bartholome Winckler dem Hans II Kron als Bürge bei seiner Urfehde zur Verfügung [b]. 1490 steuert er als Büchsenmeister der Zunft für das Zunftvermögen der Maler, was seine enge Bindung an die Handwerksorganisation bezeugt, die ihn auch als nicht ausbildenden kleineren Meister voll anerkannte [c]. Am 21. XI. 1491 verklagte er Jörg Esslingen wegen 2½ fl 8 kr vor dem Gericht [d], wobei der Anlaß für dessen Verschuldung nicht genannt wird.

Der Eintrag vom 10. V. 1504 im Gerichtsbuch, der seine Schuld von 2½ fl gegenüber seinem Hausherren, dem Metschenken Jacob Mair festhält [e], scheint mit der Erbabwicklung zusammenzuhängen, da sein Sohn Jörg Winckler bereits am 7. V. den Steuerherrn die Erbschaftssteuer bezahlt hatte [f].

Der Tätigkeitsbereich Bartholome Wincklers muß sich auf kleinere Glasmalereien erstreckt haben, da nie ein größerer Auftrag für ihn bezeugt ist. Daß sich diese Aufträge meist mit Malerei befaßten, zeigt die Ambivalenz der für ihn überlieferten Berufsbezeichnungen auf.

Quellen:
Stadtarchiv Augsburg, Reichsstadt
STB.: 1455, 21a; 1456, 25d; 1457, 28c; 1458, 22c; 1459, 24b; 1460, 20d; 1461, 22c; 1462, 28d; 1463, 24b; 1464, 23c; 1465, 24c; 1466, 23a; 1467, 23a; 1468, 21a; 1469, 23b; 1470, 25c; 1471, 24d; 1472, 24c; 1467, 23a; 1468, 21a; 1469, 23b; 1470, 25c; 1471, 24d; 1472, 24c; 1473, 22d; 1474, 20c; 1475, 20d; 1476, 22a; 1477, 24b; 1478, 24d; 1479, 24c; 1480, 24c; 1481, 24c; 1482, 25c; 1483, 25a; 1484, 25a; 1485, 25a; 1486, 26a; 1487, 25d; 1488, 28b; 1489, 26a; 1490, 27d; 1490, 33c [c]; 1491, 27b; 1492, 24b; 1493, 26b; 1494, 29b; 1495, 28c; 1496, 30c; 1497, 27d; 1498, 31c; 1499, 34c; 1500, 37b; 1501, 37b; 1502, 37c; 1503, 38b; 1504, 46a [f];
SCH. Nr. 72b, fol. 3r [a];
GRB. 1491, p. 353b [d]; GRB. 1504, p. 117b [e];
US. UK. vom 28. VI. 1477 [b];

Literatur:
Vischer, Robert 1886, p. 566 [a].

Nr. 188	**Wind Leonhart**	Maler

Zunftzugehörigkeit nicht belegbar;

Wohnhaft in Augsburg:
1444–1449 Vom Ror

Steueraufkommen:
1444–1449 Habnit-Steuer

Überlieferung:
Außer den Steuereinträgen sind für Leonhart WIND keinerlei Nachrichten erhalten, so daß weder sein Tätigkeitsbereich noch der Umfang seines Schaffens zu schätzen ist. Die Vermögenslage des Malers weist ihn allerdings als einen kleineren Meister aus.

Quellen:
Stadtarchiv Augsburg, Reichsstadt
STB.: 1444, 20a; 1445, 19c; 1446, 19d; 1447, 19c; 1448, 21c; 1449, 20b.

Nr. 189	**Wolffartzhauser Ulrich**	Maler Bildschnitzer

(Wolffhartzhußer, Wolfertshaůser)
(Wolffhartinger, Wolffershuser)

Gerechtigkeitserwerb: vor 1442 (?);

Zwölfer des Großen Rats: 1455, 1456 [a];

Gestorben: 1468/1469 [b];

Wohnhaft in Augsburg:
1424–1425 Vom Diepold
1426 Am hindern Lech
1427–1428 Vom Ror
1429–1430 Vom Kunold

1431–1441	Vom Diepold
1442–1468	Von Sant Anthonino
	(Neubenennung des Stadtviertels bedeutet keine Ortsveränderung)
1469–1473	Witwe nachweisbar

Steueraufkommen:

1422	10 ß
1424–1425	Habnit-Steuer
1426	5 ß
1427	7 ß
1428–1429	15 ß 1 dn
1430–1433	15 ß 2 dn
1434–1440	33 ß 1 dn
1440	33 ß 1 dn [c]
	Nachzahlung
1441–1446	33 ß 1 dn
1447	auswärts
1448–1454	11 groß
1455–1457	30 ß
1458–1459	13 groß
1460	6½ groß
1461	8 groß 3 dn
1462	13 groß
1463	7 groß
1464–1465	6 groß
1466	12 groß
1467–1468	6 groß

Werkstattverbindungen:

1429 lebt er bei dem Maler Jörg Aman, dessen Anwesen er 1430 übernimmt.

1460 wird Wolffartzhauser als »schweher« Thoman Burgkmairs im Vorwort des Malerzunftbuches erwähnt [d]. In der meisten Literatur wurde daher immer eine Heirat des Meisters mit einer entfernten Verwandten Burgkmairs gefordert. Obwohl Müller schon 1955 auf die Tatsache hingewiesen hatte [e], daß »schweher« Schwiegervater und nicht Schwager bedeutet (vgl. Glossare der schwäbischen Städtechroniken), hält auch Liedke 1979 an dieser Auslegung fest [f], was angesichts der sonst bei ihm zitierten Menge archivalischen Materials unverständlich bleibt. Die Richtigstellung zeigt aber, daß der jüngere Maler Burgkmair in die Zunftgesellschaft einheiratete und nicht der ältere Meister an die Familie des jüngeren Anschluß suchte.

Werke/Überlieferung:

Ulrich Wolffartzhauser wird in den Steuerlisten bis 1453 nur »Ulrich maler« oder »maister Ulrich maler« genannt. Danach überwiegt der Beiname »Wolffhartzhauser« oder die Berufsbezeichnung »bildschnitz«. Da der Meister schon in dem Ratsbucheintrag des Jahres 1446 als »von walffharczhusen« stammend bezeichnet wird [g], ist die Ausdeutung, daß ihm der Beiname erst nach seinem erneuten Aufenthalt in diesem Ort 1447 gegeben wurde, zu eingeschränkt. Zudem ist zu bedenken, daß die erste Nennung des Beinamens sieben Jahre nach diesem Aufenthalt auch gegen eine direkte Verbindung damit spricht. Der Grund dieses Namenswechsels, von »Ulrich maler« zu »Ulrich bildschnitz« oder »Ulrich Wolffartzhauser« dürfte in der einseitigen Berufsausübung des Meisters zu suchen sein. Denn für ihn sind nur Bildhauerarbeiten zu belegen, d. h. noch spezieller nur Arbeiten, die er in Stein gehauen hat, sind erhalten.

So wird im Fragment des Baumeister-Rechnungsbuches der Jahre 1429/1430 erwähnt, daß er am Ostersonntag (1429 oder 1430?) 4 fl für den Transport eines Steines gegen »Newburg«, um eine »per« (Stadtwappen) daraus zu hauen [h], erhielt.

Die Chronik Franks berichtet, daß er für St. Ulrich und Afra die Grabsteine der Äbte Johann III. Kissinger (+1428) und Heinrich VII. Heutter (+1439) gearbeitet hatte und später in der gleichen Kirche für den 1449 verstorbenen Bürgermeister Conrad VOEGELIN ein Grabmal errichtete. Am 28. I. 1456 macht er für den Küster des Klosters ein versilbertes Brustbild der St. Digna für 8 fl [i].

Angesichts dieser Archivalienlage stellt sich die Frage, inwieweit Ulrich WOLFFRATZHAUSER überhaupt als Maler zu sehen sein kann, da eine Darstellung seines bildhauerischen Schaffens in diesem hier gestellten Rahmen nicht zu erörtern ist, geschweige denn eine Realisierung der ihm neuerdings zugeschriebenen Denkmäler überhaupt möglich ist.

Bezeichnend ist, daß die Aufstellung des Schmiedezunftbuches aus dem Jahre 1442 keinen »Ulrich« unter den Malern zu nennen weiß [k]. Ob das Fehlen seines Namens in dieser Liste durch Abwesenheit in diesem Jahr verschuldet wurde, ist nicht zu belegen, lediglich die Nachzahlung der Steuer für das Jahr 1440, welche er 1441 leistet [c], weist auf längere Abwesenheit in diesem Zeitraum hin. Aber schon zu diesem Zeitpunkt vermerkt der Einnehmer ihn als »meister vlrich steinmetzel«, was zu der sich in den Archivalien aufzeichnenden Spezialisierung des Meisters parallel läuft.

Die Frage nach seiner Tätigkeit als Maler dürfte am ehesten noch in den Jahren 1429/1430 in Zusammenarbeit mit Jörg AMAN zu stellen sein, zu einem Zeitpunkt also, in dem seine Steinmetztätigkeit mehrfach belegt ist [h, i].

Trotz dieser fast eindeutigen Überlieferung, Ulrich WOLFFARTZHAUSER als Bildhauer zu sehen, schrieb ihm Liedke die Urheberschaft an den Wandgemälden des ersten Zustandes der Goldschmiedekapelle zu [l], indem er quasi generalisierend über den »Familiennamen« »maler« und die nicht eindeutige Zuschreibung der Hirn'schen Tumba [m] an WOLFFARTZHAUSER in einem Stilvergleich zwischen Plastik und Malerei (vgl. dazu Objekt Nr. 30) diesen »Verdacht« äußerte. Die äußerst diffizile Lage dieser Malereien, die in der Händescheidung allerdings zu Tage tritt, und die Verschiedenartigkeit der Einflüsse, die sich in den einzelnen Händen finden lassen, widersprechen aber entschieden einer Zuschreibung an einen Maler, der noch dazu zu diesem Zeitpunkt über keine größeren Werkstattverbindungen verfügte (vgl. dazu Objekte Nr. 25 mit Nr. 32) [n].

Man wird bis zur Auffindung eindeutiger Unterlagen die Frage nach dem Maler Ulrich WOLFFARTZHAUSER zurückstellen und sich an die erhaltene Überlieferung für ihn als Steinmetz halten müssen.

Quellen:

Stadtarchiv Augsburg, Reichsstadt

STB.: 1422, 13c; 1424, 14d; 1425, 11d; 1426, 12b; 1427, 19b; 1428 Huss., 22b; 1428, 18d; 1429, 16c; 1430, 19c; 1431, 17a; 1432, 15a; 1433, 17b; 1434, 12a; 1435, 16c; 1436, 14c; 1437, 13d; 1438, 15c; 1439, 15a; 1440, 16a; 1441, 17b; 1442, 15d; 1443, 19b; 1444, 18d; 1445, 18c; 1446, 18c; 1447, 18b; 1448, 20b; 1449, 19a; 1451, 19a; 1452, 19a; 1453, 19a; 1454, 19c; 1455, 20b; 1456, 24a; 1457, 22a; 1458, 21b; 1459, 22c; 1460, 19c; 1461, 21a; 1462, 26d; 1463, 22d; 1464, 22b; 1465, 23a; 1466, 21d; 1467, 21d; 1468, 20b; 1469, 23d; 1470, 24a; 1471, 23c; 1472, 22d; 1473, 21d;

SCH. Nr. 46b, fol. 5v [k];

SCH. Nr. 72a, fol. 1r [d];

RB. Nr. 4, fol. 98v [g];

RB. Nr. 5, fol. 50v [a];

RB. Nr. 5, fol. 90v [a];

BRB. 1429/1430, fol. 73v [h];

BRB. 1441, fol. 16r [c];

Chroniken:

Städtechr. XXV. p. 308/309 [i];

Wittwer, Catalogus, p. 204 [i];

Literatur:

Vischer, Robert 1886, p. 488 [d];

Wolters, Franz 1919, p. 12 [m];

Thieme-Becker Kstl. Lex. Bd. XXXVI (1947), p. 188;

Müller, Hannelore 1955, p. 48 [e];

Klinge, Eckart 1964, p. 23/34 [m];
Wilhelm, Johannes 1977 (MS), p. 178 ff. [n];
Liedke, Volker 1979, p. 1–6 (Abdruck der Steuerbucheinträge der Ratsbucheinträge und des Malerbuchvorworts) p. 8 [f], p. 47–52 [l], p. 42–46 [m];
Wilhelm, Johannes 1979, p. 110 [m].

Nr. 190	**Wolffstriegel Claus**	Maler Illuminist

Gerechtigkeitserwerb: 1440;

Gestorben: 1491 [a];

Wohnhaft in Augsburg:

1440–1443	Am hindern Lech
1444–1461	Vom Ror
1462–1466	Vom Murdigel
1467–1473	burgerbad
1474–1483	Lewtpolts bad
1484–1487	Vom Kanold appenteker
1488–1491	Vom Dieppold Schmidhaws

Steueraufkommen:

1480	steuert immer Habnit-Steuer bzw. Kopfsteuer außer (45 dn) 44 lib

Überlieferung:

Claus Wolffstriegel wird zwar seit 1440 in den Steuerlisten erwähnt, läßt sich aber in der Zunftliste des Jahres 1442 nicht identifizieren. Am ehesten könnte man ihn noch mit dem Anonymus, der mit der Saurbeckin verheiratet war, gleichsetzen (Nr. 147), da er von 1444 bis 1461 im »Beckenhaus« wohnte, jedoch ergeben sich dafür keine zwingenden Gründe [b].

1473 nimmt er eine Nonne aus dem Kloster zur »Horprugg« als Frau, was zu Auseinandersetzungen mit der Ordensoberin Dorothea Zilli führt, die der Nonne die Erlaubnis zum Verlassen des Klosters verweigerte und sie am 7. IX. durch einen Schriftsatz eines geschworenen Schreibers zurückzukommen heißt [c]. Die Bürgermeister der Stadt vermitteln auf Anrufen beider Parteien am 12. X. 1473 in diesem Streit und entscheiden, daß die Nonne Anna all ihren Hausrat und Kleidung mit aus dem Kloster nehmen könne und zudem auch noch 20 fl ihrer ehemals 45 fl großen Barschaft ausbezahlt bekomme [d]. Dieser zugunsten des Ehepaares geschlossene Vergleich durch die Bürgermeister scheint ganz auf der Linie des Stadtratsbeschlusses vom 5. XII. 1476 zu liegen, der ledige und verwitwete Meister aus dem aktiven Zunftrecht ausschloß und somit die Wiederverheiratung förderte [e].

Der Meister, der in den Urkunden als Illuminist bezeichnet wird, scheint die Bekanntschaft mit der Nonne bei Arbeiten für oder in dem Kloster gemacht zu haben, so daß dies zugleich die einzige erhaltene Nachricht für seine Tätigkeit darstellt.

Für den 28. VI. 1477 ist seine Zeugenschaft bei der Ausstellung der Urfehde des Hans II Kron überliefert [f], die ihn auch nach dieser zweiten Heirat als voll in das Handwerk integrierten Meister ausweist.

Quellen:

Stadtarchiv Augsburg, Reichsstadt

STB.: 1440, 12c; 1441, 13b; 1442, 12b; 1443, 15a; 1444, 19d; 1445, 19v; 1446, 19b; 1447, 19a; 1448, 21a; 1449, 20a; 1451, 20b; 1452, 20b; 1453, 20b; 1454, 20d; 1455, 21c; 1456, 26b; 1457, 23d; 1458, 23a; 1459, 23c; 1460, 21b; 1461, 22d; 1462, 23d; 1463, 20b; 1464, 20a;

1465, 20c; 1466, 19d; 1467, 19c; 1468, 18a; 1469, 21b; 1470, 21c; 1471, 21a; 1472, 20c; 1473, 19c; 1474, 20b; 1475, 20c; 1476, 21d; 1477, 24d; 1478, 24c; 1479, 24b; 1480, 24b; 1481, 24b; 1482, 25b; 1483, 24d; 1484, 23c; 1485, 23b; 1486, 24b; 1487, 24b; 1488, 26b; 1489, 24a; 1490, 25c; 1491, 25c;
SCH. Nr. 46b, vol. 5v [b]; SCH. Nr. 72b, fol. 2v [a];
RB. Nr. 8, fol. 61r [e];
US. Uk. v. 28. VI. 1477 [f];
KWA. G 47, Schreiben vom 7. XI. 1473 [c];
KWA. G 47, Schreiben vom 12. X. 1473 [d];

Literatur:
Vischer, Robert 1886, p. 566 [a];
Thieme-Becker Kstl. Lex. Bd. XXXII (1938), p. 191 [a].

Nr. 191 **Wolffstriegel Hans** Maler

Lehre: Bei seinem Vater Claus Wolffstriegel begonnen (?);

Gerechtigkeitserwerb: 1498 [a];

Gestorben: 1547 [b];

Wohnhaft in Augsburg:

1497	Lewtpoltsbad
1498	In Karrers geßlin
1499–1500	——
1501–1504	auff dem Roßmarkt
1505–1512	Ins Karrer gäßlin
1513	——
1514–1517	Auf dem Roßmarkt
1518–1520	Im Kappenzipffel
1521–1527	Prwͦelbrugk gen thor
1528–1540	Auf dem Roßmarkt
1541–1546	Vom Neuen Thor
1547	//Witwe nachweisbar

Steueraufkommen:
1497 steuerfrei
alle anderen Jahre Kopfsteuer (Stiura minor)

Lehrknaben:
1521 24. II. Doter (Doler) Hans [c];

Gesellen:
1516 2. IX. Jäger Stoffel [d];
(wird an diesem Tag wegen 34 kr Schuld verklagt)

Werkstattverbindungen:
Für das Jahr 1506 ist aufgrund der Klage Jörg I Furtennagels eine Zusammenarbeit mit diesem anzunehmen [e].

Überlieferung:
Der Maler, dessen wirtschaftliche Situation nicht immer die beste gewesen sein muß, klagt am 6. XI. 1499 gegen das Kloster an der Horprugg [f]. Den Streit, den die Zechpfleger dieses

Klosters am 9. XI. vor das Vogtsgericht bringen, gewinnt er, wobei der Anlaß zu der Klage nicht mehr eindeutig zu rekonstruieren ist [g].

Am 5. X. 1506 verklagt Jörg I Furttennagel den Maler um 1 fl 1 ort [e]. Dies ist die erste einer ganzen Reihe von Anklagen wegen versäumter Zahlungen, wie am 6. V. 1512 die des Jörg Leyber um 51 kr [h], am 19. I. 1518 die des Hans Widenmann um 1 fl [i], wie auch das Schuldbekenntnis für 3 fl 29 kr vom 22. II. 1522 gegen Laux Vischer, einen Hafner [k], und die Klage [l] und das darauffolgende Schuldbekenntnis vom 13. I./14. I. 1523 gegenüber Hansen Jhenisch um 2 fl 50 kr [m], die die andauernde Finanzschwäche des Meisters belegen. Daß er trotz dieser mißlichen Lage aber an dem Leben der Zunft teilnahm, bezeugt eine Liste einer Zunftsetzung vom 15. X. 1525 [n].

So muß auch der Barbier, der ihn 1531 behandelte, als er von einem Gerüst gestürzt war und sich Kopfwunden und eine Verletzung an der Hüfte zugezogen hatte, ihn wegen des Arztlohnes von 4 fl am 28. V. 1532 vor das Gericht fordern, da er diese Schuld nicht begleichen wollte [o].

Dieser Unfall scheint aber die Impulsivität des Meisters keineswegs gebrochen zu haben, da er am 14. IV. 1537, als der Rat die Bilder im Dom infolge der Religionsunruhen abnehmen ließ, sich heftig erregte und die Ratsherrn so beschimpfte, daß man ihn ins Gefängnis warf. Wegen dieser Widersätzlichkeit wurde ihm der Aufenthalt in Wirtshäusern, das Tragen von Waffen und der nächtliche Ausgang verboten [p].

Als letzte Überlieferung für seine Person hat sich in mehreren Einträgen in die Ratsbücher der Jahre 1544, 1546 und 1547 ein nicht näher bezeichneter Prozeß um seine »Behausung« erhalten [q, r, s, t, u].

Quellen:
Stadtarchiv Augsburg, Reichsstadt
STB.: 1497, 23d; 1498, 14b; 1501, 18d; 1502, 18d; 1503, 19a; 1504, 18d; 1505, 15d; 1506, 15d; 1507, 15d; 1508, 16a; 1509, 16c; 1510, 16d; 1511, 16c; 1512, 32a; 1514, 19c; 1515, 19d; 1516, 20b; 1517, 20d; 1518, 16d; 1519, 17d; 1520, 18b; 1521, 24b; 1522, 23b; 1523, 23a; 1524, 23a; 1525, 24a; 1526, 25c; 1527, 25b; 1528, 23d; 1529, 23c; 1530, 23d; 1531, 24a; 1532, 24b; 1534, 26b; 1535, 26b; 1536, 26b; 1537, 26b; 1538, 26b; 1539, 26b; 1540, 27c; 1541, 20c; 1542, Türk., 15c; 1542, 15c; 1543, 21b; 1544, 21b; 1545, 21a; 1546, 25a;//1547, 25a;
SCH. Nr. 72b, vol. 4v [b];
SCH. Nr. 72b, fol. 16r [a];
SCH. Nr. 72b, fol. 26r [a];
SCH. Nr. 72c, fol. 52r [c];
SCH. Nr. 72c, fol. 64v [n];
RB. Nr. 18, fol. 79v [q];
RB. Nr. 18, fol. 81v [r];
RB. Nr. 20, fol. 33v [s];
RB. Nr. 21, fol. 7v [t];
RB. Nr. 21, fol. 46v [u];
GRB. 1499, p. 295a [f];
GRB. 1499, p. 299b [g];
GRB. 1506, p. 242b [e];
GRB. 1512, p. 97b [h];
GRB. 1516, p. 103a [d];
GRB. 1518, p. 8a [i];
GRB. 1522, p. 10a [k];
GRB. 1523, p. 3a [l];
GRB. 1523, p. 4a [m];
GRB. 1532, p. 57b [o];
StrB. 1533/1539, fol. 88r [p];

Literatur:
Vischer, Robert 1885, p. 40, p. 42;
Vischer, Robert 1886, p. 507 [o], p. 510 [a], p. 556 [c], p. 567 [b];
Hartig, Michael 1922, p. 34;
Thieme-Becker Kstl. Lex. Bd. XXXII, (1938), p. 191.

Z

Nr. 192 Zan Peter | 193 Zan Jacob

Nr. 192	**Zan Peter**	Maler Glaser

Lehre: vor 1511 bei seinem Vater Jakob Zan;

Gerechtigkeitserwerb: 23. XI. 1511 erhält er die Gerechtigkeit seines Vaters [a];

Gestorben: 1543 oder 1544 [b];

Wohnhaft in Augsburg:
1512–1514 Auf dem Roßmarkt
1515–1516 Ins Karrer gäßlin
1517–1544 Im Kappenzipfel (in des Fuggers heußer)
1545–1550 Witwe nachweisbar

Steueraufkommen:
Steuert über die gesamten Jahre Kopfsteuer (Stiura minor), wozu dann ab 1529 das Wachgeld hinzukommt.

Überlieferung:
Für Peter Zan läßt sich keinerlei Nachricht für seine Tätigkeit beibringen, was der anscheinend schwachen Stellung des ab 1517 in der Fuggerei Hs. Nr. 15 wohnenden Meisters parallel läuft.

1513 wird er in den Gerichtsbüchern als Glaser angeführt, als Benedikt Lůntsch den Anwalt Simprecht Faẘser am 7. IV. die Prozeßvollmacht gegen die Anklage Peter Zans überträgt [c].

Am 20. II. 1536 wird seine Tochter Sẙbilla Kleberin als Inhaberin der Malergerechtigkeit erwähnt, wobei es aber unklar bleibt, ob sie selbst je das Handwerk ausgeübt hat [d]. Ebenso erfordert am 12. IX. 1537 die Frau seines anscheinend früh verstorbenen Sohnes die Gerechtigkeit für ihr Kind [e]. Man ist versucht, aus diesen Fakten auf einen reinen Familienbetrieb, der keine weiteren Gesellen beschäftigte, zu schließen, was sich auch am ehesten mit der von ihm gewählten Wohnung vereinbaren läßt.

Buchner Ernst versuchte 1924 Peter Zan mit dem Petrarcameister zu identifizieren [f], was Heinrich Röttinger 1925 bereits überzeugend zurückweisen konnte [g]. Die oben angeführte Nennung als Glaser bestätigt dies um so mehr, da Zan nie in den Steuerlisten als »Maler« bezeichnet wurde. Einzig die in der ersten Abschrift erhaltene Meisterliste des Jahres 1542 gibt für ihn dieses Handwerk an [b]. Er dürfte somit eher als Glasmaler als ein Formschneider in Betracht kommen.

Quellen:
Stadtarchiv Augsburg, Reichsstadt
STB.: 1512, 19a; 1513, 19b; 1514, 19b; 1515, 17b; 1516, 17c; 1517, 16c; 1518, 17a; 1519, 17b; 1520, 17c; 1521, 17d; 1522, 17b; 1523, 17b; 1524, 17b; 1525, 17d; 1526, 19a; 1527, 18c; 1528, 19b; 1529, 18d; 1530, 19a; 1531, 19b; 1532, 19b; 1533, 19b; 1534, 21a; 1535, 21a; 1536, 21a; 1537, 21a; 1538, 21a; 1539, 21b; 1540, 22b; 1541, 22b; 1542 Türk. 17d; 1542, 22b; 1543, 23a; 1544, 23a; 1545, 23a; 1546, 27b; 1547, 27b; 1548, 28c; 1549, 28d; 1550, 30d;
SCH. Nr. 72b, vol. 4v [b];
SCH. Nr. 72c, fol. 6v [a];
GRB. 1513, p. 61b [c];
SCH. Nr. 72b, fol. 16r [a];
SCH. Nr. 72c, fol. 30r [e];
MA. Fasc. I. I. Nr. 46 [d];
Stadtarchiv Augsburg, Archiv des Hist. Vereins
H. Nr. 54a, fol. 24r [a];

Literatur:
Hartig Michael 1922, p. 91;
Buchner, Ernst 1924, p. 209–231 [f];
Röttinger, Heinrich 1925, p. 75–78 [g];
Thieme-Becker Kstl. Lex. Bd. XXXVI, (1947), p. 399.

Nr. 193	**Zan Jakob**	Maler

Gerechtigkeitserwerb: 1465/1466;

Gestorben: 1520 [a];

Wohnhaft in Augsburg:

1465–1511	Vom Kunolt Appenteker (bzw. Vom Philipp Appenteker)
1512–1519	Vom Zimerlewthaws (bedeutet keine Ortsveränderung, da nur der Steuerbezirk umbenannt wurde)

Steueraufkommen:

1465	steuerfrei
1466–1471	Habnit-Steuer
1472–1474	(60 dn) 12 dn
1475–1476	Kopfsteuer
1477	(60 dn) 46 dn
1478–1479	(60 dn) 20 dn
1480–1485	(45 dn) 32 dn
1486–1488	(45 dn) 28 dn
1489–1491	(60 dn) 37 dn
1492	(60 dn) 42 dn
1493–1494	(60 dn) 40 dn
1495	(45 dn) 30 dn
1496–1497	(30 dn) 20 dn
1498–1500	(30 dn) 23 dn
1501–1519	Kopfsteuer (Stiura minor)

Lehrknaben:
Vor 1511 lernte wahrscheinlich sein Sohn Peter ZAN bei ihm in der Werkstätte.

Werkstattverbindungen:
Jakob ZAN, der in die Werkstätte Hans I KRON eingeheiratet hatte, ist in dieser 1465 und von 1467 bis 1480 nachweisbar. Während dieser Zeit trat zu dieser Familienwerkstätte 1472 noch Karl HIRISMAN hinzu. Danach scheint er selbständig geworden zu sein, da nur in den Jahren 1490 bis 1492 eine Wohngemeinschaft mit dem Glaser PRESELAER Jakob von Speur überliefert ist. Die letzten drei Jahre seines Lebens verbringt er dann noch zusammen mit dem Glasmaler Florian GILTLINGER (1517–1519).

Werke:
Für diesen Meister haben sich nur Nennungen kleinerer handwerklicher Aufträge erhalten. So erhält er im August und im Oktober 1504 je 6 fl für Gold zu Vergoldungsarbeiten eines Gitters und eines »Windperg« (Wimperg) und weiterer Stücke [b]. 1505 wird er für das »silbrin krucifix aus zu berayten« mit 15 groß und für die Bemalung sowie den Firnis mit 10 groß bezahlt. Im gleichen Jahr versilbert und vergoldet er auch die Assistenzfiguren zu diesem Kruzifix, einen Johannes und eine Maria, wofür er nochmals 4 fl 27 kr erhält [c]. Am 2. III. 1506 bekommt er

8 fl 4 kr »von dem kreytzigttem Gott ob der Kantzel« für die Versilberung, Vergoldung und Fassung bezahlt [d].

Diese drei Aufträge, die er alle für die Zechpfleger der St. Moritzkirche ausführte, weisen ihn als Faßmaler aus, wobei er allerdings die Vergoldungen nur anbringt, das Material sich aber über die Auftraggeber von einem Goldschlager besorgen läßt.

Überlieferung:
Am 28. VI. 1477 tritt er für seinen Schwager Hans II KRON als Bürge bei dessen Urfehde auf [e]. Am 5. X. 1480 verklagt ihn die Schwester seiner Magd, der er ihren Lohn nicht auszahlte, da er durch deren Schuld Verbrennungen erlitten hatte und so sich für die 8 groß schadlos halten wollte [f]. 1483 wird er selbst von Hans DRECHSEL am 24. V. wegen 15 groß verklagt [g]. Ebenso verklagt ihn am 5. IX. 1486 sein Schwiegervater Hans I KRON auf 6 fl [h].

Am 21. IV. 1491 vertritt er die Rechte der Kinder des Andreas ZAN (sein Bruder?), deren Stiefvater die den Kindern gehörenden Harnische, Werkzeuge und Silberbecher widerrechtlich veräußert hatte [i].

1492 wird am 28. XI. Jakob ZAN von Marxen LOCHNER wegen ½ fl 20 groß Schulden angeklagt [k] und am 30. IV. 1495 verklagt ihn Ulrich PAWMANN um 5 kr 1 dn [l].

Da er in all diesen Jahren in den Steuerlisten außer der Kopfsteuer noch Vermögen besteuert, muß der Grund in den häufigen Klagen in seiner schlechten Zahlungsmoral zu sehen sein. Damit stimmt auch überein, daß er all die gegen ihn vor Gericht vorgebrachten Forderungen nach dem Rechtsentscheid sofort bezahlte und so von niemandem gepfändet wurde.

Am 25. I. 1494 muß er vor den Meistern der Zunft geloben, in Zukunft keinem mehr in seiner Werkstätte Arbeit zu geben, »der wider ein Handwerk arbeitet« [m]. Anscheinend hatte Jakob ZAN zur Durchführung größerer Handlangerarbeiten aus der Zunft ausgeschlossene Gesellen beschäftigt und sich dadurch mit billigerer Ausführung Vorteile verschafft. Ebenso wird er verpflichtet, auch keine Aufträge mehr für Leute anzunehmen, die Erzeugnisse von Malerwerkstätten auch in nicht handwerksgerechter Ausführung in Auftrag gaben, um billiger verkaufen zu können.

Diese Verpflichtung, die der Meister auf sich nehmen mußte, kennzeichnet nochmals seine Randstellung innerhalb der Zunft und seinen rein auf handwerkliche Arbeiten abzielenden Tätigkeitsbereich.

Quellen:
Stadtarchiv Augsburg, Reichsstadt
STB.: 1465, 24b; 1466, 23a; 1467, 23a; 1468, 21b; 1469, 23a; 1470, 25c; 1471, 24a; 1472, 24b; 1473, 22d; 1474, 20b; 1475, 20c; 1476, 21d; 1477, 24a; 1478, 24c; 1479, 24c; 1480, 24c; 1481, 24c; 1482, 25c; 1483, 25c; 1484, 25a; 1485, 25a; 1486, 25d; 1487, 26c; 1488, 28b; 1489, 26a; 1490, 27c; 1491, 27b; 1492, 24a; 1493, 26a; 1494, 29b; 1495, 28c; 1496, 30b; 1497, 27d; 1498, 31b; 1499, 34c; 1500, 37b; 1501, 37b; 1502, 37b; 1503, 38b; 1504, 37b; 1505, 36c; 1506, 37a; 1507, 36c; 1508, 36b; 1509, 36c; 1510, 37a; 1511, 37a; 1512, 37a; 1513, 38a; 1514, 37d; 1515, 38c; 1516, 39d; 1517, 40d; 1518, 38d; 1519, 40b;
SCH. Nr. 11,i (s. fol.) [b, c, d];
SCH. Nr. 72b, fol. 3v [a];
GRB. 1481, p. 210b [f];
GRB. 1486, p. 182b [h];
GRB. 1492, p. 336b [k];
US. Uk. v. 28. VI. 1477 [e];
SCH. Nr. 72c, fol. 77v [m];
GRB. 1483, p. 106b [g];
GRB. 1491, p. 114a [i];
GRB. 1495, p. 116a [l];

Literatur:
Vischer, Robert 1886, p. 578 [b] fehlerhaft; [c] p. 579 (d);
Hartig, Michael 1922, p. 91.

V. Chronologische Synopse des Personenkataloges

Um die zur gleichen Zeit lebenden Meister und deren Anwesenheit in Augsburg aufzufinden, sind die im vorausgegangenen Katalog angeführten Nummern tabellarisch unter den Jahreszahlen aufgeführt. Dabei sind diejenigen, für welche in dem entsprechenden Jahr Belege in Augsburg beigebracht werden konnten ohne, die, für welche sich kein Nachweis in der Stadt fand, mit einer Klammer angegeben.

Da im Katalog auch nicht zünftische Maler angeführt sind, stellt jedoch die folgende Tabelle keine Statistik über die Stärke der Malerzunft in Augsburg dar.

Jahr:	Personenkatalog Nr.:
1321	185;
. . . .	. . . .
1344	119, (185);
1345	(185);
1346	10, 16, 55, (85), 88, 110, 185;
1347	(10), (16), (55), (85), (88), (110), (185);
1348	(10), (16), (55), (85), (88), (110), (185);
1349	(10), (16), (55), (85), (88), (110), (185);
1350	(10), (16), (55), (85), (88), (110), (185);
1351	7, 10, (16), 55, 85, 88, 97, (98), (110), 137, 186;
1352	(7), (16), (55), (85), (98), (110), (186);
1353	(7), (16), (55), (85), (98), (110), (186);
1354	(7), (16), (55), (85), (98), (110), (186);
1355	7, (16), 22, 55, 85, 98, 99, 110, 186;
1356	7, (16), 22, 55, 85, (98), 99, (110), (186);
1357	7, (16), (22), 55, 85, (98), 110, 121, 186;
1358	7, (22), 55, 85, 110, (121), 181, 186;
1359	7, (22), 42, 55, 85, 110, 121, 181, 186;
1360	(7), (22), (55), (85), (110), (121), (181), (186);
1361	(7), (22), (55), (85), (110), (121), 180, (181), (186);
1362	7, (22), 33, 55, (85), (100), 110, (121), 181, 186;
1363	7, (22), 33, 55, 85, 100, 101, 110, 121, 181, 186;
1364	7, (22), 33, 55, 100, 101, 110, 121, 122, 155, 181, 186;
1365	7, (22), 33, 55, 100, 101, 110, (121), 122, 181, 186;
1366	(7), (22), 91, (101), (121), (122), (181);
1367	7, (22), 56, 101, 121, 122, 181;
1368	7, (22), 33, 56, 72, 89, 101, 121, 122, (181);
1369	(7), (22), (72), (89), (121), (122);
1370	(7), (22), (72), (89), (121), (122);
1371	(7), (22), (72), (89), (121), (122);
1372	(7), (22), (72), (89), (121), (122);
1373	(7), (22), (72), (89), (121), (122);
1374	(7), (22), (72), (89), (121), (122);
1375	(7), (22), (72), (89), (121), (122);
1376	7, (22), 72, 89, 121, (122), 172;
1377	7, 11, (22), 72, 89, 121, 122, 172;
1378	(7), (72), (89), (121), (122), (172);
1379	(7), (72), (89), (122), (172);

1380 7, 72, 89, 121, 122, 145, 172;
1381 (7), (72), (89), (121), (122), (145), (172);
1382 7, (72), (89), 120, 121, 122, 145, (172);
1383 7, 72, 89, 120, 121, 122, 145, (172);
1384 7, 121, 122, 145, (172);
1385 (7), (121), (122), (172);
1386 7, 121, 122, (172);
1387 (7), 109, (121), (122), (172);
1388 (7), (109), (121), (122), (172);
1389 7, (109), 121, 122, (172);
1390 7, 49, 109, 121, 122, 172;
1391 49, 121, 122, 172;
1392 49, 65, 121, 122, 125, 172;
1393 49, 65, 121, 122, 125, 172;
1394 49, 65, 122, 125, 172;
1395 49, 65, 122, 125, 172;
1396 (49), 65, 122, 125, 136, 172;
1397 (49), (122), 125, (136), 172;
1398 11, 45, (49), 122, 123, 125, (136), 172;
1399 (49), 118, 122, 125, (136), 172;
1400 49, 118, 122, (136);
1401 49, 118, 122, (136), (183);
1402 49, 118, 122, 136, (183);
1403 49, 118, 122, (183);
1404 49, 74, 118, 122, 183;
1405 (49), 74, 118, 122, 183;
1406 49, 74, 118, 122, 183;
1407 (49), 74, 122, 167, 183;
1408 13, 49, 74, 122, 183;
1409 (13), 49, 50, 74, 122, 144, 183;
1410 13, 33, 49, 50, 74, 122, 129, 144, 146;
1411 13, 23, 33, (49), 50, 74, 122, 129, 144;
1412 13, (23), 33, (49), 50, 74, 122, 129, 144;
1413 9, 13, 23, 33, 49, 50, 74, 122, 144;
1414 (9), 13, 23, 33, (49), 50, 74, 122, 144, 159, 162;
1415 9, (23), 33, 49, 50, 74, 122, 144, 159, 162;
1416 9, (23), 33, 46, 49, (50), 74, 116, 122, 144, 159;
1417 (23), 46, 49, (50), 116, 122, 159;
1418 (23), 34, 46, 49, 50, 116, 122, 159, (164);
1419 (23), (34), 46, 49, 50, 90, 116, 122, 159, (164);
1420 8, (23), 34, 46, 49, 50, 116, 122, (159), (164);
1421 (8), (23), (34), 46, 49, 50, 122, 159, (164);
1422 8, 23, (34), 46, 49, 50, 159, (164);
1423 8, (23), 27, (34), 46, 49, 50, 159, (164);
1424 8, (23), 27, (34), 46, 49, 50, 108, 159, (164), 189;
1425 8, (23), (25), (34), 46, 49, 50, 108, 159, (164), 189;
1426 8, (23), 27, (34), 46, 49, 50, 108, 159, (164), 189;
1427 8, 23, (27), (34), 46, 49, 50, 108, (164), 189;
1428 8, 23, 27, (34), 46, 49, 50, 108, (164), 174, 189;
1429 8, (23), 27, (34), 46, (49), 50, 108, (164), 189;

1430 8, (23), (34), 46, (49), 50, 108, 133, (164), 189;
1431 8, (23), (34), 46, (49), 50, 108, 133, (164), 189;
1432 8, (23), (34), 46, (49), 50, 108, (164), 189;
1433 8, (23), (34), 46, 49, 50, 60, 108, (164), 189;
1434 8, 23, (34), 46, 49, 50, 60, 70, 108, (164), 189;
1435 8, (23), (34), 46, 49, (50), 60, 108, (164), 189;
1436 8, (23), (34), 46, (49), 50, 60, 108, (164), 189;
1437 8, (23), (34), 46, (49), 50, 60, 108, (164), 189;
1438 8, (23), (34), 46, (49), 50, 60, 108, (164), 189;
1439 8, 23, (34), 46, (49), 50, 60, 108, (164), 189;
1440 8, (34), 46, (49), 50, 60, 108, (164), 189, 190;
1441 8, (34), 46, (49), 50, 60, 108, (164), 189, 190;
1442 8, (34), 44, 46, 49, 50, 60, 79, 108, 147, 148, 164, 175, 189, 190;
1443 8, (44), 46, (50), 60, 108, 189, 190;
1444 8, (44), 46, 50, 51, 60, 108, 188, 189, 190;
1445 8, (44), 50, 51, 60, 108, 188, 189, 190;
1446 8, (44), 50, 51, 60, (108), 161, 188, 189, 190;
1447 8, (44), 50, 51, 60, 73, (108), 140, 161, 188, 189, 190;
1448 8, 41, 44, 50, 51, 60, 73, 102, 108, 140, 161, 188, 189, 190;
1449 8, 41, 44, 50, 51, 52, 60, 73, 108, 140, 161, 188, 189, 190;
1450 (8), (41), (44), (50), (51), (60), 73, (108), (140), (161), (189), (190);
1451 8, 26, 41, 44, 51, 52, 60, 73, 108, 128, 140, 161, 189, 190;
1452 8, 26, 41, 44, 48, 51, 52, 60, 73, 128, 140, 161, 189, 190;
1453 8, 24, 26, 41, 51, 52, 60, 73, 128, 140, 161, 189, 190;
1454 8, 24, 26, 37, 41, 51, 52, 54, 60, 73, 128, 140, 161, 189, 190;
1455 8, 24, 26, 37, 41, 51, 52, 60, 73, 124, 128, 140, 161, 187, 189, 190;
1456 8, 24, 26, 37, 41, 51, 52, 60, 73, (124), 140, 161, 187, 189, 190;
1457 2, 8, 24, 26, 37, 41, 51, 52, 60, 73, (124), 140, 142, 161, 187, 189, 190;
1458 2, 8, 14, 24, 26, 37, 41, 51, 52, 60, 73, 124, 140, (142), 161, 187, 189, 190;
1459 2, 8, 14, 24, 26, 37, 41, 51, 52, 60, 73, 124, 140, (142), 161, 187, 189, 190;
1460 2, (8), 12, 24, 26, 32, 37, 41, 51, 52, 60, 73, 124, 140, (142), 157, 161, 187, 189, 190;
1461 2, (12), 24, 26, 37, 41, 51, 52, 60, 73, 124, 140, 142, 161, 187, 189, 190;
1462 2, (12), 24, 26, 37, 38, 41, 51, 52, 60, 73, 124, 140, 142, 161, 187, 189, 190;
1463 2, (12), (24), 26, (38), 41, 51, 52, 53, 60, 73, 140, 141, 142, 161, 187, 189, 190;
1464 2, (12), 24, 26, (38), 41, 51, 52, (53), 60, 73, 140, 141, 142, 161, 187, 189, 190;
1465 2, 12, 24, 26, (38), 41, 51, 52, (53), 60, 73, 140, 141, 142, 149, 161, 187, 189, 190, 193;
1466 2, 12, 17, 24, 26, (38), 41, 51, 52, (53), 60, 73, 103, 140, 141, 142, 161, 187, 189, 190, 193;
1467 2, 12, (17), 24, 26, 35, (38), 41, 51, 52, (53), 60, 73, 103, 140, 141, 142, 161, 187, 189, 190, 193;
1468 2, (12), (17), 24, 26, 35, 38, 41, 51, 52, 53, 60, 69, 73, 103, 140, 141, 142, (161), 187, 189, 190, 193;
1469 2, 12, 17, 24, 26, 35, (38), 41, 51, 52, (53), 60, 64, 73, 103, 140, 141, 142, (161), 187, 190, 193;
1470 2, 12, 17, 24, 26, 35, (38), 41, 51, 52, (53), 60, 64, 73, 103, 140, 141, 142, 161, 187, 190, 193;

1471 2, 17, 24, 26, 35, (38), 41, 51, 52, (53), 60, 64, 73, 75, (103), 140, 141, 142, 161, 170, 187, 190, 193;
1472 2, 17, 24, 26, 35, (38), 41, 51, 52, (53), 60, 64, 73, 75, (103), 111, 117, 140, 141, 142, 161, 170, 178, 187, 190, 193;
1473 2, 17, 24, 26, 35, (38), 41, 51, 52, (53), 59, 60, 64, 75, (111), 140, 141, 142, 170, 178, 187, 190, 193;
1474 2, 15, 17, 24, 26, 35, (38), 41, 51, 52, 53, 59, 60, 75, (111), 127, 140, 141, 142, 170, 178, 187, 190, 193;
1475 2, 15, 17, 24, 26, 35, 38, 41, 51, 52, 53, 59, 60, 75, (111), 140, 141, 142, 170, 178, 187, 190, 193;
1476 (15), 17, 24, 26, 35, (38), 41, 47, 51, 52, (53), 59, 60, 75, (111), 140, 141, 142, 170, 178, 187, 190, 193;
1477 (15), 17, 24, 26, 35, (38), 41, 47, 52, 53, 59, 60, 68, 75, 104, (111), 138, 140, 141, 142, 170, 176, 178, 187, 190, 193;
1478 (15), 17, 19, 24, 26, (35), (38), 41, 47, 52, 59, 60, 68, 75, 92, 104, (111), 140, 141, 142, (170), 178, 187, 190, 193;
1479 (15), 17, 19, 24, 26, 35, 38, 41, 52, 59, 60, 68, 75, 92, (111), 140, 141, 142, (163), 170, 178, 187, 190, 193;
1480 (15), 17, 19, 24, 26, 35, 38, 41, 52, 59, 60, 68, 71, 75, 81, 92, (111), 140, 141, 142, (163), 170, 178, 187, 190, 193;
1481 5, 15, 17, 19, 24, 26, 35, 38, 41, 52, 59, 60, 68, 71, 75, 81, 92, 111, 140, 141, 142, (163), 170, 173, 178, 187, 190, 193;
1482 5, 17, 19, 24, 26, 35, 38, 41, 52, 59, 60, 68, 71, 75, 81, 92, 95, 111, 140, 141, 142, (163), 170, 173, 178, 187, 190, 193;
1483 5, 17, 19, 24, 26, 35, 38, 41, 52, 59, (60), 68, (71), 75, 81, 92, 95, 141, 142, (163), 170, 178, 187, 190, 193;
1484 5, 17, 19, 24, 26, 35, 38, 41, 52, 59, (60), (66), 67, 68, (71), 75, 81, (92), (95), 141, 142, (163), 170, 178, 187, 190, 193;
1485 5, 17, 19, 24, (26), 35, 38, 41, 52, 59, (60), (66), 67, (68), (71), 75, 81, (92), (95), 141, 142, (163), 170, 178, 187, 190, 193;
1486 5, 17, 19, 24, 26, 35, 38, 41, 52, 59, 60, 66, 67, 68, 71, 75, 81, 92, (95), 141, 142, 143, 163, 170, 178, 187, 190, 193;
1487 5, 17, 19, 24, 26, 35, 38, 41, 52, 59, (66), 67, 68, 71, 75, 76, 81, 92, (95), 141, 142, 143, (163), 170, 178, 187, 190, 193;
1488 5, 17, 19, 24, 26, 38, 41, 43, 52, 59, 61, (66), 68, 71, 75, 76, 81, 92, (95), 141, 142, 163, 170, 178, 187, 190, 193;
1489 5, 17, 19, 24, 26, 38, 43, 52, 59, 61, 62, 66, 68, (71), 75, 76, 81, 92, (95), 141, 142, 163, 170, 178, 187, 190, 193;
1490 5, 17, 19, 24, 26, 38, 52, 59, 61, 62, (66), 68, (71), 75, 76, 81, 92, (95), 141, 163, 177, 178, 187, 190, 193;
1491 5, 17, 19, 24, 26, 38, 59, (61), (66), 68, (71), 76, 81, 92, (95), 141, 163, 178, 187, 190, 193;
1492 5, 17, 19, 24, 38, 59, (61), (66), 68, 71, 76, 81, 92, (95), 141, (163), 169, 178, 184, 187, 193;
1493 5, 17, 19, 24, 36, 38, 59, (61), 68, 71, (76), 81, 92, 93, (95), 112, 141, (163), 178, 184, 187, 193;
1494 5, 17, 19, 24, (36), 38, 58, 59, 61, 68, 71, 76, 81, 92, (93), (95), 112, 113, 131, 141, (163), 166, 178, 184, 187, 193;
1495 5, 19, 24, (36), 38, 58, 59, (61), 68, (71), 76, 81, 92, (93), (95), 112, 113, 131, 141, 152, 154, 156, 178, 184, 187, 193;

1496 5, 19, 24, (36), 38, 59, (61), 68, 71, 76, 81, 92, (93), (95), 112, 113, 115, (131), 141, 153, 178, 184, 187, 193;
1497 5, 19, 24, (36), 38, 59, (61), 68, 71, 76, 81, 83, 92, (93), (95), 112, 113, (115), (131), 141, 160, 178, 182, 184, 187, 191, 193;
1498 5, 19, 24, (36), 38, 39, 59, (61), 68, 71, 76, 81, (83), 92, (93), (95), 112, 113, (115), (131), 134, 141, 150, 160, 178, 184, 187, 191, 193;
1499 5, 19, 24, (36), 38, 39, (59), (61), 68, 71, 76, 81, (83), 92, (93), (95), 96, 112, 113, (115), (131), (134), 141, 160, 178, 184, 187, (191), 193;
1500 5, 19, 24, (36), 38, 39, 40, 59, (61), 68, 71, 76, 81, (83), 92, (93), (95), (96), 112, 113, (115), (131), 134, 141, 160, 178, 184, 187, (191), 193;
1501 5, 19, 24, (36), 38, 39, 40, 59, (61), 68, 71, 76, 81, (83), 92, 93, (95), 96, 112, 113, 115, (131), 134, 141, 160, 168, 178, 184, 187, 191, 193;
1502 5, 19, 24, 30, (36), 38, 39, 40, 59, 61, (68), 71, 76, 81, (83), 92, 93, (95), 96, 112, 113, (131), 135, 160, 178, 187, 191, 193;
1503 5, 19, 21, 24, 30, (36), 38, 39, 40, 59, (61), 68, 71, 76, 81, (83), 92, (95), 96, 112, 113, (131), 135, 160, 178, 187, 191, 193;
1504 5, 19, 21, 24, 30, (36), 38, 39, 40, 59, 61, 68, 71, 76, 81, (83), 92, 95, 96, 112, 113, 114, (131), 135, 160, 178, 179, 191, 193;
1505 1, 5, 19, (21), 30, (36), 38, 39, 40, 59, 68, 71, 76, 81, (83), 96, 105, 112, 113, 114, (131), 135, 160, 178, 191, 193;
1506 5, 19, (21), 30, (36), 38, 39, 40, 59, 68, 71, 76, 81, (83), 87, 96, 105, 112, 113, 114, (131), 135, 160, 178, 191, 193;
1507 5, 19, (21), 28, 30, (36), 38, 39, 40, 59, 71, 76, 81, (83), 87, (96), 105, 112, 113, 114, (131), 135, 160, 178, 191, 193;
1508 5, 19, (21), (28), 30, (36), 38, 39, 40, 59, 71, 76, 81, (83), 87, 96, 105, 112, 113, 114, (131), 135, 160, 178, 191, 193;
1509 5, 19, 21, 28, 30, (36), 38, 39, 40, 59, 71, 76, 81, (83), 87, 96, 112, 113, 114, 130, (131), 135, 160, 178, 191, 193;
1510 3, 5, 19, (21), 25, 28, 30, (36), 38, 39, 40, 57, 59, 71, 76, 80, 81, (83), 87, 96, 112, 113, 114, 130, 131, 135, 160, 178, 191, 193;
1511 3, 5, 19, (21), 25, (28), 30, (36), 38, 39, 40, 57, 59, 71, 80, 81, (83), 87, 96, 112, 113, 114, 130, 135, 160, 178, 191, 193;
1512 3, 5, 6, 19, 21, 25, 28, 30, (36), 38, 39, 40, 57, 59, 71, 80, 81, (83), 87, 96, 112, 113, 114, 130, 135, 160, 178, 191, 192, 193;
1513 3, 5, (6), 19, 21, 25, 28, 30, (36), 38, 39, 57, 59, 63, 71, 80, 81, (83), (87), 96, 112, 113, 114, 130, 135, 139, 160, 178, (191), 192, 193;
1514 3, 5, (6), (21), 25, 28, 30, (36), 38, 39, 57, 59, 63, 71, 80, 81, (83), (87), 96, 112, 113, 114, 130, 135, 160, 178, 191, 192, 193;
1515 3, 5, 6, (21), 25, 28, 30, 36, 38, 39, 57, 59, 71, 80, 81, (87), 96, 105, 112, 113, 114, 130, 135, 160, 178, 191, 192, 193;
1516 3, 5, 6, 21, 25, 28, 30, 38, 39, 57, 59, 71, 80, 81, 87, 96, 105, 112, 113, 114, 130, 135, 160, 178, 191, 192, 193;
1517 3, 5, 6, 21, (25), 28, 30, 38, 39, 57, 59, 80, 81, 87, 96, 105, 112, (113), 114, 130, 135, 160, 171, 178, 191, 192, 193;
1518 3, 5, 6, 21, (25), 28, 30, 38, 39, 57, 59, 80, 81, 87, 96, 105, 112, (113), 114, 130, 132, 135, 160, 171, 178, 191, 192, 193;
1519 5, 6, 21, 25, 28, 30, 38, 39, 57, 59, 80, 81, 87, 96, 105, 106, 112, (113), (114), 130, 135, 160, 171, 178, 191, 192, 193;
1520 4, 5, 6, 21, 25, 28, 30, 38, 39, 57, 59, 80, 81, 82, 96, 105, 112, (113), (114), 130, 135, 151, 160, 171, 178, 191, 192;

1521 4, 5, 6, 21, 25, 28, 30, 38, 39, 57, 59, 80, 81, (82), 96, 107, 112, (113), (114), 130, 135, 151, 160, 165, 171, 178, 191, 192;
1522 4, 5, 21, 25, 28, 30, 38, 39, 57, 59, 80, (82), 84, 96, 107, 112, (113), (114), 130, 135, 151, 160, 165, 171, 178, 191, 192;
1523 4, 5, 18, 21, 25, 28, 30, 38, 39, 59, 80, (82), 96, 107, 112, (113), (114), 130, 135, 151, 160, 165, (171), 191, 192;
1524 (4), 5, 18, 21, 25, 28, 30, 39, 59, 80, (82), 94, 96, 107, 112, (113), (114), 130, 135, 151, 160, 165, 171, 191, 192;
1525 (4), 5, (18), 21, 25, 28, 30, 31, 39, 80, (82), (94), 96, 107, 112, (114), 130, 135, 151, 160, 165, 171, 191, 192;
1526 4, 5, (18), 21, 25, 28, 30, 31, 39, 80, (82), (94), 96, 107, 112, (114), 130, 135, 151, 160, 165, 171, 191, 192;
1527 4, 5, (18), 21, 25, 28, 30, (31), 39, 80, (82), (86), (94), 96, 107, 112, (114), 126, 130, 135, 151, 160, 165, 171, 191, 192;
1528 4, 5, 18, 20, 21, 25, 28, 30, (31), 39, 80, (82), (86), (94), 96, 107, 112, (114), 130, 135, 151, 158, 160, 165, 171, 191, 192;
1529 5, (18), (20), 21, 25, 28, 30, (31), 39, 80, (82), (86), (94), 96, 107, 112, (114), 130, 135, 158, 160, 165, 171, 191, 192;
1530 5, (18), (20), 21, 25, (28), 30, (31), 39, 80, (82), (86), (94), 96, 107, 112, (114), (130), 135, 158, 160, 165, 171, 191, 192;

VI. Werkstattschemata

Die Werkstattschemata greifen exemplarisch die verschiedenen Verbindungen der einzelnen Meister untereinander auf. Sie haben in erster Linie die Aufgabe, die Struktur wie auch die in den Abschnitten »Werkstattverbindungen« des Personenkataloges angeführten Einzelzusammenhänge optisch klar darzustellen. Auf keinen Fall ersetzen die Schemata aber die unter den einzelnen Meistern aufgeführten achivalischen Belege.

Um die komplexen Verhältnisse einigermaßen richtig wiederzugeben, gilt, daß die Linie der Schemata für die einzelnen Personen immer von oben nach unten läuft (chronologische Abfolge). So gilt auch für die genannten »Verhältnisse«, daß diese immer die Stellung der unteren Person zur oberen angeben. Wohngemeinschaften, Nachbarschaften und Zusammenarbeiten werden durch direkte Linien gekennzeichnet, wobei sie jeweils diejenigen Meister betreffen, deren chronologische Linie sie schneiden.

Die Daten bei den Meisternamen bezeichnen Gerechtigkeitserwerg und Todestag (bzw. Abwanderung), die der Lehrknaben das Jahr der Vorstellung vor der Zunft. Bei den übrigen angeführten Bestimmungen nennen sie das Jahr des Beginns und des Endes der Beziehung u. a.

Die Berufsrichtung der angegebenen Personen sind, wenn nicht anders gekennzeichnet, wie folgt zu erklären:

Maler	●	Bildhauer	□
Glaser	○	Goldschlager	▲
Illuministen	■	nicht bestimmt	△

Bei belegter verschiedener Berufsbezeichnung wird dies durch Häufung der Farbsymbole kenntlich gemacht.

Nr. I Die Werkstätte der Familie APT und ihrer Schüler BREU und MAURMÜLLER

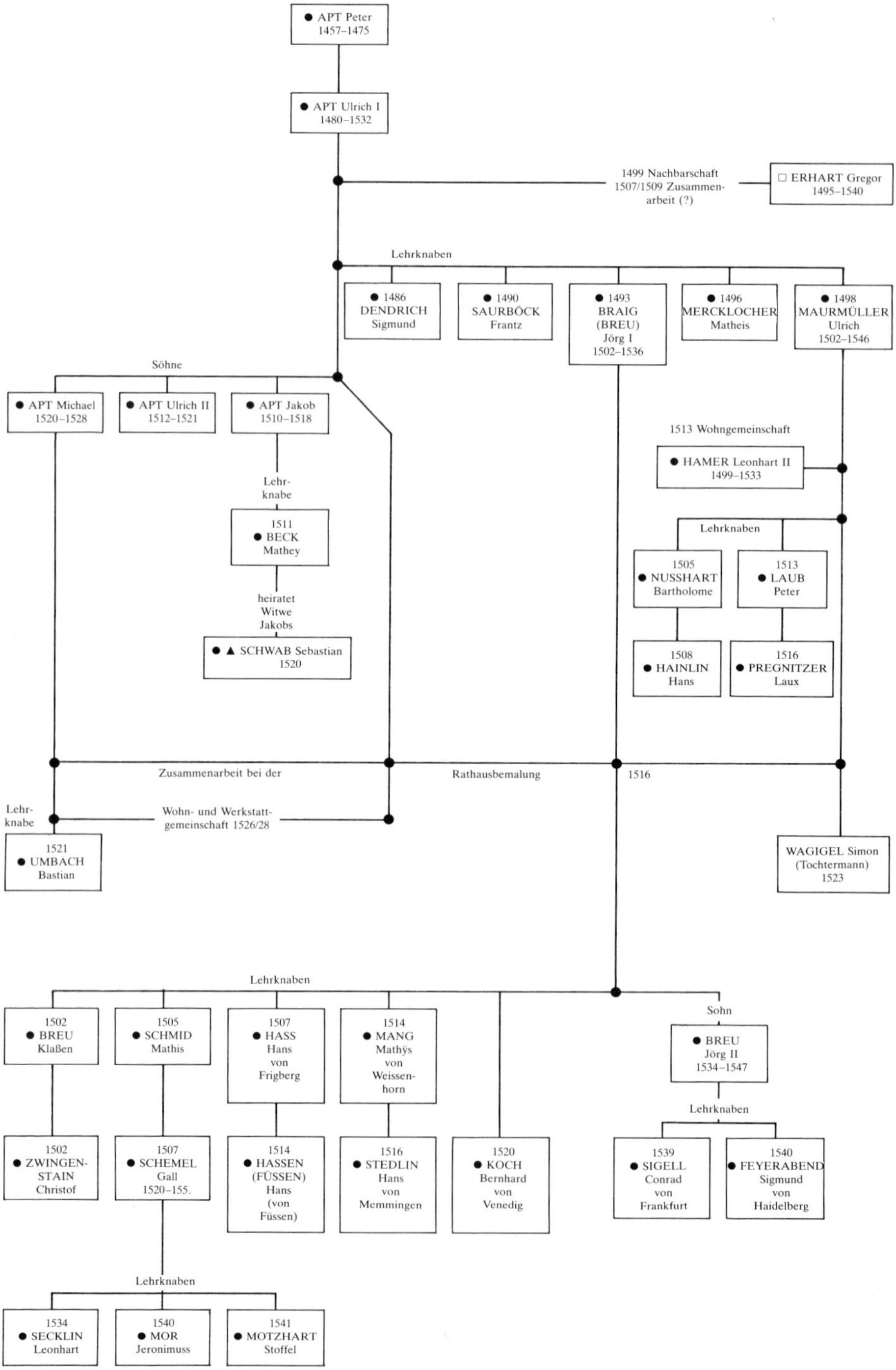

Die Werkstätte dieser Familie nimmt, nachdem noch Apt Peter als Habnit-Handwerker sein Leben fristete, unter der Meisterschaft Ulrich I Apts einen steilen Aufstieg, der sich in der Zeit vor 1500 auch in der regelmäßigen Lehrknabenvorstellung widerspiegelt. Nach 1500 scheinen dann die Söhne des Meisters in der Ausbildung gestanden zu sein, da keine weiteren Lehrknaben mehr vorgestellt werden.

Dennoch brach der Lehrherr die Beziehung zu seinen in Augsburg ansässigen Schülern nicht ab, mit denen er 1516 den Großauftrag der Rathausbemalung ausführte, wodurch sich ein gewisses Zusammengehörigkeitsgefühl innerhalb seiner »Schule« zeigt. Den Kontakt mit den beiden älteren Söhnen scheint er aber nicht auf das handwerkliche Gebiet mit ausgedehnt zu haben, da sich keinerlei Verbindung zu diesen nach deren Gerechtigkeitserwerb mehr nachweisen läßt.

Der jüngste Sohn, der auch bei dem Großauftrag als Geselle mitarbeitete, zieht 1526 zu seinem Vater zurück, worin sich eine angestrebte Werkstattübernahme erkennen läßt. Da aber Ulrich I Apt auch diesen, wie seine beiden anderen Söhne überlebt, erlischt die Werkstätte, die nur indirekt in der seines Schülers Breu Jörg I und dessen Lehrknaben weiterwirkte und innerhalb der Stadt noch in den folgenden Jahrzehnten eine Traditionslinie entwickeln konnte.

Dabei dürfte sich aber diese Linie nur auf die Werkstattabstammung begrenzen, da schon Jörg I Breu eine zu selbständige Persönlichkeit darstellt, als daß man in dieser Abfolge auch eine stilistische Abhängigkeit annehmen könnte. Sicher ist dagegen die Übernahme der Tradition von Großaufträgen und speziell von Wandmalereien für die Werkstätten Maurmüllers und Breus zugrundezulegen, wobei sich die Tätigkeit des ersteren aber hauptsächlich in einfacheren handwerklichen Arbeiten erschöpfte.

Für die Augsburger Malerschaft stellt dieser Werkstättenverband die beherrschende Gruppe von Meistern in der Stadt dar, welche in den ersten Jahrzehnten des XVI. Jahrhunderts auf dem Gebiet der Monumentalmalerei wirkten.

Nr. II Die Werkstätte der Familie Beck

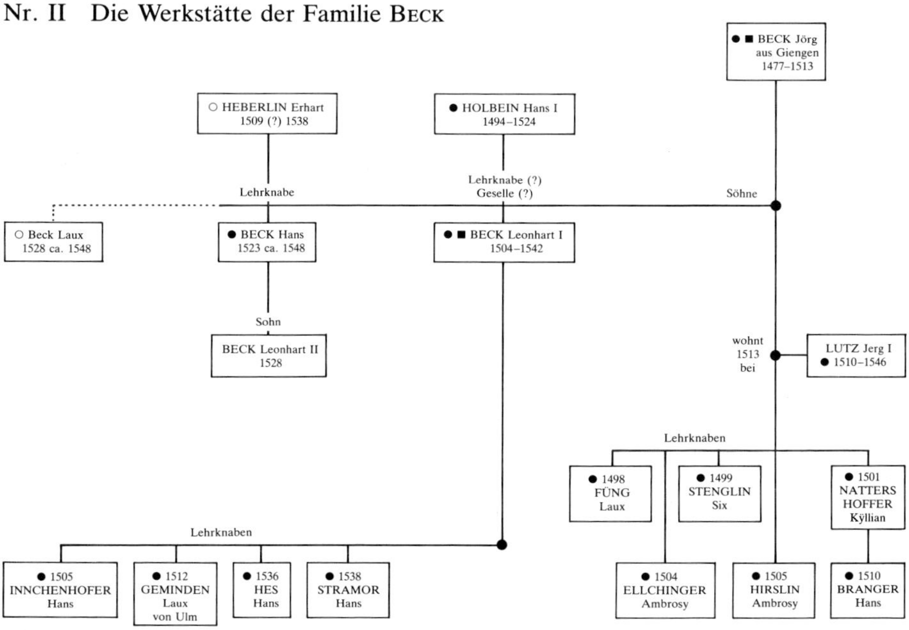

Der aus Giengen einwandernde Illuminist Jörg Beck bleibt außer den Aufträgen aus dem Kloster St. Ulrich und Afra bis zu seinem Lebensende ohne direkten Kontakt zu zünftischen Werkstätten. Auch seine Lehrknaben lassen sich nicht in Augsburg nieder.

Sein Sohn Leonhart I, der sich 1501 in Verbindung mit Hans I Holbein in Frankfurt nachweisen läßt, beginnt nach seiner Rückkehr in Augsburg eine eigene Werkstätte, welche nach dem Ausscheiden Ulrich I Apts sogar eine führende Rolle zu übernehmen vermag, die jedoch ohne Nachfolge in Augsburg bleibt.

Beck Hans nimmt durch seine Lehre bei dem Glaser Heberlin Erhart eine Stellung zwischen den Handwerken ein, wobei er jedoch keine eigene Werkstatt größeren Ausmaßes um sich aufzubauen vermag.

Die Struktur zeigt eine offene Familienwerkstätte, die nach dem Tode der einzelnen Meister in der zweiten Generation erlischt.

Nr. III Die Werkstätte der Familie Burgkmair

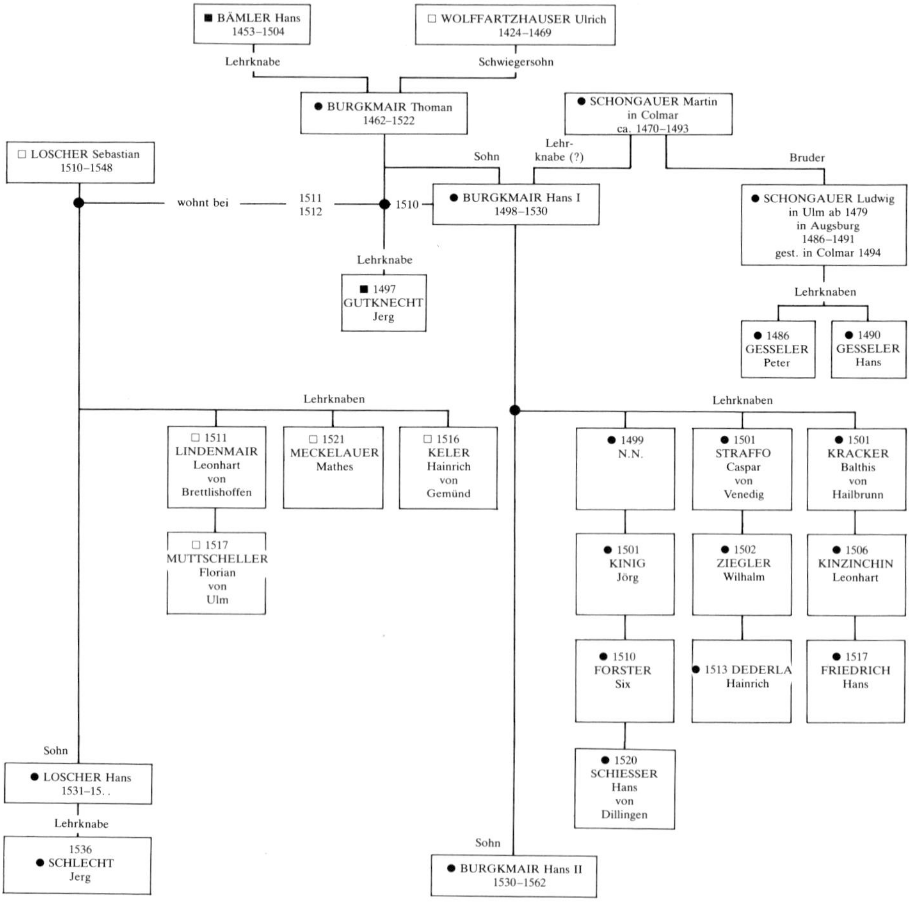

BURGKMAIR Thoman entwächst der Werkstätte des Schreibers und Druckers BÄMLER Hans und bindet sich durch seine Ehe an den innerhalb der Zunft angesehenen Bildhauer WOLFFARTZHAUSER. Neben der Mitarbeit bei den Bischofsbildnissen im Dom, wo er mit Peter KALTENOFEN in Kontakt kam (hier nicht angeführt, da es sich dabei um Einzelbilder handelte), läßt sich für ihn kein Arbeitskontakt mit anderen Malern nachweisen. Während sein einziger bekannter Lehrknabe 1515 als Illuminist, Novize in Tegernsee, nachweisbar ist, hat sein Sohn Hans I BURGKMAIR in Colmar mit der Werkstatt Martin SCHONGAUERS Kontakt, der mit Augsburg durch seinen Bruder Ludwig und dessen hiesige Werkstätte verbunden ist.

Hans I BURGKMAIR läßt sich nach seiner Meisterschaft in Augsburg in der Nähe seines Vaters nieder, wo er, gefördert durch Conrat PEUTINGER, eine Werkstätte mit einer großen Anzahl von Lehrknaben betrieb. Vater und Sohn werden gemeinsam durch den Bildhauer Sebastian LOSCHER verbunden, der zunächst ein Jahr bei Thoman BURGKMAIR wohnte. Jedoch scheint diese Verbindung nicht über die Wohngemeinschaft hinaus Bestand zu haben, da die Werkstätte LOSCHERS keinen weiteren Kontakt zu ihnen pflegt.

Die Werkstätte Hans I BURGKMAIRS, die keinen ihrer Schüler in Augsburg zu halten vermag, lebt in der nächsten Generation in seinem Sohn Hans II fort, der wie sein Vater isoliert von den übrigen zünftischen Betrieben nun ohne die Unterstützung eines PEUTINGER und ohne die künstlerischen Fähigkeiten seines Vaters keine größere Werkstätte mehr betreiben kann.

Die Struktur zeigt die Generationenfolge von auf sich gestellten Meistern, denen es nicht gelingt, einen Schülerkreis in Augsburg zu halten.

Nr. IV Der Verband der Malersippe von KETZ

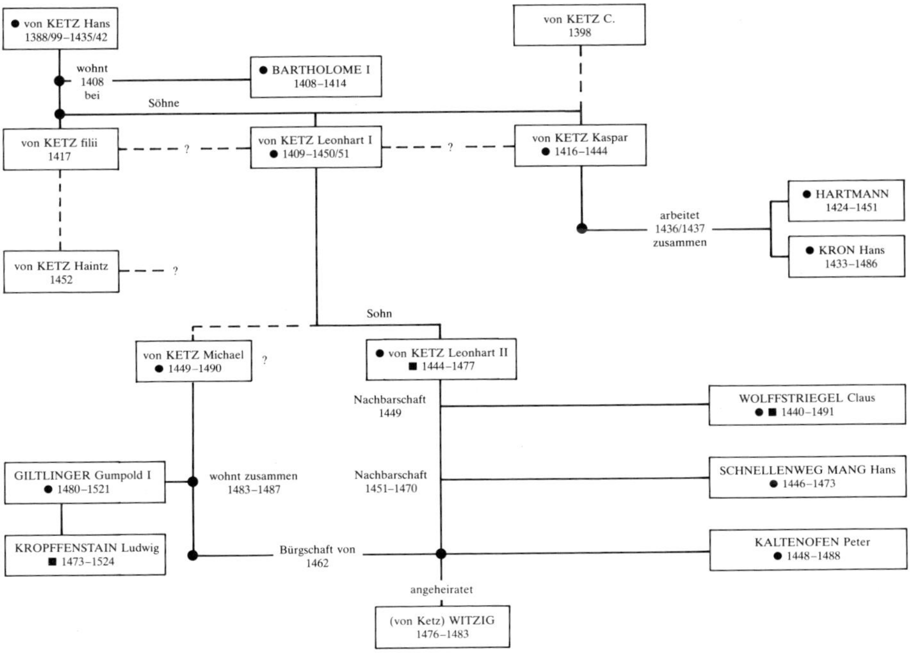

Der Sippenverband der Familie von Ketz stellt in der Folge dreier Generationen Meister. Als früheste beständige Abfolge von Werkstätten bildet er den Kern der eingesessenen Augsburger Malerschaft, deren größtes künstlerisches Vermögen sich schon in der zweiten Generation erschöpfte. Dennoch zeigen sich auch die letzten, mehr handwerklich orientierten Mitglieder des Verbandes mit ihren Kontakten zu anderen Künstlern in Augsburg fest integriert, was in erster Linie auf ihre, durch die Tradition der Zunft gefestigte Stellung zurückzuführen ist. Die Werkstätte erlischt, als die letzten Vertreter ohne männlichen Nachwuchs sterben.

Nr. V Die Werkstätte Kron/Zan

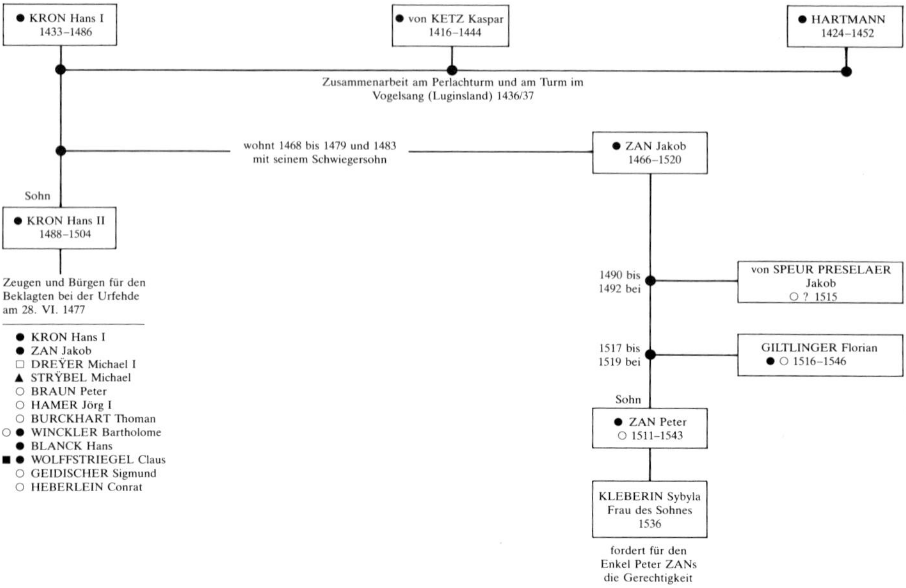

Die Werkstätte Hans I Krons, welche, wie der Auftrag der Perlachturmbemalung zeigt, auch gehobenerer Arbeit gewachsen war, lebt, nachdem Hans II Kron sich trotz der Unterstützung durch die Zunftgenossen aus dem Handwerk zurückzog, nur mehr in dem Schüler (?) und Schwiegersohn Jakob Zan, der nur kurzfristige Kontakte zu anderen Werkstätten pflegte, fort, ohne in den folgenden Generationen einen weiteren Anschluß zu finden.

Nr. VI Die Gruppe der Werkstätten um die Familie Furtennagel

Die Werkstätte Jörg I Furtennagels lebt nach dessen frühem Tod in seinem Schüler Jörg I Sorg fort, welcher die Stellung des Stadtmalers wie auch die Führung des Handwerks in der Zeit nach dem Zunftregiment erlangt. Während Laux Furtennagel nach seiner Ausbildung bei Leonhart II Hamer, der das Haus des alten Meisters erworben hatte, Augsburg fast für sein ganzes Leben verläßt, beginnt Jerg II Furtennagel, der mit seinen Geschwistern und seiner Mutter unter der Pflege des Gold-

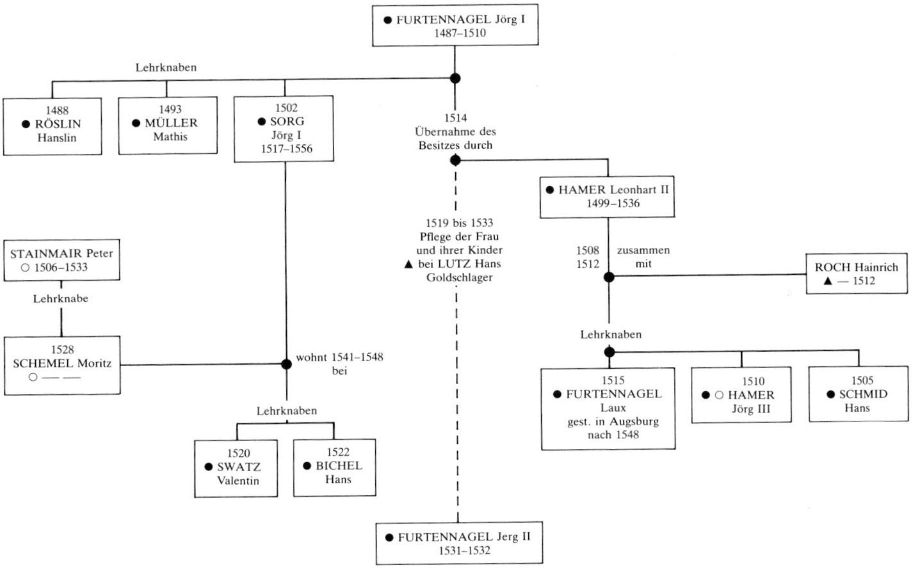

schlagers Hans Lutz gestanden hatte, eine neue Werkstätte. Der Aufgriff der Familientradition wird jedoch durch seinen frühen Tod zunichte gemacht.

Nr. VII Die Werkstätte Giltlinger/Knoder

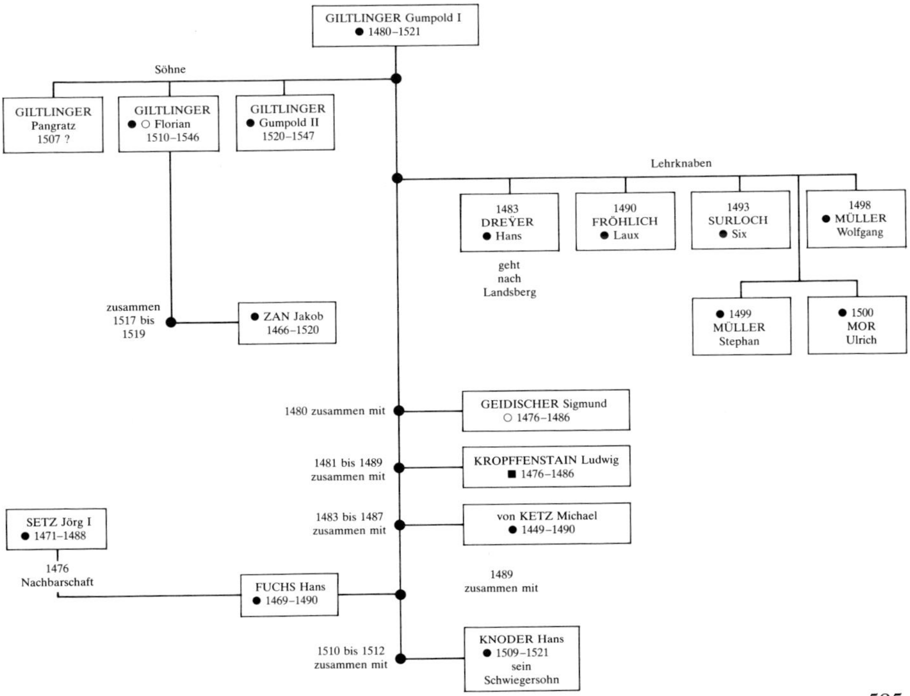

Gumpold I GILTLINGER ist als stärkere Persönlichkeit mit einer eigenen großen Werkstätte zu sehen. Keiner seiner Schüler läßt sich jedoch in Augsburg nieder. So bleiben seine drei Söhne die einzige Nachfolge seiner Werkstätte, ohne daß sie deren Bedeutung erlangen. In den ersten zehn Jahren seiner Tätigkeit lassen sich mehrere Verbindungen zu anderen Meistern nachweisen, die dann abbrechen, als seine Söhne in die Ausbildung kommen und die Werkstätte sich als Familienbetrieb zu gestalten schien. Dazu stößt einzig der eingeheiratete Hofmaler Hans KNODER, der noch vor dem Tode seines Schwiegervaters Augsburg verläßt, so daß es zu keiner Fortsetzung, außer in den Werkstätten seiner Söhne, kommt.

Nr. VIII Die Werkstätte der Familie HOLBEIN

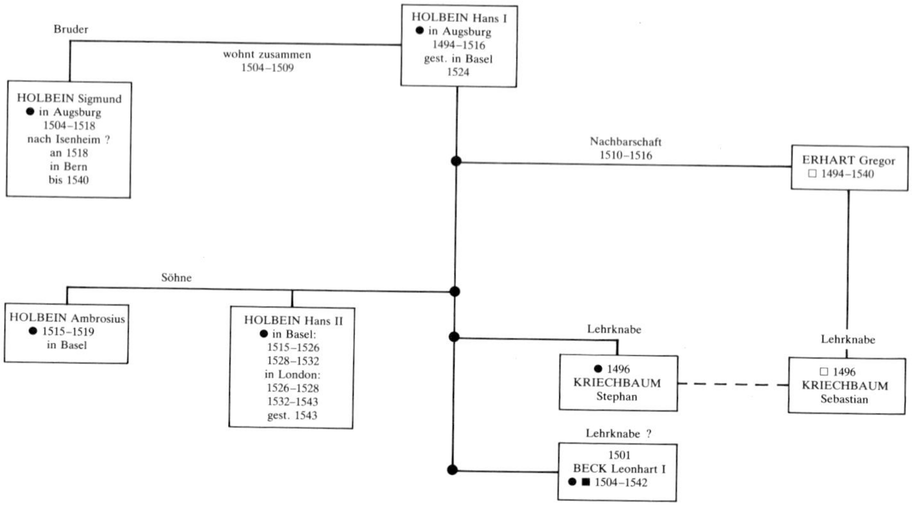

Außer den Beziehungen zu dem Bildhauer Gregor ERHART, die aufgrund eines Verwandtschaftsverhältnisses bestanden, ist für Hans I HOLBEIN kein Kontakt zu anderen zünftischen Meistern nachzuweisen. Auch der einzige bezeugte Lehrknabe scheint aus Verwandtschaftsgründen zu ihm gekommen zu sein. So stützt er sich ganz auf die Mitarbeit seines Bruders Sigmund und fortgeschrittener Gesellen, wie z. B. Leonhart I BECK.

Nachdem seine Söhne bereits 1515 abgewandert waren, geht auch der völlig isoliert stehende und wirtschaftlich labile Meister 1517 ebenfalls, ohne Zunft und Bürgerrecht aufzugeben. 1518 verläßt auch Sigmund HOLBEIN, welcher zwischenzeitlich bei dem Goldschmied Silvester NATAN wohnte, Augsburg, so daß nur noch die nicht in der Kunst tätigen Familienmitglieder zurück blieben.

Abbildungen

Nachweis der Abbildungen

Bayerisches Landesamt für Denkmalpflege, Photo Sowieja:
Abb.: 3, 4, 5, 6, 7, 103;

Bayerisches Landesamt für Denkmalpflege, Photoarchiv:
Abb.: 80, 81, 82, 83, 86, 87, 88;

Fugger'sche Stiftungsadministration:
Abb.: 58;

Pfarrarchiv St. Anna, Augsburg:
Abb.: 41, 44, 90, 92, 95;

Stadt Augsburg, Städtische Kunstsammlungen:
Abb.: 68, 69, 78, 79, 100, 104, 105;

Stadt Augsburg, Stadtbildstelle:
Abb.: 67, 109, 112;

Zentralinstitut für Kunstgeschichte, München, Photothek, Nachlaß Buchner:
Abb.: 66;

Nach Dirr, Pius 1908:
Abb.: 102;

Nach Knorre, Eckhard 1975, Sonderdruck:
Abb.: 62.

Alle anderen Abbildungen vom Verfasser.

Soweit nicht vermerkt stammen alle Aufnahmen aus den Jahren 1978 bis 1980.

Abb. 1
Schmerzensmann, Dom,
Ostkrypta
(Objekt Nr. 1).

Abb. 2
Schmerzensmann, Dom,
Westchor
(Objekt Nr. 2).

Abb. 3 Hirschjagd, Pfettnerhaus (Objekt Nr. 3, I).

Abb. 4
Reiter mit Jagdhund, Detail der Hirschjagd, Pfettnerhaus (Objekt Nr. 3, I).
▶

Abb. 5
Jagdherr, Detail der Hirschjagd, Pfettnerhaus (Objekt Nr. 3, I).
▶

Abb. 6 Fragment einer Hirschjagd, Pfettnerhaus (Objekt Nr. 3, II).

Abb. 7 Bildnisse berühmter Männer, Pfettnerhaus (Objekt Nr. 4).

Abb. 8 Marientod (Kopie von A. Brandes, 1913), ehem. Dominikanerkirche (Objekt Nr. 5).

Abb. 9 Märtyrerbischof, Dom, Westkrypta (Objekt Nr. 7).

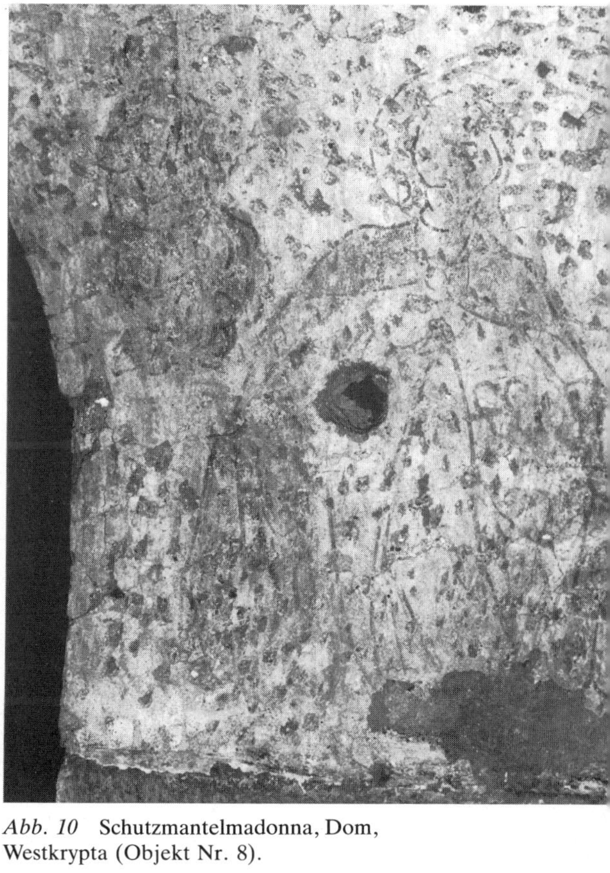

Abb. 10 Schutzmantelmadonna, Dom, Westkrypta (Objekt Nr. 8).

Abb. 11 Limbusfragment, Dom, Westkrypta (Objekt Nr. 9).

Abb. 12 Maria am Grabe mit Engel, Dom, Westkrypta (Objekt Nr. 10).

Abb. 13 Kreuzigungsgruppe mit Petrus und Paulus, Dom, Ostkrypta (Objekt Nr. 12).

Abb. 14 Rankenwerk mit Vögeln, St. Anna, Fuggerchor (Objekt Nr. 13).

Abb. 15 Rankenwerk (Kopie von K. Nicolai, 1944), ehem. Weite Gasse (Objekt Nr. 14).

Abb. 16 Turnierkampf, Detail des ersten Kämpferpaares, ehem. Stettenhaus (Objekt Nr. 15).
Abb. 17 Turnierkampf, Detail des zweiten Kämpferpaares, ehem. Stettenhaus (Objekt Nr. 15).

Abb. 18 Turnierkampf, Detail des dritten Kämpferpaares, ehem. Stettenhaus (Objekt Nr. 15).
Abb. 19 Turnierkampf, Detail des vierten und fünften Kämpferpaares, ehem. Stettenhaus (Objekt Nr. 15).

Pausen gotischer Malereien aus der Plansammlung des Stadtarchives.

Abb. 20
Verkündigung (Objekt Nr. 16).

Abb. 21
Fragment einer Verkündigung (Objekt Nr. 17).

Abb. 22
Anbetung der Könige (Objekt Nr. 18).

Abb. 23
Kindermord und Flucht nach Ägypten (Objekt Nr. 19).

▲ *Abb. 24* Ölbergszene (Objekt Nr. 20).

Abb. 25 Kreuzigung (Objekt Nr. 21). ▶

Pausen gotischer Malereien aus der Plansammlung des Stadtarchives.

▼ *Abb. 26* Heimsuchung (Objekt Nr. 22).

Abb. 27 Stehende Heilige (Objekt Nr. 23). ▼

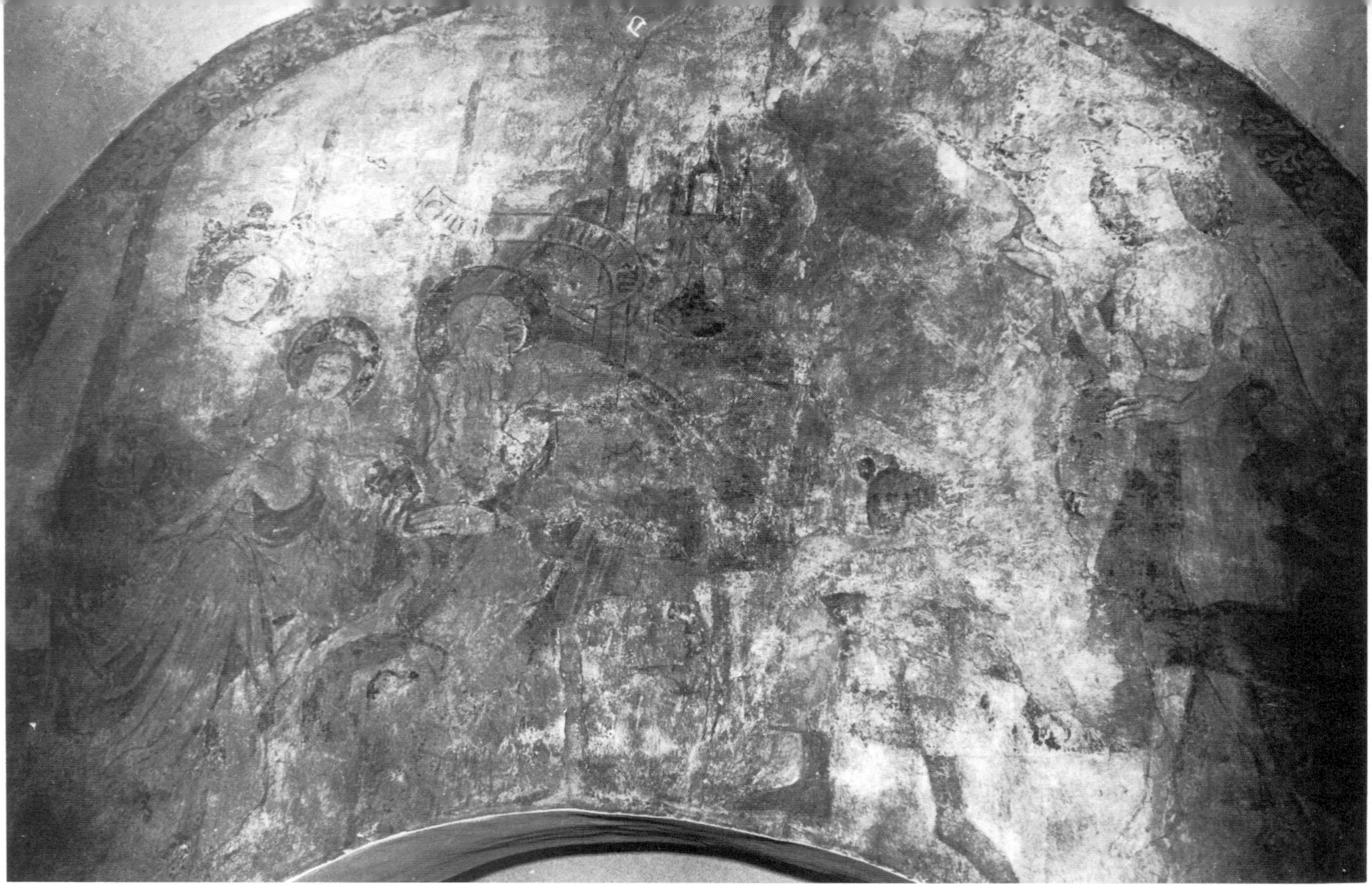

Abb. 28 Anbetung der Könige, St. Peter am Perlach (Objekt Nr. 24).

Abb. 29
St. Oswald.

Abb. 30
St. Jakobus der Ältere.

Abb. 31
»Josep der Dramer«.

Die Chorheiligen des Hirn'schen Grabhauses (Objekt Nr. 25, I-VI).

Abb. 32
St. Nikolaus.

Abb. 33
St. Martin

Abb. 34
St. Thomas

▲ *Abb. 35*
St. Helena.

Der Helenazyklus des Hirn'schen Grabhauses (Objekt Nr. 26, I-IV).

Von oben nach unten:

Abb. 36
Die Befragung der Juden.

Abb. 37
Die Kreuzfindung.

Abb. 38
Die Kreuzprobe.

Abb. 39 Die Bekehrung des Hermogenes, Hirn'sches Grabhaus (Objekt Nr. 28).

▲ *Abb. 40* Die Bekehrung des Hermogenes, Ausschnitt mit der Gruppe um Jakobus, Hirn'sches Grabhaus (Objekt Nr. 28).

Abb. 41 Die Bekehrung des Hermogenes, Zustand 1912, Hirn'sches Grabhaus (Objekt Nr. 28). ▶

Abb. 42 Dreikönigsbild und Pilatusfragment, Hirn'sches Grabhaus (Objekt Nr. 29 und 30).

Abb. 43 Pilatusfragment, Hirn'sches Grabhaus (Objekt Nr. 30).

Abb. 44 Dreikönigsbild und Pilatusfragment, Zustand 1912, Hirn'sches Grabhaus (Objekt Nr. 29 und 30).

Abb. 45 Ornament am Hermogenesbild (Objekt Nr. 28).

Abb. 46 Ornament am Passionsbild (Objekt Nr 31).

Abb. 47 Ornament am Passionsbild (Objekt Nr 31).

Abb. 48 Passion Christi, Hirn'sches Grabhaus (Objekt Nr. 31).

Abb. 49 Geißelung, Detail des Passionsbildes, Hirn'sches Grabhaus (Objekt Nr. 31, III).

Abb. 50 Wandsystem, Hirn'sches Grabhaus (Objekt Nr. 32).

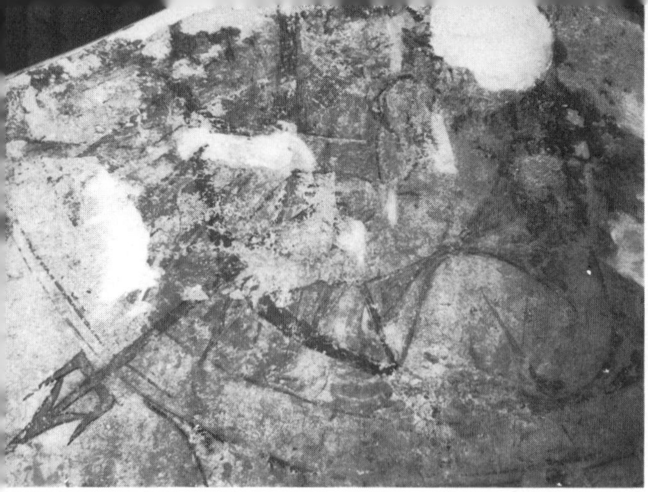

Abb. 51 Gottvater, Detail des Pestmadonnenbildes (Objekt Nr. 33).

Abb. 52 Schutzmantelmaria, Detail des Pestmadonnenbildes (Objekt Nr. 33).

Die Bilder der Elisabethkapelle des ehem. Kaisheimer-Hofes

Abb. 53 Engel mit Notenblatt (Objekt Nr. 35).

Abb. 54 Engel mit Schriftband (Objekt Nr. 34).

Abb. 55 Myrrhophoren, Dom, Westchor (Objekt Nr. 36).

▲ *Abb. 56* Abendmahlfragment, Dom, Lukaskapelle (Objekt Nr. 37).
Abb. 57 Kreuzigung, Goldschmiedekapelle, Sakristei (Objekt Nr. 38). ▲
◀ *Abb. 58* St. Leonhard, ehem. Leonhardskapelle (Objekt Nr. 39).
Abb. 59 Fragment der Legende eines Hl. Diakons, St. Peter am Perlach (Objekt Nr. 40). ▼

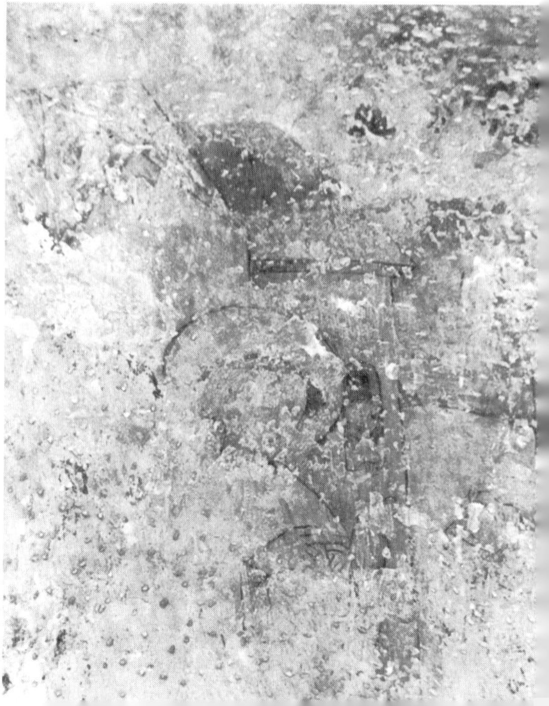

Abb. 60 Legende eines Hl. Bischofs, St. Peter am Perlach (Objekt Nr. 41).

Abb. 61 Kreuzigung, Vogeltor (Objekt Nr. 42).

Abb. 62 Madonna mit Kind und den Hl. Ulrich und Afra (Kopie von Simnacher 1709), ehem. Predigtkirche St. Ulrich (Objekt Nr. 43).

Abb. 63 Schildbogen mit der Ölbergsszene, dem Gleichnis der klugen Jungfrauen und dem Engelssturz, St. Anna, Kreuzgang (Objekt Nr. 44).

Abb. 64 Schildbogen mit der Gefangennahme Christi und Legendenfragmenten, St. Anna, Kreuzgang (Objekt Nr. 45).

Abb. 65 Schildbogen mit der Grablegung Christi und Legendenfragmenten, St. Anna, Kreuzgang (Objekt Nr. 46).

Abb. 66 Marientod, Zustand ca. 1900, ehem. St. Jakob (Objekt Nr. 47).

Abb. 67 Kreuzigung, Zustand bei der Aufdeckung, St. Gallus (Objekt Nr. 48).

Abb. 68 Kreuzigung, Zustand 1953, St. Gallus (Objekt Nr. 49).

Abb. 69 Magdalenenzyklus, Kommunion und Grablegung der Magdalena, ehem. St.-Katharinen-Kirche (Objekt Nr. 50, I und II).

◄ *Abb. 70* Magdalenenzyklus, Meerwunder der Magdalena, ehem. St.-Katharinen-Kirche (Objekt Nr. 50, III).

► *Abb. 71* Antoniuszyklus, Vision des Antonius Abbas, ehem. St.-Katharinen-Kirche (Objekt Nr. 51, I).

Abb. 72 Antoniuszyklus, die Schwäche des Antonius Abbas, ehem. St.-Katharinen-Kirche (Objekt Nr. 51, II).

Abb. 73 Antoniuszyklus, der Tod des Antonius Abbas, ehem. St.-Katharinen-Kirche (Objekt Nr. 51, III).

Abb. 74 Weltenrichter,
Dom, Westkrypta (Objekt Nr. 52).

Abb. 75 Marienkrönung,
Dom, Westkrypta (Objekt Nr. 53).

Abb. 76 Grablegung,
Dom, Westkrypta (Objekt Nr. 54).

Abb. 77 Prophetenbüsten,
St. Anna, Lettnergewölbe (Objekt Nr. 56).

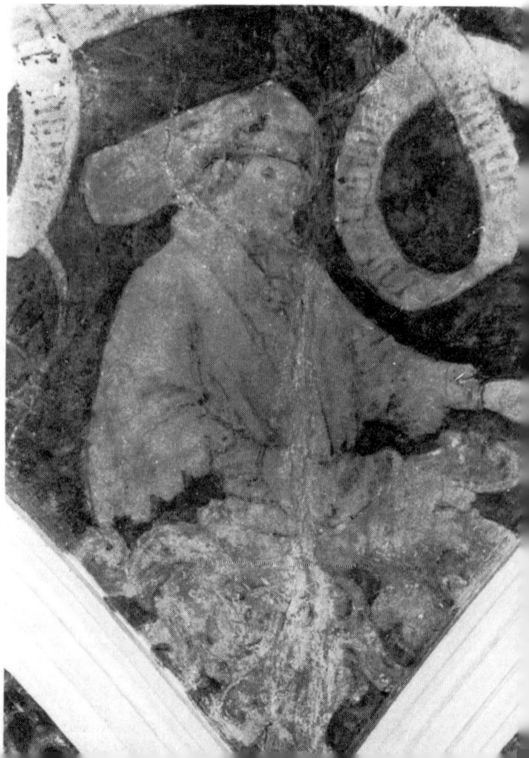

Abb. 78 Engel einer Krippennische, Zustand 1945, St. Anna, Taufchor (Objekt Nr. 57).

Abb. 79 Engel einer Krippennische, Zustand 1945 St. Anna, Taufchor (Objekt Nr. 57).

▲ *Abb. 80* Abel, Zustand 1934
(Objekt Nr. 58, I.6).

Abb. 81 Kain, Zustand 1934
(Objekt Nr. 58, I.6). ►

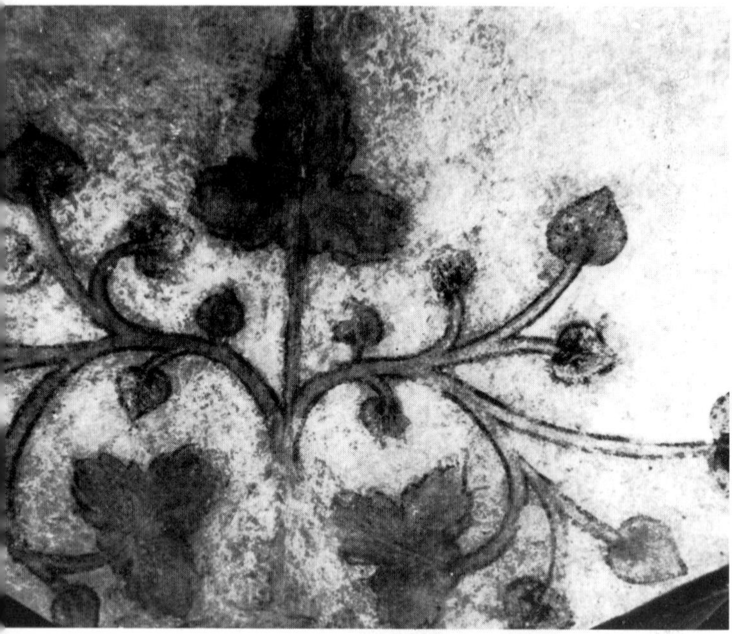

◄ *Abb. 82* Ornament,
Zustand 1934
(Objekt Nr. 58, I.9).

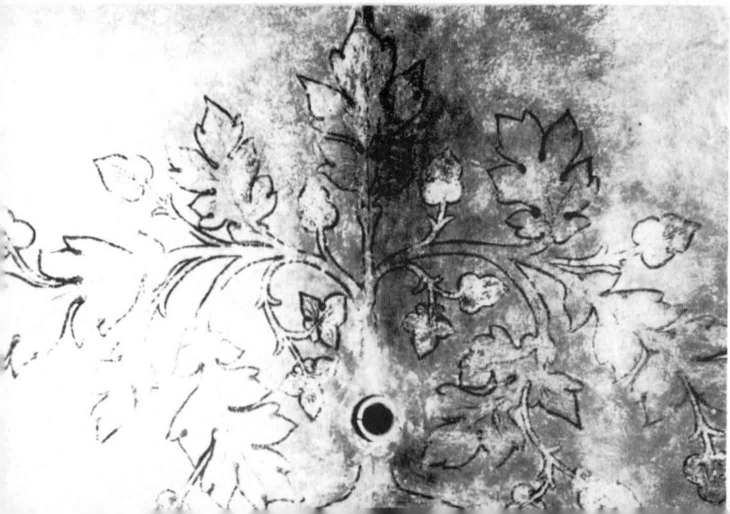

◄ *Abb. 83* Ornament,
Zustand 1934
(Objekt Nr. 58, I.11).

Die Gewölbemalereien im Dom

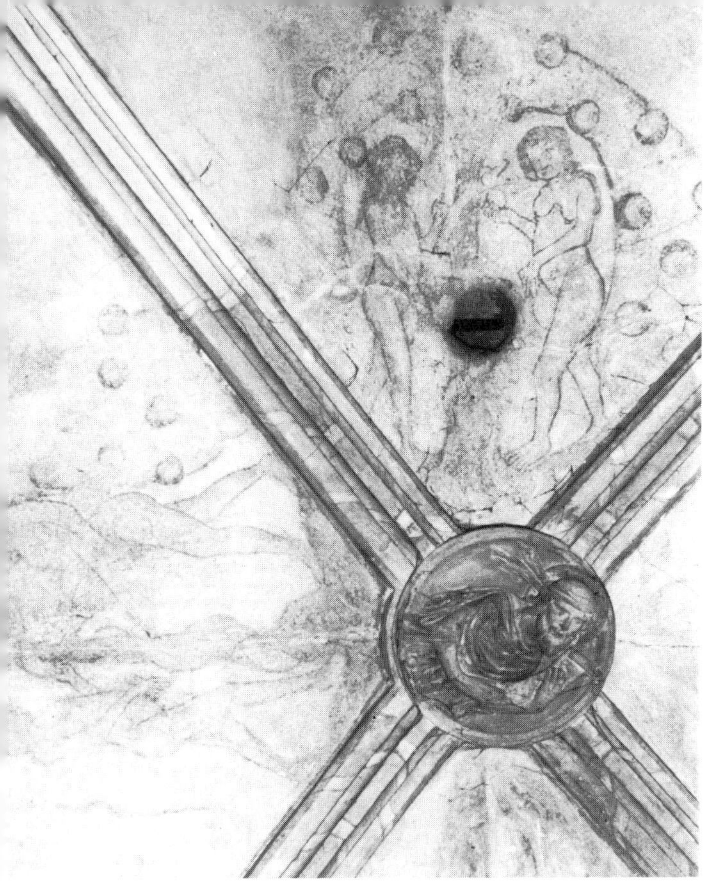

◀
Abb. 84 Adam und Eva
(Objekt Nr. 58, III, 6).

Abb. 85 Ornament mit Elefanten
(Objekt Nr. 58.III.11).
▼

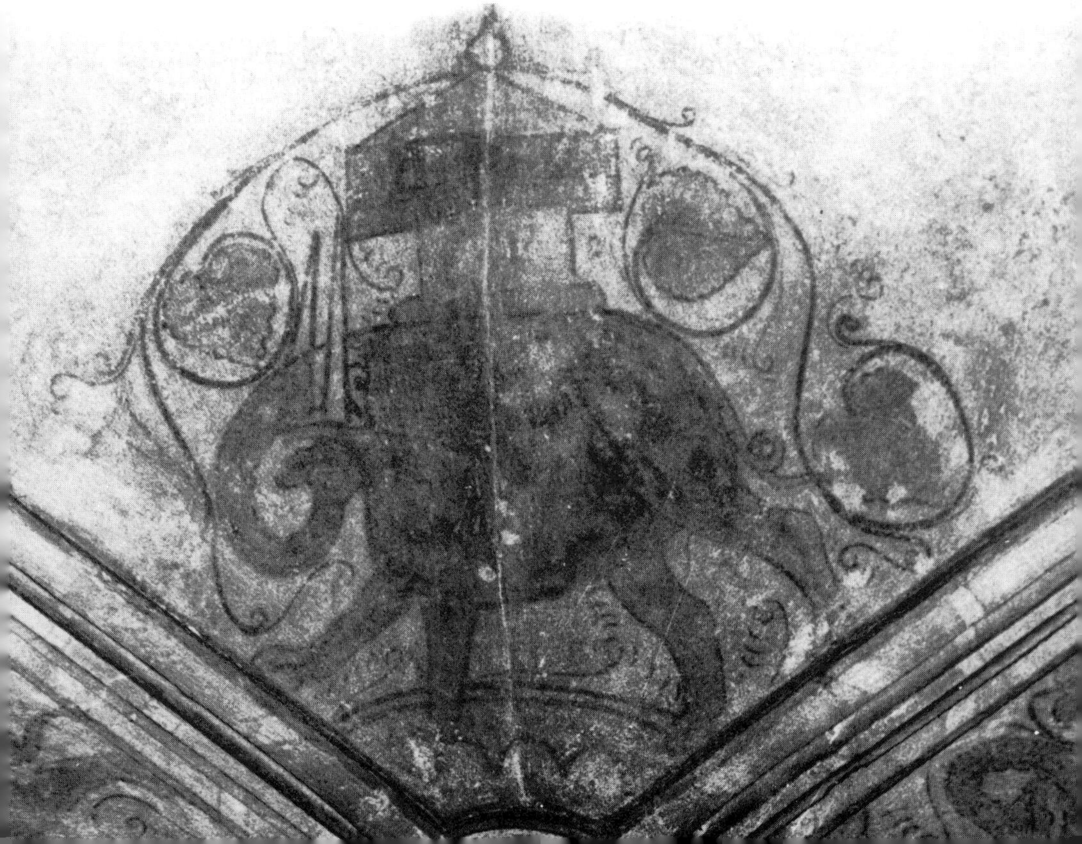

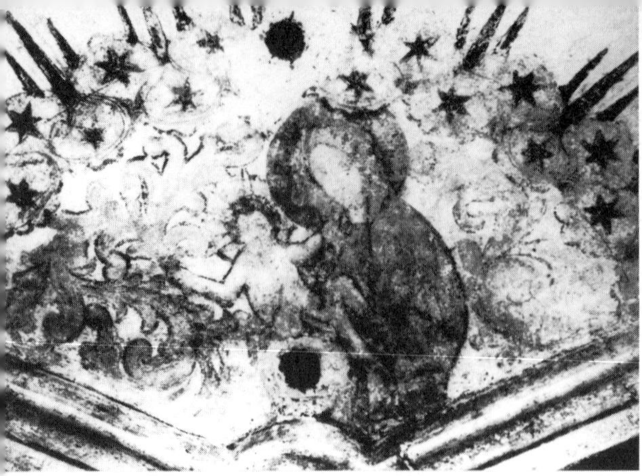

Abb. 86 Maria mit Kind, Zustand 1934 (Objekt Nr. 58, IV.1).

Abb. 87 Engel mit Instrumenten, Zustand 1934 (Objekt Nr. 58, IV.10).

Abb. 88 Gottvater, Zustand 1934 (Objekt Nr. 58, IV.11).

Abb. 89 Stehender Heiliger, Dom, Seitenschiff (Objekt Nr. 59). ▼

Abb. 90 Volkreiche Kreuzigung, Zustand 1896, Goldschmiedekapelle (Objekt Nr. 61).

Abb. 91 Volkreiche Kreuzigung, Goldschmiedekapelle (Objekt Nr. 61).

Abb. 92 Volkreiche Kreuzigung, Zustand 1912, Goldschmiedekapelle (Objekt Nr. 61).

Abb. 93 Christophorus, Goldschmiedekapelle (Objekt Nr. 62). ▶

Abb. 94 Georgskampf, Goldschmiedekapelle (Objekt Nr. 63).

▲ *Abb. 95* Georgskampf, Zustand 1912, Goldschmiedekapelle (Objekt Nr. 63).

Abb. 96 Fragment des Weltenrichters, Goldschmiedekapelle (Objekt Nr. 64, I).

Abb. 97 Fragment der Verdammten, Goldschmiedekapelle (Objekt Nr. 64, II).

Abb. 98 Löwenfries, Goldschmiedekapelle (Objekt Nr. 65, I).

Abb. 99 Greifenfries, Goldschmiedekapelle (Objekt Nr. 65, III).

Abb. 100 Badende Frau in einer Laube, Zustand 1953, ehem. Ludwigstraße 1 (Objekt Nr. 67).

Abb. 101 Christophorus, Dom, Westchor (Objekt Nr. 68).

Abb. 102 Weltgerichtsfragment, Zustand 1908, ehem. Barfüsserkirche, Westwand (Objekt Nr. 69).

Abb. 103 Hochzeitsfest, Detail mit Tanzpaar, Zustand 1980, ehem. Hunoldsgraben 27 (Objekt Nr. 70).

▲
Abb. 104 Puttofries, Zustand 1888, Damenhof (Objekt Nr. 71).

Die Bemalung der Fuggerhäuser.

Abb. 107 Arkadengewölbe, Südhof (Objekt Nr. 72).
▶

▲
Abb. 105 Arkadenornament, Zustand 1888, Damenhof (Objekt Nr. 71).

Abb. 106 Arkade, Südhof (Objekt Nr. 72).
▶

Abb. 108 Scheinarchitektur, St. Anna, Kreuzgang (Objekt Nr. 73). ▶

Abb. 109 Maßwerkornament, Jakobspfründe (Objekt Nr. 74). ▼

Abb. 110 Maßwerkfragment, Annastraße 26 (Objekt Nr. 78). ▼

Abb. 111 Geometrische Fassadenbemalung, Zustand 1955, ehem. Maximiliansstraße 12 (Objekt Nr. 79).

Abb. 112 Maßwerkarkaden (Kopie von K. Nicolai 194), ehem. Philippine-Welser-Straße 22 (Objekt Nr. 80).

Planteil

Bauaufnahmen und Plazierungen der einzelnen Objekte

Nachweis der Pläne und Schemata

Landesamt für Denkmalpflege, Abteilung Vor- und Frühgeschichte / Bodendenkmäler:
Plan II

Landbauamt Augsburg:
Plan VI Teilkopie des Bestandplans von Stammberger

Wilhelm Anselm Baumeister, Augsburg:
Plan I unter Verwendung des Nivellements des Verfassers
Plan VII Umzeichnung nach Breuer, Tilmann 1958
sowie sämtliche Schriftnachzeichnungen

Alle übrigen Pläne und Schemata stammen vom Verfasser.

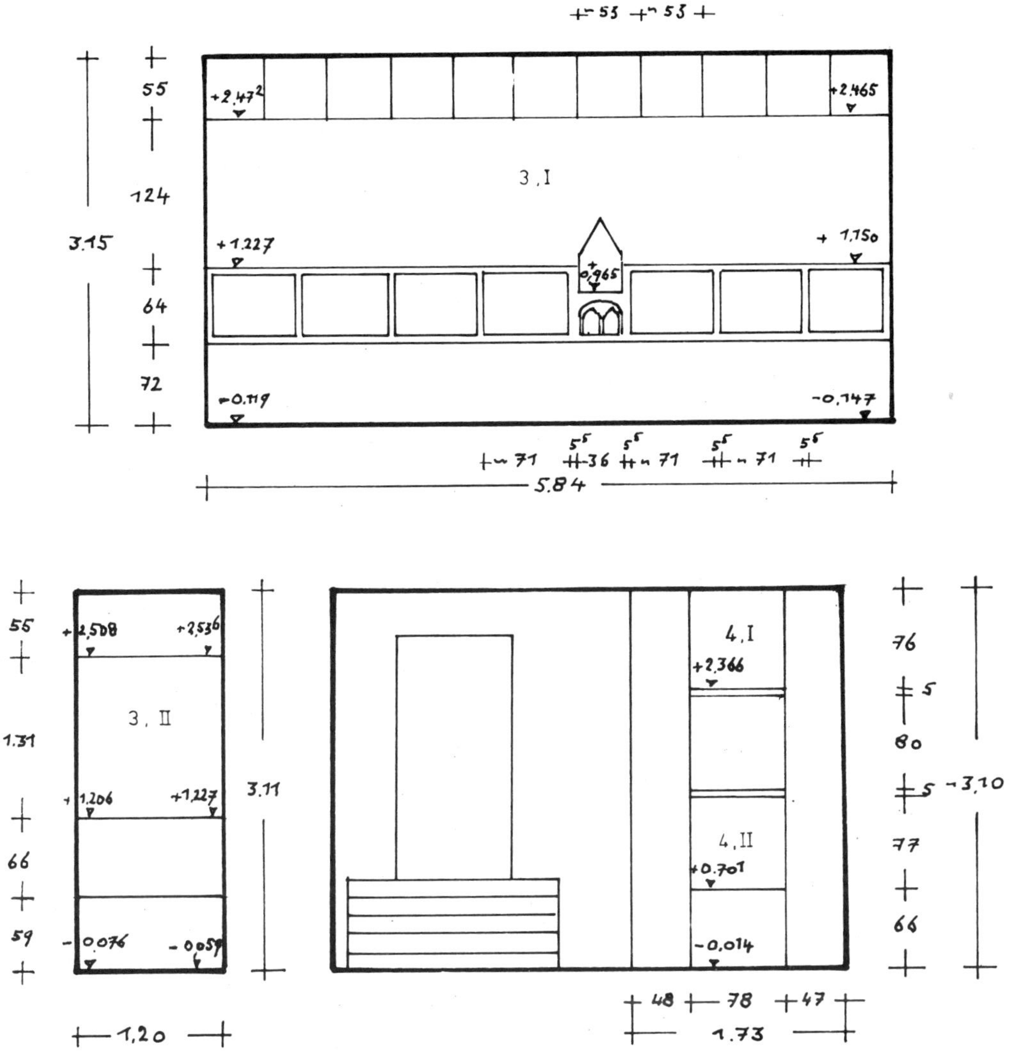

Plan Nr. I

Legende:
Der Plan zeigt die Ansichten der Wandabschnitte des zweiten Stockwerks des Hauses der Philippine Welserstraße Nr. 20, welche die Bilder tragen.

Neben den genauen Ausmaßen sind in die Zeichnung auch die Höhencoden des Nivellements eingetragen, die die Zusammengehörigkeit der Einzelbilder zeigen.

3,I	Bild der Hirschhetze mit Jagdgefolge
3,II	Fragment der Hirschhetze
4,I	Brustbild eines berühmten Mannes
4,II	Brustbild eines berühmten Mannes

Plan Nr. II

Domkrypta:
Plazierung der Bilder
(Zur Festlegung des Grundrisses diente das Grabungsplanschema der Forschungskampagne 1979/1980 des Bayerischen Landesamtes für Denkmalspflege, Abteilung Vor- und Frühgeschichte / Bodendenkmäler.)

Legende:
Der Plan zeigt den Grundriß der Ost- und Westkrypta des Domes mit den projizierten Gewölbegraten.

1	Schmerzensmann
7	Märtyrerbischof
8	Schutzmantelmadonna mit Weltenrichter
9	Limbus – Fragment (Heilige des Alten Bundes)
10	Engel mit Frau am Grabe (Myrrhophore)
11	erhaltenes Apostel- oder Weihekreuz
(11)	Spuren von Weihekreuzen
12	Kreuzigung mit zwei stehenden Heiligen
52	Fragment eines Weltenrichters (?)
53	Marienkrönung
54	Fragment einer Gewandfigur
55	Grablegung Christi (?)
75,I	Blattranke (Fragment)
75,II	Blattranke (Fragment)

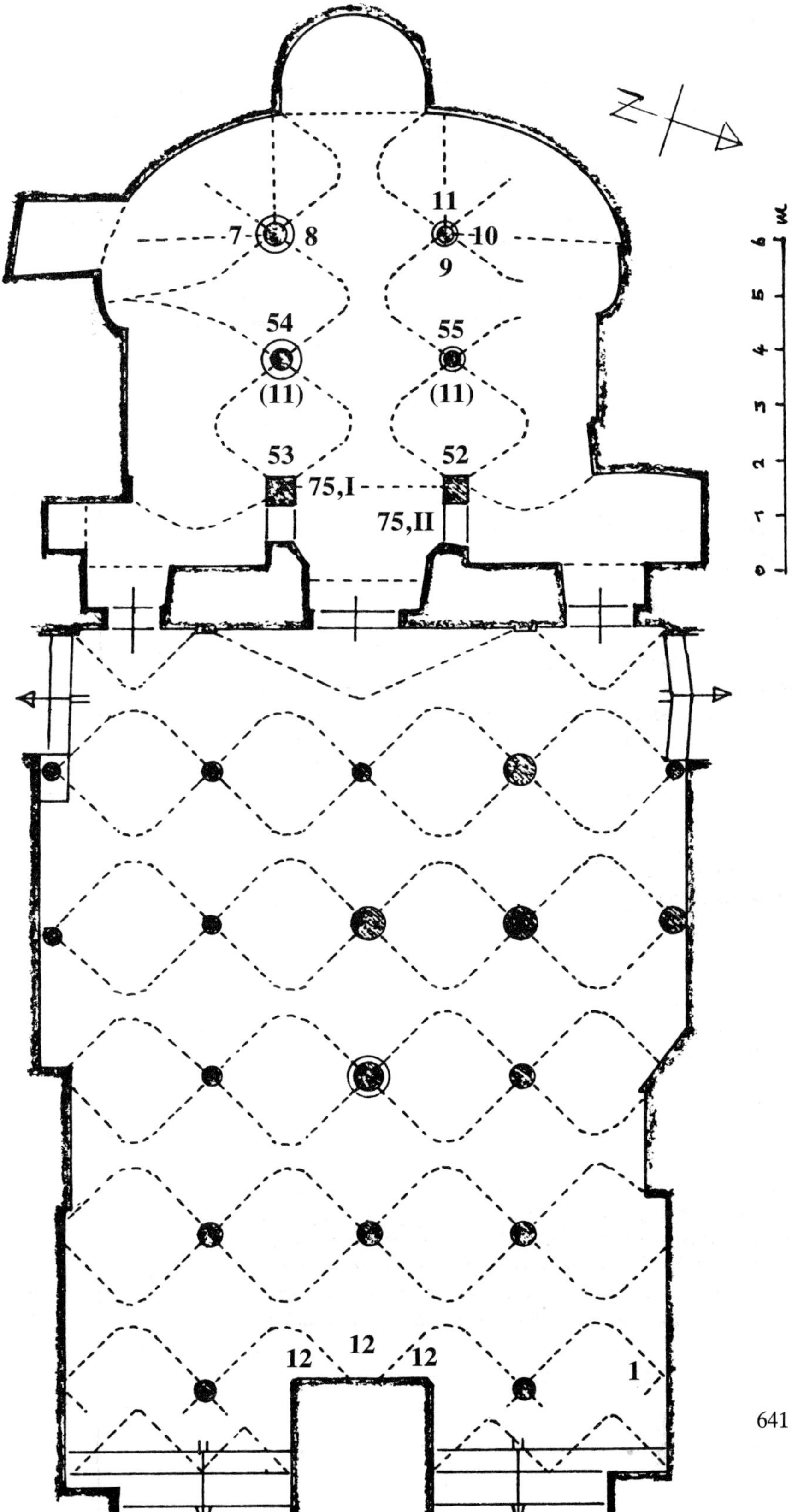

N
m
0
1
2
3
4
5
6
11
7
8
10
9
54
(11)
55
(11)
53
52
75,I
75,II
12
12
12
1

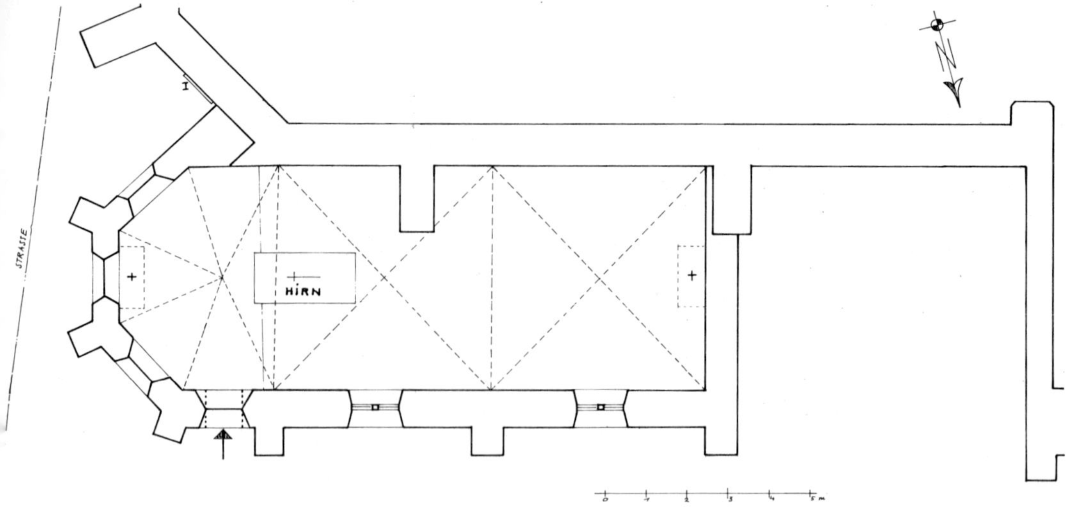

Plan Nr. III

Grundriß des Hirn'schen Grabhauses (Rekonstruktion)

Der Plan zeigt den Zustand der Grabkapelle der Stifter auf.

Legende:

+ HIRN	ehemaliger Standplatz der Rotmarmortumba der Stifter (rekonstruiert nach dem Stenglinschen Plan von 1657 / Stadtarchiv Augsburg, Reichsstadt Plansammlung ad Nr. 249 und Haid 1829 (MS) Beilage VIII; vgl. Wilhelm Johannes 1979, p. 108)
+	Standplätze der Altäre (rekonstruiert nach den Angaben der Urkunde vom 1. II. 1429, Stadtarchiv Augsburg, Reichsstadt US. UK. v. 1. II. 1429, vgl. Wilhelm Johannes 1979, p.107 mit Anm. 58)
I	Lage des Andachts-Epitaphbildes der Kreuzigung vor der Umbauung durch die Kapellensakristei (vgl. Objekt Nr. 38)

Der Plan zeigt die Situation des Baues in einer Schnitthöhe von ca. 250 cm. Für die genauen Angaben zur Rekonstruktion vgl. Wilhelm Johannes 1977 MS, p. 25 ff. und id. 1979, p. 106 ff.

Plan Nr. IV

Aufriß des Hirn'schen Grabhauses
Nordseite des Gebäudes ▽

Plan Nr. V

Aufriß des Hirn'schen Grabhauses
Südseite des Gebäudes △

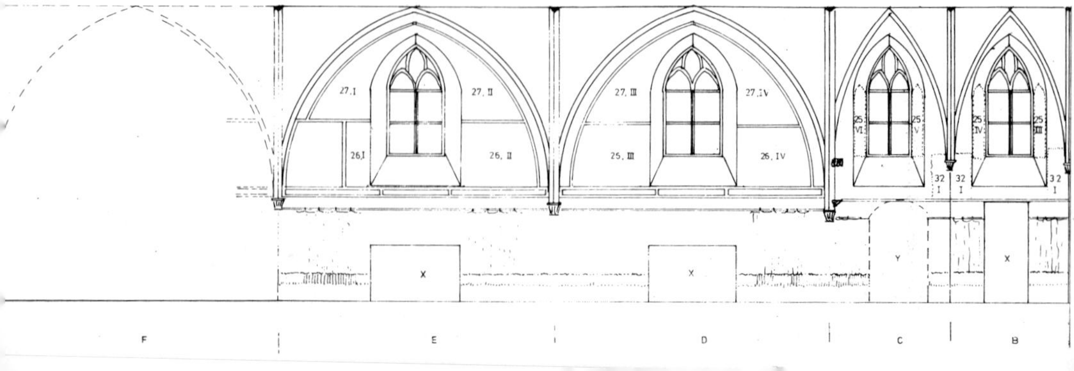

Legende:

	für die Bauteile:
A	Ansicht des 1485 angebauten Altarraumes
B	nordöstliche Chorschlußwand (mit nachträglich ausgebrochener Türe)
C	nördliche Chorschlußwand (mit altem Kapelleneingang)
D	Nordwand des ersten Joches (mit erweitertem Fenster und eingesetzter Heizungsnische)
E	Nordwand des zweiten Joches (mit erweitertem Fenster und eingesetzter Heizungsnische)
F	Westwand mit hypothetischer Gliederung (abgebrochen 1485)
G	südöstliche Chorschlußwand (mit nachträglich ausgebrochener Türe
H	Chorschluß-Südwand
J	Südwand des ersten Joches (mit der Fehlstelle des 1889 herausgebrochenen Taufchorwandpfeilers)
K	Südwand des zweiten Joches
X	Neue Einbrüche
Y	Alter Kapelleneingang (heute zugemauert)
Z	Fläche mit Neuputz (Störung durch Wandpfeilerabbruch bedingt)

	für die Bilder:
25,I	St. Oswaldus
25,II	St. Jacobus Maior
25,III	»Josep der Dramer«
25,IV	St. Nicolaus
25,V	St. Thomas
25,VI	St. Martinus
26,I	St. Helena als Anhebungsfigur
26,II	Befragung der Juden durch St. Helena
26,III	Auffindung der Kreuze durch St. Helena
26,IV	Kreuzprobe und Bekehrung des Leviten Judas
27,I	Evangelistensymbol St. Lukas
27,II	Evangelistensymbol des St. Matheus
27,III	Evangelistensymbol des St. Marcus
27,IV	Evangelistensymbol des St. Johannes
28	St. Jacobus Maior bekehrt Hermogenes
29	Treffen der Heiligen Drei Könige
30	Fragment des Pilatusverhöres
31,I	Abendmahl und Fußwaschung
31,II	Gefangennahme Jesu
31,III	Geißelung Christi
31,IV	Verspottung Christi
32,I	Engelfiguren, die Dorsalverzierungen halten
32,II	Dreistalliges Chorgestühl
32,III	Sechsstalliges Kirchengestühl

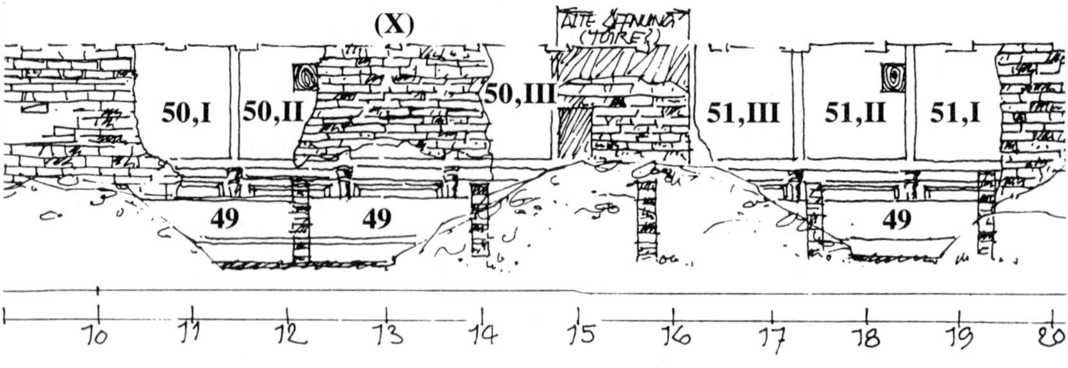

Plan Nr. VI

Ausschnitt aus dem Aufriß der Südwand
der St.-Katharinen-Kirche

(Abzug der Bauaufnahme von Stammberger am 29. XII. 1960, nach der Vorlage des Planes aus dem Landbauamt Augsburg)

Der Plan zeigt die Situation nach der Entfernung des Fußbodens und der teilweisen Abräumung des Gewölbefüllmaterials.

Die Zahlen an der Unterkante der Zeichnung geben die laufende Entfernung zu der Südost-Ecke des heutigen Galerieraumes an.

Legende:

49	Fragmente des illusionistischen Wandsystems
50,I	Kommunion der Maria Magdalena
50,II	Bestattung der Heiligen (?) (Fragment)
X	Raum der verlorengegangenen Szene
50,III	Meerwunder der Maria Magdalena (Fragment)
51,I	Vision des Antonius Abbas
51,II	Schwäche des Eremiten (Antonius wird durch einen Knecht weggetragen)
51,III	Klage um den Antonius durch seine Freunde

Plan Nr. VII

Dom:
Plazierung der Gewölbemalereien ▷

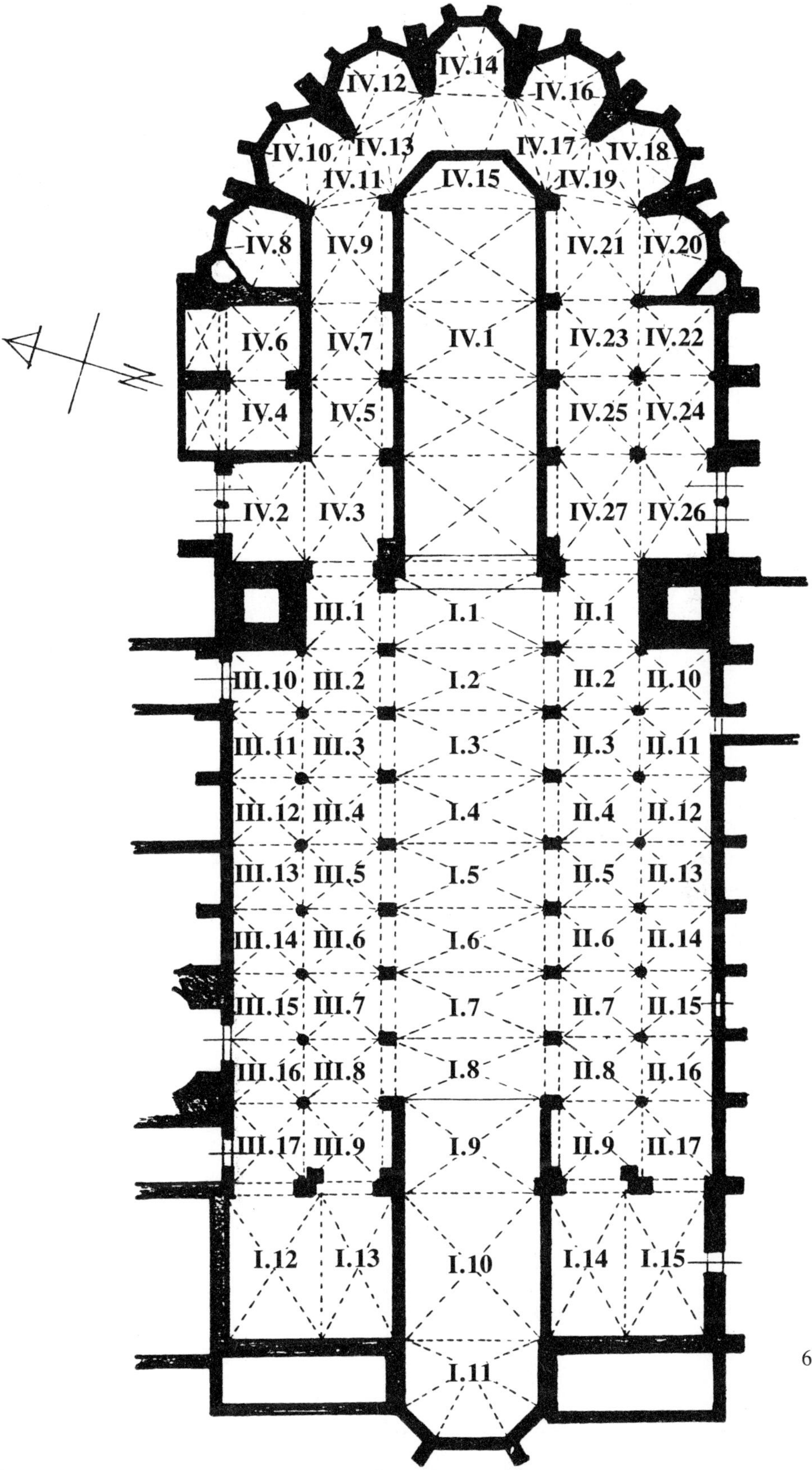

IV.14
IV.12
IV.16
IV.10
IV.13
IV.17
IV.18
IV.11
IV.15
IV.19
IV.8
IV.9
IV.21
IV.20
IV.6
IV.7
IV.1
IV.23
IV.22
IV.4
IV.5
IV.25
IV.24
IV.2
IV.3
IV.27
IV.26
III.1
I.1
II.1
III.10
III.2
I.2
II.2
II.10
III.11
III.3
I.3
II.3
II.11
III.12
III.4
I.4
II.4
II.12
III.13
III.5
I.5
II.5
II.13
III.14
III.6
I.6
II.6
II.14
III.15
III.7
I.7
II.7
II.15
III.16
III.8
I.8
II.8
II.16
III.17
III.9
I.9
II.9
II.17
I.12
I.13
I.10
I.14
I.15
I.11

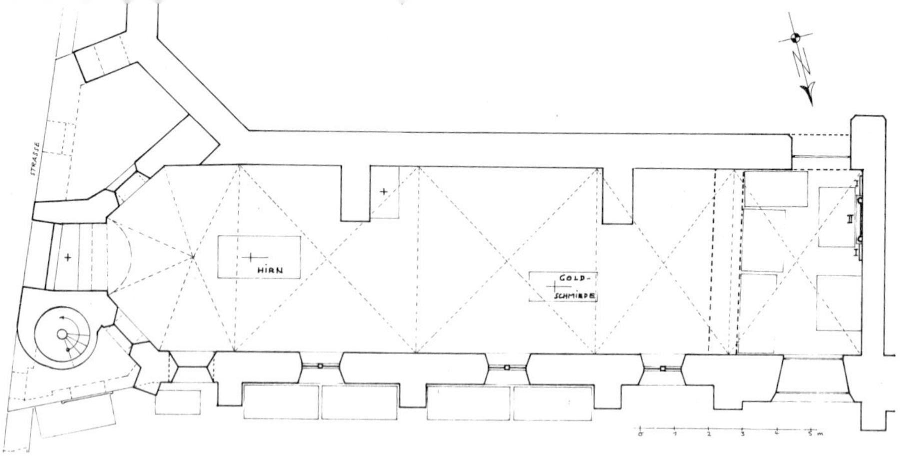

Plan Nr. VIII

Grundriß der Goldschmiedekapelle (Rekonstruktion)

Der Plan zeigt den Zustand der Grabkapelle der Familie Hirn nach dem Umbau der Goldschmiede 1485 ohne die Veränderungen der Restaurierung des Jahres 1889/1892 auf.

Legende:

+ HIRN	ehemaliger Standplatz der Rotmarmortumba der Stifter (vgl. Angaben bei Plan Nr. III).
+	Standplatz der Altäre (rekonstruiert nach dem Stenglin'schen Plan von 1657 / Stadtarchiv Augsburg, Reichsstadt Plansammlung ad Nr. 249)
+ GOLD-SCHMIEDE	Grablege des Goldschmiedehandwerks (?) (Lage rekonstruiert nach Haid 1829 (MS) Beilage VIII; vgl. dazu auch Wilhelm Johannes 1979, p. 115–117)
I	Lage der Fragmente des Stenglin'schen Epitaphs
II	Lage des Amman'schen Epitaphs
——	Verlauf der vor 1562 eingezogenen und 1889 wieder abgebrochenen Schiedmauer

Der Plan zeigt die Situation des Baues in einer Schnitthöhe von ca. 250 cm. Für die genauen Angaben zur Rekonstruktion vgl. Wilhelm Johannes 1977 (MS), p. 92 ff. und id. 1979, p. 115 ff.

Plan Nr IX

Aufriß der Goldschmiedekapelle Nördliche Seite des Gebäudes

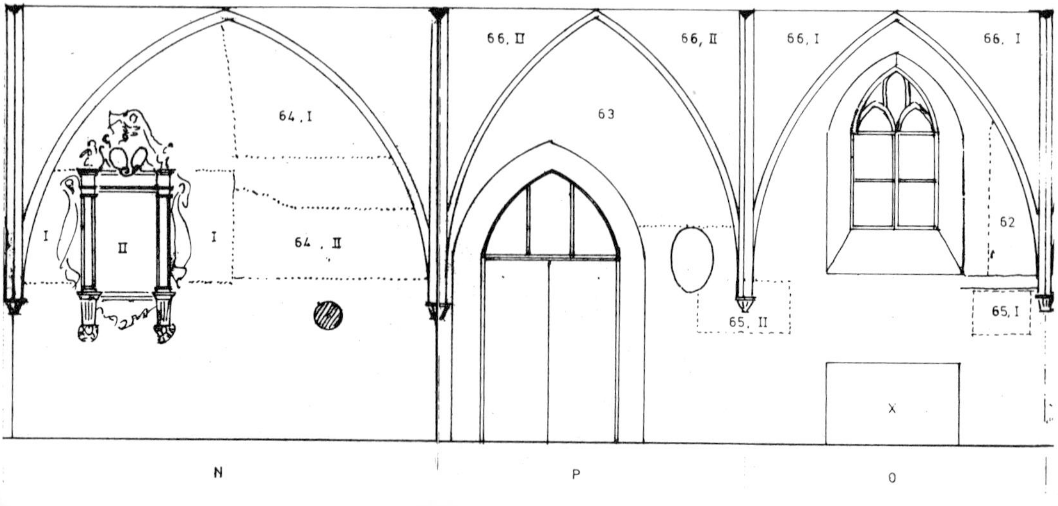

Legende:

	für die Bauteile:
O	Nordwand des zweiten Joches (mit erweitertem Fenster und nachträglich eingesetzter Heizungsnische)
P	Nordwand des vierten Joches mit dem Haupteingang des erweiterten Kapellenbaues
N	Westwand
I	Fragmente der Bemalung des Stenglin'schen Epitaphs von 1619
II	Amman'sches Epitaph von 1717
X	neue Einbrüche
	für die Bilder:
62	Fragment des Christophorusbildes
63	Kampf St. Georgs mit dem Drachen
64,I	Fragment der Deesis
64,II	Fragment des Höllenrachens
65,I	Fragment des Löwinnenfrieses
65,II	Fragment des Vogelfrieses
66,I	Gewölbemalerei mit Evangelistensymbolen
66,II	Gewölbemalerei mit musizierenden Engeln

Plan Nr. X

Aufriß der Goldschmiedekapelle Südliche Seite des Gebäudes

Legende:

	für die Bauteile:
K	vgl. Legende Plan Nr. V
L	Südwand des dritten Joches (mit der Fehlstelle des 1889 herausgebrochenen Taufchorwandpfeilers)
M	Südwand des vierten Joches (mit dem nachträglich ausgebrochenen Durchgang zur Kirche)
X	neue Einbrüche
Z	Fläche mit Neuputz (Störung durch Wandpfeilerabbruch bedingt)
	für die Bilder:
61	Volkreiche Kreuzigung
65,I	Fragment des Löwinnenfrieses
65,III	Greifenfries
66,I	Gewölbemalerei mit Evangelistensymbolen
66,II	Gewölbemalerei mit musizierenden Engeln

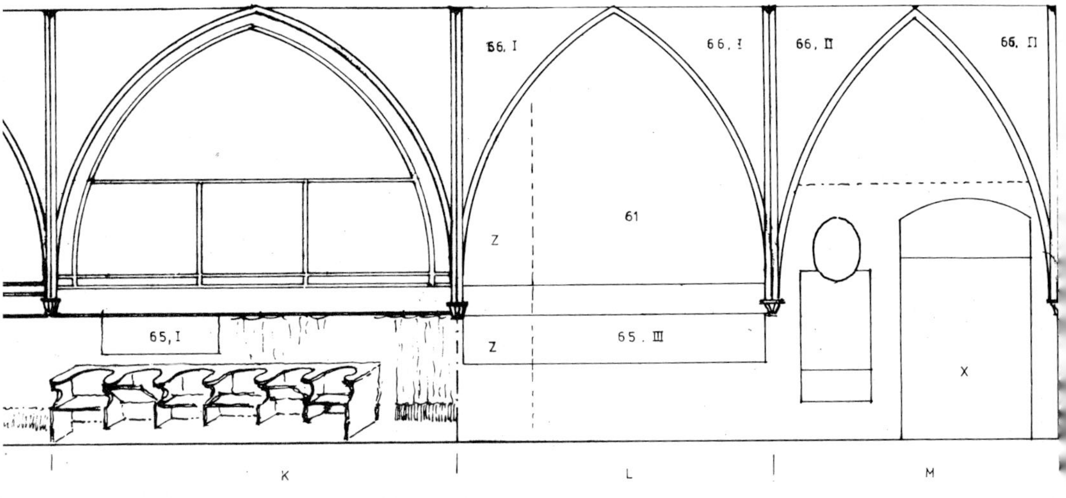

Plan Nr. XI

Bestandsaufnahme und Rekonstruktion des Bildes der südlichen Brandmauer im Anwesen Hunoldsgraben Nr. 27

Die Nachzeichnung beruht auf Pausen, die am 1. IX. 1979 im Maßstab 1:1 direkt vom Objekt abgenommen wurden und auf dem Wege photographischer Verkleinerung übertragen wurden.
Auch sind Teile des Rankenwerks, welche zu diesem Zeitpunkt schon verloren waren, nach Maßgabe der Aufnahmen der Stadtbildstelle aus dem Jahre 1972 ergänzt.

Da die Oberkante der Mauer sowie der unbefestigte Grund davor laufenden Veränderungen unterworfen sind, besitzen diese Linien nur relative Aussagekraft.

Legende:
Die am oberen Rand des Blattes laufende Linie stellt den Profilschnitt der Mauer vor.
Die schraffierten Flächen rechts und links der Malerei sind die geschnittenen Außenwände des 1972 abgebrochenen Hauses Hunoldsgraben 27.

Beilagen

Die Beilagen geben Archivalien, die grundlegend für die Arbeit herangezogen wurden, im Wortlaut des Originals wieder. Die Auswahl, die dabei getroffen werden mußte, zielt in erster Linie auf die Belege ab, welche für die Gesamtheit der Malerschaft gültig waren. Erst in zweiter Linie wurden exemplarisch Zeugnisse für spezielle Fälle mit aufgenommen.

Die Sprache wie auch die Schreibweise der Urkunden sind so getreu wie möglich wiedergegeben, um die teilweise nicht immer eindeutigen Auslegungsmöglichkeiten auch dem Leser zugänglich zu machen. Kürzungen und Umstellungen sind innerhalb der Texte nicht vorgenommen.

Beilage I

Auszüge aus den Ratsbüchern hinsichtlich Bürgerrecht und Zunftwesen

Nr. 1 (Stadtarchiv Augsburg, Reichsstadt, RB. Nr. 3)
1397
(fol. 14r) seßhaft lut sull^{e}n Burg^{er}recht empfah^{e}n ehalt^{e}n so zů der Ee grÿffent sullen oūch Burg^{er}r^{echt} empfah^{e}n

Am Sant Bartholomens aubent, hat clainer vnd alter Raute erkennt vnd gesetzt, Das niemen hie sitzen sol, er hab dann Burgerrecht empfagen, wĕr darüber also hin sasse vnd nit burgerrecht empfieng, wa man des Innen würde, der sol zehen Jär von dirr Statt sein on alle Gnäd, welher lediger knecht, ain ledige tochter hie näme, vnd die nit ains Burgers tochter we^{re}, oder der män nit ains Burgers sun wĕre dieselben söllen Burgerrecht empfahen.

Nr. 2 (Stadtarchiv Augsburg, Reichsstadt, RB. Nr. 3)
1399
(fol. 19r) Wer herein faren vn^{d} burg^{er}recht empfahen wil vn^{d} von ledigen nit ehalt^{en} auch von wercklut^{en}

Es hant aber clainer vnd großer Räte, erkennt vnd gesetzt welcher nū fürbaß hereinfert vnd burgkrecht hie empfahen wil, der sol vor für sich nemen. In welhe zunfft er faren wöll, Dieselben Zunfft sol er nem̄en zů Jm, ee er darin fare, vnd sol komen für die Buwmaister, vnd dauor bereden.

vnd mit den v̋berain werden, vnd Burgkrecht empfahen, ob er der Statt füglich ist aufzenemen, nach der Zunfft, vnd derselben Burgers rede vnd fürgeben, vnd nachden vnd si mit Im überain werden, es möcht ain Semlich werck werckman herkomen, der der Statt fůglich wäre zů Burger auffzůnemen, den sol man nach Raute aufnemen, Mer ist erkennt ob ain lediger knecht, oder ain ledige Tochter hie Jn dießer Statt Augspurg ainander zů der ee nemen, die selben sol dehain Zunfft einnemen, Es sÿ dann Si vor Burgerrecht (fol. 19v) empfahen haben vor den Burgermaister oder aber den Buwmaistern. –

Nr. 3 (Stadtarchiv Augsburg, Reichsstadt, RB. Nr. 3)
8. II. 1432
(fol. 166r) Item vff Sampstag nach der pfaffen vasnacht, haut alter, nüwer, vnd claÿner Raute ainhellichich erkennet, Also wölich frow, Junckfrow eefrow oder wittib hie ze augspurg ist, oder sonst kainerlaÿ man hant, vnd kauffet vnd verkauffet vnd Jrer Gewerb treibet, Zů der mag man mit recht richten in aller der mäß als zů ainem man on alles geuerde, alles nach der Statt recht hie ze augspurg. –

Nr. 4 (Stadtarchiv Augsburg, Reichsstadt, RB. Nr. 8)
5. XII. 1476
(fol. 61r) Donrstag vor Sant Niclaustag a^{o} 76 hant ain Raut erkennt, das füro hin, in allen Zünfften, dißer Statt augs^{purg} kain manß person, so ledig vnd nit verhÿrait, oder ain wittiber ist zweder zů zunfftmaister, waal, noch der zwelffer oder andern waalen, vnd erkanntnüßen in der Zunfft alle weil vnd der oder die person ledig vnd nit verhÿrait, oder ain wittiber ist nicht komen noch geēn sond^{er} damit nichtz zetůnd hab^{en} sol wenn aber der oder die sich v^{er}hÿrniten, söll^{en} in di walen vnd ander gerechtigaiten wie andn̄ zůnfftgen¯ vnbedingt vorbehalten sein. –

Nr. 5 (Stadtarchiv Augsburg, Reichsstadt, RB. Nr. 10)
1482
(fol. 52r) It. vff mantag vor sant Thomas zwelff botten tag anno ect. lxxxij hat ain Ersam Rat von den wallen Jn den Zünfften geredt vnd Jn gůtter eerlicher vnd nůtzlicher maÿnung angesehen vnd erkennet, das nun fürohin Jn allen zunfften, da ain hanndwerck ist zur zeitte so man zunfftmaister vnd zwelffer weelet allwegen die zwellfer halb beleÿben, vnd alle Jar sechs New zu den Sechs allten geweelet //(fol. 52v) vnd hinfüro allwegen allso gehalten werden sůlle, Aber die zůnfften die mer dann ain hanndtwerck by Jn haben, vnd zwelffer vß Jn nemen muessen die můgen wol weelen wie von allter herkom̄en ist vngfarlich Doch ist daby geredt wellich zunfften sollichs nit gern tatten die mochten das ansteen lassen. –

Nr. 6 (Stadtarchiv Augsburg, Reichsstadt, RB. Nr. 14)
1508
(p. 88) Anno ect. Viii am donerstag nach Thomaz A$\overline{pp}$ het ain Ersamer rat angesehen vnd erkennet das ain yedr burger dez mer steurt dan hab nit, ausser halbn̄ der von herren, in dhein^{er} zunft ist, soll in ain zunft komen vnnd des von ainen Erbern rat niemand erlassen werden. –

Zum andern, wer ain zunft hinfüro aufgenomen wirt, den soll in die selb zunft nit zügelassen werden dan ob er nach diser Stat ordnung zü ennsten genomen sich des nit ze widern. –

Nr. 7 (Stadtarchiv Augsburg, Reichsstadt, RB. Nr. 16)
1538
(fol. 146r) Straff der Zunfften

Vff den dritten tag Julij Anno 38 hat ain Erber Rath wie welchermassen vnd was die Zůnften, das so auff Jrn Zunftheůßern, vnd derselben stůben mishandelt wirdet, zu staffen haben sollen, ain erkantnus gethan, dieselben in schrift^{lich} stellen, yedr Zůnfft ain abschrift vnd zetel vber antwůrt^{en} vnd zu der Execution der Zuchtordnung, aůch schreiben lassen hat. –

Beilage II

Zunftsatzungen aus den Schmiedezunftbüchern

(Stadtarchiv Augsburg, Reichsstadt, SCH. Nr. 46a)

Nr. 1 vor 1407
(p. 2) . . . . . . zo wissen wor ain wittw^{e}n nimpt . . . . wurtt dem zunfftmaist^{er} vnd seinen (zw)elfe^{r}n ain guldin gob^{e}n ze v^{er}trincke^{n} vnd ain guldin in die puͦchs so hat er deñ maist^{er} recht. –

Nr. 2 vor 1407
(p. 2) Ite^{m} ains maist^{er}s sun od^{er} ain maist^{er}s tocht^{er} sol geben xxx dñ den maist^{er}n ze v^{er}trincken. –

Nr. 3 ca. 1407
(p. 2) It. d^{er} zunftmaist^{er} vn̄ die sein seind ainig worden daz die mall^{er} vn̄ die satl^{er} söllend gebe^{n} den drÿtte^{n} dñ an ains Knechtzz lon vn̄ söllend gebe^{n} de^{n} Kecht sein recht alz wir. –

Nr. 4 ca. 1412/1413
(p. 16) Jtem es ist zewissen va ain maist ain Knaecht ding vmb ainen genanten lon leicht der maister dem knaecht me geltz den er verdient haut so sol er daz gelt abdienen in den lon als er am ersten mit dem maister gedingt haut es ver den daz ez dez maisters vill ver vnd dez kneacht vilb so sol er dem maister sein gelt geben vnd sol ledin sein vnd sol in kainer nit halten pis er den maister pezalt veller maister detz nit hielt der sol geben ze pen dem zunftmaister vnd seine^{n} zuelffere^{n} lx dñ onn genand vnd dez knaecht mang̅ lon.

Nr. 5 ca. 1414/1415
(p. 32) It. es ist zuͦ wizze daz ain jedlich^{er} maist^{er} d^{er} aine^{n} lere^{n} knecht dinge^{n} wil d^{er} sol de^{n} zuͦnftmaist^{er} od^{er} aine^{n} zwelff^{er} dan by habe^{n} daͤt er dez nit so sol er zuͦ ben gebe^{n} lx dñ oon all genad vnd sol gebe^{n} XXX dñ zu ferdrÿncke^{n} vn̄ xxx dñ jn die büchs auͦ gnad vn es sol d^{er} lere^{n} knecht kain arbot nit don bÿs daz gelt gefelt. –

Nr. 6 ca. 1415 (nachträglich gestrichen)
(p. 33) It. es ist ze wissen daz die zuͦnft gemöklich erkent hat daz ain jedlicher zunftmaister d^{er} aine^{n} maist^{er} Jn nimt d^{er} for kon recht an d^{er} zuͦnft hat der sol gebe^{n} j g$\overline{ld}$ zu ferdrincke^{n} vn v g$\overline{ld}$ vn̄ sol kein arbot nit don bÿs daz er die vj g$\overline{ld}$ gÿt darnach sol er gebe^{n} v g$\overline{ld}$ bÿ de^{n} zuͦnftmaist^{er} d^{er} darnach wird. –

Nr. 7 1416 (nachträglich gestrichen)
(p. 35) Eß ist zewissen detz die zunft erkent hãt daz ain jedlicher zunftmaister d^{er} ainen maister ein nimt der for kain recht an der zunft hãt der sol man kainen ein nieme^{n} er geb daz gelt aso bars ain guldin zuu^{er}trincken vn̄ zehen guldin in die bichs dez geschah nah $\overline{xpo}$ geburt $\overset{oooo}{cccc}$ vn xvj Jar. –

Nr. 8 1417
(p. 67) It̄ Es Ist zuͦwissen daz die Zuͦnft erkent hat daz Jedlich^{er} zunftmaist^{er} d^{er} ainen Maist^{er} ein nimt d^{er} for kain recht an d^{er} zuͦnft hat d^{er} sol geben xv g$\overline{ld}$ Jn die bÿsch vn̄ ain g$\overline{ld}$ zu ferdrincken vn sol geben bar gelt daz geschach jm xvij Jar. –

Nr. 9 1417

(p. 67) It. es ist mer daz ain jedlicher Maisters sůn od^{er} Maisters docht^{er} die sich Jn die zunft hyllachen vn̄ d^{er} zůnft begerent d^{er} sol geben lx dn̄. –

(Stadtarchiv Augsburg, Reichsstadt, SCH. Nr. 46b)
(Abschrift des Jahres 1569)

Nr. 10 1457

(fol. 22r) Item es ist zůwissen das die Zunfftmaister mit Namen Jörg Aman maller neuer Zunfftmaister vnd hanß Keller alter Zunfftmaister vnd hannß Döffner, lienhart Kesselschmidt, hannß Jnchenhoffer michel Reÿsgang kannten giesser hans liechteissen hannß Rath Bixmaister Steffan Blanngkh vnd ein Erberer Zůsatz mit Namen Conrat von Welden Berchtoldt Kesselschmidt hannß freÿ Statschmidt hans Renhart der Schmidt als von der Zunfft bössern nutz vnd notturfft wegen haben angesehen hinfür statlich zůhalten haben fürgenomen vnd geputzt das hinfür kaine den andern swort sol thun vor der Zunfft er seÿ dan ein Zunfftmaister oder Zwölffer oder war ein Zunfftmaister oder ein Zwölffer.

Es soll auch kainer kain mit Jm bringen der Jm das wort thue vor der Zunfft der ausserhalb vnnserer Zůnfft ist aber er mag Jm selber wol das wort vor der Zunfft thun. –

Beilage III

Die Zunftsatzung aus dem Malerzunftbuch (1460–1542)

(Stadtarchiv Augsburg, Reichsstadt, SCH. Nr. 72a)

Nr. 1 1460

(fol. 1r) Da man zallt Tausent vierhundert unnd sechzig Jar da sassen die maister hie die hernach geschrieben stand und ich Thoman burckmair maler hab si all gekänt unnd bin desmals in meinen lern Jaren gewest (beÿ de^{n} bamler*)) und die all haben nit erlebt das der maler haus erkauft ist worden /

Jtem maister Jörig Aman Zunftmaister und ain maler under der schmid Zunft /

Jtem maister ulrich wolfertzhauser gesessen beÿ Sant Johannes ain bildschnitz mein schweher gewest /

Bartholome Schäffler was ain maler gesessen an eisenberg ain Zwölfer /
urban prunner ain maler /
Lienhart von Köz ain maler /
Conrat bart ain maler /
Lienhart burckhart ain maler
petter Abt ain maler /

Bittend got auch für un^{s}

*) nachträglich von anderer Hand eingesetzt

Nr. 2 10. VII. 1471

— wie man die zunfft geben sol —

(fol. 2r) Als Ewissen das wir Maler glaser bildschnitzer vnd goldschlager all gemainlich vnd die Ersamen Cÿmon plattner der zeit, Zunfftmaister vnd wilbold mülich allter

Zunfftmaister auch die zwöllffer vnd Büchßenmaißter vff sant felitzen tag anno & lxxi vmb vnser vnd vnnsers handtwergks Besonders Nutz vnd notdurfft willen zů einander kom̄en vnd versammet gewesen sind vnd alda all samentlich mit verainten ain halligem Raut Onn alles widersprechen dise hernachgeschrieben maynnung beschlossen vnd Biß vff vnn..(?)s widerruffen ernstlich zehallte angesehen haben; /

Dem ist also wer der oder die weren, die nun füro nach dißer hernach geschrieben Ansehung vnd ordnung uns^{er} Zunfftrecht vnd gerechtigkait kauffen wölle das dem, oder den selben die söllich zunfftrecht vnd gerechtigkaitt kauffen wöllt oder wöllten vmb Sechtzehen guldin gutter rinischer an beraitem gold vnd nit näher geben noch verkaufft werden sol ongenarde vnd ob sich begabe das ainer oder mer komen vnd söllich zunfftrecht vnd gerechtigkait ze kauffe vermainen wurd, oder würden. So ist weit angesehen das kainer vnder vns weder (fol. 2v) Maler glaser bildschnitzer noch goldschlaher dem oder den selben die sollich zunfftrecht vnd gerechtigkaitt kauffen wöllt oder wöllten kain Raut hilff oder bÿstand noch zuschub weder mit gellt noch anderem mit nichten thůn, Noch beweÿsen Sonder des, oder der alldings gantz müssig stehen sol, wa aber ainer oder mer vnder vms der oder die wären dise obgeschrieben Ansehung vnd ordnung wie vorsteht nit hallten, vnd also durch vnser ainen oder mer verbroche vnd überfahren wurd der oder dieselben sovil der wären ain ÿeder in sonderhait soofft sich das begabe ainen Rinischen guldin zů buss peen vnd strauff, an die buchsen gebe vnd verfallen sein sol, onn all widerred. Doch so haben wir hier Inn, vor allen dingen ainen fürsichtigen weÿsen Rautt, sein Obèrkaÿt vnd macht, alls pillich ist Mit nemlichen bedingten worten vorbehalten vnd vns das aber sollichs alles destminder vergessen vnd mit gutter gedächtnuß behallten werd, So haben wir das Jn unns^{er} gemain bůch vnd Register schreiben lassen vff den obgenante. –

Nr. 3 10. VII. 1471

— Was ains maisterß sun oder Dochter geben sollen weñ sÿ die zunfft empfahe^{n} —

(fol. 3r) Sant felizentag Anno x Jiii lxxi

Item mer wer das aines maisters sun oder tochter sich also verhairate, oder ze maister wurden, der oder die solgeben ain guldin vnd ain pfund wachs vnd bar zu bezahlen /

Nr. 4 1453

— Ob ain maisters sun verdingt wurd —

(fol. 3v) Item wie die maister von malern gemainlich vnd ainhelligilich erkenn, vnd Seÿen ain worden Im drewundfünfftzigisten Jar, allso wenn ains maisters sun verdingt wirt, Es seÿ zů ainem maler glaß^{er} goldschlaher oder bildschnitzer, So sol derselbig knab geben ain halben guldin vnd ain pfund wachs. Ist er aber nit ains maisters Sun, der gerechtigkait, an der benannten partheÿen büchs hatt. So soll er geben ain gantzen guldin Vnd zwaÿ pfund wachs als von allter herkomen ist vnd sol es auch bar bezahlen Alles triulich vnd vngewarlich. –

Nr. 5

— Von Den lern knaben —

(fol. 4r) Es ist auch zů wissen das kainer kainen knaben dingen sol Er Seÿ dann eelich geboren, vnd sol dabeÿ haben. zwen maister des handtwercks, vnd wenn der maister, den knaben Also gedingt hatt, So sol er den knabe^{n} zu dem nechsten, Vnd ain handtwerck zu samen kumbt für ain handtwerck pringe^{n} hat denn ain handtwerk ain bemügen, an dem knaben, von der eelichait wegen. So beleibt es dabeÿ, Schäff aber, das handtwerck weitt, mit dem maister, oder mitt den knaben, dem selben sollen Sÿ auch nachkom̄en. Ob aber der maister den knaben also nit stallte, für ain handtwerck des nechste nach dem gedingen, So ist der maister verfallen zu gebn dem handtwerck ain ortt ains guldin, Stallt er in dann nit zuͦ dem andern male, vnd ain handtwerck bÿainand^{er} Jst, so ist er v^{er}fallen ainen halben guldin kain er den nit zu dem drittenmaln so ist er verfallen ainen guldin, on gnade Vnd, wenn der knab also gedingt ist nach ordnung wie vorstaut, So soll der maister geben aine halben guldin Vnd ain pfund wachs vnd der (fol. 4v) knab auch sovil Vnd ÿedweder tail mag es vff den andern wol dingen. doch so gewartett man des gelltz, vnd wachs alles zu dem maister, und wann der knab einstant, So ist es verfallen, vnd der knab sol von ainem handtwerck eingeschriben werden, domitt ain handtwerck wiß von im ze antworten vnd kaine^{r} soll kain söllichen knaben lenger halten unverdingt dañ vierzehe^{n} tag /

Nr. 6

— Von arbait wegen zuͦ entspone^{n}
Deßgleichen vm̃ eehalten —
(fol. 5r) Item wär Sach das ainer dem andern Jn sein arbait griff, geuarlich, das der ander, das also furbringen möcht, der söl den maistern Des also clagen. Sie sind Jn derumb vßrichte^{n} Nach Jr baider fürpringen deßgleichen vmb Eehalten. Alls mit gesollen, oder knabe^{n} zu entspenen. Vnd kainer sol söllich arbait machen den mit Deß andern willen vnd wißen. –

Nr. 7 1. III. 1490

— Ob ainer wider das handtwerck arwaite —
(fol. 5v) Item wellich ain fudert der ainem handtwerck schaden thuͦtt, der oder die Es seÿen maister oder gesollen, so soll der maister geben ain guldin, Thuͦt das ain gesoll, So nicht zit Von im gehallten werden Vnd kain maist^{er} fuͦdern, Er seÿ dann vmb die sach vor mit ainer Zunfft außkomen nach der gestallt der sach, Allso auff montag nach feruarij Im lxxxx Jar da ain hantwerk beÿainander war /

Nr. 8

— Ob aine^{r} hier käm mit glaß oder farb —
(fol. 6r) Item wer sach des herkam zemarckt ainer mit glaß, Es wär fenster glaß, oder trinckglaß wellicher dann dartzuͦ kumpt vnd mit ainem redt, ob es vail Sei, Der sol den andern dartzu sagen obsÿ mit anhangen wollen, welicher dann nit will, der sol sich seins taills vertzeihen So mugen dann die andern ainer oder mer, wol Jrem fromben suchen onn der ander Irrung, Auch mer ob ain ainem gezillt hett, oder angedingt hett, der sol auch den andern verkünden lassen. Da^{s} zuͦ Deßgleichen Vmb firnuß, vmb farb od^{er} ander sach, die ainer herpracht das dem handtwerck zuͦ hortt zuͦ nottorfft auch vmzeSagen, Dann vngevärlich /

Nr. 9

— Ob die farb ode^{r} glaß her käm —
(fol. 6v) Auch ist erkennt wann ain gast herkumbt Es seÿ mit farb oder mit glas, wie das genant ist zuͦ wellichen maistern, der sol das pringen, an ainen zwölffer, oder an ainen Buchsenmaister der sol dan nach dem zunfftknecht schicken vnd soll lassen vmbsagen, wellicher dann nit kumbt vff die Stund, alls man Jm sagt, der soll nicht darnach an dem selben kauff, anliegen. Vnd sol man dem knecht geben acht pfennig Oder zu welchem Maister man kumbt der hatt auch volle gewallt vmb zesaben, oder vmb die ding mit dem knecht zeschaffen vmbzesagen /

Nr. 10 5. II. 1512 (Aufgriff der Verordnung von 1473)

— wann die maister von pots wegen zů samen kome^{n} von dem vrlaub ze geben —

(fol. 7r) Es ist auch erkennt worden, Jm dreivndsibentzigisten Jare, Wenn die maister, von botts wegen der zwölffer, zůsam̃en komen vnd wem̃ da gesagt wirt, vnd verkundt, Es Seÿ durch den knecht, oder durch ander lewt. vnd nit da ist Jn der Stund alls Im verkundt wirt, der selb sol geben dreÿ pfening, on gnad vßgenommen die, die da krangk legen oder nit hÿe warent. Vnd der die buß versaumbt, der sol es des nechste botz, So er dann zů der zunfft kombt geben on vertziehen, Thůt er das nit So hat in ain handtwerck darumb ze strauffen. Nach Gestallt der Sach Vnd nichtz desterminder, habent, die zwölffer, zebiete Bÿ ainem Behmisch, oder bÿ ainem pfund wachs, oder mer, darnach die Sach gestalt ist, vnnd auff ain newes erkennt vnd angesehen ist, das nunfüro kainem ain urlaub gegeben werden sol in kain weg, es wär dann ob ainer kranck lege oder an der rechter Eheftin vnd geschafft halben nit anhaim sein möchten, alles wie obsteht ist geschehen an St. Agathatag anno dni 1512 /

Nr. 11 1453

(fol. 8r) — von Deß zerffels wegen —

Jtem es ist mehr ze wissen, das Sÿ des dreivndtfünfftzigisten Jars, ainig worden sind was handells sich verlaufft, das, das handtwerck antrifft, Es sey, von knaben, oder, von gesolle wegen oder wie der handel wär, der das handtwerck antreff, das der handell beÿ dem handtwerck beleyben sol. vnd ob ain maister mit dem andern, ain zerffel, oder Jrrung hett, oder mit ainem gesollen, der auch das handtwerck antreff, das derselb zerffel vnd Jrrung oder handell auch bÿ dem handtwerck beleiben sol, vnd bey den maistern on alles widersprechen welch^{es} oder welliche das überführent, der oder die sullen ainen halben guldin geben, on all gnad. Ob aber ain maister mit dem andern oder mit ainem gesollen, oder knaben, ain handel hett der das handtwerck nit antreff die mügen Jr sach vßrichten, do es hingehort /

Nr. 12 (nachträglich gestrichen)

— Die jüngsten zwen maister söllen
Die kertzen tragen —

(fol. 8v) Jtem es sullen die zwen Jüngesten maister Jnn der zunfft die kertzen tragen an unsers herren fronleichnams tag vnd auch den Arhter (?) den oder aber mit vleiß fürsehen das sÿ getragen werden wellicher das nit Thatt, den mag ain hand werck Strauffe Vmb ain halb pfund wachs Vnd die büchsenmaister söllen nit mer empfor geben aus der büchs, dann vier groß ungeuarlich /

Nr. 13 (nachträglich gestrichen)

— Vom Dinzeltag vñ wañ man den zunfftmaister schenkt —

(fol. 9r) Jtem ist zů wissen daß man zů Sant Lucas Tag geben sol aus der buchs ainen guldin Vnd nit mer, Des selben gleichen wenn man den zunfftmaistern Schenckt auch ainen guldin vnd nit mer Trewlich vnd vngeuarlich On das gellt das Sant lucas zů eeren zugehort zegeben /

Nr. 14

— Von den zellt wegen —

(fol. 9v) Jtem Es ist zewissen Das das handtwerck . . . Maler glaser goldschlaher vnd bildschnitzer hand zwů zellt, gemain mit den Sattlern Nemlich ain Roß zellt, vnd sunst ain zellt daruff Jr baider schillt staut /

Nr. 15 1470 (nachträglich gestrichen)

— von Deß kottemer geltz wegen —

(fol. 10r) Jtem ist erkennt worden in Sibentzigisten Jare, das ain yegklicher sein Quatember gellt, Rucht zuͦ Een weÿhennechten So man das dann ainnÿmbt, vnd wellich das nit thuͦtt So handt die zwölffer macht, vnd gewallt, ainen yegklichen zebietten By ainem halben pfund wachs, das er sollich Quatember gellt geben sulle, on alle widerred /

Nr. 16

— von deß globenß wegen —

(fol. 10v) Jtem Es ist erkennt worden, durch ain gantz handtwerck das man nun hinfüro alle Jar Järlich zuͦ den weyennächten den zwölfern globen sol. Trew vnd gehorsam zesem Jn vnd Jren botten Trewlich vnd vngeuarlich Vnd deßgleichen hinwider, sollen die zwölffer globen ainem handtwerck, beÿgestendig Rattlich vnd hilfflich sein ainem yegklichen, Trewlich vnd vngeuarlich /

Nr. 17

— wie man ain büchßenmaister erwölen sol —

(fol. 11r) Jtem Es ist zewissen, das man kain buͦchßenmaister er wolen sol, der ainem handtwerck Schuldig ist, Vnd wenn die erwöllt sind, So sullen sÿ geloben, ainem handtwerck Jr guͦttrewlich vnd ungeuarlich vß zegeben vnd einzenemen /

Nr. 18 1470

— Die zwölffe sollent kainem Das wort Duͦn voͬ Dem hanthwerck —

(fol. 11v) Jtem es Ist erkennt worden Jm sibentzigiste^{n} Jar, das kain zwöllffer kainem zunfftgenossen, das wort thuͦn sol, vor dem handtwerck /

Nr. 19

(fol. 11v) Jtem in allen vorgeschrieben articklen hat ain ersam handtwerck vorbehalten Die zuͦ mindern vnd zuͦ mern nach irem guͦt geduncken . uf (?) ect. –

Nr. 20 21. IX. 1522 (nachträglich gestrichen)

(fol. 12v) Jtem Es ist zuwissen das ain erber handtwerck der maler mit den merern erkannt hat, Wann sich begäbe, das hinfüro ainer das handtwerck kauffen Vnd annemen würde oder wöllte, der selbig soll sich ains handtwercks allain welches er vnder den vieren gelernt hat vnderziehen vnd gebrauchen, vnd sich der andern aller muessigen vnd entschlahen. Doch sollent die maister die ÿetzo verhanden sind, hier Jnn nit begrÿffen, sondern auszgeschlossen sein.

Anno 1522 an sontag nach Exaltacionis crucis /

Nr. 21 21. IX. 1522

(fol. 13r) Weÿter so hat ain erber handtwerck erkant vnd hinfüro zuͦhalten verordnet, wa sich begabe, das ainer oder mer kämen, die die zunfft zuͦ erkauffen, oder zuͦempfehen begerten, vnd den vier hantwercker kains köndten, oder erlernnett hetten, denselbigen söll man weiter nit leihen, dann Zunfftrecht. Es wäre dann Sach das die selben die leren Jar erstan wöllten, dasselbiges dann allwegen zuͦ aines ÿeder guͦten willen stan söll

Anno 1522 am sonntag nach Exaltacionis crucis /

Nr. 22 16. IX. 1498

— wie die mayster solen sitzen —

(fol. 14r) Item es ist zewissen das ain merung ist worden am Sundag voͬ mathie Das ain ieder maiste^{r} sol sitzen wie die Schilt nachainander stand ode^{r} wie ietlicher nach ainander in das hantwerck ist kume^{n} auch wan man ain merung sette(?) will in ainem hantwerck so sol kainer niches nit reden kainen in sein merung noch sunst auch nichts nit welliche de wer^{en} der Solliche ÿber für als ofter das důt so söl er geben on gnad vnd ist also erkent in dem 98 ja^{r} vo^{n} aine^{m} ersam^{en} hat werck

(Zusatz) 7. VII. 1538 (?)
— wie die mayster solen sitzen —
Item es ist erkannt an der straff viij pfenig ain wachs vff den nächsten Sontag dem olrich Anno 38(?) /

Nr. 23 17. I. 1503 (nachträglich gestrichen)
(fol. 14v) Jtem es ist erkannt worden von ainer gantzen handtwerck vff Sant anthonius tag Jm v^{+}iij Jar wañ ainer vnser handtwercks gerechtigkait kauft hatt vmb xvi guld. So sollent die beschssen maister befor geben i guldin vnd nit mer /

Jtem mer ist erkeñt worden ob ainer von schmide^{n} oder von den Sattlern vnser gerechtigkaitt erkaufft vmb vj guldin als gewonlich ist So sollent die bischssen maister beuor geben i guldin vnd nit mer /

Jtem mer ob der vnsern ainer des handtwercks gerechtigkait empfing vmb i guldin vnd ain pfund wachs. So sollent die bischssen maister beuor gebn j ortt vnd nit mer /

Nr. 24 29. VII. 1501
(fol. 15r) Jtem ÿm 1501 ten jar act^{um} auff Sontag decollatione nach Joñ baptiste ist erkent worden von ainem handwerck der mallern, wan ainer vnssers handtwercks gerechtigkait Käufft vmb xvi. guld. so sollent die bisthen maÿster beüor geben i halben guld vnd nit mer

Item mer ist erkant worden ob ainer vo^{n} Schmiden od^{er} vo^{n} den Sattlern vnsser^{s} gerechtigkaÿtt erkäufft vm^{b} vj guld. als gewonlich ist so sollent die bischhsen maÿster beẅor geben i ortt vnd nit mer

Jtem mer ob d. vnsseren ainer des handtwercks gerechtikaÿt empfiengt vmb j guld. vnd j tt wachs so sollent die bisthssen maÿster nichts beẅor gebn /

Nr. 25 8. II. 1506
— Vom tagwerck zů arwayten —
(fol. 16r) Vff Sontag nach agathe anno dni tausent fünfhundert vnd Jm Sechßten Jare Jst durch ain ganntze hanndtwerck angesehen vnd ernstlich zůhalten erkennt worden. Das nunfürohin dehain maister. weder von malern. glasern. bildhauern. noch goldschlagern kain tagwerck nit arbaiten sol weder durch sich selbs. noch seine gesellen. Jn kain weÿs noch weg. welcher das Vberfuere als offt das beschech. der sol von ainem ÿeden Vberfarn besunder vier guldin Reinisch. ainem handtwerck zů pen zegeben. Verfallen sein die on alle gnad vnabläßlich zubezahlen, vnd dort zů nach gestallt der Sach darumb gestrafft werden. Ob aber ainen oder mer. Jrer armut halben. So groß daran gelegen wäre das er sich on das tagwerck nit behelffen möchte das mag er an ain handtwerck langen lassen. Sieht den ne das ain Erber handtwerck gůt an, so mag man Jme das nach gestalt der sach. vergönnen oder nit /

Nr. 26 19. VI. 1514
— Dotten zů tragen —
(fol. 16v) Item ain handwerck von maller hat erkannt vnd gemacht das die für jüngsten maÿst^{er} sollen die totten tragen wellich^{e} nit tragen welt de^{r} mag ain anderen bestellen

vnd wellich widerwartig waͤr vnd welt nit tragen od^{er} ain an seÿn stat woherstelle der soll ain handwerck verfallen sein ain halbes pfünd wachs Doch in dem allen erkant wa ain sterbet oder pestilenz wer das der selbig könn^{e} nichts uer pflicht ist zuͦ tragen ist erkant vnd geschehen am mo^{n}tag nach viti ano 1514 Jar oder wa ainr nit hie war ist nichts schuldig ze thuͦn /

Nr. 27 12. VII. 1517
— Bildhauer —
(fol. 17r) Anno Domini 1517

Jtem auff suntag vor Sant margarethen, den zwellfften tag des her monats, Ist fuͦr ain Erber handwerckh komen, die Erbern maißter der Bildhauer, Vnd ist duͦrch Jr guͦt anstehen, damit Jr handwerckh des Bildhauens hinfuͦr dester Bass beÿ guͦten wuͦrden beleyben möcht, an ain Erber handwerckh, durch Jorgenn muͦschgat anbringen Vnd Rendelassen, das hinfüro kain billdhauer vber zwenn Knaben zuͦ lernen nit anemen soll, vnd es sollen auch dieselbigen zenn Knaben, mit ainander, nit angenomen werden, suͦnder ainer allain, Vnd wie derselbig Knab angenomen würder, Es seÿ drey, vier oder fuͦnffe Bÿss Jn acht Jar, vnd dessolbigen Knaben Jar halbs auͦss oder vergangen sind So mag er erst den andern Knaben (18r) zuͦm erdingen, vnnd vor nit, Vnd wellicher sollichs Vberfuͦor, Vnd nicht hielte allso offt vnd dick (?) das Bestehe, das derselb von ainem Erber handwerckh der maler, soll gestrauͦfft werden, dann durch die vile vnnd Vnmaß, der Knaben so Bÿsherr verernd gelernet, mers Jr handwerckh des Bildhauens groß beschwerd vnnd gehindert worden, vnd auͦff sollich haben wir nur Bettlicher beger, angeruͦft Die Ersamen vnd weysen vlrichen appt, vnd hansen luͦtzen goltschlager Baid der Zeit vnsere Zwölffer, mit sambt ainem Erbern handwerckh der von maller, das dann dort zuͦ mal volkomenlich beÿ einander gesamelt was, das sie vnns Jn söllichem obgemelten vnserem beschwerdt, vnd anzaigen das wir alls die Bildhauer ainhellig vnnd ains werdend vmb sollichs verhelffent zuͦbeschaffen, vnd auf sollichs, vnserm begeren nach Jst ainhel (fol. 18v) liglich, duͦrch ain gantz handwerckh, Erkant worden, das hinfüro, vnßer vorbemelt anbringen vnd begeren beleÿbenn, vnd wellicher Bildhauer, das nit hellt, vnd als oft vnnd dickes (?) er sollichs vberfuͦrt vnd nit hielte, das der selbig zuͦ strauf sant Lucas Jn die Bÿge vier Renisch on gnad zubezalen gestrauͦfft werden, vnnd des knaben nichts destminder müssig gan, vnd ston sol, on widerreden, dorh ainem Ersamen weÿsen Rath dißer Stat augspurg, Jr Obrigkait dartun vorbehalten vnnd vnnergriffen, desgleichen ainem Erbern vnnd /

Nr. 28 12. VII. 1517
— glaser —
(fol. 19r) Anno dni 1517

Jtem auͦff Suͦntag vor sant margerthen der hayligen Juͦnckfrawen Ist für ain Erber handwerckh der Maler komen, der Erbern maister der Glaser vnd ist duͦrch Jr guͦt ansehen ainhelligklich begert worden, damit Jr handwerckh der glaßer hinfür dester Bass beÿ guten wurden beleyben möcht, das nun hinfuͦran, wellicher der Seÿ, der sich des handtwerckhs der glaser will geprauchen oder treyben das derselb, nit mer soll auͦff oder annemen, dann ain leren knaben, und denselbigen lernenn nit mer den dreÿ Jar, vnd Jm denselbigen drey Jaren, kain mer aufnemen, auch wa der selbig knab, die drey Jar lang nit erstattet, Es wer nit hinglauffen vrlaubsam, abkomen, oder ledig zuͦjehen, oder in andere weg, wie es sich begub, nichts destminder so soll der maister ains (fol. 19v) andern lern knaben muͦssig stan, Bÿss zuͦ vnd der dreÿ Jar, Es wer dann sach, das gott der allmächtig den knaben von dieser wellt nem, oder sturb, so mag der maister von stunden, oder wann es Jm fuͦegt ain andern dingen, oder aufnemen Vorder dreÿ Jar lang, in allermass wie obsteht, Vnd welicher die Satzung vnd bedinong vberfert, vnd nicht halt, Hat ain gantz handwerck auf der obgemelten tach, Erkannt das derselbig Soll gestraufft werden vmb vier guldin on alls gnad als offt ain yeglicher sollichs vbertrÿt oder vberfort, vnd nichts destominder des Knabens můssig zů stan, vnd beÿ der Ordnung zůbeleyben wie obstet, doch ainem Ersamen Ratth desgleichen ainem erbern handwerck Jr gerechtigkait vorbehaltenn, des zůmindern zůmeren, nach Jrem gůt bedüncken /

Nr. 29 15. V. 1517

(fol. 20r) Jtem auff Sambstag Nach dem Sůntag Cantats nach Ostern, anno et Jm 17 Jar Hat ain Erber Ratths diser stat augspurg erkennt, das die Frembden glaßr, so Jr glaswerckh nůn fůrohin an kainem wůchen marckt, noch sůnst Jm der wůchen, sunder allain zůden vier gefreyten, marckten, Jm Jar das ist Sant Vlrichs Kirchweÿhin, an sant Vlrich tag, auff michaelis, vnnd zů weÿhennachten faÿl haben sollen. Begebe sich dann, das Jr ainer oder mer, vngeuarlich ainmal oder zway Jm Jar glaswerkh herbrechten, das soll Jm zuuerkauffn gestat werden, vnnd nit weÿtters /

Dorh ain Ersamen Ratth sein Oberkait auch hier Jnn minderung oder merung zethůn vorbehalten /

(fol. 20v) Zu der Zeit was Bůrgermaister, die herren Jorgen Langenmantel vnd ludwich hoser, vnd waren Jnn vnßeren handwerck zwen zwolffer, vlrich appt maler, vnd Ratthgeb vnnd hans lůtz goldschlager /

1517 Jar /

Nr. 30 1. VII. 1537

(fol. 21r) Jt. ůff Sonntag, den Ersten tag, dess monats Jůllj, dess Fünfzehenhundert, vnnd Sieben ůnd dreÿssigisten jar hat ain erber handwerckh, zůfůrderung, vnnd von Pessers nutz, vnnd fromen wegen, dess ganntzen handtwercks, sonnderlichen aůch Jn Betrachtůng bemelts hanndtweckhs Obligenden Beschwerden, khünfftigen nachthails vnnd Schaden ainhelligelichen fürgenomen, und Erkannt, fürnemen vnnd Erkennen, aůch hirmit wissentlich, vnnd wolbedechtlichen, oder derselben gelassnen wittiben, so werkstatt haben, weder durch sich selbst, noch ainich werckhleůt verwanndern oder ÿemands anndern, von trentwegen gan̄tz niemandt aůsgenomen, vmb kainerlaÿ Arbait, weder haimblich, noch offennlich bitten, werben lauffen, oder důrch mite Personen handeln, noch bestellen lassen soll.

Dann wellicher Maister, oder witib, fůr sich selbs, oder durch ainich annder mitel Personnen wider sollich Erkanntnůs haimblich oder offenlich pratirieren, Jn ainicherlaÿ weg hannd (fol. 21v) len, vnnd dardurch ainichen Maistern seiner kunden, vnnd arbait absetzen wůrde, der oder dieselben. Sollen von ÿedem v̈berfaren besunnder ainem, Erbern hänndtwerckh vier guldin Reinisch, zů vnablöslicher straf zůbezalen, verfallen sein, Vnnd darzů dem, oder denselben verprechern, Jnn zwaien Jaren, den nechsten, nach sollichem v̈berfaren, nit allain zů ainichem freien oder gefreiten bleÿ, glas, oder ainicherlay anderm Kauffmanschafft, zu bemelten hanndwerckh gehörig nit gesagt sonder aůch kain tail, oder gemainschafft, weder mit, noch on gellt daran, oder dar Jnn nit gelassen noch verfolgt werden /

Wellicher Maister, oder wittib, aber diese Erkanntnůs, mer dann ainmal v̈berfaren vnnd die sach gar so gefarlich halten würde Jnn denn, vnnd allem anderem, alls obsteet will Jnn ain Erber hanndtwerckh, gegen verprechern, vnnd ungehorsamen ÿeder Zeit, nach gestallt gestallt, vnnd gelegenhait (fol. 22r) der sachen, die obgemelt Straff, zů Erwaitern, zůmeren, unnd zů mindern, vorbehalten, unnd damit ainem ÿeden vor dieser Straf gewarnt haben /

Nr. 31 4. IX. 1537

(fol. 22v) Auff den 4ten dag September Anno im 37 Jar hat ein ersamer Ratt diser Statt Augspurg Auff vnnsser Begeren Erkhen Von mallern Vnd glassern, das kain der Ledigs Stands ist, die Zunfft zu kauffen geliehen werde, Er habe den Zufor Ein Elich weib zu der Ee genomen, dem selben, soll alstan Nach Erkantnus, d. Obernn vnnd eins Erbern hanndwerckhs die Zunfft geliehen werden, daß das Er die die vnnser gerechtigkait Aus weist – Vnnd Zu der Zeit peide Bůrgermaister in Ambt gewesen die fürsichtigen Ersamen Vnd weÿsen herren, herr hanns wellsser, vnnd mang Jakob pÿtz, Vnnd Jn vnser Zunfft Seind die Ersamen vnnd weÿssen, Nemlich herr wilhallm (fol. 23r) Seÿssenhoffer, vnnd h. Bernhart Thoman Baÿdt Zunfftmaÿster von schmiden, Vnnd von mallern, peide gewesen mit namen herr hanns Lutz, goldschlag Ein Radgeb, unnd hanns Braun glasser Bayde diser Zeit Zwöllffer, und peide in ein Radt, auff dissen dag, die Ersamen herren von schmiden, Zu unns gestanden vnd peide mit vnns von Mallern Ain hellig worden in ainem Ratt, das Es gehalten soll werden, der Zeit gott der Almechtig sein gnad verleihen will. Amen /

Nr. 32 3. II. 1542

(fol. 24r) Auff den dritten tag des Monats Februarÿ, im 1542 Jar, haben sich die Erbern vnnd fürnemen Baid Zunftmaister, mit sampt zwaÿen zwölffern der Erbern Zunfft von Schmiden, Mit namen Wilhalm Seÿsenhofer Blattner, Bernhart Thoman, Sporer, hanns Schuster, Schwertfeger, unnd hanns Eggelberger huffschmid, von wegen der Erber Zunfft von Schmiden, an ainem, unnd die Erbern vnnd fürnemen, zwien Zwölffer, benamlich hanns Lutze, Goldtschlager, des Rats vnnd Jorg Sorg maler, als vorgennger der Erbern hanndtwercker, mitt namen, Maler, Glaser, Bildhauer, unnd Goldtschlager, am anndernn thaile, Jn beÿsein aller vier Partheÿen, guettiglichen, unnd freuntlichen, der strittigen hanndlungen halben, vertragen, vnnd lauttet der vertrag, wie hernach ůolgt, das die zwien gleichlauttennden Zedel, Anno et Jm 95 Jar (fol. 24v) So die vier ordeten herren, Mit namen Anthonie Bach, Paulus Buggenhofer, Martin Finckh, vnnd Jacob gaßner all vier Burger vnnd des Rats zu Augspurg darJnn begriffen, die von ainem Erbern Rath vnnd anstat ains Erbern rats erkennt vnd gesprochen, vnnd Jedem thail ainen gegeben haben, beÿ Jren krefften vnnd wir den mit allen punctenn vnnd Clausseln beleiben, vnnd das die Erbern von malern, wol macht vnnd gewallt haben sollen, ainem Jegklichen Jr gerechtigkait zukauffen, oder zuempfahen geben, der Jnen annemlich ist, in der gestalt, Das er Seÿ Eelich geboren, von vater vnnd muter, vnnd Kainer herschafft leibs aigen, auch sein lern Jar erdiennt, vnnd erstreckt hab, wie sich geburt nach malßnungen sÿ Jn wol arbaiten lassen, das (fol. 25r) er seiner narung nicht verhindert werden, Doch soll es dem Rechten Zunfftmaister, oder seinem Verwalter angezaigt werden, alß dann zu des Zunftmaister gelegenhait, in Zů erfordern auf des Schmidhaus, wan er ain bot mit sampt seinen frennden, vnnd beschÿtzern hat, so sollen die Zwen Erbern vorgennger mit Jm hinauf gen, ob aber Jren ainer nicht verhannden were, So mag der annder vorgeer Jren buchsenmaister nemen anstat seines gesellen, oder ob sÿ bed nit verhannden wern, So mögen Sÿ die zwien buchsenmaister mit Jm schicken, vnnd alda sein Zunfft vor dem Rechten Zunfftmaister von schmiden, oder den besÿtzern entpfahen, vnnd allda angeloben wie gebreuichlich ist. Doch soll er bemelter Zunfft nichts zůthun schuldig sein, weder haller noch (fol. 25v) pfenning, on allen genÿeß, Were auch sach das ainen oder mer, wie die genannt weren, die vier partheyen oben ernenndt, zu schwer gedeuchten, oder sein welten, so soll der, oder die selbigen gut furg vnnd macht haben, sich auf den Rechten Zunfftmaister vnnd die Zwölffer zu appellierenn, on allen nachtail vnd hindernus,

Wa aber sach were das solliche, strittige hanndlung allda nicht hingelegt khundt oder möcht werden, alß dann mögen die wol für ain Ersamen Rath als von Got vnnser ordennlichen, Eingesetzte oberkait, kömen, wie bisher gebreuchlich gewesen unnd nÿemanndt abgeschnidten worden ist, Doch welche sich also fur ain Rathe waigern, derselben soll jeder on alles mittel vnd on alle gnad ain guldin auflegen, (fol. 26r) Vnnd derselb guldin soll verfolgen dem hanndwerck daJnn der ist so den guldin auflegt, In die Buchs, wa er verlustig wirdet, Ob er aber nit verlustig wurde – So soll Jnne der guldin wider geben werden, – Vnnd des zu gutem vnnd warem bekundt, damit stritt vnnd vnwill verhirt werden, unnd das Jnn baiden thailen ain volkomen benuegen, vnnd sich dermassen guetlich vnnd freuntlich mit ain annder verglichen, unnd vertragen haben, so ist sollichs Jn baider thaile buecher, mit ainer hannd gleichlauttend eingeschrieben worden / Acta supra

Nr. 33 14. IV. 1546
(fol. 26v) Jtem es ist Zuwissen das ain Eber hanndtwerck versamelt ist gewesen am mitwoch vor dem palmtag, vnd ist von denen von werdt (?) an ain Erber hanndtwerck gelangt word^{en}. vmb ain brief (?) zugeben, vnd ist also Erben werke wie hernach volgt /

Item sach wer das ein Erber maister tod abgieng, vnd die Frau ain annder man nem der nit das hanndtwerck nemlich von Glasern erlernt hat het, es wurd im aber des handtwercks gerechtigkait geliehen So (?) möcht die Frau. mit sambt Jrem man Glas wol verkaufen und hingeben aber kain gesellen noch knaben halten noch nichts machen das (?) der Handwerck belangt (?) /

Beilage IV

Satzung und Aufhebung der Handwerkstrennung innerhalb der Malerzunft

Nr. 1 (Stadtarchiv Augsburg, Reichsstadt, SCH. Nr. 72c)
21. IX. 1522 (nachträglich gestrichen)
(fol. 9v) Item año dñ 1522 ist ain merung word durch ain handwerck wa nün hinfür ainer das handwerck wellte kauffen od^{er} empfahen der sol sich ains handwerck vnter ziehen vnnd gebrauchen vnd nit mer.

doch die maÿst^{er} die zů dissem mall verhanden sindt die sollent in dissem Fall nit begriffen seÿn. –

Nr. 2 (Stadtarchiv Augsburg, Reichsstadt, SCH. Nr. 72c)
21. IX. 1522
(fol. 9v) Item weÿtter ist erkant word^{en} wa ainer od^{er} mer kem vnd hett der handwerck kains erlernett dem sol man nit weÿtter liehen den zünfftrecht es wer dan sach ainer welte die leren iar erstän der statt in ains ÿeden macht act. ist geschehen an Sontag nächst exältationis. –

Nr. 3 (Stadtarchiv Augsburg, Reichsstadt, RB. Nr. 15)
28. VII. 1523
(fol. 4Or) Auff Afftermontag nach Jacobi Anno etc. XXIII hat ain Erber Rat auff anbringen der von Maalern glaser, goldschlager vnd pildhawer, Erkennt das Jr fürgenomen ordnung ab sein soll vnd so Jr ainer Jr handtwerck entpfahen wil söllen sie dem selben, die alle leÿhen wie von alter herkomen ist vnd der Jnn kain verrer Newerung machen nochgebrauchen dann mit wissen vnd willen ains Erbern Rats. –

Beilage V

Satzungen des neuen Malerzunftbuches von 1542

(Stadtarchiv Augsburg, Reichsstadt, SCH. Nr. 72b)
16. XII. 1542

Nr. 1

(fol. 23r) Erstlichen ist zuͦwissen wan Ein Erbern maister, vnsern hanndtwerkh von Maller gerechtigkeitt kauͦffen woͦllt, wie vonn alltter herkuͦmen, gewonnlichem brauͦch, Nach vermoͦgen des alltenn bichlenn, vnnd des gleichenn, Noch sein soll, wie bißhern beschehenn ist, welcher der sej, vnnsern gerechtigkait, des hanndwerkhs begert zuͦ kauͦffen, soll Erstlichenn, des alltenn, herkhuͦmen, vnnd brauͦch, für gehalltenn werden, wie breuͦchlich ist, des mann Ein genuͦegenn hab, auf das soll vnnd muͦeß, Er auͦff leggenn schuͦldig sein, xvj guͦldenn Reinisch Jnn goltt, vnd zwaẙ (Ein) pfuͦnd wachs für Ein lib 8 kr der nach soll Jme geliehen werden /

(fol. 23r) Zuͦm anndern, welcher der, oder von wegen Einer Zuͦnfftgenosin, oder alls die Elter, Jr gerechtigkait seines suͦn, oder anstat seines dochtermans, des handwerkh zuͦ Empfangenn begertten, sosollen Jrem, Jn alweg, des allten herkhuͦmen vnnd brauͦch, fuͦr gehaltenn werden, wie das altt bichlinn vermag, vnnd Nachmallenn, wann Ein Erber hanndwerckh, Ein genuͦgenn hat, So ist der selb schuldig ain guͦldenn Rheinisch Jn golt vnd Ein lib wachs, ist 8kr Nach dem soll Jnn geliehen werden.

(fol. 24r) Zuͦm dritten ist zuͦmerckhen, alls wir vonn maller, der Erstthaill, vnnd die vonn schmidten der annder tail, des geleichenn die von sattler, der dritt thail, die sein Jnn drei taill, gethaill, Jetlichem seinem gepuͦren thail, der schatzuͦngenn halben, vergleich, das Ein Jeder thail, sein schatzuͦng verwalltten Mag, Nach gelegenn, Eines Erbernn handwercks, doch aber als vorr, wann Ein Taill des annder Eines gerechtigkaitt seines hanndwerckhs Notturfftig wurdenn, das die selbenn, Nit mer schuldig sein soll, zuͦgebenn dann 6fl Reinisch Jnn solt, vnnd Ein lib wachs, ist 8kr Doch sollen sie schuͦldig sein, des allten herkhuͦmen vnd brauch, (fol. 24v) vnnsern Hanndtwerckhs, Nach vermaͦg, des bichleins gerechtigkait, Vnnd Nach zuͦkhuͦmen, biß mann Ein genuͦgen hett, auff das soll Jme geliehen werdenn. –

Nr. 2

(fol. 70r) Item Es ist zuͦwissenn, wann Ein Erbern Maister, in vnnsern hanndtwerckht, Einen Jung, annomen woͦlt, oder dingenn, so soll, Er Jnnen nit lenger, nit, habenn, dann 14 tag zuͦuͦersuchen, wo er aber Jnn weitter haben wollt, sol Ers dem Zwelffer, die vrsachen antzaigenn, auͦch wie vonn allter herkhuͦmen beschehenn ist, Vnnd so er Jme taugenlich werdt, vnnd kainem Mangel hatt, als dann soll er Jnnen, bej wessenn zweẙer Erbern maister, Vnnsern hanndwerckhts dingenn, vnnd wie hanndtwerckhts gebrauͦch ist.

So habenn sich auͦch, die von glaser selbs veraint, mit sambt Eines Ersamenn hanndtwerckhts, das sie sollen, der Junger drey Jar Lanng Lerrnenn und wann der Jung sein Zeit Erstandtenn hatt, soll Er wieder fur Ein Ersam handtwerckh gestelltt werdenn.

(fol. 70v) Es sollen, auch dise Juͦngen all, die fürgestellt werden, der Eelichen geburt halben verfast sein, mit brieff oder leuͦt, Ein beniegenn beschehenn, wie dann vnnsers handtwercks brauch ist.

Auͦch wann Ein Juͦnger fuͦr gestellt wurde, vnnd das hanndtwerckh gerechtigkait, het, der soll, ainem Ersamenn handwerckh nit mer schůldig seÿ, Ein zů schreibenn, dann Ein halbenn gůldenn, vnnd ain lib wachs ist 8kr.

Wo aber Ein Jůnger werdt fůrgestelltt vnnd der des hanndwerckhs gerechtigkait nit hett, der sol vnnd mueß, Einem Ersamenn handtwerckh, Ein zů schreiben gebenn ain gůlden Můntzs vnd 2lib wachs tuet 16kr.

(fol. 71r) Es soll auch, ein Jedtlicher Maister, der Jůngen dingt, fůr sollichs gerechtigkait, des handwerckhs, Jnn allweg, fůr das gelt guett sein, vnnd betzallenn, an verer aůs Redte.

Beilage VI

Die Malerordnung nach der Aufhebung des zünftischen Regiments

(Stadtarchiv Augsburg, Reichsstadt, MA., fasc. Ordnungen)
23. VII. 1549

(fol. 1r) Ordnung der Maler, Glaser, Bildschnitzer, vnd Goldschlager
(die) ›Vorgänger‹
Jorg Sorg maler
Joß wagner satler

(fol. 2r) Ordnung vnnd Satzung wie es die Sattler Aines ersamen Rats als von Rechten Ordentlich Oberkait dieser Statt Augspurg, wie es die (Sattler) Die Maler, Glaser, Bildschnitzer vnnd Goldschlager. Jnn Jrem handtwercke halten sollen, wie es ihnen dann wolgedacht ain Ersamer Rath zehalten vnnd deselben treulich nachzekhumen, ernstlich eingebuch vnnd beůolhen hatt.

Erstlich wer der so die weren, die nun fūrohin dieser obgeschriebenen handwerckh recht, unnd gerechtigkeit kouffen wellen, die sollenn zuer Kauffung desselben hantwerckrecht, vnnd gerechtigkait xvj gulden rh vnd 8kr ainem E. Rat geben vnnd bezalen /

Jtem wann aines maisters Sūn, zu Maister wurde so zu ains Maisters tochter, sich verheuratte so die sollen ains E.Rats j R vnnd 2 batzen bezalen und erlegen /

Jtem so offt vnnd wann ain Maister ain leer iung zůlernen animbt, soll der selb leer jung den (vier nachgeschworen Maistern 60dn ain zůschreÿbenn gebe enntrichten /

Mann soll auch in dem obgemeltenn hanndwerckhern kein Leerknecht auffnemen. Er sej dann Eelich geboren vnnd den 4 maistern zuūor fürgestellt die sie als dann gegen entrichtung der 60 Pfennig einschreyben sollen /

(fol. 2v) So soll auch kain Maister dem anderen in sein Arbait geriffen, will weniger ainer dem anndern seinen knecht one des anndern wissen vnnd willen aůhs seiner werckhstatt abfüerenn, welcher aber das Überfüre, soll darumb zu Peen ainem E. Rat verfallen sein j fl Rh /

Jtem wann ainer mit glass zů markht herkomt, es were mit fennster oder trinkhglesern, wellicher dan dartzůkombt, vnnd mit einem wirdt ob es fail seÿ drum annder dartzů vmb sagenn, ob Si mitt annpumgenn wöllenn, mllicher dann nitt will, der soll sich seines tails verzeihenn, so mügen dann die anndern ainer oder mer, woll Jren fromben süechen onn der anndernn Jrrung vnnd ob ainer ainem gezilt, oder angedingt hett, der soll auch denm andern, dartzů verkünden lassen, desgleichen wann fůrnůss, farb oder sachenn herpracht wurdenn, das dem hanndwerckh zugehorten sollen auch angezeigt, vnnd vmbgesagt werden /

Jtem wann ain frembder oder gast mit farb oder glas ect. allher kombt, vnnd zuͦ ainem Maister einkert, derselb Maister soll schuldig sein dasselb drum (vier geschworenen maistern) annzuͦ zaigenn, als dann sollen die vier geschworenen dem Jüngsten maister beuͦolhgen das er es dasselb vmbsage, welcher dann auf die Stund die uns benennt nit kumbt, der soll hernach kainen fail onn obgemelter whar haben /

Jtem wann ein fūrmann mit gleser alher khumbt vnd ainer oder 3 maister die selben annemen wollten, so sollen sie es den übrigen maistern vmbsagen lassen. welcher dann auch fail daran haben will soll es auch zugelassen werden. (fol. 3r) würde aber vber dasselb kain maister verhanden sein der auch fail daran haben wo wolt so mögen als dan die maister so zu rechten darumb gefällt, vnnd die sollen bedürfftig sein, dieselben gläser woll anemen vnnd vnnder inen auͦstaillen, wie sie dann die sach mitt einander aines werden / Wo auch ain maister seinen diener auff ain huͦtten, zu ainer kauffung gleser schicken würde so soll der selb maister oder diener vngehindert von den von den anndern pleiben /

Dieweil auch hieuor, Vmb alter herkomen, das kain Maister oder derselben gesellenn vnnd obgemelten hantwerkhern, kain tage werckh Arbaitenn, so solls nachmalen darbei Pleiben /

Es soll auch hinfūro kain bildhauer mer dan ainen Leer jung auf ainmal vnnd auf 3,4,5, bis in die 8 Jar zulernen an nemen welcher aber noch ainen Leern knaben zu lernenn anemen wolte, der soll zuͦuͦor des ersten lern Knaben zum wenigstenn halbs leren jar verschnienn lassen, vnnd als dann erst (?) denn anndern Lernn Jungen, vnnd also nit auf ainmal. vnnd mit einander annemen. welcher Maister des also vber für der soll ain E. Rat iij fl Rh zur Strafe verfallen sein.

Desgleichen soll auch hinfüro ain glaser nit mer als ainen lernknaben ain (?) einmal annemn, vnd denselben 3 jar lernen, wälcher es aber nitt halte der soll gleicher gestalt iij fl Rh ain E. Ratts zu buͦss geben und bezahlen.

Jtem Es soll auch hinfüro ausserhalb der vier (gefreiten) märckht kain glas on erlaubnis ainis E. Rats alhie verkaufft oder fail gehalt werden / (fol. 3v) — Die (vier Maister) betreffend —

Vnnd zuͦier (zumeren), vnnd stattlicher hanndlung dieser obgemelten ordnung, vnnd Satzung hat ain E. Ratts aus obgemelten Vier handwerkenn, wurd aus einem Jedem Jnn besunderheit eines zu, (vier maistr) verordnet, die selben beaÿdigt, vnnd inen eingebunden ain fleissig auf merckhenn darauf zu habenn was Sie heren, sehen, oder innen werden, das aines E. Rats oder denn hanndwerckhern zuͦ baider, oder zuuͦorclainerung raichen vnnd komen möchte, desselb ainen E. Rats oder der dar zü verordennten herrn beÿ (zwen) laiden vnnd pflichtenn aufzuzaigenn, auch sonnst darob sein sollen, damit obgemelts hañdwerckher niemants, er seÿ Bürger, oder frembd, in ainicherlaÿ Arbaitt, oder lonn, vbernomen werde. wo aber deshalben, klag vonn burgern, oder frembden fur sie kome, also das sich die Ptheÿenn dess vbernemens oder lonns halben nÿt vergleichten oder vertragenn, kontten, als dann dieselb arbait oder lon zu wuͦrdigenn, zuͦ Schätzen vnnd also gutten fridenn, Ruhe vnnd ainigkaitt Zuerhaltten vor (?) aber in dem nien zuschwer sein vnnd fallen wolte als dan ann ainem E. Rats oder die dartzuͦ Verordneten herren gelangen vnnd komen lassen /

(Es sollen, und mogenn auch obennante vier maister macht haben, ainem jedenn des obgemelten handwerkhern, Straffbaren, aber doch annderst oder höher nit dann vmb 2 viertel weinn oder vmb 16kr vngeuͦarlich welches Jnenn denn Maistern haimfallenn vnd pleiben soll ze straffen /

was aber frefel vnnd ander dergleichen sachen sonnderlich auch (fol. 4r) die vbertrettung in obgemelten articln zum fuill begriffenn belanngte, des sie dasselb one alls mittl ain E. Rats oder drzuͦ verordennte herrn beÿ Jrenn pflichtenn an zuͦ zaigenn schuldig sein sollen, vnnd damit Sie solchenn Jrem beůolchenen Ampt dester vleissiglich vnnd stattlicher nach khommen mögen so soll allmal der jungst Maister, vnnder obgemelten hanndwerckhern Innenn zum beÿstannd vnnd zu ainem diener verordnett werden, es (des) (?) Sie Jme beuelhenn vnnd schaffen, des er denn treulich nachsetzenn unnd geloben solle /

(die obgemelten [4 maister] sollen hirmit Jnnsbennder[?] auch Verbünden und schuldig sein, alle die brieff so ain hanndtwerckh zugeschrieben es sei vmb welcherlaj sach es Jmer wölle, die Jnen zukhumen Einen Ersamen erschlassen vnnd vneröffennt fürtzůbringen vnnd zum b aranntwurten, des als das Raut würde, vnnd sampt die notdurfft die es erůrdent dar Jnn fürnemen würdet.)

(Es sollen auch obgemelte vier maister durch ain E. Rats alle Jar geenndert, Jrrer plicht und ambt erlassenn, vnnd newe angenomen vnnd wie obgemelt beaidiget werden /)

Doch sollen Jnn dem Allen aines E. Rats als die oberkaÿtt diser statt freÿe offene hanndt, in dem allem enderung minderung oder merung zuthun, vnd furtzenemenn, wie sie dann on die vie vonn Oberkaÿtt wegen Zuthun macht haben Jn Allerwegs fürgesetzt vnnd vorbehalten sein /

N.B. Die in Klammern stehenden Absätze sind gestrichen. »4 maister« wurde gestrichen und durch »zwein vorgeer« ersetzt.

Ergänzung:

(Stadtarchiv Augsburg, Reichsstadt, RB. Nr. 23)
(fol. 100r)
Actum afftermontag 23. Julij Anno 1549
— Schmidordnung verlesen —
Sein der Schmiden vnnd aller derselben anhenngegen hanndwerckh ordnung verlesen vnnd zů gefallen angenomen wordenn. –

Beilage VII

»domus der Maler«

Nr. 1 (Stadtarchiv Augsburg, Reichsstadt, RB. Nr. 3)
1397
— wölich zůnfthuß Stewren sullen —
(fol. 12r) It̄ welhe zunfftgelt hant Damit si gewerb tribet die sol das verstüren, weche zunfft aber heußer hand vnd daraus zins hat, die söllen das versturen haänd sie aber dehainen zins daraus so verstüren Sis nit. –

Nr. 2 (Stadtarchiv Augsburg, Reichsstadt, Handwerksordnungen)
31. VIII. 1548
— Lautere Beschreibung was die Handwercker vbergeben haben 1548/1549 —
(fol. 39r) Anno 1548
Maler
Adi 31 Aůgůst Anno sup haben hanns Lůtz Golsschlager Georg Sorg vnnd Gall Schemmel von wegen aines Erbern handtwercks der Maler vberantwůrt wie volgt:

Erstlich an barem gelt in müntz fl.93.–
It.Jr behausung sambt den briefen darüber sagend gibt veit hamer glaser aus dem vndern Gemach müntz fl.12.–
It⁻ ain Zinsbrieff vmb 8gld müntz Jerlichs ablösige Zinß auͦsser Laux Schilhers webers hauͦs mit sambt zwaien hauͦsbriefe
Nō14 It⁻ Jn ainer grossen Schmiedeladen mererlai bücher vnd Register
It. ain Aichine truͦchen mit 3 Schlosser dar Jme
2 Vordertail harnasch
2 Boͦckel hauͦben
2 panntzer hement
2 panntzer hentschuͦch
vnd ain Eisine bix
It. 2 Zellēn beẙ den von Satlern baiden handtwerckern Malerey vnd Satlery zuständig
It. 8 groß Zin schisselen
It. 7 Zinkanntñ groß vnd klain
It. 8 Zin pleten
(fol. 39v)
It. 16 klaine Zinschisselen
It. 5 Zinin Saltzbuchslen
It. 8 messing Zinder
It. ain hangenden messing Zinder Jnn der Stuben
It. ain Zinis Giesfäslin darunter ain kupferin beckin
It. 5 tisch
It. 4 Lederin banck bolster
It. 10 Sidlen vnd Stüel
It. 2 pretspil
It. 1 Schachtafel
It. 1 Aichine Schießtafl mit messing Stainen
It. 124 hiltzine tischteller
It. 3 eisen pfannen
It. 6 Rot auͦfhibschisslen
It. 2 plechin Zinder
It. 1 Suppenseihlin
It. 2 Eisen Löffel
It. 1 Knechlspiß
It. 5 pratspieß
It. 1 Rosst
It. 1 drifuͦsß
It. 2 hatzen zuͦn spiessen
It. 1 Kupffer kannte
(fol. 40r)
It. 3 Kupfferin bechter
It. 1 Kupffer hafen
It. 1 kupfferin Zalbret
It. 4 tischtuecher
It. 9 hanndzwehlen
It. 1 weissen damastin todtenpfelen
It. 1 Schwartz nuͦllin Todtenpfeler
It. 2 gar groß pratspiß auͦffen boden
It. etliche trinckgleser vnd krauͦser

It. ain Kuchenkasstl
It. ain bancktruchen mit 2 Schlossen
Obgemelter harnasch waren vnd hauͦßrat alles ist Jns hauͦs biß vff fereren Bericht gelassen. –

Adi 13. Aprill kaufft herr marx pfister ain seklin darin sollen sein 28 fl 39 kr vmb der Maler hauͦß Rat hat hans heberlin bÿ sein deß Sorg^{en} p kundt fl.28.39
Adi. 16. may kaufte herr utz pfister 882 taler 24kr Jn einem Sack thond 1000 rheinisch So auß der maler hauß Erlost vnd in der maler tasch gelegt fl.1000

Beilage VIII

»Zunftknecht« der Maler

(Stadtarchiv Augsburg, Reichsstadt, MA., fasc. I, Nr. 41)

Nr. 1 9. VII. 1550
Edlen vesten fuͦrsichtigen, Ersamen vnnd weÿsen herren Stadtpflegere, Buͦrgermaister vnnd ain Erber Rathe diser loblichen Stat aügspürg, gebiettennden vnd guͦnstigen herren, wir haben ain witfraüen ob vier vnnd dreissig Jaren, zuͦm vmbsagen vnserer hanndtwerckwaaren, wan ettwas zuuͦkauffen, oder zuͦ kauffen, alher gebracht worden ist, auch zuuͦer warung des Malerhawͦs, Dieweil wir des selbig noch gehabt haben, vnnd zuͦ anndern vnserer hanndtwerckhs notturfften gebrauͦcht, vnnd Jr für solhe Jr wardt, mühe vnnd arbait, die sÿ von vnnsern wegen gehabt, auͦsserhalb dessen, so Jr sonnst von den Zechen vnnd annderm auͦff dem Malerhaws worden ist, Jerlichen drew guldin zu lon geben, Nun dienet vnnd wartt vnns bemelte witfrau noch, vnnd hatt Jetzt Jn zwaÿen Jaren kain Lon dero halben entpfanngen, vnnd dieweil Sÿ vnns dann bisher trewlich vnnd fleÿssig gedient, vnd Jr sachen, was man Jr beuͦolhen, baß, weder wir vor Jr knecht gehabt, aüßgericht hatt, vnnd wir vnnser Sachen, one ain knecht, oder Sÿ, nit verrichten mögen, dann vnnser ob Fünffzig Jn vnnsern hanndtwercken sein, vnd wann der Jüngst maister vnnder vnns vmbsagen sollte, wie etwann gebreuͦchig ist so were es sein verderben, deshalben wir die bemelte witfrauen, solchs, als lanng Sÿ es noch thuͦn kan, gern verrichten lassen wollten, damit sÿ sich vnnd Jre kinder auch dester baß, ernören möchte, vnd so dann E.h.vest.F.E.W. anndern hanndtwerckhs diener, die Jren verordneten Vorgeeren zum vmbsagen vnnd annderen Sachen warten, zuer Belonung, Enntrichtenn lassen, hierauͦff E.h.vest. vnnd f.E.W. als vnnser gebietenndt vnd günstig herren, wir züm hochsten vnnderthanigklich anruffen vnd bitten, die wellenn vns derohalben, auͦch gnedigklich vnd vätterlich bedencken, vnns die bemelten witfrauen fürthin wie bisher, dienen vnd sÿ Jres lones, gleich wie annder hanndtwercken Diener entrichten vnnd bezahlen lassen, das vm Eh. vast. vnnd f.E. vnnderthänigklich vnnd mit hochsten fleiß zuuͦerdienen, wir allzeit berait vnnd willig sein, thuͦn vnns hiemit E.h.vest vnd f.E.W. gehorsamlich beuolgen, vnd günstiger antwurt f.h. vest. f.E.W.

Vnnderthänig vnnd gehorsamer Bürger

Maler Goldtschlager Bildhawer
vnnd Glaser
zu Augspurg

Nr. 2 (Stadtarchiv Augsburg, Reichsstadt, RB. Nr. 24)
9. VIII. 1550
(fol. 2v) Auff der maler goldschlager pildhawer vnd Glaser Supplicaturi ist erkennt das Jrer Dienstfrawen Jerlich 3fl vnnd dann fur die ausstendig besoldung 6fl Sollen bezalt werden. –

Beilage IX

Fürsprache des Rats für Jörg Aman

(Stadtarchiv Augsburg, Reichsstadt, SCH. Nr. 105/IVa)
22. VI. 1439
(p. 196) Den Ersamen vnd weysen Burgermaist^{er}n vnd dem Raut der Stadt zů höchstetten vnsern guten fruind^{e}n Embiett^{e}n wir die Rautgeben der stat zů Augspurg vnser fruintlich dinst zuuor lieben fruinde Diser gagenwärtig vnser lieber mitburger Jorig der maul^{er} antwortten des priefs, hat vns gesagt wie das euch, ain Taflen vff den fronalltar Jn ewer pfarrkirch^{e}n gemachet hab vm̄ ain genante sum̄ namlichen hundert guldin Rinischer, der Jr mit Jm v̈berain komen seÿent die selben Taflen, Er nach hayschunge der materij vnd nach rechtformiger ordnung des wercks vil pesser gemachet habe, danne das, Jn dem gedinge angesehen vnd furgenomen seÿe, als Jr denne söllichs nach dem gesicht des werckes, selbs wol mügt erkennen. Vnd wañ aber wir nit allain von dem selben maÿster Jörigen, mer von and^{er}n vnßn mitburg^{er}n vnd wercklütten die sollich arbait wol erkennt, aigenlich^{e}n vernemen, das er sollich arbait mit der benemt^{e}n Sum̄e guldin nit hab mügen zů wegen pringen vnd sunderlichen der selb maister Jorige sprichet wie er als darum̄ nicht mer dañ die hundert guldin an ew zuuord^{er}n, Sunder, sollich, schicklich vnd zierlich zu sätz der materien, vff ain guttes getruen Jn euch, gemachet vnd dem werck zugefüget habe damitte dasselbe werk der arbait halben nit möchte gelützzet werden herumbe So pidt^{e}n euch fruintlichen Söllich gůt getruen so Jm der selbe Maister Jörig in der arbait gegen ew fürgenomen vnd seinen schaden, nach de^{n} vnd wir von and^{er}n vnß^{er}n wercklutten v^{er}nomen darJnn getan hant, gütticlich^{e}n anzesech^{e}n, vm̄ Jm ain zimliche peßrung vñ zupůß, nach gestalt vnd kostlichait der arbait v̈ber die gedingten sum̄e guldin, getruilichen zutünde vñ Jn als darJnne vnser zugeniessen la^{ss}en, das stet vns Jn sonderhait mit willen vm̄ auch zubeschuld^{e}n wa sich das Jn desgleich^{e}n oder merorn sach^{e}n gepüret Geb^{e}n an mäntag vor sant Johanes tag zů Sünwend^{e}n Anno ect XXXIX°. –

Beilage X

Schreiben des Rats an Hans Mang Schnellenweg bezüglich seiner Brennöfen

(Stadtarchiv Augsburg, Reichsstadt, Lit. Schreiben vom 27. VII. 1469)

Vnnserm mitburger,
Maister mangen maler
zů ynßbrugk

Rautgeben der Statt augspurg Vnnser fruͦntschafft zuuͦor lieber maister mang, ew^{er} schreiben vns gethon, weißet uch hab angelangt, wie in ewern thurn, uch ewer offenen, so ir erkaufft habt, abgebrochen, vnd ander darein gesetzt sey, Das uch nit klain bescürt, Bittend, darein ze sein, damit uch ewer Thurn, mit dem, so Jr, darInn habt, under helet, bÿ ainander beleibe, uͦ, mit mer Jnnhallt, haben wir verleßen, vnd hetten, nach gestallt, der dingk, sonder dem Thurn, uch zu zeaigen, wol, vnd billich erspart, Beliben sein vermaint, Das so Ir ach wißen mügt, an den Thurn, vnnser statt, yemantz dan wir Gerechtigkait hat, Darumb vnd so die dingk zwischen ew^{er} vnd andr^{er} der vnns^{er}, Irer brenn öffen halben darinn haben, ettwas Jrrung, vnns vngeuellig ist, So haben wir mit den and^{er}n geredt, Deßgleich wir uch, och berichtenn, wo Ir, vnd si, vch Alls des brennens halb, mit ainander, gütlich, veraint vnd halltend, Das wir söllichs vnns^{er}n willen herynngesetzt, so lang vnns gefellt, für gen laßen, wa aber das also nit geschehen wird, so süllt Jr. vnd desgleichs die ander, Ewer öffen, vnd was dartzuͦ dienend, vß dem Thurn tuͦn, Oder wo das nit geschähe, wollen wir, sollichs zegeschehen selbst bestellen, Dann wir uch vnd and^{er}n, an vnnser Statt Thürn dermaßen ain gerechtigkait zu haben, nit, zuͦgeben, noch gestatten wöllen, Das wir uch darnach zegerichten vesten verkünden /
Dat^{um} Donrstag nach Sant Jacobstag appl. anno et lxviiij –

Beilage XI

Streit der Malerzunft mit dem Conterfetter Friedrich Hagenauer aus Straßburg

(Stadtarchiv Augsburg, Reichsstadt, MA., fasc. I)

Nr. 1 (fasc. I, Nr. 3)

(fol. 4r) Fürsichtig Ersam was guͦnstig gepiettennd hern, Nachdem vnnd vor zuuͦerschiner zaitte, an Euer E.w. von wegen etlicher die so vnns Jhnn vnnser freÿheÿtt vnnd Zunftgerechtigkeit, des Bildhawͦens, Schnitzen vnd Conteruͦetten gegeriffen Suppliiert, darauf Euer E.w. hanns Landsperger, hanns mair, vnd friedrich hagenawͦer, ain yeder ain Supplicationschrift alls ir gegeben antwurt, v̈bergeben haben, welche dreÿ Supplicationsschriften, vvnns antwurt darauff zegeben zugestelt worden sein, Jnn allerundertheinigkaitt pittende nach volgende vnsere antwurt vnd bericht gunstlich zuuͦernemen, Vnd dweil hanns landsperger Jn seiner Supplicationschrift vnder anderem anzaigt, alls Er bey vns nicht mer arbait gehapt, hab er seiner notdurft nach, in seinem Chramladen, etlich dockenwerckh vnnd Chramereÿ (.so Ehr vnnd annder Chramer alhie failhaben, hinzuͦgeben vnnd zuuͦerkauͦffen macht vnnd gewalt.) gemacht die hingeben, vnnd verkaufft, vnnd bestand kains wegs das Er damit wider vnser freÿhaÿt, oder Zunftgerechtigkait gehanndelt ect. zu dem sagen wir, das Er hanns landsperger ain Rats zu ainer parschen, mann kopf, ain stain pock um din khirn ain pruͦstpild aines kaÿserlichen angesicht, vnnd annder villmerpilder etlichen personnen, auch den Kistlern vff die pettstetten die all wir vonn Kurtze wegen anzuzaigen vnderlassen, gewagt hat, wa er solhs wollen wir das mit der arbait vnd den Jhenigen, den ausgemacht beweisen, vermainen aber on nott, daruͦß Ewr E.w. woll abnemen vnnd ermessen mugen, ob er Landsperger nit Jn vnnser freÿhaitt vnnd Zunftgerechtigkait gegeriffen habe, aber ob solche Jetzgemelte arbait, dockenwerckh, Cramereÿ, oder in sein Zunftgerechtigkait gehörig sei, wie er melt.

— Weitter alls er anzaigt es haben annder Cramer alhie auch dergleichen dockenwerckh vnd Chramereÿ faill, vnnd dweil Sÿ die nit machen kauͦnden lassen sey Jnen die von Nuͦremberg vnnd anndern ortten alher pringen ect. was Ewer E.w., abnemen, ob die Chramer alhie auch solch Dockenwerckh failhaben, oder Jnnen dergleichen wie er gemacht hatt allher gepracht wurdet, Alls er auch Jnn Beschlus seiner Supplicationschrift annzaigt, Er begere nicht annderst Jnn vnnser freÿheitt vnnd Zunft gerechtigkeit zugreifen, dann was Er nach vermögen seiner Zunfftfreÿhaitt vnnd gerechtigkaitt, fug vnnd macht hab ect. darauff geben wir Euer W.W. zuerkhennen, ob er nitt mit obangezaigter arbait, so er gemacht, vnd noch täglichen dergleichen machen tuͦtt, Jnn vnnser freÿhaitt vnnd Zunftgerechtigkait gegriffen, dann vmb die zumechen zugehorig, vnd durch Jnn entzogen wuͦrdet ect . . .

(fol. 4v) Ferer alls hanns Mair vnnder annderen Jn Seiner Suplicationschrift anzaigt das Er ainig pild ÿe gemacht, diweil er für sich selbs gearbait hab vsgenomen den mesrschmiden vß dem helffenbain heft schneiden ect, da hörtt Ewer E.W., das er selbs bekhent, das er den Mesrschmiden heft schneidet, welche dann vnns zeschneiden zugehorig, auch ainer vnder vnns ist, der etwann vill geschnidter arbait hatt, die Jme also von wegen des selben mairs schneiden verliegen muͦeßen, die von seiner arbait nicht vertreiben khann, vnnd sagen daß er nitt allein den meserschmieden schneidt sondern auch anndern perosnen etliche pilder von holzwerck geschnidt, welches wir mit derselben seiner arbait so es von notten beweisen khouͦnden, Auß dem wa Ewr E.W. abnemen, ob Er nit Jnn vnnser freyhaitt vnnd Zunftgerechtigkaitt gegriffen, vnnd darzuͦ weder Buͦrgerliche noch zünftliche gerechtigkait nit hat ect..

Weitter alls fridrich hagenawͦer vnnder annderm inn seine Supplicationschrift meldet, so dann die kunst an allen ortten kuuͦnden ze arbaitt freÿ, vnnd Jme vor drew Jarn durch hern Jheronimusen Jmhoff burgermaister zugelassen, solh zuͦlassen wir Jnn seinem werd besteen, nach zuͦarbaitten gunstlich vergonnen, Darzuͦ sagen wir das Conteruͦetten kain freye kunst ist noch da für gehalten wuͦrdet, vnnd er auch gleichen alles woll alls der mair Burgerliche noch ainich Zunftliche gerechtigkait nitt hatt weder stewr noch wach gibt vnnd dweil Ewr E.W. vnnd ineiniglich gutt wissen tragen wie unnser hanndtwerckh diser Zeitt Jnn so großen abfall kumen vnd sollten dann die obgenantten hans landsperger hans mair vnnd fridrich hagenawer, so doch zuͦm tail weder burgerliche noch zunftliche gerchtigkait nitt haben neben vnnd bie vns arbaiten, was Ewr E.W. soll abnemen, was nachtail oder schaden wir hetten vnnd erlitten, Vnnd so auch kain mangel bei vnnd vnnder vns mitt Bildhawern, Schnitzen vnnd Conteruͦetten nicht ist, hieruͦff an Ewr f. E.W. alls vnnser gunstig gepiettend hern nochmaln vnnser zuͦm hochsten vnnderthenigilich anruffen vnd pitten, die wölle vnns mitburger hier Jnnen genedlich bedennckenn, vnnd bei vnnser freÿhaitt vnnd Zunftgerechtigkait, so wir zum tail er erbt vnd erkauft (.wie ander erber Zunften.) handhaben vnnd mit den obbestimpten hannsen Landsperger, hansen mair vnnd friedrich hagenawͦer, so also bisher vnd noch (fol. 5r) Jnn vnnser freyhaitt vnnd Zunftgerechtigkait, wie oben gelawt, gegriffen, zuuͦerschaffen, des Bildhawens, Schnitzen vnnd Conterfetten zewerben vnnd zuͦarbaitten Jnn allweg muͦesig zestaun, dann Ewr E.W. woll abnemen muͦgen, wa wir Jnn massen wir yetzt Sÿ thund arbaytten durffen, hetten wir zum taill vnsere zunftgerechtigkait nit erkauft, sonders dasselbig, sowir darumb gegeben erspart vnd an anndern vnnseren nuͦtz gelegt.

Wa sÿ sich aber des ÿe geprauchen vnnd arbaitten wöllen, das sÿ vnnsere zunftliche gerechtigkait erkaufen vnd sich als dann der auch wie wir geprauchen, Das vmb Ewr f.E.W. wöllen wir alls die gehorsamen mittburger Jnn allerunnderthenigkaitt geflieen sein zuͦerordnen.

Ewr f.E.W. vnderthanig gehorsam,
die handwerckher der Maller, Bildhawer
Glaser vnd Goldschlager. –

Nr. 2 (fasc. I Nr. ad 5)

(fol. 11r) Fürsichtig Ersam weÿß gebiettend herren, ich wird Jn der pildhawer auch derselben Zunftgenossen Supplication vor anndern benennt, vnnd verclagt worden, Entgogen gib ich E.E.W. gůnstiglichen zuůernemen, sie melden erstenns, wie ich hie funff Jar beÿ ainem pfaffen zu kost gegangen, solchs Jnen Jre leÿbsnarungen, abgegang gebracht haben solle, Ist war das ich mit gnedigen zůlassen meines herrn Thumb Dechants, bey herrn Leonhartn Zinsmaẙster neben anderen zů kost gegangen gewanlich v̊ber die malzeÿtten den wein von wirtten bezalt, was also den clagenden, mangels der leÿbsnarůng darauß erfolget, das ich e.e.w. erkennen, So mir aber solchs durch mein gnd.hr. dran, widerumb obkůndet, hab ich bis uor mein gelt bey den wirten verzert, zu zeÿtten vom guetten herrn zu gast geladen worden,

Melden weytter, Jr hanntwerck Sÿ Jn abfäll khomen, ist war, hab mit Jnen mittleÿden, dan mir dadůrch mein narung so wol als Jnen genomen, anders zů leren gedrungen worden, das aber durch mich bildhawens halben Jre ainiger pfennig, in zeÿtte miener beywonůng, entfiert worden, wil ich mit den vberlegen, selbs Zeugschaft laysten, Sy sagen, es sey auch beẙ Ine Conterfetens nit mangel, Laß ich sein, geschieht offt, aber nit vnbillich Contrariũ genant wird, Wölcher aber sych der freÿen Kunst Conterfetens ye an frembden ort gebraucht, mit derselben ist gut war zůmachen tun solchs der massen, wie irs Vermaynens mir (fol. 11v) gͦognensoll, verpotten oder die oberkaytt damit es beschehe darumb angraůffen worden sey, dan ich dem Etlichen handwerck, auch deß selben erfahrenen Künstlern zu Rẘmb sagen vnnd bekhenne mueß das mir an allen Orten als nemblichen Speẙr Wurmburg Mentz Frankfurt, Haydelberg, Nuremberg, Regenspurg, Passaw, Salzpurg, Munchen, Lanndßhůt auch an andern enden vylmer, die ich mit dieser Kunst durchzogen, darein gewonet, von großer Er als eben von den dergleychen mich hie verclagen nit gedulden, noch leyden mogen, eruaigt, vnd bewißen worden, dweil dan der abpruch Jr leybs narung nit an meinem Conterfetten, sonder das ich nit zünftig bin Jrs anzaigen gelegen, wolt ich gern wissen ob den Clagenden so ich die Zunft erkhaufte Jr narung dadurch geweret wurde oder nit weniger (.on Růemb zumelden.) Erfarůng, gebrauchen, Er so dann die Kůnst, an allen Orten kůnenden als sy selbs wissen zearbaytten, freÿ zugelassen bitt ich E.E.W., als gebietende heren, mich dess so ich Jn můhe erfaren, auch gebartt, vnd mir vor iij Jaren durch heren Jheronimus Jm hoůe Bůrgermayster zugelassen, noch zů arbaytten gunstiglichen vergonnen, Meine hanntwercks verwantte von Jrem furnehmen weÿßen das wyll ich vmb e.e.w. Jn aller Zeyttlichen Dienstbarkaytt willig haben zugedienen

E.E.W. vndertheniger Fridrich hagenawer
von Straßpurg Conterfetter

Nr. 3 (fasc. I Nr. 6)

(s. fol.) Fürsichtige Ersam was gunstig gepiettend hern Nachdem, vnnd sich etlich vnnderstanden, vnnd in vnnser freÿhait vnnd zünftlich gerechtigkaitt des Bildhawen, Schnitzen vnnd Canderůetten, gegriffen das arbaitten vnd geprauchen, vnd doch vnser zunftliche gerechtigkait nitt haben, vnd sonder ainen genannt Fridrich der jetzt bej den fůnff Jaren alhie bei ainem pfaffen zertt, welches vnns zu großen nachtail vnnd abbruch vnser leibnarung erraicht, Dann Ewr E.W. vnnd meinigelichs gůt wissen tragen wir vnser hanndtwerck diser Zeit Inn großen abfall kumen vnnd solten dann dieselben so doch vnnser Zunftliche gerechtigkait nit haben bei vnd neben vns arbaitten, mag Ewr E.W. abnemen was nachtail oder schaden, wir heten, vnd dweil kain mangel bei vnnd vnnder vns, mit bildhawern, schnitzen vnnd Conderůetten nicht ist, an E.f. E.W. alls vnnser gunstig hern vnnser vnterthenig bit Ewr E.W. wollen vns gnediglich bedenken vnnd mit denselben so also Jnn vnnser zunftliche gerechtigkait vnd freÿhait gegriffen, zuͦuerschaffen, das bildhawen schnitzen vnnd Condervͦetten zearbaitten vndzetraiben Jm allwes muͦeßig zestaun, sonder waß sÿ sich des ÿe gebrauchen vnd arbaiten wollen, vnßer zunftliche gerechtigkait wie wir haben erkaufen. Das wollen wir alls die gehorsamen mittburger Jn aller underthenigkait geflisen sein zuͦerordnen

Ewr f.E.W. Vnderthenig die hanndwerckher
der Maller, Bildhawer, Glasser vnd
goldschlager. –

Beilage XII

Handwerksabgrenzung zwischen den Maurern und Malern

(Stadtarchiv Memmingen, Schublade 482 fasc. 2)

Nr. 1 15. VIII. 1516

— Augsburg Maurer Vnd Maler halben —

Dem Ersamen vnnd wͦeisen Buͦrgermeister vnd Rat der Stat Memingen vnsern lieben vnnd guten Freunden Empeten wir die Ratgeben der Stat Aügspürg vnser freuͦntlich willig dienst all Zeit imer Ersamen weisen leiben vnd gut fraind, wir haben Euͦre weißheit schreiben die Streit vnd Jrrung Jrer Bu(rger?) der von Zaÿmmer den Maurer, vnd Maler betreffend vernomen, Vnd auͦf sollchs beÿ vnsern gehörigen vmb Erfahrung der Sachen anhalten lassen vnd beÿ dem somit befunden, Das vnsere Buͦrger die Maurer vor Etlichen Jaren Gruͦeße Kirchen vnd Andere thurn ganz mit Stainfarben alhie güartiert Desgleichen dan die Stainmerzen auch getan Dar zuͦ Venster, Laden Anßschuͦß vnnd Anders. Doch an bildwerck verfungen vnd außgemachten, Jnn solchen die von malern die baid handtwerck gebeten haben, mit bruͤnten guaurtiern, Vrsachen vnd Auͦßmachten Jr Zunfft scheörn (?) vnd angehord gegen Jnnen zuͦ halten /

Dergleichen die von malern auch gern ßich gegen Inen wollen beweißen. Auf solchs die selben von Maürern Stainmetzen vnd Maler bisher und noch ainander gutlich versthännt vnnd so freunntlich gegen ain ander gehalten haben, das sie zuͦ allenn tailen gegen Ainander benügig sein. Aber doch mit dem Unterschid das damit Ainich partheÿ gegen den Anderen sich Jere gebürenden gerechtigkeiten begeben haben woͤlle. Dabeÿ es auch beÿ vnns bißher ist bestunden dan dise Zeit der gebrauͦch beÿ vnns nit hubpt(?). Das die Maurer vnd Staÿnmerzen die gebewͦ quartiren oder Anderer vrsachen noch auͦßmachen sonder sich sonst Jre handtwerck vnd Arbait gebrauchen. Das auf Eure weÿßheit begern wir nit wolten verhalten. Der freuntlich zuͦ erschainen wir Allzeit bereit vnd willig weren.

Dato Auf funffzehenden tag Augusti
Anno et decimo sexto. –

Nr. 2 7. IX. 1577

— Extract

Aus dero von Mahlern Handtwerkhs Ordnuͦng

Auͦf dern von Mahlern, Glaßer, Bilhaüer vnd Golschlager, beÿ einem Er.Rhat beschehen anhalten, und des Sie sich al des weissern, so sich der Oeln Feürnueiß vnnd Laimfarben gebrauͦchen beklagt, hat ein Er. Rhat von des Stpendes (?) dato erkannt, got gordnet vnd gesetzt des hinfüro des Weissens nit mehr dann folgende Farben, alles nemlich Wieß auß Kalch, schwarz, Ků̊gelroth, Ků̊gelgelb oder Goldfarb, graue oder Stainfarb, doch alle mit Leim Wasser oder Wasserfarb anzůstreichen, wolgeuchtes mit Oel oder Fürnins zůe vͤberfahren, auch neben dem die Pflaster roth anzůstreichen, ebenmessig mit Öel oder fürnins zů vͤberfahren, vergonnt, erlaubt und zugelassen, aber sonsten alle andere Farben in gemain abgeschafft, auch die gesimbes mit gefärbten Strichen einzůfassen, Laůb vnd Rollenwerckh vnd dergleichen Sachen ist in der Mauler gerechtigkait gehörig zů machen vorbehalten vnd abgeschafft seien beÿ Straff was ind vͤbertrettung Zwey gůlden Zue bezahlen. –

Decretum in Senatu
7. Septembris Ap̄. 1577

Beilage XIII

Die Perlachturmbemalung der Jahre 1436/1437

Nr. 1 (Stadtarchiv Augsburg, Reichsstadt, BRB. 1436)
Rechnungen des Jahres 1436
(fol. 1v)
— Kron maul^{er} —
It. xxviij lib dn hab^{e}n wir geb^{e}n dem Kron mauler von xvj schildten zu maulen vn^{d} ii groß trinkgellt

(fol. 2r)
— Caspar von ketz allain —
man hant nit mit jn gedinget
It. ii guld hab^{en} wir gelihen demselben von Ketz Reminisce^{re} vff sein arbait hin für vnd ist vm̄ all v^{er}gangen arbait durch die alten pum^{aiste}r gar bezahltt
— Cum Turn —
It. xii guld geliehen Casparn von Ketz feria 3^{a}p^{ost} judica
It. xii guld geliehen hartman^{n} maul die sup^{ra}
It. xii guld geliehen seinen prüdern die sup^{ra}
It. j lib dn hab^{e}n wir jn all^{e}n geben jubilate zu badgelt
It. mer ii guld geliehen Casparn vo^{n} Ketz jubi^{lat}e vff sein arbait der schilt Cantate
Ut. iiii guld Casparn von Ketz
It. iiii guld hartman mauler
It. iiii guld seinen prüd^{ern}
It. mer ii guld dem Caspar cant^{e} vff sein arbait der schilt
Mis dni
It. x.guld Casparn von Ketz
It. x guld hartman mauler
It. x guld seinen brůd^{ern}
Octa^{va} pent^{ecoste}
It. x guld Casparn von Ketz
It. x guld hartman mauler
It. x guld seinem pruder

It. mer vi guld dem Caspar geliehen vff die schilt d^{ome}nica 3^{a}
It. mer vi dem Caspar gelihen vff die schilt d^{ome}nica 4^{a}
It. xxviii lib dn haben wir geb^{e}n hartman mauler von vvi schilten ze maulen vdalri^{ci}

(fol. 2v)
d^{ome}nica p^{ost} jacobi
It. xxi lib dn habn wir geb^{e}n Casparn von ketz vnnd in als damit aller schilt die er biz uff den gen^{ant}en tag gemälet hant gar bezalt
Er hant noch inn xxviiii Schilt vngemaulet d^{ome}nica hÿlari
It. i guld gelihen Casparn von Ketz vff dieselben schilt
It. iii guld gelihen vff die schilt d^{ome}nica p^{ost} assumpti^{one} marie
It. vi guld hartman mauler geliehen nat. marie
It. vi guld gelihen den kron mathie
It. vi guld gelihen dem Caspar mathie
It. xii guld geliehen Casparn von ketz vff die obgent schilt
It. vi guld geb^{e}n hartman mauler martini
It. vi guld gelih^{e}n dem kron die 18
It. vi guld Casparn von ketz die 19
It xxvii lib dn haben wir geb^{e}n Casparn von ketz an Aff^{ter}montag nach katherine anno⁻ vnd in als damit aller schillt die er der stadt vff denselben tag gemaulet ganz und gar bezalet vnd hant kainen vngemallten schilt jur^{avit}
It. an Samstag nach Lucie hab^{e}n wir abgerayt mit den drey mäl^{er}n als von des turns weg^{e}n vn^{d} habn jn allen dreÿen geb^{e}n zudem daz Si vor eingenome^{n} händ j^{C} vnd xxviii guld vnd sy als damit aller der arbait die sy de^{r} statt an dem Turn vnd anderhalb gemachet hand gar bezalt
(fol. 53r)
— Generalia —
It. xviii groß vmb schilt vff den perlach thurn den maulern

Nr. 2 (Stadtarchiv Augsburg, Reichsstadt, BRB. 1437)
Rechnungen des Jahres 1437
(fol. 1r)
It. Caspar von Ketz vnd der kron mauler süllent den Perlachturn voll vßmalen vnd man hant nit mit jn gedingt Vor ist in beuolhen jubilate durch die paum^{aiste}r 37
It. iiii guld hab^{e}n wir geliehen dem Caspar prime vice
It. iiii guld geliehen den kron auch prima vice
Kasp.
It. xv guld Casparn von ketz
Re^{cepta} ipse d^{ome}nica post oct^{ava} penta^{coste}
Kasp.
It. i guld Re^{cepta} ipsē margareth
Casp.
It. ii guld Re^{cepta} ipse bartmei
Casp.
It. ii guld Re^{cepta} filius eius Egidij
It. iiii guld Re^{cepta} der kron mathei
Casp.
It. iiii guld Re^{cepta} Caspar mathei
Casp.
It. viii guld Re^{cepta} Caspar michael

Casp.
It. x guld Re^{cepta} Caspar francisci
It. xviiii guld hab^{e}n wir geben den Caspar Galli jn als damit von der arbait wegen gar bezalt vnnd gepurt jm zu seinem teil lxv guld.
It. lvii guld haben wir geben dem kron vff die viii guld vnd in alz damit von der arbait wegen auch gar bezalt als den Caspar
It. iiii guld jn baiden vnd jren gesell^{en} badgelt und trinkgelt
Katharine
It. v lib vnd v dn Casparn von ketz vmb farb zům vogelsang
It. vi lib dn den Caspar von xxxvii Remling vnd ix kranzprett^{er}n zemaulen lucie

(fol. 94r)
It. iii guld iiiiß maist jerigen von den knopff zu vergulden vff den newen turn d^{ome}nica 6to

(fol. 94v)
It. vi lib dn maister Jörigen von xii vanen ze maulen vff den newen turn (nach nat^{ivitate} marie / vor michaelis)

Nr. 3 (Stadtarchiv Augsburg, Reichsstadt, BRB. 1438)
Rechnungen des Jahres 1438
(fol. 2v)
Caspar von ketz
It. xliii lib xv ß dn haben wir jm geben von xxv schillten ze maulen
It. x ß seinen sun trinkgelt

Beilage XIV

Die Bemalung des Rathauses an 1516

Nr. 1 (Stadtarchiv Augsburg, Reichsstadt, Peutinger Konzept H)
(fol. 292r) 9. VI. 1516
Ferrer, allergnadigister herre, mir ist von dem rat zu Augspurg das rathaus daselbs das angeben des gemeels daselbs bevolhen worden. Nun wird ich under anderem E. kais. Mt. geschlecht von Romischen kaiseren und kunigen, auch kunigen von Hispanien und Sicilien, daran malen lassen und des furnemens, wie ich die an dem zedel, hiebei mit dem C bezaichnet, aufgeschriben hab, dorauf E. kais.Mt. in aller undertanigkeit bit, mir hierauf gnadigen bescheid zu geben und solchs auf das furderlichest zu tun; dan ich bin in derselben arbeit auch, ob E.Mt. solchs also gefällig seie oder ain anderen monung haben wollen, mich in demselben nach E.Mt. beschaid und wollgefallen auch wissen zu halten. –

Nr. 2 (Stadtarchiv Augsburg, Reichsstadt, BRB. 1516)
(fol. 69r) 1. VIII. 1516
Auff vincula petri
It. iii^{C} guldin v̊lrichen Abbt maler von sein Georgen Brewen vnd vl^{rich} mawrmüllers wegen auff gut Rechnung des malens am Rathaws.

Nr. 3 (Stadtarchiv Augsburg, Reichsstadt, BRB. 1516)
(fol. 60r) 4. X. 1516
It. vi^{C} guldin vlrichen Abbt Jörgen Brewen vnd vlrichen mawrmüllern malern vff iii^{C} guldin vormals eingenomen damit sind sie alles malwercks am Rathaws gar bezahlt. Vnd sollen vnnder den Kronen läd^{en} vollennd außmalen. No^{ta} was blawbs Jm holz werck der Tillen gemalt werd^{en} ist nit in diß^{er} Rechnung gelegt man sol Jns insbesonderhait nach bezaln.
Mer xx guldin Jrn 7 knecht^{en} vnd 6 Bůben fur ain Eerung vnd trinckgelt. –

Nr. 4 (Stadtarchiv Augsburg, Reichsstadt, BRB. 1516)
(fol. 71r) 20. XII. 1516
In vigilia thome ap^{ostolorum}
It. lxxxv guldin vlrichen Abbt vnd den and^{er}n zwayen malern vmb das sie die Blawen leisten Jn der tillen ob dem pflötz dermassen angestrich^{en} haben. –

Nr. 5 (Städtechr. XXIX, p. 22,8 mit 16 /Chronik Breus)
Anno domini 1516 jar fieng ich, Georg Prew, an zů malen mit sampt Ulrich Appt und Ulrich Maurmüller das rathaus, und ich, Jorg Prew, was maister darüber und muest allen sachen vorstan vnd der erst und letzt sein darvon. und gab allen zeug darzů und costung. darob hett ich vier gesellen und zwen knaben, und Ulrich Apt ain sun, Michl, und Ulrich Maurmüller ain knaben. daran maleten wir am freitag nach corporis Cristi bis acht tag vor Michaelis. also wardt mir geben zum voraus hundert und fünftzigk gulden; darnach stunde ich mit inen an, und gab man darvon neunhundert gulden und zwantzig gulden den gesellen zů trinckgelt.

Literaturverzeichnis

(ed.) = Herausgeber
(MS) = ungedrucktes Manuskript
(o. J.) = ohne Erscheinungsjahr

Apphun, Horst (ed.) 1979 Triumphzug Kaiser Maximilians I. (Dortmund 1979).

– 1979 Der Theuerdank (Dortmund 1979).

Arndt, Jürgen (ed.) 1970 Wappenfibel. Handbuch der Heraldik (Neustadt an der Aisch 1970).

Baer, Leo 1912 Der Hausbuchmeister Heinrich Mang und Hans Schnitzer von Arnsheim in: Monatshefte für Kunstwissenschaft, V (1912), p. 448 ff.

Baldaß, Ludwig von 1912 Hans Burckmairs Entwurf zu Jörg Erhards Reiterbildnis Kaiser Maximilians in: Jahrbuch der kunsthistorischen Sammlungen des allerhöchsten Kaiserhauses, XXXI (1912), p. 247 ff.

– 1928 Niederländische Bildgedanken im Werke des älteren Hans Holbein in: Beiträge zur Geschichte der deutschen Kunst II (Augsburg 1928), p. 159 ff.

Bamert, Markus 1977 St. Maria in Pontresina (Basel 1977).

Barzon, Antonio 1924 Gli Affreschi del salone in Padova (Padova 1924).

Baum, Julius 1907 Das alte Augsburger Rathaus in: Zeitschrift des historischen Vereins für Schwaben und Neuburg, XXXIII (1907), p. 63–73.

– 1923 Altschwäbische Kunst (Augsburg 1923).

– 1948 Martin Schongauer (Wien 1948).

– 1953 Ludwig Schongauer in Ulm in: Das Württembergische Museum II (1953/1954), p. 39.

Baureferat der Stadt Augsburg 1978 Das St. Jakobsstift in Augsburg (Augsburg 1978).

Bayer, Günther 1967 St. Martin Memmingen (Memmingen 1967).

Beck, D. 1897 Kunstbeziehungen zwischen Schwaben und Tirol = Vorarlberg in: Diözesenarchiv von Schwaben, XV (1897), p. 145–156.

Behling, Lottlisa 1957 Die Pflanze in der mittelalterlichen Tafelmalerei (Weimar 1957).

Benesch, Otto 1928 Der Zwettler Altar und die Anfänge Jörg Breus in: Beiträge zur Geschichte der deutschen Kunst II, p. 229 ff. (Augsburg 1928).

Berger, Ernst 1912 Quellen und Technik der Fresko-, Öl- und Temperamalerei des Mittelalters (München 1912).

Bergmann, Ingrid 1972 Was wird aus gotischen Fresken bei Abbruch des Kaisheimer Hofes? in: Augsburger Allgemeine Zeitung vom 3. 8. 1972 (Augsburg 1972).

Bretram, Walter 1960 Die Instandsetzung der Goldschmiedekapelle in Augsburg und Restaurierung ihrer spätgotischen Ausmalung in: Bericht des bayerischen Landesamtes für Denkmalpflege, XIX (1960), p. 20–33.

Beutler, Christian 1960 Hans Holbein d. Äl. Die spätgotische Altarmalerei (Augsburg 1960).

Bibra, Marina von 1970 Wandmalereien in Oberbayern 1320–1570 (Miscellanae Bavarica Monacensia 25, München 1970).

Bier, Justus 1927 Leonhard Becks Gemälde im Würzburger Dom in: Schwäbisches Museum III, (1927) p. 14–17.

Binder, Richard/Lieb, Norbert/Roth, Toni 1965 Der Dom zu Augsburg (Augsburg 1965).

Blendinger, Friedrich/Zorn, Wolfgang (ed.) 1976 Augsburg: Geschichte in Bilddokumenten (München 1976).

Blum, Lucien 1978 Martin Schongauer (Colmar 1978).

Bogenrieder, Franz Xaver 1916 Die Wandmalereien der alten Kirche zu Garmisch (Garmisch 1916).

Borradaille, Viola und Rosamund (o. J.) Das Straßburger Manuskript (München o. J.).
Braun, Placidus 1829 Die Domkirche zu Augsburg und der hohe und niedrige Clerus an derselben (Augsburg 1829).
Bredt, Ernst Wilhelm 1900 Der Handschriftenschmuck Augsburgs im 15. Jahrhundert (Straßburg 1900).
– 1901 Augsburger Miniaturen vom Ende des 15. Jahrhunderts
in: Mitteilungen des germanischen Nationalmuseums (1901), p. 123–128.
Breuer, Tilmann 1958 Die Stadt Augsburg – Kurzinventar (München 1958).
Broglie, Axelle de 1965 Le Palais Davanzati et ses Tentures Peintes
in: Connaissance des Arts IX (1965) p. 60–67.
Brun, Carl 1882 Andrea Mantegna und Daniel Hopfer
in: Zeitschrift für bildende Kunst XVII, (1882), 197–202.
Buchner, Ernst 1924 Der Petrarkameister als Maler, Miniator und Zeichner
in: Festschrift für Heinrich Wölfflin (München 1924), p. 209–231.
– 1928 Die Augsburger Tafelmalerei der Spätgotik
in: Beiträge zur Geschichte der deutschen Kunst II, (Augsburg 1928) p. 1–92.
– 1928 Der ältere Breu als Maler
in: Beiträge zur Geschichte der deutschen Kunst II, (Augsburg 1928) p. 273–383.
– 1928 Leonard Beck als Maler und Zeichner
in: Beiträge zur Geschichte der deutschen Kunst II, (Augsburg 1928) p. 388–413.
– 1953 Das deutsche Bildnis der Spätgotik und der Dürerzeit (München 1953).
Buff, Adolf 1886 Augsburger Fassadenmalerei
in: Jahrbuch der bildenden Kunst XXVII, (1886), p. 58–69.
– 1892 Rechnungsauszüge, Urkunden und Urkundenregesten aus dem Augsburger Stadtarchiv
in: Jahrbuch der kunsthistorischen Sammlungen des allerhöchsten Kaiserhauses XIII, (1892) p. I–XXV.
– 1893 Augsburg in der Renaissancezeit (Bamberg 1893).
Bühler, Nonnosus 1916 Die Schriftsteller und Schreiber des Benediktinerstifts St. Ulrich und Afra in Augsburg während des Mittelalters (Borna-Leipzig 1916).
Bushart, Bruno 1959 Studien zur altschwäbischen Malerei. Ergänzungen und Berichtigungen Alfred Stanges »Deutsche Malerei der Gotik« VIII. Band, »Schwaben in der Zeit von 1450–1500«
in: Zeitschrift für Kunstgeschichte XXII, (1959) p. 123–157.
– 1965 Hans Holbein der Ältere (Köln 1965).
– 1966 Hans Holbein der Ältere (Augsburg 1966).
– 1977 Der »Lebensbrunnen« von Hans Holbein dem Älteren
in: Festschrift für Wolfgang Braunfels (Tübingen 1977), p. 45–70.
Carli, Enzo 1961 Museen von Siena (München 1961).
Cairola, Aldo/Carli, Enzo 1963 Il Palazzo Publico di Siena (Rom 1963).
Ceccarini, Ivo 1978 Palazzo Comunale die S. Gimignano (Poggibonsi 1978).
Christell, Johann Martin 1733 Besondere Nachrichten von der Barfüßer und St. Jakobskirche in Augspurg (Augspurg 1733).
Christoffel, Ulrich 1927 Augsburg (Leipzig 1927).
– 1928 Die deutsche Kunst als Form und Ausdruck (Augsburg 1928).
– 1955 Renaissance in Augsburg – Bildnerei – Malerei – Zeichnung
in: Augusta 955–1955 (Augsburg 1955) p. 249–263.
Christoph, Gertrud 1974 Die Pfarrkirche Mauritius zu Donaueschingen-Grüningen
in: Schriften des Vereins für Geschichte und Naturgeschichte der Baar in Donaueschingen XXX (1974), p. 21–40.
Clasen, Claus Peter 1976 Die Augsburger Steuerbücher um 1600 (Augsburg 1976).
Claviez, Ulrike 1976 Die Wandmalereien der Veitskapelle in Stuttgart–Mühlhausen (Tübingen 1976).
Dasser, Karl Ludwig 1982 Neuentdeckte mittelalterliche Malereifragmente in der Westkrypta des Augsburger Domes

in: Jahrbuch der Bayerischen Denkmalpflege XXIV (1982), p. 69–78.
Davies, Martin 1972 Rogier van der Weyden (München 1972).
Debold-Kritter, Astrid 1979 Augsburg in frühen Photographien (München 1979).
Degenhart, Bernhard/Schmitt, Annegrit 1968 Corpus der italienischen Zeichnungen 1300–1450. Teil I: Süd- und Mittelitalien, Band I–IV (Berlin 1968).
Dehio, Georg/Gall, Ernst 1954 Handbuch der deutschen Kunstdenkmäler. Östliches Schwaben (Berlin–München 1954).
Dirr, Pius 1908 Zur Kenntnis der mittelalterlichen Malerei Augsburgs
in: Zeitschrift des historischen Vereins für Schwaben und Neuburg XXXIV, (1908), p. 201–204.
– 1909 Augsburg (Leipzig 1909).
– 1913 Studien zur Geschichte der Augsburger Zunftverfassung 1368–1548
in: Zeitschrift des historischen Vereins für Schwaben und Neuburg XXXIX, (1913) p. 144–243.
– 1914 Baukunst, Plastik und Malerei in Augsburg (Augsburg 1914).
– 1917 Augsburg (Stätten der Kultur. Band 20, Leipzig 1917).
Dodgson, Campbell 1900 Beiträge zur Kenntnis des Holzschnittwerkes Jörg Breus
in: Jahrbuch der königlich-preusischen Kunstsammlungen XXI, (1900) p. 192–214.
– 1903 Jörg Breu als Illustrator der Ratdoldischen Offizin (Nachtrag)
in: Jahrbuch der königlich-preußischen Kunstsammlungen XXIV, (1903) p. 335 f.
– 1928 Die Cäsarenköpfe, eine unbeschriebene Folge von Holzschnitten Hans Burgkmairs d. Ä.
in: Beiträge zur Geschichte der deutschen Kunst II, (1928) p. 224–228.
Dörnhöffer, Friederich 1897 Ein Cyklus von Federzeichnungen mit Darstellungen von Kriegen und Jagden Maximilians I.
in: Jahrbuch der kunsthistorischen Sammlungen des allerhöchsten Kaiserhauses. Band XVIII, (1897) p. 2 ff.
– 1897 Nachtrag zur Abhandlung: Ein Cyklus von Federzeichnungen mit Darstellungen von Kriegen und Jagden Maximilians I.
in: Jahrbuch der kunsthistorischen Sammlungen des allerhöchsten Kaiserhauses, Band XVIII, (1897) p. 274 ff.
Drechsel, Friedrich 1892 Die Goldschmiedekapelle und die darin aufgefundenen Wandmalereien
in: Zeitschrift des historischen Vereins für Schwaben und Neuburg XIX, (1892) p. 1–24.
– 1906 Die Goldschmiedskapelle in Augsburg und die darin neuaufgefundenen Wandmalereien
in: Bilder aus Augsburgs kirchlicher Vergangenheit (Augsburg 1906) p. 1–19.
Dussler, Hildebrand 1971 Die Restaurierung des Augsburger Domes von 1547/1548
in: Jahrbuch des Vereins für Augsburger Bistumsgeschichte V, (1971) p. 95–110.
Dvořáková, Vlasta/Krása, Josef/Merhautová, Anežka/Stejskal, Karel 1964 Gothic Mural Painting in Bohemia and Moravia 1300–1378 (London 1964).
Dvořáková, Vlasta/Menclová, Dobroslava 1965 Karlsteyn (Prag 1965).
Eber, L. 1913 Über einige Schutzmantelbilder in Ungarn
in: Zeitschrift für christliche Kunst XXVI (1913), p. 350 ff.
Eberlein, Hans 1939 Augsburg (Berlin 1939).
Egg, Erich 1950 Der Glasmaler Gumpolt Giltlinger
in: Tiroler Heimatblätter XXV, (1950) p. 35 ff.
Ehmann, H. 1934 Die Geschichte des Kaisheimer Hofes in Augsburg
in: Schwäbischer Postbote Nr. 30 vom 27. 7. 1934 (Augsburg 1934).
Eschborn, Michael 1971 Karlstein. Das Rätsel um die Burg Karls IV. (Stuttgart 1971).
– 1971 Karlstein (Stuttgart 1971).
d'Ester, Karl 1955 Augsburg und die deutsche Presse
in: Augusta 955–1955 (Augsburg 1955) p. 393–402.
Euringer, Gustav (MS) 1906 Die Monumente der Pfarrkirche St. Anna in Augsburg (Augsburg 1906).

Eyssen, Edmund 1904 Daniel Hopfer von Kaufbeuren. Meister zu Augsburg 1493–1538 (Heidelberg 1904).
Falk, Tilmann 1968 Hans Burgkmair. Studien zu Leben und Werk des Augsburger Malers (München 1968).
– 1976 Notizen zur Augsburger Malerwerkstätte des älteren Holbein
in: Zeitschrift des deutschen Vereins für Kunstwissenschaft XXX, (1976) p. 3–20.
Ferrali, S. o. J. Der Silberaltar des Hl. Jakobus in der Kathedrale von Pistoia (Florenz o. J.).
Feuchtmayr, Karl 1921 Die Malerfamilie Apt
in: Münchner Jahrbuch für bildende Kunst XI, (1921) p. 30–61.
– 1928 Apt-Studien
in: Beiträge zur Geschichte der deutschen Kunst II, (Augsburg 1928) p. 97–132.
Fischer, Heinz 1974 Als die Bajuwaren kamen . . . (Landsberg/Lech 1974).
Foster, Michael (MS) 1979 Der Meister der Ulrichslegende und die Malerei in Augsburg im 15. Jahrhundert (München 1979).
Gerometta, Tommaso 1957 L'Abbazia benedettina di S. Maria in Sylvis in Sesto al Reghena (Portogruaro 1957).
Giehlow, Karl 1899 Beiträge zur Entstehungsgeschichte des Gebetbuches Kaiser Maximilians I.
in: Jahrbuch der kunsthistorischen Sammlungen des allerhöchsten Kaiserhauses XX, (1899) p. 81 ff.
Glaser, Curt 1908 Hans Holbein der Ältere (Leipzig 1908).
– 1924 Die altdeutsche Malerei (München 1924).
Götz, Wolfgang 1956 Die Entwicklung der Denkmalspflege vor 1800. Band I/II (Leipzig 1956).
Gorissen, Friedrich 1973 Das Stundenbuch der Katharina von Kleve (Berlin 1973).
Groeschel, Julius 1888 Die ersten Renaissancebauten in Deutschland
in: Repertorium für Kunstgeschichte XI, (1888) S. 240–255.
Habich, Georg 1907 Friedrich Hagenauer
in: Jahrbuch der königlich-preussischen Kunstsammlungen XXVIII, (1907) p. 181–198 und 230–274.
– 1911 Der Augsburger Geschlechtertanz von 1522
in: Jahrbuch der königlich-preussischen Kunstsammlungen XXXII, (1911) p. 213–235.
Hämmerle, Albert 1935 Nikolaus Berschin, ein ungekannter Augsburger Fromenschneider um 1530 und sein Monogramm
in: Viertel-Jahreshefte zur Kunst und Geschichte Augsburgs I, (1935) p. 73–81.
– 1936 Ein Kaminfresco des jüngeren Jörg Breu
in: Viertel-Jahreshefte zur Kunst und Geschichte Augsburgs I, (1936) p. 195–200.
Hagelstange, Alfred 1905 Jörg Breus Holzschnitte im Konstanzer Brevier von 1516
in: Mitteilungen des germanischen Nationalmuseums (1905), p. 3–17.
Haid (MS) 1829 Entwurf einer urkundenmäßigen Geschichte der evangelischen Haupt- und Pfarrkirchen zu St. Anna in Augsburg (Augsburg 1824).
Hampe, Theodor 1918/1919 Allgäuer Studien zur Kunst und Kultur der Renaissance
in: Mitteilungen des germanischen Nationalmuseums (1918/1919), p. 3–105.
Haniel, Ellen 1940 Meister Wenzlaus von Riffian (München 1940).
Hartig, Michael 1914 Kunstgeschichte des Benediktinerstiftes Scheyern in der Zeit der Gotik
in: Jahrbuch des Vereins für christliche Kunst in München II, (1914), p. 1–31.
– 1922 Augsburgs Kunst (Augsburg–Stuttgart 1922).
– 1923 Das Benediktiner-Reichsstift St. Ulrich und Afra in Augsburg (Augsburg 1923).
Hartig, Otto 1926 Münchner Künstler und Kunstsachen I
in: Münchner Jahrbuch der bildenden Kunst. Neue Folge III, (1926) p. 273 ff.
– 1930 Münchner Künstler und Kunstsachen II
in: Münchner Jahrbuch der bildenden Kunst. Neue Folge VII, (1930) p. 338 ff.
Haupt, Karl 1955 Die Ulrichsvita in der mittelalterlichen Malerei
in: Zeitschrift des historischen Vereins für Schwaben LXI (1955) p. 1–160.

Heer Friedrich 1955 Augsburger Bürgertum im Aufstieg Augsburgs zur Weltstadt (1275–1530)
in: Augusta 955–1955 (Augsburg 1955) S. 107–137.
Heidrich, Ernst 1909 Die altdeutsche Malerei (Jena 1909).
Heidrich, Ernst/Möhle, Hans 1941 Die altdeutsche Malerei. Neubearbeitet von Hans Jöhle (Jena 1941).
Herberger, Theodor 1852 Augsburg und seine frühere Industrie (Augsburg 1852).
Hilbich, Eberhard P. 1968 Das Augsburger spätgotische Rathaus und seine Stellung unter den süddeutschen Rathausbauten (München 1968).
Hinckeldey, Ch. (ed.) 1980 Strafjustiz in alter Zeit (Rothenburg o. d. T. 1980).
Hind, Arthur M. 1935 An Introduction to a History of Woodcut, with a Detailed Survey of Work Done in the Fifteenth Century (London 1935).
Hiß, Eduard 1871 Alte Zweifel und neue Vermutungen über den Urheber der Sebastianstafel
in: Jahrbücher für Kunstwissenschaft IV, (1871) p. 215 ff.
Hoffmann, Robert 1874 Der Maler Gumpolt Giltlinger
in: Zeitschrift des historischen Vereins für Schwaben und Neuburg I, (1874), p. 116–122.
– 1878 Die Augsburger Baumeisterrechnungen von 1320–1331
in: Zeitschrift des Historischen Vereins für Schwaben und Neuburg V (1878), p. 1–220.
– 1887 Die Thore und Befestigungen der Stadt Augsburg von dem 10. bis zum 15. Jahrhundert
in: Zeitschrift des historischen Vereins für Schwaben und Neuburg XIII, (1887) p. 1–48.
Huber, Eduard von 1874 Die Malerfamilie Burgkmair von Augsburg
in: Zeitschrift des historischen Vereins für Schwaben und Neuburg I, (1874) p. 310–320.
Huber, Hans 1928 Fresken und Fassadenmalereien – Der Häuserschmuck des alten Augsburgs
in: Antiquitäten Rundschau XXVI, (1928) p. 19 ff.
Hugelshoffer, Walther 1928 Ein Schmerzensmann des älteren Holbein
in: Beiträge zur Gesichte der deutschen Kunst II, (Augsburg 1928) p. 192–193.
– 1928 Zeichnungen aus Jörg Breus Frühzeit
in: Beiträge zur Geschichte der deutschen Kunst II, (Augsburg 1928) p. 384–387.
Huth, Hans 1977[III] Künstler und Werkstatt der Spätgotik (Darmstadt 1977).
Janitschek, Hubert 1890 Geschichte der deutschen Malerei (Berlin 1890).
James, Montague Rhodes 1953[V] Apogryphal New Testament (Oxford 1953).
Joachimsen, Paul 1910 Geschichsauffassung und Geschichtsschreibung in Deutschland unter dem Einfluß des Humanismus (Leipzig 1910).
Joachimsohn, Paul 1895 Die humanistische Geschichtsschreibung in Deutschland Bd. I (Bonn 1895).
Kehrer, Hugo 1906 Die heiligen Dreikönige in Literatur und Kunst. Band I/II (Leipzig 1906).
Keller, Hiltgart L. 1968 Reclams Lexikon der Heiligen und der biblischen Gestalten (Stuttgart 1968).
Kießling, Rolf 1971 Bürgerliche Gesellschaft und Kirche in Augsburg im Spätmittelalter – Ein Beitrag zur Strukturanalyse der oberdeutschen Reichsstadt (Augsburg 1971).
Kindler 1976 Kindlers Malerei Lexikon im dtv. Band I mit XV (München-Zürich 1976).
Kirschbaum, Engelhaft (ed.) / Braunfels, Wolfgang (ed.) 1968–1976 Lexikon der christlichen Ikonographie. Band I bis VIII (Rom-Freiburg-Basel-Wien 1968–1976).
Klausner, Theodor (ed.) 1950–1978 Reallexikon für Antike und Christentum. Band I bis X (Stuttgart 1950–1978).
Kletzl, Otto Studien zur Böhmischen Buchmalerei Teil I. Das Missale III/205 von St. Florian, ein Werk böhmischer Buchmalerei des späten XIV. Jahrhunderts
in: Marburger Jahrbuch für Kunstwissenschaft VII, (1933) p. 1–76.
Klinge, Ekkehart 1964 Studien zur Bildnerei der ersten Hälfte des XV. Jahrhunderts in Ostschwaben (Hannover 1964).
Knauer, Elfriede Regine 1977 Kaiser Sigismund. Eine ikonographische Nachlese

in: Festschrift für Otto von Simson zum 65. Geburtstag (Frankfurt-Berlin-Wien 1977), p. 173–196.
Knorre, Eckhard von 1968 Die neuentdeckten Fresken im Hause Philippine-Welser-Straße 20 in Augsburg (Augsburg 1968).
– 1975 Material zur Geschichte der evangelischen Ulrichskirche in Augsburg
in: Zeitschrift des historischen Vereins für Schwaben LXIX, (1975) p. 31–60.
Kodlin-Kern, Elisabeth 1953 Die Bildniszeichnungen Hans Holbeins d. Ä. (Basel-Lörach 1953).
Koschorreck Walter (ed.) 1976 Der Sachsenspiegel in Bildern. Aus der Heidelberger Bilderhandschrift ausgewählt und erläutert (Frankfurt a. M. 1976).
Kosel, Karl 1981 Bildprogramm und Bildtradition in der Augsburger Domkrypta
in: Jahrbuch des Vereins für Augsburger Bistumsgeschichte XV (1981), p. 140–168.
Krása, Josef 1958 Renesanční Nástěnná Výzdoba Kaple Svatováclavské V Chramu Sv. Vita V Praze
in: Umení VI, (1958) p. 31–72.
– 1971 Die Handschriften König Wenzels IV. (Prag 1971).
Kraus, Jürgen 1980 Das Militärwesen der Reichsstadt Augsburg 1548–1806 (Augsburg 1980).
Künstle, Karl 1926/1928 Ikonographie der christlichen Kunst. Band I/II (Freiburg i. Br. 1926/1928).
Landolt, Hanspeter 1968 Die deutsche Malerei (1350–1500) (Genf 1968).
Laschnitzer, Simon 1889 Der Theuerdank (Burgkmair und Beck)
in: Jahrbuch der kunsthistorischen Sammlungen des allerhöchsten Kaiserhauses VIII, (1889).
Lauts, Jan 1960 Ein wiedergefundenes Gemälde von Ulrich Apt
in: Pantheon XVIII, (1960) S. 58 ff.
Legenda Aurea Jacobus a Voragine 1890 Jacobi a Voragine Legenda Aurea vulgo Historia Lombardica dicta. Graesse Theodor recensit (Breslau 1890).
Lehmann-Haupt, Hellmuth 1929 Schwäbische Federzeichnungen in Handschriften des XV. Jahrhunderts insbesondere aus Augsburg (Berlin 1929).
Liedke, Volker 1979 Augsburger Sepulkralskulptur der Spätgotik. Teil I
in: Ars Bavarica XIV, (1979) p. 1–113.
Lieb, Norbert 1934 Der Augsburger Dom als bauliche Gestalt
in: Schwabenland I, (1934) p. 321 ff.
– 1937 Die Amtsstube des Augsburger Weberhauses
in: Alt-Augsburg I, 2, (1937) p. 17 ff.
– 1952 Die Fugger und die Kunst im Zeitalter der Spätgotik und der frühen Renaissance. Band I/II (München 1952).
– 1952 Die Holbeins
in: Lebensbilder aus dem bayerischen Schwaben I, (1952) p. 167–187.
– 1955 Die Baukunst der Renaissancezeit
in: Augusta 955–1955 (Augsburg 1955) p. 229–248.
– 1959 Augsburgs Anteil an der Kunst der Maximilianszeit
in: Jakob Fugger, Kaiser Maximilian und Augsburg (Augsburg 1959) p. 59–75.
Lieb, Norbert/Stange, Alfred 1960 Hans Holbein der Ältere (München-Berlin 1960).
Lieb, Norbert 1969 St. Peter in Lindau (München-Zürich 1969).
Lill, Georg 1908 Hans Fugger (1531–1598) und die Kunst (Leipzig 1908).
– 1935 Die Wiederherstellung im Innern des Domes zu Augsburg
in: Deutsche Kunst- und Denkmalpflege (1935) p. 65–71.
Lindner, Kurt 1957 Das Jagdbuch des Petrus de Crescentiis (Berlin 1957).
Lipowsky, Felix Joseph 1810 Baierisches Künstlerlexikon. Band I/II (München 1810).
Longnon, Jean/Cazelles, Raymond 1969 Les Trés Riches Heures du Duc de Berry (London 1969).
Martin, Kurt 1952 Ein Augsburger Altar aus dem Anfang des XV. Jahrhunderts
in: Neue Beiträge zur Archäologie und Kunstgeschichte Schwabens. Festschrift für Julius Baum (Stuttgart 1952), p. 65–76.

Matějček, Antonin 1939 Gotische Malerei in Böhmen. Tafelmalerei 1350–1450 (Prag 1939).
Matějček, Antonin/Pešina, Jaroslav 1955 Gotische Malerei in Böhmen 1350–1450 (Prag 1955).
Mayer, Christian 1874 Die Anfänge des Wiedertäufertums in Augsburg
in: Zeitschrift des historischen Vereins für Schwaben und Neuburg II, (1874) p. 207–256.
Mayr-Adlwang M. 1899 Urkunden und Regesten aus dem k.k. Statthaltereiarchiv in Innsbruck (1360–1490)
in: Jahrbuch der kunsthistorischen Sammlungen des allerhöchsten Kaiserhauses XX, (1899) p. CXXIV–CXC.
Meiss, Millard 1957 Andrea Mantegna as Illuminator (Glückstadt-Hamburg 1957).
– 1967 French painting in the time of Jean de Berry. The late fourteenth century and the patronage of the Duke. Band I (London-New York 1967).
– 1968 French painting in the time of Jean de Berry. The Boucicaut Master. Band II (London 1968).
Mellini, Gian Lorenzo 1965 Altichiero e Jacopo Avanzi (Milano 1965).
Menz, Cäsar 1982 Das Frühwerk Jörg Breus des Älteren (Augsburg 1982).
Müller, Hannelore 1955 Die Malerfamilie Burgkmair
in: Lebensbilder aus dem Bayerischen Schwaben IV, (1955) p. 44–66.
Musper Hans Theodor 1961 Gotische Malerei nördlich der Alpen (Köln 1961).
Nagler, G. K. (ed.) 1835–1852 Neues allgemeines Künstlerlexikon Band I–XXV (Leipzig 1835–1852).
Neuwirth, Joseph 1897 Das Braunschweiger Skizzenbuch eines mittelalterlichen Malers (Prag 1897).
Nickel, Heinrich L. 1979 Mittelalterliche Wandmalerei in der DDR (Leipzig 1979).
N.N. 1937 Die St. Jodokkapelle in Überlingen (Überlingen 1937).
Oettinger, Karl 1952 Die Schwaben in Österreich
in: Neue Beiträge zur Archäologie und Kunstgeschichte Schwabens (1952) p. 147–154.
Ohlenroth, Ludwig/Steib, Hans 1927/1928 Augsburg (Augsburg 1927/1928).
von der Osten, Gert 1935 Der Schmerzensmann. Typengeschichte eines deutschen Andachtsbildwerkes (Berlin 1935).
– 1972 Lukas Furtennagel in Halle
in: Wallraf-Richartz Jahrbuch XXXIV, (1972) S. 105–118.
Pächt, Otto 1964 Vita Sancti Simperti (Berlin 1964).
Pangerl, Mathias (ed.) 1878 Das Buch der Malerzeche in Prag (Wien 1878).
Papadopoulo, Kérameus A. 1909 ΕΡΜΗΝΕΙΑ ΤΗC ΖΩΓΡΑΦΙΚΗC ΤΕΧΝΗC (St. Petersburg 1909).
Parker, Theodor K. 1928 Weiteres über Hans Burgkmair als Zeichner
in: Beiträge zur Geschichte der deutschen Kunst II, (Augsburg 1928) p. 194–207.
Peltzer, A. (ed.) 1925 Joachim von Sandrarts Akademie der Bau-, Bild- und Mahlerey-Künste von 1675 (München 1925).
Pešina, Jaroslav 1958 Tafelmalerei der Spätgotik und der Renaissance in Böhmen (Prag 1958).
– 1976 Retrospektive Strömungen in der Tafelmalerei des schönen Stils in Böhmen
in: Wiener Jahrbuch für Kunstgeschichte XXIX, (1976) p. 29–52.
Pfaud, Robert 1976 Das Bürgerhaus in Augsburg (Tübingen 1976).
Pölnitz, Götz von 1949/1952 Jakob Fugger. Kaiser, Kirche und Kapital in der oberdeuschen Renaissance. Band I/II (Tübingen 1949/52).
Pörtner, Rudolf (ed.) 1978 Die Schedelsche Weltchronik (Dortmund 1978).
Polaczek, Ernst 1903 Zu Leonhard Beck und Sigmund Holbein
in: Repertorium für Kunstwissenschaften XXVI, (1903), p. 511.
Pope-Hennessy, John 1947 Sienese Quatrocento Painting (Oxford-London 1947).
Rasmo, Nicolo 1963 Der Multscher-Altar in Sterzing (Bozen 1963).
– 1970 Schloß Tirol (Bozen 1970).
– 1972 Die Stiftskirche zu Innichen (Trient 1972).

– 1972 Affreschi Medioevali Atesini (Venedig 1972).
– 1973 Hocheppan (Bozen 1973).
– 1978 Runkelstein (Bozen 1978).
Reitzenstein, Alexander von 1955 Die Plattner von Augsburg
in: Augusta 955–1955 (Augsburg 1955) p. 265–273.
– 1975 Zum Burgkmair'schen Doppelbildnis von 1529
in: Pantheon XXXIII, (1975) p. 106–110.
Riedmüller, Leopold 1916/1919 Ein vergessenes Freskobild des älteren Jörg Breu
in: Archiv für die Geschichte des Hochstifts Augsburg. Band V (1916/1919) p. 629–631.
Riehl, Berthold 1895 Studien zur Geschichte der bayerischen Malerei des XV. Jahrhunderts (München 1895).
– 1903 Augsburg (Leipzig 1903).
Riehl, W. H. 1859 Das Pompeji der Renaissance. Kulturstudien aus drei Jahrhunderten (Stuttgart 1859).
Ring, Greta 1949 A Century of French Painting 1400–1500 (London 1949).
Röttgen, Herwarth 1961 Das Ambraser Hofjagdspiel
in: Jahrbuch der kunsthistorischen Sammlungen in Wien LVII, (1961) p. 39–68.
Roettinger, Heinrich 1904 Hans Weiditz der Petrarkameister (Straßburg 1904).
– 1908 Burgkmair im Hochzeitskleide
in: Münchner Jahrbuch der bildenden Kunst. Band III, (1908) p. 48–52.
– 1908 Zum Holzschnittwerke Jörg Breus d. Ä.
in: Repertorium für Kunstwissenschaft XXXI, (1908) p. 48 ff.
– 1925 Hans Weiditz oder Peter Zan
in: Die graphischen Künste XLVIII, (1925). p. 75–78.
Roh, Franz 1955 Jörg Brues kleine Orgelflügel in der Fuggerkapelle zu Augsburg
in: Die Kunst und das schöne Heim LIII, (1955) p. 164–167.
Rosenberg, Adolf 1875 Georg Breu
in: Kunstchronik V, (1875) p. 388 ff.
Roth, Friedrich 1900 II. Zur Lebensgeschichte Eitelhans Langenmantels von Augsburg
in: Zeitschrift des historischen Vereins für Schwaben und Neuburg XXVI, (1900) p. 1–45.
– 1901 III. Der Höhepunkt der Wiedertäuferischen Bewegung und ihr Niedergang im Jahre 1528 in: Zeitschrift des historischen Vereins für Schwaben und Neuburg XXVII, (1901) p. 1–154.
– 1901 Augsburger Reformationsgeschichte (1517–1530) Band I (München 1901).
– 1904 Augsburger Reformationsgeschichte (1531–1537 bzw. 1540), Bd. II (München 1904).
– 1906 Einleitung zur Chronik Jörg Breus
in: Städtechronik XXIX, (1906) p. 3–17.
Roth, Toni 1934 Gang der Konservierung
in: Neue Augsburger Zeitung, Beilage »Augsburgs Dom erneuert« am 8. XII. 1934.
Rupé, Hans 1912 Beiträge zum Werke Hans Burgkmairs des Älteren (Borna-Leipzig 1912).
– 1928 Zeichnungen Hans Burgkmairs d. Ä.
in: Beiträge zur Geschichte der deutschen Kunst II, (Augsburg 1928) p. 194–207.
Salm, Christian Altgraf zu 1959 Die Wandgemälde der Augustinerkirche zu Konstanz
in: Studien zur Kunst des Oberrheines. Festschrift für Werner Noak (Freiburg-Konstanz 1959), p. 46–64.
Salvini, Roberto 1966 Agnolo Gaddi e il Supposto Starnina
in: Settimana Giotesca (cito divita) (Firenze 1966), p. 443–458.
Sandrart, Joachim von 1675 Academie der Bau-, Bild- und Mahlerey-Künste (siehe unter Peltzer (ed.) 1925).
Santi, Francesco 1964 Die Nationalgalerie von Umbrien in Perugia (Rom 1964).
Savolini, Claudio 1965 The Palazzo Davanzati
in: Apollo LXXXI, (1965) p. 302–305.
Schaaf, Manfred 1971 Das Ulrichskreuz und Jörg Beck – Beitrag zur Augsburger Goldschmiedekunst und Buchmalerei

in: Pantheon XXIX (1971), p. 505 ff.
Schenk 1977 Die St. Annakirche zu Augsburg (Augsburg 1977).
Schilcher, J. 1935 Neue Gemäldefunde bei St. Peter in Augsburg
in: Augsburger Postzeitung vom 23. 5. 35 (Augsburg 1935).
Schiller, Wilhelm D. 1938 Die St. Annakirche in Augsburg (Augsburg 1938).
Schleuning, Hans 1972 Überlingen und der Linzgau am Bodensee (Stuttgart/Aalen 1972).
Schlosser, Julius von 1916 Die Wandgemälde aus Schloß Lichtenberg in Tirol (Wien 1916).
Schmarsow, August 1903 Die oberrheinische Malerei und ihre Nachbarn um die Mitte des XV. Jahrhunderts (1430–1460)
in: Abhandlungen der philosogisch-historischen Klasse der königlichen sächsischen Gesellschaft der Wissenschaft XXII (1903), p. 60 ff.
Schmid, Alfred H. 1888 Forschungen über Hans Burgkmair. Maler von Augsburg (München 1888).
– 1890 Die Wandgemälde der Goldschmiedscapelle in Augsburg
in: Allgemeine Zeitung Nr. 256, Beilage.
– 1890 Die Wandgemälde der Goldschmiedscapelle bei St. Anna in Augsburg
in: Christliches Kunstblatt für Kirche, Schule und Haus XXXII, (1890) p. 174 ff.
– 1891 Der Meister des Rehlinger Altars
in: Repertorium für Kunstgeschichte XIV, (1891) p. 226 ff.
– 1894 Jörg Breu d. Ä. und der Jüngere
in: Zeitschrift für bildende Kunst. Neue Folge V, (1894), p. 21 ff.
Schmid, Helmut H. 1958 Augsburger Einzelformschnitt und Buchillustration im XV. Jahrhundert (Baden-Baden, Strasbourg 1958).
Schmidt, Gerhard 1964 Die Wandmalereien in der Schloßkapelle zu Steyeregg
in: Kunstjahrbuch der Stadt Linz (1964), p. 37 ff.
Schmitt, Annegrit 1974 Zur Wiederbelebung der Antike im Trecento
in: Mitteilungen des kunsthistorischen Instituts in Florenz XVIII, (1974) P. 167–216.
Schott, Eberhard 1878–1882 Beiträge zur Geschichte des Carmelitenklosters und der Kirche zu St. Anna in Augsburg (5 Teile)
in: Zeitschrift des historischen Vereins in Schwaben und Neuburg
Teil I V (1878) p. 259–327
Teil II VI (1879) p. 89–141
Teil III VI (1879) p. 177–279
Teil IV VII (1880) p. 164–232
Teil V VIII (1882) p. 221–284
Schroeder, Alfons 1894 Mittelalterliche Wandgemälde bei St. Peter am Perlach
in: Zeitschrift des historischen Vereins für Schwaben und Neuburg XXI, (1894), p. 139–148.
– 1897 Quellen zur Baugeschichte des Augsburger Domes in der gotischen Stilperiode
in: Zeitschrift des historischen Vereins für Schwaben u. Neuburg XXIV, (1897), p. 113–122.
– 1900 Die Domkirche in Augsburg (Augsburg 1900).
– 1915 Zum Werke Hans Holbain d. Ä.
in: Archiv für Geschichte des Hochstifts Augsburg IV, (1915) p. 487–492.
Schroeder, Detlev 1975 Augsburg. Historischer Atlas von Bayern, Teil Schwaben, Heft 10 (München 1975).
Schultz, Alwin 1888 Der Weißkunig (Burgkmair und Beck).
in: Jahrbuch der kunsthistorischen Sammlungen des allerhöchsten Kaiserhauses VI, (1888).
Schwisow, Theodor 1928 Studien über Hans Burgkmair d. Ä. als Maler (Darmstadt 1928).
Scribner, Charles 1976 Daniel Hopfer's Venus and Amor. – Some iconographic observations
in: Record of the Art Museum Princetown University XXXV, (1976) S. 14–22.
Semper, Hans 1887 Die Wandgemälde und Maler des Brixner Kreuzgangs (Innsbruck 1887).
Simrok, Karl 1884 Johannes von Hildesheim. Die Legende von den Heiligen drei Königen (Frankfurt a. M. 1844).
Stange, Alfred 1951 Deutsche Malerei der Gotik. Band IV, Südwestdeutschland in der Zeit von 1400–1450 (München-Berlin 1951).

– 1957 Deutsche Malerei der Gotik. Band VIII, Schwaben in der Zeit von 1450–1500 (München-Berlin 1957).
– 1966 Neue Beiträge zu Leonhard Beck
in: Alte und Moderne Kunst LXXXVI, (1966) p. 15–19.
– 1967 Gedanken über Jörg Breus Werke und Wege
in: Jahrbuch der Staatlichen Kunstsammlungen in Baden Württemberg IV, (1967) p. 19–30.
– Kritisches Verzeichnis der deutschen Tafelbilder von Dürer. Band II (München 1970).
Steif, Maximilian 1930/1931 Zwei frühe Fresken bei den Minoriten in Brün
in: Zeitschrift für bildende Kunst LXIV, (1930/1931) p. 221–225.
– 1931 Jörg Breus Fresken im Olmützener Dom
in: Festschrift E. W. Braun (Augsburg 1931) p. 62–69.
Steingräber, Erich 1955 Die Augsburger Buchmalerei in ihrer Blütezeit
in: Augusta 955–1955 (Augsburg 1955) p. 173–178.
– 1956 Die kirchliche Buchmalerei Augsburgs um 1500 (Augsburg 1956).
– 1979 Wiedergefundene Wandgemälde in der Kapelle des Hl. Viktor im Augustiner-Chorherrenstift Neustift
in: Pantheon XXXIII, (1979) p. 247–262.
Steinhäußer, Friedrich 1902 Augsburgs Stellung in der Kunstgeschichte
in: Augsburg in kunstgeschichtlicher, baulicher und hygienischer Beziehung (Augsburg 1902).
Steinhilber, Dirk 1955 Geld- und Münzgeschichte Augsburgs im Mittelalter
in: Jahrbuch für Numismatik und Geldgeschichte V/VI, (1954/1955), p. 1 ff.
Stetten, Paul der Jüngere von Kunstgeschichte 1779 Kunst-, Gewerbe und Handwerksgeschichte der Reichsstadt Augsburg, Band I (Augsburg 1779).
– Kunstgeschichte 1788 Kunst-, Gewerbe und Handwerksgeschichte der Reichsstadt Augsburg, Band II (Augsburg 1788).
Stiassny, Robert 1893 Jörg Breu von Augsburg
in: Zeitschrift für christliche Kunst. Neue Folge VI, (1893) sp. 289–298.
– 1894 Jörg Breu von Augsburg II
in: Zeitschrift für christliche Kunst. Neue Folge VII, (1894) sp. 101–120.
– 1897 Jörg Breu und Hans Knoder
in: Zeitschrift für christliche Kunst. Neue Folge IX, (1897), p. 296–298.
Stoedtner, Franz 1896 Hans Holbein der Ältere (Berlin 1896).
Stöver, Ulla 1955 Goldschmiedekunst in Augsburg
in: Augusta 955–1955 (Augsburg 1955) p. 363–370.
Strauss, Erich (MS) 1941–1964 Aufnahmen der evangelisch-lutherischen Kirche St. Anna (Augsburg).
Theil, Edmund 1969 St. Stephan bei Morter (Bozen 1969).
– 1971 Die Spitalkirche in Sterzing (Bozen 1971).
– 1972 St. Johannes-Kapelle in der Dominikanerkirche Bozen (Bozen 1972).
– 1972 Das Franziskanerkloster in Bozen (Bozen 1972).
– 1973 Die gotischen Fresken in St. Prokulus in Naturns (Bozen 1973).
– 1975 Maria-Trost-Kirche in Untermais-Meran (Bozen 1975).
– 1976^{IV} St. Georg bei Schenna (Bozen 1976^{IV}).
– 1976 Kloster Sonnenburg bei St. Lorenzen (Bozen 1976).
Thiem, Gunther 1960 Hans Holbein d. Ä. Die spätgotische Glasmalerei (Augsburg 1960).
Thieme, Ulrich/Becker, Felix (ed.) 1907–1950 Allgemeines Lexikon der bildenden Künstler von der Antike bis zur Gegenwart. Band I–XXXVII, (Leipzig 1907–1950).
Thiersch, Friedrich 1902 Die Augsburger Fassadenmalereien (München 1902).
Tietze, Hans 1919 Die Kunstsammlungen der Stadt Salzburg
in: Österreichische Kunsttopographien, Band XV, (Wien 1919).
Trapp, Oswald 1972 Tiroler Burgenbuch. Band I, Vintschgau (Bozen 1972).
Troescher, Georg 1954 Kunst- und Künstlerwanderungen in Mitteleuropa 800–1800. Band II (Baden-Baden 1954).
– 1966 Burgundische Malerei. Band I/II (Berlin 1966).

Vetter, August 1910 Der Dom zu Augsburg (Augsburg 1910).
Valentiner, Wilhelm R. 1905 Augsburger Urkunden
in: Repertorium für Kunstwissenschaft XXVIII, (1905) p. 59–62.
Vischer, Robert 1886 Studien zur Kunstgeschichte (Stuttgart 1886).
– 1887 Zur Augsburger Kunstgeschichte
in: Zeitschrift des historischen Vereins für Schwaben und Neuburg XIV, (1887), p. 93–100.
Voss, Hella 1961 Die große Jagd – von der Vergangenheit bis zur Gegenwart 30000 Jahre Jagd in der Kunst (München 1961).
Vulgata —— Biblia Sacra juxta vulgatam versionem (siehe Weber Robert (ed.) 1969).
Waagen, Gustav Friedrich 1843/1845 Kunstwerke und Künstler in Deutschland. Band I/II, (Leipzig 1843/1845).
Walter, Renate von 1972 Das Augsburger Rathaus Architektur und Bildgehalt (Augsburg 1972).
Waschegger, Johann Ev. 1895 Der Kreuzgang am Dom zu Brixen (Brixen 1895).
Waschgler, Heinrich 1955 Der Dom zu Brixen (München-Zürich 1955).
Weber, Robert (ed.) 1969 Biblia Sacra juxta vulgatam versionem, Band I/II (Stuttgart 1969).
Wegner, Wolfgang 1957 Die Fresken im Falkenturm in Trient (Bozen 1957).
Weingartner, Joseph 1922 Die Kusntdenkmäler Südtirols, Band I/II (Innsbruck 1922).
– 1928 Die profane Wandmalerei Tirols im Mittelalter
in: Münchner Jahrbuch der bildenden Kunst, Neue Folge V, (1928) p. 1–63.
– 1948 Gotische Wandmalerei in Südtirol (Wien 1948).
– 1977 Die Kunstdenkmäler Südtirols – bearbeitet von Zollinger-Thurn Adelheid. Band I/II (Innsbruck 1977).
Wehmer, Carl 1935 Augsburger Schreiber aus der Frühzeit des Buchdruckes I
in: Beiträge zur Inkunabelkunde. Neue Folge I, (1935) p. 78–111.
– 1938 Augsburger Schreiber aus der Frühzeit des Buchdrucks II. Heinrich Molitor
in: Beiträge zur Inkunabelkunde. Neue Folge II, (1938) p. 108–127.
– 1955 Ne Italo credere videamur
in: Augusta 955–1955 (Augsburg 1955) p. 145–173.
– (ed.) 1963 Leonhart Wagner. Proba Centum Scripturarum (Leipzig 1963).
Weis-Liebersdorf, J. E. 1901 Das Jubeljahr 1500 in der Augsburger Kunst (München 1901).
Weiss, August 1897 Das Handwerk der Goldschmiede zu Augsburg bis zum Jahre 1681 (Leipzig 1897).
Weyermann, Alfred 1830 Beiträge zur Geschichte der Kunst und der Künstler in Ulm II
in: Kunstblatt XI, (1830) p. 261 ff.
Werner, Anton (MS) 1977 Augsburger Häusergeschichte. Ein Beitrag zur Topographie Alt-Augsburgs; handschriftlich kopiert von Gustav Euringer, übertragen 1977 von Grimminger und Schimanek (Augsburg 1977).
Wiedenmann, Hans 1917 Die Dominikanerkirche in Augsburg (Sonderdruck der Zeitschrift des historischen Vereins für Schwaben und Neuburg XLIII, Augsburg 1917).
Wilhelm, Johannes (MS) 1977 Die Goldschmiedkapelle bei St. Anna in Augsburg (München 1977).
– 1979 Die Geschichte der Goldschmiede-Kapelle bei St. Anna in Augsburg
in: Zeitschrift des historischen Vereins für Schwaben LXXIII, (1979) p. 96–125.
Winkler, Friedrich 1941 Altdeutsche Malerei (München 1941).
– 1948 Augsburger Malerbildnisse der Dürerzeit (Berlin 1949).
Wolters, Franz 1919 Ulrich Wolffartshausen, ein Augsburger Bildhauer der ersten Hälfte des 15. Jahrhunderts
in: Jahrbuch des Vereins für christliche Kunst in München IV, (1919) p. 2 ff.
Woltmann, Alfred 1874/1876 Holbein und seine Zeit. Band I/II (Leipzig 1874/1876).
Wulff, Oskar 1929 Nachlese zur Starninafrage
in: Italienische Studien – Festschrift für Schubring (Leipzig 1929), p. 156–190.
Wyss, Robert L. 1957 Die neun Helden – eine ikonographische Studie
in: Zeitschrift für schweizerische Archäologie und Kunstgeschichte XVII, (1957) p. 73 ff.

Zeri, Frederico 1964 Investigations into Early Period of Lorenzo Monaco
in: Burlington Magazin 106, (1964) p. 554–558.
Zimmermann, Eduard 1970 Augsburger Zeichen und Wappen (Augsburg 1970).
Zimmermann, Heinrich 1883 Urkunden und Regesten aus den k.u.k. Haus-, Hof- und Staatsarchiv in Wien
in: Jahrbuch der Kunstsammlungen des allerhöchsten Kaiserhauses p. I–LXXIV, (1883).
Zorn, Wolfgang 1972 Augsburg, Geschichte einer deutschen Stadt (Augsburg 1972).

Kataloge:

Augsburg 1932 Ausstellung: Burgkmair.
Augsburg 1950 Ausstellung Fugger und Welser. Oberdeutsche Wirtschaft, Politik und Kultur im Spiegel zweier Geschlechter.
Augsburg 1955 Ausstellung: Augsburger Renaissance.
Augsburg 1965 Ausstellung: Hans Holbein der Ältere und die Kunst der Spätgotik.
Augsburg 1967 Staatsgalerie Augsburg. Katalog I: Altdeutsche Gemälde.
Augsburg 1973 Ausstellung: Hans Burgkmair. Das graphische Werk.
Augsburg 1976 Ausstellung: 700 Jahre Augsburger Stadtrecht.
Augsburg 1978 Staatsgalerie Augsburg. Katalog I: Altdeutsche Gemälde.
Augsburg 1980 Ausstellung: Welt im Umbruch. Augsburg zwischen Renaissance und Barock, Band I und Band II.
Augsburg 1981 Ausstellung: Welt im Umbruch. Augsburg zwischen Renaissance und Barock, Band III Beiträge.
Basel 1960 Ausstellung: Die Malerfamilie Holbein in Basel.
Basel 1966 Kunstmuseum Basel. Katalog I: Die Kunst bis 1800.
Coburg 1975 Ausstellung: Meisterwerke der europäischen Graphik 15.–18. Jahrhundert aus dem Besitz des Kupferstichkabinettes Coburg.
Innsbruck 1950 Ausstellung: Gotik in Tirol.
Karlsruhe 1964 Staatliche Kunsthalle Karlsruhe: Alte Meister.
Köln 1964 Ausstellung: Italienische Gemälde der Gotik und Frührenaissance im Wallraf-Richartz Museum.
Köln 1974 Ausstellung: Vor Stephan Lochner – Die Kölner Maler von 1300–1430.
Köln 1978 Ausstellung: Die Parler und der schöne Stil 1350–1400. Band I–III.
München 1963 Alte Pinakothek München. Katalog II: Altdeutsche Malerei.
Nürnberg 1937 Katalog des Germanischen Nationalmuseums: Die Gemälde des 13. bis 16. Jahrhunderts.
Nürnberg 1971 Ausstellung: Albrecht Dürer.
Nürnberg 1978 Ausstellung: Kaiser Karl IV. Staatsmann und Mäzen.
Salzburg 1976 Ausstellung: Spätgotik in Salzburg. Skulptur und Kunstgewerbe.
Stuttgart 1977 Ausstellung: Die Zeit der Staufer, Band I–IV.
Stuttgart 1979 Supplement zur Ausstellung: Die Zeit der Staufer, Band V.

Chroniken:

Gasser–Chronik:
Gasser Achilles Priminius Annales de vetustate originis, amoenitate situs, splendore aedificorium, ac rebus gestis civium Reipublicaeque Augsburgensis, multo sane labore, summa etiam fide perdiu collecti et juxta seriem annorum nativitatis Jesu Christi ad Romanorum Imperatorum Francorumque Regum tempora, nec non tam ad Politici quam Ecclesiastici ibidem Magistratus fastos accuratissimo ordine digesti
in: Scriptores rerum germanicarum praecique Saxonicarum. Band I, 1315–1954 (Mencken Johann Buchard (ed.) / Leipzig 1728).

Städtechronik:
Hegel Karl von (ed.), Roth Friedrich (ed.) Die Chroniken der deutschen Städte. Band IV (1865), Band V (1866), Band XXII (1892), Band XXII (1894), Band XXV (1896), Band XXIX (1906), Band XXXII (1917), Band XXXIII (1928), Band XXXIV (1929), (Göttingen).

Stetten Chronik:
Stetten, Paul d. Ä. von Geschichte der Heil. Röm. Reichs Freyen Stadt Augspurg, Bd. I (Frankfurt 1743).

Wittwer Catalogus:
Wittwer Wilhelmus Catalogus Abbatum monasterii SS. Udarici et Afrae Augsburgensis in: Archiv für die Geschichte des Bistums Augsburg. Band III (Steichele Anton (ed.) Augsburg 1860) S. 10–437.

Register

I. Personenregister

Aufgenommen wurden alle Personen des behandelten Zeitraumes. Die Nummern in eckigen Klammern verweisen auf den entsprechenden Artikel des Personenkataloges.
(V wurde wenn wie U gesprochen unter U eingeordnet.)

II. Ortsregister

Aufgeführt sind die Orte, welche als Standorte von Kunstwerken genannt sind, wie auch die, die für die einzelnen Maler relevant waren. Einzelobjekte und Adressenbezeichnungen werden nur für Augsburg angegeben. Die Nummern in eckigen Klammern verweisen auf die entsprechenden Artikel des Objektkataloges.